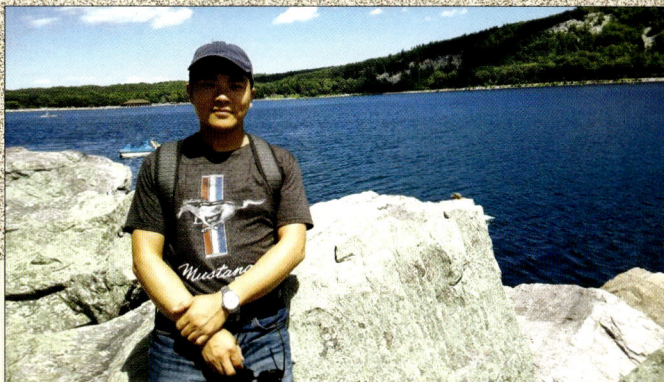

鲁小俊　　男，1976年4月出生，江苏东台人。毕业于武汉大学文学院，先后获得学士、硕士和博士学位。曾任教于中南财经政法大学中文系，现为武汉大学文学院副教授、威斯康星大学麦迪逊分校东亚系访问学者。主要研究明清书院、科举和文学。著有《〈三国演义〉的现代误读》、《清代书院课艺考述》、《中国文学编年史·清前中期卷》（与苗磊合著）、《汗青浊酒：〈三国演义〉与民俗文化》，校注《贡举志五种》（与江俊伟合作）。完成教育部人文社科项目、国家社科基金项目各一项。

武汉大学学术丛书

Academic Library

Wuhan University

清代书院课艺总集叙录（上）

鲁小俊 著

武汉大学出版社

WUHAN UNIVERSITY PRESS

图书在版编目(CIP)数据

清代书院课艺总集叙录:全 2 册/鲁小俊著 .—武汉:武汉大学出版社,
2015.11
　武汉大学学术丛书
　ISBN 978-7-307-16966-1

　Ⅰ.清…　Ⅱ.鲁…　Ⅲ.书院—教育史—研究—中国—清代
Ⅳ.G649.299

中国版本图书馆 CIP 数据核字(2015)第 240726 号

责任编辑:李　琼　　　责任校对:汪欣怡　　　版式设计:马　佳

出版发行:武汉大学出版社　　(430072　武昌　珞珈山)
　　　　　(电子邮件:cbs22@ whu.edu.cn　网址:www.wdp.com.cn)
印刷:武汉中远印务有限公司
开本:787×1092　　1/16　　印张:55.75　字数:1345 千字　插页:5
版次:2015 年 11 月第 1 版　　　2015 年 11 月第 1 次印刷
ISBN 978-7-307-16966-1　　　定价:198.00 元(全二册)

前　言

　　清代书院普及之广，前所未有。以今日中国版图而言，除了西藏以外，各个省区皆有书院。[①] 考课成为主流，是清代书院考试的一个主要特点。或月课、季课，或官课（包括县课、州课、府课、学院课、轮课）、师课（又称堂课、斋课、院课、山长课），或诗课、经古课、策论课、举业课，名目颇为繁多。[②] 书院考课之情形，各家不尽相同，但大体上多有一致之处。兹引钟毓龙《说杭州》中的记载，以见晚清杭州书院考课之一斑：

　　　　院中多设斋舍，以供肄业者寄宿。本城人寄宿者虽少，而外府外县之人寄宿者则多。盖此等书院，虽设于杭城，并非杭州人所专有。凡本省之人，皆可来投考肄业而寄宿也。山长例须住院，然住院者甚少。且有在外遥领者，惟校阅文字而已。院中皆置有学田，或存储巨款，收其租息，以供优秀者之奖赏，名曰膏火。每年二月至十一月为考试之期。月考二次，初二日朔课，由抚、藩、臬、运四署轮流命题。仍为二文一诗，限一日一夜缴卷。十六日曰望课，由院长命题，两日缴卷。二月二日之朔课，名曰甄别。盖各书院皆有一定之名额，而应考者多，必须有所淘汰。此次获取者，此一年中，每月皆有卷分到，可以期期应考。若不取，则须待来年矣。故此一日中，三书院（指敷文、崇文、紫阳书院——引者注）中应考者为甚多，东城讲舍次之。若诂经精舍，则所考者非八股试帖，而为经义史学词赋，应者寥寥矣。

　　　　其次甄别考试，亦仿院试之法，聚考生于学院之中而考之。午膳时，各给以点心票一纸。限以鸡鸣到场，日暮缴卷。然考者固觉其苦，主办者亦嫌其麻烦而多费，遂改为散卷。自散卷之法行，各人就其家中构思。文笔敏捷者，则倩人代抄。则一人尽一日一夜之长，可以作成十数卷。幸而多取，则可以出卖与不取而无卷之人，亦生财之道也。缴卷在门斗处。分题目、分卷者亦门斗也。考试等第高者曰超等，次曰特等，再次曰一等。超等所得之膏火多，前十名尤多，特等次之，一等则无膏火矣。朔课由官厅主考者，于超等前十名别有加赠，名曰加奖，其数远较膏火为多。官厅有时为省事起见，并两月之朔课于一次，名曰夹课，则其加奖之数尤为可观。寒士生涯，于此诚不无小补也。故秀才入学后，所以竞争于文字而使之日进者，惟在于此。[③]

　　以上记载，还可参以当事人之叙述。萧山来裕恂（1873—1962），著有《汉文典》、《中国文学史》、《匏园诗集》等，曾任浙江省文史馆馆员。他早年肄业崇文、紫阳书院和诂经精舍。《匏园诗集》卷四《丧中遇月课，徒步至杭，领卷回家，竭一日之力，成三

---

①　邓洪波：《中国书院史》，东方出版中心 2004 年版，第 450 页。
②　陈谷嘉、邓洪波主编：《中国书院制度研究》，浙江教育出版社 1997 年版，第 288 页。
③　钟毓龙：《说杭州》，《西湖文献集成》第 11 册，杭州出版社 2004 年版，第 385 页。

艺。翌晨渡江缴卷，复归家，因咏之》，作于光绪十八年（1892）。其时乃父新亡，诗即咏丧中赶考之情形：

> 居丧底事涉江边，寒士生涯诚可怜。只为省垣逢月课，藉资膏火擘云笺。伤心医少回春药，太息家无续命田。如此奔波衣食计，那禁血泪泣涟涟。
>
> 月落星沉霜满篷，布帆穿破大江风。几行草木含愁态，万斛波涛诉苦衷。旅客频惊以楚楚，棘人怕看雾濛濛。烟消日出吴峦见，上岸匆匆到院中。
>
> 课卷携来不自安，思量题目易和难。途中即事文思构，渡口粗将篇局完。待到归家摇笔底，便行伏案写毫端。迩来只读士丧礼，勉强分心弄弱翰。
>
> 三更灯火豆光沉，制艺完成八韵吟。收拾简瓢须费手，勘磨文字岂安心。晓风残月晨熹恨，白露苍葭旧路寻。为问渡头人涉否，隔江红日现遥岑。①

又如钱塘汪诒年（1866—1941），是汪康年（1860—1911）的胞弟。长期协助汪康年主持、经营《时务报》、《中外日报》，后在商务印书馆任职。所编《汪穰卿先生年谱》曾忆及当年参加杭城书院考课之事：

> 杭城敷文、崇文、紫阳三书院，例于朔望试士子，朔课一日，望课二日。先生（指汪康年——引者注）与诒年，或作二卷，或作三四卷不等，随作随写，彻夜不辍。遇诂经精舍考课日，别二人合作一卷，先生任经解，诒年任词赋。时或遇题目不多，期限稍宽，则二人各作一卷，均由洛年（汪洛年，康年、诒年胞弟——引者注）为之誊写，亦彻夜不辍。比事毕，即各挟卷趋赴收卷处交纳，虽遇雨亦如是。泊交卷归，天甫黎明，晓风吹人，腹中觉饥，则就道旁豆腐担啜腐浆一盂，以解饥寒，盖数年如一日云。②

来裕恂、汪氏兄弟，以及成千上万的书院生徒，他们参加过很多次的书院考课。我们感兴趣的问题是：他们的考题是什么，考试成绩如何，今天还能不能看得到他们的考卷？

一

书院生徒考课的试卷通称课艺，也叫课作、课卷。估算起来，其数量应该是相当可观的。但因课艺皆为生徒所作而非出自名家之手，又多为举业之文，所以历来较少受到重视，往往任其散佚。现今存世的课艺文献，其形式有三种：

一是课艺原件。多散见于各地公私藏所，如上海图书馆藏有东城讲舍丁梦松课卷、鸳湖书院钟樑课卷、金台书院吴大澄课卷。近年也有少数丛书将课艺原件影印刊行，如《中国历代书院志》第 11 册收录南菁书院课卷一份，作者未详；《清代稿抄本三编》第

---

① 来裕恂：《匏园诗集》卷 4，天津古籍出版社 1996 年版，第 65~66 页。

② 汪诒年：《汪穰卿先生年谱》，《北京图书馆藏珍本年谱丛刊》第 177 册，北京图书馆出版社 1999 年版，第 613 页。

110册收录应元书院吴桂丹，广雅书院、菊坡精舍张为栋、方鸿慈、范公说、方恩溥，广雅书院易开骏等人课卷。

二是课艺别集。以个人书院课艺汇为一集，并不多见。笔者所经眼者，有王元穉《致用书院文集》，收文50篇；《致用书院文集续存》，收文63篇。皆经解、论说、考证之文，为其肄业致用书院时所作，刊于作者晚年（1916）。又，陈成侯《绳武斋遗稿》一卷（稿本），皆其在致用书院课试之作；① 恽宝元卒后，弟宝惠检获其书院课艺，凡经史舆地典制诗词，都若干篇，辑为《虚白斋遗著辑存》。② 另外还有一种课艺别集，为地方长官或书院山长拟作的汇刊。如陈模（道光十六年进士）任宜阳知县三年，"每月官课而外，加课两次"，"每课俱有拟作，统三载共得八十首"，③ 辑为《文兴书院课士诗》。

三是课艺总集。这是存世课艺的主要形式，其名称多为"书院名+课艺"式，如《尊经书院课艺》；亦有称"文集"或"集"者，如《致用书院文集》、《学海堂集》；此外又有少数称"课集"、"会艺"、"文稿"、"试牍"、"课士录"的，如《研经书院课集》、《培原书院会艺》、《广雅书院文稿》、《岳麓试牍》、《滇南课士录》；还有个别称"日记"的，如《莲池书院肄业日记》。今存课艺总集，以刊本为主，另有少量稿本、抄本。前文提到的来裕恂和汪诒年，所作书院课艺如今大多已经流失，惟赖《紫阳书院课艺九集》和《崇文书院课艺十集》得以保留一两篇。

书院汇刊课艺，最早者是康熙年间安徽怀宁的《培原书院会艺》和湖南长沙的《岳麓试牍》。④ 但这只是偶然现象，书院刊刻课艺成为风尚，则始于嘉庆六年（1801）阮元手订的《诂经精舍文集》。其后直至清末，课艺的刊刻成为普遍现象。

学术界对于清代书院课艺的著录、整理和研究，也以课艺总集为主要对象，偶尔涉及课艺原件。

历来目录学著作对课艺不甚重视，或不著录，或著录很少，如《清史稿·艺文志》（中华书局1977年）仅著录《紫阳书院课余选》和《敬修堂诗赋课钞》二种。著录稍多者，丁丙、丁仁《八千卷楼书目》（《续修四库全书》史部第921册）25种，孙殿起《贩书偶记》（中华书局1959年）32种，王绍曾主编《清史稿艺文志拾遗》（中华书局2000年）25种。

20世纪90年代以来，书院课艺渐渐受到关注。赵所生、薛正兴主编《中国历代书院志》（江苏教育出版社1995年）影印20种（其中总集17种），季啸风主编《中国书院辞典》（浙江教育出版社1996年）收录提要15种，陈谷嘉、邓洪波主编《中国书院制度研究》（浙江教育出版社1997年）第五章第五节《清代书院刻书事业》、附录二《中国书院文献书目提要》著录53种，程克雅《从湖湘到广东：书院课艺在晚清经学传述中的重要性》（朱汉民主编《清代湘学研究》，湖南大学出版社2005年）著录39种。特别应该提到的是，徐雁平《清代东南书院与学术及文学》（安徽教育出版社2007年）下编第一章《清代东南书院课艺提要》撰写提要86种（另有未见课艺14种），最为宏富。此外，李

① 柯愈春：《清人诗文集总目提要》，北京古籍出版社2002年版，第1974页。
② 南师大古籍所编：《江苏艺文志·常州卷》，江苏人民出版社1994年版，第887页。
③ 《文兴书院课士诗》，道光二十二年刻本，陈模跋。
④ 陈谷嘉、邓洪波主编：《中国书院制度研究》，第288页。

兆华主编《中国近代数学教育史稿》（山东教育出版社 2005 年）第三章第二节《书院的算学课艺概述》著录算学课艺 20 余种（其算学课艺取广义的概念，包括 1906 年清学部第一次审定教科书之前国人自编的算学讲义）。以上著作，为书院课艺研究指示门径，厥功甚伟。

笔者近年查检多家藏书目录，及在各地访书，又得总集 80 余种，皆未见于上述著作。例如北京《金台课艺》，天津《会文书院课艺初刻》，河北《莲池书院课艺》、《学古堂文集》，陕西《关中书院赋》、《关中书院课艺待梓稿》，山东《鸾翔书院课艺》，江苏《正谊书院课选》、《正谊书院二编》、《正谊书院三编》、《正谊书院四编》、《紫阳书院课艺三编》、《紫阳书院课艺四编》，上海《云间小课》（程其珏辑）、《云间四书院课艺菁华类编》、《云间郡邑小课合刻》，安徽《紫阳课艺约选》，浙江《东城讲舍课艺》（薛时雨辑）、《东城讲舍课艺续编》、《崇实书院课艺》、《春江书院课艺》，湖北《高观书院课艺》、《江汉书院课艺》，湖南《船山书院课艺初集》，四川《尊经书院课艺三集》，福建《鳌峰书院课艺初编》、《玉屏课艺》、《玉屏紫阳书院课艺》，广东《粤秀书院课艺》、《羊城课艺》、《丰山书院课艺》、《凤山书院课艺》、《广雅书院文稿》等。综合前述各家著录，除去重复者，可知清代书院课艺总集的存世数量约为 200 种。以后继续访书，当有增补，但总数似不会有太大的增幅。

<h1 style="text-align:center">二</h1>

清代书院课艺总集多为连续出版物，或具有连续出版物的刊行初衷。刊期短则一季，多则一年或数年。经费充足与否，会影响刊期。发表周期多为一年至五年，也有十余年的。用稿率以 10%～20% 居多，刊发颇不容易，偶见"关系稿"。时文的用稿标准是"清真雅正"。题目多为官师所拟。一般是全文刊登，也偶有"论点摘编"。多经润色，并附录评点。有的以袖珍本刊行，有的宣称"翻刻必究"，标出定价，附载广告。稿费已在膏火费中预支。优秀作品可被转载。从本质属性和诸多要素来看，书院课艺总集实开今日"大学学报"、"学术集刊"之先河。

1. 刊期和经费

（1）刊期。

书院刊行课艺，往往"随课随选，随付手民"①，"随排随印"②，故而课艺总集多具有连续出版物的性质。今所见著名书院的总集，亦多为数编乃至十数编，如《学海堂集》四集（广州）、《尊经书院课艺》三集（成都）、《经正书院课艺》四集（昆明）、《诂经精舍文集》八集（杭州）、《学海堂课艺》八编（杭州）、《紫阳书院课艺》十七编（苏州）、《正谊书院课选》四编（苏州）、《正谊书院课选》三集（苏州）、《尊经书院课艺》七集（江宁）、《南菁讲舍文集》三集（江阴）。有些总集虽仅见一编，但其选刊之初衷，仍有赓续之意。如《会文书院课艺初刻》（天津）如山序云："由初刻以逮二刻、三刻，相续

---

① 朱泰修选编：《蔚文书院课艺》，同治八年（1869）序刊本，朱泰修序。

② 华世芳、缪荃孙选编：《龙城书院课艺》，光绪二十七年（1901）刊本，凡例。

弗替，是所厚望者也。"① 《高观书院课艺》（江夏）目录后署："右文自光绪甲申（1884）起，至丙戌（1886）止，共计二百三十三篇。丁亥（1887）以后课卷，俟选定续刊。"②《崇文书院敬修堂小课甲编》（杭州）戴熙序："先刊甲编公同好，可续将续。"③

课艺总集的刊期，短则一季一刊。笔者经眼《上海求志书院课艺》七种，分别为"春季"（疑为光绪二年丙子春季）、"丙子（1876）夏季"、"丙子（1876）秋季"、"丙子（1876）冬季"、"丁丑（1877）春季"、"丁丑（1877）春季"、"戊寅（1888）春季"课艺之汇编。

常见的则是一年一刊或数年一刊。《金陵惜阴书舍赋钞》陈兆熙序："金陵惜阴书舍创于安化陶文毅公。每年终，梓人汇前列课艺刻之。"④《紫阳书院课艺五编》（杭州）许景澄题识："院课艺前列者，积数岁必一选刊，以资观摩。"⑤《紫阳书院课艺》十七编（苏州），刊于同治十一年（1872）至光绪十八年（1892），以一年一刊为主，间有三年一刊。《南菁讲舍文集》初集至三集（江阴），刊刻时间分别为光绪十五年（1889）、二十年（1894）、二十七年（1901）。

有些课艺总集，前后各编之间时间跨度很大。《学海堂集》初集至四集（广州），分别刊于道光五年（1825）、十八年（1838），咸丰九年（1859），光绪十二年（1886）。《当湖书院课艺》（嘉定）同治七年（1868）刊，《当湖书院课艺二编》光绪十三年（1887）刊，《当湖书院课艺三编》光绪二十二年（1896）刊。

（2）经费。

经费充足与否，会影响课艺总集的刊期。《诂经精舍五集》（杭州）俞樾序："往者精舍课艺岁一刻，之后以肄业者日众，经费绌焉，乃阅数岁而一刻。"⑥ 俞樾所言"往者"，指《诂经精舍三集》。是集《中国历代书院志》影印本有脱漏，排列次序亦有不妥。⑦ 南京图书馆藏本包括四个部分：①同治五年丙寅（1866）、六年丁卯（1867）课艺。②同治七年戊辰（1868）课艺。③同治八年己巳（1869）课艺。④同治九年庚午（1870）课艺。至《诂经精舍四集》刊行时，已是光绪五年（1879）；《诂经精舍五集》、《诂经精舍六集》、《诂经精舍七集》、《诂经精舍八集》则分别刊于光绪九年（1883）、十一年（1885）、二十一年（1895）、二十三年（1897）。

对于捐资出版者，有的课艺总集特予注明。《崇文书院课艺》（杭州）监院题识："书院自兵燹后，经费支绌，前刊课艺散失无存。是集梨枣之资，悉由方伯石泉杨公筹款，详请刊刻。大吏嘉惠士林盛意，合并注明。"⑧《游文书院课艺》（常熟）李芝绶序："（汪公耕余）甲戌（1874）季夏以书来谂，且嘱绶择辛（1871）壬（1872）两年院中课艺之

① 如山选编：《会文书院课艺初刻》，光绪七年（1881）刊本，如山序。

② 王景彝选编：《高观书院课艺》，光绪十三年（1887）刊本，卷首。

③ 戴熙选编：《崇文书院敬修堂小课甲编》，咸丰八年（1858）刊本，戴熙序。

④ 陈兆熙选编：《金陵惜阴书舍赋钞》，同治十二年（1873）刊本，陈兆熙序。

⑤ 许景澄选编：《紫阳书院课艺五编》，光绪八年（1882）刊本，许景澄题识。

⑥ 俞樾选编：《诂经精舍五集》，光绪九年（1883）刊本，俞樾序。

⑦ 赵所生、薛正兴主编：《中国历代书院志》第15册，江苏教育出版社1995年版，第435～686页。

⑧ 薛时雨选编：《崇文书院课艺》，同治六年（1867）刊本，监院题识。

尤雅者，裒辑邮寄，公将捐廉，付之手民，为学者观摩之助。"① 《会文书院课艺初刻》（天津）马绳武序："适丁藩伯权津关道篆，慨捐白金若干为剞劂费。"②

2. 发表周期、用稿率、用稿标准和"关系稿"

（1）发表周期。

清代书院考课兴盛，课艺总集的稿源相当充足，往往"戢戢如束笋"③。如果选刊不及时，势必积压大量课艺。《正谊书院课选》（苏州）刊于光绪二年（1876），收录同治四年（1865）至六年（1867）课艺。光绪八年（1882）蒋德馨（1810—1893）谋刊《正谊书院课选二集》时，书院所存课艺已是"卷帙山积，插架连屋，间有虫侵鼠啮，简断篇残，未经厘订"。蒋氏"续加遴选，历年既多，架构林立，如泛珠湖而游玉海，美不胜收。虽博观约取，不无割爱，而婉雅之材，拔十得五，计所裒辑，已不下数十万言。若一旦全行付梓，不但排比烦冗，即剞劂亦未易蒇事。乃依初刻之例，仍以三年为一集"④，所收即为同治七年（1868）至九年（1870）课艺。而其刊行在光绪八年（1882），相隔十余年，发表周期颇为漫长。

不过，多数课艺总集的发表周期没有这么长。《紫阳书院课余选》（杭州）收录道光二十三年（1843）课艺，刊于二十四年（1844）；《崇文书院课艺》（杭州）收录同治四年（1865）至六年（1867）课艺，六年（1867）冬月开雕，七年（1868）四月讫工；《东城讲舍课艺》（杭州）收录同治四年（1865）至七年（1868）课艺，八年（1869）季春付雕；《游文书院课艺》（常熟）收录同治十年（1871）、十一年（1872）课艺，十三年（1874）开雕；《姚江龙山课艺初刻》（余姚）收录光绪十七年（1891）、十八年（1892）课艺，十九年（1893）开雕；《续刊经训书院课艺》（南昌）收录光绪十四年（1888）至十六年（1890）年课艺，十九年（1893）仲冬开雕；《经训书院课艺三集》（南昌）收录光绪十八年（1892）、十九年（1893）年课艺，二十二年（1896）年孟夏开雕。一年至五年，是较为常见的发表周期。

（2）用稿率。

并非所有生徒的课艺都能够收入总集。有的属于"自然淘汰"，如《诂经精舍续集》（杭州）选刊之时，"年来所课卷，已散佚不全"⑤；《诂经精舍七集》（杭州）距离《六集》之刊已有十年，"课卷丛残，仅存大半"⑥；光绪七年（1881）曾兆鳌选刊《玉屏课艺》（厦门），其时他"司玉屏讲席十有八年于兹矣"，"客秋山居多暇，聚旧课将录而梓之，而庚午（1870）以前存者寥寥"⑦；《当湖书院课艺二编》（嘉定）选刊之时，距离初编已有二十年，"积之既久，间或散佚，计所存仅十之六七"⑧。

① 李芝绥选编：《游文书院课艺》，同治十三年（1874）刊本，李芝绥序。
② 如山选编：《会文书院课艺初刻》，光绪七年（1881）刊本，马绳武序。
③ 俞樾选编：《诂经精舍五集》，光绪九年（1883）刊本，俞樾序。
④ 蒋德馨选编：《正谊书院课选二集》，光绪八年（1882）刊本，蒋德馨序。
⑤ 罗文俊、胡敬选编：《诂经精舍续集》，道光二十二年（1842）刊、同治十二年（1873）重刊本，胡敬序。
⑥ 俞樾选编：《诂经精舍七集》，光绪二十一年（1895）刊本，俞樾序。
⑦ 曾兆鳌选编：《玉屏课艺》，光绪七年（1881）刊本，曾兆鳌序。
⑧ 杨恒福选编：《当湖书院课艺二编》，光绪十三年（1887）刊本，杨恒福序。

　　有幸存留的课艺，也未必都能入选总集。编选者往往"择尤甄录"，故而由于"集隘，不能多载，遗珠之惜，诚所难免"。① 至于用稿率，有些总集的序言已经明言。《敬修堂词赋课钞》（杭州崇文书院）胡敬序："积时既久，散佚颇多，姑即所存，汰其繁芜，抉其瑕类，十取一二，合前刻成十有六卷。"②《羊城课艺》（广州）陈其锟序："乃裒历岁所积，课艺盈千，删繁汰冗，得百十首付梓，以诏来兹。"③《钟山书院课艺初选》（江宁）孙锵鸣序："尽发府署所存前列卷二千余篇，博观约取，又得二百八十余篇，为《续选》。"④ 可知这些总集的用稿率为 10%～20%。

　　还有些总集，结合序言和选录情况，也可知其用稿率。《黄州课士录》（黄州经古书院）周锡恩序："自庚寅（1890）夏迄辛卯（1891）春，诸生课作，千有余篇。兹择其尤雅，刊若干卷。"⑤ 是集所收 203 篇，用稿率约为 20%。《丰山书院课艺》（香山）黄绍昌序："计岁中阅时艺一千九百余首，经说、史论、骈散文、诗赋八百余首。明府谓宜择其尤雅者，刻为课艺。乃选时艺若干首，呈明府裁定，付之剞劂，而古学别为一编。"⑥ 笔者所见是集皆时艺，凡二卷 66 篇。序中所云古学一编，未见。推算起来，时艺的用稿率尚不足 3.5%。

　　又有少数总集，可知其作者入选的几率。《尊经书院课艺》（江宁）薛时雨序："岁在己巳（1869），时雨以谷山制府聘，承乏尊经书院。院中士肄业者二百人有奇，视承平时已减。""起乙丑（1865）二月，迄己巳（1869）十二月，积一百余课，存文若干首。"⑦ 是集南京图书馆藏本仅一册，国家图书馆藏本六册，系全本。据全本，凡制艺 161 篇，作者 38 人。二百多人中，仅 38 人有课艺入选，亦可见发表之不易。

　　（3）用稿标准。

　　清代科举考试的主要文体是八股文，其衡文标准叫做"清真雅正"。⑧ 以八股文为主要内容的课艺总集，其选文亦以"有利于场屋"⑨ 为目标，故而"清真雅正"自然成为去取标准。兹列举数则序言或凡例，以见一斑。

　　　　文取清真雅正。⑩
　　　　每课一艺，必以能融会圣贤立言之旨为宗。至文之清奇浓淡，苟不诡于正，有长必录。⑪

---

　①　华世芳、缪荃孙选编：《龙城书院课艺》，光绪二十七年（1901）刊本，凡例。
　②　胡敬选编：《敬修堂词赋课钞》，道光二十二年（1842）刊本，胡敬序。
　③　陈其锟选编：《羊城课艺》，咸丰元年（1851）刊本，陈其锟序。
　④　李联琇选编：《钟山书院课艺初选》，光绪四年（1878）刊本，孙锵鸣序。
　⑤　周锡恩选编：《黄州课士录》，光绪十七年（1891）刊本，周锡恩序。
　⑥　黄绍昌选编：《丰山书院课艺》，光绪十四年（1888）刊本，黄绍昌序。
　⑦　薛时雨选编：《尊经书院课艺》，同治九年（1870）刊本，薛时雨序。
　⑧　龚延明、高明扬：《清代科举八股文的衡文标准》，《中国社会科学》2005 年第 4 期。
　⑨　雪岑氏选编：《紫阳正谊课艺合选》，道光二十二年（1842）刊本，雪岑氏题识。
　⑩　陈本钦选编：《城南书院课艺》，咸丰四年（1854）刊本，陈本钦序。
　⑪　潘遵祁选编：《紫阳书院课艺》，同治十一年（1872）刊本，潘遵祁序。

其阅文也，奇正浓淡，有美毕收，而悉以理真法密为的。①

制艺代圣贤立言，以清真雅正为上。是选取文品不高不低，学有根柢，堪以应制科者为率。其有文涉寒俭，貌为高古者，概不入选。②

就近岁掇拾，得文百二十篇，一以清真雅正为主，其浪逞才华者置弗录。③

择其尤者一百七十篇，皆理法清真而有书卷议论者。④

诗文以清真雅正为宗，而大要尤在于切。⑤

汇三年内官师课卷，择其理法双清、华实并茂者录之。⑥

龙邑侯观帆叙前选云："浓淡平奇，浅深散正，一以宜乎今而不背乎古为准则。"今亦犹是意云尔。⑦

以经史词章为主要内容的课艺总集，则另有取舍标准。《学古堂日记》（苏州）吴履刚跋："贵筑黄公昔主讲保定莲池书院"，"其为教也，大约校勘必致精，纂录必举要，考据务详确而惩武断，义理尚平实而耻空谭，条贯本末，兼综汉宋，实事求是，期于心得，以上企孟氏详说反约、孔门博文约礼之训"⑧。《南菁讲舍文集》（江阴）黄以周序："凡文之不关经传子史者，黜不庸；论之不关世道人心者，黜不庸；好以新奇之说、苛刻之见自炫，而有乖经史本文事实者，黜不庸。"⑨

（4）"关系稿"。

胡敬（1769—1845）主讲杭州崇文书院，选编《敬修堂词赋课钞》，收录董醇等81人课艺，其中胡琨、胡琮姓名之后皆有"附"字。⑩ 胡琨（1814—1860），字次瑶；胡琮（1815—1861），字季权：皆为胡敬子。琨、琮二人课艺入选是集，当是其父关照。需要说明的是，说琨、琮二人课艺为"关系稿"，不是说他们所作不佳。胡琮于道光二十一年（1841）补廪膳生，胡琨于二十四年（1844）乡试中式第32名举人，⑪ 皆属一时俊彦。他们与其兄胡珵有《胡氏群从集》三卷，《清史稿·艺文志》著录。

《紫阳书院课艺九集》（杭州）收录陈予鉴制艺一篇。文后评语云："选课艺既竣，同学世兄骆筠溪持此卷语予曰：'此旧徒陈某作也。刻苦为文，少年赍志以殁。可否存之？'辞甚切。虽然，欲于课艺中存其人，亦可哀矣。文亦足存者，因附卷中。"⑫ 其文虽"亦

---

① 杨延俊选编：《鸾翔书院课艺》，光绪三年（1877）刊本，杨延俊序。

② 如山选编：《会文书院课艺初刻》，光绪七年（1881）刊本，例言。

③ 曾兆鳌选编：《玉屏课艺》，光绪七年（1881）刊本，曾兆鳌序。

④ 郭式昌选编：《爱山书院课艺》，光绪八年（1882）刊本，郭式昌序。

⑤ 屠福谦选编：《冯岐课艺合编》，光绪十七年（1891）刊本，凡例。

⑥ 马传煦选编：《崇文书院课艺九集》，光绪十七年（1891）刊本，马传煦序。

⑦ 杨恒福选编：《当湖书院课艺三编》，光绪二十二年（1896）刊本，杨恒福序。

⑧ 雷浚等选编：《学古堂日记》，光绪十六年（1890）至二十二年（1896）刊本，吴履刚跋。

⑨ 黄以周、缪荃孙选编：《南菁讲舍文集》，光绪十五年（1889）刊本，黄以周序。

⑩ 胡敬选编：《敬修堂词赋课钞》，道光二十二年（1842）刊本。

⑪ 胡珵：《诰授朝议大夫翰林院侍讲学士书农府君年谱》，《北京图书馆藏珍本年谱丛刊》第131册，第435、437页。

⑫ 王同选编：《紫阳书院课艺九集》，光绪二十年（1894）刊本。

足存者"，但无骆筠溪的推荐则不能入选。

又，《江汉书院课艺》（武昌）辛卯（1891）卷，收录制艺 10 题 31 篇。每题皆收前三名所作，唯末题增收"四十名苏逢庚"一篇。壬辰（1892）卷收录制艺 10 题 33 篇，每题皆收前三名所作，唯第一、二、五题增收"四名陈略"、"一等百二十名陈略"、"五名陈略"三篇。① 苏、陈二人考课名次靠后，却能入选，颇显突兀，故疑二人课艺属于"关系稿"。

3. 命题、发表、润色和评点

（1）命题。

书院课艺总集从内容上看，有专收八股文和试帖诗的，有专收经史词章、时务算学的，也有兼收前两者的。不论何种类型，课艺题目多为官师（地方官员和书院山长）所拟，生徒所作皆是命题文章。故而总集之中，多同题之作。

也有个别例外。黄彭年主讲保定莲池书院，认为"课试成材，非启牖向学。限之以命题，虑非性所近也；拘之以篇幅，惧其辞不达也"，因而不再命题，改由生徒自拟题目，"命诸生为日记，人给以札，旬而易焉，月论其得失而高下焉"。②

（2）发表。

生徒所作课艺，入选课艺总集时，一般是全文刊登。

也有特殊情况。有的总集在刊登全文之后，附录其他作者所作相关段落。如《丰山书院课艺》（香山），陈金垣《未若贫而乐，富而好礼者也。子贡曰：〈诗〉云："如切如磋，如琢如磨。"其斯之谓与》文后，附录杨彤英所作提比；梁煦南《人恒过，然后能改。困于心，衡于虑，而后作；征于色，发于声，而后喻》文后，附录唐景端所作起讲。③ 抄本《紫阳书院课艺》（凡十四册十五编，三四编合为一册）也是如此。如第一编收录巢序铺等人制艺全文 37 篇，有评点；又收录汪宗泰等 17 人所作"起比"、"后比"、"后四比"等段落，无评点。④ 这有些类似于今日学术刊物的"论点摘编"。

又有的总集，不能收录所有生徒的课艺，为免遗珠之憾，将未能入选总集的生徒姓名列在卷首。如《诂经精舍续集》（杭州）收录董醇等 59 人课艺，卷首列出壬辰年（1832）至壬寅年（1842）"诂经精舍肄业之士"183 人姓名。⑤《会文书院课艺初刻》（天津）收录赵銮扬等 23 人课艺，卷首列出"乙亥（1875）、丙子（1876）、丁丑（1877）三年内肄业者"49 人姓名。⑥《经训书院文集》（南昌）卷首有壬午（1882）、癸未（1883）、甲申（1884）《与课同人题名》。⑦

（3）润色。

生徒所作，偶有瑕疵，收入总集时，多经选编者修改润色。序言、题识中时有

---

① 周恒祺选编：《江汉书院课艺》，光绪十七年（1891）、十八年（1892）课艺，刊刻时间未详。

② 黄彭年选编：《莲池书院肄业日记》，光绪五年（1879）刊本，黄彭年序。

③ 黄绍昌选编：《丰山书院课艺》，光绪十四年（1888）刊本。

④ 《紫阳书院课艺》，抄本，南京图书馆藏。

⑤ 罗文俊、胡敬选编：《诂经精舍续集》，道光二十二年（1842）刊、同治十二年（1873）重刊本，卷首。

⑥ 如山选编：《会文书院课艺初刻》，光绪七年（1881）刊本，卷首。

⑦ 王葆选编：《经训书院文集》，光绪八年（1882）至十年（1884）刊本，卷首。

提及：

>就中多寡，损益之，改易之，间摘瑜以补其瑕。①
>
>每遇佳篇，击节称赏，偶有疵累，皆为商改尽善。或题蕴未尽者，拟作以畅其义。②
>
>其中文字偶有删润者，多系学使改笔，或参用他卷之作。以无关宏旨，不复觐缕。③
>
>兹集仍就随课录取前列之佳制，详加评骘，间为删易而润色之，归于完善，犹夫初、二集慎选之至意。④
>
>爰择其尤者，得若干篇。间有一二点窜处，管窥所及，犹蕲与同志商之。⑤

有少数总集在各篇课艺之后，标明刊刻时删改字数，如《紫阳书院课艺》（苏州）初编至第四编、第八编至第十一编。

也有未加润色而直接收录者。《蜀秀集》（成都）张选青题识云："亦有文字略有小疵而未及更改者，则以风檐寸晷，下笔不能自休，姑仍之以存其本色。阅者录其尺瑜，略其微颣可已。"⑥

（4）评点。

课艺总集成书时，往往附录评点，间有署名。如《崇实书院课艺》（清河），吴其程《一言以蔽之曰思无邪》评点二则，分别署"吴仲仙漕帅原评"、"楞仙"；钱丹桂《天下有达尊三爵一齿一》评点二则，分别署"武镜汀郡伯原评"、"楞仙"；山长钱振伦拟作《且知方也》评点二则，分别署"年愚弟吴棠拜读"、"吴昆田拜读"。⑦

总集所见评点，以总评居多，间有眉批、夹批。如《正谊书院小课》（苏州）收录《秧马赋》三篇。第一名洪鼎，起句："新雨一犁，长堤短堤。草软三径，风轻四蹰。"夹批："飒然而至，奕奕有神。"总评："结体大方，虽缩本不至拘缚。"第二名王熙源，起句："千塍绿颖浓如写，中有雀跃而行者。"夹批："起势飞舞。"总评："□干中有姿色致。"第三名吴汝渤，起句："大田多稼，我马既同。鸧鸣陇上，雀跃泥中。"夹批："工于发端，全神已揭。"总评："独见逋峭。"⑧ 又如《毗陵课艺》（常州）收录史致诰《君子人与》，眉批："从下句逆探而入，笔势飘忽。""神回气合。""庄重不佻。""笔力雄伟、包孕宏深。""激昂慷慨、振笔直书。""无意不周，无语不卓。"总评："从一与字着想，题位一丝不溢。"⑨

---

① 萧延福选编：《晴川书院课艺》，同治七年（1868）刊本，萧延福序。
② 杨延俊选编：《鸾翔书院课艺》，光绪三年（1877）刊本，杨延俊序。
③ 谭宗浚选编：《蜀秀集》，光绪五年（1879）刊本，张选青题识。
④ 晏端书选编：《梅花书院课艺三集》，光绪八年（1882）刊本，晏端书序。
⑤ 杨恒福选编：《当湖书院课艺三编》，光绪二十二年（1896）刊本，杨恒福序。
⑥ 谭宗浚选编：《蜀秀集》，光绪五年（1879）刊本，张选青题识。
⑦ 吴棠、钱振伦等选编：《崇实书院课艺》，同治二年（1863）至光绪七年（1881）刊本。
⑧ 朱琦、欧阳泉选编：《正谊书院小课》，道光十八年（1838）刊本。
⑨ 谭钧培选编：《毗陵课艺》，光绪三年（1877）刊本。

评语中偶尔还能见到缘情之笔。如《崇川紫琅书院课艺》（江苏通州）张丽炎文末评语："思清笔健，最得题情。张生性情纯笃，资识过人。绩学能文，名闻郡邑。余方以大成期之，而所如辄阻，不得志于时。英年遽别，士林惜之。遗稿甚多，聊登一二，以志瓣香云。"王嶒文末评语："落落词高，飘飘意远，足征怀抱不凡。生孤寒力学，早岁能文，决为远到之器。乃食饩未果，修文遽召。岂真有才无命耶？览遗篇，为之出涕。"①

入选总集的课艺，皆是优秀作品，故而评点几乎都是表扬性的。课艺原件中能够见到的批评性意见，如"情文相生，稍欠锤炼。排律误作五言"②，"寓意规讽，未始不佳。惟极力作态，而笔力不足以副之耳"，"后幅尚不直致结，未有余韵，前路未清"③，"诗有佳句，惜失拈"④ 等，在总集中则极少见到。

4. 刊刻和牌记

（1）刊刻。

有少数课艺总集以袖珍本刊行，如《鸾翔书院课艺》（杨延俊选编，光绪三年刊）、《广陵书院课艺》（范凌霨选编，光绪六年刊）。袖珍本的优势是便于携带，可以随时阅读，以备考试。《紫阳正谊课艺合选》雪岑氏题识："钦遵古香斋袖珍板式，俾便舟车携览云。"⑤《各省校士史论精华·略例》："是论仿袖珍板式，以备舟车便览。幸勿误带入闱，致干功令。"⑥

有的课艺总集刊刻精良，如《冯岐课艺合编·凡例》："是编从本年七月初发刊，至十一月初完工，写刻核对，均求详慎，尚少鲁鱼亥豕之讹。"⑦ 也有少数课艺总集编印仓促，校勘不精。如光绪十年（1884）上海江左书林翻刻的《关中课士诗赋录》、三十年（1904）任锡汾序刊的《春江书院课艺》。又有些课艺涉及图表，排印较为繁难，选入总集时也往往省略。如《龙城书院课艺》："舆地各艺，原有图者颇多。今以恩促排印，不及绘刻。拟俟续镌，以成全璧。""代数算式，工人不善排集。每遇算式，辄另镌木，费时既多，且易散失。故只取简易者，略登一二。其他繁重诸作，概从割爱。"⑧

（2）牌记。

课艺可资揣摩，有助于科举考试，难免有人翻刻牟利。著名书院的课艺总集，尤其容易成为盗版的目标。"翻刻必究"四字，也就常见于课艺总集的扉页。《正谊书院课选二编》（苏州）还有监院声明：

① 吴鸣镛选编：《崇川紫琅书院课艺》，嘉庆二十五年（1820）刊本。
② 东城讲舍丁梦松课艺，上海图书馆藏。
③ 金台书院吴大澄课艺，上海图书馆藏。
④ 剡溪书院宋烜课艺，首都图书馆藏。
⑤ 雪岑氏选编：《紫阳正谊课艺合选》，道光二十二年（1842）刊本，雪岑氏题识。
⑥ 梅启照、姚润选编：《各省校士史论精华》，光绪二十八年（1902）刊本，略例。
⑦ 屠福谦选编：《冯岐课艺合编》，光绪十七年（1891）刊本，凡例。
⑧ 华世芳、缪荃孙选编：《龙城书院课艺》，光绪二十七年（1901）刊本，凡例。

监院正堂欧阳示：本院课选二编，奉院长朱鉴定，经诸生参校付镌。如有抽减篇数，翻刻射利者，访闻确实，立即指名移究，惩办不贷。特示。①

《正谊书院课选三编》、《正谊书院课选四编》、《正谊书院小课》皆有同样声明。《各省校士史论精华》则声称与他书绝无雷同：

是论与近日坊间木板、石印《史论正鹄》、《历代史论》、《国朝名家史论》诸编，绝无一艺雷同，并非改顿换面者可比。②

考试类书籍的出版，竞争之激烈，于此亦可见出一二。

有的课艺总集标明定价。《游文书院课艺》（常熟）："板存苏州长春巷西口传文斋刻字店，每部纸张印工大钱壹佰贰拾文。"③《广陵书院课艺》（扬州）："每部实洋杭连贰角二分，竹纸壹角八分。"④《奎光书院赋钞》（江宁）："此赋原选十七年（1891），止价贰佰文；又增选至十九年（1893）春，止定价每部叁佰文。"⑤

又有的课艺总集既标出定价，也为本书坊其他课艺登载广告。《惜阴书院东斋课艺》（江宁）、《钟山书院课艺初选》（江宁）皆为金陵李光明庄所刊，其扉页广告称：

金陵书院课艺九种，其板永存江宁省城三山大街大功坊秦状元巷中李光明家，印订发售，价目列左：

　　钟山初选　四本制钱贰百文
　　　续　　　八本制钱柒百文
　　惜阴东斋　八本制钱柒百文
　　　西　　　八本制钱柒百文
　　尊经四刻　八本制钱柒百文
　　　二　　　两本制钱壹百四十文
　　　初　　　六本制钱叁百六十文
　　　三　　　四本制钱贰百四十文
　　　　　　　两本制钱□□□□□⑥

《尊经书院课艺七刻》（江宁）、《奎光书院赋钞》（江宁）也有相似的广告：

————————————

　① 朱琦、欧阳泉选编：《正谊书院课选二编》，道光十五年（1835）刊本，卷首。
　② 梅启照、姚润选编：《各省校士史论精华》，光绪二十八年（1902）刊本，略例。
　③ 李芝绶选编：《游文书院课艺》，同治十三年（1874）刊本，扉页。
　④ 范凌霄选编：《广陵书院课艺》，光绪六年（1880）刊本，卷首。
　⑤ 秦际唐选编：《奎光书院赋钞》，光绪十九年（1893）刊本，扉页。
　⑥ 孙锵鸣选编：《惜阴书院东斋课艺》，光绪四年（1878）刊本，广告页；李联琇选编：《钟山书院课艺初选》，光绪四年（1878）刊本，广告页。

　　江南城聚宝门三山街大功坊郭家巷内秦状元巷中李光明庄，自梓童蒙各种读本，拣选重料纸张装订，又分铺状元境、状元境口、状元阁发售，实价有单。①

5. 稿费和转载

（1）稿费。

课艺入选总集，作者并无稿费。但书院多设有膏火费，且金额与考课的等级、名次挂钩。能够多次入选总集的课艺作者，自然是平时考课成绩名列"超等"、"上取"的生徒，他们可以博得较为可观的膏火费。这可以视作"预支"稿费。

如陆春官（1858—1906），《尊经书院课艺五集》、《尊经书院课艺六集》、《尊经书院课艺七集》、《续选尊经课艺》、《文正书院丙庚课艺录》（江宁）分别收其制艺7、5、6、13、4篇。他"性不喜帖括，以家贫，亲老仰膏火自给，每月院课，为文十数卷，至夜分始辍，以是羸弱"。② 周鸣春（字芷庭），《崇文书院课艺》、《学海堂课艺续编》（杭州）分别收其制艺6、1篇。他"赴杭应课，课辄冠曹。每一艺出，士子哄传遍抄，城垣纸为之贵，而一家十余口即藉是以为活"③。费有容（1874—1931），《紫阳书院课艺九集》、《诂经精舍七集》、《诂经精舍八集》（杭州）、《最新两浙课士录》分别收其课艺1、5、3、1篇。费氏晚年所作《杭酒襟痕录》回忆道："肄业各书院，岁约得膏火费四百元有奇。而廪保之舆膳、生徒之修脯，以至各项卖文之值得，并计亦逾五六百，家用外绰绰余裕。"④

各书院的"预支"稿费亦有高有低。项藻馨（1873—1857）早年在杭州应课，各有1篇课艺入选《诂经精舍八集》、《紫阳书院课艺九集》。后来他赴上海参加格致书院的考课，发现"奖金优厚，较之杭地竟数倍焉"。⑤

（2）转载。

根据编选层次，可将课艺总集分为初选本和二次选本。所谓初选本，指集内诗文系初次汇编成册者。这是今存课艺总集的主要形态。二次选本，则是从初选本中再选佳作、汇为一编者。这类选本数量不多，今存十余种，如《各省课艺汇海》（撷云腴山馆主人编，光绪八年刊）、《五大书院课艺》（光绪二十二年明达学社刊）、《最新两浙课士录》（浙报馆选，光绪二十六年刊）、《云间四书院新艺汇编》（姚肇瀛编，光绪二十八年刊）、《苏省三书院课艺菁华》（竹虚室主编，光绪二十八年刊）、《各省校士史论精华》（姚润编，光绪二十八年刊）、《选录金陵惜阴书院、浙江敬修堂论议序解考辨等艺》（抄本，上海图书馆藏）。如果说初选本类似于今之"学报"和"集刊"，二次选本则接近于今之"学报

　　① 卢鉴选编：《尊经书院课艺七刻》，光绪十五年（1889）序刊本，广告页；秦际唐选编：《奎光书院赋钞》，光绪十九年（1893）刊本，广告页。

　　② 蒋国榜：《陆椿生先生传》，陆春官：《陔余杂著》卷首，《丛书集成续编》第197册，第663页。

　　③ 光绪《富阳县志》卷19《人物·国朝》，光绪三十二年（1906）刊本，第39页。

　　④ 费有容：《杭酒襟痕录》，《金刚钻月刊》1934年第1卷第12期，第1页。

　　⑤ 宣刚整理：《项兰生自订年谱（一）》，《上海档案史料研究》第9辑，三联书店2010年版，第186页。

文摘"、"复印资料"。

二次选本亦多有连续出版物的性质。《紫阳正谊课艺合选》之后有《紫阳正谊两书院课艺合选二集》（苏州）；《金陵惜阴书舍赋钞》（江宁）陈兆熙序明言"经解杂作，集隘不能备登，俟之续刻"；①《最新两浙课士录》、《各省校士史论精华》则登出广告："初编论，二三编续出。"②"二集选定，不日开雕。"③

其转载原文、评点，一般不作改动。《金陵惜阴书舍赋钞》（江宁）"批评次序，悉遵原阅，不敢妄以己意增损"，④《各省校士史论精华》"系倩各省友人抄录邮寄，评圈悉依原稿。间有失去批词者，概付阙如，以存其真"。⑤

跨书院收录的二次选本，多标明课艺来源。《最新两浙课士录》作者名下，注明所属书院及名次，如"陈锦文，诂经一名"，"费有容，崇文一名"，"朱宗莱，紫阳一名"。《各省课艺汇海》作者前标注所属书院，或课作来源，如《学海堂续集》、《闽中初集·正谊书院》、《尊经初集》周山长课、《崇文四集》马山长课、《闽中·鳌峰书院二集》、江汉书院、《安定梅花合编》等。

与今日的"大学学报"和"学术集刊"相比，清代书院课艺总集的刊期、发表周期都偏长，课艺题目不是作者自拟，用稿标准多与科举考试相关，稿费已在膏火费中"预支"；但从连续出版物这一本质属性，以及筹款、审稿、发表、刊行、转载等系列流程来看，书院课艺总集实开今日学报和集刊的先河。可以说，课艺总集是清代的书院"学报"和"集刊"。在历代总集中，这是一个特殊的类型。

三

现有关于清代书院课艺的研究，主要涉及思想、学术（含算学）、教育、文学四个领域。

1. 思想史研究

从思想史入手的研究起步最早，但基本上集中于《格致书院课艺》。较早的论著有毕乃德《上海格致书院：向中国传播西方科学的尝试》（《太平洋历史评论》1956年第2期），其后王尔敏《上海格致书院志略》（香港中文大学出版社1980年）影响更大。王著第五章《近代新思潮之启发》详列《特课季课命题官绅名表》、《特课季课题称表》、《特课与季课历年优奖课生名表》、《课艺征引书目表》，以此证明"官绅诱导士子之苦心，全部重在当时国家急切问题即所谓时务"等论题。熊月之《西学东渐与晚清社会》（上海人民出版社1994年）第八章第四节视《格致书院课艺》为"普通知识分子西学心态录"。熊月之、袁燮铭《上海通史》第三卷《晚清政治》（上海人民出版社1999年）第七章第

---

① 陈兆熙选编：《金陵惜阴书舍赋钞》，同治十二年（1873）刊本，陈兆熙序。
② 浙报馆选编：《最新两浙课士录》，光绪二十六年（1900）刊本，卷首。
③ 梅启照、姚润选编：《各省校士史论精华》，光绪二十八年（1902）刊本，略例。
④ 陈兆熙选编：《金陵惜阴书舍赋钞》，同治十二年（1873）刊本，陈兆熙序。
⑤ 梅启照、姚润选编：《各省校士史论精华》，光绪二十八年（1902）刊本，略例。

三节《小人物的声音：〈格致书院课艺〉》认为，先前冯桂芬、郑观应、王韬等人宣传的变法主张，在课艺中都得到了充分的阐述，有些比冯、郑、王说得更透彻，更尖锐。相关论著还有尚智丛《1886—1894 年间近代科学在晚清知识分子中的影响——上海格致书院格致类课艺分析》（《清史研究》2001 年第 3 期）、郝秉键和李志军《19 世纪晚期中国民间知识分子的思想——以上海格致书院为例》（中国人民大学出版社 2005 年）①、本杰明·艾尔曼《中国近代科学的文化史》（王红霞等译，上海古籍出版社 2009 年）第五章《从教科书到达尔文：现代科学的到来》之《格致课艺题目及其科学内容》和《格致课艺中的医学问题》、沈立平《〈格致书院课艺〉中的科学内容研究》（上海交通大学 2009 年硕士论文）。

　　关注《格致书院课艺》之外的书院课艺的，有杨念群《儒学地域化的近代形态——三大知识群体互动的比较研究》下篇第六章《理想主义的没落：岭南书院与精英格局之变》（三联书店 2011 年），讨论地域化儒学的近代嬗变与学科类别的分化之关系，以《广雅书院文稿》为史料，取材可谓别具慧眼②。第七章《古典偶像的重塑：江浙书院与学风梯级效应》探讨"'汉宋之学'势力的消长"、"江浙地域以书院为轴心密布纵横的知识群体网络"等论题，以杭州诂经、江阴南菁、南京惜阴、上海求志、杭州东城、上海蕊珠、苏州正谊、镇江宝晋、松江云间、松江求忠、南京钟山、沅水校经堂等 20 所书院的课士情况为例，学术视野相当开阔。只是，以上列名的 12 所书院今皆有课艺总集存世，该书仅利用《诂经精舍文集》和《南菁讲舍文集》二种，其他文献主要为书院志和地方志。若能全面考察这些书院的课艺总集，特别是课士题目，相关论题的研究或可更为深入。

　　2. 学术史研究

　　书院课艺是学术史研究的重要史料。程克雅《从湖湘到广东：书院课艺在晚清经学传述中的重要性》提出，在清代中叶以后盛行刊刻课艺及以经史为主要内容的双重因素

---

　　①　全书共七章，有六章是以《格致书院课艺》为主要材料，以致有批评文章认为该书的副标题宜改为"以《格致书院课艺》为中心"（毛志辉：《关于〈19 世纪晚期中国民间知识分子的思想——以上海格致书院为例〉的不足及错谬》，《中国图书评论》2010 年第 5 期，第 98 页）。

　　②　但其中有一处误读。该书认为："有些学生因为对同一个问题感兴趣，因而常选同一个题目进行写作，因此《广雅书院文稿》中收录的一些题目会重复出现数次，其论证的角度和方式均不一样。我们从生员选择某些题目次数的多寡中可大致看出书院学风表现出的整体意向性。"由此统计各篇选用次数，展开论述。问题在于，多有同题之作，这是书院课艺的普遍现象；这一现象的产生，并非出于生徒的兴趣，而是课艺总集的编选者选择所致。考课时众多生徒同作一题，选入课艺集者乃其中优秀之作。选多选少，选谁不选谁，主要在于编选者。有些书院课艺总集于作者姓名之前标注考官、等级、名次等项，例如《经正书院课艺二集》（陈荣昌选定，光绪二十九年刊本）史学部分，《陶侃温峤论》两篇，作者为"兴臬宪课一名丁建中"、"八名尹钟琦"；《嘉靖大礼论》四篇，作者为"林臬宪课一名李堃"、"五名袁嘉端"、"八名秦光玉"、"十五名张鸿范"，由此可以清晰地看到选篇多寡实由编选者为之。又如《会文书院课艺初刻》（如山辑，光绪七年刊本），卷首列举有文人选者 24 人名单，又将在院肄业但无文收录者 49 人名单列出。这有些近似于今之转载类学术刊物，有"全文转载"与"篇目索引"之分。而如何分别，端在选者。杨著以为同题之作、入选篇数与生徒兴趣有关，这不符合实际。

之下，课艺是一项探讨经学传述的重要凭借。该文主要以《沅湘通艺录》为例展开讨论①。徐雁平《清代东南书院与学术及文学》对课艺总集留意较多，书中时有引述，中编第三章第四节《课作中的学术》又有专门论述。该节论及《云间书院古学课艺》、《若溪书院课艺》、《诂经精舍八集》、《南菁书院日记》、《学古堂日记》、《正谊书院课选》等，对其中部分课作作了细读。

刘玉才《清代书院与学术变迁研究》（北京大学出版社 2008 年）第六章第四节《从书院到学堂》，论及书院改制中的学术变迁，以光绪年间两湖书院生徒唐才常的五篇课艺为例，认为两湖书院具有面向现实政治问题的学术取向。又对南京钟山书院《乙未课艺》予以解读，认为无论是策问的题目，还是应对的文字，都流露出强烈的时代情绪。王建梁《清代书院与汉学的互动研究》（武汉出版社 2009 年）研究书院与汉学的关系，也关注到诂经精舍、学海堂、尊经书院、南菁讲舍等书院的课艺总集。程继红、贾全聚《黄以周与近代南菁书院生徒群体及学脉传承》（《朱子学刊》2011 年第 1 辑）通过研读南菁课艺，揭示出黄以周与南菁学脉谱系的关联。

近年有两篇博士论文，对课艺关注颇多。李晓宇《尊经·疑古·趋新——四川省城尊经书院及其学术嬗变研究》（四川大学 2009 年博士论文）讨论尊经书院的学术嬗变，四种课艺总集是其重要史料。附录《尊经院生征略》考索书院生徒事迹，用功甚勤。陈小华《〈诂经精舍文集〉研究》（华中师范大学 2013 年博士论文）重点研究《诂经精舍文集》中的学术文章，涉及学术内容、方法、水平、价值、借鉴等方面，旨在探讨诂经精舍百年学术成就的基本状况。此外，相关个案研究还有於梅舫《〈诂经精舍文集〉与诂经精舍早期学风》（《湖南大学学报》2008 年第 5 期）。

书院算学课艺在自然科学史的研究领域中也颇受关注，相关论著有李迪《清末的书院与"算学课艺"》（《中日近现代数学教育史》第 3 卷，株式会社 1999 年）、李兆华《晚清算学课艺考察》（《自然科学史研究》2006 年第 4 期）、徐岩《清末数学家支宝枏及其〈上虞算学堂课艺〉探究》（天津师范大学 2005 年硕士论文）、夏军剑《清末数学家华世芳及其〈龙城书院课艺〉研究》（天津师范大学 2006 年硕士论文）等。

3. 教育史研究

这方面较早的研究有周汉光《张之洞与广雅书院》（中国文化大学出版部 1983 年）第四章第一节《广雅书院》之十二《考课》，提及兴宁张赞廷的课卷。这份课卷为罗文教授私人所藏，该书利用此一实物，弥足珍贵。可惜作者不知国家图书馆藏有抄本《广雅书院文稿》（佚名辑，12 册），否则以此《广雅书院文稿》为论述材料，《考课》部分完全可以单独作为一章予以论述。

---

① 然而《沅湘通艺录》是否属于书院课艺，似可再讨论。按此书卷首湖南学政江标序云："使者奉天子命，视学三年，岁科两试既毕，例有试牍之刻。乙酉（1885）秋冬之间，编校试者之作，不易一字，裒而刻之，得若干卷，名曰《沅湘通艺录》，仅十分之一耳。"（《沅湘通艺录（附四书文）》，商务印书馆辑：《丛书集成初编》第 233 册，第 1 页）则《沅湘通艺录》当为岁科两试之文，虽然与试者必有书院生徒，但这不能算作书院课艺，至少不是典型的书院课艺总集。（程文前部分著录的 39 种课艺中，《岳麓诗文钞》收录历代与岳麓山有关的诗文，亦非书院课艺。另外，《湘学报》虽以校经书院的名义刊行，其文章亦多选自校经书院和校经学会的讲稿、课卷，但实为新式报刊，而非典型的书院课艺总集。）窃以为程文标题中"书院课艺"宜改作"课艺"为妥。

书院课艺的教育史研究涉及教学内容、科举考试等方面。张立《杭州诂经精舍的科学教育》(《浙江大学学报》2005 年第 5 期)分析《诂经精舍文集》的篇目,发现天文、算学、地理等长期居于传统学术视野边缘的科技内容,在这里得到了少有的重视,其中甚至还有一些西学内容。李兵、许静《论清代科举考试内容对书院教学的影响》(《湖南大学学报》2008 年第 5 期)指出,我们在研究书院教学与科举关系时,多是从书院学规、章程及其他相关的史料出发,而对科举制度的史料则相对忽略,使书院教学与科举考试内容的关系未能较为具体地呈现。该文注意到课艺史料的价值,提及罗典、欧阳厚均和周玉麒所编《岳麓书院课艺》,并着重介绍了《岳麓文钞》所收罗典《岳麓书院课艺叙》。胡昭曦《尊经书院与近代蜀学》(《儒藏论坛》第 2 辑)考察现存四种尊经课艺总集,指出其内容主要是经学、小学和史学,没有八股时文。《尊经书院课艺三集》中的时政、数学等内容,反映出尊经书院由传统书院向近代学堂的变革发展。李赫亚《王闿运与晚清书院教育》(光明日报出版社 2007 年)也论及尊经和船山书院的课艺总集。周文娟《清代湖南书院考试研究》(湖南大学 2009 年硕士论文)第五章第二节考察五种课艺:《沅水校经堂课集》、《东山书院课集》、《研经书院课集》、《城南书院课艺》和《岳麓书院课集》。其中前四种为课艺总集,第五种为生徒陈元田从受业到增生、附课、正课的八份课卷,附文童郭连城卷一份。湖南省图书馆还藏有《岳麓书院课艺》(不分卷,6 册),周玉麒辑,同治十一年(1872)刻本,为该文所失察。

另外,从书院刻书和档案的角度论及课艺的还有杨布生、彭定国《中国书院与传统文化》(湖南教育出版社 1992 年)。该书第二章、第六章介绍了几所著名书院课艺的刊刻情况,认为课艺总集类似于"现今高等院校中研究生的优秀论文汇编"。

4. 文学史研究

徐雁平《清代东南书院与学术及文学》中编第三章《课作中的文学与学术》前三节,具有综合研究的性质,分别讨论书院山长与时文评点、书院与赋、书院与诗。发现课作集所收时文,有不少同题之作;所收赋作的特点是同题之作多、摹拟前代名篇之作多、多有仔细的评点;生徒所作诗歌中,试帖诗的比重较大,摹拟之作、关涉地方文献之作及其他题材之作(如论诗诗)也有一定的数量。

诂经精舍和学海堂的课艺总集最受研究者关注。宋巧燕《诂经精舍的文学教学》(《湖南大学学报》2003 年第 3 期)、《岭南学海堂书院的文学教学》(《学术研究》2003 年第 4 期)、《诂经精舍和学海堂的朴学教学》(《南京晓庄学院学报》2008 年第 1 期)、《论诂经精舍文学教学中的考据学特色》(《漳州师范学院学报》2010 年第 3 期)等系列论文,以及最终形成的专著《诂经精舍与学海堂两书院的文学教育研究》(齐鲁书社 2012 年),通过解读课艺总集,发现两所书院的文学教学一直占据重要地位,有明显的朴学倾向,非常重视骈文教学。卢康华《俞樾与诂经精舍》(《南京晓庄学院学报》2005 年第 6 期)认为俞樾时代诂经精舍的内部发生着种种衍变。论及学海堂课艺的还有翁筱曼《清代学海堂课卷中的岭南风情画》(《岭南文史》2009 年第 1 期)、《苏轼与岭南文学——由清代学海堂之文学教学谈起》(《汕头大学学报》2009 年第 6 期)、《晚清学海堂文学教学与先贤宗奉情结》(《暨南大学学报》2014 年第 7 期)。

诗赋是书院课艺的重要部分。詹杭伦《试帖诗与律赋——读〈关中课士诗赋注〉》(《中国诗歌研究》第 1 辑,中华书局 2002 年)专论路德《关中课士诗赋注》。许结《论清代书院与辞赋创作》（《湖北大学学报》2009 年第 5 期）统计《中国历代书院志》收录的清赋作品有 450 余篇，认为书院的文学活动之于辞赋，又在辞赋创作与赋集编纂两端，其中课艺赋的创作与编纂，尤为突出。书院赋的创作特征，一在题材的扩大，二在特有的艺术形式。

专论课艺评点的有程嫩生、陈海燕《课艺评点：清代书院文学教育侧记——以钟山书院、经古精舍的课艺评点为例》（《湖南大学学报》2008 年第 5 期），认为两所书院的课艺评点重视文学创作的承嗣与求新、因材施教以及对生徒习作的褒扬。这些评点对于提高生徒的文学创作水准等方面大有裨益，但过于重视表彰成就而忽视揭示缺点，又在一定程度上限制了生徒更好地创作。①

综上所述，近三十年来，清代书院课艺已经引起了学术界的注意，取得了诸多重要成果。但与书院研究的巨大成就相比，课艺研究的比重仍然是非常小的。诂经精舍、学海堂、格致、钟山、南菁、尊经等著名书院的课艺之外，尚有大量课艺很少甚至没有进入研究者的视野。

课艺研究较为薄弱的一个重要原因，在于基本文献没有得到充分利用。试举例说明：白新良《中国古代书院发展史》（天津大学出版社 1995 年）第三章至第六章论清代书院，征引书目相当丰富，方志文献尤为详尽，惟课艺文献几未使用；邓洪波《中国书院史》（东方出版中心 2004 年）主要参考文献部分列举课艺 20 种，但正文第六章清代书院部分论及书院教学和考课，课艺文献仅用《学海堂集》阮元序、《诂经精舍四集》俞樾序和梅启照序这三篇；刘海峰、庄明水《福建教育史》（福建教育出版社 1996 年）第五章《清代福建教育的发达》第二节《书院的课艺》，通篇未曾以课艺总集为文献资料。再如学位论文，张敏《徽州紫阳书院研究》（浙江大学 2012 年硕士论文）未曾以《紫阳课艺约选》为参考文献；王坤《清代苏州书院研究》（苏州大学 2008 年硕士论文）所用课艺仅有《正谊书院课选》等 4 种，实际上今存清代苏州书院课艺至少 32 种。

基本文献没有得到充分利用，就会限制研究的深度和广度。例如陈文和《试论清代扬州书院在扬州学派形成中的作用》指出："扬州书院的条规、讲义、策问等没有流传下来，我们已不能直接从书院的学习内容和教学活动中窥测他们的学术趋向。"② 但实际上梅花、安定、广陵三书院皆有课艺总集存世，如《安定书院小课》、《安定书院小课二集》、《梅花书院小课》、《梅花书院课艺三集》、《广陵书院课艺》，可以为我们深入了解扬州书院的教学活动及扬州学派的学术谱系提供颇为丰富的研究资源。徐雁平说："研究书院，如不细读课艺，即考察当时书院教和学的内容及教和学的质量，终究不能深入。"③此言实能切中书院研究之肯綮。

基本文献没有得到充分利用，还会影响对某些事实的判断。例如陈谷嘉、邓洪波主编

---

① 宋巧燕、程嫩生等人的相关论述又收入郭英德主编：《中国古代文学与教育之关系研究》，北京大学出版社 2012 年版。

② 陈文和：《试论清代扬州书院在扬州学派形成中的作用》，卞孝萱、徐雁平编：《书院与文化传承》，中华书局 2009 年版，第 164 页。

③ 徐雁平：《清代书院研究的价值、现状及问题——以江南地区为讨论范围》，《南京晓庄学院学报》2005 年第 2 期，第 107 页。

《中国书院制度研究》论及书院考试名目，称"加课、会课也是一种特例，仅见于杭州求是书院"。① 实际上加课、会课虽非常例，但并不仅见于求是书院。例如《云间郡邑小课合刻》目录作者姓名题署，"赵邑尊正课"、"程邑尊正课"等之外，又有"赵邑尊加课"、"程邑尊加课"等。②《崇实书院课艺》（宁波）吴引孙序也提道："惟念岁届大比，课宜加密，乃于五六两月增会课五期，略如斋课之奖而稍变通之。"③

又如季啸风主编《中国书院辞典》"（江宁）奎光书院"条末句称："咸丰间毁于战火，同治间因经费无出不复。"④《玄武区志》亦称："（奎光书院）清咸丰元年（1851）以后被毁，未修复。"似乎奎光书院的历史即止于咸丰间。这一说法的出处，当是同治《续纂江宁府志》所云"贼毁之，未建"。⑤ 事实上，奎光书院也曾重建，只是不像多数书院那样在同治年间，而是晚至光绪十二年（1886）。《奎光书院赋钞》秦际唐序云："金陵自戡定后，文教振兴，日新月异岁不同，迄今几一世，虽童子操觚，往往具老成法度。省垣故有奎光书院，丙戌（1886）之岁，孙桐城师守江宁，始兴复之。"⑥ 奎光书院亦曾刊行课艺，时在光绪十九年（1893）。

充分利用书院课艺文献，不仅可以避免某些误读，更重要的是可以建构若干大判断。例如，关于清代书院与科举的关系，学术界有一个基本的认识："书院俨然成为科举的附庸"⑦。这一认识的合理性，可以通过书院课艺总集得到证明。有很多课艺总集以八股文和试帖诗为内容，如苏州《紫阳书院课艺》初编至十五编、天津《会文书院课艺初刻》等。与此同时，也有很多课艺总集兼收八股文和经史词章，如杭州《学海堂课艺》初编至第八编、广州《应元书院课艺》；还有很多课艺总集专收经史词章，如江宁《惜阴书院东斋课艺》、《惜阴书院西斋课艺》、广州《菊坡精舍集》。这表明清代书院在依附科举的同时，也有学术和文化追求。全面考察书院课艺总集，可以对清代书院与科举的关系作出更为客观的评价。

再如，"功名富贵无凭据"（《儒林外史》开场词），讲的是科举功名的偶然性，这是人们对于科举考试的主流印象。这一印象与实际情况是否相符？我们能否以科学的方法予以证实或证伪？有关科名偶然性的问题，较为客观、合理的标准应该是：八股文出色者录取率高，逊色者录取率低，是为"必然"；反之即为"偶然"。而八股文出色与否，可以通过平时成绩来考察。若有足够数量的、较为集中的平时成绩作为分析样本，再与实际科名比对，或可发现某些规律。这样，科名偶然性的问题就转化为：平时成绩优秀者录取率高，普通者录取率低，是为"必然"；反之即为"偶然"。书院课艺总集即是考察平时成绩的理想样本，它的有效性基于三个方面：一是有不少课艺总集的内容，是以八股文为主，这与明清科举考试一致；二是入选篇数存在落差，少者一两篇，多者数十篇，入选篇数多者，可视为平时成绩优秀者，反之则逊色一些；三是总集编选、刊刻之时，课艺作者

---

① 陈谷嘉、邓洪波主编：《中国书院制度研究》，浙江教育出版社1997年版，第291页。

② 《云间郡邑小课合刻》卷首，光绪四年（1878）刊本。

③ 《崇实书院课艺》卷首，光绪二十一年（1895）刊本。

④ 季啸风主编：《中国书院辞典》，浙江教育出版社1996年版，第43页。

⑤ 同治《续纂江宁府志》卷7《建置》，《中国地方志集成·江苏府县志辑2》，第64页。

⑥ 《奎光书院赋钞》，光绪十九年（1893）刊本，秦际唐序。

⑦ 李世愉：《论清代书院与科举之关系》，《北京联合大学学报》2011年第3期，第5页。

大多尚未获得科名。由此延伸，根据碑传、硃卷、方志、贡举志等材料，全面考察课艺作者的科举功名，可以在平时成绩与最终科名之间建立某种联系，从而为科举功名的偶然性问题、科举考试的客观性问题提供证实或证伪的科学依据。①

前辈时贤有关格致书院课艺的研究，曾特别揭示出"普通知识分子"、"民间知识分子"、"小人物"等关键词，对于其他领域的研究尤其具有启发意义。即以诗文而言，近年来清代诗文研究进展迅速，但仍有诸多领域少有人涉足，书院课艺即是其一。课艺中不仅有八股文，也有学术文和各体诗赋。不仅可以为清人别集提供辑佚和校勘资料（例如海峡文艺出版社2002年版《林则徐全集》即未收林则徐《正谊书院课选序》），更重要的是留存了清代士人在特定阶段的创作实践（一个明显的例证是，课艺多署早期名字，如林群玉即林纾、吴朓即吴稚晖、金梾基即金天翮、蒋国亮即蒋智由、廖登廷即廖平）。在思想史领域，葛兆光就曾反思："思想史是否应该有一个'一般思想史'？过去的思想史是悬浮在一般思想水准之上的'精英思想史'，但少数思想天才的思想未必与普遍知识水准与一般思想状况相关，故有凸起，有凹陷，有断裂，有反复，并不易于成为思想史之叙述理路。"② 沿着这一思路来看书院课艺，它的"非名家名著"（即便其中有名家，也多为成名之前）的性质，恰恰可以拓展"一般思想史"、"一般学术史"、"一般教育史"和"一般文学史"的文献资料，由此建构有别于点鬼簿或者光荣榜的、具有细节和过程的专题史叙述，当具有更充分的可能性。

长期以来，书院课艺文献没有得到充分利用，原因有二：一是对课艺的价值认识不够，简单的价值判断很容易遮蔽事实的复杂性和丰富性。例如丁平一《清末船山书院课艺考略》考察衡阳船山书院生徒丁奎联的八篇课艺，认为其"八篇课艺的基本内容是对仪礼的考证，表现出清末船山书院对'习礼'的重视，也是对社会规范的重视。考证虽详明，但繁琐而无实用价值"。"从清末船山书院的课艺中，我们可悲地看到宋初蓬勃发展起来的学术繁荣、思想自由的书院学风已不复存在。"③ 这一价值判断或许不错，但过于简单，会妨碍对课艺的学术内容的深入探讨。二是课艺散见于各地图书馆，除《中国历代书院志》影印的20种之外再无影印本，更无全文数据库可以利用。因此课艺基本文献的搜集和整理，课艺总集叙录或总目提要的撰著，将是深入研究书院课艺的基础条件。徐雁平已经撰著提要80余种，但比较简略，也有遗漏，且限于东南地区，这方面仍有很大的拓展余地。在此基础上将书院课艺文献纳入学术视野，将会有力地拓展清代思想史、学术史、教育史和文学史的研究空间。

① 参见拙文《科举功名的偶然与必然：文学叙述与实证分析》，《文艺研究》2014年第4期，第70页。又，即使考课内容为经史词章，也可通过相似的路径来考察科举功名的偶然必然问题。王闿运主讲成都尊经书院时，某科乡试院生中式正榜21人，副榜2人，王谓"余素持场屋文字有凭之说，屡验不爽也。堂课七次，取第一者中五人，所列三等者竟无一中，何必四书文乃能决科"（《湘绮楼日记》，岳麓书社1997年版，第831页），王氏之说有无普遍性，亦即经史词章优秀者是否考中的几率大些？可以借助课艺总集予以检验。

② 葛兆光：《中国思想史·导论》，复旦大学出版社2001年版，第13页。

③ 湖南省书院研究会、衡阳市博物馆编：《书院研究》，湖南大学出版社1988年版，第183～187页。

四

目录学为治学之门径。《清代书院课艺总集叙录》的撰著，即旨在为相关研究的深入拓展提供文献基础和目录指引。

除了书院简况、版本信息、序跋摘录等基本要素之外，本书拟重点突出三个方面。一是课艺内容叙录。书院考课名目繁多，官课、师课、小课各有不同。有单收八股文者，有仅收经解、策论、诗赋者，有举业文章与学术文章并重者。课艺中的古今体诗和杂体文多摹拟之作，多同题之作，多咏物、写景、史论、科举等题材，这些特点皆可通过内容叙录获知一二。

二是入选篇数统计。生徒课作入选总集的篇数多少，能够反映该生在书院肄业时的活跃程度。如《广陵书院课艺》141 篇课艺中，石可宗 29 篇，詹嗣贤 18 篇，唐棣 13 篇，姚兆元 7 篇、王廷俊、胡宗衡 5 篇……由此延伸，综合考察生徒日后的科举功名及事业成就，可以为"科举功名的偶然性与必然性"、"士子的人生际遇"等问题的探讨提供实证依据。

三是作者生平考证，这是最主要的部分。参仿容肇祖《学海堂考》的体例，通过考证课艺作者，可以了解清代士子参加书院考课的若干史实。例如鲁迅在《从百草园到三味书屋》中引用"铁如意，指挥倜傥，一坐皆惊呢"之句，并说"我疑心这是极好的文章"，其句即出自武进人刘翰在南菁书院的课艺；三味书屋的老先生寿怀鉴，亦有一篇课艺收入《蕺山书院课艺》。又如首次提出"红学"一词的松江人朱昌鼎，今人对其生平多无所知，有红学家以为他是道光间人物，实则此人生活在同治光绪间，曾肄业龙门、求志、南菁、格致书院，今有课作收入《求志书院课艺（丙子春季）》和《格致书院课艺》。借助朱卷、履历、碑传、方志、别集、年谱等史料，有相当一部分书院人物的生平经历皆可考知（包括仅知其字号、里籍、科名、交游、著述等少量信息者）。

考证课艺作者生平，还可以发现已有研究成果的疏忽，有助于具体事实的澄清。如江庆柏《清代人物生卒年表》收录条件之一是中过进士者，而通过对书院课艺作者的考察，可以补充童璸、方观旭、汪继培、周顼、洪起燕、程其珏、俞麟振、邵世恩、王同、陈模、黄传耀、孙禄增、沈桐、都守仁、王履咸、夏树立、林景绶、王修植、邹寿祺、赵延泰、徐宗源、曹元弼、黄传鼎、翁有成、屠佩环、徐彭龄等进士的生卒年。另外还有若干书院人物的生卒年可以订补。

课艺作者的生平，有的无从知晓，有的仅知极少信息，这些是考证的难处。还有一点，就是多有同名同姓者，这无疑增加了考证的难度。

将同名同姓之人误作一人，是人物考订中容易犯的错误，即便一些学术价值极高的当代名著，也偶有此失。例如《清人别集总目》著录徐锡麟《巢云山房诗存》，小传称徐锡麟字伯荪，号光汉，山阴人，因刺杀恩铭就义。实则清末徐锡麟有三人，一为山阴人，刺杀恩铭者；一为长洲人，字筠心，号孟仙，《紫阳书院课艺十六编》收其课艺；一为丹徒人，字天石，著有《巢云山房诗存》。又著录《述梅草堂遗集》，小传称作者蒋仁（1743—1795）初名泰，字阶平，号山堂，仁和人。实则该书作者蒋仁（1863—1912）字听彝，号培孙，闽县人，《致用书院文集》收其课艺。又著录蒋清瑞别集三种：《退结庐诗稿》、《退结庐诗遗稿》、《退结庐诗存稿》、《月河草堂丛钞》。实则前两种书的作者蒋清瑞（1794—1850）字纯熙，号愚溪，青浦人。《月河草堂丛钞》作者蒋清瑞（1859—？）字宷丞（采丞），号澜江，归安人，《爱山书院课艺》收其课艺。再如，徐雁平《清代东南书院与学术及文学》中有《诂经精舍弟子著述表》，著录鄞县张慧《冷香阁诗草》，实则此书为上元女诗人张慧所著；钱塘李凤仪（即陆凤仪）《时务分类与国策》，实则此书为燕山李凤仪（字丹卿）所辑；钱塘王仁溥《菊园诗草》、《评注骈文笔法百篇》，实则这两种书皆为萧山王仁溥所著，二人在世时间地点相近，极易混淆。又，《诂经精舍四集》作者沈豫，徐著谓其为萧山诸生，著有《蛾术堂集》、《芙村文钞》等。实则这位萧山沈豫卒于咸丰四年（1854），而《诂经精舍四集》所收诸艺，皆作于同治末至光绪初，两个沈豫不是同一人。

考证课艺作者的生平，同样也会遇到类似问题。有一些总集标注作者字号或籍贯，自然有利于确定人物身份。例如《蜀秀集》杨桢名下注曰"井研廪生"，《尊经书院初集》、《尊经书院二集》、《尊经书院三集》杨桢名下注曰"新繁廪生"或"观廷，新繁"，我们可据此知道成都尊经书院有两位杨桢。但多数总集仅有作者姓名，这就需要综合时间、地点等多个因素予以考量。

例如，《经正书院小课》作者朱彭寿，是否为著有《安乐康平室随笔》、《清代人物大事纪年》等书的海盐朱彭寿？按《经正书院小课》刊于光绪七年（1881），海盐朱彭寿生于同治八年（1869），其时方十二岁，故而不太可能是同一人。

再如，《清人别集总目》著录"《桁山草阁诗稿》，胡希铨著"，此人是否为《诂经精舍七集》作者胡希铨？检《桁山草阁诗稿》可知，胡希铨字子贤，山阴人。光绪八年（1882）自序云："幼时随父宦游，得师读书，署任一方，不过数月。年十三，严君补官，始得读书三载，偶事学吟。嗣因小丑跳梁，烽烟叠警，弃书奔走，轮铁销磨。弱冠转从师读律，阅岁即充入幕之宾，历聘二十余年。"① 而《诂经精舍七集》刊于光绪二十一年（1895），照此推算，胡子贤先以游幕为生，四五十岁以后再入诂经精舍肄业，可能性很小，为慎重起见，我们仍将胡希铨列入"待考者"。

又如，《敷文书院课艺》（杭州）作者金汝梅，是否即咸丰九年（1859）举人金汝梅？后者仁和人，据乡试硃卷履历知其曾肄业敷文书院。② 然民国《杭州府志·选举志》于其名下注明"恤赠云骑尉"③，故疑其卒于庚辛（1860—1861）之难。而《敷文书院课艺》刊于同治九年（1870）。据杨昌濬序，敷文书院在咸丰末毁于战火，同治间重建，《敷文书院课艺》即为重建之后生徒课艺的汇辑。故而我们亦将金汝梅列入"待考者"。

又如，《正谊书院课选》及《正谊书院课选二编》、《正谊书院课选三编》作者王嘉福，是否为王芑孙之子王嘉福？据《清代硃卷集成》第 136 册，前者生于嘉庆元年（1796），长洲人，由"书院肄业师"一栏可知其曾肄业正谊书院。父名裕昌，因而与后者不是同一人。同治《苏州府志》卷 137《艺文二》即分别著录二人别集④。需要注意的

① 《南开大学图书馆藏稀见清人别集丛刊》第 28 册，第 367 页。
② 《清代硃卷集成》第 249 册，第 353 页。
③ 民国《杭州府志》卷 113《选举七》，《中国方志丛书·华中地方》第 199 号，第 2197 页。
④ 《中国地方志集成·江苏府县志辑10》，第 514 页。

是，后者生于乾隆六十年（1795），亦长洲人①。这是很容易混淆的。

也有一些同名同姓（或同字号）的人物，通过考察行迹，可以建立二者之联系。

例如，清河《崇实书院课艺》作者葛宝华，会不会就是光绪九年（1883）进士、山阴人葛宝华呢？一在苏北，一在浙江，空间距离比较远，一般情况下不可能为同一人。检《清代硃卷集成》第 54 册可知，山阴葛宝华的父亲，曾在江苏赣榆、东台、丰县等地做知县。葛宝华同治十二年（1873）顺天乡试中式举人，而收录其文的《崇实书院课艺》刊于同治间。由此可以推测，他少时随父寓居苏北，很有可能参加过崇实书院的考课。

再如，苏州《紫阳书院课选》收录毕瀚昭课艺一篇，咸丰六年（1856）有个进士也叫毕瀚昭，是山东文登人。他们会不会是同一人？检张昭潜《工部主事毕公墓志铭》可知，文登毕瀚昭的父亲做过崇明、丹阳、金匮知县，又曾任苏州府管粮通判。② 因此他很有可能曾经随父寓居苏州，参加过书院考课。再据课艺选刊时间可以推定，《紫阳书院课选》作者毕瀚昭应该就是文登毕瀚昭。

又如，《上海求志书院课艺·丁丑春季》题署"沈子佩先生评阅史学"，这个沈子佩是谁？同治、光绪间有二人：一是沈昌宇（1836—1884?），字子佩，武进人。同治三年（1864）举人。大挑一等，以知县分发直隶，一署永年而卒。著有《泥雪堂诗词》。③ 光绪三年丁丑（1877）春，他可能在直隶。另一人是沈曾植（1850—1922），字子培，一作子佩，嘉兴人。按《沈曾植年谱长编》光绪三年（1877），三月应礼部试不第，四月出都至沪，五月赴广州。④ 则是年春季，沈曾植在上海短暂停留，从时间上看，参与评阅求志书院课艺是有可能的。又，今所见《上海求志书院课艺》七种，卷首所题评阅者姓名，唯有沈子佩只出现过一次，其他人皆多次评阅，也可佐证沈曾植评阅求志课艺，乃是临时襄助。故而此处沈子佩当即沈曾植。顺便可以提及，《沈曾植年谱长编》光绪二十年（1894），缪荃孙"还沈子佩《泥雪词》"⑤，其实与沈曾植无关。这里所还物件为沈子佩（昌宇）所著《泥雪词》，物主未详；而不是将《泥雪词》还给沈子佩（曾植）。

遇到同姓名者，本书尽可能以审慎的态度待之。对于那些难以遽定的，或标注"疑即此人"、"未知是否即此人"，或列入"待考者"，以免武断。尽管如此，可能仍有误判；或者有可考者，未能查出；诸多方面，亟盼方家不吝正之。

————————————

① 马兴荣等主编：《中国词学大辞典》，浙江教育出版社 1996 年版，第 239 页。

② 光绪《文登县志》卷 9 下 2《人物二》，《中国方志丛书·华北地方》第 368 号，第 943 页。

③ 张惟骧、蒋维乔：《清代毗陵名人小传》卷 9，《清代传记丛刊》第 197 册，第 239 页；朱德慈：《近代词人考录》，中国社会科学出版社 2004 年版，第 112 页。

④ 许全胜：《沈曾植年谱长编》，中华书局 2007 年版，第 31 页。

⑤ 许全胜：《沈曾植年谱长编》，中华书局 2007 年版，第 166 页。

凡　　例

一、本书著录现存清代书院课艺总集 196 种。书院课艺别集、课艺原件、清末学堂课艺总集，皆不在著录之列。上海格致书院课艺，久为学界所重，已有若干研究专书出版，此不赘叙。若干书院算学课艺专集，因今日学科体系之分及笔者学力所限，亦不著录。

二、全书编排，以地区分为三卷。浙江、江苏两省，存世书院课艺总集最多，各作一卷；广东、直隶、江西、陕西、湖南、福建、安徽、湖北、山东、四川、云南等省，合为一卷。各卷之内，以府、州为单元。所据建置，依照晚清。如今之上海，时属松江府和太仓直隶州；浙江余姚，今属宁波，时属绍兴府。各府、州之先后，以首部总集之刊刻时间为据。各府、州之内，亦大抵依时间先后编排。唯同一书院之前后各集，集中编排，免致分散。

三、各总集之叙录，一般包括四个部分：书院简介、版本序跋、课艺内容、作者考略。作者考略部分，兼录其课艺入选篇数。集中若有诗词，其篇数统计之法，以该集目录署名为据。如《咏史四首》，目录中署名仅一次，则计为一篇。书末附《人名索引》，以备检索。有同姓名者，如三个"王兰"、两个"陈相"之类，则分别列项，以免淆乱。

四、各总集作者之生平可考者，多者十之八九，少者十之一二。概而观之，仍有近半数未能查考。盖书院生徒，多非闻人。即如沔阳王家凤，曾为武昌经心书院斋长，其所辑《经心书院题名录》，仍有若干生徒未详字号、里籍等项。本书撰述所阙，只能俟诸来者。

五、文献出处以页注标示。为免繁琐，专书一般仅注书名、卷次、页码，单篇文献加注作者，其余版权信息可于《征引书目》中查知。作者小传所录信息，间有辨析取舍。如《蜀秀集》邹增祜小传，资料出处为《涪陵市志》、《涪陵地区书画名人录》、《吴虞日记》；三者所记邹氏生卒年不同，本书以《吴虞日记》为可信，故从之，不另注明。

目 录

卷二　江苏省

卷一　浙江省

杭州府

1. 诂经精舍文集

【书院简介】

杭州诂经精舍，清嘉庆六年（1801）阮元（1764—1849）建于西湖孤山。祀东汉许慎、郑玄，课士以经解、史策、古今体诗。十四年（1809）阮元离浙后，辍讲殆二十年，至道光初始渐中兴。咸丰间以战事停讲，同治五年（1866）重建。光绪十二年（1886）第一楼毁于火，明年改建许郑祠，增建式古堂。二十三年（1897）巡抚廖寿丰（1836—1901）奏将省城六所书院酌筹改并，另设专讲中西实学之求是书院。三十年（1904）诂经精舍停办。①

【版本序跋】

嘉庆六年（1801）刻本，阮元手订。

阮元（1764—1849），字伯元，号芸台，一作云台，江苏仪征人。乾隆五十一年（1786）举人。五十四年（1789）进士，选庶吉士，散馆授编修。历官少詹事，山东、浙江学政，兵、礼、户部侍郎，浙江、江西巡抚，湖广、两广、云贵总督，体仁阁大学士。谥文达。著有《揅经室集》，辑有《广陵诗事》、《淮海英灵集》、《两浙輏轩录》、《经籍籑诂》。②

许宗彦序云：

> 吾浙夙称人文渊薮。【略】吾师云台先生以名世之德，为人伦藻鉴。先是视学两浙，以行谊经术厉士，士风旷然一变。既奉命镇抚是邦，纲举目张，百为具理，鲸鲵就戮，江海如砥。爰于湖壖立诂经精舍，祀许叔长、郑司农两先师。择十一郡端谨之士尤好古力学者，萃处其中，相与讲明雅训，兼治诗古文辞。公暇亲为点定，并请王兰泉、孙渊如两先生为之主讲。阅二年，得文集若干卷。【略】兹集所载，于古今学术，洞悉本原，折衷无偏，实事求是，足以发明坠义，辅翼经史。其余诗古文，或咀六代之腴，或挹三唐之秀，风标峻上，神韵超然。盖吾师因其质之所近以裁之，而诸君亦各能以长自见。览斯集者，犹探珠于沧瀛，采采玉于昆阆也。诸君其益进而不已，蕲至古之立言者，以称吾师教育盛心，庶几国初前辈之风复见今日，山川灵淑所泄，其在斯乎，其在斯乎！
>
> 嘉庆六年纪岁辛酉（1806）太岁在未阳月甲辰朔，德清许宗彦序。

许宗彦（1768—1818），初名庆宗，字积卿、固卿，号周生，德清人。乾隆五十一年（1786）举人。嘉庆四年（1799）进士，授兵部主事。就官两月，以亲老遽引疾归。亲

---

① 《诂经精舍志初稿·沿革》，第293页。
② 《阮元年谱》。

殁，卒不出。居杭州，杜门以读书为事。著有《鉴止水斋文集》十二卷、《鉴止水斋诗集》八卷。①

卷首又有孙星衍《诂经精舍题名碑记》，列"诂经精舍讲学之士"92人，"荐举孝廉方正及古学识拔之士"63人，"纂述经诂之友"5人，"己未（1799）会试总裁中式进士"22人。

孙星衍（1753—1818），字伯渊，号渊如，江苏阳湖人。乾隆五十一年（1786）举人，五十二年（1787）榜眼，授编修。改刑部主事，出为山东兖沂曹济道。嘉庆四年（1799）丁母忧归，主诂经精舍。服阕入都，仍发山东，历官督粮道、布政使。十六年（1811）引疾归。主扬州安定书院、绍兴蕺山书院。著有《孙渊如先生全集》。②

【课艺内容】

十四卷：卷一至卷三、卷五至卷十二，论、说、记、考、解、释、辨、赋、序、铭、颂等123题218篇，题如《孔子去鲁证》、《古人用推步之法说》、《公路公行公族解》、《宋高宗御书石经考》、《呈渊如夫子书》、《南仲辨》、《南宋中兴四将论》、《第一楼赋》、《飞来峰铭》、《重修曝书亭记》；卷四策问，非单独成篇者；卷十三、十四，诗31题112篇，题如《送赵殿撰文楷、李舍人鼎元册封琉球诗》、《周五戈歌》、《龙井茶》、《两浙𬨎轩录题词》、《西湖花月夜》、《赋得天寒有鹤守梅花》。

【作者考略】

收录课艺较多者：徐养原20篇，洪震煊、徐熊飞16篇，查揆14篇，孙同元、赵春沂12篇，胡敬、胡缙、金鹗11篇，汪家禧、周中孚、陶定山、张鉴10篇，周联奎9篇，洪颐煊、汤锡蕃8篇，钱福林、吴东发、蒋炯、谢江7篇，陆尧春、赵坦、顾廷纶6篇，严杰、范景福、李方湛、方观旭、方廷瑚5篇，金廷栋、朱壬、王仁、汪继培4篇，邵保初、徐鲲、徐养灏、丁子复、谢淮、钟大源3篇。

其他作者一二篇不等：吴文健、李遇孙、何起瀛、何兰汀、陈鸿寿、张立本、金衍绪、孙凤起、邵保和、周治平、李富孙、陈銮、沈尔振、陈嵩庆、陈文述、朱为弼、童璜、杨凤苞、张慧。

另有程作阮元8篇，孙星衍2篇，王昶、段玉裁1篇。

阮元、孙星衍，见《诂经精舍文集·版本序跋》。

徐养原（1758—1825），字新田，号饴庵，德清人。少随父游京师，从一时名宿问业。嘉庆六年（1801）副贡。及父母殁，不复应举，家居诵读。著有《周官故书考》四卷、《仪礼古今文异同》五卷、《管色考》一卷、《荀勖笛律图注》一卷、《律吕臆说》一

---

① 陈寿祺：《驾部许君墓志铭》，《左海文集》卷10，第392页；阮元：《浙儒许君积卿传》，《揅经室二集》卷2，第70页；叶德均：《〈再生缘〉续作者许宗彦梁德绳夫妇年谱》，《戏曲小说丛考》卷下，第696页。

② 阮元：《山东粮道渊如孙君传》，《揅经室二集》卷3，第90页；张绍南：《孙渊如先生年谱》，第447页。

卷、《论语鲁读考》一卷、《顽石庐经说》（皆收入《续修四库全书》）及算学著作若干种。①

洪震煊（1770—1815），字百里，号樾堂，临海人，颐煊（1765—1837）弟。肄业杭州敷文书院、诂经精舍。嘉庆十八年（1813）拔贡，明年入都朝考不第。二十年（1815）冬从学使校文顺天，卒于保定旅邸。著有《夏小正疏义》四卷、《释音》一卷、《异字记》一卷（皆收入《续修四库全书》）、《樾堂诗钞》一卷。《晚晴簃诗汇》录其诗 1首。②

徐熊飞（1761/1762—1835），字渭扬，号雪庐，武康人。嘉庆九年（1804）举人。曾主乍浦观海书院。特授翰林院典籍衔。著有《白鹄山房诗初集》三卷、《诗选》四卷、《骈体文钞》二卷、《挂笙吟》一卷、《风鸥集》一卷、《前溪风土词》一卷、《六花词》一卷、《骈体文钞》二卷、《骈体文续钞》一卷、《前溪碑碣》二卷、《武康伽蓝记》二卷、《上柏志》四卷、《春雪亭诗话》一卷。《晚晴簃诗汇》录其诗 4 首。《全清词钞》录其词 1 首。③

查揆（1770—1834），又名初揆，字伯葵，号梅史，海宁人。嘉庆九年（1804）举人。由实录馆议叙知县，分发安徽。丁父忧归，服除历署巢县、怀远、宣城。丁母忧，服除改直隶，历署永年、饶阳、肥乡，擢滦州知州，卒于官。著有《筼谷文钞》十二卷、《筼谷诗钞》二十卷、《莪原词》、《桃花影》传奇。《晚晴簃诗汇》录其诗 2 首。《全清词钞》录其词 1 首。④

孙同元（1771—?），字雨人，仁和人，志祖（1737—1801）嗣子。嘉庆十三年（1808）举人。大挑知县，改永嘉教谕，署温州府教授。与梁章钜（1775—1849）唱和最夥。著有《今韵三辨》、《弟子职注》、《六韬逸文》、《永嘉闻见录》、《学福轩笔记》。⑤

赵春沂（1778—1849），改名铖，字雩门、星甫，仁和人。嘉庆十三年（1808）举人。十六年（1811）进士，选庶吉士。散馆授湖北咸宁知县，改江苏溧水，升泰州知州。著有《唐御史台精舍题名考》三卷、《唐尚书省郎官石柱题名考》二十六卷（劳格续成之，收入《丛书集成续编》）。⑥

胡敬（1769—1845），字以庄，号书农，仁和人。嘉庆六年（1801）举人。十年（1805）进士，改庶吉士，散馆授编修。历官武英殿、文颖馆纂修官，《全唐文》、《明鉴》总纂官，安徽学政、侍讲学士。历主金台、崇文书院。著有《崇雅堂文钞》二卷、《崇雅

① 《清史列传》卷 69《儒林下二》，第 568 页。
② 洪颐煊：《昆季别传》，《筠轩文钞》卷 8，第 638 页；《晚晴簃诗汇》卷 125，第 5392 页。
③ 《清史列传》卷 73《文苑传四》，第 33 页；光绪《平湖县志》卷 18《人物·列传四》，第 478页；《清人诗集叙录》卷 49，第 1727 页；《晚晴簃诗汇》卷 117，第 5019 页；《全清词钞》卷 15，第729 页。
④ 《清史列传》卷 71《文苑传二》，第 832 页；民国《杭州府志》卷 137《仕绩六》，第 2618 页；《晚晴簃诗汇》卷 117，第 5017 页；《全清词钞》卷 15，第 732 页。
⑤ 《清尊集》卷首《清尊集目》；《两浙輶轩续录》卷 25，第 726 页；《清儒学案》卷 95《颐谷学案》，第 3865 页。
⑥ 《清尊集》卷首《清尊集目》；《亡弟季言司训事略》，《读书杂识》卷首，第 190 页；民国《杭州府志》卷 113《选举七》，第 2189 页。

堂诗钞》十卷、《骈体文钞》四卷、《应制存稿》一卷、《删余诗》一卷（皆收入《续修四库全书》）。《晚晴簃诗汇》录其诗 10 首。①

胡绛，字骏卿，号湘帆，乌程人。嘉庆九年（1804）举人。少负才名，阮元督学浙江，课诸生《十台怀古》诗，绛居最尤。精研经学。家贫，客游三衢以卒。无子，诗文散佚。②

金鹗（1771—1819），字风荐，号诚斋，临海人。嘉庆二十一年（1816）优贡。著有《求古录礼说》十六卷、《四书正义》（仅存《乡党正义》一卷）。③

汪家禧（1775—1816），字汉郊，自号东里生，仁和人。诸生。所著书数十卷，毁于火。友人、门人辑其遗文，为《东里生烬余集》三卷。④

周中孚（1768—1831），字信之、郑堂，乌程人。嘉庆元年（1796）拔贡。屡应乡试不售，道光元年（1821）始中副榜。遂绝意仕进，幕游上海、岭南。著有《郑堂读书记》七十一卷、《郑堂札记》五卷（皆收入《续修四库全书》）。⑤

陶定山（1768—1828），字翊勋、安生，萧山人。嘉庆六年（1801）拔贡，候选教谕。⑥

张鉴（1768—1850），字春治、荀鹤，号秋水，晚号贞疾居士，乌程人。佐修《盐法志》、《经籍籑诂》。嘉庆六年（1801）拔贡，九年（1804）副榜。道光二十六年（1846）授武义教谕。著书三百余卷，多不传。今存《冬青馆甲集》六卷《乙集》八卷（收入《丛书集成续编》）。⑦

周联奎，字聚之，号草亭，乌程人，中孚（1768—1831）弟。嘉庆十五年（1810）举人。官奉化教谕。著有《桐华馆诗集》。阮元曰："乌程周中孚博闻强记，而文笔甚拙；其弟联奎能诗文，而疏于经术。然亦可谓二难矣。"⑧

洪颐煊（1765—1837），字旌贤，号筠轩，晚号倦舫老人，临海人。嘉庆六年（1801）拔贡。曾馆孙星衍山东督粮道署七年。宦游岭南，知新兴县事。适阮元督粤，延入幕府。著有《孔子三朝记》七卷、《礼经宫室答问》二卷、《诸史考异》十八卷、《台州札纪》十二卷、《平津读碑记》八卷《续记》一卷《再续》一卷《三续》二卷、《管子义证》八卷、《读书丛录》二十四卷、《经典集林》三十二卷、《筠轩文钞》八卷（皆收入《续修四库全书》）、《汉志水道疏证》四卷。《晚晴簃诗汇》录其诗 1 首。⑨

---

① 《诰授朝议大夫翰林院侍讲学士书农府君年谱》，第 375 页；《晚晴簃诗汇》卷 118，第 5042 页。

② 同治《湖州府志》卷 76《人物传·文学三》，第 36 叶。

③ 郭协寅：《金诚斋先生传》，《碑传集补》卷 40，第 484 页；《求古录礼说》卷首《出版说明》。

④ 许宗彦：《三文学合传》，《鉴止水斋集》卷 17，第 474 页；《东里生烬余集》卷首《汪汉郊墓志铭》、传、王宗炎序。

⑤ 戴望：《外王父周先生述》，《谪麐堂遗集》卷 2，第 168 页。

⑥ 汤金钊：《例授修职郎候选儒学教谕翊勋陶府君墓志铭》，《寸心知室存稿》卷 6，第 454 页。

⑦ 《南浔镇志》（汪曰桢著）卷 13《人物二》，第 288 页；《两浙輶轩续录》卷 22，第 624 页；《清人别集总目》第 1098 页。

⑧ 同治《湖州府志》卷 76《人物传·文学三》，第 38 叶；《两浙輶轩续录》卷 26，第 763 页。

⑨ 陈鸿森：《洪颐煊年谱》，《中央研究院历史语言研究所集刊》第 80 本第 4 分，2009 年 12 月，第 691 页；《晚晴簃诗汇》卷 116，第 4985 页。

　　汤锡蕃，字昼人，仁和人。嘉庆十六年（1811）进士，选庶吉士，散馆授编修。遽殁。有文名，尤工书法。梁同书（1723—1815）以妹妻之。①

　　钱福林（1762—1828），改名林，字叔雅、东生、志枚，号金粟，仁和人。嘉庆五年（1800）举人。十三年（1808）进士，选庶吉士，散馆授编修。历官洗马、侍讲、日讲起居注官、侍读、国史馆纂修官、左右庶子、侍讲学士、咸安宫总裁。著有《文献征存录》十卷（收入《续修四库全书》）、《玉山草堂集》十二卷《续集》五卷。《晚晴簃诗汇》录其诗 2 首。②

　　吴东发（1747—1804）③，字侃叔，号芸父、耘庐，海盐人。岁贡。少工诗，中年以后专心金石之学。著有《石鼓读》七种七卷、《商周文字拾遗》三卷、《群经字考》十卷、《瘗鹤铭考》一卷、《尊道堂诗钞》二卷、《澉浦诗话续》四卷。④

　　蒋炯，字葆存，号蒋村，仁和人。廪贡生。与里中名士结社联吟，王昶（1725—1806）为之订定，名曰《同岑诗选》。历官慈溪训导、湖北德安府经历、安陆知县、孝感县丞、广济知县。主纂道光《安陆县志》。著有《蒋村草堂稿》。⑤

　　谢江，字岷山，号树庭，嘉善人，墉（1719—1795）孙。廪贡生。精举业，试南北闱十六次，卒不售。游幕粤东，与黄安涛（1777—1848）交契，时相倡和。⑥

　　陆尧春，字禾伯，号二雅，钱塘人。嘉庆十九年（1814）会试中式。二十二年（1817）补殿试，成进士，选庶吉士，散馆授知县。道光四年（1824）官新喻知县，六年（1826）官赣县知县，十一年（1831）官万年知县，十六年（1836）官贵溪知县。著有《蔡氏明堂月令章句》一卷《论》一卷《问答》一卷。⑦

　　赵坦（1765—1828），字宽夫，号石侣，仁和人。道光元年（1821）举孝廉方正，以母老辞。著有《春秋异文笺》十二卷（收入《续修四库全书》）、《周易郑注引义》十二卷、《石经考续》二卷、《札记》四卷、《保甓斋文录》八卷。⑧

　　顾廷纶（1767—1834），字凤书、郑乡，会稽人。嘉庆三年（1798）优贡。先后入阮元、铁保（1752—1824）幕。道光二十一年（1816）充武英殿校录。嗣选天台训导，在官九年。丁外艰归，服阕补官武康。卒于任。著有《玉笥山房要集》四卷、《北征日记》一卷。《晚晴簃诗汇》录其诗 3 首。⑨

　　① 民国《杭州府志》卷 150《艺术二》，第 2849 页。
　　② 汪喜孙：《钱学士墓表》，《碑传集补》卷 8，第 530 页；《晚晴簃诗汇》卷 119，第 5110 页。
　　③ 卒于嘉庆八年十二月二十二日，公历已入 1804 年。
　　④ 梁同书：《吴侃叔小传》，《频罗庵遗集》卷 9，第 511 页。
　　⑤ 光绪《慈溪县志》卷 23《名宦》，第 498 页；《两浙輶轩续录》卷 18，第 451 页；《安陆古代人物传》，第 411 页。
　　⑥ 光绪《重修嘉善县志》卷 24《文苑》，第 55 叶。
　　⑦ 民国《杭州府志》卷 111《选举五》，第 2160 页；卷 86《艺文一》，第 1676 页；同治《新喻县志》卷 7《文职》，第 11 叶；同治《赣县志》卷 25《职官志》，第 36 叶；同治《万年县志》卷 4《名宦》，第 11 叶；同治《广信府志》卷 6 之 1《职官》，第 444 页。
　　⑧ 庄仲方：《赵征君小传》，《保甓斋文录》卷首，第 287 页。
　　⑨ 《玉笥山房要集》卷首《述略》，第 126 页；《晚晴簃诗汇》卷 113，第 4828 页。

严杰（1764—1843）①，字厚民，余杭人，寄居钱塘。监生。入阮元幕，与修《经籍籑诂》、《皇清经解》。②

范景福，字介兹，钱塘人。优贡生，乾隆五十七年（1792）举人，大挑知县。著有《春秋上律表》、《春秋比月频食说》、《借弧求正余弦法》。③

李方湛，字光甫，号白楼，仁和人。诸生。著有《小石梁山馆稿》、《红杏词》，辑有《同岑诗选》。④

方观旭（1772—?），字升卿，一作升斋，钱塘人。嘉庆十三年（1808）举人。十六年（1811）进士，选庶吉士，散馆授广西武缘知县。著有《论语偶记》（收入《续修四库全书》）。⑤

方廷瑚，字铁珊，号幼樗，石门人，薰（1736-1799）子。嘉庆十三年（1808）举人，官平谷知县。著有《幼樗吟稿》。⑥

金廷栋，字登园，萧山人。教授杭州，入仁和籍，补县学生。以优行贡成均，未几卒。著有《曹江孝女庙志》八卷。⑦

朱壬，改名人凤，字谓卿，号闲泉，钱塘人，彭（1731—1803）子。廪生。久困场屋，幕游粤东。候选训导，与修《肇庆府志》。工诗善画。著有《祖砚堂集》十卷、《画舫斋词》二卷。《国朝词综补》录其词6首。《全清词钞》录其词2首。⑧

王仁，钱塘人。嘉庆九年（1804）举人。⑨

汪继培（1775—?），字厚叔，号苏潭，萧山人，辉祖（1731—1807）子。嘉庆九年（1804）举人，十年（1805）进士，官吏部主事。澹于宦情，乞假言归。娴习子史，搜讨不倦。辉祖晚年所著《辽金元三史同名录》、《九史同名录》未成而逝，皆继培为续成之。晚年神思衰竭，畏风特甚，未几卒。著有《潜夫论笺》十卷，辑有《尸子》二卷，《存疑》一卷（皆收入《续修四库全书》）。⑩

邵保初，字升泰，号东汇，归安人。嘉庆六年（1801）拔贡，九年（1804）举人。治经学。⑪

---

① 生于乾隆二十八年十二月二十七日，公历已入1764年。

② 《清尊集》卷首《清尊集目》；民国《杭州府志》卷146《文苑三》，第2785页。

③ 民国《杭州府志》卷86《艺文一》，第1679页；卷88《艺文三》，第1723页；卷112《选举六》，第2186页；卷147《畴人》，第2798页。

④ 民国《杭州府志》卷95《艺文十》，第1845页；卷146《文苑三》，第2787页；《两浙輶轩续录》卷22，第594页。

⑤ 民国《杭州府志》卷111《选举五》，第2160页；卷113《选举七》，第2190页；《清儒学案》卷202《诸儒学案》，第7843页；《清代人物大事纪年》，第796页。

⑥ 《晚晴簃诗汇》卷120，第5160页。

⑦ 民国《萧山县志稿》卷18《人物·列传五》，第1493页；民国《杭州府志》卷87《艺文二》，第1693页。

⑧ 道光《肇庆府志》卷首《职名》，第543页；《两浙輶轩续录》卷19，第486页；《国朝词综补》卷30，第275页；《全清词钞》卷18，第903页。

⑨ 民国《杭州府志》卷113《选举七》，第2189页。

⑩ 《病榻梦痕录》卷2，第89、468页；民国《萧山县志稿》卷18《人物·列传五》，第1492页。

⑪ 光绪《归安县志》卷32《选举·举人》，第18叶；卷37《文苑》，第20叶。

徐鲲，字北溟、白民，萧山人。诸生。家酷贫，为卢文弨（1717—1796）、孙志祖（1737—1801）所知，从游既久，遂湛深经术，通训诂之学。阮元重修《经籍籑诂》，俾总其事。屡应秋试不售，卒年四十二。孙志祖著《读书脞录》，颇采鲲说。①

徐养灏，字通殷，号确庵，德清人，养原（1758—1825）弟。嘉庆六年（1801）拔贡，朝考一等，授七品小京官。道光五年（1825）由刑部员外郎考选山东道御史。②

丁子复，字见堂，号小鹤，嘉兴人。廪贡生。古文得归震川家法，兼工诗。著有《唐书合钞补正》六卷（收入《续修四库全书》）、《见堂文钞》、《见堂诗钞》。《国朝文汇》录其文 4 篇。《国朝词综补》录其词 2 首。《全清词钞》录其词 2 首。③

钟大源（1763—1817），字晴初，号箬溪，海宁人。年十七，以颠废，遂专精于诗。颜所居曰诗薮，自号东海半人。阮元辟诂经精舍，大源不能往，则令教官传题解卷，倍给膏火，自是官于海昌者及远近好事之士，争致银米以订交。大源家故贫，亦籍以自给焉。晚岁偃卧诗薮中，与诸名流欣然倡和，不自知其孪废也。著有《东海半人诗钞》二十四卷。《晚晴簃诗汇》录其诗 13 首。④

吴文健，字寿彭，江西玉山人，寄籍钱塘。受业于段玉裁（1735—1815）。嘉庆五年（1800）举人，十六年（1811）进士。官武强知县，未三月卒。著有《五经解义》、《毋不敬斋文集》。⑤

李遇孙（1765—?），字庆伯，号金澜，嘉兴人。嘉庆六年（1801）优贡，官处州训导。著有《尚书隶古定释文》八卷、《金石学录》四卷，辑有《括苍金石志》十二卷《续》四卷、《意林补》二卷（皆收入《续修四库全书》），又有《金石余论》一卷、《笔彀偶述》一卷（皆收入《丛书集成续编》）、《芝省斋集》。《词综补遗》录其词 1 首。⑥

何起瀛，山阴人。工骈俪。阮元称其锁院所作《拟颜延年〈三月三日曲水诗序〉》、《拟贺平苗表》"沉博绝丽，于风檐寸晷得之，尤为能事"。⑦

何兰汀，山阴人。嘉庆七年（1802）进士，改庶吉士，散馆授知县。嘉庆十一年（1806）官福建顺昌，十五年（1810）官晋江，十九年（1814）官同安。道光五年（1825）官云南宝宁，七年（1827）官昆明。⑧

陈鸿寿（1768—1822），原名鸿绪，字子恭，号曼生，钱塘人。与从弟文述（1771—

---

①　民国《萧山县志稿》卷 18《人物·列传五》，第 1489 页。

②　同治《湖州府志》卷 76《人物传·文学三》，第 33 叶；《国朝御史题名》，第 385 页。

③　光绪《嘉兴府志》卷 51《嘉兴文苑》，第 1373 页；《国朝文汇》乙集卷 68，第 2375 页；《国朝词综补》卷 24，第 214 页；《全清词钞》卷 12，第 594 页。

④　《东海半人诗钞》应时良序，第 538 页；民国《海宁州志稿》卷 29《文苑》，第 40 叶；《晚晴簃诗汇》卷 110，第 4712 页。

⑤　同治《广信府志》卷 9 之 3《人物·儒林》，第 817 页；民国《杭州府志》卷 113《选举七》，第 2188 页；卷 146《文苑三》，第 2783 页。

⑥　《两浙輶轩续录》卷 19，第 483 页；《词综补遗》卷 70，第 2634 页。

⑦　《定香亭笔谈》卷 2，第 495 页。

⑧　嘉庆《顺昌县志》卷 4，第 16 叶；道光《晋江县志》卷 28《职官志·文秩》，第 47 叶；民国《同安县志》卷 13《职官》，第 100 页；道光《广南府志》卷 3《秩官》，第 9 叶；道光《昆明县志》卷 5《官师》，第 4 叶。

1843）同入阮元幕。嘉庆六年（1801）拔贡。历官江苏赣榆、溧阳知县，扬州江防、淮安海防同知。工篆隶行草。著有《种榆仙馆诗钞》二卷。阮元称其诗才略亚于文述，而峭拔秀逸过之。《晚晴簃诗汇》录其诗 6 首。《国朝词综补》录其词 1 首。①

张立本，字肇修，开化人。与修《经籍籑诂》。嘉庆二十四年（1819）副榜，年将老矣，遂徜徉山水以终。②

金衍绪（1785—1861），号绮园，秀水人。十试秋闱不第，遂绝意进取，以岁贡生、候选训导终。咸丰十一年（1861）城陷，自刎死。精算学，文稿算学毁于兵火。后其家人于《经义丛钞》中得《太初岁名辨》一卷。③

孙凤起（1745—1819），字振云，号省斋，嘉善人。与修《经籍籑诂》，分纂《毛传》、《郑笺》、《韩诗》及《诗异同考》，又分修郡邑两志。嘉庆二十四年（1819）举人，未及计偕而卒。著有《九九通考》十二卷。④

邵保和，字履咸，号春皋，归安人，保初（字升泰）弟。学力如其兄，分纂《经籍籑诂》。⑤

周治平，字起锋，临海人。著有《畸人传稿》。阮元曰："余于天文算法中求士，如临海洪颐煊、震煊，归安丁传经、授经，钱唐范景福，海盐陈春华等，皆有造诣，然以临海周治平为最深。治平拙于时艺，久屈于童子试。余至台州，治平握算就试，特拔入学。"⑥

李富孙（1764—1844）⑦，字既汸、芗沚，晚号校经叟，嘉兴人。与伯兄超孙（字奉墀，号引树）、从弟遇孙（1765—？）有"后三李"之目。肄业敷文书院、诂经精舍。嘉庆六年（1801）拔贡生。历主金华丽正、永康从公、义乌绣川、金坛金沙、海昌安澜、石门传贻书院。著有《诗经异文释》十六卷、《春秋三传异文释》十二卷、《校经庼文稿》十八卷，辑有《李氏易解剩义》三卷、《易经异文释》六卷（皆收入《续修四库全书》）、《鹤征后录》十二卷（收入《四库未收书辑刊》）。⑧

陈銮，字金坡，号苓谷，归安人。受业于杨凤苞（1757—1816）。廪生。早卒。著有《本事词》，辑有《十八家晋书》。有诗刻入《蘋洲闻咏集》。⑨

沈尔振（1787—1861），又名尔政，改名涛，字西雍、季寿，号匏庐，嘉兴人。嘉庆

---

① 孙慰祖：《陈鸿寿年表》，《可斋论印三集》，第 252 页；《晚晴簃诗汇》卷 116，第 4983 页；《国朝词综补》卷 23，第 208 页。

② 光绪《开化县志》卷 7《选举三》，第 7 叶；卷 8《人物五·儒林》，第 6 叶。

③ 金蓉镜：《先曾王父家传》，《潜庐文钞》，第 48 叶；孙延钊：《浙江畸人别记（三）》，《浙江省通志馆馆刊》第 1 卷第 3 期（民国三十四年），第 22 页。

④ 光绪《重修嘉善县志》卷 24《文苑》，第 50 叶；光绪《嘉兴府志》卷 55《嘉善文苑》，第 1542 页。

⑤ 同治《湖州府志》卷 76《人物传·文学三》，第 35 叶。

⑥ 《定香亭笔谈》卷 2，第 497 页；民国《临海县志》卷 22《人物·文苑》，第 29 叶；卷 39《艺文》，第 19 叶。

⑦ 卒于道光二十三年除夕，公历已入 1824 年。

⑧ 《校经叟自订年谱》，第 407 页。

⑨ 光绪《归安县志》卷 37《文苑》，第 20 叶。

十五年（1810）举人。官如皋知县，擢守燕北各郡。以观察指发江西，历署盐法、粮储。授福建兴泉永道，未到官。改发江苏，卒于泰州。著有《常山贞石志》二十四卷、《十经斋文集》四卷《二集》一卷、《柴辟亭诗集》四卷《二集》一卷、《九曲渔庄词》二卷、《柴辟亭读书记》一卷、《易音补遗》一卷、《匏庐诗话》三卷。《晚晴簃诗汇》录其诗 11 首。《国朝词综补》录其词 6 首。《全清词钞》录其词 4 首。①

陈嵩庆，原名复亨，字复荪，号荔峰，钱塘人。嘉庆五年（1800）举人，六年（1801）进士。官至礼部侍郎。《国朝词综补》录其词 1 首。②

陈文述（1771—1843/1845），原名文杰，字隽甫，号云伯，钱塘人。嘉庆五年（1800）举人，屡试礼部不第。嘉庆十四年（1809）官常熟知县，十五年（1810）官宝山知县，十八年（1813）官奉贤知县，二十一年（1816）官崇明知县，二十三年（1818）再官常熟知县。道光元年（1821）官江都知县。丁忧归。道光二十年（1840）官繁昌知县，卒于任。少有诗名，与族兄鸿寿（1768—1822）有"二陈"之目。居京师五载，与杨芳灿（1754—1816）齐名，时称"杨陈"。著有《颐道堂诗选》三十卷、《颐道堂诗外集》十卷、《颐道堂文钞》十三卷（收入《续修四库全书》）、《碧城仙馆诗钞》八卷（收入《丛书集成初编》）、《兰因集》二卷、《西泠怀古集》十卷、《西泠仙咏》三卷、《西泠闺咏》十六卷（皆收入《丛书集成续编》）。《国朝文汇》录其文 9 篇。《晚晴簃诗汇》录其诗 5 首。《全清词钞》录其词 5 首。③

朱为弼（1771—1840），字右甫，号茮堂，平湖人。嘉庆五年（1800）举人，十年（1805）进士。历官兵部主事、员外郎、河南道、京畿道监察御史，礼部给事中，顺天府尹，通政司副使，太常寺卿，宗人府府丞，左副都御史，兵部左侍郎，漕运总督。著有《蕉声馆诗文集》。《晚晴簃诗汇》录其诗 5 首。《国朝词综补》录其词 1 首。《全清词钞》录其词 1 首。④

童璜（？—1812），字磻珍，号望轩，山阴人。与童槐（1773—1857）同受知于阮元，有"两浙文章推二童"之语。嘉庆六年（1801）拔贡、举人。十年（1805）进士，选庶吉士，散馆授礼部主事。著有《海云书屋诗文集》。⑤

杨凤苞（1753—1816），字傅九，号秋室，荑汀，晚号西圃老人，归安人。廪生。早

---

① 沈涛：《大狄礼成颂并序》自记，《十经斋遗集·十经斋文二集》，第 12 叶；《韧叟自订年谱》，第 314 页；光绪《嘉兴府志》卷 50《嘉兴列传》，第 1340 页；《晚晴簃诗汇》卷 121，第 5200 页；《国朝词综补》卷 26，第 234 页；《全清词钞》卷 17，第 840 页。

② 民国《杭州府志》卷 113《选举七》，第 2188 页；《两浙輶轩续录》卷 21，第 553 页；《国朝词综补》卷 21，第 191 页。

③ 民国《杭州府志》卷 146《文苑三》，第 2784 页；光绪《重修常昭合志》卷 19《职官》，第 278 页；光绪《宝山县志》卷 7 下《职官志》，第 16 叶；光绪《松江府续志》卷 21《名宦志》，第 7 叶；民国《崇明县志》卷 10《职官志》，第 15 叶；光绪《江都县续志》卷 11《政考》，第 176 页；光绪《重修安徽通志》卷 145《职官志》，第 735 页；《国朝文汇》乙集卷 60，第 2248 页；《晚晴簃诗汇》卷 114，第 4881 页；《全清词钞》卷 15，第 711 页。

④ 杨岘：《漕运总督朱公墓表》，《续碑传集》卷 22，第 237 页；《晚晴簃诗汇》卷 118，第 5057 页；《国朝词综补》卷 22，第 201 页；《全清词钞》卷 16，第 749 页。

⑤ 《绍兴县志资料》第 1 辑《人物列传》第二编，第 13 叶；《清代人物大事纪年》，第 1038 页。

工词章，以《西湖秋柳词》知名，后务为经史之学，尤留心明季遗事。著有《南疆逸史跋》一卷、《秋室集》十卷（皆收入《续修四库全书》）。《国朝文汇》录其文8篇。《晚晴簃诗汇》录其诗4首。①

张慧，鄞县人。嘉庆二十一年（1816）副贡。官青田训导。②

王昶（1725—1806）③，字德甫、兰泉，号述庵，青浦人。肄业紫阳书院。乾隆十八年（1753）举人，十九年（1754）进士。历官内阁中书，刑部主事、员外郎、郎中，通政司副使，左副都御史，江西、陕西按察使，云南、江西布政使，刑部侍郎。致仕后主娄东、敷文书院。著有《春融堂集》六十八卷，辑有《金石萃编》一百六十卷、《金石萃编未刻稿》三卷、《湖海诗传》四十六卷、《湖海文传》七十五卷、《国朝词综》四十八卷《二集》八卷（皆收入《续修四库全书》）。④

段玉裁（1735—1815），字若膺，号茂堂、懋堂，金坛人。肄业扬州安定书院。乾隆二十五年（1760）举人。历官贵州玉屏，四川富顺、南溪、巫山知县。以父老引疾归，专事著述。著有《古文尚书撰异》三十二卷、《毛诗故训传定本》三十卷、《诗经小学》四卷、《周礼汉读考》六卷、《春秋左氏古经》十二卷、《汲古阁说文订》一卷、《说文解字注》三十卷、《六书音均表》五卷、《明史十二论》一卷、《经韵楼集》十二卷（皆收入《续修四库全书》）。⑤

待考者：谢淮（嘉善）。

2. 诂经精舍续集

【版本序跋】

道光二十二年（1842）刻本，同治十二年（1873）重刻本，罗文俊手订。

罗文俊（1790/1791—1850），字泰瞻，号萝村，广东南海人。嘉庆二十一年（1816）副贡，二十四年（1819）举人。道光二年（1822）榜眼，授编修。历官左春坊左庶子、侍讲学士、侍读学士、通政司副使、詹事府詹事、工部左侍郎。回翔史馆者十年，迭充各馆纂修官、协修官、咸安宫总裁、教习庶吉士、日讲起居注官，简放山西、陕甘、山东、浙江学政。引疾归。著有《罗萝邨文稿》、《绿萝书屋文集》。⑥

胡敬序云：

　　　　萝村学使以弇雅之才，膺上第，登上考，屡主文衡。庚子岁（1840）奉命典学来浙，甫下车即亲课诂经精舍诸生，第其高下。及按试诸郡，复遴选诸生之经术较

① 《秋室集》卷首陆心源序，第1页；沈登瀛：《杨秋室先生传》，《深柳堂文集》，第16叶；许宗彦：《三文学合传》，《鉴止水斋集》卷17，第474页；《国朝文汇》丙集卷4，第2471页；《晚晴簃诗汇》卷110，第4692页。

② 光绪《鄞县志》卷23《选举表四》，第37叶。

③ 生于雍正二年十一月二十二日，公历已入1825年。

④ 《述庵先生年谱》，第83页。

⑤ 《段玉裁先生年谱》、《段懋堂先生年谱》，第339、447页。

⑥ 罗崇禧：《皇清诰授荣禄大夫工部左侍郎先祖考萝邨罗公府君暨诰封一品夫人先祖妣孔夫人行述》、《邑志本传》，《罗萝邨文稿》卷首，第3、7页。

优、词华兼茂者，肄业其中，凡以励儒修、承师志也。

学使为仪征相国高弟。师督两粤时，仿在浙课士，开学海堂，学使为师所最赏。盖师自山左典学，移节于此，试浙士之学有根柢者，甄拔无遗美。暨抚浙，创建精舍，月一课。以制艺会城设有三讲舍，不更试。专试经解与碑版、考证诸作，即诗赋录取亦不多。择其尤付刊，题曰《诂经精舍文集》。所延校阅者为汪文端、王兰泉、孙渊如诸先生，而相国相与品题订定焉。一时因陋就简之弊，焕然改观。相国归朝，此事遂废。经廿余载，长白富海帆中丞复举行，会藩臬、都转、监司递课之，虽命题稍变通，大旨悉循相国师之旧。其后相率踵行，至于今又十余载矣。【略】

今学使恪遵相国师之训，增课精舍。惜年来所课卷，已散佚不全。饬所司即其存者，汇为卷若干。谓诸生说经未尽湛深，属辞亦未免过于驰骋，去古尚远，然从此加勉，可望有成。【略】

道光二十二年（1842）二月朔，馆愚弟胡敬拜撰。

胡敬，见《诂经精舍文集》。
刘韵珂序云：

【略】相国去浙后，辍而弗举有年矣。富海飖节帅三至是邦，涖历开府，遂复提倡风雅，整饬规条，筹费有常，迭课无间。横经者重布戴凭之席，问字者如登子云之亭。积卷既盈，规付剞劂。节帅旋调赴阙，移镇关中。后数载，韵珂由蜀藩奉命抚军两浙，道经秦坂。节帅以韵珂曾任浙江臬事，屡预校文，赏奇析疑，忝助评骘，未竟之绪，期为踵成。韵珂不敏，敢不率由旧章，奉扬德意！

抵任后，值海氛不靖，军书驿骚，从事斯文，有志未逮。适萝村学使来视浙学，崇尚经术，实获我心。学使言曩岁观风三辅，与节帅公余谭艺，每述重开精舍事，想人文之益盛，冀袤集之观成。今者过邗上，谒相国，相国又郑重道及之，故将于兹绵坠绪、振宗风，希相国爱士之殷，酬节帅相知之雅焉。韵珂乃集诸生于精舍，课以经义史学各艺，乞学使第其高下。学使复搜胶序之隽，博征桢楠之材，解陆贾之装，割杜暹之俸，输精镠以奖士，选文梓以庀工，合十年以来诸生课艺，属乡先生书农学士校定之，成《诂经精舍文续集》八卷。【略】

道光二十有二年岁在元默摄提格（1842）仲秋之月，汶上愚弟刘韵珂拜撰。

刘韵珂（1792—1864），字玉坡，号荷樵，山东汶上人。以拔贡生朝考第一，分刑部。历官员外郎、郎中、徽州、安庆知府，云南盐法道，浙江、广西按察使，四川布政使，浙江巡抚，闽浙总督。致仕归。①
吴棠《重刊诂经精舍文续集》序云：

南海罗萝村先生，阮文达督粤时学海堂所拔士，视学两浙，循文达遗规，手订《诂经精舍文续集》八卷，各体具备，艺林传诵。棠轺车莅浙，复奉命赴粤，彼都人

---

① 《山东通史·近代卷（下）》，第443页。

士，犹乐道先生评骘之精，撰述之富。迨移节来蜀，六载于兹，岁课锦江书院，率以制艺。诸生有志学古，爰为重刊此集，俾见一斑。

蜀中山水，雄秀甲天下，风会先开，人文郁起，相如、子云导于前，眉山苏氏继于后，学者能自得师。进而益上穷原竟委，求诸先民著作之林，又非此帙足以限其所至也。

萝村先生曾以《落叶赋》上邀宸赏，擢列高等，并刊登简首，为多士南车之示焉。

同治十有二年岁在昭阳作噩（1873）季夏之月，督蜀使者盱眙吴棠撰。

吴棠（1813—1875）①，字仲宣、仲仙，江苏盱眙人。光绪十五年（1835）举人。历官南河、桃源、清河知县，邳州知州，江宁布政使，漕运总督，江苏巡抚，闽浙总督，四川总督。谥勤惠。著有《望三益斋诗文钞》。②

卷首又有"诂经精舍课试之官"29人（道光十二年至二十二年），"监课诂经精舍学长"2人，"诂经精舍肄业之士"183人（道光十二年至二十二年），"岁科试录送诂经精舍肄业之士"151人（内原肄业者15人，道光二十一年二月至二十二年七月）。

【课艺内容】

八卷：卷一至卷六，解、考、辨、论、跋、铭、赋等68题102篇，题如《笙磬同音解》、《天周岁周考》、《大毛公从祀孔庙议》、《刘向扬雄优劣论》、《浚仪王氏〈困学纪闻〉跋》、《倡修陆宣公祠启》、《拟东坡六一泉铭》、《湖上为荷花补作生日文》、《南屏山观温公书赋》；卷七、卷八，诗32题64篇，题如《拟郭景纯游仙诗》、《岳鄂王铜印》、《越中怀古》、《西湖龙井棹歌》、《村居即景》。重刊本卷首有罗文俊《落叶赋（以"树犹如此，人何以堪"为韵）》。

【作者考略】

收录课艺较多者：董醇20篇，胡琨19篇，邹志初8篇，陈一麒、胡琮7篇，章廷彦6篇，冯培元5篇，戚贞、洪昌燕、陈元鼎、顾成俊、朱泰修4篇，姚若、唐壬森、陆玑、金鹤清、邹志路、沈金生、高锡蕃、沈祖懋3篇。

其他作者一二篇不等：顾广誉、谢家禾、沈祖望、许嵘、伊乐尧、马晋蕃、诸葛寿焘、王寿徵、戴煦、陈镜涵、施鸿保、朱修之、沈祖谏、钱金、郑如海、支清彦、严炳、刘钟祥、许延润、黄宪清、黄璋、金善、严埔、周晋鑅、黄安澜、钟凤书、陈恭溥、王金镕、汪述孙、朱大绅、张炳、金曰修、高景孙、沈熙龄、颜廷玉、金绍寅、陆肇曾、翁锡望、杨乃文。

董醇（？—1861），字蕴人、杏塍，仁和人。道光二十六年（1846）岁贡，候选训导。咸丰十一年（1861）城陷，被斫，绝食死。辑有《南宋十先生文评选》，著有《历代

---

① 生卒年据《清代人物生卒年表》，第305页。

② 吴昆田：《四川总督吴公事略》，黄云鹄：《吴勤惠公传》，《续碑传集》卷26，第434、437页；《清代人物传稿》下编第2卷，第76页。

甲子纪年表》、《东皋书堂集》、《有真乐斋制艺》、《补读丛钞》。①

　　胡琨（1814—1860），字次瑶，仁和人，敬（1769—1845）子。道光十七年（1837）优贡，二十四年（1844）举人，候选教谕。少治经史，又嗜算学。与项名达（1789—1850）、戴煦（1805—1860）讲求弧线之术。咸丰十年（1860）城陷，投水死，妻女从之。②

　　邹志初（1797—1866），字菽原，号粟园，钱塘人。道光十四年（1834）优贡，朝考一等。十七年（1837）举人。考取国子监学正、学录，贫不能留京师，归而课徒。晚选西安学博，造就甚众。咸丰间以儒官襄理防守，屡著劳绩。旋抱西河之痛，故乡又沦陷，视万事如浮云，遂殁于任。著有《墨稼穑斋稿》。③

　　陈一麒（1807—？），字书芇、舒伯，号子山，钱塘人。道光十七年（1837）拔贡第1名，乡试中式第80名举人。④

　　胡琮（1815—1861），字季权，仁和人，敬（1769—1845）子，珵（1797—？）、琨（1814—1860）弟。道光十二年（1832）入杭州府学第14名，二十一年（1841）补廪膳生。官候选训导。胡敬掌教崇文书院，正课外益以词赋，即以其题课诸子。季权昆季之作多附刻《敬修堂课钞》中。咸丰十一年（1861）兵乱，饿死于定乡山中。珵、琨、琮著有《胡氏群从集》三卷。⑤

　　章廷彦，字子辛，仁和人，黼（1780—1858）子。官余姚训导，广东候补知府。缘事罢职，北走奉天，疾殁旅次。著有《清风明月轩诗钞》。⑥

　　冯培元（1813—1853）⑦，字因伯、小亭，仁和人。未第时应书院课，日可得七八卷。道光二十年（1840）举人。二十四年（1844）探花，授编修。历官侍讲、湖北学政、侍讲学士、日讲起居注官、光禄寺卿。武昌城陷，投井死。谥文介。兼通六法，工画梅。《晚晴簃诗汇》录其诗1首。⑧

　　戚贞，字子固，号小蓉，钱塘人，人镜（1785—1830）子。道光十九年（1839）举人，二十年（1840）进士。历官清河、饶阳、宛平知县，甘肃平庆泾道。回籍省墓，逢兵事，遂襄办团练捐输事宜，又参与守城。城陷，跳身以免。后巡抚追究，贞不自安，旋至江右，病卒。工文艺，精楷法。《国朝词综补》录其词2首。⑨

---

　　①　《清代硃卷集成》第376册，第53页；民国《杭州府志》卷131《忠义二》，第2527页；卷87《艺文二》，第1709页。

　　②　《诰授朝议大夫翰林院侍讲学士书农府君年谱》，第403页；《国朝杭郡诗三辑》卷65，第2叶；民国《杭州府志》卷131《忠义二》，第2520页。

　　③　《国朝杭郡诗三辑》卷57，第1叶；《清代人物大事纪年》，第1513页。

　　④　《清代硃卷集成》第238册，第223页。

　　⑤　《诰授朝议大夫翰林院侍讲学士书农府君年谱》，第405、426、435页；《两浙輶轩续录》卷35，第329页；《清史稿艺文志及补编（附索引）》，第294页。

　　⑥　《两浙輶轩续录》卷45，第696页；《清稗类钞·植物类·章子辛嗜兰成癖》，第5799页。

　　⑦　卒于咸丰二年十二月初四日，公历已入1853年。

　　⑧　董沛：《提督湖北学政光禄寺卿赠侍郎世袭骑都尉谥文介冯公神道碑铭》，《正谊堂文集》卷14，第339页；《寒松阁谈艺琐录》卷1，第24页；《晚晴簃诗汇》卷145，第6317页。

　　⑨　《国朝杭郡诗三辑》卷60，第20叶；民国《杭州府志》卷113《选举七》，第2194页；《国朝词综补》卷40，第368页。

洪昌燕（1818—1869），字敬传，号张伯，钱塘人。肄业崇文书院、诂经精舍。道光二十三年（1823）优贡第1名，乡试中式第73名举人。二十四年（1824）考取觉罗官学教习第15名。咸丰六年（1856）会试中式第32名，覆试一等第30名，殿试一甲第3名，授编修。历官国史馆协修、纂修，功臣馆协修，武英殿协修、纂修，翰林院撰文，江南道、江西道、京畿道御史，兵科给事中，工科掌印给事中。著有《务时敏斋存稿》十卷。《晚晴簃诗汇》录其诗2首。①

陈元鼎（1817—1867），字实庵，号芰裳，钱塘人。道光二十六年（1846）举人。二十七年（1847）进士，选庶吉士，授编修。著有《鸳鸯宜福馆吹月词》二卷、《词畹》八卷、《词律补遗》、《实庵存稿》。《晚晴簃诗汇》录其诗8首。《国朝词综补》录其词16首。《全清词钞》录其词6首。②

顾成俊（？—1861），字奏云，号葴庵，钱塘人。道光二十三年（1823）优贡，二十九年（1849）举人。咸丰十一年（1861）殉难。著有《棠花馆诗草》。③

朱泰修（1812—1887），字亦华，号镜香，一作镜芗，海盐人。道光十七年（1837）拔贡第1名，二十四年（1844）举人。官江苏宝应知县。后主讲蔚文、安澜书院。著有《竹南精舍诗钞》四卷。《晚晴簃诗汇》录其诗2首。④

姚若（？—1861），字再洲、载舟，号仲芳，钱塘人。廪贡生。国子监典籍，官上虞、鄞县教谕。咸丰十一年（1861）殉难。⑤

唐壬森（1805—1891），原名楷，字叔未、学庭，号根石，兰溪人。道光十四年（1834）优贡第5名，十九年（1839）乡试中式第52名举人。二十七年（1847）会试中式第156名，殿试二甲第45名，朝考二等第1名，选庶吉士，散馆授编修。历官江南道监察御史、礼科给事中、通政使司参议、大理寺少卿、光禄寺卿、宗人府府丞、左副都御史。光绪三年（1877）假归，旋以目疾请开缺，不复出。总纂《兰溪县志》。⑥

陆㠭（1808—？）⑦，字次山，萧山人。诸生。道光间以通判官万县知县、汉州知州。手拓汉唐诸碑碣而归，赁庑杭州，与戴熙（1801—1860）为画友。诗词、铁笔、山水，靡弗精绝，间及金石。辑庄子注，名曰《庄子雪行》。著有《铁园集》二卷。《晚晴簃诗汇》录其诗5首。⑧

---

① 《清代硃卷集成》第241册，第115页；第19册，第195页；洪衍庆：《诰授中宪大夫工科掌印给事中先考张伯府君行述》，《务时敏斋存稿》附录，第737页；民国《杭州府志》卷126《名宦四》，第2451页；《晚晴簃诗汇》卷155，第6764页。

② 《近代词人考录》，第72页；《晚晴簃诗汇》卷149，第6503页；《全清词钞》卷23，第1130页。

③ 《两浙輶轩续录》卷41，第540页。

④ 《清代硃卷集成》第393册，第249页；《两浙輶轩续录》卷39，第475页；《晚晴簃诗汇》卷149，第6514页；《清代人物大事纪年》，第1093、1615页。

⑤ 民国《杭州府志》卷131《忠义二》，第2531页；《两浙輶轩续录》卷30，第146页。

⑥ 《清代硃卷集成》第15册，第139页；《清国史》第11册本传，第132页；《两浙輶轩续录》补遗卷5，第364页。

⑦ 生于嘉庆十二年除夕，公历已入1808年。据《清代人物生卒年表》，第421页。

⑧ 民国《萧山县志稿》卷21《人物·方技》，第1686页；《晚晴簃诗汇》卷134，第5789页。

金鹤清（1816—1854），字田叔，号翰皋、稚谷，桐乡人，锡鬯（1767—1838）子。道光二十三年（1843）优贡第6名，乡试中式第58名举人。二十四年（1844）考取觉罗官学汉教习第4名。二十五年（1845）会试中式第47名，覆试二等第2名，殿试一甲第2名，授编修。历充贵州乡试正考官、会试同考官，记名御史，入直南书房。著有《养以之福斋诗文稿》。①

邹志路（1794—1860），字义衢，号仲虎、狷斋，钱塘人。嘉庆二十四年（1819）优贡。一权宁海训导，两入李宗昉（1779—1846）、史致俨（1760—1838）学幕。又主梅青书院二十年。著有《狷斋遗稿》五卷。《晚晴簃诗汇》录其诗1首。②

沈金生，字云波，仁和人。岁贡。③

高锡蕃（1794—?），字伯骧，号昼三、已生，乌程人。嘉庆十八年（1813）拔贡。道光元年（1821）、十五年（1835）年副榜，十七年（1837）举人。道光六年（1826）官景宁教谕，二十年（1840）官严州府训导，咸丰四年（1854）兼理本学教授。著有《朱藤老屋诗钞》。《晚晴簃诗汇》录其诗2首。《国朝词综补》录其词1首。④

沈祖懋（1813—1870），字懋哉，号念农，晚号恬翁，仁和人。道光十五年（1835）解元。道光十八年（1838）会试中式第53名，覆试一等第3名，殿试二甲第33名，朝考入选第9名，选庶吉士，散馆授编修。历官山西学政、国子监司业、安徽学政。归主杭州敷文、归安龙湖书院。⑤

顾广誉（1799—1866/1800—1867），字维康，号访溪，晚号慎子，平湖人。与方堃（1792—1834）交厚。咸丰二年（1852）优贡。荐举孝廉方正，以战乱未赴廷试。课徒自给四十余年。同治三年（1864）与修《江苏昭忠录》，五年（1866）主上海龙门书院，卒于书院。著有《学诗详说》三十卷、《学诗正诂》五卷（收入《续修四库全书》）、《四礼权疑》八卷（收入《丛书集成续编》）、《乡党图考补正》四卷、《悔过斋文稿》七卷《悔过斋续稿》八卷。《国朝文汇》录其文2篇。⑥

谢家禾，字和甫，号谷堂，钱塘人。与戴熙（1801—1860）、戴煦（1805—1860）兄弟相友善。道光十二年（1832）举人。一上公车，南归遽卒。戴熙收其遗稿付梓。著有《衍元要义》、《弧田问率》、《直积回求》各一卷（收入《丛书集成续编》）。⑦

---

① 《清代硃卷集成》第13册，第417页；张金镛：《哀金翰皋文》，《躬厚堂杂文》卷7，第186页；光绪《嘉兴府志》卷61《桐乡列传》，第1792页。

② 《狷斋遗稿》沈毓荪序、方熊祥跋，第629、665页；《国朝杭郡诗三辑》卷39，第22叶；《晚晴簃诗汇》卷128，第5519页。

③ 《两浙輶轩续录》卷38，第430页。

④ 同治《景宁县志》卷7《职官》，第16叶；光绪《严州府志》卷11《续增·官师》，第226页；《两浙輶轩续录》卷36，第370页；《清代人物大事纪年》，第937页；《晚晴簃诗汇》卷139，第6076页；《国朝词综补》卷40，第363页。

⑤ 《清代硃卷集成》第10册，第385页；谭廷献：《四品卿衔国子监司业加五级沈先生行状》，《续碑传集》卷17，第817页。

⑥ 叶裕仁：《征士访溪顾君行状》，《归盦文稿》卷6，第130页；光绪《嘉兴府志》卷58《平湖列传》，第1683页；《清史列传》卷67《儒林传上》，第332页；《国朝文汇》丙集卷26，第2770页。

⑦ 《国朝杭郡诗三辑》卷52，第24叶；民国《杭州府志》卷147《畴人》，第2799页。

　　沈祖望（1807—?），字望之，号也鲁，钱塘人，祖懋（1813—1870）兄。道光十七年（1837）优贡第5名，十九年（1839）顺天乡试举人。官四川州同。缘裕瑞（1771—1838）事牵连对簿，投井而死。①

　　许崧（?—1861），字嵴士，号砚耕，钱塘人。廪生。长于治经，兼通勾股。咸丰十一年（1861）襄理团练，已邀奖叙，城陷殉难。②

　　伊乐尧（1810—1862），字遇羹，钱塘人。咸丰元年（1851）乡试中式第65名举人。官仙居训导。杭州再陷，奉母避走山中，以寒饿致疾卒。著有《孝经指解补正》一卷、《孝经辨异》一卷、《五经补纲》一卷。③

　　马晋蕃（"蕃"一作"藩"），原名丙奎，字谦香，仁和人。道光二十年（1840）举人。家居授徒，从游甚众。著有《东城唱和诗》。④

　　诸葛寿焘（1816—?），改名钊，字上新，号榴生，兰溪人。道光二十三年（1843）优贡第4名。咸丰末督办团练，闻名于时。同治元年（1862）兰溪城陷，以计得脱。七年（1868）官仙居训导。《晚晴簃诗汇》录其诗2首。⑤

　　王寿徵，原名斯恩，字虎生，钱塘人。优贡，官广东从化知县。著有《寄青霞馆诗》。⑥

　　戴煦（1805—1860），初名邦棣，字鄂士，号鹤墅、仲乙，钱塘人，熙（1801—1860）弟。以商籍第一入杭州府学，旋补增广生。后绝意进取，循例为贡生。咸丰十年（1860）城陷，投井死。著有《音分古义》二卷、《求表捷术》九卷（皆收入《续修四库全书》）。⑦

　　施鸿保（1804—1871），原名英，字榕生，号可斋，钱塘人。肄业紫阳书院、诂经精舍。诸生。十四次应乡举，卒不遇。中岁幕游赣、闽，而于闽尤久。著有《春秋左传注疏五案》六十卷、《炳烛纪闻》十六卷、《读杜诗说》二十四卷、《闽杂记》十二卷、《思悸录》一卷、《可斋诗钞》二十卷。⑧

　　朱修之（1814—?），字叔序，号今韩，海宁人，杭之（1786—1844）弟。道光十七年（1837）拔贡第1名。年未三十，卒于京邸。著有《春秋通鉴中续》四卷、《宋元通鉴目录》二十卷、《辽金元三史国语解》未定卷、《续辽史朔闰考》二卷。⑨

---

　　① 《清代硃卷集成》第375册，第283页；《国朝杭郡诗三辑》卷60，第11叶。
　　② 《国朝杭郡诗三辑》卷78，第35叶。
　　③ 《清代硃卷集成》第244册，第1页；方宗诚：《伊孝廉传》，《续碑传集》卷71，第155页；民国《杭州府志》卷131《忠义二》，第2529页；卷86《艺文一》，第1680、1682页。
　　④ 《两浙輶轩续录》卷37，第421页。
　　⑤ 《清代硃卷集成》第375册，第307页；光绪《仙居志》卷10《职官》，第583页；《晚晴簃诗汇》卷144，第6311页。
　　⑥ 《两浙輶轩续录》卷33，第273页。
　　⑦ 诸可宝：《戴煦传》，《碑传集补》卷42，第586页。
　　⑧ 《闽杂记》卷首《施可斋先生传》，第3页；《读杜诗说》自序，第1页；《两浙輶轩续录》卷42，第586页。
　　⑨ 《清代硃卷集成》第393册，第213页；民国《海宁州志稿》卷15《典籍十五》，第21叶。

沈祖谏（1820—?）①，字果台，号味香，钱塘人。道光二十六年（1846）举人。咸丰三年（1853）进士。官编修。②

郑如海，字颉苏，仁和人。道光十五年（1835）举人。官国子监学正。楷书精美，鲜有其匹。方以鼎甲期之，乃浮沉冷署十余年，卒于都门。③

支清彦，字少鹤，海盐人。道光十五年（1835）举人。十八年（1838）进士，选庶吉士，散馆授编修。历官庶子、侍讲学士、四川学政。任满谢病，寄寓陕西，卒于陕。著有《双桂堂诗存》。《晚晴簃诗汇》录其诗1首。④

严炳，字星岩，秀水人。道光二十三年（1843）乡试中式第44名举人。肆力于古文，宗桐城派，有手录《古文辞类纂评本》，兼精书画。嘉兴城陷，母为太平军所掳，炳随至常州。母病殁危城中，炳以身殉。⑤

刘钟祥（1823—1861）⑥，字乙藜，钱塘人。咸丰五年（1855）举人，六年（1856）进士。官刑部主事。乞假归。十一年（1861）督办团练，与太平军战，受重伤，投水死。《清诗纪事》录其诗1首。⑦

许延润（?—1861），原名延凯，字子乐、芷禄，德清人，钱塘籍，宗彦（1768—1818）子。道光十九年（1839）举人。秉铎岑阳，保升知县，需次江苏。咸丰九年（1859）奉调回籍，襄办团练。咸丰十一年（1861）殉难。⑧

黄宪清（1805—1864），改名燮清，字韵珊、蕴山、韵甫，海盐人。道光十五年（1835）举人。六应会试不第，充实录馆誊录。用为湖北知县，病不之官。自是怡情山水，与里中名士唱和。咸丰十一年（1861）海盐城陷，乃赴湖北，历官宜都、松滋知县。卒于武昌。著有《倚晴楼诗集》十六卷、《诗余》四卷、乐府七种，辑有《国朝词综续编》二十四卷。《晚晴簃诗汇》录其诗5首。《全清词钞》录其词10首。⑨

黄璋，字奉莪，仁和人。诸生。⑩

金善（1812—?），字子谷，号访叔，仁和人。道光十九年（1839）举人。官内阁中书。⑪

严埔，字子厚，号季驯，仁和人。廪生。与兄圻（云甸）、弟遽（仪吉）齐名，时有"严氏三凤"之目。⑫

───────────

① 生年据《清代人物生卒年表》，第365页。
② 民国《杭州府志》卷113《选举七》，第2195页；《两浙輶轩续录》卷42，第616页。
③ 《国朝杭郡诗三辑》卷56，第16叶。
④ 光绪《海盐县志》卷16《人物传》，第49叶；《晚晴簃诗汇》卷142，第6202页。
⑤ 《清代硃卷集成》第241册，第49页；光绪《嘉兴府志》卷52《秀水列传》，第1435页。
⑥ 生卒年据《清代人物生卒年表》，第189页。
⑦ 民国《杭州府志》卷113《选举七》，第2196页；卷131《忠义二》，第2527页；《清诗纪事·咸丰朝卷》，第11344页。
⑧ 《国朝杭郡诗三辑》卷60，第3叶。
⑨ 陆萼庭：《黄燮清年谱》，《清代戏曲家丛考》，第117页；《晚晴簃诗汇》卷138，第6020页；《全清词钞》卷20，第993页。
⑩ 《国朝杭郡诗三辑》卷40，第14叶。
⑪ 《清尊集》卷首《清尊集目》；《国朝杭郡诗三辑》卷60，第5叶。
⑫ 《国朝杭郡诗三辑》卷58，第16叶。

周晋鑅，字寄凡，会稽人。廪贡，官常山训导。著有《越中百咏》。①

黄安澜。道光、咸丰、同治间浙江黄安澜至少有二人：一字恬甫，仁和人。道光二十年（1840）举人。② 一为余姚人，黄澄量（字式筌）曾孙，同治间编订《姚江黄氏五桂楼书目》。光绪二十一年（1895）刊行，有俞樾（1821—1907）题签。③ 又，宁海黄安澜，曾为敷文书院董事。④ 未知是否即其中一人。

钟凤书，字古春，钱塘人。道光间恩贡（一作岁贡）。绩学不遇，著作散佚。《蚊市》、《蜂衙》二律，咏物之工，不减元人。⑤

陈恭溥，原名崇溥，字仁叔，号韵清，海宁人。道光二十六年（1846）举人。咸丰十一年（1861）官江都知县。⑥

王金镕，字丽生，仁和人。道光十七年（1837）拔贡。官至内阁侍读学士。⑦

汪述孙，字幼能，号镜仙，钱塘人，适孙（1804—1843）弟。贡生。候选训导。工诗古文词，又精篆刻，尤锐于举业。道光十九年（1839）乡试，得而复失，抑郁牢骚。偶爱鸳湖烟雨之胜，移家居之。年三十二，外舅张之杲（1792—1853）为泰州牧，遂造谒焉。殁于甥馆。⑧

朱大绅，字幼泉，嘉兴人。廪生。素无恒产，借笔耕养亲。文尚性灵，词赋尤严格律。罗文俊（1790/1791—1850）视浙学，称巨眼。选刻《咏汉史律诗》，允推杰作。举优行，以艰不赴试，中年遽卒。⑨

张炳（？—1861），改名日熙，字翼之，钱塘人。廪贡。候选训导。侘傺不遇，卒死辛酉（1861）之难。《磨盾余谈》二卷，署张炳撰。实为白让卿（1802—？）撰，托名炳者。一说炳时为白作记室，故为东家撰文颂扬先德。⑩

金曰修（1822—1889）⑪，字少白，钱塘人。道光二十六年（1846）优贡，官内阁中书。咸丰五年（1855）举人，同治四年（1866）进士。历官起居注主事、兵部员外郎、军机章京。归主蕺山书院。⑫

沈熙龄，字玉士，归安人。道光二十三年（1843）优贡。官江苏知县。⑬

① 《两浙𬨎轩续录》卷40，第528页。
② 《国朝杭郡诗三辑》卷61，第7叶。
③ 褚焕灿：《飞岚回带峙五桂——浙东第二藏书楼五桂楼考略》，《天一阁论丛》，第222页。
④ 《敷文书院志略·敷文书院董事题名》，第276页。
⑤ 《国朝杭郡诗三辑》卷69，第16叶；民国《杭州府志》114《选举八》，第2222页。
⑥ 同治《续纂扬州志》卷6《秩官》，第712页；民国《杭州府志》卷113《选举七》，第2195页；《国朝杭郡诗三辑》卷65，第28叶。
⑦ 《两浙𬨎轩续录》补遗卷5，第346页。
⑧ 《国朝杭郡诗三辑》卷50，第6叶。
⑨ 光绪《嘉兴府志》卷51《嘉兴文苑》，第1375页。
⑩ 《两浙𬨎轩续录》卷41，第565页；民国《杭州府志》卷87《艺文二》，第1696页；《张文虎日记》同治四年，第34页；周作人：《女人轶事》，《周作人文选（1937—1944）》，第363页。
⑪ 卒于光绪十四年十二月初十日，公历已入1889年。
⑫ 张潚万：《金公墓志铭》，《恤蒿庐文初稿》卷8，第337页。
⑬ 光绪《归安县志》卷32《选举·贡生》，第39叶。

颜廷玉，安吉人。敷文书院董事。①

金绍寅，字鹤龄，号萼龄，钱塘人。道光二十六年（1846）举人。湛深经术，兼擅词章，紫阳院长项名达（1789—1850）、钱振伦（1816—1879）最为激赏。同治二年（1863）入都，馆于涞水，卒于署中。②

翁锡望，字启斋，寿昌人。廪生。家贫授徒，及门多获隽。乡闱五膺房荐，卒不遇。教谕宋绍周（字仲穆）评寿庠文行，以锡望为首。年四十余卒。③

待考者：陈镜涵（义乌）、钱金（长兴）、高景孙（归安）、陆肇曾（海盐）、杨乃文（杭府）。

3. 诂经精舍三集

【版本序跋】

《中国历代书院志》影印本有脱漏，排列次序亦有不妥。南京图书馆藏本包括四个部分：

第一，同治五年丙寅（1866）、六年丁卯（1867）课艺。

马新贻序云：

> 仪征阮文达公抚浙时，创精舍于西湖，命曰诂经。杭州旧有敷文、崇文、紫阳三书院，专习举子业，而此独为诸生讲经之所。聘明经之士以为之师，课士首重经解，兼及策论、诗赋、杂文，盖视三书院为益浚其源，而其流亦曼衍浩博矣。使承学之士因是以窥圣人立言之旨，而其文字亦有以渐几于古之作者，不徒囿于时文俗学，意甚盛也。文达以宿儒大师，当乾嘉之际，出入将相，独以通经为天下倡。一时孳孳于文字训诂之异同，与夫沉博绝丽之文章者，家许、郑而人枚、马，流风遗韵，至今犹存。盖国家极盛之时，士皆争自濯磨，以奋于学，而上之人亦诚有以倡之，以免于空疏弇陋之讥，其事甚可慕也。
>
> 咸丰之末，粤寇既陷浙江，书院精舍皆毁于火。及新贻奉命抚浙，则诸书院以次修复，渐渐延师向学矣。而前云南学使颜雪庐太史主讲诂经精舍，浙东西人文渊薮，虽遭兵火，而讲院既兴，学者弥盛，阅时既久，作者如林。太史复为择其雅者，镂板以传，盖所以作兴实学，犹文达意也。【略】
>
> 同治六年岁在丁卯（1867）夏五月，抚浙使者菏泽马新贻序。

马新贻（1821—1870），字谷山，号燕门、铁舫，山东菏泽人。道光二十六年（1846）举人，二十七年（1847）进士。历官安徽建平、合肥知县，安徽按察使、布政使，浙江巡抚，两江总督，通商大臣。同治九年（1870）遇刺身亡。谥端敏。④

第二，同治七年戊辰（1868）课艺。

---

① 《敷文书院志略·敷文书院董事题名》，第276页。
② 《国朝杭郡诗三辑》卷65，第31叶。
③ 民国《寿昌县志》卷8《人物志上·孝友》，第711页。
④ 《马端敏公新贻年谱》。

题"诂经精舍三集（戊辰年官师合刻）"、"同治七年十有二月俞樾题检"；"山长俞樾编次，监院周承谟、孟沅校刊"。

俞樾（1821—1907）①，字荫甫，晚号曲园，德清人。道光十七年（1837）副贡，二十四年（1844）举人。三十年（1850）进士，选庶吉士，散馆授编修。历官国史馆协修、河南学政。罢官后历主苏州紫阳、上海求志、德清清溪、归安龙湖等书院，主杭州诂经精舍凡三十一年。著有《春在堂全书》五百余卷。②

周承谟（1810—？），字佑文，号慕陶，仁和人。道光十七年（1837）举人。同治三年（1864）官德清教谕、训导，又曾官龙游教谕。③

孟沅，山阴人。咸丰二年（1852）举人。同治七年（1868）官仁和教谕，十三年（1874）兼仁和训导，光绪三年（1877）兼余杭教谕。④

第三，同治八年己巳（1869）课艺。

题"诂经精舍三集（己巳年官师合刻）"、"同治八年俞樾署检"；"山长俞樾编次，监院孟沅、章潗，肄业陈殿英校刊"。

章潗（1825—1890），字轮香，余杭人。年三十六，随父避兵。乱定，以家贫，幕游江南浙西诸县。曾客杭州知府谭钟麟（1822—1905）所。钟麟迁河南按察使，欲与俱，以母老辞。薛时雨（1818—1885）掌教敷文书院，欲令执挚，亦不往。为文华妙清妍，尤善诗，以查慎行（1650—1727）为法。晚岁里居，课诸子。著有《春风草庐剩稿》。⑤

陈殿英（1832—1889），又名蟾，字桂舟，台州人。少从黄潗（1779—1866）学，同治间从俞樾于诂经精舍居最久。同治中由诸生保举训导，光绪间举孝廉方正。浙江提督欧阳利见（1825—1895）慕其名，聘之。卒于幕。诗文外尤工书，兼工铁笔。著有《五经要义》十卷、《道德经疏》二卷、《与竹石居文集》二卷、《资游艺室诗钞》二卷。⑥

第四，同治九年庚午（1870）课艺。

题"诂经精舍三集（庚午年官师两课合刻）"、"俞樾题检"；"山长俞樾编次，监院孟沅、陈谟、沈壬林、沈灿校刊"。

陈谟（1835—？），字福谦、懋斋、竹川，新昌人。同治四年（1865）乡试中式副榜第28名，九年（1870）中式副榜第1名。历任淳安教谕、诂经精舍监院。光绪十一年（1885）中式第105名举人。⑦

---

① 卒于光绪三十二年十二月二十三日，公历已入1907年。

② 缪荃孙：《清诰授奉直大夫诰封资政大夫重宴鹿鸣翰林院编修俞先生行状》，《艺风堂文续集》卷2，第180页。

③ 《武林坊巷志》第8册，第28页；《临平记再续》卷4，第488页；民国《德清县志》卷6《职官志》，第7、8叶。

④ 民国《重修浙江通志稿》第109册《考选》，第76叶；民国《杭州府志》卷102《职官四》，第1988页；卷104《职官六》，第2033页。

⑤ 章炳麟：《先曾祖训导君先祖国子君先考知县君事略》，《太炎文录续编》卷4，第17页；民国《杭州府志》卷94《艺文九》，第1829页。

⑥ 民国《续修台州府志》卷120上《文苑五》，第21叶；《温岭县志》第27篇《人物》，第863页。

⑦ 《清代硃卷集成》第275册，第55页。

沈壬林，德清人。增贡。光绪三年（1877）官常山训导，四年（1878）兼任教谕。①

沈灿（1826—?），字兰舫，仁和人。道光二十一年（1841）从俞樾（1821—1907）游，为俞门弟子之最早者。五十岁时，俞樾为作寿联云："共学东湖，同客西湖，坐对腊灯怀旧雨；五年迟我，一日先我，互斟春酒祝长生。"光绪七年（1881）文澜阁修复后，曾任董事。②

【课艺内容】

第一，同治五年丙寅（1866）、六年丁卯（1867）课艺。辞赋三卷、经解二卷，杂文、诗赋 205 篇，经解 37 篇。

第二，同治七年戊辰（1868）课艺。二卷，经解、杂文、诗赋 136 篇。

第三，同治八年己巳（1869）课艺。二卷，经解、杂文、诗赋 114 篇。

第四，同治九年庚午（1870）课艺。二卷，经解、杂文、诗赋等 98 篇。

【作者考略】

第一，同治五年丙寅（1866）、六年丁卯（1867）课艺。

杂文、诗赋 205 篇，其中：王麟书 39 篇，张预 36 篇，费玉崟 11 篇，许郊 9 篇，袁振蟾 8 篇，李宗庚、孙瑛 7 篇，沈文元 6 篇，叶如圭 5 篇，俞光组、吴乃斌、沈荣、张鸣珂 4 篇，陆宗翰、董慎言、陈豪、王汝霖、孙同埼、徐振声、高人凤、袁建荦 3 篇，邵庆辰、羊复礼、徐泰然、骆葆庆、王旬宣、蒋其章、陈灏、梁念慈、刘金赞、朱荸 2 篇，戴穗孙、高云麟、潘鸿、张景云、周葆昌、许承勋、张馨、江珍楹、乐嗣罾、沈鼎、盛赞尧、潘传砚、王棻、沈晋藩（"藩"一作"蕃"）、杨振镐、赵铭、蔡鼎昌 1 篇。

经解 37 篇，其中：黄以周 8 篇，张成渠 5 篇，王棻 4 篇，吴承志、沈文元、王麟书、杨振镐 2 篇，张预、董慎言、王兆凤、孙同埼、周蔚文、周恩培、高人凤、朱景兰、李宗庚、俞光组、沈鼎 1 篇，沈丙莹程作 1 篇。

第二，同治七年戊辰（1868）课艺。

136 篇，其中：赵铭 22 篇，施补华 21 篇，黄以周 12 篇，潘鸿 11 篇，吴承志 9 篇，袁建荦 8 篇，丁立诚、王兰 6 篇，陈豪、王麟书、许德裕 5 篇，陈灏 4 篇，丁正、吴思藻、袁秉彝 3 篇，戴果恒、沈鼎 2 篇，沈晋藩（"藩"一作"蕃"）、吴缦云、许郊、卫梓材、钟煦、林真、祝桂荣、高人凤、许诵禾、朱砺金、钮亮、朱镜清、来凤翾、李庆、孙瑛 1 篇，俞樾拟作 6 篇。

第三，同治八年己巳（1869）课艺。

114 篇：施补华 13 篇，吴承志 11 篇，黄以周 10 篇，王麟书 8 篇，丁正 7 篇，潘鸿、朱文炳、赵铭 6 篇，陆雅南、许德裕 4 篇，许郊、朱一新 3 篇，武家骏、陈豪、陈灏、周昌期、丁立诚、张荫樾、屈元炘、徐銮、陶祖望、王兰、袁秉彝 2 篇，沈赞元、俞光组、钮亮、吴思藻、徐泰然、袁振蟾、陆寿民 1 篇，俞樾拟作 4 篇。

① 光绪《常山县志》卷 37《职官》，第 12、29 叶。

② 《俞曲园先生年谱》，第 5 页；俞樾：《沈兰舫广文五十寿联》，《春在堂楹联录存》卷 1，第 36 叶；《文澜阁四库全书史稿》，第 143 页。

第四，同治九年庚午（1870）课艺。

98篇：吴承志18篇，武家骏8篇，沈鼎5篇，潘鸿、俞光组、陈灏4篇，陈豪、黄以周、徐泰然、葛咏裳、关铖3篇，程咸焯、杨振镐、张大昌、孙禄增、何镛、何镕、施补华、王兰、朱镜清、陈殿英2篇，李庆、张澍、王麟书、王禹堂、朱怀新、赵毓琛、吕聪、吴思藻、卫梓材、潘承鼎、钱汝源、朱一新、许郊、许文澄、胡宗俊、冯祖洛、朱苿、袁秉彝、沈樾、章廷桢1篇。

陈殿英，见《诂经精舍三集·版本序跋》。

王麟书（1829—1887）①，字松溪，钱塘人。同治九年（1870）举人，十三年（1874）进士。官江西广丰、万安知县。乞假省墓，遂归。著有《慕陔堂稿》。《晚晴簃诗汇》录其诗1首。②

张预（1840—1910），字孟凯、子虞，号南孙、慕陔、虞盦，钱塘人。同治四年（1865）拔贡第1名。六年（1867）乡试中式第228名举人，覆试一等第4名。光绪九年（1883）会试中式第2名，覆试一等第37名，殿试二甲第6名，朝考一等第8名，选庶吉士，散馆授编修。历官国史官、会典馆、功臣馆纂修、协修，翰林院撰文，清秘堂总办，教习庶吉士，湖南学政，归主敷文书院。以保送知府分发江苏，历松江、苏州，奉母讳去官。后入张之洞（1837—1909）幕，又与修《江苏通志》。著有《崇兰堂遗稿》八种二十四卷。《晚晴簃诗汇》录其诗6首。③

费玉崙，字抡卿、且泉，归安人。同治四年（1865）拔贡。官工部主事。④

许郊（1827—？），字子社，晚号八八翁，仁和人。廪贡。光绪十二年（1886）官慈溪教谕。⑤

袁振蟾（1846—1900），改名昶，字硺秋（一作爽秋）、重黎，号沤簃，桐庐人。同治六年（1867）举人。捐内阁中书，充方略馆、国史馆校对。光绪二年（1876）进士。历官户部主事、主稿、员外郎、安徽徽宁池太广道、江宁布政使、总理各国事务衙门行走、光禄寺卿、太常寺卿。二十六年（1900）八国联军进犯大沽，与许景澄（1845—1900）反对围攻使馆和对外宣战，逆慈禧意，被杀。追谥忠节。著有《渐西村人诗初集》、《安般簃诗》、《于湖小集》、《于湖文录》，辑有《于湖题襟集》。《晚晴簃诗汇》录其诗22首。《中国近代文学大系》录其诗42首。⑥

李宗庚（1827—1891），字子长，嘉兴人。从薛时雨（1818—1885）游。年四十举优

---

① 生于道光八年十二月二十九日，公历已入1829年。

② 谭廷献：《亡友传·王麟书传》，《续碑传集》卷81，第656页；《晚晴簃诗汇》卷166，第7235页。

③ 《清代硃卷集成》第257册，第71页；第51册，第17页；唐文治：《张子虞先生墓表》，《茹经堂文集三编》卷8，第15叶；《晚晴簃诗汇》卷174，第7616页。

④ 光绪《归安县志》卷32《选举·贡生》，第39叶。

⑤ 丁丙：《许子社郊今岁六十有四，自号八八翁，金谨斋镌印为寿，余亦赋此以祝》，《松梦寮诗稿》卷5，第465页；光绪《慈溪县志》卷18《职官下·学官》，第397页。

⑥ 谭廷献：《太常寺卿袁公墓碑》，《续碑传集》卷17，第847页；章樘：《袁昶传》，《碑传集三编》卷9，第503页；《晚晴簃诗汇》卷171，第7444页；《中国近代文学大系》第4集第14卷《诗词集一》，第430页。

贡，同治七年（1868）朝考，以知县用。越三载，分发广西，历官百色、苍梧、宣化、临桂、贵县、桂平知县。升太平府明江同知，未任而以疾归。①

孙瑛（1832—?），字渔笙，镇海人。肄业诂经精舍。充浙江官书局分校。光绪二年（1876）乡试中式第 2 名副榜。著有《吴山草堂诗文集》。王先谦（1842—1917）有《孙渔笙时文序》。②

沈文元，字鹭洲，钱塘人。诸生。同治四年（1865）秋闱之先，蒋益澧（1833—1875）试十一郡举子，凡千数百人，拔文元为第一。是科不售，郁郁出游，客死粤东。③

叶如圭（1839—?），字荣甫，号梧生、蓉浦，衢州西安人。同治六年（1867）乡试中式第 14 名举人，覆试一等第 13 名。十三年（1874）会试中式第 33 名，覆试二等第 64 名，殿试三甲第 34 名，朝考二等第 99 名，授刑部主事。擢知府，签分江西。年余引疾归，卒于家。精骈文。著有《存素堂诗存》四卷、《吴谷人骈文注释》六卷。④

俞光组，字少衡，一作少蘅，钱塘人。廪贡，候选训导。其室范氏卒于庚辛之难，光组唏嘘抑郁，泪恒承睫，旋病目盲，困顿以终。著有《曲江老屋诗草》。⑤

吴乃斌，字春农，杭州人。《梦湖楼外编》作者吴乃斌⑥，未知是否即此人。

沈荣，字少凤，山阴人。同治六年（1867）举人。著有《蓬莱阁诗钞》。⑦

张鸣珂（1830—1908）⑧，谱名国检，字公束、玉珊，嘉兴人。避难出乡，转徙江浙间。入提督李朝斌（?—1893）幕，遂寓苏州。同治四年（1865）拔贡第 2 名。光绪二年（1876）秋闱报罢，纳粟为县令，分发江西，历余干、上饶、德兴。三十一年（1905）罢归。辑有《国朝骈体正宗续编》八卷，著有《说文佚字考》四卷、《寒松阁谈艺琐录》六卷、《寒松阁词》四卷（皆收入《续修四库全书》）、《寒松阁诗》八卷、《寒松阁骈体文》一卷《续》一卷、《疑年赓录》二卷。《晚晴簃诗汇》录其诗 5 首。《清诗纪事》录其诗 4 首。⑨

陆宗翰，字子香，杭州人。同治四年（1865）呈请将紫阳别墅更名为紫阳书院者为监院陆宗翰⑩，疑即此人。又，光绪初衢州府训导陆宗翰，选刊《鹿鸣课艺》⑪，未知是否即此人。

---

① 谭献：《清授前广西太平府明江同知故桂平知县嘉兴李君墓志铭》，《复堂文续》卷 5，第 299 页。

② 《清代硃卷集成》第 364 册，第 91 页；《虚受堂文集》卷 3，《王先谦诗文集》，第 48 页。

③ 《国朝杭郡诗三辑》卷 88，第 27 叶。

④ 《清代硃卷集成》第 254 册，第 79 页；第 36 册，第 115 页；民国《衢县志》卷 23《人物志》，第 2421 页；卷 15《艺文志下》，第 1513、1515 页。

⑤ 《两浙輶轩续录》卷 47，第 39 页；《国朝杭郡诗三辑》卷 88，第 1 叶。

⑥ 《中国兵书知见录》，第 342 页。

⑦ 《两浙輶轩续录》卷 47，第 36 页。

⑧ 生于道光九年十二月二十日，公历已入 1830 年。

⑨ 《清代硃卷集成》第 395 册，第 97 页；《寒松阁谈艺琐录》自序、吴受福跋，第 5、220 页；民国《吴县志》卷 76 上《列传·流寓一》，第 545 页；《晚晴簃诗汇》卷 157，第 6855 页；《清诗纪事·咸丰朝卷》，第 11477 页。

⑩ 孙孟晋：《浙江紫阳书院简述》，《杭州文史丛编》6《教育医卫社会卷》，第 1 页。

⑪ 民国《衢县志》卷 20《宦迹举要》，第 2157 页。

董慎言（1832—?），字仁甫，号听兰、忆云，仁和人，醇（?—1861）子。同治四年（1865）优贡第2名。大乱初平，衙署祠庙次第兴建，碑版文字半出其手。著有《忆云楼集》。①

陈豪（1839—1910），字蓝洲，号迈庵，晚号止庵，仁和人。同治九年（1870）优贡。官湖北房县、应城、蕲水、汉川知县，引疾归。著有《冬暄草堂集》。《晚晴簃诗汇》录其诗7首。②

王汝霖（1839—?）③，字叔雨，号少梅，钱塘人。同治九年（1870）举人，十三年（1874）进士。光绪二年（1876）官江西崇仁知县。补弋阳，未之任而卒。④

孙同埇，字蕉庵，钱塘人，人炜（字兰垞）子。廪贡。工诗善赋。⑤

徐振声，字叶笆，钱塘人。廪生。⑥

高人凤，字子珍，号竹堂，钱塘人。光绪二年（1876）举人。⑦

袁建荦，字心葩，一作星葩，黄岩人。同治九年（1870）副贡。素娴词赋，兼精韵学，尤善八分书。著有《吟红楼稿》。⑧

邵庆辰，字籽云，仁和人。光绪十九年（1893）官兰溪训导、教谕。著有《五色瓜庐尺牍丛残》四卷。⑨

羊复礼（1840—?），字乾生，号心梅、辛楣，海宁人。肄业诂经精舍、东城讲舍。同治六年（1867）乡试中式第204名举人。入赀为刑部郎，改官江苏同知、提调书局。后以知府分发粤西，摄篆镇安。旋补泗城，未上官卒。著有《辛楣骈文》、《辛楣诗钞诗余》、《蚕桑摘要》，辑有《海昌诗文丛钞》。《国朝词综补》录其词2首。《全清词钞》录其词1首。⑩

徐泰然，字寿岩、寿鹿，德清人。同治九年（1870）举人。⑪

骆葆庆，改名元邃，字筠孙，诸暨人。同治六年（1867）举人。官青田教谕。主讲二戴、阳山书院。著有《补梅花馆诗稿》。⑫

王旬宣，字爱棠，号仲兰，瑞安人。咸丰十一年（1861）优贡，同治六年（1867）

① 《清代硃卷集成》第376册，第53页；《国朝杭郡诗三辑》卷85，第9叶。
② 吴庆坻：《陈蓝洲先生家传》，《碑传集补》卷26，第594页；《晚晴簃诗汇》卷164，第7160页。
③ 生年据《清代人物生卒年表》，第46页。
④ 民国《杭州府志》卷113《选举七》，第2193页；光绪《抚州府志》卷38《职官》，第618页；《国朝杭郡诗三辑》卷86，第20叶。
⑤ 《国朝杭郡诗三辑》卷90，第2叶。
⑥ 《国朝杭郡诗三辑》卷91，第20叶。
⑦ 《国朝杭郡诗三辑》卷89，第19叶。
⑧ 《两浙輶轩续录》卷48，第53页。
⑨ 《蚕桑辑要》邵庆辰序，第541页；《清人别集总目》，第1333页。
⑩ 《清代硃卷集成》第256册，第291页；民国《海宁州志稿》卷16《典籍十八》，第12叶；卷29《人物志·文苑》，第52叶；《中国蚕桑书录》，第77页；《国朝词综补》卷55，第504页；《全清词钞》卷26，第1330页。
⑪ 民国《德清县志》卷6《职官志》，第19叶。
⑫ 《清人诗文集总目提要》，第1089页；《清代东南书院与学术及文学》，第529、540页。

举人。黄体芳（1832—1899）督学山东、江苏，聘其襄校试卷。后主讲永嘉枫林、乐清梅溪书院。①

蒋其章（1842—1892），字子相，一作子湘、芷湘，号公质，钱塘人。肄业诂经精舍、东城讲舍、敷文、崇文、紫阳、上海敬业书院。同治九年（1870）乡试中式第48名举人。《申报》馆首任主笔。光绪三年（1877）会试中式第56名，殿试三甲第49名，朝考二等第43名。官敦煌知县。后幕游济南。著有《泽古堂集》，辑有《文苑菁华》。译有《昕夕闲谈》，为中国第一部翻译小说。《词综补遗》录其词2首。《全清词钞》录其词1首。②

陈灏，字小帆，仁和人。廪贡。性落拓不羁，终朝淹卧，非日暮不起。工词赋，出语多纤丽。殁后稿皆散佚。③

梁念慈，字康斋，钱塘人。廪贡。光绪二十九年（1903）官石门训导。④

刘金赞，乌程人。同治六年（1867）举人。官福建通判。⑤

朱芾（1832—?），字大镛，号春台、公赤，归安人。肄业诂经精舍、杭州三书院、湖州爱山、龙湖书院。咸丰十一年（1861）、同治三年（1864）备取优贡第3名。十二年（1873）拔贡第1名。⑥

戴穗孙（1845—?），原名所恒，字同卿，钱塘人，熙（1801—1860）子，果恒（字慎卿、润卿）弟。优贡。官龙泉训导、永康教谕。分纂《杭州府志》。著有《郑司农年谱》、《剑川集》。⑦

高云麟（1846—1927），字白叔，仁和人。同治六年（1867）举人。候选内阁中书。⑧

潘鸿，字仪甫，号凤洲，仁和人。同治间优贡，九年（1870）举人。官内阁中书、侍读。著有《萃堂诗录》、《萃堂词录》。⑨

张景云（1830—?），字倬五、寅伯，钱塘人。以廪贡官天台、奉化训导。光绪八年（1882）乡试中式第75名举人。官宗文义塾塾正。⑩

周葆昌，字仁甫，钱塘人。诸生。任侠尚气，有声于时。庚辛之际（1860—1861），

---

① 《浙南谱牒文献汇编·诗词篇》，第415页。

② 《清代硃卷集成》第258册，第39页；第42册，第327页；邬国义：《〈申报〉馆第一任主笔蒋其章卒年及其他》，《华东师范大学学报》（哲社版）2011年第1期，第90页；《词综补遗》卷80，第3000页；《全清词钞》卷28，第1458页。

③ 《两浙輶轩续录》卷48，第66页；《国朝杭郡诗三辑》卷91，第2叶。

④ 《大清缙绅全书·浙江省·光绪二十九年夏》，第5叶。

⑤ 民国《重修浙江通志稿》第110册《考选》，第4叶。

⑥ 《清代硃卷集成》第396册，第249页。

⑦ 光绪《龙泉县志》卷7《官秩·训导》，第754页；光绪《永康县志》卷首《新志姓氏》，第57页；民国《杭州府志》卷首《修辑职名》，第9页；潘建民：《戴穗孙〈剑川集〉稿本述略》，《浙江档案》2009年第8期，第60页。

⑧ 民国《杭州府志》卷113《选举七》，第2193页；《清代人物大事纪年》第1357、1734页。

⑨ 民国《杭州府志》卷114《选举八》，第2227页；卷113《选举七》，第2193页；卷94《艺文九》，第1828页；卷95《艺文十》，第1854页；《清人诗文集总目提要》，第1833页。

⑩ 《清代硃卷集成》第271册，第207页；《晒年宗文》，第22页。

守城有功。授江苏候补知州。然门祚中落，睥睨挥霍，不减三五少年时。卒以此坐困。其为文辞，下笔十纸，挥洒如风雨，多可观览，盖兀傲慷慨之言为多。袁昶《赠周葆昌》："周生意气如剧孟，落拓狂歌不知病。途穷阅尽世间人，发秃惭看闺里镜。"①

许承勋（1840—1879），字子华，号红常，钱塘人，承绶（1841—?）兄。同治六年（1867）举人。七年（1868）会试挑取誊录，十三年（1874）考取内阁中书。又考取宗室官学教习，拣选知县。未及补官，仍归乡里，董理宗文义塾，采访贞烈节孝。善八法，工隶书。②

张馨（1847—?），字稺洛，号筱甡，钱塘人。光绪二年（1876）乡试中式第67名举人。大挑教谕。③

江珍楹，字静轩，号子平，德清人。同治六年（1867）举人。《晚晴簃诗汇》录其诗1首。④

乐嗣韹，字荃五、景湖，镇海人。同治六年（1867）举人。工书能文，著誉一时。早卒。⑤

盛赞尧，字冀祥，新昌人。拔贡。同治十二年（1873）官景宁训导。⑥

王棻（1828—1899），字子庄、耘轩，黄岩人。同治初优贡，六年（1867）举人。再上春官不第，遂不复赴，一意著述。掌教黄岩九峰精舍前后十余年，又历主清献、文达、临海正学，太平宗文，处州莲城，温州中山、东山、肄经、江西经训书院。著有《台学统》、《经说偶存》、《六书古训》、《史记补正》、《汉书补正》、《柔桥文钞》等，主纂《黄岩县志》、《仙居志》、《太平县续志》、《青田县志》、《永嘉县志》、《杭州府志》。⑦

沈晋藩（"藩"一作"蕃"），字恒农，仁和人。诸生。光绪五年（1879）官天津管河县丞。十一年（1885）代理盐山县旧县镇巡检。十三年（1887）官沧州风化店减河巡检。十四年（1888）代理孟村巡检。⑧

杨振镐，字春浦，钱塘人。湖州府学训导。分纂《杭州府志》。⑨

赵铭（1828—1892）⑩，字新又，号彝斋、桐孙，秀水人。肄业诂经精舍、崇文书院。同治九年（1870）乡试中式第54名举人。曾入李鸿章（1823—1901）幕。官直隶补用道。著有《琴鹤山房遗稿》。《晚晴簃诗汇》录其诗11首。⑪

蔡鼎昌，又名鼎，字公重、春畴，钱塘人。诸生。嘉兴校官，又曾入采访忠义局。工

---

① 《国朝杭郡诗三辑》卷84，第28叶；《渐西村人初集》诗1，第284页。
② 《两浙輶轩续录》卷47，第31页；《清代硃卷集成》第272册，第376页；《武林坊巷志》第6册，第646页。
③ 《清代硃卷集成》第266册，第169页；民国《杭州府志》卷113《选举七》，第2199页。
④ 《晚晴簃诗汇》卷164，第7123页。
⑤ 民国《镇海县志》卷27《人物传六》，第34叶。
⑥ 民国《景宁县续志》卷4《职官》，第11叶。
⑦ 王舟瑶：《王子庄先生传》，《碑传集补》卷38，第368页。
⑧ 光绪《重修天津府志》卷14《职官》，第256、272、273、279页。
⑨ 民国《杭州府志》卷首《修辑职名》，第9页。
⑩ 生卒年据《清代人物生卒年表》，第537页。
⑪ 《清代硃卷集成》第258册，第61页；《晚晴簃诗汇》卷164，第7145页。

山水。①

　　黄以周（1828—1899），字元同，号儆季，定海人，式三（1789—1862）子。同治九年（1870）优贡，旋举于乡。光绪六年（1880）大挑二等，以教职用，补分水训导。应宗源瀚（1834—1897）之请，于宁波辨志精舍专课经学。又应黄体芳（1832—1899）之邀，主讲江阴南菁讲舍，历十五年。选处州教授，而年已七十，遂不就。著有《群经说》四卷、《礼书通故》五十卷、《礼说》六卷、《尚书讲义》一卷、《周易故训订》一卷、《周易注疏剩本》一卷、《十翼后录》二十四卷，辑有《子思子》七卷、《续资治通鉴长编拾补》六十卷（皆收入《续修四库全书》）。②

　　张成渠（1827—?），改名寿荣，字鞠龄、蓬轩，镇海人。幼习举业，后从学于黄式三（1789—1862），研究汉学，能得其传。又师事徐时栋（1814—1873），讲求古文义法。同治九年（1870）举人。澹于利禄，唯喜校刊古书。著有《舫庐文存》四卷、《成人篇》一卷，辑有《花雨楼丛钞》二十八种八十一卷。③

　　吴承志（1844—1917），原名培元，字逊斋，号祁甫，钱塘人。同治九年（1870）优贡第4名，朝考一等第9名，以知县用。光绪二年（1876）乡试中式第44名举人。九年（1883）官平阳训导，课士兼治汉宋学二学，曾主龙湖书院。入民国，为遗老。著有《横镭札记》十卷、《今水经注》四卷、《汉书地理志水道图说补正》二卷、《唐贾耽记边州入四夷道里考实》五卷、《山海经地理今释》六卷、《逊斋文集》十二卷《逊斋补遗》一卷（皆收入《丛书集成续编》）。④

　　周蔚文，改名纶翊，富阳人。咸丰间拔贡。官名山候补知县，后遭革职。⑤

　　周恩培，字韫山，钱塘人。廪贡。光绪十一年（1885）官浙江西安训导。⑥

　　沈丙莹（1810—1870）⑦，字晶如，号菁士，归安人。道光十二年（1832）举人，二十五年（1845）进士。历官刑部主事、员外郎、郎中、律例馆提调，山西道监察御史，贵州安顺、铜仁、贵阳知府。归主诂经精舍。著有《春星草堂文集》二卷《春星草堂诗集》五卷、《星匏馆随笔》四卷、《读吴诗随笔》二卷、《贵阳公牍》一卷。《晚晴簃诗汇》录其诗18首。⑧

　　施补华（1836—1890），字均甫，乌程人。入赵景贤（1821—1862）幕，协办团练。同治九年（1870）举人，一再赴公车报罢。游西北，入左宗棠（1812—1885）、张曜（1832—1891）幕。光绪十六年（1890）以道员改发山东补用，旋卒。著有《泽雅堂文

　　① 《寒松阁谈艺琐录》卷3，第92页。
　　② 缪荃孙：《中书衔处州府学教授黄先生墓志铭》，《艺风堂文续集》卷1，第169页；《清代朴学大师列传》，第345页。
　　③ 《成人篇》卷首识语，第677页；民国《镇海县志》卷27《人物传六》，第37叶；卷40《艺文下》，第34叶；《皇朝续文献通考》卷273，第304页。
　　④ 《清代硃卷集成》第265册，第363页；民国《平阳县志》卷27《职官志六》，第249页。
　　⑤ 民国《杭州府志》卷114《选举八》，第2225页；《东华续录·光绪43》，第441页。
　　⑥ 《大清缙绅全书·光绪十三年冬·浙江省》，第56叶。
　　⑦ 生年据《清代人物生卒年表》，第360页。
　　⑧ 《春星草堂集》李慈铭序、施补华序，第663、664页；同治《湖州府志》卷73《人物传·政绩三》，第76叶；《清代硃卷集成》第54册，第299页；《晚晴簃诗汇》卷146，第6380页。

集》八卷、《泽雅堂诗集》六卷《泽雅堂二集》十八卷（皆收入《续修四库全书》）、《岘佣说诗》一卷。《国朝文汇》录其文 15 篇。《晚晴簃诗汇》录其诗 14 首。①

丁立诚（1850—1911），字修甫，号慕清、辛老，钱塘人，申（1829—1887）子，丙（1832—1899）侄。肄业诂经、东城、紫阳、崇文书院。光绪元年（1875）乡试中式第 2 名，九上春官不第。官内阁中书。著有《小槐簃诗集》、《梦痕词》、《潭水词》、《武林杂事诗》、《武林市肆吟》、《王风》、《永嘉三百咏》各一卷，《东河新棹歌》二卷、《江干杂咏》二卷。《晚晴簃诗汇》录其诗 3 首。②

王兰（1835—1886），字九滋、秋珮，号者香、吉士、醉艻（一作醉香），归安人。肄业诂经精舍、敷文、崇文、紫阳书院。同治六年（1867）乡试堂备，九年（1870）乡试中式第 88 名举人。光绪六年（1880）大挑一等，授广东知县。是年会试中式第 158 名，覆试二等 17 名，殿试二甲 60 名，朝考一等 64 名，选庶吉士，散馆授刑部主事。《晚晴簃诗汇》录其诗 1 首。③

许德裕（1841—?），字益甫、荇塘，号荫棠（一作荫堂）、韵堂，德清人。肄业诂经精舍、崇文书院。同治九年（1870）乡试中式第 60 名举人。游豫藩长禄之幕，每届北试辄束装往，十上而未第。以挑取誊录得知县，未补。著有《游梁诗草》、《慈佩轩类编》、《消寒录》、《诣暑录》。④

丁正（1852—1880）⑤，改名午，字颐生、奚生，钱塘人。诸生。性矹矹，少谐可，殚心册素，常有超然鄙夷俗学之意。于乾嘉诸老辈解说六艺，辄探索其堂奥。辑有《扬清祠志》一卷、《城北天后宫志》一卷、《龙井显应胡公墓录》一卷、《续湖船录》一卷、《紫阳庵集》一卷（皆收入《丛书集成续编》）、《善本书室题识》一卷，著有《田园试帖经说》二卷、《自课经说》五卷、《重文》二卷。⑥

吴思藻，字瓣香，一作泮香，乌程人。同治九年（1870）举人。著有《仰山楼诗集》。⑦

袁秉彝，字孝宰，归安人。廪贡。少孤，食贫力学，事母尤孝。早岁擅诗名，有句云："英雄失意垂垂老，芳草逢时渐渐生"。著有《铁虬山人集》。⑧

戴果恒，字慎卿，一作润卿，钱塘人，熙（1801—1860）子。廪贡。同治六年

---

① 杨岘：《山东侯补道施君墓志铭》，《续碑传集》卷 39，第 233 页；《国朝文汇》丁集卷 6，第 2908 页；《晚晴簃诗汇》卷 164，第 7141 页。

② 《清代硃卷集成》第 262 册，第 25 页；缪荃孙：《丁修甫中书传》，《碑传集三编》卷 33，第 119 页；《晚晴簃诗汇》卷 170，第 7402 页。

③ 《清代硃卷集成》第 258 册，第 309 页；第 49 册，第 351 页；施补华：《刑部主事王君墓志铭》，《泽雅堂文集》卷 6，第 354 页；《晚晴簃诗汇》卷 172，第 7526 页。

④ 《清代硃卷集成》第 258 册，第 161 页；民国《德清县志》卷 8《人物志二》，第 19 叶；卷 11《艺文志二》，第 38 叶。

⑤ 生卒年据《清代人物生卒年表》，第 1 页。

⑥ 《两浙輶轩续录》卷 49，第 91 页；民国《杭州府志》卷 146《文苑三》，第 2793 页；卷 86《艺文一》，第 1682、1687 页；卷 87《艺文二》，第 1694、1705、1711 页；卷 88《艺文三》，第 1729 页。

⑦ 《两浙輶轩续录》卷 48，第 52 页。

⑧ 光绪《归安县志》卷 37《文苑》，第 27 叶。

（1867）官云和训导。十一年（1872）官龙泉训导。光绪四年（1878）官桐庐教谕。①

　　吴缦云，字羲质，一作希哲，仁和人。岁科七试，皆列优等。而秋闱辄踬，遂不复作进取想。光绪七年（1881）恩贡，例得直隶州判，亦不就。卒年六十余。著有《鉴湖寄章》、《知足知不足斋稿》、《唯好静室随笔》，合编为《慈竹山房集》。《词综补遗》录其词1首。②

　　卫梓材，字雪蕉、息樵，仁和人。家贫励学，屡荐不售。光绪五年（1879）乡试闱中，以四字句作游戏笔，阅者称赏，以格于例，抑置副榜。暮年馆金陵，得疾归，旋卒。著有《雪蕉诗集》。③

　　钟煦，字绥生，仁和人。廪生。从王麟书（1829—1887）游，工词赋。楷法入晋唐人室。年三十余卒，稿皆散佚。④

　　林真，字西帆，仁和人。诸生。出游闽峤，家遭兵火。乱后归来，课徒自给。⑤

　　祝桂荣，字芳五，钱塘人。廪生。暗修苦吟，不事标榜，试辄高等，词赋尤传诵一时。晚年就养鄂省而殁。⑥

　　许诵禾（1841—1923）⑦，改名湕祥，字贡之，号子颂、子仲，晚号狷叟，海宁人，楗（1787—1862）子。肄业诂经精舍、敷文、崇文、紫阳书院。同治六年（1867）备取优贡第4名，九年（1870）优贡第2名，光绪十一年（1885）乡试中式第78名举人。历官江苏昭文、无锡知县。著有《狷叟诗录》。与许颂鼎（1840—1906）合编《许学丛刻》。⑧

　　朱砺金，字兰江，乌程人。官教谕。⑨

　　钮亮（1837—1871），字右庭，乌程人。诸生。邃于虞氏《易》。⑩

　　朱镜清（1845—?），字镜卿、至堂，号平华、频华，归安人。同治六年（1867）乡试中式第3名副榜。九年（1870）乡试中式第58名举人，覆试一等第25名。光绪二年（1876）会试中式第27名，覆试一等第30名，殿试二甲第75名，朝考一等第36名，选庶吉士。官江苏知县。著有《骏迦山馆骈体文存》二卷、《至堂暂存诗》二卷、《曼睬词》二卷、《珍髦词》二卷、《花间集笺》八卷。《全清词钞》录其词1首。⑪

　　来凤翱，字秋皋，萧山人。同治七年（1868）岁贡。⑫

---

① 光绪《处州府志》卷15《文职三》，第502页；光绪《龙泉县志》卷7《官秩·训导》，第754页；光绪《严州府志》卷11《续增·官师》，第239页。

② 《临平记再续》卷4，第553页；《词综补遗》卷9，第355页。

③ 《唐栖志》卷12《人物五·耆旧下》，第333页；民国《杭州府志》卷113《选举七》，第2207页；卷94《艺文九》，第1828页。

④ 《临平记再续》卷4，第546页。

⑤ 《国朝杭郡诗三辑》卷87，第33叶。

⑥ 《国朝杭郡诗三辑》卷84，第22叶。

⑦ 生卒年据《清代人物生卒年表》，第213页。

⑧ 《清代硃卷集成》第274册，第33页；《道咸同光四朝诗史》乙集卷5，第631页。

⑨ 《西湖林公祠志》，第1341页。

⑩ 施补华：《钮右庭墓志铭》，《泽雅堂文集》卷6，第352页。

⑪ 《清代硃卷集成》第258册，第147页；第39册，第103页；《全清词钞》卷28，第1451页。

⑫ 民国《萧山县志稿》卷13《选举表》，第1174页。

李庆，字同恩，号子笃，黄岩人。同治九年（1870）举人，官景山汉教习。十年（1871）在京师，应王棻（1828—1899）之嘱，参与缮录明朱右《白云稿》。①

朱文炳。卷首"己巳年（1869）与课同人题名"作义乌人，未注明字号。按晚清浙江朱文炳，有字吟棣者，乌程人，增贡，光绪三年（1877）官缙云训导，六年（1880）官桐庐教谕；② 又有字慕庵者，仁和人，诸生，著有《南湖渔隐词》，《全清词钞》录其词2首；③ 又有字谦甫者，嘉兴人，著有《海上竹枝词》。④ 未知其中可有误记籍贯，实即本集作者朱文炳者。

陆雅南，字子音，钱塘人。俞樾《湖楼笔谈》："余于太傅诗，百读不厌。在诂经精舍曾以《书白集后》命题，有肄业生陆雅南诗云：'苦心百炼总无痕。'得香山三昧矣。"⑤

朱一新（1846—1894），字鼎甫，号蓉生，义乌人。同治九年（1870）乡试中式第56名举人。光绪二年（1876）会试中式第123名，覆试一等第56名，殿试二甲第30名，朝考一等第47名，选庶吉士，散馆授编修。迁陕西道监察御史，以事降六部主事。乞归后主肇庆端溪、广州广雅书院。《无邪堂问答》五卷、《佩弦斋文存》二卷首一卷、《佩弦斋骈文存》一卷、《佩弦斋诗存》一卷（皆收入《续修四库全书》）、《汉书管见》四卷、《京师坊巷志》十卷（与缪荃孙合撰）。⑥

武家骏，字骏叔，钱塘人。同治间优贡，官浦江训导。⑦

张荫樾，字馥庭，钱塘人，荫椿（1869—?）堂兄。光绪间岁贡，候选训导。⑧

屈元炘（1845—?），字景承，号星阶，石门人，元燨（?—1888）弟。同治十二年（1873）拔贡第1名，乡试中式第68名举人。大挑教职。雅好诗古文辞，旁及方技诸书。分纂《石门县志》。著有《棣华楼诗稿》。⑨

徐銮，字金坡，嘉兴人。同治九年（1870）举人。曾参戎幕，磨盾草檄，倚马万言。后官湖北黄陂知县。《晚晴簃诗汇》录其诗1首。⑩

沈赞元，字和甫，杭府人。光绪间岁贡。⑪

陆寿民，谱名政缙，绍兴人，寿臣（1841—?）堂弟。以恩贡生为候选教谕。咸丰十

① 光绪《黄岩县志》卷14《选举·乡科》，第54叶；民国《临海县志》卷40《艺文》，第14叶。
② 光绪《缙云县志》卷6《职官志》，第654页；光绪《严州府志》卷11《续增·官师》，第239页。
③ 《全清词钞》卷26，第1349页。
④ 《中华竹枝词全编》第2册，第553页；《清人别集总目》，第421页。
⑤ 《湖楼笔谈》卷6，第413页。
⑥ 《清代硃卷集成》第258册，第69页；第40册，第57页；金武祥：《陕西道监察御史朱君传》，《续碑传集》卷19，第81页。
⑦ 民国《杭州府志》卷114《选举八》，第2227页。
⑧ 民国《杭州府志》卷114《选举八》，第2219页；《清代硃卷集成》第89册，第261页。
⑨ 《清代硃卷集成》第396册，第191页；第260册，第165页；光绪《石门县志》卷首《纂修姓名》，第1叶；《两浙輶轩续录》卷49，第71页。
⑩ 《两浙輶轩续录》卷48，第48页；《晚晴簃诗汇》卷164，第7152页。
⑪ 民国《杭州府志》卷114《选举八》，第2219页。

一年（1861），同治元年（1862）、三年（1864）、六年（1867）、九年（1870）乡试荐卷。光绪元年（1875）举人。官庆元教谕。①

葛咏裳（1843—1905），字逸仙、叔霓，临海人。同治九年（1870）乡试中式第21名举人。光绪六年（1880）会试中式第19名，殿试二甲第94名，朝考二等，授兵部武选司主事。升员外郎，宦京十年。后主临海东湖书院。著有《辊囊丛稿》二十余卷。兼攻史学，于前四史均有批注。②

程咸焯，字黻卿，金华人。同治九年（1870）举人。光绪十三年（1887）官建安知县，擢候补知府。邃于经学、小学、算学，有孝名。③

张大昌（1844—?），字小云，号程伯，仁和人。光绪二年（1876）乡试中式第16名副榜。充浙江官书局分校，不惮劳瘁，所业亦由此大进。十五年（1889）乡试中式第68名举人。一赴计偕，归而屡病，旋卒。著有《杭州八旗驻防营志略》二十五卷（收入《续修四库全书》）、《龙兴祥符戒坛寺志》十二卷、《临平记补遗》四卷、《临平记续补遗》一卷、《广陵曲江复对》一卷、《王深宁先生年谱》一卷（皆收入《丛书集成续编》）。④

孙禄增（1852—?），字叔弗，号镜江，归安人。同治九年（1870）举人，十年（1871）进士。官吏部主事。光绪九年（1883）改江西宜春知县，后以事罢职。分纂《湖州府志》。著有《金石文跋尾》四卷。⑤

何镛（"镛"一作"墉"），字桂笙，号高昌寒食生，山阴人。同治七年（1868）在诂经精舍肄业半载。曾任《申报》主笔。精音律，善鼓琴。著有《一二六存稿》、《琊珸山房红楼梦词》、杂剧《乘龙佳话》。光绪七年（1881）序俞樾《荟萃编》。十二年（1886）序《详注聊斋志异图咏》。《词综补遗》录其词2首。⑥

何镕（1833—?）⑦，字冶甫，号澹怡，富阳人。同治九年（1870）举人。光绪六年（1880）进士。官嘉兴教授。与修《杭州府志》、《富阳县志》。⑧

张濬（1843—1917），字子远，黄岩人。光绪十三年（1887）主九峰精舍。著有《镕经室集》。⑨

---

①《清代硃卷集成》第261册，第28页；第58册，第37页。

②《清代硃卷集成》第46册，第157页；民国《临海县志》卷22《人物·文苑》，第37叶；胡平法：《晚清临海葛咏裳忆绿阴室藏书考略》，《台州学院学报》2010年第4期，第23页。

③《两浙輶轩续录》卷48，第52页；民国《建瓯县志》卷8《职官》，第482页。

④《清代硃卷集成》第364册，第197页；第280册，第129页；民国《杭州府志》卷146《文苑三》，第2792页；《国朝杭郡诗三辑》卷89，第48叶。

⑤《清代官员履历档案全编》第27册，第551页；光绪《归安县志》卷31《选举·进士》，第17叶；卷32《选举·举人》，第32叶；同治《湖州府志》卷首《职名》，第1叶；民国《宜春县志》卷15《职官志·名宦》，第77叶；《皇朝续文献通考》卷268，第258页。

⑥《傅惜华藏古典戏曲珍本丛刊提要》，第293页；《古典文学研究资料汇编·红楼梦卷》，第527页；《荟萃编》卷首，第74页；《聊斋志异资料汇编》，第322页；《词综补遗》33，第1232页。

⑦ 生年据《清代人物生卒年表》，第326页。

⑧ 民国《杭州府志》卷111《选举五》，第2164页；卷113《选举七》，第2193页；卷首《修辑职名》，第9页；光绪《富阳县志》卷首《纂修姓氏》，第1叶。

⑨《清人诗文集总目提要》，第1772页；《清代东南书院与学术及文学》，第744页。

王禹堂（1843—1904）①，改名彦威，字弢甫、渠城，黄岩人。同治九年（1870）举人，连试礼部不第。入赀为工部主事，历官军机章京，方略馆、会典馆纂修官，员外郎，江南道监察御史，太常寺卿。著有《西巡大事记》十一卷（收入《续修四库全书》），辑有《清季外交史料》（其子亮续成）。②

朱怀新（1850—1898），字亦甫，号苗孙，义乌人，一新（1846—1894）弟。同治九年（1870）乡试中式第 80 名举人。光绪十五年（1889）会试中式第 256 名，覆试一等第 43 名，殿试三甲第 26 名，朝考二等第 26 名，授工部主事。历官广东顺德、镇平知县。卒于任。③

胡宗俊。同光间浙江有两个胡宗俊：一为嘉兴人，光绪四年（1878）科试邑庠生④；一为永康人，号逸舲，光绪六年（1880）恩贡，官直隶州州判。⑤未知是否即其中一人。

沈樾。会稽沈樾，光绪六年（1880）官沧州李村巡检⑥，未知是否即此人。

章廷桢，字纪堂，号寄龛，仁和人。恩贡。暮年境益蹇，歌啸自得，泊如也。工诗，善绘事。⑦

待考者：山阴沈鼎（宝三）、泰顺潘传砚（畦苏）、钱塘王兆凤（吉士）、钱塘朱景兰（谷香）、钱塘周昌期、陶祖望、关铖、赵毓琛、吕聪、潘承鼎、钱汝源、许文澄、冯祖洛。

4. 诂经精舍四集

【版本序跋】

题"光绪五年（1879）中夏刊，中冬毕工，俞樾记"，"山长俞樾编次，监院章潩、陈谟、高学治、朱彭年、胡凤昌、张凤冈、孟沅、沈灿校刊"。

俞樾、章潩、陈谟、孟沅、沈灿，见《诂经精舍三集》。

高学治（1814—1894），字宰平、叔荃，仁和人。贡生。官乌程训导、石门教谕。与修《石门县志》。⑧

朱彭年（1837—1896），字仲铿、莘潜，号春渚草堂居士，富阳人。肄业崇文书院、东城讲舍、诂经精舍。同治六年（1867）解元，光绪二年（1876）进士。历官江西兴国、新淦、贵溪知县。著有《春渚草堂居士年谱》一卷、《故纸偶存诗文集》四卷。⑨

---

①　生于道光二十二年十二月十二日，公历已入 1843 年。

②　王舟瑶：《族叔父太常君行状》，《碑传集补》卷 7，第 455 页；《清代人物大事年表》，第 1331 页。

③　《清代硃卷集成》第 258 册，第 69 页；第 66 册，第 213 页；《直臣名师：朱一新传》，第 239 页。

④　《澉志补录》，第 207 页。

⑤　光绪《永康县志》卷 6《选举·恩赐》，第 295 页。

⑥　光绪《重修天津府志》卷 14《职官》，第 272 页。

⑦　《两浙輶轩续录》补遗卷 6，第 384 页。

⑧　章炳麟：《高先生传》，《章太炎全集》第 4 册，第 209 页；《风木盦图题咏》，第 21 页；光绪《石门县志》卷首《纂修姓名》，第 1 叶。

⑨　《清代硃卷集成》第 253 册，第 387 页；《春渚草堂居士年谱》，第 415 页。

胡凤昌。余姚胡凤昌，字芸谷，一作云谷。诸生。著有《保赤心筌》、《痧症度针》。① 未知是否即此人。

张凤冈，山阴人。②

梅启照序云：

【略】旧时内外课额各十八人，余病其隘，增而广之。诸生体余黾勉之意，益励于学。应课之暇，俱手自一编，吟诵之声，溢于户外，其纯粹以精也，不可见乎？惟院中课艺，自庚午（1870）一刻后，凡历九年，未之续梓，余深以为惜。详询其由，始知绌于经费，久而遂浸。余因筹资付监院、校官，举九年之未梓者，谋于院长，重加抉择，而悉寿之梨枣。不数月间，裒然成帙。【略】

光绪己卯（1879）秋七月中浣，南昌梅启照撰。

梅启照（1825—1893），字小岩，一作筱岩，江西南昌人。道光二十六年（1846）举人。咸丰二年（1852）进士，选庶吉士，散馆授吏部主事。历官浙江道监察御史、惠州知府、广州知府、长芦盐运使、广东按察使、江宁布政使、浙江巡抚、礼部侍郎、东河总督。以事罢职。著有《学强恕斋笔算》十卷附《测量浅说》一卷（收入《四库未收书辑刊》）、《明史约》（收入《中国公共图书馆古籍文献珍本汇刊》）、《梅氏验方新编》、《强恕斋吟草》。③

俞樾序云：

昔阮文达公之抚浙也，悯俗学之苟且，慨古训之失传，爰于西湖孤山之麓，创建诂经精舍。俾两浙之士，挟册负素，讽诵其中，沿流以溯原，因文以见道。而又惧流传既久，失其初意，或且以世俗之学，羼并枯驱，特奉许、郑两先师栗主于精舍之堂，用示凯式，使学者知为学之要，在乎研求经义，而不在乎明心见性之空谈，月露风云之浮藻。斯精舍之旧章，文达之雅意也。

文达去浙，兴废不常，庚申（1860）、辛酉（1861）之乱，鞠为邱虚。大乱既定，复又建立斋舍，召集生徒，而余忝主讲席者十有二年矣。学术粗犷，记闻鲜少，曾不足窥许、郑之藩篱。然十余年来，与诸生所昕夕讲求者，则犹之乎文达之志也。先是每岁之终，录课艺之佳者而刻之，其后生徒日众，经费绌焉。庚午（1870）以后，遂不复刻。小岩梅大中丞虑其久而散佚，乃出巨资，付监院为剞劂费。余乃合辛未（1871）至戊寅（1878）八年中之课艺而简择之，得经解如干篇，诗赋杂作如干篇，与监院两校官及门下诸大生校而付之梓。自文达刻《诂经精舍文集》后，继之者有《二集》、《三集》之刻，故兹编谓之《四集》。说经之文多宗古义，即诗赋亦古体居多，非欲求异时流，盖不敢失许、郑两先师之家法，而鳌文达建立精舍之本心

① 《保赤心筌》卷首，第1页；《痧症度针》卷首，第389页。
② 《俞楼记》，第667页。
③ 同治《南昌府志》卷31《选举·举人》，第31叶；《清代河臣传》卷4，第215页；《清人诗文集总目提要》，第1583页；《文廷式吴辀日记》，《李宗侗文史论集》附录，第516页。

也。刻成，因书数语于目录之前，用示精舍之士且以自勉焉。

光绪五年（1879）青龙在蝉焉霜月，德清俞樾序。

【课艺内容】

十六卷，265 题 337 篇：卷一至卷八经解、考证、论说，题如《上九鸿渐于陆解》、《八卦应八风考》、《〈禹贡锥指〉订误》、《〈大车〉之诗为息夫人作说》、《古书假借举例》；卷九至卷十四赋，题如《文澜阁赋》、《苏子瞻三不如人赋》、《歌声出金石赋》、《笔赋》；卷十五古今体诗，题如《曲江观潮行》、《明皇游月宫歌》、《西湖八景》；卷十六杂文，题如《文中子论》、《岁寒三友传》、《访花神庙故址》。

【作者考略】

胡元鼎 34 篇，冯一梅 33 篇，吴承志 14 篇，黄家辰 13 篇，孙瑛 12 篇，薛受采 9 篇，孙庚揆、丁午（丁正）8 篇，陈殿英 7 篇，王国桢、张濬、张大昌、葛咏裳 6 篇，王廷鼎、朱渊、汪行恭、冯松生、许郊、徐琪、周善溥、周元瑞 5 篇，徐鼎勋、黄以周、陈通声（原名潘）、王诒寿、袁秉彝、吴敬基、严曾铨、孙礼煜、蒋学溥、潘炳 4 篇，刘芬、陈伟、黄家岱、俞光组、倪钟祥、吴光宸、许庆骐、王嘉猷、史鉴、倪茹、陈灏 3 篇，沈豫、王士骏、屈元曦、杨振镐、许传霈、钟佩诗、林真、章修黼、丁立诚、戴果恒、孙同堉 2 篇，黄以泰、史致中、金锡庆、何松、朱赞汤、屈元炘、沈鼎、胡仁楠、袁之京、吴槐绶、吴庆坻、吕聪、蔡济勤、龚启芝、王崇鼎、范许琦、邬佩之、金炳焕、吴缦云、金炳晖、孙树义、孙仁俊（原名仁兴）、陈德成、冯廷稣、孙尔昌、崔适、周德庆、陈翰藻、陈福谦、朱本、钟樾、姚丙然、张馨、章廷桢、戴瑞麟、查光华、李云衔、朱芾、孙树礼 1 篇。

吴承志、孙瑛、丁午（丁正）、陈殿英、张濬、张大昌、葛咏裳、许郊、黄以周、袁秉彝、俞光组、陈灏、杨振镐、林真、丁立诚、戴果恒、孙同堉、屈元炘、吴缦云、张馨、章廷桢、朱芾，见《诂经精舍三集》。

胡元鼎（1850—?），谱名裕然，字心白，号梅臣，山阴人。光绪十四年（1888）乡试中式副榜第 7 名。候选教谕。十七年（1891）乡试中式第 88 名举人。著有《经学杂俎》、《乐书乐记异同笺》、《尚书存疑》、《栩林骈文》、《翙雅坛诗稿》、《啸青盦词》、《武备录》。[1]

冯一梅（1849—1907）[2]，原名黻兰，字梦香，号蒙乡，慈溪人。任浙江书局分校。光绪二年（1876）乡试中式第 40 名举人。主讲衢州正谊、镇海鲲池、余姚龙山、新昌鼓山书院。任宁波辨志精舍舆地斋长、绍兴府学堂总教习。著有《老子校勘记》二卷、《老子释文校勘记》一卷、《内经校勘记》四卷、《述古堂经说》三十卷。[3]

黄家辰，定海人，以周（1828—1899）长子。附贡生。与弟家岱（1854—1892）同

---

① 《清代硃卷集成》第 284 册，第 261 页。

② 生卒年据《历代名人生卒年表　历代名人生卒年表补》，第 578 页。

③ 《清代硃卷集成》第 265 册，第 315 页；《从古越藏书楼到绍兴图书馆》，第 14 页；《中国近现代人物名号大辞典（续编）》，第 50 页。

撰《尚书讲义》一卷，附于《傲季杂著》。①

薛受采，江苏如皋人，潢（字银槎）孙。附贡生。浙江府经历，补用知县。②

孙庚揆。丁立志（号张甫）编《郭孝童墓记略》收录孙庚揆《明郭孝童墓记》。③

王国桢。光绪间杭州岁贡王国桢④；仁和王国桢，文韶（1830—1908）子，太学生，官鸿胪寺卿、太常寺卿⑤；未知是否即其中一人。

王廷鼎（1840—1892），字铭之，号梦薇、懒鹤，江苏震泽人。少避乱流转于江浙间。乱定，乃于吴市赁一椽，为童子师，借修脯养母。犹不足，乃学画学医，鬻其技于人。又应书院课，博膏火资，如是者数年。四应省闱不售，捐从九品，分发浙江。历充海运委员，叙劳升县丞。光绪七年（1881）补丽水县丞。中蜚语罢官，仍应书院课，卖书画自给。著有《紫薇花馆集》。《晚晴簃诗汇》录其诗3首。⑥

汪行恭（1852—1880），字坤培、仲行，号子侨，钱塘人。光绪元年（1875）乡试中式第46名举人。官内阁中书。三上春官，郁郁不得志，光绪六年（1880）卒于都门，年二十九。精于许氏之学，说经专主郑司农。著有《景高密斋经说》二卷、《云居山民词》。⑦

冯松生（1848—?），改名崧生，字蕖孙，号听涛、陶庐，仁和人。光绪元年（1875）乡试中式第108名举人，覆试一等第1名。二年（1876）会试中式第112名，覆试一等第23名，殿试三甲第37名，朝考一等第49名，选庶吉士，授检讨。旋卒。能诗，工画。⑧

徐琪（1850—1918）⑨，字涵斋，号花农，仁和人。肄业敷文、崇文、紫阳书院、诂经精舍。光绪元年（1875）乡试中式第49名举人，覆试一等第2名。光绪六年（1880）会试中式第21名，覆试一等第38名，殿试二甲第62名，朝考一等第18名，选庶吉士，散馆授编修。历官广东学政、内阁学士、兵部侍郎。著有《汉书天文五行沟洫志考》、《性理卮言》、《似玉盒骈体文存》、《香海盦诗词类稿》、《粤轺集》、《日边酬唱集》。《晚晴簃诗汇》录其诗4首。⑩

周元瑞，字紫筠，号子云、澹斋，仁和人。光绪二年（1876）举人，大挑教谕。著有《三莲堂诗钞》八卷、《红豆吟馆词钞》一卷、《情禅词》一卷。《词综补遗》录其词3

---

① 缪荃孙：《中书衔处州府学教授黄先生墓志铭》，《艺风堂文续集》卷1，第170页；《中国丛书综录》第2册，第44页。

② 同治《如皋县续志》卷9《列传二》，第374页。

③ 《西湖文献集成》第19册，第920页。

④ 民国《杭州府志》卷114《选举八》，第2219页。

⑤ 王先谦：《赠太保武英殿大学士王文勤公墓志铭》，《碑传集补》卷1，第115页。

⑥ 王廷鼎：《偶成》、《除夕书怀》，《紫薇花馆诗稿》卷1，第558、559页；俞樾：《王梦薇传》，《春在堂杂文五编》卷3，第17页；《晚晴簃诗汇》卷179，第7866页。

⑦ 《清代硃卷集成》第263册，第125页；《国朝杭郡诗三辑》卷89，第5叶；民国《杭州府志》卷86《艺文一》，第1682页；卷95《艺文十》，第1854页。

⑧ 《清代硃卷集成》第40册，第1页；民国《杭州府志》113《选举七》，第2199页；《两浙輶轩续录》卷50，第105页。

⑨ 生于道光二十九年十二月二十九日，公历已入1850年。

⑩ 《清代硃卷集成》第263册，第163页；第46册，第181页；《清人诗集叙录》卷79，第2730页；《清人别集总目》，第1859页；《晚晴簃诗汇》卷172，第7507页。

首。《全清词钞》录其词 1 首。①

　　徐鼎勋。钱塘徐鼎勋，字调夫，诸生。少入邑庠，有声黉序。中间兵燹，谋食四方，往来溧阳、建德间。年六十卒。著有《客游小草》。② 未知是否即此人。

　　陈遹声（1846—1920），原名潏，字骏公，号悔门、蓉曙，诸暨人。同治十二年（1873）优贡第 1 名，乡试中式第 83 名举人。十三年（1874）考取咸安宫教习第 10 名。光绪十二年（1886）会试中式第 37 名，覆试二等，殿试二甲第 40 名，朝考一等第 3 名，选庶吉士，散馆授编修。历官国史馆协修、功臣馆提调、松江知府、川东兵备道。著有《畸园写定诗稿》。《晚晴簃诗汇》录其诗 16 首。③

　　王诒寿（1830—1881），字眉子，山阴人。少习法家言，游皖南三年，兵起归里。以贡生官武康学官，后入浙江书局。著有《缦雅堂骈体文》八卷、《笙月词》五卷、《花影词》一卷（皆收入《丛书集成初编》）、《缦雅堂诗钞》三卷、《缦雅堂日记》不分卷。《晚晴簃诗汇》录其诗 2 首。《词综补遗》录其词 6 首。《全清词钞》录其词 5 首。《中国近代文学大系》录其词 2 首。④

　　吴敬基，字砚孙，号子籛，钱塘人。诸生。早卒。⑤

　　严曾铨（1858—1891），字诠斋，号容孙，仁和人。廪贡，候选训导。精汜长之学，孙礼煜（1854—?）辑《说文汇纂》五百四十卷，皆其编定。又助潘衍桐（1841—1899）辑《两浙輶轩续录》。屡踬名场，郁郁不得志。光绪十七年（1891）就馆扬州，九月婴疾卒。⑥

　　孙礼煜（1854—?），字耀先，钱塘人。入陕西学幕。光绪二年（1876）乡试中式第 69 名举人。官永嘉教谕。选东瓯学博，未任而卒。⑦

　　蒋学溥（1846—1890），字长孺，号泽山、葰庐，海宁人，廷黻（1851—1912）兄。光绪元年（1875）乡试中式第 85 名举人。入浙江书局。久困公车。年逾四十，循资以知县注选籍，分发广东。张之洞（1837—1909）闻其名，聘司广雅局事。著有《葰庐诗录》二卷、《葰庐文录》二卷、《葰庐骈文录》一卷、《葰庐词录》一卷、《葰庐札记》八卷。《词综补遗》录其词 1 首。⑧

　　刘芬，字芝人，号曼甫，镇海人。贡生。从黄式三（1789—1862）游，精小学。著

　　① 民国《杭州府志》卷 113《选举七》，第 2199 页；《临平记再续》卷 4，第 542 页；《词综补遗》卷 62，第 2320 页；《全清词钞》卷 28，第 1454 页。
　　② 《国朝杭郡诗三辑》卷 90，第 15 叶。
　　③ 《清代硃卷集成》第 260 册，第 377 页；第 57 册，第 227 页；《清代官员履历档案全编》第 5 册，第 400 页；《畸园写定诗稿》柯劭忞序，第 5 页；《晚晴簃诗汇》卷 175，第 7659 页。
　　④ 谭廷献：《亡友传·王诒寿传》，《续碑传集》卷 81，第 655 页；《晚晴簃诗汇》卷 167，第 7277 页；《词综补遗》卷 38，第 1404 页；《全清词钞》卷 26，第 1336 页；《中国近代文学大系》第 4 集第 15 卷《诗词集二》，第 565 页。
　　⑤ 《国朝杭郡诗三辑》卷 91，第 17 叶。
　　⑥ 谭献：《严容孙传》，《复堂文续》卷 4，第 274 页；《两浙輶轩续录》补遗卷 6，第 410 页。
　　⑦ 《清代硃卷集成》第 266 册，第 179 页；《国朝杭郡诗三辑》卷 89，第 19 叶。
　　⑧ 《清代硃卷集成》第 264 册，第 165 页；俞樾：《蒋泽山墓志铭》，《春在堂杂文五编》卷 5，第 45 页；《词综补遗》卷 80，第 2998 页。

有《课余札记》、《月令七十二候考》、《大蓬山馆诗稿》。①

陈伟（1840—1889）②，原名汤玮，字耐安，一作耐庵，诸暨人，模（1842—1907）族兄。同治十二年（1873）拔贡第1名。光绪元年（1875）乡试中式第45名举人。屡试礼部不第。晚年坐馆应德闳（1876—1919）家。著有《耐安类稿》十卷。③

黄家岱（1854—1892）④，字振青，号祖望，定海人，以周（1828—1899）子。年二十五游庠。屡应省试不售，以廪膳生终。著有《尚书讲义》一卷、《嬹艺轩杂著》三卷。⑤

倪钟祥（1843—？），字仲华，号倬云，海宁人。肄业敷文、崇文、紫阳书院、诂经精舍、东城讲舍。岁贡生，候选训导。光绪二年（1876）、八年（1882）提考优生，五年（1879）备取优贡。同治三年（1864）、六年（1867）、九年（1870）、光绪二年（1876）乡试堂备，元年（1875）、五年（1879）荐卷，十一年（1885）中式第16名副榜。入浙江书局校理《续资治通鉴长编》，颇称精审。著有《漱艺润室剩稿》、《说文求古质疑》。⑥

吴光宸（1840—？），字定勋，号心香，黄岩人。廪贡生。光绪四年（1878）官常山训导。五年（1879）乡试中式第29名举人。⑦

王嘉猷，字荫棠，仁和人。廪贡。制艺、词理并茂，诗亦楚楚可观。⑧

倪茹，字儒粟，杭州人。诸生。能诗文，善书画。自称俞楼弟子。⑨

王士骏（1838—？），谱名宪恩，字吉人，号籲云，黄岩人。同治十二年（1873）拔贡第1名。官闽县、松溪知县。⑩

屈元曦（"曦"一作"爔"，？—1888），字祉堂，石门人。廪生。与弟元炘（1845—？）并以时艺名于时。光绪十四年（1888）赴试杭州，闱中得疾，归未及家，卒于舟中。工古文，善草书，旁涉天文、算术、壬奇、太乙、演禽、青鸟、风角诸书。辑有《石门诗存》八卷。⑪

许传霈（1844—1896），字子醴，号竹雨、慕园，上虞人，正绥（1795—1861）子。诸生。工篆隶二体书，为世所珍。性至孝。光绪十九年（1893）移家海宁。二十二年（1896）佐修州志，事未及半而遽以疾卒。著有《经说》十四卷、《说文翼》五卷、《诗文存》十六卷、《讲义》二卷、《叹逝录》四卷、《自检录》二卷、《杂识》二十卷、《日

① 《两浙輶轩续录》卷46，第745页。
② 生于道光十九年十一月三十日，公历已入1840年。
③ 《清代硃卷集成》第396册，第415页；第263册，第99页；《耐安类稿》俞樾序、应德闳跋。
④ 卒于光绪十七年十二月初六日，公历已入1892年。
⑤ 黄以周：《儆孙嬹艺轩诸书题辞》，《尚书讲义》卷末。
⑥ 《清代硃卷集成》第365册，第45页；民国《海宁州志稿》卷16《典籍十八》，第6叶；《两浙輶轩续录》卷50，第123页。
⑦ 《清代硃卷集成》第268册，第227页；光绪《常山县志》卷37《职官》，第15叶。
⑧ 《国朝杭郡诗三辑》卷88，第26叶。
⑨ 《寒松阁谈艺琐录》卷5，第176页。
⑩ 《清代硃卷集成》第397册，第11页；民国《闽侯县志》卷59《职官五》，第2叶；《松溪县志》卷32《人物》，第723页。
⑪ 陆心源：《祉堂屈君墓志铭》，《仪顾堂集》卷9，第475页；《两浙輶轩续录》卷50，第110页。

记》四卷、《楹联汇存》四卷、《一诚斋诗存》八卷。①

章修黼，字菊仙，会稽人。光绪二年（1876）举人。②

史致中，字眉生，余姚人。诸生。与修《黄岩县志》。③

何松，字崃青，慈溪人。岁贡生，保举训导。郡守宗源瀚（1834—1897）延校天一阁藏书，下榻郡廨，主讲辨志文会。平居夙兴，看周易一卦，读他经数卷，必精熟能自背诵，然后旁及群籍。得古文法于钱泰吉（1791—1863），宗主义理，不尚浮藻。卒年五十八。著有《五经典林》、《古经解钩沉续编》、《周易异文考》、《说文引经异同考》、《续书挈纲录》、《史学汇编》、《荀子校》、《文选补注义证》、《孔子弟子遗言》、《天一阁校书记》、《历代帝王名臣像赞》、《常惺惺斋文钞》、《梦璞居诗钞》、《常惺惺斋笔记》。④

朱赞汤（1852—？），字次衡，号蓉峰，上虞人。肄业诂经精舍、敷文、崇文、紫阳书院。同治九年（1870）乡试堂备。光绪元年（1875）、五年（1879）荐卷，十一年（1885）中式副榜。候选教职。⑤

袁之京，字怀西，定海人。廪贡。同治二年（1863）官建德教谕。又曾官安吉教谕、太平训导。与袁行泰、袁可炳合撰《饮源集》三卷。⑥

吴槐绶，字子绶，仁和人。光绪间岁贡。著有《金匮方证详解》六卷首一卷、《伤寒理解》十二卷首一卷、《南阳药证汇解》十二卷，合编为《吴氏医学丛刊》。⑦

吴庆坻（1849—1924）⑧，字子修，号稼如、敬强，钱塘人，振棫（1792—1871）孙。同治三年（1864）、六年（1867）顺天乡试挑取誊录。光绪二年（1876）浙江乡试中式第7名举人，覆试一等第50名。十二年（1886）会试中式第19名，覆试一等第10名，殿试二甲第10名，朝考一等第29名，选庶吉士。散馆授编修，历官会典馆帮总纂、翰林院撰文、四川学政、湖南学政、湖南提学使兼署布政司、提法司，曾赴日本考察学制。宣统三年（1911）乞休，移家至沪，与诸名流结超社、逸社、淞社。越二年归里，凡征辟皆不至。主修《杭州府志》、《浙江通志》。著有《补松庐文录》八卷、《补松庐诗录》六卷、《悔余生诗》五卷、《蕉廊脞录》八卷、《辛亥殉难记》八卷，辑有《吴氏一家诗录》十卷。《晚晴簃诗汇》录其诗5首。《中国近代文学大系》录其笔记32条、日记1种。⑨

---

①　民国《海宁州志稿》卷33《人物志·流寓》，第11叶；王义胜点校：《一诚斋诗存》。

②　民国《重修浙江通志稿》第110册《考选》，第12叶；章绍龄：《癸酉人日偕族叔菊仙孝廉赴西泠读书》，《黑甜吟稿》，第1叶。

③　光绪《黄岩县志》卷首《纂修姓氏》，第3叶。

④　光绪《慈溪县志》列传附编，第1240页；俞樾：《何崃青五经典林序》，《春在堂杂文续编》卷2，第399页。

⑤　《清代硃卷集成》第275册，第79页；第364册，第387页；光绪《上虞县志》附录《采访及劝捐绅董姓氏》，第1000页。

⑥　光绪《严州府志》卷11《续增·官师》，第230页；《四明清诗略续稿》卷3，第47叶；《清人别集总目》，第1750页。

⑦　民国《杭州府志》卷114《选举八》，第2219页；《中国丛书综录》第1册，第729页。

⑧　生于道光二十八年十二月二十九日，公历已入1849年。

⑨　《清代硃卷集成》第265册，第79页；第57册，第29页；姚诒庆：《清故湖南提学使吴府君墓志铭》，《碑传集补》卷20，第318页；《晚晴簃诗汇》卷176，第7691页；《中国近代文学大系》第6集第19卷《笔记文学集二》，第105页；第9集第24卷《书信日记集二》，第379页。

蔡济勤（1857—?），字甓斋，号慕陶，仁和人。光绪八年（1882）乡试中式第 20 名举人。①

龚启芝（1845—1904），字秋皋，号鹤田，东阳人。肄业紫阳书院，兼考敷文、崇文书院、诂经精舍。光绪二年（1876）乡试中式第 104 名举人。六年（1880）考取景山官学教习第 13 名。九年（1883）会试挑取誊录。二十年（1894）会试中式第 78 名，覆试二等第 6 名，殿试二甲第 36 名，朝考二等第 12 名，授刑部贵州司主事。晚主金华丽正书院。著有《三秀草堂诗稿》。②

王崇鼎（1827—?），字子调，号梅亭，钱塘人。同治十二年（1873）拔贡第 1 名。③

范许瑃，字璞人，天台人。光绪十四年（1888）岁贡。考取八旗官学教习。④

邬佩之，字篑溪，黄岩人。诸生。从妻舅王咏霓（1838—1915）游幕鄂皖，客死于皖。著有《琴游集》二卷，凡古今体诗二百九十二首，皆客游之作。佩之殁后，咏霓序而刊之，称其神韵俊秀，于梅村、渔洋为近。⑤

孙树义（1847—?）⑥，字仲怀，号补三，余杭人。以岁贡生官嵊县教谕、孝丰训导。同治九年（1870）乡试荐卷，十二年（1873）堂备。光绪十七年（1891）中式第 77 名举人。⑦

孙仁俊，原名仁兴，字企莘、逸倩，仁和人。光绪十七年（1891）举人。⑧

陈德成，字际唐，永康人。同治十二年（1873）拔贡。⑨

孙尔昌，字讲修，长兴人。岁贡。光绪二十一年（1895）官开化教谕。与修《长兴县志》。⑩

崔适（1852—1924），字怀瑾，号觯甫、觯庐，吴兴人。贡生。初受业于俞樾（1821—1907），治校勘训诂之学。后受康有为（1858—1927）《新学伪经考》影响，专讲今文经学。曾任教于北京大学。著有《春秋复始》三十八卷、《史记探源》八卷（皆收入《续修四库全书》）、《四裨通释》三卷（收入《四库未收书辑刊》）、《论语足征记》、《经解入门》、《觯庐诗集》。《晚晴簃诗汇》录其诗 4 首。⑪

朱本（1845—?）⑫，字道生，号立甫，钱塘人。光绪五年（1879）举人，十八年

① 《清代硃卷集成》第 270 册，第 221 页。
② 《清代硃卷集成》第 267 册，第 305 页；第 80 册，第 1 页；《东阳名人》上册。
③ 《清代硃卷集成》第 396 册，第 133 页。
④ 《大清缙绅全书·光绪十七年春·京师》，第 94 叶。
⑤ 民国《续修台州府志》卷 83《艺文略二十》，第 30 叶。
⑥ 树义为树礼（1845—?）兄，此处生年当系官年。
⑦ 《清代硃卷集成》第 284 册，第 209 页；第 273 册，第 51 页。
⑧ 民国《杭州府志》卷 113《选举七》，第 2200 页；《虎跑定慧寺志》，第 43 页；《恽毓鼎澄斋日记》，第 680 页。
⑨ 光绪《永康县志》卷 6《选举·恩赐》，第 295 页。
⑩ 光绪《开化县志》卷 4《官师二》，第 4 叶；同治光绪《长兴县志》卷首《姓氏》，第 2 叶。
⑪ 《史记探源》点校说明，第 1 页；顾颉刚：《记崔适先生》，《顾颉刚学术文化随笔》，第 321 页；《晚晴簃诗汇》卷 180，第 7888 页。
⑫ 生年据《清代人物生卒年表》，第 139 页。

（1892）进士。二十五年（1899）官宿松知县。①

　　姚丙然（1851—1916），字菊仙（一作菊坡），号澹人，钱塘人。光绪五年（1879）乡试中式第21名举人。十二年（1886）会试中式第87名，覆试二等第89名，殿试二甲第6名，朝考一等第33名，选庶吉士，散馆授编修。历官国史馆协修、洗马、侍读、山东学政。以刊售试牍为台谏所劾，罢归后为美国人李佳白（1857—1927）所设尚贤堂主讲。民国初参与发起孔教会，任苏州支会、杭州支会会长。②

　　查光华（1846—1928），字藻甫，号子春，海宁人。拔贡生，朝考二等，官桐乡训导。光绪二年（1876）乡试中式第79名举人。十四年（1888）官萧山教谕。二十九年（1903）官安徽望江知县。③

　　李云衔，字枚士，号阶升、荔禅，鄞县人。贡生。工笔札，游幕公卿间，赵有淳（1817—1886）尤器之。文以气盛，诗亦有磊落之概。著有《澹明庐诗钞》。④

　　孙树礼（1845—1936），字公履，号和叔，余杭人。恩贡生，候选教谕。光绪十一年（1885）乡试中式第34名举人。十二年（1886）会试荐卷。官宁波训导。后任正蒙两等小学校长，创办正蒙附属初等简易小学堂。民国二十二年（1933）序袁嘉谷（1872—1937）《卧雪堂文集》，时年八十九。著有《文澜阁志》二卷首一卷附录一卷、《樊公祠录》二卷（皆收入《丛书集成续编》）。⑤

　　待考者：朱渊、周善溥、潘炳、许庆骐、史鉴、沈豫、钟佩诗、黄以泰、金锡庆、沈鼎、胡仁柟、吕聪、金炳煐、金炳晖、冯廷龢、周德庆、陈翰藻、陈福谦、钟樾、戴瑞麟。

5. 诂经精舍五集

【版本序跋】

　　题"光绪九年（1883）正月，德清俞樾署"，"山长俞樾编次，监院沈灿、许祐身、王同校勘"。

　　俞樾、沈灿，见《诂经精舍三集》。

　　许祐身（1848—1912），⑥ 字芷沅，号子原，仁和人，俞樾（1821—1907）婿。由附贡生报捐主事，签分刑部。同治九年（1870）顺天乡试挑取誊录。十二年（1873）中式第163名举人，覆试二等第22名。历官工部主事、员外郎，山东道、江南道、京畿道监

　　① 民国《杭州府志》卷113《选举七》，第2199页；民国《宿松县志》卷35《政略》，第34叶。
　　② 《清代硃卷集成》第268册，第103页；第58册，第317页；《清代官员履历档案全编》第5册，第700页；《近代名人小传》，第501页；《中华民国史资料丛稿特刊》第2辑，第72页。
　　③ 《清代硃卷集成》第266册，第345页；《望江县志》第19篇《人大、政府、政协》，第435页；民国《萧山县志稿》卷12上《官师表》，第946页；《清代人物大事年表》，第1734页。
　　④ 《四明清诗略续稿》卷4，第29叶。
　　⑤ 《清代硃卷集成》第273册，第49页；第284册，第211页；民国《杭州府志》卷113《选举七》，第2199页；卷17《学校四》，第495页；《卧雪堂文集》孙树礼序，《袁嘉谷文集》，第3页；《西湖与文澜阁》，第696页。
　　⑥ 生卒年系韩瑞亚教授据俞樾家谱赐告，谨致谢忱。

察御史，扬州、赣州知府。《词综补遗》录其词 2 首。《全清词钞》录其词 1 首。①

王同（1839—1903），字肖兰、同伯，号吕庐，仁和人。肄业敷文、崇文书院。同治六年（1867）举人，光绪三年（1877）进士。官刑部主事。历主梅青、龟山、紫阳书院及塘栖栖溪讲舍，曾为诂经精舍监院。又曾协助丁丙（1832—1899）补抄文澜阁《四库全书》。著有《唐栖志》、《杭州三书院纪略》、《石鼓文集联》。②

俞樾序云：

余忝主诂经讲席十有六年矣，往者精舍课艺岁一刻，之后以肄业者日众，经费绌焉，乃阅数岁而一刻。自己卯（1879）以来，及今四年，官师课艺戢戢如束笋，不付剞劂，将遂散佚。于是监院官乃请于大中丞隽丞陈公发资刻之，而余选择其佳者经解、诗赋得如干篇，刻既成，序其端曰：

吾浙素称人文渊薮，而书院之设亦视他省为多。其以场屋应举文诗课士者，则有敷文、崇文、紫阳三书院在。至诂经精舍，则专课经义，即旁及词章，亦多收古体，不涉时趋。余频年执此以定月旦之评，选刻课艺亦存此意，非敢爱古而薄今，盖精舍体例然也。

或曰：诗赋古今异体，是固然矣，经解岂有异欤？余曰：有场屋中之经解，有著述家之经解。句梳字栉，旁征博引，罗列前人成说以眩阅者之目，而在己实未始有独得之见，此场屋中之经解也；著述家则不然，每遇一题，必有独得之见，其引前人成说，或数百言，或千余言，要皆以证成吾说。合吾说者，我从之；不合吾说者，吾辩之、驳之，而非徒袭前人之说以为说也。吾意既明，吾说亦尽，其余一字一句，注疏具在，吾无异同之见，则固不必及之也。古人云："探骊得珠，余皆鳞爪。"词章且然，经解何独不然乎？此著述家之经解也。

精舍中多高材生，颇有能发挥经义、自抒心得者，从此相与研求经术文章，蒸蒸日上，为异日《儒林》、《文苑》中人，不亦懿欤？余衰且病，数年中又频有天伦之戚，意兴衰颓，学问荒落，恐不获长与诸君子相从于坛坫矣，此余所以读斯集而不能不为之怃然也。

光绪八年（1882）十二月，曲园居士俞樾书于吴中春在堂。

【课艺内容】

八卷，102 题 131 篇：卷一至卷六，经解、考证、论说；卷七、卷八，赋、杂文、古今体诗。

【作者考略】

张大昌 18 篇，傅晋泰 13 篇，倪钟祥 12 篇，王廷球 10 篇，沈祖荣 7 篇，丁午、孙廷

---

① 《清代硃卷集成》第 110 册，第 357 页；《清代官员履历档案全编》第 7 册，第 92 页；《词综补遗》卷 74，第 2773 页；《全清词钞》卷 27，第 1392 页。

② 民国《杭州府志》卷 113《选举七》，第 2193 页；《清人别集总目》，第 49 页；《杭州三书院纪略》前言，第 407 页；《中华书法篆刻大辞典》，第 988 页。

翰 6 篇, 孙礼煜 5 篇, 王廷爵、傅履泰 4 篇, 吴积鉴、楼观、吴士璋、卫梓材、王诒寿 3 篇, 吴品珩、周庠、夏树立、孙庚揆 2 篇, 古陆承、倪揆、赵渊和、蔡祖彝、冯景翼、吴积铿、周子莲、李福简、王家治、汤震、庞光灿、冯一梅、胡元鼎、杨振鉴、王廷禄、周德庆、章炳森、倪茹、朱继昌、陈灏、徐承禄、许祥身、严曾铨 1 篇。

张大昌、丁午、卫梓材、陈灏, 见《诂经精舍三集》。

倪钟祥、孙礼煜、王诒寿、孙庚揆、冯一梅、胡元鼎、倪茹、严曾铨, 见《诂经精舍四集》。

傅晋泰 (1841—?), 字康侯, 号锡蕃、云帆, 义乌人。肄业诂经精舍、敷文、崇文、紫阳书院。同治十二年 (1873) 拔贡第 1 名。考取八旗官学汉教习。光绪八年 (1882) 乡试中式第 49 名举人。①

沈祖荣, 字诵清, 一作颂清, 萧山人, 祖燕 (1860—?) 兄弟。光绪八年 (1882) 优贡, 朝考二等。官永康、定海、东阳、青田教谕。②

孙廷翰 (1861—1917), 原名起焕, 字运章、文棨, 号文卿、问清, 诸暨人。肄业诂经精舍、敷文、崇文、紫阳书院。光绪十一年 (1885) 乡试中式第 22 名举人, 覆试二等第 7 名。十五年 (1889) 会试中式第 161 名, 覆试一等第 42 名, 殿试三甲第 1 名, 朝考一等第 61 名, 选庶吉士。散馆授检讨, 历充国史馆纂修、文渊阁校理。③

傅履泰, 字绥之, 号旋吉, 义乌人, 晋泰 (1841—?) 兄。岁贡生, 候选训导。④

吴积鉴, 钱塘人。同治间岁贡, 官桐庐训导。⑤

楼观 (1848—?), 谱名海鸿, 字晓沧, 诸暨人。光绪八年 (1882) 备取优贡第 7 名。⑥

吴品珩 (1856—1928), 字韵璜, 号佩蒽、蒽然、纬苍、亦园, 东阳人。肄业诂经精舍、敷文、崇文、紫阳书院。光绪二年 (1876) 乡试中式副榜第 11 名。候选复设教谕。八年 (1882) 乡试中式第 66 名举人。九年 (1883) 考取觉罗教习第 9 名, 充镶白旗觉罗学汉教习。十二年 (1886) 会试中式第 81 名, 覆试一等第 43 名, 殿试二甲第 13 名, 朝考二等第 10 名, 以部属用, 签分刑部。历官总理各国事务衙门章京, 刑部主事、员外郎、外务部员外郎、帮提调、主稿、郎中、掌印, 湖北荆宜道, 安徽按察使、提法使、布政使。民国初官浙江政务厅长。四年 (1915) 解职返里。著有《亦园日记》、《逸园日记》、《定农日记》。⑦

---

① 《清代硃卷集成》第 271 册, 第 33 页。

② 光绪《永康县志》卷 5《职官名表》, 第 236 页; 民国《萧山县志稿》卷 13《选举表》, 第 1183 页;《清代硃卷集成》第 274 册, 第 100 页。

③ 《清代硃卷集成》第 272 册, 第 301 页; 第 64 册, 第 335 页;《海上墨林》卷 3《寓贤》, 第 88 页;《中华书法篆刻大辞典》, 第 418 页。

④ 《清代硃卷集成》第 271 册, 第 38 页。

⑤ 民国《杭州府志》卷 114《选举八》, 第 2219 页。

⑥ 《清代硃卷集成》第 399 册, 第 49 页。

⑦ 《清代硃卷集成》第 364 册, 第 133 页; 第 271 册, 第 143 页; 第 58 册, 第 265 页;《清代官员履历档案全编》第 8 册, 第 111、554 页; 吴昌鼎:《讣闻》, 吴士鉴:《清故诰授荣禄大夫赏戴花翎安徽布政使吴公墓志铭》(这两条资料承吴立梅先生惠寄, 谨致谢忱)。

周庠（1846—?），字尧恺，号芗泉、养泉，东阳人。肄业诂经精舍，兼考敷文、崇文、紫阳书院。光绪十一年（1885）拔贡第 1 名。①

夏树立（1856—?），字经畬，号亭玉、仲劬，钱塘人。光绪十一年（1885）优贡第 4 名。十七年（1891）举人。十八年（1892）会试中式，二十年（1894）补殿试，成进士。历官江西雩都、湖北恩施知县。②

李福简（1855—1901），字子修，号竹书、廉叔，东阳人，品芳（1799—1881）子。肄业紫阳书院，兼考崇文、敷文及诂经精舍。光绪十一年（1885）乡试中式第 81 名举人。十五年（1889）考取景山官学汉教习第 18 名，大挑一等，签分甘肃知县。二十四年（1898）会试中式第 162 名，覆试一等第 23 名，殿试二甲第 28 名，朝考一等第 43 名，选庶吉士，未散馆而卒。③

王家治，钱塘人。光绪间恩贡。④

汤震（1856/1857—1917），小名丙僧，改名寿潜，字孝起、翼仙、蛰仙，山阴人。光绪五年（1879）乡试中式副榜第 4 名。十四年（1888）乡试中式第 6 名举人，覆试一等第 17 名。十五年（1889）考取内阁中书第 41 名。十六年（1890）会试挑取誊录第 3 名。十八年（1892）会试中式第 10 名，覆试一等第 65 名，殿试二甲第 11 名，朝考二等第 7 名，选庶吉士。散馆授安徽青阳知县，旋以亲老乞归。后历任修建沪杭铁路总理、预备立宪公会副会长、浙江咨议局议长、浙江军政府都督、南洋劝募公债总理。著有《危言》四卷、《尔雅小辨》二十卷、《说文集》二卷、《理财百策》二卷、《三通考辑要》二十四卷。《中国书院史资料》收其《书院》一文。⑤

章炳森（1852—1928），改名篯，字寿人，号椿伯，余杭人，炳麟（1869—1936）长兄。肄业敷文、崇文书院、诂经精舍。光绪五年（1879）备取优贡第 1 名。八赴乡试，十四年（1888）中式第 3 名举人。三赴会试，皆不第。历官建德、浦江教谕，嘉兴府训导。选充余杭教育会长，兼主南湖局事。又任浙江咨议局议员、余杭县议员。精医术。⑥

徐承禄（1859—?），字小雅，号步青、蒲卿，德清人。肄业诂经精舍、敷文、崇文、紫阳书院。光绪十一年（1885）乡试荐卷，拔贡第 1 名。由汉教习补用知县，分发山东，历东阿、肥城、新泰、平阴、金乡、历城、齐河、东平、昌邑等县。以疾归，三年后卒。著有《娱兰仙馆诗钞》、《生花馆词》各一卷。⑦

---

① 《清代硃卷集成》第 399 册，第 241 页。

② 《清代硃卷集成》第 376 册，第 369 页；民国《杭州府志》卷 113《选举七》，第 2200 页；《清代官员履历档案全编》第 29 册，第 523 页。

③ 《清代硃卷集成》第 274 册，第 73 页；第 87 册，第 117 页；吴品珩：《诰授奉直大夫翰林院庶吉士李子修太史行传》，《木香李氏宗谱》（这条资料承吴立梅先生惠寄，谨致谢忱）。

④ 民国《杭州府志》卷 114《选举八》，第 2223 页。

⑤ 《清代硃卷集成》第 73 册，第 383 页；《萧山文史资料选辑》第 4 辑《汤寿潜史料专辑》；《中国书院史资料》，第 1962 页。

⑥ 《清代硃卷集成》第 275 册，第 171 页；章太炎：《伯兄教谕君事略》，《太炎文录续编》卷 4，第 19 页。

⑦ 《清代硃卷集成》第 398 册，第 303 页；民国《德清县志》卷 8《人物志二》，第 13 叶。

许祥身，仁和人，祐身（1850—？）弟。拔贡。官苏州电政分局总办、候选通判。①

待考者：王廷球、王廷爵、吴士璋、古陆承、倪揆、赵渊和、蔡祖彝、冯景翼、吴积铿、周子莲、庞光灿、杨振鉴、王廷禄、周德庆、朱继昌。

6. 诂经精舍六集

【版本序跋】

题"光绪十一年（1885）岁除日俞樾署"。②

刘秉璋序云：

> 光绪丙戌（1886），诂经精舍监院请刊课艺，循旧章也。既讫功，乞余一言以弁诸首。乃言曰：两浙人文甲于东南，魁儒硕彦代不乏人。国朝陆清献公以理学倡导，一乡士之被其风者，熏德而善良，盖二百有余岁矣。独训诂之学，未之前闻。嘉庆五年（1800），仪征相国抚浙，度地于孤山之阳，构屋数楹，颜曰诂经精舍，选浙之高材生讲贯其中。而聘请青浦王司寇、阳湖孙观察迭主讲席，湖山绵蕞，得人称最。
>
> 相国之言曰：圣贤之道存于经，经非诂不明。汉人诂经，去圣贤为尤近。许、郑集汉诂之成者也，奉木主于舍中，群拜祀焉。以是士之承学者，以汉儒为宗，至于今毋改。夫汉儒之学，以训诂解经，经明而圣贤之道存；宋儒之学，以义理体道，道明而圣贤之经传。二者固相为表里也。愚谓学圣贤之学者，当明圣贤之道，由训诂而义理，以归宿于躬行实践。夫而后发为文章，蓄畜经训，粹然有德者之言。与相国所言"圣贤之道存于经，经非诂不明"之旨，庶有合乎？
>
> 走不敏，承乏是邦，月一较课，思无以为诸生益。掌教俞荫甫前辈，今之青浦、阳湖也。诸生昕夕亲炙之，异日出所学以问世，儒林、道学殊途同归，继清献之流风而存相国之遗意，此则使者之志，愿与诸生共勉之者也。
>
> 是岁仲夏之月，新授四川总督浙江巡抚庐江刘秉璋序。

刘秉璋（1826—1905），字仲良，安徽庐江人。咸丰元年（1851）举人。十年（1860）进士，选庶吉士，散馆授编修。入淮军，屡立战功。历官翰林院侍讲，右春坊右庶子，左春坊左庶子，侍讲学士，江苏按察使，山西、江西布政使，江西、浙江巡抚，四川总督。谥文庄。著有《刘文庄公遗书》。③

俞樾序云：

> 癸未（1883）之秋，刻《诂经精舍五集》成，余既序其端矣，至今岁而王同伯、许子原两监院又循故事以请，大中丞仲良刘公从之，于是复有《诂经精舍六集》之刻，而余又职其选事。

---

① 民国《杭州府志》卷114《选举八》，第2226页；《清代硃卷集成》第110册，第363页；《宣统三年冬季职官录》，第468页。

② 光绪十一年岁除日，公历已入1886年。下文俞樾序同。

③ 王闿运：《四川总督追谥文庄刘公碑铭》，《碑传集三编》卷14，第811页。

夫诂经精舍所课者，古学也。余所选经解诗赋，皆求合乎古，而不求合乎今。余于《五集序》已具言之，可不赘矣。惟自同治间重建诂经精舍，至今二十余年，而余主讲最久，其与诸生朝夕所讲求，尚不背阮文达公创建精舍之初意。然念文达当日，大开坛坫，宏奖风流，四方秀艾，挟册负素，讽诵乎其中者，彬彬乎极一时之盛，未尝不惜我生之晚，而不得与之揖让于其间也。乃今岁，瞿子玖学使甫下车，即访我于湖楼，拳拳以精舍人材为问，又博访周谘，得高才生如干人，选精舍肄业，而别筹经费，以供膏火之资。子玖学使，其继文达而兴者乎？诸生之从事于此者，宜如何掔求经训，讲明古义，以期无负其美意哉？余衰且病，学问之事日以荒落。曩作《五集序》，已有不得长与诸君子相从之叹，乃星霜再易，而颓唐病叟，犹拥皋比，老眼麻荼，又有此选。昌黎云："方今向泰平，元凯承华勋。吾徒幸无事，庶以穷朝曛。"此又余与诸君所宜共勉者也。

　　光绪十一年（1885）则涂月岁除日，曲园居士书于春在堂。

【课艺内容】

　　十二卷，111 题 136 篇：卷一至卷九经解、考证、论说，题如《大人造也解》、《〈尚书〉"尚"字何人所加考》、《齐诗先〈采苹〉后〈虫草〉说》；卷十至卷十二赋、古今体诗，题如《太史登台书云物赋》、《五相一渔翁赋》、《电报赋》、《咏日本樱花七律四首》、《咏酒名七律四首》。

【作者考略】

　　蔡启盛（曈客，诸暨）27 篇，王廷鼎（梦薇）、叶鋆（志锴，金华）19 篇，许传霈（竹雨，上虞）7 篇，宋文蔚（澄之）、王修植（菀生，定海）、许庆骐（长卿，会稽）6 篇，张大昌（小云，仁和）、章桂馨（一山，宁海）4 篇，黄家岱（镇青，定海）、崔适（怀瑾，归安）、陈锦文（复初，钱塘）、陈文翰（西林，义乌）3 篇，楼藜然（祥安，诸暨）、汤震（翼仙，山阴）、杨誉龙（云程，钱塘）、方赞尧、章廷桢（纪堂，钱塘）2 篇，丁从乙、蔡维芳（联芳，诸暨）、谢瑶（乾甫，萧山）、徐承宣（上虞）、蔡绍孜（伯思，诸暨）、周绍虞（麓卿，诸暨）、蔡祖彝（诵甫，嵊县）、陈尚彬（焕甫，黄岩）、王仁溥（纯甫，钱塘）、孙礼润（锦堂，钱塘）、周庠（向泉，东阳）、楼观（晓沧，诸暨）、王家治（仁和）、朱景元、夏树立（亭玉，钱塘）、许莹珍 1 篇。

　　张大昌、章廷桢，见《诂经精舍三集》。

　　王廷鼎、许传霈、黄家岱、崔适，见《诂经精舍四集》。

　　汤震、周庠、楼观、王家治、夏树立，见《诂经精舍五集》。

　　蔡启盛，字曈客，诸暨人。光绪十一年（1885）优贡。朝考用知县，分发直隶。寻改湖南，初充湘抚俞廉三（1841—1912）文案，后官安化茶捐局总办。三十二年（1906）官华容知县。卒于官，年六十三。主修《重修天津府志》，著有《皇清经解检目》八卷、《经窥》十六卷、《经窥续》八卷、《春在堂全书校勘记》一卷，辑有《策学备纂》三十二卷。[1]

---

　　[1] 光绪《重修天津府志》卷首《职名》，第 10 页；《中国近现代人物名号大辞典（全编增订本）》，第 324 页。

叶玺，字志锴，金华人。光绪六年（1880）岁贡。①

宋文蔚（1854—1936），字澄之、彬儒，江苏溧阳人，颐（1815—1898）子。光绪十四年（1888）顺天乡试中式副榜第11名。官荆溪训导。二十年（1894）本省乡试中式第36名举人。官溧水训导。先后为魏午庄（1837—1916）幕宾、苏州沧浪亭高等学堂文科教师、扬州盐运司幕宾、南京调查局文案、上海明智大学历史教授、正风文学院历史教授。曾为商务印书馆编辑《作文示范》、《文法津梁评注》等教科书。著有《湖楼笔谈说文经字疏证》、《说研室诗存》。②

王修植（1860—1903），谱名宗根，字菀生，自号俨盦居士，定海人。光绪十一年（1885）优贡第1名，乡试中式第32名举人。十六年（1890）会试中式第74名，覆试一等第54名，殿试二甲第34名，朝考一等第10名，选庶吉士。授编修，改直隶道员。创办水师学堂、北洋西学官书局。任北洋大学堂总办，创办《国闻报》。回乡协办定海厅立中学堂、申义蒙学堂。著有《行军工程测绘》。③

章桂馨（1861—1949），改名梫，字一山，宁海人。光绪二十三年（1897）拔贡。二十八年（1902）乡试中式第99名举人。三十年（1904）会试中式第186名，殿试三甲第52名，朝考一等第20名，选庶吉士，散馆授检讨。历官国史馆、实录馆纂修，功臣馆总纂，京师译学馆提调、监督，大学堂经科、文科提调，邮传部、交通部传习所监督，北京女子师范学校校长。著有《经师家法考》七卷、《庆氏礼遗说考》四卷、《康熙政要》二十卷、《光绪新政记》十卷、《旅纶金鉴》六卷、《一山文存》十二卷、《诗存》二卷。④

陈锦文（1860—？），谱名文贵，字俟庐，号丹宣，诸暨人。肄业敷文书院、诂经精舍。光绪二十八年（1902）乡试中式第139名举人。著有《俟庐呓言》、《俟庐诗文稿》。⑤ 按本集目录中注曰"复初，钱塘"，未知是否有误，抑或为另一人。

楼藜然（1855—？）⑥，字兆福，号祥荪、蕴盦，诸暨人。光绪五年（1879）乡试中式第18名举人。历官汉州知州、四川军政府枢密院副院长。著有《蕴盦东游日记》（收入《历代日记丛钞》）、《峨眉纪游》一卷。⑦

杨誉龙（1855—？），字云程，钱塘人。光绪间优贡。章炳麟（1869—1936）在诂经精舍时，与其私交最深。宣统元年（1909）劝捐兴办笕桥初等小学堂。民国二十年

① 光绪《金华县志》卷6《人物·学校》，第32叶。

② 《清代硃卷集成》第192册，第147页；宋伯彦：《澄之公小传》，互联网"溧阳论坛"；宋一洲：《俞樾与宋氏一家的交游》，《第七届西湖文化研讨会论文集》，2007年10月印行。

③ 《清代硃卷集成》第69册，第295页；《文化记忆》，第31页。

④ 《清代硃卷集成》第91册，第211页；章乃羹：《清翰林院检讨学部左丞宁海章先生行状》，《辛亥人物碑传集》，第636页。

⑤ 《清代硃卷集成》第298册，第349页；《清人别集总目》，第1321页。

⑥ 生于咸丰四年十一月十七日，公历已入1855年。

⑦ 《清代硃卷集成》第268册，第79页；《皇朝续文献通考》卷267，第246页；《廖季平年谱》，第71页。

（1931）尚在世。① 参编《实用大字典》（中华书局 1918 年），著有《文字通诠》（中华书局 1923 年）。

徐承宣（1860—?），字启丰，号心耕、星庚，上虞人。肆业诂经精舍、敷文、崇文、紫阳书院。光绪十四年（1888）乡试中式第 56 名举人，覆试一等第 48 名。十五年（1889）考取觉罗官学汉教习第 7 名。十五年（1889）、十六年（1890）、二十年（1894）会试荐卷。二十一年（1895）会试中式第 39 名，似未与殿试。分纂《上虞县志》。②

陈尚彬，字焕甫，一作焕南，黄岩人。光绪十七年（1891）举人。③

孙礼润，字锦堂，钱塘人。光绪间拔贡，二十年（1894）举人。④

朱景元（1851—?），字祥麐，号少吾，钱塘人。光绪十五年（1889）乡试中式第 64 名举人。官工部郎中。⑤

许莹珍，字良伯，会稽人。光绪间恩贡，候选教谕。著有《天赏楼吟稿》二卷。⑥

待考者：许庆骐、方赞尧、丁从乙、蔡维芳、谢瑶、蔡绍孜、周绍虞、蔡祖彝、王仁溥。

7. 诂经精舍七集

【版本序跋】

题"诂经精舍弟七集"，"光绪廿一年（1895）夏日俞樾署"，"院长俞樾编次，监院吴受福、孙树礼校刊"。

俞樾，见《诂经精舍三集》。

孙树礼，见《诂经精舍四集》。

吴受福（1844—1919），字介兹，号珊仙，一作珊轩，嘉兴人，昌寿（1810—1867）子。光绪五年（1879）举人。曾任诂经精舍、学海堂监院，后主讲振秀、双山书院。辛亥后易道士冠，旋悲殇子，郁郁而终。著有《小种字林集字偶语四种》、《百衲编》、《运甓编》、《贞孝先生遗墨》。《晚晴簃诗汇》录其诗 3 首。⑦

廖寿丰序云：

> 诂经精舍以经解古学课士，兹刻为德清俞荫甫先生所选第七集，盖先生之主讲斯席者几三十年矣。集中经解诸作类能穿穴经义，爬罗剔抉，曲畅旁通；诗赋亦藻采彬蔚，斐然可观。诸生肄业之勤，与先生教思之广，盖相得而益彰也。

① 民国《杭州府志》卷 114《选举八》，第 2226 页；卷 17《学校四》，第 498 页；《太炎先生自定年谱》，第 333 页；只园（费有容）《曲园稿本石藏记》，《国闻周报》第 8 卷第 3 期（1931 年），第 4 页。

② 《清代硃卷集成》第 277 册，第 1 页；第 83 册，第 43 页；光绪《上虞县志》卷首《纂修职名》，第 25 页。

③ 尤伯翔：《解放前黄岩教育发展简史》，《黄岩文史资料》第 9 辑，第 5 页。

④ 民国《杭州府志》卷 114《选举八》，第 2226 页；卷 113《选举七》，第 2201 页。

⑤ 《清代硃卷集成》第 280 册，第 49 页；民国《杭州府志》卷 113《选举七》，第 2200 页。

⑥ 《富春江名胜诗集》，第 533 页。

⑦ 《南湖揽秀园碑刻》，第 374 页；《晚晴簃诗汇》卷 172，第 7489 页。

精舍创于仪征阮文达公，其时承乾嘉极盛之后，又有见于承学之士尚沿前明以来空疏陋习，专以时文帖括为务，不复进求古训，特辟精舍，俾诸生枕葄其中。数十年来，通材辈出，诚足以文弇陋、挽积习矣。

顾学所以御世变也。文达当日以经义故训提倡后学，士风为之一振。然其失也，以新奇饾饤为事，以抄撮剿袭为工，泥古而不能通今，即其所为古者，亦陈言而无心得。由是言之，古学之弊，一前明之帖括也。夫道有穷而必通，势积重而思返。秦代燔书之后，一变而为汉室崇儒；五季扰攘之余，一变而为宋儒讲学；明季空疏之失，一变而为乾嘉考据。自兹以往，安知不有明体达用，务求实济，足以经世务而挽颓风者！其端倡于一二人，而其效乃著于百年、数十年之后。学人苟毅然奋起，则纵观往辙，必能克自树立，以期为有用之材，是又当为精舍诸生进一解也。

光绪二十一年（1895）六月，抚浙使者嘉定廖寿丰序。

廖寿丰（1836—1901），字谷似、闇斋，晚号止斋，嘉定人。咸丰八年（1858）举人。考取咸安宫学教习、国子监学正学录，报捐内阁中书。同治十年（1871）进士，选庶吉士，散馆授编修。历官国史馆协修、纂修、总纂、提调，浙江督粮道，贵州、浙江按察使，河南布政使，浙江巡抚。①

俞樾序云：

自光绪乙酉（1885）刻《诂经精舍第六集》，至于今十载矣。精舍课艺因循未刻，岁月浸久，散失遂多，及今不刻，将有沦玉沉珠之叹。会大中丞廖公新下车，勤求庶政，诂经监院孙和叔、吴瑈轩乃以刻课艺请，而仍以选政见属焉。惟此十年以来，监院更易，已非一人，课卷丛残，仅存大半，余即其中选得经解诗赋各如干篇，付两监院校而刊之。剞劂既竟，监院请序。

余自戊辰（1868）之岁忝主斯席，迄今二十八年。区区之愚与精舍诸生所惢惎者，务在不囿时趋，力追古始，已于五集序中详言之矣，兹又何言哉？然念自阮文达公刻诂经文集后至今，刻至七集，文达原版久已无存。而同治以来续刻各集之版，亦毁于丙戌年（1886）湖楼之火。余方拟俟军务粗定，言于当路诸公，将从前诸集精选其十之五六，汇刻一编，以存其崖略。然则此集虽居第七，而亦或藉此为先路之导也。时事艰难，余年又衰老，未识能副此愿否？时广东学使徐花农太史报满将归，以白金二千咨送中丞，裨益精舍膏火。太史旧尝肄业于是者也。近来精舍人材辈出，异日踵花农而起者，必大有人。吾知精舍之规模日扩矣，刻此集成，又深为诸君望也。

光绪二十年（1894）季冬，曲园俞樾序。

【课艺内容】

十二卷：卷一至卷八经解116题176篇，题如《体信足以长人解》、《马融以大戊为太甲子说》、《〈七月〉一篇或称月或称日说》、《六兽六禽考》、《共工氏霸九州解》、《释偦》；卷九、卷十赋16题16篇，题如《唐诗分初盛中晚赋》、《诸葛亮自比管乐赋》、《大

① 《清代官员履历档案全编》第5册，第550页；《清代人物传稿》下编第3卷，第39页。

患在有身赋》、《鲕鱼多刺赋》；卷十一，王舟瑶《许郑两先师祠从祀议》；卷十二杂文、古近体诗 13 题 14 篇，题如《历代文字变革考》、《重刊〈六十一家词〉书后》、《拟杨巨源〈万寿无疆词〉十首》、《满城风雨近重阳五首》。

【作者考略】

收录课艺较多者：冯一梅 19 篇，杨誉龙、章炳麟 18 篇，章棁 11 篇，邹寿祺、蔡启盛 8 篇，蒋敬时、尤莹、崔适、施崇恩、王正春 7 篇，费有容、王钧 5 篇，王廷鼎、方芸荪、傅振海 4 篇，韩昌寿、陈继虞、毛宗澄、曹树培、钱保寿 3 篇。

其他作者一二篇不等：高学经、沈祖炜、王师浑、施则顺、王慎俭、朱学珊、蓝开勋、毛恒、韩拜瓶、徐就汤、蔡绍孜、陆敞、茹稷之、钱振镐、来裕恂、罗衍鋆、徐锡类、张景江、项咏、李元焘、裘绍尧、戎念功、寿锡恭、陆之祺、宋文蔚、周梦熊、沈廷杰、唐镛、陈徵谟、计德谨、王毓俊、章琢其、许省诗、刘鹏飞、傅振湘、胡希铨、俞省三、金奎、蒋玉衡、王舟瑶、王有宗、何敬钊、周恩纶、洪昌烈。

冯一梅、崔适、王廷鼎，见《诂经精舍四集》。

杨誉龙、章棁（章桂馨）、蔡启盛、宋文蔚，见《诂经精舍六集》。

章炳麟（1869—1936）①，原名学乘，字枚叔；改名炳麟，又改名绛，号太炎，余杭人，濬（1825—1890）子。16 岁应童子试，以病未竟，遂弃举子业。历任《时务报》、《经世报》、《实学报》、《亚东时报》、《民报》、《大共和日报》撰述或主笔、总编，光复会会长、中华民国联合会会长、总统府顾问、护法军政府秘书长。先后执教于东吴大学、爱国学社，晚年在苏州创办章氏国学讲习所。著述甚丰，合刊为《章太炎全集》。②

邹寿祺（1864—1940），原名维祺，又名安，字介眉，号景叔，海宁人。肄业安澜书院、诂经精舍、崇文书院、宁波辨志文会、上海求志书院。光绪十七年（1891）优贡第 5 名，乡试中式第 8 名举人。大挑一等，以河工知县用。二十四年（1898）会试中式。二十六年（1900）官衢县知县。二十九年（1903）补殿试，成进士。宣统二年（1910）补授江苏丹阳知县。后历任苏州高等学堂监督、预备立宪公会会员、仓圣明智大学教授。曾引荐王国维（1877—1927）进入哈同花园。编有《古石抱守录》三卷（收入《石刻史料新编》第 3 辑）、《广仓研录》、《周金文存》、《艺术类征》。③

蒋敬时（1854—1926），原名载英，字乃羲、耐溪，号叔度、新关，富阳人。肄业崇文、紫阳、敷文书院、诂经精舍。光绪十九年（1893）乡试中式第 23 名举人。官永嘉、分水训导。分纂《富阳县志》。著有《春江文献录》八卷、《富阳艺文志》一卷、《新关氏经说》十卷、《论语朱子训诂释例》二卷、《留青山馆文钞》八卷、《诗钞》四卷、《诗余》一卷、《耐庐烬余庵诗文集》。④

---

① 生于同治七年十一月三十日，公历已入 1869 年。

② 《章太炎年谱长编》；《章太炎评传》。

③ 《清代硃卷集成》第 282 册，第 239 页；楼翠如：《衢县历代县令表》，《衢县文史资料》第 1 辑，第 169 页；《政治官报》第 35 册，第 236 页；《杭州文史资料》第 25 辑《杭垣旧事》，第 39 页；《王国维传》，第 195 页；《中国近现代书法家辞典》，第 326 页。

④ 《清代硃卷集成》第 285 册，第 213 页；光绪《富阳县志》卷首《纂修姓氏》，第 1 叶；蒋金乐：《富春蒋氏》，《富阳文史资料》第 7 辑《话说富春姓氏》，第 193 页。

尤莹（1859—1896）①，字尧顺、麓孙、逮孙，临海人。光绪七年（1881）应科试入县学，十三年（1887）补增广生，其明年肄业诂经精舍。多病，入不敷出，每病中作文应课以自给，精力由是耗损。尤精许氏之学。著有《说文重文考》、《式古堂目录》（《续皇清经解目录》）、《春在堂全书目录》。②

施崇恩，字锡轩，钱塘人。光绪二十八年（1902）举人。二十九年（1903）在杭州创办彪蒙书室，后移至上海，民国六年（1917）盘给广益书局。出版白话文教科书多种。③王有宗（字莼甫）亦参与其事，如《绘图四书速成新体读本》（1905）、《图画四书白话解》（1914）即署二人之名。

王正春（1861—1894），字研香，宁海人。少时致力词章之学，遍读汉魏六朝文，至唐而止，独不喜萧《选》。肄业崇文书院、诂经精舍。与章梫（1861—1949）交厚。光绪二十年（1894）应乡试未毕，感疾卒。④

费有容（1874—1931），字恕皆，号只园、蛰园，乌程人。早岁肄业各书院，岁约得膏火费四百元有奇。光绪二十八年（1902）举人，官国史馆誊录。曾任杭州《危言报》（1909 年创刊，1911 年改为《昌言报》）主编，后流寓沪上，任仓圣明智大学教务长，主编《广仓学会杂志》。著有小说《邹谈一噱》、《表忠观》、《艮岳峰》、《清代十三朝演义》。编有《尺牍成语辞典》（大东书局 1925 年）、《新函牍分类大全》（大连图书供应社 1935 年），评注《读史随笔》（独醒主人著，观文社 1922 年），校订《饮冰室文集全编》（新民书局 1930 年）。⑤

方芸荪。曾供职于浙江公立图书馆。⑥

傅振海（1855—1926）⑦，字炳涵、秉中，号晓渊，诸暨人。肄业诂经精舍，兼考敷文、崇文、紫阳书院。光绪二十三年（1897）拔贡第 1 名。历官江苏直隶州州判，海运监厫，太仓州、太平厅同知。南北兵起，遂归。民国十年（1921）就吴中修志之聘。著有《守梅山房诗稿》四卷、《梅岭课子图》七卷、《娄东小志》七卷。⑧

毛宗澄（1871—1942），字镜泉，黄岩人。拔贡。光绪三十三年（1907）官江西南康知县，又曾官临川、彭泽知县。辛亥后归隐。五十岁后潜心佛学，改名宗智，号樗遁居士。分纂《续修台州府志》。著有《金刚经略解》二卷、《般若波罗蜜多心经略解》一

①　生于咸丰八年十一月二十九日，公历已入 1859 年。

②　俞樾：《尤麓孙传》，《春在堂杂文六编》卷 2，第 146 页；章梫：《临海尤君行略》，《一山文存》卷 6，第 11 叶；章炳麟：《与尤莹问答记》，《章太炎全集》第 4 册，第 44 页。

③　民国《杭州府志》卷 113《选举七》，第 2201 页；《语文教育辞典》，第 633 页。

④　俞樾：《王研香传》，《春在堂杂文六编》卷 2，第 135 页。

⑤　费有容：《杭酒襟痕录》，《金刚钻月刊》1934 年第 12 期；吴莲洲：《挽费只园谜家》，《文虎》1931 年第 15 期；《爱俪园梦影录》，第 52、64 页；《辛亥革命时期期刊介绍》第五集，第 631、634 页；《王国维与近代东西方学人》，第 331 页。

⑥　谈金铠：《我国最早的图书馆专业期刊——〈浙江公立图书馆年报〉》，《图书馆论坛》1992 年第 5 期，第 77 页。

⑦　生年据《清代人物生卒年表》，第 775 页。

⑧　《清代硃卷集成》第 401 册，第 105 页；唐文治：《傅君晓渊家传》，《茹经堂文集三编》卷 7，第 8 叶；《浣水流韵：诸暨历代诗词作品选》，第 77 页。

卷、《阿弥陀经略解》二卷。①

曹树培（1872—?），字慕蘧，号小槎，钱塘人。肆业诂经精舍、敷文、紫阳、东城书院。光绪二十年（1894）乡试中式第 70 名举人。曾以西洋石印法刊刻《春在堂全书》。任诂经精舍监院。②

钱保寿（1872—?），字吟莲，慈溪人。光绪十七年（1891）举人。历官浙江武义教谕、安徽青阳知县。③《清稗类钞》："制艺中之讲《公羊》者，自光绪戊子（1888）江南乡试始。""癸巳（按：当为辛卯 1891），费（念慈）充浙江副考，所取之士，如钱保寿、邹寿祺，皆治《公羊》学者。榜后，谣诼大兴，议者至疑为关节。实则其时数科内博取科名者，有两大秘诀：纯正者摹仿管韫山文稿，新奇者治《公羊》家言，尤以何氏《公羊释例》一书为最善本，盖体例详明，而文采亦不枯寂也。"④

沈祖炜（1853—?），字省三，号鞠香，萧山人，祖荣（字诵清、颂清）、祖燕（1860—?）兄弟。肆业紫阳书院。光绪二年（1876）乡试中式第 7 名副贡。⑤

王师浑。曾任萧山义桥乡乡立苔岑初等高等小学校长。⑥

朱学珊，字仲英，海宁人。与修《海宁州志稿》。著有《尔雅诤郭》一卷。⑦

蓝开勋（1857—?），字翊夫，号阮青，定海人。光绪十四年（1888）乡试中式第 31 名举人。三十四年（1908）任定海县教育会副会长。民国元年（1912）任县议会议长。⑧

韩拜旐（1859—?），原名垲堂，字殿赓、爽亭，萧山人。光绪十一年（1885）优贡，十五年（1889）举人。十九年（1893）官建德训导，又曾为长兴教谕，平湖训导、教谕，萧山义桥乡私立蒙养初等小学校长。⑨

钱振镐（1844—?）⑩，字周畿、念京，号韫梅、砚卿，上虞人。光绪八年（1882）乡试中式第 8 名副榜。十六年（1890）官遂昌教谕。与修《遂昌县志》。⑪

来裕惇，字成甫，萧山人，裕恂（1873—1962）兄。光绪二十六年（1900）恩贡。官江西直隶州州判。裕恂有《偕大兄成甫住敬修堂楼上》诗，记兄弟二人肆业崇文书院

① 《南康县志》卷 6《政权》，第 139 页；《政治官报》第 16 册，第 177 页；民国《续修台州府志》卷首《纂修姓氏》，第 1 叶；严振非：《谛闲法师论〈金刚经〉》，《佛教文化》1993 年第 4 期。

② 《清代硃卷集成》第 288 册，第 287 页；俞樾：《湖楼山馆杂诗》注，《春在堂诗编》卷 15，第 529 页；《余前辞诂经讲席》诗注，卷 17，第 558 页。

③ 《清代官员履历档案全编》第 28 册，第 261 页；光绪《慈溪县志》卷 21《选举下》，第 463 页。

④ 《清稗类钞·考试类·乡会试卷重公羊》，第 633 页。

⑤ 《清代硃卷集成》第 364 册，第 113 页。

⑥ 民国《萧山县志稿》卷 10 下《学校门·学堂》，第 810 页。

⑦ 民国《海宁州志稿》卷首题名，第 2 叶；《中国雅学史》，第 352 页。

⑧ 《清代硃卷集成》第 276 册，第 135 页；民国《定海县志》册三丁《教育志》，第 7 叶；《舟山市志》第 27 篇《政权》，第 651 页。

⑨ 《中国近现代人物名号大辞典（续编）》，第 306 页；民国《萧山县志稿》卷 10 下《学校门·学堂》，第 810 页；卷 13《选举表》，第 1183 页；民国《建德县志》卷 9《职官志》，第 220 页。

⑩ 生于道光二十三年十二月十三日，公历已入 1844 年。

⑪ 《清代硃卷集成》第 364 册，第 299 页；光绪《遂昌县志》卷 6《职官》，第 590 页；卷首题名，第 58 页。

之事。①

项咏,黄岩人。岁贡。协纂《续修台州府志》。②

戎念功（1864—?），谱名联元,字濂源,号燧生,山阴人。肄业诂经精舍、崇文书院。光绪十七年（1891）乡试额满遗卷,十九年（1893）乡试中式第37名举人。③

寿锡恭（1864—?），字梅契,诸暨人。廪贡生。光绪三十三年（1907）任杭州府中学堂经学兼国文教员。④

沈廷杰（1865—1921），字翔郅,别署云石山樵,萧山人。民国初官都督府秘书、镇海知事。著有《云石山房诗草》。⑤

王毓俊（1863—?），谱名以恢,字金奎,号幽韵、悠韵,诸暨人。光绪二十年（1894）乡试中式第12名副榜。⑥

章琢其（1871—?），字镜尘,山阴人。曾入俞廉三（1841—1912）幕。著有《昌言庐尺牍》。⑦

许省诗,字冠英,海宁人,诵禾（1841—1923）子。附贡生。官安东知县。宣统三年（1911）官新阳知县。民国元年（1912）官宜兴知事。后为河北、江苏财政厅科长。⑧

傅振湘,谱名炳潇,字楚帆,号湘秋,诸暨人,振海（1855—1926）弟。邑庠生。精训诂,工词翰。卒年三十一。著有《存真诗钞》二卷。⑨

俞省三（1866/1867—?），字勿斋、月樵、疢人,号觉甫,萧山人。肄业诂经精舍、敷文、崇文、紫阳书院。光绪十五年（1889）乡试中式第50名举人,覆试一等第80名。二十年（1894）会试中式第4名,覆试二等第77名,殿试二甲第50名,朝考二等第119名,授内阁中书。历官江西宜黄、余干、玉山、南昌知县。著有《群经说铿》十卷、《论语朱注疏证》四卷、《菲史录》二卷、《胥母山房杂文》十卷、《勿斋唫稿》四卷。⑩

王舟瑶（1858—1925），字星垣、玫伯,号默庵,黄岩人。肄业清献书院、九峰精舍、诂经精舍。光绪十四年（1888）优贡,十五年（1889）举人。历主九峰、清献、东湖、文达书院,历任上海南洋公学、京师大学堂教习。赴粤襄办学务,监督两广师范学堂。礼部开礼学馆,聘为顾问。辛亥后归里,专事著述。著有《中国学术史》二卷、《默

① 民国《萧山县志稿》卷13《选举表》,第1191页;《匏园诗集》卷2,第21页。

② 民国《续修台州府志》卷首《纂修姓氏》,第2叶。

③ 《清代硃卷集成》第285册,第337页;

④ 《中国近代学制史料》第2辑上册,第552页。

⑤ 蒋麟振:《沈翔郅先生诗集序》,《浙江省通志馆馆刊》第2卷第1期（1946），第44页;《镇海县志》第5编《县政机构》,第204页;《清人别集总目》,第1034页;《浙江古今人物大辞典（续编）》,第297页。

⑥ 《清代硃卷集成》第366册,第167页。

⑦ 章镜尘:《为友人述徐先烈轶事书函文》,《绍兴文史资料选辑》第4辑《徐锡麟史料》,第116页。

⑧ 民国《海宁州志稿》卷27《选举表》,第11叶;民国《昆新两县续补合志》卷9《职官表》,第412页;《宜兴县志》卷18《政务》上,第538页;《影响中国的海宁人·许姬传》,第256页。

⑨ 《清代硃卷集成》第401册,第113页;《两浙辕轩续录》卷49,第103页。

⑩ 《清代硃卷集成》第279册,第339页;第79册,第61页;民国《萧山县志稿》卷13《选举表》,第1189页。

盦日记钞》十卷、《默盦文集》十卷、《默盦续集》三卷、《默盦诗集》六卷，辑有《台州文征》一百八十卷、《台诗四录》二十九卷、《台诗外录》三十八卷。①

王有宗，字莼甫，杭州人。诸生。著有《今字解剖》，章炳麟（1869—1936）、邹寿祺（1864—1940）序之。②

何敬钊（1854—？），字勉亭，号幼莲，钱塘人。光绪十一年（1885）乡试中式第24名举人。十六年（1890）会试中式第196名，殿试三甲第11名，朝考三等第106名，即用知县，签分江西。官德化、高安知县。三十年（1904）官东乡知县。民国二年（1913）官弋阳知事。③

周恩纶。仁和周恩纶（1871—？），字经耡，曾任两江师范学堂体操教员。④　疑即此人。

待考者：王钧、韩昌寿、陈继虞、高学经、施则顺、王慎俭、毛恒、徐就汤、蔡绍孜、陆敞、茹稷之、罗衍銴、徐锡类、张景江、李元焘、裘绍尧、陆之祺、周梦熊、唐镛、陈徵谟、计德谨、刘鹏飞、胡希铨、金奎、蒋玉衡、洪昌烈。

8. 诂经精舍八集

【版本序跋】

题"光绪二十三年（1897）秋八月，曲园居士书"，"院长俞樾编次，监院许祥身、周元瑞校刊"。

俞樾，见《诂经精舍三集》。

周元瑞，见《诂经精舍四集》。

许祥身，见《诂经精舍五集》。

俞樾序云：

> 吾浙书院课艺，率三年一刻，前刻《诂经第七集》以癸巳年（1893）为止。自甲（1894）至丙（1896）又历三年，监院乃请于中丞廖公，于是有《八集》之刻，而余又职其选事。选既定，监院请序。
>
> 嗟乎！此三年中，时局一变，风会大开，人人争言西学矣。而余与精舍诸君子，犹矻矻焉抱遗经而究终始，此叔孙通所谓鄙儒不通时变者也。虽然，当今之世，虽孟子复生，无他说焉。为当世计，不过曰盍亦反其本矣；为吾党计，不过曰守先王之道，以待后之学者。战国时有孟子，又有荀子。孟子法先王，而荀子法后王。无荀子不能开三代以后之风气，无孟子而先王之道几乎息矣。今将为荀氏之徒欤？西学具在，请就而学焉。将为孟氏之徒欤？则此区区者，虽不足以言道，要自三代上之礼乐

---

① 《默盦居士自定年谱》，第397页；章楶：《诰授资政大夫广东候补道王君墓志铭》，《碑传集补》卷53，第389页。

② 《今字解剖》卷首。

③ 《清代砆卷集成》第272册，第325页；第71册，第409页；民国《杭州府志》卷111《选举五》，第2164页；《牧潜集》何敬钊跋，第40页；《弋阳县志·政权政协志》，第205页；《东乡历代县官录》，《东乡县文史资料》第2辑，第133页。

④ 《中国近代教育史资料汇编·实业教育、师范教育》，第723页。

文章，七十子后汉唐学者之绪言，而我朝二百四十年来，诸老先生所孜孜焉讲求者也。精舍向奉许、郑先师栗主，家法所在，其敢违诸风雨鸡鸣？愿与诸君子共勉也。

　　光绪丁酉（1897）八月，曲园俞樾。

【课艺内容】

　　十二卷：卷一《周易》、《尚书》6 题 15 篇，题如《圣人有以见天下之赜解》、《"夔曰"以下十二字两篇重见说》；卷二《尚书》5 题 16 篇，题如《西旅献獒解》；卷三《毛诗》7 题 17 篇，题如《〈六月〉〈出车〉为襄王时诗说》；卷四、五、六《礼》18 题 40 篇，题如《士之弓合三而成规解》、《舜歌南风解》；卷七、八《春秋》13 题 31 篇，题如《古者上卿下卿上士下士解》、《延州来季子解》；卷九《论语》、《孝经》、《孟子》、《尔雅》、小学 10 题 14 篇，题如《"吾未尝无诲焉"鲁读"诲"为"悔"说》、《接淅解》；卷十、十一赋 14 题 14 篇，题如《伊尹鸣殷周公鸣周赋》、《大登高小登高赋》；卷十二杂文、诗 9 题 12 篇，题如《中西学术源流考》、《登葛岭放歌》、《蜂蝶问答》。

【作者考略】

　　章炳麟 21 篇，杨誉龙 10 篇，章炳业 8 篇，冯学书、王有宗、张茂炯 7 篇，屠镐、来杰、冯一梅、寿锡恭、尤莹 6 篇，邹寿祺 5 篇，曹树培、秦钟瑞 4 篇，项陶、朱学珊、费有容 3 篇，陆之祺、崔适、汤聘伊、宓与龄、袁宝善、任寿祺、冯惟龑、赵秉良、章梫 2 篇，储乃墉、瞿庆元、项藻馨、徐恭寿、袁泰、王正春、罗衍鋆、孙兆麟、赵文衡、王宝谦、项咏、李凤仪、朱軿、范光昌、褚成勋、王师浑、陶榴吉、金守梅、王赤、董德裕、戴克敦、俞专、张荣绶、徐瑞骐、傅振海、曾士瀛、吴道升、何春旭、潘光组 1 篇。

　　冯一梅、崔适，见《诂经精舍四集》。

　　杨誉龙、章梫（章桂馨），见《诂经精舍六集》。

　　章炳麟、王有宗、寿锡恭、尤莹、邹寿祺、曹树培、朱学珊、费有容、王正春、项咏、王师浑、傅振海，见《诂经精舍七集》。

　　章炳业（1865—1930）①，改名箴，字钟铭，余杭人，炳麟（1869—1936）二兄。光绪二十八年（1902）举人。历任杭州安定中学、宗文中学国文教员，浙江印铸局编纂、浙江图书馆监理、编辑、代理馆长、馆长，浙江省会图书馆协会会长，中华图书馆协会执行部干事。编有《浙江公立图书馆保存类图书目录》、《浙江图书馆通常图书目录》及《乙卯补抄文澜阁四库全书目录》。②

　　冯学书，字仲贤，绍兴人。廪生。从锡良（1853—1917）于热河，已而随至四川、云南、奉天，皆佐幕府，以功擢至道员，总理机要。民国间陈宧（1869—1939）援之入国务院，改政事堂机要局副局长。随宧入蜀，官政务厅长。返浙，官政务厅长。善治文书。③

---

　　① 生卒年据《历代名人生卒年表　历代名人生卒年表补》，第 586 页。

　　② 民国《杭州府志》卷 113《选举七》，第 2201 页；《余杭历史文化研究丛书·文化名人》，第 137 页。

　　③ 《当代名人小传》卷上《官僚》，第 107 页。

张茂炯（1875—1936），字珊珊、仲清，号忏盦、君鉴，江苏吴县人。肄业苏州紫阳、正谊书院、学古堂、上海求志书院、杭州诂经精舍、宁波辨志精舍、江阴南菁书院。光绪十九年（1893）乡试房荐，二十年（1894）堂备。二十三年（1897）中式第24名举人，覆试一等第3名。三十年（1904）会试中式第57名，覆试二等第59名，殿试二甲第6名，朝考二等第73名，授户部主事。历官度支部主事、盐政院总务厅长。主纂《清盐法志》。著有《艮斋词》一卷、《艮斋词续集》一卷、《艮斋词外集》一卷、《万国演义》六十回。《词综补遗》录其词5首。《全清词钞》录其词6首。①

来杰（1863—?），谱名兆恒，字菊如、久栽，萧山人。肄业敷文、崇文、紫阳书院、诂经精舍、东城讲舍。光绪二十三年（1897）拔贡第1名，二十四年（1898）朝元。官法部四川司七品小京官、主事。②

秦钟瑞，字瑾生，杭州人。创办《笑林报》（1895—1896），后为《杭报》（1897—1898）主笔。③

汤聘伊，字籀匋，号勉斋，仁和人。西泠印社早期赞助社友之一。④

袁宝善，钱塘人。光绪二十九年（1903）举人。⑤

任寿祺（1865—?），字少勤，号恭甫，海盐人。光绪十五年（1889）乡试中式第14名副榜。工书法，精刻竹，兼治印。⑥

赵秉良。有赵秉良者，编著教科书多种，如《中华中学算术教科书》、《中华高等小学算术教授书》（中华书局1912年）、《新制中华算术教授书》（中华书局1913年），译有《算术条目教授法》（南洋官书局1908年）、《中学算术新教科书》（商务印书馆1915年）。未知是否即此人。

项藻馨（1873—1957），字兰生、子苾，号椒连，晚号荼庵，钱塘人，陈通声（1846—1920）婿。16～25岁应杭州、上海各书院试。历任《格致新报》编辑、求是书院助教、安定中学监督、浙江高等学堂副办、浙路公司工务科长、浙江兴业银行秘书、汉口分行经理、大清银行总行秘书、中国银行秘书、上海中国银行行长、北京中国银行副总裁、浙江兴业银行书记长兼常务董事、上海文史馆馆员。曾创办《杭州白话报》、安定学堂。⑦

孙兆麟，钱塘人。光绪二十八年（1902）举人。官教谕。⑧

---

① 《清代朱卷集成》第197册，第375页；第90册，第167页；《中国盐业史辞典》，第497页；《近代词人考录》，第188页；《中国近代小说编年》，第99页；《词综补遗》卷44，第1634页；《全清词钞》卷39，第2018页。

② 《清代朱卷集成》第401册，第79页；第378册，第258页。

③ 《中国近代报刊名录》，第286、208页。

④ 《歙县金石志》叶为铭自序，第11773页；阮性山、韩登安：《杭州的西泠印社》，《文史资料选辑》第15辑，第129页。

⑤ 民国《杭州府志》卷113《选举七》，第2202页。

⑥ 《清代朱卷集成》第365册，第281页；《浙江古今人物大辞典》上编，第97页。

⑦ 宣刚整理：《项兰生自订年谱》，《上海档案史料研究》第9辑，第173页；第10辑，第288页；第11辑，第263页。

⑧ 民国《重修浙江通志稿》第110册《考选》，第26叶。

李凤仪（1854—？），字西山、友三，号韶九，钱塘人。父卒于庚辛之难，凤仪年尚幼，间关转徙，孤寡茕茕。乱定居杭，依母舅陆，遂改姓陆。光绪二年（1876）乡试中式副榜第 8 名，八年（1882）乡试中式第 26 名举人。后以陆氏已有嗣，呈请归宗。议准，旋归道山，未及见也。①

金守梅。《富春王洲金氏宗谱》三卷，编者金守梅。② 疑即此人。

戴克敦（1872—1925），字懋哉，杭州人。诸生。历任求是书院教习、商务印书馆编辑。民国元年（1912）与陆费逵（1886—1941）共同创办中华书局，历任书局董事、事务所所长、编辑长。③

徐瑞骐（1874—？），原名琪，字慎渊、砺岩，号万石，嘉善人。肄业敷文书院、诂经精舍、东城讲舍。光绪二十三年（1897）拔贡第 1 名。指分江苏，试用直隶州州判。二十八年（1902）乡试中式第 41 名举人。④

曾士瀛（1866—1931），字菉洲、六舟，号又僧、僧君，临海人。光绪十九年（1893）副贡。历任椒江中学国文教员、《之江日报》主笔、之江大学教员。分纂《临海县志》。著有《某石轩文集》、《一家诗草》。⑤

何春旭，字颂花、公旦，号骈盦，仁和人。光绪二十六年（1900）序陈栩（1879—1940）《拱宸桥竹枝词》。又为陈栩《泪珠缘》小说撰弁言二篇。著有《骈盦诗文集》、《骈盦书画说》、《老子幽求》、《医学致精》、《列代诗论》、散曲《花胎曲》。《词综补遗》录其词 1 首。《全清散曲》录其套数 3 首。⑥

潘光组，余杭人。光绪二十九年（1903）举人。⑦

待考者：屠镐、项陶、陆之祺、宓与龄、冯惟羹、储乃埔、瞿庆元、徐恭寿、袁泰、罗衍鋈、赵文衡、王宝谦、朱軿、范光昌、褚成勋、陶榴吉、王赤、董德裕、俞专、张荣绥、吴道升。

9. 紫阳书院课余选

【书院简介】

杭州紫阳书院，建于清康熙四十二年（1703），初名紫阳别墅。咸丰末毁于兵火，同治间重修，定名紫阳书院。光绪二十八年（1902）改为仁和县学堂，三十一年（1905）与钱塘县学堂（由崇文书院改办）合并，称仁钱县学堂。三十二年（1906）分为两校，分别称仁和县高等小学堂、钱塘县高等小学堂。⑧

---

① 《清代硃卷集成》第 270 册，第 271 页；《两浙輶轩续录》补遗卷 6，第 407 页。

② 《浙江家谱总目提要》，第 359 页。

③ 《解放前中华书局创办人和负责人小传》，《回忆中华书局（上编）》，第 235 页。

④ 《清代硃卷集成》第 400 册，第 223 页；第 295 册，第 293 页。

⑤ 民国《临海县志》卷首《纂修衔名》，第 3 叶；《清人别集总目》，第 2271 页；杨世学：《曾士瀛故居》，临海新闻网 2011 年 1 月 13 日。

⑥ 《拱宸桥竹枝词》卷首，第 590 页；《泪珠缘》卷首，第 1、5 页；《词综补遗》卷 33，第 1243 页；《全清散曲（增补版）》，第 2071 页。

⑦ 民国《杭州府志》卷 113《选举七》，第 2202 页。

⑧ 孙孟晋：《浙江紫阳书院简述》，《杭州文史丛编》6《教育医卫社会卷》，第 1 页。

【版本序跋】

题"道光甲申年（1824）刊"，"潜园藏板"；"抚浙使者帅、都转运使富鉴定，紫阳掌教屠阅选，监院训导叶道春、章黼校刊"。各卷卷首皆标"癸未"，是为道光三年（1823）年之课艺。

掌教屠，即屠倬（1781—1828），字孟昭，号琴隖，晚号潜园，钱塘人。嘉庆十三年（1808）进士，选庶吉士。散馆授江苏仪征知县。擢江西袁州知府，未赴任。旋移九江府，皆以疾辞。著有《是程堂集》。《晚晴簃诗汇》录其诗 9 首。①

叶道春，字晓湖，钱塘人。岁贡。官嘉兴教谕。②

章黼（1780—1858）③，字次白，仁和人。嘉庆十五年（1810）优贡，官松阳教谕。辑有《西溪梅竹山庄图题咏》（收入《丛书集成续编》），著有《梅竹山房诗钞》。④

杜堮序云：

> 屠潜园太守掌教紫阳书院，以词赋教其弟子，循习既久，裒其所业，分年为编，曰《课余选》，属予序之，将梓以问世。
>
> 予惟当代之词赋，必以馆阁为宗，而馆阁诸贤，类多此邦名宿，咸以宏通博雅之才，篝翼禁近，故馆阁体裁，与杭之词赋，若磁珀之于针芥。然十郡之词赋，又必秉杭人为绳尺，若响之应声，而景之赴表。潜园以名翰林为循吏，养疴杜门，宴息家衖，出其素业，以引掖后进。兹编所录，皆经口讲指画，文采炜然，其风行通国，无疑也。
>
> 予视学此邦四载矣，浙故才薮，而杭尤盛。茗发颖竖，扬蕤振奇，殆不胜取。而才过其理，华揜其实，盖时有焉。夫温故知新，实事求是，为学之本也。撰华批根，博而知要，则词章之本也。有本则为源，泉之不竭；无本则为雨，集为野马。是选也，潜园以为余，予固将以观其本矣。
>
> 时道光五年（1825）五月上澣，督学使者杜堮书于使院之定香亭。

杜堮（1764 — 1858），字次厓，号石樵，山东滨州人。乾隆五十四年（1789）拔贡，五十五年（1790）钦赐举人。嘉庆六年（1801）进士，改庶吉士。散馆授编修，历官顺天、浙江学政，兵部、礼部侍郎。引疾归。谥文端。著有《石画龛论述》（收入《四库未收书辑刊》）、《遂初草庐诗集》。《晚晴簃诗汇》录其诗 9 首。⑤

卷首又有屠倬题识：

> 书院旧例，一月两课，课以制艺一，试帖诗一。余为馆阁储才起见，月复课以词

---

① 《清史列传》卷 73《文苑传四》，第 18 页；《晚晴簃诗汇》卷 120，第 5139 页。

② 《两浙輶轩续录》卷 28，第 80 页。

③ 卒于咸丰七年二月，公历已入 1858 年。据《清代人物生卒年表》，第 727 页。

④ 《西溪雅士·诗人章次白》，第 186 页。

⑤ 《杜文端公自订年谱》；《遂初草庐诗集》朱凤标、崇恩序；《晚晴簃诗汇》卷 116，第 4941 页。

赋，择其尤佳者付之剞劂，尽癸未（1823）一年，得若干篇。潜园屠倬识。

【课艺内容】

凡 2 卷：卷一赋 9 题 29 篇，题为《春郊盘马赋》、《苔花赋》、《观澜楼赋》、《弹琴歌南风赋》、《秋河赋》、《励志赋》、《白衣送酒赋》、《闻鸡起舞赋》、《寒鸦赋》；卷二诗 25 题 116 篇，题如《绿阴》、《苦雨》、《焙茶》、《缫茧》、《刈麦》、《种鱼》、《拟陶渊明〈归园田居〉用原韵》、《销夏四咏（纱橱、松棚、竹帘、藤枕）》、《陶侃运甓》、《顾荣挥扇》、《谢安围棋》、《桓尹弄篷》、《南屏山观司马温公书〈家人卦〉摩崖石刻》、《咏珊瑚笔架》、《西溪观芦花》、《韩蕲王湖上骑驴歌》、《销寒四咏（木瓜、水仙、佛手柑、盆梅）》，间附数篇同题词作。

【作者考略】

吴敬羲 21 篇，黄曾 13 篇，王兰 11 篇，蒋春祺 10 篇，金濂 9 篇，吴鄂棠、叶为椿 8 篇，姚若 7 篇，周鋆 5 篇，龚自玠、丁宝芝、胡庆增、冯光鲁、马跃云、鲍彦勋、李凤仪 4 篇，马翼云、周志晋 3 篇，张鸿春、周镛、沈馥生、马元登、冯鼎 2 篇，梁辀、屠玉、关维基、梁烺、沈文渊、金长龄、朱锡曾、谢淦、周廉 1 篇。

姚若，见《诂经精舍续集》。

吴敬羲（1804—1853）①，字驾六、孟旸，号薇客、恬庵，钱塘人。道光五年（1825）拔贡第 1 名。朝考二等第 3 名，授武康训导，改中书。十五年（1835）乡试中式第 3 名举人。二十年（1840）会元，选庶吉士，授编修。官至詹事府赞善。著有《紫薇仙馆诗钞》。《国朝词综补》录其词 1 首。《全清词钞》录其词 2 首。《中国近代文学大系》录其词 2 首。②

黄曾，字菊人，自号瓶隐生，钱塘人。道光十二年（1832）举人。历官香河、平谷知县。著有《瓶隐山房诗钞》、《词钞》。《晚晴簃诗汇》录其诗 7 首。③

王兰（？—1859），字者香、羲亭，仁和人。道光五年（1825）拔贡。官江西金溪知县。④

蒋春祺，改名秉钧，字耕士，号啸轩，仁和人。道光八年（1828）举人。⑤

金濂（1805—？）⑥，字让水，仁和人。道光十二年（1832）举人。十五年（1835）进士，选庶吉士。⑦

---

① 生于嘉庆八年十二月初四日，公历已入 1804 年。

② 《清代硃卷集成》第 237 册，第 227 页；谭献：《吴府君家传》，《复堂文续》卷 4，第 265 页；《两浙輶轩续录》卷 37，第 406 页；《国朝词综补》卷 40，第 368 页；《全清词钞》卷 22，第 1082 页；《中国近代文学大系》第 4 集第 15 卷《诗词集二》，第 458 页。

③ 《瓶隐山房诗钞》蔡振武、石衡序，第 560 页；《瓶隐山房词钞》车祖康、吴敬羲序，第 695 页；《晚晴簃诗汇》卷 137，第 5927 页。

④ 《国朝杭郡诗三辑》卷 44，第 27 叶。

⑤ 《国朝杭郡诗三辑》卷 45，第 41 叶。

⑥ 生卒年据《清代人物生卒年表》，第 496 页。

⑦ 民国《杭州府志》卷 111《选举五》，第 2161 页；卷 113《选举七》，第 2193 页。

吴鄂棠（？—1863），字桴华，仁和人。嘉庆间优贡，道光八年（1828）举人。历官宣平训导、嘉兴府教授。有文名，课士肫勤，不计修脯，远近以文就正者百余人。著有《淡宜园诗集》。①

丁宝芝。道光间岁贡。②

沈馥生（1794—？），字仲芳，号西坪、犀柈，钱塘人。道光十二年（1832）乡试中式第79名举人。③

关维基。张衢《玉节记》有题词署"仁和关维基棣孙"④，疑即此人。

余皆待考。

10. 紫阳书院课艺五编

【版本序跋】

仁和王同题签，光绪八年（1882）仲秋开雕。题"掌教许竹篔先生鉴定，监院富阳何镕、仁和许郊编校"。

何镕、许郊，见《诂经精舍三集》。

王同，见《诂经精舍五集》。

许景澄（1845—1900），原名癸身，字拱辰，号竹篔，嘉兴人。同治六年（1867）乡试中式第7名举人，覆试一等第14名。七年（1868）会试中式第16名，覆试一等第39名，殿试二甲第59名，朝考二等第18名，选庶吉士。散馆授编修，历官出使法德意奥荷五国大臣、出使俄德奥荷四国大臣、总理各国事务大臣、吏部侍郎。八国联军进犯大沽，朝议和战，景澄以主和被杀。追谥文肃。历主杭州紫阳、桐乡翔云书院。著有《西北边界图地名译汉考证》二卷（收入《四库未收书辑刊》）、《许文肃公遗稿》、《许竹篔先生出使函稿》。⑤

陈士杰序云：

　　浙东西山川雄秀，人文荟萃。而会垣左江右湖，浩瀚澄澈，南峰复高崎云表，相与映带其间。生其地者，类多瑰异英特之才。又先后创立书院，以教以育，俾人人专心向学，不以他事纷扰其志气。于是人材辈出，厕循吏、文苑传者指不胜屈，不可谓非官师培养效也。自经寇乱，讲舍榛莽，其风亦少衰矣。既平，当事次第兴复，得还旧观。十数年来，风会寖盛，三院课艺，经三载而一梓行。

　　客冬余奉命抚浙，方八阅月，按课日浅，而适届其期。监院事者次第以敷文、崇文选艺呈阅，余既序之矣。逾三月，而紫阳课艺亦以次编成。时嘉兴许竹篔侍讲来主讲席，实操选政。余读之，文非一体，要皆不失清真雅正之旨，匙有俱规错矩者杂乎

---

①　光绪《处州府志》卷15《文职三》，第510页；民国《杭州府志》卷114《选举八》，第2227页；卷113《选举七》，第2192页；卷94《艺文九》，第1818页。

②　民国《杭州府志》卷114《选举八》，第2217页。

③　《清代硃卷集成》第236册，第357页。

④　《中国古典戏曲序跋汇编》，第2045页。

⑤　《清代硃卷集成》第28册，第403页；章梫：《许景澄传》，《碑传集三编》卷6，第369页；《许文肃公年谱》；光绪《桐乡县志》卷4《建置·书院》，第144页。

其间。

　　窃谓制艺代圣贤立言，只取理明辞达。而科举之文，尤贵合乎有司绳尺，非著书立说比。若艰深其义，钩棘其词，或貌为高古，意实凡近，皆非应试正轨，固无取焉。虽然，学者之所以自期，与余之所以厚期之者，正不但区区文艺已也。本经术以饰治，进文章而华国，坐言起行，且更有其大者远者。诸生其无域于制艺一途，而有负山川之钟毓，斯可已。

　　光绪壬午（1882）秋八月，抚浙使者蓉城陈士杰序。

　　陈士杰（1824—1893）①，字隽臣，湖南桂阳人。肄业岳麓书院。道光二十九年（1849）拔贡，选取七品小京官。咸丰间入曾国藩（1811—1872）幕。后官山东、福建按察使，山西布政使，浙江、山东巡抚。②

　　许景澄识云：

　　壬午（1882）之春，忧居里门，承乏紫阳讲席。院舍咫尺廛市，绾毂所凑，肄业之彦，便于居处，视他院为尤盛。院课艺前列者，积数岁必一选刊，以资观摩。今岁为大比之期，距前刊又阅四年有奇矣。监院何冶甫广文、许子社同年，请于大府，裒集诸卷，属为甄录。不揣谫陋，择其尤雅者，得文一百五十余首。始于六月，至八月而成编。剞劂告藏，略缀缘起。至于名山故事，文字指归，前次诸刻，诠叙已备，所不敢赘云。

　　嘉兴许景澄。

【课艺内容】

　　《论语》51题86篇，《学》《庸》5题10篇，《孟子》34题55篇。有评点。

【作者考略】

　　共151篇，其中：蒋维城11篇，严宪曾10篇，黄开甲7篇，王杰4篇，潘鉥、朱增荣、许宝传、高辛元、姚恭尧、刘元铭、都守仁、王希范、沈祖荣、陶玉珂、吴兰馨、钱选青3篇，丁午、朱瀚、许郊、朱勋、朱葆珍、倪钟祥、周显谟、吴荣煦、冯抡元2篇，徐士瀛、王香、蔡寿华、金宝灿、盛藻、吴锦渊、孙庆瀛、孙庆曾、钱锡祚、严鸿藻、陈景星、朱宝坚、熊锡纯、王毓岱、孙礼润、李绍筠、王殿玉、王鈗、李福源、周之德、王乃履、陈家骥、王泰来、王廷鼎、姚銮庆、何敬钊、朱甯臣、余声年、方严、谢瑶、沈祖炜、张以俊、黄承湛、沈祖燕、吕丙煦、陈作梅、董宝和、姚夒、汪朝铨、孙智乐、居之安、徐清选、毛纯熙、张大昌、富寿鸿、骆葆祥、王承美、童学成、吴大铺、何季康、曾世清、赵葆宸、郭学栾、朱星瑞、杨跃渊、郑文元、徐鹤年、蒋福增、朱增慎、潘愔、高峻生、许传、唐桂芳、汪学淦、程宗衍1篇。

　　丁午、许郊、张大昌，见《诂经精舍三集》。

---

　　①　卒于光绪十八年十二月十九日，公历已入1893年。
　　②　王闿运：《桂阳直隶州泗洲砦陈侍郎年六十有九行状》，《湘绮楼文集》卷8，第34页。

倪钟祥、王廷鼎，见《诂经精舍四集》。

沈祖荣，见《诂经精舍五集》。

孙礼润，见《诂经精舍六集》。

何敬钊、沈祖炜，见《诂经精舍七集》。

黄开甲（1865—?），字元甫，号莲汀，仁和人。光绪八年（1882）乡试中式第 88 名举人。①

潘鈵，仁和人。同治间拔贡。②

许宝传，字公鲁，仁和人。③

都守仁（1854—1902），字子恒，号潮孙、韶笙，桐乡人。光绪八年（1882）备取优贡第 12 名，乡试中式第 81 名举人。二十一年（1895）进士。官江苏知县。④

陶玉珂（1847—1884），字振声，号子佩，秀水人。光绪五年（1879）优贡第 3 名，朝考一等第 17 名。八年（1882）顺天乡试中式第 17 名举人，覆试一等第 4 名。先后入潘霨（1816—1894）、李鸿章（1823—1901）幕。著有《兰薰馆遗稿》四卷。《晚晴簃诗汇》录其诗 1 首。⑤

吴荣煦，字春叔，钱塘人。光绪间岁贡，二十年（1894）举人。⑥

徐士瀛，字卓群，天台人。拔贡。民国五年（1916）官新登知事。⑦

盛藻，萧山人。同治十一年（1872）恩贡。⑧

陈景星（1830—?），谱名淳哲，字凤麟，号藕乡，东阳人。肄业诂经精舍。同治五年（1866）恩贡。⑨

王毓岱（1845—1917），字海帆，号少舫，别号舟枕山人，余杭人。岁贡生，候选训导。光绪二十八年（1902）乡试中式第 160 名举人。早参莲幕，工于笔札。南游榕垣，北涉莱水，所至声誉卓著。曾馆杭州丁氏八千卷楼，参与南社雅集及西泠印社。与修《杭州府志》。著有《舟枕山人乙卯自述诗》二卷。⑩

方严，字亦庄，仁和人。同治十一年（1872）岁贡。⑪

黄承湛。《香艳丛书》第十五集卷四《清溪惆怅集》收录《银河吹笙图题词·长相

---

① 《清代硃卷集成》第 271 册，第 305 页。

② 民国《杭州府志》卷 114《选举八》，第 2225 页。

③ 《风木盦图题咏》，第 33 页。

④ 《清代硃卷集成》第 271 册，第 281 页；民国《重修浙江通志稿》第 110 册《考选》，第 14 叶；《春在堂楹联录存》卷 5，第 22 叶。

⑤ 《清代硃卷集成》第 116 册，第 265 页；《兰薰馆遗稿》卷首金蓉镜《传》、卷末陶昌善跋；《晚晴簃诗汇》卷 174，第 7587 页。

⑥ 民国《杭州府志》卷 114《选举八》，第 2219 页；卷 113《选举七》，第 2201 页；《海上光复竹枝词》题词，第 4 页。

⑦ 民国《新登县志》卷 17《职官表》，第 52 叶；卷首《纂修职员》，第 1 叶。

⑧ 民国《萧山县志稿》卷 13《选举表》，第 1176 页。

⑨ 《清代硃卷集成》第 419 册，第 215 页。

⑩ 《清代硃卷集成》第 299 册，第 207 页；郑逸梅：《南社社友事略·王海帆》，《南社丛谈》，第 101 页；民国《杭州府志》卷首《修辑职名》，第 10 页；《清人别集总目》，第 184 页。

⑪ 《国朝杭郡诗三辑》卷 86，第 13 叶。

思》，作者"泉唐黄承湛剑虹"①，疑即此人。

沈祖燕（1860—?），谱名思昌，字翼孙、橄生，号钟堂、忠唐，萧山人。肄业诂经精舍、敷文、紫阳、崇文书院。光绪五年（1879）、八年（1882）乡试荐卷。十一年（1885）优贡第5名，乡试中式第82名举人。十五年（1889）进士。历官内阁中书，常熟、靖江、崇明知县，福建候补道，湖南劝业道。著有《忧盛编》，辑有《赋海大观》。②

陈作梅，字次盐，萧山人。光绪十七年（1891）举人。③

姚夒（1844—?），改名莹俊，字石史，号镜西、巽庐，萧山人。肄业崇文、紫阳书院。光绪六年（1880）岁贡，八年（1882）乡试中式第50名举人。曾任萧山教育会会长、劝学所总董、统计出总纂、禁烟局总董、豫大仓分董。总纂《萧山县志稿》。著有《说文假借统征》、《说文解字证信》、《巽庐诗草》八卷、《巽庐先生文集》四卷。④

汪朝铨（1857—?），字衡伯，号谏台，兰溪人。肄业诂经精舍、崇文、紫阳书院。光绪十四年（1888）备取优贡，二十三年（1897）拔贡第1名。著有《尔雅郭注补正》、《味经室丛钞》、《春秋小乐府》、《东游随笔》。⑤

毛纯熙，字敬安，嘉兴人。庠生。从吴世晋（字晋卿）、蒋廷黻（1851—1912）游。所为文精深刻挚，稿必三易。然屡试不售，盖文不趋时，以此蹭蹬。卒年三十六。⑥

富寿鸿，海盐人。曾为亡友查济忠（字莐卿）辑《寄芜楼诗》一卷，民国十五年（1926）序之。⑦

余皆待考。

11. 紫阳书院课艺六集

【版本序跋】

题"光绪乙酉（1885）中秋开雕"，"掌教吴左泉先生鉴定，前监院许郊编次，监院吴有伦编校"。

许郊，见《诂经精舍三集》。

吴超（1829—?），原名源，字左泉，号念慈，仁和人。同治六年（1867）乡试中式第181名举人。光绪三年（1877）会试中式第47名，覆试二等第65名，殿试二甲第132名，朝考二等，授工部屯田司主事。历主紫阳、敷文、春江书院。⑧

---

① 《香艳全书》第8册，第269页。

② 《清代硃卷集成》第274册，第99页；《清代官员履历档案全编》第8册，第368页；《清人诗文集总目提要》，第1902页。

③ 民国《萧山县志稿》卷13《选举表》，第1187页。

④ 《清代硃卷集成》第271册，第45页；民国《萧山县志稿》卷首《修辑人名》，第35页；卷13《选举表》，第1182页；来裕恂：《寿姚孝廉镜西莹俊七十即准原韵和之》，《匏园诗集》卷25，第471页；《清人别集总目》，第1708页。

⑤ 《清代硃卷集成》第401册，第209页。

⑥ 《鸳湖求旧录》卷2《毛君敬安传》，第178页。

⑦ 《清人诗文集总目提要》，第1823页。

⑧ 《清代硃卷集成》第42册，第317页；民国《杭州府志》卷16《学校三》，第484页；《蕉廊脞录》卷3，第92页。

吴有伦，字仲蘋，钱塘人。光绪五年（1879）优贡，官庆元训导。壮岁而卒。[①]

吴超序云：

　　世目时文为小道，论者恒诟病之。高材生以世所诟病也，往往喜谈考据、溺词章，而于时文厌之而不屑为，为之而不求工。无学者又剽窃苟且为之。此时文之所以浮滥而诟病者益众也。

　　夫十三经并列太学，四子书皆经训也。时文将贯穿百家，扶世翼教，亦炳然谈经之作。穷经之诣，训诂为先，训诂明而后义理熟，义理熟而后发为文章，渊懿纯茂，自成一家。然则训诂者，文章之阶梯，践其阶梯而不窥其堂奥，且从而诟病之，亦持论之谬矣。

　　超承乏紫阳讲席，两年于兹。无取声气，无有偏徇。其雅正有法者取之，其丛杂失次者斥之。校勘之勤，夜以继日，亦同学诸君所共谅也。壬午（1882）迄今，积卷已夥，未付手民。因监院之请，裒集而校阅之，得佳构四十余艺。少不成集，复本善善从长之意，为之博采而汇刊焉。

　　昔刘彦和，萧梁文士耳。其论文也，犹以原道程器为重。诚见乎道义不明，器识不远，文即瑰伟奇特，亦犹潢潦之无本而已。学者当颉颃乎古人，而无戚戚于一时之贫贱。嗜欲寡则营求少，营求少则岁月宽。学日以懋，品日以纯。丈夫不朽之盛业，肇基于此，又何至为世所诟病也？诸生勉乎哉！

　　光绪十一年乙酉（1885）仲冬之月，仁和吴超序。

【课艺内容】

四书文60题148篇，其中《大学》1题2篇，《中庸》3题6篇，《论语》39题109篇，《孟子》17题31篇。试帖诗38题58篇。有评点。

【作者考略】

共206篇，其中：骆长椿12篇，沈祖荣9篇，潘鉌8篇，孙荣枝、严宪曾、夏树立6篇，卢学纶、沈林一（卷名高登瀛）5篇，吴宝坚、孙礼润、褚成昌4篇，俞以湘、都守仁、章光国、赵毓琛、徐振清、王庆桢、蔡世修、沈祖燕、樊恭寿3篇，吴敬宽、陈鋆、沈允章、樊达璋、汪朝铨、钱选青、叶玺、徐尔铭、徐光烈、吴品璜、姚夔、庄元俊、汤震、沈景文、姚景沂、严保桂2篇，罗继美、徐之荣、李福简、刘焱、许康寿、许同、吴宗衍、樊恭慈、罗复曾、沈康寿、朱瀚、吴荣煦、姚人杰、周鼎元、蒋敬时、阮麒昌、丁汾寿、张荫椿、葛绥青、姚清瑞、吴锦湘、张荫棠、何恩培、陈锵埕、潘子鉌、王承美、邹宝偲、祝学濂、许文绂、沈邦达、张廷珍、赵昭萼、罗榘、孔继昌、陆懋勋、许开第、沈瀛、张之茂、童光烈、吴兰馨、史久清、张子厚、夏曰璐、徐廷琪、史凤喈、王有庆、朱家驹、钱盛元、朱赞汤、陆佐勋、邬鹏翔、叶景范、沈宗垕、余嗣祖、姚炳勋、孙蕃昌、程良骐、叶澜、吴乃文、蔡殿齐、朱诵芬、王家贻、谢瑶、孙镇镛、何敬钊、陈学文、张辂、骆寿春、汪学淦、汪祖松、夏洪熙、姚诒庆、孙菊存、方镜澄（方镜徵）、姚

_____
[①] 《两浙輶轩续录》卷50，第110页。

燮、朱凤喈、姚汝昌、盛涤源1篇。

朱赞汤，见《诂经精舍四集》。

沈祖荣、夏树立、汤震、李福简，见《诂经精舍五集》。

孙礼润、叶鎏，见《诂经精舍六集》。

蒋敬时、何敬钊，见《诂经精舍七集》。

潘鿆、都守仁、沈祖燕、汪朝铨、姚夔、吴荣煦，见《紫阳书院课艺五编》。

骆长椿，会稽人。光绪二年（1876）优贡。①

孙荣枝（1854—1912），字仲华、念椿、桂林、绾卿，别号希聃古民，仁和人。光绪十一年（1885）备取优贡第3名。十四年（1888）备取优贡第8名，乡试中式副榜第1名。十七年（1891）乡试中式第9名举人，覆试一等第52名。二十一年（1895）会试中式第2名，覆试一等第36名，殿试二甲第41名，朝考三等第44名，授户部主事。后官法部主事。②

卢学纶，海盐人。光绪元年（1875）科试府廪生，十一年（1885）拔贡。③

吴宝坚（1868—？），字实夫，号子完、静庄，钱塘人，原籍安徽休宁，振棫（1792—1871）孙。少嗜学，日手一编，寒暑勿辍。肄业崇文、紫阳书院、东城讲舍。光绪十五年（1889）乡试中式第34名举人。官候选训导、国子监典籍。两赴春闱，一挑誊录。癸巳（1893）侄士鉴（1868—1933）以一甲二名成进士，授编修。宝坚独向隅。盖己丑（1889）同登贤书，至是遭际顿异，益发愤攻苦。长去呕心，竟以劳瘁致损天年，士亦惜之。著有《澹吾庐斋诗存》。④

褚成昌（1862—？），字稺昭，余杭人，成亮（1846—1878）、成博（1854—1911）弟。廪贡。官陇州、华州知州。民国初参加淞社。《晚晴簃诗汇》录其诗1首。⑤

樊恭寿（1854—？），字继南，号铭舫，仁和人，恭煦（1845—1914）弟。光绪十五年（1889）乡试中式第43名举人。官江苏知州。⑥

陈鋆（1856—？），字翔孙、镕伯，仁和人。光绪八年（1882）乡试中式第103名举人。⑦

沈允章（1858—1886/1887），字蕭庭，号孟枚，仁和人。肄业紫阳、崇文、敷文书院、诂经精舍、东城讲舍。好博综群籍，讲求经世大略。间涉艺事，书法苍劲，画笔超逸，诗律尤高浑。光绪十一年（1885）拔贡第1名，旋赴台投效。十二年（1886）入都，

① 《绍兴县志资料》第一辑《选举下》，第63叶。

② 《清代硃卷集成》第365册，第97页；第82册，第355页；民国《杭州府志》卷111《选举五》，第2165页；高燮：《挽孙念椿》，《高燮集》，第857页。

③ 《澂志补录》，第207页。

④ 《清代硃卷集成》第279册，第99页；民国《杭州府志》卷113《选举七》，第2200页；《武林坊巷志》第5册，第321页。

⑤ 《清代官员履历档案全编》第28册，第445页；《清代硃卷集成》第48册，第321页；《吴兴周梦坡先生年谱》，第52页；《晚晴簃诗汇》卷179，第7848页。

⑥ 《清代硃卷集成》第279册，第233页；民国《杭州府志》卷113《选举七》，第2200页。

⑦ 《清代硃卷集成》第272册，第87页。

朝考一等，分发甘肃知县。又赴台处理余事，十二月再内渡赴甘。道卒，年甫逾壮。①

樊达璋，仁和人。光绪十四年（1888）举人。②

徐光烈（1862—？），原名庆祥，字澁庄、履庄，号馥卿，仁和人，原籍萧山。光绪十五年（1889）乡试中式第107名举人。就教职，选授西安。筹办县立小学，并出私资设蒙学一所。民国初官省视学。③

吴品璜，号芸楣，东阳人，品珩（1856—1928）弟。邑庠生。④

庄元俊。疑即嘉定庄元俊，见《当湖书院课艺二编》。

徐之棨（1869—？），字戟门，建德人。侨寓鄂省，肄业两湖书院。光绪十九年（1893）乡试中式第20名举人。历官湖北监利知县、湖南长宝道。民国初任国民代表。⑤

樊恭慈，仁和人，恭煦（1845—1914）、恭寿（1854—？）堂弟。附生。⑥

张荫椿（1869—？），字砚孙，号寿香，钱塘人，景云（1830—？）子。肄业诂经精舍。光绪十四年（1888）乡试中式第47名举人，覆试一等第1名。二十九年（1903）会试中式第171名，覆试一等第79名，殿试二甲第41名，朝考三等第28名，授户部主事。后官度支部主事。⑦

葛绶青。山阴葛绶青，字亦堂，光绪二十六年（1900）官上海县黄浦司巡检。⑧ 未知是否即此人。

吴锦湘，东阳人。宣统二年（1910）岁贡。⑨

张荫棠（？—1861），钱塘人，荫椿（1869—？）堂兄。肄业诂经精舍。咸丰二年（1852）乡试荐卷，五年（1855）副贡，九年（1859）堂备。候选直隶州州判。咸丰十一年（1861）殉难。⑩

陈锵墀，改名启瑞，字佩夫，黄岩人。廪生。性聪敏，善骈文诗词，兼娴绘事。卒年三十余。弟锵熙辑其诗四十余首，为《漱芳轩遗稿》一卷。⑪

潘子鈵。目录和正文皆作"潘子鈵"，未知是否即"潘鈵"。

邹宝傪，字镜棠，丹徒人，侨寓杭州。游俞樾（1821—1907）之门，高材绩学，兼工书画，得松雪笔意。尤工集句诗。著有《云锦天衣集》，名流多称重之。⑫

① 《清代硃卷集成》第398册，第85页；《光绪朝硃批奏折》第4辑，第876页；《两浙輶轩续录》补遗卷6，第409页。

② 民国《杭州府志》卷113《选举七》，第2199页。

③ 《清代硃卷集成》第281册，第161页；民国《衢县志》卷20《名宦志》，第2136页。

④ 《清代硃卷集成》第58册，第275页。

⑤ 《清代硃卷集成》第285册，第157页；《清代官员履历档案全编》第8册，第225页；民国《建德县志》卷10《选举志》，第262页。

⑥ 《清代硃卷集成》第279册，第235页。

⑦ 《清代硃卷集成》第276册，第329页；第89册，第259页；民国《杭州府志》卷111《选举五》，第2165页。

⑧ 民国《上海县续志》卷14《职官表》，第6叶。

⑨ 《东阳文史资料选辑》第6辑，第59页。

⑩ 《清代硃卷集成》第89册，第261页；第248册，第206页。

⑪ 民国《续修台州府志》卷83《艺文略二十》，第30叶。

⑫ 民国《续丹徒县志》卷13《人物六·书画》，第663页。

祝学濂，海盐人。光绪四年（1878）科试邑庠生。①

罗槊，钱塘人。光绪间优贡。二十五年（1899）中秋序《八千卷楼书目》。著有《龙兴寺经幢题跋》一卷。②

孔继昌，萧山人，贵州籍。同治九年（1870）举人。一作同治十二年（1873）举人。③

陆懋勋（1868—?），字冕侪、勉侪，号潜庐、屺潜，仁和人，召南（字子鸿）子。肄业紫阳书院、诂经精舍。光绪十五年（1889）乡试中式第39名举人，覆试一等第19名。拣选知县，大挑教谕。二十四年（1898）会试中式第164名，覆试一等第79名，殿试二甲第2名，朝考一等第64名，选庶吉士，散馆授编修。曾任求是书院监院、总理，浙江高等学堂监督。民国初官浙江巡按使署秘书、江苏高等审判厅厅长。续纂《杭州府志》。著有《蠡测类存》四卷、《各国学校考略》七卷、《历代户口考略》二卷、《钱币考》四卷、《博士考》四卷、《尊生类辑》六卷、《中西学术贯通说》、《公法统宗》。④

许开第（1865—?），字绪曾，号镜芙，海宁人。肄业崇文、紫阳书院。光绪十五年（1889）乡试中式第84名举人。⑤

沈瀛，仁和人。光绪间岁贡。⑥

夏曰璐。疑即嘉定夏曰璐，见《当湖书院课艺三编》。

史凤喈（1859—?），谱名久康，字馥山，号仲侯，余姚人。肄业诂经精舍、敷文、崇文、紫阳书院。光绪八年（1882）乡试中式副榜第16名。三十四年（1908）任余姚高等县学堂校长。⑦

陆佐勋（1864—1894），字饮和，仁和人，召南（字子鸿）子，懋勋（1868—?）兄。以授徒为生。光绪十七年（1891）乡试中式第1名副榜。⑧

叶景范，字少吾，笔名沈希渊、浪荡男儿，杭县人。曾任甘肃省实业厅厅长。著有小说《上海之维新党》。⑨

程良骐，字紫珮，钱塘人，良骥（1869—?）弟。光绪十四年（1888）举人。十五年（1889）会试堂备，十八年（1892）会试荐卷，二十年（1894）会试堂备。官上虞

---

① 《澂志补录》，第207页。

② 民国《杭州府志》卷114《选举八》，第2227页；《八千卷楼书目》卷首，第63页；卷9，第196页。

③ 民国《萧山县志稿》卷13《选举表》，第1175页；民国《重修浙江通志稿》第110册《考选》，第9叶。

④ 《清代硃卷集成》第279册，第329页；第87册，201页；民国《杭州府志》卢永祥序，第1页；《浙大的校长们》，第20页。

⑤ 《清代硃卷集成》第280册，第303页。

⑥ 民国《杭州府志》卷114《选举八》，第2219页。

⑦ 《清代硃卷集成》第364册，第363页；郑逸群：《也谈府前路小学》，《余姚文史资料》第8辑，第131页。

⑧ 《清代硃卷集成》第365册，第303页；谭献：《陆生传》，《复堂文续》卷4，第278页。

⑨ 《中国近现代人物名号大辞典（全编增订本）》，第155页；《辛亥以后十七年职官年表》，第606页；《晚清小说史》，第87页。

教谕。①

　　朱诵芬，字介臣，海宁人。与修《海宁州志稿》。②

　　陈学文（1859—?），字凤台，号尧夫，钱塘人，原籍诸暨。肄业诂经精舍、敷文、崇文、紫阳书院。光绪十四年（1888）乡试中式第 86 名举人。③

　　张辂，钱塘人。光绪十五年（1889）举人，二十四年（1898）进士。官直隶知县。④

　　汪祖松（1864—?），字伯涛，号博陶、心如，阳湖人。其父学澄（字小衡），曾任浙江泰顺、萧山知县。祖松光绪二十八年（1902）乡试中式第 192 名举人。⑤

　　夏洪熙，杭州人。光绪间岁贡。⑥

　　姚诒庆（"诒"一作"贻"，1868—?），字翼堂，号松生，余杭人，清祺（字凤泉）子。肄业敷文、崇文书院、东城讲舍。光绪十一年（1885）乡试中式第 48 名举人。历官度支部主事、民国财政部司长。⑦

　　朱凤喈（1853—?），字韵諴，号咏霞，安徽休宁人。肄业浙江紫阳、敷文书院。光绪十一年（1885）乡试中式第 59 名举人。⑧

　　余皆待考。

12. 紫阳书院课艺八集

【版本序跋】

　　题"光绪壬辰（1892）季春开雕"，"掌教吴左泉先生鉴定，监院归安朱文炳、仁和许郊编校"。

　　吴左泉（吴超），见《紫阳书院课艺六集》。

　　朱文炳、许郊，见《诂经精舍三集》。

　　叶赫崧骏序云：

　　　　紫阳书院课艺锓诸梓者已七集，前使者卫公之序，以院名"紫阳"勖诸生，顾名思义，当效法朱子，为朱子功臣。其所期望者甚厚，而言亦甚切矣。今复裒己丑（1889）以来课艺将梓《八集》，监院事者朱吟棣（文炳）、许子社（郊）两广文援故事索序于余。夫予所望于院中生者，岂能于法朱子外更置一词哉！惟即朱子之教后世，与后世之所以尊朱子者推阐之，示人以无可疑惑而已矣。【略】

　　　　浙省人文最盛，祀朱子亦最虔。西湖之滨有祠，既已岁时瞻拜。斯院建于瑞石山下，山亦遂以"紫阳"名。是朱子之教泽，洽于浙士之人心，虽历年久远，而流风

---

①　民国《杭州府志》卷 113《选举七》，第 2200 页；《程良骥乡试硃卷》，履历页。

②　民国《海宁州志稿》卷首《修志题名录》，第 3 叶。

③　《清代硃卷集成》第 277 册，第 343 页。

④　民国《重修浙江通志稿》第 110 册《考选》，第 19 叶；民国《杭州府志》卷 111《选举五》，第 2165 页。

⑤　《清代硃卷集成》第 204 册，第 67 页。

⑥　民国《杭州府志》卷 114《选举八》，第 2219 页。

⑦　《清代硃卷集成》第 273 册，第 149 页；《碑传集补》卷首《作者纪略》，第 56 页。

⑧　《清代硃卷集成》第 174 册，第 127 页。

余韵，赫然如新。后进之士，果能恢宏其器识，深静其志气，勤学暗修，不为标榜声华所动，将由文而进于道，守朱子之绪论，即上通朱子之心源，又非仅于佔毕间兢兢以求其合，则前使者所谓朱子功臣，予固不易其言矣，而又何俟他求哉！至于文体之真伪，已于敷文、崇文两序言之，兹不复赘焉。

光绪十七年岁次辛卯（1891）仲夏，抚浙使者叶赫崧骏序。

叶赫崧骏（1833—1893），字镇青，镶蓝旗人。由监生报捐笔帖式，签分兵部。咸丰八年（1858）举人。历官主事、员外郎，广东高州、山东济南知府，山东督粮道，广西按察使，直隶布政使，漕运总督，江苏、浙江巡抚。卒于官。①

【课艺内容】

四书文 46 题 160 篇，其中《学》、《庸》3 题 3 篇，《论语》31 题 110 篇，《孟子》16 题 47 篇。试帖诗 22 题 32 篇。有评点。

【作者考略】

共 192 篇，其中：吴汝念 14 篇，洪锡承 12 篇，郑杰、黄传鼎、蒋国亮 7 篇，徐瑞骥、蒋麟振、祝其昌 6 篇，章观光、来泰、朱用宾 5 篇，陆佐勋、陆懋勋 4 篇，翁有成、吴道晋、陈学韶、蒋敬时、茅善培、徐燮臣、程良驷、沈铭 3 篇，陈銎、章毓才、梁葆章、邬树庭、许棠诗、周桓、王圭璞、朱金祺、王燮阳、谢永、方克猷 2 篇，高丁吉、计德柔、王儒宝、李钰、任蔚、周廷勋、汤锡湘、施恂、沈汝钊、钱曰簠、邵孝章、赵延泽、陈范、胡贤芬、侯铨、岑斯和、何鉴源、王始基、孙宗翰、周庆麟、孙荣枝、屠祖荫、胡克勋、黄盛瓒、傅梦岩、钟濂、罗卓然、方以矩、张拱辰、韩昌寿、高晋卿、徐凤梧、徐宗源、张联骏、朱瀚、黄绍彦、葛炳烺、钱樾、许焯章、夏树猷、孙礼润、陈树濂、杭起鸿、仲毓桂、陆恩煦、鲁且愚、余本立、高鸿范、陆世勋、孙逢辰、许鼎、吴大诚、陆念本、臧承宣、夏锡光、汤湘、张文渊、陈锦藻 1 篇。

孙礼润，见《诂经精舍六集》。

蒋敬时，见《诂经精舍七集》。

陆佐勋、陆懋勋、陈銎、孙荣枝，见《紫阳书院课艺六集》。

吴汝念，仁和人。光绪十九年（1893）举人。②

洪锡承（1867—？），字克臣，号肇先，新城人。光绪八年（1882）乡试荐卷。十一年（1885）拔贡第 1 名。十五年（1889）乡试中式第 135 名举人。大挑教谕。历任浙江省劝学所总董、咨议局议员。③

郑杰（1863—？）④，谱名兆松，字寿孙，钱塘人，祖籍山阴，寄籍休宁。肄业敷文、

---

① 《清代官员履历档案全编》第 4 册，第 25 页；《清国史》第 11 册本传，第 169 页。

② 民国《杭州府志》卷 113《选举七》，第 2201 页。

③ 《清代硃卷集成》第 398 册，第 155 页；第 282 册，第 127 页；《处常与求变：清末民初的浙江咨议局和省议会》附录《浙江咨议局（候补）议员名表》，第 427 页。

④ 生于同治元年十一月十四日，公历已入 1863 年。

崇文、紫阳书院、诂经精舍、东城讲舍。光绪十五年（1889）乡试中式副榜第 2 名。十七年（1891）举人。官江西州判。①

黄传鼎（1868—?），本姓韩，出嗣外家，字调甫，仁和人，原籍萧山。肄业紫阳书院。光绪十四年（1888）乡试中式第 66 名举人。二十四年（1898）会试中式，二十九年（1903）补殿试，成进士。官城武知县。②

蒋国亮（1866—1929），字新皆，号信侪；改名智由，号观云，诸暨人。光绪二十三年（1897）乡试中式第 40 名举人。二十八年（1902）赴日本，先后参与《新民丛报》、政闻社。晚寓沪上。著有《居东集》、《蒋观云先生遗诗》。梁启超（1873—1929）推崇其为"诗界三杰"之一。章炳麟（1869—1936）曾以《红楼梦》人名比拟当世人物，将蒋国亮比作李纨。③

徐瑞骥（1866—?），字秉渊，号少云，嘉善人。肄业敷文书院、诂经精舍、东城讲舍。光绪二十年（1894）乡试中式第 117 名举人。《柳溪诗征》录其诗 1 首。④

蒋麟振（1872—1945），字再唐，号再棠、宰棠，别署如园，诸暨人。肄业崇文、紫阳书院、诂经精舍。长于文学，与同县蒋国亮（1866—1929）有二蒋之目。光绪十七年（1891）乡试中式第 13 名举人。生平不得志。民国间一试宰官，未久即罢，自此浮沉下僚。抗战期间任浙江省财政厅秘书、史料征集会委员、通志馆编纂。著有《如园文稿》、《如园诗稿》、《如园说略》。⑤

章观光（1867—1920）⑥，谱名达祺，改名锡光，字吉臣、绩臣、劼臣、劼丞，别号菊臣，会稽人，震（1833—1882）子。肄业城南稽山书院。光绪十五年（1889）乡试中式第 112 名举人。三十年（1904）进士。历官湖南兴宁、桃源知县。辛亥后归里，自号俑山子僧。著有《俑山遗集》四卷。⑦

朱用宾，仁和人。光绪间拔贡，官台州府学教授。分纂《杭州府志》。⑧

翁有成（1869—?），字鲁侪、志吾，仁和人。肄业紫阳书院、东城讲舍。光绪十七年（1891）乡试中式第 11 名举人。二十年（1894）进士。官江苏丹徒知县。⑨

吴道晋（1872—?），钱塘人。光绪二十八年（1902）举人。历官湖南学务公所总务科兼会计科科员、宜章知县。⑩

---

① 《清代硃卷集成》第 365 册，第 171 页；民国《杭州府志》卷 113《选举七》，第 2200 页。

② 《清代硃卷集成》第 277 册，第 141 页；民国《杭州府志》卷 111《选举五》，第 2165 页。

③ 《清代硃卷集成》第 128 册，第 85 页；章乃羹：《蒋观云先生传》，《民国人物碑传集》卷 11，第 784 页；《中国文学家大辞典·近代卷》，第 430 页；《忘山庐日记》，第 372 页。

④ 《清代硃卷集成》第 289 册，第 207 页；《柳溪诗征》卷 5，第 43 页。

⑤ 《清代硃卷集成》第 282 册，第 295 页；《蒋宰棠先生纪念特辑》，《浙江省通志馆馆刊》第 1 卷第 4 期（民国三十四年）。

⑥ 生于同治五年十二月二十六日，公历已入 1867 年。

⑦ 《清代硃卷集成》第 281 册，第 259 页；《俑山遗集》章楗序、倪文澜跋。

⑧ 民国《杭州府志》卷 114《选举八》，第 2226 页；卷首《修辑职名》，第 10 页。

⑨ 《清代硃卷集成》第 282 册，第 275 页；民国《杭州府志》卷 111《选举五》，第 2164 页；民国《续丹徒县志》翁有成序，第 464 页。

⑩ 民国《杭州府志》卷 113《选举七》，第 2201 页；《政治官报》第 33 册，第 224 页。

陈学韶，钱塘人，学文（1859—?）弟。杭郡庠生，光绪十一年（1885）荐卷。①

茅善培，山阴人。光绪十七年（1891）举人。②

徐燮臣。徐舒（1875—?）《啸吟集》四卷有徐燮臣序③，疑即此人。

程良骥（1869—?），字麐阁，号绍芝，钱塘人。肄业敷文、崇文、紫阳书院、诂经精舍、东城讲舍。光绪二十年（1894）乡试中式第95名举人。官民政部主事。④

章毓才（1856—1910），字英生，号啸修、可竹，富阳人。肄业诂经精舍、敷文、崇文、紫阳书院。光绪十九年（1893）乡试中式第3名举人。历官汤溪训导，富阳、桐庐、余杭教谕。后任浙江咨议局议员。⑤

梁葆章（1869—?），字简香，新昌人。光绪十七年（1891）举人。二十四年（1898）大挑一等，分发湖南知县。旋丁母忧、父忧。宣统元年（1909）官湖南学务公所普通科科员，调充实业科科长。协修《新昌县志》。⑥

邬树庭。编有《东华录详节》二十四卷。⑦

朱金祺（1855—?）⑧，字锡兹，号春沐，秀水人。光绪十七年（1891）乡试中式第65名举人。二十五年（1899）任自强学堂东文堂汉学教习兼管堂委员。二十九年（1903）官沙洋水利州同。⑨

王燮阳（1855—?）⑩，谱名树人，字理庭、炳南，号坤生，萧山人。肄业紫阳、敷文书院、诂经精舍。光绪十九年（1893）乡试中式第55名举人。官奉化、浦江教谕，盐大使。所著诗文数篇，后人辑为《王燮阳诗文稿》。⑪

方克猷（1870—1907），又名凤池，字祖叔，号子壮，於潜人。光绪十一年（1885）拔贡第1名，十五年（1889）乡试中式第7名举人，十六年（1890）进士。历官刑部主事、总理各国事务衙门章京、热河理刑司员外郎。著有《方子壮数学》数种。⑫

高丁吉，字勤叔，浙江人。廪生。《中华竹枝词全编》录其《鸳湖放棹歌》。⑬

① 《清代硃卷集成》第277册，第348页。

② 民国《重修浙江通志稿》第110册《考选》，第20叶。

③ 《绍兴图书馆藏古籍地方文献书目提要》，第480页。

④ 程良骥乡试硃卷；民国《杭州府志》卷113《选举七》，第2201页。

⑤ 《清代硃卷集成》第285册，第1页；史庭荣：《富春章氏》，《富阳文史资料》第7辑《话说富春姓氏》，第182页；《中国民主政治的困境》附录《咨议局及资政院议员名录》，第192页。

⑥ 《政治官报》第33册，第224页；民国《新昌县志》卷首题名，第39页。

⑦ 《东华录详节》卷首题署。

⑧ 生于咸丰四年十一月二十六日，公历已入1855年。

⑨ 《清代硃卷集成》第284册，第95页；《张之洞教育文存》，第556页；《大清缙绅全书·光绪三十二年秋·湖北省》，第5叶。

⑩ 生于咸丰四年十一月十五日，公历已入1855年。

⑪ 《清代硃卷集成》第285册，第291页；民国《萧山县志稿》卷13《选举表》，第1188页；《萧山乡贤零拾》，第128页。

⑫ 《清代硃卷集成》第278册，第227页；民国《杭州府志》卷149《人物·畴人》，第2803页；王珍：《清末数学家方克猷传略》，《杭州文史丛编》5《文化艺术卷》，第465页。

⑬ 《中华竹枝词全编》第4册，第699页。

计德柔，字怀清，仁和人。监生。官上海县丞、黄浦司巡检。①

王儒宝，钱塘人。光绪十九年（1893）举人。②

任蔚，杭州人。宣统元年（1909）拔贡。③

施恂，仁和人。诸生。其室申志廉，字浣清，著有《绮窗吟草》。④

邵孝章，仁和人，懿辰（1810—1861）孙。曾从谭献（1832—1901）游。⑤

岑斯和（1866—？），字均琴，号君芹，慈溪人。毕业于浙江省法政学校。历官浙江省财政厅调查科科长，浙西仁和场、芦沥场盐事长，浙东三江场、余姚场知事。⑥

钟濂（1870—？），原名濂生，字伯溪，号希洛、蠓庐，钱塘人，诸可宝（1845—1903）婿。肄业崇文、紫阳书院、诂经精舍、东城讲舍。光绪十七年（1891）乡试中式第16名副榜。二十八年（1902）举人。官法部主事。⑦

徐凤梧，仁和人。光绪间岁贡。⑧

徐宗源（1867—？），字左泉、述樵，别号惠波，仁和人。光绪十七年（1891）乡试中式第80名举人。二十年（1894）进士，官邮传部主事。⑨

张联骏（1869—？），字逾声，号少秋、穆堂，小字艾生，仁和人，原籍歙县。肄业紫阳书院、诂经精舍、学海堂。光绪十七年（1891）乡试中式第31名举人。十八年（1892）会试中式第199名，殿试三甲第36名，朝考二等第1名，授户部主事。著有《明归震川先生年谱》。⑩

葛炳烺，黄岩人。光绪二十三年（1897）优贡。⑪

夏树猷，号季辰，钱塘人，树桐（1850—？）堂弟。邑廪生。⑫

仲毓桂，俞樾（1821—1907）再侄婿。⑬

陆恩煦，字采臣，钱塘人。著有传奇《朝鲜李范晋殉国》、杂剧《血手印》。⑭

臧承宣（1868—1943），字益艿，号茹荪，分水人，晚居桐庐。肄业敷文、紫阳、朝阳、五华书院。光绪二十三年（1897）拔贡第1名，二十八年（1902）副贡。历任分水县学堂堂长，严州中学堂监督，浙江省立第九中学校长、第八中学教员，桐庐县署佐治员，广东连县、连山县教育科长，之江大学教授。主纂《分水县志》、《分水县志续集》，

①　民国《上海县续志》卷14，第7叶；《大清缙绅全书·光绪三十年夏·江苏省》，第4叶。
②　民国《杭州府志》卷113《选举七》，第2200页。
③　民国《杭州府志》卷114《选举八》，第2226页。
④　《两浙輶轩续录》卷54，第244页。
⑤　《古春风楼琐记》第12集，第216页。
⑥　童银舫：《上林游子的博客·慈溪鹤皋岑氏宗谱》。
⑦　《清代硃卷集成》第366册，第27页；民国《杭州府志》卷113《选举七》，第2201页。
⑧　民国《杭州府志》卷114《选举八》，第2219页。
⑨　《清代硃卷集成》第284册，第227页；民国《杭州府志》卷111《选举五》，第2164页。
⑩　《清代硃卷集成》第283册，第95页；第77册，第289页；《中国历代年谱总录（增订本）》，第181页。
⑪　民国《续修台州府志》卷130上《列女传五》，第24叶。
⑫　《清代硃卷集成》第279册，第226页。
⑬　《春在堂挽言》，第42叶。
⑭　《中国近代传奇杂剧经眼录》，第166页。

与修《桐庐县志》，著有《楠华室文稿》、《柶叟诗草》。①

汤湘，仁和人。光绪二十八年（1902）举人。②

陈锦藻。慈溪陈锦藻，字莲舫，附贡，光绪二年（1876）官桐庐教谕，四年（1878）官缙云教谕，八年（1882）、九年（1883）两任杭州府训导，③未知是否即此人。

余皆待考。

13. 紫阳书院课艺九集

【版本序跋】

题"光绪甲午（1894）仲冬开雕"，"掌教王同伯先生鉴定，监院沈寿慈、杨振镳编校"。

王同伯（王同），见《诂经精舍五集》。

沈寿慈（1852—？），原名兆塆，字季蕈，号端崖，会稽人，百墭（字稼村）弟。同治十二年（1873）解元。④

杨振镳（1830—？）⑤，字叔平，杭州人。同治间岁贡，浙江候补盐大使。光绪十五年（1889）随薛福成（1838—1894）出使欧洲。⑥

王同序云：

> 杭州书院有三，曰敷文，曰崇文，曰紫阳。每届三年，汇官师课士文之前列者选刻之，例也。敷文占南山之巅，崇文居西湖之湄，而紫阳则城中而近市，无湖山之美也。敷文创于前明弘治十一年（1498），崇文创于万历二十八年（1600），而紫阳仅创于本朝之康熙四十二年（1703）。初为别墅，迨乾隆中始以书院称，则又不如敷文、崇文之历年久远也。然城中近市，负笈者便之，故肄业者多。而人才蔚起，弦诵之士，校敷文、崇文为尤盛。
>
> 院在康熙时，尚为周某之山居，背吴山之麓宋时南园故址。泉石奇秀，中有十二景，为毛稚黄、王丹麓诸名士诗酒之所。既为书院，以上有紫阳阁，名紫阳山，与新安之紫阳同名，遂以名其院。而胜景具在，名人到此，每作诗以张之。迨嘉庆时，阮文达抚浙，改看潮台为观澜楼，又作文以记之。城市而山林，肄业者诵读之暇，可以游息眺览，以发挥其性灵。而其景之最胜者，曰螺泉，涓洁涟漪，可以状文思之泉涌也；曰春草池，微波潆洄，可以畅文机之生趣也；曰垂钓矶、笔架峰，奇石林立，可以状文气之突兀也。拾级而上，登其巅，观澜之楼渺矣，而其址自在。每当潮来，东望匹练浩瀚，如闻其声，可以状文势之涛翻而波谲也。平视万松岭，隔城烟如束带，群山蜿蜒，岚翠扑眉宇；俯视西湖，镜奁乍启，六桥烟柳，奔赴舄下，则又合湖山之

---

① 《清代硃卷集成》第 402 册，第 309 页；《桐庐与名人》，第 83 页。

② 民国《杭州府志》卷 113《选举七》，第 2201 页。

③ 光绪《严州府志》卷 11《续增·官师》，第 239 页；光绪《缙云县志》卷 6《职官志》，第 647 页；民国《杭州府志》卷 101《职官三》，第 1963 页。

④ 《清代硃卷集成》第 259 册，第 41 页。

⑤ 生年据中国收藏网杨振镳楷书作品款识。

⑥ 民国《杭州府志》卷 114《选举八》，第 2218 页；《出使英法义比四国日记》卷 1，第 68 页。

美而兼有之矣。且也登其堂曰乐育，曰景徽，奉祀紫阳朱子。则肄业其中者，顾名思义，尤当研求性理之学，躬行而实践之，以求为名教之完人，非徒以章句之学，弋科第已也。

所愧者，以余谫陋不才，仅仅章句之学，亦未窥阃奥，而忝与同学诸君，讲艺于此，盖忽忽逾三年矣。监院事者，循例以选文见属。余虽不敏，不敢辞。选刻既竣，复以序见属。余皇然起而辞曰："是宜请廖大中丞于论政之暇，为论文之序弁其首，以为多士勖也。余则何敢？"而监院事者，敦迫不已。则惟举是院创置之大略，为同学述之，亦庶乎居其地，宜知其事之意云尔。至于论文，则吾岂敢？

光绪二十一年（1895）嘉平月，仁和王同识。

【课艺内容】

四书文 48 题 148 篇。有评点。

【作者考略】

吴道升、王儒宝 8 篇，鲍宽身 6 篇，钟骏文、施恂、黄传鼎（韩传鼎）5 篇，陈锡周、邵孝章、孙晋 4 篇，王师浑、吴绳祖 3 篇，来杰、胡承治、欧阳春、翁曾传、孙传枢、吴维允、陆佐勋、汪赓銮、范崇正、周崧高、仲毓桂、杨复 2 篇，富介康、秦锺瑞、朱良元、姚丙熙、张佩环、叶葆镕、韩昌豫、孟澜、王诵熙、何明生、任寿彭、朱怡、陈温、钟春生、赵李刚、王朝翰、陈锦文、费有容、何荣烈、王寿进、王毓俊、汪自强、陈松年、孙康禄、翁有威、顾麑藻、张文渊、瑞清、伊耕莘、江乃钊、范鸿藻、徐继恕、翁元焘、汪述祖、张子华、吴汝念、李辅庭、陈予鉴、章棣、张宗彝、莫大猷、梁士淦、许鑫、陈庠英、沈锦文、章琢其、孙迮安、汪观海、赵乃钧、孙嘉范、范鹏飞、孙元峻、黄维新、倪铭鼎、胡承熙、来裕恂、骆守真、陈镜蓉、周学宏、翁有成、倪瑶、钟镛生、周嘉祥、劳笃豫、王仁治、胡贤芬、骆祺、戴克敦、吴道晋 1 篇。

陈锦文、章棣，见《诂经精舍六集》。

王师浑、费有容、王毓俊、章琢其，见《诂经精舍七集》。

来杰、戴克敦，见《诂经精舍八集》。

陆佐勋，见《紫阳书院课艺六集》。

王儒宝、黄传鼎（韩传鼎）、施恂、邵孝章、吴汝念、翁有成、吴道晋，见《紫阳书院课艺八集》。

钟骏文（1865—?），字八铭，笔名寅半生，萧山人，观豫（?—1894）子。诸生。八应秋试，六次出房，两次堂备。光绪十七年（1891）已取中，临榜被黜。主编《游戏世界》，著有《小说闲评》。《中国近代文学大系》录其文 1 篇。①

胡承治（1877—?），字佐安，号陛孙、鉴秋，钱塘人，上襄（1860—?）子。肄业浙

① 寅半生：《自述诗》，刘德隆：《出房·堂备·寅半生——对晚清一位小说理论研究者的考察与探讨》附录，《明清小说研究》2006 年第 2 期，第 138 页；陆林：《也谈寅半生之"八应秋考"及其他》，《明清小说研究》2008 年第 1 期，第 194 页；《中国近代文学大系》第 1 集第 2 卷《文学理论集二》，第 256 页。

江敷文、崇文、紫阳、东城，江西经训、豫章、友教、洪都、东湖、西昌书院。光绪二十年（1894）乡试堂备。二十九年（1903）乡试中式第 12 名举人。著有《鉴秋草庐诗古文》、《〈江汉炳灵集〉制艺注释》。①

孙传枢，嘉善人。著有《校堪光绪嘉善县志札记》。②

汪赓銮，字诵宣，一作诵先，杭县人。官两淮场知事。③

杨复，钱塘人。分纂、监刻《杭州府志》。④

秦锺瑞，字瑾生，一作晋笙，杭州人。曾任《杭报》主笔，创办《笑林报》。⑤

姚丙熙。姚文实为项藻馨（1873—1957）所作。《项兰生自订年谱》光绪二十二年（1896）："二月各书院甄别，诂经精舍时务论，余膺首选，题为'浙省海防'及现在时事。紫阳八股文题为'弟子入则孝'两章，列第三，卷名姚丙熙（文刊入紫阳八集）。"⑥

王诵熙（1865—?），原名宗怀，字蕙庭、秉乾，号百惟，萧山人。肄业诂经精舍、敷文、崇文、紫阳书院、东城讲舍、萧山笔花书院。光绪二十三年（1897）备取优贡。二十八年（1902）优贡第 6 名，乡试中式第 6 名举人。宣统三年（1911）官直隶文安知县。民国间官场知事。又，光绪三十二年（1906）至宣统三年（1911），有王诵熙者，曾任京师大学堂图书馆经理官、附属小学经理官、校长，疑即此人。⑦

任寿彭。浙江（一说苏北盐城）任寿彭，光绪三十四年（1908）官含山知县。⑧ 海盐任寿彭，民国元年（1912）官桐庐知事，是年卒于任上。曾为袁嘉端（1878—1910）汇辑《遗爱集》六卷。⑨ 绍兴任寿彭，民国十年（1921）官枣阳知事。⑩ 任寿彭（籍贯不详），民国十一年（1922）官宜城知事，次年调离。⑪ 疑前两者为一人，后两者为一人。未知此课艺作者任寿彭是否即其中一人。

何荣烈（1862—?），原名廷桢，字焕云，号秋坪，石门人。肄业诂经精舍、学海堂、敷文、崇文、紫阳书院。光绪十四年（1888）乡试中式第 74 名举人。二十年（1894）会试中式第 112 名，二十一年（1895）补殿试，成进士。三十二年（1906）官娄县知县。⑫

① 《清代硃卷集成》第 301 册，第 301 页。

② 《校堪光绪嘉善县志札记》弁言，第 1 页。

③ 《叶景葵杂著·卷盦联存·挽如兄汪诵宣赓銮》，第 407 页；《政府公报》1915 年 11 月 7 日第 1257 号，第 71 册，第 17 页；11 月 28 日第 1278 号，第 73 册，第 14 页。

④ 民国《杭州府志》卷首《修辑职名》，第 10 页。

⑤ 钟韵玉：《杭州早期文艺报刊》，《杭州文史资料》第 8 辑，第 81 页。

⑥ 宣刚整理：《项兰生自订年谱》，《上海档案史料研究》第 9 辑，第 189 页。

⑦ 《清代硃卷集成》第 294 册，第 149 页；民国《文安县志》卷 3《官师志》，第 14 叶；《政府公报》1915 年 7 月 11 日第 1140 号，第 60 册，第 427 页；《北京大学史料》第 1 卷，第 335、337 页。

⑧ 《含山县志》第 20 章《人大、政府、政协》，第 414 页。

⑨ 《桐庐县志》（1991 年版）第 18 编《政权》，第 470 页；杭州图书馆"民国杭州大事记"数据库，1912 年 9 月 18 日；《清人诗文集总目提要》，第 2000 页。

⑩ 《枣阳志》卷 20《政权机关》，第 367 页。

⑪ 《宜城文史资料》总第 6 辑《古今宜城人物》，第 272 页。

⑫ 《清代硃卷集成》第 277 册，第 195 页；第 80 册，第 311 页；《清朝进士题名录》，第 1284 页；《松江县志》卷 5《政权、政协》，第 227 页。

汪自强，仁和人。光绪间副贡。官江西知县。①

翁有威，仁和人，有成（1869—?）弟。②

范鸿藻，字巢寓，号次湖，海宁人。诸生。主双山讲舍二十年。工篆隶刻印。卒年七十。③

汪述祖。休宁汪述祖，字子贤，号著林。光绪二十年（1894）进士，官吏部主事。著有《余园诗稿》三卷、《余园诗余》一卷。《词综补遗》录其词 1 首，《全清词钞》录其词 2 首。④ 未知是否即此人。

陈予鉴。是集陈予鉴文后评语云："选课艺既竣，同学世兄骆筠溪持此卷语予曰：'此旧徒陈某作也。刻苦为文，少年赍志以殁。可否存之?' 辞甚切。虽然，欲于课艺中存其人，亦可哀矣。文亦足存者，因附卷中。"

孙元峻。钱塘孙元峻，字瘦石，号晙卿。诸生。性伉爽，有奇气，喜读《少陵集》。父殁，以所遗书籍家产让昆季，孑然一身，落拓而卒。著有《石庵诗钞》。⑤ 未知是否即此人。

胡承熙，钱塘人，上襄（1860—?）子，承治（1877—?）弟。⑥

来裕恂（1873—1962），字雨生，号匏园，萧山人。肄业崇文、紫阳书院、诂经精舍。留学日本，归国后加入光复会。曾任教于求是书院、海宁州中学堂、湖州师范学堂传习所、上海大同大学、长河小学、河兜小学，历官萧山劝学所所长，萧山、绍兴、开化教育科长，杭县民政科长，绍兴知事，浙江民政厅科员，浙江省文史馆馆员。著有《易学通论》、《汉文典》、《杭州玉皇山志》、《萧山县志稿》、《匏园政书》、《中国文学史》、《匏园诗集》、《匏园诗集续编》。⑦

陈镜蓉（1839—?），字定邦，号星楼、醒楼，东阳人。光绪十四年（1888）岁贡。⑧

周学宏。杭县周学宏，字仲葵，曾任众议院议员。⑨ 未知是否即此人。

钟镛生（1876—?），又名镛，字声叔，号愻盦、笙叔，钱塘人，濂（1870—?）弟。肄业敷文、紫阳书院、东城讲舍。光绪十九年（1893）乡试中式第 70 名举人。官内阁中书。⑩

王仁治（1871—1932），字潜楼、潜孙，号泠公，钱塘人。廪贡，官内阁额外中书。工山水，曾设西泠画社于杭城。⑪

---

① 民国《杭州府志》卷 113《选举七》，第 2207 页。

② 《清代硃卷集成》第 282 册，第 276 页。

③ 《皇清书史》卷 26，第 346 页；《海宁人物资料》第 3 辑《海宁艺苑人物》，第 104 页。

④ 《词综补遗》卷 51，第 1911 页；《全清词钞》卷 36，第 1907 页；《清人诗文集总目提要》，第 1936 页。

⑤ 《两浙輶轩续录》卷 49，第 75 页。

⑥ 《清代硃卷集成》第 301 册，第 305 页。

⑦ 吴云：《来裕恂年表》，《萧山记忆》第 2 辑，第 75 页。

⑧ 《清代硃卷集成》第 413 册，第 285 页。

⑨ 《辛亥以后十七年职官年表》，第 564 页。

⑩ 《清代硃卷集成》第 286 册，第 135 页；民国《杭州府志》卷 113《选举七》，第 2200 页。

⑪ 《大清缙绅全书·光绪三十三年春·京师》，第 9 叶；《20 世纪中华人物名号辞典》，第 812 页。

余皆待考。

14. 敬修堂词赋课钞

【书院简介】

敬修堂在杭州崇文书院。书院肇始于明万历年间，清康熙间增修，雍正间建敬修堂。乾隆二十四年（1759）设膏火。咸丰十一年（1861）兵毁，同治四年（1865）重建，光绪间增修。光绪二十八年（1902）改为钱塘县学堂。三十一年（1905）与仁和县学堂合并，称仁钱县学堂。三十二年（1906）分为两校，分别称钱塘县高等小学堂、仁和县高等小学堂。①

【版本序跋】

未署刊刻年月。讷音富呢扬阿序云：

> 崇文书院在湖之滨，多士肄业其中者，吸湖光，饮山渌，于举业外率工诗古文词。而我书农先生主讲最久，道德风雅，肖然为时矜式。正课之暇，辄用诗赋试士，盖所以导其性情，博其旨趣，使和其声以鸣国家之盛也。历年既久，淡萃成册，择其尤者若干首，以付剞劂，丙戌（1826）刊成，而属为之序。其时以宦辙奔驰，未遑执笔。庚寅（1830）冬，复奉命来抚兹土，于是足迹三至涮矣。观浙之人文日以隆，而翔紫青，步玉堂，为文学侍从选者且日益众，非名师宿儒奖掖启迪之善，乌克臻此？因重读是编，玩其葩华沛布，横翔捷驰，益知书农先生出其论思著作之才，以奖诱启迪诸后学者至详且裕。从此人文蔚起，文学侍从之盛，正未有艾，岂独为湖山增色已哉？
>
> 道光岁次辛卯（1831）九月，讷音富呢扬阿识。

讷音富呢扬阿（1789—1845），字海帆，镶黄旗人。嘉庆十八年（1813）举人。历官礼部笔帖式、员外郎，汀漳龙道，浙江盐运使，浙江、湖北按察使，湖南、浙江、福建、江西布政使，盛京刑部侍郎，浙江巡抚，盛京工部侍郎，乌鲁木齐都统，陕西巡抚，陕甘总督。②

胡敬序云：

> 浙会城三书院，例以制艺课士，鲜有道及词赋者。将谓词赋非科名所亟，因置不讲欤？顾学使岁科两试皆兼试词赋，第其高下；吾师朱文正、阮仪征两相国尤凭是拔取人才，非徒宏讲风流，盖备他日承明著作之选也。
>
> 敬幼获见先君子偕同里耆宿吴西林、汪槐堂、魏柳洲、何春渚、奚铁生诸老辈，

---

① 民国《杭州府志》卷16《学校三》，第475页；卷17《学校四》，第494页；孙孟晋：《浙江紫阳书院简述》，《杭州文史丛编》6《教育医卫社会卷》，第1页。

② 梅曾亮：《兵部尚书都察院右都御使陕甘总督富察公神道碑》，《柏枧山房文集》卷14，第80页。

纵谈风雅，心窃向往。通籍以后，安砚于协揆英煦斋师宅，其地距冢宰刘文恭师赐第不数武。两师本世交，居又相近，谬以敬文娴骈俪，每有章奏，辄命起草。体裁掌故，必先明晰指示。乃知台阁结撰，虽视山林异派，而清丽渊雅，理可相参。唐文馆开，与同年孙文靖、徐星伯并官总纂。两君皆天下士，文章尔雅，学博而器识不凡。频年晨夕追陪，赏奇析疑，多所裨益。岁己卯（1819），奉命校士皖省，既终任，以母老乞养归里。未逾岁，母氏弃养，随患重听，难再供职。爰山水之胜，承乏西湖讲舍。制艺之外，加以词赋，诸同学咸翕然乐从。阅三年，得课三十有六，厘为六卷，播诸枣梨。又五年，富海帆中丞复为之序。继是以后，时作时辍，同学辈亦缘事故，聚散不常，硕果晨星，存者无几。所幸后启之秀，操觚握椠，能踵前修。庚子（1840）春，方拟荟粹成编，续行付梓，值海疆不靖，舟山失守，数郡骚然。辛丑（1841）之秋，风鹤增警。大吏谆勉众绅士、团练、义勇为防御会城计，于宋德寿宫旧址道流所栖处设局，按日两操，刀光枪声，震骇心目。是时欲捉麈论文，不惟不暇，亦不敢。抚议成后，心绪稍定，酒边灯下，重检故纸，编排次第，积时既久，散佚颇多，姑即所存，汰其繁芜，抉其瑕类，十取一二，合前刻成十有六卷。为卷未倍，为时已数倍于前，则懒不收拾之故也。

　　屈指二十年来，掇巍科、跻清秩者，计不乏人。其人于词赋不皆擅场，而根柢盘深，尚偃蹇于场屋中者，正复不少。岂诵习惟在制艺，余可等诸自桧以下耶？然吾乡杰出之彦，无论国初十子，即近若杭董浦、厉樊榭两先生，未尝不咏槐黄、赋计偕，何著作如是之卓荦耶？且如袁简斋大令、陈句山太仆、吴谷人祭酒，未尝不工制艺，何诗古文辞如是之宏丽而淹雅耶？谓非才大者能兼容并包，而不屑詹詹于庸腐之绳墨耶？敬学殖浅薄，愧不能以经术垂范同学，为举词赋之一知半解所得于亲训、师资、友益者，备来哲问涂，是则敬拳拳跂望之微愿云尔。

　　道光壬寅（1842）孟冬朔日，胡敬序。

胡敬，见《诂经精舍文集》。

【课艺内容】

　　16卷108课，228题455篇。以赋、诗为主，间有散文。

　　集中多有与地方风物相关者，如《西湖打鱼歌》、《飞来峰铭》、《孤山谒林处士墓》、《西湖节物四咏》、《西湖休禊赋》、《西湖舫课赋》、《灵隐旧藏九莲菩萨画像赋》、《西湖采莼赋》、《孤山探梅用东坡腊日游孤山访惠勤惠思二僧韵》、《试龙井新茶》、《西湖养鱼夜设更夫以防窃者作鱼更诗》、《西湖怀古》、《新建崇文讲舍仰山楼记》、《集庆寺观宋理宗宴游图》、《岳祠侧秋水观相传是贾相别业遗址》、《岳祠前石狮子相传是魏奄生祠故物》、《厉太鸿南宋院画录序》、《岳庙观夏忠愍石刻乐府》、《于庙观王文成墨刻楹帖》等。

　　又，姚光宪《场屋十二咏》分咏《号灯》、《题纸》、《散饭》、《放牌》、《受卷》、《弥名》、《誊录》、《校对》、《呈荐》、《取中》、《拨房》、《填榜》，颇有意味。如《誊录》云："敏捷人皆写韵夸，败毫通透案欹斜。束留粉本千行墨，浓散毫端一片霞。事类胥抄矜倚马，书同簿录笑涂鸦。不知画就葫芦后，是否仍然旧样花。"《校对》云："夜雨凉窗费校雠，文虽加点义无求。偏旁莫任金根误，残缺须凭月斧修。一握青藜燃待勘，千番落叶扫仍留。看朱成碧由来恨，可许雌黄妄下不？"

【作者考略】

收录课艺较多者：董醇 54 篇，姚伊宪 42 篇，冯培元 38 篇，邹志初 36 篇，顾成俊 22 篇，潘恭寿 19 篇，吴炳 13 篇，杨廷镜 11 篇，杨鸿鉴、秦以湘、汪述孙 10 篇，陆堃 9 篇，姚光宪、徐镐、徐道生 8 篇，邵纶 6 篇，许堂 6 篇，丁遐福、沈鸿锆 5 篇，陆向大、徐大陛、俞恭仁、钱时颖、严凤诏、朱岳、洪昌燕 4 篇，金嗣楷、邵全福、劳经源、金树棻（金溥福）、陈敔、土锡藩、张筼元 3 篇。

其他作者一二篇不等：黄东望、吴培元、许桂身、蒋琛、许元恩、何元杰、李世楷、邵伯棠、王复亨、诸锡恩、张西庚、毛燿、秦学淮、关莹、徐之铭、魏熊、王煦、沈金生、朱以升、孙人炜、徐允森、许谨身、金淇、汪彝準、姚典、钟凤书、戴芳、汪适孙、陈本信、唐壬森、张炜、杨恺、宋士麟、金庆珍、黄泰清、金埔、戴煦、叶龙光、邵熙、戴兰畤、陆人镜、章廷彦、周焕奎、洪昌沂、顾书俊、郭彤伯。

另有胡琨 16 篇、胡琮 7 篇。

董醇、冯培元、邹志初、顾成俊、汪述孙、洪昌燕、钟凤书、唐壬森、戴煦、章廷彦、胡琨、胡琮，见《诂经精舍续集》。

姚伊宪（1789—1828），字尹为，号古芬，仁和人。诸生。工诗赋，九试棘闱不售。道光八年（1828）出场，以暴疾卒。著有《环云阁诗》，刻入《后九家诗》；《古芬书屋律赋》二卷，刻入《琴台正续合刻》。《清诗纪事》录其诗 4 首。[①]

潘恭寿，字履谦，号带铭，仁和人。道光十一年（1831）解元。官天台教谕。[②]

吴炳（？—1861），字仲兰，仁和人。诸生。家贫力学，授徒以糊口。能书画，见重于时。诗文温厚，如其行谊。咸丰十一年（1861）合家殉难。[③]

杨廷镜，改名井，字子亭，仁和人。道光间岁贡。积学工诗，试辄冠其曹，而棘闱屡作刘蕡之感。晚年境益穷，授徒为业，从游者多以文名。咸丰十一年（1861）城陷，合家绝粒殉难。[④]

杨鸿鉴，字鹤樵，号槲巢，仁和人。诸生。幕游岭南。[⑤]

秦以湘，字楚帆，杭州人。道光十七年（1837）拔贡。世业锡箔，乃独闭户读书，不治家人生产。肄业西湖书院，为胡敬（1769—1845）所赏。一日晨起，见报帖为屋漏所渗，己名适污墨晕。忽忽不乐，遂病风痰，数年而殁。[⑥]

陆堃（1798—1883），字纬乾，号简庵，萧山人。嘉庆十九年（1814）岁试入学。道

① 《清尊集》卷首《清尊集目》；《两般秋雨盦随笔》卷 1《姚古芬》，第 31 页；《中国丛书综录》第 1 册，第 870 页；《晚晴簃诗汇》卷 96，第 4038 页；《清诗纪事·嘉庆朝卷》，第 9142 页。
② 《国朝杭郡诗三辑》卷 48，第 16 叶。
③ 《国朝杭郡诗三辑》卷 79，第 11 叶。
④ 《国朝杭郡诗三辑》卷 69，第 19 叶。
⑤ 《国朝杭郡诗三辑》卷 46，第 10 叶。
⑥ 《国朝杭郡诗三辑》卷 57，第 42 叶。

光六年（1826）恩贡，就职教谕。著有《易荟》三卷、《青霭居诗存》。①

姚光宪，字莲石，仁和人。诸生。工词章，善画山水。②

徐镐，字石樵，仁和人。道光十五年（1835）举人。以大挑发中州，历官河南卢氏、辉县、汲县知县，主彰德、辉县书院。引疾归。善擘窠书，神似东坡。卒年八十余。③

徐道生（？—1861），字伊乐，杭州人。诸生。胡敬（1769—1845）侄婿，与胡琨（1814—1860）、胡琮（1815—1861）时有倡和。咸丰十一年（1861）殉难。④

邵纶，字子香，钱塘人。增生。长于词赋，学使者试古学，每冠阖郡。精绘事，尤工菊蟹。⑤

许堂，字仲升，号云阶，仁和人。廪生。曾馆余杭章氏。卒年四十。著有《北湖刍言》、《敦复堂制艺》、《艺兰室诗》。⑥

丁遐福，改名士元，字辛臣，号谔卿，钱塘人。道光五年（1825）举人。十上春官，始于二十五年（1845）成进士。选庶吉士，散馆授兵部主事。卒于京邸。工书，精数学。著有《红兰馆诗草》。⑦

徐大陛，字也陶，仁和人。诸生。潦倒场屋，便至放诞。年八十余，犹喜长啸。著有《也陶遗稿》。⑧

俞恭仁，改名廷简，字宽甫，号少卿，仁和人。诸生。⑨

钱时颖，字剑云，仁和人，栻（1752—？）孙。著有《昙花吟稿》。⑩

严凤诏，会稽人。工墨梅。⑪

金嗣楷，仁和人，汝梅（1825—？）堂兄。太学生，山东候补县主簿。⑫

劳经源，字笙士，号常甫，仁和人。诸生。著有《唐折冲府考》四卷、《敝帚稿》。⑬

金树棻，改名溥福，字兰士，号芬木，钱塘人。增生。⑭

王锡藩，字问屏，景宁人。廪生。家贫力学，博通经史，诗文沉郁排奡，萧郡守以岩穴奇士目之。肄业敷文、崇文书院，客死于杭。⑮

张箕元（？—1860），原名梓，号桐孙，仁和人。诸生。胡敬（1769—1845）重之，携往都中，与胡珵（1797—？）昆仲共笔砚。遂幕游南北，出居庸，渡台湾。年老倦归，

---

① 民国《萧山县志稿》卷11《纪事》，第839页；卷13《选举表》，第1139页；卷30《艺文》。

② 《浙江古今人物大辞典》上编，第359页。

③ 《两浙輶轩续录》卷35，第103页。

④ 《两浙輶轩续录》卷40，第506页。

⑤ 《国朝杭郡诗三辑》卷43，第26叶。

⑥ 《国朝杭郡诗三辑》卷50，第10叶。

⑦ 《国朝杭郡诗三辑》卷65，第20叶。

⑧ 《两浙輶轩续录》卷21，第579页；《清朝野史大观》卷6，第758页。

⑨ 《两浙輶轩续录》卷24，第691页。

⑩ 《两浙輶轩续录》卷27，第42页。

⑪ 《历代画史汇传补编》卷3，第19页。

⑫ 《清代硃卷集成》第249册，第354页。

⑬ 《皇朝续文献通考》卷265，第231页；《国朝杭郡诗三辑》卷38，第17叶。

⑭ 《国朝杭郡诗三辑》卷40，第32叶。

⑮ 民国《景宁县续志》卷13《人物志》，第3、17叶。

授徒为活，落落寡交。咸丰十年（1860）被太平军杀害。①

许桂身，原名颐身，字子寿，仁和人，乃济（1777—1839）子。道光五年（1825）举人。以教习分直隶，回避改发山东。十八年（1838）官德平知县。二十四年（1844）官新城知县。二十五年（1845）官广饶知县。二十六年（1846）官寿张知县。②

许元恩。海宁生员许元恩，《海宁州劝赈唱和诗》作者之一。③ 未知是否即此人。

何元杰，字韵山，山阴人。道光十三年（1833）进士，选庶吉士，授编修。工书。鲁迅外祖母之父。④

李世楷，字白华，号素侯，仁和人。廪生。读书喜征故实，著《业架摭余录》，搜奇抉隐，惜未成书，旋以羸惫成疾。曾有句云："呕残长吉血，瘦尽隐侯腰。"盖纪实也。著有《帚珍稿》。⑤

秦学淮，字西平，仁和人。诸生。⑥

王煦，字欣木，号皱石，钱塘人。道光八年（1828）举人。⑦

沈金生，字云波，仁和人。道光间岁贡。年十二即游乡校，才识灵敏，为文操笔立就。口若悬河，动惊四筵。年逾不惑，遽赴修文。⑧

朱以升，字升木、生木，号次云，仁和人。道光八年（1828）优贡，十二年（1832）顺天乡试中式举人，二十年（1840）进士。官顺义、平谷、密云知县。缘事罢职。著有《郑香室诗稿》。⑨

孙人炜，字兰垞，钱塘人。诸生。⑩

徐允森，字艮生，仁和人。诸生。工篆隶。⑪

许谨身（1809—1836），字瑞征，号金桥，仁和人，祐身（1850—？）堂兄。道光八年（1828）举人，十三年（1833）进士。官兵部主事。著有《师竹轩词钞》一卷。《国朝词综续编》录其词12首。《国朝词综补》录其词6首。⑫

金淇，字又泉，一作右泉，钱塘人。诸生。析产千金，尽以购书，中年后贫甚。嗜酒，醉后辄诵《离骚》，人以为颠。其诗出入太白、长吉，废煤败楮，拉杂书之。咸丰初年疾笃，出稿二三尺，呼其子尽焚之。⑬

---

① 《两浙輶轩续录》卷45，第697页。

② 道光《济南府志》卷32《秩官十》，第39叶；《桓台县志》第13编《政权政协》，第508页；《广饶县志》第23编《政权》，第600页；《聊城地区政权志》，第152页。

③ 《中国荒政全书》第2辑第3卷，第377页。

④ 《中国美术家大辞典》，第813页；《鲁迅家世研究》，第136页。

⑤ 《两浙輶轩续录》补遗卷4，第326页。

⑥ 《国朝杭郡诗三辑》卷50，第18叶。

⑦ 《国朝杭郡诗三辑》卷45，第40叶。

⑧ 《国朝杭郡诗三辑》卷69，第21叶。

⑨ 《国朝杭郡诗三辑》卷60，第25叶。

⑩ 《国朝杭郡诗三辑》卷50，第21叶。

⑪ 《皇清书史》卷3，第122页。

⑫ 民国《杭州府志》卷113《选举七》，第2192页；《清代硃卷集成》第110册，第362页；《近代词人考录》，第58页；《国朝词综续编》卷14，第575页；《国朝词综补》卷39，第352页。

⑬ 《国朝杭郡诗三辑》卷55，第12叶；《两浙輶轩续录》卷33，第260页。

汪适孙（1804—1843），字亚虞，号又村、甲子生，钱塘人。官候选州同。著有《甲子生梦余词》一卷。《晚晴簃诗汇》录其诗1首。《国朝词综续编》录其词7首。《国朝词综补》录其词2首。《全清词钞》录其词1首。①

黄泰清（？—1860），改名观澜，字侣峰，杭郡诸生。书仿率更，秀整不苟。少与冯培元（1813—1853）齐名，及培元通显，而观澜犹困辕下。咸丰十年（1860）殉难。《杭州三书院纪略》收录其《拟作崇文讲舍仰山楼记》。②

叶龙光，字古潭，杭州人。诸生。书法香光，名重艺林。后精修白业，在龙兴寺结舍利会。《杭州三书院纪略》收录其《拟作味经轩记》③。

戴兰畴（1814—1893），字畹香，号寿田、剑春、介村，浦江人。道光十七年（1837）拔贡。主讲诸暨毓秀书院。光绪十四年（1888）官台州教授，摄篆仅三月归。易箦时口占"天机变动近黄昏"之句而逝，年八十。④

周焕奎，字菊生，号次娄、橘园，钱塘人。诸生。⑤

洪昌沂，钱塘人，昌燕（1818—1869）堂兄。庠生。⑥

郭彤伯，字柳村，钱塘人。诸生。⑦

待考者：沈鸿锴、陆向大、朱岳、邵全福、陈敬、黄东望、吴培元、蒋琛、邵伯棠、王复亨、诸锡恩、张西庚、毛燿、关莹、徐之铭、魏熊、汪彝準、姚典、戴芳、陈本信、张炜、杨恺、宋士麟、金庆珍、金埔、邵熙、陆人镜、顾书俊。

15. 崇文书院敬修堂小课甲编

【版本序跋】

题"咸丰戊午（1858）正月刊成，掌教戴熙题"，"掌教戴醇士先生鉴定，监院盛尧春墨庄、胡琨次瑶校订"。

胡琨，见《诂经精舍续集》。

戴熙（1801—1860），字醇士，号鹿床，钱塘人。嘉庆二十四年（1819）举人。道光十二年（1832）进士，选庶吉士，散馆授编修。历官赞善、中允、广东学政、侍讲学士、光禄寺卿、礼部侍郎、兵部侍郎。乞假归。在乡协办团练。太平军入城，熙投水死。谥文节。以诗书画名世，绘事尤工。著有《习苦斋画絮》、《习苦斋诗集》、《习苦斋文集》。⑧

盛尧春，字墨庄，秀水人。以诸生保授教职，历署新城、太平训导。善笺奏，入浙抚幕。同治二年（1863）微服渡钱江，怀檄谒左宗棠（1812—1885）。左允所请，乃航海

---

① 《清尊集》卷首《清尊集目》；《清代人物大事年表》，第1338页；《晚晴簃诗汇》卷123，第5290页；《国朝词综续编》卷16，第593页；《国朝词综补》卷41，第372页；《全清词钞》卷19，第914页。

② 《国朝杭郡诗三辑》卷77，第7叶；《杭州三书院纪略》卷2，第458页。

③ 《国朝杭郡诗三辑》卷55，第15叶；《杭州三书院纪略》卷2，第455页。

④ 《清代硃卷集成》第393册，第371页；光绪《浦江县志》卷9《文苑》，第45叶。

⑤ 《国朝杭郡诗三辑》卷43，第19叶。

⑥ 《清代硃卷集成》第19册，第195页。

⑦ 《两浙輶轩续录》卷38，第428页。

⑧ 邵懿辰：《戴文节公行状》，《续碑传集》卷54，第126页。

归。以劳瘁旋卒。①

戴熙序云：

【略】国家以制艺设科，乡会后场、学政考试，旁及经解、策论、诗赋，殿廷则兼用之。盖制艺述经，具经体而微；经解、策论、诗赋拟经，各得经之一体。大要皆经之流，故并重焉。昌黎之言曰："士不通经，果不足用。"亮哉斯言乎！世儒或偏重时艺，呻其佔毕，严立课程，鄙诗古文词为杂学，往往谢弗能。甚者先圣遗经置高阁，曰未暇及是，直求其流，忘其源。以故高才博学者，不肯局时艺，必肆力诗古文词，求根柢于六经。

崇文书院自胡书农先生创小课后，朔望课制艺试帖外则杂出多题，生童好从事者间为之，月一举以为常。熙承乏后，课日益富，拟踵《敬修堂课钞》例刊行。奈力不及，乃积诸生润余，先刊甲编公同好，可续将续。【略】

咸丰八年岁次戊午（1858）二月八日，掌崇文书院教戴熙谨序并书。

【课艺内容】

凡10课113篇，每课数题。如第1课4题：《四牡在寅说》、《燧人四佐赞》、《磨盾作檄赋》、《读〈水经注〉赋天目五胜（翔凤林、浣龙池、紫溪、白石山、楼林）》；第2课7题：《〈诗〉〈书〉序出孟子之徒说》、《〈孟子〉有齐宣王无齐湣王说》、《"高允真忠臣"论》、《拟谢元晖〈拜中军记室辞隋王笺〉》、《夜梦拔葵明日遗屦赋》、《圣人不得已而用兵赋》、《妆域歌》；第7课5题：《如月之恒解》、《门谯赋》、《薜荔墙赋》、《斗蟋蟀》、《观潮行》；第8课4题：《〈穀梁〉以纳纠为可纳解》、《僧鞋菊赋》、《菊屏赋》、《闻官兵收复汉阳、武昌》；第10课5题：《士冠礼乡先生解》、《舜染于许由、伯阳赋》、《颜涿聚学于孔子赋》、《孤山五忆（野凫、猫儿、呦呦、鸣皋、小舟）》、《待雪》。间有评点。

【作者考略】

顾恬申、王鸿庆12篇，董慎言11篇，黄安澜7篇，曹凤锵、徐醇泽、钱保塘5篇，包汝嘉、张荫榘4篇，李宪章、郭箱传、赵嘉淦、沈楷、蒋福春3篇，吴佩吉、杜骧、蒲蕙、赵斯鏄、项晋蕃、李锡祉、陈学绳、汪曾事、吴华皋2篇，孙恒吉、连自华、俞听涛、沈云阁、陈承圣、范铭彝、徐玉岑、李向荣、孙玉检、叶尔安、胡庆曾、许等身、叶士俊、项晋荣、陈宝琪1篇。

黄安澜，见《诂经精舍续集》。

董慎言，见《诂经精舍三集》。

徐醇泽（1835—?），改名尔廖，字润生，号麟石、簠斋，仁和人。肄业诂经精舍。咸丰五年（1855）乡试中式第27名举人，九年（1859）进士。主讲夏县涑水书院者数年。同治四年（1865）补散馆，授检讨。中年殂谢，未竟其才。②

① 光绪《嘉兴府志》卷53《秀水孝义》，第1451页。
② 《清代硃卷集成》第264册，第167页；《两浙輶轩续录》卷48，第691页。

钱保塘（1833—1897），字铁江，号兰伯，海宁人。咸丰九年（1859）举人。同治七年（1868）以教习得知县，签分四川。大府重其名，聘主尊经书院。光绪间历知清远、定远、大足、什邡等县。著有《钱氏考古录》十二卷、《字林考逸》八卷、《历代名人生卒录》八卷、《妇学》一卷、《女英传》四卷、《清风室文钞》十二卷《诗钞》五卷、《吴越杂事诗录》三卷（皆收入《丛书集成续编》）。①

包汝嘉，钱塘人，韫珍（？—1854）弟。曾序其姊《净绿轩诗存》。②

张荫榘（1831—？），字矩卿，号絜庭，钱塘人，荫椿（1869—？）从堂兄。肄业诂经精舍。咸丰九年（1859）乡试中式第 16 名举人。罹难出险，独居沪江，与吴淦（字鞠潭）合著《杭城辛酉纪事诗》百首。③

李宪章，仁和人。咸丰八年（1858）举人。官兵部主事。④

郭箱传，兰溪人。恩贡。与修《兰溪县志》。⑤

赵嘉淦（？—1861），字雁湄、燕谋，仁和人。诸生。工书，临晋唐碑版，虽细如麻粟，而雍容宽绰，不失神韵。兼擅铁笔，竹头石乳，人争宝之。咸丰十一年（1861）与妇金氏同殉于难。著有《雁湄吟》、《端绮堂小稿》。⑥

沈楷，字步宣，仁和人。官石门训导。著有《乐志堂诗稿》。⑦

赵斯镈，字以薅，归安人。道光二十九年（1849）举人。官兵部主事。⑧

项晋蕃（1832—1897），字书巢，钱塘人。弱冠为县学生，应岁科试率居高等，省试屡荐不售。以运判分发两淮，历官泰坝监掣同知，通州、海州分司运判，湖北候补道。⑨

陈学绳，字砚传，钱塘人，善（字扶雅）孙。诸生。工骈文，为人掌书记。咸丰十一年（1861），客浙布政使幕，遭乱转徙江北。著有《两浙庚辛纪》，与《平浙纪略》及《谈浙》诸书小有异同。然当时在幕中，见闻固较真也。⑩

汪曾事，钱塘人。附生。官江西德化典史。⑪

连自华，号书樵，钱塘人。咸丰八年（1858）优贡。九年（1859）朝考第 12 名，顺天乡试挑取誊录，考取教习。充补正红旗官学汉教习，期满以知县用，签分湖南。历知慈利、衡山等县。著有《连自华医书十五种》。⑫

孙玉检，字仲雅，仁和人。诸生。著有《檀弓正误》二卷、《悬腕论》一卷。⑬

---

① 民国《海宁州志稿》卷 28《人物志·循吏》，第 43 叶；《邑人辞典》，第 59 页。

② 《近代词人考录》，第 281 页。

③ 《清代硃卷集成》第 248 册，第 205 页；第 89 册，第 261 页；《两浙輶轩续录》卷 45，第 704 页。

④ 民国《杭州府志》卷 113《选举七》，第 2197 页。

⑤ 光绪《兰溪县志》卷首《重修姓氏》，第 73 页。

⑥ 《两浙輶轩续录》卷 42，第 589 页；民国《杭州府志》卷 94《艺文九》，第 1826 页。

⑦ 民国《杭州府志》卷 91《艺文六》，第 1777 页。

⑧ 光绪《归安县志》卷 32《选举·举人》，第 21 叶。

⑨ 俞樾：《湖北候补道项君墓志铭》，《春在堂杂文六编》卷 4，第 206 页。

⑩ 《两浙輶轩续录》卷 39，第 487 页；《蕉廊脞录》卷 3，第 83 页。

⑪ 同治《德化县志》卷首修辑姓氏，第 14 页。

⑫ 《清代硃卷集成》第 44 册，第 88 页；《中国中医药学术语集成·中医文献（上）》，第 621 页。

⑬ 《两浙輶轩续录》卷 44，第 661 页。

叶尔安（1800—1857），字贞甫，号庆暄、宣三，仁和人。廪贡。同治初入河南巡抚幕，保举知县。历官新乡、孟县、商水、滑县知县，许州知州。著有《病余诗草》一卷。①

许等身，字述之，号康甫，乃烈（？—1961）子，祐身（1850—？）堂兄。钱塘人。贡生。官两淮候补运判。著有《薇云吟稿》。《词综补遗》录其词1首。②

项晋荣，号蓉帆，钱塘人，晋蕃（1832—1897）弟。同治六年（1867）举人，光绪三年（1877）进士。官福建知县。③

待考者：顾恬申、王鸿庆、曹凤锵、蒋福春、吴佩吉、杜骧、蒲蕙、李锡祉、吴华皋、孙恒吉、俞听涛、沈云阁、陈承圣、范铭彝、徐玉岑、李向荣、胡庆曾、叶士俊、陈宝琪。

16. 崇文书院课艺

【版本序跋】

高行笃题签，同治六年（1867）开雕。题"山长薛慰农先生鉴定，监院徐恩绶、高人骧、孙诒绅编次"。

高行笃，字叔迟，秀水人，均儒（1811—1869）子。以盐大使需次两淮，入淮南书局校雠群籍近二十年。工篆书，得石鼓笔法。其作楷字，点画悉依《说文》。为人方严，书亦似之，坎壈以殁。著有文集，未刊。④

薛时雨（1818—1885），字慰农、澍生，晚号桑根老人，安徽全椒人。道光二十三年（1843）举人，咸丰三年（1853）进士。历官浙江嘉兴、嘉善知县，杭州知府兼督粮道，曾代行布政、按察使事。主杭州崇文、江宁尊经、惜阴书院凡二十年。著有《藤香馆诗钞》、《续钞》、《藤香馆词》、《藤香馆小品》。⑤

徐恩绶（1831—1894），字若卿、印香，号杏芗、复盦，钱塘人。同治十二年（1873）乡试中式第30名举人。历官常山、安吉训导，平阳、余姚教谕。丁丙（1832—1899）任善后局事，上下城立分局数所，恩绶副之。襄理普济、同善、育婴三堂事，兼主湖工、义渡局，皆综核有经。条陈北新关积弊，巡抚左宗棠（1812—1885）采其议疏。请罢关税，民得休养生息，恩绶与有力焉。⑥

高人骧（1829—？），字呈甫，号蒋生，仁和人。咸丰元年（1851）乡试中式副榜第8名，同治九年（1870）乡试中式第92名举人。官山阴教谕。⑦

孙诒绅，字子播，钱塘人。优贡。光绪十六年（1890）官江苏江阴知县，后因教案

① 民国《商水县志》卷3《职官表》，第190页；《清人诗文集总目提要》，第1357页。
② 《词综补遗》卷74，第2765页；《清代硃卷集成》第110册，第362页。
③ 《清代硃卷集成》第275册，第338页。
④ 民国《江都县续志》卷27《寓贤传》，第773页。
⑤ 谭廷献：《薛先生墓志铭》，顾云：《桑根先生行状》，《续碑传集》卷80，第609、612页。
⑥ 《清代硃卷集成》第259册，第237页；民国《杭州府志》卷143《义行三》，第2731页；《中国画学著作考录》，第743页。
⑦ 《清代硃卷集成》第258册，第319页；《两浙輶轩续录》卷48，第48页。

被摘去顶戴。①

马新贻序云：

　　杭州三书院，当乾嘉盛时，两浙英才，千里负笈，学舍常满。其秀硕俊伟，往往蔚为名臣大儒，经济文章，后先辉映。而其课试之文章，流传海内，大抵雍容博丽，若与文治之隆、湖山之美，相与符验。盖东南文物之邦，宜其甲于天下矣。

　　粤寇之乱，都人士荡析流离，十存三四，三书院皆毁于火。贼平既逾年，新贻始奉恩命巡抚是邦。首以兴学为善后要务，谋之同官诸君子，以次修复书院，而为之延师教育，悉如故事。复为请于天子，补行乡试，浙之人益喁喁向学矣。二三年来，官师月课，佳制如林。间尝取而视之，雍容博丽，无异于昔之时也。乃复言之山长，择其尤雅，刊为三书院课艺，传播士林，以示风厉。且俾知虽当戡定祸乱之后，不可谓儒术为迂疏。而有志之士，诚能从事于圣贤之遗书，以求其心之明，以往复于古今得失理乱之故，则教化成人材出矣，固非徒谓文字遇合而已。而又以见国家德泽在人，虽浍更寇乱，一旦重睹升平，则皆争自濯磨，务趋于学。而圣天子中兴，更化于此，亦可窥见一端。异时名臣大儒，后先辈出，固将无异于昔，则尤官斯土者之所厚望也哉！

　　同治丁卯（1867）八月，抚浙使者菏泽马新贻序。

马新贻，见《诂经精舍三集》。

薛时雨序云：

　　杭州三书院课艺，向择其尤雅者锓板，为院士程式。丁卯（1867）时雨主崇文讲席，既哀其文镌之，乃为序其简曰：

　　【略】窃谓制艺一道，著作家辄鄙薄之，然实有根柢之学焉。外无所得于经史，内无所得于身心，其文必不能工。即工矣，或貌为先正，不古不今，则其道亦不能一轨于正。独好学深思之士，为能陶镕斟酌出之。其法度必宗乎古，其体裁必合乎今，其为学也平实而正当，其为志也洁净而精微，其为言也光明而俊伟。持是以试于有司，宜无不得当者。今集中持择之文，虽不能一格，然亦庶几乎此意。【略】是编起乙丑（1865），至丁卯（1867），凡三年官师月课之作，悉采择之。其从前三书院合刻，兵燹后久经散失云。

　　同治戊辰（1868）春正月，全椒薛时雨序。

目录后监院题识云：

　　右共计文一百八十一篇。自同同治六年（1867）冬月开雕，至七年（1868）四月讫工。书院自兵燹后，经费支绌，前刊课艺散失无存。是集梨枣之资，悉由方伯石泉杨公筹款，详请刊刻。大吏嘉惠士林盛意，合并注明。监院高人骥、孙诒绅谨志。

---

① 《江阴市志》附录，第1401页；《晚清教案纪事》，第223页。

【课艺内容】

制艺 50 题 181 篇。有评点。

【作者考略】

屠鑫 9 篇，张景祁 8 篇，吴承志 7 篇，李宗庚、周鸣春 6 篇，金毓麟、张岳锺 5 篇，费玉崤、邵世恩、曹鸿藻、董慎言、乐嗣韞、钟受恬、吴超、陆宗翰 4 篇，汪鸣皋、傅鼎乾、王若济、陆召南、汪春林、沈景修、陈豪、周华、吴积鉴 3 篇，许郊、孙瑛、支廷玠、陆元鼎、许承绶、孙绳祖、汤绳和、张预、张学济、赵铭、杨振元、章濬、陈锺谷、俞兆麟、谭廷献、袁建荦 2 篇，卫梓材、任贤、陆锡蕃、袁振蟾、姚晋高、来斌、徐振声、马良骈、陈建常、陶一鹗、徐清选、朱葆儒、骆葆庆、胡大章、郑炳垣、许之望、张鈇、钱家桢、沈文元、丁贞龄、郎璟、韩葆元、傅光毅、王廷训、冯继棠、王绍贤、王之杰、王麟书、罗德、高拜庚、朱元烺、刘金赞、沈善登、姚榓、黄以周、陆桢、王禹堂、俞光组、杨晨、袁训、赵炳文、董帷、来之杰、汪宝颐 1 篇。目录中作者前标注 "章山长课"、"薛山长课"、"马中丞课" 等。

吴承志、李宗庚、费玉崤、董慎言、乐嗣韞、陆宗翰、陈豪、许郊、孙瑛、张预、赵铭、章濬、袁建荦、卫梓材、袁振蟾、徐振声、骆葆庆、沈文元、王麟书、刘金赞、黄以周、王禹堂、俞光组，见《诂经精舍三集》。

吴积鉴，见《诂经精舍五集》。

吴超，见《紫阳书院课艺六集》。

屠鑫，原名钊，字勉斋，号小园，仁和人。光绪二年（1876）举人。官内阁中书。著有《冰壶玉鉴楼诗文稿》。①

张景祁（1828/1830—？），原名左钺，字铁生、蘩甫，号韵梅、玉湖，钱塘人。少以词名，入南宋诸家之室。工骈文，于卷施阁为近。咸丰八年（1858）备取优贡第 1 名。同治四年（1865）拔贡第 1 名，乡试中式第 8 名举人。十三年（1874）进士，改庶吉士，充武英殿、国史馆协修。散馆授福建知县，历武平、淡水、晋江、连江、仙游、福安、浦城等县。曾入左宗棠（1812—1885）幕。卒于福州。著有《擘雅堂诗文集》、《新蘅词》。《晚晴簃诗汇》录其诗 18 首。《国朝词综续编》录其词 10 首。《中国近代文学大系》录其词 5 首。②

周鸣春，字芷庭，富阳人。为诸生以制艺鸣于时。咸丰五年（1855）乡试中式副榜。同治三年（1864）春杭城克复，省宪设书院课士，优给膏奖，以代抚恤。鸣春赴杭应课，课辄冠曹，每一艺出，士子哄传遍抄，城垣纸为之贵，而一家十余口即借是

---

① 《国朝杭郡诗三辑》卷 89，第 16 叶。

② 《清代硃卷集成》第 395 册，第 71 页；第 250 册，第 219 页；第 37 册，第 369 页；张景祁：《和徐毓才观察重游泮水诗十绝句》、《冬月十日为余七十五弧辰，家人传歌称颂，却之不获，席间戏作》，《擘雅堂诗》卷 9、卷 11，第 83、104 页；民国《杭州府志》卷 146《文苑三》，第 2791 页；《近三百年名家词选》，第 137 页；《晚晴簃诗汇》166，第 7232 页；《国朝词综续编》卷 21，第 639 页；《中国近代文学大系》第 4 集第 15 卷《诗词集二》，第 552 页。

以为活。六年（1867）中式举人。一上春官，即绝意进取。光绪三年（1877）主讲剡溪书院。归途遭疾，抵家未逾月卒。诗学放翁，多近体。著有《剩稿》若干卷，家贫，未付梓。①

金毓麟（1841—？），字逊学，号琴舫、稼村，诸暨人。光绪元年（1875）乡试中式第 125 名举人，六年（1880）进士。官福建闽清知县，民国间官逊河稽垦局首任专员。②

张岳锺，字毓斋，钱塘人，景祁（1827—？）弟。廪生。文章诗赋，可与景祁媲美一时。中年玉折，稿亦不传。③

邵世恩（1841—？），字伯棠，号子端、棠甫，钱塘人。肄业江苏正谊、浙江崇文、紫阳书院、东城讲舍。同治四年（1865）乡试中式第 10 名举人。十年（1871）会试中式第 2 名，殿试三甲第 30 名，朝考三等第 32 名。历官湖北通山、汉川、天门知县，四川保宁知府。④

曹鸿藻，钱塘人。同治四年（1865）举人。⑤《杭州府志》误作"曹鸣藻"。⑥

钟受恬，原名樵，字子珊，一作紫珊，钱塘人。道咸间杭郡、仁、钱三学文艺之士极盛，庚辛（1860、1861）之难，凋阨殆尽。同治间复兴，受恬以老宿与新进角艺文场，气尤峻锐。四年（1865）优贡。未几病卒，著述散亡。曾参与湖舫文会。按湖舫文会以薛时雨（1818—1885）为主，与会者另有史鼎（梅生）、周炳炎（榄身）、袁建荤（星葩）、费玉崊（且泉）、沈荣（少凤）、李宗庚（1827—1891）、张鸣珂（1830—1908）、王麟书（1829—1887）、张预（1840—1910）、董慎言（1832—？）、谭廷献（1832—1901）、陆召南（子鸿）、沈景修（1835—1899）、陈豪（1839—1910）等，与会诗文辑为《湖舫文会课艺》。⑦

汪鸣皋，字洛雅、兰生，仁和人。咸丰间拔贡，同治四年（1865）举人。官黄岩教谕。曾任浙江书局分校。⑧

傅鼎乾，字梅卿，萧山人。咸丰十年（1860）岁贡。著有《湖荫小筑诗稿》。主修《萧山马湖傅氏宗谱》。⑨

王若济（？—1877），字万里，号秋舫，余杭人。工举业，授徒甚盛，兼精岐黄。光绪元年（1875）顺天乡试中式举人，即补知县。应丁宝桢（1820—1886）之招，襄办山

---

①　光绪《富阳县志》卷 19《人物·国朝》，第 38 叶。

②　《清代硃卷集成》第 264 册，第 395 页；《清朝进士题名录》，第 1164 页；民国《闽清县志》卷 3《职官志》，第 399 页；《逊克县志》第 12 篇《政权、政协》，第 391 页。

③　《国朝杭郡诗三辑》卷 90，第 7 叶。

④　《清代硃卷集成》第 250 册，第 241 页；第 32 册，第 103 页；《清代官员履历档案全编》第 4 册，第 243 页。

⑤　民国《重修浙江通志稿》第 110 册《考选》，第 4 叶。

⑥　民国《杭州府志》卷 113《选举七》，第 2197 页。

⑦　《国朝杭郡诗三辑》卷 85，第 9 叶；《湖舫文会课艺》卷首题名；《复堂日记》卷 2，第 706 页。

⑧　民国《杭州府志》卷 114《选举八》，第 2225 页；卷 113《选举七》，第 2197 页；《风木盦图题咏》，第 28 页；《浙江紫阳书院掌故征存录》，第 759 页。

⑨　民国《萧山县志稿》卷 13《选举表》，第 1168 页；《清人诗文集总目提要》，第 1723 页；《浙江家谱总目提要》，第 854 页。

东河工，以劳保知县。三年（1877）计偕，卒于京寓。①

陆召南，字子鸿，号仪甫，仁和人。同治九年（1870）副贡。少劬学，家贫，以授徒奉父。性孝友。董宗文义塾事凡七年，立课严肃，体恤生徒如子弟。乡闱久困，房荐五次，堂备二次。就职教谕。卒年四十二。著有《先荣禄公遗著》一卷附《翼辰轩遗诗》一卷。②

汪春林，镇海人。光绪六年（1880）岁贡。③

沈景修（1835—1899）④，谱名维銮，字汲民、勉之，号蒙叔、孟粟，晚号寒柯，秀水人，寄籍吴江。咸丰十一年（1861）拔贡第1名，会覆第1名。光绪五年（1879）官分水教谕。著有《蒙庐诗存》、《井华词》。《晚晴簃诗汇》录其诗3首。《词综补遗》录其词5首。《全清词钞》录其词5首。⑤

支廷玠，字舜梓，号琢如，嵊县人。诸生。善属文，兼精音律算术。诗不多作，然富情韵。⑥

陆元鼎（1839—1910）⑦，字春江、少徐，仁和人。同治四年（1865）拔贡、举人，十三年（1874）进士。历官江苏山阳、江宁、上海知县，广东惠潮嘉道，江苏粮储道、按察使、布政使，漕运总督，湖南、江苏巡抚。引疾归，旋赴京协理开办资政院事务。编有《各国立约始末记》。⑧

许承绶（1841—?），字子介，钱塘人。光绪十一年（1885）乡试中式第28名举人。⑨

孙绳祖，余杭人。同治间恩贡。⑩

汤绳和（1843—?），字春谷，号小亭，钱塘人。同治三年（1864）优贡，官瑞安训导。光绪五年（1879）乡试中式第36名举人，覆试二等。六年（1880）会试中式第69名，覆试二等第34名，殿试二甲第32名，朝考一等第30名，选庶吉士。九年（1883）散馆授刑部主事，寻谢病不出。著有《青芸室吟稿》。⑪

张学济（1837—?），原名昌洛，字若川，号绥芝，钱塘人。光绪元年（1875）乡试

① 《国朝杭郡诗三辑》卷89，第8叶。

② 民国《杭州府志》卷140《孝友二》，第2658页；《两浙輶轩续录》卷48，第53页；《武林坊巷志》第6册，第647页；《清代硃卷集成》第87册，第147页；《清人别集总目》，第1212页。

③ 民国《镇海县志》卷19《选举表下》，第34叶。

④ 生卒年据《中国近代文学辞典》，第232页。

⑤ 《清代硃卷集成》第395册，第105页；光绪《严州府志》卷11《续增·官师》，第242页；《晚晴簃诗汇》卷157，第6858页；《词综补遗》卷82，第3083页；《全清词钞》卷25，第1267页。

⑥ 《两浙輶轩续录》卷49，第99页。

⑦ 卒于宣统元年十二月二十三日，公历已入1910年。

⑧ 吴庆坻：《清光禄大夫候补三品京堂前江苏巡抚陆公神道碑铭》，陈豪：《三品京堂开缺江苏巡抚陆公行状》，《碑传集补》卷15，第25、31页。

⑨ 《清代硃卷集成》第272册，第375页。

⑩ 民国《杭州府志》卷114《选举八》，第2222页。

⑪ 《清代硃卷集成》第268册，第327页；第47册，第221页；《两浙輶轩续录》卷50，第113页。

中式第 27 名举人。①

　　俞兆麟，宣平人。同治十二年（1873）拔贡，候选直隶州州判。②

　　谭廷献（1832—1901），改名献，字仲修，号复堂，仁和人。同治初游福建学使徐树铭（1824—1900）幕。六年（1867）举人，屡试礼部不售。历官秀水教谕，安徽歙县、全椒、合肥知县，不数年告归。晚主经心书院。著有《复堂文》、《复堂诗》、《复堂词》、《复堂日记》，辑有《箧中词》。今人辑有《谭献集》。③

　　陆锡蕃（1832—?），字晋荣，号蓉卿、肖帆，萧山人。同治四年（1865）乡试中式第 66 名举人。官太平教谕。④

　　姚晋高，余杭人。同治间岁贡。⑤

　　陈建常（1830—?），字礼斋，号少厓，建德人。家甚贫，负薪以读。咸丰间入蒋益澧（1833—1875）军幕。同治十二年（1873）乡试中式第 117 名举人，十三年（1874）进士。历官湖南芷江等县知县、湖州府学教授。又曾任紫阳书院监院。生平著述以制艺居多。⑥

　　朱葆儒（1846—?），字仲珍，号廉泉，富阳人。同治十二年（1873）优贡第 4 名，乡试中式第 94 名举人。官上虞教谕。⑦

　　郑炳垣（1833—?），字杏南，号丽堂，钱塘人。光绪元年（1875）乡试中式第 10 名举人。二十七年（1901）官萧山教谕。⑧

　　许之望，仁和人，祐身（1850—?）堂侄。两淮候补盐知事。⑨

　　钱家桢，字叶蓁，慈溪人。光绪二年（1876）举人。以孝友闻。体羸弱，早卒。⑩

　　郎璟，字子鲁，余杭人。咸丰间岁贡。著有《寄生草》。⑪

　　韩葆元，字梅仙，慈溪人。增贡。官刑部候补郎中、奉天司行走。⑫

　　傅光毅，萧山人。同治六年（1867）、光绪五年（1879）两次副贡。⑬

　　王廷训（1838—?），字子卿，会稽人。以附贡生报捐同知，分发江苏，候补知府。⑭

　　罗德，新城人。同治间恩贡。⑮

①　《清代硃卷集成》第 262 册，第 335 页。
②　光绪《宣平县志》卷 10《选举》，第 705 页；光绪《处州府志》卷 17《选举志下》，第 602 页。
③　夏寅官：《谭献传》，谭献：《谕子书一》，《碑传集补》卷 51，第 265、273 页。
④　《清代硃卷集成》第 251 册，第 285 页；民国《萧山县志稿》卷 13《选举表》，第 1170 页。
⑤　民国《杭州府志》卷 114《选举八》，第 2219 页。
⑥　《清代硃卷集成》第 261 册，第 257 页；民国《建德县志》卷 14《人物·文学》，第 327 页。
⑦　《清代硃卷集成》第 261 册，第 63 页；民国《杭州府志》卷 113《选举七》，第 2198 页。
⑧　《清代硃卷集成》第 262 册，第 137 页；民国《萧山县志稿》卷 12 上《官师表》，第 947 页。
⑨　《清代硃卷集成》第 110 册，第 364 页。
⑩　光绪《慈溪县志》卷 21《选举下》，第 462 页；列传附编，第 1240 页。
⑪　民国《杭州府志》卷 114《选举八》，第 2218 页；卷 94《艺文九》，第 1825 页。
⑫　光绪《慈溪县志》卷 22《仕籍》，第 479 页；《大清缙绅全书·光绪十九年夏·京师》，第 55 叶。
⑬　民国《萧山县志稿》卷 13《选举表》，第 1172、1181 页。
⑭　《清代官员履历档案全编》第 4 册，第 693 页；《李鸿章全集》34《信函六》，第 302 页。
⑮　民国《杭州府志》卷 114《选举八》，第 2222 页。

朱元烺，仁和人。同治十二年（1873）举人。官福建知县。①

沈善登（1830—1902），字尚敦，号谷成，桐乡人。同治六年（1867）乡试中式第156 名举人，覆试一等第 12 名。七年（1868）会试中式第 30 名，覆试二等第 34 名，殿试二甲第 52 名，朝考一等第 41 名，选庶吉士。光绪三年（1877）主讲桐溪书院。著有《需时眇言》十卷（收入《续修四库全书》）、《报恩论》四卷，又有《经正民兴说》、《论余适济》，合编为《沈谷成易学》。②

姚櫆（1848—?），改名士璋，字厚载，号械卿、公翙，仁和人。同治六年（1867）优贡第 1 名，朝考二等第 10 名。七年（1868）考取八旗官学汉教习。十二年（1873）乡试中式第 129 名举人。历官常山训导、嘉兴教授、归安训导、候选国子监学正、候补内阁中书。光绪十五年（1889）会试中式第 83 名，殿试二甲 79 名，朝考一等 23 名，选庶吉士，散馆授编修，官至赞善。书法见称于时。晚主海州石室书院。③

杨晨（1845—1922），字蓉初、定孚，晚号月河渔隐，黄岩人。同治四年（1865）举人。六年（1867）肄业崇文书院。十三年（1874）考取内阁中书，充国史馆校对。光绪三年（1877）进士，选庶吉士，散馆授编修。历官山东道、江南道、四川道监察御史，工部给事中，刑部掌印给事中。二十三年（1897）丁内艰归，不复出。在乡创办越东公司，参与地方慈善。曾任黄岩县议长。著有《诗考补订》五卷、《三国会要》二十三卷、《定兴县志》二十六卷、《临海县志稿》三十二卷、《路桥志略》六卷、《崇雅堂文稿》四卷、《崇雅堂诗稿》二卷。《晚晴簃诗汇》录其诗 4 首。④

袁训，字廷敷、心伊，号韵轩，镇海人。光绪八年（1882）举人。⑤

赵炳文，字拙存，仁和人。诸生。著有《适然斋编年诗存》。⑥

来之杰（1831—?），字卓生，号寄凡，萧山人。同治元年（1862）恩贡，六年（1867）乡试中式第 70 名举人。官嘉善教谕。⑦

待考者：周崋、杨振元、陈锺谷、任贤、来斌、马良骈、陶一鹗、徐清选、胡大章、张鈇、丁贞龄、冯继棠、王绍贤、王之杰、高拜庚、陆桢、董帷、汪宝颐。

17. 崇文书院课艺续编

【版本序跋】

题"同治七年（1868）冬月开雕"，"山长薛慰农先生鉴定，监院高人骥、孙诒绅编次"。

---

① 民国《杭州府志》卷 113《选举七》，第 2198 页。

② 《清代硃卷集成》第 29 册，第 79 页；光绪《桐乡县志》卷 4《建置·书院》，第 139 页；《中国哲学发微》，第 407 页。

③ 《清代硃卷集成》第 261 册，第 311 页；第 63 册，第 431 页；《中国美术家大辞典》，第 1473 页；《清代东南书院与学术及文学》，第 533 页。

④ 伯翔：《杨晨先生》，《黄岩文史资料通讯》第 7 辑，第 26 页；《晚晴簃诗汇》卷 172，第 7483 页。

⑤ 《四明清诗略续稿》卷 4，第 20 叶。

⑥ 民国《杭州府志》卷 93《艺文八》，第 1804 页。

⑦ 《清代硃卷集成》第 255 册，第 25 页；民国《萧山县志稿》卷 13《选举表》，第 1169、1172 页。

薛慰农（薛时雨）、高人骥、孙诒绅，见《崇文书院课艺》。

【课艺内容】

制艺 21 题 83 篇。有评点。

【作者考略】

赵铭、王若济、屠鑫 7 篇，施补华 4 篇，黄以周、金毓秀 3 篇，陆召南、虞振源、郑炳垣、吴承志、高拜庚、孙绳祖、沈国勋、陈建常、张学济 2 篇，赵毓琛、许诵禾、吴积鉴、汪春林、许承绶、吴源、蒋德培、俞光组、王兰、陈同善、袁建荦、祝桂荣、谢季英、杨承烈、沈文元、朱蒂、钟学聚、陈豪、谢企训、朱镜清、陆镜蓉、汪宝颐、赵康彝、陈绍泰、詹庆祥、汪咏诗、许德裕、方坚、沈鼎、潘鍴、卫梓材、高人凤、孙瑛、蒋其章 1 篇。目录中作者前标注"薛山长课"、"高都转课"等。

赵铭、施补华、黄以周、吴承志、许诵禾、俞光组、王兰、袁建荦、祝桂荣、沈文元、朱蒂、陈豪、朱镜清、许德裕、卫梓材、高人凤、孙瑛、蒋其章，见《诂经精舍三集》。

吴积鉴，见《诂经精舍五集》。

潘鍴，见《紫阳书院课艺五编》。

吴超（吴源），见《紫阳书院课艺六集》。

王若济、屠鑫、陆召南、郑炳垣、孙绳祖、陈建常、张学济、汪春林、许承绶，见《崇文书院课艺》。

虞振源，改名濯，字韵泉，仁和人。增生。官甘肃候补县丞。卒年四十三。①

沈国勋，余杭人。同治间恩贡。②

谢季英（1848—1899），改名烺枢，字肖榆、小渔，余姚人，叔英（1846—?）弟。肄业浙东西书院。历膺湖南、河南学院襄校。光绪八年（1882）乡试中式第 34 名举人。十八年（1892）考取宗室左翼官学汉教习，期满以知县用。游台湾巡抚幕，归里修邑志。二十四年（1898）授广西知县，明年到省，旋以疾卒。著有《麻园遗集》。《晚晴簃诗汇》录其诗 3 首。③

钟学聚，字柳谷，号莲裳，钱塘人。廪贡。官诸暨教谕。④

陆镜蓉。兰溪陆镜蓉曾序海宁孙清《琴厢吟草》⑤，未知是否即此人。

汪咏诗，字仰陶，仁和人。同治间岁贡。⑥

待考者：金毓秀、高拜庚、赵毓琛、蒋德培、陈同善、杨承烈、谢企训、汪宝颐、赵康彝、陈绍泰、詹庆祥、方坚、沈鼎。

---

①　《国朝杭郡诗三辑》卷 91，第 30 叶。

②　民国《杭州府志》卷 114《选举八》，第 2222 页。

③　《清代硃卷集成》第 270 册，第 333 页；《麻园遗集》谢伦元题识，第 219 页；《晚晴簃诗汇》卷 174，第 7587 页。

④　《两浙輶轩续录》补遗卷 6，第 384 页。

⑤　民国《海宁州志稿》卷 16《典籍十八》，第 16 叶。

⑥　民国《杭州府志》卷 114《选举八》，第 2219 页；《风木盦图题咏》，第 27 页。

18. 崇文书院课艺九集

【版本序跋】

高保康题签。题"光绪辛卯（1891）六月开雕"，"掌教马春旸先生鉴定，监院许承绶、邹在寅编校"。

许承绶，见《崇文书院课艺》。

高保康，字恭甫、龚甫，仁和人。光绪十一年（1885）副贡。宗文义塾塾正。与修《杭州府志》。①

马传煦（1825—1906），字春旸，号蔼臣、念莃，会稽人。肄业诂经精舍。道光二十九年（1849）乡试中式第7名举人。咸丰六年（1856）会试挑取誊录第14名。九年（1859）会试第1名，殿试二甲第24名，朝考一等第17名，选庶吉士，散馆授编修。京察一等，拟保送御史，以咯血南归。选主蕺山、龙山、崇文书院，先后三十余年。著有《思补过斋制艺试帖》。②

邹在寅（1830—?），字典三，钱塘人。辑有《照胆台志略》一卷，有光绪二十一年（1895）仲冬自序。③

叶赫崧骏序云：

> 【略】省中书院多据胜地，而崇文依山面湖，举凡风云变幻，林木幽奇，四时皆有其佳致。诸生游息其中，得乾坤之清气，发为宇宙之至文，不貌袭先正，而先正之口讲指画，如入其室而承其馨欬。【略】

光绪十七年岁次辛卯（1891）仲夏，抚浙使者叶赫崧骏序。

叶赫崧骏，见《紫阳书院课艺八集》。

马传煦序云：

> 余忝长崇文十八年矣。忆自庚午（1870）假旋，蒙当道延主是席。自惟谫陋，养拙湖山，问字之车接踵而至。时或夜分谈艺，雅谊殷殷，两鬓霜彫，一灯豆小，清寂中自有真趣也。诸君子翔步云霄，联翩科第，其后起者亦多隽雅之士。计自甲戌（1874）至戊子（1888），刻课艺凡五编。兹当大比之年，监院复以选事请，仍汇三年内官师课卷，择其理法双清、华实并茂者录之。闭门造车，出而合辙，未必无当于有司之绳尺也。年来讲院倾颓，大宪发帑兴修，轮奂一新。诸生栖息有方，藉资砥砺，文章品谊，争自濯磨，修业修身，均体日新又新之意，毋负官长培植。他日黼黻皇猷，蔚成有用之器，名儒名臣，后先踵起，鄙人与有荣施焉。是为序。

---

① 民国《杭州府志》卷113《选举七》，第2207页；卷首《修辑职名》，第9页；《临平记补遗》卷首《题名》，第103页；《风木盦图题咏》，第31页；《丽年宗文》，第22页。
② 《清代硃卷集成》第21册，第3页；《绍兴县志资料》第一辑《人物列传》第二编，第142叶。
③ 《照胆台志略》卷首，第81页；丁立诚：《寿邹典三丈七十联》，《古今联语汇选（二）》，第523页。

光绪十七年辛卯（1891）季秋之月，会稽马传煦撰。

【课艺内容】

制艺46题140篇。有评点。

【作者考略】

张颐庆12篇，孙荣枝10篇，孙祥麟、吴起凤7篇，朱增麟6篇，许锡龙、许康寿、程彰采、许宝传5篇，顾梓培、郑文蔚、潘炳4篇，邹宝僾、吴福英、宋文蔚、董维新3篇，周燮鸿、毛宗澄、叶曾寿、姚澍恩、张映春、朱增瑞、吴汝念、王同钧、周鼎元、江乃钊2篇，沈锡之、徐学源、杨学沂、冯履康、孙坎为、金承廷、黄莹、徐环、沈效曾、来巨源、许开第、高𨬅、张长、高其昌、袁毓鹍、许之琭、陈鸿磐、汤桓、樊作枢、陈尚彬、程鹏、崔适、严葆铺、顾麐藻、杨赞勋、叶景春、来裕惇、钟濂、姚纪壬、吴福祥、蒋清瑞、程之濂、王儒宝1篇，拟作1篇。

崔适，见《诂经精舍四集》。

宋文蔚、陈尚彬，见《诂经精舍六集》。

毛宗澄、来裕惇，见《诂经精舍七集》。

许宝传，见《紫阳书院课艺五编》。

孙荣枝、邹宝僾、许开第，见《紫阳书院课艺六集》。

吴汝念、钟濂、王儒宝，见《紫阳书院课艺八集》。

孙祥麟，仁和人。光绪十四年（1888）副贡。[1]

程彰采，字小湖，仁和人。光绪间岁贡。[2]

顾梓培，钱塘人。光绪二十年（1894）举人。[3]

吴福英（1858—?），字剑潭，号梅修、屺思，海宁人，浚宣（1839—?）子。光绪二十三年（1897）乡试中式第45名举人。与修《海宁州志稿》。[4]

周燮鸿（1856—1906），原名燮赞，字翊廷，号襄臣，诸暨人。肄业崇文书院、诂经精舍。光绪二十三年（1897）乡试中式副贡第4名，候选训导。[5]

叶曾寿，仁和人。光绪间恩贡。[6]

姚澍恩，原名澄源，萧山人，夔（1844—?）子。[7]

王同钧，杭州人。光绪间岁贡。[8]

① 民国《杭州府志》卷113《选举七》，第2207页。
② 民国《杭州府志》卷114《选举八》，第2219页；《风木盦图题咏》，第34页。
③ 民国《杭州府志》卷113《选举七》，第2201页。
④ 《清代硃卷集成》第291册，第347页；民国《海宁州志稿》卷首《修志题名录》，第1叶。
⑤ 《清代硃卷集成》第366册，第217页；《诸暨藏绿周氏世谱（萃亲堂）》卷26，第101页（这条资料承杨士安先生函告，谨致谢忱）。
⑥ 民国《杭州府志》卷114《选举八》，第2223页。
⑦ 《清代硃卷集成》第271册，第48页；民国《萧山县志稿》卷24《人物·列女下》，第1791页。
⑧ 民国《杭州府志》卷114《选举八》，第2219页。

金承廷，杭州人。廩贡。光绪二十九年（1903）选复设训导。①

来巨源，萧山人，凤闻（1843—？）侄。业儒。②

张长，更名一鸣，字洗桐、心芜，别署湘灵子、桐花馆主，桐乡人。南社成员。著有《洗桐随笔》、传奇《轩亭冤》、时调新戏《斩秋瑾》。《词综补遗》录其词 1 首。③

陈鸿磐。《陈士岩稿》一卷，作者陈鸿磐④，未知是否即此人。

蒋清瑞（1859—？），改名鸿年，字寀丞，一作采丞，号澜江、石瓢道人，归安人。光绪十九年（1893）举人。历官内阁中书、兵部武选司主事、江苏金山知县。著有《柘湖宦游录》、《月河草堂丛钞》、《月河草堂赋钞》、《朱邨文牍偶存》、《湖州竹枝词》各一卷，辑有《湖州十家诗选》一卷。⑤

余皆待考。

19. 崇文书院课艺十集

【版本序跋】

高保康题签。题"光绪甲午（1894）十月开雕"，"掌教翁焘又鲁先生鉴定，监院许承绶、姚巳元编校"。

许承绶，见《崇文书院课艺》。

高保康，见《崇文书院课艺九集》。

翁焘，字又鲁，号亦衡，慈溪人，钱塘籍。光绪八年（1882）举人，十六年（1890）进士。官绍兴府教授。⑥

姚巳元。著有《城南访碑录》、《养疴丛记》。⑦

翁焘序云：

> 【略】盖所崇者文，而所以崇文者，文以载道也。今虽中外道通，世局日异，文亦浸衰矣。然时有古今，道无古今，士诚守千古不变之理法，所以挽时局者，亦未始不在此。
>
> 焘不文，承前中丞崧公、今大中丞廖公先后委主崇文讲席，以才疏学浅，辞不获命。今夏授职越中，始谢去。又适当崇文十刻之期，焘何人斯，敢膺选政？职无可诿，黾勉将事。浙中人文渊海，扬芬摘藻，美不胜收。沧海遗珠，自知不免。惟区区微意，务期骋才气者不诡理法，读经世之书，务反身之学。庶几文行交修，处为名儒，出为名臣，以无负各大吏崇尚文教之意，而不为世俗所轻。是所厚望于诸君子。
>
> 光绪乙未（1895）孟冬之月，钱塘翁焘谨撰。

---

① 《大清缙绅全书·光绪三十年冬·浙江省》，第 10 叶。

② 《清代硃卷集成》第 251 册，第 68 页。

③ 《中国文学家大辞典·近代卷》，第 213 页；《词综补遗》卷 44，第 1649 页。

④ 《清人诗文集总目提要》，第 1521 页。

⑤ 《柘湖宦游录》卷首题识、陈澹然《金山剿匪图记》；《湖州竹枝词》卷末题识。

⑥ 光绪《慈溪县志》卷 21《选举下》，第 462 页；民国《杭州府志》卷 113《选举七》，第 2199 页；《民国杭州市新志稿专辑》卷 26《人物》，第 292 页。

⑦ 《武林坊巷志》第 8 册，第 806、814 页。

【课艺内容】

制艺 49 题 140 篇。有评点。

【作者考略】

范崇正 11 篇，钟骏文、陆立瀛 5 篇，洪锡撰、王儒宝、吴起凤、吴福英、田位燊 4 篇，洪昌烈、徐光煦、汤湘、陆懿凝、顾梓培、樊熙、张颐庆、葛洒青、来杰 3 篇，来裕昌、张映春、孙坎为、汪诒年、董汝梅、章渭、王文韵、朱增麟、章乃贞、姚澍恩、王诵熙、汪自强、邵孝章、余本立、朱作梅、黄祖培 2 篇，吴道升、胡乃大、沈祖荣、许锡龙、黄懋林、沈祖慈、瞿庆元、高尔羲、陆承绎、陈宝书、许之珂、程彰采、鲍诚一、方芸苏、高镛、孙荣枝、张长、陈方铭、张宗彝、王荫庭、何燕、姚恩赞、杨学洛、花信风、张景江、朱用宾、汤铭箴、徐承禄、张懋勋、李宗沁、章念曾、顾燿乙、诸世麿、许锡祺、施文德、陈臧、陈怡寿、赵延泽、孙祥麟、刘泉 1 篇。

沈祖荣、徐承禄，见《诂经精舍五集》。

方芸苏，见《诂经精舍七集》。

来杰，见《诂经精舍八集》。

孙荣枝，见《紫阳书院课艺六集》。

王儒宝、汤湘、邵孝章、朱用宾，见《紫阳书院课艺八集》。

钟骏文、王诵熙、汪自强，见《紫阳书院课艺九集》。

吴福英、顾梓培、姚澍恩、程彰采、张长、孙祥麟，见《崇文书院课艺九集》。

徐光煦，萧山人，仁和籍。光绪二十三年（1897）副贡。官江苏州判。①

樊熙。杭州樊熙，字羲臣，清末民初任学校图画教员。② 疑即此人。

来裕昌（1872—?），字铭箴，萧山人。光绪二十八年（1902）乡试荐卷，宣统元年（1909）拔贡第 1 名。日本警务专科毕业，兼习商业银行学。历任全浙巡警学堂、初级师范学堂、萧山高等小学教员，山会萧警务科长，学部小京官。著有《来姓管见录》、《楹联续话》、《小小园诗文集》。分纂《萧山县志稿》。③

汪诒年（1866—1941），字仲策，号颂阁、仲谷，钱塘人，康年（1860—1911）弟。廪生。光绪十五年（1889）乡试堂备。二十七年（1901）保荐经济特科，未与试。协助汪康年主持、经营《时务报》、《中外日报》。历任商务印书馆交通科长、校史处负责人。著有《汪穰卿先生传记》、《汪穰卿先生年谱》，编有《汪穰卿先生遗文》。④

高尔羲，仁和人。光绪十九年（1893）举人。官户部郎中。⑤

---

① 民国《萧山县志稿》卷 13《选举表》，第 1190 页。

② 《近代字画市场辞典》，第 108 页。

③ 《清代硃卷集成》第 403 册，第 19 页；民国《萧山县志稿》卷首《修辑人名》，第 36 页；卷 13《选举表》，第 1196 页。

④ 《汪穰卿先生年谱》，第 595 页；《清代硃卷集成》第 74 册，第 135 页；民国《杭州府志》卷 111《选举五》，第 2147 页；《张元济全集》第 2 卷《书信》，第 157 页；第 4 卷《诗文》，第 96 页；林盼：《谁是〈中外日报〉的实际主持人》，《史学月刊》2012 年第 2 期，第 59 页。

⑤ 民国《杭州府志》卷 113《选举七》，第 2200 页。

陈方铭。海宁陈方铭，附生，光绪三十二年（1906）官泰州分司运判。① 疑即此人。

何燕，改名丙藻，萧山人，钱塘籍。光绪二十九年（1903）举人。历任苎萝乡乡立临浦初等高等小学校长、萧山县教育会副会长。②

杨学洛，字云门，一作雪门，杭州人。善擘窠大字，浑厚劲挺。西湖放鹤亭匾额为其所书。卒年五十许。③

汤铭箴（1864—1936），改名澥，字尔规，定海人。宣统元年（1909）拔贡。试用江西直隶州州判。辛亥后归里，自号遁庵居士。曾主岱山蓬山书院。著有《岱山镇志》二十卷，与修《定海厅续志》、《定海县新志》、《定海县续志》。④

顾燿乙（1869—？），谱名其型，字藜青、敬庄，号琳甫，萧山人。肄业敷文、崇文、紫阳书院、诂经精舍。光绪二十年（1894）乡试中式第54名举人。官直隶布库大使。⑤

陈怡寿。钱塘陈怡寿，监生，官法部主事。⑥ 疑即此人。

余皆待考。

20. 东城讲舍课艺

【书院简介】

杭州东城讲舍，旧为孝义庵，清同治四年（1865）改建，光绪五年（1879）重修。三十一年（1905）改为初等小学堂。⑦

【版本序跋】

题"同治八年（1869）季春付雕，高行笃署检"。

高行笃，见《崇文书院课艺》。

薛时雨序云：

予守杭州日，废浮屠之宫以为东城讲舍。时兵气初定，文学未昌，人士皆化离蕉萃，敝衣冠来揖庭下，犹喘喙茧足也。然而校其文章，乃昌昌愉愉而不失规矩，于以觇风教焉。百度初举，物力有不及，月试之日，无以为膏火之资，薄俸所分者有限。此邦人士，修饬学行，乐与砥厉，不懈益亲，文艺日进，每课辄改观。予方昕夕簿书，草创群政，而亦乐此不为疲也。复于其间进贤者，与之说经，兼及辞赋，皆彬彬有则矣。是岁始举乡试，补行二科，讲舍肄业者获隽至三四十人。学使者贡拔萃之士，尽出于讲舍，而予即以是秋谢病去官。

刘君笏堂、谭公文卿、陈君子中、陈君伯敏相继治杭，皆有教养之志。所以讲舍

① 民国《续纂泰州志》卷13《秩官表下》，第659页。

② 民国《萧山县志稿》卷13《选举表》，第1194页；卷10下《学校》，第817、821页。

③ 《中华书法篆刻大辞典》，第426页。

④ 民国《定海县志》册四丁《艺文·书目》，第6叶；《岱山县志》第22编《人物》，第637页；张昌茂：《汤浚先生与〈岱山镇志〉》，《岱山文史资料》第3辑，第23页。

⑤ 《清代硃卷集成》第288册，第189页；民国《萧山县志稿》卷13《选举表》，第1189页。

⑥ 《宣统三年冬季职官录》，第403页。

⑦ 民国《杭州府志》卷16《学校三》，第481页；卷17《学校四》，第492页。

谋久远者无不至，师儒有奉也，生徒有廪也，规制益密，文艺益盛。秀水高孝靖先生主讲三载，然后诸生之说经有家法，辞赋不为华词，取材落实，将在于是。予去官后乃主崇文书院，往时群士羔雁相见，讲舍之知名者居多。高先生以己巳（1869）夏捐馆舍，山木之感，衣冠奔走。予时已来江宁，讲舍之士举乙丑（1865）至戊辰（1868）四年课艺邮寄选定，曰高先生志也。予在杭州已两刻《崇文课艺》，江宁亦刻《尊经书院课艺》，纵衡铅椠，结习未忘，乐与编辑之役，乃为著录若干篇，大都婉雅而闳远，无喔咿呢詈之习，可以观矣。高先生名均儒，字伯平，种学纯厚，经术尤粹。今刻说经之言，皆出先生手定。其卒也，讲舍生私谥孝靖云。

同治八年（1869）十二月，全椒薛时雨撰。

薛时雨，见《崇文书院课艺》。

【课艺内容】

包括三部分：四书文，凡《论语》23 题 68 篇，《学》、《庸》3 题 4 篇，《孟子》13 题 28 篇；经艺 13 题 18 篇；经解、杂文 28 题 38 篇，题如《元亨利贞解》、《岁取十千解》、《六宗说》、《声律辨》、《颜子不贰过论》。有评点。

【作者考略】

许诵禾 14 篇，杨文杰 12 篇，吴承志 10 篇，陆召南 7 篇，王若济、王同 5 篇，许承绶、屠鑫、张景祁、黄以周、许郊 4 篇，郑炳垣、吴荣浩、陆元鼎、陈豪、俞光组、朱锡荣 3 篇，方严、袁振蟾、王麟书、钟受恬、孙树义、张预、王耕、朱宝篆、盛赞尧、董慎言、祝桂荣、杨振镐 2 篇，陆寿民、朱景兰、高念曾、谢季英、孙树礼、汪蟾采、李宗庚、程彰采、张岳锺、杨鸿元、沈荣、马受臧、卫梓材、高绶曾、杨振镳、沈文元、骆葆庆、陆宗翰、冯兆才、羊复礼、姚栖、黄传耀、王毓岱、孙轶、吴荣煦、王崇鼎、周以文、何学郑、杨一鹏、张景云、朱彭年、谭廷献、翁文溎、孙炳奎、丁正、叶清、高文鋆、邵世恩、毛夒、唐兆松、王菜 1 篇。

许诵禾、吴承志、黄以周、许郊、陈豪、俞光组、袁振蟾、王麟书、张预、盛赞尧、董慎言、祝桂荣、杨振镐、陆寿民、李宗庚、沈荣、卫梓材、沈文元、骆葆庆、陆宗翰、羊复礼、张景云、朱彭年、丁正、王菜，见《诂经精舍三集》。

孙树义、孙树礼、王崇鼎，见《诂经精舍四集》。

王同，见《诂经精舍五集》。

吴荣煦、王毓岱、方严，见《紫阳书院课艺五编》。

杨振镳，见《紫阳书院课艺九集》。

陆召南、王若济、许承绶、屠鑫、张景祁、郑炳垣、陆元鼎、钟受恬、张岳锺、姚栖、谭廷献、邵世恩，见《崇文书院课艺》。

谢季英，见《崇文书院课艺续编》。

程彰采，见《崇文书院课艺九集》。

杨文杰（1808—1878），字廷英，号枌园，仁和人。同治六年（1867）优贡，光绪元年（1875）举孝廉方正。著有《续经稗》十二卷、《群经札记》十四卷、《大学古本订》

一卷、《说文重文考》一卷、《阙文考》一卷、《逸文考》一卷、《东城记余》一卷、《堪舆杂说》四卷。①

吴荣浩，字紫封，钱塘人。光绪元年（1875）举人，候选同知。少工制艺，岁科则驰骋文场，朔望则蜚声书院。年逾四十始膺秋赋，遇不偿学矣。②

朱锡荣，仁和人。光绪元年（1875）举人。③

王耕，改名鼎祺，字伯由、子劝，号稷堂，仁和人。同治四年（1865）举人，教习知县。循谨嗜学，设帐传经，多所造就。卒于京邸。④

朱宝篆，字笙陔，海宁人。廪贡，试用训导。工时艺，宗法韫山堂。著有《卅二学诗草》二卷。⑤

高念曾（1838—?），字子怀，号味琴，钱塘人。光绪元年（1875）乡试中式第66名举人。候选训导。著有《两浙节孝录》十一卷。⑥

汪蟾采，字德茹，仁和人。同治四年（1865）举人。⑦

杨鸿元（1826—?），原名恒源，字胪伯，号澹泉，仁和人。同治三年（1864）优贡第3名，七年（1868）朝考一等第2名。十二年（1873）乡试中式第22名举人。光绪二年（1876）进士，选庶吉士，散馆改主事。以道员分发江苏，办理海运、粮储事数十年。著有《四素居集》。⑧

高绶曾（1827—1887），改名光煦，又名传锦，字子容，仁和人。岁贡，候选训导。著有《贻砚堂诗集》二卷。⑨

黄传耀（1845—?）⑩，字辅臣，号子眉，仁和人。家贫落魄。光绪二年（1876）乡试中式第75名举人，三年（1877）进士。签发山左，依然落拓。大吏知其能文，命阅书院课卷，且派内帘。及补章丘知县，政尤繁剧，惧不能理。遽发痰疾，仰药而卒。⑪

孙轨，富阳人。同治十二年（1873）举人。官知县。⑫

何学郑，字康来，钱塘人。官安吉训导。与修《湖州府志》、《安吉县志》。⑬

孙炳奎，字仁甫，仁和人。辑有《同仁祠录》二卷。⑭

---

① 《国朝杭郡诗三辑》卷89，第1叶。
② 《国朝杭郡诗三辑》卷89，第4叶。
③ 民国《杭州府志》卷113《选举七》，第2198页。
④ 《国朝杭郡诗三辑》卷85，第21叶。
⑤ 《国朝杭郡诗三辑》卷88，第19叶；民国《海宁州志稿》卷16《典籍十八》，第6叶。
⑥ 《清代硃卷集成》第263册，第343页；《杭州玉皇山志》卷5下，第645页；《皇朝续文献通考》卷264，第221页。
⑦ 民国《杭州府志》卷113《选举七》，第2198页；《灵峰志》卷4下，第153页。
⑧ 《清代硃卷集成》第259册，第177页；民国《镇海县志》卷27《人物传六》，第36叶；民国《杭州府志》卷94《艺文九》，第1828页。
⑨ 《两浙輶轩续录》卷48，第43页；《清人诗文集总目提要》，第1628页。
⑩ 生于道光二十四年十二月初二日，公历已入1845年。
⑪ 《清代硃卷集成》第266册，第295页；《国朝杭郡诗三辑》卷89，第20叶。
⑫ 民国《杭州府志》卷113《选举七》，第2193页。
⑬ 同治《湖州府志》卷首《职名》，第2叶；同治《安吉县志》卷首《职官姓氏》，第2叶。
⑭ 《同仁祠录》，第762页。

叶清，钱塘人。同治间恩贡。①

高文鋆，字伯钟，号级堂，海宁人。廪生。诗法忠雅堂，与许仁杰（1843—1899）、倪钟祥（1843—?）、蒋学坚（1845—1914）称"薇山四子"。以疾卒，年二十八。著有《始存草》一卷。《词综补遗》录其词 1 首。②

毛夒，字子球，号南谷，钱塘人。同治六年（1867）举人。光绪六年（1880）官铁岭知县。与兄庚（字西堂）同有善书之名。③

待考者：朱景兰、马受臧、冯兆才、周以文、杨一鹏、翁文濬、唐兆松。

【附录】

上海图书馆藏有东城讲舍课卷原稿，封面署"东城讲舍肄业生员丁梦松，内课第二名"。四书文一篇，题《亦在车下》；赋一篇，题《赋得芦花被赋（以"夜月生香雪满身"为韵）》；试帖诗一篇，题《赋得美人娟娟隔秋水（得"韩"字五言八韵）》。末评："情文相生，稍欠锤炼，排律误作五言。"按上虞廪生丁梦松，参校《上虞县志》④，未知是否即此人。

21. 东城讲舍课艺续编

【版本序跋】

题"同治甲戌（1874）冬季刊成"。

陈鲁序云：

> 东城讲舍课艺，薛慰农观察曾选书艺经解授梓。迄今数年，佳文又林立，诗赋所积亦多，爰续刻之，都为一集。
>
> 讲舍自孝靖高先生掌教以来，人文日盛。今石泉中丞复为延访主讲，冀得续孝靖之绪。鲁承乏兹土，七年于兹，见诸生课作，日异月新，类皆自出机杼，屏绝陈言。即其文以觇其行，必能自树立，不为征逐标榜可知。士习端而后人心正，诸生能勉自爱以振起斯文，是则中丞所期于诸生，而亦鲁所朝夕企望也夫。
>
> 同治甲戌（1874）仲冬，上元陈鲁。

陈鲁，上元人。道光十五年（1835）举人，二十年（1840）进士。同治八年（1869）、十三年（1874）两任杭州知府。⑤

---

① 民国《杭州府志》卷 114《选举八》，第 2222 页。
② 民国《海宁州志稿》卷 29《人物志·文苑》，第 52 叶；卷 16《典籍十八》，第 6 叶；《词综补遗》卷 32，第 1176 页。
③ 民国《杭州府志》卷 113《选举七》，第 2193 页；《辽宁省志·政府志》，第 71 页；《皇清书史》卷 12，第 413 页。
④ 光绪《上虞县志》卷首《纂修职名》，第 2 叶。
⑤ 同治《上江两县志》卷 14《科贡》，第 281、286 页；民国《杭州府志》卷 101《职官三》，第 1955 页。

【课艺内容】

四书文 39 题 54 篇；经文 24 题 26 篇；经解 17 题 18 篇，题如《告子曰"食色性也"两章解》、《转注说》；杂著 14 题 18 篇，题如《拟元次山〈恶圆〉》、《拟〈崇明老人传〉》、《跋昌黎〈石鼓诗〉》；赋 61 题 95 篇，题如《谦受益赋》、《有文在手曰友赋》、《推十合一为士赋》、《文无加点赋》、《杭州府学观宋石经赋》、《状元试三场赋》、《白香山西湖留别赋》、《襟上杭州旧酒痕赋》、《春蚕作茧赋》；古今体诗、词曲 47 题 64 篇，题如《拟古词〈东门行〉》、《读〈吴梅村集〉》、《应潜斋、桑弢甫、全谢山、杭堇浦四先生咏》、《咏十六夜月》、《杭谚四咏》、《论六朝人诗仿遗山体》、《西湖采莲曲》、《东城杂咏》。有评点。

【作者考略】

收录课艺较多者：杨振镐 24 篇，虞文璿 12 篇，施补华 11 篇，许郊 10 篇，查光华 9 篇，张燊、张祖鉴 8 篇，俞光组 7 篇，屠鑫、汪行恭 6 篇，杨文杰、王同、祝桂荣、盛起、董慎言、蒋其章、诸可宝、张预 4 篇，朱锡荣、丁正、吴荣诰、潘锐、李炘、吴积鉴、翁烺、徐琪、章廷桢、高光煦、张景祁、王麟书 3 篇。

其他作者一二篇不等：汤绳和、张荣、陆召南、许承绶、沈鼎、董宝和、孙祥麟、虞绍恭、戴兆衡、凌璋森、姚鉴赓、姚锡祺、许仁杰、洪遇春、朱寿保、黄之霖、张承绂、张荫樾、於觐文、高拜庚、何燮堃、董帷、汪述曾、郭承伯、王晏海、马励绅、戴尔恒、毛夔、汪敦善、夏震川、毛悔生、钱承镃、朱振声、高丙杰、沈康保、高有筠、王毓岱、张宝城、朱葆儒、陈际遇、羊复礼、陆宗翰、黄蕃、王兆年、吴承志、钟学聚、徐大经、高文鋆、赵毓琛、虞振源、倪镕、林启濂、汪鸣皋、姚焕文、王宗沂、张大昌、张景云、金辂、方德骥、关镐、归启文、褚成彦、谭廷献、吴文漪、钟樵、关錞、方溓源、钱文彬、陈豪、秦元燮、沈赞元、张廷桢、陈锡龄、张鸿晋、张宪章、吴懋祺、吴丙昌、倪钟祥、丁立诚、许秉钧、高驷、唐赞尧、袁昶、姚炳奎、许宝传、陈灏、高保康。

杨振镐、施补华、许郊、俞光组、祝桂荣、董慎言、蒋其章、张预、丁正、章廷桢、王麟书、张荫樾、羊复礼、陆宗翰、吴承志、张大昌、张景云、陈豪、沈赞元、丁立诚、袁昶（袁振蟾）、陈灏，见《诂经精舍三集》。

查光华、汪行恭、徐琪、倪钟祥，见《诂经精舍四集》。

王同、吴积鉴，见《诂经精舍五集》。

潘锐、王毓岱、许宝传，见《紫阳书院课艺五编》。

屠鑫、张景祁、汤绳和、陆召南、许承绶、朱葆儒、汪鸣皋、谭廷献，见《崇文书院课艺》。

钟学聚、虞振源，见《崇文书院课艺续编》。

孙祥麟、高保康，见《崇文书院课艺九集》。

杨文杰、朱锡荣、吴荣诰、高光煦（高绥曾）、毛夔、高文鋆，见《东城讲舍课艺》。

盛起（1847—?），字凤翔，余杭人。廪贡生，候选训导。西泠印社早期赞助社员。

曾董杭州三善堂事。晚年参加广仓学会。有《汾阳王赋》一文，传诵人口。①

诸可宝（1845—1903），字迟菊，钱塘人。同治六年（1867）举人。入张之洞（1837—1909）幕，分纂《湖北通志》。六应会试不第，以知县分发江苏官书局。清廷修会典，可宝总办江苏舆图。补昆山知县，以事去官，又复职，卒于官。著有《畴人传三编》、《朴斋集》、《捶琴词》。《甲午中日战争文学集》录其诗1首。《清词选》录其词1首。②

李炘，字子权，余杭人。廪生。咸丰十一年（1861）太平军至，时方游学，得免于难。誓取科名，以遂显扬。乃攻苦力学，撄疾而殁。③

翁烺，原名森，字朗山，钱塘人。诸生。少随宦粤西，年十六归应童子试，即有声黉序。后以贫故，客游燕赵，几三十载。兵燹后，每逢书院月课，与里中三五少年角艺，兴复不浅。卒年七十八。④

虞绍恭。诸暨暨阳宜仁村《虞氏宗谱》十卷，虞绍恭等纂修。⑤ 主修者未知是否即此人。

戴兆衡，钱塘人，兆春（1847—1905）堂弟，项晋蕃（1832—1897）婿。庠生。⑥

凌璋森，字奉阶，号达孙，仁和人。少膺兵难，随亲浮海中。又遇盗，困居长安，旋彤萱荫。乱定还乡，中式光绪十四年（1888）举人。拮据北上，勉应春官，下第急归，殁于沪渎。著有《乡言》一卷。⑦

许仁杰（1843—1899）⑧，改名仁沐，字公梁，号东樗、壬伯、庸斋，海宁人。同治四年（1865）乡试中式第12名举人，三试礼闱报罢。援例就教职，历官分水、建德、常山、平湖教谕。擢严州府教授，未赴任卒。参与编校《杭郡诗三辑》、《两浙輶轩续录》，辑有《硖川诗续钞》，著有《迟春阁文稿》、《宝砚堂诗稿》、《洁庐词稿》。⑨

朱寿保（1851—1920），字眉山，辛亥后更名潜屏，富阳人。光绪五年（1879）举人，九年（1883）进士。历官温州府学教授、商会总理。曾主中山书院。瓯隐园社成员。著有《富阳县县志补正》、《富阳县新旧志校记》（皆收入《中国方志丛书》）。⑩

---

① 《耆老摄影·盛凤翔先生影》注，《广仓学会杂志》第3期（1818年3月）；《西泠印社百年史料长编》，第730页；《说杭州》，第882页。

② 民国《杭州府志》卷146《文苑三》，第2792页；《甲午中日战争文学集》，第48页；《清词选》，第153页。

③ 《国朝杭郡诗三辑》卷90，第4叶。

④ 《国朝杭郡诗三辑》卷70，第23叶。

⑤ 《中国古籍总目·史部》，第2760页。

⑥ 《清代硃卷集成》第43册，第279页；俞樾：《湖北候补道项君墓志铭》，《春在堂杂文六编》卷4，第206页。

⑦ 民国《杭州府志》卷113《选举七》，第2200页；《国朝杭郡诗三辑》卷89，第43叶；《八千卷楼书目》卷8，第179页。

⑧ 生于道光二十二年十二月初六日，公历已入1843年。

⑨ 《清代硃卷集成》第250册，第263页；民国《杭州府志》卷146《文苑三》，第2791页；民国《海宁州志稿》卷29《人物志·文苑》，第56叶。

⑩ 民国《杭州府志》卷113《选举七》，第2199页；《鹿城文史资料》第5辑《温州城区近百年纪事》，第44页；《东瓯词征》卷9，第189页；《清代东南书院与学术及文学》，第531页。

黄之霖，字醴苏，萧山人，仁和籍。光绪十四年（1888）举人。①

张承绂，仁和人。光绪间优贡。②

何燮堃，富阳人。同治间拔贡。③

汪述曾，浙江人。光绪二十八年（1902）官巴城巡检。④

戴尔恒，字子谦，钱塘人。庠生。官苏州府知事。工山水，循规蹈矩，秀韵天成。⑤

汪敦善，字叔明，仁和人。增贡。屡战棘闱，四膺鹗荐。咸丰十年（1860）避难闽峤。乱既定，航海归，犹能诱掖后进，学者多宗仰之。卒年七十二。著有《晚香书屋吟稿》。⑥

夏震川（1854—1930）⑦，改名震武，字伯静，一作伯定，号涤庵，富阳人。同治十二年（1873）乡试中式第38名举人。十三年（1874）会试中式。光绪三年（1877）补殿试，成进士。六年（1880）朝考二等，授工部主事。宣统元年（1909）任浙江教育总会会长，旋兼浙江两级师范学堂监督。因"木瓜之役"被迫辞职，转任京师大学堂教职。辛亥后归里讲学，创办灵峰精舍，以理学闻名。晚年发起羲孔学会并任会长。著有《人道大义录》、《灵峰先生集》、《资治通鉴后编校勘记》、《悔言》、《悔言辨正》、《衰说考误》、《寱言质疑》、《大学衍义讲授》、《孟子讲义》、《论语讲义》。⑧

钱承镒。钱学森（1911—2009）之祖钱承镒⑨，疑即此人。

高丙杰（1847—?）⑩，谱名炜，字公珥，号彤伯、沄孙，钱塘人。光绪八年（1882）乡试中式第89名举人。⑪

高有筠，字存甫，号菉卿，仁和人。咸丰间廪贡。官武康、嵊县训导。著有《燹余吟稿》。自遭乱离，孑然一身，寓居紫阳书院者近十年。年逾花甲，犹日夜握管，以博膏火。卒于院中。⑫

张宝城，钱塘人。同治间岁贡。⑬

黄蕃，曾在宗文义私任事。⑭

---

①　民国《萧山县志稿》卷13《选举表》，第1184页。

②　民国《杭州府志》卷114《选举八》，第2227页。

③　民国《杭州府志》卷114《选举八》，第2225页。

④　民国《昆新两县续补合志》卷9《职官表》，第412页。

⑤　《寒松阁谈艺琐录》卷3，《清代传记丛刊》第74册，第88页；《清代硃卷集成》第43册，第278页。

⑥　《国朝杭郡诗三辑》卷63，第26叶。

⑦　生于咸丰三年十二月十八日，公历已入1854年。

⑧　《清代硃卷集成》第259册，第329页；《清代官员履历档案全编》第4册，第44页；夏家鼐：《晚清遗老夏震武面面观》，《浙江文史资料选辑》第28辑，第107页。

⑨　《钱学森传》，第10页。

⑩　生于道光二十六年十一月二十三日，公历已入1847年。

⑪　《清代硃卷集成》第271册，第327页。

⑫　《浙江紫阳书院掌故征存录》，第757页。

⑬　民国《杭州府志》卷114《选举八》，第2219页。

⑭　《皕年宗文》，第22页。

倪镕。海宁倪镕，字冶生，号又田。廪贡。性喜诙谐，吐语每解人颐。幕游禾中最久。诗不多作，作亦不自珍惜。著有《寄庐剩稿》写本，为其子所辑，凡古近体诗三十余首。① 未知是否即此人。又，《清人别集总目》著录《有不为斋存稿》抄本一卷，作者海昌倪镕。② 疑即又田。

褚成彦，字硕甫，余杭人，成烈（1847—1886）兄，成亮（1846—1878）、成博（1854—1911）堂兄。廪贡，候选训导。著有《渔隐居吟草》。③

吴文漪（1817—1876），原名迪，字抑亭，又改名潜珉，号潜民，海宁人。同治元年（1862）岁贡。著有《东海鳅生幻影编诗集》八卷。薛时雨（1818—1885）序略云："潜民生初白之乡，于《敬业》一集不啻童而习之，故其诗体多藻密，亦与之近。会东南兵事起，浙西郡县全陷，君转徙烽火之间，窜伏虎狼之侧，流离艰险，多人所未历者。故发为歌谣，悲愤苍凉，体格一变。"④

秦元燮，杭州人。光绪间岁贡。⑤

张宪章，海宁人。咸丰间恩贡。⑥

吴懋祺（1845—1884），字鹤舲，号一芝，余杭人。光绪八年（1882）举人。九年（1883）会试报罢。官定海训导。性倜傥，嗜吟咏，豪于酒。喜论时务，彻夜不倦。著有《一芝草堂诗稿》二卷。其室褚成婉（1843—?），成彦（字硕甫）妹、成烈（1847—1886）姊，著有《望云楼诗稿》。⑦

余皆待考。

22. 敷文书院课艺

【书院简介】

杭州敷文书院，原为万松书院，始建于明弘治十一年（1498）。明末毁天下书院，万松以崇祀先圣得免。清初重建，康熙十年（1671）改名太和，五十五年（1716）改名万松。咸丰十一年（1861）毁于兵燹，同治五年（1866）重建。光绪十八年（1892）于杭州城东建成"敷文讲学之庐"，万松岭旧有院舍渐圮。⑧

【版本序跋】

题"山长沈念农先生鉴定，监院高鹏年、吴同堉编次，许之辅、凌泰初校刊"。

沈念农（沈祖懋），见《诂经精舍续集》。

① 民国《海宁州志稿》卷16《典籍十八》，第10叶。
② 《清人别集总目》，第1846页。
③ 《清代硃卷集成》第48册，第321页；《两浙輶轩续录》卷48，第454页。
④ 民国《海宁州志稿》卷16《典籍十八》，第2叶；《清代人物大事纪年》，第1131页。
⑤ 民国《杭州府志》卷114《选举八》，第2219页。
⑥ 民国《杭州府志》卷114《选举八》，第2222页。
⑦ 《一芝草堂诗稿》褚成博、姚丙然、吴景祺、林纾序；《国朝杭郡诗三辑》卷89，第30叶；《清人别集总目》，第2337页。
⑧ 《两浙史事丛稿》，第21页；《中国书院藏书》，第187页。

高鹏年，字海垞（一作澥槎）、补盦，仁和人。副贡。光绪六年（1880）官桐庐训导，八年（1882）官桐庐教谕。十五年（1889）归田。著有《湖墅小志》四卷、《补盦诗钞》一卷。①

吴同埥，字子厚，钱塘人。咸丰九年（1859）副贡。官永康教谕。②

许之辅，仁和人，祐身（1850—?）堂侄。附贡。同治七年（1868）官归安训导。③

凌泰初，字越生，号月笙，仁和人。诸生。候选教谕。工制艺，遭乱从戎，叙劳以力不胜烦剧，改就儒官。曾监理敷文书院，拟补松林，期护山脉，寻病不果。④

杨昌濬序云：

　　敷文书院创自前明，于会城三书院中为最古。每岁春中开课，由巡抚主之，诚重之也。自粤寇之乱，书院惟紫阳仅存，敷文、崇文皆毁于火。迨贼平，以次修复，规模草创，而都人士于流离荡析之余，喁喁向学，课试之文，已斐然可观。丙寅（1866）、丁卯（1867）间，紫阳、崇文先有课艺之刻，中丞马公叙之详矣。其敷文课艺，则请院长沈少司成选择，阅五载而始得百六十篇，以付剞劂。【略】

　　两浙山川雄秀，人文荟萃，况杭州为十一郡之首，敷文又为三书院之首，宜其肄业于中者，人才辈出，无异畴曩，而是编其标准也。后之学者，宜思司成选择之意，专主义法，以求合乎圣贤立言之旨，而不徒事于文，斯得之矣。余官浙最久，今复奉恩命巡抚是邦，则与诸生讲习观摩之日，方未有艾，故乐为之序云。

　　同治庚午（1870）秋九月，抚浙使者湘乡杨昌濬序。

杨昌濬（1826—1897），字石泉。以附生从戎，历官衢州知府、浙江粮储道、盐运使、按察使、布政使、巡抚，甘肃布政使，漕运、闽浙、陕甘总督。著有《平浙纪略》、《平定关陇纪略》。《清诗纪事》录其诗2首。⑤

沈祖懋序云：

　　【略】崇文、紫阳二院课艺，得薛慰农、孙琴西两山长审定付刻，论文之旨，大约以华实兼美为主。祖懋乃于药炉之侧，重检敷文书院朔望前列课卷，再三遴拣，得深美闳约之文百余篇，以告于中丞杨公，付监院教官校刻，与崇文、紫阳课艺并行。去取之意，与薛、孙二公殊途同归。即通经学道之宏业，未始不引其端耳。著录毕，书所见以为之叙。

　　同治九年（1870）二月望日，沈祖懋撰。

① 光绪《严州府志》卷11《续增·官师》，第239页；《湖墅小志》自序，第376页；《清人诗文集总目提要》，第1823页。
② 光绪《永康县志》卷5《职官名表》，第236页。
③ 光绪《归安县志》卷29《职官》，第17叶；《清代硃卷集成》第110册，第363页。
④ 《杭州三书院纪略》卷末，第565页。
⑤ 王树楠：《陕甘总督杨石泉宫保七十寿序》，《陶庐文集》卷2，第12叶；《清代七百名人传》第2编，第705页；《清诗纪事·咸丰朝卷》，第11662页。

卷首又有同治六年（1867）八月马新贻序，置于杨序和沈序之间，乃为三书院课艺而作，非专序敷文。序文与《崇文书院课艺》卷首马序相同。

【课艺内容】

制艺 78 题 160 篇。有评点。

【作者考略】

潘鸿 15 篇，平步云 7 篇，朱锡荣 6 篇，张景祁 5 篇，屠鑫 4 篇，施补华、蔡镇璠、杨振镳、许郊、董帏、朱芾 3 篇，来金鉴、范荣、汪宝颐、洪昌杰、钟赞尧、邵世恩、胡凤锦、朱景兰、孙树礼、钟受恬、来庆昌、朱希凤、吴梦庚、周元瑞、陆以增、汪原复、陆元鼎 2 篇，杨鸿元、柴必达、孙嘉、董慎言、乐振岩、程克振、郑锡麒、沈文元、郑道东、谢季英、郑志高、来凤闻、鲍存良、赵元益、马安治、汪麟、夏树嘉、孙树仁、蔡召棠、马翘、董宝钧、徐荣生、高拜庚、汪棣、蔡光襄、舒焕昌、徐谦遇、汪鸣皋、黄传耀、孙同堉、高念曾、沈嘉育、陈福堡、王家骥、许春烺、朱士桢、郑炳垣、吴汝燮、高庆咸、任汝霖、朱国香、宓祖義、高怀馨、叶廉甫、王兆镇、高保徵、叶益明、方亦庄、朱启纶、孙礼煜、林启濂、许家忭、周曰庠、俞斯焕、方严、张预、金汝梅、叶二酉、徐仁寿、华诩培、任晋恒、王同、詹英励、陈凤翰、陈豪、沈颂芬、孙义然、韩庆良、陈尔皋、薛法绍、阮雨恩 1 篇。

潘鸿、施补华、许郊、朱芾、董慎言、沈文元、孙同堉、张预、陈豪，见《诂经精舍三集》。

孙树礼、周元瑞、孙礼煜，见《诂经精舍四集》。

王同，见《诂经精舍五集》。

方严，见《紫阳书院课艺五编》。

杨振镳，见《紫阳书院课艺九集》。

张景祁、屠鑫、邵世恩、钟受恬、陆元鼎、汪鸣皋、郑炳垣，见《崇文书院课艺》。

谢季英，见《崇文书院课艺续编》。

朱锡荣、杨鸿元、黄传耀、高念曾，见《东城讲舍课艺》。

范荣，仁和人。咸丰、同治间两次恩贡。①

胡凤锦，字肖梅，号啸嵋，晚号敬堂，仁和人。肄业诂经精舍。同治四年（1865）举人。官宣平训导。少好骈体文，奇气奔放。晚年一洗纷华，潜心经义，深入汉儒堂奥。辛酉（1861）之变，阖门饮醴求死，惟凤锦生。遂得哮喘疾，卒以是戕其生。著有《先秦书发墨守证》、《六书音义原始》、《敬堂杂俎》、《敬堂诗文集》。②

来庆昌，字又岩，萧山人。同治元年（1862）恩贡。官教谕。③

朱希凤，字益甫，钱塘人。增贡。光绪元年（1875）官建德训导。与修《严州府

---

①　民国《杭州府志》卷 114《选举八》，第 2222 页。

②　《两浙輶轩续录》卷 47，第 13 页。

③　民国《萧山县志稿》卷 13《选举表》，第 1169 页。

志》。①

　　吴梦庚，字芷沁，钱塘人。廪生。著有《惜花仙馆吟草》。②

　　陆以增（1852—?），字介卿，号保哉，钱塘人。光绪十五年（1889）乡试，以经解为制艺，中式第104名举人。北上春官，荐而未售。南归后染时疫，遽殁。③

　　来凤闓（1843—?），字紫恒，萧山人，凤翾（字秋皋）弟。同治四年（1865）乡试中式第38名举人。官知县。④

　　鲍存良。《会稽高车鲍氏五思堂宗谱》六卷，编者鲍存良。⑤ 疑即此人。

　　夏树嘉，号平叔，钱塘人，树桐（1850—?）堂兄。附贡生。同治三年（1864）乡试荐卷。江苏补用知县。⑥

　　孙树仁（1838—?），字咏泉，余杭人，树义（1847—?）、树礼（1845—1936）兄。年十七游庠。咸丰末避乱乡间，勤读不辍。乱后家道中落，复遭母丧。同怀弟三皆饥驱外出，树仁独理家事。同治九年（1870）、十二年（1873）乡试荐卷。光绪二年（1876）堂备，十一年（1885）荐卷。光绪间岁贡，候选训导。喜作诗，不自珍惜，旋作旋弃。⑦

　　蔡召棠，字少莲，号听香，德清（一作归安）人，早年寓居江苏吴江。廪贡。同治三年（1864）官钱塘教谕，八年（1869）官开化训导，十一年（1872）官处州训导。光绪元年（1875）官海宁训导。书法虞赵，兼能隶古。⑧

　　蔡光襄，山阴人。著有《东安义军纪略》。⑨

　　徐谦遇，仁和人。同治间岁贡。⑩

　　许春烺，仁和人。同治四年（1865）举人。⑪

　　吴汝燮。海宁吴汝燮，原名之茂，字柳门。诸生。著有《西斋吟草》。⑫ 疑即此人。

　　方亦庄。仁和方严，字亦庄，见《紫阳书院课艺五编》。未知是否即此人。

　　阮雨恩。建德阮雨恩，其妾顾氏为之守节。⑬ 未知是否即此人。

　　余皆待考。

x

---

① 光绪《严州府志》卷11《续增·官师》，第232页；卷首《重刊姓氏》，第18页。

② 民国《杭州府志》卷94《艺文九》，第1828页。

③ 《清代硃卷集成》第281册，第111页；《两浙輶轩续录》卷50，第124页。

④ 《清代硃卷集成》第251册，第63页；民国《萧山县志稿》卷13《选举表》，第1170页。

⑤ 《浙江家谱总目提要》，第1542页。

⑥ 《清代硃卷集成》第279册，第226页。

⑦ 《风木盒图题咏》，第22页；《清代硃卷集成》第273册，第51页；民国《杭州府志》卷114《选举八》，第2220页；《两浙輶轩续录》卷50，第117页。

⑧ 《艺林悼友录》二集，第29页；民国《杭州府志》卷102《职官四》，第1978页；卷103《职官五》，第2008页；光绪《开化县志》卷4《官师二》，第5叶；光绪《处州府志》卷13《文职一》，第401页。

⑨ 《绍兴市志》卷37《艺文》，第2453页。

⑩ 民国《杭州府志》卷114《选举八》，第2219页。

⑪ 民国《杭州府志》卷113《选举七》，第2197页。

⑫ 民国《海宁州志稿》卷15《典籍十七》，第13叶。

⑬ 民国《建德县志》卷14《人物·列女》，第377页。

23. 敷文书院课艺二集

【版本序跋】

题"山长周缦云先生鉴定，尊经阁藏板"，"光绪戊寅（1878）十二月开雕，己卯（1879）七月梓成。监院李福冕、徐琪、吴庆坻同校字"。

徐琪、吴庆坻，见《诂经精舍四集》。

周学濬（1810—?），字缦云，乌程人。道光二十四年（1844）榜眼。历官翰林院编修、山东道监察御史、侍读学士。总纂《湖州府志》。《国朝词综补》录其词2首。①

李福冕，余杭人。光绪元年（1875）举人。官江苏同知。②

梅启照序云：

【略】培养人材之基，则得力于书院。院固有五，而敷、崇、紫为最先。三院托地不同，文风则随地而美。敷文居于山，崇文俯于湖，紫阳虽处阛阓，而特近山，有城市山林之致。故肄业于敷文者，其文多深秀峻拔，坚实浑成，刊浮华而标真谛，如山石之嶙峋，一空依傍；山容之厚重，不作肤词；山气之静穆，不为轻飘者。崇文临烟波之浩渺，览花柳之绚闹，故其文华美典则，如锦之成，如采之缋。紫阳得一邱一壑之胜，山泉云脚，时注于庭，故文辄悠然意远，得抑扬宛转之神。是文之佳，皆地之灵也。【略】

光绪己卯（1879）季春，抚浙使者南昌梅启照序并书。

周学濬序云：

【略】余向在金陵，曾文正师尝命以此（指道德文章——引者注）课士。还乡以后，忝主崇文，近年移讲敷文，拔取前茅，每以根柢验其词华，往往得知名之士。而多士亦各能发其所蓄，云蒸霞蔚，屡掇巍科。吾浙人文之兴，固有与师言相默契者。湖山之秀，所见者超也。特院中课艺，自庚午（1870）一刻后，至今九年，无有续梓，恐继而肄业者有楷模无自之叹。余因重加抉择，取其文之清真雅正、立言有体者，上溯庚午（1870），下迄戊寅（1878），凡得文一百六十篇。咨于中丞梅公，将事剞劂。公固雅爱文艺，闻余言而喜曰："先生之言，惬吾抱矣。"亟出资授梓，不数月间而蒇其事。于是崇文、紫阳、诂经、学海诸院，闻余之有是举也，皆相继而请，而半年之间，省会书院课艺于以大备。【略】

光绪己卯（1879）夏五月，吴兴周学濬序于万松深处。

【课艺内容】

制艺115题160篇，其中《论语》71题99篇，《学》《庸》16题20篇，《孟子》28

---

① 《张文虎日记》同治八年，第167页；同治《湖州府志》卷首《职名》，第1叶；《国朝词综补》卷46，第413页。

② 民国《杭州府志》卷113《选举七》，第2199页。

题 41 篇。有评点。

【作者考略】

刘燕翼 6 篇，陈伟、陈典、汪士强、骆熙宝 4 篇，徐琪、陈善元、夏寿嵩 3 篇，俞甲秀、王崇鼎、姚丙然、章华国、许湘祥（原名诵禾）、虞庆槐、章绍龄、吴荣煦、金宗祁、朱葆仁、夏同伦、王嘉猷、吴积鉴、龚启苞、陆凤仪、朱霭臣、沈懿德、姚煦庆、姚丙熊、童钰、吴炳文、陶玉珂、王台 2 篇，章煦、王之杰、邹宝僡、胡凤鸣、许之翰、张桂芬、郑墀、吕聪、冯崧生、叶维干、董帷、汪咏诗、郁承谟、杨振镳、汪宝颐、姚寿祺、蒋维城、陈怀璋、许郊、汪恩甫、吴敦礼、孙树义、胡元鼎、倪钟祥、陈德均、郑观涛、郑兆元、孙祥麟、成绍封、言鸿鼎、关鈵南、王国桢、张恩杰、王仁镜、孙贻元、林元濬、潘鈵、邬元益、祝汝嘉、谢嘉绥、汪丙熙、许同、龚启菁、魏本灏、邵仁寿、吴善埴、汪嗣济、查光华、朱锡荣、冯家淦、许钧、何颂南、骆兰生、沈翼、孙仁瑞、王敦濬、俞兆熊、杜炳、潘隆勋、田鹤、李文麟、陆以增、夏树蕃、高念曾、朱蒂、计思敏、张荫樾、曹敬熙、程琳、王国楷、余树仁、朱庆安、王云程、杨振镐、汪恭寿、陈昌鸿、龚启芝、张承煦、胡昌、余思赞、徐元震、吴伟、沈希曾 1 篇。

许湘祥、许郊、朱蒂、杨振镐，见《诂经精舍三集》。

陈伟、徐琪、王崇鼎、姚丙然、王嘉猷、冯崧生（冯松生）、孙树义、胡元鼎、倪钟祥、王国桢、查光华、龚启芝，见《诂经精舍四集》。

吴积鉴，见《诂经精舍五集》。

陆凤仪（李凤仪），见《诂经精舍八集》。

吴荣煦、陶玉珂，见《紫阳书院课艺五编》。

潘鈵，见《紫阳书院课艺五编》。

邹宝僡，见《紫阳书院课艺六集》。

杨振镳，见《紫阳书院课艺九集》。

汪咏诗，见《崇文书院课艺续编》。

孙祥麟，见《崇文书院课艺九集》。

朱锡荣、高念曾，见《东城讲舍课艺》。

陆以增，见《敷文书院课艺》。

刘燕翼。仁和刘燕翼（1873—?）①，字襄孙，元楷（1839—?）子。光绪十七年（1891）乡试中式第 18 名举人。十八年（1892）会试中式第 214 名。二十一年（1895）补殿试，二甲第 16 名进士，朝考二等第 49 名。选庶吉士，授编修。宣统二年（1910）官苏松太道。上海光复后遁入租界，为寓公。② 未知是否即此人。③

夏寿嵩，字问山，晚号东鹳山人，富阳人。弱冠游庠序，旋廪上舍、贡成均，而秋试辄不利。战后老成凋谢，寿嵩遂为一邑文章宗匠。弟子多登贤书、捷南宫，而寿嵩历试十

---

① 生于同治十一年十二月十五日，公历已入 1873 年。

② 《清代硃卷集成》第 282 册，第 367 页；第 77 册，第 359 页；民国《杭州府志》卷 111《选举五》，第 2165 页；《海上名人录》，第 124 页。

③ 硃卷所记生年，若为实年，则不是同一人；若为官年，或有可能为同一人。

六科，卷经同考荐者八次，卒以不售。然试愈蹶，名愈噪，从者愈众。①

章华国（1842—?），字墨舫，会稽人。光绪五年（1879）举人。主讲嵊县剡山、二戴书院。二十年（1894）署理宁波府教授，明年春交卸。又委署常山教谕，未及赴任，病卒。②

虞庆槐（1847—?），字荫卿，号步瀛，钱塘人。光绪十五年（1889）乡试中式第 131 名举人。官训导。③

章绍龄（1853—1916）④，字梦香，会稽人，修黼（字菊仙）族侄，琢其（1871—?）族兄。曾幕游吴中，诗才压倒大江南北，后养病田园。著有《黑甜吟稿》。⑤

龚启苞，字凤田，东阳人，启芝（1845—1904）兄。世袭云骑尉。⑥

姚丙熊。姚丙然（1851—1916）胞弟有名丙熊者，⑦ 未知是否即此人。

张桂芬。嘉兴张桂芬，字鸿年，⑧ 未知是否即此人。

叶维幹（1847—1889），字槐生，仁和人。同治十二年（1873）举人，光绪六年（1880）会试中式，以疾未与殿试。候选主事。主讲上海敬业书院。为王先谦（1842—1917）续刊《皇清经解》。博闻强记，经史、小学、词章、掌故，靡不兼综条贯。平生精力，专治《晋书》及欧、薛二《史》。顾以劬学，又抱骑省之悼，呕血数升而卒。⑨

姚寿祺（1851—1897），字子佛，号颐仲，海宁人。年十五入郡庠，游学省垣，文誉鹊起。旋以母老归，杜门课徒，手一编，寒暑不辍。于两《汉书》及顾氏《日知录》批校数四，致力尤勤。秋闱屡荐不售，至光绪十五年（1889）始举于乡。十六年（1890）会试挑取誊录，期满以知县分发江苏。二十二年（1896）官南汇知县。二十三年（1897）卸篆回省，六月以事赴荆溪，以疾卒于吴门邸舍，年四十七。著有《海宁浚河录》一卷。⑩

成绍封，字圻伯，钱塘人。同治元年（1862）岁贡，候选训导。与弟鹤洲有二难之目。鹤洲辛酉（1861）殉难，圻伯乱后应试，屡登上选。后以暴疾卒于宗文义塾。⑪

① 光绪《富阳县志》卷 19《人物·国朝》，第 39 叶。

② 民国《重修浙江通志稿》第 110 册《考选》，第 13 叶；《绍兴县志资料》第一辑《人物列传》第二编，第 167 叶。

③ 《清代硃卷集成》第 282 册，第 95 页；民国《杭州府志》卷 113《选举七》，第 2200 页。

④ 生卒年据《清代人物生卒年表》，第 729 页。

⑤ 《清人别集总目》，第 2118 页；《黑甜吟稿》章琢其题词、宝铨序、章绍龄《癸酉人日偕族叔菊仙孝廉赴西泠读书》，《黑甜吟稿》卷首、第 1 叶。

⑥ 《清代硃卷集成》第 267 册，第 310 页。

⑦ 《清代硃卷集成》第 58 册，第 317 页。

⑧ 《龙湖樵李题词》，第 15 叶。

⑨ 民国《杭州府志》卷 113《选举七》，第 2198 页；卷 111《选举五》，第 2164 页；民国《上海县续志》卷 9《学校上》，第 10 叶；《两浙輶轩续录》卷 50，第 114 页；《国朝杭郡诗三辑》卷 89，第 26 叶；《复堂日记》卷 8，第 29 页；樊增祥：《挽叶槐生进士》注，《樊山续集》卷 25，第 1060 页。

⑩ 民国《海宁州志稿》卷 28《人物志·循吏》，第 44 叶；《八千卷楼书目》卷 8，第 170 页；宋恕：《挽姚颐仲》，《宋恕集》卷 5，第 472 页。

⑪ 《武林坊巷志》第 6 册，第 646 页。

张恩杰。《重修兴福庙碑记石刻》，撰者张恩杰。① 疑即此人。

林元澹（1850—?）②，字复初、瀹亭，号守初，仁和人。肄业诂经精舍。光绪二年（1876）乡试中式副贡第 18 名。十五年（1889）中式第 19 名举人。官训导。③

祝汝嘉，钱塘人。附贡。光绪二十四年（1898）官云梦知县。宣统元年（1909）官石首知县。④

龚启菁（1850—?），改名启荪，字季芎，号藕田、厚田，东阳人，启芝（1845—1904）弟。肄业诂经精舍。光绪元年（1875）乡试中式第 37 名举人。光绪十年（1884）、十五年（1889）两任贵州息烽知县。又曾官修文知县。⑤

魏本灏，仁和人。光绪五年（1879）举人，教习知县。⑥

邵仁寿，钱塘人。光绪间岁贡，十九年（1893）举人。⑦

潘隆勋，杭州人。光绪间岁贡。⑧

张荫樾，钱塘人。光绪间岁贡。⑨

余皆待考。

24. 学海堂课艺

【书院简介】

清道光十六年（1836），杭州敷文书院增设举人考课。咸丰十一年（1861）各书院皆废，同治初次第兴复，举人仍附敷文书院课试。同治五年（1866）创建学海堂，为举人考课之所。八年（1869）、光绪五年（1879）重修。⑩

【版本序跋】

题"同治九年（1870）夏五月开雕"，"湘乡杨大中丞鉴选，钱塘洪衍庆宜孙、钱塘樊兆恩超伯、仁和钱继祖珊舟、钱塘张景祁蕴楳、钱塘邵世恩伯棠参校"。卷首《新建学海堂记》，署"同治五年（1866）仲春之月，赐进士出身浙江巡抚菏泽马新贻撰"。

马新贻，见《诂经精舍三集》。

张景祁、邵世恩，见《崇文书院课艺》。

---

① 《武林坊巷志》第 8 册，第 775 页。

② 生于道光二十九年十二月二十七日，公历已入 1850 年。

③ 《清代硃卷集成》第 364 册，第 221 页；第 278 册，第 351 页；民国《杭州府志》卷 113《选举七》，第 2200 页。

④ 《大清缙绅全书·光绪二十七年冬·湖北省》，第 8 叶；《石首县志》第 19 章《权力机关》，第 421 页。

⑤ 《清代硃卷集成》第 262 册，第 365 页；第 80 册，第 9 页；民国《息烽县志》卷 8《官师志下》，第 112 页。

⑥ 民国《杭州府志》卷 113《选举七》，第 2199 页。

⑦ 民国《杭州府志》卷 114《选举八》，第 2219 页；卷 113《选举七》，第 2200 页。

⑧ 民国《杭州府志》卷 114《选举八》，第 2219 页。

⑨ 民国《杭州府志》卷 114《选举八》，第 2219 页。

⑩ 民国《杭州府志》卷 16《学校三》，第 480 页。

湘乡杨大中丞，即杨昌濬，见《敷文书院课艺》。

洪衍庆（1843—?），字宜孙，钱塘人，昌燕（1818—1869）子。同治四年（1865）乡试中式第 65 名举人。官江苏知县。①

樊兆恩，字超伯，钱塘人。咸丰九年（1859）举人。光绪十年（1884）官永康教谕。②

钱继祖，字珊舟，仁和人。咸丰九年（1859）举人。官福建上洋通判。③

【课艺内容】

制艺 36 题 100 篇，杂体 29 题 48 篇（其中论 28 篇，说 4 篇，疏 16 篇），诗赋 40 题 69 篇（其中律赋 7 篇，试帖诗 62 篇）。有评点。

【作者考略】

共 217 篇，其中：邵世恩 30 篇，董宝荣 24 篇，张预 23 篇，胡凤锦 19 篇，陆元鼎 16 篇，蒋思源 15 篇，汪鸣皋 14 篇，樊兆恩 7 篇，沈荣 6 篇，王彦起、褚成亮、汪蟾采 4 篇，徐埏、曹鸿藻、孙承谟 3 篇，诸可炘、仲学辂、王同、蔡玉瀛、汪熙敬、杨观治、刘元楷 2 篇，徐士骈、谢叔英、来凤闿、王耕、郑德璇、樊恭煦、王锡畴、陆锡蕃、丁鸿逵、胡宝青、张绍奎、杨晨、邵寅生、何增荣、何惟杰、郑毓璜、吴超、金起茂、余弼、许承勋、钟慈生、金肇麒、韩锦涛、蒋赞尧、蔡赓年、江珍楹、傅赟予、徐宝敬 1 篇。目录中作者前署"都转高课"、"中丞李课"等。

张预、沈荣、许承勋，见《诂经精舍三集》。

王同，见《诂经精舍五集》。

吴超，见《紫阳书院课艺六集》。

邵世恩、陆元鼎、汪鸣皋、曹鸿藻、陆锡蕃、杨晨，见《崇文书院课艺》。

汪蟾采、王耕，见《东城讲舍课艺》。

胡凤锦、来凤闿，见《敷文书院课艺》。

樊兆恩，见《学海堂课艺·版本序跋》。

董宝荣（1851—?），字君硕，号子恩、紫薇，仁和人，慎言（1832—?）子。同治四年（1865）乡试中式第 7 名举人。大挑选泰顺学官，复以原籍回避，咨改青田，未之任而卒。④

蒋思源（1830—?），字星槎，号玑田，钱塘人。咸丰二年（1852）乡试中式第 30 名举人。同治十二年（1873）官寿昌训导。又曾官奉化教谕。⑤

王彦起，原名起，字砚香，钱塘人，原籍江苏丹徒，文治（1730—1802）曾孙。咸

---

① 《清代硃卷集成》第 251 册，第 261 页；民国《杭州府志》卷 113《选举七》，第 2197 页。

② 光绪《永康县志》卷 5《职官名表》，第 236 页。

③ 《武林坊巷志》第 6 册，第 505 页。

④ 《清代硃卷集成》第 250 册，第 191 页；民国《杭州府志》卷 113《选举七》，第 2197 页；《国朝杭郡诗三辑》卷 85，第 18 叶。

⑤ 《清代硃卷集成》第 245 册，第 79 页；光绪《严州府志》卷 11《续增·官师》，第 237 页；民国《杭州府志》卷 113《选举七》，第 2196 页。

丰九年（1859）举人。数上公车，老而不遇，五十余授会稽教谕，以文字山川自娱。著有《享帚集》、《铁砚斋赋》、《铁砚斋诗》、《净绿轩词》。《全清词钞》录其词2首。①

褚成亮（1846—1878），字叔寅、孝谌，余杭人，成博（1854—1911）兄。年十七避兵江南，伤时感事，时托咏歌。乱定归里，同治六年（1867）举于乡。十三年（1874）考取内阁中书。五上春官，光绪三年（1877）会试中式，以病咯血归，未及殿试。逾岁卒，年三十三。著有《南溪诗文稿》四卷、《校经室遗集》。《晚晴簃诗汇》录其诗1首。《词综补遗》录其词1首。《全清词钞》录其词1首。②

徐埏，字广栽，钱塘人。同治四年（1865）举人。③

孙承谟，字酉峰，镇海人。同治四年（1865）举人。光绪三年（1877）官湖北枝江知县。④

诸可炘（1846—?）⑤，原名可兴，字起斋，号又塍，钱塘人，可宝（1845—1903）兄。同治四年（1865）乡试中式第106名举人，覆试一等第10名。十三年（1874）会试中式第95名，覆试一等第14名，殿试二甲第15名，朝考一等第5名，选庶吉士，散馆授编修。居翰林院近十载，仅膺同考一次。春坊将擢，遂赴玉楼。⑥

仲学辂（?—1900），字昂庭，一作卯亭，钱塘人。同治四年（1865）举人。光绪元年（1875）官淳安教谕，四年（1878）兼训导。曾为慈禧太后（1835—1908）治病，后主持浙江医局。著有《金龙四大王祠墓录》六卷、《广蚕桑说辑补》二卷、《本草崇原集说》三卷《附录》一卷。⑦

蔡玉瀛（1812—?），字秋圃，仁和人。咸丰二年（1852）举人。主讲安徽休宁翠岩文会。光绪二十一年（1895）序《庚辛泣杭录》，时年八十四。⑧

汪熙敬，字芷卿，秀水人。同治六年（1867）举人。《词综补遗》录其词1首。⑨

杨观治，字宾于，余姚人。同治六年（1867）举人。官武康训导。著有《嫏嬛烬草》、《甬东别草》、《芜湖游草》、《蔺轴瘄草》、《春明试草》、《余英宦草》。⑩

刘元楷（1839—?），字端甫，号乙生、逸笙，仁和人。附监生，分发广东补用通判。同治三年（1864）顺天乡试挑取誊录第5名，四年（1865）乡试中式第177名举人。光

① 《两浙輶轩续录》卷45，第704页；《全清词钞》卷25，第1262页。
② 《清代硃卷集成》第48册，第321页；《两浙輶轩续录》卷50，第108页；民国《杭州府志》卷94《艺文九》，第1829页；《晚晴簃诗汇》卷171，第7477页；《词综补遗》卷74，第2753页；《全清词钞》卷26，第1344页。
③ 《国朝杭郡诗三辑》卷85，第25叶。
④ 民国《镇海县志》卷27《人物传六》，第34叶；光绪《荆州府志》卷34《官师》，第408页。
⑤ 可炘为可宝兄，则此处生年当为官年。
⑥ 《清代硃卷集成》第36册，第359页；《国朝杭郡诗三辑》卷86，第19叶。
⑦ 民国《杭州府志》卷113《选举七》，第2197页；卷87《艺文二》，第1705页；卷88《艺文三》，第1719、1722页；光绪《严州府志》卷11《续增·官师》，第233、234页；《余杭历史文化研究丛书·文化名人》，第118页。
⑧ 民国《杭州府志》卷113《选举七》，第2196页；《风木盦图题咏》，第21页；《清代硃卷集成》第65册，第135页；《庚辛泣杭录》，第543页。
⑨ 民国《重修浙江通志稿》第110册《考选》，第4叶；《词综补遗》卷51，第1903页。
⑩ 《两浙輶轩续录》卷47，第37页。

绪十二年（1886）署理松江海防同知，逾岁实授。勤于课士，长于论文，书院月课，悉心校阅。①

徐士骈（1842—1911），字子联，号薁生，德清人。同治四年（1865）乡试中式第174名举人。历官松阳教谕、金华府学教授。分纂《德清县志》。《词综补遗》录其词2首。②

谢叔英（1846—?），改名光枢，字潩之，号坤斋，余姚人。同治四年（1865）乡试中式第53名举人。光绪六年（1880）大挑二等。七年（1887）官淳安教谕。二十七年（1901）官仁和教谕。又曾官奉化教谕。③

郑德璇（1837—?），字子衡，一作紫衡，鄞县人，德璜（1844—1892）兄。同治四年（1865）举人。两淮候补通判。光绪二十一年（1895）任泰坝监掣官。卒年六十余。有赋作八篇，附刻于德璜《师竹斋赋钞》。④

樊恭煦（1845—1914），原名恭和，字园孙、觉先，号介轩，仁和人。同治元年（1862）顺天乡试中式第38名举人，覆试二等。二年（1863）考取誊录第12名。四年（1865）考取觉罗官学教习第37名。十年（1871）会试中式第58名，覆试一等第48名，殿试二甲第30名，朝考一等第9名，选庶吉士，散馆授编修。历官国史馆纂修、陕西学政、右春坊右赞善、左春坊左赞善、右春坊右中允、左春坊左中允、日讲起居注官、翰林院侍讲、会典馆总纂、广东学政、咸安宫总裁、江苏提学使。归里后为杭州商务总会首任总理、三善堂总董。⑤

王锡畴。按，学海堂专课举人。检《重修浙江通志稿·考选》，道光、咸丰、同治间浙江举人姓王名锡畴者，仅有一人：字叙九，号寿田，余杭人。咸丰五年（1855）举人。官黄岩教谕。咸丰十一年（1861）随刘钟祥（1823—1861）巡防北乡，殉难。⑥ 其卒在学海堂创建之前。疑本集所收王锡畴课艺，作于孝廉堂（学海堂之前身，附于敷文书院）之时。

丁鸿逵（1837—?），字雁臣，号荻舫、樵珊，萧山人。肄业敷文书院。同治六年（1867）乡试中式第187名举人。著有《借庵诗集》。⑦

胡宝青，字旌夫，镇海人，允善（1771—1826）孙。同治四年（1865）举人。卒年

① 《清代硃卷集成》第253册，第105页；民国《上海县续志》卷15《名宦》，第4叶。

② 《清代硃卷集成》第253册，第45页；民国《德清县志》卷首《与修职名》，第1叶；《清代人物大事纪年》，第1331、1507页；《词综补遗》卷6，第213页。

③ 《清代硃卷集成》第251册，第145页；第270册，第333页；光绪《严州府志》卷11《续增·官师》，第233页；民国《杭州府志》卷102《职官四》，第1988页；《奉化教育志》，第32页。

④ 民国《续纂泰州志》卷13，第660页；《清代人物大事纪年》，第1294、1507页；《师竹斋赋钞》卷末。

⑤ 《清代硃卷集成》第105册，第13页；第33册，第279页；《清代官员履历档案全编》第5册，第781页；《杭州市志》第8卷，第355页；《中国近现代人物名号大辞典（续编）》，第331页；《说杭州》，第882页。

⑥ 《两浙輶轩续录》补遗卷6，第381页。

⑦ 《清代硃卷集成》第256册，第165页；《两浙輶轩续录》卷47，第36页。

三十四。①

张绍奎，钱塘人。咸丰九年（1859）举人。同治十二年（1873）官归安教谕。②

邵寅生（1845—?），谱名正泰，字赢升，号端甫，余姚人。同治六年（1867）乡试中式第 233 名举人。③

何增荣（1821—1873），字子鉴，号芝鉴，萧山人。家贫，以笔耕为业，兼擅岐黄、青乌。同治六年（1867）乡试中式第 138 名举人。十一年（1872）官平湖教谕，越一年卒。④

何惟杰（1845—?），字汉三，号达甫，山阴人。同治四年（1865）乡试中式第 153 名举人。⑤

郑毓璜，字龙超，归安人。同治六年（1867）举人。⑥

金起茂，字莲生，钱塘人，原籍安徽歙县。同治四年（1865）举人。⑦

余弼（1831—1882），原名君弼，字仲亮，号右轩，仁和人，原籍安徽休宁。同治六年（1867）乡试中式第 170 名举人，覆试二等。十年（1871）会试中式第 290 名，覆试一等，殿试二甲第 44 名，朝考一等第 56 名，选庶吉士。以病乞归，遨游万里，足迹所至，辄纪以诗。最后至鄂渚，主勺庭书院。著有《痁枕草芬若吟》。⑧

钟慈生（1838—?），字墀升、笛声，仁和人。同治六年（1867）乡试中式第 13 名举人。⑨

金肇麒，字杏元，号荫园，仁和人，原籍安徽休宁。同治四年（1865）举人，时年已逾强仕。晚年贫困，入书局校雠以终。⑩

韩锦涛，字百川，萧山人。同治四年（1865）举人。九年（1870）官庆元教谕，十年（1871）复任，十三年（1874）回任。与修《处州府志》。⑪

蒋赞尧，诸暨人。同治四年（1865）举人。官知县。⑫

蔡赓年，改名右年，字崧甫，德清人。同治四年（1865）优贡，六年（1867）举人。历官四川城口通判、国子监学录。著有《奏修石经字像册》。⑬

江珍楹，字静轩，号子平，德清人。同治六年（1867）举人。《晚晴簃诗汇》录其诗

① 民国《镇海县志》卷 27《人物传六》，第 3 叶。

② 民国《杭州府志》卷 113《选举七》，第 2197 页；光绪《归安县志》卷 29《职官》，第 15 叶。

③ 《清代硃卷集成》第 257 册，第 141 页。

④ 《清代硃卷集成》第 255 册，第 357 页；光绪《平湖县志》卷 12《宦绩》，第 288 页。

⑤ 《清代硃卷集成》第 252 册，第 391 页。

⑥ 光绪《归安县志》卷 32《选举·举人》，第 22 叶。

⑦ 民国《杭州府志》卷 113《选举七》，第 2197 页；民国《歙县志》卷 4《选举》，第 170 页。

⑧ 《清代硃卷集成》第 35 册，第 295 页；《国朝杭郡诗三辑》卷 86，第 2 叶。

⑨ 《清代硃卷集成》第 254 册，第 59 页。

⑩ 《两浙輶轩续录》卷 47，第 14 页。

⑪ 民国《萧山县志稿》卷 13《选举表》，第 1171 页；光绪《处州府志》卷 14《文职二》，第 490 页；卷首《纂修衔名》，第 14 页。

⑫ 民国《重修浙江通志稿》第 110 册《考选》，第 2 叶。

⑬ 《奏修石经字像册》卷首题识，《历代石经研究资料辑刊》第 8 册，第 543 页；民国《德清县志》卷 6《职官志》，第 19、22 叶。

1 首。①

　　傅赍予，字少梅，萧山人。同治六年（1867）举人。历官海盐教谕、山东高密知县。②

　　徐宝敬（1835—?)③，字熙斋，号梦麟，德清人。同治四年（1865）乡试中式第 142 名举人。④

25. 学海堂课艺续编

【版本序跋】

　　题"光绪元年（1875）夏月开雕"，"山长杜莲衢先生鉴选，钱塘孙诒绅子揩、仁和李日章闇斋、钱塘洪衍庆宜孙、海宁许诵年子曼、富阳何镕冶甫、钱塘吴凤葆菊耕参校"。

　　何镕，见《诂经精舍三集》。

　　孙诒绅，见《崇文书院课艺》。

　　洪衍庆，见《学海堂课艺》。

　　杜联（1804—1880)⑤，字耀川，号莲衢，会稽人。道光二十四年（1844）举人。三十年（1850）进士，选庶吉士，散馆授编修。历官侍讲、侍读、右春坊右庶子、左春坊左庶子、侍讲学士、侍读学士、实录馆纂修、国史馆协修、功臣馆纂修、咸安宫总裁、起居注总办、翰林院撰文、日讲起居注官、詹事府少詹事、广东学政、内阁学士、礼部侍郎。晚主杭州学海堂。⑥

　　李日章，号闇斋，号芝亭，仁和人。咸丰九年（1859）举人。澹荣利，重气节，邦之人咸称之。年五十五卒于沪上。⑦

　　许诵年（1840—1906），改名颂鼎，字宁寿，号子曼，海宁人，椿（1887—1962）子。同治四年（1865）优贡第 6 名，六年（1867）乡试中式第 219 名举人。官山东胶州知州。著有《曼庵词》。《词综补遗》录其词 1 首。⑧

　　吴凤葆，字菊耕，钱塘人。廪贡。同治八年（1869）官归安训导，又曾官永康训导。⑨

　　杜联序云：

　　　　【略】浙之学海堂，为诸孝廉课业之所。溯浙难既平以后，至丙寅（1866）而改建斯堂，至辛未（1871）而月增斋课。官斯土者，教育殷勤，捐廉以益膏火，多士

①　《晚晴簃诗汇》卷 164，第 7123 页。
②　民国《萧山县志稿》卷 13《选举表》，第 1172 页。
③　生于道光十四年十二月二十三日，公历已入 1835 年。
④　《清代硃卷集成》第 252 册，第 275 页。
⑤　生年据《清代人物生卒年表》，第 238 页；卒年据《右台仙馆笔记》卷 16，第 430 页。
⑥　《清代硃卷集成》第 251 册，第 96 页；《两浙輶轩续录》卷 41，第 564 页。
⑦　《国朝杭郡诗三辑》卷 76，第 26 叶。
⑧　《清代硃卷集成》第 257 册，第 3 页；《词综补遗》卷 74，第 2772 页。
⑨　光绪《归安县志》卷 29《职官》，第 17 叶；《清代硃卷集成》第 401 册，第 288 页。

亦复争自濯磨，文艺蒸蒸日上。庚午（1870）五月以前，杨石泉中丞已有课艺之选。迄今寒暑六周，中丞命联裒集旧卷，厘为续编。月课既增，学修日进，珠玑满目，美不胜收。择其精而又精者，制艺、杂体、诗赋各若干首。【略】

光绪元年（1875）季夏之月，会稽莲衢杜联序。

【课艺内容】

制艺68题117篇，杂体37题41篇（包括论26篇，疏8篇，表1篇，策1篇，议1篇，经解1篇，说2篇，考1篇），诗赋81题115篇（包括律赋20篇，试帖诗91篇，七古2首，七律2首）。有评点。

【作者考略】

共273篇，其中：张预13篇，陈潏10篇，罗学成、王同9篇，王禹堂8篇，毛夔、王彦起、杨文莹、施补华、王麟书、胡宝青7篇，陆元鼎、郑雺6篇，林逢春、董宝荣、蒋思源、诸可炘、许德裕、陈以孚、吴超5篇，徐銮、卢钰、黄书诰、程焕然、黄中理、褚成亮、曹鸿藻、何镕、陈中元、刘金赞、钱金镐、王亢宗、章桂庆、冯福宽、陈榜年、蔡燕蓁3篇，俞斯瑂、胡凤锦、金起茂、姜显瑞、金式如、俞麟振、冯全埧、杜致泰、王景曾、沈荣、许庆恩、谢觐光、沈璋宝、冯烈、朱葆儒、张玉熙、许之俊、蔡正昶、冯锡绶、胡泰复、王锡祺、郭锟2篇，胡大晟、章以咸、钱锡宷、周郁雨、高济川、金玉堂、杜和锡、陈翰铨、许承勋、江珍楹、林福豫、费玉湘、诸金声、胡寿颐、蔡清源、蒋赞尧、朱昌寿、冯学澧、叶向荣、章镜清、葛咏裳、徐埏、高云麟、张瑞清、陈凤锵、赵渊英、戴兆春、王修、周璜、周鸣春、刘元楷、陈凤翙、陈模、徐恩绶、郑毓璜、任凤璋、汪庆云、曹鏷、张镕、梁华林、陈庆祚、吴受颐、杨晨1篇。

张预、王禹堂、施补华、王麟书、许德裕、徐銮、何镕、刘金赞、沈荣、许承勋、葛咏裳、高云麟，见《诂经精舍三集》。

陈潏（陈通声），见《诂经精舍四集》。

王同，见《诂经精舍五集》。

吴超，见《紫阳书院课艺六集》。

陆元鼎、曹鸿藻、朱葆儒、周鸣春、徐恩绶、杨晨，见《崇文书院课艺》。

毛夔，见《东城讲舍课艺》。

胡凤锦，见《敷文书院课艺》。

王彦起、胡宝青、董宝荣、蒋思源、诸可炘、褚成亮、金起茂、江珍楹、蒋赞尧、徐埏、刘元楷、郑毓璜，见《学海堂课艺》。

罗学成，原名钊，字吉孙，号芦舫，钱塘人。同治四年（1865）举人。官内阁中书。工书。①

杨文莹（1838—1908），原名文莹，字粹伯，号雪渔，钱塘人。咸丰十年（1860）城陷，一门母妻兄弟二十余人同殉于火，文莹孤身仅存。出游楚中，客大冶县幕，曾作《述难诗》十二章，自谓长歌之哀，过于恸哭。同治四年（1865）乡试中式第67名举人，

---

① 《皇清书史》卷13，第418页。

覆试一等第 11 名。七年（1868）考取咸安宫教习第 1 名。光绪二年（1876）会试挑取誊录第 1 名。三年（1877）会试中式第 11 名，覆试一等第 13 名，殿试二甲第 28 名，朝考一等第 4 名，选庶吉士，散馆授编修。充湖南考官，督贵州学政。任满假归，遂不复出，主学海堂及养正书塾甚久。工书。著有《幸草亭诗稿》二卷。《晚晴簃诗汇》录其诗 5 首。①

郑雩，改名炎禧，鄞县人。同治九年（1870）举人。②

林逢春，常山人。同治四年（1865）举人。历官工部郎、湖北知县。③

陈以孚（1816—?），字饶卿、稚卿，萧山人。道光二十九年（1849）乡试中式第 71 名举人。④

卢钰（1824—?），字子坚，号铁珊，东阳人。肄业诂经精舍。道光二十九年（1849）乡试中式第 76 名举人。⑤

黄书诰，字羲文、槐闻，永嘉人。同治四年（1865）举人。保举知县。总理《永嘉县志》。⑥

程焕然（1811—?），字星聚、成之，号朴园，永康人。同治四年（1865）乡试中式第 180 名举人。官泰顺教谕。⑦

黄中理（1843—?），字子通，号循陔，萧山人。同治四年（1865）乡试中式第 229 名举人。光绪三年（1877）会试中式第 275 名，覆试二等第 30 名，殿试二甲第 69 名，朝考一等第 28 名，选庶吉士，充国史馆协修。散馆授云南河阳知县。⑧

陈中元，桐乡人。同治六年（1867）举人。光绪十四年（1888）官德清训导。又曾官淳安教谕、武义训导。协纂《淳安县志》。⑨

钱金镐，钱塘人。咸丰九年（1859）举人。⑩

王亢宗（1837—?），字次角，号度远，仁和人。同治六年（1867）乡试中式第 124 名举人。⑪

章桂庆（1836—1894），字荪邻、仲芳，号芳轩，会稽人。同治六年（1867）乡试中式第 159 名举人。考取内阁中书，八上礼部不第。光绪十四年（1888）、十七年（1891）

① 《清代硃卷集成》第 42 册，第 153 页；民国《杭州府志》卷 146《文苑三》，第 2792 页；《晚晴簃诗汇》卷 172，第 7481 页；《清人别集总目》，第 704 页。
② 民国《重修浙江通志稿》第 110 册《考选》，第 7 叶。
③ 民国《重修浙江通志稿》第 110 册《考选》，第 1 叶。
④ 《清代硃卷集成》第 242 册，第 423 页。
⑤ 《清代硃卷集成》第 243 册，第 47 页。
⑥ 光绪《永嘉县志》卷 11《选举·举人》，第 267 页；卷首《纂修姓氏》，第 4 页。
⑦ 《清代硃卷集成》第 253 册，第 129 页；光绪《永康县志》卷 6《选举·科第》，第 279 页。
⑧ 《清代硃卷集成》第 45 册，第 27 页；《清代官员履历档案全编》第 27 册，第 453 页。
⑨ 民国《重修浙江通志稿》第 110 册《考选》，第 5 叶；民国《德清县志》卷 6《职官志》，第 8 叶；光绪《淳安县志》卷首姓氏，第 1 叶。
⑩ 民国《杭州府志》卷 113《选举七》，第 2197 页。
⑪ 《清代硃卷集成》第 255 册，第 301 页。

两任贵州古州厅同知，卒于官。与修《黎平府志》。①

　　冯福宽（1839—？），字栗臣，号陋兰，慈溪人，一梅（1849—1907）兄。同治六年（1867）乡试中式第 46 名举人。②

　　陈榜年（1818—1880），谱名正垲，字蕊书，号蓉士，镇海人。道光二十六年（1846）乡试中式第 17 名副贡。咸丰九年（1859）乡试中式第 80 名举人。太平军入城，屡聘就职，不应。弃家远避，事平乃返。见官吏欲增粮耗以赡军需，与诸绅士力争之。习勤劳，精商业，常出外经营，以是起其家。③

　　蔡燕綦（1834—？），字舒谦、申甫，号子绥，黄岩人。咸丰五年（1855）备取优贡第 4 名，八年（1858）备取优贡第 5 名，十一年（1861）拔贡第 1 名。同治七年（1868）考取八旗教习第 68 名，考职三等第 5 名。九年（1870）乡试中式第 27 名举人。著有《盟水斋诗钞》四卷、《石曲词》十卷。④

　　俞斯瑂（1833—1892/1894）⑤，字胜玉，号小筠、筱云，慈溪人。同治四年（1865）乡试中式第 98 名举人。充觉罗官学教习。光绪六年（1880）大挑教职，十一年（1885）官於潜教谕。卒于官。⑥

　　姜显瑞，鄞县人。同治九年（1870）举人。光绪十四年（1888）官乐清训导。⑦

　　金式如（1832—？），原名克宗，字葆刚，号坚亭，诸暨人。同治九年（1870）乡试中式第 97 名举人。⑧

　　俞麟振（1839—1891），字友声、厚生，山阴人。以诸生从戎，积功得知县。同治六年（1867）乡试中式第 215 名举人。光绪三年（1877）会试中式，六年（1880）补殿试，成进士。仍以知县原班分发江苏。未几，以疾乞归，卒于杭州，年五十三。⑨

　　冯全埻（1834—？），字翕堂，号孙木，慈溪人。同治四年（1865）乡试中式第 125 名举人。⑩

　　杜致泰（1837—？），字伯来，号汇占，会稽人，联（1804—1880）子。同治四年

　　① 《清代硃卷集成》第 256 册，第 3 页；谭献：《章府君家传》，《复堂文续》卷 4，第 270 页；《榕江县志》第 4 篇《政权、政协》，第 221 页；光绪《黎平府志》卷首《衔名》，第 1 叶。

　　② 《清代硃卷集成》第 254 册，第 339 页。

　　③ 《清代硃卷集成》第 249 册，第 377 页；民国《镇海县志》卷 27《人物传六》，第 32 叶。

　　④ 《清代硃卷集成》第 257 册，第 327 页；民国《续修台州府志》卷 83《艺文略二十》，第 25 叶；卷 84《艺文略二十一》，第 38 叶。

　　⑤ 其卒年，光绪《慈溪县志》本传作光绪十八年；《秩官志》作十九年十二月，公历已入 1894 年。

　　⑥ 《清代硃卷集成》第 252 册，第 19 页；光绪《慈溪县志》列传附编，第 1241 页；光绪《於潜县志》卷 10《秩官志》，第 12 叶。

　　⑦ 民国《重修浙江通志稿》第 110 册《考选》，第 6 叶；光绪《乐清县志》卷 7《职官》，第 60 叶。

　　⑧ 《清代硃卷集成》第 258 册，第 349 页。

　　⑨ 《清代硃卷集成》第 256 册，第 373 页；《清朝进士题名录》，第 1163 页；《春在堂楹联录存》卷 2，第 18 叶。

　　⑩ 《清代硃卷集成》第 252 册，第 115 页。

（1865）优贡第 3 名，乡试中式第 42 名举人。①

王景曾（1841—？），原名开先，字顺承，号梦仙、韵仙，秀水人。肄业平湖新溪、上海敬业、苏州紫阳、正谊、京都金台书院。同治元年（1862）顺天乡试挑取誊录，候选主事。六年（1867）本省乡试中式第 198 名举人。官刑部员外郎。著有《麈舫词稿》。《词综补遗》录其词 1 首。《全清词钞》录其词 1 首。②

许庆恩，字培之，号银差，钱塘人。同治六年（1867）举人。官四川候补知县。著有《蜀游小草》。③

谢觐光（1844—？），字苣生，号蓬洲，上虞人。同治四年（1865）乡试中式第 16 名举人。曾主上虞经正书院。④

沈璋宝（1845—1892），字步欧，号达夫，秀水人，濂（1792—？）子。同治九年（1870）乡试中式第 108 名举人，四上春官不第。官乌程教谕。著有《警庵文存》一卷。⑤

冯烈，诸暨人。道光二十年（1840）举人。官富川知县。⑥

张玉熙。疑刊误，当作"张王熙"。张王熙（1833—？），本姓王，原名荣熙，字友人，号忻木，秀水人。同治六年（1867）乡试中式第 15 名举人。官太平教谕。《晚晴簃诗汇》录其诗 1 首。⑦

许之俊，钱塘人，彭寿（1821—1866）子，祐身（1850—？）堂侄。同治六年（1867）恩赐举人。官户部山东司候补主事。⑧

蔡正昶（1839—？），字荫棠、宝训，号少憩，诸暨人。同治六年（1867）乡试中式副榜第 25 名，九年（1870）中式第 12 名举人。⑨

冯锡绥，桐乡人。同治六年（1867）举人。官广济知县。⑩

胡泰复（1819—1875），原名惇复，一作敦复，字仲莆、石史，晚号心庵，会稽人。咸丰八年（1858）举人。官内阁中书。著有《心庵诗文剩稿》、《春晖寸草堂制义》。⑪

王锡祺，钱塘人。道光二十九年（1849）举人。⑫

---

① 《清代硃卷集成》第 251 册，第 93 页。

② 《清代硃卷集成》第 256 册，第 229 页；《词综补遗》卷 37，第 1385 页；《全清词钞》卷 26，第 1346 页。

③ 《两浙輶轩续录》卷 47，第 31 页。

④ 《清代硃卷集成》第 250 册，第 309 页；《清代东南书院与学术及文学》，第 544 页。

⑤ 《清代硃卷集成》第 259 册，第 3 页；《警庵文存》卷首张祖廉序、沈曾植《沈达夫先生墓志铭》。

⑥ 民国《重修浙江通志稿》第 109 册《考选》，第 67 叶。

⑦ 《清代硃卷集成》第 254 册，第 87 页；《晚晴簃诗汇》卷 164，第 7123 页。

⑧ 民国《杭州府志》卷 112《选举六》，第 2166 页；《清代硃卷集成》第 110 册，第 363 页。

⑨ 《清代硃卷集成》第 257 册，第 225 页。

⑩ 民国《重修浙江通志稿》第 110 册《考选》，第 4 叶。

⑪ 民国《重修浙江通志稿》第 109 册《考选》，第 78 叶；俞昌泰：《张娄胡姓的由来》，胡氏宗亲网。

⑫ 民国《杭州府志》卷 113《选举七》，第 2195 页。

郭锟，兰溪人。道光十五年（1835）举人。①

胡大晟（1837—?），谱名和玕，字砚侯，号固庵，山阴人。同治六年（1867）乡试中式第 197 名举人。②

章以咸（1846—?），原名锡爵，字修台，号笛楼，会稽人。同治十二年（1873）乡试中式第 46 名举人。③

钱锡寀（1845—?），字亮臣，号惠仲，仁和人。同治十二年（1873）乡试中式第 31 名举人。光绪十五年（1889）、三十四年（1908）两任文安知县。十九年（1893）官曲周知县。又曾官顺天北路同知。主修《武清县志》。著有《闻妙香室诗稿》五卷《词钞》四卷。《词综补遗》录其词 2 首。《全氂词钞》录其词 2 首。④

周郇雨（1850—1882），又名郇，字叔箅，号黍香，一作黍芗，临海人。同治九年（1870）举人。考取国史馆誊录，期满议叙知县。初为训诂音韵之学，见赏于俞樾（1821—1907）。馆四明蔡氏墨渖楼，涉猎群书。博及天文算数、化电医矿诸学，汽机火器之法。入江南方言馆翻译新书，究心时务。光绪七年（1881）客苏州，作《治原策》、《富强策》万余言，黄体芳（1832—1899）疏荐于朝，有旨交总理各国时务衙门记名。著有《暑仪记》一卷、《黍芗词》一卷、译书数种。《词综补遗》录其词 3 首。⑤

高济川，字紫封，海宁人。同治四年（1865）举人。十年（1871）官分水教谕，十一年（1872）兼训导。又曾官汤溪训导。⑥

金玉堂，山阴人。同治四年（1865）举人。⑦

杜和锡（1840—?），改名恩锡，字圣昭，号韵卿、星潮，慈溪人。同治四年（1865）乡试中式第 31 名举人。官内阁候补中书。⑧

陈翰铨（1824—?），字再选，号衡士，临海人。咸丰十一年（1861）拔贡第 1 名。同治六年（1867）乡试中式第 207 名举人。光绪十年（1884）官山西平定直隶州乐平乡州判。著有《裂眦歌》，收入王棻（1828—1899）辑《辛酉杂编》。⑨

林福豫，萧山人。同治六年（1867）举人。官知县。⑩

---

①　民国《重修浙江通志稿》第 109 册《考选》，第 63 叶。

②　《清代硃卷集成》第 256 册，第 221 页。

③　《清代硃卷集成》第 259 册，第 391 页。

④　钱锡寀：《六十自述六十韵》，《闻妙香室诗稿》卷 4，第 532 页；《清代硃卷集成》第 259 册，第 267 页；民国《文安县志》卷 3《官师志》，第 13、14 叶；《曲周县志》第 15 编《政权政协》，第 461 页；光绪《武清县志》卷首《修志姓氏》；《词综补遗》卷 28，第 1044 页；《全清词钞》卷 27，第 1391 页。

⑤　孙延钊：《浙江畴人别记》，《浙江省通志馆馆刊》第 1 卷第 4 期（民国三十四年），第 10 页；《词综补遗》卷 62，第 2325 页。

⑥　民国《杭州府志》卷 113《选举七》，第 2197 页；光绪《严州府志》卷 11《续增·官师》，第 242 页。

⑦　民国《重修浙江通志稿》第 110 册《考选》，第 3 叶。

⑧　《清代硃卷集成》第 251 册，第 43 页；光绪《慈溪县志》卷 21《选举下》，第 460 页。

⑨　《清代硃卷集成》第 395 册，第 317 页；第 256 册，第 315 页；《清代官员履历档案全编》第 27 册，第 610 页；《台州会要》第 6 编《艺文》，第 508 页。

⑩　民国《萧山县志稿》卷 13《选举表》，第 1172 页。

费玉湘。疑即费玉绅，改名硕朋，字襄臣，归安人。同治九年（1870）举人。①

诸金声，余姚人。同治六年（1867）举人。光绪十六年（1890）官於潜训导。②

胡寿颐，字梅仙，号耆仲，山阴人。同治六年（1867）举人。官兵部员外郎。年三十七以病废，八年后卒于家。著有《洗斋病学草》二卷。《晚晴簃诗汇》录其诗 1 首。③

蔡清源，萧山人。同治四年（1865）举人。官教谕。④

朱昌寿（1818—?），原名荣申，字西泉，仁和人。同治九年（1870）乡试中式第 38 名举人。曾入万青藜（1821—1883）幕协办军务。晚岁失聪，穷老无聊，依书局以卒。著有《汉儒易义针度》四卷附《近科文式》一卷《诸法指明》一卷（收入《四库未收书辑刊》）、《学武识略》一卷、《毒攻发明》一卷、《中星测时》一卷、《机器图述》二卷、《配合须知》一卷。⑤

冯学澧，字子因，仁和人，培元（1813—1853）次子。咸丰八年（1858）恩赐举人。避兵萧山，乱后返里，入采访忠义局。后由景宁校官改知县，分发江西，一权新昌而殁。善画山水，兼工墨拓。⑥

叶向荣，上虞人。同治九年（1870）举人。官东阳训导。⑦

章镜清，字廉叔，号恕庵，会稽人。同治四年（1865）举人。候选知县。著有《五云山房诗钞》。⑧

张瑞清（1838—?），谱名仁裕，字子宽，号小舟，鄞县人。同治九年（1870）乡试中式第 84 名举人。光绪六年（1880）大挑得教职，比授永康训导，已前卒。⑨

陈凤锵（1826—1908）⑩，字月枫、退闇，诸暨人。同治六年（1867）举人。教职。⑪

赵渊英（1838—?），字舜士，号芷庭，东阳人。咸丰九年（1859）乡试中式第 59 名举人。⑫

戴兆春（1847—1905）⑬，字青来，号展韶，钱塘人，熙（1801—1860）孙。肄业苏州紫阳、正谊书院、杭州诂经精舍。同治九年（1870）乡试中式副榜第 3 名。十二年（1873）乡试中式第 24 名举人，覆试一等第 5 名。光绪三年（1877）会试中式第 129 名，

①　光绪《归安县志》卷 32《选举·举人》，第 22 叶；民国《重修浙江通志稿》第 110 册《考选》，第 7 叶。

②　光绪《於潜县志》卷 10《秩官志》，第 13 叶。

③　《两浙輶轩续录》卷 47，第 35 页；《晚晴簃诗汇》卷 163，第 7100 页。

④　民国《萧山县志稿》卷 13《选举表》，第 1171 页。

⑤　《清代硃卷集成》第 257 册，第 389 页；《寒松阁谈艺琐录》卷 3，第 103 页。

⑥　民国《杭州府志》卷 112《选举六》，第 2166 页；《寒松阁谈艺琐录》卷 1，第 25 页。

⑦　民国《重修浙江通志稿》第 110 册《考选》，第 6 叶。

⑧　《两浙輶轩续录》卷 47，第 16 页。

⑨　《清代硃卷集成》第 258 册，第 277 页；《四明清诗略续稿》卷 3，第 27 叶。

⑩　生于道光五年十二月十一日，公历已入 1826 年。

⑪　《陈洪绶家世》，第 127 页。

⑫　《清代硃卷集成》第 249 册，第 191 页。

⑬　生于道光二十六年十二月初四日，公历已入 1847 年。生卒年据《清代人物大事纪年》，第 1357、1707 页。

覆试二等第 15 名，殿试二甲第 21 名，朝考一等第 26 名，选庶吉士。历官编修、陕西陕安道。曾主讲蕊珠书院。以心疾投水卒。辑有《四书五经类典集成》三十四卷。①

王修，字省之，萧山人。同治六年（1867）举人。官义乌教谕。②

周璜（1836—1877），字朝玉，号蓝生，临海人。咸丰九年（1859）乡试中式第 83 名举人。官新昌训导。③

陈模（1842—1907），原名星模，字季范，号式庵，诸暨人。同治九年（1870）举人。光绪二十一年（1895）进士。历官山西介休、壶关、潞城、阳城、万泉知县。④

任凤璋（1831—?），字子印，号书田，萧山人。咸丰十一年（1861）拔贡第 1 名。同治六年（1867）顺天乡试中式第 59 名举人，覆试一等第 19 名。官云和教谕。曾主锦溪书院。⑤

汪庆云（1839—?），号薇垣，别号紫卿，兰溪人。同治六年（1867）乡试中式第 134 名举人。官宁海训导、松阳教谕。与修《宁海县志》、《兰溪县志》。⑥

曹鏴（1832—?），字镜蓉，号小芸、彤甫，海宁人。咸丰元年（1851）、二年（1852）乡试荐卷，五年（1855）、八年（1858）、九年（1859）堂备。同治六年（1867）顺天乡试中式第 219 名举人。官石楼知县。⑦

张镕，改名丙镕，定海人。同治六年（1867）举人。官黄岩教谕。⑧

梁华林（1834—?），字承芳，号桐圃，新昌人。同治九年（1870）乡试中式第 87 名举人。⑨

陈庆祚（1829—?），谱名江，字颍门、紫庭，萧山人。同治四年（1865）乡试中式第 3 名举人。拣选知县。⑩

吴受颐（1845—?），字子禄、必百，萧山人。同治六年（1867）乡试中式第 213 名举人。历官觉罗教习、内阁中书、江苏知县。⑪

待考者：陈凤翔。

　　① 《清代硃卷集成》第 363 册，第 261 页；第 259 册，189 页；第 43 册，第 277 页；民国《上海县续志》卷 9《学校上》，第 10 叶；《清代人物大事纪年》，第 1566 页；《东北地区古籍线装书联合目录》，第 228 页。
　　② 民国《萧山县志稿》卷 13《选举表》，第 1173 页。
　　③ 《清代硃卷集成》第 249 册，第 419 页；民国《临海县志》卷 20《人物·宦业》，第 51 叶。
　　④ 《陈洪绶家世》，第 146 页。
　　⑤ 《清代硃卷集成》第 106 册，第 353 页；民国《萧山县志稿》卷 13《选举表》，第 1173 页；《清代东南书院与学术及文学》，第 551 页。
　　⑥ 《清代硃卷集成》第 255 册，第 321 页；民国《重修浙江通志稿》第 110 册《考选》，第 5 叶；光绪《宁海县志》卷首《纂修姓氏》，第 22 页；光绪《兰溪县志》卷首《重修姓氏》，第 73 页。
　　⑦ 《清代硃卷集成》第 107 册，第 227 页；民国《杭州府志》卷 113《选举七》，第 2193 页。
　　⑧ 民国《重修浙江通志稿》第 110 册《考选》，第 5 叶。
　　⑨ 《清代硃卷集成》第 258 册，第 287 页。
　　⑩ 《清代硃卷集成》第 250 册，第 119 页；民国《萧山县志稿》卷 13《选举表》，第 1170 页。
　　⑪ 《清代硃卷集成》第 256 册，第 341 页；民国《萧山县志稿》卷 13《选举表》，第 1173 页。

26. 学海堂课艺三编

【版本序跋】

题"光绪己卯（1879）夏日开雕"，"山长杜莲衢先生鉴定，监院仁和许祐身子原、钱唐吴凤藻菊耕、德清俞祖绥剑孙参校"。

许祐身，见《诂经精舍五集》。

杜联，见《学海堂课艺续编》。

吴凤藻，刊误，当为吴凤葆，见《学海堂课艺续编》。

俞祖绥，字剑孙，德清人，林（1814—1873）子，樾（1821—1907）侄。光绪二年（1876）举人。①

杜联序云：

> 学海者，学所统宗处也，以是而名堂，示别于诸书院也。其课艺向有初续编，初编出于庚午（1870）夏孟，续编则乙亥岁（1875）杨中丞属余校定者也。今年春，梅小岩中丞复命监院以选事请，于是自乙亥（1875）迄今凡四载前列课卷，悉取而重读之，又审察而详辨之。见有险奥若子者，有古茂若《选》者，有通快若《国策》者。仅此数年磨砺，而致力之士竟能月异而岁不同，诸君子固已操礼闱胜算哉！余向者文章风气之说，至此为不足言矣。【略】

光绪五年（1879）仲夏之月，会稽莲衢杜联撰。

【课艺内容】

制艺54题83篇，杂体31题34篇（包括论16篇，疏10篇，考2篇，颂、序、策、铭、记、赞各1篇），诗赋125题157篇（包括律赋36篇，试帖诗72篇，五古2篇，七古2篇，七律34篇，七绝2篇，七排9篇）。有评点。

【作者考略】

收录课艺较多者：陈澹（陈遹声）25篇，黄福楙22篇，王彦起12篇，章修黼、褚俊11篇，朱裳、章以咸9篇，马宝瑛、滕金鉴7篇，蒋廷黻6篇，俞麟振、吴嘉贤5篇，丁立诚、吴庆坻、吴荣浩、汤懋功、刘荣拔4篇，吴养元、曹南、查光华、汪均、盛恺华、陈兆甲、陆寿民、朱锡荣、张预、姚樆、王学厚、吴绣虎（吴学端）3篇。

其他作者一二篇不等：刘德敏、赵光第、陈模、刘元楷、林福豫、金起茂、钱金镐、朱葆儒、蒋洽金、朱有基、施作梅、吴昌禧、郑文谦、俞观旭、林逢春、王学苏、钟张堃、王兰、史久晋、胡玠、许德裕、张清瀚、孙熙泰、吴承志、夏谟、叶俊、张馨、何秉常、钟苏、余捷英、朱伯增、许承勋、钱葆莹、屠鑫、戴兆春、孙康佑、高念曾、包绍芳、王同、叶光绂、龚启苏、杨焕绪、屈元炘、冯庆芬、朱恩栋、黄中理、黄书诰、陆寿臣、何文澜、韩锦涛、周维新、林嵩尧、蔡燕綦、周裕如、王拱辰、钱锡宾、吴鼎元、许祐身、吴超、范端揆、胡灿、翁运鹏、王继香、周显廷、杜锡恩、钟祖荫、蔡世杰、姚

---

① 民国《德清县志》卷6《职官志》，第19叶。

珩、徐荣锡、赵丹林。

丁立诚、陆寿民、张预、王兰、许德裕、吴承志、张馨、许承勋、屈元炘，见《诂经精舍三集》。

陈濬（陈遹声）、章修黼、吴庆坻、查光华，见《诂经精舍四集》。

王同、许祐身，见《诂经精舍五集》。

吴超，见《紫阳书院课艺六集》。

姚櫆、朱葆儒、屠鑫，见《崇文书院课艺》。

吴荣诰、朱锡荣、高念曾，见《东城讲舍课艺》。

龚启荪（龚启菁），见《敷文书院课艺二集》。

王彦起、刘元楷、金起茂、韩锦涛，见《学海堂课艺》。

章以咸、俞麟振、陈模、林福豫、钱金镐、林逢春、戴兆春、黄中理、黄书诰、蔡燕綦，见《学海堂课艺续编》。

黄福楙（1851—?），字维吉、豫斋，号松泉、松如，仁和人。同治九年（1890）乡试中式第32名举人，覆试一等第9名。光绪九年（1883）会试中式第37名，覆试一等第20名，殿试二甲第10名，朝考一等第1名，选庶吉士。历官编修、撰文。①

褚俊，改名仁，秀水人。同治九年（1890）举人。②

朱裳（1855—?），改名士黻，字查湖、孔阳，号黻卿、绂卿、笏搢，上虞人。光绪二年（1876）乡试中式第20名举人。十二年（1886）会试中式第112名，覆试一等第67名，殿试三甲第31名，朝考三等。官湖南知县。总纂《上虞县志》。③

马宝瑛（1834—?），原名祖望，小名元福，字仁玉，号芸台、玉芝，山阴人。同治九年（1870）乡试中式第104名举人。④

滕金鉴，字蕺厓，嵊县人。咸丰九年（1859）举人。⑤

蒋廷黻（1851—1912）⑥，字稚鹤，号盥庐，海宁人，光煦（1813—1860）子。光绪二年（1876）举人。十六年（1890）会试中式，十八年（1892）补殿试，成进士。历官吏部主事、员外郎、郎中、记名御史、广东韶州知府。曾掌教双山讲舍。晚年最爱《晞发集》。辛亥之变，归自南海，北望痛哭，果与谢翱（1249—1295）后先一揆。著有《读史兵略缀言》、《读左杂咏》、《盥庐遗著》、《看镜词》。《晚晴簃诗汇》录其诗1首。⑦

吴嘉贤，仁和人。同治四年（1865）举人。⑧

---

① 《清代硃卷集成》第257册，第367页；第51册，第367页；《两浙輶轩续录》卷50，第121页。

② 民国《重修浙江通志稿》第110册《考选》，第7叶。

③ 《清代硃卷集成》第265册，第205页；第59册，第69页；光绪《上虞县志》卷首《纂修职名》，第25页。

④ 《清代硃卷集成》第258册，第395页。

⑤ 民国《嵊县志》卷11《选举志》，第810页。

⑥ 生于道光三十年十二月十五日，公历已入1831年。

⑦ 《清代官员履历档案全编》第8册，第683页；民国《海宁州志稿·志余》，第2叶；《清代人物大事纪年》，第1381页；《晚晴簃诗汇》卷177，第7755页。

⑧ 民国《杭州府志》卷113《选举七》，第2198页。

汤懋功（1839—?），谱名懋中，字晴初，号揆生，萧山人。光绪元年（1875）乡试中式第 87 名举人。官泰顺训导、内阁中书。①

刘荣拔，字颖香，金华人。光绪元年（1875）举人。江西补用知县。与修《金华县志》。②

吴养元，鄞县人。同治六年（1867）举人。③

曹南，字公午，归安人。道光二十九年（1849）举人。④

汪均（1830—1906）⑤，字笙叔，海宁人，桐乡籍。咸丰五年（1855）本省乡试堂备，同治元年（1862）顺天乡试挑取誊录，议叙候选盐大使。六年（1867）本省乡试中式第 231 名举人。官兵部主事。⑥

盛恺华（1846—1934），改名沅，字平之、子彬、萍旨，号评芝，秀水人。肄业江苏龙门书院、诂经精舍。光绪元年（1875）乡试中式第 68 名举人，覆试一等第 36 名。官临海教谕。十二年（1886）会试中式第 226 名，覆试一等第 31 名，殿试二甲第 56 名，朝考一等第 6 名，选庶吉士，散馆授刑部主事。历官山西夏县知县、江苏候补道。⑦

陈兆甲（1837—?），谱名延庄，字敬叔，号酉山、友珊，归安人。光绪元年（1875）顺天乡试中式第 97 名举人。官户部主事。素不谙事，好交友，落拓殊甚，吞鸦片烟而死。⑧

王学厚，山阴人。肄业诂经精舍。道光十四年（1834）举人。慈溪书院山长。⑨

吴绣虎（1830—?），改名修祜，字颖士（一作颖生），嘉善人。同治十二年（1873）拔贡、举人。两上春官，荐而不第，遂无志进取。掌教魏塘书院。著有《十三经旧学加商》、《蘦莳山庄骈散芟存》、《辕下吟编》、《吴趋词钞》。《晚晴簃诗汇》录其诗 1 首。《词综补遗》录其词 2 首。⑩ 按，金兰贞《绣佛楼诗钞》卷首题词第 2 则署"吴学端原名绣虎"⑪，可知吴学端即吴绣虎。

刘德敏（1855—?），字心虞，号逊修，钱塘人。光绪元年（1875）乡试中式第 53 名

---

① 《清代硃卷集成》第 264 册，第 181 页；民国《萧山县志稿》卷 13《选举表》，第 1179 页。

② 光绪《金华县志》卷首《纂修姓氏》，第 1 叶；卷 6《人物·科目表》，第 20 叶。

③ 民国《重修浙江通志稿》第 110 册《考选》，第 5 叶。

④ 光绪《归安县志》卷 32《选举·举人》，第 21 叶。

⑤ 卒于光绪三十一年十二月初八日，公历已入 1906 年。

⑥ 《清代硃卷集成》第 257 册，第 95 页；民国《杭州府志》卷 113《选举七》，第 2198 页；《恽毓鼎澄斋日记》，第 288 页。

⑦ 《清代硃卷集成》第 263 册，第 393 页；第 60 册，第 343 页；《清代官员履历档案全编》第 8 册，第 478 页；《清代人物大事纪年》，第 1737 页。

⑧ 《清代硃卷集成》第 112 册，第 139 页；《清稗类钞·师友类·陈兆甲与扮黄天霸之武生缔交》，第 3621 页。

⑨ 《诂经精舍文续集》卷首肄业名单，《中国历代书院志》第 15 册，第 298 页；民国《重修浙江通志稿》第 109 册《考选》，第 61 叶；《古春风楼琐记》第 13 集，第 112 页。

⑩ 光绪《重修嘉善县志》卷 24《文苑》，第 66 叶；《晚晴簃诗汇》卷 165，第 7217 页；《词综补遗》卷 9，第 342 页；《清人诗文集总目提要》，第 1656 页。

⑪ 《江南女性别集初编》，第 1169 页。

举人。侍尊人于海盐学署，以沉缅成瘵而卒。①

赵光第。归安赵光第有二人：一字仲雅，改名炳麟，道光二十三年（1843）举人，官江苏常镇道；一字宽甫，同治四年（1865）举人。② 此疑为后者。

蒋洽金，原名春桂，萧山人。咸丰二年（1852）举人。官户部主事。③

朱有基（1857—?），萧山人，凤标（1800—1873）孙。同治十二年（1873）恩赐举人，报捐内阁中书。历官总理衙门章京、同文馆帮提调、户部郎中、外务部员外郎、川东道。④

施作梅，萧山人。同治四年（1865）举人。官武义教谕。⑤

吴昌禧，海宁人。咸丰九年（1859）举人。官龙游教谕。⑥

郑文谦，原名文晋，字㩧庵，桐乡人。为人有胆略，曾倡团练以迎太平军。兵败，仅以身免。于是历游燕齐豫闽之区，落魄江湖数十年，乃复归理旧业。光绪二年（1876）中式举人。授辰溪县黄溪口巡检，辞不赴，以候补盐大使终于两淮。⑦

俞观旭（1840—?），字炳然，号晓山，新昌人。同治十二年（1873）乡试中式第 84 名举人。光绪十六年（1890）官建德教谕。⑧

王学苏，海盐人。同治四年（1865）举人。⑨

钟张堃，平湖人。同治十二年（1873）举人。⑩

史久晋（1840—?），字月笙、叔蕃，号荆珊，山阴人。同治四年（1865）乡试中式第 168 名举人。⑪

胡玠（1851—1907），字寿眉、介年，号桂樵，瑞安人。同治四年（1865）举人。著有《脂雪轩诗钞》、《清秘堂文钞》。⑫

张清瀚，字文澜，平湖人。同治十二年（1873）举人。历官西城兵马司副指挥、江西分宜知县。著有《传经精舍诗钞》。《晚晴簃诗汇》录其诗 1 首。⑬

孙熙泰（1830—?），字儒伯，号如伯，钱塘人。同治十二年（1873）乡试中式第 101 名举人。光绪六年（1880）大挑一等，官直隶知县。⑭

① 《清代硃卷集成》第 263 册，第 183 页；《国朝杭郡诗三辑》卷 89，第 6 叶。

② 光绪《归安县志》卷 32《选举·举人》，第 21、22 叶。

③ 民国《萧山县志稿》卷 13《选举表》，第 1161 页。

④ 《清代官员履历档案全编》第 7 册，第 528 页；民国《萧山县志稿》卷 13《选举表》，第 1177 页。

⑤ 民国《萧山县志稿》卷 13《选举表》，第 1171 页。

⑥ 民国《杭州府志》卷 113《选举七》，第 2197 页。

⑦ 民国《重修浙江通志稿》第 110 册《考选》，第 11 叶；《鸳湖求旧录》卷 1《郑君㩧庵传》，第 152 页。

⑧ 《清代硃卷集成》第 261 册，第 3 页；民国《建德县志》卷 9《职官志》，第 220 页。

⑨ 民国《重修浙江通志稿》第 110 册《考选》，第 1 叶。

⑩ 光绪《平湖县志》卷 13《选举上》，第 309 页。

⑪ 《清代硃卷集成》第 253 册，第 3 页。

⑫ 《温州历代文选》，第 275 页。

⑬ 光绪《平湖县志》卷 13《选举上》，第 309 页；《晚晴簃诗汇》卷 165，第 7213 页。

⑭ 《清代硃卷集成》第 261 册，第 125 页。

　　夏谟（1818—?），字谨宜，号文敷（一作文敷）、华溪，永康人。道光二十九年（1849）拔贡。乡试七荐不售，同治六年（1867）始中式第168名举人，时年五十。著有古文骈文二卷、古今体诗四卷、试帖诗二卷、制艺大小题四卷。古今体诗半选入《永康十孝廉诗钞》中。①

　　叶俊，永嘉人。同治四年（1865）举人。官内阁中书。②

　　何秉常（1838—?），字子良，号云汀，山阴人，士祁（1793—?）子。咸丰八年（1858）乡试中式第39名举人。③

　　钟荪，长兴人。光绪元年（1875）举人。官黄岩教谕、知县。④

　　余捷英（1837—?），字月卿，号胜成，遂安人。同治四年（1865）乡试中式第18名举人。⑤

　　朱伯增（1854—?），字子益、柏墫，号冕庄，萧山人。肄业崇文、紫阳书院、诂经精舍、东城讲舍。光绪二年（1876）乡试中式第25名举人。⑥

　　钱葆莹（1829—?），字挺生，号藻村，诸暨人。咸丰八年（1858）乡试中式第80名举人。官户部郎中。⑦

　　孙康佑（"佑"一作"祐"），改名绍勤，鄞县人。同治四年（1865）举人。⑧

　　包绍芳（1808—?），字希菜，号兰澄、学陶，东阳人。同治九年（1870）乡试中式第4名举人。⑨

　　叶光绶，字谷士，太平人。同治六年（1867）举人。官山阴教谕。著有《迈学斋骈文》二卷、《鸿渐楼诗钞》二卷。⑩

　　杨焕绪，原名珪，余姚人。光绪元年（1875）举人。官乐清教谕。⑪

　　冯庆芬（1852—?），谱名秀枚，字卜臣，号石香，山阴人。光绪元年（1875）乡试中式第28名举人。⑫

　　朱恩栋，原名栋，钱塘人。同治四年（1865）举人。官嵊县教谕。⑬

　　陆寿臣（1841—?），谱名政绥，字廉史、莲诗，号枚生，山阴人。同治十二年（1873）乡试中式第87名举人。十三年（1874）覆试一等第15名，考取教习第18名，考取汉誊录第14名。光绪十二年（1886）会试中式第62名，覆试三等第30名，殿试二

①　《清代硃卷集成》第256册，第45页；光绪《永康县志》卷8《人物·文苑》，第442页。
②　民国《重修浙江通志稿》第110册《考选》，第2叶。
③　《清代硃卷集成》第247册，第179页。
④　民国《重修浙江通志稿》第110册《考选》，第11叶。
⑤　《清代硃卷集成》第250册，第355页。
⑥　《清代硃卷集成》第265册，第227页。
⑦　《清代硃卷集成》第247册，第433页；民国《重修浙江通志稿》第109册《考选》，第78叶。
⑧　民国《重修浙江通志稿》第110册《考选》，第2叶。
⑨　《清代硃卷集成》第257册，第201页。
⑩　民国《续修台州府志》卷83《艺文略二十》，第24叶。
⑪　民国《重修浙江通志稿》第110册《考选》，第10叶。
⑫　《清代硃卷集成》第262册，第343页。
⑬　民国《重修浙江通志稿》第110册《考选》，第1叶。

甲第 42 名，朝考一等第 19 名，选庶吉士，充国史馆协修。散馆授刑部主事。①

何文澜（1860—?），字诚哉，号成甫、莲仙，萧山人。光绪二年（1876）乡试中式第 9 名举人。十五年（1889）进士。官户部主事。②

周维新，鄞县人。同治四年（1865）举人。③

林嵩尧（1827—?），原名廷彦，谱名成彦，字粲英，号餐英，镇海人。少从姚燮（1805—1864）游。同治六年（1867）肄业紫阳书院。是年乡试中式第 116 名举人，覆试一等第 41 名。光绪二年（1876）会试中式第 296 名，殿试三甲，朝考一等。历官江西宜黄、吉水、万载知县。升义宁知州，自以目力锐减，告退不出，寻卒于家。著有《云卧楼诗钞》。《清诗纪事》录其诗 1 首。④

周裕如，诸暨人。咸丰八年（1858）举人。⑤

王拱辰（1851—?），字荫甫，号云荪，钱塘人。同治十二年（1873）乡试中式第 97 名举人。官海盐教谕。⑥

钱锡宾，字湛墅，仁和人。光绪元年（1875）举人。十七年（1891）、十九年（1893）两任高邮知州。与弟锡珪（字圭如）同辑《湖墅钱氏家集》十八卷。⑦

吴鼎元（1819—?），字新伯，号右卿，钱塘人。咸丰元年（1851）乡试中式第 52 名举人。官国子监学正。好吟诗，兼工花卉墨梅。⑧

范端揆，鄞县人。同治四年（1865）举人。光绪十六年（1890）官宜兴知县。又曾官南川知县。⑨

胡灿（1825—?），字以文，号筠溪，余姚人。咸丰二年（1852）乡试中式第 62 名举人。⑩

翁运鹏，鄞县人。同治四年（1865）举人。⑪

王继香（1846—1905）⑫，字芝仙、书林、子献，号兰祖、梦白、醉盦、止轩，会稽人。同治四年（1865）乡试中式第 68 名举人。官孝丰训导。光绪十五年（1889）会试中

① 《清代硃卷集成》第 261 册，第 25 页；第 58 册，第 33 页；《清代馆选分韵汇编》卷 11，第 498 页。

② 《清代硃卷集成》第 265 册，第 129 页；民国《萧山县志稿》卷 13《选举表》，第 1186 页。

③ 民国《重修浙江通志稿》第 110 册《考选》，第 2 叶。

④ 《清代硃卷集成》第 41 册，第 331 页；民国《镇海县志》卷 27《人物传六》，第 25 叶；卷 40《艺文下》，第 34 叶；《四明书画家传》，第 202 页；《清诗纪事·道光朝卷》，第 10936 页。

⑤ 民国《重修浙江通志稿》第 109 册《考选》，第 78 叶。

⑥ 《清代硃卷集成》第 261 册，第 101 页；民国《重修浙江通志稿》第 110 册《考选》，第 9 叶。

⑦ 民国《杭州府志》卷 113《选举七》，第 2199 页；民国《三续高邮州志》卷 3《秩官志》，第 374 页；《续修四库全书总目提要（稿本）》第 28 册，第 544 页。

⑧ 《清代硃卷集成》第 243 册，第 343 页；民国《杭州府志》卷 113《选举七》，第 2196 页；《两浙輶轩续录》卷 42，第 580 页。

⑨ 民国《重修浙江通志稿》第 110 册《考选》，第 1 叶；光宣《宜荆续志》卷 7《知县》，第 422 页。

⑩ 《清代硃卷集成》第 245 册，第 361 页。

⑪ 民国《重修浙江通志稿》第 110 册《考选》，第 1 叶。

⑫ 生年据《清代人物生卒年表》，第 61 页。

式第 181 名，覆试二等第 30 名，殿试二甲第 104 名，朝考一等第 25 名，选庶吉士，散馆授编修。改河南知府，不数年卒。师事李慈铭（1830—1894），为刊《白华绛跗阁诗初集》。著有《止轩集》。《晚晴簃诗汇》录其词 11 首。《词综补遗》录其词 1 首。①

周显廷（1857—?）②，原名锡恩，字寿彭，号□波，诸暨人。光绪二年（1876）乡试中式第 13 名举人。③

杜锡恩（1840—?），原名和锡，字圣昭，号韵卿、星潮，慈溪人。同治四年（1865）乡试中式第 31 名举人。官内阁候补中书。④

钟祖荫，定海人。光绪元年（1875）举人。⑤

蔡世杰（1843—?），字少蘧，号汉三，仁和人，念慈（1811—?）子。同治元年（1862）考取汉誊录第 69 名，乡试挑取誊录第 5 名。三年（1864）顺天乡试中式第 87 名举人。官工部郎中。⑥

姚珩，慈溪人。同治四年（1865）举人。官内阁候补中书。⑦

赵丹林，诸暨人。同治十二年（1873）举人。官知县。⑧

待考者：徐荣锡。

27. 学海堂课艺五编

【版本序跋】

题"光绪十一年岁次乙酉（1885）秋七月开雕"，"山长唐根石先生鉴定，监院钱塘潘鸿仪甫、德清俞祖绥洞孙、嘉兴吴受福琎轩全参校"。

唐根石（唐壬森），见《诂经精舍续集》。

潘鸿，见《诂经精舍三集》。

吴受福，见《诂经精舍七集》。

俞祖绥，见《学海堂课艺三编》。

刘秉璋序云：

浙之西湖设学海堂，进多士之登贤书者于此，月课其艺。所课则自制义、试帖与夫赋、诗、疏、论，无体不备，盖预为朝考、馆课计，俾习而熟之，得有合于程式，诚良法美意之至也。旧名孝廉堂，仅附于敷文书院，并无专课之所。自同治戊辰（1868）马端敏抚浙，谋课士而扩充之，始别创此堂于苏文忠公祠侧，颜曰"学海"，

---

① 《清代硃卷集成》第 251 册，第 307 页；第 65 册，第 53 页；《清代官员履历档案全编》第 5 册，第 121 页；《清儒学案》卷 185《越缦学案》，第 7170 页；《晚晴簃诗汇》卷 176，第 7716 页；《词综补遗》卷 38，第 1420 页。

② 生于咸丰六年十二月十七日，公历已入 1857 年。

③ 《清代硃卷集成》第 265 册，第 155 页。

④ 《清代硃卷集成》第 251 册，第 43 页；光绪《慈溪县志》卷 21《选举下》，第 460 页。

⑤ 民国《重修浙江通志稿》第 110 册《考选》，第 10 叶。

⑥ 《清代硃卷集成》第 105 册，第 423 页；民国《杭州府志》卷 113《选举七》，第 2197 页。

⑦ 民国《重修浙江通志稿》第 110 册《考选》，第 2 叶。

⑧ 民国《重修浙江通志稿》第 110 册《考选》，第 8 叶。

旁拓斋舍为弦诵地。每岁春仲开课，以巡抚主之，简高才者肆业其中，厥后诸僚佐以次按月一试。是时规制固已视昔有加，然犹只有官课而未有师课也。迄壬申岁（1872），今督部湘乡杨公抚此，乃复为之延聘主讲，一如书院月以官师分朔望两课之。由是学者讲习观摩，造诣日进，教士至此，则所以为国家培养者，益见其美且备焉。课艺率以积三年之久，择其尤者畀刊，为多士矜式，计前后已刊有四编矣。

余以今天子御极之九年癸未（1883）春奉命来抚是邦，会主讲席者为唐根石前辈。高年宿望，一时肆业之士，如百川学海，得所统宗。余就历岁按课阅前列诸作，衔华佩实，各擅胜场，洵足黼黻升平，不愧彬彬之选，则知此中之涵育熏陶，所造就者良非浅鲜。于今已三易寒暑，监院事者循故事以《五编》请主讲选之，得各体若干首，付诸手民。刊既成，征序于余，为书数语于简端云。

光绪十一年岁次乙酉（1885）冬十月，抚浙使者刘秉璋撰。

刘秉璋，见《诂经精舍六集》。

【课艺内容】

制艺 38 题 86 篇；赋 13 题 22 篇，题如《老子犹龙赋》、《十八学士登瀛洲赋》、《鸡林贾人购白傅诗赋》；疏 3 题 4 篇，题如《拟慈俭为宝疏》；论 10 题 11 篇，题如《士先器识论》、《圣人孩之论》、《电线论》；拟古 3 题 5 篇，题如《拟史孝山〈出师颂〉》、《拟谢灵运〈石壁精舍还湖中作〉》；试帖 23 题 31 篇；七言诗 2 题 5 篇，题为《菊枕 萸囊 莼羹 橘酿 暖炉》、《赋得闰端阳》。有评点。

【作者考略】

共 164 篇，其中：姚丙然 35 篇，章华国 11 篇，蒋廷黻 10 篇，刘元镛、查光华 7 篇，钟张堃、胡绍曾 6 篇，沈祖翼、来□、朱煜、黄福楙 5 篇，李鹏飞 4 篇，朱葆儒、朱宗祥、袁从周、孙礼煜、吴仁均、胡宝仁 3 篇，朱宝篁、朱士廉、郑炳垣、郑元杰、黄福炯 2 篇，张馨、蔡世杰、方泰、陆寿臣、沈葆华、邓钟玉、王汝为、吴锦绥、孙祖英、胡泰复、朱秉成、王学厚、水嘉颖、傅晋泰、马职垲、吴学端、胡福畴、汪蟾采、梁有常、屠鑫、葛献青、张景云、陈吉、张宸、陶方琯、林兆松、何鏖祥、曹鑠、陈兆甲、周元瑞 1 篇。

张馨、张景云，见《诂经精舍三集》。

姚丙然、查光华、孙礼煜、周元瑞，见《诂经精舍四集》。

傅晋泰，见《诂经精舍五集》。

朱葆儒、郑炳垣、屠鑫，见《崇文书院课艺》。

汪蟾采，见《东城讲舍课艺》。

章华国，见《敷文书院课艺二集》。

胡泰复、曹鑠，见《学海堂课艺续编》。

蒋廷黻、钟张堃、黄福楙、蔡世杰、陆寿臣、王学厚、吴学端（吴绣虎）、陈兆甲，见《学海堂课艺三编》。

刘元镛，海宁人。光绪二年（1876）举人。①

胡绍曾，改名经一，山阴人。光绪八年（1882）举人。十三年（1887）官建德教谕。又曾官福建瓯宁知县。十八年（1892）至二十三年（1897）三任政和知县，后遭撤职。②

来熊，字渭卿，萧山人。光绪八年（1882）举人，二十年（1894）进士。官广西上林知县。③

朱煜（？—1921），改名丙炎，字硕甫，仁和人。光绪二年（1876）举人。官丽水教谕。杭州宗文中学堂首任堂长、监督。④

李鹏飞（1860—？），谱名宝仁，字云九，号梅孙，仁和人。光绪五年（1879）解元。十五年（1889）会试中式第303名，殿试三甲，朝考一等第78名，选庶吉士。二十一年（1895）官昭文知县。⑤

朱宗祥，原名廷吁，秀水人。同治九年（1870）举人。官甘肃阶州知州。⑥

袁从周，鄞县人。光绪五年（1879）举人。官两淮盐大使。⑦

吴仁均，嘉善人。光绪元年（1875）举人。官山阴训导。⑧

胡宝仁（1840—？）⑨，字懋卿，号筱玉、小玉、念闾，瑞安人。同治十二年（1873）举人。光绪十二年（1886）进士。官四川南部、太平、郫县知县。工绘事。⑩

朱宝篁（1857—1889），字叔英，海宁人。光绪八年（1882）举人。两试礼部不第，考充咸安宫教习。著有《听春雨楼遗稿》。⑪

朱士廉，海宁人。光绪元年（1875）举人。官景山教习。⑫

黄福炯，改名清渠，余姚人。光绪二年（1876）举人。⑬

方泰，余姚人。同治六年（1867）举人。⑭

沈葆华，余姚人。同治十二年（1873）举人。官临海训导。⑮

邓钟玉，兰溪人。同治六年（1867）举人。总纂《金华县志》。著有《金华金石志》

———————————

①　民国《杭州府志》卷113《选举七》，第2199页。

②　民国《重修浙江通志稿》第110册《考选》，第14叶；民国《建德县志》卷9《职官志》，第220页；民国《建瓯县志》卷8《职官》，第484页；民国《政和县志》卷12《职官》，第553页。

③　民国《萧山县志稿》卷13《选举表》，第1183、1188页。

④　民国《重修浙江通志稿》第110册《考选》，第11叶；《皕年宗文》，第4页。

⑤　《清代硃卷集成》第267册，第339页；光绪《重修常昭合志》卷19《职官》，第281页。

⑥　民国《重修浙江通志稿》第110册《考选》，第7叶。

⑦　民国《重修浙江通志稿》第110册《考选》，第12叶。

⑧　民国《重修浙江通志稿》第110册《考选》，第10叶。

⑨　生卒年据《清代人物生卒年表》，第558页。

⑩　民国《重修浙江通志稿》第110册《考选》，第9叶；《浙江古今人物大辞典》上编，第331页。

⑪　俞樾：《朱氏两孝子传》，《春在堂杂文五编》卷2，第2页。

⑫　民国《杭州府志》卷113《选举七》，第2199页。

⑬　民国《重修浙江通志稿》第110册《考选》，第11叶。

⑭　民国《重修浙江通志稿》第110册《考选》，第5叶。

⑮　民国《重修浙江通志稿》第110册《考选》，第8叶。

（收入《石刻史料新编》第 3 辑）。①

吴锦绶（1853—?），字子标，号瓶庐，仁和人。光绪五年（1879）乡试中式第 97 名举人。②

孙祖英（1846—?），原名式烈，改名祖华，字午楼，会稽人。光绪五年（1879）乡试中式第 49 名举人。九年（1883）进士。光绪二十六年（1900）官兴宁知县。③

朱秉成（1854—?），谱名澜，原名之隽，字文川，号隽公、寄餖，山阴人。光绪八年（1882）乡试中式第 5 名举人。十五年（1889）会试中式第 132 名，殿试三甲，朝考三等，授江苏知县。十九年（1893）、二十三年（1897）两任常熟知县。著有《寄餖诗文草》。《晚晴簃诗汇》录其诗 7 首。④

水嘉颖，鄞县人。光绪元年（1875）举人。⑤

马职垲（1858—?），原名晋康，字鉴庵，号锡三，嵊县人。肄业崇文书院。光绪八年（1882）乡试中式第 28 名举人。⑥

胡福畴（1859—?），字克周，号莆卿、黻卿，永康人。肄业紫阳书院，兼考敷文、崇文书院、诂经精舍。光绪五年（1879）乡试中式第 71 名举人。官上虞教谕。⑦

梁有常（1840—?），字经伯、菊臣，钱塘人，敬事（1809—?）子。同治十二年（1873）顺天乡试中式第 291 名举人。官工部主事。⑧

葛献青，山阴人。光绪五年（1879）举人。官太平教谕。⑨

陈吉，萧山人。同治十二年（1873）举人。官教谕。⑩

陶方琯（1842—?），字伯瑛，号星璃，会稽人，方琦（1845—1885）兄。同治六年（1867）乡试中式第 59 名举人。宣统元年（1909）官杭州府教授。著有《心影楼诗集》一卷。⑪

林兆松（1855—?），字介寿，号梦生、苓仙，镇海人。光绪五年（1879）乡试中式第 45 名举人。官分水教谕。协修《分水县志》。⑫

何麐祥（1856—?），字菁卿，慈溪人。光绪二年（1876）举人。历官江西新喻、贵

① 民国《重修浙江通志稿》第 110 册《考选》，第 5 叶；光绪《金华县志》卷首《纂修姓氏》，第 1 叶。

② 《清代硃卷集成》第 269 册，第 373 页。

③ 《清代硃卷集成》第 269 册，第 75 页；民国《重修浙江通志稿》第 110 册《考选》，第 13 叶；《兴宁县志》卷 3《政治》，第 531 页。

④ 《清代硃卷集成》第 270 册，第 23 页；第 64 册，第 47 页；光绪《重修常昭合志》卷 19《职官》，第 278 页；《晚晴簃诗汇》卷 176，第 7718 页。

⑤ 民国《重修浙江通志稿》第 110 册《考选》，第 10 叶。

⑥ 《清代硃卷集成》第 270 册，第 299 页。

⑦ 《清代硃卷集成》第 269 册，第 191 页；民国《重修浙江通志稿》第 110 册《考选》，第 13 叶。

⑧ 《清代硃卷集成》第 111 册，第 199 页；民国《杭州府志》卷 113《选举七》，第 2198 页。

⑨ 民国《重修浙江通志稿》第 110 册《考选》，第 12 叶。

⑩ 民国《萧山县志稿》卷 13《选举表》，第 1177 页。

⑪ 《清代硃卷集成》第 254 册，第 383 页；民国《杭州府志》卷 101《职官三》，第 1962 页；《清人别集总目》，第 1981 页。

⑫ 《清代硃卷集成》第 269 册，第 55 页；光绪《分水县志》卷首《姓氏》，第 1 叶。

溪知县。①

待考者：沈祖翼、郑元杰、王汝为、张宸。

28. 学海堂课艺六编

【版本序跋】

未署刊刻时间。题"掌教陆渔笙先生鉴定，监院朱希凤、高保康编校"。

高保康，见《崇文书院课艺九集》。

朱希凤，见《敷文书院课艺》。

陆廷黻（1835—1921），谱名家铭，字己云，号屿孙、渔笙，鄞县人。同治三年（1864）顺天乡试中式副榜第 3 名。六年（1867）本省乡试中式第 43 名举人，覆试一等第 23 名。十年（1871）会试中式第 102 名，覆试一等第 15 名，殿试二甲第 21 名，朝考一等第 14 名，选庶吉士，散馆授编修。光绪八年（1882）官甘肃学政。归后主崇实、月湖书院。著有《镇亭山房诗文集》。《晚晴簃诗汇》录其诗 7 首。《词综补遗》录其词 1 首。②

卫荣光序云：

> 粤之有学海，始于阮文达；浙之有学海，始于马端敏。语云："莫为之前，虽美弗彰；莫为之后，虽盛弗传。"甚言盛极之难为继也。浙之学海堂在苏文忠公祠旁，杨石泉制军抚浙时又增师课，于是学海之制大备，诸贤豪继之，以迄于今。承学之士守而弗替，其贤者循途守辙，求工于词章声病之学，博稽于名物制度之事，餍义理之庸言，究宋贤之宗旨，其文亦既茂矣。
>
> 院长陆君取其文之不诡于正者，经古之不悖于古者，选为《课艺六编》，问序于余。余维制艺代圣贤立言，其志宜深，其情宜远，即疏赋诸作，其义亦宜曲而达。而苟非其词之工，又乌足以达其情志与义耶？自端敏至今，数十年间，元气渐复，士气亦稍振矣。士或有所挟者广，而世之取之者不能尽有，旁观见其文藻之美，而或歉然以为不足，夫固有余于言之外者也。吾愿睹斯编也，宜求其大者远者，以无愧乎言之内，而更进于言之外。其以继昔日之盛，不难矣。于是乎书。
>
> 光绪十有四年岁在戊子（1888）秋九月，抚浙使者古鄜卫荣光撰。

卫荣光（1824—1890），字静澜，河南新乡人。肄业河朔书院。道光二十六年（1846）举人。咸丰二年（1852）进士，选庶吉士，散馆授编修。历官翰林院侍读，侍讲学士，山东济东泰武临道、盐运使、按察使，江安粮道，江苏、安徽按察使，浙江布政使，山西、江苏、浙江巡抚。③

---

① 《清代官员履历档案全编》第 28 册，第 1 页；光绪《慈溪县志》卷 21《选举下》，第 462 页。

② 《清代硃卷集成》第 34 册，第 27 页；《晚晴簃诗汇》卷 165，第 7190 页；《词综补遗》卷 93，第 3498 页。

③ 民国《新乡县续志》卷 5《宦望》，第 30 叶。

【课艺内容】

制艺 45 题 100 篇；赋 21 题 32 篇，题如《集上书曩为殿帷赋》、《汉文帝罢露台赋》、《痛饮读〈离骚〉赋》、《严子陵钓台赋》；疏 2 题 2 篇，题为《拟兴廉举孝书》、《拟俭德垂世疏》；论 3 题 3 篇，题如《汉文帝敦朴为天下先论》、《唐陆贽请以税茶钱置义仓赋》；赞 1 题 1 篇，题为《麒麟阁画像赞》；铭 1 题 2 篇，题为《拟崔子玉〈座右铭〉》；古今体诗 11 题 17 篇，题如《拟陶〈归园田居〉》、《关山月》、《桃花源》；试帖 28 题 36 篇。有评点。

【作者考略】

共 193 篇，其中：查光华 34 篇，姚贻庆 17 篇，李廷鸿 13 篇，钟张堃 12 篇，姚丙然 10 篇，黄丙寿 8 篇，何庆辅 7 篇，朱煜、朱葆儒 6 篇，章华国、章以咸 5 篇，黄标、王修植、高丙杰、姚夔 4 篇，赵守成、陈鋆、吴锦绥 3 篇，蒋廷黻、沈祖燕、冯福宽、朱本、俞瞻淇、杨珪、李鹏飞、夏之森、张传芳 2 篇，陈镐、杨锡廛、余骓、钱锡寀、叶俊、徐澍咸、樊锽、吴巨濬、叶桂林、袁训、来观瀛、张景云、苏学海、郑鸿杰、郦昌祁、钟家鼐、章廷爵、徐荣锡、裘大彭、沈凤锵、胡绍曾、李祖寿、严纲、孔继昌、杨家骥、孙树礼、朱秉成 1 篇。

张景云，见《诂经精舍三集》。

查光华、姚丙然、朱本、孙树礼，见《诂经精舍四集》。

王修植，见《诂经精舍六集》。

沈祖燕、姚夔，见《紫阳书院课艺五编》。

姚贻庆（姚诒庆）、陈鋆、孔继昌，见《紫阳书院课艺六集》。

朱葆儒、袁训，见《崇文书院课艺》。

高丙杰，见《东城讲舍课艺续编》。

章华国，见《敷文书院课艺二集》。

章以咸、冯福宽、钱锡寀，见《学海堂课艺续编》。

钟张堃、蒋廷黻、杨珪（杨焕绪）、叶俊，见《学海堂课艺三编》。

朱煜、吴锦绥、李鹏飞、胡绍曾、朱秉成，见《学海堂课艺五编》。

李廷鸿，鄞县人。光绪十一年（1885）举人。①

黄丙寿（1859—?）②，字见安、倜盦，萧山人。肄业诂经精舍、敷文、崇文、紫阳书院。光绪十一年（1885）拔贡第 1 名，中式第 54 名举人。③

何庆辅，字翰臣，瑞安人。光绪五年（1879）举人，十八年（1892）进士。二十六年（1900）官广西昭平知县。民国间官福建福鼎、崇安知事。著有《庆辅文存》、《蛰庵文存》。④

---

① 民国《重修浙江通志稿》第 110 册《考选》，第 15 叶。
② 生于咸丰八年十二月十一日，公历已入 1859 年。
③ 《清代硃卷集成》第 273 册，第 215 页。
④ 民国《重修浙江通志稿》第 110 册《考选》，第 13 叶；民国《昭平县志》卷 4《职官部·知县》，第 7 叶；《黄式苏集》，第 103 页；《温州市志》卷 90《著述》，第 2722 页。

　　黄标（1846—?），字锦堂，号组云，仁和人，原籍徽州。同治九年（1870）乡试中式副榜第8名。光绪五年（1879）中式第54名举人。大挑二等，历官寿昌、分水训导。①

　　赵守成，仁和人。光绪元年（1875）举人。大挑教谕。②

　　俞瞻淇（1851—?），原名承恩，字天锡，号竹甫，诸暨人。光绪十一年（1885）乡试中式第69名举人。③

　　夏之森（1866—1902），字晓岩，嘉善人。光绪十一年（1885）乡试中式第49名举人。十六年（1890）会试中式第16名，殿试二甲第48名，朝考一等第21名，选庶吉士，散馆授江西广丰知县。④

　　张传芳，鄞县人。同治十二年（1873）举人。⑤

　　陈镐（1847—?），谱名嘉鉁，字葆莲，号怀兹，定海人。光绪五年（1879）乡试中式第75名。⑥

　　杨锡麐，归安人。光绪八年（1882）举人。二十九年（1903）官富阳教谕。⑦

　　余骅。检《重修浙江通志稿·考选》，咸丰、同治、光绪间浙江举人无"余骅"，唯同治六年（1867）名单中有"俞骅，余姚人"。⑧疑即此人，二者姓氏有一误。

　　徐澍咸，山阴人。光绪八年（1882）举人。⑨

　　樊锃，兰溪人。光绪八年（1882）举人。⑩

　　吴巨濬（1840—?），字脉川，新城人。光绪八年（1882）乡试中式第13名举人。⑪

　　来观瀛，字春山，萧山人。同治十二年（1873）举人。官嘉善教谕。⑫

　　郑鸿杰，兰溪人。光绪五年（1879）举人。⑬

　　郦昌祁，会稽人。光绪十一年（1885）举人。官归安教谕。⑭

　　钟家骕（1856—?），谱名培，改名家骕，又改名元赞，字健人，号伯和，晚号犊山介叟，仁和人。光绪八年（1882）举人。七上南宫，三荐四备，卒不售。二十四年（1898）大挑二等，二十八年（1902）选嵊县训导。适值变法，有罢科举、裁教职之议，不得已捐升知县，署江西弋阳。辛亥后以医代耕。著有《还读我书斋钞存》。⑮

---

①　《清代硃卷集成》第269册，第97页；光绪《分水县志》黄标序，第3叶。

②　民国《杭州府志》卷113《选举七》，第2193页。

③　《清代硃卷集成》第273册，第377页。

④　《清代硃卷集成》第68册，第23页；《清代人物大事纪年》，第1691页。

⑤　民国《重修浙江通志稿》第110册《考选》，第8叶。

⑥　《清代硃卷集成》第269册，第235页。

⑦　光绪《平湖县志》卷13《选举上》，第310页；民国《杭州府志》卷104《职官六》，第2020页。

⑧　民国《重修浙江通志稿》第110册《考选》，第5叶。

⑨　民国《重修浙江通志稿》第110册《考选》，第14叶。

⑩　民国《重修浙江通志稿》第110册《考选》，第14叶。

⑪　《清代硃卷集成》第270册，第153页。

⑫　民国《萧山县志稿》卷13《选举表》，第1177页。

⑬　民国《重修浙江通志稿》第110册《考选》，第13叶。

⑭　民国《重修浙江通志稿》第110册《考选》，第16叶。

⑮　《临平记再续》卷4，第576页。

　　章廷爵（1851—?），原名拜飏，又名元献，字啸梅，号曼白，会稽人。光绪八年（1882）乡试中式第96名举人。官瑞安训导。①

　　裘大彭，嵊县人。光绪五年（1879）举人。②

　　沈凤锵（1853—1932），字桐轩，晚号云鹤山人，瑞安人。光绪八年（1882）举人。二十九年（1903）官驻日本海陆军留学生副总裁，主管中国留日学生事务。三十三年（1907）官湖北郧西知县。著有《天籁阁诗集》。③

　　李祖寿（1856—?），字颂南，号崧生、耐涵，仁和人。光绪元年（1875）乡试中式第32名举人。十五年（1889）大挑二等，官泰顺教谕。十八年（1892）会试中式第118名，覆试三等，殿试三甲，朝考入选，授江苏知县。④

　　杨家骧（1867—1922）⑤，字德生，号德孙，慈溪人，泰亨（1826—1894）子。光绪十一年（1885）乡试中式第25名举人。十六年（1890）会试中式第128名，覆试一等第67名，殿试二甲第37名，朝考一等第5名，选庶吉士，散馆授编修。历官国史馆、编书处、武英殿协修官，国史馆纂修官，翰林院撰文。著有《磨兜坚馆诗文集》四卷。⑥

　　待考者：叶桂林、苏学海、徐荣锡、严纲。

29. 学海堂课艺七编

【版本序跋】

　　题“光绪辛卯（1891）孟秋开雕”，“掌教陆渔笙、杨雪渔先生鉴定，监院高保康、胡上襄编校”。

　　高保康，见《崇文书院课艺九集》。

　　杨雪渔（杨文莹），见《学海堂课艺续编》。

　　陆渔笙（陆廷黻），见《学海堂课艺六编》。

　　胡上襄（1860—?），钱塘人。廪贡。光绪七年（1881）兼袭云骑尉，十四年（1888）报捐双月选用训导，十九年（1893）捐升同知，分指江西。二十八年（1902）官南昌府同知，二十九年（1903）代理赣县知县，旋遭革职。宣统二年（1910）开复原官。⑦

　　叶赫崧骏序云：

　　　　浙省之建设学海堂也，垂三十年矣。课艺之选刊也，衰然已成六集矣。其于国家右文造士之意，学者经明行修之原，前抚使亦言之详矣。今又期届三年，主讲杨君汇编七集将藏，监院者问序于余，不获以不文辞。

---

　　①　《清代硃卷集成》第272册，第27页；民国《重修浙江通志稿》第110册《考选》，第14叶。

　　②　民国《重修浙江通志稿》第110册《考选》，第13叶。

　　③　民国《郧西县志》卷6《职官志》，第546页；许希濂：《同盟会会员沈靖：两次荣获最高荣誉勋章》，《瑞安日报》2011年8月8日。

　　④　《清代硃卷集成》第76册，第133页。

　　⑤　生于同治五年十二月十七日，公历已入1867年。

　　⑥　《清代硃卷集成》第272册，第347页；第70册，第293页；《清代官员履历档案》第8册，第247、321页；《恽毓鼎澄斋日记》，第289页；《江北如此多娇：江北历代诗选》，第189页。

　　⑦　《清代官员履历档案全编》第8册，第483页。

曩者山阳汪文端典学浙中,《立诚编》①序曰：吴越于春秋末始通上国，然《左氏内外传》所记其语言文字，皆隽永奇丽，与齐晋诸国不侔，盖天性也。然则湖山秀美之气，钟毓之灵，千百年来，代有文人，岂待问哉！抑余所期于在堂肄业者，则更有进焉。闻之无本不立，无文不行。我朝以制艺取士，原欲考诸生之学业，以备任使。如陆清献本理学为循吏，孙文靖发文章为经济。此外浙产之成大儒、号名臣者，指不胜数。顾其为文也，均非苟焉以从事也。多士既已举于乡，行将贡于廷，他日希踪前哲，为国家宣力，以驯至乎古人不朽之业者，于是编决之矣。遂乐而为之序。

光绪十有七年岁在辛卯（1891）六月，抚浙使者叶赫崧骏撰。

叶赫崧骏，见《紫阳书院课艺八集》。
杨文莹序云：

光绪己丑（1889），予归自黔南，乞假养疴，罕闻门以外事。明年冬，学海堂主讲陆渔笙前辈将入都，镇青中丞不以予为不材，延作替人，忝厕斯席，亦既半岁矣。时刻课艺第七集成，监院高君龚甫、胡君仲骥来索叙。叙曰：

天下行省书院课艺之刻，岁无虑数万首，通人视此不齿诸有亡。以故《宋》、《明史·艺文志》，制义不见著录，而亭林顾氏且有"八股盛而六经微"之叹。虽然，是亦存乎其人耳，难可概言。俞桐川《百二十名家选时文》也，八百年来，巨人魁儒，项背相望。其尤觥觥为吾乡望者，则有若于忠肃，有若商文毅，有若王文成。气节之高，事业之奇且伟，照烂竹素，雷訇万耳。要其所以为气节事业者，定于志，成于学，未尝不流露于所作之时文。然则目时文为小道且不可，乃欲过而废之，谓是不足与于文章之数，奚可哉！

肄业诸君子贤书登矣，仕路近矣，服古觇今，期有用矣。虽他日出处，不必尽同，吾知所志所学，景仰乡先哲，用寄生平微尚者，必大有其人在也。不材如予，行能无可举似，加以病废，而以己所不能而望诸人，窃附朋友相劘之谊。又私冀仁贤辈作，翔踔风云，各著其气节事业，捄时艰，翼世教，俾空山枯坐，于世无关重轻之人，得藉口于以言知人，举畴昔所见文字，诧语人以为光荣，正匪独跛不忘履、盲不忘视而已也。

是集前刻制义若干首，大都皆根柢经史、发挥名理之作。后附赋、诗及杂作若干首，风藻艳发，咸有殊观。凡经渔笙前辈已选定者，盖十之八云。

岁次辛卯（1891）秋七月，钱塘杨文莹。

【课艺内容】

制艺36题100篇；赋15题25篇，题如《拟李白〈明堂赋〉》、《明月生波赋》、《赵充国屯田》；论5题7篇，题如《子产不毁乡校论》、《杜子美窃比稷契论》；古今体诗18题25篇，题如《拟杜〈北征〉》、《拟韩昌黎〈示儿〉》、《拟王阮亭〈读唐宋金元诸家诗题后〉》；试帖25题38篇。有评点。

---

①　即《浙江立诚编试律古今体诗》。

【作者考略】

共 195 篇，其中：查光华 21 篇，沈进忠 19 篇，姚诒庆 12 篇，倪震埏 10 篇，张荫椿、朱本 8 篇，黄标 6 篇，陆懋勋、朱毓琇、马职垲 5 篇，陈鋆、陈仪亮、俞省三 4 篇，周庆熊、来熊、钟苏、何庆辅 3 篇，邵昌寿、黄传鼎、张铬、董圻、黄丙寿、俞庆恒、叶和声、高培森、高丙杰、章萼衔、许文耀、沈镜蓉、范奉璋、查光熙 2 篇，郑文熙、孙树礼、吴纬炳、何绍闻、赵延泰、周易藻、阮达元、包宗经、沈唐、樊达璋、姚希善、蓝开勋、叶尔恺、王履咸、徐光烈、陶家垚、崔嘉勋、李鹏飞、张镕、丁谦、项同寿、来观瀛、陈维荣、汤震、洪锡承、张景云、孔继昌、杨廷燮、许大钧、沈桐、金鹤声、李祖寿、都守仁、陈宜增、顾启洪、杨敏曾、陈忠伟、陈乃赓、翁曾佑、吴大受、宓起涛、程良骐、程宗伊、莫峻 1 篇。

张景云，见《诂经精舍三集》。

查光华、朱本、孙树礼，见《诂经精舍四集》。

汤震，见《诂经精舍五集》。

俞省三、蓝开勋，见《诂经精舍七集》。

都守仁，见《紫阳书院课艺五编》。

姚诒庆、张荫椿、陆懋勋、陈鋆、张铬、樊达璋、徐光烈、孔继昌、程良骐，见《紫阳书院课艺六集》。

黄传鼎、洪锡承，见《紫阳书院课艺八集》。

高丙杰，见《东城讲舍课艺续编》。

张镕，见《学海堂课艺续编》。

钟苏，见《学海堂课艺三编》。

马职垲、来熊、李鹏飞，见《学海堂课艺五编》。

黄标、何庆辅、黄丙寿、来观瀛、李祖寿，见《学海堂课艺六编》。

沈进忠（？—1921），字稚岩，秀水人。光绪十四年（1888）举人。秀水县学堂校长，主持嘉郡图书馆馆务。①

倪震埏，秀水人。光绪十四年（1888）举人。②

朱毓琇，富阳人。光绪五年（1879）举人。官严州教授。③

陈仪亮，原名学文，钱塘人。光绪十四年（1888）举人。官严州训导。④

周庆熊（1848—？），幼名祜，字笃盦，号梦飞，会稽人。光绪二年（1876）乡试中式第 83 名举人。官东平知州。⑤

邵昌寿（1853—？），字保东，号鲁常，钱塘人。光绪元年（1875）乡试中式第 20 名

---

① 民国《重修浙江通志稿》第 110 册《考选》，第 16 叶；《一代学人钱宝琮》，第 572 页；崔泉森：《嘉兴市图书馆百年历程》，《〈图书馆研究与工作〉论文选（2000—2005）》，第 100 页。

② 民国《重修浙江通志稿》第 110 册《考选》，第 17 叶。

③ 民国《重修浙江通志稿》第 110 册《考选》，第 13 叶。

④ 民国《重修浙江通志稿》第 110 册《考选》，第 17 叶。

⑤ 《清代硃卷集成》第 267 册，第 23 页；民国《重修浙江通志稿》第 110 册《考选》，第 12 叶。

举人。①

董圻，慈溪人。光绪二年（1876）举人。官内阁中书。②

俞庆恒，山阴人。光绪十四年（1888）举人。二十四年（1898）官富阳训导。③

叶和声（1840—1897），字雅南，余姚人。同治十二年举人。光绪六年（1880）大挑二等，用教职，未授官卒。④

高培森（1852—?），字厚栽，号竹坡、聿修，仁和人。光绪十五年（1889）乡试中式第 36 名举人。⑤

章萼衔（1855—?），字升三，号梅卿，汤溪人。肄业金华丽正书院。光绪十一年（1885）乡试中式第 31 名举人。官山东知县。协修《汤溪县志》。⑥

许文耀（1844—?）⑦，字炳奎，号琢云、梦蕉，常山人。同治十二年（1873）拔贡第 1 名，朝考二等第 11 名。光绪元年（1875）乡试中式第 79 名举人。官新城、余姚训导。与修《常山县志》。⑧

沈镜蓉（1857—?），谱名启瀛，字紫菓，号蒲陂、步洲、余白，会稽人。光绪十一年（1885）乡试中式第 61 名举人。三十一年（1905）官昌化训导。宣统三年（1911）任绍兴府中学堂监督，旋辞去。⑨

范奉璋，石门人。光绪八年（1882）举人。与修《石门县志》。⑩

查光熙（1846—?）⑪，字仲明，号子敬、缉庵，海宁人，光华（1846—1928）兄。同治十二年（1873）乡试中式副榜第 7 名。光绪八年（1882）中式第 31 名举人。著有《呬闻录》二卷。⑫

郑文熙（?—1916），改名淦，一作淦，字森泉，嵊县人。光绪十四年（1888）举人。官寿州、和州知州。清亡，潜往永嘉，依妙智寺为僧，法号灵照。著有《永嘉诗人传》五十余本、《永嘉日记》二三本。临终尽焚其书，仅余所撰《嵊县诗选》一册。卒年

① 《清代硃卷集成》第 262 册，第 251 页。

② 民国《重修浙江通志稿》第 110 册《考选》，第 11 叶。

③ 民国《重修浙江通志稿》第 110 册《考选》，第 16 叶；民国《杭州府志》卷 104《职官六》，第 2020 页。

④ 光绪《余姚县志》卷 23《列传十六》，第 689 页。

⑤ 《清代硃卷集成》第 279 册，第 151 页。

⑥ 《清代硃卷集成》第 273 册，第 25 页；民国《重修浙江通志稿》第 110 册《考选》，第 15 叶；民国《汤溪县志》卷首《纂修职员》，第 27 页。

⑦ 生于道光二十三年十二月初六日，公历已入 1844 年。

⑧ 《清代硃卷集成》第 397 册，第 221 页；第 264 册，第 113 页；光绪《常山县志》卷首《纂修姓氏》，第 1 叶。

⑨ 《清代硃卷集成》第 273 册，第 283 页；民国《昌化县志》卷 8《秩官志》，第 467 页；《鲁迅年谱稿》，第 74 页。

⑩ 民国《重修浙江通志稿》第 110 册《考选》，第 13 叶；光绪《石门县志》卷首《纂修姓名》，第 1 叶。

⑪ 光熙为光华兄，则此处生年当为官年。

⑫ 《清代硃卷集成》第 270 册，第 309 页；民国《海宁州志稿》卷 16《典籍十八》，第 2 叶。

五十余。①

吴纬炳（1868—?），字贞木，号经才，钱塘人。光绪十一年（1885）、十四年（1888）备取优贡。十四年（1888）乡试中式第 62 名举人，覆试一等第 7 名。十八年（1892）考取宗室官学教习。二十一年（1895）会试中式第 35 名，覆试一等第 48 名，殿试二甲第 2 名，朝考入选，选庶吉士，授编修。历官甘肃学政、御史、资政院议员。《晚晴簃诗汇》录其诗 1 首。②

何绍闻（1855—?），上虞人。光绪十四年（1888）举人。十八年（1892）考取咸安宫教习。三十四年（1908）官金匮知县。无锡光复时被捕，后被释放。分纂《上虞县志》。③

赵延泰（1865—?），字阶六，号嘉乐，仁和人。光绪十五年（1889）乡试中式第 35 名举人。二十四（1898）进士。官安乡知县。④

周易藻（1864—1936），字芹生，号璐琴，晚号遁叟，萧山人。肄业敷文、崇文、紫阳书院。光绪十五年（1889）举人，五上礼部不第。历任萧山劝学所总董、县立高等小学校长、参事会长。著有《萧山湘湖志》八卷《续编》一卷。⑤

阮达元（1852—?），谱名吉午，字端之、道五，号继香，仁和人。光绪元年（1875）乡试中式第 131 名举人。官湖南知县。著有《迟斋遗诗》一卷。⑥

包宗经（1845—1893），字廼畬，号伯琴，镇海人。光绪五年（1879）乡试中式第 104 名举人。九年（1893）会试中式第 83 名，殿试三甲，朝考二等。授刑部福建司主事兼奉天司行走，改安徽知县，历泾县、怀宁、宣城等县。⑦

沈唐，字联第，一作联棣，归安人。光绪二年（1876）优贡，考取汉教习。十一年（1885）举人，官江苏知县。⑧

姚希善，字允咸，青田人。同治十二年（1873）举人。与修《青田县志》。⑨

叶尔恺（1864—1940/1941），字悌君，号柏皋，仁和人。光绪十五年（1889）顺天乡试中式第 75 名举人，覆试一等第 18 名。十八年（1892）会试中式第 76 名，覆试二等

① 民国《重修浙江通志稿》第 110 册《考选》，第 17 叶；《世载堂杂忆》，第 139 页；《冒鹤亭先生年谱》，第 417 页。

② 《清代硃卷集成》第 277 册，第 95 页；第 83 册，15 页；《中国民主政治的困境》附录《咨议局及资政院议员名录》，第 328 页；《晚晴簃诗汇》卷 182，第 7959 页。

③ 光绪《上虞县志》卷首《纂修职名》，第 25 页；《政治官报》第 10 册，第 358 页；章振华：《无锡光复前后》，《无锡文史资料》第 3 辑，第 28 页。

④ 《清代硃卷集成》第 279 册，第 127 页；民国《杭州府志》卷 111《选举五》，第 2165 页。

⑤ 周解秋：《命运不济，壮志未酬——怀周易藻先生》，《萧山史志》2006 年第 3 期；《周易藻卒年、后裔考略》，《萧山史志》2006 年第 4 期。

⑥ 《清代硃卷集成》第 265 册，第 25 页；民国《杭州府志》卷 113《选举七》，第 2199 页；《清人别集总目》，第 618 页。

⑦ 《清代硃卷集成》第 270 册，第 37 页；第 52 册，第 423 页；民国《镇海县志》卷 27《人物传六》，第 37 叶。

⑧ 光绪《归安县志》卷 32《选举·贡生》，第 40 叶；民国《重修浙江通志稿》第 110 册《考选》，第 15 叶。

⑨ 光绪《青田县志》卷首《姓氏》，第 1 叶；卷 9《选举志》，第 18 叶。

第 17 名，殿试二甲第 43 名，选庶吉士，散馆授编修。历官甘肃、云南、陕西学政。辛亥后寓居沪上，鬻字为生。①

王履咸（1855—?），原名礼贤，谱名金标，字泽山，号子谦，萧山人。肄业紫阳书院。光绪十一年（1885）乡试中式第 102 名举人。十六年（1890）进士。官工部、外务部主事。②

陶家垚，会稽人。光绪十五年（1889）举人。③

崔嘉勋，字鉴湖，平湖人。同治十二年（1873）举人。二十九年（1903）代理峨眉知县。④

丁谦（1843—1919），字益甫，嵊县人，原籍仁和。同治四年（1865）举人。光绪七年（1881）大挑二等，官汤溪训导。旋选授象山教谕，在任二十二载。升处州府学教授，以老不赴。主纂《嵊县志》。著有《蓬莱轩舆地丛书》六十九卷。《晚晴簃诗汇》录其诗 4 首。⑤

项同寿（?—1900），字薇垣，钱塘人，藻馨（1873—1857）伯父。光绪十一年（1885）举人。官南城兵马司指挥。二十六年（1900）八国联军抵京，同寿殉难。⑥

陈维荣，改名泰，海宁人。光绪五年（1879）举人。官怀柔知县。⑦

杨廷燊（1845—?），字绍志，号晓峰、少怀，新昌人。光绪八年（1882）乡试中式第 93 名举人。官知县。与修《淳安县志》。⑧

许大钧，秀水人。同治十二年（1873）举人。⑨

沈桐（1854—?），字敬甫、凤楼，广东番禺人，原籍浙江德清。肄业广州学海堂、菊坡精舍。光绪八年（1882）广东乡试中式第 39 名举人。二十一年（1895）进士。⑩

金鹤声，太平人。光绪元年（1875）举人。官知县。⑪

陈宜增，鄞县人。光绪五年（1879）举人。⑫

顾启洪（1855—?），字剑华，号虎仁、符荪，钱塘人。光绪十四年（1888）乡试中式第 99 名举人。⑬

---

① 《清代硃卷集成》第 122 册，第 31 页；第 75 册，第 195 页；张元济：《挽卢悌君》，《张元济全集》第 4 卷《诗文》，第 141 页；《中国近现代书法家辞典》，第 96 页。

② 《清代硃卷集成》第 274 册，第 391 页；民国《萧山县志稿》卷 13《选举表》，第 1186 页。

③ 民国《重修浙江通志稿》第 110 册《考选》，第 18 叶。

④ 光绪《平湖县志》卷 13《选举上》，第 309 页；《峨眉县志》第 39 篇《人物》，第 696 页。

⑤ 《象山文史资料》第 5 辑《历代人物专辑》，第 57 页；《晚晴簃诗汇》卷 161，第 7027 页。

⑥ 民国《杭州府志》卷 113《选举七》，第 2199 页；宣刚整理：《项兰生自订年谱》，《上海档案史料研究》第 10 辑，第 288 页。

⑦ 民国《重修浙江通志稿》第 110 册《考选》，第 13 叶。

⑧ 《清代硃卷集成》第 271 册，第 379 页；民国《重修浙江通志稿》第 110 册《考选》，第 14 叶；光绪《淳安县志》卷首姓氏，第 1 叶。

⑨ 民国《重修浙江通志稿》第 110 册《考选》，第 9 叶。

⑩ 《清代硃卷集成》第 344 册，第 245 页；民国《重修浙江通志稿》第 110 册《考选》，第 15 叶。

⑪ 民国《重修浙江通志稿》第 110 册《考选》，第 10 叶。

⑫ 民国《重修浙江通志稿》第 110 册《考选》，第 13 叶。

⑬ 《清代硃卷集成》第 278 册，第 27 页。

杨敏曾（1858—1939），字逊斋，慈溪人。光绪五年（1879）举人。历任宁波中西储才学堂监堂兼总教习、上海澄衷学堂教务长、京师大学堂历史教员、浙江求是学堂和浙江高等学堂国文教员。总纂《镇海县志》。著有《自怡室诗文稿》。①

陈忠伟，钱塘人。光绪十一年（1885）举人。官奉天知府。②

陈乃赓（1866—1902）③，字公敭，号虞臣、萸纫，别署愚陈，海宁人。肄业诂经精舍。光绪十五年（1889）乡试中式第 60 名，覆试一等第 52 名。十八年（1892）会试中式第 48 名，覆试二等第 114 名，殿试三甲第 35 名，朝考三等第 5 名，授刑部主事。二十二年（1896）丁忧回籍，遂绝意仕进。为文哀感顽艳，尤长于词曲。著有《黄堂梦传奇》八卷。④

吴大受（1866—？），改名畚，字若虚，号石畚，钱塘人。肄业诂经精舍。光绪十一年（1885）乡试中式第 87 名举人。官通州知州。⑤

宓起涛，字友枚，慈溪人，崇禄（1872—？）从兄。光绪十一年（1885）举人，国子监典簿。参与创办宓氏畚经堂义塾。⑥

程宗伊（1870—1940/1942），谱名儒珍，字学川，号昂程，海盐人。光绪十五年（1889）乡试荐卷，十七年（1891）堂备。二十九年（1903）乡试中式第 10 名举人。三十年（1904）进士。官编修。曾赴日本学习法政，辛亥后回海宁。工书。分纂《海宁州志稿》。著有《春风草堂骈体文》、《亦勉行堂诗文集》、《辽金元地理今释》。⑦ 按，程宗伊课作入选本集，当属例外，其时程尚未中举。

莫峻（1851—？）⑧，字望嵩，号孟高、坚卿，上虞人。光绪元年（1875）举人，二年（1876）进士。⑨

待考者：翁曾佑。

30. 学海堂课艺八编

【版本序跋】

题"光绪甲午（1894）孟秋开雕"，"掌教杨雪渔先生鉴定，监院许郊、高保康编校"。

许郊，见《诂经精舍三集》。

---

① 谢振声：《宁波中西储才学堂首任监堂——杨敏曾》，《好大一棵树：宁波中学百十周年华诞纪念文集 1898—2008》，第 115 页。

② 民国《杭州府志》卷 113《选举七》，第 2199 页。

③ 生卒年据《清代人物生卒年表》，第 437 页；民国《海宁州志稿》本传谓其卒年三十四。

④ 《清代硃卷集成》第 74 册，第 383 页；民国《海宁州志稿》卷 29《人物志·文苑》，第 60 叶。

⑤ 《清代硃卷集成》第 274 册，第 195 页；民国《杭州府志》卷 113《选举七》，第 2199 页。

⑥ 光绪《慈溪县志》卷 21《选举下》，第 462 页；卷 5《建置四》，第 135 页；《清代硃卷集成》第 291 册，第 277 页。

⑦ 《清代硃卷集成》第 301 册，第 235 页；民国《海宁州志稿》卷首名录，第 2 叶；《中国近现代人物名号大辞典（续编）》，第 308 页。

⑧ 生年据《清代人物生卒年表》，第 610 页。

⑨ 民国《重修浙江通志稿》第 110 册《考选》，第 10 叶。

高保康，见《崇文书院课艺九集》。

杨雪渔（杨文莹），见《学海堂课艺续编》。

廖寿丰序云：

杭垣课士之所，三书院而外曰学海堂者，诸孝廉肄业之地也。杭为人文渊薮，咸同兵燹而后，弦诵稍稀。故学使者按试所至，衡校文艺，每不逮昔年之盛。至于登贤书，赋鹿鸣，类皆聪颖秀出，可进于文章著作之林。

兹选第八集，为近年以来课作。观其根柢宏深，缛藻彬蔚，华实兼茂，能自树立者，乡先生薰陶乐育之功，可谓盛矣。顾尝谓书院为教士之地，而今之书院，每多重文章而轻实学，有考课而无讲肄。夫考试者，甄录已成之才，将以出为世用。即以文章取士，亦欲以觇其实学，而非徒藻缋之为工。今以肄业之地，而亦仅讲求文字，取已成之材而殿最之，其益于士林亦抄矣。每思取七录、四部，删繁举要，旁及舆地、边防、算术诸书，广庋斋舍；更略师程氏分年读书之法，择其性之相近者，分占肄习而循序以致其精焉。顾自惟闻见庳薄，又属海上多事，未之暇及。然杭人不乏好学深思之士，充其娴精文字之心，以致力于实学，必能穷源竟委，各有所成。兹编所刻，虽仅文字一端，异日颖敏出众之材，固可于此卜之也。

光绪二十一年（1895）六月，抚浙使者嘉定廖寿丰序。

廖寿丰，见《诂经精舍七集》。

杨文莹序云：

昔王荆公《上仁宗万言书》，病当世课试之文章，无当乎天下国家之用，欲变法以造人才。而苏长公《议学校贡举状》，驳之以谓变法与不变法等，古来以言取士，不过如此。论者大率是苏而非王。

方今中外一庭，时局日新，去古悬绝，取士旧法又骎骎乎有欲变之势。持高论者曰：我用我法，闻夏变夷，未闻变于夷。是祖苏说而偏执一隅者。识时务者曰：不入虎穴，焉得虎子，几欲尽弃所学而学之。是祖王说而变本加厉者。蒙窃以为皆过也。夫忠敬异尚，质文殊用，穷则变，变则通，通则久。法非不可变也，所不可变者，则我中国数千年来老生之常谈，风俗、礼义、人心、廉耻，老生常谈也。秉吾家老生之常谈，采彼族有益之新法，取精用宏，谁曰不宜！礼义之弗修，廉耻之弗励，驱而纳诸西学之中，政恐尔时人才难得，更甚于今日元气劫屏，求助金石，诚未见其有济也。比见陶方之抚军与某公书云："上有卧薪尝胆之大臣，下有断齑画粥之志士，时艰虽亟，庶几可瘳。"至哉言乎，至哉言乎！

文莹性不宜官，归而忝主是席，忽忽四年矣。每顾名思义，学海何学，掌教何教，未尝不面热汗霑衣也。放口空谈，其曷足贵！独念吾浙山水萃东南之秀，代有伟人。而兹堂所肄业，又皆登贤书、近仕路之伦。居平目营心注，于所谓变法不变道者，熟思之，慎择之，求当乎天下国家之用，而不唯课试文章之是力。岂遂无人，或者人不易知，知人不易，风云昭感，旋乾转坤之巨手，果出于此堂，则朝廷方且前席而咨之，鄙人尤将铸金而礼之。

　　光绪甲午年（1894）七月，选刻课艺第八集告成。属海上有事，中有所感，不能已于言，遂书之以为序。钱塘杨文莹。

【课艺内容】

　　制艺 35 题 100 篇；赋 4 题 7 篇，题如《郑康成注〈汉宫香方〉赋》、《孔子乃儒童菩萨赋》；论 4 题 10 篇，题如《范增说项梁立楚怀王论》、《吐蕃悉怛谋以维州降唐论》；拟文 1 题 1 篇，题为《拟陶通明〈授陆敬游十赉文〉》；书后 1 题 2 篇，题如《读〈挈经室集·南北书派论〉书后》；古今体诗 6 题 8 篇，题如《读〈秦始皇本纪〉》、《书堂夜坐书怀》；试帖 21 题 30 篇。有评点。

【作者考略】

　　共 158 篇，其中：沈进忠 19 篇，陆懋勋 18 篇，洪锡承 15 篇，俞省三 10 篇，孙荣枝 9 篇，张荫椿 5 篇，史文、陈仪亮、周易藻、徐宗源、倪震埏 3 篇，翁有成、许承宣、金起茂、江振杰、郑杰、查光华、钟观豫、徐云翰、陈乃赓、屠佩环 2 篇，夏启瑜、吴汝念、茅善培、胡宋铨、沈唐、王予衮、连瑞瀛、朱光荣、盛钟彬、冯峰、樊恭寿、蔡蒙、程良骐、楼守愚、夏钟泽、金兆蕃、王希曾、朱丙元、樊达璋、姚陛闻、黄崇宪、松福、刘歌雅、周光寅、汪宗泗、朱毓琇、姚希善、江仁葆、徐思谦、张联骏、袁云楣、夏树桐、章萼衔、倪晋阶、褚德仪、朱銎、张辂、徐绍唐、樊廷英、叶嘉植、俞秉炎、叶宝瑛、邵昌寿、章观光、陈彬华、俞瞻淇、周元瑞 1 篇。目录中作者前标注"朔课"、"望课"。

　　查光华、周元瑞，见《诂经精舍四集》。

　　俞省三，见《诂经精舍七集》。

　　陆懋勋、孙荣枝、张荫椿、樊恭寿、程良骐、樊达璋、张辂，见《紫阳书院课艺六集》。

　　洪锡承、徐宗源、翁有成、郑杰、吴汝念、茅善培、张联骏、章观光，见《紫阳书院课艺八集》。

　　金起茂，见《学海堂课艺》。

　　俞瞻淇，见《学海堂课艺六编》。

　　沈进忠、陈仪亮、周易藻、倪震埏、陈乃赓、沈唐、朱毓琇、姚希善、章萼衔、邵昌寿，见《学海堂课艺七编》。

　　史文，嵊县人。同治十二年（1873）举人。官乐清教谕。①

　　许承宣（1851—?），字台生，号孟传，钱塘人。光绪二年（1876）乡试中式第 72 名举人。官内阁中书。②

　　江振杰，字式如，号芝香，钱塘人，原籍婺源。同治九年（1870）举人，大挑教谕。曾入江西学政幕。驻京十余年，名宿多喜与游，故能得风气之先。一切西学，悉心研究。

---

　　① 民国《重修浙江通志稿》第 110 册《考选》，第 8 叶。
　　② 《清代硃卷集成》第 266 册，第 223 页；民国《杭州府志》卷 113《选举七》，第 2199 页。

又为杭州木业同乡延为公所董事，乡望翕然。晚年官嵊县教谕。①

钟观豫（？—1894），字慎斋，萧山人。咸丰八年（1858）举人。光绪五年（1879）官苍南训导。又尝官平阳、义乌、临安训导，临海教谕。著有《梅湖小草》。②

徐云翰（1847—？），谱名其静，字焕章，号慎庵、笑山，鄞县人。光绪五年（1879）乡试中式第11名举人。③

屠佩环（1869—？），谱名文德，又名长松，字仰琴，号肖楼，萧山人。肄业崇文书院。光绪十四年（1888）乡试中式第91名举人。二十四年（1898）进士。官陕西知县。三十二年（1906）任萧山教育会首任会长。④

夏启瑜（1866—1935）⑤，字伯瑾，号同甫，鄞县人。肄业崇实书院。光绪十五年（1889）乡试中式第25名举人。二十年（1894）会试中式第178名，覆试一等第3名，殿试二甲第21名，朝考一等第28名，选庶吉士，散馆授编修。历官甘肃学政，国史馆协修、纂修，翰林院撰文处行走、编书处详校，武英殿协修，宪政编查馆考核专科副科员，实录馆协修，功臣官纂修，江西吉安知府。宣统三年（1911）丁忧归。后在江浙管理税务，旋离去。旅居上海，创办四明文献社。⑥

胡宋铨（1838—1900），又名宋骏，字纶元，号缄史，镇海人。光绪十五年（1889）乡试中式第108名举人，大挑教职。家贫而志趣高迈，男婚女嫁略不过问，唯以民生之休戚为己任。设粥厂，置义冢，立牛痘局，奔走经营，不辞劳瘁。诗尤超诣，如魏晋间人语，浅学不能识也。著有《唾余集》。⑦

王予衮，字补廷、叔华，象山人。光绪十一年（1885）拔贡、举人。主讲石浦、金山书院。二十四年（1898）大挑教职。宣统元年（1909）选充咨议局议员，未几卒。著有《候虫吟馆诗钞》。⑧

连瑞瀛，鄞县人。光绪八年（1882）举人。⑨

朱光荣，仁和人。同治九年（1870）举人。⑩

---

① 民国《杭州府志》卷113《选举七》，第2193页；民国《重修婺源县志》卷15《选举一》，第47叶；卷23《人物四》，第36叶。

② 民国《萧山县志稿》卷13《选举表》，第1165页；《苍南县教育志》第15章，第268页；刘德隆：《出房·堂备·寅半生——对晚清一位小说理论研究者的考察与探讨》，《明清小说研究》2006年第2期，第129页。

③ 《清代硃卷集成》第268册，第3页。

④ 《清代硃卷集成》第277册，369页；民国《萧山县志稿》卷10下《学校》，第820页；卷13《选举表》，第1190页。

⑤ 生于同治四年十二月十二日，公历已入1866年。生卒年据《清代人物生卒年表》，第616页。

⑥ 《清代硃卷集成》第278册，第385页；第81册，181页；《清代官员履历档案全编》第8册，第188、381页；《鄞县文史资料》第6辑，第209页。

⑦ 《清代硃卷集成》第281册，第183页；民国《镇海县志》卷27《人物传六》，第37叶；卷40《艺文下》，第34叶。

⑧ 民国《象山县志》卷14《教育考》，第786页；《四明清诗略续稿》卷5，第4叶。

⑨ 民国《重修浙江通志稿》第110册《考选》，第14叶。

⑩ 民国《杭州府志》卷113《选举七》，第2193页。

盛钟彬（1849—?）①，字梧冈，号小峰，慈溪人。光绪五年（1879）乡试中式第 81 名举人。②

冯峰，桐乡人。同治十二年（1873）举人。③

蔡蒙，归安人。光绪十五年（1889）举人。④

楼守愚（1866—1918），谱名忆铨，字木安，诸暨人。光绪十四年（1888）乡试中式第 5 名举人，覆试二等第 31 名。二十年（1894）会试中式第 212 名，覆试一等第 41 名，殿试二甲第 76 名，朝考二等第 42 名，授兵部主事。历官广西平乐、恭城知县。升百色直隶厅同知，未之任。署思恩府知事，为谗者所构落职。民国初在浙江都督府任机要职务，后官杭关税捐局、常关税捐局长，浙江兰溪、广东揭阳知事。⑤

夏钟泽（1864—?），原名凯燊，号肖泉，黄岩人。光绪十七年（1891）乡试中式第 12 名举人。著有《群经杂纂》、《说文杂纂》。⑥

金兆蕃（1868—1950），谱名义襄，字茂赞，号伯匡、篯孙，秀水人。肄业天津集贤书院。光绪十五年（1889）顺天乡试中式第 3 名举人。曾佐浙江巡抚幕，旋以中书待阙京师。甲午战后南下，改官江苏，为当道编《各国立约始末记》。民国初重游北京，官财政部司长。清史馆开，任纂修，继晋总纂。参编《清儒学案》、《晚晴簃诗汇》。辑有《檇李丛书》。著有《安乐乡人诗》四卷、《安乐乡人诗续》一卷、《七十后诗》一卷、《药梦词》二卷、《续》一卷、《药梦七十后词》一卷（收入《近代中国史料丛刊续编》）。《中国近代文学大系》录其诗 12 首。⑦

王希曾（1841—?），字味羹，号访沂、榜华，秀水人。同治十二年（1873）乡试中式第 110 名举人。官刑部郎中。⑧

朱丙元（1860—?），字子绂，号枕湖，仁和人。光绪十七年（1891）乡试中式第 61 名举人。三十一年（1905）官上杭知县。又曾官龙岩直隶州知州，在任期间为新罗书院续购藏书。著有《检身录》。⑨

姚陛闻，归安人。光绪十七年（1891）举人。保国会成员。⑩

黄崇宪（"崇"一作"宗"），永嘉人。光绪十五年（1889）举人。二十九年

①　生于道光二十八年十二月初十日，公历已入 1849 年。

②　《清代硃卷集成》第 269 册，第 305 页。

③　民国《重修浙江通志稿》第 110 册《考选》，第 9 叶。

④　民国《重修浙江通志稿》第 110 册《考选》，第 19 叶。

⑤　《清代硃卷集成》第 275 册，第 199 页；第 81 册，第 347 页；《最近官绅履历汇录》第 1 集，第 321 页；蔡元培：《楼木安家传》，《蔡元培全集》第 6 卷，第 616 页。

⑥　《清代硃卷集成》第 282 册，第 287 页。

⑦　《清代硃卷集成》第 121 册，第 219 页；屈强：《嘉兴金篯孙先生行状》，《民国人物碑传集》卷 7，第 407 页；郑逸梅：《金兆蕃传略》，《平湖文史资料》第 3 辑，第 1 页；《中国近代文学大系》第 4 集第 15 卷《诗词集二》，第 33 页。

⑧　《清代硃卷集成》第 261 册，第 181 页；民国《重修浙江通志稿》第 110 册《考选》，第 9 叶。

⑨　《清代硃卷集成》第 284 册，第 49 页；民国《上杭县志》卷 14《职官志》，第 162 页；民国《龙岩县志》卷 12《职官志》，第 135 页。

⑩　民国《重修浙江通志稿》第 110 册《考选》，第 19 叶；《东瓯三先生集补编》附录，第 543 页。

（1903）任永嘉养正学堂堂长。①

　　松福，杭州驻防。光绪十五年（1889）举人。②

　　刘歌雅（1864—?），字广熙，号惺斋，江山人。光绪十五年（1889）乡试中式第 15 名举人。官江苏知县。③

　　周光寅（1860—?），字本檕，号旭初，定海人。光绪十五年（1889）乡试中式第 128 名举人。④

　　汪宗泗（1853—?），谱名抡元，字鲁滨，号荐青，乌程人，原籍休宁。同治十二年（1873）、光绪十一年（1885）乡试堂备、荐卷。光绪十五年（1889）乡试中式第 119 名举人。⑤

　　江仁葆，富阳人。光绪十一年（1885）举人。官四川富顺知县。⑥

　　徐思谦（1849—?），字如谷，号六皆，常山人。肄业诂经精舍、敷文、崇文、紫阳书院。光绪十一年（1885）乡试中式第 95 名举人。二十四年（1898）大挑二等，以教职用。二十七年（1901）报捐知县，加捐道员，指分直隶。⑦

　　袁云楣。嘉善袁云楣，字坤南，号竹坡，咸丰元年（1851）举人。⑧ 未知是否即此人。

　　夏树桐（1850—?），字琴盦，号希灵，钱塘人，树立（1856—?）兄。光绪十五年（1889）乡试中式第 42 名举人。著有《适吾吟稿》、《勤慎堂医学甲乙集》。⑨

　　倪晋阶（“阶”一作“堦”），秀水人。光绪八年（1882）举人。⑩

　　褚德仪（1871—1942），改名德彝，字守愚、邠亭，号礼堂，晚号松窗，余杭人，成亮（1846—1878）子。光绪十七年（1891）乡试中式第 58 名举人。曾入端方（1861—1911）幕，端氏《陶斋吉金录》、《陶斋藏石记》诸书，其鉴别排比，大率出其手。辛亥后寓居沪滨，四方求书及诸藏家出所藏求为题识者，络绎于门。日陷上海，境遇艰困，而操守甚严。著有《金石学续录》、《松窗书画编年录》、《审定故宫金石书画日记》、《松窗金石跋尾》、《散氏盘文集释》等近二十种。⑪

　　朱鋆，江山人。同治九年（1870）举人。⑫

　　徐绍唐，号梅生，慈溪人。光绪十七年（1891）举人。⑬

①　民国《重修浙江通志稿》第 110 册《考选》，第 19 叶；《温州近代史》，第 204 页。
②　民国《杭州府志》卷 113《选举七》，第 2200 页。
③　《清代硃卷集成》第 278 册，第 327 页；民国《重修浙江通志稿》第 110 册《考选》，第 17 叶。
④　《清代硃卷集成》第 282 册，第 71 页。
⑤　《清代硃卷集成》第 281 册，第 307 页。
⑥　民国《重修浙江通志稿》第 110 册《考选》，第 16 叶。
⑦　《清代硃卷集成》第 274 册，第 287 页；《清代官员履历档案全编》第 7 册，第 79 页。
⑧　《柳溪诗征》卷 3，第 24 页。
⑨　《清代硃卷集成》第 279 册，第 223 页。
⑩　民国《重修浙江通志稿》第 110 册《考选》，第 14 叶。
⑪　《清代硃卷集成》第 283 册，第 393 页；《近代印人传》，第 59 页。
⑫　民国《重修浙江通志稿》第 110 册《考选》，第 7 叶。
⑬　光绪《慈溪县志》卷 21《选举下》，第 463 页。

樊廷英（1865—?），字秋菊，号修竹，永嘉人。光绪十七年（1891）举人。著有《汉书属辞比事记》六卷、《悟楼印存》、《悟楼读书偶识》。①

叶嘉植（1852—?），字康臣，号啸溪，平湖人。光绪十四年（1888）乡试中式第25名举人。②

俞秉炎（1841—?），原名宗汉，字静轩，钱塘人。光绪十五年（1889）乡试中式第53名举人。③

叶宝瑛（1867—?）④，谱名祥春，字紫瑜，号芷渔、砚园，兰溪人。光绪十五年（1889）乡试中式第116名举人。官武康教谕。⑤

陈彬华（1852—?），字荣伯，号秋丞，会稽人。光绪二年（1876）乡试中式第71名举人。官云和训导。与修《上虞县志》。⑥

31. 春江书院课艺

【书院简介】

富阳春江书院，清道光五年（1825）创建。光绪三十一年（1905）改为县立高等小学堂。⑦

【版本序跋】

铅印本，未署刊刻年月。错字较多，卷首有勘误表。

任锡汾序云：

> 文章与世运相转移，世盛则博大昌明之文多，世衰则虚无怪僻之文出，书契以来，历历可数。其转移之故，仍操之在人。江浙接壤，北自杨子江，南止钱江，极山川之秀灵，尤人文所荟萃。文固山川之气所发现也，其山川在秦火后得名最早者，莫如富春。当日严先生身丁炎运之中厄，复睹承平，终隐钓台，直驾商山四皓而上之。先生无文可传其阅历盛衰，殆深有得于文之外者。倘以光武既操转移世运之权，聊为此无文之文为富春重耶？
>
> 青浦陈莲舫先生，起家儒素，研志岐黄，归自春明，以医称著。其嗣君挹罪，秉承家学，为学官弟子，以优行列成均。出而为吏，摄治富春。适奉明诏废时文八股，以策论课士。挹罪簿书有暇，与此邦贤士大夫游，将刊春江书院课艺，先属稿请庭训。莲翁与余同寓淞滨，过从最稔，袖稿见示，以余昔绾巡符，观风问俗，嘱为弁言

① 《浙江古今人物大辞典》上编，第502页；《温州市图书馆馆藏地方文献目录（线装古籍）》，第8页。

② 《清代硃卷集成》第276册，第3页。

③ 《清代硃卷集成》第279册，第375页。

④ 生于同治五年十二月三十日，公历已入1867年。

⑤ 《清代硃卷集成》第281册，第285页；民国《重修浙江通志稿》第110册《考选》，第19叶。

⑥ 《清代硃卷集成》第266册，第203页；民国《重修浙江通志稿》第110册《考选》，第12叶；光绪《上虞县志》卷首《纂修职名》，第25页。

⑦ 光绪《富阳县志》卷13《学校志·书院》，第1叶；《富阳县志》第22编《教育》，第703页。

引重。

余因忆昔奉板舆，两缩巡符，一拘于棘围试事，再困于海上筹防，按部阙如，风俗愧未及过问。今归养又数稔矣，沧江一卧，定省外几无余事，更何敢以荒芜之笔墨，贻讥诮于俊髦。第重以莲翁之嘱，且喜其克家有子，一展卷而博大昌明，气象如在目前，既足弥昔时之愧。把罤于转移之故，淘操之有道，为富春幸，即为世幸也。用逞臆说，就正莲翁，并质把罤以为何如？

光绪三十年甲辰（1904）三月朔，前浙西观察使者宜兴任锡汾书于淞滨薲荫堂之实学斋。

任锡汾（1851—1918）[1]，字逢辛，晚号拙叟，江苏宜兴人。光绪二年（1876）举人。历官国史馆誊录、内阁中书、安徽道员、浙江杭嘉湖道、四川川东道、重庆关监督。乞归后寓居上海。庚子（1900）国难，集同志仿红十字会赴京津救济，并设医药局、济急会，保全民命。著有《拙叟诗存》。《晚晴簃诗汇》录其诗1首。[2]

陈承澍序云：

国家教育之法与时为变通，蕲于得人才、沛时用也。故崇本而抑末，则经义胜于帖括。斫雕而为朴，则策论美于辞赋。乃若列强竞争，其政治艺事之改良，有得之重译，有见之时报，斟酌时宜，取彼之长，以攻我之阙，此国家通变宜民之微意。学者当决然舍弃锢蔽之习，而以经世致用为先务之急也。虽然，国有与立，其本乱而末治者否矣。若废圣贤之义理，忘忠孝之大闲，而以耶佛平权为宗旨，以民约自由为口实，则适足以戾时用、长乱荫尔。

自朝旨设学堂，改科举法，海内向风，士习丕变。其有具学堂之团体，而得举业之方针者，书院是也。聚一乡邑之才，讲习讨论，次第其高下，盖无学堂倾轧标榜之习，而有其联络之团体矣。发策以试，畅所欲怀，工拙之率，不能自揜。盖无风檐局促之患，而有其得失之方针矣。昔胡安定以经义治事教士，今科举法三场命题之制，盖师其意。学堂则有专门，有普通。书院课士，虽隘且陋，亦庶几得其厓略，焉可率然而对哉？

余以辁才为富春长，观其山川雄伟，尤乐其多磊砢奇玮之士。再秩以来，用文字之契，与诸士友赏析。其学术淹通，而宗旨纯正，负明体达用之才者，尤拳拳叹赏之。录粜副本，积之医衍，重念诸君子濡染翰墨，枉教之盛意，不敢终秘，乃依类编次，付之剞劂。夫士束发诵习，莫先于邹鲁，阐儒先之闳旨，植名教之始基，故经义首之。稽古居今，以史为纬，审中外之异，宜决彼己之胜算，故中西政策次之。格致之学，发源天代，抉几何之闳奥，辟众艺之阶梯，故算学又次之。都为一编，得文如干首。虽无良乐之明，差胜聋俗之听，有欲采风于严先生故乡者，则请

① 卒于民国丁巳年十二月二十五日，公历已入1918年。
② 恽彦彬：《清故光禄大夫头品顶戴四川川东道重庆关监督任君墓志铭》，碑立于宜兴文管会。此据"任氏论坛"王静华摄；光宣《宜荆续志》卷9上《人物志·治绩》，第486页；《晚晴簃诗汇》卷171，第7461页。

以此编为代表焉。

　　　　光绪二十九年癸卯（1903）仲夏，青浦陈承澍识于富春官舍。

　　陈承澍（1871—?），字益飞，号一蜇、挹霏，青浦人。光绪十七年（1891）优贡第 3 名。朝考一等，分发浙江，历官宁海、富阳、象山知县，丁母忧去职，服阕溽升知府。辛亥后任青浦司法长。著有《来蝶轩诗文稿》。《词综补遗》录其词 1 首。①

【课艺内容】

　　四书文 6 题 7 篇，五经文 9 题 14 篇，杂文 48 题 75 篇，算学 4 题 4 篇。皆有评语。

　　杂文题如《〈大学〉有"曾子曰"，〈中庸〉有"仲尼曰"，〈论语〉有"孔子曰"，与全书体例迥别，其义安在》、《天泽辨》、《汉魏六朝三唐之诗皆本于〈三百篇〉，其间有词意相合者，试详证之》、《历代帝王建都之地形势得失论》、《历代和戎得失岁币多寡论》、《诸葛亮治蜀、王猛治秦论》、《自铁木真为蒙古大汗，至忽必烈灭宋，七十年间，拓地之广，为历代所未有。试详考之，并系以论》、《富邑义塾本为训蒙而设，现值考试改章，蒙学亦当参酌变通。以何项学术为蒙养之要，义塾向章应否更改，近人新出课蒙之本甚多，以何本为最善。其各抒所见，备载于篇》、《大学之功，始于格致；周官之制，终以考工；泰西技巧，实本乎此。可知圣贤典籍，无所不包。十三经中，凡与西学相表里者，当复不少。诸生通经，期于致用，援古可以证今，盍胪举各条以对》、《论专制共和政治之得失》、《近人译西书，有平等、平权、自由之说，试申其义》、《西人称地球吸月，月吸潮汐，其说然否》、《拿坡仑似廿四史中何人》、《滑铁卢之役为欧洲战祸之结局论》、《英入印度，主客之势，众寡之数，万不相敌，竟辖其全境，果遵何术以致此》、《英日联盟于东亚损益何如》。

【作者考略】

　　收录课艺较多者：朱邦彦 22 篇，李永年 8 篇，夏贞 7 篇，朱梅羹、朱来、王烈、葛桢清、俞致中 4 篇，夏镇邦、朱溁、盛如彭 3 篇。其他作者一二篇不等：周宝华、吴秉文、夏献清、吴庆熙、汤鼎荣、李福年、俞炯、许正荣、朱琛、朱霭、骆钟、孙瑞元、许正乐、夏源、傅梦岩、周陛邻、李冠春、许正威、郁庆云、李贞、汪维焕、夏善吉、王倬、夏叙彝、俞荫樾、史本立、陆岳儒。

　　朱邦彦（1871—1924），字襄廷、半商，富阳人。宣统元年（1909）优贡。民国间任东南大学史学教授、富阳劝学所长。主纂《桐庐县志》。著有《富阳县志洗》十卷、《庄史案辑论》一卷。②

　　① 《清代硃卷集成》，第 372、279 页；民国《青浦县续志》附编，第 5 叶；《上海史》，第 466 页；《词综补遗》卷 21，第 789 页。

　　② 民国《杭州府志》卷 114《选举八》，第 2227 页；朱岫云：《朱邦彦及其〈富阳县志洗〉诸作》，《富阳文史资料》第 2 辑，第 22 页；《桐庐县志》（1985 年版）卷首《编辑人姓名》。

李永年，字问渠，富阳人。廪贡。与修《富阳县志》。①

王烈。萧山王烈（1887—1957），字霖之。毕业于京师大学堂格致科，赴德国攻读地质学。归国后任北京大学地质系教授。② 未知是否即此人。

朱溁，号啸麓，富阳人，诸生。书法颜真卿。③

盛如彭（1880—？），字寿山、少篯，号眉峰，富阳人。光绪二十八年（1902）乡试中式第 31 名举人。浙江省咨议局议员。④

朱琛，朱邦彦（1871—1924）叔父；朱霭，与朱邦彦同族。⑤

孙瑞元，与人合著《富春龙门孙氏宗谱》三十二卷。⑥

李冠春，字惠风，富阳人。增贡生。⑦

郁庆云（1884—1939），改名华，字曼陀，以字行，富阳人。年十六入庠，旋留学日本早稻田大学和法政大学。归国应试，中式法科举人。历任大理院、最高法院、最高法院东北分院、江苏高等法院推事及庭长，兼任南北各校法学教授。民国二十八年（1939）被日伪特务暗杀于上海，1952 年中央人民政府批准为革命烈士。著有《静远堂诗画集》、《刑法总则》、《判例》。所作《答朱襄亭（邦彦）见怀》、《别盛枚封（如彭）》等诗，关涉本集之部分作者。⑧

夏善吉。《夏元成先生遗集》，民国三年（1914）排印本，作者夏善吉。⑨ 未知是否即此人。

余皆待考。

宁波府

32. 德润书院课艺

【书院简介】

慈溪德润书院，原为清雍正间所设义塾，乾隆十六年（1751）建成书院。道光二十三年（1843）建魁星阁。咸丰十一年（1861）毁于兵。光绪三年（1877）重建，三十年（1904）改为公立正始两等小学堂。⑩

---

① 光绪《富阳县志》卷首《纂修姓氏》，第 3 叶。
② 高振西：《王烈（霖之）先生小传》，《地质评论》1957 年第 2 期，第 264 页；于洸：《王烈（1887—1957）》，《中国地质》1991 年第 8 期，第 33 页。
③ 《皇清书史》卷 4，第 155 页。
④ 《清代朱卷集成》第 295 册，第 157 页；《辛亥革命浙江史料选辑》，第 170 页。
⑤ 朱岫云：《朱邦彦及其〈富阳县志洗〉诸作》，第 22、23 页。
⑥ 吕会儿：《〈富春龙门孙氏宗谱〉考述》，《图书与情报》2011 年第 5 期，第 139 页。
⑦ 光绪《富阳县志》卷首《纂修姓氏》，第 2 叶。
⑧ 王昆仑：《郁华烈士传略》，柳亚子：《静远堂诗画集序》，郁达夫：《悼胞兄曼陀》，郭沫若：《郁曼陀先生血衣冢志铭》，《郁曼陀陈碧岑诗抄》，第 1、16、161、168、24、33 页。
⑨ 《清人别集总目》，第 1770 页。
⑩ 光绪《慈溪县志》卷 5《建置四·书院》，第 122 页；《浙江省教育志》，第 163 页。

【版本序跋】

题"道光元年（1821）春正月"，"随课续增，本院藏版"，"徐羲峰先生、邑侯黄柱坪先生鉴定，黄雨泉先生、山长尹方桥先生编选"。

徐云笈，字吟竹、羲峰，云南嵋峨人。嘉庆五年（1800）举人。十五年（1810）官桐乡知县，十七年（1812）官黄岩知县，二十三年（1818）官慈溪知县。道光元年（1821）官仁和知县，二年（1822）官永嘉知县。①

黄兆台，字桂坪，一作柱坪，湖北江夏人。乾隆五十三年（1788）举人。嘉庆间官嘉善、天台知县，十九年（1814）调补慈溪。与郡守不合，以失出事，褫职遣戍。②

尹元炜（1773—?），字青辉，号方桥，慈溪人。嘉庆九年（1804）举人。性淡定，不思仕进，主讲德润书院凡四十余年。辑有《溪上遗闻集录》十卷、《溪上遗闻别录》二卷、《溪上诗辑》十四卷、《溪上补编》一卷、《溪上续编》一卷，著有《清风轩文集》四卷、《清风轩诗集》四卷。③

黄雨泉，待考。

徐云笈序云：

昔王荆公谓慈溪小邑，无琛产淫货，故其俗醇一而不杂，而邑之士多美茂易成之才。今则人民繁富，物产滋丰，大非昔比，独士风之美茂，仍不失其旧，且蒸蒸乎日上焉。邑旧有慈湖书院，主讲者为大府所荐，恒终岁不一至。德润书院，故义学也，必择其邑中之有文行为众所推服者主之，以故德润生徒视慈湖独盛。

戊寅（1818）夏，余以署篆涖兹土，适邑人方改建室宇，为诸生游息之所。余既捐俸，而又多方劝输，以襄厥事。未及成，受代者至，遂移篆武康以去。去年冬，山长尹方桥孝廉书来，以书院落成告，且甄录其数年中所得课艺剞劂之，而请序于余。阅其文，宏壮俊伟，精微朗畅，不主一格，大都仪轨先民，根柢经籍，彬彬乎质有其文者。夫慈溪小邑耳，而文之盛如此，则信乎荆公之言，人才之美茂，其来有自也。抑荆公尝趿乡先生杜醇为之师，贻书往复，谆谆以公斯道于人相期望。今得方桥孝廉掌其教，将见磨礲砥砺，陶冶以成之者，相率为有用之学，岂特文章一事云尔哉！惜乎余不得久居其地，相与上下其议论，乐观其教之大成也。因次其言以寄之，即以弁诸简端也可。

道光元年岁在辛巳（1821）春正月，滇南徐云笈书于武康官署。

【课艺内容】

以四书文为主，《论语》24题30篇，《学》、《庸》5题6篇，《孟子》9题16篇。另

① 《云南古代举士》，第460页；《桐乡县志》第22编《政权政协》，第934页；《黄岩县志》第4篇《县政机构》，第109页；光绪《慈溪县志》卷23《名宦》，第499页；民国《杭州府志》卷102《职官四》，第1986页；《永嘉县志》第17编《政权政协》，第853页。

② 光绪《慈溪县志》卷23《名宦》，第499页。

③ 《溪上遗闻集录》自序，第529页；光绪《慈溪县志》卷32《列传九》，第674页；《两浙輶轩续录》卷22，第620页。

有赋2题3篇，题为《兰亭修禊赋（以"天朗气清，惠风和畅"为韵）》和《水车赋（以"分畴翠浪走云阵"为韵）》。文中文末皆有评点。

【作者考略】

叶元墀、冯贞祜、冯薰5篇，尹嘉年4篇，冯烈（改名苕棠）、盛炳煦3篇，陆基元、郑基、盛炳燮2篇，向泉清、周棠、姚江、王保康、沈凌飙、盛堂、王保、韩起赓、郑祁、成功一、毛祖亨、俞陈义、周茂梧、应孟诒、沈寀、董浩、马桂林、周梅、韩梯青、沈廷钫、郑兰、叶元增、凌熙、秦蕙庭1篇。

冯烈，见《学海堂课艺续编》。

叶元墀（1798—1833），字绍兰，号午生，别号海药生，慈溪人。道光十二年（1832）乡试中式第30名举人。以入赀候补刑部主事。年三十六卒于京师。著有《周易史证》、《周易正义证》、《海药生诗草》、《词草》。《国朝词综续编》录其词2首。《国朝词综补》录其词1首。《全清词钞》录其词1首。①

冯贞祜，字膺甫，号筼芬，慈溪人。父璟，曾主德润书院。贞祜道光十五年（1835）顺天乡试中式举人。②

冯薰，改名鼎勋，字南来，号味琴，慈溪人。诸生。辑有《锄月隐居诗钞》（《溪上诗辑》）、《溪上耆旧诗》。③

尹嘉年（？—1843），字孟再，号少桥，慈溪人，元炜（1773—?）子。嘉年道光二十三年（1843）乡试未入闱，卒于杭州。善行草，能画兰，工骈体文及古今体诗。仿元遗山体论国朝诗人诗，极为汪廷珍（1754—1828）所赏。著有《培荆草堂诗稿》。④

沈凌飙，字翔凤，号伴云，慈溪人。道光二十年（1840）岁贡。著有《四明形胜赋注》。⑤

周茂梧（1797—1862），字阶五，号吟樵，慈溪人，原籍安徽歙县。元炜掌教德润书院，爱其文，以女妻之。道光十五年（1835）举人。大挑二等，历官上虞、安吉、定海教谕。⑥

叶元增（1805—1840）⑦，又名元垲，一作元阶，字仲兰，号心水，慈溪人，元墀（1798—1833）弟。诸生。在慈溪鸣鹤创建白湖诗社，又在宁波月湖与厉志（1783—1843）、姚燮（1805—1864）等结枕湖吟社。著有《赤堇遗稿》、《鹤皋诗传》、《叶氏一

① 《清代硃卷集成》第236册，第279页；吴德旋：《午生叶君墓志铭》，《初月楼文续钞》卷7，第166页；《国朝词综续编》卷14，第572页；《国朝词综补》卷38，第349页；《全清词钞》卷20，第974页。

② 光绪《慈溪县志》卷33《列传十》，第684页；《两浙輶轩续录》卷35，第342页。

③ 光绪《慈溪县志》卷49《艺文四》，第1056页。

④ 光绪《慈溪县志》卷32《列传九》，第674页；卷49《艺文四》，第1054页。

⑤ 光绪《慈溪县志》卷21《选举下》，第450页；卷49《艺文四》，第1057页；《溪上流韵：慈溪历代风物诗选》，第366页。

⑥ 光绪《慈溪县志》卷33《列传十》，第684页。

⑦ 生于嘉庆九年十二月初四日，公历已入1805年；卒于道光十九年十二月十八日，公历已入1840年。据童银舫先生函告，谨致谢忱。

家言》。《晚晴簃诗汇》录其诗 3 首。《国朝词综续编》录其词 1 首。《全清词钞》录其词 1 首。①

余皆待考。

33. 月湖书院课艺

【书院简介】

鄞县月湖书院，原名义田书院，建于清顺治十年（1653）。康熙、雍正间数次增修。乾隆三十四年（1769）始延请院长掌教事，道光二十三年（1843）扩建讲堂、书舍。咸丰间毁于兵燹。同治三年（1864）重建，改称月湖书院。光绪三十一年（1905）改为师范学堂。民国间先后为省立第四中学初中部、四中附小。②

【版本序跋】

国家图书馆藏抄本，2 册。

吕子班序云：

> 月湖为勾东名胜，向有书院以课士。余自辛卯（1831）来守兹土，仍主旧章，集郡之俊秀，按期扃试，风檐寸晷，亦能各尽所长。比来人才蔚起，乡会试获隽尤多，余窃喜文风日上，而陶育之有成也。爰择课艺之尤雅者，得百余首，先付诸梓。虽未尽罗名宿杰构，而六邑菁英，略见于兹矣。曩余序勾东试艺时，拟刊月课之作而未果，今汇为一编，即余之始愿也夫。
>
> 道光戊戌（1838）季春，阳湖吕子班书于四明官舍。

吕子班（1782—1838），字仲英，江苏阳湖人。嘉庆五年（1800）举人，七年（1802）进士。历官户部主事、员外郎、郎中，广东琼州知府，浙江湖州、绍兴、温州、宁波知府，宁绍台道。卒于官。③

【课艺内容】

《学》、《庸》11 题，《论语》61 题，《孟子》38 题，共 124 篇。有末评、眉评。

【作者考略】

李炯（莪山）、徐孝墀（笑山）、张岸（柳洲）、李丙照（南溪）、赵有淳（蕊史）、谢辅坫（崇甫）4 篇，胡烺（梅卿）、董增（湖屿）3 篇，胡培梁（亭梅）、郑翘（薇

---

① 《两浙𬨎轩续录》卷 32，第 223 页；童银舫：《慈溪宗谱知见录（四）》，《慈溪史志》2008 年第 2 期，第 68 页；《晚晴簃诗汇》卷 133，第 5750 页；《国朝词综续编》卷 19，第 625 页；《全清词钞》卷 25，第 1298 页。

② 光绪《鄞县志》卷 9《书院》，第 30 叶；《中国书院史资料》，第 1055 页；《宁波教育史》，第 136 页。

③ 李兆洛：《浙江宁波府知府吕君墓志铭》，《养一斋文集》卷 13，第 207 页。

臣)、范邦棠（苆庐）、张祚康（菉园）、何琳（韵仙）、袁恭（运北）、江家法（维则）、陈劢（子相）、陆锦荣（镜蓉）、吴兆麒（寄籦）、范邦栻（敬依）、朱禄中（蕉生）、范邦桢（亦汾）、励絧（露荪）、谢铮贤（铁卿）、汪忠铭（午瓯）、董坊（菁汕）、孙鹤年（芝仙）2 篇，范邦幹（蔗亭）、任锦澜（菉卿）、范邦文（炳如）、史鼎（醒园）、朱涟（漪生）、张嶙（芦香）、施英楷（莲伯）、冯贞祜（筠芬）、朱缙（小竹）、吴翰（烟乡）、毛谅（次直）、王德纯（鸠安）、李世濂（莲史）、屠继美（寄梅）、董堂（冒斋）、吴儒珍（邃林）、宋绍菜（莲叔）、沈家溁（梦旃）、郭庆稼（经畬）、洪起涛（舵乡）、范樾（莼芗）、范荣（远规）、范焯（俊丰）、范邦熙（缉堂）、周维澄（锦江）、张延荣（春舫）、王锡美（雪峒）、王俭缜（栗侯）、姜滨（渔坛）、张岭（蕙畬）、王引孙（小竹）、李承缙（笏园）、王方炳（竹君）、林钟崙（星海）、赵九律（蕙峰）、吴经澧（溪荪）、杨伟儒（玉岑）、林福成（苏山）、季鋆（采南）、季世镐（配京）、周绍濂（莲禅）、洪起灏（季颖）、洪璇枢（筱乡）、汪忠纯（漱园）、王方烜（逸仙）、范多铣（小筠）、郑宗烺（熊卿）、王世镇（东泽）、邵桂森（舫湖）、王世濬（稽云）、李桐豫（蓉台）、王宗晋（猴笙）、董城（小峰）、徐时栋（柳泉）、朱绅（小林）、王炯（兰生）、孙家樾（怀荫）、范邦鲁（小芗）1 篇。正文作者前标"王太尊课超等一名"、"童山长课上取一名"等。

　　冯贞祜，见《德润书院课艺》。

　　李炯（1806—1861/1862），谱名起宾，字朗宸，号莪山，鄞县人。肄业诂经精舍。道光十七年（1837）乡试中式第 78 名举人。十八年（1838）官钱塘教谕。又曾官浦江教谕。太平军入郡城，炯仰药死。[1]

　　李丙照（1802—?），谱名昌煜，字宾谷，号南溪，鄞县人。肄业诂经精舍。道光二十四年（1844）乡试中式第 60 名举人。[2]

　　赵有淳（1817—1886），改名佑宸，字仲淳、粹甫、粹夫，号蕊史、鹤生，鄞县人。道光二十年（1840）优贡第 4 名。二十一年（1841）朝考第 3 名，考取八旗官学教习。二十六年（1846）顺天乡试挑取誊录。咸丰二年（1852）顺天乡试中式第 101 名举人，覆试一等第 3 名。六年（1856）会试中式第 61 名，覆试一等第 1 名，殿试二甲第 3 名，朝考一等第 3 名，选庶吉士，散馆授编修。历官武英殿协修，国史官协修、纂修、总纂、起居注协修，翰林院撰文，山东学政，左春坊左赞善，日讲起居注官，江宁、镇江、松江知府，江南盐巡道，江安督粮道，直隶大顺广道，大理寺卿。《晚晴簃诗汇》录其诗 1 首。《清诗纪事》录其诗 1 首。著有《平安如意室诗文钞》。[3]

　　谢辅玷（1808—1868），字恺宾，号鞠堂，镇海人。道光二十三年（1843）乡试中式第 74 名举人。咸丰二年（1852）会试挑取誊录。九年（1859）会试中式第 169 名，殿试

　　① 《清代硃卷集成》第 238 册，第 203 页；民国《杭州府志》卷 102《职官四》，第 1978 页；光绪《鄞县志》卷 44《人物传十九》，第 31 叶。

　　② 《清代硃卷集成》第 241 册，第 391 页。

　　③ 《清代硃卷集成》第 375 册，第 299 页；第 19 册，第 325 页；《清代官员履历档案全编》第 4 册，第 299 页；《翁同龢日记》，第 2043 页；民国《鄞县通志·人物编》，第 341 页；《晚晴簃诗汇》卷 155，第 6763 页；《清诗纪事·咸丰朝卷》，第 11358 页。

二甲第 59 名，朝考二等第 40 名，授工部主事。在京参与募资创办镇海试馆。卒于官。①

　　胡烺。《宁波地名诗》录《游支山寺》一首，作者胡烺。② 疑即此人。

　　董增，字湖屿，鄞县人。咸丰五年（1855）举人。③

　　范邦棠，字苧庐，鄞县人。道光十六年（1836）岁贡。能诗，工书。④

　　张祚康，字菉园，鄞县人。道光二十四年（1844）举人。官平阳教谕。⑤

　　何琳，字友珉，号韵仙，鄞县人。咸丰五年（1855）举人。著有《雪石居诗稿》、《官梅阁诗稿》、《回澜吟草》四卷。⑥

　　袁泰（1815—1864）⑦，字允博，号筠谷，鄞县人。少读书，溺苦于学。既长就试，守令皆器之。巡道李某择书院肄业士数十人，月课署中，待以优礼。曾衰泰第一，榜其文为试童子者式。年二十九始隶学宫，又十二年食廪饩，七试行省皆不售。有志于进取，而躯干庞硕，艰步履，号舍迫隘，几不足以容身。天偶热，汗蒸蒸下，浃于衣被，热甚，且咯血，以是友朋交阻之。咸丰八年（1858）后遂不复试。有孝名，曾刲臂疗亲。⑧

　　陈劢（1805—1893），字子相、励生，号咏桥，别署鄞西老圃，鄞县人。道光十七年（1837）拔贡第 1 名。朝考后试令粤西，未及一载即告归。居乡授徒，不复出。著有《四明谈助校语》、《运甓斋诗文稿》。《晚晴簃诗汇》录其诗 3 首。⑨

　　范邦栻（1817—？），字敬依，号耐乡、沁君，鄞县人。道光二十六年（1846）乡试中式第 59 名举人。⑩

　　范邦桢，字翊文，号亦汾，鄞县人，邦栻（1817—？）从堂兄弟。道光二十年（1840）举人。著有《双云堂家藏集》二卷、《亦汾诗钞》一卷。⑪

　　励绀，字紫章，号露荪，鄞县人。道光十五年（1835）举人，二十四年（1844）大挑一等。历官阜宁、铜山、萧县、盐城、清河知县，徐州同知，高邮知州。卒于官，年六十。⑫

　　谢铮贤，字铁卿，镇海人。道光二十年（1840）举人。工诗文，尤精举业，为里大师。好宏奖后进，性孝友。著有《通鉴揭要》十卷、《字学辨正》、《经典类编》八卷、

---

　　①　《清代硃卷集成》第 241 册，第 141 页；第 22 册，第 143 页；《四明清诗略》卷 28，第 9 叶。

　　②　《宁波地名诗》，第 448 页。

　　③　光绪《鄞县志》卷 23《选举表四》，第 48 叶。

　　④　《四明书画家传》，第 206 页。

　　⑤　光绪《鄞县志》卷 23《选举表四》，第 45 叶。

　　⑥　民国《重修浙江通志稿》第 109 册《考选》，第 76 叶；《清人诗文集总目提要》，第 1498 页。

　　⑦　卒于同治二年十二月二十四日，公历已入 1864 年。

　　⑧　董沛：《袁筠谷墓志铭》，《正谊堂文集》卷 17，第 385 页。

　　⑨　《清代硃卷集成》第 393 册，第 311 页；王棻：《咏桥征士陈先生暨配李孺人六十双寿序》，董沛：《咏桥仁丈陈先生七十寿序》，张岳年：《陈咏桥夫子大人九十序》陈达熊识语，《运甓斋赠言录》卷 1，第 139、140 页；《浙江方志考》，第 741 页；《晚晴簃诗汇》卷 139，第 6080 页。

　　⑩　《清代硃卷集成》第 242 册，第 127 页。

　　⑪　《清代硃卷集成》第 242 册，第 128 页；《清人诗文集总目提要》，第 1775 页。

　　⑫　光绪《鄞县志》卷 44《人物传十九》，第 36 叶；《李鸿章全集》2《奏议二》，第 360 页；陈劢：《挽励紫章朝议纲》，《运甓斋诗稿续编》卷 2，第 109 页。

《诗文钞》。①

汪忠铭，字午瓯，鄞县人，忠纯从弟。道光十九年（1839）举人。②

董坊，字菁沚，鄞县人。以诸生充贡，授金华府学训导。同治初江浙难民至鄞者万余人，坊适家居，司抚恤事。又司育婴堂事，与修县志。六年（1867）官常山训导。九年（1870）官新城训导。以病归，旋卒。③

范邦幹（1810—1871），字佐廷，号蔗亭，鄞县人，邦桢（字翊文）弟，与陈劢（1805—1893）为亲家。久隶学籍，年逾服政，始充咸丰十年（1860）恩贡。循例需次州别驾，非其志也。以品学推重乡里，富家宦族延聘主讲家塾。④

张嶙（1789—1844），原名朝贤，字翰斋，号鲈乡，鄞县人。道光十二年（1832）举人，十八年（1838）进士。官直隶南宫知县，卒于官。辑有《新选小题锐锋初集》，收录赵有淳、何琳、董增、董坊、谢辅岵等人所作制艺。⑤

施英楷（1798—1859），字式之，号莲伯，晚号蓍林，鄞县人。道光十七年（1837）举人。三上春官即不复试，教授里中。工四六，兼好诸体诗。晚岁习相地书。其卒之明年，杭州乱，官牒散亡，不及咨部。部乃选为景宁教谕，距其卒已七年。著有《笙陔堂遗稿》。⑥

吴翰（1804—1861），字鲁香、鲈乡、鲈香、水樵，号晚庐，镇海人。蹭蹬场屋多年。道光三十年（1850）恩贡，咸丰元年（1851）乡试中式第74名举人。拣选知县。著有《晚庐剩稿》。⑦

毛谅（1807—?），谱名学周，字鲁封，号次直，鄞县人。道光二十年（1840）乡试中式第55名举人。官遂安教授。⑧

李世濂（?—1873/1874），字莲史，鄞县人。道光十九年（1839）副贡。咸丰五年（1855）举人。⑨

屠继美，字实甫，号寄梅，鄞县人。同治四年（1865）副贡，官诸暨训导。既谢职

---

① 民国《镇海县志》卷27《人物传六》，第16叶；卷40《艺文下》，第29叶。

② 光绪《鄞县志》卷23《选举表四》，第44叶。

③ 光绪《鄞县志》卷44《人物传十九》，第32叶；光绪《常山县志》37《职官》，第15叶；民国《杭州府志》卷106《职官八》，第2062页；陈劢：《挽董菁沚学博坊六首》，《运甓斋诗稿续编》卷5，第128页。

④ 陈劢：《候选州判蔗亭范君墓志铭》，《运甓斋文稿续编》卷4，第91页。

⑤ 陈劢：《先师张子行状》，《运甓斋文稿》卷2，第52页；《新选小题锐锋初集》，题署。

⑥ 董沛：《景宁教谕施先生墓表》，《正谊堂文集》卷17，第365页；《两浙輶轩续录》卷36，第373页。

⑦ 《清代硃卷集成》第244册，第131页；徐时栋：《吴孝廉墓志铭》，《烟屿楼文集》卷21，第397页。

⑧ 《清代硃卷集成》第240册，第3页；民国《重修浙江通志稿》第109册《考选》，第67叶。

⑨ 光绪《鄞县志》卷23《选举表四》，第43、48叶；陈劢：《挽李莲史孝廉世濂》，《运甓斋诗稿续编》卷2，第110页。

归，与里中名士诗酒往还，不复作出山想。诗皆散失。①

宋绍菜，字莲叔，鄞县人。道光十一年（1831）举人，十二年（1832）进士。历官吏部郎中、通州坐粮厅、陕西候补道。曾掌教月湖书院。②

洪起涛（1810—？），改名起焘，字文波，号舵乡，鄞县人。道光十一年（1831）乡试中式第 17 名举人。二十年（1840）进士，授官临淄知县。在任三年，有政声。罢职归里卒。③

范樾，字荫侯，号莼乡，鄞县人。道光十四年（1834）举人。同治十年（1871）官杭州府教授。致仕后居江苏。④

范荣，原名邦模，字远规，鄞县人，邦枳（1817—？）兄弟。郡增生。⑤

范焯，字俊丰，鄞县人，炽（1809—？）兄。邑庠生。⑥

张延菜，字申芗，号春舫，鄞县人。诸生。有孝名。⑦

王引孙，字伸仲，号小竹，镇海人。道光十七年（1837）拔贡。官桐庐教谕。同治元年（1862）授江苏知县，力辞不赴。工书法，与父日升（1769—1849）有"羲献"之目。⑧

周绍濂（1805—1863），字质卿，号廉泉，鄞县人。道光二十三年（1843）乡试中式第 93 名举人。幕游上海，以军功授江苏知县，历丹徒、金山、华亭等县。著有《一勺园诗存》、《莲裔合稿》。⑨

洪璇枢（1812—？），字篆韩，号筱乡，鄞县人，起涛（1810—？）弟。道光十二年（1832）乡试中式第 9 名举人。主讲月湖书院。⑩

汪忠纯（1810—？），字继文、亦文，号漱园，鄞县人。道光十二年（1832）乡试中式副榜第 12 名。⑪

---

① 《四明清诗略续稿》卷 2，第 10 叶。按其科名，民国《重修浙江通志稿》第 110 册《考选》作同治四年（1865）举人。

② 光绪《鄞县志》卷 23《选举表四》，第 51 叶；卷 44《人物传十九》，第 17 叶；陈劢：《挽宋莲叔观察绍菜五首》，《运甓斋诗稿续编》卷 5，第 128 页。

③ 《清代硃卷集成》第 235 册，第 347 页；光绪《鄞县志》卷 43《人物传十八》，第 44 叶；陈劢：《挽洪舵乡大令起焘》，《运甓斋诗稿》卷 5，第 28 页。

④ 光绪《鄞县志》卷 23《选举表四》，第 42 叶；民国《杭州府志》卷 101《职官三》，第 1962 页；陈劢：《范莼乡八十寿诗四首》，《运甓斋诗稿续编》卷 3，第 113 页；《风木盦图题咏》，第 12 页。

⑤ 《清代硃卷集成》第 242 册，第 128 页。

⑥ 《清代硃卷集成》第 242 册，第 290 页。

⑦ 《两浙輶轩续录》卷 35，第 326 页。

⑧ 《两浙輶轩续录》卷 36，第 378 页；陈劢：《挽王小竹同年引孙》，《运甓斋诗稿》卷 5，第 27 页。

⑨ 《清代硃卷集成》第 241 册，第 229 页；徐时栋：《中宪大夫知金山县署知丹徒华亭县加同知衔周君墓表》，《烟屿楼文集》卷 25，第 426 页；《两浙輶轩续录》卷 38，第 447 页；《清人别集总目》，第 1467 页。

⑩ 《清代硃卷集成》第 236 册，第 207 页；陈劢：《挽洪筱乡孝廉璇枢》，《运甓斋诗稿续编》卷 5，第 127 页。

⑪ 《清代硃卷集成》第 362 册，第 121 页。

范多铣（1817—?），字子真、子菁，鄞县人。道光十五年（1835）乡试中式第 82 名举人。①

王世镇，字东泽，鄞县人。道光三十年（1850）岁贡。官西安训导。②

王世濬（1808—1887），字稽云，鄞县人，宗鎏（1781—1808）子。廪生。③

董城，字小峰，鄞县人。著有《四明古迹诗》。徐时栋（1814—1873）有《哭董小峰广文城》诗四首。④

徐时栋（1814—1873），字定宇、同叔，号柳泉，鄞县人。道光二十三年（1843）优贡，二十六年（1846）举人。两上春官即不复试，以输饷授内阁中书。所居烟屿楼，藏书甚富。总纂《鄞县志》。著有《尚书逸汤誓考》六卷、《书后》一卷、《烟屿楼读书志》十六卷、《笔记》八卷、《诗集》十八卷、《文集》四十卷（皆收入《续修四库全书》），辑有《四明旧志诗文钞》（收入《清代稿本百种汇刊》）。⑤

范邦鲁，字小艻。参与校刊《宋元学案》。⑥

余皆待考。

34. 辨志文会课艺初集

【书院简介】

宁波辨志文会，又名辨志书院、辨志精舍。清光绪五年（1879）创建，设汉学、宋学、史学、算学、舆地、词章六斋以课士。二十八年（1902）改为南城小学堂。⑦

【版本序跋】

题"光绪庚辰（1880）夏五开雕"。

宗源瀚序云：

> 聚天下人之才力，不事驱迫而帖然胥出一途者，朝廷之科举也。而一时风会，亦往往如是。科举之制，德行尚矣，其次不能不托之文字。文字之格递变，而利禄所归，代有其弊，不独八股然也。风会者，一二人倡于前，举世靡焉从之。虽升降不同，而有开必先，始乎至微，终乎不可控驭。

> 本朝之获科举者，率以八股沿之今日，且相诟病。若夫一时风会，则国初尚义理心性之学。在位如李文贞、张清恪，其气力足以旋转一世，朝野之向学者趋焉。中叶以往，河间、仪征两文达，皆尚考据，以浩博为主。仪征持节四方，从游尤众。在浙

---

① 《清代硃卷集成》第 238 册，第 25 页。

② 光绪《鄞县志》卷 23《选举表四》，第 47 叶。

③ 徐时栋：《王稽云母节孝范太孺人传》，《烟屿楼文集》卷 8，第 303 页；陈劢：《挽王稽云大令世濬》，《运甓斋诗稿续编》卷 3，第 117 页。

④ 光绪《鄞县志》卷 58《艺文七》，第 39 叶；《烟屿楼诗集》卷 5，第 128 页。

⑤ 董沛：《内阁中书舍人徐先生墓表》，《正谊堂文集》卷 18，第 370 页；陈劢：《内阁中书柳泉徐君墓志铭》，《运甓斋文稿续编》卷 4，第 88 页。

⑥ 《宋元学案》卷首《校例》，第 7 页。

⑦ 《鄞县教育志》第 1 章《旧学》，第 52 页。

有诂经精舍，在粤有学海堂，皆望而知其帜志。虽其末流，讲心性者或偏蔽而迂疏，尚浩博者亦支离而破碎，而其精醇之诣，固历百年而如新也。

咸同以来，遭遇兵燹，人文殄瘁。而大勋如曾文正，军中不废讲学。其言曰："礼非考据不明，学非心得不成。"尝取经济以配义理、考据、词章，而推本于孔门四科。今虽文正往矣，而其流风所被，隐挽狂澜，宦迹儒修，动多触会，非风气之感发然与？

光绪戊寅（1878），源瀚来守四明。四明山川盘礴而秀发，其人文至今不衰，应科举者取青紫如反手。浙人推八股文之工者，必首甬上。己卯（1879）予创设辨志文会，就古今人为学之方，分六斋以课士。每斋必延学之专精者分主讲席。每课与会辄数百卷，录其尤者编之，以为同会观摩。两年以来，甬士争自濯磨，或专一斋，或兼数斋，类能博观约取，潜深研几，彬彬乎质有其文，方新而未已。虽其中不尽甬士，而甬士为多。曩之但以八股推甬士者，浅之乎测吾徒矣。

夫四明一州之地耳，源瀚于学又慊焉无所发明，兹何足以言风会？然堂坳之波，同于大海。目论者动谓人材限于科举，退然不能有复古之望，是殆不然。予故于课艺初集之成，书其说于简端，以谂夫世之有主持风会之责者。

光绪七年（1881）春，上元宗源瀚叙。

宗源瀚（1834—1897），字湘文，上元人。以佐幕洊保至知府，历知衢州、湖州、嘉兴、严州、宁波。晋道员，署杭嘉湖道，调温处道。著有《颐情馆闻过集》十二卷（收入《四库未收书辑刊》）、《浙江全省舆图并水陆道里记》。《国朝文汇》录其文 3 篇。《晚晴簃诗汇》录其诗 7 首。《全清词钞》录其词 2 首。①

卷首又列斋长姓名：

　　评阅汉学：定海黄以周，字元同，庚午（1870）举人。
　　评阅宋学：鄞县刘凤章，字艺兰，岁贡生。
　　评阅史学：慈溪何松，字嵝青，岁贡生。
　　评阅算学：余姚黄炳垕，字蔚亭，庚午（1870）举人。
　　评阅舆地之学：慈溪冯一梅，字梦香，丙子（1876）举人。
　　评阅词章之学：镇海陈继聪，字骏孙，庚午（1870）举人。

黄以周，见《诂经精舍三集》。
何松、冯一梅，见《诂经精舍四集》。
刘凤章（1838—？），谱名世桂，字企颜，号艺兰，鄞县人。以岁贡生官候选训导。光绪十一年（1885）乡试中式第 80 名举人。笃学嗜古，最喜宋人说经之书。骈体宗六

---

① 谭献：《皇清诰授通奉大夫二品衔浙江候补道署温处兵备道宗公墓志铭》，《复堂文续》卷 5，第 312 页；《国朝文汇》丁集卷 5，第 2899 页；《晚晴簃诗汇》卷 168，第 7319 页；《全清词钞》卷 25，第 1307 页。

朝，尤熟相邦文献。辑有《四明艺文志》，著有《甬上方言考》、《青黎阁集》。①

黄炳垕（1815—1893），字蔚廷，号蔚亭，晚号弄翁，余姚人。肄业诂经精舍。同治九年（1870）优贡，举人。明年会试罢归，杜门著述，不复出。唯长辨志文会天文算学斋凡十余年，遂开浙东算学。著有《黄黎洲先生年谱》三卷（收入《续修四库全书》）、《黄忠端公年谱》二卷（收入《儒藏·儒林年谱》）、《交食捷算》四卷（收入《四库未收书辑刊》）、《测地志要》四卷、《方平仪象》一卷、《诵芬诗略》三卷。《晚晴簃诗汇》录其诗 1 首。②

陈继聪（1822—1886），字骏孙，号亚秋，晚号退安居士，镇海人。同治九年（1870）乡试中式第 57 名举人，拣选知县。光绪八年（1882）病归镇海，未几卒。协修《鄞县志》、《镇海县志》，分修《慈溪县志》。编著有《忠义纪闻录》四十卷、《蛟川先正文存》二十卷、《明季甬东彤史》、《听思堂文稿》、《海巢诗钞》、《达蓬山馆诗钞》。③

【课艺内容】

"汉学题" 15 题 21 篇，题如《〈说文〉引诗考》、《孟子游齐梁先后考》、《朱张解》、《召公不说周公说》；"宋学题" 15 题 19 篇，题如《永嘉学派论》、《主敬说》、《心性辨》、《跋〈尔雅翼〉》；"史学题" 13 题 15 篇，题如《问：汉唐宋各有分科取士之法，孰为最善》、《战国职官考》、《孙吴人才论》、《〈许慎传〉补遗》；"算学题" 15 题 22 篇，题如《日月五星形体大小旋转迟速论》、《古历岁终置闰，今历随时置闰，得失疏密辨》、《借根方本于立天元一论》；"舆地之学题" 13 题 18 篇，题如《分野辨》、《昆仑山考》、《避讳改郡县名考》、《沧浪之水解》、《八阵图遗址考》；"词章之学题" 14 题 20 篇，题如《文翁化蜀赋》、《庆历五先生咏》、《黄鹤楼胡文忠公像赞》、《拟吴梅村〈圆圆曲〉》。

【作者考略】

收录课艺较多者：林颐山（慈溪）15 篇，费德宗（慈溪）、王定祥（慈溪）14 篇，何宗镐（慈溪）、叶秉钧（余姚）6 篇，黄维瀚（余姚）、黄家桥（定海）5 篇，叶意深（慈溪）、李象缙（鄞县）、范文荣（镇海）3 篇。

其他作者一两篇不等：包明照（定海）、冯惟一（慈溪）、姜庄临（定海）、夏梦贤（定海）、凌师夔（慈溪）、杨鲁曾（慈溪）、林尊三（定海）、张鸿桷（镇海）、方岳年（镇海）、陈贞贤（镇海）、方葆（镇海）、杨敏曾（慈溪）、袁尧年（鄞县）、张禾芬（慈溪）、杨兆鋆（乌程）、王恭寿（慈溪）、梁安周（江宁）、张嘉福（慈溪）、林际唐（定海）、张祖衔（鄞县）、周汝翔（绩溪）、沈春元（慈溪）、孙晋祜（鄞县）、王慈（慈

①《清代硃卷集成》第 274 册，第 61 页；《两浙輶轩续录》卷 50，122 页；《四明清诗略》卷 30，第 9 叶；陈劢：《挽刘艺兰孝廉凤章》，《运甓斋诗稿续编》卷 6，第 130 页。

②《八旬自述百韵诗》，第 125 页；《清代硃卷集成》第 258 册，第 33 页；《畴人传四编》卷 8，第 461 页；光绪《余姚县志》卷 23《列传十六》，第 686 页；《晚晴簃诗汇》卷 164，第 7159 页。

③《清代硃卷集成》第 258 册，第 137 页；《忠义纪闻录》宗源瀚序，第 3 页；光绪《鄞县志》卷首《预修姓名》，第 1 叶；民国《镇海县志》卷首《预修姓氏》，第 1 叶；卷 40《艺文下》，第 33 叶；光绪《慈溪县志》卷首《预修职名》，第 6 页；《两浙輶轩续录》卷 48，第 52 页；《四明书画家传》，第 184 页。

溪）、林植海（鄞县）、黄炳焕、裘庆杓、杨家驹（慈溪）、张美翊（鄞县）、刘慈孚（镇海）。另有黄以周拟作1篇。

杨敏曾，见《学海堂课艺七编》。

林颐山（1847—1907）①，字晋霞，号蒙溪，慈溪人。王先谦（1842—1917）督学江苏，延佐辑校《皇清经解续编》。光绪十七年（1891）举人，十八年（1892）进士。以知县分发江苏。主讲南菁书院。宣统初官礼学馆纂修。著有《经述》四卷（收入《续修四库全书》）、《群经音疏补证》、《水经注笺疏》、《蒙溪遗稿》。②

费德宗，号可遵，慈溪人。光绪十一年（1885）拔贡，十四年（1888）副贡。历官长兴、永嘉训导。分修《慈溪县志》。③

王定祥（1855—1888），字文甫、子默，号缦云，慈溪人。光绪十四年（1888）乡试，疾作遽归，卒于家。十日后榜发，获隽。一志词章，不喜解经之学。著有《映红楼初存集选钞》六卷、《映红楼诗稿》四卷、《诗余》一卷、《扁舟集》一卷、《坦园文集》、《吟红诗草》。《晚晴簃诗汇》录其诗1首。④

叶秉钧，余姚人。同治九年（1870）举人，官江山训导。光绪二十一年（1895）奏荐卓异。参与创办余姚达善学堂（后改为县高等小学堂）。⑤

黄维瀚（1847—?），原名维端，字研芳，号砚舫，余姚人，炳垕（1815—1893）子。同治九年（1870）乡试中式第18名举人。光绪十七年（1891）选授桐庐教谕。⑥

黄家桥，定海人，以恭（1828—1883）次子。廪贡，候选训导。著有《仲氏经说》。⑦

叶意深（1846—?），原名颂薰，字曼卿、叔言，慈溪人。光绪十一年（1885）拔贡，十五年（1889）举人。授江苏候补知县。十七年（1891）调赴台湾，历官淡水、新竹、台湾知县。二十二年（1896）调回江苏，后官金匮知县。著有《中西药物名表》，与冯可镛（1831—1890）合撰《慈湖先生年谱》。⑧

冯惟一，号贯子，慈溪人。光绪十七年（1891）副贡。⑨

凌师夔，字赓虞、耕愚，慈溪人，师皋（1844—?）兄弟。光绪十年（1884）岁贡，候选训导。⑩

---

① 生卒年据《清代人物生卒年表》，第482页。

② 光绪《慈溪县志》卷21《选举下》，第463页；《清儒学案》卷183《曲园学案》，第7097页。

③ 光绪《慈溪县志》卷首《职名》，第6页；卷21《选举下》，第451页。

④ 光绪《慈溪县志》列传附编，第1240页；民国《海宁州志稿》卷33《寓贤传》，第13叶；《清人别集总目》，第148页；《晚晴簃诗汇》卷176，第7701页。

⑤ 光绪《余姚县志》卷19《选举表》，第452页；《姚江文化史》，第414页。

⑥ 《清代硃卷集成》第257册，第247页；《八旬自述百韵诗》，第136页。

⑦ 黄雅玲：《定海黄氏家族治学遗风探析》，《浙江海洋学院学报》2011年第4期，第24页。

⑧ 光绪《慈溪县志》卷21《选举下》，第451、463页；《中国近现代人物名号大辞典（续编）》，第44页。

⑨ 光绪《慈溪县志》卷21《选举下》，第452页。

⑩ 光绪《慈溪县志》卷21《选举下》，第451页；《清代硃卷集成》第279册，第236页。

杨鲁曾，字省斋，慈溪人。光绪二十三年（1897）拔贡，以知县分发江苏。①

张鸿桷，字晋柯，镇海人，成渠（1827—?）子。诸生。辑有《苔岑经义钞》六卷。②

方岳年，字冠青，镇海人。附贡生，两淮试用盐大使。博雅有才，交游多知名士。聚书万卷，耽吟咏，工隶古，以风雅称。中年卒。③

陈贞贤，镇海人。诸生。早卒。④

方葆，镇海人。与修光绪《镇海县志》。⑤

袁尧年（1858—1925），谱名可煃，字曜臣，号高甫、涤轩，鄞县人。博涉经史，治举子业，有声当时。结社论文，有所谓"徵社十二子"者，以尧年为眉目。光绪十四年（1888）优贡第2名，候选教谕。久寓沪上，卖文自给，垂老始返故里。著有《驳五经异议》、《尚书大传注校补》、《循陔室集》、《循陔室外集》。⑥

张禾芬（1856—1921），原名和芬，字性如，号莘墅，慈溪人。诸生。两试秋闱不售，遂专心于医。以擅治时症而闻名。参与创办上海中医学校。⑦

杨兆鋆（1848—1828），字诚之，号须圃，乌程人。附生。肄业上海广方言馆、京师同文馆，后任苏松太道公署翻译。光绪十年（1884）随许景澄（1845—1900）出洋，归国后以道员分发江苏补用。历任金陵同文馆教习、江南储材学堂督办。二十八年（1902）任驻比利时使臣，三十一年（1905）回国。著有《须曼精庐算学》二十四卷（收入《丛书集成续编》）。⑧

王恭寿，慈溪人。肄业格致书院。曾任宁波《德商甬报》总编辑。⑨

张祖衔，鄞县人。光绪十八年（1892）发起挑浚东钱湖积淤，未及兴办而卒。⑩

周汝翔，安徽绩溪人。与修《松江府续志》。⑪

王慈（1836—1913），字学洙，号棠斋、杏邨，慈溪人。光绪十四年（1888）岁贡，宣统元年（1909）举孝廉方正。官台州府训导。晚遭世变，故国之戚，生死不忘，著《续击衣剑》以见志。辛亥之后诗作，苍凉悲感。著书如《汉书地理志重校注》、《窦燕斋杂著随笔》等均毁于火，存者十六七，有《张苍水全集校勘记》四卷、《王征君诗稿》三卷。⑫

① 光绪《慈溪县志》卷21《选举下》，第452页。

② 《苔岑经义钞》卷首《授受系表》，第270页。

③ 民国《镇海县志》卷27《人物传六》，第14叶。

④ 民国《镇海县志》卷30《列女下》，第4叶。

⑤ 民国《镇海县志》卷45《旧志源流》，第3叶。

⑥ 《清代硃卷集成》第377册，第65页；《四明清诗略续稿》卷5，第15叶。

⑦ 《浙江中医药文化博览》上册，第182页；《名医摇篮——上海中医学院（上海中医专门学校）校史》，第153页。

⑧ 《清代官员履历档案全编》第4册，第614页；《晚清七百名人图鉴》，第647页。

⑨ 《西学东渐与晚清社会》，第298页；《宁波通史·清代卷》，第105页。

⑩ 民国《鄞县通志》卷1《舆地志》，第95叶。

⑪ 光绪《松江府续志》卷首《纂修衔名》，第5叶。

⑫ 《四明清诗略续稿》卷7，第1叶。

林植海，鄞县人。曾刻印梁萧统辑、唐李善注《文选》六十卷。①

杨家驹（1857—1903），原名家驎，字寿生，号寿孙，慈溪人，泰亨（1826—1894）子，家骥（1867—1922）兄。光绪五年（1879）备取优贡第 2 名，十一年（1885）拔贡第 1 名。朝考一等第 1 名，授刑部七品小京官。十四年（1888）顺天乡试挑取誊录，十五年（1889）中式第 27 名举人，覆试一等第 10 名。历官候补主事、会典馆绘图处校对官。②

张美翊（1857—1924），字让三，号简硕，晚号蹇叟，鄞县人。光绪二十年（1894）乡试中式副榜第 14 名。曾随薛福成（1838—1894）出使欧洲。历任南洋公学提调兼总理，浙江、江西巡抚幕僚，南洋大臣顾问官，宪政编查馆咨议官，浙江省咨议局议员。辛亥后任宁波教育会会长、宁波旅沪同乡会会长。总纂《奉化县志》。著有《绿绮阁诗文集》。③

刘慈孚（1842/1844—1903），又名德崇，字午亭，自号云闲子，镇海人。辑有《四明人鉴》三卷，著有《云闲诗草》四卷。④

待考者：何宗镐、李象缙、范文荣、包明照、姜庄临、夏梦贤、林尊三、梁安周、张嘉福、林际唐、沈春元、孙晋祜、黄炳焕、裘庆杓。

35. 浙东课士录

【书院简介】

宁波崇实书院，建于清光绪十一年（1885）。三十年（1904）停办。⑤

【版本序跋】

署"光绪甲午（1894）仲春无锡薛氏开雕，板藏甬上崇实书院"。

书名题"周振翰谨书"。周振翰（1865—?），谱名万成，字祖佑，号子鹏，鄞县人。光绪二十三年（1897）乡试中式第 44 名举人。⑥

薛福成《题辞》云：

> 余备兵浙东，适有法警，筹画战守，日不暇给。及款议成，公事稍暇，乃于署西隙地辟为一园，杂莳花木，略建亭台，颜之曰"后乐"，集高材生月课其中。比岁余，复于园南创立书院，礼请山长以督教之。事甫就而余有楚南之行，乃取前所选诗文杂著，都九十七篇，付之剞氏。诸生锐志向学，异时进境，固未可量。汇录兹编，聊以见一时投戈讲艺之乐焉尔。

> 光绪丁亥（1887）十二月，布政使衔分巡宁绍台兵备道新授湖南按察使无锡薛

① 《东北地区古籍线装书联合目录》，第 3109 页。

② 《清代硃卷集成》第 121 册，第 309 页；《江北如此多娇：江北历代诗选》，第 136 页。

③ 《清代硃卷集成》第 366 册，第 179 页；《百年树人：上海交通大学历任校长传略》，第 33 页；《宁波词典》，第 363 页；光绪《奉化县志》卷首《预修职名》，第 5 页。

④ 郑岱云：《刘午亭先生传略》，《四明人鉴》卷首，第 716 页。

⑤ 《宁波词典》，第 261 页。

⑥ 《清代硃卷集成》第 291 册，第 321 页。

福成题。

薛福成（1838—1894），字叔耘，号庸庵，无锡人。同治六年（1867）副贡。先后入曾国藩（1811—1872）、李鸿章（1823—1901）幕，历官宁绍台道、湖南按察使、出使英法义比大臣、都察院左副都御使。著有《出使英法义比四国日记》六卷、《出使日记续刻》十卷、《庸盦笔记》六卷、《庸庵文编》四卷、《庸庵文续编》二卷、《庸庵文外编》四卷、《庸庵海外文编》四卷（皆收入《续修四库全书》）、《出使奏疏》二卷、《出使公牍》十卷。①

目录前题"李翼鲲校字"。李翼鲲，字瑶臣，号摇程，鄞县人。诸生。精《文选》及唐宋大家，故于诗赋古文为特长。卒年三十八。著有《洙泗渊源录》、《景汉斋诗文稿》。②

【课艺内容】

凡四卷：卷一四书文、五经文14题17篇；卷二经解、书后、史考9题13篇，题如《高宗伐鬼方解》、《书韩退之〈读仪礼〉后》、《春秋时越国疆域考》；卷三史论、史考、书后、时务23题36篇，题如《汉武帝论》、《张孚敬论》、《〈汉书·古今人表〉不著今人说》、《〈汉书·外戚传〉书后》、《东钱湖水利议》、《创设海军用人筹饷策》、《派员游历东西洋各国论》、《澳门考》、《英法俄德四国文字言语异同说》；卷四记、书、赋、诗21题31篇，题如《拟遗爱祠碑记》、《崇实书院记》、《拟陈伯之答邱迟书》、《四明山赋》、《火轮船赋》、《试御气球赋》、《咏浙东却敌诗十章》。有评语。

【作者考略】

张美翊21篇，戴鸿祺11篇，邹宸笙8篇，毛宗鋆、陈星庚7篇，蒋子蕃6篇，郑德璜5篇，郑传绥、李翼鲲、陈康黼、郑崇敬4篇，陆祖恩3篇，竺麐祥、袁尧年、夏启瑜2篇，陆仰贤、陈修诚、楼绍栋、陈崇宸、忻祖彝、范麟、张汝蘅1篇。

夏启瑜，见《学海堂课艺八编》。

张美翊、袁尧年，见《辨志文会课艺初集》。

李翼鲲，见《浙东课士录·课艺内容》。

戴鸿祺（1860—1930），字季石，鄞县人。光绪十五年（1889）举人。两上春官不第，遂绝意仕进，精研《说文》及古音韵之学。甬上学风，向以史学，自其变为小学。藏书万余卷，工书。著有《访庐书录》五卷。③

邹宸笙，字鹿宾，鄞县人。光绪十五年（1889）举人。④

陈星庚（1864—？），原名运鸿，字翔生、钧侯，鄞县人。光绪十五年（1889）乡试中式第28名举人。历官度支部金银库员外郎、京畿善后营务处总文案、贵州副监理财政

① 《薛福成评传》。
② 《四明清诗略续稿》卷6，第29叶。
③ 《四明书画家传》，第359页。
④ 民国《重修浙江通志稿》第110册《考选》，第17叶；《戈鲲化集》，第244页。

官，民国初官税务处第二股帮理。曾随薛福成（1838—1894）出使欧洲，归国后撰有《德国志》、《奥国志》、《缅甸志》等。另有《庚子劫余见闻》。①

蒋子蕃，字椒卿，奉化人。同治十二年（1873）拔贡、举人，光绪六年（1880）大挑二等。十五年（1889）随黎庶昌（1837—1898）出使日本，归国后官江苏候补知县。十九年（1893）充江南乡试同考官。撰有《日本东西两京赋》，又拟撰《行人录》一书（未详成书与否）。②

郑德璜（1844—1892），字渭珍、蕙津，号学圃，鄞县人，德璇（1837—?）弟。同治十二年（1873）优贡。朝考一等，以知县用。不屑为之，遂归而授徒南北。凡十一试皆不第。幕游江苏、畿甸。官知县。著有《学圃诗稿》一卷《词剩》一卷、《师竹斋赋钞》一卷。《词综补遗》录其词1首。《全清词钞》录其词1首。③

陈康黼（1867—1921），谱名嗣湜，字次农，号慷夫，鄞县人。光绪二十三年（1897）以拔贡中式第39名举人，数试礼部不售。主镇海鲲池书院，又任储材学堂（后改为宁波府中学堂）教席。三十四年（1908）官云南恩安知县，后任滇省高等学校及法政学校教席，入李经羲（1859—1925）幕为文案。辛亥后返乡，任浙江第四中学及第四师范经史、古文讲席。著有《古今文派述略》、《磨兜键室诗文钞》。④

郑崇敬，原名显甲，字子绥、子寿，号简庐，鄞县人。同治十二年（1873）举人。大挑一等，分发云南。初署河西，光绪二十二（1896）年官禄劝知县。乞归后襄办慈溪学务，未久卒。为文博辩，诗好堆砌故实。尤习清代掌故，足传其师陈康祺（1840—1890）之学。卒年六十二。与修《云南省志》。著有《白鹤山馆文集》四卷。⑤

竺麐祥（1864—1925），谱名安润，字静甫，号浔赋，奉化人。光绪八年（1882）乡试中式第53名举人。三十年（1904）会试中式第224名，覆试二等第36名，殿试三甲第2名，朝考一等第45名，选庶吉士。入进士馆，期满考列优等，授检讨。曾任奉化凤麓学堂总教习。辛亥后杜门不出。著有《毓秀草堂诗钞》。⑥

陆仰贤（1863—?），谱名靖敬，字让甫、再寿，号桂亭，鄞县人。光绪元年（1875）乡试中式第12名副贡。十五年（1889）乡试中式第134名举人。十六年（1890）会试中式第202名，覆试一等第17名，殿试二甲，朝考二等，授礼部主事。二十二年（1896）官湖南新田知县。曾任杭州求是书院总理。⑦

陈修诚（1846—?），谱名忠祥，字诚甫，号琴圃，鄞县人。同治十二年（1873）乡

① 《清代硃卷集成》第279册，第61页；《最近官绅履历汇录》第1集，第245页；《宁波通史·清代卷》，第330页；陈星庚：《庚子劫余见闻》，《京津蒙难记：八国联军侵华纪实》，第43页。
② 光绪《奉化县志》卷25《人物传三》，第1358页；《出使英法义比四国日记》卷4，第235页。
③ 《学圃诗稿》陈光淞跋；《词综补遗》卷91，第3409页；《全清词钞》卷27，第1394页。
④ 《清代硃卷集成》第291册，第261页；《古今文派述略》卷首《陈慷夫先生家传》，第362页。
⑤ 民国《禄劝县志》卷10《循吏传》，第23叶；《近代名人小传》，第721页；《四明清诗略续稿》卷3，第35叶；《别有斋藏书目录》，第488页。
⑥ 《清代硃卷集成》91册，第343页；《四明清诗略续稿》卷6，第21叶；《蒋介石全传》上册，第6页。
⑦ 《清代硃卷集成》72册，第27页；《新田县志》第20篇《政权、政协》，第345页；《蔡元培年谱长编》，第203页。

试中式第 62 名举人。①

楼绍栋（1853—?），谱名起梡，字友松，号筱山，鄞县人。光绪十一年（1885）乡试中式第 50 名举人。②

忻祖彝，字秉良，号邑孙，鄞县人，江明（1874—1940）族兄。以廪生援例贡成均，旋卒。③

范麟，字文辉，号玉麐，鄞县人。贡生。秉性孤特，制行清苦，好研穷经义。事母孝。两娶皆前卒，遂不复娶。国变后闭户读书，不与世接。卒年五十九。④

张汝蘅（1849—?），字沅香，号楚生，镇海人。廪贡生，试用训导。著有《说文易简录》。⑤

待考者：毛宗鋆、郑传绥、陆祖恩、陈崇宸。

36. 崇实书院课艺

【版本序跋】

署"光绪二十一年乙未（1895）仲秋崇实书院开雕"。书名题"周振翰书"。

周振翰，见《浙东课士录》。

陆廷黻序云：

> 国家沿明制，以制义取士。乡会试后场益以经文、策文；其试之殿廷者，有论疏，有诗赋；而学使者岁科两试，专试古学，场则有经解及杂著等篇：盖深望斯世有通才，而又虑尺有所短，寸有所长，士之负一材一艺者未由自见也。
>
> 崇实书院之设，浙东观察使者无锡薛公倡于前，仪征吴公大于后。课士之法，悉准功令，所以取士之意。薛公既刻书院文为初集，而吴公复汇抵任后所录文若干首，属予选续集，且为之序。
>
> 今夫张五都之肆，必阜于货贿，而后不匮于众人之所求；环九涂之轨，必熟于径路，而后不迷于歧途之所向；入角艺之场，必取之精、用之宏，而后不谬于有司之绳尺。向尝校士陇中，于制艺则取其清真雅正而深于理法者，于经文则取其朴茂渊懿而精于训诂者，于策文则取其周给敏辨而切于时务者，论取其纵横驰骤而不轶于法度也，疏取其旁通曲畅而不暗于事理也，诗赋取其绮丽浓缛而不背于格律也。余或因题以制体，因文以见道，而皆期与古人不远。
>
> 兹编所选，犹初志也，抑犹有说焉。士生无事之日，穷而在下则歌咏太平，达而在上则著作承明，以是为尽职已耳。不幸强邻环伺，时事方艰，原上之所求士，与士之所以应上之求者，岂仅沾沾于文字之末哉！约之身心之学以植其体，博之经济之

---

① 《清代硃卷集成》260 册，第 133 页。

② 《清代硃卷集成》273 册，第 171 页。

③ 《清代硃卷集成》91 册，第 173 页；《四明清诗略续稿》卷 4，第 40 叶。

④ 《四明清诗略续稿》卷 7，第 7 叶。

⑤ 《四明清诗略续稿》卷 6，第 37 叶；民国《镇海县新志备稿·艺文》，第 298 页；程劲松：《四明赤子，浦江忠魂——记原上海市副市长张承宗》，《宁波文史资料》第 23 辑《群星灿烂：现当代宁波籍名人》，第 162 页。

途以扩其用，本末轻重之间，可以知所自择矣！

余以去春忝权斯席，辱吴公谆谆之勤，再辞不获。固期收教学相长之益，抑犹望同学诸君志澄清于揽辔之初，扶天日于再中之会。俾衰朽之年，睹中兴之盛，藉以补生平未竟之志。因兹序而纵言及之，盖不能无慨于中焉。是为序。

时在光绪丙申（1896）端五日，鄞陆廷黻撰。

陆廷黻，见《学海堂课艺六编》。

吴引孙序云：

书院肇祖李唐，至宋元明而大启，然皆以讲学为宗。我朝文运之隆，蒸蒸日上，鸿儒硕彦，提倡宗风。于是粤之学海堂，杭之诂经精舍，彬彬称盛。顾又专务根柢之学，而制艺缺如，课士之方，知犹未备。

岁己丑（1889），予膺简命，备兵浙东三郡，署在宁之郡城。宁固人文渊薮也，甫下车，知署之西偏，旧有崇实书院。其试士以时艺为先，要以根柢之学为归。斋课散课，淹贯众长矣。盖前任薛公因云石山房而为后乐园，因后乐园而别建此院。其时法人就款，郡得复安，即于是年八月廿一日局门斋课。一制艺文，一试帖诗。晚领散课卷以出题，则诂经一，论史一。其一或天算、舆地、掌故、时务，又一或赋，或杂文，或古今体诗。旬日缴齐，合斋课而评定甲乙，奖赏有差。大比之年，五月一课，即为决科，将七八月停课之膏奖并给之，章程毕具。斯时山长为刘君凤章，未几以疾终。薛公又将赴湘臬之任，而予适至，因延董君沛主讲。予意悉仍其旧，惟念岁届大比，课宜加密，乃于五六两月增会课五期，略如斋课之奖而稍变通之。山长每月朔望来院，与诸生讲解。诸生皆抗心希古，能佩崇实之意，所作不苟为，炳炳烺烺。以故登贤书，捷南宫，入词垣者踵相接。自维款启，于学惛焉，无所发明，兼以军书旁午，公务稠叠，未克尽心力而益为鼓励。所录存每月课艺高可隐人，先以薛公所定者付梓，旋以予莅任后，始己丑（1889）迄甲午（1894），次第开雕，为诸生观摩之助。诸生苟锲而弗舍，争自濯磨，务趋于学，于以文行交修，衔华佩实，蔚为名臣大儒，辉映于丹山赤水间，是又官斯土者之所厚望也。

夫光绪二十一年（1895）仲冬月，二品顶戴宁绍台道仪征吴引孙福茨甫叙。

吴引孙（1851—1920），字福茨、仲申，江苏仪征人，原籍安徽歙县。同治十二年（1873）拔贡，光绪五年（1879）顺天乡试举人。历官刑部员外郎，浙江宁绍台道，广东按察使，甘肃、新疆布政使，新疆巡抚，湖南、浙江布政使。辛亥后弃官归，遁迹海上，黄冠野服，为遗民。其藏书楼名测海楼，颇负盛名。①

【课艺内容】

六卷：卷一四书文61题104篇；卷二经文36题48篇；卷三经解17题26篇，题如

---

① 《清代硃卷集成》第385册，第137页；民国《江都县新志》卷8《人物传三》，第866页；《扬州的九十九间半：吴道台宅第》，第73页。

《翦商解》、《庶民攻之不日成之解》、《海滨广斥解》、《释橐》；卷四杂著文 37 题 58 篇，题如《陈寿〈三国志〉不帝蜀论》、《新疆增置郡县议》、《朱锡鬯〈孔子门人考〉纠谬》、《历代购书故事考》、《少陵无海棠诗辨》、《拟苏武寄李陵书》；卷五律赋 27 题 40 篇，题如《明刑弼教赋》、《赵忠毅铁如意赋》、《十八学士登瀛洲赋》、《拟木华〈海赋〉》；卷六试帖诗 10 题 11 篇，题如《赋得下笔春蚕食叶声》、《赋得晓来频嚏为何人》，古今体诗 49 题 81 篇，题如《拟结客少年场》、《登四明山绝顶作歌》、《分咏竹林七贤》、《舟山吊鲁王歌》、《电线行》。

【作者考略】

收录课艺较多者：邹宸笙（鹿苹）58 篇，陈康黼（慷夫）41 篇，忻江明（祖年）33 篇，陆智衍（蓝卿）32 篇，夏启瑜（伯瑾）24 篇，郑德璜（蕙津）23 篇，董缙祺（纪常）22 篇，陈仲祜（和笙）18 篇，陈崇宸（镜川）、竺麀祥（浔赋）、李翼鲲（瑶琴）8 篇，水渠成（恺彦）、范麟（玉麟）6 篇，袁尧年（燿臣）、厉玉夒（虞卿）、林景绥（朵峰）、徐瑞骅（幼庭）、竺士康（子寿）5 篇，范邦澜（楚湘）、陈廷扬（雪舲）4 篇，张桢泰（松寿）、周振翰（子鹏）、李汉章（季焕）、李翊勋（企尧）、李景祥（炳甫）、陈家锟（祖德）3 篇。其他作者一二篇不等：陈拱宸（露香）、范云鹏（春舫）、夏启瑞（祥甫）、童曾久（奂伯）、林景翰（曙峰）、童曾翰（匀仲）、袁子璆（子玮）、毛文埙（伯赓）、施福谦（绮峰）、陈汉章（倬云）、章本澄（心泉）、朱钧年（宏甫）、赵鼎仁（琴斋）、童重佑（引臣）、冯丙然（子藩）、程圣辂（锦堂）、陈熙亮（景清）、蒋黼堂、郑传绥（安若）、童绍永（曾祚）、王崇瑛（苣生）、张世统（亦湘）。

夏启瑜，见《学海堂课艺八编》。

袁尧年，见《辨志文会课艺初集》。

邹宸笙、陈康黼、郑德璜、竺麀祥、李翼鲲、范麟、周振翰，见《浙东课士录》。

忻江明（1872—1939）①，谱名元彭，字祖年、谷堂，号绍如、兆曙，晚号鹤巢，鄞县人，董沛（1828—1895）婿。光绪二十八年（1902）乡试中式第 54 名举人。三十年（1904）会试中式第 182 名，殿试三甲，朝考入选，授安徽知县。历桐城、望江、宁国、潜山等县。辛亥后返里，编校《四明清诗略》。晚乃出沪客授。著有《鹤巢文存》四卷《诗存》一卷（收入《丛书集成续编》）。②

陆智衍，字陶甫、蓝卿，鄞县人。光绪十四年（1888）优贡。官青田教谕。③

董缙祺，字纪常，鄞县人，霈（1828—1895）从孙。贡生。卒年四十余。工诗古文辞，兼善医。著有《玉杯吟室诗稿》。④

陈仲祜（1870—?），谱名庆堂，字受之，号和琛、秋岩，鄞县人。光绪二十三年

---

① 卒于民国戊寅年十一月十一日，公历已入 1939 年。
② 《清代硃卷集成》第 296 册，第 3 页；第 91 册，第 169 页；高振霄：《忻君绍如明府家传》，《鹤巢诗文存》附录，第 270 页。
③ 《四明清诗略续稿》卷 5，第 16 叶。
④ 《四明清诗略续稿》卷 6，第 26 叶。

（1897）乡试中式第 103 名举人。①

水渠成，字恺彦，号戆庵，鄞县人。光绪十五年（1889）举人。家贫，事母孝。诗文淹雅可诵，惜无存稿。②

厉玉夑（1871—?）③，字虞卿，号橘辰，定海人，志（1783—1843）孙。光绪二十三年（1897）拔贡第 1 名。④

林景绥（1856—?），谱名植槐，原名荣载，字志飏，号朵峰，鄞县人。光绪十九年（1893）乡试中式第 103 名举人。二十四年（1898）进士。官福建寿宁知县。著有《礼本堂诗集》。⑤

徐瑞骅，号幼亭，嘉善人，瑞骐（1874—?）兄弟。廪贡生。光绪二十年（1894）荐卷，二十八年（1902）堂备。⑥

竺士康（1865—?），字子寿，号尔臧，奉化人。光绪二十三年（1897）拔贡第 1 名。二十八年（1902）乡试中式第 135 名举人。⑦

范邦澜，鄞县人。光绪十七年（1891）举人。⑧

陈廷扬，字锡龄，号雪舲、砚农，鄞县人，仅（1787—1868）孙。贡生。绝意进取，遍游名山水。国变后睹时事之日非，自以世家，不甘食周粟，或悲歌狂啸，或拊膺痛哭，欲以身殉。著文曰《延喘生自叙》，曰《续离骚诗》，曰《寒林鬼唱》，佯狂以终。⑨

张桢泰（1856—1906），乳名松寿，字薇州，鄞县人。光绪八年（1882）举人。⑩

李汉章（1856—1901），字季焕，号惠荪、慧僧，鄞县人。光绪十九年（1893）举人。工书。⑪

李翊勋（1868—?），字伯铭，号企尧，鄞县人。光绪十九年（1893）乡试中式副榜第 11 名。二十年（1894）举人。⑫

李景祥（1845—1903）⑬，本姓张，原名嘉照，字炳甫，号书云，鄞县人。光绪二十年（1894）乡试中式第 30 名举人。二十一年（1895）进士。二十三年（1897）官奉天广宁知县，在任六年，积劳成疾卒。著有《爱日庐诗钞》。《晚晴簃诗汇》录其诗 1 首。⑭

---

①　《清代硃卷集成》第 293 册，第 365 页。

②　《四明清诗略续稿》卷 5，第 19 叶。

③　生于同治九年十一月二十六日，公历已入 1871 年。

④　《清代硃卷集成》第 401 册，第 3 页。

⑤　《清代硃卷集成》第 286 册，第 321 页；《四明清诗略续稿》卷 5，第 24 叶。

⑥　《清代硃卷集成》第 295 册，第 294 页。

⑦　《清代硃卷集成》第 400 册，第 401 页；第 298 册，第 301 页。

⑧　民国《重修浙江通志稿》第 110 册《考选》，第 19 叶。

⑨　《四明清诗略续稿》卷 7，第 8 叶。

⑩　《中国蓣乡古林》，第 188 页。

⑪　《四明书画家传》，第 107 页。

⑫　《清代硃卷集成》第 366 册，第 121 页；民国《重修浙江通志稿》第 110 册《考选》，第 23 叶。

⑬　生于道光二十四年十一月二十三日，公历已入 1845 年。

⑭　《清代硃卷集成》第 287 册，第 311 页；《清史列传》卷 77《循吏传四》，第 527 页；《晚晴簃诗汇》卷 182，第 7967 页。

陈家锟，字祖德，鄞县人。著有《中国工业史》。①

夏启瑞（1869—1930），字仲珪，号祥甫，鄞县人，启瑜（1866—1935）弟。光绪十四（1888）乡试荐卷，十五年（1889）、二十年（1894）、二十三年（1897）堂备，二十八年（1902）中式第 72 名举人。二十九年（1903）会试中式第 174 名，殿试二甲第 21 名，授刑部主事。宣统元年（1909）官江苏沭阳知县。宁波光复时为民团总董。②

童曾久，号奂伯，鄞县人，重佑（1867—？）从堂兄。邑增生。光绪二十年（1894）乡试荐卷。③

童曾翰，号匀仲，鄞县人，重佑（1867—？）从堂弟。邑庠生。④

施福谦，字绮峰。曾执教于崇本义塾。⑤

陈汉章（1864—1938），谱名得闻，字倬云，号伯弢，象山人。光绪十一年（1885）副贡，十四年（1888）举人。明年赴会试，荐而不售。先后问业于俞樾（1821—1907）、黄以周（1828—1899）。大挑二等，以教职用。任象山劝学所总董，主办师范讲习所。宣统元年（1909）入京师大学堂。历任北京大学、中央大学教授。总纂《象山县志》。著有《缀学堂丛稿初集》、《缀学堂丛稿续集》百余种。⑥

章本澄，字心泉，鄞县人，鋆（1820—1875）从子。诸生。⑦

赵鼎仁（1862—？）⑧，谱名烈，字承哉、者安，号琴斋、静山，鄞县人。光绪十一年（1885）乡试中式第 103 名举人，覆试二等第 6 名。十二年（1886）、十六年（1890）会试挑取誊录。十八年（1892）会试中式第 8 名，覆试一等第 37 名，殿试二甲第 116 名，朝考二等第 39 名，选庶吉士，散馆授户部主事。二十六年（1900）官福建古田知县。二十七年（1901）官永泰知县。⑨

童重佑（1867—？），谱名诗延，字薇孙，号引臣、仲友，鄞县人，华（1818—1889）孙。光绪二十年（1894）乡试中式第 73 名举人，候选内阁中书。⑩

冯丙然（1866—1935），谱名义垣，字子藩，号沚蘩、藜仙，鄞县人。光绪二十年（1894）乡试中式副榜第 2 名，二十八年（1902）中式第 100 名举人。历任宁波府女学堂、敦本小学堂、鄞县县立高等学堂校长，鄞县劝学所首任总董，宁波府中学堂监督，浙江行政会议厅参议。民国初任县议会议长，女子师范学校、县立甲种商校校董。旋辞议长

---

① 上海中国图书公司宣统元年版。

② 《清代硃卷集成》第 299 册，第 393 页；第 89 册，第 321 页；民国《重修沭阳县志》卷 6《官师志》，第 37 叶；林端辅：《宁波光复亲历记》，《辛亥革命回忆录》第 4 集，第 177 页；《四明书画家传》，第 272 页。

③ 《清代硃卷集成》第 288 册，第 345 页。

④ 《清代硃卷集成》第 288 册，第 346 页。

⑤ 《席乡情》，第 344 页。

⑥ 《经史学家陈汉章》。

⑦ 《四明清诗略续稿》卷 6，第 31 叶。

⑧ 生于咸丰十一年十二月二十二日，公历已入 1862 年。

⑨ 《清代硃卷集成》第 275 册，第 3 页；第 73 册，第 355 页；民国《古田县志》卷 13《职官志》，第 425 页；民国《永泰县志》卷 5《职官志》，第 112 页。

⑩ 《清代硃卷集成》第 288 册，第 337 页。

职归耕，卒年七十。①

程圣辂，字锦堂。与顾钊（字元琛）合修《鄞县顾氏家乘》十卷首一卷。②

陈熙亮（1864—?），谱名守澄，字景清，号采臣，鄞县人。光绪二十年（1894）乡试中式第 79 名举人。③

童绍永，号锡珊，鄞县人，重佑（1867—?）从堂兄。邑庠生。④

张世统（1867—?），学名颐，字亦湘、一香，号养农，鄞县人。光绪十三年（1887）廪贡，援例报捐试用县丞。工书画。⑤

待考者：陈崇宸、陈拱宸、范云鹏、林景翰、袁子璆、毛文埙、朱钧年、蒋黼堂、郑传绥、王崇瑛。

嘉兴府

37. 鸳湖书院课艺

【书院简介】

嘉兴鸳湖书院，建于清康熙五十五年（1716）。乾隆、嘉庆、道光间数次增修。咸丰末毁于兵燹，同治三年（1864）重建。光绪二十八年（1902）改为嘉兴府中学堂。同年附设图书室，供公共阅读，是为嘉郡图书馆之前身。⑥

【版本序跋】

首叶题"知嘉兴府事瑞订"，"道光乙未年（1835）镌，本署藏板"。内叶中缝题"鸳湖书院小课"。

瑞元（1794—1853）⑦，姓栋鄂氏，字容堂，号少梅，正黄旗人，铁保（1752—1824）子。以荫授刑部主事。道光元年（1821）举人。历官员外郎、嘉兴知府、福建督粮道、山西按察使、福建布政使、三等侍卫、哈密办事大臣、二等侍卫、驻藏帮办大臣、科布多参赞、湖北按察使署布政使。咸丰二年（1852）太平军围攻武昌，自刎死。谥端节。著有《少梅诗钞》六卷。《晚晴簃诗汇》录其诗 1 首。⑧

---

① 《清代硃卷集成》第 297 册，第 265 页；《鄞县教育志》第 16 章《人物》，第 484 页。

② 《宁波市志外编》，第 1113 页。

③ 《清代硃卷集成》第 288 册，第 393 页。

④ 《清代硃卷集成》第 288 册，第 346 页。

⑤ 《四明书画家传》，第 157 页。

⑥ 光绪《嘉兴府志》卷 8《学校一》，第 217 页；《浙江教育志》，第 162 页；项弋平：《我国最早的公共图书馆之一——嘉郡图书馆》，《图书馆学研究》1982 年第 6 期，第 103 页。

⑦ 卒于咸丰二年十二月初四日，公历已入 1853 年。

⑧ 顾寿桢：《湖北按察使司使栋鄂公神道碑》，宗稷辰：《湖北按察使署布政司事栋鄂君家传》，《续碑传集》卷 57，第 303、306 页；《清人诗文集总目提要》，第 1298 页；《晚晴簃诗汇》卷 130，第 5602 页。

【课艺内容】

南京图书馆藏本共三册，第一二册为赋，24 题 76 篇。题如《苏文忠乞校正陆宣公奏议（以"才本王佐，学为帝师"为韵）》、《菊影赋（以"且看黄花晚节香"为韵）》、《佛手柑赋（以"仙人掌合，奇女拳开"为韵）》、《达摩面壁赋（以"面壁九年，形入石中"为韵）》。

第三册为诗，19 题 268 首。题如《武陵渔人误入桃花源》、《废垒　断桥　破寺　古墓　荒驿　残碑　芜城　颓垣》、《蝉磬　蚓笛　蚁磨　蜂台　蟢镜　螳斧　蝶衣　蜗篆　蛛网　蚊市　蜣丸　蛙鼓》、《残荷　疏柳　瘦竹　古桐　淡菊　冷枫　枯蓼　断芦　破蕉　老菱　晚菘　轻萍》、《九秋补咏（秋泛　秋读　秋渔　秋樵　秋社　秋戍　秋猎　秋饯　秋获）》、《九秋后咏（秋涛　秋林　秋山　秋塞　秋斋　秋塍　秋寺　秋圃　秋宵）》、《九秋剩咏（秋忆　秋眺　秋兴　秋啸　秋感　秋禊　秋吟　秋怨　秋赏）》、《谒陆清献公祠》、《拟杜工部赴成都草堂途中有作先寄严郑公五首》、《雪意　雪势　雪声　雪光　雪味　雪影　雪痕　雪韵》、《立雪　卧雪　啮雪　踏雪　煮雪　扫雪　团雪　映雪》。

皆有评点。赋评较详，且时有心得之言。如温祖岩《寒鸦赋（以"风鸦零落字横斜"为韵）》，评语赞其"以才人之笔，作风人之赋，宜古宜今，是题叹观止矣"。又曰："律赋如时艺，首重谋篇。若不神明规矩，一味排比铺张，整如棋局，板若算盘，架屋叠床，此其大病也。又往往见操觚者，不论何题，于结尾辄用'歌曰'、'乱曰'，沿腔袭套，实为可厌。岂知或'歌'或'乱'，固有不可一概施之者耶？如此作，第六段末有'诗成'之句，则接用'歌曰'，恰为自然惬适，与沿腔袭套者迥别，此亦不可不知者。"

诗评多用夹评。如何家骏《秋圃》颈联："架冷枯瓜蔓，垣荒杂草虫。"夹评曰："他人何曾解道。"张瀛皋《秋砧》首联："可怜秋夜长，砧杵捣凄凉。"夹评曰："意格似杜老《捣衣诗》。"

上海图书馆藏有刻本《鸳湖小课》二册，皆已残破，无封面、版权等项。其中一册为赋，内容与南图藏本第一二册相同，但缺数篇。另一册为诗，约五分之一的内容与南图藏本第三册相同，余为南图藏本所无，如《消夏八咏》五律（读书、观弈、焚香、习射、校书、临池、枕石、联吟）、《金陀馆怀古（七律）》、《拟郭元振古剑篇》、《春蚕　秋鸟　班鱼　沙虎》、《九秋诗（五律）》（秋影、秋气、秋味、秋意、秋声、秋容、秋境、秋信、秋梦）、《爱菊　供菊　养菊　品菊》、《米海岳研山歌（用王渔洋韵）》、《咏雁诗六首（五律）》（风雁、云雁、霜雁、沙雁、芦雁、菰雁）、《瓦松》、《岁寒三友诗（七律）》（咏松、咏竹、咏梅）、《咏梅十二首（七律）》（梅信、梅韵、梅魂、梅癖、梅格、梅影、寄梅、问梅、品梅、供梅、聘梅、梦梅）、《消寒八咏》（围炉、暖酒、煮雪、烘花、拥裘、曝背、补窗、炙砚）、《拟赵秋谷〈太白酒楼歌〉》、《帘押　书橱　书义　琴轸》、《画桥　烟舫　花坞　旗亭》、《狄武襄铜面具歌》、《张良椎　苏武节　太史简　董狐笔》、《九老诗》（老僧、老渔、老吏、老兵、老幕、老医、老僧、老仆、老犹、老丐）等。

【作者考略】

南图藏本，赋 76 篇，其中：车伯雅 5 篇，钟樏、闻人兆熙、张莱柱、相清 4 篇，姚仁瑛、卜葆鈖、吴震森 3 篇，褚崇典、朱大绅、朱光、范荫孙、陈文慧、车祖康、于源 2 篇，沈照、何家骏、何浩、严叔茂、车天秩、朱瑾、温祖岩、鲍嘉德、谢恩、戚士雄、严叔林、朱璐、张铭慎、徐模、金鹭涛、车祖诗、张瀛皋、戴冕、张庆荣、戚士昂、车瑞华、骆思仁、吴昌寿、俞步鳌、范癸、戴甫申、许光澜、吴鉴、朱漱芳、沈均、张百龄、鲁邦焕 1 篇。

诗 268 首，其中：相清 18 首，钟樑 15 首，车伯雅 12 首，张瀛皋、朱光、朱璐 11 首，姚丙禧 9 首，张莱柱、张庆荣、张聘三、吴震森 8 首，车祖康 7 首，姚仁瑛、何家骏、纪春江、沈念椿、张百龄 6 首，严叔林、张苌臣 5 首，胡锡祺、车瑞华、沈锡康、陈文慧 4 首，戚士廉、吴仰贤、张羹梅、范癸、于源 3 首，浦学周、朱光照、戚士昂、王大经、陈令仪、胡锡祉、吴鉴、王宝琛、陆锡畴、陆锡九、殷熙、贾敦艮、徐锡可、王沅、秦廷槢、陆金栋、鲁邦焕 2 首，沈泽霖、鲍嘉德、陈颖禾、沈宗源、许应垣、马元燨、王鼎铭、庄经礼、计士芬、金鹤清 1 首。

朱大绅、金鹤清，见《诂经精舍续集》。

车伯雅（1791—?），字子埙，号少云，一作少芸，钱塘人。廪贡。父宸英，秉铎嘉兴后，遂赁居学左。善文辞，信口成章。骈语秀琢，逼近六朝。著有《灯味轩遗稿》。《国朝词综续编》录其词 1 首。①

钟樑，字山桥，秀水人。增生。终身不娶。工骈俪。② 又，上海图书馆藏《鸳湖书院小课》抄本，作者钟樑。共收赋、诗凡六课，内容多见于本集。卷末识语云："钟山桥先生，先学士之师也。嘉道间名宿，及门甚盛，尤契先学士。临终赠诗，有'我目无珠惭阅世，君身是柱许擎天'之句。"署"兆蕃"，疑即金兆蕃（1868—1950）。

相清（1808—?），改名燮堃，字理卿、玉如，号寅甫、瀛府、阮琴，仁和人，侨寓檇李。为诸生时，名噪鸳湖书院。道光十九年（1839）乡试中式第 29 名举人。咸丰二年（1852）会试中式第 162 名，殿试三甲第 37 名，授工部主事。③

姚仁瑛（?—1860），字子白，秀水人。廪生。家道中落，囊笔遨游。咸丰十年（1860）避沪殁。著有《怀芬草堂诗稿》。④

卜葆鈖（1803—1845），字尹甫，号达庵、玉生，平湖人。道光八年（1828）备取优贡第 3 名。十七年（1837）乡试中式第 13 名副榜，十九年（1839）中式第 25 名举人。二十年（1840）会试中式第 55 名，殿试三甲。历官四川彭山、大邑知县。卒于官。⑤

吴震森，字芸阁，石门人。诸生。⑥

---

① 光绪《嘉兴府志》卷 51《嘉兴流寓》，第 1394 页；《两浙輶轩续录》卷 18，第 451 页；《清人诗文集总目提要》，第 1258 页；《国朝词综续编》卷 16，第 596 页。

② 光绪《嘉兴府志》卷 53《秀水文苑》，第 1467 页。

③ 《清代硃卷集成》第 238 册，第 357 页；第 18 册，第 61 页；《国朝杭郡诗三辑》卷 71，第 37 叶。

④ 光绪《嘉兴府志》卷 53《秀水文苑》，第 1467 页；《两浙輶轩续录》卷 39，第 491 页。

⑤ 《清代硃卷集成》第 238 册，第 323 页；第 11 册，第 121 页；光绪《嘉兴府志》卷 58《平湖列传》，第 1682 页；光绪《平湖县志》卷 16《人物·列传二》，第 396 页。

⑥ 《两浙輶轩续录》卷 18，第 753 页。

　　车祖康，字葆侯，嘉兴人。道光二十七年（1847）序黄曾（字菊人）《瓶隐山房词钞》。①

　　于源，字辛伯，号秋汀，秀水人。贡生。著有《一粟庐诗一稿》四卷、《一粟庐诗二稿》四卷、《灯窗琐话》十卷、《鸳鸯湖上词》。《晚晴簃诗汇》录其诗 6 首。《清诗纪事》录其诗 1 首。《国朝词综补》录其词 1 首。②

　　沈照（？—1860），字烛门，秀水人。道光十七年（1837）拔贡，官平阳教谕。丁艰归，家无宿储。馆于海宁蒋氏，仍鬻文以自给。咸丰十年（1860）殉难。③

　　徐模。海宁徐模，字月舟，著有《石林精舍诗存》一卷。④ 未知是否即此人。

　　张瀛皋（1813—1880），改名炳堃，字鹤甫，号鹿仙，平湖人。少好学，工诗文，与兄金镛（1805—1860）齐名，人有双丁二陆之目。道光二十年（1840）举人。二十七年（1847）进士，改庶吉士，散馆授编修。乞养归。事毕适战事起，慨然从戎，以道员分发湖北。同治十二年（1873）、光绪二年（1876）两任督粮道。曾主崇文书局事。旋告归，卒年六十八。参与增订《国朝词综续编》。著有《抱山楼诗录》、《抱山楼词》。《晚晴簃诗汇》录其诗 1 首。《国朝词综续编》录其词 11 首。《全清词钞》录其词 2 首。⑤

　　张庆荣（1806—1855）⑥，字稚春，嘉兴人。父廷济（1768—1848），嘉庆三年（1798）解元。庆荣道光二十六年（1846）解元。著有《小解元诗稿》、《稻香楼诗稿》。⑦

　　咸士昂，德清人。咸丰九年（1859）岁贡。⑧

　　吴昌寿（1810—1867），字仁甫，号少村，嘉兴人。道光十七年（1837）拔贡第 1 名。二十年（1840）乡试中式第 59 名举人。二十五年（1845）会试中式第 55 名，殿试二甲第 72 名。历官广东阳山、英德知县，韶州、广州知府，粮储道，南韶兵备道，广东按察使、布政使，湖北、广西巡抚。微时通晓画科、算学、词章、训诂，通籍后咸弃去，留心兵事，讲究方略。⑨

　　范煦，嘉兴人。道光二十三年（1843）乡试中式第 35 名举人。⑩

　　朱漱芳（？—1860），字飞泉，嘉兴人。以廪贡生注选训导。性纯孝。咸丰十年

---

　　①　《瓶隐山房词钞》卷首，第 696 页。
　　②　《两浙輶轩续录》卷 19，第 493 页；光绪《嘉兴府志》卷 81《经籍二》，第 2510、2518 页；《晚晴簃诗汇》卷 148，第 6466 页；《清诗纪事·咸丰朝卷》，第 11532 页；《国朝词综补》卷 52，第 471 页。
　　③　光绪《嘉兴府志》卷 52《秀水列传》，第 1436 页。
　　④　民国《海宁州志稿》卷 15《典籍十七》，第 14 叶。
　　⑤　光绪《平湖县志》卷 13《选举上》，第 309 页；卷 16《人物·列传二》，第 398 页；胡丹凤：《祝张鹿仙都转六十寿序》，《退补斋文存》卷 5，第 338 页；《国朝词综续编》张炳堃序，第 439 页；卷 20，第 631 页；《晚晴簃诗汇》卷 149，第 6506 页；《全清词钞》卷 23，第 1129 页。
　　⑥　卒于咸丰四年十一月二十九日，公历已入 1855 年。
　　⑦　《稻香楼诗稿·甲寅七月廿五日晨起自述病况》，第 29 叶；张晋燮识语，卷末；《清人别集总目》，第 1138 页。
　　⑧　民国《德清县志》卷 6《职官志》，第 22 叶。
　　⑨　《清代硃卷集成》第 393 册，第 227 页；第 240 册，第 25 页；第 13 册，第 441 页；光绪《嘉兴府志》卷 50《嘉兴列传》，第 1340 页；《近代字画市场辞典》，第 16 页。
　　⑩　《清代硃卷集成》第 241 册，第 3 页。

（1860）城陷，漱芳募团，在防次呕血死。①

鲁邦焕，字文甫，平湖人。诸生。著有《睫巢诗草》。②

姚丙禧（？—1860），字笛秋，嘉兴人。早岁与里中名士结文社。道光二十九年（1849）举人。历官刑部员外郎、江苏候补道。咸丰十年（1860）城陷，不屈死之。著有《丽泽堂遗稿》二卷。③

沈念椿，字兰洲，嘉兴人。监生。同治四年（1865）官高邮界首司巡检。十年（1871）官仪征典史。十二年（1873）官甘泉邵伯司巡检。工画，善花卉。④

张苌臣。平湖张苌臣，著有《御碱折冲图说》、《经喻图说》四卷、《书法寻源》二卷。⑤ 疑即此人。

沈锡康，平湖人。诸生。同治四年（1864）官福建和溪司巡检。又曾官夏阳司巡检。⑥

咸士廉，字隅伯，德清人。廪贡。笃孝友，敦品行，所作诗古文辞具有根柢。临终有"一第艰难鲶上竹，半生辛苦鼠搬姜"句，怀才未遇，可概见焉。著有《颖香楼诗稿》。⑦

吴仰贤（1821—1887），字鲁儒，号牧驹，嘉兴人。道光二十三年（1843）乡试中式第28名举人。三十年（1850）考取景山官学汉教习第6名。考取学正、学录第12名。咸丰二年（1852）会试中式第12名，覆试一等第6名，殿试二甲第26名，朝考一等第12名，选庶吉士，散馆授知县。历官云南罗次、昆明知县，武定知州，迤东道。乞归后主讲枫溪、鸳湖书院垂二十年。总纂《嘉兴府志》。著有《嘉兴金石志》一卷（收入《石刻史料新编》第3辑）、《小匏庵诗存》六卷、《诗话》十卷。《晚晴簃诗汇》录其诗5首。⑧

王大经（1810—1884），字经畬，号梦莲、晓莲，平湖人。道光二十年（1840）优贡第2名，二十三年（1843）乡试中式第79名举人。五荐春闱不售，遂以誊录知县拣发安徽。入巡抚福济（？—1875）戎幕，擢道员，乞假归。后官江苏按察使、布政使、江安粮道，湖北按察使、布政使。著有《哀生阁初稿》四卷、《哀生阁续稿》三卷。《晚晴簃诗汇》录其诗1首。⑨

陈令仪，秀水人。咸丰元年（1851）举人。⑩

① 光绪《嘉兴府志》卷61《桐乡孝义》，第1807页。

② 《两浙輶轩续录》卷45，第698页。

③ 褚荣槐：《刑部郎中江苏候补道笛秋姚公墓志》，《田砚斋文集》卷上，第32叶；《清人别集总目》，第1701页。

④ 光绪《再续高邮州志》卷3《秩官志》，第85页；同治《续纂扬州府志》卷6《秩官》，第715页；光绪《增修甘泉县志》卷6《职官》，第257页；《寒松阁谈艺琐录》卷3，第87页。

⑤ 光绪《平湖县志》卷23《经籍》，第568、569页。

⑥ 光绪《漳州府志》卷13《秩官五》，第231页；光绪《平湖县志》卷14《选举下》，第329页。

⑦ 《两浙輶轩续录》补遗卷6，第392页。

⑧ 《清代朱卷集成》第17册，第161页；光绪《重修嘉善县志》卷25《侨寓》，第30叶；光绪《嘉兴府志》卷首衔名，第5页；《清人诗集叙录》卷74，第2560页；《晚晴簃诗汇》卷153，第6698页。

⑨ 王大经：《先太夫人行略》，《哀生阁初集》卷2，第27叶；《清代朱卷集成》第241册，第157页；光绪《平湖县志》卷16《人物·列传二》，第397页；《晚晴簃诗汇》卷144，第6296页。

⑩ 民国《重修浙江通志稿》第109册《考选》，第74叶。

殷熙（1816—?），字亮工，号霭人，秀水人。道光二十年（1840）乡试中式第 67 名举人。①

贾敦艮，原名溥，字博如，号芝房，平湖人。庠生。工诗古文词，与兄敦临（原名洪，字吉甫）、敦复（原名汉，字卓人）齐名，有"当湖三凤"之目。朱壬林（1780—1859）辑《当湖文系》，任以校雠之役。同治初寓松江四载，病卒。著有《花南小志》二卷、《餐霞仙馆文集》八卷、《餐霞仙馆诗集》八卷、《东武挐音》（又名《餐霞仙馆词》）二卷。《词综补遗》录其词 2 首。《全清词钞》录其词 3 首。②

徐锡可（1877—1847），字可叔，嘉兴人。岁贡。平生枕经葄史，学有本源，所为诗皆古健无时态。最受知于瑞元（1794—1853）。黄安涛（1777—1848）引为忘年交，唱和讲舍间。工书，精篆刻。诗分《小蓬壶》、《小青藤馆》、《得酒趣斋》三集，另有杂著一卷。③

秦廷樾，改名光第，字次游，嘉兴人，原籍山阳。道光初与于源（字辛伯）等结社联吟，刊有《鸳湖六子诗》。咸丰元年（1851）举人。以劳绩得同知，未谒选卒。书法米、苏，参以飞白，尤善倚声。王有龄（1810—1861）守吴兴时，爱其才，磨盾草檄，下笔千言。著有《行军法戒录》、《半枯树斋诗余》。《清诗纪事》录其诗 4 首。《国朝词综续编》录其词 6 首。《国朝词综补》录其词 1 首。④

陆金栋，号鋗人，平湖人。诸生。著有《唐韵楼稿》。⑤

沈泽霖，德清人。咸丰六年（1856）恩贡。⑥

马元燨（?—1860），平湖人。附生。咸丰十年（1860）与妻同殉难。⑦

余皆待考。

38. 嘉会堂课选

【书院简介】

是集所收，含鸳湖书院、陶甄讲舍课艺。鸳湖书院，见《鸳湖书院课艺》。陶甄讲舍又名陶甄书院，建于清光绪二年（1876），二十九年（1903）改为官立高等小学堂。⑧

【版本序跋】

题"光绪二十六年（1900）岁寒屋开雕"。

---

① 《清代硃卷集成》第 240 册，第 69 页。

② 光绪《松江府续志》卷 27《寓贤传》，第 9 叶；光绪《平湖县志》卷 17《人物·列传三》，第 426 页；光绪《嘉兴府志》卷 81《经籍二》，第 2487、2509、2520 页；《词综补遗》卷 79，第 2972 页；《全清词钞》卷 23，第 1190 页。

③ 光绪《嘉兴府志》卷 51《嘉兴文苑》，第 1373 页；《中国印学年表》，第 46、78 页。

④ 光绪《嘉兴府志》卷 51《嘉兴文苑》，第 1374 页；卷 81《经籍二》，第 2519 页；《两浙輏轩续录》补遗卷 5，第 369 页；《清诗纪事·咸丰朝卷》，第 11105 页；《国朝词综续编》卷 20，第 635 页；《国朝词综补》卷 57，第 515 页。

⑤ 《两浙輏轩续录》卷 36，第 358 页。

⑥ 民国《德清县志》卷 6《职官志》，第 22 叶。

⑦ 光绪《平湖县志》卷末《平湖殉难录》，第 654 页。

⑧ 光绪《嘉兴府志》卷 8《学校一》，第 223 页；《浙江省教育志》，第 162 页。

石中玉序云：

> 【略】邑侯萧君蕴斋来治吾邑，下车伊始，予忝尘讲席。【略】今春调任雪水，乃裒辑其在任所课各书院文诗赋杂著若干首，将授剞劂，而问序于余。余受而读之，凡所入选，类皆清真雅正，吴氏兰陔所谓"声调极合时趋，思力迥超流俗"者。其评尾尤谨严不苟，短或数十言，长或百余言，务使阅者与作者之心两相融洽，然后摩荡而出之。故抉摘瑕颣，剖析精微，率如人人意中所欲语，士论翕然归美焉。【略】

光绪庚子（1900）季秋，嘉兴石中玉序。

石中玉，字莲舫，嘉兴人。咸丰八年（1858）举人。同治十二年（1873）官富阳教谕。光绪十年（1884）主讲桐乡翔云书院。与桐乡严锦（字云客）、严鈖（字迪周）、秀水赵铭（字桐孙）、嘉兴徐銮（字金坡）、徐锦（字兰史）齐名，号"五金一玉"。①

又，萧治辉序署"光绪二十六年（1900）岁次庚子仲春，桂林萧治辉序"。

萧治辉，字蕴斋，临桂人。举人。光绪十一年（1885）官黄岩知县。十二年（1886）官富阳知县。十七年（1891）官金华知县。十八年（1892）官临海知县。二十一（1895）年官於潜知县。二十三年（1897）、二十七年（1901）、三十三年（1907）三任仁和知县。二十四年（1898）、三十年（1904）兼任钱塘知县。三十年（1904）官杭州同知。②

【课艺内容】

四书文24题41篇，其中《大学》2题2篇，《中庸》5题7篇，《论语》10题23篇，《孟子》7题9篇；经文3题3篇；论7题8篇，题如《"宓子贱弹鸣琴，身不下堂，而单父治；巫马期披星戴月，日夜不居，而单父亦治"论》、《羊祜、山涛皆晋良臣也，羊祜劝伐吴，山涛劝释吴，其为策孰优论》、《王导、谢安优劣论》、《重农论》；赋4题4篇，题为《郭子仪单骑见回纥赋》、《清风来故人赋》、《洗车雨赋》、《不可居无竹赋》；试帖诗11题23篇；七古2题2篇，题为《李愬雪夜入蔡州》、《狄青元夕夺昆仑》。有评点。

【作者考略】

徐文濂、褚成钰8篇，沈登鳌、张文焘、朱宝璇3篇，吴谦吉、赵蔚文、陈宝钧、胡熙、沈秉田、陆佐廷、沈彬章、沈谷亨、蔡世炘、沈志仁、蔡彦炘、陆佐宸、沈云桂、朱弼2篇，陶本慤、董德馨、陈绪昌、唐炳华、陈宝彝、钱九皋、殷起凤、周锡康、蔡景

---

① 光绪《桐乡县志》卷4《建置·书院》，第144页；民国《杭州府志》卷104《职官六》，第2020页；《晚晴簃诗汇》卷164，第7124页。

② 《黄岩县志》第4篇《县政机构》，第110页；光绪《富阳县志》卷17《名宦志》，第27叶；《金华县志》第14编《政权、政协》，第441页；《临海县志》第4编第6章《政府机构》，第213页；光绪《於潜县志》卷10《秩官志》，第11叶；民国《杭州府志》卷102《职官四》，第1987、1976页；卷101《职官三》，第1960页。

枚、周开第、吴鼎元、陈锦芳、陈光绶、朱鼎龙、蔡世沂、蔡人煐、徐麟采、徐书麟、郑思忠、方锡嘏、沈恒英、吴梦花、吴善承、沈衍洪、曹汝廉、朱廷勋、徐文澄、曹廷衔1篇。四书文部分，目录中作者前标注"陶甄秋季课超等第一名徐文濂"、"鸳湖超等第一名褚成钰"、"嘉会堂上取第一名沈登鳌"等。

褚成钰（1855—1917/1918）①，字翰轩，嘉兴人。光绪二十八年（1902）举人。沈曾植（1850—1922）延主案牍，历江西、安徽布政使司幕者十余年。以沈保举，授直隶州同知，分发江苏太仓，未赴。后主嘉兴学堂。民国间入司法界，历任开封、杭州高等法院书记官。诗宗工部，词慕姜白石，尤工作赋，推一时祭酒。著有《变法平议》、《自强论》、《复益草堂诗存》。②

朱宝璇（1867—1938），谱名大受，字慕萱，号荷尹，嘉兴人，原籍安徽泾县。光绪二十八年（1902）乡试中式第56名举人，二十九年（1903）成进士。入为内阁中书，旋赴东瀛习法政。归国后官河南项城知县。辛亥后入财界，多建竖。民国七年（1918）官江阴知事，八年（1919）官南汇知事。年六十，予告归，号韭溪渔父，以诗文自娱，卒于家。书法赵松雪。词宗周美成，而涵濡飞卿、耆卿间，为东南宗匠。其室褚氏，为褚成钰胞妹。③

陆佐廷，字辅平，秀水人。光绪二十八年（1902）为《龙湖檇李题词》题签。④

陆佐宸，秀水人。光绪二十八年（1902）跋《龙湖檇李题词》。⑤

蔡景枚，字二皋，号又来道人，秀水人。光绪十六年（1890）岁贡。善诙谐，工射覆，尤长于词章之学，文名噪一郡。曾参与创建忠孝节义祠，主持岁祀，终身无懈。著有《又来道人稿》。⑥

周开第。海宁周开第（1830—1889），字少谦，廪膳生。性耿介，崇尚正学，排黜异端。曾作《黜邪崇正说》刊行，以辟邑中巫蛊之风。光绪十五年（1889）岁试一等，簪花归舟，病殁途次，年六十。⑦ 未知是否即此人。

吴鼎元，字巽轩，秀水人。⑧

郑思忠（1878—？），字斐谌，嘉兴人。曾任嘉兴府中学堂教员。著有《游艺斋算学课艺》，译有《新数学》。⑨

余皆待考。

---

① 生卒年据《清代人物生卒年表》，第 806 页。

② 《国朝两浙科名录》，第 519 页；褚问鹃：《先考翰轩公家传》，《禾庐文录》，第 89 页。

③ 《清代硃卷集成》第 296 册，第 35 页；《清代官员履历档案全编》第 28 册，第 676、679 页；《江阴市志》卷 29《政权、政协》，第 842 页；《南汇县志》第 5 编《政权、政协》，第 150 页；褚问鹃：《先舅父慕萱公传》，《禾庐文录》，第 94 页（《禾庐文录》中的资料承蒋国强先生惠寄，谨致谢忱）。

④ 《龙湖檇李题词》卷首，第 15 叶。

⑤ 《龙湖檇李题词》，第 23 叶。

⑥ 《鸳湖求旧录》卷 2《蔡君二皋传》，第 172 页。

⑦ 民国《海宁州志稿》卷 29《人物志·文苑》，第 60 叶。

⑧ 《龙湖檇李题词》，第 10 叶。

⑨ 《茅盾与中国现代文学》，第 104 页；钱宝琮：《寿斐谌师七十》，《李俨钱宝琮科学史全集》第 4 卷，第 538 页。

39. 蔚文书院课艺

【书院简介】

海盐蔚文书院，建于清乾隆四十一年（1776）。嘉庆十八年（1813）增修，咸丰十一年（1861）毁于兵燹，同治十三年（1874）重建。光绪二十八年（1902）改为蔚文高等小学堂。民国间先后改为县立第一高等小学校、县立第一完全小学校。①

【版本序跋】

未署刊刻年月。朱泰修序云：

咸丰戊午（1858），泰修以滇令服关，改辙吴门，正军书旁午之秋。同治癸亥（1863），在扬州大营糈台差次，奉左季高制军檄，调办理嘉郡团练。嗣又由苏垣乞假，赴松太措资。频年湖海，咫尺乡关，眷恋松楸，敝庐息影。戊辰（1868）就沈荐廷邑尊聘，忝主蔚文书院讲席。会与何子安、陆竹侯两广文同事，俨学舍之有东西斋焉。

书院自乾隆间里人徐鲁源捐田创建，合之观成书院义田，陆续增置规制。浸钜兵燹以来，生息较微，章程小变。沈邑尊下车后，观风阖邑，加意造士。时董院事者为任心庄、家文伯弟，量入为出，厘定新章。每岁朔课十次，课以制义试帖；望课十次，课以词赋杂著。从前书院鲜刻课艺者，小课更系新设，意欲鼓励肄业，随课随选，随付手民，自戊辰（1868）七月至己巳（1869）五月，刊课艺小课共三十一篇。系泰修捐资，冠以邑尊观风诸作，志改章之缘起也。

泰修童年强记，长老誉为宿慧。春秋十一试，精力渐耗。一行作吏，此事废矣。何敢哆口轩眉，讲道而谈艺哉！追忆生平，竹林督课，苕溪讲幄，湖上诂经，春明温卷，所得于家学、师资、友益者，耿耿不忘。嗟乎，神骏识途，强半泉壤；霓裳同咏，疏于晨星。梦回思之，讵恶十日。惟冀后启之秀，操觚握椠，能踵前修。当兹文教振兴，多士感有司之雅化，衍学校之薪传。闻瑟故里，弦诵达曙。染蓝琢玉，气象聿新，是则拳拳跂望之微愿云尔。

屠维大荒落（1869）腊八日，镜香朱泰修序。

朱泰修，见《诂经精舍续集》。

【课艺内容】

制艺10题16篇；赋12题13篇，题如《珠柱玉杯赋（以"琴号珠柱，书名玉杯"为韵）》、《蛾子时术赋（以"学然后知不足"为韵）》、《新绿赋（以"新绿园林雨过时"为韵）》、《寒暑针赋（以"寒来暑往，其机如此"为韵）》；记2题2篇，题为《许雪门太守刻吴仲圭墨竹真迹陷石南湖清晖堂壁间记》、《百可园观荷记》。有评点。

---

① 光绪《海盐县志》卷11《典礼考·学校》，第24叶；《海盐县志》卷22《教育》，第712页。

【作者考略】

共收录课艺 31 篇，其中：徐铭德、陈其仪、沈清黼 2 篇，李清俊、任德修、何鉾、马轶群、陆普绥、连文凤、李钟崧、葛蔚清、褚枚、莫如琳、陈廷元、陆文藻、黄玉麒、郁文藻、黄学麟、朱筼、朱琳、李文漪、徐文涛、朱贤、吴廷华、冯肇曾、朱寿祥、任辉第 1 篇，以及朱泰修拟作 1 篇。

陈其仪。归安陈其仪，光绪五年（1879）顺天乡试中式举人。① 未知是否即此人。

冯肇曾，海盐人，黄燮清（1805—1864）婿。光绪七年（1881）为黄燮清刊刻《居官鉴》。②

余皆待考。

绍兴府

40. 蕺山书院课艺

【书院简介】

山阴蕺山书院，原名蕺里书院，明末刘宗周（1578—1645）在此讲学，后为优人所居。清康熙五十五年（1716）重建，改名蕺山书院。光绪二十七年（1901）改建为山阴县学堂。③

【版本序跋】

同治戊辰（1868）刊行。马传煦序云：

嘉庆时莫宝斋先生有《蕺山课艺》之刻，精深华茂，卓有典型。道光朝闻人春台先生复有是选，面目又一新矣。嗣朱久香、宗涤甫两先生递主讲席，续有是刻，毁于兵燹，未之见。询之诸生，宗选以高简胜，朱选以宏畅胜，则又各擅一长者也。

予自乙丑（1865）南旋，马谷山中丞延主是席。自维款启寡闻，不足为诸生师表，故积习所在，敢不尽心！每逢校阅，矢慎矢勤，约文三百余篇，竭十余日之目力。佳卷中稍有微瑕，细加商订，期惬心而后止。于今三年，汇官斋课卷为一帙，择其尤雅，付诸枣梨，示学子揣摩之具。

因忆前院长周雪瓯、孙心农两同年主讲未久，遽归道山，评骘亦颇允当，爰登数艺于左，以志一斑。夫时文虽科第之楷梯，实则代圣贤以立言也。四子书意蕴无所不包，深者见深，浅者见浅，各视其学力之所至。而相题立体，复有法焉以限之。舍是二者，非文也。予届课期，谆谆以慎守理法为嘱，诸生颇善余言，争自琢磨，蒸蒸日上。他日蔚为国华，郁为时栋，即以佐圣天子文明之化，于诸生有厚望焉。

抑余闻之：德行，本也；文艺，末也。蕺山本刘子讲学地，刘子之学，以慎独为

① 光绪《归安县志》卷 32《选举·举人》，第 23 叶。
② 《居官鉴》冯肇曾跋，《中国近代文学大系》第 5 集第 16 卷《戏剧集一》，第 87 页。
③ 嘉庆《山阴县志》卷 19《学校》，第 4 叶；《绍兴市志》卷 33《教育》，第 1935 页。

主。慎独工夫，不外戒欺求谦四字。愿诸生屏黜浮华，力求心得，务鞭辟近里著己，勿苟且徇外为人，庶几文行交修，学有体用，此尤区区之心，所愿与诸生共勉也夫。是为序。

同治七年岁次戊辰（1868）嘉平月，会稽马传煦撰。

马传煦，见《崇文书院课艺九集》。

序中提及诸人：莫宝斋，名晋（1761—1826），会稽人，乾隆六十年（1795）榜眼；闻人春台，名熙，会稽人，嘉庆十四年（1809）进士；朱久香，名兰（1800—1873），余姚人，道光九年（1829）探花；宗涤甫，名稷辰（1792—1867），会稽人，道光元年（1821）举人；马谷山，名新贻（1821—1870），菏泽人，道光二十七年（1847）进士；周雪瓯，名光祖（1816—1865），山阴人，咸丰九年（1859）进士；孙心农，名念祖（1826—?），会稽人，咸丰九年（1859）榜眼。

【课艺内容】

皆四书文，凡《论语》33题61篇，《学》、《庸》6题16篇（包括马传煦拟作1篇），《孟子》15题29篇。有评点。

马传煦拟作《吾学殷礼　今用之》，末附作者识语，言及作文心得：

题无甚要旨，惟子思述此节，承"为下不倍"而言。曰"生乎今之世"，曰"今天下"，曰"今用之"，处处顿重"今"字，题中"今"字必须重读。殷礼言"存"，周礼言"用"，其中即古今之判，"存""用"二字须著意。至通节"夏礼言说"，"殷周礼言学"，盖子以殷后为周臣，故视殷礼与周礼一般，较夏迥异，"学"字亦须醒豁。至殷周礼固须点缀，然不可涉于堆垛。作是题者，或用截发，或用遥对，或前后散，中权夹缝二比，或通篇散体，用回环缭绕之法，均无不可。阅卷百余，佳作如林，各体俱备，惟散体只三篇，非直即散，尚须惨淡经营。阅卷已毕，见猎心喜，拈笔作此，聊识题中甘苦耳。自记。

【作者考略】

收录课艺较多者：何炳荣12篇，任塍9篇，金丙堃、马毓驹、寿怀瑾4篇，杨燮和、杨越3篇。其他作者一二篇不等：沈凤墀、鲍谦、秋官谦、朱福昌、徐鼎和、柴树荣、丁爕堂、章宪文、郑元章、陈越采、何镜涵、李德奎、陶鼎、陈寿康、陈宗溥、王祖艻、沈藻、沈庆基、李嗣霖、顾庆章、史福济、任官潏、单登、陈璐、沈百墉、王辰、朱文组、童宝祺、王骧侯、章焕文、周以蕃（原名学海）、童寿祺、寿绍章、褚继曾、寿梅、陶元缙、梁桢、王秉钧、严伟曾、何春照、鲍临、陈寿昌、钟枚、罗官俊、胡炘、余芹、黄恩绥、钟源、丁云棟（丁云拣）、傅汝贤、汪渊量、王荣绪、寿怀鉴、王景玮、朱承烈。每篇作者前皆注明考官姓氏、官职和生徒等级、名次，如"马山长课超等一名任塍"、"华邑尊课超等一名鲍谦"。

任塍（1837—1899）①，字似庄，号秋田，会稽人。光绪元年（1875）乡试中式副榜第3名，官云和县教谕。五年（1879）乡试中式第40名举人，六年（1880）进士。历官户部主事，贵州安平、贵筑、遵义知县，下江厅通判。致仕后掌教龙山书院，又为绍兴中西学堂首任总校。著有《倚舵吟稿》、《闻妙香室删余文钞》。②

金丙堃，会稽人。同治六年（1867）副贡。③

杨燮和（？—1884），字春生、寄生，会稽人。同治六年（1867）举人。光绪元年（1875）选授义乌训导。至则谋于县令，增书院膏火费。教诸生务根柢之学，改削课卷，动辄数十百言。造就甚众，士习文风为之一变。著有《学圃斋诗集》三卷、《地理要言》一卷。④

杨越，会稽人，燮和（？—1884）子。光绪元年（1875）举人。官乐清训导。⑤

鲍谦（1834—？）⑥，字益甫，号柏崖，山阴人。同治六年（1867）乡试中式第45名举人。官平湖训导。⑦

秋官谦（1850—1901），改名寿南，字研孙，号益山，山阴人。肄业紫阳书院。同治十二年（1873）乡试中式第82名举人。历官台湾巡抚文案，常德、湘乡厘金局总办，桂阳州知州。⑧

朱福昌，字禹卿，绍兴人。廪贡。官临安训导。以病终。⑨

丁燮堂，会稽人。同治九年（1870）岁贡。⑩

李德奎（1842—1905），字月舫，会稽人。光绪八年（1882）岁贡，十四年（1888）举人。以制艺有名于乡。晚年所作，蕴藉深稳，情理兼到。著有《蠡城课选》、《青莲轩印谱》、《博古图画稿》、《瓦当图汇辑》、《拙叟隐语》。⑪

陈宗溥（1821—1892），字西来，号竹士，嘉善人。同治五年（1866）岁贡。就职训导。七年（1868）创建枫溪书院。增辑《枫泾小志》，编有《苏吕策论》，与修《娄县续志》、《嘉兴府志》。⑫

王祖芗，字椒生，山阴人。同治十三年（1874）恩贡。⑬

①　生于道光十六年十二月初二日，公历已入1837年。

②　《清代硃卷集成》第268册，第383页；《绍兴县志资料》第一辑《人物列传》第二编，第158叶；章景鄂：《记绍兴中西学堂》，《中国近代教育史资料汇编·戊戌时期教育》，第228页；《清代人物生卒年表》，第161页。

③　《绍兴县志资料》第一辑《选举下》，第57叶。

④　《绍兴县志资料》第一辑《人物列传》第二编，第146叶。

⑤　民国《重修浙江通志稿》第110册《考选》，第10叶。

⑥　生于道光十三年十二月十五日，公历已入1834年。

⑦　《清代硃卷集成》第254册，第325页；民国《重修浙江通志稿》第110册《考选》，第4叶。

⑧　《清代硃卷集成》第260册，第367页；《秋瑾年谱》，第20~32页。

⑨　宣统《临安县志》卷5《职官志》，第583、601页。

⑩　《绍兴县志资料》第一辑《选举下》，第59叶。

⑪　《绍兴县资料》第一辑《人物列传》第二编，第177叶。

⑫　《清代硃卷集成》第412册，第193页；光绪《重修嘉善县志》卷23《文苑》，第63叶；卷30《书籍》，第20叶。

⑬　《两浙輏轩续录》卷50，第112页；《绍兴县志资料》第一辑《选举下》，第61叶。

　　顾庆章（1847—?），字达斋，号念湖，山阴人。肄业敷文、崇文书院。光绪五年（1879）乡试中式第32名举人。①

　　史福济，字锡卿，山阴人。廪生。著有《餐霞精舍稿》。②

　　沈百塘，字稼村，会稽人。同治六年（1867）举人。官内阁中书。曾幕游福建。③

　　朱文组，会稽人。光绪三十四年（1908）岁贡。④

　　章焕文。富阳章焕文，字小晴，诸生。著有《醉月轩诗钞》四卷。⑤ 未知是否即此人。

　　褚继曾，字镜湖，号述之，山阴人。光绪二年（1876）恩贡。著有《镜湖吟稿》。⑥

　　王秉钧，字衡堂，咸丰元年（1851）恩贡。官教谕。⑦

　　鲍临（1837—?）⑧，字仲怡、敦夫、敦甫，号镜予、镜渔，山阴人。同治四年（1865）乡试中式第230名举人，覆试一等第1名。十三年（1874）会试中式第251名，覆试一等第29名，殿试二甲第55名，朝考一等第48名，选庶吉士，散馆授编修。历官司业。《晚晴簃诗汇》录其诗1首。⑨

　　黄恩绶，字春生，一作春笙。同治三年（1864）优贡第1名。工诗书。著有《安蔬斋诗词》。⑩

　　傅汝贤，山阴人。光绪五年（1879）举人。官武义教谕。⑪

　　寿怀鉴（1849—1930），字镜吾，以字行，会稽人。诸生。开设私塾三味书屋，鲁迅（1881—1936）曾在此就读，《从百草园到三味书屋》云："我对他很恭敬，因为我早听到，他是本城中极方正，质朴，博学的人。"⑫

　　朱承烈（1845—?），字伟轩，会稽人，光绪二年（1876）乡试中式第88名举人。六年（1880）进士。官处州府教授。⑬

　　余皆待考。

41. 龙山书院课艺

【书院简介】

　　山阴龙山书院，肇始于清康熙五十三年（1714）年所建山阴义学，乾隆四十八年

①　《清代硃卷集成》第268册，第283页。
②　《两浙輶轩续录》补遗卷5，第373页。
③　《绍兴县志资料》第一辑《选举下》，第58叶；宝廷：《寄沈稼村（百塘时客闽制军幕）》、《送沈稼村航海归福州用其场中题壁韵》，《偶斋诗草》内次集卷七，第639、645页。
④　《绍兴县志资料》第一辑《选举下》，第78叶。
⑤　光绪《富阳县志》卷22《艺文志》，第7叶。
⑥　《绍兴县志资料》第一辑《选举下》，第63叶；《绍兴市志》卷37《艺文》，第2555页。
⑦　民国《嵊县志》卷12《选举志》，第855页。
⑧　生于道光十六年十二月十五日，公历已入1837年。
⑨　《清代硃卷集成》第253册，第361页；第38册，第101页；《晚晴簃诗汇》卷165，第7184页。
⑩　《安蔬斋诗词》，第1页。
⑪　民国《重修浙江通志稿》第110册《考选》，第13叶。
⑫　《三味书屋与寿氏家族》。
⑬　《清代硃卷集成》第267册，第67页；《绍兴县志资料》第一辑《选举下》，第63、68叶。

（1783）改为书院。光绪二十八年（1902）绍兴府学堂迁址于此。①

【版本序跋】

《中国历代书院志》据华东师范大学藏刻本影印，不分卷，编者及刊刻时间不详。此为"贞集"，则当另有"元""亨""利"三集。

【课艺内容】

"贞集"以诗词为主，包括：

1. 五古6题17首，题如《刈麦词》、《插秧词》、《文种送范大夫游五湖》、《拟鲍明远〈数诗〉》、《络纬词》。

2. 七古11题20首，题如《刈麦词》、《插秧词》、《郑公泾载薪词》、《贺家池打鱼谣》、《永周湖放生歌》、《若耶溪采菱曲》、《秋霖叹》、《饯燕》、《拟李白〈将进酒〉》。

3. 七律27题51首，题如《新茶》、《新丝》、《牛女渡桥后以诗酬灵鹊》、《络纬词》、《饯燕》、《菊英》、《菊香》、《雁影》、《雁声》、《红叶》、《书声》、《琴韵》、《画稿》、《诗心》、《湖笔》、《徽墨》、《剡纸》、《端砚》。

4. 五绝2题2首，题为《若耶溪采菱曲》、《咏越郡人物》。

5. 七绝6题16首，题为《郑公泾载薪词》、《贺家池打鱼谣》、《若耶溪采菱曲》、《牛女渡桥后以诗酬灵鹊》、《饯燕》、《红叶》。

6. 词5题8首，题为《刈麦词》、《插秧词》、《若耶溪采菱曲》、《络纬词》、《秋霖歌》。

7. 杂体文1题6篇，题为《拟崔子玉〈座右铭〉》。

【作者考略】

收录课艺较多者：史福济、沈球9篇，沈镜煌、史英济7篇，胡谦6篇，朱福昌5篇，蒋攀桂、胡元鼎、蒋士恒、陈家相、朱梅、孙桂馨、孙庚揆、何灏4篇，章庆成、寿梅、何濬、王继臬、胡寿昌3篇。其他作者一二篇不等：骆长椿、李春荣、周恩培、傅汝贤、胡世昌、唐之谦、陈昌沂、沈鸿、王国器、李乾、刘守曾、姜秉初、俞荫樾、朱寿其、梁元杰、寿坦、杨德顺、梁世标、陈彬祺、王均、朱福壬、李堃、宁继武、孙镇。

胡元鼎、孙庚揆，见《诂经精舍四集》。

骆长椿，见《紫阳书院课艺六集》。

史福济、朱福昌、傅汝贤，见《蕺山书院课艺》。

沈镜煌（？—1890）②，字翼心，号蓉初，会稽人。光绪六年（1880）恩贡，官直隶州州判。务为朴学。著有《增订翁注困学纪闻》、《校订胡刻李善注文选》、《池南老屋遗诗》、《杂体文》。③

---

① 《绍兴市志》卷33《教育》，第1936页。

② 生卒年据《清代人物生卒年表》，第369页。

③ 《绍兴县志资料》第一辑《人物列传》第二编，第154叶。

史英济，字子安，山阴人。诸生。①

胡寿昌（1840—？），原名秉成，榜名炳远，字在兹，号宋埠，别署两斋，会稽人。与孙德祖（1840—1908）同岁，为总角交。执贽黄炳垕（1815—1893）之门，受天算之学，称高第。通解灵素，志在济人。光绪八年（1882）乡试中式第 94 名举人。官江苏同知。②

陈昌沂，字莆堂，号大篪，山阴人，锦（1821—？）子。诸生。通六书，攻篆隶，究心金石，精于赏鉴。著有《大篪吟草》六卷。③

姜秉初（1840—1900），字仲白，号云舶氏，会稽人。光绪元年（1875）诏举孝廉方正，四年（1878）膺会稽县孝廉方正之选，朝考列二等，以教官用，历署昌化、西安、乌程训导十余年。著有《溪花禅意盦诗草》。④

陈彬祺（1859—？），字寿维，号仲和、颂禾，会稽人，彬华（1852—？）弟。光绪八年（1882）备取优贡，十一年（1885）拔贡。⑤

余皆待考。

42. 经正书院小课

【书院简介】

上虞经正书院，建于清道光十二年（1832）。大门额曰"经正书院"，仪门额曰"丽泽试院"。建考棚三十八间，为岁科童子就试所，又设讲堂、书舍。同治、光绪间增置学田。光绪三十年（1904）改为县学堂。⑥

【版本序跋】

题"邵武徐幹小勿选订"。张沄卿序云：

> 自来文字因缘有不可思议者，其事在数十年之后，其机在数十年之前，而当其时不知也。道光年予三兄逊侯先生出宰是邑，涖任者再，拊循之暇，以诗古文词课邑之秀士。予时得从兄获睹课艺，其前列者华而不靡，清而仍绮，窃叹斯邑文风之犹及于古也。越十年，余奉命典试浙江，得士甚盛。其中若胡舍人光辅者，则邑之名隽也。又越一纪，奉命视学此邦，岁科两试宁台诸郡，屡经是邑。见山环水抱，钟毓人文，经明行修，岂偶然哉！人谓予与两浙洵有文字夙缘，而不知数十年前已于是邑为之嚆矢也。
>
> 今小勿明府出示《经正书院小课》四卷，且请为序。予取而阅之，皆骎骎可造，其诗古文词无逊于曩昔所睹，而余与三兄当日衙斋剪烛论文情事，不啻于斯卷仿佛遇

①　《两浙輶轩续录》补遗卷 5，第 373 页。

②　《绍兴县志资料》第一辑《选举下》，第 66 叶。

③　《两浙輶轩续录》卷 48，第 57 页；《清人别集总目》，第 1295 页。

④　《绍兴县志资料》第一辑《人物列传》第二编，第 159 叶；《绍兴市志》卷 37《艺文》，第 2554 页；鲁先进：《绍兴人物生卒考三十则》，《图书馆研究与工作》2010 年第 2 期，第 78 页。

⑤　《清代硃卷集成》第 399 册，第 27 页。

⑥　光绪《上虞县志》卷 34《学校志下》，第 689 页；《上虞县志》第 22 篇《教育》，第 620 页。

之。小勿明府怜才爱士，尤以树人为重，又安知数十年后，其文字之缘不有更深于予者，是亦不可思议也。是为序。

光绪七年辛巳（1881）七月上澣，工部侍郎浙江督学使者太和张沄卿撰。

张沄卿（1819—1883）①，字霁亭，云南太和人。咸丰二年（1852）进士。历官礼部主事、员外郎，御史，鸿胪寺少卿，顺天府丞、府尹，右副都御使，工部左侍郎，浙江学政，礼部右侍郎。②

徐幹自序云：

己卯（1879）夏，予权篆上虞，迄今近两年矣。书院正课外加以小课，为日既久。择其尤雅者，得律赋三十七首，杂文十二篇，试帖体诗一百十六首，古近体诗二百八十首。虽地限一隅，未必皆完善之作，而诸生聪明，才力尽可早就。爰集成卷帙，以付手民，亦雪泥鸿爪之意云耳。

光绪七年（1881）四月，邵武徐幹识于浙江上虞官廨。

徐幹，字伯开、小勿，福建邵武人。同治四年（1865）优贡。考取琉球官学教习，以知县分发浙江，历上虞、嵊县。有政声，尤嗜学。政暇则与诸生讲论诗赋，故二邑皆有书院小课之刻。卒于官，年六十三。辑有丛书十六种。③

【课艺内容】

四卷：卷一律赋 11 题 24 篇，题如《东山赋》、《绝妙好辞赋》、《月色寒潮入剡溪赋》、《虞邑赋》；卷二律赋 6 题 13 篇、杂文 9 题 12 篇，题如《刘伯经唾盘成鲤赋》、《花朝赋》、《防海塘策》、《凤鸣山记》、《曹娥庙源流考》、《拟谢安自东山与支遁书》；卷三试帖诗 66 题 116 首，题如《宦途最重是文衡》、《旧时王谢堂前燕》、《开轩扫白云》；卷四古近体诗 81 题 171 首，题如《玉女峰》、《拟嵇叔夜〈赠秀才从军五首〉》、《一览亭放怀歌》、《拟江文通〈历山诗〉》、《拟杜工部〈秋兴八首〉》、《花迎竹枝词》。

有评点，偶有叙事之笔。如徐承宣《虞邑赋（以召亭先生曾作此赋为韵）并序》评语云："法宗《七启》，笔扫千军，收处落落大方。庚辰（1880）夏五，生父徐君琴史携其先赠君召亭先生旧著《虞邑赋》遗稿一篇，请序于余。余见其赋沈博绝丽，缕晰条分，洵足备一邑之掌故。爰缀数语于简端，以为吉光片羽之遗，传后无疑焉。七月小课，以此命题，得生斯卷，领异标新，别成一格，因拔之以冠诸卷。从此努力加功，前程正未可量。勉之，望之。"

【作者考略】

收录课艺较多者：钱寿祺 67 篇，胡舜封 42 篇，曹官俊 36 篇，徐承宣 34 篇，钱培 24

---

① 生卒年据《中国历代人物年谱考录》，第 552 页。
② 民国《新纂云南通志》卷 202，第 8 册，第 350 页。
③ 光绪《重纂邵武府志》卷 17《选举·贡生》，第 349 页；卷 20《人物·官绩》，第 427 页。

篇，袁炘照 17 篇，钱纯 13 篇，谷肇寅 12 篇，俞庆涛 8 篇，周鉴 7 篇，罗继传 6 篇，徐崇光、夏人龙 5 篇，周维祥 4 篇，徐厚光、金寿萱、徐煌、徐成章、朱鸿基、王焕祖、曹金琦 3 篇。其他作者一二篇不等：陈树萱、胡宗虞、曹金珪、黄云栋、陈封、曹秉文、周缄、傅梦赉、姚襄尧、章绥荣、云从龙、宋绳武、朱彭寿、张楫、陈允元、钱豫亨、钱�濬、陈尧弼、周颂、张誉栋、陈舜封、刘垣、曹庆元、周序。

徐承宣，见《诂经精舍六集》。

钱寿祺。清代后期绍兴地区医药学家钱寿祺①，未知是否即此人。

胡舜封，上虞人。廪生。参校《上虞县志》。②

曹官俊（1848—?），谱名永懋，字个臣，号竹轩、属仙，上虞人。光绪十一年（1885）拔贡。著有《板桥轩诗草》一卷。③

袁炘照，上虞人。光绪二年（1876）岁贡。④

钱纯，上虞人。光绪八年（1882）恩贡。⑤

谷肇寅，上虞人。廪生。参纂兼总校《上虞县志》。⑥

徐厚光，上虞人。廪生。参校《上虞县志》。⑦

陈树萱，上虞人。著有《耐园杂俎》十二卷。⑧

周序。东阳周序，字仙泉，庠（1846—?）弟，郡庠生。⑨ 未知是否即此人。

余皆待考。

43. 姚江龙山课艺初刻

【书院简介】

余姚龙山书院，建于清乾隆二十四年（1759）。五十四年（1789）增修，咸丰十一年（1861）毁于兵，光绪五年（1879）重建。三十二年（1906）梁弄创办正蒙学堂，龙山书院给助学田数十亩。1954 年龙山书院主体建筑中天阁被辟为梨洲文献馆。⑩

【版本序跋】

题"光绪癸巳（1893）开雕，龙山书院藏板"，"掌教周蕺君先生鉴定"。

卷首周来宾《句余书院掌教记》云：

咸丰初年，宗侍御涤甫先师曾主是席，邦人士沐其教，至今犹称诵之。嗣先师复

① 《民国时期浙江医药史》，第 48 页。
② 光绪《上虞县志》卷首《纂修职名》，第 25 页。
③ 《清代硃卷集成》第 399 册，第 97 页；光绪《上虞县志》卷 36《经籍志》，第 746 页。
④ 光绪《上虞县志》卷 12《选举表》，第 130 页。
⑤ 光绪《上虞县志》卷 12《选举表》，第 130 页。
⑥ 光绪《上虞县志》卷首《纂修职名》，第 25 页。
⑦ 光绪《上虞县志》卷首《纂修职名》，第 25 页。
⑧ 光绪《上虞县志校续》卷 39《经籍》，第 57 叶。
⑨ 《清代硃卷集成》第 399 册，第 243 页。
⑩ 光绪《余姚县志》卷 10《学校》，第 201 页；《浙江古书院》，第 92 页。

主蕺山讲社，予方弱冠，补弟子员，受知最久，习闻先师讲学宗王刘。刘主慎独，王主良知。文成理学名臣，勋业彪炳，阐明心性，与刘子殊途同归。姚江秀士，其喁喁向学者，流风未殄，莫不知景仰先贤焉。

辛卯（1891）春，忠若虚大令延予主讲，忠侯以权篆解任，除授者为周竹卿司马。周侯与予故有齐年雅，且同宗，官师校课，矢慎矢勤。今年秋，恭逢万寿恩榜，邑侯奉调入闱，将与星轺同佐文衡以去。院董持积收前茅课卷，请侯操选付刻。侯走函相商。予自维款启寡闻，不足为诸生师表。顾积习所在，敢不尽心。竭兼旬之目力，得文百余十篇。佳卷中稍有微瑕，细加商订，期惬心而后止。择其尤雅，付诸枣梨，为同学辈观摩之助。

夫时文，虽科第之阶梯，实则代圣贤立言也，故士先器识而后文艺。愿诸生文行交修，力求心得，务鞭辟近里著己，勿苟且徇外为人，庶几枕经葄史，敦品励行。即其发为词章，自然秀硕俊伟，卓卓成一家言。而且秉良知之遗教，希名世之大儒，于以蔚为国华，郁为时栋，上以佐圣天子文明之化，而又以副贤邑侯殷殷培植之盛心，是则区区期许之私，所愿与诸生共勉也夫。

光绪癸巳（1893）六月既望，山阴周来宾序。

周来宾（1839—?），原名宝琦、恭寿、奎吉，字秋垣，号蕺君、雪畇，山阴人。廪贡，试用训导。同治三年（1864）乡试堂备，挑取誊录。光绪二年（1876）中式第36名举人。六年（1880）考取宗学教习。十五年（1889）会试中式第196名，覆试一等第59名。殿试二甲第37名，朝考二等第46名，授刑部主事。①

周炳麟序云：

【略】姚江为浙东文薮，自汉唐迄今，儒林文苑，代有传人，经术史才，连闾接踵。山川之钟毓既异，而名辈之流风余韵，耳濡目染，不觉日深，孤陋空疏之病，固有无待虑者。

余自下车以后，每逢院课，必亲自校阅。清奇浓淡，有美必登，计辛壬两载（1891、1892），文已盈帙。又益以院长所取，共积文数百篇，今夏选付手民。开雕伊始，适余奉调入闱，兹者重莅斯土，将与诸君子复联文字之雅。而是刻适已工竣，再读一过，虽体格不一，而多系精深渊雅之作，洵乎是邦之多才，而非山僻小壤之所得而冀也。虽然登是集者已陶汰其十五六，其余或功夫较浅，或才力稍薄，概从删去。倘更得贤师益友讲贯而切劘之，又加以博观群籍，泛览百家，则所造正未限量也。且尝念书院之设，所以维学校之衰，将欲陶成一邑之人才，而非仅为寒窗资膏火地也。是邦人才素盛，昔之负重名、传后世者，孰不经肄业于此者乎？桑梓相依，渊源可溯，诸君子宜如何发愤用功，力矫庸俗，以副前人建院之意，而上为国家用也，不禁跂予望之。

光绪癸巳（1893）嘉平，南海周炳麟撰。

---

① 《清代硃卷集成》第265册，第293页；第65册，第189页。

周炳麟（1842—?），字敬超，字竹卿，广东南海人。光绪二年（1876）顺天乡试中式第 17 名举人。十七年（1891）、十九年（1893）、二十二年（1896）三任余姚知县。著有《公门惩劝录》二卷（收入《丛书集成续编》）。①

【课艺内容】
制艺 69 题 129 篇。有评点。

【作者考略】
潘学濬 11 篇，吴道荣 6 篇，吴鸿飞、徐绍麟 5 篇，史翊经、徐承麟、潘虞、史诒芬、吴曾源 4 篇，孙光炯、黄廷范、金启华、史久芳、胡清涟、史祥熊 3 篇，史久馨、王炎奎、吴锦泉、张学源、朱和钧、符鸿渐 2 篇，吕佐、诸秉常、陈祖方、吕辅周、徐士模、邵璇声、崔振声、史梦弼、黄受谦、黄济渠、戚鉴清、徐榆燧、张其光、洪汝芬、史昌燕、卢国珍、周辅墀、胡慎思、卢樛安、刘师宽、谢抡元、徐庆澜、李祖培、李恩澍、黄振铎、徐志诚、卢昌桢、洪可权、诸树棠、叶金题、谷镜澄、陈桂荣、史衷彝、施善彰、符家楣、戚鼎书、张钟英、刘秉钊、史哲人、项鼎炜、姜清镐、徐鼎元、张宝琛、洪燠、吕铭、杨韬、李承瀚、魏官柱、徐绍贤、戚巨源、徐绍璜、胡瞻庭 1 篇。

吴鸿飞，余姚人。光绪十七年（1891）举人。官高要知县。②

徐绍麟，余姚人，辰（1835—1897）子。光绪二十年（1894）举人。③

史翊经，余姚人。光绪二十四年（1898）参与发起达善学堂（后改为余姚高等县学堂），三十年（1904）任校长。④

黄廷范（1854—1926），世称守斋先生，余姚人。诸生。历主凤山、培兰书院，正蒙两等学堂首任校长。兼任县监察委员、梁弄农民协会主任。⑤

刘师宽，又名黻廷，字艮安，余姚人。廪生。工书，犹长榜书。主纂《余姚开原刘氏宗谱五编》。⑥

谢抡元（1872—?），字榆孙、緷庐，余姚人。光绪二十九年（1903）乡试中式第 78 名举人。考取国子监算学，期满议叙以知县用，补用兵马司副指挥。民国十年（1921）官山东无棣知事。沤社成立，偶来参与，然不多作，以故流传绝少。著有《姚江谢氏医书》三种、《緷庐诗词稿》。《词综补遗》录其词 1 首。⑦

魏官柱。中国通商银行司事魏官柱，字秋农。⑧ 未知是否即此人。

---

①《清代硃卷集成》第 113 册，第 213 页；光绪《余姚县志》卷 18《职官表》，第 375 页。

②民国《重修浙江通志稿》第 110 册《考选》，第 20 叶。

③光绪《余姚县志》卷 19《选举表》，第 453 页。

④郑逸群：《也谈府前路小学》，《余姚文史资料》第 8 辑，第 131 页。

⑤黄先迪：《办学先驱黄廷范》，《余姚文史资料》第 12 辑《浙江省历史文化名镇梁弄》，第 102 页；施长海：《黄守斋》，《姚江名人（近现代编）》，第 6 页。

⑥《余姚市第三次全国文物普查简报》2009 年第 2 期，浙江省文物局官网。

⑦《清代硃卷集成》第 303 册，第 41 页；民国《无棣县志》卷 3《爵秩志》，第 5 叶；《中国丛书综录》第 1 册，第 728 页；《词综补遗》卷 90，第 3370 页。

⑧《盛宣怀档案资料选辑·中国通商银行》，第 234 页。

余皆待考。

湖州府

44. 爱山书院课艺

【书院简介】

湖州爱山书院，建于清乾隆十九年（1754）。道光、同治间数次重修。光绪二十九年（1903）改为湖州府中学堂。①

【版本序跋】

题"光绪八年（1882）九月开雕，郡尊侯官郭谷斋先生编次，训导余姚施继常衡甫、经历长洲吴念椿庆余、训导鄞县张岱年棣笙同校"。书名题"癸未（1883）如月，戴翊清署"。

郭式昌（1830—1905），字谷斋，福建侯官人，柏荫（1807—1884）子。由优贡报捐同知，指分浙江。咸丰九年（1859）举人。历官广东肇庆知府，浙江温州、湖州、台州、杭州、金华知府，金衢严道，浙江按察使。著有《说云楼诗草》。《晚晴簃诗汇》录其诗15首。②

施继常，字衡甫，余姚人。同治四年（1865）官杭州府学训导。与修《富阳县志》、《两浙輶轩续录》。③

吴念椿（？—1891），字庆余，江苏长洲人。诸生。光绪十五年（1889）官天台知县。县有文明书院，旧以时文诗赋课士，念椿增设经学、算学。卒于官。著有《天台政略》。④

张岱年（1824—1903），原名善恺，字棣笙，号仲青，鄞县人。同治五年（1866）恩贡。官乌程训导三十余年，升余杭教谕。少好词章之学，在湖郡唱和尤多。兼好碑帖，能鉴别真伪。著有《苕鸿流响正续钞》三卷。⑤

戴翊清（1848—？），字笠青，乌程人。同治十二年（1873）举人，六上春官不第。官遂昌训导。著有《治家格言绎义》。⑥

郭式昌序云：

---

① 同治《湖州府志》卷18《舆地略·学校》，第7叶；《浙江教育史》，第258页。
② 《清代官员履历档案全编》第5册，第557页；林纾：《诰授光禄大夫二品顶戴升缺后加头品顶戴署浙江按察使分巡金衢严道郭公墓志铭（代）》，《林琴南文集·畏庐文集》，第44页；《晚晴簃诗汇》卷157，第6838页。
③ 民国《杭州府志》卷101《职官三》，第1963页；光绪《富阳县志》卷首《纂修姓氏》，第2叶；《两浙輶轩续录》凡例，第4页。
④ 民国《续修台州府志》卷98《名宦传下》，第24叶。
⑤ 《四明清诗略续稿》卷2，第10叶；方红：《兴二房太公张岱年》，一象的博客。
⑥ 民国《重修浙江通志稿》第110册《考选》，第8叶；《治家格言绎义》自序，第611页；俞樾：《戴笠青广文挽联》，《春在堂楹联录存》卷5，第4叶。

浙湖为人文渊薮，爱山书院课艺旧刻，杰作若林。辛酉之岁（1861），毁于兵火。修复以来，盖二十年于兹矣。余两典是邦，每课诸生，喜其才思英发之中，仍自具醇实气象。类能不染时趋者，非徒山川清淑之钟，抑亦师友渊源之正也。

长夏公余，爰取历年抄存前列课艺，详加披阅，择其尤者一百七十篇，皆理法清真而有书卷议论者。拟付剞劂，俾多士得所观摩。编次甫竣，适因调任台州，特以校对之事，属之吴庆余参军及施衡甫、张棣笙两学博，并附志数言于简端。

光绪八年（1882）秋七月既望，侯官郭式昌识。

【课艺内容】

皆四书文：《大学》7 题 7 篇，《论语》92 题 102 篇，《中庸》6 题 6 篇，《孟子》52 题 55 篇。有评点。

【作者考略】

戴翊清（笠青）、蔡汝锽（元襄）8 篇，章文熊（寅伯）7 篇，钮承荣（莲嗣）5 篇，莫文泉（枚士）、梁枚（小帆）、黄钟（鹤楼）、朱廷燮（莲夫）、章环（虚白）4 篇，钱选（慕刘）、沈唐（联棣）、丁养元（又吾）、张尧淦（质人）、傅桐豫（吟梅）、徐步贤（觉生）、钮家焕（觐唐）、费玉崙（且潜）、严文辉（珊枝）、郭寅生（橘仙）3 篇，钮承应（佑甫）、施肇曾（又沂）、陈其炯（雪渔）、岳麟书（芝林）、严文煜（绮霞）、严以盛（琴士）、宋兆蓉（小吾）、蒋清瑞（采丞）、沈家霖（子文）、闵锦澜（芝荪）、施启瑞（觐初）、严恭寿（鉴人）、钮家铨（梅生）、任锡庸（鲁詹）、张馨（梅岩）（监院乌程训导拟作）、王鼎镕（兰亭）、严葆荣（伯华）、沈钧福（柳笙）、王兰（者香）2 篇，钮承乐（小琴）、严以绥（晓芙）、蔡锡康（莆君）、沈蔚林、沈鸿藻（鹿门）、钮福安（吉荪）、严振采（竹淇）、费玉绀（芟谱）、徐福昌（墨农）、章文豹（子蔚）、孙禄增（镜江）、沈祖同（子蘋）、庞光灿（蔼人）、孙福增（质庵）、郑宜泽（伯英）、潘定廉（子龄）、朱毓琳（吟梅）、严振声（咏仙）、孙彦启（儒舫，原名亶）、赵联第（子鹤）、严保熙（少帆）、吴球（古芗）、宣凤墀（萃田）、周肇溪、严以煋（蔼庭）、陆学源（笃斋）、沈培基（倬云）、沈承基（厥初）、沈彦模（子蕃）、陈其琳（浣秋）、费晋裴（少甫，原名书）、沈锡龄（霞轩）、朱蒂（春台）、章羲文（易门）、王世芬（桂卿）、钮泽时（复心）、施补华（均甫）、钟振林、陈延寿、卢葆辰（子莼，原名福保）、梁焜、朱镜蓉、许国年（莱盟，原名震蕃）、蒋锡绅（书箴）、沈家本（子惇）、唐禾（惠轩）、朱冕群（莅申）、梁榕（咏裳）、沈锡康（湘帆）、俞介臣（若农）、章晋蕃、凌文瀞（熙台）、姚文治（湘湄）、钮承聪（岷江）1 篇。

费玉崙、王兰、孙禄增、朱蒂、施补华，见《诂经精舍三集》。

蒋清瑞，见《崇文书院课艺九集》。

费玉绀（费玉湘），见《学海堂课艺续编》。

沈唐，见《学海堂课艺七编》。

戴翊清，见《爱山书院课艺·版本序跋》。

蔡汝锽，字元襄，归安人。光绪二年（1876）举人。①

章文熊，字寅伯，归安人。光绪三年（1877）岁贡。主修《湖州荻溪章氏三修家乘》。②

钮承荣（1842—1892），字莲嗣，号穉黄，乌程人。诸生。入山东巡抚张曜（1832—1891）幕。著有《困学斋诗录》、《晚香居诗钞》。③

莫文泉（1837—1907），字逢源，号枚士，归安人。同治七年（1868）乡试中式第40名举人。两试礼部不第，潜心经术。善医。著有《研经言》四卷（收入《续修四库全书》）、《经方例释》三卷、《神农本草经校注》三卷、《伤寒杂病论校注》二十六卷、《本草纂要》三卷、《历代古方说明》四卷。④

梁枚（1847—?），字功甫，号小帆，归安人。同治四年（1865）乡试中式第123名举人。光绪三年（1877）会试中式第3名，覆试一等第25名，殿试二甲第66名，朝考一等第56名，选庶吉士。七年（1881）、八年（1882）两任江苏宝应知县，卒于任。⑤

黄钟，字鹤楼。与陈鸿诰（?—1884）、蔡召棠（字听香）交游。⑥

朱廷燮（1856—1920），字理臣，号联甫、莲夫，晚号道峰逸叟，归安人。同治十二年（1873）乡试中式第41名举人。曾任湖州府中学堂监督。⑦

丁养元（1828—1885）⑧，字又吾，长兴人。未冠即游庠，有能文名。由县学廪膳生议叙训导，同治中历署象山训导、桐庐教谕。累应乡举不售，怡然自得。与修《长兴县志》。著有《禹贡锥指节要》、《北宋石经考异补志》、《鹈鹕吟》。最后作《五经字考》，甫成《易》、《书》二经而卒，年五十八。⑨

张尧淦（1835—?），原名文炳，字抑侯，号质人，归安人。同治十二年（1873）拔贡第1名。光绪二年（1876）乡试中式第78名举人。十二年（1886）会试中式第173名，殿试三甲，朝考入选，即用知县。参与集资创建五湖书院。⑩

傅桐豫（1834—?），谱名一麒，字生茂，号吟梅，乌程人。光绪二年（1876）乡试中式第14名举人。三年（1877）会试中式第18名，覆试三等第48名，殿试三甲第21名，朝考二等第101名，授江西知县。⑪

徐步贤（1857—?），改名信善，字履贞，号觉生，归安人。光绪八年（1882）乡试

①　光绪《归安县志》卷32《选举·举人》，第23叶。

②　光绪《归安县志》卷32《选举·页生》，第40叶；《国家图书馆普通古籍总目》第5卷《传记门》，第360页。

③　《晚香居诗钞》，《湖州十家诗选》本；清人诗文集总目提要》，第1766页。

④　《清代硃卷集成》第258册，第3页；《中国历代名医碑传集》，第935页。

⑤　《清代硃卷集成》第252册，第73页；第42册，第89页；《宝应历代县志类编》，第102、128页。

⑥　《寒松阁谈艺琐录》卷1，第35页。

⑦　《清代硃卷集成》第259册，第357页；朱仰高：《湖州中学创始人朱廷燮》，南太湖论坛·人文湖州。

⑧　生卒年据《历代名人生卒年表　历代名人生卒年表补》，第567页。

⑨　同治光绪《长兴县志》卷23下《人物》，第36叶；卷首《姓氏》，第2叶。

⑩　《清代硃卷集成》第60册，第33页；同治《湖州府志》卷18《舆地略·学校》，第12叶。

⑪　《清代硃卷集成》第42册，第219页。

中式第 78 名举人。二十一年（1895）会试中式第 115 名，殿试三甲第 81 名，朝考二等第 46 名，授户部主事。宣统二年（1910）官平谷知县。①

钮家焕（1852—?），改名家枢，字尧章、星三，号觐唐，乌程人。光绪元年（1875）乡试中式第 12 名举人。三年（1877）考取觉罗官学教习，期满以教职用。后官山东东平知州，掖县、邱县知县，沂水知事。②

严文辉，字珊枝。廪贡生。曾为刘锦藻（1862—1934）受业师。③

郭寅生，字橘仙，乌程人。同治十二年（1873）拔贡。性孝友。家贫授徒，必勖以孝友，人皆重之。④

钮承应（1839—1891），乌程人。光绪二年（1876）副贡，五年（1879）举人。拣选知县，授文林郎。⑤

陈其炯，号雪渔，秀水人。道光二十三年（1843）副贡，咸丰九年（1859）举人。十年（1860）公车南返，道逢战事，仓黄避乱。时东南用兵，侪偶中思于马上得功名，或相引入大僚幕府，荐膺民社。其炯独退然任遇，不愿一登剡牍，人以此高之。⑥

严以盛（1859—1908），字同生，号觐侍、琴墅，归安人。光绪十一年（1885）举人。历官直隶西宁、大名知县，遵化知州。在大名任上创办官话拼音学堂。著有《梦影庵遗稿》六卷。《词综补遗》录其词 2 首。《全清词钞》录其词 2 首。⑦

沈家霖（1855—?）⑧，字子文，归安人，丙莹（1810—1870）子，家本（1840—1913）弟。同治十二年（1873）乡试堂备。光绪元年（1875）荐卷，八年（1882）中式第 36 名举人。⑨

施启瑞，字觐初，余姚人。光绪元年（1875）举人。官富阳教谕。在任十年，勤于考课。辑有《富阳县志稿》二十余卷、《富阳诗录》二卷、《董文恪文恭遗诗》二卷。十六年（1890）应潘衍桐（1841—1899）之聘，与修《两浙輶轩续录》，在书局凡十阅月，始终不倦。旋升教授，在任候选，未及迁，卒于官。⑩

严恭寿，字鉴人，归安人。监生。候选布政司理问。分校《徐州府志》。⑪

钮家铨，字梅生，乌程人，家焕（1854—?）堂兄弟。廪生。同治十二年（1873）、光绪元年（1875）乡试荐卷。⑫

---

① 《清代硃卷集成》第 83 册，第 379 页；《平谷县志》第 12 编《政权、政协》，第 408 页。

② 《清代硃卷集成》第 262 册，第 159 页；《吴兴钮氏家族发展史考证》，钮因干的百度空间。

③ 《清代硃卷集成》第 277 册，第 235 页。

④ 《两浙輶轩续录》卷 49，第 75 页。

⑤ 《沈家本日记》丙子年，《沈家本未刻书集纂补编》，第 1092 页；《国朝两浙科名录》，第 468 页；《吴兴钮氏家族发展史考证》，钮因干的百度空间。

⑥ 《两浙輶轩续录》卷 45，第 707 页。

⑦ 《清人诗文集总目提要》，第 1901 页；《清末汉语拼音运动编年史》，第 119 页；《词综补遗》卷 68，第 2552 页；《全清词钞》卷 29，第 1489 页。

⑧ 生于咸丰四年十二月三十日，公历已入 1855 年。

⑨ 《清代硃卷集成》第 270 册，第 357 页；《清代硃卷集成》第 266 册，第 272 页。

⑩ 光绪《余姚县志》卷 23《列传十六》，第 688 页。

⑪ 同治《徐州府志》卷首《修志姓氏》，第 2 页。

⑫ 《清代硃卷集成》第 262 册，第 165 页。

沈钧福，字柳笙，一作柳孙。廪贡。曾主蓉湖书院。①

蔡锡康（1845—?）②，字晋蕃，号莆君，乌程人。光绪元年（1875）乡试中式第 83 名举人。官国子监学正。③

沈蔚林，德清人。光绪十八年（1892）恩贡。④

沈鸿藻。桐乡沈鸿藻，著有《紫薇花馆诗集》。⑤ 未知是否即此人。

钮福安（1856—?），字吉荪，一作吉生，归安人。光绪五年（1879）副贡。历官浙江松阳教谕，安徽休宁、贵池知县。⑥

严振采，字竹淇，归安人。光绪元年（1875）岁贡。⑦

徐福昌，字墨农，乌程人。岁贡。光绪五年（1879）官於潜训导，十年（1884）兼署教谕。⑧

章文豹，字子蔚，归安人。同治十三年（1874）岁贡。⑨

沈祖同，字子蘋。镇海沈祖同（1834—?），谱名伦纬，字荫祺，号芝瑞。同治四年（1865）乡试中式第 132 名举人。官安吉教谕。⑩ 未知是否即此人。

潘定廉（1860—?），字六泉，号子舲，乌程人。光绪五年（1879）乡试中式第 27 名举人。⑪

朱毓琳，号吟梅，归安人。咸丰十年（1860）岁贡。⑫

严振声，字咏仙，归安人。光绪二年（1876）恩贡。⑬

陆学源（1854—1900），字笃斋，一作竺斋，归安人，心源（1834—1894）堂弟。诸生。官至刑部陕西司郎中、江西司主稿。与修《归安县志》。著有《领恭轩文存》。⑭

沈彦模（1848—?），字子范，归安人，丙莹（1810—1870）子，家本（1840—1913）弟。光绪二年（1876）乡试中式第 74 名举人。十一年（1885）、十八年（1892）两任四川会理知州。著有《看山楼草》二卷。⑮

费晋裴，原名书，又名学黉，字少甫，归安人。拔贡。同治九年（1870）官昌化教

---

① 《清代东南书院与学术及文学》，第 551 页。

② 生于道光二十四年十二月二十六日，公历已入 1845 年。

③ 《清代硃卷集成》第 264 册，第 139 页；民国《重修浙江通志稿》第 110 册《考选》，第 10 叶。

④ 民国《德清县志》卷 6《职官志》，第 23 叶。

⑤ 光绪《桐乡县志》卷 19《艺文志》，第 849 页。

⑥ 《清代官员履历档案全编》第 28 册，第 281、427、549 页；光绪《归安县志》卷 32《选举·举人》，第 23 叶。

⑦ 光绪《归安县志》卷 32《选举·贡生》，第 40 叶。

⑧ 光绪《於潜县志》卷 10《秩官志》，第 12、13 叶。

⑨ 光绪《归安县志》卷 32《选举·贡生》，第 40 叶。

⑩ 《清代硃卷集成》第 252 册，第 173 页；民国《重修浙江通志稿》第 110 册《考选》，第 2 叶。

⑪ 《清代硃卷集成》第 268 册，第 219 页。

⑫ 光绪《归安县志》卷 32《选举·贡生》，第 40 叶。

⑬ 光绪《归安县志》卷 32《选举·贡生》，第 39 叶。

⑭ 光绪《归安县志》卷首《衔名》，第 1 叶；《藏书家陆心源》，第 170 页。

⑮ 《清代硃卷集成》第 266 册，第 271 页；同治《会理州续志》卷上《秩官志》，第 1 叶；《清人别集总目》，第 1044 页。

谕，光绪七年（1881）官桐庐教谕。八年（1882）中式举人。十二年（1886）再任昌化教谕，三十年（1904）以教谕代理昌化知县。①

沈锡龄，字霞轩，武康人。举人，光绪二十二年（1896）官萧山教谕。②

章羲文（1830—?），字孙同，号易门，归安人。光绪三年（1877）岁贡，即用训导。③

王世芬（1838—?），字诵之，号桂清，长兴人，书瑞（1806—1877）子。咸丰八年（1858）乡试荐卷，同治四年（1865）拔贡第1名。候选直隶州州判。分校《长兴县志》。④

钮泽时，字复心，泽昕（1850—1886）弟，泽晟（1866—?）兄。附贡生，直隶候补知县。⑤

陈延寿。山阴陈延寿（1833—?）⑥，原名其殷，字仲眉、眉卿、梅卿，号菘圃，山阴人。咸丰九年（1859）乡试中式第4名举人。⑦ 未知是否即此人。

卢葆辰，原名福保，字子莼，一作子纯，乌程人。曾任求是书院算学教习。参与校刊《戊笈谈兵》。⑧

许国年，原名震蕃，字梧生，号雷门、莱盟，乌程人。咸丰二年（1852）举人。六年（1856）考取觉罗官学汉教习。十年（1860）会试荐卷。以军功保举知县，拣发贵州。著有《晚香室文集》、《坐看云起楼诗集》、《选学类鉴》、《禹贡注》、《尚书易检》、《毛诗易检》、《思问录》、《鸡肋编》。⑨

蒋锡绅（1855—1904），字书箴，号婴宁居士，乌程人。光绪五年（1879）举人，九年（1883）会试挑取誊录。入赀为内阁中书舍人。时内阁为闲曹，锡绅谋改外地未果，遂为妇翁刘氏司海门质肆。地方公益，多所参与。⑩

沈家本（1840—1913），字子惇，归安人，丙莹（1810—1870）子。同治四年（1865）乡试中式第62名举人。七年（1868）会试挑取誊录第1名。光绪九年（1883）会试中式第203名，殿试二甲第100名。历官刑部郎中、主稿，天津、保定知府，山西按察使，刑部右侍郎，修订法律大臣，大理院正卿，法部右侍郎，资政院副总裁。今人辑有《沈家本全集》（中国政法大学出版社2010年版）。⑪

―――――――――――――

① 光绪《严州府志》卷11《续增·官师》，第239页；民国《杭州府志》卷106《职官八》，第2069、2070页。

② 民国《萧山县志稿》卷12上《官师表》，第947页。

③ 《清代硃卷集成》第413册，第29页。

④ 《清代硃卷集成》第395册，第253页；同治光绪《长兴县志》卷首《姓氏》，第1叶。

⑤ 《清代硃卷集成》第262册，第119页；第88册，第383页。

⑥ 生于道光十二年十二月初二日，公历已入1833年。

⑦ 《清代硃卷集成》第248册，第159页。

⑧ 《戊笈谈兵》卷首，第15页；《清代东南书院与学术及文学》，第542页。

⑨ 《清代硃卷集成》第260册，第325页；《两浙輶轩续录》卷42，第607页。

⑩ 张謇：《婴宁居士乌程蒋君墓志》，《张啬庵实业文钞》，第59页。

⑪ 《清代硃卷集成》第251册，第195页；第54册，第299页；《沈家本评传》；《沈家本年谱长编》。

朱冕群，字弁侯，号莔申，归安人。同治六年（1867）举人。著有《采荪诗稿》、《荃香馆诗存》、《晋游小草》、《西江集》、《时一吟》。诗有清婉之致，晚更究心畴人之学。领荐后历游学幕，以疾归，卒于家。①

沈锡康，字湘帆。未知是否即《鸳湖书院课艺》之沈锡康。

俞介臣，字苕农，归安人。同治十三年（1874）岁贡。②

凌文濬，字熙台，归安人。光绪元年（1875）举人。③

钮承聪（1838—1901），乌程人。同治四年（1865）副贡，官教谕。④

余皆待考。

45. 若溪书院课艺

【书院简介】

长兴若溪书院（"若"一作"箬"），建于明万历三十四年（1606）。明末遭兵燹，清乾隆五十五年（1790）重建。咸丰十年（1860）毁于兵，同治四年（1865）迁址重建。光绪三十三年（1907）改为官立高等小学堂。⑤

【版本序跋】

题"辛丑（1901）仲冬古绥州编，壬寅（1902）仲夏古越州刻"，"监院会稽孙德祖彦清编次"。"门下士归安学生员张钟琳品轩缮写，女孙夫会稽学生员杨音韵侯校字。"

孙德祖（1840—1908）⑥，字砚卿、彦清，号寄龛，会稽人。同治六年（1867）乡试中式第3名举人。官长兴教谕。著有《寄龛文存》、《寄龛诗质》、《寄龛词》。《晚晴簃诗汇》录其诗10首。《词综补遗》录其词3首。《全清词钞》录其词3首。⑦

张钟琳、杨音，待考。

目录后题识云：

> 此编去冬手订，初于长兴授梓，旋以今春正月下澣迁官受代。会感寒癍，咯血伏枕兼旬。扶病还越，二十日间，同学诸子竞就卧榻，殷勤问询。澽以委顿，未酬款曲，一倾离绪为憾。里居百日休庵，甫就痊可，乃得检校，重付手民雕成，置邮分致文房。犹仿佛思经事室，挑灯瀹茗，同赏奇文时也。壬寅（1902）长夏并识。

---

① 《两浙輶轩续录》卷47，第32页。
② 光绪《归安县志》卷32《选举·贡生》，第40叶。
③ 光绪《归安县志》卷32《选举·举人》，第23叶。
④ 《人贵自立：湖州钮氏家族文化研究》，第239页；《吴兴钮氏家族发展史考证》，钮因干的百度空间。
⑤ 同治光绪《长兴县志》卷4《学校》，第23叶；《浙江省教育志》，第163页。
⑥ 生卒年据《清代人物生卒年表》，第229页。
⑦ 《清代硃卷集成》第254册，第3页；《晚晴簃诗汇》卷163，第7101页；《词综补遗》卷24，第887页；《全清词钞》卷26，第1342页。

【课艺内容】

论 7 题 12 篇,题如《赵武灵王变服骑射论》、《范文正为秀才以天下为己任》、《岳家军难撼论》、《富弼再盟契丹论》;策 4 题 4 篇,题如《问方今海表》、《问海峤之开》;附刻《小课榜后示诸生》、《拟刻课艺上府宪志禀》。有眉批、末评。

【作者考略】

费泳翔(芸阁、附生)6 篇,朱承杰(端甫、廪生)2 篇,周光钊(勉斋、附生)、费增华(子章、廪生)、臧鸣珂(桐轩、廪生)、王承谷(南生、附生)、朱承佑(治园、附生)、王承吉(蔼人、附生)、邱荫槐(星桥、增生)1 篇,拟作 1 篇。

朱承杰(1884—?),字端甫、聃父,长兴人。民国初参与发起俭德会。四年(1915)毕业于地方行政讲习所,分发京兆候补知事。旋调湖南。①

费增华,参与《长兴县志》采访事宜。②

王承谷(1879—1923)③,字南生,长兴人。京师法律学堂毕业,历官安庆、高邮、太仓等处地方审判厅推事,京兆良乡、怀柔知事。④

朱承佑(1881—?),长兴人。民国三年(1914)参加知事考试,录取为乙等。⑤

王承吉(1882—1944),字蔼人,长兴人。宣统元年(1909)拔贡。上海理科专修学校、北京银行学校、法政专门学校毕业。历官民政部七品小京官、外城巡警总厅司法处科长、内务部佥事、土木司科长、市政公所处长,又曾在长江水利委员会、敌侨管理收容所、北京博物馆任职。⑥

余皆待考。

46. 安定书院课艺

【书院简介】

湖州安定书院,建于宋熙宁五年(1072),淳祐六年(1246)改建。元至元二十三年(1286)为广化寺僧所据,三十年(1293)另址重建。其后至清同治间,又经多次改建、修复。⑦

【版本序跋】

题"山长周缦云先生选定"。无序跋,未署刊刻年月。

周缦云(周学濬),见《敷文书院课艺二集》。

---

① 《民国史档案资料汇编》第 3 辑《政治》,第 798 页;《政府公报》1914 年 3 月 12 日第 662 号,第 24 册,第 355 页;1915 年 6 月 29 日第 1128 号,第 59 册,第 522 页;1915 年 12 月 8 日第 1288 号,第 74 册,第 271 页。

② 同治光绪《长兴县志》卷 27《列女》,第 144 叶。

③ 生卒年据《历代名人生卒年表 历代名人生卒年表补》,第 591 页。

④ 《最近官绅履历汇录》第 1 集,第 106 页。

⑤ 《政府公报》1914 年 5 月 27 日第 738 号,第 29 册,第 509 页。

⑥ 《最近官绅履历汇录》第 1 集,第 100 页;《长兴县志》卷 27《人物》,第 810 页。

⑦ 同治《湖州府志》卷 18《舆地略·学校》,第 5 叶。

【课艺内容】

经解 25 题 27 篇，题如《朋盍簪解》、《吴子使札来聘解》、《孔门门人弟子说》；赋 105 题 141 篇，题如《缅甸国贡驯象赋》、《瘦羊博士赋》、《一诗换得两尖团赋》、《国于蜗之角赋》、《拟庾子山〈小园赋〉》、《管夫人画竹赋》、《陈平分肉赋》、《一月得四十五日赋》、《电线赋》；杂文 16 题 17 篇，题如《萧何曹参论》、《不求甚解论》、《颜鲁公治湖州政绩考》、《〈读书分年日程〉书后》、《备荒策》、《缫丝机器利害说》、《拟湖郡重修学宫上梁文》；经文 4 题 4 篇，题如《西戎即叙》、《曰为改岁，入此室处》；诗七古 16 题 16 篇，题如《拟温飞卿〈采莲曲〉》、《拟东坡〈秧马歌〉》、《水车行》、《碧浪湖新柳词》；五古 7 题 7 篇，题如《五古杂咏》、《蚕妇吟》；七排 4 题 4 篇，题如《月饼》、《荷花生日》；七律 23 题 24 篇，题如《拟东坡〈有美堂暴雨〉诗》、《分咏司空图〈诗品〉句四首》、《和吴谷人先生〈题苏端明游迹〉四首》、《晚菊》；七绝 12 题 12 篇，题如《论词绝句》、《顾渚茶》、《若下酒》；五排 4 题 4 篇，题如《枇杷果》、《过石林精舍》；五律 2 题 2 篇，题为：《读〈郭汾阳传〉》、《过石林精舍》；词 2 题 4 篇，题为：《乳燕飞·咏乳燕》、《水龙吟·咏白莲》。文、赋有评点。

【作者考略】

共 262 篇，其中：李煊 68 篇，邱含章 51 篇，钮承荣 34 篇，蒋锡绅 17 篇，李宗莲 15 篇，朱廷燮 13 篇，陆树藩 9 篇，唐得周 5 篇，慎毓桢、徐步贤 4 篇，蒋锡纶、钱选、沈炳泰 3 篇，丁养元、袁秉彝、罗星华、沈唐、沈锡龄、钱汝雯 2 篇，蒋锡绥、蒋清瑞、徐凤衔、费玉崙、钮承应、陆同福、卢桂芬、钟鳌、姚上勤、俞介臣、钮家焕、钮泽昕、严恭寿、李延瑞、刘锦藻、俞宗汉、任锡庸、严以盛、钮承聪、劳敬典、卢葆辰 1 篇。

袁秉彝、费玉崙，见《诂经精舍三集》。

蒋清瑞，见《崇文书院课艺九集》。

沈唐，见《学海堂课艺七编》。

钮承荣、蒋锡绅、朱廷燮、徐步贤、丁养元、沈锡龄、钮承应、俞介臣、钮家焕、严恭寿、严以盛、钮承聪、卢葆辰，见《爱山书院课艺》。

李煊，字西岑，归安人，乌程籍。咸丰九年（1859）副贡。少通音律，工词曲，著有《溪上玉楼词》，风流绮丽，与同里陈丙绶（字秋谷）后先辉映。平生不妄取，性耽饮，寄迹鱼樵间，偃蹇终其身。另有《南涧行》一卷，同治七年（1868）题署。《词综补遗》录其词 1 首。《全清词钞》录其词 1 首。①

邱含章，湖州人。同治、光绪间与陈诗、沈焜、蒋锡纶、蒋锡礽、徐麟年、屠维屏等结江春吟社。②

李宗莲。同治光绪间，归安有两个李宗莲。一字在庚（1829—?），谱名培金，号友兰、右銮。同治四年（1865）乡试中式第 77 名举人，覆试二等第 15 名。十三年（1874）

---

① 光绪《归安县志》卷 37《文苑》，第 27 叶；《南涧行》卷首，第 5477 页；《词综补遗》卷 72，第 2694 页；《全清词钞》卷 29，第 1492 页。

② 《南浔镇志·大事纪》，第 12 页。

会试中式第 214 名，覆试三等第 15 名，殿试二甲第 102 名，朝考三等第 71 名，授湖南知县。在平江、武陵知县任上，曾辑刻《杜文贞墓记》。① 一字少钦（一作少青），廪贡。官定海教谕、试用训导。光绪三年（1877）官庆元训导。参与修订《唐文拾遗》、《宋诗纪事补遗》，与修《湖州府志》、《归安县志》。著有《怀岷精舍金石跋尾》一卷（收入《石刻史料新编》第 2 辑）、《碣阳诗话》一卷。② 由硃卷可知李在庚曾肄业爱山、安定书院；但亦不排除李少钦肄业安定书院之可能。

陆树藩（1868—1926），字纯伯，号毅轩，归安人，心源（1834—1894）子，周学濬（1810—？）孙婿。光绪十五年（1889）乡试中式第 54 名举人。历官内阁中书、本衙门撰文、万寿庆典撰文、户部郎中、江苏候补道、江苏实业学堂监督、铁路学堂监督。庚子事变期间，发起救济善会。辛亥后皈依佛门，在苏州创办苦儿院。③

唐得周，秀水人。④

蒋锡纶，字景庐，号桐生、甫将，乌程人，维基（字子厚）子。廪贡生。善墨梅，别号梅隐，晚号眉叟。每画必系以诗，人称双绝。著有《桐花馆诗稿》。⑤

沈炳泰，德清人。光绪二十二年（1896）岁贡。参与校勘《归安县志》。⑥

钱汝雯，字彤轩，乌程人。光绪十五年（1889）副贡，十九年（1893）举人。编有《宋岳鄂王文集》，著有《宋岳鄂王年谱》。⑦

徐凤衔（1849—？），谱名人元，字体文，号篆香，乌程人，有珂（1820—1878）子。肄业江苏紫阳、正谊书院。光绪二年（1876）乡试中式第 47 名举人。考取觉罗官学教习。与杨岘（1819—1896）、施补华（1835—1890）、丁葆元（1843—？）、吴昌硕（1844—1927）、凌霞、李仲廉称"潜园七子"。⑧

钮泽昕（1850—1886），字鼓徵，号敏生，乌程人。光绪元年（1875）乡试中式第 8 名举人。⑨

刘锦藻（1862—1934），原名安江，字澄如，乌程人。光绪十四年（1888）乡试中式第 77 名举人，二十年（1894）成进士。官工部郎中。曾襄助建设沪杭铁路，在上海设大达轮埠。乡里慈善，多所参与。著有《皇朝续文献通考》四百卷、《坚匏庵诗文集》二卷。⑩

① 《清代硃卷集成》第 251 册，第 379 页；第 38 册，第 41 页；《杜诗纵横谈》，第 290 页。
② 光绪《处州府志》卷 14《文职二》，第 492 页；同治《湖州府志》卷首《职名》，第 2 叶；光绪《归安县志》卷首《衔名》，第 1 叶；《唐文拾遗》卷首参订姓氏，第 4 页；《宋诗纪事补遗》卷首参订姓氏，第 1 页；《新订清人诗学书目》，第 193 页。
③ 《清代硃卷集成》第 279 册，第 385 页；《清代官员履历档案》第 7 册，第 374 页；徐桢基口述、虞云国整理：《陆树藩其人与皕宋楼藏书售日事》，《史林》2007 年增刊，第 1 页。
④ 《柘湖宦游录·题辞》，第 26 叶。
⑤ 《画家知希录》卷 6，第 175 页；《南浔镇志》第 7 篇《丛录》，第 417 页。
⑥ 光绪《归安县志》卷首《衔名》，第 1 叶；民国《德清县志》卷 6《选举志》，第 12 叶。
⑦ 《国朝两浙科名录》，第 492、502 页；《宋岳鄂王年谱》卢永祥序、周庆云序，第 39、41 页。
⑧ 《清代硃卷集成》第 266 册，第 1 页；《大清缙绅全书·光绪二十九年夏·京师》，第 94 叶；《百年一缶翁——吴昌硕传》，第 89 页。
⑨ 《清代硃卷集成》第 262 册，第 111 页；《吴兴钮氏家族发展史考证》，钮因干的百度空间。
⑩ 《清代硃卷集成》第 277 册，第 231 页；陈三立：《清故内阁侍读学士刘君墓志铭》，《散原精舍诗文集》文集卷 17，第 1110 页。

劳敬典，字礼舆，仁和人。光绪间岁贡。①

待考者：慎毓桢、钱选、罗星华、蒋锡绥、陆同福、卢桂芬、钟鳌、姚上勤、李延瑞、俞宗汉、任锡庸。

附　录

47. 最新两浙课士录

【版本序跋】

题"光绪二十六年（1900）秋，翻刻必究"，"初编论，二三编续出，浙报馆选印"。王同《弁言》云：

> 策论取士之制，滥觞于唐而继轨于宋，然汉时临轩亲策，已开唐宋之先，其间如董贾班马，本坐言为起行，自是韩柳欧苏后先嗣响。迨明改制艺，于是文人学士皓首于帖括之中，取士之道，始滋诟病矣。
>
> 方今百度维新，朝廷劝励实学，诏令遍设学堂以为培才之本，改试策论以觇多士之能，非两歧也。天下事更始为难，不得不借此以转移士习，使无用者渐归有用，是论策即学堂之起点也。无如弃置已久，问津者鲜自唐宋诸集外。虽宿学巨儒，不著专稿，揣摩者苦之。今义安契友得文宗所录岁试艺出示，予见其谬种尽除，一以天择物竞、优胜劣败为宗旨，盖深叹文宗提倡之力，而吾浙不乏通才也。爰更择近岁紫阳前列若干首，而诸君复选各院课，裒集成编。编分三集，初论二策三义。适崇、紫已改学堂，而学海、诂经、敷文尚未及三年例刊之期，得此卷窥见一斑，当亦士林所争先快睹也。爰为述其缘起如此。
>
> 仁和王同识。

王同，见《诂经精舍五集》。

【课艺内容】

论72篇。题如《铸金镑为理财今日第一要义论》、《罗马乱时甚于五代论》、《德谟额拉阮籍陆云用意异同说》、《孟子法先王荀卿法后王论》、《外交与内政之关系论》、《姚宋优劣论》、《唐明皇瘠己肥天下论》、《春秋时亚东种族之争论》、《商务兵事相关说》、《改书院为学堂议》。末附原评。

【作者考略】

陈锦文（诂经一名、九名，壬寅诂经决科一名，崇文三名，紫阳三名，敷文一名、二名、七名、八名、十名）11篇，楼振声（敷文一名、二名、三名、四名，壬寅敷文决科一名，诂经一名）7篇，沈维霖（诂经一名、三名）4篇，王秉珩（一等一名、二名、

---

① 《唐栖志》卷8《人物一·选举表》，第243页。

黄岩）3 篇，周继漾（一等一名，临海）、吴忠怀（学海三名、五名）、张献之（诂经二名、三名）、陈天纪（敷文一名、二名）、薛炳（诂经一名）2 篇，许宪衡（一等三名，台州）、陈明（一等二名，乐清）、王魁廷（一等一名，温州）、高步云（一等三名，乐清）、苏宝仁（诂经五名）、费有容（崇文一名）、朱宗莱（紫阳一名）、王嗣曾（诂经四名）、孟濂（诂经五名）、佛普（紫阳一名）、卞模（东城二名）、朱启祥（崇文一名）、陆镇（诂经二名）、张洞（诂经六名）、姚唐（敷文二名）、王庆洛（敷文二名）、杨华（紫阳一名）、黄传鼎（紫阳二名）、卜正（紫阳四名）、陈葆泰（诂经二名）、班慕超（紫阳一名）、傅德谦（紫阳二名）、金谷兰（崇文一名）、徐鹏年（紫阳一名）、程光黼（紫阳二名）、沈文露（崇文三名）、陆锺渭（紫阳一名）、徐恭寿（崇文一名）、陈诜（崇文七名）、蔡翀（诂经一名）、张廷相（敷文四名）、沈蟾钦（诂经五名）、王模（敷文一名）、张茂炯（诂经一名）、杨誉龙（诂经二名）、张傅恩（敷文一名）、吴尚志（敷文二名）1 篇。

陈锦文、杨誉龙，见《诂经精舍六集》。

费有容，见《诂经精舍七集》。

张茂炯，见《诂经精舍八集》。

黄传鼎，见《紫阳书院课艺八集》。

楼振声，诸暨人。曾任度支部职员，黑龙江清理财政副监理官、审计分处处长、银钱号暨广信公司监理官。[1]

沈维霖，仁和人。光绪二十八年（1902）举人。[2]

王秉珩，黄岩人。光绪二十八年（1902）副贡。[3]

周继漾（"漾"一作"漾"，1879—1933），字萍泂，号来亨，临海人。光绪二十九年（1903）举人。入上海丽泽学院研习外文，后留学日本法政大学。回国后任临海教育会长、三台中学堂监督。民国间任国会议员、浙江省议长、浙江民政厅执要秘书、苏浙皖宣抚使署参议、内务部秘书等。先后创办临海拖轮公司、台属运盐公司、海门振市公司。[4]

吴忠怀，又名颎炎，字澄甫，号亮公，诸暨人。光绪元年（1875）举人。北上受业于李慈铭（1830—1894）。即而寓居上海点石斋，编辑《经策通纂》。参与发起保浙会。历官景宁、余杭、仁和、海盐教谕，诸暨劝学所总董、县教育会长。创办翊忠公学。[5]

张献之。张相（1877—?），字献之，杭县人。历任杭州府中学堂、安定中学国文教员、中华书局编辑。著有《诗词曲语辞汇释》。[6] 疑即此人。

许宪衡，字服尧，黄岩人。参与校勘《近思录集说》。[7]

王魁廷，字子秩，温州人。曾任平阳县中学堂教员。[8]

① 《最近官绅履历汇录》第 1 集，第 322 页。
② 民国《杭州府志》卷 113《选举七》，第 2201 页。
③ 《国朝两浙科名录》，第 525 页。
④ 彭连生：《古街龙须巷的周萍泂故居》，《今日临海》2011 年 11 月 4 日，第 7 版。
⑤ 周儒超：《吴忠怀及其发起创办的翊忠公学》，《诸暨文史资料》第 5 辑，第 84 页。
⑥ 《茅盾研究资料》上册，第 130、131 页；《诗词曲语辞汇释》自序，第 13 页。
⑦ 《近思录集说》第 4 册，卷末。
⑧ 陈镇波：《刘绍宽与教育》，《苍南文史资料》第 8 辑，第 13 页。

苏宝仁,仁和人。光绪二十年(1894)举人。①

朱宗莱(1881—1919),字蓬仙、布宣,海宁人。光绪二十六年(1900)留学日本,因父丧回国。任安澜学堂教员,参与组织海宁州图书馆、教育会。三十年(1904)再赴日本,入早稻田大学学习文科。参加同盟会。民国初任浙江省立二中国文教员、北京大学教授。著有《文字学形义篇》。②

王嗣曾(1875—?),字幼仙、幼显,上虞人。肄业诂经精舍、敷文、崇文、紫阳书院。光绪二十八年(1902)优贡第2名。民国三年(1914)官武安知事,六年(1917)官内乡知事。③

王庆洛。萧山王庆洛,曾任萧山县立高等中小学校校长,宣统元年(1909)任萧山教育会会长。④ 未知是否即此人。

陈葆泰。海宁陈葆泰,宣统二年(1910)创办长安乡第二小学堂。⑤ 未知是否即此人。

傅德谦,字吉士,萧山人。光绪二十八年(1902)举人。官广西养利州知州,明江、龙州厅同知。⑥

金谷兰。上虞金谷兰,廪生,参校《上虞县志》。⑦ 疑即此人。

徐鹏年,仁和人。创办浙西初等小学堂。⑧

沈文露,字云函,太平人。光绪间岁贡。自少好学,足迹不出户庭,居乡好义举。著有《纪事珠》四卷、《续笔谈》四卷、《典谈》一卷、《新河志》二卷、诗文集各一卷。⑨

陆锺渭(1873—?)⑩,字希吕,号珊绶,萧山人。著有《存我轩偶录》、《存我轩续录》及文集、赋钞、诗钞。光绪二十八年(1902)乡试中式第111名举人。民国初任上海会文堂书局编辑,后赴郑州任教。⑪

待考者:陈天纪、薛炳、陈明、高步云、孟濂、佛普、卞模、朱启祥、陆镇、张洞、姚唐、杨华、卜正、班慕超、程光黼、徐恭寿、陈诜、蔡翀、张廷相、沈蟾钦、王模、张傅恩、吴尚志。

---

① 民国《杭州府志》卷113《选举七》,第2201页。
② 章克标:《朱宗莱》,《海宁人物资料》第1辑,第102页。
③ 王嗣曾硃卷,此承朱刚先生惠寄影印件,谨致谢忱;《武安县地名志》,第725页;《内乡县志》第5编《政权、政协》,第192页。
④ 民国《萧山县志稿》卷10下《学校》,第806、821页。
⑤ 《长安镇志》第4编《文化》,第309页。
⑥ 民国《萧山县志稿》卷13《选举表》,第1192页。
⑦ 光绪《上虞县志》卷首《纂修职名》,第25页。
⑧ 民国《杭州府志》卷17《学校四》,第493页。
⑨ 民国《台州府志》卷120《人物传二十一》,第1626页;卷73《艺文略十》,第1054页。
⑩ 生于同治十一年十二月十一日,公历已入1873年。
⑪ 《清代硃卷集成》第297册,373页;《观沧楼随笔》,第31页。

卷二　江苏省

松江府

1. 云间书院古学课艺

【书院简介】

松江云间书院，肇始于清乾隆十八年（1753），嘉庆七年（1802）改建。咸丰十年（1860）半毁于兵，同治八年（1869）重建。光绪三十年（1904）改为松江府中学堂。①

【版本序跋】

嘉庆九年甲子（1804）初刻本，题"掌院钱塘吴谷人鉴定，嘉庆甲子春镂"。目录首署"钱塘吴锡麒谷人、南丰赵宜喜鉴堂评阅，古巢陆梓侨南、长洲顾文鳌仙洲参订"，末署"秀塘钱宝仁校刻"。

嘉庆十五年庚午（1810）重刻本，卷首多陆梓识语、吴锡麒序及其《论律赋》一文，所收篇目与初刻本同。陆梓识语云：

> 是刻为昔年坊人经手，未经对样，妄即刷印远行。久欲参订谬讹，奈板贮坊间，羁迟不缴。庚午（1810）春，力索归署，始得偕在院同人命工刊正。其字迹已煤塞漫漶，书面亦遗失无稽，因补刊此面，特识已前印本差舛之由，并为惧任坊人藏板之戒。侨南识。

吴锡麒序云：

> 【略】余辛酉（1801）乞食南归，越一年癸亥（1803），同年李味庄观察邀余主讲于此。观察倾衿儒素，雅意作人，余受其委寄之勤，思乐得而奖成之。而郡侯赵公端然辅然汲古之心与翘材之意，漓乎并集于是。常课之外益以诗古文，会必数题，见必再集，由春涉腊，一年之间，文采斐然，各有成就。【略】

嘉庆九年（1804）春正月，钱唐吴锡麒书于云间书院之蓁斐亭。

《论律赋》篇末识语云：

> 右论律赋法，为谷人吴山长撰，吾党奉为准则久矣。庚午（1810）春，监院陆老师以前刻古学嘱校，俊随与汤亦三、顾浦渔、梅小庚及钱筍峰两昆，各就所知检点，命工刊正并补镂此首。既省抄录之劳，俾海内之究心此事者，均得聆先生之明训焉。徐朝俊识。

吴锡麒（1746—1818），字圣征，号谷人，钱塘人。乾隆三十九年（1774）举人。四

十年（1775）进士，选庶吉士，散馆授编修。两充会试同考官，官至国子监祭酒。历主真州、扬州、松江等地书院讲席。著有《正味斋诗集》、《渔家傲》传奇。[1]

赵宜喜（1755—?），字晋熙，号鉴堂，江西南丰人。监生。历官陕西花马池盐大使，怀远、长安县知县，松江知府，常镇通海道，河南、广东按察使，云南布政使。以事降补刑部郎中，充宝泉局监督。[2]

陆梓，字遇周，安徽巢县人。乾隆四十八年（1783）举人，六十年（1795）进士。官松江府教授，新学校，培士林，请分建景贤书院。所著诗文多不存，刊有《云间课艺》，校订《会心堂纲鉴钞略》十六卷。[3]

徐朝俊，字冠千，号恕堂，华亭人，徐光启（1562—1633）后裔。嘉庆二十一年（1816）岁贡。精数学。曾做龙尾车以溉田，知府唐仲冕（1753—1827）刊其图颁之各县。分纂《松江府志》。著有《自鸣钟表图说》、《高厚蒙求》。[4]

待考者：顾文鳌、钱宝仁。

【课艺内容】

凡二册，第一册赋，第二册诗、骈体、经解辨考、策问。赋 17 题 54 篇，题如《王猛扪虱赋（以"谈天下务，旁若无人"为韵）》、《秧马赋（以"雀跃泥中，日行千畦"为韵）》、《羊叔子轻裘缓带赋（以题为韵）》；诗 28 题 85 篇，题如《机山怀古（五古）》、《拟王建〈簇蚕词〉》、《银河篇（七古）》、《秋蝉（五排二十韵）》、《拟陆务观题十八学士图（七古原韵）》；骈体 9 题 20 篇，题如《拟朱元思〈答吴叔庠书〉》、《拟建陈夏二公祠碑文》、《董文敏公像赞》；经解辨考 14 题 19 篇；策问 11 题 13 篇，题为《经典》、《诗序》、《尔雅》、《唐书》、《经济》、《吏治》、《音律》、《井田》、《钱法》、《桑棉》、《解经》。有评点。

【作者考略】

第一册正文中作者前标注籍贯、科名。第二册无。

收录课艺较多者：顾鸿声（娄县廪）19 篇，张公璠（娄县）17 篇，姜曰赞（府学）12 篇，汤辂（娄县贡）、姚寅（府学）8 篇，张崇型（娄县举人）7 篇，周行（府学、娄县）、王绍成（青浦学）、钱瑢 6 篇，毛毓麒（娄县）、钱璟、刘汝霖 5 篇，黄仁（娄县举人）、钮沅（上海）、王舒华（华亭贡）、马德溥（娄县举人）、沈锡嘉 4 篇，冯以临（华亭）、朱鼐（华亭举人）、杨兰荃（华亭）、徐福（娄学）、施有容、秦淮 3 篇。

其他作者一二篇不等：张克俭（华亭学）、赵金阶（南汇）、宋常惺（华亭）、高崇瑞（府学）、朱书田（娄县）、马德彰（娄县举人）、莫亦骞（金山）、杨基（青浦）、宋

① 汪超宏：《吴锡麒年谱》，《明清浙籍曲家考》，第 390 页。
② 《清代官员履历档案全编》第 25 册，第 315 页；民国《南丰县志》卷 20《宦业》，第 30 叶。
③ 道光《巢县志》卷 13《人物·文苑》，第 346 页。
④ 嘉庆《松江府志》卷首《纂修衔名》，第 93 页；光绪《重修华亭县志》卷 16《人物五》，第 1270 页；《清代科学家》，第 154 页；王尔敏：《近代科技先驱徐朝俊之〈高厚蒙求〉》，《史林》2012 年第 2 期，第 77 页。

念典（华亭举人）、何明睿（府学）、马祖临（奉贤）、朱汇连（华亭）、张崇柄（娄县）、赵琛（华亭）、王元宇（府学廪）、张庸发、王庆麟、沈梦书、间丘德坚、王振秀、朱钰、蔡维棠、蒋林、唐锡辂、姚湘、秦源、周淞、鞠廷燹、冯寅斗、王刚、周尊芳、唐佩莲、史熙文、黄光曙、沈立、张秉濼、蔡景斗、汪棨、姜如金、许敬。

顾鸿声，字浦渔，娄县人。嘉庆十七年（1812）岁贡。尚风雅，广交游，于地方书院等事，凡有裨于学校者，悉力任之，极为邑人士所推重。工为宋人四六文。作近体诗，虚和婉转，如其为人。卒年六十余。修《松江府志》。①

张公瑶（1785—1862），改名祥河，字元卿，号诗舲，娄县人。嘉庆十二年（1807）乡试中式第 50 名举人。二十五年（1820）会试中式第 133 名，殿试二甲第 72 名，授内阁中书。历官军机章京、户部主事、员外郎、郎中，山东督粮道、河南按察使、布政使，广西、甘肃布政使，陕西巡抚，内阁学士、礼部侍郎，顺天学政、府尹，左都御史，工部尚书。谥温和。著有《小重山房诗初稿》、《小重山房诗续录》、《诗舲诗录》、《诗舲词录》、《关陇舆中偶忆编》。②

汤辂，字绎山，一作亦山，娄县人。贡生。嘉庆五年（1800）岁贡，官旌德训导，卒于任。工为唐人小赋。分纂《松江府志》。③

姚寅，与修《松江府志》。④

张崇型，字荇塘，娄县人，崇柄（字葵圃）弟。嘉庆五年（1800）举人。文誉噪甚，授徒里中，张公瑶（1785—1862）即出其门。大挑一等，道光元年（1821）官垣曲知县，五年（1825）官左云知县。未三年卒于任。著有《荇塘诗文集》。⑤

王绍成，字绎如，青浦人，昶（1725—1806）族孙。嘉庆十二年（1807）副贡。少从昶学诗，一遵唐人矩矱。刘凤诰（1761—1830）稔其才，招致浙江学使幕，唱和尤殷。早卒。《国朝词综二集》录其词 2 首。⑥

黄仁（1768—1856）⑦，字研北，娄县人。乾隆五十七年（1792）举人。大挑一等，出宰山西，补稷山县。道光元年（1821）分校乡闱，称得士。以疾辞归，主讲柘湖、大观书院。⑧

钮沅，上海人。著有《掞藻堂集》八卷。⑨

---

① 嘉庆《松江府志》卷首《纂修衔名》，第 93 页；光绪《重修华亭县志》卷 16《人物五》，第 1266 页；光绪《娄县续志》卷 17《人物志下》，第 19 叶。

② 《清代硃卷集成》第 6 册，第 241 页；《先温和公年谱》，第 1 页。

③ 嘉庆《松江府志》卷首《纂修衔名》，第 93 页；光绪《重修华亭县志》卷 16《人物五》，第 1262 页；光绪《娄县续志》卷 17《人物志下》，第 26 叶。

④ 嘉庆《松江府志》卷首《纂修衔名》，第 94 页。

⑤ 光绪《娄县续志》卷 17《人物志下》，第 12 叶；光绪《垣曲县志》卷 5《职官》，第 36 叶；《左云县志》第 14 编第 2 章，第 582 页。

⑥ 光绪《青浦县志》卷 19《人物三·文苑传》，第 42 叶；光绪《松江府续志》卷 24《古今人传》，第 29 叶；《国朝词综二集》卷 8，第 436 页。

⑦ 生年据《清代人物生卒年表》，第 688 页。

⑧ 光绪《娄县续志》卷 17《人物志下》，第 13 叶；光绪《松江府续志》卷 24《古今人传》，第 8 叶。

⑨ 光绪《松江府续志》卷 37《艺文志》，第 15 叶。

王舒华（1755—?），字稼孙，号甦田，华亭人。嘉庆六年（1801）拔贡，九年（1804）乡试中式第48名举人。以能文世其家。①

马德溥（1766—1815），字仲田，号心友，娄县人。嘉庆三年（1798）乡试中式第61名举人。屡上公车不售，乃潜心经史之学。著述甚富，兵燹后散佚殆尽，仅存遗稿一册，其门人刻之。②

朱蕭（1746—?），字毅亭，华亭人。眇一目，性肫笃，事亲以孝闻。嘉庆六年（1801）举人。著录弟子籍者甚众。晚主海门书院，未几卒。与修《松江府志》。③

施有容，号晓白，华亭人。嘉庆十三年（1808）举人。刻苦为文，傲睨流辈，顾好奖借后进。④

张克俭，字沧霞，华亭人。嘉庆十五年（1810）举人。方领矩步，造次必于儒者。游京师十余年，文名蔚起。晚年南归，问业者屡满户外。⑤

宋常惺，字可亭，华亭人。嘉庆二十五年（1820）恩贡。⑥

高崇瑞，字辑之，号药房，华亭人。由拔贡生中嘉庆二十四年（1819）举人。工骈体文，书学欧阳。与兄崇瑚（1776—?）并工诗，弟兄友爱，埙篪唱和。王芑孙（1755—1818）、秦瀛（1743—1821）、吴锡麒（1746—1818）亟称之。后官颍上训导。遭乱，贫不能归，遂卒。著有《寒绿斋诗古文词》十六卷《外集》四卷、《玉笑词》一卷。《词综补遗》录其词2首。《全清词钞》录其词2首。⑦

朱书田，娄县人。嘉庆三年（1798）举人。二十四年（1819）官安徽青阳训导。⑧

马德彰，娄县人，德溥（1766—1815）兄。嘉庆五年（1800）举人。⑨

杨基，字兆启，青浦人。县学例贡生，官宁国府训导。与修《松江府志》。⑩

宋念典，字敏修，华亭人。嘉庆三年（1798）举人。⑪

何明睿（1760—1815），号静斋，华亭人。嘉庆二十年（1815）岁贡。家贫，有母弟，以病废八口，倚砚田为养。出就馆谷，去家八九里，间日必归省。贡之岁卒。⑫

马祖临，字朴庄，号南冈，奉贤人。年十三，补邑诸生。乾隆五十九年（1794）举人。大挑一等，历官山东潍阳、高密、费县、寿张知县，德州知州。假病归，不谒当事。

---

① 《清代硃卷集成》第131册，第213页；光绪《重修华亭县志》卷16《人物五》，第1251页。

② 《清代硃卷集成》第131册，第109页；光绪《娄县续志》卷17《人物志下》，第21叶。

③ 嘉庆《松江府志》卷首《纂修衔名》，第93页；光绪《松江府续志》卷24《古今人传》，第20叶。

④ 光绪《重修华亭县志》卷16《人物五》，第1262页。

⑤ 光绪《重修华亭县志》卷16《人物五》，第1262页。

⑥ 光绪《重修华亭县志》卷13《人物二》，第967页。

⑦ 光绪《重修华亭县志》卷16《人物五》，第1278页；卷20《艺文》，第1514页；《词综补遗》卷32，第1180页；《全清词钞》卷22，第1069页。

⑧ 光绪《娄县续志》卷19《列女志》，第14叶；光绪《青阳县志》卷2《职官志》，第115页。

⑨ 《清代硃卷集成》第131册，第109页。

⑩ 光绪《青浦县志》卷19《人物三·文苑传》，第43叶。

⑪ 光绪《重修华亭县志》卷12《人物一》，第928页。

⑫ 钦善：《何贡生墓志铭》，《吉堂文稿》卷8，第356页；光绪《重修华亭县志》卷16《人物五》，第1269页。

性嗜酒，种花莳竹，觞咏自乐。卒年六十七。①

朱汇连，字箬州，华亭人。嘉庆二十四年（1819）恩贡。②

张崇柄，字葵圃，娄县人。未冠入郡庠，连擢高等。乾隆四十八年（1783）以礼经魁其房，再上春官不第。嘉庆二十二年（1817）大挑，选授南陵训导，卒于官。年七十有一。修《松江府志》。著有《尚志居诗文草》。③

王元宇，字士昂，金山人。嘉庆二十四年（1819）恩贡。性孝友，道光元年（1821）诏举孝廉方正，辞不就。与修《松江府志》。著有《春盦斋诗稿》。④

张庸发，字敕堂，一作策堂，华亭人。乾隆四十二年（1777）举人。官嘉定训导。⑤

王庆麟（1787—?）⑥，字治祥，号澹渊，娄县人。父蔚宗（号春野），优贡生，官安徽宣城主簿。庆麟随宦宣城，时登敬亭山，谒七贤祠，放笔抒怀，若与李谢纵谈接席。姚椿（1777—1853）称其人非世俗之人，文亦非世俗之文。嘉庆十二年（1807）乡试中式第75名举人。大挑知县，分发河南。大吏重其学，命修省志，未蒇事卒。著有《洞庭集》。与许乃济（1777—1839）合著《左氏蒙求注》（收入《丛书集成初编》）。《续古文观止》录其文1篇。⑦

沈梦书，原名默，字海门，号慎堂，华亭人。孤贫，勤读，补诸生，笔札翘秀。游江浙，无所遇，遽卒。高崇瑞（号药房）辑其遗作为《海门遗诗》一卷，刊入《苇城三子诗合存》。⑧

闾丘德坚，字芰荑，南汇人。道光十五年（1835）岁贡。十九年（1839）祁寯藻（1793—1866）试松郡古学，德坚应试，下笔千言，日未午纳卷，寯藻称其才为江左第一。文章闳肆，尤工骈体。著有《芰荑诗钞》二卷（诗主秾丽，所存者仅为少作）、《香荑小草》。《国朝词综补》录其词2首。⑨

朱钰，字二如，华亭人。嘉庆五年（1800）举人。官贵州县丞。修《松江府志》。与朱鼐（1746—?）结泖东文社，鼐文醇茂，钰文劖削，时称"大小朱"，大谓鼐，小谓钰。⑩

———————

① 光绪《重修奉贤县志》卷10《人物志一·仕绩》，第35叶。
② 光绪《重修华亭县志》卷13《人物二》，第967页。
③ 光绪《娄县续志》卷17《人物志下》，第6叶；嘉庆《松江府志》卷首《纂修衔名》，第93页。
④ 嘉庆《松江府志》卷首《纂修衔名》，第93页；光绪《金山县志》卷22《孝友传》，第949页；光绪《松江府续志》卷37《艺文志》，第14叶。
⑤ 乾隆《华亭县志》卷10《选举上》，第462页；光绪《重修华亭县志》卷12《人物一》，第927页。
⑥ 生于乾隆五十一年十一月十四日，公历已入1787年。
⑦ 《清代硃卷集成》第131册，第275页；《洞庭集》诗自序；光绪《松江府续志》卷24《古今人传》，第20叶；《续古文观止》，第117页。
⑧ 光绪《重修华亭县志》卷16《人物五》，第1268页；《清人诗文集总目提要》，第1197页。
⑨ 光绪《松江府续志》卷24《古今人传》，第53叶；卷37《艺文志》，第16叶；民国《南汇县续志》卷11《选举》，第500页；卷12《艺文志》，第542页；《国朝词综补》卷52，第476页。
⑩ 嘉庆《松江府志》卷首《纂修衔名》，第93页；光绪《松江府续志》卷24《古今人传》，第20叶。

姚湘，金山人。著有《栖云馆诗稿》。①

周淞，字莼香，华亭人。嘉庆十八年（1813）岁贡。②

周萼芳，字自香，华亭人。道光元年（1821）恩贡。③

蔡景斗（1773—?），字富龄，号八槎，华亭人。道光八年岁贡。④

汪棠，华亭人。诸生。家贫甚，事母至孝。嗜学，精于易。晚岁卖卜市肆，潦倒以卒。⑤

余皆待考。

2. 云间小课

【版本序跋】

题"道光己酉（1849）仲春"。

练廷璜序云：

> 松郡城有书院三，曰云间、求忠、景贤，凡肄业之士月课于官以为常。其以诗赋杂文课者亦有之，始于道光二十四年（1844）。逾年余守松，复加意兹事。及廿八年（1848），积所课取诸作，可数百首，乃择其尤，都为二卷，刻之，通目之曰《云间小课》。
>
> 夫课士以诗赋杂文，所以勤博习。而松之文辞，自前明陈忠裕以来，所谓云间派者，以瑰奇伟丽胜，郡人士果勉而益进焉，其何啻什佰于是编已耶！抑余在此余三年矣，公余得时从其贤士大夫游，而与春木姚君尤数相过从。姚君方为山长景贤，文章德望，后进所共仰，以是郡中谈艺者日益众。□知自是以往，有才气彪炳，华实并茂，而踵起于九峰三泖间者，为吾二三子也。则是编也，且以为左券可已。
>
> 道光二十九年（1849）正月望日，连平练廷璜书于希郑之斋。

练廷璜（1798—1851），字宜献、立人，广东连平人。道光五年（1825）拔贡。历官江苏宜兴、阳湖、丹阳、嘉定、吴县知县，松江知府。著有《希郑斋稿》、《补五代史宰相方镇两表》。⑥

【课艺内容】

二卷。卷上赋 20 题 42 篇，题如《鸡林贾市白傅诗赋（以"诗到元和变体新"为韵）》、《宋祖雪夜访赵普赋（以"笑问客从何处来"为韵）》、《元祐党籍碑赋（以"姓名留冠党人碑"为韵）》；卷下杂文 13 题 16 篇，题如《补唐庄宗〈平蜀颂〉》、《拟沈

---

① 光绪《金山县志》卷 15《艺文志》，第 660 页。

② 光绪《重修华亭县志》卷 13《人物二》，第 961 页。

③ 光绪《重修华亭县志》卷 13《人物二》，第 967 页。

④ 《清代硃卷集成》第 408 册，第 227 页。

⑤ 光绪《松江府续志》卷 24《古今人传》，第 39 叶。

⑥ 陈寿熊：《练太守家传》，《静远堂集》卷 1，第 371 页；光绪《惠州府志》卷 33《人物五·政绩下》，第 660 页。

初明〈通天台表〉》、《〈霍光传〉书后》、《拟〈新唐书·食货志〉论》、《〈困学纪闻〉跋》；诗 18 题 29 篇，题如《读〈后汉书·党锢传〉》、《咏南瓜》、《会稽太守行》、《拟吴梅村〈永和宫词〉》。有评点。

【作者考略】

共 87 篇，其中：叶兰（娄县学廪生）23 篇，宋以寅（华亭县童生）9 篇，姚之烜（松江府学附生）6 篇，胡承豫（青浦县童生）、袁瓒（奉贤县拔贡生）、钱景昌（华亭县童生）3 篇，赵顺昌（华亭县童生）、许威（娄县学廪生）、金相（嘉兴府桐乡县廪生）、冯颐昌（华亭县学增生）、吴启鹗（华亭县学附生）、冯晋昌（松江府拔贡生）、袁璹（奉贤县优贡生）、朱镕（松江府学廪生）、沈莲（娄县学附生）、陈庆章（华亭县学附生）、杨秉杷（娄县学廪生）2 篇，宋观澄（松江府学附生）、金仲理（华亭县学附生）、张金陛（娄县学附生）、陈宝琛（华亭县童生）、吴启諴（华亭县童生）、张朝摺（娄县学附生）、袁修桓（奉贤县童生）、林瀚（娄县童生）、江金鳌（娄县童生）、仇治泰（娄县拔贡生）、顾光第（娄县学附生）、杨彝瑞（娄县童生）、雷葆廉（华亭县学附生）、唐模（娄县学廪生）、徐师邈（华亭县学附生）、刘清淳（松江府学附生）、朱传经（华亭县学附生）、丁伯萧（娄县童生）1 篇。

姚之烜（1824—?），字叔元，号壮之、南八，娄县人。同治十二年（1873）岁贡第 1 名。官荆溪训导。协修《宜兴荆溪县新志》。①

胡承豫，字莘洲，青浦人。诸生。书宗颜柳，体势雄伟，能作擘窠大字，与何长治（?—1892）齐名。同治间重建文庙、学署，凡榜额楹联，皆出其手。②

袁瓒（1826—?）③，字廉叔，奉贤人，璹（1824—1868）弟。道光二十六年（1846）备取优贡第 4 名，二十九年（1849）拔贡第 1 名。主湖北当阳回峰书院讲席，从游多知名士。寓当阳五年，到省归候补县，入巡抚幕。光绪二年（1876）摄篆黄梅，年余补授来凤，蒞任方二载，卒于官。善书法，尤工八分。著有《白燕巢赋草》。④

冯颐昌（1827—?），字实甫，号朵卿，华亭人，晋昌（1814—1881）弟。廪贡生，刑部候补主事。同治六年（1867）乡试中式第 43 名举人。光绪二年（1876）与邑人重建吉阳汇渡，又参与募捐重建祭江亭。⑤

吴启鹗，华亭人。附贡生。咸丰四年（1854）建吴氏宗祠，同治十一年（1872）置义田 210 余亩。⑥

冯晋昌（1814—1881），字子康，号树卿，娄县人。道光二十九年（1849）拔贡。授

①　《清代硃卷集成》第 409 册，第 355 页；光绪《宜兴荆溪县新志》卷首《纂修姓名》，第 4 页。

②　民国《青浦县续志》卷 18《人物四·艺术传》，第 3 叶。

③　生于道光五年十二月十一日，公历已入 1826 年。

④　《清代硃卷集成》第 382 册，第 373 页；光绪《当阳县补续志》卷 2《人物·流寓》，第 77 页。

⑤　《清代硃卷集成》第 146 册，第 25 页；光绪《娄县续志》卷 3《疆域志》，第 10 叶；卷 9《祠祀志》，第 14 叶。

⑥　光绪《松江府续志》卷 9《建置志》，第 62 叶；卷 10《建置志》，第 10 叶。

桃源教谕，未赴，家居授徒。刻有《古铁斋赋草》。与修《娄县续志》、《松江府续志》。①

袁璹（1824—1868），字玉叔、澄甫，奉贤人。道光二十六年（1846）优贡第 2 名，三十年（1850）考取八旗教习第 35 名。咸丰元年（1851）乡试中式第 5 名副榜，二年（1852）乡试中式第 117 名举人，覆试一等第 1 名。屡上公车不第，乃援例为户部主事，迁员外郎。为诗文援笔立就，虽耆宿亦以为不及。②

朱镕（1803—?），字公范，号成之、邃山，华亭人。咸丰二年（1852）岁贡第 1 名。③

沈莲（1832—?），字伯瑞，号曰初、希庭，娄县人。谨厚嗜学，凡经史、性理及百家言，靡不研究，手校书至数百卷，尤精天文历算之术。师事刘熙载（1813—1881），熙载叹为真读书人。咸丰九年（1859）乡试中式第 191 名举人。同治十年（1871）会试中式第 153 名，覆试二等第 50 名，殿试三甲第 69 名，朝考二等第 81 名，授刑部主事。数年得疾归里，病中犹执卷不释，时作诗词以自娱。逾年卒。④

杨秉杷，字闲庵，娄县人。诸生。博学好古，中年游燕赵齐楚间，后居京师十年，名籍甚而无所遇，乃归里。卒年七十二。著有《礼记说》八卷、《夏小正注》一卷、《礼疑集要》四卷、《阙里见闻录》一百二十卷、《海隅纪盛录》十二卷、《娄县均编录》、《闲庵诗古文集》十二卷、《排律诗话》、《应体诗话》二十二卷。⑤

宋观澄，字杏南，娄县人。诸生。家贫，以训蒙为业。笃于孝友，敦尚品谊。卒年六十余。⑥

林瀚（1832—?），字绳武，号筱涟，娄县人。咸丰九年（1859）乡试中式第 121 名举人。⑦

仇治泰（1824—?）⑧，字伯阶，号祝平、竹屏，娄县人。道光二十九年（1849）拔贡第 1 名，咸丰五年（1855）补行朝考二等第 3 名。六年（1856）考取正黄旗官学汉教习第 6 名。候选知县，户部山东司主事。九年（1859）顺天乡试中式第 203 名举人。⑨

雷葆廉，字约轩，华亭人。官训导。著有《诗窠笔记》二卷、《莲社词》二卷、《通

①　沈祥龙：《桃源县学教谕冯君墓志铭》，《乐志簃文录》卷 3，第 24 页；《清代硃卷集成》第 382 册，第 347 页；《清代硃卷集成》第 146 册，第 25 页；光绪《娄县续志》卷首《纂辑衔名》，第 1 叶；光绪《松江府续志》卷首《纂修衔名》，第 4 叶。

②　《清代硃卷集成》第 102 册，第 113 页；光绪《娄县续志》卷 17《人物志下》，第 28 叶；光绪《重修奉贤县志》卷 11《人物志二·文苑》，第 23 叶。

③　《清代硃卷集成》第 408 册，第 407 页。

④　《清代硃卷集成》第 143 册，第 247 页；第 34 册，第 263 页；光绪《松江府续志》卷 25《古今人传》，第 22 叶。

⑤　光绪《娄县续志》卷 17《人物志下》，第 24 叶；卷 10《艺文志》第 1 叶；光绪《松江府续志》卷 37《艺文志》，第 9、14、21 叶；《清诗话考》，第 82 页。

⑥　光绪《娄县续志》卷 17《人物志下》，第 24 叶。

⑦　《清代硃卷集成》第 143 册，第 1 页；

⑧　生于道光三年十二月二十七日，公历已入 1824 年。

⑨　《清代硃卷集成》第 104 册，第 123 页；第 382 册，第 363 页。

波水榭词话》。《国朝词综补》录其词 1 首。《全清词钞》录其词 2 首。①

唐模，字梧荪，娄县人。道光二十九年（1849）优贡。著有《笔花阁古文集》。②

朱传经（1826—?），字英士，号旭卿，华亭人。光绪十年（1884）岁贡第 1 名。③

待考者：叶兰、宋以寅、钱景昌、赵顺昌、许威、金相、陈庆章、金仲理、张金陛、陈宝琛、吴启诚、张朝揩、袁修桓、江金鳌、顾光第、杨彝瑞、徐师遯、刘清淳、丁伯焘。

3. 云间求忠课艺合刊

【书院简介】

云间书院，见《云间书院古学课艺》。松江求忠书院，原址为方正学祠。清道光六年（1826）创建，分云间书院肄业生员之半，别聘掌教课之。师生修脯膏火、一切经费，皆统于云间书院。④

【版本序跋】

题"咸丰丁巳（1857）冬镌"，"剑南薛觐唐甫、云间姚衡堂甫仝鉴定，肄业诸生参校"。

薛焕（1815—1880），字觐堂，四川兴文人。道光二十四年（1844）举人，报捐知县。历官金山知县，松江、苏州知府，苏松常镇太督粮道，苏松太兵备道，江苏布政使，江苏巡抚，两江总督，礼部、工部侍郎，总理衙门大臣。光绪初赴云南办理马嘉理案。⑤

姚光发（1799—1894），字汝铨，号衡堂、蘅塘，娄县人。道光五年（1825）拔贡第 1 名，朝考一等第 3 名，覆试二等第 6 名，授教谕。八年（1828）乡试中式第 111 名举人。九年（1829）选高邮训导。二十年（1840）会试中式第 109 名。二十一年（1841）补殿试，殿试三甲第 27 名，选庶吉士。散馆授户部四川司主事。归主云间、求忠、景贤书院。⑥

薛焕序云：

> 【略】咸丰甲寅（1854），焕奉命来守兹土。下车之始，军书旁午。越明春，沪城释警，稍拨公暇，辄进书院诸生，与之讨论文字之业。窃见道光中士之为制艺者，竟以滔滔清辩为尚，沿袭之久，或趋剽滑。持衡者惩其流弊，渐以秾丽矫之。近则承学之士，多有效为"尤王体"者。尤王固沿云间之派而扬其波者也，不善学之，亦

① 光绪《松江府续志》卷 37《艺文志》，第 21 叶；《国朝词综补》卷 51，第 463 页；《全清词钞》卷 21，第 1037 页；《清词话考述》，第 405 页。

② 光绪《娄县续志》卷 17《人物志下》，第 29 叶。

③ 《清代硃卷集成》第 410 册，第 237 页。

④ 光绪《娄县志》卷 7《学校》，第 14 叶。

⑤ 郭嵩焘：《诰授光禄大夫薛公墓志铭》，钱保塘：《诰授光禄大夫头品顶戴工部右侍郎总理各国事务大臣薛公行状》，《续碑传集》卷 13，第 636、639 页。

⑥ 《清代硃卷集成》第 11 册，第 167 页；闵萃祥：《皇清诰授通议大夫三品顶戴户部主事姚公墓志铭》，《式古训斋文集》卷下，第 463 页。

流为伪体。诚由声律排比之中，蕲臻乎沉郁苍凉之境，则或源或委，必有能辨之者矣。若夫钱鹤滩、董思白诸公，旨清思远，所托尤尊，则又在风气未开之先者。乡型俱在，诸生知所取法乎？焕自愧荒陋，斯事久废，而诸生殷殷请益，未易量其所至。爰就近年课艺，择尤雅者若干首，捐廉授梓。刊既成，遂书所见，以为之叙云。

　　　　钦加盐运使衔、江南苏松太兵备道、历任苏松常镇太督粮道、苏州松江等府知府剑南薛焕撰并书。

【课艺内容】

　　《大学》10题10篇，《论语》82题94篇，《中庸》12题14篇，《孟子》32题35篇。有夹批、末评。

【作者考略】

　　沈敦礼12篇，黄安澜10篇，徐良钰、黄家麟8篇，宣元音、邬家骧、范显钦7篇，宋本立、雷尌6篇，汤翼、张邦彦、褚鼎言、蔡瑞徵4篇，周景颐、杜锡熊、张云望3篇，冯颐昌、杨正修、倪士恩、江渊、沈敦福、熊其光、叶兰、汪巽东2篇，汪梦申、朱鼎、章倬、谢曦、潘兆芬、张汝霖、张汝梅、叶椿、王拱宸、冯东骧、雷文球、张则良、徐继达、袁璐、张则华、姚师濂、邹师孟、周以爵、凌泰、王文珪、陈鑠、吴璋达、钱景昌、尹祖洛、陆继云、俞光谦、黄安涛、张曾泰、沈福同、程敬孚、冯晋昌、张元芬、周桓、蒋松、张文盛、姜宝琳、唐模、何瑾、郭福衡、符庆增、吴启鹗1篇。正文作者前署所属书院及等级名次，如"求忠超等一名宣元音"、"云间超等三名汪梦申"等。

　　冯颐昌、袁璐、冯晋昌、唐模、吴启鹗，见《云间小课》。

　　沈敦礼（1821—?），改名霖溥，字伯恭，号鞠泉，华亭人。光绪元年（1875）乡试中式第2名举人。二年（1876）会试中式第145名，殿试三甲第10名，朝考二等。以知县需次浙江，未几卒。①

　　徐良钰（1808—?），字子和、式如，号篠坡，华亭人，朝俊（字冠千）侄。道光二十四年（1844）乡试中式第5名举人。潜心经史，旁通术数，间以诗酒自娱。著有《谈经斋诗钞》。②

　　黄家麟（1824—?），字宝恬，号少卿，青浦人。咸丰元年（1851）乡试中式第144名举人。选授桃源教谕，以母老不赴。生平学宗程朱，一以主敬存诚为本。从刘熙载（1813—1881）、许锡祺（1820—1876）游，理境益复莹澈。与修光绪《青浦县志》。③

　　宣元音，字友梅，娄县人。咸丰二年（1852）恩贡，选授河南睢州盐粮州判。以知县应铨，未及选，卒。著有《梅修馆文赋草》。④

---

　　① 《清代硃卷集成》第159册，第139页；第40册，第135页；光绪《松江府续志》卷25《古今人传》，第32叶。

　　② 《清代硃卷集成》第138册，第323页；光绪《重修华亭县志》卷16《人物五》，第1271页；卷20《艺文志》，第1515页。

　　③ 《清代硃卷集成》第140册，第373页；民国《青浦县续志》卷15《人物一·列传》，第5叶。

　　④ 光绪《娄县续志》卷17《人物志下》，第30叶。

邬家骧，字葵生，娄县人。诸生。①

雷尉（1809—1855），字辰启，号蕴峰、荻窗，华亭人。道光二十年（1840）优贡第3名，乡试中式第3名副榜。二十三年（1843）乡试中式第70名举人。二十七年（1847）会试中式第17名，三甲进士。官湖南龙山等县知县。著有《荻窗词》。《全清词钞》录其词2首。②

汤翼，字春韶，娄县人。道光十七年（1837）优贡。选砀山训导，未赴。年七十九卒。善书，工文。③

张邦彦，字伯声，娄县人。道光十七年（1837）拔贡。以制举文教授后进。④

褚鼎言，字养榆，华亭人。恩贡生。澹泊寡营，积修脯以养母。⑤

蔡瑞徵，字蔼云，娄县人。岁贡生。⑥

周景颐（1812—?），字敬彝，号竹溪，华亭人。道光十七年（1837）拔贡第1名。⑦

杜锡熊（1825—?），字登瀛，号兰圃，娄县人。同治三年（1864）乡试中式第34名举人，十年（1871）会试中式第26名。光绪六年（1880）补殿试，成进士。与修《娄县续志》。⑧

张云望（1812—1889）⑨，字泰封，号椒岩，娄县人。道光十四年（1834）乡试中式第15名举人。二十一年（1841）考取中书第43名，考取宗学教习第6名。二十七年（1847）挑取誊录第18名。三十年（1850）会试中式第56名，覆试二等第14名，殿试二甲第14名，朝考二等第17名，选庶吉士。历官编修、御史、山东候补道。归主景贤书院。总纂《松江府续志》。⑩

杨正修（1824—?），字殿邦，号润棠，华亭人。同治元年（1862）岁贡中式经元第1名。⑪

倪士恩（1811—?），字伯祥，号松甫，娄县人。年十七，补博士弟子。发愤攻书，得咯血疾。祖元坦勉以先行后文，毋事躁进，盖养疴者十年。工诗文，习隶篆。道光二十三年（1843）乡试中式第43名举人。四上公车不售。会因战乱，流离失所，抑郁而卒。⑫

熊其光（1817—1855），字雨华，一作羽华，号苏林，青浦人。道光二十六年

---

① 光绪《松江府续志》卷24《古今人传》，第52叶。

② 《清代硃卷集成》第356册，第1页；第138册，第183页；第14册，第377页；黄金台：《龙山县知县雷君蕴峰传》，《木鸡书屋文五集》卷4，第319页；《全清词钞》卷23，第1132页。

③ 光绪《松江府续志》卷24《古今人传》，第29叶。

④ 光绪《松江府续志》卷24《古今人传》，第52叶。

⑤ 光绪《松江府续志》卷24《古今人传》，第52叶。

⑥ 光绪《松江府续志》卷24《古今人传》，第52叶。

⑦ 《清代硃卷集成》第382册，第103页。

⑧ 《清代硃卷集成》第143册，第379页；第32册，第301页；《清朝进士题名录》，第1165页；光绪《娄县续志》卷首《纂辑衔名》，第1叶。

⑨ 生于嘉庆十六年十二月二十三日，公历已入1812年。

⑩ 《清代硃卷集成》第135册，第169页；第16册，第149页；《后聊斋志异》卷12，第458页；光绪《松江府续志》卷首《纂修衔名》，第3叶。

⑪ 《清代硃卷集成》第409册，第73页。

⑫ 《清代硃卷集成》第138册，第119页；光绪《娄县续志》卷17《人物志下》，第25叶。

（1846）乡试中式第 72 名举人。二十七年（1847）会试中式第 159 名，殿试三甲第 43 名，朝考三等第 3 名，授户部主事。乞假归。天地会周立春（1814—1853）起事，其光参与平复事务，积劳成疾卒。著有《海琴楼集》、《苏林诗剩》。①

汪巽东，字子超（一作亦超），娄县人。岁贡生。游京师，馆潘祖荫（1830—1890）邸。诗文意蕴深厚。著有《天马山房诗别录》。②

章倬（1795—1855）③，原名梦斗，字兆星，号斗山、改生，娄县人。诸生。性孝友，工颜鲁公书。著有《乡党翼注》、《性理辑解》、《章氏本支谱》、《尊闻书屋诗草》，辑有《章氏一家言》。④

谢曦（1801—?），字曙辉，号晓峰、蓉初，娄县人。道光十二年（1832）乡试中式第 105 名举人。咸丰元年（1851）官武进教谕，同治三年（1864）、四年（1865）兼任训导。⑤

潘兆芬（1824—?），谱名克芬，字魁林，号秋山，华亭人。咸丰十一年（1861）拔贡第 1 名。同治三年（1864）乡试中式第 131 名举人。官松江府柘林通判。与修《松江府续志》。⑥

张汝霖（1832—?），字景儒，号啸岩、肖岩，华亭人，汝梅（1828—?）弟。同治七年（1868）优贡第 1 名。⑦

张汝梅（1828—?）⑧，字景峰，号香庚，华亭人。咸丰九年（1859）乡试中式第 164 名举人。与修《娄县续志》。⑨

王拱宸（1814—?），字克俭，号兰亭，华亭人。光绪二年（1876）岁贡。⑩

冯东骧（1778—1860），字北垞，娄县人。岁贡生。咸丰四年（1854）重游泮宫。十年（1860）殉难。⑪

张则良，号祇园，华亭人，则华（1834—?）兄。府庠增广生。⑫

徐继达（1818—?），字瀛士，号苑花，南汇人。少孤，从叔受学，未成童即补诸生。

① 《清代硃卷集成》第 139 册，第 185 页；第 15 册，第 151 页；陆日爱：《熊农部哀辞》，诸可宝：《熊其光传》，《碑传集补》卷 11，第 710、712 页；光绪《青浦县志》卷 27《艺文》，第 18 叶；民国《青浦县续志》卷 21《艺文上》，第 3 叶。

② 《天马山房诗别录》自序、潘祖荫序，第 1 页；光绪《松江府续志》卷 24《古今人传》，第 61 叶。

③ 卒于咸丰四年十二月初十日，公历已入 1855 年。

④ 顾广誉：《章兆星家传》，《悔过斋续集》卷 6，第 20 叶；张文虎：《章斗山家传》，《舒艺室杂著》乙下，第 274 页；光绪《松江府续志》卷 37《艺文志》，第 3、21 叶。

⑤ 《清代硃卷集成》第 135 册，第 123 页；光绪《武进阳湖县志》卷 18《官师》，第 431、432 页。

⑥ 《清代硃卷集成》第 383 册，第 145 页；第 144 册，第 125 页；光绪《松江府续志》卷首《纂修衔名》，第 1 叶。

⑦ 《清代硃卷集成》第 409 册，第 243 页。

⑧ 生于道光七年十一月十六日，公历已入 1828 年。

⑨ 《清代硃卷集成》第 143 册，第 153 页；光绪《娄县续志》卷首《纂修衔名》，第 1 叶。

⑩ 《清代硃卷集成》第 410 册，第 41 页。

⑪ 光绪《娄县续志》卷 13《殉难本邑绅士传》，第 4 叶。

⑫ 《清代硃卷集成》第 153 册，第 277 页。

为文操笔立就。道光二十四年（1844）乡试中式第 14 名举人。三十年成（1850）进士。授直隶无极知县。恬于荣利，任无极甫期，即解组归，闭门授徒，仍如寒士，乡里称之。①

张则华（1834—?），字晋才，号苇舟，华亭人。同治九年（1870）乡试中式第 180 名举人。②

邹师孟，华亭人。诸生。孝子。③

周以爵（1828—?），字衔华，号瑛如，娄县人。同治七年（1868）岁贡第 1 名。④

王文珪，字有美，华亭人。咸丰十年（1860）恩贡。⑤

陈鎙（1795—?），字志仁，号雨楼，奉贤人。咸丰元年（1851）恩贡第 1 名。⑥

吴璋达（1828—?）⑦，字子佩，号小蓉，华亭人。咸丰九年（1859）乡试中式第 41 名举人。⑧

尹祖洛，字小莘，华亭人。诸生。少孤，好学，聚书三万卷，手自校雠。又与同人创义塾、全节堂于郡城。卒年六十八。⑨

俞光谦，字实堂，华亭人。附贡。咸丰元年（1851）举孝廉方正。十年（1860）官华州州判。⑩

张曾泰（1811—?），字伴山，娄县人。同治五年（1866）恩贡第 1 名。⑪

沈福同（1833—?）⑫，字桐生，号梧轩，华亭人。咸丰间岁贡。同治十二年（1873）乡试中式第 18 名举人。与修《重修华亭县志》。⑬

张元芬，上海人，庆慈（字树卿）兄。增生。⑭

周桓（1829—?），字伯庆，号友翘，娄县人。同治六年（1867）乡试中式第 270 名举人。⑮

蒋松，字春山，华亭人。诸生。藏书甚富，能文章。曾为知府何士祁（1793—?）作

① 《清代硃卷集成》第 138 册，第 351 页；光绪《南汇县志》卷 15《人物志》，第 27 叶。

② 《清代硃卷集成》第 153 册，第 277 页。

③ 光绪《重修华亭县志》卷 16《人物五》，第 1277 页。

④ 《清代硃卷集成》第 409 册，第 263 页。

⑤ 光绪《重修华亭县志》卷 13《人物二》，第 967 页。

⑥ 《清代硃卷集成》第 416 册，第 273 页。

⑦ 生于道光七年十二月十五日，公历已入 1828 年。

⑧ 《清代硃卷集成》第 142 册，第 181 页。

⑨ 光绪《松江府续志》卷 24《古今人传》，第 29 叶。

⑩ 光绪《重修华亭县志》卷 13《人物二》，第 943 页；光绪《三续华州志》卷 5《官师志》，第 390 页。

⑪ 《清代硃卷集成》第 416 册，第 351 页。

⑫ 生于道光十二年十二月二十七日，公历已入 1833 年。

⑬ 《清代硃卷集成》第 157 册，第 67 页；光绪《重修华亭县志》卷 12《人物一》，第 932 页；卷首《纂修衔名》，第 41 页。

⑭ 民国《上海县续志》卷 18《人物》，第 23 叶。

⑮ 《清代硃卷集成》第 149 册，第 371 页。

《松江邦彦图》，百有二人，小传明简有法。有孝名。①

何瑾（1829—?），字秋士、楸墅，号仲柔，娄县人。同治十二年（1873）拔贡第1名。②

郭福衡（1820—?），字镇南，号友嵩，娄县人。穷不能自振，李联琇（1821—1878）独赏异之，延入幕。咸丰十年（1860）岁贡第1名，同治十二年（1873）乡试中式第106名举人。分纂《重修华亭县志》，协纂《重修奉贤县志》。《晚晴簃诗汇》录其诗1首。③

符庆增（1830—1894），字景高，号簣山、少鹤，宝山人。咸丰九年（1859）乡试中式第55名举人。同治十年（1871）大挑二等，选授高邮学正，旋改上海教谕。先后任学官十年，晚年杜门课子。④

待考者：黄安澜、范显钦、宋本立、江渊、沈敦福、叶兰、汪梦申、朱鼎、叶椿、雷文球、姚师濂、凌泰、钱景昌、陆继云、黄安涛、程敬孚、张文盛、姜宝琳。

4. 上海求志书院课艺（春季）

【书院简介】

上海求志书院，清光绪二年（1876）创建。分置经学、史学、掌故、算学、舆地、词章六斋，置备书籍，延聘斋长，按季命题课试。踵行近三十年，远近闻风兴起，仿行者有宁波辨志文会。迨龙门改办师范时一并停课。⑤

【版本序跋】

题"春季课艺"，未知何年。卷首题：

俞荫甫先生评阅经学
□□□先生评阅史学
高仲瀛先生评阅掌故之学
刘省庵先生评阅算学
张经甫先生评阅舆地之学
俞荫甫先生评阅词章之学

俞荫甫（俞樾），见《诂经精舍三集》。
高骖麟（1842—?），字仲瀛，一作仲英，浙江仁和人。同治十二年（1873）举人。

---

①　光绪《松江府续志》卷24《古今人传》，第64叶。
②　《清代硃卷集成》第384册，第171页。
③　《清代硃卷集成》第409册，第29页；第158册，第67页；张文虎：《秋日怀人诗》，《舒蓺室诗存》卷4，第372页；光绪《重修华亭县志》卷首《修纂衔名》，第40页；光绪《重修奉贤县志》卷首《衔名》，第1叶；《晚晴簃诗汇》卷165，第7217页。
④　《清代硃卷集成》第142册，第193页；民国《宝山县续志》卷14《人物志·贤达》，第705页。
⑤　民国《上海县续志》卷9《学校上》，第13叶。

官内阁中书，直隶清河道、布政使。①

刘彝程，字省庵，兴化人，熙载（1813—1881）子。上海广方言馆算学教习，兼任求志书院算学斋长。著有《简易庵算稿》四卷。②

张焕纶（1846—1905/1843—1902），字经甫，号经堂，上海人。肄业龙门书院。主讲求志书院舆地之学。光绪四年（1878）创建正蒙书院（后改梅溪书院）。十七年（1891）赴台掌管基隆金矿局，二十年（1894）返回上海。后为南洋公学、敬业书院总教习。著有《历代方略纪要》、《救时刍言》、《暴萌录》、《警醒歌》、《自有乐地吟草》。③

【课艺内容】

经学4题4篇，题如《问：汉魏六朝至唐人诗无不溯源〈三百篇〉，其命意遣词间有与〈三百篇〉合者，能举其辞否》、《王巡守殷国解》；史学6题6篇，题如《陶侃、温峤论》、《拟陶渊明〈读史述九章序〉》；掌故5题5篇，题如《用银利弊论》、《水师船政议》；算学4题5篇；舆地7题9篇，题如《论今南洋各岛国》、《问：秦所置县可考者有几》；词章3题4篇，题为《室中十客传赞并序》、《周武取士于负薪赋（以题为韵）》、《拟白香山〈赠友诗〉》。有评点。

【作者考略】

共33篇，其中：朱逢甲5篇，汤金铸4篇，郑兴森、吴曾英3篇，许寿衡、秦诚、冯一梅、王履阶、顾麟2篇，王念珣、沈祥凤、瞿庆贤、沈善蒸、姚文栋、李庆恒、姚有彬、朱昌鼎1篇。

此外，目录后有说明："本课佳卷甚多，择其尤者刊印，以公同好。余因集隘，不能全登，谨将等第、姓名、籍贯附列于后"。

冯一梅，见《诂经精舍四集》。

朱逢甲（1817—1891），字莲生，华亭人。诸生。游幕贵州，参与围剿涂令恒（？—1855）。协修《兴义府志》。晚居上海，充求志书院副监院。著有《间书》一卷、《平黔策》二卷。④

汤金铸，字子寿，馨颜，广东花县人。肄业学海堂。历任福州船政后学堂教习、广东实学馆提调、两湖书院算学教习。著有《平面卓记》、《三角公式辑要》。⑤

郑兴森，字念枝，浙江乌程人。参与出资刊刻钟文烝（1818—1877）《春秋穀梁经传

---

① 民国《上海县续志》卷9《学校上》，第16叶；民国《杭州府志》卷113《选举七》，第2193页；《清代人物大事纪年》，第1331、1544页。

② 《中国数学史大系》第8卷，第309页。

③ 熊月之：《近代进步教育家张焕纶》，《上海史研究（二编）》，第274页；《中外近现代教育家》，第14页。

④ 《间书》自序、朱启钤序，第186、191页；咸丰《兴义府志》卷首《修辑衔名》，第2叶；俞樾：《朱莲生明经挽联》，《春在堂楹联录存》卷3，第13叶。

⑤ 容肇祖：《学海堂考》，《岭南学报》第3卷第3期，第71页；苏云峰：《记两湖书院》，《中国近代学制史料》第1辑下册，第411页。

补注》。①

吴曾英（1828—1875），号东轩，太仓人。著有《覆瓿丛谈》二卷。②

王履阶（“阶”一作“堦”），南汇人。增贡生。与修《南汇县志》。③

顾麟（1826—?），字祥甫，号芷卿，一作趾卿，南汇人。同治六年（1867）乡试中式第201名举人，大挑教谕。张文虎（1805—1885）评其诗近芙蓉山馆，词近玉田、梦窗。晚更研求医学，以术济世。著有《灵素表微》、《内经疏证》、《蝤溪吟稿》、《临池小草》、《双红豆馆诗存》、《总宜居词稿》。④

沈祥凤（1838—?），字仪庭，号怡亭，娄县人。光绪二十二年（1896）恩贡。与修《松江府续志》。⑤

瞿庆贤，字次商，号鼎卿，上海人。肄业龙门书院四年，积日记七册余，皆严辨义利、戒慎修省之旨。随嗣父之浙江乌镇同知任，感时疾卒，年二十九。著有《春秋水道图》一卷、《读书日记》、杂著二卷。⑥

沈善蒸（1845—1903），字立民，浙江桐乡人，善登（1830—1902）堂弟。国学生。肄业上海广方言馆，后为该馆中算学教习，又任宝山学海书院算学斋长、湖南思贤书院算学掌教。著有《火器真诀释要》、《造无零勾股表捷法》。⑦

姚文栋（1852—1829），字志梁、子良、东木，上海人。肄业龙门、诂经、求志书院。四举不第，纳赀为倅。光绪七年（1881）随黎庶昌（1837—1898）出使日本，十三年（1887）随洪钧（1840—1893）、十七年（1891）随薛福成（1838—1894）出使欧洲。升直隶候补道。二十年（1894）归里创立经学会。二十七年（1901）总办山西学务及山西大学堂。三十二年（1906）充江苏学务公所议绅、上海总工程局议员。三十四年（1908）创立江苏第一图书馆。宣统元年（1909）充江苏师范学堂监督。旋归，创立学古社、世界宗教会、尊孔会、孔教江浙联合会。卒后门人谥曰景宪先生。著有《七庆堂全书》百余种。⑧

姚有彬（1850—?），字粹甫，号艺谙，南汇人。同治九年（1870）乡试中式第216名举人。官丹徒教谕。其诗刊入《澧溪姚氏诗钞》。⑨

朱昌鼎（1853—1899），字锦雯，号子美、紫嫩，华亭人。肄业龙门、求志、南菁、

① 《春秋榖梁经传补注》卷末。

② 《苏州民国艺文志》，第283页。

③ 光绪《南汇县志》卷首《纂修衔名》，第2叶。

④ 《清代硃卷集成》第149册，第25页；民国《南汇县续志》卷13《人物》，第571页；卷12《艺文志》，第526、533、536页。

⑤ 《清代硃卷集成》第418册，第317页；光绪《松江府续志》卷首《纂修衔名》，第6叶。

⑥ 民国《上海县续志》卷18《人物》，第44叶；卷26《艺文》，第1、4、6叶。

⑦ 《清代硃卷集成》第29册，第84页；民国《宝山县续志》卷7《教育志·书院》，第451页；《桐乡文史资料》第23辑《桐乡巾帼资料专辑·沈骊英》，第24页；《幼狮数学大辞典》，第3167页。

⑧ 许汝棻：《景宪先生传》，《辛亥人物碑传集》，第731页；《清代硃卷集成》第172册，第224页。

⑨ 《清代硃卷集成》第154册，第193页；民国《南汇县续志》卷11《选举》，第494页；《澧溪姚氏诗钞》，《周浦南荫堂姚氏丛刊》2。

格致书院。光绪二年（1876）副取优贡，十六年（1890）恩贡第 1 名。二十一年（1895）
与山阴陈燿卿同主《上海晚报》，遍征同人及过客诗，刻《霓裳全咏楼集》。① 《清稗类
钞》："曹雪芹所撰《红楼梦》一书，风行久矣，士大夫有习之者，称为'红学'。而嘉、
道两朝，则以讲求经学为风尚。朱子美曾讪笑之，谓其穿凿附会，曲学阿世也。独嗜说部
书，曾寓目者几九百种，尤熟精《红楼梦》，与朋辈闲话，辄及之。一日，有友过访，语
之曰：'君何不治经？'朱曰：'予亦攻经学，第与世人所治之经不同耳。'友大诧。朱曰：
'予之经学，所少于人者，一画三曲也。'友瞠目。朱曰：'红学耳。'盖经字少夼，即为
红也。朱名昌鼎，华亭人。"②

　　待考者：许寿衡（山阴）、秦諴（奉贤）、王念珣、李庆恒（镇洋）。

5. 上海求志书院课艺（丙子夏季）

【版本序跋】

　　光绪二年（1876）夏季课艺。卷首题：

　　　　俞荫甫先生评阅史学
　　　　钟子勤先生评阅经学③
　　　　高仲瀛先生评阅掌故之学
　　　　刘省庵先生评阅算学
　　　　张经甫先生评阅舆地之学
　　　　俞荫甫先生评阅词章之学

　　俞荫甫（俞樾），见《诂经精舍三集》。
　　高仲瀛、刘省庵、张经甫，见《上海求志书院课艺（春季）》。
　　钟文烝（1818—1877）④，字殿才，号子勤，浙江嘉善人。肄业诂经精舍。道光二十
六年（1846）乡试中式第 38 名举人。再上春官再上春官，以县令注选。归，绝意仕进，
日事著述。同治初入江苏忠义局为编纂，后主讲敬业书院十二年，卒于书院。著有《春
秋穀梁经传补注》二十四卷、《论语序说详正》、《乡党集说备考》、《河图洛书说》各一
卷、《乙闰录》四卷、《新定鲁论语》二十篇。⑤

【课艺内容】

　　经学 6 题 13 篇，题如《〈周礼〉非周公之书说》、《喜憙说》；史学 4 题 5 篇，题如
《魏崔亮停年格论》、《史家天文五行应否有志说》；掌故之学 7 题 7 篇，题如《西北边防

---

　　① 《清代硃卷集成》第 418 册，第 391 页；《五百石洞天挥麈》卷 7，第 177 页；王正：《清末松江
才子朱昌鼎身世材料的新发现》，《松江报》2012 年 5 月 25 日。
　　② 《清稗类钞·诙谐类·经学少一画三曲》，第 1792 页。
　　③ 此据南京图书馆藏本。上海图书馆藏本作"俞荫甫先生评阅史学，□□□先生评阅经学"。
　　④ 生卒年据《清代人物生卒年表》，第 567 页。
　　⑤ 《清代硃卷集成》第 242 册，第 77 页；光绪《重修嘉善县志》卷 24《文苑》，第 61 叶；民国
《上海县续志》卷 9《学校上》，第 16 叶；卷 21《游寓》，第 2 叶。

论》、《刺麻教论》、《问：社仓、常平仓、义仓之制，与今日办理积谷，孰为得失》；算学 2 题 2 篇；舆地 5 题 5 篇，题如《问：北方水利自元虞集后屡兴屡废，果不可行欤？抑行之未得其道欤？》、《问：黄河今由大清河入海，视昔由淮入海孰便？》；词章 7 题 12 篇，题如《四云诗（各五律一首）：东云、西云、南云、北云》、《读诸子（各五古一首）：老子、庄子、管子、晏子、荀子、墨子、韩非子、杨子》、《净君凉友合传》。

【作者考略】

共 44 篇，其中：朱逢甲 9 篇，宗汝成 4 篇，姚文枏、邵如林、范本礼、徐琪 3 篇，钱国祥、王履阶、沈善蒸、许寿衡、王光熊、章末 2 篇，李庆恒、赵引修、艾承禧、郁震培、冯一梅、丁桂琪、冯熙成 1 篇。

此外，目录后有说明："本课佳卷甚多，择其尤者刊印，以公同好。余因集隘，不能全登，谨将等第、姓名、籍贯附列于后"。

冯一梅、徐琪，见《诂经精舍四集》。

朱逢甲、王履阶、沈善蒸，见《上海求志书院课艺（春季）》。

宗汝成，字药锄，常熟人。贡生。精史地训诂之学。咸丰十年（1860）红巾军攻入常熟，汝成被虏至皖赣三年。归后家无片瓦，遗诗多悯乱之作。《清诗纪事》录其诗 1 首。①

姚文枏（"枏"一作"枬"，1857—1933），字子让、尔梅、农盦，上海人，文栋（1852—1829）弟。肄业龙门书院。光绪八年（1882）优贡第 3 名，朝考一等第 20 名，录用知县。十一年（1885）乡试中式第 6 名举人。历任米业公所董事、廿二铺小学堂校董、龙门师范学校稽查绅董及附属小学校董、学海书院时务斋斋长、上海城厢内外总工程局议事会议长、江苏学务总会董事、劝学所总董、同仁辅元堂董事、浦东中学校董、江苏咨议局议员。辛亥后任上海县劝学长、上海市政厅议事会议长、众议会议员。主纂《上海县志》、《上海县续志》。著有《上海金石续志》（收入《石刻史料新编》第 3 辑）、《丧服丧礼草案》。②

范本礼（1855—1894）③，字荔泉，号涤新，上海人。肄业龙门书院，精研性理，并究心经史、舆地、掌故、算术等学。任正蒙书院教习。光绪十四年（1888）优贡第 2 名，考取教职。寻入江南制造局翻译馆，又入台抚邵友濂（1840—1901）幕。闻继母讣，冒海警归，以毁卒。著有《吴疆域图说》（收入《丛书集成续编》）、《陆战新法》、《师曾室文集》，译有《西国陆军制考略》。④

---

①　《今传是楼诗话》，第 396 页；《清诗纪事·咸丰朝卷》，第 11521 页。

②　《清代硃卷集成》第 371 册，第 215 页；第 172 册，第 221 页；《丧服丧礼草案》自序；民国《宝山县续志》卷 7《教育志·书院》，第 451 页；《上海名人名事名物大观》，第 200 页；《晚清七百名人图鉴》，第 648 页；民国《上海县志》卷首《题名》，第 9 页；民国《上海县续志》卷首《题名》，第 1 叶。

③　生于咸丰四年十一月二十二日，公历已入 1855 年。

④　《清代硃卷集成》第 372 册，第 1 页；民国《上海县续志》卷 18《人物》，第 43 叶；卷 26《艺文》，第 2、3、6 叶。

钱国祥（1835—?）①，字乙生，吴县人。廪贡生，候选训导。汪鸣銮（1839—1907）视学陕甘，延往襄校。光绪十七年（1891）任上海制造局兼翻译馆校勘，教习广方言馆、画图馆工艺学徒。又在沪局编校各国交涉公法论、便法论，风行海内外，称为善本。著有《式诂堂文稿》、《南泉诗集》、《群经解诂》、《字沜说觯》、《筹算易知》、《孙子算经筹解》、《测量算式图解》、《代数演草》、《身体解》、《外科便方纪要》、《南泉外集》。②

章耒（1832—1886），原名汝梅，号次柯、韵之，娄县人。同治十二年（1873）拔贡，廷试报罢，就职教谕。肄业龙门书院，归而筑汉学斋，为治经之所。家贫，授徒自给。地方事务，多与焉。与修《娄县志》、《华亭县志》、《松江府志》。著有《张泽志》，辑有《张泽诗文钞》。③

赵引修，萧山人。续编《萧山赵氏家谱》十一卷。④

艾承禧（1846—?），字作朋，号谱园，上海人。光绪十五年（1889）乡试中式第90名举人。一上春官不第，即绝意进取。与吴大本（1851—1922）捐立养正小学，为川沙各小学嚆矢。董浚长浜、吕家浜。著有《怀旧小录》、《雪鸿记略》、《杂咏日记》。⑤

郁震培，字仲孚，上海人。诸生。以助晋振叙同知，分江西，历解京协各饷十余年。署观音阁（后改虔南厅）、樟树镇通判、建昌府同知、大庾县知县，所至有循声，卒于官。⑥

丁桂琪，字子勤，吴江人。著有《读资治通鉴偶记》三卷。《词综补遗》录其词3首。⑦

冯熙成，字悦庭，昭文人。光绪七年（1881）恩贡。⑧

待考者：邵如林（宝山）、许寿衡（山阴）、王光熊（震泽）、李庆恒（镇洋）。

6. 上海求志书院课艺（丙子秋季）

【版本序跋】

光绪二年（1876）秋季课艺。卷首题：

> 俞荫甫先生评阅经学
> □□□先生评阅史学
> 高仲瀛先生评阅掌故之学
> 刘省庵先生评阅算学

---

① 生年据《中国历代人物年谱考录》，第571页。

② 民国《吴县志》卷66下《列传四》，第123页；卷56下《艺文考二》，第932页。

③ 《清代硃卷集成》第384册，第135页；叶昌炽：《章韵之广文家传》，《碑传集三编》卷27，第709页；《张泽志稿》，第1页。

④ 《国学文献馆现藏中国族谱资料目录初辑》，第120页。

⑤ 《清代硃卷集成》第181册，第27页；民国《上海县续志》卷18《人物》，第42叶；卷26《艺文》，第4叶；民国《川沙县志》卷15《艺文志》，第3叶。

⑥ 民国《上海县续志》卷18《人物》，第36叶。

⑦ 《中国古籍总目·史部》，第119页；《词综补遗》卷57，第2126页。

⑧ 光绪《重修常昭合志》卷20《选举》，第298页。

张经甫先生评阅舆地之学
俞荫甫先生评阅词章之学

俞荫甫（俞樾），见《诂经精舍三集》。
高仲瀛、刘省庵、张经甫，见《上海求志书院课艺（春季）》。

【课艺内容】

经学 7 题 7 篇，题如《得臣无家解》、《说涪滴》；史学 5 题 11 篇，题如《〈五代史〉不立韩通传是第二等文字说》、《〈逸周书·史记解〉皮氏、华氏以下诸国可考者有几》；掌故 6 题 9 篇，题如《开采煤铁议》、《八旗兵制考》；算学 5 题 7 篇；舆地 8 题 10 篇，题如《拟新译美人〈防海新论〉序》、《问：春秋晋韩地与古韩国是一是二》、《书陈亮〈上孝宗皇帝书〉后》；词章 7 题 14 篇，题如《克敌弓赋（以"克敌之弓，亦名神臂"为韵）》、《秋闱杂咏》、《十二楼怀古（庾楼、迷楼、樊楼、黄楼、文选楼、绿珠楼、景阳楼、花萼楼、筹边楼、黄鹤楼、燕子楼、岳阳楼）》。有评点。

集中徐琪《秋闱杂咏（调寄醉太平）》八阕，以词赋秋闱；胡元鼎《秋闱杂咏》乐府八首，分咏《鹭翘翘（听点名也）》、《蜂归房（归号舍也）》、《相公起（领题纸也）》、《楼头鼓（夜文战也）》、《号官来（催启栅也）》、《雁衔芦（倾照签也）》、《鸟逃笼（出文场也）》、《谈艺乐（评场作也）》，皆为科场原生态之写照。

【作者考略】

共 58 篇，其中：朱逢甲 11 篇，沈善蒸 5 篇，郑兴森、王履阶、华世芳、徐琪 4 篇，朱宝青、姚文栋、杨象济、沈祥龙 3 篇，汪晋德、曹基镜、胡元鼎 2 篇，姚文枏、艾承禧、秦诚、沈咸喜、崔有洲、黄致尧、许寿衡、章耒 1 篇。

此外，目录后有说明："本课佳卷甚多，择其尤者刊印，以公同好。余因集隘，不能全登，谨将等第、姓名、籍贯附列于后"。

徐琪、胡元鼎，见《诂经精舍四集》。

朱逢甲、沈善蒸、郑兴森、王履阶、姚文栋，见《上海求志书院课艺（春季）》。

姚文枏、艾承禧、章耒，见《上海求志书院课艺（丙子夏季）》。

华世芳（1854—1905），字若溪，金匮人，蘅芳（1833—1902）弟。肆业江阴南菁书院。光绪十一年（1885）拔贡，旋幕游粤浙。应张之洞（1837—1909）聘，充自强学堂算学教习。二十二年（1896）主讲常州龙城书院，复兼南菁书院和靖江马洲书院讲席。二十九年（1903）应经济特科不售。三十年（1904）充南洋公学总教习、商部高等实业学堂教习。著有《近代畴人著述记》、《恒河沙馆算草》。[①]

杨象济（1825—1878），字利叔，号汲庵，浙江秀水人。曾自署楹联云："私淑桐城（姚鼐）、铅山（蒋士铨），亲炙长水（沈维鐈）、娄江（姚椿）。"咸丰间幕游湖北，参与军事。九年（1859）中式举人。试礼部下第，复游湖北。同治八年（1869）入丁日昌（1823—1882）幕，译西人《六大洲地球图说》一百卷。又入浙江采访局及江苏书局，凡

---

① 《清代硃卷集成》第 387 册，第 79 页；《近代教育先进传略初集》，第 7 页。

十年。著有《汲庵文存》六卷、《汲庵诗存》四卷、《钱塘百咏》一卷。① 《国朝文汇》录其文 2 篇。《晚晴簃诗汇》录其诗 1 首。《清诗纪事》录其诗 2 首。②

沈祥龙（1835—1905），字讷生，号约斋，娄县人。肄业龙门书院。同治六年（1867）优贡第 9 名。龙门词社、钧诗馆吟社主要成员。协纂《松江府续志》。著有《乐志簃文录》七卷《诗词录》七卷。《词话丛编》收录其《论词随笔》。③

曹基镜（1852—?），字子蓉，号颂清，上海人。肄业龙门书院。著有《童蒙晓》初二集、《四焉斋偶吟草》、《廋词偶存》。光绪三十年（1904）岁贡。④

沈咸喜。廪生。参校《川沙厅志》。⑤

黄致尧（1854—?），字伯申，宝山人。肄业上海广方言馆、京师同文馆。历任上海广方言馆法文教习、驻西班牙参赞兼代办公使、候补知府。译有《各国宝星考略》。⑥

待考者：朱宝青（宜兴）、汪晋德（徽州）、秦诚（奉贤）、崔有洲（太平）、许寿衡（山阴）。

7. 上海求志书院课艺（丙子冬季）

【版本序跋】

光绪二年（1876）冬季课艺。卷首题：

俞荫甫先生评阅史学
□□□先生评阅经学
高仲瀛先生评阅掌故之学
刘省庵先生评阅算学
张经甫先生评阅舆地之学
俞荫甫先生评阅词章之学

俞荫甫（俞樾），见《诂经精舍三集》。
高仲瀛、刘省庵、张经甫，见《上海求志书院课艺（春季）》。

【课艺内容】

经学 7 题 12 篇，题如《〈今文孝经〉十八章为定本说》、《"光于四海""光"字解》；史学 7 题 8 篇，题如《山涛论》、《唐凌烟阁功臣有无郭子仪考》；掌故 5 题 6 篇，题如

---

① 李道悠：《杨君利叔行述》，《汲庵文存》卷首；谭廷献：《亡友传·杨象济传》，《续碑传集》卷 81，第 651 页。
② 《国朝文汇》丙集卷 30，第 2828 页；《晚晴簃诗汇》卷 157，第 6836 页；《清诗纪事·咸丰朝卷》第 11458 页。
③ 《清代硃卷集成》第 370 册，第 1 页；光绪《松江府续志》卷首《纂修衔名》，第 4 叶；《词话丛编》，第 4043 页；薛显超：《沈祥龙词学思想探微》，《中国韵文学刊》2011 年第 2 期，第 72 页。
④ 《清代硃卷集成》第 412 册，第 39 页。
⑤ 光绪《川沙厅志》卷首《纂辑姓氏》，第 1 叶。
⑥ 《中国近现代人物名号大辞典（续编）》，第 281 页。

《拟与英人论洋药加税书》、《论票盐、纲盐利弊》；算学 4 题 6 篇；舆地 5 题 7 篇，题如《吴伐郯论》、《规复淮盐引地议》；词章 5 题 12 篇，题如《魖腊墨赋（以"东坡蓄墨，其文如此"为韵）》、《杜子美集　杜樊川集　李义山集　王右丞集　元次山集　温飞卿集　孟东野集　韩昌黎集　李长吉集　韩致光集》、《冰箸（词一首限玲珑玉调）》。有评点。

【作者考略】

共 51 篇，其中：朱逢甲 6 篇，艾承禧 4 篇，沈善蒸、郑兴森、赵贤书 3 篇，于尔大、钱其襄、梁云、姚文栋、钱润道、沈祥凤、王保衡、尹熙栋、陈曾彪、顾麟 2 篇，姚文枬、华世芳、甘克宽、许寿衡、郁晋培、崔有洲、赵引修、康宜鉴、陈炳、郑炳、杨象济、金庭萼 1 篇。

此外，目录后有说明："本课佳卷甚多，择其尤者刊印，以公同好。余因集隘，不能全登，谨将等第、姓名、籍贯附列于后"。

朱逢甲、沈善蒸、郑兴森、姚文栋、沈祥凤、顾麟，见《上海求志书院课艺（春季）》。

艾承禧、姚文枬（姚文枬）、赵引修，见《上海求志书院课艺（丙子夏季）》。

华世芳、杨象济，见《上海求志书院课艺（丙子秋季）》。

赵贤书，字孟遴，青浦人。幼孤，从其母居南翔。未弱冠补诸生，游京师，与宋承庠（1848—1900）、陆长傓（1873—?）交善。时海盐沈守诚方由京曹除张家口同知，闻其名，延聘入幕。屡应北闱试不售，南归应申报馆聘，与沈增理（字寅阶）后先蜚誉。①

于尔大，字醉六，后改冲甫，一字充甫，南汇人。性肫挚，振灾集团，皆不恤劳瘁。道光二十三年（1843）优贡，三举孝廉方正，皆力辞。同光间与修邑志，分纂水利、田赋、户口、桥梁。工诗词，善书法篆刻。卒年六十一。②

钱润道，字慎元，金山人。参与刊刻《甲子元术法》、《癸卯元术简法》、《五星简法》（皆顾观光著）、《钱氏家刻书目》。③

王保衡，字席桥，号仲平，南汇人。光绪五年（1879）优贡，八旗官学汉教习。七战棘闱，荐而未售。然生平应试之作，刊入诸学使校士录及求志书院课艺者，类皆传诵一时。著有《盲左类编》、《经史类编》、《抱膝吟庐稿》。④

陈曾彪，宝山人。诸生。《词综补遗》录其词 1 首。⑤

郁晋培，字建伯，上海人。附贡，浙江候补通判。⑥

待考者：钱其襄（慈溪）、梁云（余姚）、尹熙栋（娄县）、甘克宽（江夏）、许寿衡

①　民国《青浦县续志》卷 16《人物二·文苑传》，第 5 叶。
②　光绪《松江府续志》卷 24《古今人传》，第 54 叶；民国《南汇县续志》卷 13《人物》，第 563 页。
③　郑伟章：《金山钱氏刻书》，《中国出版》1990 年第 4 期，第 110 页；《中国古籍版本学》，第 328 页。
④　民国《南汇县续志》卷 13《人物》，第 592 页；卷 12《艺文志》，第 518、523、534 页。
⑤　《词综补遗》卷 19，第 721 页。
⑥　民国《上海县续志》卷 17《选举表下》，第 13 叶。

（山阴）、崔有洲（太平）、康宜鉴（南汇）、陈炳（华亭）、郑炳（南海）、金庭萼（镇洋）。

8. 上海求志书院课艺（丁丑春季）

【版本序跋】

光绪三年（1877）春季课艺。《中国历代书院志》影印本，舆地第 79 页原缺。卷首题：

> 俞荫甫先生评阅经学
> 沈子佩先生评阅史学
> 高仲瀛先生评阅掌故之学
> 刘省庵先生评阅算学
> 张经甫先生评阅舆地之学
> 俞荫甫先生评阅词章之学

俞荫甫（俞樾），见《诂经精舍三集》。

高仲瀛、刘省庵、张经甫，见《上海求志书院课艺（春季）》。

沈曾植（1850—1922），字子培，一作子佩，号乙盦，晚号寐叟，嘉兴人。同治十二年（1873）顺天乡试举人，光绪六年（1880）进士。历官刑部主事、员外郎、郎中，外务部员外郎，江西广信知府、督粮道、盐法道，安徽提学使、布政使、巡抚。曾主两湖书院。辛亥后居沪上，为遗老。著有《海日楼诗集》、《海日楼文集》、《海日楼日记》等数十种。①

【课艺内容】

经学 7 题 9 篇，题如《曾孙来止以其妇子解》、《鼎俎奇而笾豆偶解》；史学 5 题 8 篇，题如《程子优管仲而劣魏征，朱子进梁公而黜荀彧，〈榕村语录〉辨之，其说何如》、《李德裕论》、《〈汉书〉有〈古今人表〉说》；掌故 5 题 6 篇，题如《西域设行省议》、《问：西人崇尚洋教，然教中所言，质之洋人格致新理，不合甚多，能悉举其矛盾处否》、《井利说》；算学 4 题 4 篇；舆地 5 题 7 篇，题如《汉与匈奴争车师论》、《问：〈汉志〉于郡国所治县叙不在首者有几》；词章 6 题 10 篇，题如《伏生十岁就李充受〈尚书〉赋（以"四代之事略无遗脱"为韵）》、《扑蝶会（南楼令）》、《花朝考》。有评点。

【作者考略】

共 44 篇，其中：何松 7 篇，林颐山、朱逢甲、华世芳 5 篇，沈善蒸 3 篇，沈祥龙、钱润道、王保衡 2 篇，赵宝书、张大昌、蔡福钧、陈士翘、杨象济、沈祥凤、沈咸喜、王履堦、韩柳文、唐步云、汤日赞、朱昌鼎、王钊 1 篇。

此外，目录后有说明："本课佳卷甚多，择其尤者刊印，以公同好。余因集隘，不能

---

① 《沈曾植年谱长编》。

全登，谨将等第、姓名、籍贯附列于后"。

张大昌，见《诂经精舍三集》。

何松，见《诂经精舍四集》。

林颐山，见《辨志文会课艺初集》。

朱逢甲、沈善蒸、沈祥凤、王履堦（王履阶）、朱昌鼎，见《上海求志书院课艺（春季）》。

华世芳、沈祥龙、杨象济、沈咸喜，见《上海求志书院课艺（丙子秋季）》。

钱润道、王保衡，见《上海求志书院课艺（丙子冬季）》。

蔡福钧，松江府人。与修《松江府续志》。①

陈士翘（1835—1898），字楚庭，号杏生，华亭人。同治六年（1867）乡试中式第30名副榜，九年（1870）乡试中式第227名举人。大挑二等，以教谕注吏部选籍。后以授徒为业。②

韩柳文，号申甫，浙江萧山人。诸生。避乱侨居三墩，课徒之外，枕经葄史，尤精宋学。肄业龙门书院，为孙锵鸣（1817—1901）、鲍源深（1812—1884）两山长所赏拔。撰《周易汇解》，搜诸家易说而加以按语，书未成而卒。著有《韩申甫文钞》。③

唐步云，字秀登，一作啸登，浙江嘉善人。光绪十五年（1889）副贡。分纂《嘉善县志》。《词综补遗》录其词1首。④

待考者：赵宝书（青浦）、汤日赞（奉贤）、王钊（镇洋）。

9. 上海求志书院课艺（丁丑夏季）

【版本序跋】

光绪三年（1877）夏季课艺。卷首题：

俞荫甫先生评阅经学
钟子勤先生评阅史学
高仲瀛先生评阅掌故之学
刘省庵先生评阅算学
张经甫先生评阅舆地之学
俞荫甫先生评阅词章之学

俞荫甫（俞樾），见《诂经精舍三集》。

① 光绪《松江府续志》卷首《纂修衔名》，第5叶。
② 《清代硃卷集成》第357册，第75页；第154册，第339页；张锡恭：《陈先生行状》，《茹荼轩续集》卷5，第249页。
③ 民国《南汇县续志》卷16《人物四》，第814页；卷12《艺文》，第535页。
④ 《国朝两浙科名录》，第492页；光绪《重修嘉善县志》卷首《纂修衔名》，第1叶；《词综补遗》卷52，第1963页。

　　高仲瀛、刘省庵、张经甫，见《上海求志书院课艺（春季）》。

　　钟子勤，见《上海求志书院课艺（丙子夏季）》。

【课艺内容】

　　经学 7 题 8 篇，题如《〈金縢〉今古文异说考》、《不衰城解》；史学 7 题 8 篇，题如《司马温公请设十科举士论》、《诸葛武侯〈后出师表〉真伪考》；掌故之学 1 题 1 篇，题为《昆明湖颂并序》；算学 2 题 4 篇；舆地之学 6 题 10 篇，题如《〈汉书·艺文志〉分兵家为四种，推其例于舆地家当有几种》、《闽抚移驻台湾议》；词章之学 3 题 7 篇，题为《夏日坐版床随树阴讽诵赋（以"折节读书，以文华显"为韵）》、《读〈后汉书·逸民传〉小乐府八首》、《拟新进士谢赐表里一端表》。

【作者考略】

　　共 38 篇，其中：朱逢甲 5 篇，何松、华世芳 4 篇，吴承志 3 篇，严燮元、沈善蒸、周光勋、徐琪、钱鸿文 2 篇，吴凤翔、丁同祖、闵孝、章保元、于尔大、沈咸喜、王履堦、韩柳文、赵引修、蔡济勤、沈祥龙、周炳蔚 1 篇。

　　此外，目录后有说明："本课佳卷甚多，择其尤者刊印，以公同好。余因集隘，不能全登，谨将等第、姓名、籍贯附列于后"。

　　吴承志，见《诂经精舍三集》。

　　徐琪、蔡济勤，见《诂经精舍四集》。

　　朱逢甲、沈善蒸、王履堦（王履阶），见《上海求志书院课艺（春季）》。

　　赵引修，见《上海求志书院课艺（丙子夏季）》。

　　华世芳、沈咸喜、沈祥龙，见《上海求志书院课艺（丙子秋季）》。

　　于尔大，见《上海求志书院课艺（丙子冬季）》。

　　何松、韩柳文，见《上海求志书院课艺（丁丑春季）》。

　　钱鸿文（1854—?）①，字蔚如，浙江嘉善人。光绪十五年（1889）进士。历官政和、泰宁知县（知事）。《词综补遗》录其词 1 首。②

　　闵孝（1836—?），号豫庭，南汇人。同治六年（1867）乡试中式第 65 名举人。③

　　周炳蔚（1853—1921），字升华，号虎如，广西灵川人。同治十二年（1873）举人。官直隶补用道。民国间任粤川铁路会办。著有《川明书屋诗钞》、《桂秀山房凤鸣集》一卷、《鹏飞集》一卷。《晚晴簃诗汇》录其诗 1 首。④

　　待考者：严燮元（乌程）、周光勋（镇海）、吴凤翔（阳湖）、丁同祖（武进）、章保元（松江）。

---

① 生年据《清代人物生卒年表》，第 634 页。

② 民国《政和县志》卷首《修志姓氏》，第 419 页；《泰宁县志》卷 22《政权、政协》，第 438 页；《词综补遗》卷 28，第 1051 页。

③ 《清代硃卷集成》第 146 册，第 247 页。

④ 《清人别集总目》，第 1470 页；《晚晴簃诗汇》卷 165，第 7203 页。

10. 上海求志书院课艺（戊寅春季）

【版本序跋】

光绪四年（1878）春季课艺。卷首题：

俞荫甫先生评阅经学
钟子勤先生评阅史学
高仲瀛先生评阅掌故之学
刘省庵先生评阅算学
张经甫先生评阅舆地之学
俞荫甫先生评阅词章之学

俞荫甫（俞樾），见《诂经精舍三集》。
高仲瀛、刘省庵、张经甫，见《上海求志书院课艺（春季）》。
钟子勤，见《上海求志书院课艺（丙子夏季）》。

【课艺内容】

经学 12 题 24 篇，题如《古祭祀之乐不用商声说》、《说新旧》、《笑字形声考》；史学 8 题 8 篇，题如《扬子云生卒考》、《〈战国策〉录而不叙说》、《读晁错〈论贵粟疏〉》；掌故 3 题 3 篇，题如《内阁军机分合考》、《论长江水师》；算学 4 题 4 篇；舆地 3 题 3 篇，题如《平西域善后事宜策》、《三江诸说异同表》；词章 7 题 19 篇，题如《汉赋、唐诗、宋词、元曲（七律各一首）》、《文房四友合传》。

【作者考略】

共 61 篇，其中：朱逢甲 9 篇，杨敏曾 5 篇，于㟙、孙瑛、徐诵芬 4 篇，何宗镐、冯崧甫、葛嗣溁、许景衡、陈鼎 3 篇，甘克宽、李达璋、郑兴森、章保元、屈元燨、王光熊 2 篇，郁运中、丁桂琪、杨象济、沈祥凤、沈善蒸、崔有洲、周汝翔、廖嘉绥 1 篇。

孙瑛，见《诂经精舍三集》。
屈元燨（屈元曦），见《诂经精舍四集》。
杨敏曾，见《学海堂课艺七编》。
周汝翔，见《辨志文会课艺初集》。[1]
朱逢甲、郑兴森、沈祥凤、沈善蒸，见《上海求志书院课艺（春季）》。
丁桂琪，见《上海求志书院课艺（丙子春季）》。
杨象济，见《上海求志书院课艺（丙子秋季）》。
于㟙（1854—1910），又名东箱，字香草、醴尊，南汇人。光绪二十三年（1897）拔贡第 1 名，以直隶州州判用。以母年高，绝意仕进。举经济特科，亦不赴。著有《校书》

---

[1] 光绪《松江府续志》卷首《纂修衔名》，第 5 叶。

六十卷、《续校》二十三卷、《战国策注》三十三卷、《说文职墨》三卷、《花烛闲谈》一卷。①

徐诵芬，字赋秋，吴县人。同治七年（1868）岁贡。与修《苏州府志》。诗宗盛唐，著有《赋秋声馆诗》二十六卷《词》二卷。《国朝词综补续编》录其词12首。《词综补遗》录其词2首。《全清词钞》录其词1首。②

冯崧甫，浙江仁和人，崧生（1848—？）弟。庠生。③

葛嗣溁（1862—1890），字弢甫，号云威，浙江平湖人，金烺（1837—1890）子。光绪十一年（1885）拔贡，朝考一等，官户部七品小京官。十四年（1888）顺天乡试中式举人，以疾不与礼部试。父卒，竟以毁卒。《晚晴簃诗汇》录其诗1首。④

陈鼎（1854—1904），字刚侯，号伯商，湖南衡山人，侨居常州。光绪二年（1876）顺天乡试中式第32名举人。六年（1880）会试中式第78名，殿试二甲第39名，朝考一等第27名，选庶吉士，授散馆编修。以戊戌（1898）党事被判监禁，二十九年（1903）获赦。明年卒于常熟。著有《黝曜室诗存》、《怀庭府君年状》、《校邠庐抗议别论》。⑤

廖嘉绶（1860—1890），又名家绥、家寿，湖南长沙人。肄业求志书院。入上海算学局。光绪九年（1883）任吉林表正书院算学教习。吴大澄（1835—1902）与沙俄代表会勘吉林东部边界，嘉绥主测绘事，争回晖春黑顶子地区。卒于吉林。著有《边角勾股释术》、《续勾股六术》、《炮法》、《测圆海镜翼》、《对数较表》、《修竹斋杂著》。⑥

待考者：何宗镐（慈溪）、许景衡、甘克宽（江夏）、李达璋、章保元（松江）、王光熊（震泽）、郁运中、崔有洲（太平）。

11. 云间郡邑小课合刻

【书院简介】

是集为松江云间、求忠、景贤书院小课合刻。云间书院，见《云间书院古学课艺》。求忠书院，见《云间求忠课艺合刊》。景贤书院，原址为唐宋忠良祠。清嘉庆七年（1802）创建，别聘掌教以课云间书院肄业童生于此。求、景两院师生修脯膏火、一切经费，皆统于云间书院。⑦

---

① 《清代硃卷集成》第389册，第1页；缪荃孙：《于香草墓志铭》，《碑传集三编》卷34，第189页；《清儒学案》卷184《陶楼学案》，第7130页。

② 同治《苏州府志》卷66《选举八》，第732页；民国《吴县志》卷66下《列传四》，第120页；卷56下《艺文考二》，第931页；《国朝词综补续编》卷4，第1201页；《词综补遗》卷5，第206页；《全清词钞》卷23，第1151页。

③ 《清代硃卷集成》第40册，第4页。

④ 陈宝琛：《葛君云威墓表》，《沧趣楼文存》卷下，《沧趣楼诗文集》，第457页；《晚晴簃诗汇》卷176，第7700页。

⑤ 《清代硃卷集成》第47册，第301页；《晚清佚闻丛考——以戊戌维新为中心》，第13页。

⑥ 《长沙市志》第16卷，第60页。

⑦ 光绪《娄县志》卷7《学校》，第14叶。

【版本序跋】

又名《云间小课》，上中下三卷。题"光绪戊寅（1878）季夏开雕"。

赵佑宸序云：

【略】余初奉命守润州，旧有宝晋书院，毁于兵。余葺而新之，月集其士而课之，激扬诱接，不敢视为具文。士亦争自濯磨，以副余望。如是者六年。及移守松江，稔知此邦为人文渊薮，书院有三：曰云间，曰求忠，曰景贤，视润为尤盛，心益喜。前守江夏杨君，于月课制艺外增设小课，试以杂文词赋，岁凡六课。甫举一课，而杨君去任，余踵行之，月一举焉。又遴其士之尤异者，召而试之官舍，设醴以为敬，分俸以为奖，使人心各尽其所长，亦月一举焉。【略】

光绪四年戊寅岁（1878），署松江府事江苏镇江府知府鄞赵佑宸序。

赵佑宸（赵有淳），见《月湖书院课艺》。

程其珏序云：

【略】厥后忝主濩泽、上党诸书院十余年，诸生之才，美不胜收。而所谓深厚、雄博、清疏者，终戛戛乎其难之。

丙子岁（1876）散授江苏暖城，未受篆而委以古娄事。【略】余愧无才，承乏于兹，恒悚然恐贻固陋之讥。乃承诸君子不我遐弃，每于公余之退，课习文艺，珠联璧合，悦目赏心，始恍然于向之所谓深且厚者若而人，雄且博者若而人，清且疏者若而人。而又得时读郡尊赵粹甫前辈月课之文，益觉置身于太行之巅，疏忽缥缈，千变万化，竟莫得而形容也，于此叹观止矣。日积月累，哀然成帙，因商诸郡尊捐廉合刊。集成，遂为之序。

光绪四年戊寅岁（1878）清和月，署江苏娄县事嘉定县知县豫章程其珏并书。

程其珏（1834—1895），字序东，江西宜黄人。同治三年（1864）举人，十三年（1874）进士，选庶吉士。历官嘉定、娄县、吴江、元和知县，太仓直隶州知州。主修《嘉定县志》、《娄县续志》。①

上海图书馆藏有抄本，内容与刻本相同，抄写版式亦遵原刻，惟缺下卷。又，卷首赵序、程序之前，增夏同善序。夏序云：

【略】丁丑之岁（1877），余同年赵君粹甫自镇江移守此邦，政事余暇，以提唱风雅为事。择邦人之能文者，飨以肴醴，厚以奖赏，程以训诂、声韵、骈散之文，月以为常。复为删润选定若干卷，从其朔称曰《云间小课》。【略】

光绪五年己卯（1879）夏四月，江苏督学使者仁和夏同善。

夏同善（1831—1880），字舜乐，号子松，浙江仁和人。咸丰五年（1855）乡试中式

---

① 光绪《抚州府志》卷44《选举·举人》，第731页；《嘉定县简志》卷32《人物》，第291页。

第 51 名举人，覆试一等第 1 名。六年（1856）会试中式第 17 名，覆试二等第 28 名，殿试二甲第 21 名，朝考一等第 20 名，选庶吉士，散馆授编修。历官右庶子，左庶子，侍讲学士，詹事府詹事，日讲起居注官，兵部、刑部、吏部侍郎。曾主杭州、苏州紫阳书院。谥文敬。①

【课艺内容】

卷上赋 31 题 56 篇，题如《赋赋》、《增广生员赋》、《六经无骑字赋》；卷中杂体文 42 题 73 篇，题如《六宗解》、《项橐考》、《〈毛诗草木虫鱼疏〉非士衡作辨》、《介之推论》、《海防疏》、《拟班孟坚〈循吏传序〉》、《书〈苏文忠年谱〉后》、《戒厚葬文》、《吴中介士郭先生传》、《游小赤壁记》、《拟连珠》、《侏儒赞》、《杨廉夫铁笛铭》；卷下试帖、五排、七排、五古、七古、七律、七绝 62 题 107 篇，古今体诗题如《拟苏文忠〈小圃五咏〉》、《折桂阁怀李忠定》、《白燕庵怀袁景文》、《月饼》、《西施菊　杨妃菊　牡丹菊　桃花菊》、《冬柳》、《蜡梅》。有评点。

【作者考略】

共 236 篇，收录课艺较多者：吴履刚（金山优贡）35 篇，冯颐昌（华亭举人）27 篇，冯端瀍（娄县童生）19 篇，冯端燮（华亭童生）14 篇，凌鹏飞（归安副贡）、王赓飏（府学廪生）12 篇，郭福衡（娄县举人）、张礽宇（娄县童生）、王廷樑（娄县生员）、秦端（奉贤恩贡）10 篇，冯彦昌（娄县职员）8 篇，章耒（娄县拔贡）、陈鼎常（华亭廪生）、沈祥龙（娄县优贡）6 篇，张礽勋（府学生员）、王廷材（娄学生员）5 篇，刘至清（上海生员）4 篇，章士杰（府学生员）、李廷桢、秦震（娄县生员）3 篇。

其他作者一二篇不等：谢希傅（娄学生员）、沈徵耆（娄县童生）、朱镛（娄县廪生）、吴履城（金山廪生）、韩庆（娄县生员）、吴道镕（金山童生）、方莹洁（娄县生员）、姚锡骅（常熟廪生）、秦赞尧（府学廪生）、姚锡瓒（华亭廪生）、韩德麟（华亭生员）、张锡恭（娄县生员）、耿葆清（华亭廪生）、陆文铨（娄县生员）、秦诚（奉贤增生）、朱士祺（府学生员）、王廷栋（娄县佾生）、黄恩煦（青浦廪生）、徐宗驹（华亭生员）、沈光济（青浦生员）。另有赵佑宸拟作 1 篇。作者前标注"杨郡尊正课"、"赵郡尊加课"等。

冯颐昌，见《云间小课》。

郭福衡，见《云间求忠课艺合刊》。

章耒，见《上海求志书院课艺（丙子夏季）》。

沈祥龙，见《上海求志书院课艺（丙子秋季）》。

吴履刚（1833—?），原名履墀，字授书，改字子柔，号梅心，楣辛，金山人。同治九年（1870）中式优贡第 3 名。同治九年、光绪八年（1882）乡试荐卷。历任镶黄旗教习、震泽训导、苏州府学教授、学古堂监院。著有《双倚轩诗集》、《卫乡要略》。②

---

① 《清代硃卷集成》第 19 册，第 93 页；《先考子松府君年谱》，第 493 页。

② 《清代硃卷集成》第 370 册，第 63 页；第 418 册，第 130 页；民国《吴县志》卷 64《名宦三》，第 44 页；《金山县志》第 31 编，第 861 页；第 33 编，第 923 页。

凌鹏飞（1843—?），字福成，号履之，浙江归安人，侨居松江。同治十二年（1873）乡试中式第6名副榜。精医，善绘芦雁，诗古文词尤称淳雅。①

王廷樑（1854—?），原名廷柄，字斗槎，号柱臣，娄县人。光绪十一年（1885）乡试中式第9名举人。官浙江淳安知县。②

秦端（1829—?），又名树端，字华国，号彦华，奉贤人。直隶州州判，候选内阁中书。同治二年（1863）恩贡。③

冯彦昌，娄县人，晋昌（1814—1881）弟。④

王廷材（1857—1899）⑤，原名廷栻，字企张、苣臧，号季达、达斋，娄县人，廷樑（1854—?）弟。肄业龙门书院。光绪八年（1882）乡试中式第131名举人。十五年（1889）、二十一年（1895）会试挑取誊录。历官户部候补员外郎、会典馆校对官。保举道员用，候选知府。二十四年（1898）会试中式第27名，覆试一等第72名，殿试三甲第95名，朝考三等第48名，以员外郎即用。著有《达斋遗文》及算学、舆地著作若干种。⑥

李廷桢（1855—?），字寿荪，号干甫，娄县人。同治十二年（1873）备取优贡第3名。光绪二年（1876）优贡第4名，朝考一等第20名，官丹阳教谕。十五年（1889）乡试中式第19名副榜。⑦

谢希傅，字芷沩，娄县人。附贡。曾随使西班牙、美利坚，后任出使秘鲁参赞。光绪二十九年（1903）官金华知县。著有《归查丛刻七种》。⑧

朱镛（1845—?）⑨，字鹿亭、鹿芩，号笙伯，娄县人。光绪二十二年（1896）恩贡。⑩

吴履城（1846—?），字季璆，号菊舲，金山人，履刚（1833—?）弟。光绪十四年（1888）恩贡第1名。⑪

秦赞尧（1838—?）⑫，谱名树桢，字干臣、舜臣，号庸庵，奉贤人。同治六年（1867）副优贡生，试用训导。光绪五年（1879）岁贡。十四年（1888）官江阴训导。旋以病回松就医，卒于寓。与修《重修奉贤县志》。善书画。⑬

---

①　《清代硃卷集成》第363册，第315页；民国《青浦县续志》卷18《人物四·游寓传》，第5叶。

②　《清代硃卷集成》第172册，第251页；第86册，第5页。

③　《清代硃卷集成》第416册，第365页。

④　《清代硃卷集成》第382册，第349页。

⑤　生卒年据《清代人物生卒年表》，第44页。

⑥　《清代硃卷集成》第171册，第413页；第86册，第1页。

⑦　《清代硃卷集成》第370册，第317页；第359册，第339页。

⑧　《归查丛刻》汪康年序；《金华县志》第14编《政权、政协》，第442页。

⑨　生于道光二十四年十二月初一日，公历已入1845年。

⑩　《清代硃卷集成》第419册，第25页。

⑪　《清代硃卷集成》第418册，第127页。

⑫　生于道光十七年十二月初十日，公历已入1838年。

⑬　《清代硃卷集成》第410册，第69页；光绪《重修奉贤县志》卷首《衔名》，第3叶；民国《江阴县续志》卷14《官师》，第172页。

张锡恭（1858—1924），字希伏，号闻远，娄县人。光绪十一年（1885）拔贡，十四年（1888）举人。先后执教于松江府中学堂、两湖书院。又入礼学馆为纂修官。辛亥后隐居。与曹元忠（1865—1923）、元弼（1867—1953）交最密，同为《礼经》之学。著有《丧服郑氏学》十六卷、《茹荼轩文集》十一卷、《茹荼轩续集》六卷。①

耿葆清（1857—?），谱名垫，字德照，号伯齐、齐贤，华亭人。光绪十一年（1885）拔贡第 1 名。②

王廷栋，廷樑（1854—?）弟，廷材（1857—1899）兄。邑庠生。光绪二十三年（1897）乡试荐卷。③

黄恩煦（1855—?），原名尔澄，字镜涵，号渊甫，青浦人，家麟（1822—1884）子。肄业龙门、南菁书院。光绪十七年（1891）乡试中式第 78 名举人。主讲郡中融斋书院，又经理云间书院及育婴堂事务。著有《扶雅堂诗文杂钞》。④

待考者：冯端灏、冯端爕、王赓飏、张礽宇、陈鼎常、张礽勋、刘至清、章士杰、秦震、沈徵耆、韩庆、吴道镕、方莹洁、姚锡骅、姚锡瓒、韩德麟、陆文铨、秦諴、朱士祺、徐宗驹、沈光济。

12. 蕊珠课艺

【书院简介】

上海蕊珠书院，建于清道光八年（1828），选敬业书院诸生三十六人月课于此。旋以费用不支停课。十五年（1835）重建，十八年（1838）增修，课额增至七十二人。咸丰十年（1860）院驻西兵，毁损大半。同治三年（1864）修复。光绪四年（1878）起附设孝廉课。三十一年（1905）停止课试，组织学务公所，改办师范传习所。⑤

【版本序跋】

未署刊刻年月。张修府序云：

> 蕊珠者，上海书院名也，向惟土著肄业其中。道光丙午（1846）闱前，诸同人别为约课，以广观摩，故他郡邑人咸与也。始事者王君季平，阅卷者桐乡沈晓沧先生，时官海防司马兼主讲也。先生以名孝廉筮仕，数分校秋试，鉴别如神。是课先后凡七，于王问莱师、葛君恪庭有国士之目，予亦忝青睐焉。比阅闱艺，则谓数十人中可操券者，惟问莱师与予。已而果然，遂偕执贽，一时传为佳话。今二十有三年矣。自庚申（1860）夏，乡间遭乱，予家所藏图籍暨生平应试文字，都付煨烬，而课艺庋置行箧，先一岁携之来湘，是区区者殆亦有数存耶？念先生墓草久宿，问莱师、恪

---

① 《清代硃卷集成》第 368 册，第 243 页；曹元弼：《纯儒张闻远征君传》，《茹荼轩续集》卷首，第 142 页。

② 《清代硃卷集成》第 386 册，第 215 页。

③ 《清代硃卷集成》第 86 册，第 5 页。

④ 《清代硃卷集成》第 184 册，第 289 页；民国《青浦县续志》附编，第 4 叶。

⑤ 同治《上海县志》卷 9《学校》，第 33 叶；民国《上海县续志》卷 9《学校上》，第 10 叶。

庭、季平复相继殂逝，其余诸君聚散存殁，渺不相闻，追忆前尘，怆然欲涕。因手加校勘，就当日最为先生激赏者，录而刊之，得时文试帖如左。【略】

同治七年（1868）十一月既望，嘉定张修府序于衢州客次。

张修府（1822—1880），字允六，号东墅、企崖，嘉定人。道光二十六年（1846）乡试中式第73名举人。二十七年（1847）会试中式第4名，覆试二等第50名，殿试三甲第9名，朝考二等第11名，选庶吉士。散馆授检讨，历官永顺、永州知府，代理长沙府。辑有《湘上诗缘录》、《新安诗萃》，著有《小琅环园诗录》、《小琅环园词录》。《晚晴簃诗汇》录其诗10首、《国朝词综补》录其词2首。①

【课艺内容】

制艺19题32篇，试帖诗6题14篇。

附刻闱墨12篇，其中王家亮乡试（道光丙午科）4篇、张修府乡试（道光丙午科）4篇、张修府会试（道光丁未科）4篇。张修府窗稿23篇，其中制艺6篇，为其道光二十四年（1844）、二十五年（1845）间肄业震川书院所作；又制艺2篇，一作于咸丰七年（1857）四月，其时读礼家居，仲弟偕同人会课，因拟作以示之；一为咸丰七年（1857）客武林时拈示沈生砺卿所作，偶忆及之，默写付凌生镜初；试帖诗15篇，乃其佐榷衡郡、摄篆永州时，偶为生徒拈示所作。

【作者考略】

葛学礼、张修府13篇，王家亮11篇，贾履上3篇，王庆均、沈廷寀、曹树耆、徐世荣、周世昌、汪元森1篇。

张修府，见《蕊珠课艺·版本序跋》。

葛学礼（1815—1865），字敬中，号恪庭，上海人。道光二十年（1840）乡试中式第6名副榜。咸丰二年（1852）中式第5名举人。一上春官，荐而不售，以知县注选归。参考《十三经注疏》，多所订正，补阮氏《校勘记》所未及。诗文简古深厚。法兰西人慕其学，以重币聘为彼国义塾师，却之。避乱乡居，自号寄村懒农。著有《释经札记》、《寄村居诗文检存稿》、《寄村居时文》。②

王家亮（1811—？），字采邦，号寅叔、问莱，嘉定人。道光二十六年（1846）乡试中式第11名举人。③

贾履上（1808—1883），字季超，号云阶，上海人。家贫力学，于书无所不窥，尤好宋儒家言。咸丰六年（1856）岁贡，候选训导。澹于仕进，课徒三十年。先后董理善后

① 《清代硃卷集成》第139册，第195页；第14册，第329页；光绪《嘉定县志》卷16《宦迹》，第67叶；民国《嘉定县续志》卷附，第15叶；《晚晴簃诗汇》卷145，第6338页；《国朝词综补》卷47，第424页。

② 《清代硃卷集成》第356册，第31页；第141册，第1页；葛士达：《先府君行述》，《远志斋稿》卷4，第634页；同治《上海县志》卷21《人物四》，第48叶；卷27《艺文》，第3、28、31叶。

③ 《清代硃卷集成》第139册，第69页。

局、团防局事务。光绪七年（1881）与修《松江府续志》。著有《贾氏族谱》、《性理辑要》、《怀新堂集》、《湖山展墓诗》。《国朝词综补》录其词 2 首。《全清词钞》录其词 1 首。①

王庆均（？—1866），字季平，上海人，庆勋（1814—1867）弟。廪贡生。官太仓、崇明训导。工摹篆书。②

沈廷寀，上海人。国子监典簿衔，即选训导。与修《上海县志》。③

曹树耆，字潞斋，上海人。诸生。曾与王韬（1828—1897）共事于墨海书馆。④

待考者：徐世荣、周世昌、汪元森。

13. 蕊珠书院课艺

【版本序跋】

题"山长姚、杨选定"，"甲申（1884）鞠秋苏绍柄书赠"。

山长姚，即姚墉（1826—1890），字邦佐、太福，号芷轩（一作芝轩）、伯勤，镇洋人。肄业安道书院。咸丰十一年（1861）拔贡第 1 名，朝考二等第 6 名。同治九年（1870）乡试中式第 166 名举人。吴棠（1813—1875）、李鸿章（1823—1901）慕其名，争延为子师。历主蕊珠、瀛洲书院。⑤

山长杨，即杨长年（1811—1894）⑥，字健行，号朴庵、西华，江宁人，铨（号衡斋）子。弱冠受业于胡镐（？—1847）。咸丰间避乱至苏，主潘世恩（1770—1854）家教授生徒。后幕游闽浙。同治九年（1870）乡试中式第 78 名举人，年已六十。会试报罢，归主上海敬业、江宁凤池书院。光绪十一年（1885）选授武进教谕，未赴。著有《周易省心录》、《春秋律身录》、《妙香斋集》。⑦

苏绍柄（1852—1925），字莲峰，号稼秋、梦盦，上海人。光绪二十一年（1895）岁贡。曾董理苏州泉漳会馆、上海建汀会馆事，又曾幕游湖北、台湾。后任苏州商会副会长。⑧ 编有《山钟集》（1906 年刊本）。

刘瑞芬序云：

　　敬业书院课艺，余既序而刻之，无乃有聚上海本邑诸生于南园而月课之，为蕊珠书院，于四书文而外，兼课经艺诗赋。

---

① 《清代硃卷集成》第 409 册，第 21 页；民国《上海县续志》卷 18《人物》，第 8 叶；卷 26《艺文》，第 2、3、5、7 叶；《国朝词综补》卷 51，第 467 页；《全清词钞》卷 21，第 1059 页。

② 光绪《松江府续志》卷 25《古今人传》，第 6 叶。

③ 同治《上海县志》卷首《纂修衔名》，第 2 叶。

④ 《表忠录》卷 4，《陈化成研究》，第 109 页；王韬：《与曹潞斋茂才》，《王弢园尺牍》，第 33 页。

⑤ 《清代硃卷集成》第 153 册，第 209 页；民国《上海县续志》卷 9《学校上》，第 10 叶；民国《镇洋县志》卷 9《人物一》，第 95 页。

⑥ 卒于光绪十九年十二月初六日，公历已入 1894 年。

⑦ 《妙香斋集》卷首小传、哀启、行略，第 619 页；《清代硃卷集成》第 151 册，第 365 页。

⑧ 《清代硃卷集成》第 411 册，第 357 页；《上海名人辞典（1840—1998）》，第 152 页。

三代而降，取士之法递变。汉时重郡县贡士，其秀者有若贾董诸贤。唐宋重诗赋，韩苏大儒，皆出其中。至明始用制艺，迄于今不废。前时仪征相国于西湖设诂经精舍，专课诗古文辞，时极称盛。东南之士，咸骎骎乎以好古绩学自励。

夫文，无所谓古今也，得其当而已。得其当，则六艺皆可一贯；不得其当，即一艺亦难名家。第人之寸力，各有所限。工帖括者或拙于声律，讲声律者或短于训诂。春华秋实，鲜克兼之。故于四书文，观其法之正而理之醇也；于经义，观其才之博而说之精也；于诗赋，观其研练之纯而庄雅合度也。不拘一格，不尚兼长，要归于有质有文，相寻根柢，咸知读书稽古之足贵，而空谈浅陋之无益。况上海中外杂处，闻见易纷，苟得一二有志之士，因文见道，则效观摩，邪说诐行之风，不能见惑，经正则民兴，岂不以是哉！

余备兵海上有年矣，今以陈枲江右，膏车行迈，爰就院长姚芷轩先生谋梓课艺。先生精于抉择，共得若干首，付之剞劂。诸生研覃经史，诚益能邃其学力，养其德器，预储明体达用之材，以上盒国家兴贤育才之意，将于斯世必有得也。是则余之所厚期也夫。

光绪八年岁在元默敦牂（1882）中夏之月，布政使衔升授江西按察使分巡苏松太兵备道监督江海关贵池刘瑞芬序。

刘瑞芬（1827—1892），字芝田，号召我，安徽贵池人。诸生，乡试屡不售。入曾国藩（1811—1872）、李鸿章（1823—1901）幕，叙军功以道员分发江苏。累迁两淮盐运使，苏松太道，江西按察使、布政使、巡抚，驻英、俄、法、比等国公使，广东巡抚。著有《养云山庄全集》。①

【课艺内容】

四书文 45 题 71 篇；经艺 38 题 51 篇；赋 13 题 18 篇；试帖诗 14 题 15 首；古今体诗 7 题 7 首，题为《夏日田家杂兴》、《采桑曲》、《画桥》、《烟舫》、《花坞》、《旗亭》、《自鸣钟（七排）》。有评点。每篇作者前皆注明考官姓氏、官职和生徒等级、名次，如"莫邑尊课超等一名"、"刘司马课超等三名"。

【作者考略】

收录课艺较多者：曹基镜 22 篇，王全纲 20 篇，杨德鑅、曹櫼 17 篇，冯纯寿 10 篇，陈锜 9 篇，潘崇福、林曾望、杨德炳 8 篇，潘誉清 5 篇，凌贞铺、刘至顺 4 篇，杜惠炘、陈增棽、曹耀圻、韩文藻 3 篇。其他作者一二篇不等：王增禧、林曾祐、汪锡昌、苏绍基、王宗祐、赵兰、杨振录、沈悦向、孙承鼎、徐琳增、徐颂增、桑芬、艾承禧。

艾承禧，见《上海求志书院课艺（丙子夏季）》。

曹基镜，见《上海求志书院课艺（丙子秋季）》。

王全纲（1853—？），字尽三，号有常、幼裳、勉斋，上海人。光绪二年（1876）乡试中式第 101 名举人。候选教谕。十六年（1890）会试中式第 159 名，覆试二等第 19 名，

---

① 《养云山庄文钞、诗钞》卷首《国史本传》、神道碑铭（缪荃孙撰）、墓志铭（俞樾撰）。

殿试二甲第 59 名，朝考一等第 43 名，选庶吉士。散馆授知县，分发广东，历花县、海丰、增城、乐昌、海阳等县。中年以后，研求医学。①

杨德鏐（1854—1927）②，字仲琪，号耀珊，上海人。光绪五年（1879）乡试中式第 6 名举人。十五年（1889）会试中式第 232 名，殿试二甲第 35 名，朝考二等第 38 名，即用知县。历官四川三台知县，代理潼川知府，历办滇黔永岸、綦岸盐局事务，丁父忧回籍。服阕选授广西博白知县，以亲老告近改安徽泾县。后因病辞归。民国十六年（1927）卒，年七十五。③

曹櫂，字朴廷，骅（1816—?）子，上海人。诸生。承家学，精制艺，从游常数百人。终年教授，无暇著述。邃于经术，《十三经注疏》及《学海堂经解》略能默记。沈秉成（1823—1895）创立诂经精舍，每课试，櫂辄冠其群。龙门书院初建，以性理课士，櫂独不往，曰："程朱以来，大义略明矣。理学贵实践，无取空言也。"其训弟子亦持此论。④

冯纯寿，字南孙，上海人。廪生。生未弥月而孤，母抚育成立，性至孝。善属文，后更潜心理学，及门甚盛。著有《忆宣草堂集》。⑤

陈锜，字稷堂，上海人。附监，奉天补用知县。⑥

潘崇福（1846—?），字同叔，号容之、未梅，上海人。附贡，中书科中书。光绪八年（1882）顺天乡试中式第 77 名举人。与修《上海县志》。著有《妙华居诗稿》。⑦

林曾望，字志姜，上海人。光绪五年（1879）举人。再上春官，荐而未售。考取景山官学教习。大挑二等，以教谕用，未几卒。健于为文，尤长诗赋。曾与徐德杰（字蕙香）、张焕纶（1846—1905/1843—1902）、凌贞铺（字谐石）、徐颂增（字咏梅）结文社。⑧

杨德炳（1854—?）⑨，字伯勤、伯琴，号爱棠、爱堂、霭塘，上海人，德鏐（1854—1927）兄。光绪五年（1879）乡试荐卷，八年（1882）乡试中式第 124 名举人。十二年（1886）会试荐卷，十五年（1889）会试堂备。家居授徒，后选元和训导，未之任卒。⑩

---

① 《清代硃卷集成》第 165 册，第 301 页；第 71 册，第 129 页；《上海名人辞典（1840—1998）》，第 29 页。

② 生于咸丰三年十二月二十五日，公历已入 1854 年。

③ 《清代硃卷集成》第 167 册，第 287 页；第 65 册，第 437 页；《清代官员履历档案全编》第 29 册，第 566 页；民国《上海县志》卷 15《人物下》，第 257 页。

④ 民国《上海县续志》卷 18《人物》，第 38 叶。

⑤ 民国《上海县续志》卷 18《人物》，第 39 叶。

⑥ 民国《上海县续志》卷 17《选举表下》，第 14 叶。

⑦ 《清代硃卷集成》第 117 册，第 41 页；同治《上海县志》卷首《纂修衔名》，第 2 叶；民国《上海县续志》卷 26《艺文》，第 6 叶。

⑧ 民国《上海县续志》卷 18《人物》，第 9、24 叶。

⑨ 德炳为德鏐（1854—1927）兄，此处据朱卷所记生年，当为官年。

⑩ 《清代硃卷集成》第 171 册，第 305 页；第 65 册，第 439 页；民国《上海县续志》卷 18《人物》，第 27 叶。

潘誉清（？—1883），上海人。卒后其妻为之守节。①

凌贞镛，字谐石，上海人。同治五年（1866）鲍源深（1812—1884）岁科连试，贞镛游庠食饩，并在一时，士林传为美谈。杨长年（1811—1894）主讲敬业书院，亟赏其文。乡闱屡荐不售，以恩贡终。②

刘至顺（1844—1909），字简行，号让木，上海人。同治十二年（1873）乡试中式第59名举人。大挑知县，历署甘肃宁夏、张掖县事。补秦安，创设安廉书院。调山丹，擢固原直隶州知州，皆未赴任。乞归后六年卒于家。③

杜惠炘（1842—1892），字仲炎，号紫蓴，上海人。同治九年（1870）乡试中式第56名举人。拣选知县。邃于经史，问字者户常满。一意教育，不与外事。④

曹耀圻（1827—？），字仪逵，号易轩、翊翁，上海人。光绪六年（1880）岁贡中式经元第1名。著有《求志居诗稿》二卷。⑤

王增禧，字鸿伯，号鸿庑，上海人。光绪元年（1875）举人，以大挑知县任直隶抚宁、迁安、卢龙等县。以疾请改教职，任海州学正。勉诸生旧学为体，新学为用。既归，集同志设思济因利局以恤贫穷。著有《雪鸿亭诗钞》。⑥

林曾祐，字佑申，上海人，曾望（字志姜）弟。郡附监生。早卒。⑦

汪锡昌，字拜言，上海人，原籍安徽徽州。邑庠生。肄业龙门书院，后游幕燕蓟，以佐治永定河工保县丞。⑧

苏绍基（1851—？），字印祥，号履生、侣笙、祝民，上海人。光绪二十一年（1895）恩贡第1名，候选直隶州州判。初性卞急，从汪人骥（字逸如）游，涣然以释。继肄业龙门书院，诣益粹。为文夭矫拔俗，字法平原。后入都谒选，遘疾归，卒。⑨

杨振录（1862—1917），字伟才，号味吟，上海人，德炳（1854—？）、德鑅（1854—1927）从侄。光绪十五年（1889）乡试中式第163名举人。大挑二等，授教职。宣统三年（1911）任徐汇公学教习。著有《古梅书屋遗稿》。⑩

沈悦向（1851—？），字葵若。诸生。⑪

徐琳增，字竹邻，上海人。邑增生。好学深思，为文独抒心得，敬业院长钟文烝（1818—1877）最相刮目。中年研精《说文》，深通训故，尤爱《离骚经》，常痛饮读之。⑫

---

① 民国《上海县续志》卷18《列女二》，第71叶。
② 民国《上海县续志》卷18《人物》，第40叶。
③《清代硃卷集成》第157册，第279页；民国《上海县续志》卷18《人物》，第30叶。
④《清代硃卷集成》第151册，第83页；民国《上海县续志》卷18《人物》，第37叶。
⑤《清代硃卷集成》第410册，第131页；民国《上海县续志》卷26《艺文》，第6叶。
⑥ 民国《上海县续志》卷18《人物》，第17叶。
⑦ 民国《上海县续志》卷18《人物》，第24叶。
⑧ 民国《上海县续志》卷20《艺术》，第6叶。
⑨《清代硃卷集成》第418册，第243页；民国《上海县续志》卷18《人物》，第44叶。
⑩《清代硃卷集成》第182册，第235页；《法华乡志》卷6《游寓》，第231页。
⑪《名人与南翔》，第83页。
⑫ 民国《上海县续志》卷18《人物》，第9叶。

徐颂增，字咏梅，上海人，琳增（字竹邻）弟。才气倜傥，善诗古文词。屡荐未售，以恩贡终。①

桑芬，字诵先，上海人。附贡。浙江永嘉县西溪巡检。②

待考者：陈增㭬、韩文藻、王宗祐、赵兰、孙承鼎。

14. 云间四书院新艺汇编

【书院简介】

云间四书院者，云间、求忠、景贤、融斋。云间书院，见《云间书院古学课艺》。求忠书院，见《云间求忠课艺合刊》。景贤书院，见《云间郡邑小课合刻》。刘熙载（1813—1881，号融斋）卒后，龙门诸弟子公建祠于松江郡城，郡守陈遹声（1846—1920）就祠旁建书院以志不忘，是为融斋书院。③

【版本序跋】

又名《云间四书院课艺精华类编》，扫叶山房石印本。娄县姚肇瀛编，自序云：

> 今夫人才如此其众也，不聚之无以收栽培之效，此书院之所以立也。然聚而不散，虽足为朋友讲习之一助，而不能广其教育之功，此课艺之所以必分校也矣。既由散而聚，复由聚而散，揆诸天地，循环之理，将又有不能不复聚之势，此《课艺菁华》之所由编也。

> 茸城书院之设，由来已久。曰云间，曰求忠，曰景贤，向课八股者也；曰融斋，向课经史性算者也。现遵功令，概以策论课士，而融斋则仍其旧。其中英才卓荦之文固不少，积之久而杰构如林，佳什成列。设无人以取其菁华，去其渣滓，集大成以荟萃之，付梨枣以广流之，使天下有目之人欣然共赏，不特不足以壮都人士之色，抑亦非设立书院之初意，而负作者之苦心也哉。

> 爰集同人，精心搜括，取纯粹以精者汇而编之，类凡八，篇凡五百，历四月而成。余既集是编，因感夫聚必有散，散必有聚，此盖天道之常，亦气运自然之理。今日者由散而聚之，他日是编出而问世，将见家置一编，人储一帙，则又由聚而更成散之之势，此固余所拭目以俟之者也。于是乎书。

> 光绪壬寅（1902）季冬之月，娄县姚肇瀛自叙。

姚肇瀛（1849—？），字瀛声，号松泉、崧泉，娄县人。同治十二年（1873）乡试中式第179名举人，覆试一等第33名。光绪十二年（1886）会试中式第11名，覆试一等第36名，殿试二甲第35名，朝考二等，授刑部主政。松江府中学堂创办人之一。④

---

① 民国《上海县续志》卷18《人物》，第9叶。
② 民国《上海县续志》卷17《选举表下》，第12叶。
③ 民国《续修兴化县志》卷13之1《列传》，第610页。
④ 《清代硃卷集成》第159册，第113页；第56册，第365页；《上海近代教育史》，第631页。

【课艺内容】

凡8类：讲义、论辨（上中下）、策问（上下）、考证、说、解、杂著、算学，约500篇。有评点。

【作者考略】

是集作者众多，且印制不甚清晰，兹从略。

通州直隶州

15. 崇川紫琅书院课艺

【书院简介】

通州紫琅书院，建于清乾隆三十一年（1766）。嘉庆、道光、同治间多次重修。光绪二十八年（1902）在院址筹建高等小学校，三十一年（1905）建成。①

【版本序跋】

题"嘉庆庚辰年（1820）镌"，"本院藏板"，"山长吴云士先生选定"。

吴鸣镛，字云士，吴江人。少以孝友称于里。嘉庆五年（1800）举人。官安徽六安训导，在任十年，卒于官。②

吴鸣镛序云：

> 忆自壬申（1812）岁忝摄紫琅讲席，越今六载，每年大小课约二十余次。每课必有赏心之作，珣玕竹箭，茂矣美矣。先是吾师唐陶山夫子莅是州，听政之暇，日进文士埏埴之，按季捐廉加课，口讲指画。并选刻《崇川课艺》，奖其已能，勉所未至。虽父兄师长之循循亹亹，无以加兹。
>
> 镛初承夫子命来通，犹听夕面奉训言，以为多士劝。诸同人猥以薪传有自，谬许识途，谭艺数年，交孚如一。【略】书院生童并课，兹所选，生居其七。童试中典雅流动，足以医庸钝而利场屋者，亦并登之。采录稍宽，窃附善善从长之意。此外尚有遍访原稿未得者，不能无遗憾焉。【略】
>
> 嘉庆二十三年岁在丁丑（1818）仲冬下浣，吴江吴鸣镛书于墨纱池西偏讲舍。

唐仲冕序云：

> 【略】江南通州，为人文薮。昔余承乏兹土，爱其风俗淳美，多士舒翘。父兄之教先，子弟之率谨，学校间龂龂如也。公余之暇，常诣紫琅书院，与诸生讲学论文，为分廉以佐膏火。维时张涵斋侍读主讲多年，共敦实学，即两斋司训及绅耆董其事

---

① 《南通市志》卷63《教育》，第2060、2068页。

② 《垂虹识小录》卷9，第498页；同治《六安州志》卷20《职官志五》，第330页。

者，敬襄文教，无不共恪。爰相与搜罗课艺，刊定一编，以为多士观摩助，时己巳（1809）夏六月也。岁壬申（1812），通家吴云士孝廉来就讲席，每评骘课文，讲明书旨，辄请正于余，所见无不吻合。诸生请业者，争先薰炙以为快。固知槐市中必能誉髦斯士也。

洎丁丑（1817）冬，余权江苏臬事。云士自通来谒，袖所选课艺二集相质。阅其文，理真法密，出入经史，不拘一格，而要以醇正为归。合前刻参观之，足征砥砺功深，文风日上。从兹精益求精，以学养并优之诣，成体用兼备之才，则五琅灵淑所钟，岂仅科名鼎盛而已哉！【略】

嘉庆二十有三年岁次戊寅（1818）夏六月既望，善化陶山唐仲冕书于江苏臬司官舍。

唐仲冕（1753—1827），字六枳，号陶山，湖南善化人。乾隆五十八年（1793）进士。历官江苏荆溪知县、通州知州、福建福宁知府、河库道、按察使、陕西布政使、巡抚。著有《陶山诗录》、《陶山文录》。《晚晴簃诗汇》录其诗 13 首。《国朝文汇》录其文 5 篇。①

【课艺内容】

皆四书文，凡《论语》79 题 127 篇，《学》、《庸》21 题 33 篇，《孟子》23 题 31 篇，《补编》5 题 6 篇。有评点。评点偶有缘情之笔，如张丽炎《未之能行》评语："思清笔健，最得题情。张生性情纯笃，资识过人。绩学能文，名闻郡邑。余方以大成期之，而所如辄阻，不得志于时。英年遽别，士林惜之。遗稿甚多，聊登一二，以志瓣香云。"王嶒《季康子问仲由　一章》评语："落落词高，飘飘意远，足征怀抱不凡。生孤寒力学，早岁能文，决为远到之器。乃食饩未果，修文遽召。岂真有才无命耶？览遗篇，为之出涕。"

【作者考略】

共 197 篇，其中：李炳元（冠三、越渚）14 篇，王广廕 7 篇，丁维璘 6 篇，王翊清（凤沼）、张应方、顾鸿 5 篇，李杰、崔景韶、保大章（印卿、王清）、胡沄、孙廷椿（漆庄、景江、泳庄）、孙廷琛（弯□）4 篇，胡福、刘煦、宋调元、杨金兰、马宝学、徐会曾、徐宗幹（伯桢）、汪道存、谢载坤、徐锡淳 3 篇，孙长达（仪堂）、王锡恩、冯泰、孙步瀛、许士廉、孙炳乾（杏苑）、姜长卿、陶云鸿、张丽炎、周金枝（捷郜）、徐恩普（覃甫）、王清寅、孙廷奎、袁斯均（思能）、保凤诏、保云桂（香岩）、唐澍（湛渊）、孙金鳌、孙文峰（廉泉）、保景韶、孙廷光、陈兆馨（芝圃）、顾鹤、徐奎曾、管煦、丁鹿寿 2 篇，汪道淳、孙焕乾（雨芗）、蒋兆芹、保云章（辅文）、王锡奎、徐攀桂、陈燮堂（雪□）、王嶒、汪道阶、保宗灢（晓园）、李长清（西垣）、朱绂、保汾、孙超、王家弼、杨毰（□斋）、王金铬、顾繻、马式桐（木斋）、杨光泮、孙廷珪、李淦、汪道全、

---

①　英和：《诰授通奉大夫护理陕西巡抚陕西布政使司布政使唐公神道碑铭》，《续碑传集》卷 21，第 185 页；《晚晴簃诗汇》卷 180，第 4615 页；《国朝文汇》乙集卷 54，第 2171 页。

马宝贤、韩履成、王廷桢、凌学浩、马宝勋、袁龙光、徐怀祖、张雪松、丁元俊、顾绍光（一作"顾绍先"）、王锡昌、潘祎曾、丁元节、孙懋萱、保文炳、郑茂豫（鹿辀）、陈长瀁（靓澜）、冯爔、孙维桢、钱庭熊、李荣、王广仁、保汇清、王浚（濬之）、管笃、田硕庭（稼轩）1篇。正文作者姓名后间标字号。姓名前间标"唐太尊课"、"吴山长会课"等。

李炳元。静海李炳元，字亭午，晚号味梅居士，寓居如皋，庠生，文品高卓，以书画名家。① 未知是否即此人。

王广廕（？—1852）②，字爱棠，一作蔓棠，通州人。嘉庆十八年（1813）举人。道光三年（1823）榜眼，授编修。历官日讲起居注官，国子监司业、祭酒，司经局洗马，翰林院侍讲、侍读、侍讲学士、侍读学士，詹事府詹事，顺天学政，内阁学士，礼部、工部、户部侍郎，都察院左都御使，工部尚书。谥文慎。著有《集益斋稿》四卷附家塾课艺一卷。③

丁维璘，字润之，葆蕃，通州人，元正（1798—？）叔。廪贡，候补训导。嘉庆十二年（1807）、十五年（1810）、道光十四年（1834）房荐。游京师，倦归。耿介绝俗，请业者恒敬礼之。④

王翊清，字凤沼，通州人。道光十二年（1832）举人，十六年（1836）进士。十八年（1838）选授徐州府教授。⑤

张应方，字矩成，通州人。道光七年（1827）岁贡，十五年（1835）举人。沉着为文，与之游者率发闻乡里。⑥

顾鸿，字羽逵，通州人。道光九年（1829）岁贡。有至性，家既落，以舌耕赡甘旨。学博才敏，顷刻千言。生平不谀佛，不拘形家言，清言隽旨，卓绝一时。著有《耕余堂集》八卷。⑦

李杰，通州人。道光十四年（1834）举人。⑧

保大章，字印卿，通州人。贡生。《国朝词综补》录其词1首。《全清词钞》录其词1首。⑨

---

① 同治《如皋县续志》卷9《列传二·寓贤》，第42叶。

② 卒于咸丰元年十二月，公历已入1852年。

③ 光绪《通州直隶州志》卷12《人物志上·名臣传》，第560页；《清国史》第9册本传，第675页；《江苏省通志稿·选举志》卷13，第293页；《江苏艺文志·南通卷》，第150页。

④ 《清代碨卷集成》第137册，第340、342页；光绪《通州直隶州志》卷13《人物志下·文苑传》，第630页。

⑤ 《大清缙绅全书·道光二十年冬·江苏省》，第22叶；《江苏省通志稿·选举志》卷13，第300页。

⑥ 光绪《通州直隶州志》卷13《人物志下·文苑传》，第630页；《江苏省通志稿·选举志》卷22，第670页；卷13，第302页。

⑦ 光绪《通州直隶州志》卷13《人物志下·文苑传》，第630页；卷16《艺文志》，第810页；《江苏省通志稿·选举志》卷22，第670页。

⑧ 《江苏省通志稿·选举志》卷13，第301页。

⑨ 《国朝词综补》卷16，第140页；《全清词钞》卷17，第836页。

胡沄，通州人。道光元年（1821）举人。①

宋调元，通州人。嘉庆二十三年（1818）副贡。②

徐会曾（1787—?），字沂舫，通州人。嘉庆二十一年（1816）优贡。声名藉甚，顾寿不丰，时论惜焉。著有《沂舫遗稿》。③

徐宗幹（1796—1866），字伯桢、树人，通州人。嘉庆二十四年（1819）举人，二十五年（1820）进士。历官山东曲阜、武城、泰安知县，高唐、济宁知州，四川保宁知府、川北道，福建汀漳龙道、台湾道、按察使，浙江按察使、布政使，福建巡抚，兵部侍郎。谥清惠。著有《斯未信斋文编》、《斯未信斋诗录》，辑有《瀛洲校士录》。《晚晴簃诗汇》录其诗五首。④

王锡恩，通州人。咸丰九年（1859）贡生。⑤

姜长卿，通州人。有《崇川竹枝词》一百首，成于道光十年（1830）。⑥

袁斯均，字春塘，通州人，陈炎（字蔚云）婿。学于陈炎，得其神髓。嘉庆二十三年（1818）以廪生举乡试。⑦

保凤诏，通州人。道光十九年（1839）贡生。⑧

孙廷光，字斗垣，通州人。廪生。操履端洁，勖子弟必以礼。与人交，事无巨细，一颔之，无中沮者，人拟之季布一诺。⑨

顾鹓，字宸班，号巢云居士，通州人。廪生。著有《凤芝集》、《芳润集》、《鸣盛集》、《行远集》、《经解集》、《律赋荟新》、《紫琅诗话》。⑩

徐奎曾，通州人。嘉庆二十三年（1818）举人。⑪

丁鹿寿，字苹野，通州人。嘉庆二十四年（1819）举人。道光间官湖北广济知县。作育人才，每课士亲为评骘。修建考棚，率诸生董其事，不数月告成，邑人乐得庇荫焉。著有《静海乡志》、《海门县志》。⑫

---

①　《江苏省通志稿·选举志》卷 13，第 294 页。

②　《江苏省通志稿·选举志》卷 22，第 648 页。

③　民国《南通县图志》卷 19《列传一》，第 228 页；《江苏省通志稿·选举志》卷 22，第 648 页。

④　吴大廷：《兵部侍郎福建巡抚清惠徐公墓志铭》，《小酉腴山馆文集》卷 11，第 781 页；《清史列传》卷 49《大臣画一传档后编五》，第 78 页；《晚晴簃诗汇》卷 128，第 5528 页。

⑤　《江苏省通志稿·选举志》卷 23，第 678 页。

⑥　《竹枝纪事诗》，第 204 页。

⑦　《江苏省通志稿·选举志》卷 13，第 296 页；光绪《通州直隶州志》卷 13《人物志下·文苑传》，第 629 页。

⑧　《江苏省通志稿·选举志》卷 22，第 670 页。

⑨　光绪《通州直隶州志》卷 13《人物志下·义行传》，第 611 页。

⑩　光绪《通州直隶州志》卷 13《人物志下·义行传》，第 611 页；《江苏艺文志·南通卷》，第 134 页。

⑪　《江苏省通志稿·选举志》卷 13，第 294 页。

⑫　光绪《黄州府志》卷 13《秩官传》，第 502 页；《江苏省通志稿·选举志》卷 13，第 295 页；《静海乡志》卷首、民国《海门县志》卷首。

保云章，通州人。道光十八年（1838）贡生。①

徐攀桂，通州人。曾与孙超（1793—1866）结词社。②

孙超（1793—1866），字崧甫，号青居士，通州人。道光十五年（1835）举人，十八年（1838）进士。官顺天曲周、宁河知县，蓟州知州，以疾解职。行无崖岸，多辩才，喜为今时文。主讲渔阳书院，谈艺家服其敏给。曾精抄《红楼梦》120回本，并加评点。著有《秋棠吟榭诗余》六卷。《全清词钞》录其词1首。③

王金辂，通州人。道光二十一年（1841）贡生。④

顾繻，字仪卿，通州人。少与弟缙切劘于文，并卓绝侪偶。缙魁嘉庆十八年（1813）乡试，后十九年，繻始中式道光十二年（1832）举人。繻授学多掇巍科，年九十六乃卒。⑤

李淦，通州人。道光二十三年（1843）举人。⑥

王廷桢，通州人。嘉庆二十四年（1819）举人。⑦

凌学浩，字孟传，通州人。道光十五年（1835）岁贡。性端朴，喜汲引后进。⑧

丁元俊，通州人，元正（1798—?）堂弟。庠生。道光十九年（1839）房荐。⑨

丁元节，字桂岩，通州人，元正（1798—?）弟。道光二年（1822）、八年（1828）房荐。二十四年（1844）贡生。⑩

冯爔（"爔"一作"曦"），通州人。嘉庆十八年（1813）拔贡，道光五年（1825）举人。⑪

孙维桢，通州人。嘉庆十八年（1813）副贡。⑫

王广仁，通州人。道光十二年（1832）举人。⑬

余皆待考。

---

① 《江苏省通志稿·选举志》卷22，第670页。

② 查紫阳：《晚清词社知见考略》，《中国韵文学刊》2010年第2期，第82页。

③ 光绪《通州直隶州志》卷12《人物志上·宦绩传》，第580页；《江苏艺文志·南通卷》，第145页；《近代词人考录》，第27页；《江苏省通志稿·选举志》卷13，第302页；《全清词钞》卷22，第1078页。

④ 《江苏省通志稿·选举志》卷22，第670页。

⑤ 光绪《通州直隶州志》卷13《人物志下·文苑传》，第630页；《江苏省通志稿·选举志》卷13，第300页。

⑥ 《江苏省通志稿·选举志》卷13，第305页。

⑦ 《江苏省通志稿·选举志》卷13，第295页。

⑧ 光绪《通州直隶州志》卷13《人物志下·文苑传》，第630页；《江苏省通志稿·选举志》卷22，第670页。

⑨ 《清代砵卷集成》第137册，第340页。

⑩ 光绪《通州直隶州志》卷13《人物志下·文苑传》，第630页；《江苏省通志稿·选举志》卷22，第670页；《清代砵卷集成》第137册，第340页。

⑪ 《江苏省通志稿·选举志》卷22，第648页；卷13，第298页。

⑫ 《江苏省通志稿·选举志》卷22，第648页。

⑬ 《江苏省通志稿·选举志》卷13，第300页。

太仓直隶州

16. 娄东书院小课

【书院简介】

太仓娄东书院，建于清乾隆十七年（1752）。嘉庆、道光间屡经修葺，咸丰十年（1860）毁。光绪二年（1876）重建，三十一年（1905）改为高等小学堂。①

【版本序跋】

题"己丑年（1829）"，"嘉定庄东来子涵选，在院肄业诸子同校"。

庄东来序云：

【略】凡得赋若干篇，后附杂文及古今体诗，其制不同，要在各当体裁，亦犹论赋之意也。刻既竣，因志之卷端。时道光九年岁在己丑（1829），练川庄东来书。

庄东来，嘉定人。嘉庆三年（1798）举人。娄东书院山长。②

【课艺内容】

赋23题37篇，题如《沧江风月楼赋》、《诗杂仙心赋》、《红梅赋》、《水仙赋》、《雪夜访戴逵赋》；杂文14题17篇，题如《南宋张魏公论》、《春水船记》、《烟波钓徒赞》、《张天如先生〈汉魏百三家〉跋》；古今体诗17题27篇，题如《题褚河南〈枯树赋〉后》、《广寒宫霓裳舞歌》、《咏萤》、《访七录斋遗址》、《雁来红》、《冬日田园杂兴》。有评点。

【作者考略】

共81篇，其中：杨敬傅14篇，胡朝缙10篇，胡朝绶9篇，周元鉴7篇，周元鉁6篇，蒋枚、徐春祺4篇，吴逢甲、萧应麒、张培基、陆廷璜3篇，徐在镕、胡朝纶、金超曾、毕鉝珍2篇，萧家相、李兆荣、李兆杨、吴嘉锡、胡熊、孔毓桂、祝汝栋1篇。

杨敬傅，字艮生，号师白，镇洋人，云璈（字钧再）子。咸丰十年（1860）恩贡。诗词骈文不坠家法，兼擅翎毛花卉，卒年六十。著有《诗盦庵集》、《武林鸿雪》、《杨师白先生杂著》、《眉影词》、《春水船词》。《词综补遗》录其词5首。《全清词钞》录其词2首。③

---

① 宣统《太仓州镇洋县志》卷12《学校下》，第141页；卷4《营建》，第46页。
② 宣统《太仓州镇洋县志》卷12《学校下》，第143页。
③ 宣统《太仓州镇洋县志》卷25《艺文》，第471、488、491页；民国《镇洋县志》卷9《人物一》，第91页；《清人别集总目》，第729页；《词综补遗》卷48，第1805页；《全清词钞》卷21，第1050页。

蒋枚，镇洋人。道光二十八年（1848）贡生。①

徐春祺（1811—?），镇洋人，元润（1787—1848）子。②

吴逢甲，镇洋人。咸丰三年（1853）官吴县教谕、训导。又曾官江宁训导。③

萧应麒，镇洋人。诸生。同治元年（1862）举孝廉方正。④

金超曾，镇洋人。诸生。同治元年（1862）举孝廉方正。⑤

李兆荣（1818—?），字企瑶，号戟门、菊侬，镇洋人。道光十九年（1839）乡试中式副榜第4名。咸丰元年（1851）乡试中式第34名举人。⑥

李兆杨，镇洋人，兆荣（1818—?）兄。廪生。道光十九年（1839）乡试荐卷。⑦

胡熊，镇洋人。咸丰元年（1851）恩贡。⑧

余皆待考。

17. 当湖书院课艺

【书院简介】

嘉定当湖书院，建于清雍正初，原名兴文书院。乾隆二十年（1755）更名应奎书院，三十年（1765）以陆陇其（1630—1692）曾宰斯邑，更名当湖书院。咸丰十年（1860）毁于兵，同治三年（1864）重建。光绪二十八年（1902）改为嘉定小学堂，三十一年（1905）改为嘉定高等小学堂。⑨

【版本序跋】

题"同治戊辰（1868）开雕，本院藏板"，"嘉定城内东坡桥东首高见山刻印"，"山长张浩养梧选"。

张浩（1811—1870），原名承楷，字瀚甫，号少渊、养梧，嘉定人。道光十九年（1839）乡试中式第47名举人，例选兵部主事。咸丰末避乱来崇善。工诗文，尤精制艺。邑人延主瀛洲书院。越数年病归。⑩

汪福安序云：

---

① 宣统《太仓州镇洋县志》卷10《选举》，第172页。

② 《徐秋士先生自订年谱》，第339页。

③ 同治《苏州府志》卷57《职官六》，第565、566页；宣统《太仓州镇洋县志》卷10《选举》，第184页。

④ 宣统《太仓州镇洋县志》卷10《选举》，第179页。

⑤ 民国《镇洋县志》卷6《选举》，第66页。

⑥ 《清代硃卷集成》第140册，第129页。

⑦ 《清代硃卷集成》第140册，第132页。

⑧ 民国《镇洋县志》卷6《选举》，第63页。

⑨ 吴义：《当湖书院》，《嘉定文史资料选辑》第1辑，第220页；《嘉定县简志》卷24《教育》，第197页；《上海通志》卷35《教育》，第4829页。

⑩ 《清代硃卷集成》第136册，第419页；民国《崇明县志》卷12《人物志·儒林》，第59叶；《历代名人生卒年表　历代名人生卒年表补》，第558页。

癸亥（1863）冬，余摄篆嘉邑。时流亡未归，莱芜未辟，城池淹圮，廨舍瓦砾。屏力骤膺斯任，惴惴惟恐不胜。与绅董诸君朝夕擘画，相其缓急先后而图之。再阅岁，乃粗有成。念士者，四民之首，士心集则民心归，士气和则民气洽。因于下车之初，首葺书院，措膏火，延请钱又沂广文、张养梧驾部先后主讲其间，每月两课。士之失业者既归，民之散四方者亦渐安集。善后诸政，乃能次第举行。

嘉邑素尊理学，尚经术，为东南望邑。其制义亦有典有则，守先轨而不忤时趋。巍科显仕，接踵而起。甲子（1864）、丁卯（1867）两乡闱列名者，累累如贯珠，亦宰斯土者之光也。今秋奉檄调篆平江，匆匆与嘉人别。念自开课以来，已历五稔，佳文林立，未经选刻，于衷□然。因请驾部选择付梓，不没作者苦心，使后起者有所激发，于教育未始无裨。若夫理学、经术与制义相表里者，此邦之士童而习之，各有渊源。由制义而进求之，所造就益远大，固不俟余之喋喋也。

同治七年岁次戊辰（1868），皖怀汪福安撰并书。

汪福安（1826—?），字耕虞，一作耕余，安徽怀宁人。监生。同治二年（1863）官嘉定知县。四年（1865）、十年（1871）官常熟知县。[1]

又有同治七年（1868）张浩序。

【课艺内容】

《大学》13 题 17 篇，《论语》59 题 86 篇，《中庸》8 题 11 篇，《孟子》37 题 46 篇。有评点。

【作者考略】

共 160 篇，其中：葛家善 11 篇，杨震福 10 篇，叶声骏、王锺福 9 篇，秦锡元 7 篇，陈庆甲 6 篇，严肇祥、杨恒福 5 篇，陆乃勋、赵裁、严启祥、吴甘泉 4 篇，张曰礼、钱元汾、黄宗起、朱元辅、汪寿椿、程嘉树 3 篇，秦善祥、浦昌祺、黄宗善、严应霖、戴锡全、王庆林、施恩绶、周曰寿、李金声、章光第、朱维璋、管廷祚、吴邦升、汪兴诗 2 篇，诸维铨、庄其渊、王来均、周曰桢、施诵芬、朱书桂、王灏、徐恩泰、李子清、唐泰、赵愉、童以谦、钱同升、甘麟书、徐鄂、朱近仁、周曰簹、施荣鼎、朱应麐、姚增荣、周保璋、汪驦、朱沄、张乔云、陈承福、汪致汤、秦善贻、王遵路、罗崇纶、张文钧、吴焯、蔡春勋、黄世荣、印孝培、周保珪、李宸凤 1 篇。正文中作者前标注"汪邑尊课超等三名"、"张山长课上取一名"等。

葛家善（1827—?），字迁甫、积之，号选楼，嘉定人。同治六年（1867）乡试中式第 261 名举人。选授高邮州学正，以课士精勤为务。监司拟以卓异保知县，终以不谙吏治辞。少负文名，晚益精深渊博，卓然成家。[2]

杨震福，字子勇、声伯，嘉定人。岁贡生。少有大志，博览群书，尤熟于当代掌故，并留心邑中文献。光绪四年（1878）知县程其珏（1834—1895）修县志，延为纂修兼总

---

① 《李鸿章全集》2《奏议二》，第 133 页；光绪《重修常昭合志》卷 19《职官》，第 278 页。

② 《清代硃卷集成》第 149 册，第 299 页；民国《嘉定县续志》卷 11《人物志·宦绩》，第 5 叶。

校，志成半出其手。为文博大昌明，原本经术，晚年尤纯粹。卒年七十一。著有《五经集解》、《依韵求母》、《六书启蒙》。①

叶声骏，字文禄、问麓，嘉定人。增贡生，候选训导。工制艺，乡先达多延为宾师，从游者甚众。没之前安排身后事宜，作自挽联云："身存何乐，身没何悲，迭厤甫辛老去，方知禅味好；吾年愈增，吾友愈少，早周花甲归休，已较故人迟。"卒年六十五。②

王锺福，字树百，宝山人。弱冠以州试第一补诸生，旋遭战乱，奉母沙居。事平归里，益下帷攻苦，院试辄列高等，遂饩于庠，文名噪甚。杨臣谔（1796—1877）、张鼎生（字铭甫）先后延主家塾，教授务尽其材，四乡之闻风请业者踵相接。晚年专心施济，不计酬报。卒年五十八。③

秦锡元，字善生，嘉定人。光绪十年（1884）岁贡，候选训导。工制艺，出笔敏捷，能俄顷成篇。授徒三十年，门下甚盛，远至浙闽皖粤，多有负笈而来者。性孝友。管理宾兴、公车、义学等款，均殚心为之。他如脱骖、惜字、放生等会，亦竭资赞助。年六十七卒。④

陈庆甲（1840—1879），本姓胡，字稚葵，号补愚，嘉定人。未弱冠游庠，寻食饩。因继娶昆山王氏，遂移家焉。擅诗古文词，为士林推重，每试必前列。授徒讲学，时称名师，凡游其门者皆视如骨肉。体素弱，中年得怔忡症。秋试五荐。同治九年（1870）、十二年（1873）两试几命中，以微疵黜，人尤惜之。卒年四十。同治元年（1862）被掳至金陵，作《望甦吟草》、《金陵纪事诗》；明年逃回，作《来复吟草》、《寸阴室吟稿》、《代琴小咏》，语多悲感，统名之曰《补愚诗存》。⑤

杨恒福（1830—1906）⑥，字行芬、月如，号玉铭，晚号云岫退叟，嘉定人。与兄震福（字子屩）并以能文名，与葛起鹏（1833—1903）、王文思（1831—1886）齐名，有三才子之目。同治三年（1864）乡试中式第82名举人。办理团练善后，叙功保盐大使。选授云南阿陋井大使，兼署定远知县。旋引疾归，主讲当湖书院二十余年。著有《阐幽录》八卷、《修志备采》一卷、《杨氏清芬录》一卷，以及《云岫退庐文稿》、《玉铭诗稿》、《南旋记略》。⑦

陆乃勋，字伯鸿，嘉定人。光绪八年（1882）举人。官金坛教谕。⑧

赵裁，字养甫，嘉定人。岁贡生，候选训导。庚申（1860）兵燹后，满目疮痍，裁偕其师张浩（1811—1870）请于大吏，设留养局，全活甚众。诗文根柢大家，学使童华

① 民国《嘉定县续志》卷11《人物志·文学》，第13叶。
② 民国《嘉定县续志》卷11《人物志·文学》，第20叶。
③ 民国《宝山县续志》卷14《人物志·德义》，第767页。
④ 民国《嘉定县续志》卷11《人物志·文学》，第22叶。
⑤ 王德森：《陈稚葵先生事略》，《补愚诗存》卷首，第543页；民国《嘉定县续志》卷11《人物志·文学》，第21叶；卷12《艺文志》，第7叶；民国《昆新两县续补合志》卷15《游寓补遗》，第475页。
⑥ 生卒年据《清代人物生卒年表》，第254页。
⑦ 《清代硃卷集成》第144册，第31页；民国《嘉定县续志》卷11《人物志·文学》，第15、17叶；卷12《艺文志》，第2叶。
⑧ 民国《嘉定县续志》卷10《选举志》，第1叶。

（1818—1889）奇赏之。年逾七十卒。①

吴甘泉，字醴生，号少客，嘉定人。咸丰三年（1853）恩贡。精通易理，旁及阴阳术数。喜培植后进，亲戚子弟之贫不能自立者，辄饮食教诲之。为人和蔼谦谨，乡里称耆德。卒年六十八。②

张曰礼，字伯春，嘉定人。光绪十年（1884）恩贡。③

钱元汾，嘉定人，庆曾（1809—1870）子。与诸兄并以通小学、工篆隶世其家。分纂光绪《嘉定县志》。④

黄宗起（1831—1897），字韩钦、霞城、懒霞，自号盟树生，晚号止盦，嘉定人。同治十二年（1873）乡试中式第 3 名举人。主震川书院垂三十年，评定课艺，士皆心服。主湖南沅州秀水书院，不期年而士风丕变。历佐张树声（1824—1884）、王文韶（1830—1908）桂林、长沙抚幕。不屑以科名求仕进，而专务根柢之学。古文出入史汉，古今体诗俯视宋元，精医理，兼擅书画，而山水尤在大痴、石谷之间。分纂光绪《嘉定县志》。著有《知止盦文集》四卷、《知止盦文集补遗》一卷、《知止盦诗录》六卷《知止盦诗录补遗》一卷、《知止盦诗录续补遗》一卷、《知止盦诗余》一卷、《知止盦笔记》三卷、《课孙书诀》一卷、《训学箴言》，辑有《弃物治病方汇编》一卷。《词综补遗》录其词 1 首。⑤

黄宗善，嘉定人，宗起（1831—1897）从弟。邑庠生。光绪十一年（1885）参与发起养济院。⑥

施恩绶，字伯纡，宝山人。少受业于李江秀（字庚春）之门，江秀深器之，妻以女。咸丰六年（1856）补诸生第一。翌年科试仍列首选，补增生。性闲散，工诗，围棋尤精绝。⑦

李金声，字子宣、眸云，嘉定人。诸生。天才敏捷，县试赋竹枝词百首，顷刻立就，邑令汪福安（1826—?）拔置第一。性孝友，母疾，衣不解带者累岁。少师事族父吟香，没无后，为之经纪其丧，岁时奉祀之。教授里中，从游者甚众。卒年六十三。著有《嘉树堂遗稿》。⑧

章光第，字杏初，嘉定人。增贡生，选授阳湖训导。⑨

管廷祚（1841—1897），字永伯，号琴舫，嘉定人。同治六年（1867）乡试中式第 17 名举人。大挑二等，选泰州学正。工书法，喜饮酒。⑩

————————

①　民国《嘉定县续志》卷 11《人物志·文学》，第 18 叶。
②　民国《嘉定县续志》卷 11《人物志·文学》，第 13 叶。
③　民国《嘉定县续志》卷 10《选举志》，第 1 叶。
④　民国《嘉定县续志》卷 11《人物志·文学》，第 20 叶；卷 12《艺文志》，第 3 叶。
⑤　《清代硃卷集成》第 156 册，第 391 页；民国《嘉定县续志》卷 11《人物志·文学》，第 14 叶；卷 12《艺文志》，第 2~6、10 叶；《词综补遗》卷 46，第 1720 页。
⑥　《清代硃卷集成》第 156 册，第 391 页；民国《嘉定县续志》卷 6《自治志》，第 27 叶。
⑦　民国《宝山县续志》卷 14《人物志·艺术》，第 790 页。
⑧　民国《嘉定县续志》卷 11《人物志·文学》，第 19 叶。
⑨　民国《嘉定县续志》卷 10《选举志》，第 5 叶。
⑩　《清代硃卷集成》第 145 册，第 323 页；民国《嘉定县续志》卷 11《人物志·文学》，第 17 叶。

吴邦升，字珥卿，嘉定人。光绪八年（1882）举人。三十四年（1908）任县禁烟局董事，宣统二年（1910）任禁烟分公所正董。①

诸维铨，字衡伯，嘉定人。少颖悟，年十三已毕十三经。比长，博览典籍，群经学说，无不通晓。古今河渠地理、郡国形势，亦皆精究。佐湘南、楚北、中州学幕十余年，多所识拔。归而授徒，从游者甚众。庚申（1860）兵燹后，当事者延令襄办善后事宜。同治三年（1864）岁贡。卒年五十六。纂修光绪《嘉定县志》，著有《同治氏族谱》四卷、《汴梁记事》四卷、《象纬》二卷、《练川续画征录》四卷、《谈碑》二卷、《湖湘丛识》四卷、《抱膝丛谈》八卷、《餐胜聆善斋诗文集》十二卷、《练川百咏》一卷，辑有《嫪文麟角编》八卷、《嫪乡诗话纪事》四卷。②

周曰桢。上海广方言馆天文教习周曰桢，字克生。③ 疑即此人。

施诵芬，嘉定人。候选训导，参校光绪《嘉定县志》。④

王灏，字默存，上海人。诸生。诗仿韩、孟，文学徐、庾，曾结翠微吟社。著有《万竹园偶言集济游草》。⑤

唐泰（1835—?），字仁卿、慎卿，嘉定人。同治九年（1870）乡试中式第172名举人。拣选知县，参校光绪《嘉定县志》。⑥

童以谦（1838—1923），字翼臣，号撝庐，嘉定人。诸生。以坐馆为生，后为钱门塘小学首任学董兼校长。著有《自得居诗文集》一卷、《丛述》二卷、《撝庐氏自编年谱》、《吹蓬词》。⑦

徐鄂，字午阁，号棣华、汗漫道人，嘉定人。光绪十一年（1885）顺天举人。族多贵显，而淡于宦情。游幕燕、赵、齐、豫、赣数十年，举凡赈灾、治河、试士、考礼诸要政，其所规画措施，皆洞中机宜。以功叙同知，保知府，指分浙江补用。年六十卒于家。工诗文书画，善词曲，精算术。著有《隶体寻源》、《经界求真》、《筹算洪由》、《平方捷密》、《奇门反约》、《奇方放观》、《吉良合璧》、《六士射覆子平行运臆说十种》、《梨花雪传奇》、《白头新传奇》、《洛水犀传奇》、《点额妆传奇》。《中国近代文学大系》录其《梨花雪》传奇。⑧

周曰篑，字饬侯，嘉定人。同治三年（1864）举人。⑨

施荣鼎（1847—?），字炳勋，号伯铭、寿生，嘉定人。光绪二年（1876）顺天乡试中式第139名举人。与修光绪《嘉定县志》。⑩

①　民国《嘉定县续志》卷10《选举志》，第1叶；卷2《会所》，第39叶。
②　民国《嘉定县续志》卷11《人物志·文学》，第15叶；卷12《艺文志》，第2~6、10叶。
③　熊月之：《上海广方言馆史略》，《上海地方史资料》第4辑，第100页。
④　光绪《嘉定县志》卷首《纂修姓氏》，第33叶。
⑤　光绪《嘉定县志》卷27《艺文志·别集类》，第51叶；卷28《艺文志·词曲类》，第10叶。
⑥　《清代硃卷集成》第153册，第245页；光绪《嘉定县志》卷首《纂修姓氏》，第34叶。
⑦　《撝庐氏自编年谱》。
⑧　民国《嘉定县续志》卷11《人物志·文学》，第17叶；卷12《艺文志》，第2、4、5、10叶；《中国近代文学大系》第5集第16卷《戏剧集一》，第112页。
⑨　光绪《嘉定县志》卷14《选举志上》，第57叶。
⑩　《清代硃卷集成》第114册，第301页；光绪《嘉定县志》卷首《纂修姓氏》，第35叶。

姚增荣，嘉定人。光绪四年（1878）岁贡。参校光绪《嘉定县志》。①

周保璋（1844—1897），字礼南，号械士、羕卿，自号镜湄居士，嘉定人。同治九年（1870）乡试中式第100名举人。澹泊自持，不慕荣利，虽时居显幕，唯以穷经致用为务。古今图籍，靡不究览，而尤邃于声韵之学。医理湛深，书法亦负盛名。为诗文以质确胜。掌教震川书院，评骘悉当，士论翕然。里居课徒，从游者甚众。病世俗以虚缩搭截命题，破承开讲入手，未免桎梏学子性灵。故其教子弟，必以四书全章及史论为题，并令作全篇以觇其学识，畅其笔机。以是游其门者，多斐然成章。当时黄宗起（1831—1897）、黄世荣（1848—1911）均引为同调，风气为之转移。先是大挑得二等，晚年将选授教谕，以不乐仕进，呈部注销。著有《周官吾学录》八卷、《声韵杂论》一卷、《镜湄随笔》一卷、《客游日乘》四卷、《童蒙记诵编》二卷、《蚕桑辑说》《制器说》《导俗说》合一卷、《镜湄诗钞》三卷、《镜湄文存》一卷、《镜湄长短句》。②

朱沄，字东侯，嘉定人。恩贡生。品行端方，学有根柢，尤邃于性理。为文以清真雅正为主，间作小诗寄意。授徒三十年，门下有擢高科者。卒年七十四。著有《菊隐居诗存》及《菊谱》。③

张裔云（1825—？），字赓八，号耕伯，嘉定人。同治十二年（1873）乡试中式第54名举人。④

王遵路，字莱洲，嘉定人。诸生。工诗善书，精于内科。遇贫病则兼施丸散，助以药资。⑤

黄世荣（1848—1911），字闇伯，晚号蝯叟，嘉定人，汝成（1799—1837）孙。廪贡生。历任圣约翰大学、松江府中学堂、清华女子学堂、浙江嘉兴师范学堂教员。光绪二十七年（1907）开办普通中英学社，二十八年（1908）创办《嘉定旬报》。卒后门弟子私谥文惠。著有《尔雅释言集解后案》一卷、《味退居随笔》五卷、《嘉定物产表》二卷、《重订外科证治全生》八卷、《治疗偶记》一卷、《味退居文集》三卷《外集》二卷、《蝯叟诗存》一卷、《味退居书牍存稿》二卷，辑有《嘐文麟角补编》、《女教诗》二卷。⑥

周保珪，字桐侯，自号环溪，嘉定人，保璋（1844—1897）兄。同治十二年（1873）拔贡，举人。久在王文韶（1830—1908）幕。光绪十一年（1885），客杭州王氏小和山庄课文韶次子读，冒暑为人治疾，积劳感疫卒，年四十二。擅书法，精医理，诗文以雄厚胜。分纂光绪《嘉定县志》，著有《制服成诵编》、《环溪杂识》、《环溪诗录》。⑦

李宸凤，字巢阿，号仙查，嘉定人。诸生。诗笔隽雅，得晚唐温李遗韵。小品杂作，

---

① 光绪《嘉定县志》卷14《选举志上》，第58叶；卷首《纂修姓氏》，第34叶。

② 《清代硃卷集成》第156册，第339页；第152册，99页；民国《嘉定县续志》卷11《人物志·文学》，第16叶；卷12《艺文志》，第1、2、4、7、10叶。

③ 民国《嘉定县续志》卷11《人物志·文学》，第21叶。

④ 《清代硃卷集成》第157册，第237页。

⑤ 民国《嘉定县续志》卷11《人物志·艺术》，第24叶。

⑥ 民国《嘉定县续志》卷11《人物志·文学》，第22叶；卷12《艺文志》，第1、2、4、8、10叶；《嘉定县简志》卷32《人物》，第293页。

⑦ 民国《嘉定县续志》卷11《人物志·文学》，第16叶；卷12《艺文志》，第3、5、7叶。

诙谐有逸致。书法出入米赵。著有《十二梅花馆诗稿》四卷。①

余皆待考。

18. 当湖书院课艺二编

【版本序跋】

题"光绪丁亥（1887）冬月开雕，本院藏板"，"嘉定城内东坡桥东首高见山刻印"，"杨恒福月如编次，秦锡元、朱沄同校"。

杨恒福、秦锡元、朱沄，见《当湖书院课艺》。

龙景曾序云：

【略】嘉邑素称文薮，代有闻人。若黄陶庵先生，节义文章，垂光世宙。靡不家置一编，奉为圭臬。踵其后者，亦随时以名世。余韵流风，由来远矣。余忝莅斯土，历有年所。见夫士习，则彬彬尔雅，不随风气为转移。弦诵之功，于斯为盛。宜乎都人士之登庠序，掇巍科，操文衡而习政柄，为海内望邑焉。迩来课士之暇，其乡之贤士大夫，集其二十年书院月课之艺，得文二百七十余篇。虑其久而佚也，急付手民，以续前选。【略】

光绪十有四年戊子（1888）二月中和节，顺德龙景曾书于鄮城公廨。

龙景曾，字锦帆，广东顺德人。举人。光绪六年（1880）官常熟知县，七年（1881）兼任昭文知县。后官嘉定知县，十四年（1888）离任。②

徐为倬序云：

【略】同治戊辰（1868），已选刻文百数十篇，大都雅正明通、华实并茂之作。迄今又廿年矣，院长杨月如大令复选以付梓。历时较久，得文益多，五花八门，蹊径互辟，诚校场之利器、艺苑之美观也。【略】

光绪十四年岁次戊子（1888）试灯节，阳羡徐为倬书于儒学署之敬业斋。

徐为倬，字芝田，宜兴人。咸丰九年（1859）举人。官嘉定教谕。工制艺，得蕴山堂气格，论者以为水流花放，最利举业。顾累试春闱不第，终于学官。能骈文，尤工楹联，请者无虚日，无亲疏厚薄皆应之，著名一时。晚年治古文，攻词尤力，绵丽可诵。著有《听玉吟馆词》、《补拙斋诗文》及楹联、琐语等稿。③

杨恒福序云：

同治戊辰（1868），张驾部养梧先生有《当湖书院课艺》之选，余及秦君善生同

---

①　民国《嘉定县续志》卷11《人物志·文学》，第18叶；卷12《艺文志》，第8叶。

②　光绪《重修常昭合志》卷19《职官》，第278、281页；民国《嘉定县续志》卷15《轶事》，第33叶。

③　光绪《宜荆续志》卷9中《文苑》，第538页。

与校雠之役。今岁善生偕章君伯云、童君翼臣、金君孟翔以续选来属，且曰："历年课卷之所刊优等者，均实诸筐而庋之院中，以备选刻。然积之既久，间或散佚，计所存仅十之六七。"盖自戊辰迄今，已二十年矣。顾余自维谫陋，无以当铨择之任，固辞不获。爰发筐观之，其中琅琅炳炳，美不胜收。兹录出二百七十余篇，付之剞劂。同校者，善生暨余弟朱生东侯也。惟课卷既散佚既多，未免有遗珠之憾。刊既竣，为叙其缘起如此。

光绪十三年岁次丁亥（1887）冬月，杨恒福玉铭甫识于云岫退庐。

【课艺内容】

《论语》136 题 188 篇，《学》《庸》10 题 11 篇，《孟子》68 题 85 篇。有评点。

【作者考略】

共 275 篇，其中：秦锡元 22 篇，秦鸿瑞 15 篇，叶声骏 10 篇，秦鼎 9 篇，陈承禄、金念祖 6 篇，吴邦恒、赵械、诸晬沆、杨宝瑄、周保璋、黄宗善、周保珪、杨震福、沈恩膏 4 篇，庄元俊、吴世瑞、俞锡瑞、金文鸾、赵莪、童以谦、陆乃勋、叶克蕃、张曰礼、黄承善、李金声、葛以浩、俞大信、钱同升 3 篇，周文颖、浦文球、黄世均、张祖寅、汪致汤、秦曾谷、葛起凤、杨宝璩、周祖成、秦曾谟、黄世礽、李镜熙、黄世荣、冯诚中、顾维均（一作"顾惟均"）、李中圻、陈宗元、许资桂、吴邦升、吴景衡 2 篇，王鼎元、葛福基、童世膏、朱贞彬、童世亮、汪曾銮、秦绶章、李金焯、冯诚意、范翘、王锺福、黄世湜、周廷献、李汝堃、陆昌吉、杨起浩、廖世经、吴晬曾（一作"吴晬曾"）、郁寅襄、朱沄、黄宗起、印孝培、周承奭、秦善贻、周锡光、庄其桓、顾其义、陈庆容、俞飞鹏、姚增荣、黄大文、庄寿祺、姚应鹏、陆麟锡、吴熙曾、吴庆祖、王庆林、朱澧涛、陆春藻、徐文谷、戴康年、秦庆楣、陈庆甲、朱维琛、吴焯、张衍燧、浦文骏、甘祖绳、卫元锡、黄宗勋、陆保璿、陆乃大、秦祖望、梅镜清、潘宗颖、张玉瓒、葛存恕、秦履和、武宣烈、陆荣、廖寿图、冯诚身、金鋆、张庆曾、童以泰、周保琳、陈锦湘、唐泰、李汝升、秦祖瑞、杨韶、吴庆祥、徐之锦、胡培曾、陈兆鲲、葛忠清、吴清瑞、李金鋆、吴秉铨、朱成璜、汪厚基、唐福昌、张麟纪、顾其慎、秦曾潞、童世选、陈栩、李汝恒 1 篇，监院祝誉彬拟作 1 篇。正文中作者前标注"杨山长课超等二名"、"程邑尊课超等一名"等。

秦锡元、叶声骏、周保璋、黄宗善、周保珪、杨震福、赵莪、童以谦、陆乃勋、张曰礼、李金声、黄世荣、吴邦升、王锺福、朱沄、黄宗起、姚增荣、陈庆甲、唐泰，见《当湖书院课艺》。

秦鸿瑞，字椒舫，嘉定人。廪膳生。工小楷，诗文风发韵流。家故饶富，游庠时年才十五。或以文非己出疑之，引为大耻，杜门力学，不与外事。光绪中叶，从弟绶章（1849—1925）、夔扬（1856—?）同榜登进士、入词林，益自奋勉。秋闱屡荐未售，将贡，以疾卒。[1]

---

① 民国《嘉定县续志》卷 11《人物志·文学》，第 19 叶。

秦鼎，又名清瑞，嘉定人，鸿瑞（字椒舫）弟。业儒，议叙县丞衔。早卒。①

陈承禄，字受于、叔衡，嘉定人。诸生。性严正，训及门，一言一动，不稍假借。讲论经史，恒娓娓不倦。工书，尤善诗。庚申（1860）兵燹，避居东乡，集王映江、浦文俊、施锡卫（字稚莲）、王遵路（字莱洲）、朱沄（字东侯）诸人，为东野联吟社，日夕唱和，每一诗成，辄能压倒侪辈。②

金念祖，字肇修，嘉定人。光绪十五年（1889）举人。官国史馆誊录，议叙知县。宣统三年（1911）任《新嘉定》主笔。曾任上海圣约翰大学国文教员。民国间协纂《嘉定县续志》。③

吴邦恒，字显卿，嘉定人。光绪二十一年（1895）恩贡。④

赵棫，字闰生，嘉定人，莪（字养甫）子。光绪三十年（1904）恩贡。⑤

诸晞沆，字亦文，嘉定人，维铨（字衡伯）子。光绪二十三年（1897）岁贡，二十八年（1902）举人，考取直隶州州同。三十一年（1905）任县学务公所学务董事。⑥

沈恩膏，嘉定人。民国元年（1912）与潘昌煦（1873—1958）、金念祖（字肇修）、秦毓钧（1873—1942）、吴廷燿等三十余人共同发起成立国民党。⑦ 编有《历史教科书本朝史》(上海中国图书公司1908年版)。

庄元俊，字克斋，嘉定人，尔保（字桐卿）孙。诸生。平居致力于格致诚正之功，以读书为养气。教人出于至诚，迎机善导，娓娓不倦。卒年四十二。著有《咫闻书屋杂稿》。⑧

俞锡瑞，嘉定人。诸生。其妻朱氏为之守节二十三年。⑨

金文鸾，字孟翔，嘉定人。光绪三十年（1904）岁贡。⑩

葛以浩，字养之，嘉定人。光绪二十一年（1895）岁贡。三十二年（1906）任县学务公所总董兼会计董事。⑪

浦文球（1856—1928），字季韶、夔鸣，号应奎山樵、墨庐居士，嘉定人。诸生。工书画、篆刻。⑫

黄世均，嘉定人，世祁（1857—1901）从兄弟。⑬

张祖寅（1860—?），字淑藩，号畏钦，宝山人。光绪二十三年（1897）拔贡第1名。

---

① 《清代硃卷集成》第193册，第3页；第51册，第48页。

② 民国《嘉定县续志》卷11《人物志·文学》，第20叶。

③ 民国《嘉定县续志》卷10《选举志》，第2、4叶；卷7《教育志》，第23叶；卷附《叙录》，第33叶；何建明：《上海圣约翰大学的中国文化教育》，《社会转型与教会大学》，第54页。

④ 民国《嘉定县续志》卷10《选举志》，第2叶。

⑤ 民国《嘉定县续志》卷10《选举志》，第3叶。

⑥ 民国《嘉定县续志》卷10《选举志》，第2、3叶；卷7《教育志》，第4叶。

⑦ 《辛亥革命在上海史料选辑》，第728页。

⑧ 民国《嘉定县续志》卷11《人物志·文学》，第22叶；卷12《艺文志》，第6叶。

⑨ 民国《嘉定县续志》卷11《人物志·列女》，第32叶。

⑩ 民国《嘉定县续志》卷10《选举志》，第3叶。

⑪ 民国《嘉定县续志》卷10《选举志》，第2叶；卷7《教育志》，第4叶。

⑫ 《嘉定文化志》卷9《人物》，第364页。

⑬ 《清代硃卷集成》第191册，第8页。

二十四年（1898）朝考第二名，授广西知县，历知临桂、兴安、富川、灌阳、全州、永安。宣统元年（1909）以母老告归。①

秦曾谷（1868—?），字君颂，号颖如，嘉定人，鸿瑞（字椒舫）子，曾潞（1870—?）兄。光绪十四年（1888）乡试中式第12名副榜。考取八旗官学汉教习。②

葛起凤，嘉定人，起鹏（1833—1903）弟。诸生。其妻许氏为之守节二十四年。③

周祖成（1849—1904），字玉山，号少仪，太仓人，寓居嘉定。光绪十一年（1885）乡试中式第42名举人。三试春官不售，以授徒终。教诲子弟，谆谆不倦。与人交，必诚必信。燕居危坐，绝无惰容，盖有得于宋儒主敬之学。④

秦曾谟，嘉定人，曾谷（1868—?）堂兄。邑庠生。光绪十一年（1885）乡试荐卷。⑤

黄世礽（1857—1901），字云孙、韵生、浚初，自号退斋，嘉定人，宗起（1831—1897）子。肄业上海广方言馆，习佉卢文，尤精畴人术。光绪二十年（1894）乡试中式第9名举人。二十三年（1897）、二十四年（1898）间，与里中同志创办求志书塾，课生徒以中西学，开本邑风气之先。曾佐陆宝忠（1850—1908）学幕于长沙，复主上海王氏育材学堂教席，又教授杭州求是学堂。能文，工书，初法欧柳，后橅李北海而得其神髓。著有《退斋文存》、《退斋诗存》。⑥

李镜熙，字辑芙，嘉定人。⑦

冯诚中（1858—?），字逊时，嘉定人，诚求（1870—?）兄。光绪十一年（1885）乡试中式第29名举人。⑧

陈宗元（1859—?），字跂柳（一作企柳、绮柳），号省吾，嘉定人。光绪十一年（1885）乡试中式第96名举人。大挑教职，改知县，分发浙江。三十二年（1906）官德清知县。⑨

汪曾銮，字敏甫，号听园，嘉定人。善书画，工篆刻，擅圆雕。⑩

秦绶章（1849—1925），字仲龢，号佩鹤、培荨，嘉定人。光绪二年（1876）优贡第2名，朝考一等第2名，以知县用。五年（1879）顺天乡试中式第122名举人，覆试一等第1名。九年（1883）会试中式第4名，覆试一等第18名，殿试二甲第17名，朝考一等第48名。选庶吉士，散馆授编修，充国史馆协修。历官侍讲学士、咸安宫总裁、侍读学

---

① 《清代硃卷集成》第389册，第387页；民国《宝山县再续志》卷14《人物志》，第1346页。
② 《清代硃卷集成》第359册，第241页；民国《嘉定县续志》卷10《选举志》，第2叶。
③ 《清代硃卷集成》第105册，第82页；民国《嘉定县续志》卷11《人物志·列女》，第32叶。
④ 《清代硃卷集成》第173册，第341页；民国《嘉定县续志》卷11《人物志·侨寓》，第28叶。
⑤ 《清代硃卷集成》第359册，第243页。
⑥ 《清代硃卷集成》第191册，第3页；民国《嘉定县续志》卷11《人物志·文学》，第14叶。
⑦ 《私奔皇后红拂集》，第14页。
⑧ 《清代硃卷集成》第172册，第301页。
⑨ 《清代硃卷集成》第174册，第435页；民国《嘉定县续志》卷10《选举志》，第2叶；民国《德清县志》卷6《职官志》，第3叶。
⑩ 《海上绝技：嘉定竹刻艺术》，第162页。

士、内阁学士、福建学政、工部右侍郎、兵部左侍郎、镶黄旗满洲副都统。辛亥后迁居沪渎，杜门著书。著有《灵香庵文集》、《萼庵吟稿》、《补讽籀室丛钞》、《湘弦词》。《晚晴簃诗汇》录其诗 10 首。《词综补遗》录其词 3 首。《全清词钞》录其词 1 首。①

冯诚意（1856—？），字心发，嘉定人，诚中（1858—？）、诚求（1870—？）兄。光绪十一年（1885）乡试中式第 14 名举人。②

范翘，嘉定人。增生。与修光绪《嘉定县志》。③

黄世湜，嘉定人，世礽（1857—1901）从弟。庠生。④

李汝堃（1849—？），字静之，号顺生，嘉定人。光绪六年（1880）岁贡。二十二年（1896）官山阳训导。⑤

杨起浩，字子鸿，嘉定人，恩庆（字石卿）子。诸生。能文，早卒。⑥

廖世经，嘉定人。诸生。历任县学务公所总董、军政分府司法部长、奉天承德地方检察厅厅长。⑦

周承奭，嘉定人。光绪二十七年（1901）参与举办南翔镇团防。三十年（1904）参与经办南翔市心横沥及孙基港河工。⑧

庄其桓，嘉定人，其豫（1835—？）族弟。邑庠生。⑨

顾其义（1857—？），字宜仲，嘉定人。光绪十四年（1888）乡试中式第 111 名举人。大挑知县，分发甘肃。历官灵台知县，阶州、西固州同，岷州知州。宣统三年（1911）遭革职。民国初发起筹建嘉定启良小学。⑩

陈庆容（1852—1927），字心乾，嘉定人。诸生，坐馆为生。清末民初历任小学校长、禁烟总董、乡议长、县议员。著有《桑榆留稿》、《续桑榆稿》、《瞻斗山房文集》。⑪

俞飞鹏，嘉定人。附贡生，国子监典簿衔。参校光绪《嘉定县志》。⑫

吴庆祖，嘉定人，庆祥（1856—？）堂弟。邑庠生。光绪十一年（1885）乡试荐卷。⑬

---

① 《清代硃卷集成》第 370 册，第 339 页；第 116 册，第 19 页；第 51 册，第 47 页；唐文治：《清故光禄大夫建威将军兵部左侍郎镶黄旗满洲副都统秦公墓志铭》，《辛亥人物碑传集》，第 690 页；《晚晴簃诗汇》卷 174，第 7602 页；《词综补遗》卷 22，第 833 页；《全清词钞》卷 35，第 1856 页。

② 《清代硃卷集成》第 172 册，第 301 页。

③ 光绪《嘉定县志》卷首《纂修姓氏》，第 34 叶。

④ 《清代硃卷集成》第 191 册，第 7 页。

⑤ 《清代硃卷集成》第 410 册，第 343 页；民国《续纂山阳县志》卷 5《职官》，第 30 页。

⑥ 民国《嘉定县续志》卷 11《人物志·文学》，第 21 叶。

⑦ 民国《嘉定县续志》卷 10《选举志》，第 6 叶；卷 7《教育志》，第 3 叶；卷末《改革纪略》，第 2 叶。

⑧ 民国《嘉定县续志》卷 8《兵防志》，第 4 叶；卷 4《水利志》，第 17 叶。

⑨ 《清代硃卷集成》第 106 册，第 216 页。

⑩ 《清代硃卷集成》第 178 册，第 321 页；民国《嘉定县续志》卷 10《选举志》，第 2 叶；《政治官报》第 41 册，第 300 页；王宗良：《浦泳老师与启良学校》，《浦泳先生纪念文集》，第 231 页。

⑪ 《心乾氏自编年谱》，第 467 页；《清人诗文集总目提要》，第 1846 页。

⑫ 光绪《嘉定县志》卷首《纂修姓氏》，第 33 叶。

⑬ 《清代硃卷集成》第 71 册，第 161 页。

朱澧涛，嘉定人。著有《疡科治验心得》一卷、《临证医案》四卷、《续内外合参》八卷。①

徐文谷（1858—1910），字颂诒，嘉定人。诸生。光绪三十年（1904）与同志设立中城小学，又独力创立蒙正小学。三十二年（1906）中城停办，复独力创办坤正女学，又与同志创办培本艺徒学校，招集贫苦子弟，免其学膳费，教以各种工艺。设立济生善会，施戒鸦片。历任商务分会总理、教育款产处董事、育婴堂董事。②

秦庆楣，字石生，嘉定人。恩贡生。坐馆为生，善饮。卒年七十。③

黄宗勋，嘉定人，宗起（1831—1897）从弟。邑庠生。④

陆保璿（1866—？），字玑衡，号海虞，嘉定人。光绪二十八年（1902）乡试中式第183名举人。⑤编有《论说正轨》（1914）、《新撰初学论说指南》（1917）、《学生新字典》（1922，与昆山朱孝怡合编）、《言文对照新式初等论说指南》（1924）、《言文对照绘图新法儿童尺牍》（1927）、《言文对照初学论说精华》（1932）、《初学简明地理指南》（1932）、《初学简明历史指南》（1936）等教科辅导书（皆广益书局出版），又辑有《满清稗史》（《近代中国史料丛刊》第53辑）。

秦祖望，嘉定人。光绪三十二年（1906）参与发起县教育会，曾任会长。⑥

葛存恕，嘉定人。诸生。以父殉难，兼袭云骑尉。曾馆沪上。⑦

武宣烈，字少山，嘉定人。附贡生。曾任吴巷厂董，多次经办疏浚殷泾塘等河道。与修光绪《嘉定县志》。⑧

陆荣，字月卿，嘉定人。著有《医学要旨》，未成书而卒，长子锦林续成之。⑨

廖寿图，嘉定人。曾任上海圣约翰大学国文教员。续修《嘉定廖氏宗谱》。⑩

冯诚身，嘉定人，诚意（1856—？）、诚中（1858—？）、诚求（1870—？）兄。邑庠生。同治十二年（1873）、光绪元年（1875）乡试荐卷。⑪

童以泰（1848—1886），号饬夫，嘉定人，以谦（1838—1923）弟。⑫

周保琳，嘉定人，保璋（1844—1897）从弟。业儒。早卒，其妻顾氏为之守节三十

① 民国《嘉定县续志》卷12《艺文志》，第4叶。

② 民国《嘉定县续志》卷11《人物志·德义》，第12叶；徐植义：《先祖父徐文谷传略》，《嘉定文史资料选辑》第2辑，第59页。

③ 《盛桥里志》卷6，第114页。

④ 《清代硃卷集成》第156册，第394页。

⑤ 《清代硃卷集成》第203册，第409页。

⑥ 民国《嘉定县续志》卷7《教育志》，第13叶。

⑦ 光绪《嘉定县志》卷15《选举志下》，第38叶；《清稗类钞·戏剧类·庖人善撮仙法》，第5074页。

⑧ 光绪《嘉定县志》卷首《纂修姓氏》，第34叶；民国《嘉定县续志》卷4《水利志》，第11、12叶；沈育来：《热心乡学的武锡寿》，《嘉定文史》第17辑，第79页。

⑨ 民国《嘉定县续志》卷12《艺文志》，第4叶。

⑩ 何建明：《上海圣约翰大学的中国文化教育》，《社会转型与教会大学》，第54页；《嘉定县志》卷28《地方文献》，第896页。

⑪ 《清代硃卷集成》第172册，第303页。

⑫ 《撝庐氏自编年谱》，第9、32页。

八年。①

陈锦湘，字望衡，嘉定人。宣统间以附贡考职授县丞。②

秦祖瑞，字赓篪，自号醉蟬，嘉定人，鸿瑞（字椒舫）弟。诸生。会典馆誊录，议叙分省试用通判。工诗文，书法秀逸，兼擅画竹。③

吴庆祥（1856—?），字吉士、颂云、逊来，嘉定人。光绪八年（1882）乡试中式第93名举人。十六年（1890）会试中式第152名，覆试一等第44名，殿试三甲第16名，朝考一等第75名，选庶吉士。官临安知县。④

胡培曾，嘉定人。业儒。其妻杨氏为之守节三十八年。⑤

陈兆鲲，嘉定人。诸生。其妻薄氏为之守节三十七年。⑥

顾其慎，嘉定人，其义（1857—?）弟。业儒。⑦

秦曾潞（1870—?），字彦俦，号杏衢，嘉定人，鸿瑞（字椒舫）子。光绪二十年（1894）乡试中式第47名举人。二十一年（1895）参与公车上书。二十四年（1898）会试中式，殿试二甲，朝考一等，选庶吉士。散馆授编修，充国史馆协修，以知府用。⑧

陈栩（1856—1927），字守拙、梦生，号巽倩，嘉定人。光绪十九年（1893）顺天乡试中式第19名举人。二十一年（1895）会试中式第212名，殿试二甲第19名，朝考一等第13名，选庶吉士。散馆授编修，因案褫职。嘉定光复时任军政分府司令。总纂《嘉定县续志》。民国十六年（1927）被杀。⑨

祝誉彬（1818—?），字惕臣，号筱舫，江阴人。同治六年（1867）乡试中式第33名举人。官嘉定教谕。⑩

余皆待考。

19. 当湖书院课艺三编

【版本序跋】

题"光绪丙申（1896）开雕，本院藏板"，"嘉定城内东坡桥东首高见山刻印"，"杨恒福月如编次，秦锡元、朱沄同校"。

———————————

① 《清代硃卷集成》第152册，第102页；民国《嘉定县续志》卷11《人物志·列女》，第29叶。

② 民国《嘉定县志》卷10《选举志》，第4叶。

③ 民国《嘉定县续志》卷11《人物志·文学》，第19叶；卷10《选举志》，第4叶。

④ 《清代硃卷集成》第171册，第49页；第71册，第159页；宣统《临安县志》卷5《职官志》，第568页。

⑤ 民国《嘉定县续志》卷11《人物志·列女》，第29叶。

⑥ 民国《嘉定县续志》卷11《人物志·列女》，第36叶。

⑦ 《清代硃卷集成》第178册，第322页。

⑧ 《清代硃卷集成》第193册，第1页；《戊戌变法人物传稿（增订本）》附录《公车上书题名》，第653页；《清代官员履历档案全编》第7册，第268页。

⑨ 《清代硃卷集成》第84册，第401页；民国《嘉定县志》卷10《选举志》，第2叶；卷末《改革纪略》，第2叶；卷附《叙录》，第33叶；《耆老摄影·陈巽倩先生像》注，《广仓学会杂志》第1期（1917年9月）；《瓶粟斋诗话初编》卷6，第547页。

⑩ 《清代硃卷集成》第145册，第417页；光绪《嘉定县志》卷首《纂修姓氏》，第31叶。

杨恒福、秦锡元、朱沄，见《当湖书院课艺》。

孙毓骥序云：

> 余莅任之明年，当湖书院山长月如杨年丈，以新选课艺若干篇示余。余受而读之，矍然起曰：是邦之人文盛矣哉！其为文也，沈潜于性理，出入于经史，有义法，有才气，而不背乎清真雅正之旨。所谓先民矩矱、后学津梁者，其在斯乎，其在斯乎！【略】
>
> 光绪二十二年丙申（1896）四月，署嘉定县事孙毓骥书于官廨今我亭。

孙毓骥（1854—?），字展云，直隶盐山人。由监生报捐通判，分发江苏。光绪十七年（1891）官荆溪知县，十九年（1893）官武进知县，二十一年（1895）官嘉定知县，二十三年（1897）官太湖厅同知，二十五年（1899）官金匮知县，三十年（1904）官吴县知县。①

顾承皋序云：

> 苏、太岁科试，向在鹿城同一试院。曩闻先辈评骘人文，于嘉邑则谓制艺正宗，如归太仆、黄忠节两先生，尤卓然挺出，为后学津梁。厥后作者代兴，所为文皆不远乎先生典型。
>
> 余于辛卯（1891）仲秋，秉铎来嘤。见夫士习良厚，不染时趋，平日所讲求者，类皆有用之学。岁丙申（1896），院长杨月如先生续选《当湖课艺》，将以付梓。批阅一过，大都清真雅正，宜乎今而不背乎古者，谁谓所见不逮乎所闻哉？是为序。
>
> 光绪二十二年丙申（1896）夏月，茂苑顾承皋书于儒学署南窗。

顾承皋（1857—?），原名德焜，字鹤声，号蓉舫，长洲人，世骏（1818—?）子。光绪八年（1882）乡试中式第58名举人。十七年（1891）选嘉定教谕。著有《尔雅检字》、《读史骈言》。②

杨恒福序云：

> 庚辰（1880）冬杪，余自滇南乞病旋里，即忝主当湖讲席。皋比虚拥，十有六年矣。丁亥（1887）岁选刻课艺，亦既家置一编。自戊子（1888）迄今，与课前列诸卷所积，又颇可观，佥议续选。爰择其尤者，得若干篇。间有一二点窜处，管窥所及，犹斲与同志商之。龙邑侯锦飚叙前选云："浓淡平奇，浅深散正，一以宜乎今而不背乎古为准则。"今亦犹是意云尔。同校者，秦君善生暨余弟朱生东侯。
>
> 光绪二十二年丙申（1896）夏日，杨恒福识。

---

① 《清代官员履历档案全编》第6册，第606页；《嘉定县志》卷21《政权、政协》，第666页；《太湖备考》续编卷1，第615页；民国《吴县志》卷7《职官表六》，第101页。

② 《清代硃卷集成》第170册，第211页；民国《吴县志》卷70下《列传·孝义二》，第268页；卷57《艺文考三》，第953页。

【课艺内容】

《论语》32 题 56 篇,《学》、《庸》11 题 13 篇,《孟子》37 题 45 篇。有评点。

【作者考略】

共 114 篇,其中:许朝贵 7 篇,秦祖望 5 篇,廖寿图、王焘曾、许朝宗 4 篇,张祖寅、庄元俊、李曰镜 3 篇,沈恩膏、徐之锦、唐福昌、沈恩孚、毛诒源、谭学潜、张松龄、程嘉树 2 篇,黄宗善、戴康年、朱锡圭、李康坫、孙学何、黄宗勋、陈泰蠡、张贵禄、秦曾潞、姚应鹏、左鸿、陈曾楷、秦曾翰、戴翼、赵琦、王道康、周世飔、黄守恒、张松坚、陆以钧、金念祖、夏曰琦、胡敬曾、诸晞沆、钱兆荣、黄世荣、张贵篆(未知与“张贵禄”是否同一人)、梁鸿耀、王周祚、朱炳文、徐文谷、王兆升、葛以浩、杨起浩、张启焯、陆元恺、黄世礽、周世谦、甘祖安、顾鸣韶、朱嘉德、王思恕、张大钧、张颂禾、夏曰璐、冯诚求、王德裕、王尧佐、金显祖、陈兆麟、王周镐、赵械、朱桂馨、李金声、潘鸿钧、陈庆容、金文鸾、葛忠清、黄世瀍、张继昌、黄世械、吴廷燿、金绳祖、顾铭勋、周世恒 1 篇。正文中作者前标注“杨山长课超等一名”、“林邑尊课超等一名”等。

黄宗善、黄世荣、李金声,见《当湖书院课艺》。

秦祖望、廖寿图、张祖寅、庄元俊、沈恩膏、黄宗勋、秦曾潞、金念祖、诸晞沆、徐文谷、葛以浩、杨起浩、黄世礽、赵械、陈庆容、金文鸾,见《当湖书院课艺二编》。

许朝贵(1867—1924),改名苏民,号稚梅,嘉定人。诸生。清末成立南翔学会,任总干事。创办寻源学堂,加入同盟会。任南洋中学国文教员(旋兼任总务)、县学务公所学务董事、县劝学所议员。创办私立南翔义务小学、南翔图书馆。当选县自治会议员、省候补参议员。辛亥后为嘉定县首任民政长,因意见纷纭,旋辞职。入南社,当选省议员,创办《南翔公言报》。先后任教于南京高等工业学校、上海南洋中学。开办初中,改南翔义务小学为南翔公学。①

王焘曾(1869—?),字孟容,号彦孙、娱圃,嘉定人。光绪二十三年(1897)乡试中式第 145 名举人。曾任邮传部上海高等实业学堂道德、国文教员,上海圣约翰大学国文教员。协纂《嘉定县续志》。②

沈恩孚(1864—1944),字信卿、心磬、渐庵,号虚舟、奉梧,晚号若婴,嘉定人,吴县籍。肄业龙门书院。家贫,倚书院膏火以自给,试辄首列,故每年积有余资。光绪二十年(1894)乡试中式第 43 名举人。历任宝山学堂总教习、龙门师范学堂监督、中国图书公司总编辑、江苏学务总会评议员、全国教育联合会主席、上海市议会议长、江苏都督

---

① 钱乃之:《许苏民传略》,《嘉定文史资料选辑》第 1 辑,第 128 页;《嘉定县简志》卷 32《人物》,第 294 页。

② 《清代硃卷集成》第 200 册,第 307 页;《南洋公学交通大学年谱》,第 36 页;何建明:《上海圣约翰大学的中国文化教育》,《社会转型与教会大学》,第 54 页;民国《嘉定县续志》卷附《叙录》,第 34~36 叶。

府民政副长、同济大学校董、沪江大学教授、鸿英图书馆馆长。著有《沈信卿先生文集》。①

毛诒源，字涤川，嘉定人。光绪二十九年（1903）参与创办震川小学堂。曾任教于南洋中学、复旦大学。②

朱锡圭，嘉定人。以附生考职，取列二等，以典史咨部铨选。③

李康玷，字燕侯，嘉定人，汝埜（1849—？）子。诸生。著有《守约居遗诗》。④

秦曾翰，嘉定人，曾潞（1870—？）堂兄。国学生，赠文林郎。⑤

黄守恒，字许臣，嘉定人，世荣（1848—1911）子。肄业南菁书院。历任县学务公所学务董事、劝学所总董、禁烟分公所评议员、县参事会常驻员、军政分府财政副长、同盟会嘉定分部部长。又任普通小学校长，广明师范传习所、城东女校、爱国女校、浦东中学、澄衷学堂教员，上海集成图书局编辑，上海商科大学教授。参与发起广益学会、县教育会、《嘤报》，编辑《嘉定学会月报》。著有《定盦年谱稿本》、《练西黄氏宗谱》。⑥

陆以钧。历任第二届省议员、中华职业教育社特别社员、湖州师范传习所教员、上海城东女社教员、奉贤肇文小学教员、南汇观涛高等小学校长、南汇县教育会会长。⑦

夏曰琦（1869—？），字朗霄，号圃秋、芍宾，嘉定人。光绪十七年（1891）举人。教习知县，指分江西，代理安福知县。留学日本，学习法政，归国后历任咨议局议员、松江府中学堂监督、青浦地方审判厅长。⑧

钱兆荣，嘉定人。光绪二十八年（1902）参与浚安亭市河。⑨

梁鸿耀（？—1922），字汉章，嘉定人。宣统二年（1910）任禁烟局总董。嘉定光复

---

① 《沈恩孚先生自传》，《国史馆现藏民国人物传记史料汇编》第 21 辑，第 133 页；《清代硃卷集成》第 192 册，第 275 页；蒋维乔：《沈信卿先生传》，《民国人物碑传集》卷 5，第 353 页；《嘉定县简志》卷 32《人物》，第 299 页。

② 《嘉定县志》卷首《大事记》，第 13 页；《南洋中学文史资料选辑（一）》，第 65 页；《复旦中国文学史传统研究》，第 5 页。

③ 民国《嘉定县续志》卷 10《选举志》，第 4 叶。

④ 民国《嘉定县续志》卷 12《艺文志》，第 9 叶。

⑤ 《清代硃卷集成》第 193 册，第 5 页。

⑥ 民国《嘉定县续志》卷 2《营建志》，第 39 叶；卷 7《教育志》，第 4、5、22 叶；卷末《改革纪略》，第 1、2 叶；《嘉定县简志》卷 26《文化》，第 234 页；周承忠：《嘉定光复纪略》，《辛亥革命亲历记》，第 76 页；《辛亥革命时期期刊介绍》第四集，第 75 页；《定盦年谱稿本》，《碑传集补》卷 49，第 119 页；《国学文献馆现藏中国族谱序例选刊初辑·黄姓之部》，第 309 页；《行走在古典与现代之间·嘉定卷》，第 50 页。

⑦ 《江苏省志》第 61 卷上《议会、人民代表大会志》，第 38 页；《中国近代教育史资料汇编·教育行政机构及教育团体》，第 444 页；陆以钧：《报告校友会书》，《江苏省立第二师范学校校友会杂志》第 6 期（1914 年），第 251 页；《南汇县公署训令第 117 号令》，《南汇县教育会会刊》1916 年第 9 期，第 1 页。

⑧ 《清代硃卷集成》第 186 册，第 299 页；民国《嘉定县续志》卷 10《选举志》，第 2 叶；卷 6《自治志》，第 3 叶；《上海名人辞典（1840—1998）》，第 406 页。

⑨ 民国《嘉定县续志》卷 4《水利志》，第 17 叶。

时任军政分府参谋。民国间任嘉定县三科主任。曾访问日本、朝鲜,著有《日鲜游记》。①

周世谦,字景莱,嘉定人,保珪(字桐侯)子。光绪二十年(1894)优贡。朝考一等,官江西龙南知县。②

甘祖安,字贻孙,嘉定人。诸生。性孝友,有德行。卒年五十一。与修光绪《嘉定县志》。③

顾鸣韶,嘉定人。业儒。其妻赵氏为之守节十九年。④

王思恕,宝山人。诸生。⑤

夏曰璐,嘉定人,曰琦(1869—?)兄。附监生,考取眷录。⑥

冯诚求(1870—?),字保如,嘉定人。光绪十七年(1891)乡试中式第31名举人。参与公车上书。历任吉林提法司核对官兼旗务赞助员、禁烟局稽查员、长春地方检察厅检察长、上海市公用局第一科科员。民国二十七年(1938)任嘉定县知事。⑦

王周镐,嘉定人。光绪十五年(1889)经办东马陆塘河工。⑧

黄世瀍,嘉定人,世礽(1857—1901)从弟。分纂《嘉定县续志》。⑨

黄世械,嘉定人。诸生。帮办奉天地方厅检察官。⑩

吴廷燿,嘉定人。民国元年(1912)参与发起国民党。同年任共和党嘉定支部部长。⑪

周世恒(?—1914),字次咸,嘉定人,保璋(1844—1897)子。光绪二十三年(1897)拔贡。参与发起嘉定商务分会并任首届总理。又参与发起组织地方自治局、教育会,创办清镜小学。工书,著有《行草字典》。⑫

余皆待考。

---

①　民国《嘉定县续志》卷2《营建志》,第39叶;周承忠:《嘉定光复纪略》,《辛亥革命亲历记》,第77页;《令嘉定县知事》,《江苏教育公报》第5卷第3期(1922年),第41页;《日鲜游记》。

②　民国《嘉定县续志》卷10《选举志》,第2叶。

③　光绪《嘉定县志》卷首《纂修姓氏》,第35叶;民国《嘉定县续志》卷11《人物志·孝友》,第8叶。

④　民国《嘉定县续志》卷11《人物志·列女》,第34叶。

⑤　《罗店镇志》卷4《选举志》,第175页。

⑥　《清代砝卷集成》第186册,第302页。

⑦　《清代砝卷集成》第183册,第239页;《康有为全集》第2集附录《公车上书题名》,第48页;《吉林公署政书》,第129页;《长春市志·检察志》附录,第199页;《上海市年鉴(民国二十四年)·名人录》,第75页;《嘉定县志》卷首《大事记》,第22页。

⑧　民国《嘉定县续志》卷4《水利志》,第12叶。

⑨　《清代砝卷集成》第191册,第7页;民国《嘉定县续志》卷附《叙录》,第34叶。

⑩　民国《嘉定县续志》卷10《选举志》,第6叶。

⑪　《辛亥革命在上海史料选辑》,第728页;《嘉定县简志》卷4《政党》,第31页。

⑫　民国《嘉定县续志》卷10《选举志》,第3叶;卷2《营建志》,第38叶;卷6《自治志》,第4叶;卷7《教育志》,第13、15叶;《嘉定文化志》卷9《人物》,第364页。

苏州府

20. 正谊书院课选

【书院简介】

苏州正谊书院，建于清嘉庆十年（1805）。咸丰十年（1860）毁于兵燹。后巡抚李鸿章（1823—1901）购民居改建，初与紫阳书院俱以经艺课士，至是乃专课经解古学。同治十二年（1873）重建。光绪二十九年（1903）改为苏州府中学堂。①

【版本序跋】

题"道光甲午（1834）秋刊，本院藏板"，"山长泾县朱兰坡先生选定，监院来安欧阳泉编次，在院肄业诸生参校"。

朱珔（1769—1850），字兰坡、玉存，号兰友，安徽泾县人。乾隆五十九年（1794）举人。嘉庆七年（1802）进士，选庶吉士，散馆授编修。历官武英殿纂修、国史馆协修、实录馆校勘、国史馆提调、赞善等。以母病归，前后主金陵钟山、苏州正谊、紫阳书院二十五年。著有《说文假借义证》二十八卷、《小万卷斋诗文集》七十二卷，辑有《国朝古文汇钞》二百七十二卷、《国朝诂经文钞》六十二卷、《文选集释》二十四卷。②

欧阳泉，字省堂，安徽来安人。嘉庆六年（1801）拔贡，十三年（1808）举人，二十五年（1820）进士。道光十年（1830）官苏州府学教授。曾主泗州夏邱书院。著有《四书直解》、《点勘记》、《省堂笔记》、《归云集》、《习勤轩古文》。③

林则徐序云：

> 吴门正谊书院之建，自嘉庆乙丑（1805）始。是时缀学之士，仅半于紫阳。久之人文蒸蒸，乃每进而愈上焉。道光壬辰（1832）状元吴君锺骏、会元马君学易，皆正谊肄业生，於虖盛矣！
>
> 自创建至今，历岁三十，所延为祭酒者，多名德硕儒，而兰坡先生主皋比最久。先生内行淳笃，十余年前以翰林侍讲直内廷，眷言晨昏。辞荣归养，循循然为礼法之宗，故于士能以身教。又研精朴学，务以经义与诸生切劘，故被先生之教者，咸知治经为先，而不仅以帖括家言随时俯仰。然乡会获隽者，已倍蓰于昔；且一科而两魁，天下则信乎？学之染人，甚于丹青，而宗经为文，诚不啻雨太山而润千里也。
>
> 顾前之主讲者，已屡有课艺之刻。而先生自丁亥（1827）设教以来，阅八寒暑，作者如林，犹未梓以行世。盖欲合诂经诸文，裒为大观，卷帙既繁，选择宜审。而远

---

① 民国《吴县志》卷27上《书院》，第400页。

② 李元度：《右春坊右赞善前翰林院侍讲朱兰坡先生传》，《续碑传集》卷18，第10页；梅曾亮：《朱兰坡先生墓志铭》，《柏枧山房文集》卷15，第96页。

③ 道光《来安县志》卷10《选举志》，第6、10叶；同治《苏州府志》卷57《职官六》，第564页；光绪《重修安徽通志》卷229《人物志·文苑八》，第56页。

迩倾风之士，咸愿先睹为快。先生辗然笑曰："是岂矜枕中之秘，不以金针度人哉！"无已则先以丁亥（1827）、戊子（1828）、己丑（1829）三年课艺，选付剞劂，而巨卷之衷，仍有待焉。

　　览是集者，虽尤片羽之于吉光，然根柢经义，墙宇峻而吐纳深，即腾跃变化，终入环内。是先生所以教士，与多士所学为文者，其宗旨已具于是，而非有余蕴也。夫文以行立，先生以经教且以身教，经师人师可谓兼之矣。诸生薰陶涵育，务为经明行修之儒，则又岂仅以帖括家言，弋取科目，毕乃事邪？诸生勉乎哉！

　　道光十四年甲午（1834）仲夏，抚吴使者闽中林则徐撰。

　　林则徐（1785—1850），字元抚、少穆、石麟，福建侯官人。嘉庆九年（1804）举人。十六年（1811）进士，选庶吉士，散馆授编修。历官江南道监察御史、杭嘉湖道、江苏按察使、江宁布政使、江苏巡抚、湖广总督、陕甘总督、云贵总督。谥文忠。著有《林则徐全集》。①

　　陈銮序云：

　　宫赞朱兰坡先生湛深经术，以文行受两朝知遇。年甫艾，决然解组归，讲学吴会。所至人才振起，有鹿洞、鹅湖之风，非仅澹世荣、乐高尚者比也。丙戌（1826）岁，銮从宫保陶云汀制府筹运上洋，时先生方主讲钟山，士风日上。会以吴门正谊书院皋比需贤，因请具羔雁迎之，而先生之辙遂东，盖八年于兹矣。

　　吴中为人才渊薮。【略】先生以经术造就多士，务使虚者实之，驳者醇焉。渐渍至今，确有成效。逢掖之徒，怀文抱质，不独发策决科。登鳌峰、充星使者，多出先生门下已也。【略】课艺美不胜收，先编丁亥（1827）、戊子（1828）、己丑（1829）为一帙，后将节次增刊焉。昌黎云："文章岂不贵，经训乃菑畲。"又曰："士不通经，果不足用尔。"多士尚及时奋勉，无负先生之明训乎哉！是为序。

　　道光甲午年（1834）夏六月中浣，吴中承宣使者陈銮撰。

　　陈銮（1786—1839），字玉生，号芝楣，湖北江夏人。嘉庆十三年（1808）乡试中式第5名举人，二十五年（1820）会试中式第189名，殿试一甲第3名，授编修。历官武英殿纂修，江苏松江、江宁、苏州知府，苏松太道，广东盐运使，浙江按察使，江西、江苏布政使，江苏巡抚，两江总督。著有《耕心书屋诗文集》。②

【课艺内容】

　　《大学》4题9篇，《论语》22题56篇，《中庸》10题34篇，《孟子》8题19篇。有评点。

---

　　① 《林则徐年谱新编》。
　　② 《清代硃卷集成》第6册，第297页；方宗诚：《赠太子少保江苏巡抚署两江总督陈公神道碑铭（代）》，《续碑传集》卷23，第265页。

【作者考略】

共 118 篇，其中：张肇辰 11 篇，王芝孙、吴钟骏 9 篇，马学易、江文龄、黄增川 6 篇，陆元纶、潘霁、陈炳 5 篇，顾本立、胡清绶 4 篇，王熙源、陈宗元 3 篇，章辰、徐绍鏊、严良训、蒋赓塴、王光泰、宋元英、洪鼎、程邦瀚 2 篇，王玮、顾鸿来、郑树梓、陆廷英、沈赞、祝尔康、费振均、周宝琪、金凤沼、姚琳、华翊亨、曹承宪、费崊、胡国俊、叶琚、邱惟仁（邱维仁）、王嘉福、吴凤墀（原名一鸣）、张邦瑜、尤觐宸、郑之侨、宋清寿、吴锡庆、沈秉鎮、夏晓初、吴汝渤 1 篇。正文中作者前标注"梁方伯会课超等一名"、"朱山长会课超等二名"等。

张肇辰（1801—1851），字子同、同甫，号咏仙，元和人。代业贾，至肇辰始与兄肇荣历志读书。为制艺，操笔立就，精奥自成一家。道光八年（1828）举人。大挑二等，选安徽怀远县训导，以母老不赴。历署宝山县、镇江府训导，改桃源县训导。曾主讲宝晋书院。三十年（1850）大水，大吏檄调回苏襄办。事竣，升任直隶隆平知县。甫三月卒，年五十一。工八分书，善山水。著有《万松云海堂诗文集》。①

王芝孙，震泽人。道光二十年（1840）出贡。②

吴钟骏（1799—1853），字崧甫，号姓舫，吴县人。父颐，嘉庆六年（1801）进士，官户曹、军机处行走，归主正谊、平江讲席。钟骏道光二年（1822）举人，十二年（1832）状元，授修撰。历官礼部侍郎兼仓场侍郎。再典乡试，四督学政，皆得士。咸丰三年（1853），卒于福建学政任。著有《禹贡举要》一卷、《师汉斋经义杂识》十卷、《群经音辨录》七卷、《说文段注辑览》四卷、《骈雅辑证》七卷、《汉书地理志校勘记》一卷、《悟云书屋诗文集》六卷。③

马学易（1806—？），字可大，号吉人，长洲人。道光十一年（1831）乡试中式第 12 名举人，十二年（1832）会元，殿试三甲第 24 名。授刑部主事。为人慷慨好义，勇往任事。与金畇善（1806—？）、吴嘉洤（1790—1865）友善。早卒。著有《饮绿舫遗诗》。或相传为顺天贡院土神。④

黄增川，字方来，吴江人。道光元年（1821）举人，官咸安宫教习。曾为泗县夏邱书院山长。⑤

陆元纶（1801—1859），字绩铭，长洲人。道光二十三年（1843）顺天副贡生。为秀才时，文名满吴下。岁科试及书院月课，屡冠其曹。所居与陈奂（1786—1863）扫叶庄相近，故与奂及其弟烜（1794—1840）过从最密，所学亦似之。颇究心六书音韵，而于

---

① 同治《苏州府志》卷90《人物十七》，第 364 页；光绪《丹徒县志》卷 19《学校》，第 374 页；光绪《宝山县志》卷 7《职官志·宦绩传》，第 22 叶；陶澍：《进呈戊子科乡试题名录题本》，《陶澍全集》第 5 册，第 266 页。

② 《垂虹识小录》卷 9，第 500 页。

③ 同治《苏州府志》卷 65《选举七》，第 716 页；卷 84《人物十一》，第 219 页；卷 136《艺文一》，第 497 页；李慈铭：《吴侍郎行状》，《越缦堂读书记》，第 430 页。

④ 《清代硃卷集成》第 8 册，第 213 页；民国《吴县志》卷 68 上《列传 6》，第 162 页。

⑤ 同治《苏州府志》卷 65《选举七》，第 716 页；光绪《吴江县续志》卷 14《选举》，第 406 页；《安徽书院志》，第 150 页。

三礼义疏用力尤深。间为诗。晚年好宋五子书。著有《宗辉录》六卷。① 贝青乔《岁暮怀人·陆元纶》："汉杖照不疲，秦椎中犹耻。流誉满京华，山随采风使。高登太白楼，诗成掷江水。"②

潘霶，字晴初，长洲人，寄籍安徽歙县。道光二十二年（1842）岁贡，二十三年（1843）举人。官通州学正。③

陈烱（1794—1840），字寅甫，号月垞，吴县人，原籍崇明。嘉庆二十五年（1820）补弟子员，逾岁食饩。入正谊书院，山长朱珔（1769—1850）尤重之。道光十二年（1832）举人。四赴礼部试，皆不第。曾入安庆知府刘耀椿（1785—1858）幕，又往赞助伯兄、黄岩知县辉，旋归。少从其师江沅（1767—1838）、从兄奂（1786—1863）讲习，故通汉学。精专辽史，工书画。著有《风满楼吟草》、《赑凌霄榭诗文合稿》。④

顾本立，号莼勺，长洲人。廪监生。⑤

胡清绶（1793—1855），字紫峰，吴县人。道光八年（1828）乡试中式第39名举人。文名噪一时，承学之士多从之游。及门登贤书者四十余人，成进士、入翰林者二十余人，得鼎甲者二人（潘祖荫、金鹤清）。十五年（1835）大挑，以知县分发四川。四川故膏腴地，清绶澹于荣利，辞不往。二十九年（1849）吴中大水，在籍办理荒政，同事咸得奖叙，清绶力辞，故仅晋一级。咸丰三年（1853）协办团练，积劳成疾，遂不起。⑥

王熙源，字汉槎，长洲人。道光十九年（1839）举人。⑦

陈宗元（1806—1856），字保之、柳平，吴江人。道光十一年（1831）举人，十三年（1833）进士。历官主事、员外郎、江西吉安知府。咸丰六年（1856）在吉安殉难，谥武烈。⑧

徐绍鏊，字竹艻，吴县人。道光十一年（1831）举人。⑨

严良训（1790—1852），字叔彝，号迪甫、楚桥，吴县人。道光十一年（1831）举人，十二年（1832）进士。选庶吉士，散馆授编修。历官江西建昌知府，甘肃巩秦阶道，甘肃、广东按察使，广东、河南布政使，护理河南巡抚。著有《池上庐稿》。⑩

蒋赓埙，字虞飔，号录香，香龛居士，长洲人，曾燠子。国学生。著有《晚节轩

---

① 同治《苏州府志》卷89《人物十六》，第342页；《清史稿艺文志及补编（附索引）》，第289页。

② 《半行庵诗存稿》卷3，第38页。

③ 同治《苏州府志》卷65《选举七》，第710页；卷66《选举八》，第734页；民国《歙县志》卷4《选举》，第169页。

④ 金有容：《陈孝廉传》，《国朝文汇》丙集卷5，第2486页。

⑤ 《扫红亭吟稿》卷首《题词》，第171页。

⑥ 同治《苏州府志》卷84《人物十一》，第219页；陶澍：《进呈戊子科乡试题名录题本》，《陶澍全集》第5册，第267页。

⑦ 同治《苏州府志》卷65《选举七》，第718页。

⑧ 沈曰富：《诰授朝议大夫奉旨议恤江西吉安府知府殉难陈君行状》，《受恒受渐斋集》卷2，第194页；《清国史》第14册本传，第54页。

⑨ 同治《苏州府志》卷65《选举七》，第717页。

⑩ 《清代官员履历档案全编》第3册，第209页；《江苏艺文志·苏州卷·第二分册》，第1232页。

散体文》、《香奁偶吟草》、《外集杂著》、《阐幽编》。其室吴咏陔，著有《白墒里吟稿》。①

洪鼎，字铭之，吴县人。童年入泮，博览能文章，工诗赋及骈俪文，善填词。与冯桂芬（1809—1874）、顾文彬（1811—1889）诸人角逐书院，课辄首列。朱珔（1769—1850）、林则徐（1785—1850）皆极赏其才。顾困顿场屋，道光十四年（1834）始登乡荐。文益高，境益窘，郁郁不得志而卒。②

顾鸿来，字谱梅，元和人。道光十五年（1835）恩贡。被太平军杀害，年七十五。③

陆廷英。贝青乔《岁暮怀人·陆廷英》："著书穷巷里，春气盍满家。怡怡养老母，笑我恒天涯。今日新安水，亦复浮孤艇。"《与陆廷英夜话》："野振惊风峡走湍，听君哀绪诉千端。侧身天地真无奈，纵酒江湖强自宽。梦断妻孥双榇冷（君妻吴子闺生殉难海阳），病添风雨一灯酸。生还比似王摩诘，百日佯瘖泪欲干。"④

沈赞（？—1860），字翼卿，元和人。道光十四年（1834）举人，官安东县教谕。咸丰十年（1860）被太平军杀害。著有《唯亭志》。⑤

周宝琪，字阆斋，吴江人。咸丰四年（1854）岁贡。⑥

金凤沼，字蔼如，吴县人。道光十二年（1832）举人，二十七年（1847）官宝山训导。与其子清达、清适、清辂互相砥砺，以立品敦行为本。结文社，届期诸生毕集，至学舍不能容。二十九年（1849）领乡荐者二人，膺拔萃者一人，食饩者二人，余皆列优等，一时称盛。咸丰元年（1851）病假归里。⑦ 辑有《排律初泽》，同治四年（1865）刊行。

姚琳，字芝亭，吴县人。道光十七年（1837）举人。⑧

华翊亨（？—1849），字赞之，号卓卿，吴县人。道光十五年（1835）举人，二十年（1840）进士。以知县分发四川，改山东，历署观城、朝城。丁忧服阕，仍发四川，补庆符县。旋以疾卒。著有《蜀游随笔》及文集。⑨

曹承宪，元和人。增生。殉难。⑩

费崙，号二峰，震泽人。岁贡生。有文誉。著有《小壶天诗稿》、《课余草》。⑪

叶琚。桐城叶琚（1798—1837）⑫，字伯华，号白华、韧斋，道光十五年（1835）年

① 民国《吴县志》卷 57《艺文考三》，第 949 页；卷 74 下《列女十一》，第 492 页。

② 民国《吴县志》卷 66 下《列传四》，第 115 页。

③ 同治《苏州府志》卷 65《选举七》，第 735 页；卷 90《人物十七》，第 367 页。

④ 《半行庵诗存稿》卷 3，第 38 页；卷 7，第 81 页。

⑤ 同治《苏州府志》卷 90《人物十七》，第 368 页；卷 139《艺文四》，第 588 页。

⑥ 同治《苏州府志》卷 66《选举八》，第 745 页。

⑦ 光绪《宝山县志》卷 7 下《职官志·宦绩传》，第 19 叶；民国《吴县志》卷 66 下《列传四》，第 115 页。

⑧ 同治《苏州府志》卷 65《选举七》，第 718 页。

⑨ 华翼纶：《家卓卿先生传》，《荔雨轩文集》卷 4，第 95 页。

⑩ 同治《苏州府志》卷 90《人物十七》，第 368 页。

⑪ 《垂虹识小录》卷 6，第 459 页；卷 7，第 479 页。

⑫ 生于嘉庆二年十二月二十九日，公历已入 1798 年。

进士。暴病卒。① 未知是否即此人。

王嘉福（1796—1877），字映萱，号铁卿，长洲人。道光十七年（1837）乡试中式第108名举人。二十四年（1844）大挑二等，授淮安府安东教谕。以协获捻军功保举知县，授广东始兴。又以功加同知衔。旋以老病乞罢，贫不能归，士民醵资助之，乃归。著有《正心堂诗稿》。②

张邦瑜。吴县张邦瑜，字绥綦，嘉庆九年（1804）举人。③ 未知是否即此人。

尤觐宸，字苏亭，长洲人。道光间贡生。④

郑之侨，字子疋，吴县人。道光十二年（1832）举人。二十五年（1845）官兴化教谕。⑤

宋清寿（？—1860），字介眉，元和人。道光间廪贡生，官太仓州学正。咸丰元年（1851）举孝廉方正。咸丰十年（1860）被太平军杀害。著有《鹤巢经戈》二十卷（收入《四库未收书辑刊》）、《鳝序琐闻》四卷。⑥

夏晓初，字哲如，长洲人。道光十五年（1835）举人。⑦

吴汝渤，字匊青，无锡人。拔贡。官奉贤、南汇、金山训导，与修光绪《无锡金匮县志》。⑧

待考者：江文龄、章辰、王光泰、宋元英、程邦瀚、王玮、郏树梓、祝尔康、费振均、胡国俊、邱惟仁（邱维仁）、吴凤墀（原名一鸣）、吴锡庆、沈秉錤。

21. 正谊书院课选二编

【版本序跋】

题"道光乙未（1835）春刊，本院藏板"，"山长泾县朱兰坡先生选定，监院来安欧阳泉编次，在院肄业诸生参校"。

朱琦、欧阳泉，见《正谊书院课选》。

卷首监院声明：

监院正堂欧阳示：本院课选二编，奉院长朱鉴定，经诸生参校付镌。如有抽减篇

---

① 《清代人物大事纪年》，第964页；《清朝进士题名录》，第887页；张剑：《翁心存日记及其历史文化价值》，《中国典籍与文化》2011年第2期，第97页。

② 《清代碑卷集成》第136册，第279页；同治《苏州府志》卷89《人物十六》，第342页；卷137《艺文二》，第514页。

③ 同治《苏州府志》卷65《选举七》，第713页。

④ 同治《苏州府志》卷66《选举八》，第734页。

⑤ 同治《苏州府志》卷65《选举七》，第717页；同治《续纂扬州府志》卷6《秩官》，第718页。

⑥ 同治《苏州府志》卷66《选举八》，第736页；卷63《选举五》，第672页；民国《吴县志》卷69下《列传·忠节二》，第224页。

⑦ 同治《苏州府志》卷65《选举七》，第718页。

⑧ 光绪《重修奉贤县志》卷7《官司志》，第15叶；光绪《南汇县志》卷10《官司志》，第5叶；光绪《无锡金匮县志》卷首《修辑姓氏》，第8页。

数，翻刻射利者，访闻确实，立即指名移究，惩办不贷。特示。

朱琦序云：

余昔交金陵讲舍凡四载，都人士颇不鄙夷，曾刻文以行。逮丁亥（1827）移席吴门，今计历年数惟倍。旧春已将前三载课艺择付剞劂，有林少穆中丞、陈芝楣方伯为之序。本毋庸赘辞，而肄业生复请续辑庚寅（1830）至壬辰（1832）为二编，乃引其端曰：文家体制各别，大抵主以理，运以气，而尤须宗之以经。【略】

道光十有五年（1835）春正月，泾兰坡朱琦撰。

【课艺内容】

《大学》4 题 11 篇，《论语》24 题 76 篇，《中庸》5 题 9 篇，《孟子》8 题 21 篇。有评点。

【作者考略】

共 117 篇，其中：冯桂芬 19 篇，陈炯 9 篇，洪鼎 8 篇，陆元纶 6 篇，胡清绶 5 篇，徐绍鎣、吴钟骏、顾文彬、夏晓初 4 篇，范来治、王芝孙、朱文涟 3 篇，金凤沼、刘廷桢、管秀瀛、江文龄、王熙源、王嘉福、顾树荣 2 篇，陆元城、张肇荣、胡国俊、马学易、陆元绶、程邦瀚、沈襄、邵馨、蒋赓埙、潘霂、费元镕、许源、汪宝崧、顾禄、蒋庭桂、陈廷鐄、张庚、任楣、王希旦、彭希程、陆廷英、陆毓元、周宝琪、吴汝渤、史国英、沈祺、杨裕仁、张定鋆、曹芝沅、吴一桂、姚琳 1 篇。正文中作者前标注"梁护抚军课超等一名"、"陶中丞甄别超等一名"等。

陈炯、洪鼎、陆元纶、胡清绶、徐绍鎣、吴钟骏、夏晓初、王芝孙、金凤沼、王熙源、王嘉福、马学易、蒋赓埙、潘霂、陆廷英、周宝琪、吴汝渤、姚琳，见《正谊书院课选》。

冯桂芬（1809—1874），字景亭，号林一、梦奈，晚号怀叟，吴县人。道光八年（1828）乡试中式副榜，十二年（1832）举人。二十年（1840）榜眼，授编修。历充顺天乡试同考官、广西乡试正考官。二十八年（1848）主讲金陵惜阴书院，三十年（1850）与修《两淮盐法志》。咸丰三年（1853）在苏州办团练，十一年（1861）主讲上海敬业书院。同治三年（1864）主讲苏州正谊书院，八年（1869）总纂《苏州府志》。著有《校邠庐抗议》、《说文解字段注考证》、《显志堂稿》、《梦奈诗存》。①

顾文彬（1811—1889），字蔚如，号子山，晚号艮盦，元和人。道光十一年（1831）举人，二十一年（1841）进士。历官刑部福建司主事、陕西司员外郎、福建司郎中、湖北汉阳知府、武昌盐法道、浙江宁绍台道。帖经之外，词学最邃。工书画，精于鉴赏。晚筑怡园，弆藏法书名画甚夥。著有《过云楼诗》、《眉绿楼词》、《过云楼书画记》。②

---

① 左宗棠：《中允冯君景庭家传》，《续碑传集》卷 18，第 36 页；《冯桂芬评传》。
② 王颂蔚：《浙江宁绍台道顾公墓志铭》，《碑传集补》卷 17，第 137 页。

范来治，字涵香，吴县人。道光十九年（1839）举人。①

朱文涟（1789—?），字野苹，长洲人。道光五年（1825）第 24 名举人，十六年（1836）进士。官贵州知县。②

刘廷桢，字砚青，道光十七年（1837）优贡。③

顾树荣，字实庵，元和人。道光元年（1821）举人。④

陆元城，字质莽，元和人。道光十二年（1832）举人。⑤

张肇荣，元和人。著有《说文析疑》、《师白斋诗文集》。⑥

陆元绶，字艾紆，长洲人。咸丰二年（1852）举人。⑦

沈襄，嘉定人。附贡，道光二十九年（1849）官常熟教谕。⑧

邵馨，字梦岩。许赓飏（1827—1893）受业师。⑨

费元镕，字伯瀛，吴江人，兰墀子。嘉庆十八年（1813）附贡，道光元年（1821）举人。大挑二等，授安徽休宁训导。教士一依朱子白鹿洞规，书程子《四箴》、范氏《心箴》于座隅以自省。道光四年（1824）芜湖荐饥，民多有鬻妻女者。元镕为赎三十余人，隐姓名，人罕知其事。以知县升用，未及部覆而卒，年五十八。辑有《宝善大全》、《醒世晨钟》。咸丰元年（1851）祀休宁名宦祠。⑩

许源，字达泉，吴县人。道光十二年（1832）举人，十六年（1836）进士。官杞县知县。⑪

汪宝崧（1793—1835），字友竹，吴县人。监生。善属文，长于律赋。家藏历代名绘甚夥。澄怀博观，遂悟画法。作花卉山水，雅近华嵒。著有《玉树山房遗集》四卷。⑫

顾禄（1794—1842/1843），字总之、铁卿，号茶磨山人，吴县人。附生。能诗善画，长于掌故。自恃才华，纵情声色。与友陈某同系于狱，旋以疾卒。著有《颐素堂诗钞》、《清嘉录》、《桐桥倚棹录》等。⑬

蒋庭桂，字岫云，元和人。咸丰二年（1852）恩贡，官内阁中书。被太平军杀害。⑭

① 同治《苏州府志》卷65《选举七》，第718页。

② 同治《苏州府志》卷65《选举七》，第716页；卷63《选举五》，第685页；陶澍：《进呈乙酉科乡试题名录题本》，《陶澍全集》第5册，第114页。

③ 同治《苏州府志》卷66《选举八》，第731页。

④ 同治《苏州府志》卷65《选举七》，第715页。

⑤ 同治《苏州府志》卷65《选举七》，第717页。

⑥ 同治《苏州府志》卷137《艺文二》，第517页。

⑦ 同治《苏州府志》卷65《选举七》，第720页。

⑧ 光绪《常昭合志稿》卷19《职官》，第280页。

⑨ 《清代硃卷集成》第144册，第82页。

⑩ 光绪《吴江县续志》卷19《人物四》，第431页；《垂虹识小录》卷3，第420页。

⑪ 同治《苏州府志》卷63《选举五》，第685页；卷65《选举七》，第717页。

⑫ 民国《吴县志》卷75上《列传·艺术一》，第510页；《清人诗文集总目提要》，第1280页。

⑬ 《桐桥倚棹录》附录顾颉刚、俞平伯、谢国桢、吴世昌题识，第172页；《清嘉录·前言》（来新夏撰），第1页；张学群：《顾禄的家世和卒年死因新探》，《传统文化研究》第14辑，第69页；稻畑耕一郎：《〈清嘉录〉著述年代考——兼论著者顾禄生年》，《新世纪图书馆》2006年第1期。

⑭ 同治《苏州府志》卷66《选举八》，第736页；卷90《人物十七》，第368页。

王希旦，字荫堂，吴县人。道光十四年（1834）举人，十五年（1835）进士。官新乡知县。①

陆毓元，字阆裁（一作阆栽），元和人。道光十七年（1837）举人，官丹徒教谕。②

史国英，字豫庭，吴县人。嘉庆二十三年（1818）附贡。③

沈祺，字小兰，吴县人。道光十四年（1834）举人。④

杨裕仁（1810—?），字雨人，号翼堂，华亭人。道光十一年（1831）乡试中式第111名举人。二十一年（1841）进士。官湖北枣阳县知县。丁忧归，服阕，补安徽婺源县，调署太平。咸丰初兵乱，以忧劳成疾卒。⑤

张定銎，字竹全，晚号拙叟，常熟人。监生，候选光禄寺典簿。廪省试屡荐不售，益奋志读书。肄业紫阳书院，院长朱珔（1769—1850）极赏之。内行纯笃，佐父建祠修谱。邑有旱涝，辄助赈为倡。居恒执卷危坐，无惰容。朋辈往来，终日不见偏倚。遇有质问，尽言无隐。光绪元年（1875）举孝廉方正。旋卒，年八十八。著有《三余杂志》八卷《辨诬》二卷（收入《四库未收书辑刊》）、《四书训解参证》十二卷《补遗》四卷《续补编》四卷。⑥

待考者：管秀瀛、江文龄、胡国俊、程邦瀚、陈廷鐄、张庚、任楣、彭希程、曹芝沅、吴一桂。

22. 正谊书院课选三编

【版本序跋】

题"道光丙申（1836）春刊，本院藏板"，"山长泾县朱兰坡先生选定，监院来安欧阳泉编次，在院肄业诸生参校"。

朱珔、欧阳泉，见《正谊书院课选》。

卷首监院声明，同《正谊书院课选二编》。

朱珔序云：

> 虞廷三载一考绩，至三考乃黜陟幽明，此察吏之法，惟学亦然。周制：三年举贤能，而庠序间核其大成，必及九年。是九年者，官与士之期限也。今之书院，每岁例甄别，教不限年，虽稍异，然主讲者历久宜觇其效，肄业者历久宜课其程。余之忝斯席经九年矣，文已再刻，三岁为一集，顷复始癸巳（1833）迄乙未（1835），择录成帙。【略】

时道光十有六年岁次丙申（1836）秋七月，泾兰坡朱珔序。

---

① 同治《苏州府志》卷63《选举五》，第685页；卷65《选举七》，第717页。

② 同治《苏州府志》卷65《选举七》，第718页；民国《续丹徒县志》卷10《职官表二》，第610页。

③ 同治《苏州府志》卷66《选举八》，第731页。

④ 同治《苏州府志》卷65《选举七》，第717页。

⑤ 《清代硃卷集成》第134册，第429页；光绪《重修华亭县志》卷16《人物五》，第1282页。

⑥ 光绪《常昭合志稿》卷30《人物九·文学》，第522页；《续修四库全书总目提要·经部》，第998页。

【课艺内容】

《大学》4 题 11 篇，《论语》28 题 76 篇，《中庸》6 题 15 篇，《孟子》10 题 27 篇，五经文 16 题 17 篇。有评点。

【作者考略】

共 146 篇，其中：陆元纶 13 篇，洪鼎 10 篇，夏晓初、范来治 8 篇，顾文彬 7 篇，金凤沼、冯桂芬、胡清绶、徐绍鎜 6 篇，李传桢 5 篇，陈烔、姚琳 4 篇，沈毓和、张肇荣、张璐、潘霁、顾绍琮、王希旦、管秀瀛 3 篇，徐元善、陈仁龄、王芝孙、王嘉福、徐正镳、邵馨、汪嘉惠、王熙源、范云逵、顾达尊 2 篇，郭凤冈、彭希程、汪塈、刘廷桢、李传柏、顾鸿来、蒋赓埙、沈赞、汪曜奎、潘廷英、周修均、柳兴宗、张步瀛、李觐光、郑之侨、陆朱煐、石麟、吴凤墀、钱绮、王玮、陆廷英、严元镳 1 篇。正文中作者前标注"朱山长会课超等一名"、"陶制军观风超等四名"等。

陆元纶、洪鼎、夏晓初、金凤沼、胡清绶、徐绍鎜、陈烔、姚琳、潘霁、王芝孙、王嘉福、王熙源、顾鸿来、蒋赓埙、沈赞、郑之侨、陆廷英，见《正谊书院课选》。

范来治、顾文彬、冯桂芬、张肇荣、王希旦、邵馨、刘廷桢，见《正谊书院课选二编》。

沈毓和，吴江人。道光十五年（1835）岁贡。①

张璐（1810—1858），字子佩，宝卿，常熟人。与弟珽、瑛（1823—1901）皆以制艺鸣于时。珽早卒，璐与瑛益讲儒者实学，为文追慕归有光及桐城诸先辈。道光十五年（1835）举人，二十五年（1845）进士。官刑部湖广司主事。著有《白圭榭试律》不分卷、《渔石剩草》一卷、《白圭榭古文遗稿》一卷。②

陈仁龄，元和人。被太平军杀害。③

汪嘉惠，长洲人。庠生。其妻包氏守节二十一年。④

范云逵（？—1863），字梁园，吴县人。诸生，负文名。同治二年（1863）在吴江被太平军擒获，胁降不从，被杀。⑤

顾达尊，字德人，号荣绯，吴县人，嗣立（1665—1724）曾孙。庠生。⑥

郭凤冈，字桂舲，于阳，吴县人。道光十二年（1832）举人。二十一年（1841）进士，改庶吉士。假归，未散馆，丁父艰，以毁卒。曾为长白某公纂《粤海关志》，于海国名号、道理物产、夷情正诡，无不备载。不数年，各国通商事起，深赖其书焉。又有

---

① 同治《苏州府志》卷 66《选举八》，第 745 页。

② 薛福成：《刑部湖广司主事张君家传》，《庸庵文编》卷 3，第 88 页；同治《苏州府志》卷 65《选举七》，第 718 页；《清人别集总目》，第 1105 页。

③ 同治《苏州府志》卷 90《人物十七》，第 373 页。

④ 同治《苏州府志》卷 120《列女八》，第 115 页。

⑤ 同治《苏州府志》卷 84《人物十一》，第 241 页。

⑥ 《元和唯亭志》卷 12《生监》，第 136 页；《寒厅诗话》卷末识语，第 96 页。

《言行汇编》十二卷、《金粟楼古今体诗》二卷。①

汪堃（1808—?）②，字应潮，号安斋，昆山人。道光十五年（1835）举人。二十一年（1841）进士，改庶吉士，散馆授吏部主事。官至四川永宁道，加盐运使衔。罢官后侨寓郡城，杜门不出，一意著述。生平以才气自负，与何绍基（1799—1873）有睚眦之怨，至著书诋之，诬为猿子，人谓有狂易之疾。著有《盾鼻闻见录》、《寄蜗残赘》、《咄咄吟》、《逆党祸蜀纪》，持论多偏宕，然亦多言人所不敢言。汰其芜累，宋叶绍翁《四朝闻见》之流也。③

李传柏，字新甫，元和人。道光十四年（1834）举人。④

汪曜奎，字应垣，号星阶，昆山人。道光二十年（1840）举人，官河南汜水、孟县、祥符知县。咸丰三年（1853）在孟县创设桃潭书院。五年（1855）以事革职。好方书，辑有《续经验方》。⑤

潘廷英，字蔼如，长洲人。道光二十年（1840）举人。⑥

柳兴宗（1795—1880），改名兴恩，字宾叔，丹徒人。道光十二年（1832）举人，选句容教谕，未赴任。年八十余，犹橐笔应课南北书院。所得膏奖，用于善举。著有《毛诗注疏纠补》三十卷、《穀梁春秋大义述》三十卷、《周易卦气辅》四卷、《虞氏逸象考》二卷、《尚书篇目考》二卷、《刘向年谱》四卷、《宿壹斋诗文集》等。⑦

张步瀛（1803/1805—1859），字莲洲、廉舟，金匮人。少工诗赋及制举文，为邑名师。道光十七年（1837）选拔，明年入京，召试二等，以教谕即用。二十四年（1844）乡试中式副榜第一。平日治经，兼习算学。晚年专心六书，病毕沅《释名疏证》阙略，因作重笺。又为《释名求音》，皆未竟而卒。古今体宗孟浩然，有《醉墨轩诗钞》三卷。⑧

李觐光，武进人。著有《枕流阁诗草》。⑨

钱绮（1798—1858）⑩，字子文、映江，号竺生，元和人。诸生。肄业正谊、紫阳书院。三十后喜搜明季轶事，四十后潜心经学，及天文历算诸书。著有《左传札记》七卷、《四书管见》一卷、《南明书》三十六卷、《钝砚厄言》（彭蕴章序）、《苏城晷景表》一卷、《天文算学杂说》二卷、《自订年谱》一卷、《穿珠集》一卷（集唐）、《钝砚庐诗集》

------

① 同治《苏州府志》卷65《选举七》，第717页；卷83《人物十》，第203页；卷136《艺文一》，第498页。

② 生年据《清代人物生卒年表》，第346页。

③ 民国《昆新两县续补合志》卷10《列传》，第421页。

④ 同治《苏州府志》卷65《选举七》，第717页。

⑤ 同治《苏州府志》卷65《选举七》，第718页；民国《孟县志》卷5《教育》，第2叶；《职官》，第91叶；《清实录·文宗实录》卷157，第4册，第710页；《中国历代医家传录》，第529页。

⑥ 同治《苏州府志》卷65《选举七》，第718页。

⑦ 《清史列传》卷69《儒林下二》，第625页；民国《续丹徒县志》卷13《人物五·儒林》，第652页。

⑧ 陈奂：《张廉舟传》，《三百堂文集》卷下，第621页；光绪《无锡金匮县志》卷22《文苑》，第371页。

⑨ 《江苏艺文志·常州卷》，第554页。

⑩ 生卒年据《中国历代人物年谱考录》，第521页。

一卷《文集》一卷。①

严元镳，号子千，长洲人。诸生。著有《子千遗集》。②

待考者：李传桢、顾绍琮、管秀瀛、徐元善、徐正镳、彭希程、周修均、陆朱焴、石麟、吴凤墀、王玮。

23. 正谊书院课选四编

【版本序跋】

题"道光戊戌（1838）秋刊，本院藏板"，"山长泾朱兰坡先生选定，监院来安欧阳泉编次，在院肄业诸生参校"。目录末署"苏城枭辕西首喜墨斋刘建扬刻印"。

朱琦、欧阳泉，见《正谊书院课选》。

卷首监院声明，同《正谊书院课选二编》。

朱琦序云：

> 课艺已刻三编，至乙未（1835）而止。丁酉（1837）季夏，余移席紫阳，其中仅越年余，而佳制尚多，因补录成帙，得一百首。虽持择未尽确，要蕲诸君益进于闳雅之才，犹初志也。附识简端，用质诸当世。
>
> 道光戊戌（1838）孟秋，泾朱琦书。

【课艺内容】

《大学》3 题 12 篇，《论语》12 题 42 篇，《中庸》4 题 18 篇，《孟子》7 题 28 篇。有评点。

【作者考略】

共 100 篇，其中：洪鼎 11 篇，潘霁、陆元纶 8 篇，李传桢、邵馨 7 篇，张璐、王熙源、顾文彬 5 篇，汪嘉惠 4 篇，姚琳、范来治、徐绍鳌、冯桂芬 3 篇，蒋嘉凤、程世勖、王芝孙、金谦 2 篇，姜湖、黄鋆、顾鸿来、沈赞、潘仁鳌、王玮、顾麟珍、潘绍瑄、洪晋、徐元善、刘廷桢、李棟衡、管秀瀛、汪曜奎、汪宝礼、蒋赓埙、金凤沼、陆毓元、王振声、贝青乔 1 篇。正文中作者前标注"朱山长会课超等一名"、"朱山长会课超等二名"等。

洪鼎、潘霁、陆元纶、王熙源、姚琳、徐绍鳌、王芝孙、顾鸿来、沈赞、蒋赓埙、金凤沼，见《正谊书院课选》。

邵馨、顾文彬、范来治、冯桂芬、刘廷桢、陆毓元，见《正谊书院课选二编》。

张璐、汪嘉惠、汪曜奎，见《正谊书院课选三编》。

蒋嘉凤，字兰士，长洲人。道光间岁贡生。被太平军杀害。③

---

① 《左传札记》朱琦序、自序，第 293 页；同治《苏州府志》卷 90《人物十七》，第 366 页；卷 137《艺文二》，第 518 页。

② 同治《苏州府志》卷 137《艺文二》，第 515 页。

③ 同治《苏州府志》卷 66《选举八》，第 734 页；卷 89《人物十六》，第 347 页。

程世勋，字雪门，元和人，际盛（1739—1796）子。诸生。好吟咏，善丹青。五七言近体，尤诗中有画，不减摩诘。著有《古香簃诗钞》。①

金谦，长洲人。被太平军杀害。②

黄鎏，震泽人。庠生。其聘妻为之守贞终身。③

潘仁鳌，元和人。同治五年（1866），由候选复设训导捐钱合银 331 两，奏以复设教谕双月选用。④

洪晋，吴县人。道光间廪贡。咸丰五年（1855）官扬州府学教授。⑤

李棪衡，字拙苏，元和人。道光十四年（1834）举人。⑥

王振声（1799—1865），字宝之，号文村，昭文人。道光八年（1828）副榜，十七年（1837）举人。三试礼部归，益勤于讲习。经史百家、小学语录，无不涉猎。于校勘之学，尤贯穿精审。晚主游文书院，讨论经籍，日草数千言，邑中推耆献焉。著有《鱼雅堂全集》、《十三经校勘记补正》、《切韵指掌图校勘记》、《复古编校勘记》、《读易札记》、《读韩子杂记》。⑦

贝青乔（1810—1863），字子木，号无咎、木居士，吴县人。诸生。道光十三年（1833）前后，入江苏巡抚林则徐（1785—1850）幕。曾从朱绶（1789—1840）问诗，与叶廷琯（1792—1869）、张鸿基（1799—1840）等吴下诗人交游。二十一年（1841），入扬威将军奕经（1791—1853）军幕，受命潜入宁波侦探敌情，并亲临战阵。军幕结束论功，援引《大清会典》，求为功贡生，故世称"贝明经"。道光末游幕黔西，咸同间先后入浙西及安徽戎幕。同治二年（1863），应直隶总督刘长佑（1818—1887）之聘北上，卒于途中。著有《咄咄吟》二卷《附录》一卷、《半行庵诗存稿》八卷（收入《续修四库全书》）。《晚晴簃诗汇》录其诗 10 首。⑧

待考者：李传桢、姜湖、王玮、顾麟珍、潘绍瑄、徐元善、管秀瀛、汪宝礼。

24. 正谊书院小课

【版本序跋】

题"道光戊戌（1838）春镌"，"院长泾县朱兰坡先生选定，监院来安欧阳泉编次，在院肄业诸生参校"。

朱琦、欧阳泉，见《正谊书院课选》。

---

① 民国《吴县志》卷 68 下《列传七》，第 170 页。

② 同治《苏州府志》卷 89《人物十六》，第 349 页。

③ 同治《苏州府志》卷 133《列女二十一》，第 424 页。

④ 《李鸿章全集》2《奏议二》，第 601 页。

⑤ 同治《苏州府志》卷 66《选举八》，第 732 页；同治《续纂扬州府志》卷 6《秩官》，第 711 页。

⑥ 同治《苏州府志》卷 65《选举七》，第 717 页。

⑦ 张星鉴：《怀旧记》，《续碑传集》卷 79，第 537 页；光绪《常昭合志稿》卷 30《人物九·文学》，第 521 页。

⑧ 同治《苏州府志》卷 84《人物十一》，第 222 页；《中国文学家大辞典·近代卷》，第 35 页；《中国历代著名文学家评传·续编三》，第 535 页；《晚晴簃诗汇》卷 148，第 6437 页。

卷首监院声明，同《正谊书院课选二编》。
朱琦序云：

　　书院之例，率以制义、试帖为主，而按月别命经解、诗赋诸题，间及杂文，特缓其期，使宽暇得检书，优且加奖厉。立法可云周至，但不严程限，因之应者颇寡。余自丁亥（1827）来吴门，遇有旁搜典籍，并雅擅词章之人，辄为击节欣赏。迄今已十载余，始综核成帙，共若干首。

　　窃维制义，本名经义。文，枝叶；经，根柢也。茂树而划根，英华徒发，久乃摧落。解经者务平昔观汉唐注疏，兼采他家之说，寻彼门径，渐臻于淹贯。故可凭解之详略，觇学之浅深。苏城中曩称惠氏，世传训诂最精。厥后江艮庭、余仲林，规矩重叠。外邑冠冕，推昆山顾亭林，包括甚巨，不尽从经入。吴江朱长孺、陈长发，常熟严宝成、陈亦韩辈，并卓荦著声。近时儒生，笃志固不乏。其趋苟简者，弊在畏难，在萌怠。不知撰述遗编，昭然具列，沉潜研究，轨辙当易循。惟勤斯奋，何遽远逊先达！至诗赋，则倾液漱芳，怀响毕弹，几于粤铸燕函，夫人能为之矣。顾或多清丽之篇，而少闳博之体，虽见长诣，犹未极此。视经之非可卤莽以奏效也，事异而功实同。轮扁之斫也，纪昌之射也，尹需之御也，只末技耳。类苦心殚力，克进乎神。否则若操琴然，三日不近弦索，恐手生荆棘。无他，熟于专习，而荒于轻弛也。

　　诸君苟益思充实，庶子家丞，两美必合，行将储朝廷有用之材。为通士，既如古人议礼断狱，胥原经术；为才士，亦雍容揄扬，雅颂之亚。然则书院一席地似简，而培养俊乂，道恒由之。独是苏号大郡，闻见所挂漏，殆不胜纪。若仅据此录，即自诩空其群，譬诸贾胡求宝，偶获珍玩，而谓馨龙宫之富；匠师求木，偶取乔干，而谓尽牛山之美，奚可哉？刻竣，制弁言，聊陈区区甄择之意，藉致敦勉，愿与诸君互证焉。

　　道光十有七年岁在丁酉（1837）季冬月，泾朱琦序。

欧阳泉序云：

　　经解、诗赋与制义相为表里者也。经解之名，托始《小戴》篇目，其体则《尔雅》开之。自是而汉之注，唐之疏，递相阐绎。宋儒始多自出新义，与郑、孔分门户。而八股体制，萌芽于其间，八股不在经解外也。制义称大家者，前明如守溪、震川，国朝如厚菴、灵皋诸巨公，依经树义，多足补注疏所未及。俎豆不佻，宜矣。诗赋自魏晋以后，代变新声。有唐设进士科，律赋、试帖体裁，即后来八比之权舆。明人谓玉茗以五言律为时文，亶其然乎！至云间几社文脉，好为沉博绝丽，亦扬、班俦也。东乡极力挤排，迄不能废，岂非泽于古者深欤！士人专攻举业，或不遑及于经解、诗赋，其文非失之空疏，即失之朴僿。有能兼及者，又或体格掺杂，于四子书口气中，矜训诂别解，落齐梁后尘，亦无取焉。通品之士则不然，其为学也，博以扩吾才，精以定吾识，正以养吾气，厚以致吾情。诗文经古，异曲同工，以是掇巍科，登秘阁，备侍从，效赓飏，润色鸿业，必自好秀才始矣。

　　吴门正谊书院，龙蟠凤逸之才，联翩而起。院长朱兰坡先生，以宿学重望主皋比最久。既选刻制义佳篇，次第成三集，远近争睹为快。兹复手订经解、诗赋、杂体之尤者，自丁亥（1827）至丁酉（1837），共若干首，都为一集。泉获襄校勘之役，见其中名作如林：经解奉钦定为圭臬，会汉学、宋学而撷其精；诗赋拟制科为准绳，酌古体、近体而臻于善。洋洋乎极文章之大观，与制义相辅而行可也，各各单行亦可也。虽曰书院小课，而三吴钟毓之秀，大宪培植之深，师与友裁成砥砺之益，胥于是乎，在有志者其尚知所从事哉！

道光十有七年（1837）仲冬长至日，正谊监院来安欧阳泉谨序。

【课艺内容】

凡四卷：卷一经解 19 题 23 篇，题如《中孚为十一月卦解》、《纳于大麓解》、《奉席如桥衡解》；卷二表 1 题 1 篇，疏 1 题 1 篇，论 2 题 2 篇，记 1 题 1 篇，赋 32 题 73 篇，题如《恭拟平定回疆生擒张逆贺表》、《拟请加封光福大士神号疏》、《子产伍田畴论》、《保甲弭盗论》、《沧浪亭建五百名贤祠记》、《抱一为式赋（以"圣人抱一为天下式"为韵）》、《麦陇风来饼饵香赋（以题为韵）》；卷三古近体诗，其中五古 8 题 15 篇，七古 16 题 36 篇，五律 6 题 7 篇，七律 20 题 47 篇，五排 2 题 2 篇，七排 2 题 2 篇，七绝 5 题 8 篇，题如《拟左太冲〈咏史〉诗八首》、《题〈目送归鸿图〉呈梁方伯》、《拟高适〈燕歌行〉》、《石湖怀古》、《新修沧浪亭落成诗四首》、《江南催耕词呈权臬闽中李公十二首》、《饲蚕词四首》；卷四试帖诗 78 题 110 篇。

经解、杂文、赋有评点。如《秧马赋》三篇，第一名洪鼎。起句："新雨一犁，长堤短堤。草软三径，风轻四蹂。"夹评："飒然而至，奕奕有神。"该文总评："结体大方，虽缩本不至拘缚。"第二名王熙源。起句："千塍绿颖浓如写，中有雀跃而行者。"夹评："起势飞舞。"该文总评："□干中有姿色致。"第三名吴汝渤。起句："大田多稼，我马既同。莺鸣陇上，雀跃泥中。"夹评："工于发端，全神已揭。"该文总评："独见通峭。"

【作者考略】

收录课艺较多者：洪鼎 49 篇，陆元纶 30 篇，王熙源 27 篇，范来治 19 篇，陆毓元 17 篇，陈烱 15 篇，周宝琪、潘霖 10 篇，金凤沼 9 篇，吴钟骏 7 篇，陆嵩、邵馨、胡清绶 6 篇，宋清寿、姚琳、顾文彬 5 篇，李兆扬、张肇辰、金宝树、冯桂芬 4 篇，朱兆箕、蒋赓埙、王振声、蔡振铭、吴汝渤、刘廷桢、江文龄、贝青乔、金谦、徐绍鏊、汪曜奎 3 篇。

其他作者一二篇不等：张锡智、顾本立、陈履刚、潘廷英、管秀瀛、王希旦、柳兴宗、汪宝诗、陆廷英、沈堃、沈彦曾、陆朱煓、江濬岷、汪廷枏、周泽溥、吴凤墀、汪宝崧、马学易、顾禄、王玮、石麟、顾树荣、王嘉福、谢春诏、任楣、汪嘉惠、尤觐宸、汪宝礼、沈秉镇、郑之侨、顾鸿来、夏晓初、沈毓和、彭希程、朱桂蟾、李奕栋、李棣衡、张璐、郭凤冈、蒋德福、朱文涟、贝信三、严元镳、张步瀛、钱绮、王芝孙。

洪鼎、陆元纶、王熙源、陈烱、周宝琪、潘霖、金凤沼、吴钟骏、胡清绶、宋清寿、姚琳、张肇辰、蒋赓埙、吴汝渤、徐绍鏊、顾本立、陆廷英、马学易、王嘉福、尤觐宸、郑之侨、顾鸿来、夏晓初、王芝孙，见《正谊书院课选》。

范来治、陆毓元、邵馨、顾文彬、冯桂芬、刘廷桢、王希旦、汪宝崧、顾禄、顾树荣、朱文涟，见《正谊书院课选二编》。

汪曜奎、潘廷英、柳兴宗、汪嘉惠、沈毓和、张璐、郭凤冈、严元镳、张步瀛、钱绮，见《正谊书院课选三编》。

王振声、贝青乔、金谦、李棪衡，见《正谊书院课选四编》。

陆嵩（1791—1860），原名介眉，字希孙，号方山，元和人，文（1766—1826）子。优贡生。道光五年（1825）拔贡。十八年（1838）至咸丰八年（1858），官镇江府学训导。监宝晋书院事，洲田被水，往往停课。嵩言于郡守及县令，每于田无获时，先期开课，并筹膏火等费。二十二年（1842）京口之乱，嵩集江洲人成一旅，随同克复镇江城。咸丰三年（1853）在乡劝督团练。七年（1857）事平，复任，明年以疾归苏州，卒于家。著有《意苕山馆诗稿》十六卷（收入《续修四库全书》）。①

金宝树（1800—1857），字仲珊，号吟香，元和人。道光十二年（1832）举人，十八年（1838）进士。得湖北即用知县，历兴国、利川、通山、蕲水、蕲州等州县。咸丰三年（1853）署安徽和州知州，六年（1856）调六安。明年与太平军战，阵亡。著有《曼陀罗室文集》二十二卷、《花溪草堂诗集》二十四卷。②

朱兆箕，字聚垣，号曼卿，元和人。庠生。③

蔡振铭（？—1860），吴县人。诸生。咸丰十年（1860）被太平军杀害。④

沈塈（1805—1848），改名福塈，字惕前，号铁泉、顽铁，昭文人。廪生。发愤力学，著《鸡窗条约》以自励。工书画。著有《三十六鸳鸯词馆诗钞》二卷、《词钞》一卷、《词余》一卷。⑤

沈彦曾，字士美，号兰如，长洲人。诸生。著有《兰素词》一卷，道光间与戈载《翠薇雅词》、朱绶《湘弦别谱》、陈彬华《瑶碧词》、吴嘉洤《秋绿词》、沈传桂《二白词》、王嘉禄《桐月修箫谱》合刻为《吴中七家词》，因有"后吴中七子"之称。《国朝词综续编》录其词 10 首。《国朝词综补》录其词 4 首。《全清词钞》录其词 4 首。⑥

汪廷枏（1810—1881），字凌霄，号岭梅，吴县人。道光十九年（1839）乡试中式第 85 名举人。屡上公车，以外王父潘世恩（1770—1854）父子先后为试官，引嫌回避，改官内阁中书。咸丰十年（1860）会办团练，请设饷捐局于乡，取民田折租以充军食。事平，仍家居不出。里中义举，靡役不与。建诵芬义庄，捐田一千余亩。好诗古文辞，与冯桂芬（1809—1874）、潘遵祁（1808—1892）、蒋德馨（1810—1893）友善。⑦

周泽溥，字赓陛，号右岩，吴县人。张问陶（1764—1814）游虎阜，适秋兰盛开，

①　同治《苏州府志》卷 90《人物十七》，第 364 页；光绪《丹徒县志》卷 21《名宦》，第 408 页；《清史列传》卷 73 陆文传附，第 11 页；《中国文学家大辞典·近代卷》，第 235 页。

②　冯桂芬：《奉政大夫安徽补用同知直隶州署六安州事恤赠云骑尉世职元和金君墓碑铭》，《显志堂稿》卷 7，第 636 页。

③　《元和唯亭志》卷 12《生监》，第 136 页。

④　同治《苏州府志》卷 84《人物十一》，第 241 页。

⑤　光绪《常昭合志稿》卷 30《人物九·文学》，第 521 页；《画家知希录》卷 6，第 178 页；《清人别集总目》，第 1054 页。

⑥　《国朝词综续编》卷 17，第 600 页；《国朝词综补》卷 37，第 337 页；《全清词钞》卷 23，第 1147 页。

⑦　民国《吴县志》卷 66 下《列传四》，第 119 页；《清代硃卷集成》第 137 册，第 13 页。

出一对云："花好不沾尘俗气。"即答云："才高全作性灵诗。"大加奖励，目为异才，遂执贽受业。旋受知姚文田（1758—1827），入吴庠。明年岁试，复受知周系英（1765—1824），得食饩。后又为林则徐（1785—1850）赏识，遂为入室弟子，佐林幕府。出贡后得训导，历官宝山、金山。时太平军据苏城，泽溥不能归。至永昌督团，卒于战，年六十一。①

蒋德福（1810—1893）②，改名德馨，字心芗，号且园，长洲人。道光十五年（1835）进士，授工部主事。晚主正谊书院。著有《且园诗存》四卷。《晚晴簃诗汇》录其诗 2 首。③

贝信三（1811—1875），号润孙，吴县人。道光二十年（1840）举人。同治八年（1869）主讲宝山学海书院。藏书颇丰。著有《宋史逸闻》四卷、《简园琐录》四卷。④

待考者：李兆扬、江文龄、张锡智、陈履刚、管秀瀛、汪宝诗、陆朱煊、江濬岷、吴凤墀、王玮、石麟、谢春诏、任楣、汪宝礼、沈秉鑅、彭希程、朱桂蟾、李奕栋。

25. 正谊书院课选

【版本序跋】

题"光绪丙子（1876）寒月刊竣，翻刻必究"，"山长冯景亭先生鉴定"。
蒋德馨序云：

【略】我朝文治昌明，远轶前代。春秋两闱，经策与制艺兼试；殿廷试以策论；馆阁试以诗赋；至提学岁科两试，则经解古学别为一场：固未尝专重时文而以经学词章为可忽也。吾苏正谊书院，向来月课八股、试帖之外，本有小课，以经古命题。自李肃毅伯克复郡城，重新讲舍，遂以制艺并入紫阳，而专课正谊诸生以经解古学，盖仿浙江诂经精舍、广东学海堂之例。时主讲为吾郡冯中允，儒林矜式，经师人师，两无遗议。自同治乙丑（1865）迄癸酉（1873），校阅之暇，选有课艺若干帙，未及刊行而中允遽捐馆。鄙人固陋，谬膺大府聘，承乏其后，兢兢焉惟弗克胜任是惧。乃自抗颜讲席以来，忽忽已交三载，课卷委积。因念前事不忘，后事之师，宜先将中允所选者付梓。会董事语樵吴丈商及经费，余为请于竹樵方伯，欣然筹歜，以资剞劂，诚嘉惠士林之盛心也。是编遴选颠末，已见中允哲嗣申之比部所撰《节略》。开雕之始，余但为校雠一过，以付手民，评点悉仍其旧。比部属余为文弁其卷首，聊为赘说如此。

光绪二年（1876）秋九月，长洲蒋德馨序。

卷首又有冯芳缉《正谊课选节略》，云：

---

① 民国《吴县志》卷 69 上《列传·忠节一》，第 191 页。
② 生卒年据《清代人物生卒年表》，第 759 页。
③ 《清人诗文集总目提要》，第 1413 页；《晚晴簃诗汇》卷 138，第 5980 页。
④ 光绪《宝山县志》卷 5《学校志·书院》，第 14 叶；民国《吴县志》卷 79《杂记二》，第 629 页；《苏州名门望族》，第 397 页。

先君子家居二十余年，选主吾吴、金陵、上海各书院，仅惜阴书院课艺早经选刊，久已风行海内，他未之有也。乱后主讲正谊，几及十稔，每命题校阅，晨夕矻矻，无一字一句不亲自过目。卷中遇引用舛误，有可疑者，必翻阅书籍，遍考出处，为之改正，未尝惜劳也。历课经古各艺，有随阅随选者，有阅而未选者。同治癸酉（1873）冬，以课艺所积已夥，遂断自同治四年（1865）至六年（1867），择其艺之尤佳者如干首为初集，谋先付梓。乃缮写未蒇事，而先君子遽弃养矣。芳缉念是亦先人心血所注，于读礼之暇，倩人录毕，复为之校对排比，遂成完帙。至去取命意，小子学植浅薄，不足以知之，谨一一悉仍其旧。选中名作如林，无美不收，应亦有目者所共赏，不敢置议，亦不待小子赘词。倘蒙赐以序言，述此缘起，弁诸简端，俾先君子遴选之意，得赖以不没，幸甚感甚！

光绪二年（1876）秋九月，吴县冯芳缉谨识。

冯景亭（冯桂芬），见《正谊书院课选二编》。
蒋德馨（蒋德福），见《正谊书院小课》。
冯芳缉（1833—?），字熙臣，号升芷、稺林，吴县人，桂芬（1809—1874）长子。咸丰八年（1858）顺天乡试挑取誊录第87名，九年（1859）顺天乡试中式第195名举人，同治七年（1868）会试中式第58名，殿试二甲第101名。历官刑部主事、郎中、监察御史、记名海关道，以廉平著。桂芬修《苏州府志》未竟而殁，芳缉与同人足成刊行之。著有《冯申之先生日记》。①

【课艺内容】

经解20题34篇，题如《不时不食解》、《夏后氏五十、殷七十、周百亩解》、《箕子之明夷》、《春王正月解》；策、论、说、考、辨、议、表、疏、记、序、跋、启、箴、铭等68题100篇，题如《问：史传黄霸、匡衡、文中子、张魏公诸人》、《问治吴策》、《〈说文〉以下字书得失论》、《汲黯论》、《地圆说》、《东洋西洋南洋考》、《吴国疆域考》、《〈朱子晚年定论〉辨》、《垦荒用西洋机器议》、《拟梁武帝〈申饬选人表〉》、《代朱子拟白鹿洞上梁文》、《拟苏州试院记》、《书程畏斋〈读书分年日程〉后》、《〈天下郡国利病书〉跋》、《拟崔子玉〈座右铭〉》、《拟元次山〈中兴颂〉》；赋24题59篇，题如《梯云取月赋》、《海日照三神山赋》、《九月九日作〈滕王阁序〉赋》、《士先器识后文艺赋》、《唐文皇与虬髯客观弈赋》；古今体诗50题118篇，题如《吴中神弦曲》、《拟元次山〈舂陵行〉》、《拟阮步兵〈咏怀〉》、《题韦苏州诗集》、《姑苏论诗绝句》、《咏明史小乐府》。

【作者考略】

共311篇，其中：管礼耕、徐有珂、柳商贤、汪芑20篇，陆润庠18篇，赵钧17篇，徐诵芬13篇，王桢12篇，潘锡爵、冯芳植、胡元瀜11篇，吴大澂、府晋蕃、殷诒谷、杨引传10篇，黄赓唐、吴桢8篇，潘祖谦7篇，顾鸿昇6篇，陶甄4篇，沈嘉澍、杨敬

---

① 《清代硃卷集成》第29册，第395页；民国《吴县志》卷66下《列传四》，第122页。

傅 5 篇，孔广彪、吴庆咸、徐湘、姚楃、沈景修、汪鹤延、秦绶章 3 篇，王景曾、俞刚、陈希骏、黄庆嵩、陆廷魁、蒋士骥、吴赓昇、秦毓麒、薄绍宗、孔昭乾 2 篇，闻福增、徐凤衔、钱炳奎、庞鸿湛、周希旦、王炳如、失名、徐廷栋、汪之昌、钱禄泰、尤家炳、周龄、沈清范、许鼎梅 1 篇。目录中作者前标注"冯山长课"、"勒臬台课"等。

姚楃、沈景修，见《崇文书院课艺》。

王景曾，见《学海堂课艺续编》。

徐凤衔，见《安定书院课艺》。

徐诵芬，见《上海求志书院课艺（戊寅春季）》。

杨敬傅，见《娄东书院小课》。

秦绶章，见《当湖书院课艺二编》。

管礼耕（1848—1887），字申季，号操斋，元和人，庆祺（1808—?）子。岁贡生。少颖慧，作文一字不苟下，冯桂芬（1809—1874）奇赏之。肄业正谊书院，助校《说文段注考证》，又在校邻庐襄纂《苏州府志》多年。治三礼，精算术，与王颂蔚（1848—1895）、叶昌炽（1849—1917）齐名。端静寡言笑，好颜氏习斋学说，事亲至孝。以数奇，南北闱屡试辄左。光绪十二年（1886），汪鸣銮（1839—1907）视学广东，招往襄校。以病归，旋卒，年四十。费念慈（1855—1905）为裒辑遗文刊之。著有《操斋遗书》四卷（收入《丛书集成续编》）。①

徐有珂（1820—1878），字韵云，号小谿，浙江乌程人。恩贡生，官直隶州州判。同治六年（1867）举人。七年（1868）会试堂备，十年（1871）会试备荐河工，加中书科中书衔，拣选知县。潜研朴学，力探根柢，不拘守汉宋门户，兼通步算，未尝自炫。佐修《乌程县志》，未及成书而卒。著有《春秋朔闰举正》二卷、《湖阴汗简》八卷、《小不其山房集》十二卷。②

柳商贤（1834—1900），字质卿、仰庵，元和人。同治九年（1870）乡试中式第 11 名举人。分纂《苏州府志》，为冯桂芬（1809—1874）高弟。晚官浙江宁海知县。解组后居木渎遂初园。著有《横金志》、《蘧庵诗文钞》各若干卷。《晚晴簃诗汇》录其诗 2 首。③

汪苣（1830—1889）④，字燕庭，号茶磨山人，吴县人。增生。工词赋，学使按临苏属，无不赏拔，名噪一黉，称"盘溪才子"。胸中洒落无城府，爱交游，诗坛酒坫，欣于所遇，辄怡然自得。著有《茶磨山人诗集》，潘祖荫（1830—1890）梓以行世。《词综补遗》录其词 1 首。⑤

陆润庠（1841—1915），字云洒，号凤石，元和人，嵩（1791—1860）孙，懋修

——————————

①　《缘督庐日记抄》卷 4，第 423 页；民国《吴县志》卷 68 下《列传七》，第 172 页；《清儒学案小传》卷 18，第 323 页。

②　《清代硃卷集成》第 266 册，第 7 页；《两浙輶轩续录》卷 47，第 31 页；《清人诗文集总目提要》，第 1555 页。

③　《清代硃卷集成》第 150 册，第 107 页；民国《吴县志》卷 68 下《列传七》，第 172 页；《清人诗文集总目提要》，第 1691 页；《晚晴簃诗汇》卷 164，第 7151 页。

④　生卒年据《清代人物生卒年表》，第 344 页。

⑤　民国《吴县志》卷 66 下《列传四》，第 119 页；《词综补遗》卷 51，第 1895 页。

（1818—1886）子。同治九年（1870）优贡生，朝考用知县。十二年（1873）顺天举人，十三年（1874）状元，授修撰。官至体仁阁大学士、东阁大学士、弼德院院长。辛亥后，留毓庆宫，为溥仪师傅。卒赠太傅，谥文端。工书。①

赵钧，字晋卿，长洲人。同治三年（1864）举人，官江宁教谕。与修《苏州府志》。善弈棋。②

王桢（1840—?）③，改名亦曾，字少蘅，号鹤琴，吴县人。受业于朱成熙（1816—1887）、顾世骏（1818—?）。同治六年（1867）乡试中式第214名举人。十三年（1874）会试中式第79名，覆试二等第9名，殿试二甲第31名，朝考一等第77名，选庶吉士。官广西阳朔知县。主讲南菁书院。《词综补遗》录其词1首。④

潘锡爵，字邑侯，吴县人，维城子。咸丰四年（1854）岁贡。与修《苏州府志》，殁于局中。⑤

冯芳植（1839—?）⑥，字培之，吴县人，桂芬（1809—1874）子，芳缉（1833—?）弟。同治三年（1864）举人。四年（1865）办理随营抚恤，以复设训导不论双单月选用。十年（1871）报捐内阁中书。光绪四年（1878）报捐知府，分发江西，官饶州。既归里，创设保节局，立义塾，以惠孤寡。尤好结纳，有原、尝遗风。⑦

胡元瀜（1815—1874）⑧，字春波，长洲人。廪生。工制艺，有名大家气息。应紫阳、正谊两书院课，辄膺首选。每一艺出，人争传诵。省试屡荐不售。冯桂芬（1809—1874）修《苏州府志》，元瀜分纂吴县人物志十余卷。卒年六十许。⑨

吴大澂（1835—1902），字清卿，号恒轩、愙斋，吴县人。同治三年（1864）举人。七年（1868）进士，改庶吉士，散馆授编修。历官陕甘学政、河南河北道、太仆寺卿、太常寺卿、左副都御史、广东巡抚、河东河道总督、湖南巡抚。光绪二十年（1894）罢归。精于金石书画，尤工篆书，一时推独步。著述颇丰，有《说文古籀补》、《古玉图考》、《愙斋集古录》、《愙斋诗文集》等。《晚晴簃诗汇》录其诗3首。⑩ 又，上海图书馆藏有《愙斋公金台书院试卷》稿本七篇，识语云："先愙斋公原名大淳，同治元年（1862）避讳易名淳为澂。案《年谱》同治甲子（1864），公年三十岁，中式江南乡试第六名经魁，此卷名已易，犹是江苏附贡生，当在同治壬戌（1862）之后、甲子（1864）

① 吴郁生：《端公行状》，叶昌炽：《皇清诰授光禄大夫太保东阁大学士赠太傅陆文端公墓志铭》，《碑传集补》卷2，第160、176页。
② 民国《吴县志》卷68上《列传六》，第164页。
③ 生于道光十九年十一月二十八日，公历已入1840年。
④ 《清代硃卷集成》第149册，第87页；第36册，第261页；民国《江阴县续志》卷6《书院》，第92页；《词综补遗》卷37，第1394页。
⑤ 同治《苏州府志》卷66《选举八》，第732页；民国《吴县志》卷66下《列传四》，第118页。
⑥ 生年据熊月之《冯桂芬年谱》，《冯桂芬评传》附录，第287页。
⑦ 民国《吴县志》卷66下《列传四》，第122页；《清代官员履历档案全编》第5册，第59页。
⑧ 生卒年据《清代人物生卒年表》，第554页。
⑨ 民国《吴县志》卷68上《列传六》，第164页。
⑩ 俞樾：《皇清诰授光禄大夫头品顶戴兵部尚书前湖南巡抚吴君墓志铭》，《愙斋诗存》卷首，第139页；《吴愙斋先生年谱》；《晚晴簃诗汇》卷164，第7139页。

之前。金台书院属顺天府儒学，公在壬戌（1862）六月入都，应京兆试，后留京为彭文敬公邀往课其子岱霖（祖润）、其孙颂田（福孙）。越年由都察院代奏，上条陈时事之折。此试文七篇，盖在彭氏馆读之时矣。去夏检整架书，见之，乃付潢池家装订。越时已六十年矣。时文于光绪季年已废去，仅留作将来掌故国粹之一种耳。以先人手泽，当永宝之。甲子（1924）正月翼燕谨识。"试卷7份，等第名次分别为：超等3名，超等13名，超等3名，超等28名，超等14名，特等12名，超等7名。每份四书文、试帖诗各一篇，有评点。如第4份题为《勿欺也而犯之》、《赋得清心为治本（得清字五言八韵）》。评语："缓缓深情，词恳挚，饶有方家笔意。诗亦畅适。"

府晋蕃，字襄定，一作襄廷，吴县人。九岁解四声，十岁读《纲目》，尤精研选学，人称奇才。兵燹后入泮，同治六年（1867）副贡。冯桂芬（1809—1874）招入正谊书院及修志局。词赋近六朝，赵钧（字晋卿）、陆润庠（1841—1915）、叶昌炽（1849—1917）辈咸推服不置。年二十九卒。遗文散佚，仅有《丙戌类稿》待刊。①

殷诒谷。翰林院孔目衔，候选训导。与修《苏州府志》。②

杨引传（1829—1889）③，字薪圃、醒逋，吴县人。恩贡生。庚申（1860）之乱，被矿，不死。好饮酒，善词赋，手抄宋人诗数十巨帙。著有《独悟盦诗钞》。晚岁教授郡城。应正谊书院课，辄冠其曹，与陶然（1830—1881）齐名。④

黄赓唐（1815—1895）⑤，字韵士，元和人。咸丰四年（1854）岁贡，候选训导。困踬棘闱者数十年。同治九年（1870）乡试，主司已拟置第一，会三场以疾未终卷落解。光绪元年（1875）举孝廉方正，未就试。家居教授，及门多知名士，登甲乙科者踵接。王颂蔚（1848—1895）、曹允源（1856—1927）皆其弟子。⑥

吴桢，字幹臣，吴县人。同治间附贡。⑦

潘祖谦（1842—1924），字济之，号寅生、槐孙，吴县人，世恩（1769—1854）孙，曾玮（1819—1886）长子。同治十二年（1873）优贡第2名，十三年（1874）朝考二等，以教职用，改内阁中书。光绪二年（1876）乞归。二十四年（1898）任苏经丝厂、苏纶纱厂副董。二十九年（1903）与尤先甲（1843—1922）等人发起苏州商务总会，任历届会董。辛亥革命时参与策动程德全（1860—1930）宣布苏州独立。民国间历任江苏典业公会会长、吴县总商会特别会董。⑧

顾鸿昇，字蟾客，浙江平湖人。同治五年（1866）岁贡。光绪九年（1883）任桐庐

---

① 民国《吴县志》卷66下《列传四》，第120页。
② 同治《苏州府志》卷首《修志姓名》，第14页。
③ 生卒年据《清代人物生卒年表》，第247页。
④ 民国《吴县志》卷66下《列传四》，第119页。
⑤ 生卒年据《清代人物生卒年表》，第703页。
⑥ 同治《苏州府志》卷66《选举八》，第736页；民国《吴县志》卷68下《列传七》，第171页。
⑦ 同治《苏州府志》卷66《选举八》，第732页。
⑧ 《清代硃卷集成》第370册，第201页；《平江区志》卷22《人物》，第1508页。

训导。①

　　陶甄，字柳门，浙江乌程人。咸丰九年（1859）举人。同治十二年（1873）官太仓州同知。善属文，兼工诗画。性脱略，禄入甚薄，处之晏如也。以丁忧去官。②

　　沈嘉澍（1834—1895），字子复，太仓人，起元（1685—1763）五世孙。少受业于叶裕仁（1809—1879），后从叶为江苏书局襄校。与修《苏州府志》。光绪十四年（1888）举人。张之洞（1837—1909）延主两湖书院。著有《尚书要义校勘记》、《五代会要笺记》、《唐诗钥》、《白虎通疏证札记》、《鲁归纪程》、《校订曲阜县志》、《养病庸言》。③

　　孔广彪（1839—1887），改名广钟，字赓廷，号赞唐、醉棠，元和人。同治十二年（1873）顺天乡试中式第277名举人。光绪二年（1876）会试堂备，六年（1880）会试中式第136名，九年（1883）补殿试，成进士。钦点知县，分发浙江。十二年（1886）知奉化，明年卒于官。④

　　吴庆咸，字子余，长洲人。同治间优贡。⑤

　　俞刚。归安俞刚，与陆心源（1834—1894）、施补华（1835—1890）、姚宗诚（"诚"一作"谌"，1835—1864）、戴望（1837—1873）、王宗羲、凌霞以古文相切劘，人称"归安七子"。⑥又，《大雷山房稿》十卷，作者俞刚。未知是否即此人。⑦

　　陆廷魁。程廷桓（1805—1882）婿陆廷魁⑧，疑即此人。

　　蒋士骥（1831—1898）⑨，字北野，号石枫，常熟人。同治九年（1870）乡试中式第262名举人。十年（1871）会试第262名，殿试三甲第153名进士。官庐江知县。曾掌教鹿苑书院。⑩

　　秦毓麒（1847—?），字伯钟，号石麟、芍舲，嘉定人，绶章（1849—1925）、夔扬（1856—?）兄。同治十二年（1873）顺天乡试中式第52名举人。十三年（1874）、光绪二年（1876）会试荐卷。六年（1880）大挑二等，候选教谕。⑪

　　孔昭乾（1853—1888），字伯南，号樛园、九缘、经鉏，吴县人，广彪（1839—?）堂侄。光绪五年（1879）乡试中式第31名举人。六年（1880）会试挑取誊录第21名。九年（1883）会试中式第251名，覆试一等第32名，殿试三甲第26名，朝考一等32名，选庶吉士。改刑部主事。奉命游历英法，卒于英国。著有《海外鸿泥日记》四卷、《英政

　　①　光绪《严州府志》卷11《续增·官师》，第239页；光绪《平湖县志》卷14《选举下·贡监》，第324页。

　　②　宣统《太仓州镇洋县志》卷12《名宦》，第238页。

　　③　同治《苏州府志》卷首《修志姓名》，第14页；《苏州民国艺文志》，第349页。

　　④　《清代硃卷集成》第111册，第163页；第167册，第416页；第48册，第303页；第55册，第418页；光绪《奉化县志》卷16《职官表上》，第924页。

　　⑤　同治《苏州府志》卷66《选举八》，第728页。

　　⑥　光绪《归安县志》卷37《文苑》，第26叶。

　　⑦　《清人别集总目》第1637页。

　　⑧　叶昌炽：《程卧云家传》，《奇觚庼文集》卷下，第321页。

　　⑨　生卒年据《清代人物生卒年表》，第753页。

　　⑩　《清代硃卷集成》第155册，第195页；同治《苏州府志》卷63《选举五》，第687页；《清代硃卷集成》第200册，第231页。

　　⑪　《清代硃卷集成》第110册，第27页；第51册，第48页；第370册，第340页。

备考》二卷、《印政备考》二卷。①

闻福增（1837—1884），字新甫，号挹卿、眉川，太仓人。咸丰末避乱海滨，乱后返里，肄业苏州正谊、上海龙门、敬业书院。寻设帐冯桂芬（1809—1874）家。同治十二年（1873）乡试中式第57名举人。光绪二年（1876）会试中式第23名，覆试一等第50名，殿试二甲第38名，朝考一等第37名，选庶吉士。三年（1877）散馆，授庆符知县。九年（1883）卸篆，赴省就医。著有《退庵诗稿》。《晚晴簃诗汇》录其诗1首。②

钱炳奎（1841—1877），字肇祥，号蔚也，浙江平湖人。同治六年（1867）乡试中式第205名举人。少好读宋人性理书，后游于顾广誉（1799—1866）之门。通三礼，尤精乐律，邑文庙乐器多其襄定。曾与庠生时元勋、监生戈为鹏讲明文庙丁祭礼乐，圜桥观听，一时称盛。后入龙门书院，师从刘熙载（1813—1881），病卒于书院。③

庞鸿湛，常熟人。参与校刊《曾文正公奏议补编》。④

周希旦，字恂卿，长洲人。同治间附贡。⑤

王炳如，太仓人。咸丰九年（1859）举人。光绪六年（1880）官广东临高知县。⑥

徐廷栋。附生，与修《苏州府志》。⑦

汪之昌（1837—1895），字平叔，号荣虎、振民，新阳人。同治六年（1867）乡试中式第17名副榜。遂谢举业，以闭户读书为事。当道闻其好博览，延入书局校理。又分应正谊经古月课，并上海求志、宁波辨志、江阴南菁诸文课，膏奖所获，悉以购书。曾主学古堂讲席。著有《青学斋集》三十六卷、《裕后录》二卷。⑧

钱禄泰（1834—?），字鲁詹，号绥卿、香民，常熟人。同治六年（1867）乡试中式第267名举人，覆试二等第64名。光绪二年（1876）会试中式第200名，覆试二等第67名，殿试二甲第106名，朝考二等第6名，授户部主事。改任教授。熟于地方掌故，与姚福均（?—1893）、邵震亨（1832—1887）等采访邑中文献，历时三年，庞鸿文（1845—1909）纂《常昭合志稿》，半取于此。著有《漱青阁赋钞》、《自怡悦斋文集》、《先春堂诗录》。⑨

① 《清代硃卷集成》第55册，第417页；第167册，第415页；《刘中丞（芝田）奏稿》卷3，第249页；《清稗类钞·疾病类·孔昭乾得狂疾》，第3531页；《清代硃卷集成》第89册，第99页。

② 《清代硃卷集成》第157册，第269页；第39册，第69页；《退庵诗稿》闻福圻序、闻锡奎跋；《清人诗文集总目提要》，第1800页；《晚晴簃诗汇》卷170，第7442页。

③ 《清代硃卷集成》第256册，第305页；光绪《平湖县志》卷18《人物·列传四》，第469页；民国《上海县续志》卷21《游寓》，第3叶。

④ 《曾国藩家藏史料考论》，第8页。

⑤ 同治《苏州府志》卷66《选举八》，第734页。

⑥ 宣统《太仓州镇洋县志》卷10《选举》，第173页；光绪《临高县志》卷10《秩官类》，第270页。

⑦ 同治《苏州府志》卷首《修志姓名》，第14页。

⑧ 《清代硃卷集成》第357册，第17页；章钰：《新阳汪先生墓表》，《四当斋集》卷8，第20叶。

⑨ 《清代硃卷集成》第149册，第345页；第40册，第407页；《清人诗文集总目提要》，第1800页。

尤家炳，吴县人。同治间恩贡。①

周龄（1846—?），字作朋，号鹤亭、尊庭，震泽人。光绪元年（1875）乡试中式第72名举人，覆试一等第15名。三年（1877）会试中式第71名，覆试一等第7名，殿试二甲第39名，朝考一等第44名，选庶吉士，散馆授编修。十一年（1885）官河南乡试正考官。②

沈清范（?—1876），字驭良，号纫斋，昆山人。咸丰八年（1858）岁贡。肄业紫阳、正谊书院，又从胡清绶（1793—1855）、祁启萼（1789—?）、彭蕴章（1792—1862）诸名宿游。同治间佐冯桂芬（1809—1874）修《苏州府志》，又佐宁绍台道顾文彬（1811—1889）衡文。冯与顾，皆清范问业师。清范门下士，朱以增（1836—?）入词林，冯芳植（1839—?）登贤书，其他蜚声庠序者甚夥。文章圆湛，诗赋得六朝神韵。其室方韵仙，能诗。清范病卒，韵仙作哭夫诗百余首。③

许鼎梅，吴县人。庠生。其室陶贞桂，以孝名。④

待考者：徐湘、汪鹤延、陈希骏、黄庆嵩、吴赓昇、薄绍宗。

26. 正谊书院赋选

【版本序跋】

题"丁丑（1877）孟夏上海印书局刊"。

【课艺内容】

24题59篇，题如《梯云取月赋》、《海日照三神山赋》、《九月九日作〈滕王阁序〉赋》、《士先器识后文艺赋》、《雪狮赋》。间附原评。

【作者考略】

汪苣、陆润庠5篇，冯芳植、赵钧、胡元瀋4篇，殷诒谷、陶甄、王桢、徐诵芬、柳商贤3篇，徐有珂、杨引传、汪鹤延、黄赓唐、潘祖谦、府晋蕃2篇，陆廷魁、吴大澄、周希旦、蒋士骥、王炳如、杨敬傅、吴庆咸、吴赓昇、秦毓麒、失名1篇。

徐诵芬，见《上海求志书院课艺（戊寅春季）》。

杨敬傅，见《娄东书院小课》。

汪苣、陆润庠、冯芳植、赵钧、胡元瀋、殷诒谷、陶甄、王桢、柳商贤、徐有珂、杨引传、黄赓唐、潘祖谦、府晋蕃、陆廷魁、吴大澄、周希旦、蒋士骥、王炳如、吴庆咸、秦毓麒，见《正谊书院课选》。

待考者：汪鹤延、吴赓昇。

---

① 同治《苏州府志》卷66《选举八》，第728页。

② 《清代硃卷集成》第43册，第51页；《国朝贡举年表》卷3，第1644页。

③ 同治《苏州府志》卷66《选举八》，第738页；民国《昆新两县续补合志》卷12《文苑附传》，第443页；《苏州民国艺文志》，第87页。

④ 同治《苏州府志》卷115《列女三》，第881页。

27. 正谊书院课选二集

【版本序跋】

卷首标注"戊辰（1868）、己巳（1869）、庚午（1870）"，题"主讲蒋编次"，未署刊刻时间，当刊于光绪八年（1882）。

蒋德馨序云：

《正谊课选初集》自同治四年乙丑（1865）至六年丁卯（1867），冯山长手定之本，既序而刻之矣。第中允所选者，仅此三年，其后戊辰（1868）迄癸酉（1873）课艺未及甄综，遽于甲戌（1874）捐馆。今日上溯戊辰（1868），又十余年，鄙人承乏以来，亦已九载。卷帙山积，插架连屋，间有虫侵鼠啮，简断篇残，未经厘订，惧日后难于收拾也。爰仿中允之意，续加遴选，历年既多，架构林立，如泛珠湖而游玉海，美不胜收。虽博观约取，不无割爱，而婉雅之材，拔十得五，计所裒辑，已不下数十万言。若一旦全行付梓，不但排比烦冗，即剞劂亦未易藏事。乃依初刻之例，仍以三年为一集。前选每篇但照原卷圈点，不缀评语，兹亦阙如。譬之西子、南威，有目皆知其美，不待揄扬而后见。其有抉摘匠心、阐明题义者，偶登一二，存崖略也。是编起戊辰（1868）迄庚午（1870）为《二集》，先请于大府筹欵开雕，以副嘉惠士林之雅意。已后各编，陆续嗣出，庶几功不阙而序不紊焉尔。

光绪八年岁在壬午（1882）春三月，长洲蒋德馨识。

蒋德馨（蒋德福），见《正谊书院小课》。

【课艺内容】

经解 29 题 57 篇，题如《沿于江海达于淮泗解》、《终三十里解》、《皋门应门解》；说 3 题 4 篇，题如《六书转注说》；考 5 题 8 篇，题如《三江考》、《皋陶、伯益果否父子考》；辨 2 题 2 篇，题如《郑声非郑风辨》；经文 5 题 12 篇，题如《律中南吕》、《以闰月定四时成岁》；策问 9 题 15 篇，题如《问：岁差之说，或谓黄道西移，或谓恒星东行，二者孰是》、《问：〈汉书〉颜注得失》；论 9 题 13 篇，题如《原性》、《河运不可复论》；议 2 题 5 篇，题如《复古宗法议》；跋 2 题 4 篇，题如《书戴东原校本〈测圆海镜〉后》；记 3 题 5 篇，题如《重建林文忠公祠记》；启 1 题 2 篇，题为《募重修沧浪亭启》；表 2 题 4 篇，题如《拟荡平捻匪贺表》；拟古骈体文 12 题 18 篇，题如《拟鲍明远〈河清颂〉》、《拟孙可之〈乞巧对〉》；赋 24 题 57 篇，题如《祈晴赋》、《脉望赋》、《周兴嗣〈千字文〉赋》；诗 37 题 81 篇，题如《拟工部〈醉时歌〉》、《天平山看枫叶》、《拟汪钝翁〈自题尧峰山庄〉四首》、《赋得吴中盛文史》。

【作者考略】

共 287 篇，其中：管礼耕 35 篇，陶然 33 篇，杨引传 28 篇，管礼昌 18 篇，朱培源 12 篇，许珏 11 篇，徐有珂 9 篇，府晋蕃 8 篇，潘锡爵、王叔炳 7 篇，薛临正、凌泗、张瑛 6 篇，柳商贤、胡元溎、闻福增、徐诵芬 5 篇，汪鸿翔、袁宝璜、徐凤衔、陈希骏 4 篇，沈宝谦、汪尔昌、朱冕群、袁学澜、陆润庠、秦绶章、徐延颐、秦毓麒3篇，蒋肇熊、张尧淦、刘凤章、黄赓唐、钱福年2篇，陶嘉林、王祖畲、马昌颐、邹翌凤、曾含章、庞鸿湛、吴庆咸、潘念慈、王开甲、严福申、夏从镐、张藻翔、周世澄、杨恒福、叶昌炽、许赓飏、陆叙卿、蒋肇鹤、王庚、杨锦荣、殷诒谷、陆溶、陈若金、顾有檏、褚成允、严隽荣、汪之昌、朱受照、汪芑、吴恩庆、杨成烈1篇。目录中作者前标注"丁抚台甄别"、"童学台观风"、"冯山长课"等。

朱冕群，见《爱山书院课艺》。

徐凤衔，见《安定书院课艺》。

徐诵芬，见《上海求志书院课艺（戊寅春季）》。

杨恒福，见《当湖书院课艺》。

秦绶章，见《当湖书院课艺二编》。

管礼耕、杨引传、徐有珂、府晋蕃、潘锡爵、柳商贤、胡元瀿、闻福增、陆润庠、秦毓麒、黄赓唐、庞鸿湛、吴庆咸、殷诒谷、汪之昌、汪芑，见《正谊书院课选》。

陶然（1830—1881）①，字藜青，号苊孙，长洲人。咸丰十一年（1861）拔贡。朝考时某亲贵子问字，然鄙其文，反其币而挥之出，卒以此功名蹭蹬，绝不介意。琉球国闻其诗名，遣使征聘，然不就。先后三梓其赋曰《味闲堂课钞》，苏松常镇诸郡咸慕其名。与凌淦（1833—1895）合著《无双谱诗》各百首刊行于世。②

管礼昌，字叔壬，元和人。精佛学，著有《大安般若守义经注疏》二卷、《中论注疏》二卷、《华严经释》不分卷、《华严新解》六卷、《养性论》六卷，多不传。善制谜，光绪间组织五亩园谜社，编著有《新灯合璧》（凡三卷，卷上《故史毚灯虎》为管自著）。③

朱培源（1835—1908）④，字君孚，号镜畧、怡云，新阳人。究心经史古文，同郡叶昌炽（1849—1917）、王颂蔚（1848—1895）、袁宝璜（1846—1897）为诸生时皆与纳交，冯桂芬（1809—1874）折节引重。门人多显达，吴郁生（1854—1940）其一也。唯己遇独穷。同治十二年（1873）拔贡第1名，廷试得教职。又十年，选授靖江训导。庚子（1900）世变，引疾归里。王颂蔚询以著述，则云平生所作，惟俪文差足自信耳。著有《介石山房遗文》二卷。《晚晴簃诗汇》录其诗3首。⑤

许珏（1843—1916），字静山，号复庵，无锡人。早年入山东巡抚丁宝桢（1820—1886）幕。光绪八年（1882）举人。先后随张荫桓（1837—1900）、薛福成（1838—1894）、杨儒（？—1902）出使欧美。曾以侯补道四品卿衔出任驻意大利使臣，归国后仍以道员发广东，逾年告归。力倡禁烟。辛亥后隐居不出。著有《复庵遗集》。《晚晴簃诗

---

① 卒于光绪六年十二月，公历已入1881年。

② 《食古斋文录·陶君苊孙墓志铭》，第25叶；民国《吴县志》卷68上《列传六》，第163页。

③ 民国《吴县志》卷56下《艺文考二》，第933页；《新灯合璧》，第1173页；诸家瑜：《五亩园：苏州第一个民间灯谜社团诞生地》，《中国地方志》2006年第7期，第58页。

④ 生于道光十四年十二月初十日，公历已入1835年。

⑤ 《清代硃卷集成》第384册，第65页；沈修：《校官朱先生传》，《介石山房遗文》卷首；《晚晴簃诗汇》卷166，第7225页。

汇》录其诗 5 首。《中国近代文学大系》录其文 7 篇。①

王叔炳（1848—1895），改名颂蔚，字笔佣，号苇卿、蒿隐，长洲人。光绪二年（1876）乡试中式第 79 名举人，六年（1880）会试中式第 86 名，覆试一等第 26 名，殿试二甲第 75 名，朝考二等，选庶吉士。散馆改户部，补军机章京。十八年（1892）试御史，列榜首。官至湖广司郎中、资政大夫。甲午（1894）之战，中国失利，颂蔚私忧窃叹，郁郁而卒。著有《明史考证攈逸》四十二卷（收入《续修四库全书》）、《写礼庼文集》、《诗集》、《古书经眼录》、《读碑记》各一卷。《晚晴簃诗汇》录其诗 9 首。《中国近代文学大系》录其词 2 首。②

薛临正（1845—?），字以庄，号鹥庄，武进人。同治十二年（1873）拔贡第 1 名，官河南直隶州州判。光绪十七年（1891）乡试中式第 4 名举人。官宿州知州。③

凌泗（1832—1907）④，字斸仲，号磬生、莘庐，吴江人，淦（1833—1895）从兄。师事陈寿熊（1812—1860），受古文义法。同治十二年（1873）副榜，官内阁中书。曾主讲切问书院。好藏书，精鉴别，旧藏孤本及丛残未刊之诗文稿尤多，皆毁于兵。著有《莘庐遗著》七卷。《国朝文汇》录其文 1 篇。《词综补遗》录其词 1 首。《全清词钞》录其词 1 首。⑤

张瑛（1823—1901），字子燮、仁卿，号退斋，常熟人。诸生。选青浦训导，历署荆溪、奉贤、阳澄等县。与修《苏州府志》。曾入金陵书局，与李善兰（1811—1882）、戴望（1837—1873）、张文虎（1808—1885）共校书籍。著有《论孟书法》、《知退斋稿》、《韩文补注》。⑥

汪鸿翔，字梦萱。官广东候补盐大使。⑦

袁宝璜（1846—1896），字珍夏，号渭渔、寄蝽、璚禹，元和人。光绪八年（1882）乡试中式第 3 名举人，覆试二等。十二年（1886）会试挑取誊录第 2 名。十八年（1892）会试中式第 73 名，覆试一等第 41 名，殿试二甲第 94 名，朝考三等第 113 名。钦点主事，签分刑部广西司兼福建司行走。充日本出使大臣随员，甲午（1894）战后回国，主苏州学古堂讲席。鉴于世界大势，谓变法当自书院始，以士为四民之首也。由是增治事一门，厥后院生之应经济特科者，入选之多，甲于他省，由宝璜提倡之。与修《苏州府志》。著有《袁氏艺文金石录》二卷、《寄蝽庐诗文集》各若干卷，袁昶（1846—1900）为刊入

---

①　马其昶：《清故出使义国大臣许公墓志铭》，《碑传集补》卷 13，第 810 页；《晚晴簃诗汇》卷 174，第 7580 页；《中国近代文学大系》第 3 集第 13 卷《散文集四》，第 1 页。

②　《清代硃卷集成》第 165 册，第 101 页；第 47 册，第 337 页；叶昌炽：《清授资政大夫三品衔军机章京户部湖广司郎中王君墓志铭》，《碑传集补》卷 12，第 723 页；《晚晴簃诗汇》卷 172，第 7518 页；《中国近代文学大系》第 4 集第 15 卷《诗词集二》，第 591 页。

③　《清代硃卷集成》第 384 册，第 321 页；第 182 册，第 327 页；《皖政辑要》卷 52，第 525 页。

④　生卒年据《清代人物生卒年表》，第 678 页。

⑤　《桐城文学渊源、撰述考》，第 231 页；《国朝文汇》丁集卷 7，第 2930 页；《词综补遗》卷 58，第 2175 页；《全清词钞》卷 27，第 1393 页。

⑥　《清人文集别录》卷 19，第 535 页；《清人诗文集总目提要》，第 1590 页；《苏州民国艺文志》，第 357 页。

⑦　民国《昆新两县续补合志》卷 9《选举表》，第 416 页。

《渐西村舍丛书》。①

沈宝谦（1810—1880）②，字济之，吴县人。国学生。积书万卷，手自校雠，尤善审金石文字。事亲至孝，母殁，素食凡十有六年，终岁不饮茶。兵燹后，冯桂芬（1809—1874）议减田赋，赖宝谦往复陈说，议乃定。又订《丰备仓章程》，尽革曩时旧弊。③

汪尔昌，字陶民，新阳人，之昌（1837—1895）弟。增贡生，光禄寺署正。④

袁学澜（1804—?），字文绮，元和人。从吴江殷寿彭（1795—1862）游，补诸生，以能诗著声吴下。构静春别墅，更字春巢。兵燹后奉母迁居城中，课子若孙。所著诗文皆自刊定。其《南宋宫词》百首、《姑苏竹枝辞》百首、《苏台揽胜》百咏，尤为时传诵，或以诗史、诗虎称之。著有《适园丛稿》、《吴郡岁华纪丽》。《词综补遗》录其词2首。⑤

蒋肇熊（1838—1876），字梦祥、苼君，元和人。诸生。庚申（1860）之变，避难崇明。时冯桂芬（1809—1874）在沪，寓书招之，言于李鸿章（1823—1901），檄办常郡抚恤事。甲子（1864）东南大定，归食廪饩，举优行，发愤治淡长之学，尤精于经。正谊书院规复后改为专课经古，肇熊解经，辄冠其曹。旁及金石文字、秦汉瓦当，弆藏甚富。⑥

张尧淦（1835—?），原名文炳，字抑侯，号质人，浙江归安人。同治十二年（1873）拔贡第1名，光绪二年（1876）乡试中式第78名举人，十二年（1886）会试中式第173名，殿试三甲，朝考入选，即用知县。同治九年（1870），知府宗源瀚（1834—1897）详准邑绅徐有珂（1820—1878）、陈根培、吴宝徵、张尧淦等集资创建五湖书院。⑦

刘凤章。鄞县刘凤章，见《辨志文会课艺初集》，未知是否即此人。

钱福年（1845—?）⑧，字兰生，号幼竹、耕伯，长洲人。同治十二年（1873）拔贡第1名，朝考一等第6名，覆试一等第6名，钦用浙江知县。光绪元年（1875）乡试中式第95名举人。著有《读莪庐诗钞》二卷、《蛛寄窝吟草》二卷、《蛛寄庐词钞》一卷。《国朝词综补续编》录其词1首。《词综补遗》录其词1首。⑨

王祖畲（1842—1918），字岁三，号漱山、紫翔，镇洋人。母张婉（1817—1888），擅诗古文辞，著有《三省楼剩稿》。祖畲同治十二年（1873）乡试中式第2名举人。光绪九年（1883）会试中式第161名，殿试三甲第93名，朝考一等第28名，选庶吉士。主讲

①　《清代硃卷集成》第168册，第321页；第75册，第133页；袁文凤等：《清赐进士出身诰授中宪大夫璪禹府君行述》，《苏州史志资料选辑》第36辑《苏州墓志铭汇辑》（于纯一辑注）；民国《吴县志》卷68下《列传七》，第172页。

②　生卒年据《清代人物生卒年表》，第364页。

③　民国《吴县志》卷66下《列传四》，第121页。

④　《清代硃卷集成》第357册，第24页；民国《昆新两县续补合志》卷9《选举表》，第416页。

⑤　民国《吴县志》卷68下《列传七》，第170页；吴琴：《风俗诗人袁学澜与〈吴郡岁华纪丽〉》，《东南文化》1990年第4期，第132页；《词综补遗》卷25，第922页。

⑥　潘遵祁：《蒋生苼君传》，《西圃集》卷4，第772页。

⑦　《清代硃卷集成》第60册，第33页；同治《湖州府志》卷18《舆地略·书院》，第12叶。

⑧　生于道光二十四年十一月二十七日，公历已入1845年。

⑨　《清代硃卷集成》第384册，第23页；第160册，第439页；民国《吴县志》卷57《艺文考三》，第952页；《国朝词综补续编》卷7，第1258页；《词综补遗》卷28，第1045页。

宿迁、海门、崇明各书院，辑有《制义正宗》四十卷。十八年（1892）散馆，授山东崞县知县，以亲老改河南汤阴。二十一年（1895）调署中牟县事，未至，丁父忧归，遂不仕。卒后门人私谥文贞。著有《仪礼经注校证》四卷、《礼记经注校证》二卷、《春秋经传考释》三十卷、《读左质疑》五卷、《四书章句集注校语》一卷、《史记校证》十二卷、《汉书校正》八卷以及诗稿、文稿，主纂民国《镇洋县志》。①

马昌颐（1839—?），字辰生，号纯生，吴县人。甫入庠而城破，随父避难光福。父殁，艰葬费，亲自负土合垄，人称其孝而勇。同治三年（1864）副榜，光绪五年（1879）举人。好览经史，为文磊落无庸腐气。十六年（1890）会试报罢，过上海商场，登车失足，不良于行，遂郁郁赍志而终。②

曾含章（1842/1843—1913），字祝如，号漱石，常熟人。诸生。叙通判，分发湖南，保升同知。继任直隶州知州，署郴州知州，长沙、衡州等府知府。著有《烺华馆诗文稿》、《避难记略》。③

潘念慈（1840—1891），改名介祉，字玉荀，号叔润，吴县人。希甫（1811—1858）三子，介繁（1828—1893）弟。室名渊古楼、桐西书屋。庠生，候选训导，员外郎衔。著有《明代诗人小传稿》十四卷、《藕花香榭吟草》一卷。④

严福申，长洲人。庠生。其妻朱氏为之守节。⑤

夏从锴。附生，与修《苏州府志》。⑥

张藻翔。附生，与修《苏州府志》。⑦

周世澄（1840—1877），字孟舆，号贞塞居士，阳湖人，腾虎（1816—1862）子。廪贡生，候选训导。同治元年（1862）入江南书局任襄校，后以知县奏派总办直隶张家口矿务。著有《淮军平捻记》十二卷（收入《续修四库全书》）、《春瀑山馆诗存》一卷。《词综补遗》录其词1首。⑧

叶昌炽（1849—1917），字颂鲁，号鞠裳、缘裻，长洲人。光绪二年（1876）举人。十五年（1889）进士，选庶吉士，散馆授编修。历官会典馆总纂帮办、国史馆提调、国子监司业、翰林院撰文、侍讲、甘肃学政。科举废，引疾归。三十三年（1907），朝廷开礼学馆，充顾问官。陈伯平（1882—1907）等设存古学堂，聘为史学总教习。辛亥后以遗老自居。著有《奇觚庼文集》、《奇觚庼诗集》、《藏书纪事诗》、《语石》、《邠州石室录》、《寒山寺志》、《缘督庐日记》。《晚晴簃诗汇》录其诗3首。⑨

---

① 《清代硃卷集成》第54册，第27页；《清代七百名人传》第5编，第402页。

② 《清代硃卷集成》第167册，第407页；民国《吴县志》卷70上《列传·孝义一》，第252页。

③ 《避难记略》卷末杨以时识语，《太平天国》第5册，第353页。

④ 《中国历代藏书家辞典》，第445页；《近代江苏藏书研究》，第264页。

⑤ 民国《吴县志》卷72下《列女六》，第393页。

⑥ 同治《苏州府志》卷首《修志姓名》，第14页。

⑦ 同治《苏州府志》卷首《修志姓名》，第14页。

⑧ 光绪《武阳志余》卷7之2《经籍中》，第364页；《清人别集总目》，第1455页；《词综补遗》卷62，第2314页。

⑨ 曹元弼：《叶侍讲墓志铭》，《碑传集补》卷9，第582页；《叶昌炽研究》；《晚晴簃诗汇》卷176，第7706页。

许赓飏（1827—1893）①，原名玉椽（"椽"一作"琢"），字虞臣，号鹤巢、续之，吴县人。少见知于冯桂芬（1809—1874），遂师事之。与汪芑（1830—1889）、缪希贤友善。同治三年（1864）乡试中式第 117 名举人。累上春官不第，留寓京师，入赀为中书舍人，署侍读，签分刑部郎中。历充玉牒、实录、会典馆诸差。晚年校王念孙（1744—1832）《读书杂志》，与端木埰（1816—1892）、王鹏运（1848—1904）相酬唱。著有《诗契斋诗文词》及日记。②

陆叙卿，字少葵，浙江兰溪人。诸生。《晚晴簃诗汇》录其诗 1 首。③

王庚，字尔谷，吴县人。诸生。笃信好学，善宣阐庠序之教，为三邑讲师。与人交极挹谦。著有《蓼花汀馆吟草》。④

陆溶（1833—?），字翰蜚，号心斋，昆山人。同治九年（1870）乡试中式第 245 名举人。未及会试卒。⑤

顾有樑（1851—?），字申伯，号虹玉、器之，元和人。同治六年（1867）乡试中式第 73 名举人。⑥

褚成允（1841—1903），字季苏，号连士，浙江余杭人。廪贡生。光绪二十一年（1895）官遂昌训导。著有《补拙草堂稿》四卷，总纂《遂昌县志》。《晚晴簃诗汇》录其诗 1 首。⑦

吴恩庆（1846—?），字祖同，号子述，吴县人。副贡生，指分浙江，试用盐经历，补用知县。同治十二年（1873）顺天乡试中式第 100 名举人。光绪十六年（1890）官长乐知县，十八年（1892）官屏南知县。⑧

待考者：陈希骏、徐延颐、陶嘉林、邹翌凤、王开甲、蒋肇鹤、杨锦荣、陈若金、严隽莱、朱受照、杨成烈。

28. 正谊书院课选三集

【版本序跋】

卷首标注"辛未（1871）、壬申（1872）、癸酉（1873）"，题"主讲朱编次"，"光绪甲午（1894）冬月刊竣，本院藏板，翻刻必究"。

朱以增序云：

《正谊课选初集》既刊之后，蒋心芗山长将历年课卷续加遴选，自戊辰（1868）

① 卒年据《清代人物生卒年表》，第 208 页。
② 《清代硃卷集成》第 144 册，第 79 页；民国《吴县志》卷 66 下《列传四》，第 121 页。
③ 《晚晴簃诗汇》卷 169，第 7396 页。
④ 民国《吴县志》卷 66 下《列传四》，第 119 页。
⑤ 《清代硃卷集成》第 155 册，第 43 页；同治《苏州府志》卷 96《人物二十三》，第 515 页。
⑥ 《清代硃卷集成》第 146 册，第 296 页。
⑦ 光绪《遂昌县志》卷首《纂校姓氏》，第 58 页；卷 6《职官》，第 602 页；《清人诗文集总目提要》，第 1755 页；《晚晴簃诗汇》卷 179，第 7864 页。
⑧ 《清代硃卷集成》第 110 册，第 223 页；民国《长乐县志》卷 12《职官》，第 152 页；民国《屏南县志》卷 13《职官志》，第 786 页。

迄庚午（1870），于壬午年（1882）付梓为《二集》。余拟陆续开雕，久而未果，又十数年于兹矣。鄙人不敏，今春蒙大府延主是席。诸生以从前选定之卷日久，恐遂散失，急宜刊刻为请，而经费无出。邓小赤方伯嘉惠士林，筹款拨给，爰遵前例，合辛未（1871）、壬申（1872）、癸酉（1873）官师各课为《三集》，付诸手民。至集中诸艺，钩心斗角，抽祕骋妍，各擅胜场，则靚缛难尽，不复赘言。

时光绪二十年岁次甲午（1894）夏五月，新阳朱以增识。

朱以增（1836—?）①，字礼耕，号砚生、菊舲，新阳人，顾文彬（1811—1889）婿。咸丰五年（1855）顺天乡试中式第 100 名。同治四年（1865）会试中式第 112 名，覆试一等第 18 名，殿试二甲第 16 名，朝考一等入选，选庶吉士，散馆授编修。历官江西道御史、户科给事中、顺天府丞、奉天府丞兼学政。以丁忧归，遂不出。年近八旬卒。②

【课艺内容】

经解 32 题 61 篇，题如《大衍之数五十解》、《子见南子章释疑》、《山梁解》；说 9 题 16 篇，题如《越国鄙远说》、《豳诗说》；考 11 题 17 篇，题如《〈毛诗草木虫鱼图〉昉于何人修于何代考》、《春秋二百四十年岁星两次超辰考》；辨 4 题 7 篇，题如《瞀瞍应为官名辨》、《六宗辨》；经文 6 题 10 篇，题如《室事交乎户，堂事交乎阶》、《震泽底定》；策问 22 题 35 篇，题如《问：江北江南水利疏导修防，何为最要》、《问：杨子〈方言〉真伪》、《问：历代钱法利弊》；论 11 题 15 篇，题如《范蠡论》、《汉宋儒小学不同论》、《唐代处置藩镇得失论》、《叶向高论》；跋 3 题 4 篇，题如《书潘次耕〈类音〉后》；记 2 题 2 篇，题如《重修宝带桥记》；启 2 题 2 篇，题如《募重建养牲局启》；拟古骈体文 15 题 19 篇，题如《拟郡志小序四首》、《拟重建徐良夫耕渔轩记》；赋 35 题 88 篇，题如《野人送朱樱赋》、《拟谢宣城〈七夕赋〉》、《叔孙通不能致二生赋》；诗 58 题 127 篇，题如《拙政园山茶花歌和吴梅村先生韵》、《拟〈饮马长城窟行〉》、《吴中咏古四首》、《张僧繇画龙点睛》。

【作者考略】

共 403 篇，其中：潘锡爵、杨引传 30 篇，陶然 29 篇，管礼耕 27 篇，徐凤衔 23 篇，叶昌炽、徐廷栋、秦绶章 11 篇，管礼昌 10 篇，柳商贤、秦毓麒 9 篇，陆世泰、尤家炳 8 篇，袁宝璜、胡元瀚、王叔禧、朱培源、徐诵芬、刘凤章 6 篇，沈嘉澍、陆润庠、汪芑 5 篇，吴庆咸、钱福年、吴荫培、徐延颐、张元寿、钱宝和、沈允铿 4 篇，钱荣高、夏从铦、姚福均、查燕绪、邹翌凤、袁清泰、潘心广、薛福庚、李廷桢、王祖豫、吴郁生、戴元章、赵锦标、毕荫笏 3 篇，王保衡、王受范、汪尔昌、马昌颐、胡其昌、冯世澄、陆钟恩、袁宝瑛、王保建、陈其锡、杨同楷、包祖同、许珏、周廉、吴履刚、段濬源 2 篇，朱沄、张尧淦、汪开禧、沈宝谦、王祖畬、何廷光、王嘉桢、何开甲、庞鸿湛、孙文楷、李龄寿、徐凤韶、黄赓唐、俞钟颖、徐谦、孔昭乾、赵传芬、潘祖颐、宋光昌、王颂蔚、徐

---

① 生于道光十五年十二月二十一日，公历已入 1836 年。
② 《清代硃卷集成》第 27 册，第 303 页；民国《昆新两县续补合志》卷 10《列传》，第 422 页。

文蔚、徐文蔚（徐诵芬作）、陈桐、张毓芬、周家禄、方煦基、陈桂、汪树勋、吴宝镕、殷福麟、沈泰来、陈锡锟、段维桂、卫恩祥 1 篇。目录中作者前标注"张抚台甄别"、"彭学台观风"、"冯山长课"等。

徐凤衔，见《安定书院课艺》。

徐诵芬，见《上海求志书院课艺（戊寅春季）》。

吴履刚、李廷桢，见《云间郡邑小课合刻》。

朱沄，见《当湖书院课艺》。

秦绶章，见《当湖书院课艺二编》。

潘锡爵、杨引传、管礼耕、徐廷栋、柳商贤、秦毓麒、尤家炳、胡元濬、沈嘉澍、陆润庠、汪芑、吴庆咸、庞鸿湛、黄赓唐、孔昭乾，见《正谊书院课选》。

陶然、叶昌炽、管礼昌、袁宝璜、朱培源、刘凤章、钱福年、夏从镐、汪尔昌、马昌颐、许珏、张尧淦、沈宝谦、王祖畲、王颂蔚（王叔炳），见《正谊书院课选二集》。

陆世泰，长洲人。著有《史賸》三百六十卷。①

吴荫培（1851—1931）②，字树百，号颖芝，吴县人。同治九年（1870）乡试中式第 168 名举人。同治十年（1871）、光绪二年（1876）、六年（1880）三科会试堂备。同治十三年（1874）官咸安宫学汉教习。光绪六年（1880）大挑二等，尽先选用教谕。十五年（1889）会试挑取誊录，充方略馆誊录。十六年（1890）会试中式第 3 名，覆试一等第 4 名，殿试一甲第 3 名，授编修。历官翰林院撰文，广东潮州、廉州、贵州镇远知府。民国间归里隐居，自号平江遗民。总纂《吴县志》，著有《岳云庵文稿》、《岳云庵诗存》、《岳云庵丛稿》、《岳云庵游记》。③

钱宝和。无锡钱宝和，民国六年（1917）官普宁知事，十四年（1925）至十六年（1927）官嘉定知事。④ 未知是否即此人。

沈允铿。著有《洞石老人遗稿》，《庚子事变文学集》录其《庚子秋感》诗 7 首。⑤

钱荣高（1828—1886），字安尊、子欣，吴县人。诸生。习汉儒学。应浙江学使刘廷枚（1819—1885）、瞿鸿禨（1850—1918）聘，襄校试卷，得士称盛。又曾佐冯桂芬（1809—1874）修《苏州府志》。著有《经解》二十卷、《孟子义疏》十卷、《经义杂录》十六卷、《湖北省志职官表》二十卷。⑥

姚福均（？—1893），字屺瞻，号补篱，常熟人。以诸生困顿场屋三十载，光绪元年（1875）恩贡。十四年（1888）、十七年（1891）游幕皖、浙。著有《海虞艺文志》六卷

① 民国《吴县志》卷 56 下《艺文考二》，第 931 页；《香港所藏古籍书目》，第 82 页。
② 卒于民国十九年十二月二十九日，公历已入 1931 年。
③ 《清代硃卷集成》第 153 册，第 255 页；第 67 册，第 297 页；曹元弼：《皇清诰授资政大夫二品衔记名提学使贵州镇远府知府前翰林院撰文吴公神道碑》，《辛亥人物碑传集》，第 718 页。
④ 《普宁县志》第 16 编，第 424 页；《嘉定县志》卷 21《政权、政协》，第 668 页。
⑤ 《庚子事变文学集》，第 55 页。
⑥ 王颂蔚：《文学钱君别传》，《写礼庼遗著四种·文集》，第 32 叶；民国《吴县志》卷 68 下《列传七》，第 172 页。

(张瑛序)、《补篱遗稿》八卷。《道咸同光四朝诗史》录其《读子》诗7首。①

查燕绪(1843—1917),字贻美,号翼甫、欓亭,浙江海宁人。庚申(1860)之乱,避地武昌,从张裕钊(1823—1894)游,称入室弟子。同治八年(1882)应彭祖贤(1819—1885)聘,纂修《讯北通志》。光绪十一年(1885)乡试中式第75名举人。三上春官,不得志。十六年(1890)随使日本,二十年(1894)以拣选知县保举同知,三十四年(1908)补松江府海防同知。辛亥后弃官归隐,不复出。为文近归震川,著有《群书异读》八卷、《春秋地理异同考》八卷、《大戴礼笺疏》、《欓亭诗文集》。②

袁清泰,字小安,元和人。同治十一年(1872)恩贡。③

潘心广,常熟人。著有《毛诗地理今释》二卷。④

薛福庚(1853—?),字通甫,无锡人,福成(1838—1894)弟。光绪元年(1875)顺天乡试中式第52名举人。⑤

吴郁生(1854—1940),字伯唐,号蔚若、钝斋,元和人。同治十二年(1873)乡试中式第83名举人,覆试一等第9名。十三年(1874)考取咸安宫教习第5名。光绪三年(1877)会试中式第139名,覆试二等第22名,殿试二甲第11名,朝考一等第19名,选庶吉士。历官编修、侍讲学士、四川学政、邮传部侍郎、尚书、军机大臣、弼德院院长。民国间寓居青岛。以书名。⑥

毕荫笏,字播卿,镇洋人,沅(1730—1797)曾孙。著有《小灵岩山馆诗钞》一卷,辑有《河间诗集》、《弇山毕氏谱略》。⑦

胡其昌(1832—?),谱名承培,字亦政,号友于,金山人。同治十一年(1872)贡生。⑧

冯世澄(1850—1917),字邠孙、伯渊,吴县人,桂芬(1809—1874)孙。副贡生。光福镇公立简易识字学塾、公立西崦初等小学堂办学人。著有《读鄦簃算稿》。⑨

袁宝瑛,吴县人,宝璜(1846—1897)弟。早卒。⑩

王保建(1845—?),本姓左,字伯寅,号牧臣、槃丞、少钦,南汇人。同治九年(1870)中式第107名举人,补泰兴训导。光绪三年(1877)会试中式第316名,覆试二

---

① 《补篱遗稿》卷首顾炳寰序;光绪《常昭合志稿》卷20《选举》,第298页;《清代目录提要》,第337页;《道咸同光四朝诗史》甲集卷5,第462页。

② 《清代硃卷集成》第274册,第1页;民国《海宁州志稿》卷末,第2叶。

③ 同治《苏州府志》卷66《选举八》,第728页。

④ 《清史稿艺文志拾遗》,第74页。

⑤ 《清代硃卷集成》第112册,第1页。

⑥ 《清代硃卷集成》第157册,第391页;第43册,第337页;王桂云:《吴郁生事略》,《青岛文史资料》第12辑,第48页。

⑦ 民国《吴县志》卷58下《艺文考七、八》,第977、991页。

⑧ 《清代硃卷集成》第410册,第1页。

⑨ 民国《吴县志》卷28《学堂》,第416、417页;《学古堂日记·说文》目录;《中国历代科技人物生卒年表》,第127页。

⑩ 《清代硃卷集成》第168册,第325页。

等第 106 名，殿试三甲，朝考入选，授内阁中书。工集唐诗，每一篇出，争相传诵。①

杨同㭬，字调甫，常熟人。光绪二年（1876）优贡，十一年（1885）官德平知县。②

包祖同，丹徒人。廪生。与修《丹徒县志》。③

段漷源，字伯岷，金坛人。道光二十九年（1849）拔贡，考取八旗官学教习，方传补，闻弟卒，即弃官归。游幕数十年，所至见重。光绪七年（1881）金坛减赋，与有力焉。工文词，精书法，惜多散佚，存者寥寥。年六十六卒。④

汪开禧。附生，以父荫入监。⑤

孙文楷，新阳人。与修《苏州府志》、《上海县志》。⑥

李龄寿（1833—1890），字君锡，号辛垞，吴江人。廪贡生。古文合于桐城义法，诗笔近于东坡。中年遁迹于医，精通轩岐，资其业以为生。与修《苏州府志》。著有《匏斋遗稿》五卷。《国朝文汇》录其文 4 篇。《晚晴簃诗汇》录其诗 5 首。⑦

俞钟颖（1847—1924），字君实，号又澜、祐莱，昭文人。同治十二年（1873）拔贡第 2 名。朝考一等，以七品小京官用，签分吏部。光绪二年（1876）顺天乡试中式副贡。历官候补主事、总理各国事务衙门章京、吏部文选司员外郎、湖北荆宜施道、汉黄德道、广东琼崖道、按察使、河南布政使。辛亥后归里家居。著有《渔隐老人诗稿》、《学圃老人诗文集》。⑧

潘祖颐（1849—?），字祝年，号竹岩，吴县人，世恩（1769—1854）孙，曾玮（1819—1886）四子。增贡生，议叙太常寺博士。光绪九年（1883）补浙江绍兴府海防同知、候补知府。历署台州、处州、温州知府，候补道。与同人辑有《浙江苏郡同官录》。⑨

周家禄（1846—1910）⑩，字彦升、惠修，晚号奥簃老人，海门人。同治三年（1864）补厅学生，旋补廪膳生。九年（1870）优贡生，朝考用教职，历官江浦、丹徒、镇洋、荆溪、奉贤训导。光绪二十九年（1903），陆宝忠（1850—1908）疏荐经济特科，辞不就试。先后游于夏同善（1831—1880）、吴长庆（1829—1884）、陆宝忠、卞宝第（1821—1889）、张曾敭（1843—1921）、张之洞（1837—1909）、袁世凯（1859—1916）幕中，其间曾主师山书院、白华书塾、湖北武备学堂、南洋公学讲席。著有《经史诗笺

---

① 《清代硃卷集成》第 152 册，第 211 页；第 45 册，第 143 页；民国《南汇县续志》卷 13《人物一》，第 592 页。
② 光绪《常昭合志稿》卷 20《选举》，第 296 页；光绪《德平县志》卷 5《官师志》，第 233 页。
③ 光绪《丹徒县志》卷首《姓氏》，第 11 页。
④ 民国《重修金坛县志》卷 9 之 1《人物志一》，第 88 页。
⑤ 民国《昆新两县续补合志》卷 9《选举表》，第 416 页。
⑥ 同治《苏州府志》卷首《修志姓名》，第 14 页；同治《上海县志》卷首《纂修衔名》，第 3 叶。
⑦ 同治《苏州府志》卷首《修志姓名》，第 13 页；《桐城文学渊源、撰述考》，第 232 页；《清人诗文集总目提要》，第 1683 页；《国朝文汇》丁集卷 7，第 2929 页；《晚晴簃诗汇》卷 167，第 7286 页。
⑧ 《清代硃卷集成》第 384 册，第 1 页；《清代官员履历档案全编》第 8 册，第 45、661 页；《清人诗文集总目提要》，第 1802 页；《江苏艺文志·苏州卷·第四分册》，第 3357 页。
⑨ 《近代江苏藏书研究》，第 275 页。
⑩ 卒于宣统元年十一月二十七日，公历已入 1910 年。

字义疏证》、《三礼字义疏证》、《穀梁传通解》、《三国志校勘记》、《晋书校勘记》、《海门厅图志》、《朝鲜国王世系表》、《朝鲜载记备编》、《朝鲜乐府》、《国朝艺文备志》、《反切古义》、《公法通义》、《寿恺堂诗文集》。①

吴宝镕（1838—?)②，字新叔，号希玉、蔗农，浙江仁和人。光绪五年（1879）正贡。十一年（1885）乡试中式第20名举人，覆试一等第28名。遇缺即选训导，主讲德清清溪书院。十八年（1892）会试中式第81名，覆试二等第98名，殿试三等第59名，朝考二等第111名，即用知县，签分江西。后以"才具平庸，难膺民社，惟文理尚优，以教职归部铨选"。著有《茧蕉盦诗钞》七卷、《茧蕉盦诗余》一卷、杂剧《太守桑》。③

段维桂，字粟香，金坛人。廪生，例贡，候选州同。④

卫恩祥，字端生，苏州人，贡生。同治七年（1868），王甲荣（1850—1930）从其游。⑤

余皆待考。

29. 紫阳书院课选

【书院简介】

苏州紫阳书院，建于清康熙五十二年（1713），后数次增修。咸丰十年（1860）毁于兵，同治间重建。光绪二十八年（1902）改称校士馆，科举停后即开办为师范学堂。⑥

【版本序跋】

又名《紫阳课选》，题"道光辛丑（1841）新刊"，"书院藏板，苏城小市桥瑾怀斋局刊"，"院长泾朱兰坡先生鉴定，在院肄业诸生参校"。

朱兰坡（朱琦），见《正谊书院课选》。

朱琦序云：

> 古之仕焉而已者，多教于庠塾，大夫为上老，士为庶老。逮宋代则有奉祠之例，示优眷旧臣。今之直省设立书院，盖沿其仪制也。独隶会垣者，凡山长充补，必请诸朝廷，特重其事。苏城书院二，曰紫阳，曰正谊。紫阳主讲须奏明，正谊则否。余领正谊逾十年，丁酉（1837）夏量移兹席。【略】
>
> 先是，正谊之文编辑四集，传播已久。倾遂选刻紫阳制艺，相辅而行。东吴固才薮，肄业者率土著，余外来仅十之一二，又往往互易其处。然则紫阳之人，犹正谊之人，原不分彼此。即论文尚仍前志，要以经术为主，格虽殊，勿背乎理。若夫貌似壮

---

① 顾锡爵：《海门周府君墓志铭》，《碑传集补》卷52，第312页。

② 生年据《清代人物生卒年表》，第318页。

③ 《清代硃卷集成》第75册，第259页；第86册，第305页；第272册，第259页；《清实录·德宗实录》卷483，第58册，第381页；《清人别集总目》，第897页；《晚清民国传奇杂剧文献与史实研究》，第157页。

④ 民国《重修金坛县志》卷8之2《选举志下》，第88页。

⑤ 《部昀府君年谱》，第451页。

⑥ 民国《吴县志》卷27上《书院》，第400页。

阔而实冗滥，体似简削而实窘浅，皆屏弃；至剽窃陈因，假冒姓氏，吾党羞称，尤宜戒绝。总求合前哲辞由己出之旨，功力所积，弗惮半途。庶荆山之玉，无屈于卞和；而柯亭之竹，终赏于蔡邕矣。【略】

时道光二十有一年（1841）岁在重光赤奋若闰三月下浣，泾兰坡朱琦序。

【课艺内容】

《大学》4 题 9 篇，《论语》23 题 72 篇，《中庸》4 题 16 篇，《孟子》13 题 40 篇。有评点。

【作者考略】

共 137 篇，其中：洪鼎 15 篇，朱荣实 11 篇，席振逵、刘心龙 10 篇，胡家锟 8 篇，王玮 6 篇，邹鸣鹿、张元培、王芝孙、潘宝泉、汪锡珪 4 篇，蒋鏊、吴增儒、朱成熙、王熙源、张浩 3 篇，虞廷皋、王与沂、张世棠、汪嘉惠、王恩绥、潘纬、夏晓初、李文沅、陆毓元 2 篇，严承咸、章安鼎、张慰埜、陆元经、邱维沅、潘芳、邱维洛、薄锡圭、翁同福、宋晟、陈仁龄、朱启华、毕瀚昭、吴凤墀、陈葆鲁、石麟、沈彦曾、季成铣、吴本瀚、黄庆云、应登宝、徐焜、陆廷英、黄际唐 1 篇。正文作者前标注"朱山长会课超等二名"、"陈中丞甄别覆试一名"等。

张浩，见《当湖书院课艺》。

洪鼎、王芝孙、王熙源、夏晓初、陆廷英，见《正谊书院课选》。

陆毓元，见《正谊书院课选二编》。

汪嘉惠、陈仁龄，见《正谊书院课选三编》。

沈彦曾，见《正谊书院小课》。

朱荣实，字秋园，安徽泾县人。由拔贡生举道光二十年（1840）乡试第一。官庐江训导，丁艰归。咸丰六年（1856），胡林翼（1812—1861）视师湖北，调办粮台，保知县，加同知衔。历署远安、石首、应山、广济县事。以经术饰吏治，一切条教皆蔼然儒者之言。三充乡试同考官，榜首两出门下，大吏咸以老宿推之。著有《一经楼随笔》、《漱六堂诗古文钞》。①

席振逵（1804—？），字枚生，常熟人。性通敏，文赋未尝属草。道光间拔贡，咸丰元年（1851）举人。主讲游文书院。著有《扫红馆诗赋稿》。②

刘心龙（？—1861），字子香，吴县人。道光二十三年（1843）举人。拣发浙江知县，改捐布政司经历。咸丰十一年（1861）杭州城陷，战卒。③

胡家锟（1803—1862），改名履吉，字吾山、道坦，号荔绅、理生，青浦人，宝璐（1695—1763）曾孙。道光五年（1825）乡试中式第 7 名举人。官吴江教谕、萧县训导，

---

① 同治《苏州府志》卷 65《选举七》，第 718 页；光绪《重修安徽通志》补遗 1《人物志·儒林》，第 623 页。

② 同治《苏州府志》卷 65《选举七》，第 720 页；光绪《常昭合志稿》卷 30《人物九·文学》，第 521 页；《清代人物大事纪年》，第 1028 页。

③ 同治《苏州府志》卷 65《选举七》，第 719 页；《浙江忠义录》卷 2 下，第 120 页。

段广瀛（1824—1875）即其所造就之士。咸丰二年（1852）会试中式第 127 名，覆试一等第 3 名，殿试二甲第 14 名，朝考一等第 20 名，选庶吉士。旋乞假归。后值咸丰兵乱，佐知县廖秩玮（1815—？）募勇防剿，以劳致疾卒。著有《理生居诗稿》。①

张元培（1812—？）②，字允殖，号护航、念恬，太仓人。道光十七年（1837）拔贡第 1 名。二十年（1840）顺天乡试中式副榜第 23 名。二十三年（1843）本省乡试中式第 64 名举人。二十四年（1844）考取景山官学教习第 6 名。二十七年（1847）会试挑取誊录，充国史馆誊录。签选广西平乐县，告近改安徽泾县。咸丰十年（1860）会试中式第 80 名，殿试二甲第 72 名，朝考二等第 48 名，授刑部主事。③

潘宝泉，字凤郊，昆山人。诸生。精制艺，工词章。肄业紫阳书院，为山长朱珔（1769—1850）赏拔，文名益噪。屡应秋围不第，年三十余赍志卒。④

汪锡珪，字秉斋、筱涯，长洲（一作吴县）人。贡生，官江阴训导、分部郎中。著有《翡翠巢诗钞》。《晚晴簃诗汇》录其诗 1 首。《国朝词综补》录其词 1 首。⑤

蒋鏊，元和人。增生。殉难。⑥

吴增儒，号咸斋，吴县人。道光二十四年（1844）举人，官太仓州学正。三十年（1850），潘祖荫（1830—1890）受业于吴增儒、陈庆镛（1795—1858），始治许氏之学。⑦

朱成熙（1816—1887），字孚吉，号缉甫、保如，新阳人。道光十七年（1837）拔贡第 1 名，十八年（1838）朝考一等第 5 名，覆试二等第 5 名。二十四年（1844）顺天乡试中式第 33 名举人，覆试二等第 13 名。两觐礼部试，以父母年高，归里侍养。二十九年（1849）丁父忧，服阕，选授高淳训导。同治十年（1871）会试中式第 218 名，覆试二等第 51 名，殿试二甲第 49 名，朝考一等第 2 名，选庶吉士。散馆授编修，兼武英殿协修，以母老乞假归。母殁后，光绪五年（1879）复入都，充国史馆协修。引疾归，主讲瀛洲、登瀛、玉山三书院，总纂《昆新两县续修合志》。⑧

虞廷皋（？—1860），字赓飏，无锡人。道光十五年（1835）副贡。工举业，为邑名师。咸丰十年（1860）分守邑城，城陷而死。⑨

王与沂（？—1860），字英初，号赋梅，吴江（一作震泽）人。廪贡生。少志科名，曾游都下，旋设讲席于家。时以立身致命训其子弟，从游日众，多所造就。道光二十六年（1826），创建文星阁于梓潼观东偏，阁北筑室三楹为文会。咸丰十年（1860）被太平军

---

① 《清代硃卷集成》第 133 册，第 389 页；第 17 册，第 417 页；光绪《青浦县志》卷 19《人物三·文苑传》，第 49 叶。

② 生于嘉庆十六年十一月二十六日，公历已入 1812 年。

③ 《清代硃卷集成》第 382 册，第 257 页；第 22 册，第 333 页。

④ 光绪《昆新两县续修合志》卷 31《文苑二》，第 533 页。

⑤ 《晚晴簃诗汇》卷 151，第 6619 页；《国朝词综补》卷 44，第 398 页。

⑥ 同治《苏州府志》卷 90《人物十七》，第 368 页。

⑦ 同治《苏州府志》卷 65《选举七》，第 719 页；《潘文勤公年谱》，第 14 页。

⑧ 《清代硃卷集成》第 34 册，第 403 页；民国《昆新两县续补合志》卷 5《冢墓》，第 371 页；卷 11《孝友》，第 433 页。

⑨ 光绪《无锡金匮县志》卷 23《忠节》，第 388 页。

杀害。《国朝词综补》录其词 1 首。①

张世棠（1808—1860），字咏召，号味鲈、味鲁，长洲人。廪贡。肄业书院三十年，为朱珔（1769—1850）所激赏。九战棘闱，五荐未售。咸丰七年（1857）议叙，以复设训导选用。著有《生余留草》一卷。②

王恩绶（1804—1855），字乐山，号佩纶，无锡人。道光二十五年（1845）恩贡，二十九年（1849）顺天举人。考取教习，补左翼宗学。咸丰四年（1854）以知县用，拣发湖北。五年（1855）在武昌殉难。③

潘纬，字箑坡，吴江人。道光五年（1825）举人，以大挑选镇洋训导。遭母丧，服阕，授溧水训导，不复出。曾主嘉善魏塘书院，卒后门人谥曰康惠先生。著有《箑坡诗稿》四卷。④

严承咸，字戊卿，元和人。道光三十年（1850）岁贡。⑤

章安鼎，吴县人。廪贡。殉难。⑥

邱维沅，字湘南，号补兰，元和人。道光三十年（1850）恩贡。殉难。⑦

潘芳，字赞升，常熟人。著有《勋柳西草堂诗稿》。⑧

邱维洛，字景程，号菊如，元和人。道光元年（1821）副贡。⑨

薄锡圭，字弁如，长洲人。道光间副贡。咸丰元年（1851）官东台教谕。⑩

翁同福（1817？—1860？），字子攸，号云樵，常熟人。道光三十年（1850）岁贡。参加省试十一次而不第。经义词赋为时所推，尤善古文辞及书法，邑中碑版之文多出其手。性恬淡，授徒自给。太平军攻占常熟，忧愤卒。⑪

毕瀚昭（1811—1888），字星源，号伯彦，山东文登人。其父以绂，历署崇明、丹阳、金匮知县，苏州府管粮通判。瀚昭道光十七年（1837）拔贡，二十年（1840）举人，咸丰六年（1856）进士。官工部主事。以母老乞归，兴办团练，参与地方事务。著有《不自知编》。⑫

---

①　同治《苏州府志》卷 107《人物三十四》，第 721 页；《垂虹识小录》卷 6，第 459 页；《国朝词综补》卷 32，第 295 页。

②　《生余留草》卷首《略历》、卷末张是彝识语。

③　冯桂芬：《赠知府衔云骑尉世职湖北拣发知县无锡王君墓志铭》，《显志堂稿》卷 7，第 638 页。

④　同治《苏州府志》卷 138《艺文三》，第 562 页；光绪《吴江县续志》卷 22《人物七》，第 457 页。

⑤　同治《苏州府志》卷 66《选举八》，第 735 页。

⑥　同治《苏州府志》卷 84《人物十一》，第 230 页。

⑦　同治《苏州府志》卷 66《选举八》，第 735 页；卷 90《人物十七》，第 368 页；《元和唯亭志》卷 12《生监》，第 137 页。

⑧　同治《苏州府志》卷 138《艺文三》，第 566 页。

⑨　《元和唯亭志》卷 11《科目》，第 124 页。

⑩　同治《苏州府志》卷 66《选举八》，第 731 页；同治《续纂扬州府志》卷 6《秩官》，第 723 页。

⑪　《江苏艺文志·苏州卷·第四分册》，第 3291 页。

⑫　张昭潜：《工部主事毕公墓志铭》，光绪《文登县志》卷 9 下 2《人物二》，第 943 页。

陈葆鲁。钱塘陈葆鲁，道光十四年（1834）举人。① 未知是否即此人。

季成铣，字砺之，昭文人。敏而好学，不问家人生产。年未冠，补诸生。连试高等，七膺乡荐不售。工骈体文、古今体诗。②

黄庆云，太仓人。道光二十六年（1846）举人。官丹阳训导。③

徐焜，元和人。增生。被太平军杀害。④

黄际唐，字莫生，长洲人。咸丰二年（1852）举人。⑤

待考者：王玮、邹鸣鹿、李文沅、张慰堃、陆元经、宋晟、朱启华、吴凤墀、石麟、吴本瀚、应登宝。

30. 紫阳正谊课艺合选

【版本序跋】

未署刊刻年月。卷首雪岑氏识语：

> 朱兰坡先生原选紫阳书院文课及正谊院课全编，久已海内风行，为帖括家之圭臬。但诸本中佳作如林，美不胜收。予就一己管见，择其有利于场屋者，得文百数十首，录为窗下蓝本。适友人见而悦之，谓制艺中揣摩善本，莫是过也。宜急梓行，以公同好。因付剞劂，钦遵古香斋袖珍板式，俾便舟车携览云。
>
> 道光壬寅（1842）秋月，雪岑氏识。

雪岑氏，待考。

【课艺内容】

《大学》10题10篇，《论语》67题70篇，《中庸》22题25篇，《孟子》34题36篇。有评点。

【作者考略】

洪鼎35篇，吴钟骏10篇，冯桂芬9篇，陈燗6篇，马学易、陆元纶5篇，徐绍鏊、席振逵、王芝孙4篇，王熙源、胡清绶、王嘉福3篇，潘霁、李传桢、刘廷桢、胡家锟、王与沂、刘心龙、汪嘉惠、张璐、顾文彬、夏晓初2篇，顾鸿来、沈襄、潘宝泉、顾绍琮、顾本立、朱荣实、姚琳、程庭桂、江文龄、周宝琪、徐正镳、汪锡珪、王希旦、陆毓元、宋元英、叶琚、程世勋、徐元善、金凤沼、杨裕仁、尤觐宸、顾树荣、张定鋆、李文沅、史国祥、范来治、邵馨、徐焜、王玮、潘纬1篇。

洪鼎、吴钟骏、陈燗、马学易、陆元纶、徐绍鏊、王芝孙、王熙源、胡清绶、王嘉

---

① 民国《杭州府志》卷113《选举七》，第2206页。

② 光绪《重修常昭合志》卷27《人物六・耆旧》，第429页。

③ 宣统《太仓州镇洋县志》卷10《选举》，第172页。

④ 同治《苏州府志》卷90《人物十七》，第368页。

⑤ 同治《苏州府志》卷65《选举七》，第720页。

福、潘霁、夏晓初、顾鸿来、顾本立、姚琳、周宝琪、叶琚、金凤沼、尤觐宸，见《正谊书院课选》。

冯桂芬、刘廷桢、顾文彬、沈襄、王希旦、陆毓元、杨裕仁、顾树荣、张定鋆、范来治、邵馨，见《正谊书院课选二编》。

汪嘉惠、张璐，见《正谊书院课选三编》。

程世勋，见《正谊书院课选四编》。

席振逮、胡家锟、王与沂、刘心龙、潘宝泉、朱荣实、汪锡珪、徐焜、潘纬，见《紫阳书院课选》。

程庭桂（1796—？），字芳仲，号楞香、琴孙，吴县人。道光五年（1825）乡试中式第 45 名举人，六年（1826）会试中式第 161 名，殿试二甲第 33 名，朝考入选，授六部主事。历官通政司使、山东按察使、顺天学政、左副都御史。咸丰八年（1858）以顺天乡试科场案获罪，谪戍黑龙江。久之赦还，为紫阳书院山长。著有《春秋希通》、《戍庐随笔》。[1]

史国祥，吴县人。道光十一年（1831）顺天乡试中式举人。[2]

待考者：李传桢、顾绍琮、江文龄、徐正镰、宋元英、徐元善、李文沅、王玮。

31. 紫阳正谊两书院课艺合选二集

【版本序跋】

南京图书馆藏本题"道光甲辰（1844）秋"。卷首游艺轩主人"跋"云：

> 壬寅（1842）秋，雪岑氏有《紫阳正谊两书院课艺合选》之刻，久已风行，为揣摩家之善本。但统观原集，每课一题，珊瑚满树，美不胜收。予曾为补选二十首，尚觉铁网有遗。适于友人案头，见有抄录近年紫阳书院未刻之课。兹复取其清真雅正、理精词湛者，合原集补选六十篇，付诸梨枣，亦足为举业家之一助云尔。
>
> 游艺轩主人跋。

上海图书馆藏本署"道光戊申（1848）秋"，卷首亦有游艺轩主人跋。
游艺轩主人，待考。

【课艺内容】

皆四书文，道光甲辰（1844）本凡《大学》9 题 9 篇，《中庸》9 题 9 篇，《论语》26 题 27 篇，《孟子》14 题 14 篇。另有 20 题 20 篇，未分类，亦四书文。有评点。道光戊申（1848）本缺上述"20 题 20 篇"，余皆同。

【作者考略】

以道光甲辰（1844）本为据，共 79 篇：洪鼎、陆元纶、顾文彬、冯桂芬 4 篇，王芝

---

① 《清代硃卷集成》第 7 册，第 277 页；民国《吴县志》卷 66 下《列传四》，第 116 页。
② 同治《苏州府志》卷 65《选举七》，第 717 页。

孙、胡清绶、张璐3篇，邹鸣鹿、王熙源、范来治、汪嘉惠、朱成熙、夏晓初、吴本翰、陆毓元、李传桢2篇，胡国俊、张肇辰、席振逵、张浩、史国英、王与沂、周雍、徐绍鳌、马学易、黄增川、薄锡圭、刘心龙、王钟、张步瀛、邵馨、宋晟、潘纬、蒋庭桂、顾世骏、王玮、李松、管秀瀛、金凤沼、石渠、赵家淦、吴增儒、陈仁龄、李文沅、汪锡珪、沈毓和、汪堃、胡家锟、朱荣实、张元培、王希旦、吴钟骏。

张浩，见《当湖书院课艺》。

洪鼎、陆元纶、王芝孙、胡清绶、王熙源、夏晓初、张肇辰、徐绍鳌、马学易、黄增川、金凤沼、吴钟骏，见《正谊书院课选》。

顾文彬、冯桂芬、范来治、陆毓元、史国英、邵馨、蒋庭桂、王希旦，见《正谊书院课选二编》。

张璐、汪嘉惠、张步瀛、陈仁龄、沈毓和、汪堃，见《正谊书院课选三编》。

朱成熙、席振逵、王与沂、薄锡圭、刘心龙、潘纬、吴增儒、汪锡珪、胡家锟、朱荣实、张元培，见《紫阳书院课选》。

吴本翰（？—1860），字平友，号少山，长洲人。廪生。咸丰十年（1860）城陷，赴水死。著有《墨林吟草》。①

王钟。吴县人，字毓甫，廪生。性纯孝。苏郡城陷，率妻子投井而死。② 未知是否即此人。

顾世骏（1818—？），字轶材，号逸侪，长洲人。道光二十九年（1849）乡试中式第55名。官景山官学教习。著有《续元百家诗选》、《小秀埜主人诗钞》。石渠（1803—？）有《挽顾轶材世骏》诗。③

李松，改名寅，字果亭，吴县人。道光二十年（1840）举人，官河南知县。④

石渠（1803—？），字汉阁，号梅孙，吴县人。年十九，以散体文入吴庠第一，自是以古文名。肄业紫阳、正谊书院。应乡闱十三次，始以恩贡入成均。复试北闱，不售，乃翩然归，奉亲课子。逢兵乱，转迁沪上，仍课徒自给。同治元年（1862）当事举其应制科，不就试。晚主平江书院。年七十余尚在世。著有《葵青居诗录》一卷、《梦蝶草》一卷（收入《丛书集成初编》）。⑤

待考者：邹鸣鹿、李传桢、胡国俊、周雍、宋晟、王玮、管秀瀛、赵家淦、李文沅。

32. 紫阳书院课艺

【版本序跋】

题"本院藏板"，"同治壬申（1872）冬日刊，癸酉（1873）六月校勘竣，翻刻必究"，"庚午（1870）、辛未（1871）、壬申（1872）三年"，"山长潘顺之先生鉴定，监院

---

① 同治《苏州府志》卷89《人物十六》，第352页；民国《吴县志》卷56下《艺文考二》，第930页。

② 同治《苏州府志》卷84《人物十一》，第227页。

③《清代硃卷集成》第139册，第349页；同治《苏州府志》卷89《人物十六》，第353页；卷137《艺文二》，第515页；《葵青居诗录》，第55页。

④ 同治《苏州府志》卷65《选举七》，第718页。

⑤ 潘遵祁：《承德郎举孝廉方正吴县恩贡生石君传》，《西圃集》卷4，第771页。

方其洪、程诒孙编次"。

潘遵祁（1808—1892），字觉夫，号顺之，吴县人，奕隽（1740—1830）孙，世璜（1765—1829）子。道光十七年（1837）拔贡第1名，分发试用教谕，考验一等，官内阁候补中书。二十三年（1843）顺天乡试中式第185名举人，覆试一等第8名。二十五年（1845）成进士，改庶吉士。二十七年（1847）授编修，旋乞假归，不复出。主讲紫阳书院二十余年，造就甚众，诸生得鼎甲者三人。著有《西圃文集》五卷、《诗词集》十五卷、《题画诗》二卷。《晚晴簃诗汇》录其诗5首。《全清词钞》录其词2首。《中国近代文学大系》录其文5篇。①

方其洪（1799—?），字云塈，山阳人。道光八年（1828）中式第92名举人。咸丰四年（1854）官泰州学正。六年（1856）官苏州府学教授、常熟县教谕。同治三年（1864）兼署昭文县训导。与修《苏州府志》。著有《环山居士小稿》。②

程诒孙，江宁人。同治三年（1864）官吴县训导，十二年（1873）回任，兼理长洲教谕。③

潘遵祁序云：

【略】吾苏之紫阳书院，创自康熙五十二年（1713）前抚张清恪公。纯庙巡方所至，必亲莅其地，累蒙赐匾赐诗，炳耀千古。士子涵濡沐浴二百余年，人才辈出，岂独科第之盛甲于天下哉！

自经兵燹，讲舍颓废，规模未复。余于庚午岁（1870）承乏讲席，三载于兹。自维谫陋不文，不足与诸生朝夕观摩，集思广益，惟是每课一艺，必以能融会圣贤立言之旨为宗。至文之清奇浓淡，苟不诡于正，有长必录。所愿诸生潜心四子书，务通其理，然后研之经，以定学术纯驳之趋；考之史，以知世运升降之故；参之诸子百家，以穷物理人情之变。则所以润色鸿业，翊赞承平，相与同游于中兴之盛轨者，不将于今日拭目俟之乎？

适竹樵方伯属选课艺，又筹款刊行，鼓励人才，意甚盛也。工将竣，监院请为之序，因抒所见以弁于简端。

同治十二年癸酉（1873）正月，吴县潘遵祁撰。

【课艺内容】

《大学》2题7篇，《论语》28题84篇，《中庸》6题17篇，《孟子》16题58篇。间标明刊刻时删改字数，有评点。另有试帖诗120首。

① 《清代硃卷集成》第99册，第45页，俞樾：《西圃潘君家传》，《春在堂杂文六编》卷3，第163页；《晚晴簃诗汇》卷146，第6367页；《全清词钞》卷22，第1113页；《中国近代文学大系》第3集第11卷《散文集二》，第108页。
② 陶澍：《进呈戊子科乡试题名录题本》，《陶澍全集》第5册，第269页；同治《续纂扬州府志》卷6《秩官志》，第722页；同治《苏州府志》卷首《修志姓名》，第13页；卷57《职官六》，第564、570、571页；光绪《淮安府志》卷38《艺文》，第14叶。
③ 同治《苏州府志》卷57《职官六》，第566、567页。

【作者考略】

共 166 篇（不含试帖诗），其中：胡元瀱 9 篇，黄赓唐、潘欲仁 8 篇，吴文桂、秦绶章 7 篇，汪宗泰、陆润庠、王颂蔚 6 篇，叶昌炽、秦毓麒、杨引传 5 篇，袁宝璜、王有赞、王桢（王亦曾）3 篇，王祖畲、唐受祺、曹毓英、恽俟孙、潘志寀、朱冕群、潘诵彬、吴荫培、彭福孙、刘传福、沈莅生、周希旦、何宝炘、冯懋、陶然 2 篇，府晋藩、汪苣、戴锡钧、张传杰、汪鹤衢、许珏、汪开禔、陈文藻、李缵文、殷福麟、季张锡、孙元博、程元璘、姚薪、陆秉铨、秦夔扬、毛文炳、汪兆荣、周宝瑚、邹元超、汪荫谷、金恩焘、陶嘉栋、胡有陟、顾绍申、沈恩荣、徐为、朱培源、吴郁生、陆鳌、庞鸿恩、汪尔昌、潘心广、金允中、凌曾梅、洪庆萱、钱福年、尤先甲、巢序镛、闵彤章、沈规、顾学焜、薄绍宗、戴兆春、赵鋆、徐湘、王澄、吴宝镕、朱钟灿、高衍缙、何来寿、贝允章、孔传绶、管礼耕、刘昌熙 1 篇。作者前标注"潘山长月课超等"、"张抚宪月课超等"等。

戴兆春，见《学海堂课艺续编》。

秦绶章，见《当湖书院课艺二编》。

胡元瀱、黄赓唐、陆润庠、秦毓麒、杨引传、王桢（王亦曾）、周希旦、府晋藩（府晋蕃）、汪苣、管礼耕，见《正谊书院课选》。

王颂蔚、叶昌炽、袁宝璜、王祖畲、朱冕群、陶然、许珏、朱培源、汪尔昌、钱福年，见《正谊书院课选二集》。

吴荫培、吴郁生、潘心广、吴宝镕，见《正谊书院课选三集》。

潘欲仁（？—1891），字子昭，昭文人。道光二十九年（1849）副榜。凡十二试乡闱，京师士大夫闻名叹仰，每典试江南，辄相戒暗中搜索，然卒不遇。同治初官沛县教谕，后为徐州府教授。著有《易象》四卷、《易传集说》三卷、《理学辨似》二卷、《读周礼随笔》二卷、《读论斋杂著》四卷、《惟是堂四书文》若干篇。又，欲仁为曾朴（1872—1935）之师，《孽海花》中潘止韶的原型。①

吴文桂（1839—？）②，字景成，号丹航、学岩，吴县人。同治六年（1867）乡试中式第 58 名举人。③

汪宗泰，元和人。廪贡。同治十一年（1872）官山阳训导。④

王有赞（1828—1904），字虞臣，号襄卿，吴县人。咸丰十年（1860）城破，父死难宅内，有赞从入，适太平军至，倒戟出之，几被擒，逸而免。城复，收父骸骨棺殓葬祖茔，不饮酒食肉者三年。同治初甫入泮，旋食廪饩，文名藉甚，与陆润庠（1841—1915）相埒。同治十二年（1873）拔贡第 1 名。历官镶白旗教习、金匮县训导。⑤

唐受祺（1841—1924），字若钦，号兰客，晚号恂叟，太仓人。咸丰九年（1859）诸生，同治四年（1865）恩贡，候选复设教谕。著有《浣花庐诗钞》十六卷、《赋钞》八

---

① 张瑛：《潘君子昭家传》，《知退斋稿》卷 5，第 582 页；冒鹤亭：《〈孽海花〉闲话》，《孽海花资料》，第 226 页；《清代硃卷集成》第 77 册，第 365 页。

② 生于道光十八年十一月二十九日，公历已入 1839 年。

③ 《清代硃卷集成》第 146 册，第 191 页。

④ 同治《重修山阳县志》卷 6《职官二》，第 96 页。

⑤ 《清代硃卷集成》第 384 册，第 13 页；民国《吴县志》卷 66 下《列传四》，第 122 页。

卷、《行年录》二卷，辑有《陆桴亭先生遗书》七十三卷、《处世须知》一卷。《浣花庐诗稿》中《送春》诗、《赋稿》中《以镜为刀屈刀为镜赋》、《赵清献一琴一鹤赋》等篇，为求志书院、正谊书院课作，收入别集时间有删改润色。①

曹毓英，字紫荃，吴县人。咸丰九年（1859）举人。著有《锄梅馆词》。《国朝词综补》录其词10首。②

恽侯孙，阳湖人，世临（1817—1871）子，炳孙（1854—1918）兄。邑廪生。③

潘志窠，字鹤庭，吴县人，寄籍歙县，王伟桢（1840—1898）婿。光绪二年（1876）举人，官内阁中书。④

潘诵彬，吴县人。著有《焦轩遗稿》。⑤

彭福孙（1846—?），长洲人。由监生考取汉誊录，同治十年（1871）捐盐大使衔，十三年（1874）加捐主事，签分刑部江西司行走。光绪二年（1876）派充本司主稿。五年（1879）中式顺天乡试举人，历官甘肃秦安、皋兰、武威知县，候补知府。后回乡参与创办公立半日学堂、公立高等小学堂、公立中学堂、公立师范传习所、私立彭氏两等小学堂、商务总会。⑥

刘传福（1845—?）⑦，字康百，号雅宾，吴县人。同治三年（1864）乡试中式副榜第1名。九年（1870）乡试中式第23名举人，覆试一等第15名。十年（1871）考取咸安宫汉学教习第4名。十三年（1874）会试中式第12名，覆试一等第2名，殿试二甲第2名，朝考一等第18名，选庶吉士。光绪二年（1876）散馆一等，授编修。历官武英殿提调官，福建延平知府，四川叙州、绥定知府。后回乡任苏州府中学堂监督、苏州总商会会长。⑧

沈茝生，字洵芳，号子湘，震泽人。诸生。性忧直，品端方，庚申（1860）辛酉（1861）间流离颠沛，未尝取非分财。工诗古文词，以笔耕为业，好奖掖后进。试辄高等，文誉日噪，年七十，从游者尚众。著有《劫余草》。⑨

何宝炘（1830—?），原名绍先，字金南，号润荪，吴县人。同治九年（1870）中式第27名举人。光绪十八年（1892）官宿迁教谕。⑩

冯懋，字桂槎，吴县人。幼随舅氏习贾昆山，旁及医理，后奋志读书，入郡学，遂以

---

① 《浣花庐诗钞》卷1、唐义治跋；《赋钞》卷2，第50、52、74、92页。
② 《国朝词综补》卷58，第528页。
③ 《清代硃卷集成》第386册，第398页。
④ 民国《歙县志》卷4《选举》，第171页；叶昌炽：《内阁中书恩赏举人王君仙根墓志铭》，《奇觚庼文集》卷下，第307页。
⑤ 《苏州市志》第3册，第864页。
⑥ 《光绪朝硃批奏折》第9辑，第124页；民国《吴县志》卷28《学堂》，第420、421、422、424页；卷30《公署三》，第449页。
⑦ 生年据《清代人物大事纪年》，第1349页。
⑧ 《清代硃卷集成》第150册，第273页；第36册，第87页；《清代官员履历档案全编》第5册，第331页；叶昌炽：《和刘雅宾师七十述怀诗韵》，《奇觚庼诗集》卷下，第229页；民国《吴县志》卷28《学堂》，第412页；《苏州商会档案丛编》第2辑，第651页。
⑨ 《垂虹识小录》卷6，第461页。
⑩ 《清代硃卷集成》第150册，第299页；民国《宿迁县志》卷12《职官志上》，第520页。

知名。黄体芳（1832—1899）奇赏之，相遇以国士。而乡举辄不售。凤慨习俗浮靡，谓务本莫如树艺，移家郡治西郭，拓隙地植桑数百株，并著说以导里氓。著有《洗尘丌诗文稿》。①

戴锡钧（1846—1901），字毅夫，号艺郛、艺甫、刘芜，长洲人。与王颂蔚（1848—1895）齐名。同治六年（1867）乡试中式第22名举人。十三年（1874）会试中式第210名，覆试一等第23名，殿试三甲第43名，朝考二等第30名。随李鸿藻（1820—1897）督办河工，历官吏部主事、员外郎、郎中，工部宝源局监督。光绪二十六年（1900）京察一等，出守大名。明年苦旱，祷雨烈日中，感暑热而卒，贫几无以归。著有《不薄今斋初二集》、《采百集》。②

汪鹤衢（1840—?）③，字青昂，号林也、凌皋，吴县人。同治九年（1870）中式第138名举人。光绪七年（1881）官常州府训导。④

汪开禔，字安甫。附贡生。⑤

李缵文，字彦仲，号散花痴侬，昭文人。著有《伤寒论释义》。⑥

季张锡，字佑卿，吴县人。诸生。闭户读书，潜心经史，与同县诸生胡国粲、李毓瓒、侯念诚皆有文名。里居授徒，累试不遇。国粲字赋楼，毓瓒字少牧，念诚字秋伊。季、李长于记闻，有叩皆鸣，学者宗之。胡、侯兼通星命学，光绪朝先后卒。⑦

秦夔扬（1856—?），字叔赓，号韶臣，嘉定人，绶章（1849—1925）弟。光绪元年（1875）顺天乡试中式第86名举人，覆试一等第19名。九年（1883）会试中式第110名，覆试二等，殿试二甲第18名，朝考一等第5名，选庶吉士，散馆授编修。京察一等，记名以道、府用。旋由御史简直隶广平知府，卒于任。⑧

汪荫谷，字玉穉，号少安，昆山人。咸丰九年（1859）举人，浙江候补知县。⑨

陶嘉栋，字曼云，常熟人。同治六年（1867）举人。⑩

顾绍申（1836—?），字辅周，号尹甫，元和人。光绪二年（1876）乡试中式第22名举人。《易书丛说》、《字典丛释》。⑪

沈恩荣（1837—?），字贻君，号禄卿、书舲、鹤坪，吴江人。同治九年（1870）乡试中式第131名举人。十年（1871）会试挑取誊录第17名。光绪二年（1876）会试中式

---

① 民国《吴县志》卷66下《列传四》，第122页。
② 《清代硃卷集成》第145册，第349页；第38册，第15页；《清代官员履历档案全编》第5册，第552页；民国《吴县志》卷68上《列传六》，第164页。
③ 生于道光十九年十二月十七日，公历已入1840年。
④ 《清代硃卷集成》第153册，第37页；光绪《武阳志余》卷6之2《职官》，第255页。
⑤ 民国《昆新两县续补合志》卷9《选举表》，第415页。
⑥ 《伤寒论释义》卷首《自述》。
⑦ 民国《吴县志》卷66下《列传四》，第118页。
⑧ 《清代硃卷集成》第112册，第89页；第51册，第47页；民国《嘉定县续志》卷11《人物志》，第5叶。
⑨ 光绪《昆新两县续修合志》卷18《选举表二》，第298页。
⑩ 同治《苏州府志》卷65《选举七》，第723页。
⑪ 《清代硃卷集成》第162册，第391页；民国《吴县志》卷57《艺文考三》，第944页。

第 156 名，殿试二甲第 108 名，授户部主事。①

金允中，字易如，号起封，婺源人。少孤贫，好读书，母命往江西习贾，仍不废读。主人异之，送归就学。弱冠入郡庠，一时名宿乐与之交。旋游学江苏，投考江左各书院，叠取高等，文名大震。课作选刊《紫阳课艺》及《三江文缬》，当道争罗致。食饩后，举优行生，乡试房荐堂备，终不第。光绪三十年（1904）以岁贡生就职训导，铨选将及，而革命军起。入民国后，绝意仕进，参与地方公益。卒年七十。半月前犹作自述文一篇，略谓生平无声色货利之好，唯专心八股。②

尤先甲（1843—1922），字揆百，号鼎孚、芗孙，吴县人。光绪二年（1876）顺天乡试中式第 106 名举人。官内阁中书，二度调礼部任职。九年（1883）丁父忧归，不复出。参与慈善公益，筹办苏纶、苏经两厂，创设同仁和绸缎局、苏州商务总会，任商务总会首届总理，后连任五届总理及议董等职。民国间办理官粥局、民团局、平粜局，创办遂初小学、城西幼稚园等。③

巢序镛（1843—?）④，榜名振镛，字梦芝，号晋笙，武进人。同治九年（1870）乡试中式第 141 名举人。光绪二十二年（1896）至三十四年（1908）官湖北长乐知县。⑤

闵彤章（1849—?），字弨侯，长洲人，原籍浙江归安。优廪生，即选训导。光绪十五年（1889）乡试中式第 111 名举人。选邳州训导。应徐州道府聘，主讲东徐、峄阳两书院。倡设义塾十处，选任教师，随时察课，造就甚众。先是在籍，曾办虎邱同善堂丙舍，又于堂中添设义塾，人皆服其举措。著有《小沧浪钓舟文集》、《蜻闲庐诗稿》。⑥

沈规，字伯门，常熟人。咸丰十一年（1861）恩贡。⑦

王澄。吴县王澄，光绪三十一年（1905）参与创立公立善人桥初等小学堂。⑧ 未知是否即此人。

何来寿（1849—1919）⑨，改名葆麟，字颂麒、颂圻，安徽南陵人。同治九年（1870）乡试中式第 18 名副榜。光绪十一年（1885）乡试中式第 94 名举人，援例得内阁中书，派管理诰敕房事务、本衙门撰文、方略馆校对等差。嗣以《平定陕甘回匪方略》告成，议叙以主事用。二十年（1894）会试中式第 63 名，覆试一等第 38 名，殿试二甲第 92 名，朝考二等第 53 名。告归本班，签分刑部。历官军机章京、刑部以员外郎、方略馆纂修兼外务部行走、江南制造局会办、江宁初等学堂监督、江宁禁烟局总办、邮传部金

---

① 《清代硃卷集成》第 153 册，第 1 页；第 43 册，第 393 页。
② 民国《重修婺源县志》卷 42《人物十一》，第 55 叶。
③ 《清代硃卷集成》第 114 册，第 233 页；《苏州名门望族》，第 450 页。
④ 生于道光二十二年十二月十八日，公历已入 1843 年。
⑤ 《清代硃卷集成》第 153 册，第 69 页；光绪《武进阳湖县志》卷 19《选举·举人》，第 476 页；《五峰县志》卷 17《政权》，第 385 页。
⑥ 《清代硃卷集成》第 181 册，第 253 页；民国《吴县志》卷 66 下《列传四》，第 123 页。
⑦ 光绪《常昭合志稿》卷 20《选举》，第 298 页。
⑧ 民国《吴县志》卷 28《学堂》，第 416 页。
⑨ 生卒年据《中国历代人物年谱考录》，第 603 页。

事。辛亥引退，以书史自娱。①

贝允章，字光泽，号赋琴，吴县人。光绪元年（1875）举人。著有《医经序跋》。②

孔传绶，字绵轩，镇洋人。参与校刊《养病庸言》。③

刘昌熙（1844—?），字季云，吴县人。光绪二年（1876）乡试中式第88名举人。与修《吴县志》。叶楚伧（1887—1946）师事之。④

待考者：张传杰、陈文藻、殷福麟、孙元博、程元璘、姚薪、陆秉铨、毛文炳、汪兆棻、周宝瑚、邹元超、金恩焘、胡有陟、徐为、陆鳌、庞鸿恩、凌曾梅、洪庆萱、顾学焜、薄绍宗、赵鋆、徐湘、朱钟灿、高衍缙。

33. 紫阳书院课艺续编

【版本序跋】

癸酉年（1873）课艺。题"本院藏板"，"同治甲戌（1874）校刊，翻刻必究"，"山长潘顺之先生鉴定，监院包桂生编次"。

潘遵祁，见《紫阳书院课艺》。

包桂生，字子丹，丹徒人。副贡生，咸丰五年（1855）官苏州府学训导，与修《苏州府志》。工书善画，笔法苍劲，不落时蹊。著有《问经堂印谱》八卷。⑤

【课艺内容】

《论语》9题27篇，《中庸》3题13篇，《孟子》7题26篇。间标明刊刻时删改字数，有评点。另有试帖诗48首。

【作者考略】

共66篇（不含试帖诗），其中：秦绶章11篇，潘欲仁6篇，黄赓唐、秦毓麒、吴文桂、朱培源3篇，吴荫培、王颂蔚、秦夔扬、胡元瀁、何宝炘2篇，叶昌炽、张用熙、方瑞森、李元桢、陆曜珍、汪鹏清、程瑞、杨引传、李文楷、管仁植、林昶隽、陶福孙、胡毓琦、洪庆萱、管辰觐、黄叔虞、胡祥林、沈铿、贝允章、贝传书、袁宝璜、曹元荬、胡有陟、袁清泰、王有赞、王祖畲、贝毓梅1篇。作者前标注"潘山长开课超等"、"恩藩宪月课超等"等。

秦绶章，见《当湖书院课艺二编》。

黄赓唐、秦毓麒、胡元瀁、杨引传，见《正谊书院课选》。

① 《清代硃卷集成》第79册，第321页；民国《南陵县志》卷19《选举》，第248页；卷29《人物》，第390页。

② 《吴中名医录》，第280页；《江苏省通志稿·选举志》卷14，第318页；《江苏艺文志·苏州卷·第二分册》，第1352页。

③ 《养病庸言》卷首《校阅姓氏》，第2263页。

④ 《清代硃卷集成》第165册，第163页；民国《吴县志》卷首《修志姓名》，第2页；《世说人语》，第5页。

⑤ 同治《苏州府志》卷首《修志姓名》，第13页；卷57《职官六》，第565页；光绪《丹徒县志》卷46《书目》，第96页；民国《续丹徒县志》卷13《人物六·书画》，第662页。

朱培源、王颂蔚、叶昌炽、袁宝璜、王祖畲，《正谊书院课选二集》。

吴荫培、袁清泰，见《正谊书院课选三集》。

潘欲仁、吴文桂、秦夒扬、何宝炘、贝允章、王有赞，见《紫阳书院课艺》。

张用熙（1830—?），字励生、丽笙，武进人。同治九年（1870）乡试中式第 90 名举人。①

方瑞森，字小村，元和人。同治五年（1866）岁贡。②

李元桢（1841—?），字紫珉，号子明，吴县人。同治十二年（1873）备取优贡第 1 名，光绪五年（1879）乡试中式第 16 名举人。与尤先甲（1843—1922）等创办助葬会。③

汪鹏清，吴县人。附生。其妻尤氏为之守节。④

李文楷，字直清，新阳人。少就傅外家，母舅殷寿彭（1795—1862）赏其文，补新庠生。执贽于冯桂芬（1809—1874）之门，讲求经世之学，文亦日进。然不屑规橅时趋，应南北闱试辄报罢，遂以教读终身，吴中望族争延聘之。曾襄校江苏书局，刊误正谬，时称善本。又参与校刊《苏州府志》。光绪四年（1878）岁贡，铨授奉贤县训导，之官两月卒，年六十二。著有《存立编》一卷、《朱丝玉壶随笔》二十四卷、《六壬集览》四卷。《词综补遗》录其词 1 首。⑤

管仁植，字敏生，常熟人。光绪十一年（1885）年副贡。⑥

林昶隽，字养庭，元和人。廪生。受业黄赓唐（1815—1895）之门。咸丰十年（1860）被掳至广德州，中途乘掳者不备，以计格杀之，得脱。兵燹后回乡，访寻父骨归葬，著《再生记》一卷。光绪七年（1881）恩贡，二十五年（1899）举孝廉方正。门弟子三百余人。善治病，夙著医名，活人无算。卒年八十。著有《砚耕堂文集》七卷。⑦

胡毓琦，吴县人。附生。其妻周氏为之守节。⑧

管辰熙（1844—?），字镜人，常熟人。光绪三年（1877）进士，选庶吉士。六年（1880）散馆，授福建顺昌知县。八年（1882）署德化知县。⑨

沈铿，字子坚，吴县人。粤军入苏垣，奉母避居湖南，应书院课，博膏火为侍养资。时何绍基（1799—1873）主讲城南，得卷辄喜，累列高等。督粮道陆增祥（1816—1882）耳其名，延课诸子读。后应广东学政吴宝恕（1832—1890）聘，襄校试卷。光绪六年（1880）岁贡，不复远游。俞樾（1821—1907）赠联曰："与母偕隐，与妻偕隐；以目为

---

① 《清代硃卷集成》第 152 册，第 47 页。
② 同治《苏州府志》卷 66《选举八》，第 736 页。
③ 《清代硃卷集成》第 167 册，第 369 页；民国《吴县志》卷 30《公署三》，第 451 页。
④ 民国《吴县志》卷 71 下《列女三》，第 351 页。
⑤ 同治《苏州府志》卷首《校刊姓名》，第 15 页；民国《昆新两县续补合志》卷 9《选举表》，第 415 页；卷 12《文苑附传》，第 442 页；卷 19《艺文目》，第 529 页；《词综补遗》卷 71，第 2659 页。
⑥ 光绪《常昭合志稿》卷 20《选举》，第 296 页。
⑦ 民国《吴县志》卷 68 下《列传七》，第 173 页。
⑧ 民国《吴县志》卷 71 下《列女三》，第 348 页。
⑨ 《清代官员履历档案全编》第 27 册，第 449 页；民国《德化县志》卷 12《职官志》，《第 283 页。

耕，以舌为耕。"著有《洞石老人遗稿》二卷、《峰抱楼楹帖》二卷、《经解剩稿》、《读史札记》、《变法论》、《筹海刍言》。①

贝传书，字伴桐，室名守墨庵，长洲人。②

曹元炳（1853—?）③，改名福元，字邃翰，号再韩，吴县人，原籍安徽歙县。光绪八年（1882）正取优贡第 4 名，乡试中式第 72 名举人。九年（1883）会试中式第 112 名，覆试一等第 31 名，殿试二甲第 24 名，朝考一等第 29 名，选庶吉士。大课第 1 名，授武英殿协修。官河南开归陈许郑道。二十年（1894）官广西乡试正考官。著有《桂轺纪程集》一卷、《花蕚交辉阁集》八卷。④

待考者：陆曜珍、程瑞、陶福孙、洪庆萱、黄叔虞、胡祥林、胡有陟、贝毓梅。

34. 紫阳书院课艺三编

【版本序跋】

甲戌年（1874）课艺。题"本院藏板"，"光绪丙子（1876）六月校刊，翻刻必究"，"山长潘顺之先生鉴定，监院包桂生编次"。

潘遵祁，见《紫阳书院课艺》。

包桂生，见《紫阳书院课艺续编》。

【课艺内容】

《大学》1 题 4 篇，《论语》7 题 21 篇，《中庸》2 题 10 篇，《孟子》8 题 35 篇。间标明刊刻时删改字数，有评点。另有试帖诗 50 首。

【作者考略】

共 70 篇（不含试帖诗），其中：秦绶章 8 篇，何来寿、黄赓唐 6 篇，王颂蔚 4 篇，秦毓麒、袁宝璜、贝毓梅 3 篇，王庚、贝朝炳、李元桢、贝允章、何宝炘、贝传书、秦夔扬 2 篇，潘诵彬、黄宝恩、夏宝恒、林昶隽、洪庆萱、仲廷飏、陶然、宋元芬、徐贵生、张鹤龄、吴清熙、吴宝镕、孙传鹤、周希旦、孔传绶、周士锦、江衡、程瑞、冯懋、蒋毓棻、张正镛、曹元炳、丁兆基 1 篇。作者前标注"潘山长月课超等"、"应署藩宪月课超等"等。

秦绶章，见《当湖书院课艺二编》。

黄赓唐、秦毓麒、周希旦，见《正谊书院课选》。

王颂蔚、袁宝璜、王庚、陶然，见《正谊书院课选二集》。

吴宝镕，见《正谊书院课选三集》。

何来寿、贝允章、何宝炘、秦夔扬、潘诵彬、孔传绶、冯懋，见《紫阳书院课艺》。

李元桢、林昶隽、贝传书、曹元炳，见《紫阳书院课艺续编》。

---

① 民国《吴县志》卷 66 下《列传四》，第 123 页；《苏州民国艺文志》，第 323 页。

② 《清人室名别称字号索引（增补本）》乙编，第 291 页。

③ 生年据《清代人物生卒年表》，第 714 页。

④ 《清代硃卷集成》第 170 册，第 389 页；第 53 册，第 215 页。

黄宝恩。《德宗实录·光绪二年（1876）二月》提及举人黄宝恩，覆试二等①，未知是否即此人。

张鹤龄，字赓笙，昆山人。同治九年（1870）岁贡。②

孙传鹤，字屿之，吴县人。咸丰九年（1859）副贡。③

周士锦，字质筠（一作织云），无锡人。岁贡。光绪四年（1878）、十六年（1890）两任沭阳训导。与修《无锡金匮县志》。④

江衡（1852—?），原名善宜，字霄纬，元和人，标（1860—1899）兄。光绪十四年（1888）乡试中式第53名举人，覆试二等。二十年（1894）会试中式第243名，覆试二等，殿试二甲第44名，朝考一等第56名，选庶吉士。官陕西城固知县。回乡后任苏州府中学堂、江苏师范学堂监督。著有《句股演代》二卷（收入《丛书集成续编》）、《句股朴说》一卷、《学计韵言》一卷、《天算盦问》十卷，译有《算式集要》四卷、《锌影法》一卷、《霄纬诗文集》。⑤

蒋毓荣，长洲人。优增生。其妻唐氏入《吴县志·贞孝传》。⑥

待考者：贝毓梅、贝朝炳、夏宝恒、洪庆萱、仲廷飔、宋元芬、徐贵生、吴清熙、程瑞、张正铺、丁兆基。

35. 紫阳书院课艺四编

【版本序跋】

乙亥年（1875）年课艺。题"本院藏板"，"光绪丁丑（1877）十月校刊，翻刻必究"，"山长潘顺之先生鉴定，监院方其洪编次"。

潘遵祁、方其洪，见《紫阳书院课艺》。

【课艺内容】

《大学》2题7篇，《论语》10题36篇，《中庸》1题5篇，《孟子》2题15篇。间标明刊刻时删改字数，有评点。另有试帖诗34首。

【作者考略】

共63篇（不含试帖诗），其中：吴文桂10篇，潘诵彬6篇，王颂蔚5篇，许珏、王祖畲4篇，秦毓麒、殷李尧、吴桢、顾有樑、叶昌炽、秦夔扬2篇，王有赞、黄赓唐、洪庆萱、汪尔昌、章志坚、马昌颐、陈和鸣、闵彤章、吴荫培、林昶隽、吴芳植、贝朝炳、

① 《清实录·德宗实录》卷26，第52册，第396页。

② 光绪《昆新两县续修合志》卷19《选举表三》，第307页；《政治官报》第33册，第76页；《清人别集总目》，第2077页。

③ 同治《苏州府志》卷66《选举八》，第732页。

④ 民国《重修沭阳县志》卷6《官师志》，第48叶；光绪《无锡金匮县志》卷首《修辑姓氏》，第8页；《养病庸言》卷首《校阅姓氏》，第2263页。

⑤ 《清代硃卷集成》第177册，第75页；第82册，第27页；民国《吴县志》卷28《学堂》，第412页；卷58上《艺文考四》，第959页；《苏州民国艺文志》，第174页。

⑥ 民国《吴县志》卷74中《列女十》，第467页。

吴郁生、汪鹏清、王庚、李元桢、周士锦、朱培源、胡有陟、顾敬昌、秦绶章、陶然1篇。作者前标注"吴抚宪甄别超等"、"潘山长开课超等"等。

秦绶章，见《当湖书院课艺二编》。

秦毓麒、吴桢、王有赞、黄赓唐，见《正谊书院课选》。

王颂蔚、许珏、王祖畲、顾有橤、叶昌炽、汪尔昌、马昌颐、王庚、朱培源、陶然，见《正谊书院课选二集》。

吴荫培、吴郁生，见《正谊书院课选三集》。

吴文桂、潘诵彬、秦夔扬、闵彤章，见《紫阳书院课艺》。

林昶隽、汪鹏清、李元桢，见《紫阳书院课艺续编》。

周士锦，见《紫阳书院课艺三编》。

殷李尧（1842—?），字寅生、瀛琛，号厚培，昭文人。同治十二年（1873）中式第13名举人，覆试一等第24名。光绪二年（1876）会试中式第119名，覆试二等第7名，殿试二甲第9名，朝考一等第9名，选庶吉士，散馆授编修。历官武英殿、国史馆协修官、翰林院撰文，武英殿、功臣馆纂修官，庶常馆提调官，山东道、四川道监察御史，户部、礼部给事中，四川盐茶道，湖北督粮道。著有《退晚堂诗草》六卷、《补读轩诗稿》不分卷。①

章志坚（1842—?），字卓如，号芍洲、若洲、定之，吴县人。以诸生参佐沪上筹防局戎幕，李鸿章（1823—1901）颇器重之。同治六年（1867）乡试中式第78名举人。七年（1868）会试挑取誊录，考取觉罗官学教习。历受江南州县聘，曾幕游山西。光绪二年（1876）会试中式第42名，覆试二等第8名，殿试二甲第2名，朝考一等第55名，选庶吉士，兼国史馆协修。三年（1877）散馆一等第6名，授编修。粤游道殂，士论惜之。②

待考者：洪庆萱、陈和鸣、吴芳植、贝朝炳、胡有陟、顾敬昌。

36. 紫阳书院课艺五编

【版本序跋】

丙子年（1876）课艺。题"本院藏板"，"光绪戊寅（1878）九月校刊，翻刻必究"，"山长潘顺之先生鉴定，监院程诒孙编次"。

潘遵祁、程诒孙，见《紫阳书院课艺》。

【课艺内容】

《大学》2题6篇，《论语》10题39篇，《中庸》3题7篇，《孟子》8题26篇。有评点。另有试帖诗57首。

① 《清代硃卷集成》第157册，第51页；第40册，第29页；《清代官员履历档案全编》第4册，第670页；第5册，537页；《清人诗文集总目提要》，第1798页。
② 《清代硃卷集成》第146册，第321页；第39册，第157页；民国《吴县志》卷66下《列传四》，第123页。

【作者考略】

　　共78篇（不含试帖诗），其中：秦绶章、吴文桂11篇，黄赓唐8篇，朱培源5篇，王颂蔚4篇，袁宝璜、王祖畬、秦毓麒、胡丰谷、何来寿3篇，马昌颐、何宝炘2篇，吴国杞、周清鉴、沈矩、刘传祁、潘诵彬、张金榜、潘志裘、许珏、谭钟骥、叶昌炽、沈颂清、胡有陟、顾敬昌、吴桢、李元桢、顾宝凤、徐谦、王有赞、杨引传、陶然1篇。作者前标注"恩藩宪月课超等"、"潘山长月课超等"等。

　　秦绶章，见《当湖书院课艺二编》。

　　黄赓唐、秦毓麒、吴桢、王有赞、杨引传，见《正谊书院课选》。

　　朱培源、王颂蔚、袁宝璜、王祖畬、马昌颐、许珏、叶昌炽、陶然，见《正谊书院课选二集》。

　　吴文桂、何来寿、何宝炘、潘诵彬，见《紫阳书院课艺》。

　　李元桢，见《紫阳书院课艺续编》。

　　周清鉴，字贻谷。与修《吴县志》。①

　　刘传祁（1843—?），字侪郊、祺伯，号永诗，吴县人，传福（1845—?）兄。同治三年（1864）优贡第6名，朝考一等第11名，七年（1868）考取八旗教习第1名。光绪元年（1875）顺天乡试挑取誊录，二年（1876）江南乡试中式第41名举人。三十四年（1908）官霸州知州。② 其室韩德玉（1847—1900），字浣云，著有《选绿斋诗钞》三卷、《选绿斋诗余》一卷。③

　　潘志裘（1855—?）④，字仲冶，号泉孙，吴县人，原籍安徽歙县。以廪贡生官候选训导，光绪八年（1882）顺天乡试中式第71名举人。官广西灵山候补知县。三十一年（1905）遭革职。⑤

　　沈颂清。平湖沈颂清（1852—1937），字子雅，号雪渔、晢雯。以廪贡官余姚训导。光绪十五年（1889）乡试中式第59名举人。⑥ 未知是否即此人。

　　顾宝凤，吴县人。诸生。其妻孙氏入《苏州府志·列女传》。⑦

　　待考者：胡丰谷、吴国杞、沈矩、张金榜、谭钟骥、胡有陟、顾敬昌、徐谦。

37. 紫阳书院课艺六编

【版本序跋】

　　丁丑年（1877）课艺。题"本院藏板"，"光绪己卯（1879）四月校刊，翻刻必究"，"山长潘顺之先生鉴定，监院秦炳斗编次"。

　　潘遵祁，见《紫阳书院课艺》。

　　① 民国《吴县志》卷首《修志姓名》，第2页。
　　② 《清代硃卷集成》第163册，第423页；《霸县志》第14编《政权》，第380页。
　　③ 民国《吴县志》卷58中《艺文考六》，第964页；《清代人物生卒年表》，第762页。
　　④ 生于咸丰四年十一月二十六日，公历已入1855年。
　　⑤ 《清代硃卷集成》第117册，第1页；《广西古代职官资料汇编》，第674页。
　　⑥ 《清代硃卷集成》第280册，第1页；《清代人物大事纪年》，第1738页。
　　⑦ 同治《苏州府志》卷117《列女五》，第39页。

秦炳斗，无锡人。廪生，同治间官元和训导。①

【课艺内容】

《大学》2 题 4 篇，《论语》8 题 27 篇，《中庸》2 题 5 篇，《孟子》8 题 26 篇。有评点。另有试帖诗 48 首。

【作者考略】

共 62 篇（不含试帖诗），其中：王颂蔚 6 篇，陶然、潘诵彬、秦毓麒 5 篇，胡丰谷、吴文桂、黄赓唐 4 篇，朱培源 3 篇，王有赞、潘欲达、顾有樑、秦绥章、孔传绶、马昌颐、何来寿、胡有陟 2 篇，潘心广、秦夔扬、陆锦烜、刘昌炽、吴肇祉、徐谦、何宝炘、顾景夔、叶昌炽、宋兰芳 1 篇。作者前标注“吴抚宪月课超等”、“潘山长月课超等”等。

秦绥章，见《当湖书院课艺二编》。

秦毓麒、黄赓唐、王有赞，见《正谊书院课选》。

王颂蔚、陶然、朱培源、顾有樑、马昌颐、叶昌炽，见《正谊书院课选二集》。

潘心广，见《正谊书院课选三集》。

潘诵彬、吴文桂、孔传绶、何来寿、秦夔扬、何宝炘，见《紫阳书院课艺》。

潘欲达（1851—1881），字允升，常熟人。著有《潘允升文》二卷。②

刘昌炽，吴县人，昌熙（1844—?）兄。邑庠生。③

吴肇祉（1846—?），字梦花，号小珊，元和人。同治六年（1867）乡试中式第 224 名举人。光绪十三年（1887）官丰县训导。④

宋兰芳，字信卿，元和人。咸丰十年（1860）恩贡。⑤

待考者：胡丰谷、胡有陟、陆锦烜、徐谦、顾景夔。

38. 紫阳书院课艺七编

【版本序跋】

戊寅年（1878）课艺。题“本院藏板”，“光绪庚辰（1880）冬月校刊，翻刻必究”，“山长潘顺之先生鉴定，监院陈灏编次”。

潘遵祁，见《紫阳书院课艺》。

陈灏，字让泉，六合人。道光十七年（1837）拔贡，后二年举顺天乡试，咸丰三年（1853）挑用教职，选长洲教谕。在任时奖掖后进，捐廉创设季课，长洲人咸礼爱之。卒年八十三。著有《灵岩山馆诗稿》二卷。⑥

---

① 同治《苏州府志》卷 57《职官六》，第 568 页。
② 《清代人物生卒年表》，第 833 页；《清人诗文集总目提要》，第 1800 页。
③ 《清代硃卷集成》第 165 册，第 163 页。
④ 《清代硃卷集成》第 149 册，第 127 页；光绪《丰县志》卷 3《职官类》，第 57 页。
⑤ 同治《苏州府志》卷 66《选举八》，第 736 页。
⑥ 民国《六合县续志稿》卷 13《人物下》，第 403 页。

【课艺内容】

《论语》9 题 26 题,《中庸》2 题 6 篇,《孟子》9 题 35 篇。有评点。另有试帖诗 51 首。

【作者考略】

共 67 篇（不含试帖诗），其中：王颂蔚 7 篇，陶然 6 篇，叶昌炽、黄赓唐、秦绶章、顾有樑 4 篇，吴文桂、秦毓麒、马裕埕 3 篇，沈桂馨、胡丰谷、何来寿、潘诵彬 2 篇，潘欲达、王庚、孔传绶、张是保、谢有功、周清鉴、江衡、蒋兆棠、潘诵炳、周品璋、杨引传、秦夔扬、王祖畲、王有赞、马昌颐、何宝炘、顾景夔、林昶隽、黄宝恩、胡有陟 1 篇，拟作 1 篇。作者前标"勒藩宪月课超等"、"潘山长月课超等"等。

秦绶章，见《当湖书院课艺二编》。

黄赓唐、秦毓麒、杨引传、王有赞，见《正谊书院课选》。

王颂蔚、陶然、叶昌炽、顾有樑、王庚、王祖畲、马昌颐，见《正谊书院课选二集》。

吴文桂、何来寿、潘诵彬、孔传绶、秦夔扬、何宝炘，见《紫阳书院课艺》。

林昶隽，见《紫阳书院课艺续编》。

江衡、黄宝恩，见《紫阳书院课艺三编》。

周清鉴，见《紫阳书院课艺五编》。

潘欲达，见《紫阳书院课艺六编》。

马裕埕，字仲蕃，太仓人。其室钱希令（1854—1917），著有《习画入门》、《绣余戏笔》。①

沈桂馨。吴江图书馆藏有同治光绪间稿本《沈桂馨日记》，作者疑即此人。

张是保，长洲人，是彝（1834—1889）弟、一麐（1867—1943）叔。廪贡生，即选训导，光绪十一年（1885）乡试荐卷。与是彝同修《虹桥张氏家谱》。②

蒋兆棠，字企奭，号芸生、云笙，吴县人。府庠生，即选县学训导。著有《波云吟舫诗文稿》。《国朝词综补》录其词 1 首。③

潘诵炳（1852—?）④，字星若，号小畲，元和人。光绪十一年（1885）苏州府学拔贡第 2 名。⑤

待考者：胡丰谷、谢有功、周品璋、顾景夔、胡有陟。

39. 紫阳书院课艺八编

【版本序跋】

己卯年（1879）课艺。题"本院藏板"，"光绪辛巳（1881）六月校刊，翻刻必究"，

---

① 陆澹如：《娄东女画人征略》，《太仓文史资料辑存》第 2 辑，第 128 页。

② 《清代硃卷集成》第 118 册，第 52 页；《苏州名门望族》，第 113 页。

③ 民国《吴县志》卷 56 下《艺文考二》，第 932 页；《国朝词综补》卷 50，第 450 页。

④ 生于咸丰元年十二月二十一日，公历已入 1852 年。

⑤ 《清代硃卷集成》第 118 册，第 52 页。

"山长潘顺之先生鉴定，监院程诒孙编次"。

潘遵祁、程诒孙，见《紫阳书院课艺》。

【课艺内容】

《论语》10 题 30 篇，《中庸》4 题 15 篇，《孟子》9 题 32 篇。间标明删改字数，有评点。另有试帖诗 46 首。

【作者考略】

共 77 篇（不含试帖诗），其中：王颂蔚 8 篇，王祖畲、吴文桂、秦夔扬、秦毓麒 6 篇，秦绶章、何来寿、陶然、黄赓唐、潘诵彬 4 篇，马裕堉 3 篇，胡丰谷、叶昌炽 2 篇，朱培源、邹福伟、张庆同、洪庆萱、周廷桢、刘昌炽、孙元觉、胡有陟、马昌颐、杨引传、冯懋、贝朝炳、周宗纪、顾有樑、王朝栋、江衡、何宝炘、李观宣 1 篇。作者前标"吴抚宪甄别超等"、"薛署臬月课超等"等。

秦绶章，见《当湖书院课艺二编》。

秦毓麒、黄赓唐、杨引传，见《正谊书院课选》。

王颂蔚、王祖畲、陶然、叶昌炽、朱培源、马昌颐、顾有樑，见《正谊书院课选二集》。

吴文桂、秦夔扬、何来寿、潘诵彬、冯懋、何宝炘，见《紫阳书院课艺》。

江衡，见《紫阳书院课艺三编》。

刘昌炽，见《紫阳书院课艺六编》。

马裕堉，见《紫阳书院课艺七编》。

邹福伟，字松如，元和人，福保（1852—1915）从堂弟。庠生。光绪十一年（1885）乡试荐卷。其女瑞华适吴梅（1884—1939）。①

周廷桢，字维之，常熟人。光绪五年（1879）顺天乡试举人，户部主事。②

王朝栋（1840—?），字尧松，号星卿，吴县人。同治十二年（1873）乡试中式第 151 名举人。③

待考者：胡丰谷、张庆同、洪庆萱、孙元觉、胡有陟、贝朝炳、周宗纪、李观宣。

40. 紫阳书院课艺九编

【版本序跋】

庚辰年（1880）课艺。题"本院藏板"，"光绪八年（1882）八月校刊，翻刻必究"，"山长潘顺之先生鉴定，监院谈钧编次"。

潘遵祁，见《紫阳书院课艺》。

谈钧，字筱圃，吴县学师。④

---

① 《清代硃卷集成》第 58 册，第 179 页；王卫民：《吴梅年谱》，《吴梅评传》附录，第 251 页。
② 光绪《常昭合志稿》卷 20《选举》，第 295 页。
③ 《清代硃卷集成》第 158 册，第 351 页。
④ 《清代硃卷集成》第 53 册，第 223 页。

【课艺内容】

《大学》2 题 8 篇，《论语》9 题 25 篇，《中庸》2 题 9 篇，《孟子》7 题 21 篇。间标明删改字数，有评点。另有试帖诗 42 首。

【作者考略】

共 63 篇（不含试帖诗），其中：秦绶章 7 篇，叶昌炽 6 篇，秦毓麒、江衡、黄赓唐 4 篇，洪庆萱、何来寿、马裕堉、潘诵彬、吴文桂 3 篇，张书铭、王有赞 2 篇，费念慈、滑寿祺、徐诵芬、方瑞森、陶然、蒋义铣、凌绍濂、张是彝、胡丰谷、鲍晟、袁宝璜、丁义瀚、邹福保、顾有樑、胡有陟、张颐辅、陈文沚、闵彤章、江钟祥 1 篇。作者前标"薛署臬宪月课超等"、"潘山长月课超等"。

徐诵芬，见《上海求志书院课艺（戊寅春季）》。

秦绶章，见《当湖书院课艺二编》。

秦毓麒、黄赓唐、王有赞，见《正谊书院课选》。

叶昌炽、陶然、袁宝璜、顾有樑，见《正谊书院课选二集》。

何来寿、潘诵彬、吴文桂、闵彤章，见《紫阳书院课艺》。

方瑞森，见《紫阳书院课艺续编》。

江衡，见《紫阳书院课艺三编》。

马裕堉，见《紫阳书院课艺七编》。

费念慈（1855—1905），字屺怀、君直，号西蠡，旧字迪孙，武进人。光绪八年（1882）顺天乡试挑取誊录第 2 名，十四年（1888）本省乡试中式第 67 名举人，覆试一等第 2 名。十五年（1889）会试中式第 12 名，覆试一等第 16 名，殿试二甲第 6 名，朝考一等第 21 名，选庶吉士，散馆授编修。十七年（1891）任浙江副主考，为言路指摘，遂弃官归。在翰林院时与文廷式（1856—1904）、江标（1860—1899）年相若，才相伯仲，声气标榜，大率以博闻强识、笃古媚学为归。精鉴赏，工书法，善画山水。著有《归牧集》。《晚晴簃诗汇》录其诗 5 首。①

张是彝（1834—?），字秉之，号韶笙，原号潮生，长洲人。同治十二年（1873）乡试中式第 87 名举人，挑用教谕。光绪六年（1880）会试中式第 181 名，覆试二等第 45 名，殿试三甲第 32 名，朝考二等第 40 名，即用知县，签掣直隶。官正定知县。②

鲍晟（1840—1900），字竺生，吴县人。幼颖悟，有神童之目。年二十，入县学，科试高等，补增广生。同治六年（1867）应乡试，已中式，额满遗焉。乃精研岐黄，以医名。著有《读易堂丸散录要》。③

邹福保（1852—1915），字永俦，号咏春、铁篴，元和人。光绪五年（1879）拟取优

---

① 《清代硃卷集成》第 177 册，第 217 页；第 62 册，第 73 页；《清代毗陵名人小传》卷 9，第 256 页；《中国文学家大辞典·近代卷》，第 335 页；《晚晴簃诗汇》卷 176，第 7708 页。

② 《清代硃卷集成》第 157 册，第 403 页；第 50 册，第 1 页；民国《吴县志》卷 40《冢墓志一》，第 657 页。

③ 俞樾：《鲍君竺生传》，《春在堂杂文六编》卷 3，第 177 页。

贡正额第 6 名，乡试中式第 46 名举人。六年（1880）礼部覆试一等第 1 名，会试挑取誊录第 14 名，签分国史馆。十二年（1886）会试中式第 71 名，覆试一等第 24 名，殿试一甲第 2 名，授编修。历官詹事府司经局洗马、翰林院侍讲。乞归后历任紫阳书院掌院、江苏师范学堂监督、存古学堂总教。著有《文钥》二卷、《读书灯》一卷。①

张颔辅（1857—?），原名福骏，字述英，号采南、采楠、苉南，吴县人，原籍阳湖。光绪八年（1882）乡试中式第 60 名举人。十五年（1889）会试中式第 253 名，殿试二甲，授主事，吏部考功司兼稽勋司行走。②

待考者：洪庆萱、张书铭、滑寿祺、蒋义铫、凌绍濂、胡丰谷、丁文瀚、胡有陟、陈文沚、江钟祥。

41. 紫阳书院课艺十编

【版本序跋】

辛巳年（1881）课艺。题"本院藏板"，"光绪癸未（1883）九月校刊，翻刻必究"，"山长潘顺之先生鉴定，监院唐毓和编次"。

潘遵祁，见《紫阳书院课艺》。

唐毓和（1845—?），字又新，号右惺，六合人。同治十二年（1873）拔贡第 1 名。官元和县训导，与修《六合县志》。③

【课艺内容】

《大学》2 题 6 篇，《论语》6 题 17 篇，《中庸》2 题 9 篇，《孟子》11 题 33 篇。间标出删改字数，有评点。另有试帖诗 47 首。

【作者考略】

共 65 篇（不含试帖诗），其中：秦绶章 8 篇，黄赓唐、马裕堉、叶昌炽 6 篇，王朝栋 3 篇，冯懋、秦毓麒、洪庆萱、王有赞、江衡、胡丰谷、顾有樑、秦夒扬、陆震福、林昶隽、潘诵彬 2 篇，刘昌熙、曹福元、杨引传、闵彤章、潘志裘、张书笏、李福、王程、宋光昌、吴锡熊、陈鸣雷、邹福保、沈苉生、潘绍璘 1 篇。作者前标"吴抚宪月课超等"、"潘山长月课超等"等。

秦绶章，见《当湖书院课艺二编》。

黄赓唐、秦毓麒、王有赞、杨引传，见《正谊书院课选》。

叶昌炽、顾有樑，见《正谊书院课选二集》。

冯懋、秦夒扬、潘诵彬、刘昌熙、闵彤章、沈苉生，见《紫阳书院课艺》。

林昶隽、曹福元（曹元荚），见《紫阳书院课艺续编》。

江衡，见《紫阳书院课艺三编》。

---

① 《清代硃卷集成》第 168 册，第 97 页；第 58 册，第 179 页；《苏州状元》，第 204 页；《苏州民国艺文志》，第 303 页。

② 《清代硃卷集成》第 116 册，第 437 页；第 66 册，第 143 页。

③ 《清代硃卷集成》第 383 册，第 393 页；光绪《六合县志》卷首《纂修姓氏》，第 6 页。

潘志裘，见《紫阳书院课艺五编》。

马裕埥，见《紫阳书院课艺七编》。

王朝栋，见《紫阳书院课艺八编》。

邹福保，见《紫阳书院课艺九编》。

陆震福，字寿□，常熟人。光绪八年（1882）副贡，十四年（1888）顺天乡试亚元。①

张书筠，太仓人。岁贡生，就职训导。历主安道、尊道书院。②

李福（1862—1886），字安浦、安圃，元和人。肄业紫阳、正谊书院，试辄高等。光绪五年（1879）举人。卒年二十五。③

王程，字雪门，太仓人。参与校刊《养病庸言》。④

陈鸣雷（1856—?），原名士栋，字子鹏，号如霆、声伯，元和人。光绪五年（1879）乡试中式第5名。⑤

待考者：洪庆萱、胡丰谷、宋光昌、吴锡熊、潘绍璘。

42. 紫阳书院课艺十一编

【版本序跋】

壬午年（1882）课艺。题"本院藏板"，"光绪甲申（1884）十月校刊，翻刻必究"，"山长潘顺之先生鉴定，监院方沚编次"。

潘遵祁，见《紫阳书院课艺》。

方沚，字春波，江都人。同治二年（1863）进士。历官浙江乌程、遂昌、平阳知县。以病乞改儒官，选授苏州府学教授，在职七年。年七十辞归，又八年而卒。著有《研香阁诗集》。⑥

【课艺内容】

《大学》1题5篇，《中庸》1题4篇，《论语》9题27篇，《孟子》10题28篇。间标明删改字数，有评点。另有试帖诗40首。

【作者考略】

共64篇，其中：秦绶章、王有赞8篇，黄赓唐6篇，秦毓麒、王朝栋、叶昌炽4篇，林昶隽、秦夑扬、胡丰谷3篇，张书筠、江衡、胡有陟、张颉辅、徐谦2篇，李尧栋、刘昌熙、曹福元、赵宗麟、袁宝璜、杨学沂、严兴杰、李元桢、江志伟、马锡蕃、冯懋1篇。作者前标"潘山长月课超等"、"谭藩宪月课超等"等。

① 光绪《常昭合志稿》卷20《选举》，第296、295页。
② 宣统《太仓州镇洋县志》卷9《学校下》，第146页。
③ 汪之昌：《李安浦孝廉行略》，《青学斋集》卷31，第397页。
④ 《养病庸言》卷首《校阅姓氏》，第2263页。
⑤ 《清代硃卷集成》第358册，第197页。
⑥ 民国《江都县续志》卷22《列传第二》，第722页。

秦绶章，见《当湖书院课艺二编》。

王有赞、黄赓唐、秦毓麒，见《正谊书院课选》。

叶昌炽、袁宝璜，见《正谊书院课选二集》。

秦夔扬、刘昌熙、冯懋，见《紫阳书院课艺》。

林昶隽、曹福元（曹元荄）、李元桢，见《紫阳书院课艺续编》。

江衡，见《紫阳书院课艺三编》。

王朝栋，见《紫阳书院课艺八编》。

张颉辅，见《紫阳书院课艺九编》。

张书筠，见《紫阳书院课艺十编》。

李尧栋，字葵阳，长洲人。同治四年（1865）恩贡。①

杨学沂（1859—？），字绶卿，号岫隐，吴县人。光绪八年（1882）乡试中式第 56 名举人。后入各地戎幕，复以直隶州知州用。先后办理沪宁、京汉、正太铁路及汉冶萍矿文牍。辛亥后自号遁闷山人，筑遁闷草堂于沪西，种花植树，检理图书。编有《吴江杨氏宗谱》。②

严兴杰。苏州严兴杰，字子万，号撼旧居士。著有《松陵百咏》二卷。③ 疑即此人。

江志伟（1843—？），谱名保荣，字又吟，号继筠，吴县人。光绪元年（1875）乡试中式第 168 名举人。④

马锡蕃（？—1894），字子晋，吴县人。廪生。工书法，钟鼎篆隶无不精工。性真挚，与质疑问难，即惓惓然讨究，有纤悉未尽不止。某年应秋试，同伴某病甚，人俱入场，锡蕃往而即还，捧腹曰："痛甚不能考矣。"及局门后，人始察其无恙，盖为调护病者地也。急人之急，且能不伐。⑤

待考者：胡丰谷、胡有陟、徐谦、赵宗麟。

43. 紫阳书院课艺十二编

【版本序跋】

癸未年（1883）课艺。题"本院藏板"，"光绪乙酉（1885）七月校刊，翻刻必究"，"山长潘顺之先生鉴定，监院唐毓和编次"。

潘遵祁，见《紫阳书院课艺》。

唐毓和，见《紫阳书院课艺十编》。

【课艺内容】

《论语》8 题 20 篇，《中庸》3 题 8 篇，《孟子》9 题 22 篇。有评点。另有试帖诗 34 首。

---

① 同治《苏州府志》卷 66《选举八》，第 734 页。

② 《清代硃卷集成》第 170 册，第 201 页；《苏州民国艺文志》，第 229 页。

③ 《清人别集总目》第 668 页。

④ 《清代硃卷集成》第 161 册，第 341 页。

⑤ 民国《吴县志》卷 70 上《列传·孝义一》，第 254 页。

【作者考略】

共 50 篇（不含试帖诗），其中：吴文桂 5 篇，王有赞、王朝栋、林昶隽 4 篇，杨引传、闵彤章、何葆麟、顾有橒、张书笏 2 篇，胡有陟、吴桢、萧斯、何宝炘、蒋颐、郑嘉铨、许文勋、徐鋆、邹福保、王继超、华黉英、管礼耕、徐谦、汪受谷、潘诵彬、吴荫培、盛大琨、陆增甲、李经莹、曹元弼、许兆霖、黄赓唐、陆震福 1 篇。作者前标"潘山长月课超等"、"谭藩宪月课超等"等。

王有赞、杨引传、吴桢、管礼耕、黄赓唐，见《正谊书院课选》。

顾有橒，见《正谊书院课选二集》。

吴荫培，见《正谊书院课选三集》。

吴文桂、闵彤章、何葆麟（何来寿）、何宝炘、潘诵彬，见《紫阳书院课艺》。

林昶隽，见《紫阳书院课艺续编》。

王朝栋，见《紫阳书院课艺八编》。

邹福保，见《紫阳书院课艺九编》。

张书笏、陆震福，见《紫阳书院课艺十编》。

萧斯（1853—?），谱名福熙，字缉之，号孙竹、笙祝，镇洋人。光绪二年（1876）乡试中式第 110 名举人。[1]

郑嘉铨（1864—?），字荃许，号仙培、讷如，元和人。光绪十七年（1891）乡试中式第 119 名举人。[2]

许文勋（1859—?）[3]，字廷铭，号篆卿，浙江平湖人。同治十二年（1873）乡试中式第 6 名举人。援例为内阁中书，后除邵武同知，未赴，移居上海。其室严寿慈，著有《白凤吟馆诗稿》。[4]

徐鋆（1854—?），谱名廷衔，字凤书，号子丹，吴县人。光绪十九年（1893）乡试中式第 15 名举人，覆试二等。二十年（1894）会试中式第 35 名，覆试二等，殿试三甲，朝考二等，授内阁中书。后官山东知县。著有《辛丑日记》。[5]

汪受谷。安徽歙县汪受谷，字经畬，光绪间优贡。[6] 疑即此人。

曹元弼（1867—1953），字谷孙、师郑、懿斋，号叔彦，晚号复礼老人、新罗仙史，吴县人。光绪十一年（1885）入南菁书院肄业，选充拔贡生第 1 名，旋中式乡试第 27 名举人。二十年（1894）会试中式，明年补殿试，成进士，授内阁中书。后主讲两湖书院，又任存古学堂经学总教。辛亥后闭户绝世，殚心著述。著有《古文尚书郑氏注笺释》四十卷、《礼经校释》二十二卷、《礼经学》七卷、《孝经学》七卷（皆收入《续修四库全书》）、《复礼堂文集》十卷。[7]

待考者：胡有陟、蒋颐、王继超、华黉英、徐谦、盛大琨、陆增甲、李经莹、许

---

①《清代硃卷集成》第 166 册，第 29 页。

②《清代硃卷集成》第 185 册，第 303 页。

③ 生于咸丰八年十二月二十一日，公历已入 1859 年。

④《清代硃卷集成》第 156 册，第 415 页；《"金平湖"下的世家大族》，第 479 页。

⑤《清代硃卷集成》第 187 册，第 27 页；第 79 册，第 271 页；《历代日记丛谈》，第 193 页。

⑥ 民国《歙县志》卷 4《选举》，第 180 页。

⑦ 王大隆：《吴县曹先生行状》，《民国人物碑传集》卷 7，第 522 页。

兆霖。

44. 紫阳书院课艺十三编

【版本序跋】

甲申年（1884）课艺。题"本院藏板，光绪丙戌（1886）九月校刊"，"山长潘顺之先生鉴定，监院沙骏声、宗伯五编次"。

潘遵祁，见《紫阳书院课艺》。

沙骏声，字筱峰，江阴人。咸丰九年（1859）举人。历官金山、昆山、昭文、吴县、溧阳教谕或训导。①

宗伯五，兴化人。道光二十九年（1849）举人。官海州学正、吴县教谕。②

【课艺内容】

《大学》1题3篇，《论语》13题28篇，《孟子》8题25篇。有评点。另有试帖诗38首。

【作者考略】

共56篇（不含试帖诗），其中：秦毓麒8篇，王有赞、黄赓唐6篇，叶昌炽4篇，潘诵彬3篇，张书笏、徐谦、许文勋、王朝栋、萧斯、管礼恭、胡丰谷2篇，潘诵炳、卫恩祥、潘尚志、李元桢、祝寿慈、邹福保、吴荫培、李福、贝传书、管礼耕、萧福成、杨引传、金允中、吴文桂、林昶隽1篇。作者前标"潘山长月课超等"、"卫抚宪月课超等"等。

秦毓麒、王有赞、黄赓唐、管礼耕、杨引传，见《正谊书院课选》。

叶昌炽，见《正谊书院课选二集》。

卫恩祥、吴荫培，见《正谊书院课选三集》。

潘诵彬、金允中、吴文桂，见《紫阳书院课艺》。

李元桢、贝传书、林昶隽，见《紫阳书院课艺续编》。

潘诵炳，见《紫阳书院课艺七编》。

王朝栋，见《紫阳书院课艺八编》。

邹福保，见《紫阳书院课艺九编》。

张书笏、李福，见《紫阳书院课艺十编》。

许文勋、萧斯，见《紫阳书院课艺十二编》。

潘尚志（1858—?），字心存，号备庵、筱桥，安徽歙县人。光绪十一年（1885）乡试中式第98名举人。十二年（1886）会试中式第195名，覆试二等第24名。十五年（1889）补殿试，三甲第102名。官江西上犹知县。③

---

① 民国《江阴县续志》卷10《氏族》，第125页；卷13《选举》，第150页；民国《昆新两县续补合志》卷9《选举表》，第412页。

② 同治《续纂扬州府志》卷7《选举志》，第728页；《清代硃卷集成》第388册，第234页。

③ 《清代硃卷集成》第175册，第29页；第60册，第145页；《清朝进士题名录》，第1212页；民国《歙县志》卷4《选举》，第171页。

祝寿慈，如皋人。与修《如皋县志》。①

待考者：徐谦、管礼恭、胡丰谷、萧福成。

45. 紫阳书院课艺十四编

【版本序跋】

乙酉年（1885）课艺。题"本院藏板"，"光绪丁亥（1887）九月校刊，翻刻必究"，"山长潘顺之先生鉴定，监院程诒孙编次"。

潘遵祁、程诒孙，见《紫阳书院课艺》。

【课艺内容】

《大学》2 题 7 篇，《论语》8 题 29 篇，《中庸》3 题 13 篇，《孟子》7 题 23 篇。有评点。另有试帖诗 35 首。

【作者考略】

共 72 篇（不含试帖诗），其中：黄赓唐、曹元弼 7 篇，王有赞、萧斯、秦毓麒 5 篇，窦以渐、刘昌熙、秦曾潞、沈铿、王福培 3 篇，管礼耕、钱国祥、杨引传、徐谦 2 篇，陆震福、徐庚、王有德、程基裕、王朝栋、周焕、叶昌焕、吴文桂、严达、潘诵彬、邹福保、汪文灿、顾有榘、方瑞森、许瑾、林鹤寯、张书笏、叶昌炽、冯愨、何葆麟 1 篇。作者前标"潘山长月课超等"、"抚宪卫月课超等"等。

钱国祥，见《上海求志书院课艺（丙子夏季）》。

秦曾潞，见《当湖书院课艺二编》。

黄赓唐、王有赞、秦毓麒、管礼耕、杨引传，见《正谊书院课选》。

顾有榘、叶昌炽，见《正谊书院课选二集》。

刘昌熙、吴文桂、潘诵彬、何葆麟（何来寿），见《紫阳书院课艺》。

沈铿、方瑞森，见《紫阳书院课艺续编》。

王朝栋，见《紫阳书院课艺八编》。

邹福保，见《紫阳书院课艺九编》。

陆震福、张书笏，见《紫阳书院课艺十编》。

曹元弼、萧斯，见《紫阳书院课艺十二编》。

王有德（1858—?），字太立，号康吉，吴县人。廪贡，翰林院孔目。肄业苏州紫阳、正谊、上海求志、江阴南菁书院。光绪二十三年（1897）乡试中式第 3 名举人，覆试二等第 27 名。②

程基裕，吴县人，朱成熙（1816—1887）婿。附生。③

待考者：窦以渐、王福培、徐谦、徐庚、周焕、叶昌焕、严达、汪文灿、方瑞森、许瑾、林鹤寯、冯愨。

---

① 民国《如皋县志》卷首《纂修题名》，第 1 叶。

② 《清代硃卷集成》第 127 册，第 393 页。

③ 民国《昆新两县续补合志》卷 5《冢墓》，第 371 页。

46. 紫阳书院课艺十五编

【版本序跋】

丙戌年（1886）课艺。题"本院藏板"，"光绪戊子（1888）九月校刊，翻刻必究"，"山长潘顺之先生鉴定，监院宗伯五编次"。

潘遵祁，见《紫阳书院课艺》。

宗伯五，见《紫阳书院课艺十三编》。

【课艺内容】

《大学》3 题 11 篇，《论语》7 题 23 篇，《中庸》1 题 4 篇，《孟子》9 题 24 篇。有评点。另有试帖诗 43 首。

【作者考略】

共 62 篇（不含试帖诗），其中：黄赓唐 6 篇，江衡、秦毓麒、刘昌熙 4 篇，萧福成、王有赞、曹元弼、潘诵彬 3 篇，叶昌炽、张书笏、胡丰谷、闵彤章、萧斯、彭泰士、林昶隽 2 篇，胡之铭、汪文灿、朱汝杰、李星阶、潘常棣、陆尚钦、王思仁、徐鋆、胡经堂、杨引传、沈铿、胡廷献、钱国祥、叶昌焕、陶有铭、王祖文、谢崇钧、周焕 1 篇。作者前标"抚宪崧月课超等"、"潘山长月课超等"等。

钱国祥，见《上海求志书院课艺（丙子夏季）》。

黄赓唐、秦毓麒、王有赞、杨引传，见《正谊书院课选》。

叶昌炽，见《正谊书院课选二集》。

刘昌熙、潘诵彬、闵彤章，见《紫阳书院课艺》。

林昶隽、沈铿，见《紫阳书院课艺续编》。

江衡，见《紫阳书院课艺三编》。

张书笏，见《紫阳书院课艺十编》。

曹元弼、萧斯、徐鋆，见《紫阳书院课艺十二编》。

彭泰士（1861—1907），字鲁瞻，号颉林，长洲人，蕴章（1792—1862）曾孙。光绪八年（1882）乡试中式第 37 名举人，考取国史馆誊录。二十四年（1898）会试第 79 名，覆试二等第 34 名，殿试二甲第 45 名，朝考三等第 43 名，授户部主事。后官四川内江知县，主修光绪《内江县志》。①

谢崇钧，吴县人。副贡生。②

待考者：萧福成、胡丰谷、胡之铭、汪文灿、朱汝杰、李星阶、潘常棣、陆尚钦、王思仁、胡经堂、胡廷献、叶昌焕、陶有铭、王祖文、周焕。

---

① 《清代硃卷集成》第 169 册，第 373 页；第 86 册，第 285 页；《四川省地方志联合目录》，第 30 叶；《苏州名门望族》，第 239 页；民国《吴县志》卷 58 中《艺文考五》，第 964 页。

② 民国《吴县志》卷 43《水利二》，第 696 页。

47. 紫阳书院课艺十六编

【版本序跋】

丁亥（1887）、戊子（1888）、己丑（1889）三年课艺。题"本院藏板"，"光绪辛卯（1891）九月校刊，翻刻必究"，"山长潘顺之先生鉴定，监院包桂生、唐毓和、程诒孙编次"。

潘遵祁、程诒孙，见《紫阳书院课艺》。

包桂生，见《紫阳书院课艺续编》。

唐毓和，见《紫阳书院课艺十编》。

【课艺内容】

《大学》2 题 4 篇，《论语》14 题 27 篇，《中庸》6 题 8 篇，《孟子》12 题 21 篇。有评点。另有试帖诗 29 首。

【作者考略】

共 60 篇（不含试帖诗），其中：顾有樑 5 篇，胡丰谷 4 篇，周焕、周清鉴、潘诵彬、黄赓唐、陶有铭 3 篇，章钰、秦毓麒、沈铿、王朝栋、江衡、马锡蕃、彭世襄、吴荫培 2 篇，钱人龙、吴国钧、刘昌熙、陈宗曦、彭泰士、桑樀、孔昭晋、胡有陟、彭诚庠、潘杰、秦曾源、张庆同、徐锡麟、张书筼、陈德修、滑寿祺、贝传书、王有赞、程康祺、贝朝炳 1 篇。作者前标注"黄护抚宪决科超等"、"福署藩宪月课超等"等。

黄赓唐、秦毓麒、王有赞，见《正谊书院课选》。

顾有樑，见《正谊书院课选二集》。

吴荫培，见《正谊书院课选三集》。

潘诵彬、刘昌熙，见《紫阳书院课艺》。

沈铿、贝传书，见《紫阳书院课艺续编》。

江衡，见《紫阳书院课艺三编》。

周清鉴，见《紫阳书院课艺五编》。

王朝栋，见《紫阳书院课艺八编》。

张书筼，见《紫阳书院课艺十编》。

马锡蕃，见《紫阳书院课艺十一编》。

彭泰士，见《紫阳书院课艺十五编》。

章钰（1865—1937），谱名鸿钰，字式之、汝玉，号坚孟，长洲人。光绪十五年（1889）乡试中式第 6 名举人，覆试一等第 22 名。二十年（1894）会试挑取誊录，大挑教职。二十九年（1903）会试中式第 74 名，覆试一等第 51 名，殿试二甲第 14 名，朝考二等第 98 名，授刑部主事。旋告归，筹划吴中学务，创建初等学堂。历南洋、北洋大臣幕府，调外务部，充一等秘书、庶务司帮主稿，兼京师图书馆编修。辛亥后旅食京沽，潜心校书，于《资治通鉴》校勘尤精。民国三年（1914）任清史馆纂修。藏书甚丰，后归燕京大学。著有《四当斋集》十四卷。①

　　彭世襄（1868—1903）②，字应奎，号赞臣，吴县人。光绪二十七年（1901）乡试中式第25名举人。二十九年（1903）会试中式第178名，覆试一等第72名，殿试二甲第54名，朝考二等第7名，选庶吉士。著有《彭世襄日记稿》。③

　　钱人龙（1868—?），字卧公，号幼逵、友夔，吴县人。肄业苏州学古堂、江阴南菁书院。光绪二十三年（1897）拔贡第1名，朝考二等，以直隶州州判用，后以知县用。二十八年（1902）选授甘肃平罗知县，以亲老告近，改安徽舒城。三十年（1904）丁忧回籍，三十三年（1907）选授当涂知县。宣统二年（1910）调阜阳。善苏长公体书。④

　　吴国钧。华亭吴国钧（1843—1892），字荫禄，号佩生，同治九年（1870）举人。⑤未知是否即此人。

　　陈宗曦，吴县人。廪贡，光绪十五年（1889）官高邮训导；岁贡，宣统三年（1911）官甘泉训导。⑥

　　孔昭晋（1865—?）⑦，字康侯，号守谦，吴县人，昭乾（1853—1888）堂弟。光绪十五年（1889）乡试中式第20名举人，覆试一等第3名。二十九年（1903）会试中式第76名，覆试一等第65名，殿试二甲第122名，朝考入选，授礼部主事。曾游历日本，三十三年（1907）回国，留办本省学务兼普通课副课长。民国间与曹允源（1856—1927）、吴荫培（1851—1931）等总纂《吴县志》。⑧

　　彭诚庠，元和人，諟庠（1873—1899）兄。增生，光绪十四年（1888）乡试荐卷。⑨

　　秦曾源（1872—?），字汉澄，号心逵、辛揆，嘉定人，毓麒（1847—?）子，曾潞（1870—?）堂弟。光绪二十年（1894）乡试中式第19名举人。⑩

　　徐锡麟（1858—?）⑪，字筠心，号孟仙，长洲人。光绪十五年（1889）乡试中式第17名举人。⑫

---

　　①　《清代硃卷集成》第179册，第105页；第89册，第81页；张尔田：《章式之先生传》，《碑传集三编》卷41，第551页。

　　②　生卒年据《清代人物生卒年表》，第742页。

　　③　《清代硃卷集成》第89册，第345页；《历代日记丛谈》，第187页。

　　④　《清代硃卷集成》第388册，第225页；《政治官报》第39册，第133页；民国《吴县志》卷79《杂记二》，第622页。

　　⑤　《清代硃卷集成》第186册，第420页；《清代人物生卒年表》，第316页。

　　⑥　民国《三续高邮州志》卷3《秩官志·文职》，第376页；民国《甘泉县续志》卷16《职官表》，第498页。

　　⑦　生于同治三年十二月十六日，公历已入1865年。

　　⑧　《清代硃卷集成》第179册，第235页；第89册，第97页；《政治官报》第7册，第427页；民国《吴县志》卷首《修志姓名》，第2页。

　　⑨　《清代硃卷集成》第74册，第188页。

　　⑩　《清代硃卷集成》第191册，第265页。

　　⑪　生于咸丰七年十二月三十日，公历已入1858年。

　　⑫　《清代硃卷集成》第179册，第223页。

程康祺。兴化教谕胡玉缙（1859—1940）设方城精舍课士，偕训导程康祺轮流值课。① 程训导疑即此人。

待考者：胡丰谷、周焕、陶有铭、桑槮、胡有陟、潘杰、张庆同、陈德修、滑寿祺、贝朝炳。

48. 紫阳书院课艺十七编

【版本序跋】

庚寅年（1890）课艺。题"本院藏板"，"光绪壬辰（1892）九月校刊，翻刻必究"，"山长潘顺之先生鉴定，监院宗伯五编次"。

潘遵祁，见《紫阳书院课艺》。

宗伯五，见《紫阳书院课艺十三编》。

【课艺内容】

《论语》10 题 18 篇，《中庸》2 题 2 篇，《孟子》6 题 15 篇。有评点。另有试帖诗 10 首。

【作者考略】

共 35 篇（不含试帖诗），其中：黄赓唐 5 篇，彭泰士 4 篇，张书笏、胡有陟 2 篇，杨载赓、胡丰谷、姚维淦、陈宜培、章钰、王咸熙、陈宗麟、曹宝书、周焕、桑槮、陈桐爵、刘昌熙、潘家晉、邹福伟、吴桢、洪宾、胡玉缙、王仁俊、王景华、秦曾源、汪一元、汪国烜 1 篇。作者前署"景道宪月课超等"、"潘山长月课超等"等。

黄赓唐、吴桢，见《正谊书院课选》。

刘昌熙，见《紫阳书院课艺》。

邹福伟，见《紫阳书院课艺八编》。

张书笏，见《紫阳书院课艺十编》。

彭泰士，见《紫阳书院课艺十五编》。

章钰、秦曾源，见《紫阳书院课艺十六编》。

杨载赓（1866—?），改名赓元，字柳春，号良孚，吴县人。肄业学古堂。光绪二十年（1894）乡试中式第 2 名副榜。民国十五年（1926）官财政部佥事。著有《读毛诗日记》不分卷、《杨氏读尔雅日记》一卷。②

潘家晉（1867—?），字秌五、耕绿、南畇，号稼夫，元和人。光绪十四年（1888）乡试中式第 19 名副榜。二十三年（1897）乡试中式第 21 名举人，覆试一等 17 名。③

---

① 民国《续修兴化县志》卷 11《宦绩》，第 594 页。
② 《清代硃卷集成》第 360 册，第 147 页；《政府公报》1926 年 10 月 17 日第 3775 号，第 230 册第 395 页；《续修四库全书总目提要·经部》，第 421、1019 页。
③ 《清代硃卷集成》第 359 册，第 269 页；第 197 册，第 345 页。

王咸熙（1836—?），字允伯，号馥庭、厘百，吴县人。同治九年（1870）乡试中式第199名举人。①

陈宗麟（1868—?），原名祖瑢，字恩纶，号纪寅、季颖，元和人。光绪二十年（1894）乡试中式第171名举人。②

曹宝书（1854—1934），字莼顷，号仁卿，长洲人，原籍安徽歙县。光绪十五年（1889）乡试中式第21名举人。安徽大挑试用知县，曾任民国《吴县志》协纂、吴县修志局采访主任、孔庙保管员、吴县救济院女养老所主任等。③

胡玉缙（1859—1940），字绥之，元和人，许玉琢（许赓飏，1827—1893）婿。先后肄业正谊、南菁书院。黄彭年（1823—1891）创设学古堂，聘雷浚（1814—1893）为学长，分任玉缙和章钰（1865—1937）为斋长。光绪十七年（1891）以优贡中式举人，明年入福建游幕。二十六年（1900）官兴化教谕。二十九年（1903）应经济特科试，录取高等，改官湖北知县，入张之洞（1837—1909）幕。明年赴日本考察政学，回国后任学部主事。适京师大学堂初立，受聘讲授《周礼》。民国间历任历史博物馆筹备处主任，北京大学、高等师范学校教授。著有《四库全书总目提要补正》、《四库未收书目提要补正》、《四库未收书目提要续编》、《说文旧音补正》、《许庼学林》、《许庼经籍题跋》。④

王仁俊（1866—1913），字籀鄦，号扞郑，吴县人。光绪十七年（1891）乡试中式第65名举人，覆试一等第3名。十八年（1892）会试中式第20名，覆试一等第20名，殿试二甲第73名，选庶吉士。散馆授吏部主事。二十三年（1897）在上海创办《实学报》。二十九年（1903）赴日本考察学务，继署湖北宜昌、黄州府事。历任武昌、苏州存古学堂教务长，因有"吴楚两存古，江湖一散人"之句。三十三年（1907）任学部编译图书局副局长。著有《籀鄦匜杂著》十种、《正学堂杂著》十七种，辑有《玉函山房辑佚书续编》、《玉函山房辑佚书补编》、《经籍佚文》、《辽文萃》。⑤

汪一元（1866—1905），改名一麟，字梦绂，安徽芜湖人。光绪二十年（1894）二甲进士，朝考一等，选庶吉士。二十一年（1895）散馆以知县分发浙江，授安吉知县。二十五年（1899）回任，二十七年（1901）调署山阴。在任一年，过班知府。二十九年（1903）委办官书局兼营务处提调。三十一年（1905）卒于任。著有《梦罗浮馆诗词稿》。⑥

待考者：胡有陟、胡丰谷、姚维淦、陈宜培、周焕、桑樆、陈桐爵、洪宾、王景华、汪国烜。

① 《清代硃卷集成》第153册，第419页。
② 《清代硃卷集成》第197册，第51页。
③ 《清代硃卷集成》第179册，第251页；《苏州名门望族》，第487页。
④ 《中国近代学人象传初辑》，第125页；《吴县历史名人》，第185页。
⑤ 《清代硃卷集成》第184册，第133页；第74册，第29页；《吴县历史名人》，第199页。
⑥ 《清代官员履历档案全编》第26册，第199页；民国《芜湖县志》卷48《人物志·宦绩》，第20叶。

49. 紫阳书院课艺（抄本)

【版本序跋】

抄本，南京图书馆藏，凡十四册十五编（三四编合为一册)。当为同治光绪间课艺。

【课艺内容】

皆四书文，有评点。无试帖诗。与前述刻本（共十七编）无对应关系。

是集体例之特点，在于有全文收录与段落收录之别。如第一编收录巢序镛等人制艺全文 37 篇，有评点；又收录汪宗泰等 17 人所作"起比"、"后比"、"后四比"等段落，无评点。

【作者考略】

作者皆见于前述刻本（共十七编)，兹从略。

50. 游文书院课艺

【书院简介】

常熟游文书院，原为士子会文之所，清雍正三年（1725）建为书院。咸丰十年（1860）毁于兵，同治间重建。光绪二十八年（1902）改为常昭小学堂，仍于其中设校士馆，改课策论，给予膏火。宣统元年（1909）改为公立高等小学西校（别于塔前之东校），二年（1910）停办。①

【版本序跋】

题"同治甲戌（1874）开雕"，"板存苏州长春巷西口传文斋刻字店，每部纸张印工大钱壹佰贰拾文"。

李芝绶序云：

> 吾虞书院之设，自宋及明，代有兴替。本朝康熙年间，辟地山麓，于昭明读书台侧，重建书院一区，为历任督粮使者延师课士之所，汪杜林殿撰命以今名。百余年来，文风丕振。庚申（1860）经兵燹，已鞠为茂草矣。复城后数年，邑绅士慨讲舍之不立，请诸大吏筹拨，典商捐款，庀材鸠工，规复旧观。
>
> 辛未（1871）怀宁汪公耕余莅吾邑，政成民和，尤留心于文教，酌增肄业膏火，以资激励。旋以忧去，而书院工程尤未蒇事也。甲戌（1874）季夏以书来谂，且嘱绶择辛（1871）壬（1872）两年院中课艺之尤雅者，裒辑邮寄，公将捐廉，付之手民，为学者观摩之助。所期同院诸君，益自镞厉，学业日精。行见扬芬摘藻，蔚为国华，当必有蒸蒸然进而日上者，即以是编为嚆矢可也。
>
> 昭文李芝绶。

---

① 光绪《重修常昭合志》卷 14《学校》，第 198 页；黄国光、金震茅：《游文书院》，《常熟文博》1992 年第 1 期，第 9 页。

李芝绶（1813—1893），原名蔚宗，字升兰、缄庵，昭文人。道光十九年（1839）举人。一再赴礼部试，同游多海内名士。居乡又与罟里瞿氏善，遂精于鉴别古籍。所藏日益富，汇编为《静补斋书目》。①

季念诒序云：

【略】虞麓向有游文书院，延师课士，督粮使者主之，两邑侯亦按月分课焉。庚申（1860）之役，讲舍悉毁于寇。迨复后邑人士次第新之，亭台堂室，渐复旧规。士之肄业其中者，投弋讲艺，彬彬乎有可观焉。

岁辛未（1871），怀宁汪公耕余方任斯邑，抚字黎元，嘉奖士类，而评文校课，咸服其鉴之明而衡之当也。甫逾年，以忧去官，口碑尸祝，至今不衰。而公之不能忘情于虞，亦犹虞民之不能忘情于公也。甲戌（1874）夏以书嘱主讲李君升兰，就辛（1871）壬（1872）两年院课存稿，择尤雅者裒辑百篇，邮寄省垣，捐廉付梓。

夫虞邑科名之盛，过于他境。固由山川之清淑，而士皆砥学砺行，更得良有司奖劝而扶植之，争自濯磨，蒸蒸日上，宜其储之素而发之光也。然则斯邑之人文，贤宰之德政，胥于是编乎见之，敢不揣固鄙而为之序！

暨阳季念诒撰。

季念诒（1813—1886），字钧谋、君梅、苣伯，晚号颐叟，江阴人，芝昌（1791—1861）子。道光二十九年（1849）顺天乡试中式第33名举人，覆试一等第7名。三十年（1850）会试中式第168名，覆试一等第11名，殿试二甲第17名，朝考二等第8名，选庶吉士，散馆授编修。丁忧居乡，参与办理团练。优游林下二十余年，历主紫琅、求志、礼延书院。曾修通州及江阴志，又辑庚申（1860）以来江阴死难者为《忠义录》十四卷。②

庞锺璐序云：

【略】吾师翁文端公主讲时，有课艺之刻，至今传诵。咸丰丁巳（1857），先君子继主是席，有杰构皆录存之。锺璐学术浅薄，猥徇观察之聘，权摄年余，不能承父师之教，以副邑人士之望，拟将所录增订付梓，适粤逆窜乱，稿本无存。今侯（按，指汪福安）刻是编，足为多士劝，余滋愧焉。【略】

赐进士及第前经筵讲官刑部尚书加四级庞锺璐拜撰。

庞锺璐（1822—1876），字华玉、蕴山，号宝生，常熟人。道光二十四年（1844）乡试中式第52名举人。二十七年（1847）会试中式第2名，覆试一等第15名，殿试一甲第3名，授编修。历官侍讲学士、国子监祭酒、光禄寺卿、工部侍郎、礼部侍郎、直隶学

---

① 光绪《重修常昭合志》卷32《人物十一·藏书家》，第563页。
② 《清代朱卷集成》第17册，第57页；民国《江阴县续志》卷16《人物·政绩》，第199页；《翁同龢日记》，第2059页。

政、刑部尚书。谥文恪。著有《文庙祀典考》、《读均轩馆赋偶存》。①

汪福安序云:

> 【略】福安辛未岁 (1871) 宰虞阳,甫下车即行观风,按月程课。类皆禀经以制式,酌雅以立言,先正典型,于斯未坠。【略】因择辛 (1871) 壬 (1872) 两年课艺之尤雅者,汇辑编次,付梓人以公同好,俾学者得所观摩。行见多士舒翘,文章华国,不有蒸蒸日上之风哉!是为序。
>
> 同治甲戌 (1874) 季冬月,皖怀汪福安耕余甫撰并书。

汪福安,见《当湖书院课艺》。

【课艺内容】

二卷,制艺 63 题 80 篇。有评点。

【作者考略】

殷李尧 6 篇,归纲、邵咸亨、陶炳权、曾之撰 5 篇,徐元标、俞钟颖、管辰熙 4 篇,顾锺瑞、陶文炳、陶文煌 3 篇,管兰荪、李玉麟 2 篇,李宗懋、屈赓星、陶廷琛、殷寿熊、薛培棨、龚振樑、孙鸣球、胡乃勋、瞿兴科、归汾、蔡芝孙、黄光荣、李兆棠、黄学海、殷福源、管仁植、张润福、邵昌霖、庞锺璪、沈矩、翁曾祁、翁曾来、曾宝章、潘欲达、沈规、徐廷瑞、屈家琪、殷树森、许家瑞 1 篇。

俞钟颖,见《正谊书院课选三集》。

沈规,见《紫阳书院课艺》。

管辰熙、管仁植,见《紫阳书院课艺续编》。

殷李尧,见《紫阳书院课艺四编》。

潘欲达,见《紫阳书院课艺六编》。

陶炳权,字巽行,昭文人。光绪元年 (1875) 恩贡。②

曾之撰 (1843—1897)③,原名令章,字圣与,号君表、君望,常熟人。同治九年 (1870) 顺天乡试中式副榜第 21 名,光绪元年 (1875) 江南乡试中式第 58 名举人。官刑部郎中。辑有《登瀛社稿》。他是曾朴 (1872—1935) 之父,《孽海花》中曹以表的原型。④

顾锺瑞 (1854—?),字韫石,号舜琴,常熟人。光绪二年 (1876) 乡试中式第 78 名举人。二十九年 (1903) 官江都教谕。⑤

---

① 《清代硃卷集成》第 14 册,第 319 页;《知非录》。

② 光绪《重修常昭合志》卷 20《选举》,第 298 页。

③ 生于道光二十二年十二月十八日,公历已入 1843 年。

④ 《清代硃卷集成》第 160 册,第 35 页;光绪《重修常昭合志》卷 20《选举》,第 296 页;《登瀛社稿》,卷首曾之撰序;冒鹤亭:《〈孽海花〉闲话》,《孽海花资料》,第 225 页。

⑤ 《清代硃卷集成》第 165 册,第 75 页;民国《江都县续志》卷 16《职官表》,第 652 页。

管兰荪。庠生。其妻范氏为之守节。①

李玉麟。光绪十五年（1889）参与创办儒寡儒孤局。②

屈赓星。庠生。家琪子，父病吁天乞代，父愈而赓星卒。③

薛培棨，字吉臣，常熟人。光绪二十年（1894）副贡。④

龚振樑，号宇成，昭文。二龄失怙，母严守节。振樑尝有建庄之志，未就而卒。严命立侄兆铺为后，建立义庄。⑤

孙鸣球，字子嘉，常熟人。大理寺评事衔，代理丹徒教谕。参与校勘《重修常昭合志》。⑥

翁曾祁，常熟人，曾源（1834—1887）兄弟。庠生。⑦

翁曾来，常熟人，曾源（1834—1887）兄弟。⑧

曾宝章，字君龄，常熟人，之撰（1843—1897）弟。同治十三年（1874）岁贡。官内阁中书。⑨

屈家琪。官训导。⑩

殷树森（1839—？），字亭玉，号芝阶，昭文人，李尧（1842—？）兄。同治十二年（1873）乡试中式第 12 名举人。官青县、南皮知县。参与校勘《重修常昭合志》，主修《南皮县志》。⑪

待考者：归纲、邵咸亨、徐元标、陶文炳、陶文煌、李宗懋、陶廷琛、殷寿熊、胡乃勋、瞿兴科、归汾、蔡芝孙、黄光荣、李兆棠、黄学海、殷福源、张润福、邵昌霖、庞锺璪、沈矩、徐廷瑞、许家瑞。

51. 学古堂日记

【书院简介】

苏州学古堂，建于清光绪十四年（1888）。三十一年（1905）改为游学豫备科，三十三年（1907）改为存古学堂。⑫

---

① 光绪《重修常昭合志》卷 38《列女志五·苦节下》，第 668 页。
② 光绪《重修常昭合志》卷 17《善举志》，第 248 页。
③ 光绪《重修常昭合志》卷 29《人物志八·孝友》，第 488 页。
④ 光绪《重修常昭合志》卷 20《选举》，第 296 页。
⑤ 光绪《重修常昭合志》卷 31《人物十·义行》，第 545 页。
⑥ 光绪《重修常昭合志》卷首《职名》，第 4 页。
⑦ 《清代硃卷集成》第 24 册，第 98 页。
⑧ 《清代硃卷集成》第 24 册，第 98 页。
⑨ 《清代硃卷集成》第 160 册，第 41 页；光绪《重修常昭合志》卷 20《选举》，第 298 页。
⑩ 光绪《重修常昭合志》卷 29《人物志八·孝友》，第 488 页。
⑪ 《清代硃卷集成》第 157 册，第 51 页；光绪《重修常昭合志》卷首《职名》，第 4 页；民国《青县志》卷 5《官制》，第 45 叶；民国《南皮县志》卷 7《文献志·职官》，第 9 叶；卷 14《故实志·叙录》，第 17 叶。
⑫ 民国《吴县志》卷 27 上《书院》，第 401 页。

【版本序跋】

包括初刻和续刻。初刻为光绪十五年（1889）日记，十六年（1890）冬刊；续刻为十六年至二十年（1890—1894）日记，二十年（1894）冬续刊，二十二年（1896）夏工竣。题"学长吴县雷浚、新阳汪之昌选，监院金山吴履刚、长洲顾光昌编次，斋长长洲章钰、元和胡玉缙、吴县吴寿萱校"。

吴履刚，见《云间郡邑小课合刻》。

汪之昌，见《正谊书院课选》。

章钰，见《紫阳书院课艺十六编》。

胡玉缙，见《紫阳书院课艺十七编》。

雷浚（1814—1893），字深之，号甘溪，吴县人。少从江沅（1767—1838）游，精研《说文》之学，复与宋翔凤（1777—1860）、陈奂（1786—1863）相切劘。同治八年（1869）监生，次年就职县学训导。与修《苏州府志》。光绪十五年（1889），应江苏布政使黄彭年（1823—1891）之聘，任学古堂学长。十九年（1893）议叙加同知衔，同年冬病卒。著有《道福堂诗集》四卷、《说文外编》十五卷、《说文补遗》一卷、《说文引经例辨》三卷、《韵府钩沉》五卷、《睡余偶笔》二卷。①

顾光昌，昆山人。廪贡，官邳州训导，与修《徐州府志》；附贡，光绪三十年（1904）官丹徒训导，未到任。②

吴寿萱，字紫珺，吴县人。家贫力学，一介不苟取。故事，诸生极贫者，每岁终藩司给以钱币。学官以其名列于贫生内，送钱币于其家，谢曰："余虽贫，尚有贫于余者，请转给他人。"黄彭年（1823—1891）闻之，调入学古堂，充斋长。年未五十卒。生平喜舆地学、算学。其算学贯通中西，著有《垂线互求术》、《平方和较术》、《叠征比例术》。③

雷浚序云：

【略】今方伯贵筑黄公深知寒士得书之难，于书院西偏得隙地而经营之，建堂曰学古。建藏书楼，聚书六万余卷，招诸生之有志读书而无书可读者，资以膏火，肄业其中。设日记，每日所读之书，有所得有所疑，皆记之以俟论定，而谬以浚为之长。月终诸生汇录所记各条呈于学长，评是非，定甲乙，善者奖之，不善者纠正之，有踉弛不受约束者则屏之，法至周也。

浚之初膺是席也，见诸生所读之书杂乱而无章，近于程子所谓玩物丧志，乃严为之限：首十三经，次三史，次《通鉴》、《说文》、《文选》，其余一切姑舍旃。诸生中有先入为主者，治《书》则右蔡传而左马郑，治《诗》则知集传而以笺疏为疑怪，则又于排比甲乙之中显示去取，俾知汉宋不容轩轾。数月之后，居然改观。又有四方闻风而至者，更多高材杰出。至庚寅（1890）春夏之交，善者益多，几于奖不胜奖矣。爰就己丑（1889）一年所取，择明净有条理者，别缮清本，呈于方伯，付诸梓

---

① 民国《吴县志》卷66下《列传四》，第120页；《中国文学家大辞典·近代卷》，第456页。

② 同治《徐州府志》卷首《修志姓氏》，第3页；民国《续丹徒县志》卷10《职官表二》，第610页。

③ 《清儒学案》卷184《陶楼学案》，第7130页。

人，为《学古堂日记》第一刻。以后卷轴日积，诸生功夫亦日进，当有不止于此者。后来居上，拭目俟之。

光绪庚寅（1890）仲秋之月，吴县雷浚识，时年七十有七。

卷首又有诸可宝《学古堂记》，云：

学古堂之建也，实惟著雍困敦之岁（1888），而落成于次年三月，时则贵筑黄公来藩于苏州。【略】聘学长雷深之先生主讲席，选高材生胡君玉缙、章君钰为斋长，任典守渐陶之责。嗣复拔余及门吴生寿萱为算学斋长，示有专家。察诸生之勤惰，而以时考其言行，则委监院吴校官履刚充之。以余为诂经旧生徒也，于训故、词章、六书、九数曾识途径，檄令理董其事。【略】

光绪二十二年岁在丙申（1896）立秋日，钱塘诸可宝谨撰。

诸可宝，见《东城讲舍课艺续编》。
吴履刚跋云：

【略】贵筑黄公昔主讲保定莲池书院，尝谋之当事，筹金置书，辟学古堂，命诸生分占经史，日书所得，月终汇呈主讲，评次奖赏。其为教也，大约校勘必致精，纂录必举要，考据务详碻而惩武断，义理尚平实而耻空谭，条贯本末，兼综汉宋，实事求是，期于心得，以上企孟氏详说反约、孔门博文约礼之训。行之数年，朴学奋兴，今所刻日记数集可证也。【略】

光绪十六年（1890）仲秋，金山吴履刚跋。

【课艺内容】

《周易》二种（顾树声、许克勤），《尚书》一种（余宏淦），《毛诗》九种（郑鼎元、张一鹏、申濩元、徐鸿钧、钱人龙、杨赓元、凤恭宝、陆炳章、夏辛铭），《周礼》一种（于鬯），《仪礼》二种（费祖芬、于鬯），《礼记》三种（蒋元庆、阮惟和、于鬯），《孝经》一种（潘任），《尔雅》七种（陆锦燧、王颂清、董瑞椿、王仁俊、杨赓元、包锡咸、蒋元庆），《说文》三种（费廷璜、冯世澄、胡常惪），《史记》二种（查德基、朱锦绶），《汉书》四种（王肇钊、凤曾叙、徐鸿钧、朱锦绶），《通鉴》一种（徐德森），《史表》三种（皆沈惟贤作），《文选》一种（陈秉哲），算学三种（皆吴寿萱作）。末附丛钞六卷。

【作者考略】

是集作者名下标注字号、籍贯、科名，兹径录之。增补材料另附于后。
顾树声，字九皋，元和县。附生。
许克勤，字勉夫，浙江海宁州。优廪生。【补】字澡身，号勉甫。廪贡生。李文田（1834—1895）主试江南，提倡实学，若苏州正谊，江阴南菁，上海求志、格致各书院，肄业皆知名士，克勤与试，夺一席焉。膏奖岁入千金，悉购书籍，手自雠校，丹黄满目。

于舆地之学，图绘尤工。试学古堂，黄彭年（1823—1891）赠言曰："读书心已细如发，论事眼当高过顶。"江标（1860—1899）、吴郁生（1854—1940）视学川、湘，争相礼聘，以亲老辞。年未五十卒。著有《经义杂识》、《论语古注集笺补正》、《十三经古注》、《方舆韵考》、《方言校》。①

余宏淦，字夔钦，昆山县。附生。【补】（1860—？），字润书，号夔钦、撰卿。光绪二十三年（1897）乡试中式第 56 名举人，分发山东直隶州州同。著有《蒙古氏族表》、《水道考》、《湘淮军战功考》、《时敏室经说》、《（光绪新编）沿海险要图说》、《长江险要图说》。②

郏鼎元，字勋伯，元和县。附生。

张一鹏，字云搏，元和县。癸巳恩科（1893）举人。【补】（1873—1944），字荀颂，号云搏，是彝（1834—？）子。乡试中式第 110 名举人。留学日本法政大学，回国后任法部主事、京师地方检察厅检察长、云南高等检察厅检察长。民国间任江苏司法筹备处处长、北京政府平政院评事兼第三庭庭长、江西省财政厅长、司法部次长、代理总长。后在上海执行律师职业。三十二年（1943）任汪伪司法行政部部长。著有《仪礼汉读续考》、《诗笺释例》。③

申濩元，字辛簠，元和县。辛卯科（1891）举人。【补】（1857—？），字商音，号辛簠、稀巢。肄业学古堂、紫阳、正谊、南菁书院。乡试中式第 116 名举人，官福建罗源知县。著有《蛰吟草》一卷。④

徐鸿钧，字圭盒，吴县。附生。

钱人龙，字友夔，吴县。优廪生。【补】见《紫阳书院课艺十六编》。

杨赓元，字良孚，吴县。甲午科（1894）副榜贡生。【补】原名载赓，见《紫阳书院课艺十七编》。

凤恭宝，字永叔，吴县。优廪生。【补】民国间供职于外交部，十三年（1924）代理条约司第三科科长。⑤

陆炳章，字菊裳，太仓州。副贡生。【补】（1875—？），肄业南菁高等学堂、省城学古堂。二十八年（1902）优贡正取第 2 名。日本法政大学毕业，历官法部七品小京官、苏州法政学堂教习、江苏都督府提法司总务科长。⑥

夏辛铭，字颂椒，浙江嘉兴府桐乡县。廪生。【补】（1868—1931），号榆庐。光绪二十三年（1897）优贡第 6 名，明年朝考一等第 1 名，以知县用。创办濮镇学堂，历任桐

① 民国《海宁州志稿》卷 29《人物志·文苑》，第 59 叶；《清儒学案》卷 184《陶楼学案》，第 7129 页。
② 《清代硃卷集成》第 198 册，第 293 页；民国《昆新两县续补合志》卷 9《选举表》，第 413 页；《中华古文献大辞典·地理卷》，第 220 页。
③ 《清代硃卷集成》第 189 册，第 35 页；《民国人物大辞典》，第 899 页；《苏州民国艺文志》，第 361 页。
④ 《清代硃卷集成》第 185 册，第 271 页；民国《吴县志》卷 79《杂记二》，第 629 页；《苏州民国艺文志》，第 119 页。
⑤ 《外交公报》第 39 期，《金载》，第 1 页。
⑥ 《清代硃卷集成》第 373 册，第 157 页；《最近官绅履历汇录》第 1 集，第 251 页。

乡县学堂校长、清苑县谳局委员兼保定府谳局委员、桐乡县财政科长、中国银行秘书、审计院协审官兼机要科办事、懋业银行检查、中央银行秘书。著有《濮院志》。①

于邕，字醴尊，松江府南汇县。优廪生。【补】见《上海求志书院课艺（戊寅春季）》。

费祖芬，字继香，吴县。优附生。

蒋元庆，字子蕃，常熟县。优廪生。【补】一字志范，自号鄾楼主人。光绪二十三年（1897）拔贡，官学部七品小京官、图书科副长，入江苏提学使署充幕宾。民国间入教育部，任同济大学国文教授。常熟沦陷后为地方自治会委员。著有《鄾楼烬余稿》、《后汉侍中尚书涿郡卢君年表》。②

阮惟和，字子衡，松江奉贤县。增生。【补】（1865—?），字治三，号子衡。肄业正谊书院、学古堂。光绪二十三年（1897）拔贡第1名。曾任邮传部路政司司长、上海工业专门学校庶务长。著有《元秘史地理今释》。③

潘任，字毅远，常熟县。副贡生。【补】湖北候补按察司司狱。曾任江南高等学堂教习。著有《希郑堂丛书》。④

陆锦燧，字晋笙，长洲县。癸巳恩科（1893）举人。【补】（1864—1935）。民国四年（1915）、五年（1916）、十年（1921）三任山东济阳知县。著有《鲟溪医述十五种》，以及《鬼觥术》、《香岩经》、《景景室医稿集存》、《存粹社医报》、《认病识症辞典》。⑤

王颂清，字卿月，元和县。廪贡生。

董瑞椿，字楱堂，吴县。癸巳恩科（1893）副榜。【补】（1870—?），谱名迪根，字俪蕙，号楱堂、仪郭，祖籍婺源。乡试中式副榜第1名。二十三年（1897）考入南洋公学。后留学日本，归后一心研究教育。曾任北京师范学校教务主任兼教员。以丧子撄心疾卒。其学曾专攻《尔雅》，后书稿为人窃取，遂愤而弃其所学，绝口不谈经术。今所传《读尔雅日记》二卷，虽首尾完具，实非其至。⑥ 著有《蒙学珠算教科书》，译有《伦理教科范本》（文明书局1903年）。

王仁俊，字抒郑，吴县。辛卯科（1891）举人，壬辰科（1892）进士，翰林院庶吉士，散馆改吏部主事。【补】见《紫阳书院课艺十七编》。

包锡咸，字熙士，吴县。癸巳恩科（1893）举人。【补】（1868—?），字亮钧，号熙士。乡试中式第44名举人。⑦

费廷璜，字玉如，长洲县。附生。【补】（1874—?），日本法政大学毕业，历任法政

① 《榆庐年谱》，第109页。

② 《政治官报》第37册，第130页；《清人诗文集总目提要》，第1979页；《汉晋名人年谱》第2册，第51页。

③ 《清代硃卷集成》第382册，第121页；《清末邮传部研究》，第117页；《工科先驱、国学大师：南洋大学校长唐文治》，第440页；《元史丛考》，第73页。

④ 《蛾术轩箧存善本书录》，第411页。

⑤ 民国《济阳县志》卷9《职官志》，第11叶；《苏州民国艺文志》，第400页。

⑥ 《清代硃卷集成》第360册，第73页；《清儒学案》卷184《陶楼学案》，第7131页；《南洋公学交通大学年谱》，第3页；《北京师范学校史料汇编》，第718页。

⑦ 《清代硃卷集成》第187册，第255页。

学堂教习、江苏都督府民刑科长、上海律师公会评议员，与修《吴县志》①

　　冯世澄，字伯渊，吴县。副贡生。【补】见《正谊书院课选三集》。

　　胡常惠，字少芸，松江府娄县。优廪生。【补】字仪鄦。少以诸生肄业学古堂，研求训诂，博涉文史。所为文，散不逮骈。后游学日本，归为学校教员。敦笃质厚，有长者风。② 著有《仪鄦漫稿》（小说丛报社 1916 年）。

　　查德基，字南卿，长洲县。优附生。

　　朱锦绶，字建侯，吴县。优廪生。【补】光绪二十八年（1902）举人，山东候补知县。与高人俊（1867—?）等合著《赋钞札记》六卷。③

　　王肇钊，字寿卿，元和县。附生。

　　凤曾叙，字竹孙，吴县。附生。【补】（1870—?），字深士，改字竹孙，一作竹荪，别号憨庵。副贡生。光绪间在上海办报，任《申报》、《新闻报》通信员。后至汉口，任《汉口中西报》、《强国报》、《汉口新闻报》主笔。著有《憨庵学说》、《知无厓斋诗文稿》。④

　　徐德森，字畹青，吴县。附生。

　　沈惟贤，字思齐，松江府华亭县。辛卯科（1891）举人。【补】（1866—1940），字宝生、师徐，号思齐，晚号逋翁、逋居士。乡试中式第 5 名举人，历官浙江新城、石门、嘉兴、钱塘、仁和知县。民国初回松江，历任松江军政分府副司令兼司法部长、江苏省议长、国会参议院议员。十二年（1923）曹锟（1862—1938）贿选总统，惟贤拒贿南归。任松江修志局总纂，编撰《三百年大事记》，惜未成稿。工诗词，善书法，晚年潜心佛典。著有《唐书西域传注》、《前汉匈奴表》（皆收入《四库未收书辑刊》）、《宗镜录纲要》、《逋居士集》。又有小说《万国演义》（作新社 1903 年）。《全清词钞》录其词 4 首。⑤

　　陈秉哲，字孺莱，元和县。附生。【补】元和县私立养蒙两等小学堂创办人。⑥

　　吴寿萱，字紫珺，吴县。优增生。【补】见《学古堂日记·版本序跋》。

江宁府

52. 惜阴书舍课艺

【书院简介】

　　江宁惜阴书舍，又名惜阴书院，清道光十八年（1838）仿杭州诂经精舍、广州学海堂而建。咸丰间半毁于兵，同治间复课。光绪二十三年（1897）改考西学，二十九年

　　① 《最近官绅履历汇录》第 1 集，第 261 页；《近代社会变迁中的上海律师》附录四，第 355 页；民国《吴县志》卷首《修志姓名》，第 2 页。

　　② 《当代名人小传》卷下《文人》，第 168 页。

　　③ 《贩书偶记续编》卷 19，第 301 页；《苏州民国艺文志》，第 164 页。

　　④ 《最近官绅履历汇录》第 1 集，第 300 页；《中南、西南地区省、市图书馆馆藏古籍稿本提要》，第 424 页。

　　⑤ 《清代硃卷集成》第 182 册，第 359 页；《中国词学大辞典》，第 255 页；《上海名人辞典（1840—1998）》，第 231 页；《全清词钞》卷 36，第 1890 页。

　　⑥ 民国《吴县志》卷 28《学堂》，第 424 页。

（1903）改为上元高等小学堂，三十四年（1908）改为江南图书馆。①

【版本序跋】

无序跋，未署刊刻时间，叶中缝和卷首署"戊申（1848）"。题"院长冯景亭先生评阅，江宁县教谕宋开第校刊"。

冯景亭（冯桂芬），见《正谊书院课选二编》。

宋开第，字退思。道光十二年（1832）举人。官江宁教谕。②

【课艺内容】

三卷：卷一赋，9题32篇，题如《拟杨炯〈浑天赋〉》、《为政犹沐赋（以"虽有弃发，必为之爱"为韵）》、《百官饯贺知章归镜湖赋（以"天子赐诗，百官饯送"为韵）》；卷二诗，包括乐府、五言古、七言古、五言律、七言律、七言绝、试律，31题72篇，题如《拟谢元晖〈鼓吹曲〉》、《拟曹子建〈赠丁仪〉》、《拟东坡〈自金山放船至焦山〉》、《颜鲁公放生池怀古》、《西瓜灯（七排十二韵限青韵）》；卷三骚、七、诏、策、启、书、序、颂、论、铭，14题34篇，题如《拟淮南王〈招隐士〉》、《七勖（论学）》、《拟梁简文帝〈与萧临川书〉》、《杨嗣昌论》。

【作者考略】

共138篇，其中：金和26篇，寿昌19篇，蔡琳18篇，马寿龄11篇，姚必成9篇，郑芝5篇，王庭、姚伯鸾、姚近输4篇，周葆淳、臧汝舟、朱延龄、邓尔晋3篇，丁有年、樊光溶、朱声俨、张筠生、王之翰、李镇、夏家铣、倪嘉祥2篇，洪镇、许仁瑞、朱华、张汝南、端木璧、凌逢甲、王述恩、蔡懋镛、蒋新、陈溶1篇。

金和（1818—1885），字弓叔，号亚匏，上元人。父早丧，母为吴敬梓（1701—1754）堂侄孙女，教之甚严。以学行闻于时，尤长诗古文辞，与寿昌（1816—1853）、蔡琳（1819—1868）、孙文川（1822—1882）称"白门四隽"。为文不合程式，故仅为增生。太平军入城后，与张继庚（1819—1854）等共谋颠覆，事败。后在安徽、江苏、浙江、粤东游幕，同治七年（1868）始归。十二年（1873）应唐廷枢（1832—1892）聘入轮船招商局，卒于上海。著有《秋蟪吟馆诗钞》六卷、《来云阁词钞》一卷、《来云阁文钞》一卷。③

寿昌（1816—1853），字湘帆，江宁驻防满洲镶黄旗人。道光十五年（1835）举人，三十年（1850）进士，选庶吉士，散馆授户部主事。太平军攻入南京，其家人皆被杀。前已病，及是益悲伤惊悸，卒于京师。著有《夏小正补正》。④

————————

① 《中华儒学通典》，第1630页；奚可桢：《南京书院考述》，《东南文化》2003年第11期，第93页。

② 《清代硃卷集成》第156册，第126页。

③ 束允泰：《金文学小传》，《碑传集补》卷51，第266页；《秋蟪吟馆诗钞·前言》，第1页。

④ 孙衣言：《户部主事前翰林院庶吉士某氏寿昌墓志铭》，《逊学斋文钞》卷5，第325页；光绪《金陵通纪》卷3，第3叶。

蔡琳（1819—1868），字子韩、紫函，江宁人。咸丰二年（1852）举人。明年春应礼部试，甫至京师，闻太平军攻入南京，旋即回程救母，因之旅食江淮间数载。九年（1859）成进士，历官刑部主事、员外郎、律例馆提调官。著有《获华堂诗存》一卷。《晚晴簃诗汇》录其诗 2 首。《清诗纪事》录其诗 1 首。《词综补遗》录其词 2 首。①

马寿龄，字鹤船，安徽当涂人。以廪贡试用训导，后以知县用。曾主讲镇平清阳、东台西溪书院。著有《说文段注撰要》（收入《丛书集成初编》）、《金陵癸申新乐府》（收入《近代中国史料丛刊·太平天国》）、《怀青山馆诗文集》。②

姚必成（？—1864），字西农，溧水人，居江宁。道光十七年（1837）拔贡，选授崇明训导，未赴。经乱转徙无定，南望乡关辄陨涕，发为诗歌以写忧。著有《吴门诗存》、《袁江小草》，后人辑为《西农遗集》。③

姚伯鸾。姚莹（1785—1853）族人。④

姚近输。近斗（1815—？）堂弟。⑤

周葆淳（？—1866），改名葆濂，字还之，江宁人。江宁城陷，与张继庚（1819—1854）谋为内应，事泄逃脱。授宝应训导，卒于官。著有《且巢诗存》五卷。《城西草堂诗史》收录其《城西草堂十二景》。《晚晴簃诗汇》录其诗 3 首。《词综补遗》录其词 1首。⑥

邓尔晋（1821—1860），字子楚，号纫秋，江宁人，廷桢（1776—1846）子，尔恒（？—1861）弟。道光二十九年（1849）拔贡，朝考一等第 3 名，覆试被黜。以军功淬保浙江候补知府。咸丰十年（1860）战死于丹阳。⑦

丁有年，字砚农。邑增生。魏赓元（1827—？）受业师。⑧

樊光溶。本集收录其《杨嗣昌论》一篇。按同治《续纂江宁府志》："（龚元藻）子丙孙，少承家学，辑《晋略补表》。曾试惜阴书院，走笔为《杨嗣昌论》，顷刻二千言，颇极详核，时诧为奇才。冯宫詹桂芬梓之，误樊光溶名。"⑨ 冯桂芬《龚生传》："余之主讲江宁惜阴书舍也，见某生卷《杨嗣昌论》。""大奇之，谓真能读书人。既谂非某作，龚生丙孙代为之，于是始知有生名。"⑩ 则此篇为龚丙孙作。丙孙（1826—1858）字子韦，号祖望，上元人。诸生。咸丰三年（1853）江宁城陷，丙孙逸出，失其父。乃为乞儿装，

---

① 《获华堂诗存》卷首金和序、小传，第 375 页；《晚晴簃诗汇》卷 156，第 6812 页；《清诗纪事·咸丰朝卷》，第 11392 页；《词综补遗》卷 87，第 3267 页。

② 光绪《重修安徽通志》卷 227《人物志·文苑》，第 40 页。

③ 《西农遗集》卷首小传，第 587 页。

④ 姚莹：《戴孺人墓碣》，《东溟文后集》卷 13，第 603 页。

⑤ 《清代硃卷集成》第 96 册，第 269 页。

⑥ 《且巢诗存》卷首冯煦序、小传，第 333 页；《城西草堂诗史》，第 81 页；《晚晴簃诗汇》卷 158，第 6915 页；《词综补遗》卷 61，第 2291 页。

⑦ 邓嘉缉：《皇授中宪大夫赠太仆寺卿敕建专祠崇祀昭忠祠世袭云骑尉浙江候补知府显考子楚府君行述》，《扁善斋文存》卷下，第 77 页。

⑧ 《清代硃卷集成》第 156 册，第 125 页。

⑨ 同治《续纂江宁府志》卷 14 之 8《人物》，第 274 页。

⑩ 冯桂芬：《龚生传》，《显志堂稿》卷 6，第 610 页。

朝暮过贼营，展转物色。得之，窃负而逃，避居穷乡。六年（1856）父卒，乃至苏州，入许乃钊（1799—1870）幕。他日属以檄，许疵焉，丙孙拂衣起，迹之逝矣。寓苏三年而卒，年三十三。与冯桂芬（1809—1874）合著《说文解字韵谱补正》。①

张筠生。同治《续纂江宁府志》殉难名单中有"文生张筠生"②，未知是否即此人。

王之翰（1817—1848），原名庆云，字仲翔，吴县人，汝翼（1792—1853）子。林则徐（1785—1850）奇其才，招入官廨读书，以内命侄女妻之。肄业金陵钟山、惜阴书院。著有《荭花榭诗钞》一卷。③

夏家铣（1823—1854），字季质，上元人，埰（1798—1843）子。增生。咸丰元年（1851）乡试荐卷，二年（1852）堂备。作诗骂太平军，夫妇皆被杀。赋绝命诗曰："八年贫守黔娄妇，今日同归噩梦残。犹幸一方干净土，洗侬碧血更清寒。"④

倪嘉祥，上元人。道光二十六年（1846）举人。⑤

许仁瑞（？—1853），上元人。廪生。殉难。⑥

朱华。上元朱华，字邺水。诸生。善书，遇友有嘉礼，不以肴馔为馈，辄赠以书籍。又，同治《续纂江宁府志》殉难名单中有"文生朱华"。⑦ 未知是否即此人。

张汝南（？—1863），字子和，号朱湖大生，洞天老樵，上元人。廪生。咸丰间避难四方。工书，得晋人法。著有《金陵省难纪略》（收入《太平天国资料丛刊》）、《乡音正讹》、《燹余赋草》、《夜江集诗钞》、《诗臆说》、《浙游日记》、《沪游日记》、《遇难纪略》、《江南好词》。⑧

端木璧，字西园，江宁人。岁贡生，候选训导。与修《续纂江宁府志》。⑨

王述恩，字湛园，江宁人。廪贡生。同治元年（1862）官湖南茶陵知州。⑩

蔡懋镛，江宁人。同治六年（1867）举人。⑪

蒋新，字心楣，上元人。道光二十年（1840）副贡生。以古道自处，人皆惮之。⑫

待考者：郑芝、王庭、臧汝舟、朱延龄、朱声俨、李镇、洪镇、凌逢甲、陈溶。

① 冯桂芬：《龚生传》；同治《苏州府志》卷112《流寓二》，第825页；《蛾术轩箧存善本书录》，第828页。

② 同治《续纂江宁府志》卷14之10下《人物》，第377页。

③ 《清人诗文集总目提要》，第1522页。

④ 陈作霖：《感知己述十四则·夏季质先生》，《可园文存》卷10，第337页；何延庆：《书夏季质家铣夫妇死节事》，《寄沤遗集》卷1，第647页；同治《续纂江宁府志》卷14之10上《人物》，第309页；《清代硃卷集成》第180册，第416页。

⑤ 《江苏省通志稿·选举志》卷13，第306页。

⑥ 李滨：《中兴别记》卷6，《太平天国资料汇编》第2册上，第84页。

⑦ 同治《续纂江宁府志》卷14之4《人物》，第249页；卷14之11中《人物》，第399页。

⑧ 《江南好词》张元方跋，第575页；同治《上江两县志》卷24中《耆旧》，第609页；《太平天国资料丛刊》第4册，第683页。

⑨ 同治《续纂江宁府志》卷首《续纂衔名》，第5页。

⑩ 光绪《金陵通传》补遗卷4，第10叶；同治《茶陵州志》卷15《官守》，第145页。

⑪ 《江苏省通志稿·选举志》卷14，第313页。

⑫ 同治《续纂江宁府志》卷14之4《人物》，第248页。

53. 金陵惜阴书舍赋钞

【版本序跋】

　　题"同治癸酉年（1873）正月开雕，文星阁吴耀年家藏板"，"山长冯景亭、王绹斋、吴和甫先生鉴定，江宁陈兆熙耘芬手辑，上元秦际唐伯虞同校"。

　　冯景亭（冯桂芬），见《正谊书院课选二编》。

　　王绹斋，即王煜（1795—1852）①，字绹斋，安徽滁州人。道光二年（1822）进士。历官编修、侍讲、庶子、右中允、国子监司业、祭酒。曾督云南学，主广西试。二十二年（1842）乞假养亲回籍。主讲钟山书院数年。著有《笔耕书屋诗赋草》。②

　　吴和甫，即吴存义（1802—1868），字和甫，号荔裳，泰兴人。道光十二年（1832）乡试中式副榜第18名，十七年（1837）中式第4名举人。十八年（1838）进士，改庶吉士，散馆授编修。历官云南学政、日讲起居注官、侍讲、侍读学士、顺天府丞、太仆寺卿、通政司通政使、礼部侍郎、浙江学政、吏部左侍郎。著有《榴实山庄文》二卷、《榴实山庄诗》六卷、《榴实山庄词》一卷。③

　　陈兆熙，江宁人。同治九年（1870）举人。④

　　秦际唐（1837—1908），字伯虞，上元人。咸丰十一年（1861）拔贡第1名。同治六年（1867）乡试中式第171名举人。候选知县。六上礼闱报罢，遂不出。主讲奎光、凤池书院，任传习所总教员、初级师范学堂教务长。与陈作霖（1837—1920）、邓嘉缉（1845—1909）、顾云（1846—1906）、蒋师辙（1847—1904）、何延庆（1840—1890）、朱绍颐（1832—1882）称"石城七子"。与修《续纂江宁府志》、《上江两县志》。著有《南冈草堂诗选》、《文存》、《时文》、《墨余集》。《晚晴簃诗汇》录其诗4首。《词综补遗》录其词2首。⑤

　　陈兆熙序云：

　　　　金陵惜阴书舍创于安化陶文毅公。每年终，梓人汇前列课艺刻之。日久，板漫漶。王绹斋祭酒来主讲，始约选之，名曰约编。嗣后，冯景亭官赞、吴和甫侍郎迭主讲席，皆有选刻课艺行世。癸丑（1853）之变，藏板付之一炬。甲子（1864）金陵克复，予偕同人请于合肥相国，重兴之。而后进之士，不获睹前辈之典型，咸以为憾。予乃从藏书家求之数年，始得王刻、冯刻、吴刻及吴梓人所刻若干本，惜残佚不全。吾乡兵燹后，耆旧以次凋谢，存者今无几人，吉光片羽，尤可宝贵，及此不图，恐归湮没。适坊友以为请，亟付之剞劂，公诸同好。钟山、尊经小课，并附于后。批评次序，悉遵原阅，不敢妄以己意增损。经解杂作，集隘不能备登，俟之续刻。

---

　　①　生年据《清代人物生卒年表》，第30页。

　　②　光绪《滁州志》卷7之4《列传四·文苑》，第445页。

　　③　《清代硃卷集成》第136册，第143页；谭廷献：《诰授资政大夫封光禄大夫吏部左侍郎吴公行状》，《续碑传集》卷12，第612页。

　　④　同治《上江两县志》卷14《科贡》，第287页。

　　⑤　《清代硃卷集成》第148册，第201页；陈作霖：《秦伯虞司马诔》，《可园文存》卷12，第432页；《秦淮人物志》，第129页；《晚晴簃诗汇》卷163，第7107页；《词综补遗》卷22，第828页。

是为序。

同治十二年癸酉（1873）季夏之月，江宁陈兆熙序于秦淮寓斋。

【课艺内容】

四卷，赋62题120篇。题如《七月流火赋（以"建申之月，大火西流"为韵）》、《拟鲍明远〈舞鹤赋〉（元韵）》、《李太白进〈清平调〉赋（以题为韵）》、《早梅赋（以"水边篱落忽横枝"为韵）》、《黄叶赋（以"家在江南黄叶村"为韵）》、《画马赋（以"一洗万古凡马空"为韵）》、《百官饯贺知章归镜湖赋（以"天子赐诗，百官饯送"为韵）》、《陶渊明乘蓝舆游庐山赋（以"绛云在霄，随风舒卷"为韵）》、《博士买驴赋（以"书券三纸，不见驴字"为韵）》、《荷钱赋（以"点溪荷叶叠青钱"为韵）》。有评点。

【作者考略】

金和19篇，蔡琳13篇，姚必成11篇，周葆濂8篇，汪士铎、孙文川、寿昌6篇，张汝南5篇，马寿龄4篇，杨得春、甘煦、甘熙、端木埰、张铸3篇，管近仁、龚坦、吴双2篇，秦士科、管近修、吴湘、吴吉昌、杨文杰、韩印、毛文焕、张介福、朱延龄、姚伯鸾、姚近输、曹士蛟、王述恩、许仁瑞、邓尔晋、郑芝、韩贻德、李镇、丁有年、吴元昌1篇。另有山长王煜拟作1篇。

金和、蔡琳、姚必成、周葆濂（周葆淳）、寿昌、张汝南、马寿龄、姚伯鸾、姚近输、王述恩、许仁瑞、邓尔晋、丁有年，见《惜阴书舍课艺》。

汪士铎（1802—1889），初名鏊，字振庵、晋侯，晚号悔翁、无弗悔翁，江宁人。道光二十年（1840）举人，四上礼部不第。太平军入南京，士铎避居皖南，山居五年。咸丰九年（1859）入鄂抚胡林翼（1812—1861）幕，同治三年（1864）回籍，杜门著书，授经传业，岿然为东南师表。总纂《续纂江宁府志》，著有《南北史补志》、《汪梅村先生集》、《悔翁诗钞》、《悔翁笔记》等。《晚晴簃诗汇》录其诗12首。《国朝文汇》录其文1篇。[1]

孙文川（1822—1882），字澄之、伯澄，上元人。诸生。咸丰间入上海道赵德辙（1812—?）幕，因究心互市事件，洞悉其情伪，由曾国藩（1811—1872）荐入都。以功保举知县，升同知。又入两江总督沈葆桢（1820—1879）幕，擢知府，旋以母老乞归。著有《读雪斋诗集》、《淞南随笔》。《晚晴簃诗汇》录其诗7首。《清诗纪事》录其诗3首。[2]

杨得春，字柳门，上元人。廪生。曾与乡举，三试毕其二，弟忽病，遂屏不入。或劝终之，曰："科名何物，即得，亦傥来。夫兄弟者，一失不再得，吾其以区区易乎？"诗

---

[1] 顾云：《汪梅村先生行状》，《盋山文录》卷4，第696页；《汪悔翁自书纪事》、《汪梅村年谱稿》，第37、43页；《清代人物传稿》下编第9卷，第313页；《晚晴簃诗汇》卷143，第6253页；《国朝文汇》丙集卷18，第2654页。

[2] 《读雪斋诗集》卷末秦际唐跋；光绪《金陵通传》卷43，第8叶；《明清上海稀见文献五种》，第645页；《晚晴簃诗汇》卷158，第6894页；《清诗纪事·咸丰朝卷》，第11674页。

学中晚，有风人之致。工于赋，骈文亦为时所称。著有《师山诗集》、《柳门遗集》。①

甘煦（1784—1855），字祺仁、耆壬，号贞冬，江宁人，福（1768—1834）子，熙（1797—1852）兄。道光元年（1821）副榜，官宝应训导、安徽太平教谕。晚居淮安。著有《贞冬诗录》、《水法宗旨》、《纳音订正》、《阳宅录要》。②

甘熙（1797—1852），字实庵，号二如，江宁人，福（1768—1834）子。道光十七年（1837）举人，十八年（1838）进士。授广西知县，未行，丁内艰。服阕，选补户部广东司郎中，官至记名道员。著有《白下琐言》、《白下杂识》、《桐阴随笔》、《寿石轩诗文集》。③

端木埰（1816—1892），字子畴，江宁人。道光二十六年（1846）优贡，录用知县，未谒选。以祁寯藻（1793—1866）荐，除内阁中书。旋丁母忧，服阕，补典籍。充会典馆总纂，升侍读。以疾开缺，未及归，卒。著有《经史粹言》、《读史法戒录》、《名文勔行录》、《赋源》、《楚辞启蒙》、《有不为斋集》、《碧瀣词》。《词综补遗》录其词5首。④

张铸，字冶秋，江宁人。咸丰二年（1852）岁贡，候选训导。与修《续纂江宁府志》。⑤

管近仁（？—1853），字子长，江宁人，子书（？—1853）子。金陵城陷，父自经死，近仁等皆从死，年未三十。⑥

龚坦（1807—1890），字谦夫，一作谦甫，江宁人。咸丰三年（1853）恩贡，候选训导。馆金陵甘氏、翁氏，饱览两家藏书。与修《续纂江宁府志》、《上江两县志》，著有《忆旧诗钞》一卷、《以虫鸣秋诗存》一卷。⑦

吴双（1800—？），字兰畬，上元人。道光十五年（1835）举人，十八年（1838）进士。官工部虞衡司主事。年八十余犹在世。著有《彬雅堂遗稿》一卷。⑧

秦士科，字掇之，上元人，学诚（竹邨）子，际唐（1837—1908）父。邑增生。年未四十而卒。⑨

管近修，字子身。年未三十而卒。⑩

吴湘（1805—1864），字九帆，江宁人。诸生。道光二十四年（1844）执教于梅花书

---

① 同治《续纂江宁府志》卷14之8《人物》，第274页；卷9上《艺文》，第80页。

② 同治《上江两县志》卷24中《耆旧》，第589页；《建邺文史》第6辑《人物专集》，第72页；《中国藏书家通典》，第542页。

③ 同治《上江两县志》卷24中《耆旧》，第589页；《秦淮人物志》，第119页。

④ 陈作霖：《端木侍读传》，《续碑传集》卷20，第145页；朱德慈：《端木埰行年考》，《南阳师范学院学报》2003年第1期，第60页；《词综补遗》卷27，第1003页。

⑤ 同治《上江两县志》卷14《科贡》，第290页；同治《续纂江宁府志》卷首《续纂衔名》，第4页。

⑥ 光绪《金陵通传》卷41，第2叶；汪士铎：《总招》，《汪梅村先生集》卷5，第629页。

⑦ 同治《上江两县志》卷14《科贡》，第290页；同治《上江两县志》卷首《采访纂修姓名》，第4页；《清人诗文集总目提要》，第1428页。

⑧ 同治《上江两县志》卷14《科贡》，第286、281页；《清人别集总目》，第841页。

⑨ 《清代硃卷集成》第148册，第202页；汪士铎：《总招》，《汪梅村先生集》卷5，第629页。

⑩ 汪士铎：《总招》，《汪梅村先生集》卷5，第629页。

院。咸丰中避乱游粤，多乡关之思。著有《帆影集》。①

吴吉昌，字蔼人，江宁人，元昌（字复初）、鼎昌（字仲铭，号新之）弟。道光十五年（1835）举人，十八年（1838）进士。由编修改内阁中书，出为山东伽河同知，调运河，加知府衔，乞归。江宁克复，主劝农局，寻卒。②

杨文杰，字伟堂。试用训导。与修《上江两县志》。③

韩印（1804—1889），字伯符，号介苏，一作介孙，江浦人。早年从学于曹士蛟（字叔龙）、顾槤三（？—1853）。道光二十三年（1843）副贡。历官江苏新阳训导、直隶肥乡知县、保安知州。引疾归。著有《尚简堂诗稿》十卷。《清诗纪事》录其诗 2 首。④

毛文焜，字选楼，上元人。道光二十六年（1846）举人。⑤

张介福，上元人。道光五年（1825）举人。⑥

曹士蛟，字叔龙，上元人。道光二年（1822）副榜，十二年（1832）举人。著有《烬余诗钞》、《烬余古文钞》。⑦

韩贻德，字立侯。年未五十而卒。⑧

吴元昌，字复初，江宁人。清癯多病，善属文，诸弟皆其所传。道光十四年（1834）举人。年四十余即卒。⑨

待考者：朱延龄、郑芝、李镇。

54. 惜阴书院东斋课艺

【版本序跋】

题"光绪四年（1878）涂月刊成"，"山长孙薲田先生鉴定，肄业诸生校字"。

孙锵鸣（1817—1901）⑩，字韶甫，号渠田，一作薲田，晚号止园老人、止庵退叟，浙江瑞安人。道光十五年（1835）举人。二十一年（1841）进士，选庶吉士，散馆授编修。历官广西学政、侍讲、侍读、左右庶子、侍讲学士、侍读学士。以事免职。掌教苏州正谊，金陵钟山、惜阴，上海龙门、求志书院。著有《海日楼遗集》、《止庵读书记》、《东嘉诗话》等，今人辑为《孙锵鸣集》。⑪

有广告页，注明"状元阁爵记印"，"时文赋钞，出门概不退换"。正文称：

---

①　高德泰：《吴九帆先生帆影集诗序》，《高子安遗稿》，第 8 页；同治《续纂江宁府志》卷 14 之 4《人物》，第 241 页；《江苏艺文志·南京卷》，第 888 页。

②　同治《续纂江宁府志》卷 14 之 4《人物》，第 231 页。

③　同治《上江两县志》卷首《采访纂修姓名》，第 4 页。

④　《汉学师承记笺释》，第 978 页；《中国近现代文学艺术辞典》，第 1013 页；《清人别集总目》，第 2204 页；《清诗纪事·咸丰朝卷》，第 11577 页。

⑤　同治《上江两县志》卷 14《科贡》，第 287 页；卷 24 中《耆旧》，第 609 页。

⑥　同治《上江两县志》卷 14《科贡》，第 286 页。

⑦　同治《上江两县志》卷 14《科贡》，第 289、286 页；卷 12 中《艺文中》，第 227 页。

⑧　汪士铎：《总招》，《汪梅村先生集》卷 5，第 629 页。

⑨　同治《续纂江宁府志》卷 14 之 4《人物》，第 231 页。

⑩　卒于光绪二十六年十二月十三日，公历已入 1901 年。

⑪　胡珠生：《孙锵鸣年谱》，《孙锵鸣集》附录，第 719 页。

金陵书院课艺九种，其板永存江宁省城三山大街大功坊秦状元巷中李光明家，印订发售，价目列左：

钟山初选　四本制钱贰百文
　　续　　八本制钱柒百文
惜阴东斋　八本制钱柒百文
　　西　　八本制钱柒百文
尊经四刻　八本制钱柒百文
　　二　　两本制钱壹百四十文
　　初　　六本制钱叁百六十文
　　三　　四本制钱贰百四十文
　　　　　两本制钱

孙锵鸣序云：

　　金陵之有惜阴书院，道光中陶文毅公督两江时，仿浙之诂经精舍、粤之学海堂而为之也。盖圣人之立言垂教，其道莫著于经。然文字训诂之未明，曷由进而探性命精微之旨！而诗赋杂体文字，又所以去其专一固陋之习，使之旁搜遐览，铺章摛藻，以求为沈博绝丽之才，异日出而润色鸿业，高文典册，以鸣国家之盛者也。其意岂不厚哉！

　　金陵自粤寇荡平，前制军曾文正公孜孜于振起人文，首复钟山、尊经两书院。逾年，今相国合肥李公至，又复惜阴书院，月一课焉，而以两院长分主之。渊懿方雅之才焕焉复出，诚泱泱乎大国之风哉！

　　前院长李小湖大理，邃于经，蔚于文，主此席者十有三年。陶冶所成，几于家许、郑而人枚、马矣。余以不敏，承其乏，甚以为愧。顷因诸生选刻课艺之请，商之尊经院长薛慰农观察，各择其尤雅者录之，而以东斋、西斋为之标别。刻既竣，为识其缘起于简端，而尤望诸生之为此学者：由文字训诂以求微言大义之所在，而既能为沈博绝丽之文，又当返诸身心，求其所以为文之本。则华实兼赅，体用咸备，庶于文毅公创设书院之盛意，及曾、李两公以来官若师之加意培养训迪者，益有当乎，是在勉之而已矣。

　　光绪五年（1879）正月，瑞安孙锵鸣序。

【课艺内容】

八卷：卷一至卷五赋64题198篇；卷六骚1题2篇，乐府3题8篇，四言诗2题3篇，五古13题25篇，七古24题54篇，五律5题9篇，七律5题11篇，七绝5题7篇，六言诗1题2篇，五言试律9题18篇，七言试律3题9篇；卷七论8题10篇，释2题2篇，解9题10篇，答问6题6篇，考7题10篇；卷八辨1题2篇，议2题3篇，说6题6篇，记1题2篇，传1题2篇，铭2题4篇，书后3题4篇。有评点。

【作者考略】

收录课艺较多者：刘寿曾 94 篇，朱绍颐 29 篇，汪宗沂 28 篇，陈作霖 27 篇，唐仁寿 26 篇，姚兆颐 17 篇，冯煦 16 篇，秦际唐 13 篇，刘贵曾、刘岳云 10 篇，刘汝霖 9 篇，姜渭、朱绍亭 8 篇，朱桂模、王光第 7 篇，翟增荣、钱贻元 6 篇，王亮采、卢崟、缪祐孙 5 篇，刘富曾、张丙堃 4 篇，章洪钧、邓嘉缜、陈昌言、汪度、陈兆熙、刘显曾 3 篇。

其他作者一二篇不等：何维栋、何延庆、袁昶、吴保龄、叶文翰、龚乃保、龚乃佳、吉兆椿、郑骧、沈长华、王镜清、陈作仪、曾行淦、张传仁、邓嘉缉、张念曾、张恒培、朱钟萱、许应魁、严良翰、唐芝荣、费煊、李箑、周长庚、宣苕发、秦宝铭、戴玉森。目录中作者姓名前标注主课者姓氏、职位，如"李方伯课"、"庞观察课"、"李制军课"等。

袁昶（袁振蟾），见《诂经精舍三集》。

秦际唐、陈兆熙，见《金陵惜阴书舍赋钞》。

刘寿曾（1837—1881），字恭甫、芝云，仪征人，文淇（1789—1854）孙，毓崧（1818—1867）子。同治三年（1864）、光绪二年（1876）两中副榜。以游幕校书为生。著有《传雅堂诗文集》、《芝云杂记》、《昏礼重别论对驳义》、《临川答问》、《江都县续志》。今人辑有《刘寿曾集》。①

朱绍颐（1832—1882），字子期、养和，溧水人，世居江宁。太平军入城，与妻甘氏同赴水求死，遇救独免，自是鳏居终身。以诸生援例为教职，历署邳州、海州学正。曾入浙江学使幕，又游粤东年余。光绪二年（1876）乡试中式第 20 名举人，复馆金坛二年。光绪六年（1880）礼部试报罢，遂入天津戎幕。以疾卒于军中。著有《挹翠楼诗文集》、《红羊劫》传奇。②

汪宗沂（1837—1906），字仲伊、咏村，号弢庐，安徽歙县人。同治三年（1864）优贡第 3 名。光绪二年（1876）乡试中式第 30 名举人。六年（1880）会试中式第 40 名，殿试三甲第 57 名，朝考二等第 29 名。授山西知县，告病归里，专心著述。曾入两江总督曾国藩（1811—1872）、直隶总督李鸿章（1823—1901）幕。主讲安庆敬敷、芜湖中江、歙县紫阳书院。著有《弢庐诗》、《黄海前游集》、《五声音韵论》、《后缇萦南曲》。③

陈作霖（1837—1920），字雨生，号伯雨，晚号可园，江宁人，授（字石渠，号松崖）曾孙，维垣（1793—1827）孙，元恒（1819—1893）子。光绪元年（1875）举人，三上礼部不第。以著述为业，凡省府县志局、书院、学堂、官书局、官报局、图书馆之属，皆董其役。著书甚夥，尤留意乡邦文献，有《金陵通纪》、《金陵通传》等，又有

① 《清国史儒林传》本传，孙诒让：《墓表》，汪士铎：《墓志铭》，《刘寿曾集》卷首；顾云：《刘明经寿曾传》，《盋山文录》卷 5，第 702 页。

② 《清代硃卷集成》第 162 册，第 351 页；陈作霖：《朱子期孝廉传》，《可园文存》卷 11，第 373 页；《明清戏曲家考略续编》，第 58 页。

③ 《清代硃卷集成》第 163 册，第 195 页；第 47 册，第 1 页；刘师培：《汪仲伊先生传》，《碑传集补》卷 41，第 547 页；章梫：《汪宗沂传》，《碑传集三编》卷 33，第 105 页。

《可园文存》、《可园诗存》、《可园词存》、《可园诗话》、《寿藻堂诗集》、《寿藻堂文集》。①

　　唐仁寿（1829—1876），字端甫，号镜香，浙江海宁人。年十四，补学官弟子，屡应乡举不第。家饶于财，购书累数万卷，多秘笈珍本。发愤钻研，尤究心于六书音韵之学。咸丰八年（1858）浙中战乱，所购书荡尽。同治四年（1865）入金陵书局，卒于书局。著有《讽字室诗集》。②

　　姚兆颐，字伯期，号友梅，江宁人。咸丰三年（1853）侨居句容，与骆崇禧、曹政修（1836—1862）辈结社联吟，诗名藉甚。同治六年（1867）拔贡，朝考以事未赴，就职训导。光绪五年（1879）始领乡荐。一试礼部报罢，遂不复北上。与修《续纂江宁府志》。丁父忧，以毁卒，年五十一。诗文散佚，无存者。③

　　冯煦（1844—1927）④，原名熙，字梦华，号蒿盦、蒿叟，金坛人。少从成孺（1816—1884）治经及天算，又从乔守敬（1803—1858）治词赋。同治八年（1869）入金陵书局。肄业尊经、惜阴书院，院课每一艺出，士林皆敛手传诵，有"江南才子"之目。光绪元年（1875）中式副榜第19名，主婺州文峰书院。八年（1882）乡试中式第26名举人。十二年（1886）会试中式第15名，殿试一甲第3名，授编修。历官凤阳知府，山西河东道，四川按察使、布政使，安徽布政使、巡抚。民国间以遗老居沪上，创义赈协会，以济灾民。著有《蒿盦类稿》、《蒿盦续编》、《蒿盦随笔》、《蒿盦奏稿》、《蒿盦论词》、《蒙香室词》（《蒿盦词》）。⑤

　　刘贵曾（1845—1898），字良甫，号少崖、抱瓮居士，仪征人，寿曾（1837—1881）弟。咸丰六年（1856）被编入太平军排尾，后得脱。口述其间经历，寿曾编录为《余生纪略》。光绪二年（1876）、十五年（1889）两中副榜，候选直隶州州判，弃不就。著有《礼记旧疏考证》、《抱瓮居士文集》、《抱瓮居士诗集》、《抱瓮居士词集》、《抱瓮居士笔记》。⑥

　　刘岳云（1849—1917），字佛卿，宝应人。光绪五年（1879）乡试中式第41名举人。十二年（1886）会试中式第148名，殿试二甲第49名，朝考一等，授户部主事。升员外郎、郎中，居京曹三十年。年六十，授绍兴知府，旋辞去。光绪八年（1882）与修《湖北通志》。二十二年（1896）主讲四川尊经书院。著有《食旧德斋杂著》二卷。⑦

――――――――――

　　①　陈三立：《江宁陈先生墓志铭》，《碑传集补》卷53，第361页；卢前：《孝通陈先生别传》，《民国人物碑传集》，第461页。

　　②　张裕钊：《唐端甫墓志铭》，《濂亭文集》卷6，第52页。

　　③　陈作霖：《姚友梅孝廉传》，《可园文存》卷11，第372页；同治《续纂江宁府志》卷首《续纂衔名》第5页；光绪《续纂句容县志》卷12上《人物·流寓》，第288页。

　　④　生于道光二十三年十二月初一日，公历已入1844年。

　　⑤　《清代硃卷集成》第169册，第245页；第57册，第1页；魏家骅：《副都御史安徽巡抚兼理提督冯公行状》，《碑传集补》卷15，第64页；蒋国榜：《金坛冯蒿庵先生家传》，《辛亥人物碑传集》，第661页。

　　⑥　《太平天国》第4册，第373页；《先府君行略》，第81页。

　　⑦　《清代硃卷集成》第168册，第59页；第59册，第291页；章梫：《清故资政大夫浙江绍兴府知府刘公墓志铭》，《碑传集补》卷53，第421页；《清人文集别录》卷19，第610页。

刘汝霖（1826—?），字雨生，号润苍，上元人。光绪元年（1875）乡试中式第145名举人，六年（1880）进士。官广东雷州府同知。《词综补遗》录其词1首。① 梁溪坐观老人《清代野记》："同治庚午科（1870），江宁有刘汝霖者，时文高手也，为人代作而中。嗣是每科富贵子弟皆刘之生计矣，刘成进士始已。继起者为陈光宇（1859—?），为周钺（1857—?），皆江宁枪手之卓卓者，所代中不知凡几。陈入翰林后，竟因此永不准考差，周后亦分发河南知府。"②

姜渭（1832—1869），字璜溪，通州人。咸丰九年（1859）受知于李联琇（1821—1878），补通州附学生员。后李移疾去官，主通州师山、江宁钟山书院，渭皆侍门下。在江宁，与同舍刘寿曾（1837—1881）为挚友，时有"姜刘"之称。同治六年（1867）入浙江提学使徐树铭（1824—1900）幕，卒于金华。著有《璜溪遗诗》一卷。③

朱绍亭（1837—1915）④，字玉生、豫生，溧水人，绍颐（1832—1882）弟。同治四年（1865）恩贡。光绪二年（1876）乡试中式第61名举人。署通州学正。著有《双桂草堂诗选》。⑤

朱桂模（1827—1886），字崇峄，上元人，绪曾（1805—?）子。同治六年（1867）拔贡，朝考报罢。先后佐鲍源深（1812—1884）、夏同善（1831—1880）幕。洪汝奎（1824—1887）延课其子，兼综金陵书局。与修《续纂江宁府志》，为汪士铎（1802—1889）所重。著有《在莒集》一卷。⑥

王光第，字绥云，江宁人，寄籍婺源。光绪八年（1882）岁贡，十一年（1885）举人。《全清词钞》录其词1首。⑦

翟增荣。安徽泾县翟增荣，举人，以知县分发江苏。时李鸿章（1823—1901）为苏抚，檄办营务。剿捻有功，荐保直隶州知州，仍留江苏。李总督直隶，复奏调赴天津差遣。潞河堤决，委办河间、文安、大成等处事务。积劳成疾，卒于工次。⑧ 未知是否即此人。

钱贻元（1848—1930），谱名颐仁，改名骏祥，字念宣，号新甫，浙江嘉兴人，泰吉（1791—1863）孙。同治九年（1870）优贡第5名。光绪八年（1882）顺天乡试中式副榜第16名。十一年（1885）顺天乡试中式第44名举人，覆试一等第19名。十五年（1889）进士，改庶吉士，散馆授检讨。历官山西学政、会典馆纂修、编书处总校、文渊阁校理、教习庶吉士、日讲起居注官、翰林院撰文、侍讲、侍读、实录馆总纂。曾为敷文

①　《清代硃卷集成》第161册，第195页；《词综补遗》卷59，第2218页。

②　《清代野记》卷下《科场舞弊》，第115页。

③　刘寿曾：《大清故南通州附学生员姜君墓碑》，《璜溪遗诗》卷首。

④　生于道光十六年十二月十一日，公历已入1837年。

⑤　《清代硃卷集成》第162册，第351页；《清人诗文集总目提要》，第1789页。

⑥　汪士铎：《质行朱先生传》，顾云：《朱先生家传》，《在莒集》卷首，第681页；陈作霖：《朱崇峄先生传》，《可园文存》卷11，第365页。

⑦　民国《重修婺源县志》卷16《选举四》，第19叶；《全清词钞》卷29，第1490页。

⑧　光绪《重修安徽通志》卷190《人物志·宦绩十三》，第472页。

书院山长、学堂监督。所著多散佚，存有《晋轺》、《子吟》、《微尘》、《余光》等小集。①

王亮采，字若予，上元人。岁贡生。性清介，邃于史学，曾编《历代世系表》。著有《静一斋诗文集》。②

卢崟（1836—?）③，字云谷，江宁人。同治六年（1867）举人，十年（1871）进士，选庶吉士，散馆授编修。山东东平州牧聘修志乘，兼龙山书院主讲。事竣，入都供职。光绪五年（1879）官云南学政。任满后乞归，十一年（1885）主讲尊经、惜阴书院。著有《石寿山房集》四卷。④

缪祐孙（1851—1894），字孚民、稚鹄、柚岑、柚塍、櫾岑，江阴人。光绪八年（1882）顺天乡试中式第122名举人，覆试二等第6名。十二年（1886）会试中式第287名，覆试一等第44名，殿试二甲第29名，朝考二等第53名，授户部主事。旋考取外国游历员，游俄国，归国后著《俄游汇编》十二卷。调任总理衙门章京，到署派俄股当差年余。中风疾而卒，年甫四十四。另有《汉书引经异文录证》及文集。⑤

刘富曾（1847—1928），字谦甫，仪征人。弱冠与仲兄贵曾（1845—1898）同补诸生，光绪十四年（1888）复与季弟显曾（1851—1928）同举于乡。显曾旋成进士，而富曾屡应礼部试未售。晚乃以国史馆誊录议叙得知县，弃弗就。馆南陵徐氏、汉阳洪氏最久。辛亥后游海上，为刘承干（1882—1963）校雠群籍。主其家十年，所校书以《宋会要》为最。年近八十，归老里门。⑥

章洪钧（1842—1888）⑦，字梦所，号琴生，安徽绩溪人。同治三年（1864）优贡第2名。六年（1867）乡试中式第279名举人，覆试一等第43名。十年（1871）会试中式第23名，覆试二等。十三年（1874）补殿试，二甲第22名进士。选庶吉士，散馆授编修。光绪十二年（1886）简放宣化知府。卒于官。⑧

邓嘉缜（1845—1915），字季垂，江宁人，廷桢（1776—1846）孙。同治九年（1870）优贡，用知县。光绪元年（1875）举人。又四年，母卒。终丧，始出就官贵州，历贵筑知县，贞丰、正安知州。调台湾，补嘉义。二十年（1894）内渡，调至皖，主赋事。于荫霖（1838—1904）抚鄂，复招入幕。擢守襄阳，调武昌、黄州、郧阳。三十一年（1905）授徽州知府，改锦州，调奉天。东三省改定官制，署奉天巡警道。未几裁缺，

---

① 《清代硃卷集成》第118册，第133页；章钰：《翰林院侍读嘉兴钱公墓志铭》，《碑传集三编》卷10，第617页。

② 光绪《金陵通传》补遗卷4，第11叶。

③ 生年据《清代人物生卒年表》，第103页。

④ 陈作霖：《卢编修传》，朱钟萱：《卢太史云谷先生小传》，卢金策：《先严行述》，卢前：《述编修公事》，《石寿山房集》卷首、卷末。

⑤ 《清代硃卷集成》第117册，第91页；第61册，第161页；民国《江阴县续志》卷15《人物·文苑》，第194页。

⑥ 民国《江都县新志》卷8《人物传三》，第871页。

⑦ 卒于光绪十三年十二月二十日，公历已入1888年。

⑧ 《清代硃卷集成》第149册，第417页；第32册，第269页；《清朝进士题名录》，第1097页；《李鸿章全集》12《奏议十二》，第333页。

遂引疾自免，寄居京津。老更世变，时时为小词以自遣。著有《暖玉晴花馆词》二卷。《词综补遗》录其词 3 首。①

　　陈昌言，字岳生。吴鸣麒（1861—?）受业师，绩学敦品，待麒殊厚。②

　　刘显曾（1851—1928），字诚甫，号橙浦，仪征人。兄寿曾（1837—1881）主金陵官书局，显曾则肄业惜阴书院。寿曾卒后，显曾代主官书局事。光绪十四年（1888）乡试中式第 39 名举人，覆试二等第 61 名。十八年（1892）会试中式第 63 名，覆试二等第 11 名，殿试二甲第八 83 名，朝考一等第 36 名。历官吏部主事、员外郎、郎中、甘肃道监察御史、协理辽沈道，俸满截取以知府用。光宣之际，朝局日非，显曾居台谏，前后七上封事，皆关天下大计。宣统二年（1910）丁后母忧归，明年国变，自此遁迹泰州，以王伯厚、元遗山自矢。居泰十余年，民国十四年（1925）返里。书法北朝，嗜金石，所藏碑版甚夥。著有诗文集若干卷。③

　　何维栋（1852—1887），字承远，号研孙，一作研荪，湖南道州人。光绪八年（1882）乡试中式第 17 名举人，覆试一等第 34 名。九年（1883）会试中式第 205 名，覆试一等第 7 名，殿试二甲第 31 名，朝考二等第 8 名，选庶吉士。散馆授刑部主事。出佐台湾巡抚刘铭传（1836—1896）幕，为赤嵌之游。居年余，以疾归，旋卒。著有《十六观斋遗集》。《晚晴簃诗汇》录其诗 2 首。《中国近代文学大系》录其文 3 篇。④

　　何延庆（1840—1890），字善伯，号寄沤，江宁人。同治十二年（1873）乡试中式第 150 名举人。礼闱报罢，乃入天津镇总兵周盛传（1833—1885）幕。保升知府，旋以母病乞归。服阕，复入天津戎幕。以咯血卒于军。著有《寄沤遗集》八卷。《晚晴簃诗汇》录其诗 3 首。《词综补遗》录其词 1 首。⑤

　　吴保龄（1850—?），字佑之，号浦生，丹徒人。光绪二年（1876）乡试中式第 65 名举人。三年（1877）会试中式第 221 名，覆试二等第 64 名。六年（1880）补殿试，二甲进士，选庶吉士。历官户部主事、员外郎、监察御史、四川潼川知府。⑥

　　叶文翰，字墨林，江宁人。光绪五年（1879）优贡，十七年（1891）举人。⑦

　　龚乃保（1843—?）⑧，字艾堂，号揖坡，江宁人。坦（1807—1890）幼子。咸丰初随父避走大江南北。同治四年（1865）返里应童子试，以岁贡候选学职。肄业尊经、惜

---

　　① 马其昶：《清封光禄大夫奉天巡警道邓君墓志铭》，《抱润轩文集》卷 19，第 1 叶；《词综补遗》卷 92，第 3438 页。

　　② 《清代硃卷集成》第 179 册，第 338 页。

　　③ 《清代硃卷集成》第 75 册，第 47 页；民国《江都县新志》卷 8《人物传三》，第 871 页。

　　④ 《清代硃卷集成》第 326 册，第 353 页；第 54 册，第 323 页；《晚晴簃诗汇》卷 174，第 7612 页；《中国近代文学大系》第 3 集第 11 卷《散文集二》，第 820 页。

　　⑤ 《清代硃卷集成》第 158 册，第 327 页；陈作霖：《何善伯太守传》，《可园文存》卷 11，第 375 页；顾云：《墓志》，秦际唐：《墓表》，《寄沤遗集》卷首，第 627、629 页；《晚晴簃诗汇》卷 165，第 7205 页；《词综补遗》卷 33，第 1237 页。

　　⑥ 《清代硃卷集成》第 164 册，第 283 页；第 44 册，第 223 页；民国《续丹徒县志》卷 11《选举志》，第 617 页。

　　⑦ 《江苏省通志稿·选举志》卷 23，第 689 页；卷 14，第 324 页；《清代硃卷集成》第 179 册，第 325 页。

　　⑧ 生年据《清代人物生卒年表》，第 716 页。

阴书院。十九年（1893）幕游四方。二十一年（1895）至二十五年（1899）主讲南安道源书院。继赴合肥提调正阳醝局兼书记，又监督皖江中学。后任教江宁中学。宣统间入江苏通志局，与修通州人物志。与濮文暹（1830—1910）、陈作霖（1837—1920）友善。著有《揖坡诗稿》、《冶城蔬谱》。①

龚乃佳，字蔗轩，江宁人，坦（1807—1890）长子。岁贡生，候选训导。肄业南菁书院。工制艺，精书法。《清诗纪事》录其诗1首。②

郑穰（1852—?），字超北，号叔龙、菽农，溧水人。同治十二年（1873）拔贡第1名。③

沈长华（1857—?），字仲衔，号佩之，江都人，棨（字戟门）子。同治十二年（1873）附生。光绪十七年（1891）乡试中式第100名举人。以文章名，年未四十卒。④

王镜清，江都人。同治十二年（1873）附生。⑤

陈作仪（1858—1934），字凤生，晚号凤叟，江宁人，作霖（1837—1920）弟。光绪十四年（1888）举人，十六年（1890）进士。官湖南新宁、龙阳、安化知县。辛亥后终老南京。著有《凤叟八十经历图记》、《蚊睫巢笔记》、《息庐谈荟》、《逸园诗文集》。⑥

曾行淦，字蘋湘，一作湘蘋，江西人。官直隶州知州。曾与端木治（字瘦生）结南园书画社。著有《蘋影轩词》。《清诗纪事》录其诗1首。《国朝词综补续编》录其词2首。《词综补遗》录其词3首。《全清词钞》录其词3首。⑦

张传仁（1854—?），字贯之，号仲山，江宁人，蒋新（字心楣）曾外孙。光绪十一年（1885）乡试中式第143名举人。与张士珩（1857—1917）友善，士珩将荐入北洋幕府，传仁以亲老固辞。以积资保同知衔知县，均不谒选。善为解经之文，尤工骈体。年未及五十而卒。⑧

邓嘉缉（1845—1909）⑨，字熙之，号世谛，江宁人，廷桢（1776—1846）孙，尔晋（1821—1860）子。同治十二年（1873）优贡，候选训导，署铜山教谕。私淑姚鼐（1731—1815）。著有《扁善斋文存》三卷、《扁善斋诗存》二卷。分纂《续纂江宁府志》、《临朐县志》。《晚晴簃诗汇》录其诗5首。⑩

张恒培，江宁人。光绪元年（1875）恩贡。⑪

①　《江苏艺文志·南京卷》，第981页；《清人诗文集总目提要》，第1791页。
②　《江苏艺文志·南京卷》，第937页；《清诗纪事·同治朝卷》，第12139页。
③　《清代硃卷集成》第383册，第385页。
④　《清代硃卷集成》第185册，第57页；光绪《江都县续志》卷16《学校考》，第224页；民国《江都县续志》卷24上《列传六上》，第739页。
⑤　民国《江都县续志》卷16《学校考》，第224页。
⑥　《江苏艺文志·南京卷》，第1000页。
⑦　《清诗纪事·光宣朝卷》，第14515页；《国朝词综补续编》卷7，第1254页；《词综补遗》卷58，第2160页；《全清词钞》卷28，第1431页。
⑧　《清代硃卷集成》第175册，第347页；光绪《金陵通传》补传，第6叶。
⑨　生卒年据《清代人物生卒年表》，第93页。
⑩　《桐城文学渊源、撰述考》，第187页；同治《续纂江宁府志》卷首《续纂衔名》，第4页；光绪《临朐县志》卷首《衔名》，第9页；《晚晴簃诗汇》卷166，第7229页。
⑪　《江苏省通志稿·选举志》卷23，第689页。

朱钟萱，字培生。贡生。《清诗纪事》录其诗 1 首。①

许应魁，字云逵，江宁人。同治九年（1870）举人。官太仓州学正。②

严良翰，字伯屏，号湘帆，丹徒人。增贡生。民国十七年（1928）主修《续丹徒县志》。著有《香影词》、《湘弦词钞》。《词综补遗》录其词 1 首。③

唐芝荣，字友兰，安徽滁州人。光绪十一年（1885）副贡。④ 十三年（1887）《金陵诗征》刊成，翁长森（1857—1914）、翁长芬（字绍文）、陈作霖（1837—1920）邀集同志祭诗于盋麓之薛庐，与会者 35 人，芝荣与焉。另有郑孝胥（1860—1938）、鲁桢（字子刚）、刘显曾（1851—1928）、周嘉朴（？—1899）、金还（1857—1930）、杨长年（1811—1894）、卢崟（1836—？）、张传仁（1854—？）、孙绶昌（字小石）、许长龄（字石生）、张士珩（1857—1917）、秦际唐（1837—1908）、顾云（1846—1906）、蒋师辙（1847—1904）、甘元焕（1841—1897）、邓嘉缉（1845—1909）、甘曾沂（字子沁）、朱绍亭（1837—1915）、侯宗海（字杏楼）等。⑤

费焯。武进费焯，民国初与人合编《单级国文教授书》、《范字教材教授书》、《新法修身教科书》。⑥ 未知是否即此人。

李筬（1847—？），原名汝为，号小园，一作筱园，上元人。七岁时太平军入南京，随家人投水遇救。其父时幕游无为，遂往依之。乱定归里。晚以副贡就职州判，分发安徽。创建凤阳府学堂。著有《读诗管见》、《淡言斋诗钞》。⑦

周长庚，字西垣。邑庠生。陈光宇（1859—？）受业师。⑧

待考者：张丙塈、汪度、吉兆椿、张念曾、宣苕发、秦宝铭、戴玉森。

55. 惜阴书院西斋课艺

【版本序跋】

题"光绪四年（1878）涂月刊成"，"山长薛慰农先生鉴定，肄业诸生编次"。

薛慰农（薛时雨），见《崇文书院课艺》。

薛时雨序云：

> 金陵文物望海内，凡书院四：曰凤池，课童子之有文者；曰钟山，曰尊经，课举子业；曰惜阴，课诂经之作与诗古文词，经始于陶文毅，癸丑（1853）毁于兵，曾文正与合肥伯相复之。主钟山者为临川李大理，瑞安孙学士继之。主尊经者为乌程周侍御，而继之者予。惜阴无主之者，以钟山、尊经两院长分校其卷。
>
> 予己巳（1869）来金陵，尊经书院未落成，马端敏馆予于惜阴，今且十年矣。

---

① 《清诗纪事·光宣朝卷》第 14355 页。

② 同治《上江两县志》卷 14《科贡》，第 287 页；《清代硃卷集成》第 189 册，第 218 页。

③ 民国《续丹徒县志》卷首《纂辑姓氏》，第 465 页；《词综补遗》卷 68，第 2556 页。

④ 光绪《滁州志》卷 6 之 2《选举志二》，第 422 页。

⑤ 陈作霖：《盋麓祭诗记》，《可园文存》卷 8，第 263 页。

⑥ 商务印书馆 1914、1917、1920 年版。

⑦ 陈作霖：《李州判传》，《江宁碑传初辑》第 13 页；《淡言斋诗钞》卷首诸序。

⑧ 《清代硃卷集成》第 177 册，第 373 页。

当伯相规复时，大难甫夷，扫地赤立，而独书院之是务，不惟制艺之在功令也。又汲汲以词章训诂为诸生导，一若非当世之亟者。然国之元气与士气相消长，士气不振，则桀猾者无所放效以几于善；且豺虎所窟宅，其凶鸷痛毒之气，非鼓歌弦诵，不足渐被而更新之。然一于科举速化之术，而不知通经学古，士亦日汩于禄利，无以广己而造于大。嗟乎，此文毅、伯相所以汲汲于惜阴也。

今年诸生请刻惜阴课艺，予与学士各遴其尤者。钟山书院在城东偏，而予居清凉山麓，因以东西斋别之。既卒业，诸生乞余一言。予之衰钝，何足益诸生。然为一日之长，又殿最诸卷久，愿诸生益扩其器识，酌古今之通，待用于世。上之匡时弼教，郁为右文之治；次亦出其所业，待诏阙下，备天子之顾问，国有大典礼，研京炼都，润色鸿业，亦足张相如、子云之风；不幸而不遇，犹得键户述作，比烈雅颂，垂不朽于后世，使天下知儒者之业有其远者大者，不同于刀笔筐箧之士。若穷年尽性，汩没于词章训诂，无当于用，岂予所望于诸生与文毅、伯相创之复之之意耶？

光绪四年岁次戊寅（1878）孟冬之月，全椒薛时雨。

【课艺内容】

八卷：卷一至卷六赋 61 题 208 篇，卷七乐府 4 题 7 篇，五古 7 题 18 篇，七古 17 题 30 篇，五律 12 题 18 篇，七律 44 题 73 篇，七绝 6 题 10 篇，试律 14 题 25 篇，卷八表 1 题 2 篇，启 1 题 1 篇，颂 1 题 2 篇，策 1 题 2 篇，论 7 题 10 篇，议 1 题 1 篇，考 2 题 2 篇，对 2 题 3 篇，经解 8 题 8 篇，书后 1 题 1 篇，记 1 题 1 篇，祭文 1 题 2 篇。有评点。

【作者考略】

收录课艺较多者：秦际唐 68 篇，刘寿曾 58 篇，冯煦 31 篇，姚兆颐 28 篇，刘汝霖、陈作霖 20 篇，朱绍颐 13 篇，陈兆熙、钱贻元 12 篇，唐仁寿、汪宗沂、王光第 9 篇，卢崟 8 篇，刘贵曾、姚佩珩 7 篇，缪祐孙、刘显曾 6 篇，刘富曾、吉廷椿 5 篇，姜渭、何延庆、朱绍亭、刘岳云 4 篇，成肇麐、陈作仪、李经文、叶文翰、张育才、宣苕发、朱桂模、张恒培、甘元焕 3 篇。

其他作者一二篇不等：魏赓元、蒋师辙、龚乃保、陈开第、翟伯恒、李淦、王兆熊、江肇垣、吴保龄、刘家炘、张丙堃、邓嘉缉、郑维翰、陈昌言、侯宗海、朱承毅、罗震亨、刘国桢、汪仲篯、金还、严良翰、周钺、朱如廙、赵承勋、姚橚、姜济、汪恩沅、陈凤藻、章洪钧、戴锦江、陈传述、李青、朱恩锡、王亮采、朱孔阳。目录中作者姓名前标注主课者姓氏、职位，如"李中堂课"、"涂太尊课"、"李方伯课"等。

姚橚，见《崇文书院课艺》。

秦际唐、陈兆熙，见《金陵惜阴书舍赋钞》。

刘寿曾、冯煦、姚兆颐、刘汝霖、陈作霖、朱绍颐、钱贻元、唐仁寿、汪宗沂、王光第、卢崟、刘贵曾、缪祐孙、刘显曾、刘富曾、姜渭、何延庆、朱绍亭、刘岳云、陈作仪、叶文翰、朱桂模、张恒培、龚乃保、吴保龄、邓嘉缉、陈昌言、严良翰、章洪钧、王亮采，见《惜阴书院东斋课艺》。

姚佩珩，字璧垣，上元人。肄业钟山、尊经等书院，月课屡列前茅，文刊入书院课艺者甚多，由是闻名。每届大比之年，富家子弟来南京应乡试者，多求佩珩代作文字。大率获中以三千金酬报。佩珩每代中一二名，所得金足敷一家一年之用。与翁长森（1857—1914）、傅春官（字苕生）为文字交。长森作令东浙，春官观察浔阳，先后聘请入幕，礼为上宾。寻常笔札不以烦之，有大事则相咨访焉。既而倦游归里，就南洋官书局编纂。旋以策论举光绪二十八年（1902）乡试，仅一赴礼闱而科举遂停。著有诗稿一部。①

吉廷椿，丹阳人。著有《丹阳吉氏宗谱》十六卷。②

成肇麐（1847—1901），字漱泉，宝应人，孺（1816—1884）子。同治十二年（1873）举人，光绪六年（1880）大挑知县。父不欲其遽官，遂就金陵书局分校，旋主讲徐州书院。迭丁父母艰，服终后调赴直隶。历官沧州知州，静海、灵寿知县。八国联军入侵，赋绝命诗投井死。谥恭恪。著有《强恕堂文存》、《漱泉词》，编有《唐五代词选》、《宋六十一家词选》。③《词综补遗》录其词4首。《全清词钞》录其词6首。④

李经文，字仲纶，一作仲伦，上元人。与同学萧子长、李青（字颜枝）齐名，人称黉宫三俊。⑤

甘元焕（1841—1897），字绍存、建侯（一作剑侯），号复庐，江宁人，延年（1777—1857）子，煦（1784—1855）、熙（1797—1852）堂弟。同治六年（1867）优贡第5名，朝考一等第10名，录用教职。历署宿迁训导、邳州学正。光绪二年（1876）乡试中式第37名举人。十九年（1893）官萧县训导。曾主六安书院。著有《复庐诗文集》、《复庐日记》、《莫愁湖志》，分纂《续纂江宁府志》、《上江两县志》，校勘《建康实录》。⑥

魏赓元（1827—?），字伯飏，号芍生，江宁人。廪贡生，试用训导。同治九年（1870）乡试中式第297名举人。官萧县教谕。⑦

蒋师辙（1848—1904）⑧，字绍由、遁庵，号颖香，上元人，永龄（1818—1885）子。同治十二年（1873）选贡。光绪十七年（1891）顺天乡试中式副榜。游幕江苏、山东、台湾诸省，所撰《江苏水利图说》、《海塘志》、《临朐县志》、《鹿邑县志》、《凤阳府志》，莫不考证精详。二十四年（1898）援例为安徽知州，历寿州、凤阳、桐城、无为，卒于官。著有《青溪诗存》、《青溪词存》、《青溪诗话》、《青溪杂记》、《台游日记》。《词综补遗》录其词2首。⑨

陈开第，改名熙春，字念劬，江宁人。恩贡生。肄业钟山书院，山长李联琇

① 光绪《金陵通传》补传，第4叶；《秦淮感逝》，第47页。

② 《中国古籍总目·史部》，第1890页。

③ 冯煦：《清故灵寿县知县赠太仆寺卿衔谥恭恪成君墓志铭》，《碑传集补》卷33，第101页；民国《宝应县志》卷12《列传下》，第194页。

④ 《词综补遗》卷56，第2111页；《全清词钞》卷27，第1384页。

⑤ 光绪《金陵通传》续通传，第19叶。

⑥ 《清代硃卷集成》第163册，第337页；《甘熙宅第史话·地志学者甘元焕》，第90页。

⑦ 《清代硃卷集成》第156册，第123页；第189册，第218页。

⑧ 生于道光二十七年十二月二十一日，公历已入1848年。

⑨ 冯煦：《安徽无为州知州蒋君传》，陈澹然：《无为州蒋公祠碑》，邓嘉缉：《安徽无为州知州蒋君墓志铭》，《江宁碑传初辑》，第7页；陈作霖：《安徽无为州知州蒋君传》，《可园文存》卷11，第382页；《词综补遗》卷80，第3002页。

(1821—1878) 论文严，鲜所许，独赏开第和秦汝槐（字荫棠）之作。涂宗瀛（1812—1894）时以太守监院事，别开文会，开第与焉。宗瀛巡抚河南，聘开第主讲昼锦书院。河南风气朴野，词章之学远逊东南。咸同间上元鲁应奎（字星垣）、余鸿（字少南）、江宁袁煐（改名庆丰，字顺之）、顾大昕（字晓帆）辈，以经义诗赋友教宛洛间，莫不推为江东名士。及光绪初，凋谢殆尽，而开第适应聘远来，刊规条十则，以约束诸生，士习为之一振。卒于许州。著有《怡云书屋诗文集》。《中国近代文学大系》录其文 3 篇。①

瞿伯恒（1836—1897），字东泉，号保之，泰兴人。咸丰十一年（1861）拔贡。同治十二年（1873）乡试中式第 4 名举人。十三年（1874）会试中式第 154 名，殿试二甲第 5 名，朝考一等第 50 名，选庶吉士，散馆授编修。历官御史、给事中、福建延建邵道。历主靖江马洲、江宁尊经书院。②

李淦，字仲衡。凌煜（1831—?）表弟。③

江肇垣，江宁人。同治间贡生。④

刘家炘，六合人。与甘元焕（1841—1897）连襟。⑤

郑维翰（1850—?）⑥，字季申，江宁人。光绪八年（1882）举人，十五年（1889）进士。官浙江知县。著有《心园集》二卷。《金陵词钞续编·例言》列举郑维翰等九人，谓"知为词家，或文学优美，亦擅长倚声者"，"搜求一首未得，谨存其姓氏，以待征求"。⑦

侯宗海，字杏楼，江浦人。拔贡生。课读宁垣，得借睹甘氏津逮楼、翁氏汲古阁藏书，撰《江浦备征录》十六卷。同县夏锡宝（1831—1893）著有《浦纂》，宗海复搜访残碑，咨询故老，合成《江浦埤乘》四十卷。卒年七十余。⑧

罗震亨（1846—1880），字雨田，上元人，笏（?—1863）长子。年十七即入营司笔札事。金陵既复，奉父枢归里，充城南保甲局书记。与弟晋亨（1847—1874）俱补县学生，馆于常熟。晋亨病卒，绝意出游，近就军需局幕。光绪六年（1880）兼分修府志，事未竟而卒。著有《续经正录》、《有不为斋诗文集》、《奥学堂藏书目》等。⑨

刘国桢，字幹卿。庠生。候选教谕。孙启泰（1860—?）受业师。⑩

金还（1857—1930），字仍珠，号花仲、拙巢，上元人，和（1818—1885）子。少执

① 陈作霖：《陈明经传》，《江宁碑传初辑》，第 14 页；《中国近代文学大系》第 3 集第 11 卷《散文集二》，第 603 页。

② 《清代硃卷集成》第 37 册，第 221 页；张謇：《福建延建邵兵备道瞿伯恒墓表》，《碑传集补》卷 19，第 276 页。

③ 凌煜：《李仲衡表弟淦招同程伯苏□锦、陈叔芝继高过杜氏锦带草堂，观陆包山画梅立桢，署曰瑶台艳雪》，《柏岩乙稿》卷 10，第 50 页。

④ 《江苏省通志稿·选举志》卷 23，第 679 页。

⑤ 俞樾：《恤赠知府衔安徽凤台县知县孟君墓志铭》，《春在堂杂文续编》卷 4，第 422 页。

⑥ 生年据《清代人物生卒年表》，第 526 页。

⑦ 《秦淮志》卷 5《人物志》，第 36 页；《江苏省通志稿·选举志》卷 14，第 320 页；《清朝进士题名录》，第 1210 页；《清人别集总目》，第 1504 页；《金陵词钞续编·例言》，第 2 页。

⑧ 陈作霖：《侯杏楼拔贡传》，《可园文存》卷 11，第 381 页。

⑨ 《罗氏一家集》卷首小传，第 124 页。

⑩ 《清代硃卷集成》第 173 册，第 115 页。

赞于冯煦（1844—1927），授以词赋之学。弱冠入泮，授徒养家，借月试书院膏火，以补不足。光绪十一年（1885）乡试中式第 97 名举人。会试挑取誊录，议叙知县。入赵尔巽（1844—1927）幕，随宦山西、湖南、东北。民国间官段祺瑞（1865—1936）政府财政次长、中国银行总裁。①

周钺（1857—?），字左麈，上元人。光绪十四年（1888）优贡，朝考一等，以知县用。十九年（1893）举人，出就鲁豫诸侯幕。保至知府，需次河南。未久而归，筑宅读书。近六十，旋复出山，卒于豫。《词综补遗》录其词 3 首。②

赵承勋，字绍南，江浦人。诸生。性孝友，慷慨好义。光绪五年（1879）晋豫大荒，倡捐几数千贯。俄感微疾卒，年甫三十余。③

陈凤藻。光绪间江苏有两个陈凤藻。新阳陈凤藻（1866—?），字翰丹，号孟揆。肄业邑城玉山、省城紫阳、上海求志书院、宁波辨志文会。光绪十五年（1889）乡试中式第 53 名举人。十六年（1890）会试堂备。十八年（1892）会试中式第 18 名，覆试一等第 55 名，殿试三甲第 17 名，朝考二等第 29 名，授户部云南司主事。④ 丹徒陈凤藻，字蓊伯。拔贡。光绪十六年（1890）前后宦游台湾，曾任台南支应局委员。与唐景崧（1841—1903）、丘逢甲（1864—1912）交游。⑤ 此疑为新阳陈凤藻。

戴锦江，上元人。同治九年（1870）副贡。⑥

李青，字颜枝，上元人。与同学萧子长、李经文（字仲纶）齐名，人称黄宫三俊。⑦

朱恩锡。嘉兴朱恩锡，参与翻译《兵船炮法》。⑧ 未知是否即此人。

朱孔阳。上海朱孔阳，字寅谷，号邠裳。庠生。授读吴中某氏。务为考据之学，兼通堪舆、六壬诸术。著有《书经串解》、《历朝陵寝备考》。⑨ 未知是否即此人。

待考者：张育才、宣苕发、王兆熊、张丙堃、朱承毅、汪仲篪、朱如廙、姜济、汪恩沅、陈传述。

56. 惜阴书院课艺

【版本序跋】

施作霖题签。题"光绪辛丑（1901）七月刊印"，"山长褚伯约先生鉴定，肄业诸生校字"。

施作霖，字震卿，江宁人。曾为王孝煃（1877—1947）《忠烈考》题七古一首。⑩

---

① 《清代硃卷集成》第 175 册，第 1 页；叶景葵：《金君仍珠家传》，《江宁碑传初辑》，第 26 页。

② 《清代官员履历档案全编》第 6 册，第 587 页；《秦淮志》卷 5《人物志》，第 36 页；《词综补遗》卷 62，第 2324 页。

③ 同治《续纂江宁府志》卷 14 之 5《人物》，第 255 页。

④ 《清代硃卷集成》第 74 册，第 15 页。

⑤ 《丘逢甲交往录》，第 214 页。

⑥ 《江苏省通志稿·选举志》卷 23，第 679 页。

⑦ 光绪《金陵通传》续通传，第 19 叶。

⑧ 《丛书集成续编》第 90 册，第 273 页。

⑨ 同治《上海县志》卷 21《人物四》，第 44 叶。

⑩ 《乡饮脞谈》，第 5 页。

褚成博（1854—1911）①，字百约（一作伯约）、孝通，余杭人。光绪五年（1879）乡试中式第 42 名举人，覆试一等第 54 名。六年（1880）会试中式第 140 名，覆试二等第 79 名，殿试二甲第 70 名，朝考一等第 28 名，选庶吉士，散馆授编修。历官国史馆协修、江西道监察御史、礼科给事中、惠潮嘉兵备道。主修光绪《余杭县志稿》，著有《坚正堂折稿》二卷。②

褚成博序云：

> 昔陶文毅督两江，创设惜阴书院，遴钟山、尊经之高材生肄业其中，课以经史，兼及词赋。其时钟山、尊经第课制举，文公虑士人或溺于帖括，无裨实用，思所以转移其风气，而默培其根柢，故有斯举。伟人硕画，意至深远。吴锎斋祭酒、冯林一鸣赞、吴和甫侍郎叠主斯席，均有课艺之刻。遭乱板毁，今所存《惜阴书舍赋钞》四卷，虽得诸煨烬之余，犹可见其厓略。当道光中叶，承平日久，弦诵之士，第雍容揄扬，润色鸿业，已足掇高科，享盛名。故文毅创设始意，虽以讲习经史为主，而主斯席者，率偏重词赋。经史诸作，具体而已，风气使然，无足异者。
>
> 乱后书院既复，课程一仍其旧。词翰之美，趭越一时，东西两斋之刻，扻藻摘华，称极盛矣。岁戊戌（1898），不佞来主斯席，适值海寓多故，两宫宵旰，一以培植人材为急务。窃维人才之出，必原经史，则所以与诸生讲习而切劘者，不得不稍易同光以来之故辙，而上窥文毅创设之初心，每课率以一经一史为题。其时犹未奉裁撤诗赋之明诏，故仍以一赋为殿。庚（1900）辛（1901）以后，并赋裁之。阅四五年，择经史课作之尤者，得数十首。院生谋付诸梓，视前此所刻，蹊径一变。文章开乎气运，有不可强而同者。然昔人遭其盛，而不佞适际其衰，使升平歌咏之声，一变而为慷慨忧时之作，循览斯编，能无怅惘？迨不佞辞讲席以去，而书院遂亦停止。俯仰今昔，尤令人增无穷之感矣。
>
> 壬寅（1902）春仲，余杭褚成博。

【课艺内容】

说、考、辨、论、述、订误、书后、叙例等 45 题 68 篇。题如《尧不去四凶说》、《召公不说周公说》、《大夫士庙无主辨》、《汉文帝好刑名元帝好儒论》、《工械技巧物究其极论》、《明正嘉隆万四朝边防得失论》、《唐宋兵饷考》、《洪氏亮吉〈补三国疆域志〉订误》、《〈无邪堂答问〉书后》、《拟续编〈中西纪事〉叙例》、《〈朔方备乘〉所列北徼喀伦，与光绪七年〈中俄条约〉所列卡伦之名，罕有合者。能据是以推明俄人所侵地界否》、《嘉庆以来增设府厅州县述》。有评点。

【作者考略】

丁传靖 19 篇，侯巽 10 篇，侯必昌、郜怀沁 5 篇，侯日昌 4 篇，侯福昌、曹钧 3 篇，

---

① 生卒年据《清代人物生卒年表》，第 807 页。

② 《清代硃卷集成》第 269 册，第 21 页；第 48 册，第 319 页；《清代官员履历档案》第 5 册，第 327 页；《余杭历史文化研究丛书·文化名人》，第 124 页。

陈诒绂、王霆、王畋、吴锺骥、崇朴 2 篇，李丙荣、翁长沂、汪震荣、曹昌祜、张绍龄、缪九畴、俞粹蕴、李鸿才、翁长芬 1 篇。

丁传靖（1870—1930），字秀甫，号岱思、湘舲、闇公，丹徒人，立钧（1854—1902）堂侄。光绪二十三年（1897）乡试中式第 22 名副榜。宣统二年（1910）以江苏首选试礼部，报罢。陈宝琛（1848—1935）惜其才，荐为礼学馆纂修。民国间官总统府秘书。晚居天津。著有《张文贞公年谱》、《闇公诗存》、《红楼梦本事诗》以及传奇《沧桑艳》、《霜天碧》、《七昙果》，辑有《宋人轶事汇编》。①

侯巽，字健伯，江宁人。光绪十四年（1888）举人。二十九年（1903）随缪荃孙（1844—1919）赴日本考察教育。著有《国文讲义》。②

侯必昌，上元人。光绪二十三年（1897）举人。曾任两江师范学堂历史教员。民国间历任河南沈丘、卢氏、息县，江苏高邮知事。③

侯日昌，字方中，上元人。诸生。曾任陆军学校教员。晚岁研究佛学。著有《覆瓿集》，未及刊行，毁于兵燹。今剩《救国论》三篇，后人辑为《覆瓿集剩稿》。④

侯福昌，上元人。陈作霖（1837—1920）弟子，校勘《金陵通传》。⑤

陈诒绂（1873—1937），字稻孙、蛰庵，号无何居士，江宁人，作霖（1837—1920）子。诸生。历任南京中学堂、师范学堂教习，江苏通志馆分纂，四存学会编辑主任。与修《晚晴簃诗汇》。著有《钟南淮北区域志》、《石城山志》、《金陵园墅志》、《金陵陵墓志》、《金陵艺文志》、《金陵小品丛书》、《续金陵通传》、《金陵通传补》、《金陵通传姓名韵编》、《金陵隐逸传》、《金陵耆贤传》等，辑有《续金陵文钞》。⑥

王畋，字文田，浙江钱塘人。光绪二十八年（1902）举人。⑦

吴锺骥（1853—1919），字子良，淮阴人。副贡生。光绪三十三年（1907）参与捐田改建渔沟两等小学堂。⑧

崇朴（1871—1912），字质堂，号辉山、中辉，镶黄旗人，京口驻防，后移居江宁。光绪二十年（1894）举人。应钟山、尊经、文正、惜阴各书院试，辄冠其军。历任编译局分纂、两江师范学校教员、宁属师范监学、两江师范附属小学堂长、江苏省咨议局议员。⑨

①　《清代硃卷集成》第 360 册，第 355 页；陈宝琛：《丁君闇公墓志铭》，《碑传集三编》卷 41，第 539 页；民国《续丹徒县志》卷 18《艺文一》，第 765、773 页；《最近官绅履历汇录》第 1 集，第 92 页；《沧桑艳》前言，第 3 页。

②　《江苏艺文志·南京卷》，第 1000 页；缪荃孙：《致柳翼谋书》附柳曾符注释，《学术集林》卷 7，第 4 页。

③　光绪《金陵通纪》卷 4，第 15 叶；《中国近代教育史资料汇编·实业教育、师范教育》，第 749 页；《庠校怀旧录》，第 3 页；《民国时期河南省县长名录》，第 132、164、193 页；《高邮县志》第 14 篇《政务》，第 474 页。

④　秦仁斋：《侯师方中轶事》，《覆瓿集剩稿》附录，第 15 页。

⑤　光绪《金陵通传》卷 32，第 9 叶。

⑥　《金陵琐志九种》前言，第 6 页。

⑦　民国《杭州府志》卷 113《选举七》，第 2201 页。

⑧　《淮阴县志》，第 551、731 页。

⑨　柳诒征：《里乘》卷 5《崇朴传》，《镇江文史资料》第 29 辑，第 133 页。

　　李丙荣（1867—1938），字树人，一作素人，晚号三山逸叟、丹徒人，恩绶（1835—1911）子。附贡。官安徽候补县丞，按察司照磨、司狱。续补其父所撰《丹徒县志摭余》，辑有《京江词征》，著有《安徽大观亭志》、《绣春馆词钞》。《词综补遗》录其词2首。①

　　汪震荣，字木欣，江宁人。毕业于宁属师范学校，后为小学教员。②

　　缪九畴，字书屏，江阴人，荃孙（1844—1919）犹子。诸生。著有《穄堂旧话》。分校《江阴县续志》。③

　　俞粹蕴，字子纯，上元人。诸生。家贫，性至孝。肄业各书院，诗文精粹，字亦秀润。游其门者，多珍藏之。④

　　翁长芬，字绍文，号怡龛，江宁人。光绪二十三年（1897）举人，二十九年（1903）进士。宣统元年（1909）官浙江萧山知县。《道咸同光四朝诗史》录其诗6首。⑤

　　待考者：邰怀沁、曹钧、王霆、翁长沂、曹昌祜、张绍龄、李鸿才。

57. 惜阴书院赋课择抄目录甲部

【版本序跋】

　　南京图书馆藏抄本。封面题"铁梅手录"。铁梅，疑为翁长森（见《尊经书院六集课艺》）。

【课艺内容】

　　赋12题50篇。题为：《赵营平条屯田便宜十二事赋（以"因田致谷，威德并行"为韵）》、《苏长公夜著羽衣，立黄楼上，相视王定国、颜长道携盼、英、卿放舟吹笛饮酒赋（以"三百余年，世无此乐"为韵）》、《敕赐百官樱桃赋（以"归鞍竞带青丝笼"为韵）》、《秦王为赵王击缻赋（以题为韵）》、《王安石争谢公墩赋（以题为韵）》、《丙吉问牛喘赋（以"燮理阴阳，相臣之职"为韵）》、《樵隐俱在山赋（以"在山则同，樵隐事异"为韵）》、《南村诸杨北村庐赋（以"叶蒸雾雨，花傲风霜"为韵）》、《著以长相思赋（以"长相思，以丝缕络绵"为韵）》、《旗亭画壁赋（以"黄河一绝，赌胜王高"为韵）》、《疏影暗香赋（以"逋仙旧句，白石新词"为韵）》、《冬日可爱赋（以"南檐向日冬天暖"为韵）》。有评点。

【作者考略】

　　刘寿曾9篇，陈作霖、秦际唐、王光第5篇，姚兆颐4篇，张恒培3篇，冯煦、刘汝霖2篇，陈家鑫、张念曾、马长衡、秦绍唐、何辰、朱如廙、眭世隆、汪钟泽、胡垣、龚

---

① 《江苏艺文志·镇江卷》，第398页；《词综补遗》卷72，第2708页。

② 《庠校怀旧录》，第4页。

③ 缪荃孙：《穄堂旧话序》，《艺风堂文漫存》卷2，第825页；民国《江阴县续志》卷首《修辑姓氏》，第3页。

④ 光绪《金陵通传》补传，第2叶。

⑤ 民国《萧山县志稿》卷12上《官师表》，第929页；《太湖备考》续编卷2，第648页；《道咸同光四朝诗史》乙集卷6，第679页。

乃保、钱贻元、姚绍颐、冯夔、姚佩珩、缪懋森 1 篇。作者姓名前皆标注名次。

秦际唐，见《金陵惜阴书舍赋钞》。

刘寿曾、陈作霖、王光第、姚兆颐、张恒培、冯煦、刘汝霖、龚乃保、钱贻元，见《惜阴书院东斋课艺》。

姚佩珩，见《惜阴书院西斋课艺》。

陈家鑫。六合陈家鑫，光绪二年（1876）官溧水防汛，六年（1880）官溧阳千总。① 未知是否即此人。

胡垣，字紫庭，江浦人。避乱居镇江，为茶栈司会计。日则留心出纳，夜则苦志披吟，虽盛暑严寒，未尝废读。金陵克复，回里补县学生，食廪饩，由贡保教谕。精研算法，贯通经义，多有心得。江宁设立算学局、崇文经塾，当道延为教习。著有《古今中外音韵通例》（收入《四库未收书辑刊》）、《四书十六通》、《谈文琐言》。②

余皆待考。

58. 尊经书院课艺

【书院简介】

江宁尊经书院，清嘉庆十年（1805）创建。咸丰间毁于火，同治九年（1870）重建。清末先后改为校士馆、师范传习所。③

【版本序跋】

题"同治九年庚午（1870）两江督署刊订"，"山长薛慰农先生鉴定，肄业诸生编次"。

薛慰农（薛时雨），见《崇文书院课艺》。

薛时雨序云：

> 昔欧阳永叔有言，都会物盛人众，而又能兼有山水之美者，惟金陵、钱塘。览其人物之盛，丽则文采，可想见焉。时雨宦游钱塘久，颇习其山水。挂冠后，忝主崇文书院讲席，与此邦多文字交。而金陵，则又乡者应举地也。大江南北，人文所聚，魁奇辈出，名卿硕儒，所以陶冶而成就之者。时雨少时皆所饫闻而习见，今且将及四十年矣，洊经寇乱，凋谢殆尽。当粤逆戡定之初，天子俞疆臣请，特举科场，修学校，中兴文教，穆然有投戈讲艺之风。然后书院以次复，都人士稍稍来集，争自濯磨，曾未五年，而金陵文物，称重江南，复隐与钱塘埒。
>
> 岁在己巳（1869），时雨以谷山制府聘，承乏尊经书院。院中士肄业者二百人有奇，视承平时已减。然朔望官师课文，多可存者，制府因属为选刊，以谂多士。起乙

① 光绪《溧水县志》卷 5《官师志》，第 314 页；光绪《溧阳县续志》卷 7《职官志》，第 463 页。

② 光绪《金陵通传》续通传，第 17 叶。

③ 同治《续纂江宁府志》卷 5《学校》，第 46 页；卷 7《建置》，第 64 页；《中国书院辞典》，第 45 页。

丑（1865）二月，迄己巳（1869）十二月，积一百余课，存文若干首。时雨学殖荒落，愧无以为诸生益。至论举业之要，则曩刻崇文院课，已备言之矣。夫文章行世，若舟车然，不必尽沿古式也。而其为输为辕为楫为柁之用，则终古而不易。又必其材良而质坚，工精而制巧者，始适用焉。以是为经涂之轨，通津之筏，而无所碍。今诸生所诣，虽未遽底于大成，所幸居都会之地，得山水之助，群材辐凑，观感有资，虽耆宿凋残，而后进之登胶庠者，如云而起。由是磨砻砥厉，日新月盛，上以承天子作人之化，下以副大吏培材之意，则是编也，又时雨之所乐观其成，而愿与益进于无疆也。

　　时同治八年（1869）季冬之月，全茮薛时雨序。

【课艺内容】

　　制艺100题161篇。有评点。南京图书馆藏本仅一册，国家图书馆藏本六册，系全本。作者前皆标注主课者，如"庞观察课"、"周山长课"、"薛山长课"等。

【作者考略】

　　卢鋆（云谷）27篇，秦际唐（伯虞）26篇，姚兆颐（友梅）19篇，丁自求（得之）9篇，朱绍亭（玉生）、朱绍颐（子期）、王亮采（若予）、徐庆昌（仲蕃）5篇，刘汝霖（雨生）、朱期保（佑之）、王肇元（善之）、李经文（仲纶）4篇，朱桂模（崇峰）、孙怀信（晴帆）、王锡畴（子九）、陈兆榕（子襟）、李淦（仲衡）3篇，甘曾源（紫藩）、哈贤招（聘之）、陈伯龙（子元）、朱性堃（芙峰）、蒋鸣庆、胡光焕（炳四）、李青（颜枝）、孙燹（雪舟）2篇，魏赓元（伯飏）、田晋奎（星文）、谢绪曾（功甫）、顾宜启、许瀚（鹤俦）、谢蕃（小山）、王孝芬（铁崖）、孙德坤、张恒培（然明）、高琳（柳溪）、胡垣、郑嵩龄、贾炳魁1篇。

　　秦际唐，见《金陵惜阴书舍赋钞》。

　　卢鋆、姚兆颐、朱绍亭、朱绍颐、王亮采、刘汝霖、朱桂模、张恒培，见《惜阴书院东斋课艺》。

　　李经文、李淦、李青、魏赓元，见《惜阴书院西斋课艺》。

　　胡垣，《惜阴书院赋课择抄目录甲部》。

　　丁自求（1826—?），字得之，号卯桥，上元人。少奇贫，读书不少辍。生平笃于骨肉，姊嫠无依，养之终身。同治五年（1866）岁贡，候选训导。光绪二年（1876）乡试中式第10名举人。旋卒。[1]

　　徐庆昌，字仲蕃，江宁人。道光二十九年（1849）优贡。性阔落，不屑于理财。家本素封，兵乱后清理故产，为亲族所欺隐，甚至以横逆相加，皆忍受之，以故日贫。课徒自给，孜孜讲诵，即非塾中弟子，以文求诲者，亦必研墨濡毫，应时删润。屡遭家难，抑郁以终。[2]

---

[1]　《清代硃卷集成》第162册，第189页；同治《上江两县志》卷14《科贡》，第290页；同治《续纂江宁府志》卷14之4《人物》，第248页。

[2]　同治《上江两县志》卷14《科贡》，第289页；光绪《金陵通传》补传，第6叶。

朱期保，字佑之，江宁人。咸丰九年（1859）举人。①

王肇元，字善之，上元人。性至孝，持身耿介，熟于经训。道光二十六年（1846）举人。二十九年（1849）水灾，与县丞醵金购饼饵以食饥者。曾馆甘煦（1784—1855）家，课其堂弟元焕（1841—1897）。咸丰末甘煦挈家避乱淮安，肇元亦往依焉。晚年境益窘，犹勤业不辍。卒年七十五。著有《槐堂遗集》。②

王锡畴，字子九，江宁人。同治九年（1870）举人。光绪十五年（1889）官山阳教谕。③

甘曾源，字紫藩，一作子藩，江宁人。同治十二年（1873）人日，与刘寿曾（1837—1881）、刘贵曾（1845—1898）、朱绍颐（1832—1882）、朱绍亭（1837—1915）、秦际唐（1837—1908）、陈作霖（1837—1920）、何延庆（1840—1890）、甘元焕（1841—1897）、甘垲（1838—1895）同集莫愁湖，作挑菜会，以"今日良宴会，欢乐难具陈"拈韵分赋，尚兆山（1835—1883）作《湖上挑菜图》以纪韵事。是年中式拔贡。④

哈贤招（？—1881），字聘之，江宁人。咸丰兵乱，转徙江浙。乱定归里，肄业书院。同治六年（1867）举人，候选教谕。一上春官报罢，遂不复往。客游湖州，校阅书院试卷。卒于浙江。专攻制艺，素不为诗。《清诗纪事》录其诗2句。⑤

陈伯龙，字子元，江宁人。岁贡。光绪十七年（1891）官宿迁教谕。⑥

朱性堃，字芙峰，江宁人。附生。与修《续纂江宁府志》。⑦

蒋鸣庆，字近垣，句容人。同治六年（1867）举人。官广东香山知县，罗定、嘉应知州。清末任江苏省咨议局议员。⑧

田晋奎，字星文，江宁人。光绪五年（1879）举人，试用训导。与修《上江两县志》。⑨

谢绪曾，字功甫，江宁人。同治四年（1865）恩贡。⑩

顾宜启，字初彭，号迪斋，江浦人。道光间贡生。⑪

---

① 同治《上江两县志》卷14《科贡》，第287页。

② 同治《续纂江宁府志》卷14之5《人物》，第253页；民国《续纂山阳县志》卷10《人物》，第77页。

③ 同治《上江两县志》卷14《科贡》，第287页；民国《续纂山阳县志》卷5《职官》，第30页。

④ 甘元焕：《莫愁湖志》，《南京莫愁湖志》，第124页；同治《上江两县志》卷14《科贡》，第290页。

⑤ 陈作霖：《感知己述·哈聘之先生》，《可园文存》卷10，第347页；《清诗纪事·咸丰朝卷》，第11706页。

⑥ 民国《宿迁县志》卷12《职官志上》，第520页。

⑦ 同治《续纂江宁府志》卷首《续纂衔名》，第5页。

⑧ 光绪《金陵通纪》卷4，第8叶；民国《香山县志续编》卷10《宦绩》，第2叶；光绪《嘉应州志》卷首《职名》，第3页；《立宪派与辛亥革命》附录《各省咨议局议员名录》，第258页。

⑨ 光绪《金陵通纪》卷4，第11叶；同治《上江两县志》卷首《采访修纂姓名》，第4页。

⑩ 同治《上江两县志》卷14《科贡》，第290页。

⑪ 《江苏省通志稿·选举志》卷22，第652页；《清人室名别称字号索引（增补本）》乙编，第993页。

　　许瀚，字鹤筹。程鳌（1861—?）受业师。光绪五年（1879）、八年（1882）乡试堂备。绩学，早卒。①

　　高琳，字柳溪，江宁人。诸生。工制艺，从游者颇不乏人。与同县叶经颐（字观其）并称，有"南高北叶"之目。②

　　郑嵩龄（1828—?），字芝岩，号酒舫，上元人，原籍安徽歙县。咸丰八年（1858）顺天乡试举人。同治七年（1868）进士，改庶吉士，十年（1871）散馆授编修。历官山西道、贵州道、河南道监察御史，兵科给事中，吏科掌印给事中，浙江督粮道。③

　　待考者：孙怀信、陈兆榕、胡光焕、孙燨、谢蕃、王孝芬、孙德坤、贾炳魁。

59. 尊经书院课艺二刻

【版本序跋】

　　题"光绪八年岁在壬午（1882）正科八月月中，状元阁爵记李光明家照原本复较重刻印订"，"山长薛慰农先生鉴定，肄业诸生编次"。无序跋。

　　薛慰农（薛时雨），见《崇文书院课艺》。

【课艺内容】

　　制艺34题59篇。有评点。

【作者考略】

　　秦际唐16篇，刘汝霖10篇，姚兆颐6篇，卢釜5篇，朱绍颐、李经文3篇，朱绍亭、时忠荣、王光第2篇，丁自求、陈作霖、贾传芳、陈兆熙（耘芬）、李青、何延庆、甘元焕（建侯）、洪锡畴、侯宗海（杏楼）、陈伯龙1篇。

　　秦际唐、陈兆熙，见《金陵惜阴书舍赋钞》。

　　刘汝霖、姚兆颐、卢釜、朱绍颐、朱绍亭、王光第、陈作霖、何延庆，见《惜阴书院东斋课艺》。

　　李经文、李青、甘元焕、侯宗海，见《惜阴书院西斋课艺》。

　　丁自求、陈伯龙，见《尊经书院课艺》。

　　时忠荣，江宁人。诸生。与修《续纂扬州府志》。④

　　待考者：贾传芳、洪锡畴。

60. 尊经书院课艺三刻

【版本序跋】

　　题"同治十二年岁在癸酉（1873）孟秋月，金陵状元境口状元阁印订发兑"，"山长

---

　　① 《清代硃卷集成》第388册，第89页。

　　② 光绪《金陵通传》续通传，第18叶。

　　③ 《清代官员履历档案全编》第4册，第526、678页；第5册，第50页；《清代人物大事纪年》，第1221页。

　　④ 同治《续纂扬州府志》卷首《职名》，第634页。

薛慰农先生鉴定，肄业诸生编次"。

薛慰农（薛时雨），见《崇文书院课艺》。

薛时雨序云：

> 余忝主尊经书院讲席，五年于兹矣。前编书院课艺，起乙丑（1865）二月讫己巳（1869）十二月，为《初刻》；嗣编庚午（1870）二月讫辛未（1871）十二月，为《二刻》。本届乡试，复编壬申（1872）二月讫癸酉（1873）六月为《三刻》。编既定，坊友请弁言。
>
> 窃惟制艺一道，行之既久，日新月异，而岁不同。习是业者，以揣摩风气为事，摭浮词，袭滥调，雷同剿说，千手一律。揉衡鉴者，又偏执挽回风气之见，以枯率救其浮，以诡秘救其滥，亦不免矫枉过正。今天子右文，明降谕旨，取士一以清真雅正为式，非特可觇学问，抑亦可征人品。盖清者，浊之对，未有气浊而品清者；真者，伪之对，未有言伪而品真者；雅者，俚之对；正者，邪之对，未有俚词邪说而其品雅且正者。多士亦当知所趋向矣。
>
> 时雨以风尘吏起家，身未与承明著作，忝主会垣讲席，时时以不克胜任为惧。平昔论文，一遵今天子清真雅正之旨，不敢立异以鸣高，尤不敢徇伪以要誉。《三刻》之文，其气味之纯驳，功候之浅深，视《初》、《二刻》何如，览者自能辨之，无俟鄙人赘述云。
>
> 同治十二年（1873）七月上浣，全椒薛时雨序。

【课艺内容】

制艺 33 题 110 篇。有评点。

【作者考略】

秦际唐 21 篇，刘汝霖 13 篇，姚兆颐、陈兆熙 9 篇，李经文、甘元焕 5 篇，丁自求、陈作霖、周其新、张恒培 4 篇，谢绪曾、朱绍颐、朱绍亭 3 篇，顾云、韩镇、侯宗海、周嘉朴、郑之涝 2 篇，李淦、龚乃保、郭长年、王家芝、王澄、唐芝荣、马志举、焦贤弼、高琳、王光宾、李海寿、李佩兰、王金淼 1 篇。作者前署"张制军课"、"薛山长课"等。

秦际唐、陈兆熙，见《金陵惜阴书舍赋钞》。

刘汝霖、姚兆颐、陈作霖、张恒培、朱绍颐、朱绍亭、龚乃保、唐芝荣，见《惜阴书院东斋课艺》。

李经文、甘元焕、侯宗海、李淦，见《惜阴书院西斋课艺》。

丁自求、谢绪曾、高琳，见《尊经书院课艺》。

周其新。廪贡生，傅良弼（1861—？）受业师。①

顾云（1846—1906），字子鹏，号石公，上元人。少遭兵乱，避地淮楚间。归里，补县学生。薛时雨（1818—1885）主讲尊经，云师事之，假馆盍山薛庐。园林颇胜，遂得以自娱，不以穷约屑意。晚游吉林，与修省志。事竣，获保教职，选宜兴训导，署常州教

---

① 《清代硃卷集成》第 179 册，第 326 页。

授，非所愿也。生平雅好交游，所至之处，辄识其贤豪。著有《盋山志》、《诗录》、《文录》、《谈艺录》、《天东骊唱集》。①

韩镇，改名诒泰（一作贻泰），字子静、紫苾，江宁人。邑增生。光绪二年（1876）、八年（1882）、十四年（1888）乡试荐卷，十一年（1885）堂备。与王伯恭（？—1921）友善。②

周嘉朴（？—1899），字柳潭，上元人。少避兵如皋，未及冠，舌耕自给。乱定归试，文名噪一时。食廪饩，以学官待铨，困于场屋，援例为光禄寺署正。与修《续纂江宁府志》、《续金陵诗征》。③

郭长年，字延之。廪贡生，孙启泰（1860—？）受业师。④

王澄。同治间优贡。⑤

马志举，上元人。光绪十五年（1889）举人。⑥

焦贤弼，江宁人。光绪五年（1879）恩贡。⑦

李海寿，江宁人。附监生。同治十一年（1872）官南陵县丞。⑧

待考者：郑之涝、王家芝、王光宾、李佩兰、王金淼。

61. 尊经书院课艺四刻

【版本序跋】

题"光绪五年（1879）七月刊成"，"山长薛慰农先生鉴定，肄业诸生编次"。

薛慰农（薛时雨），见《崇文书院课艺》。

有广告页，同《惜阴书院东斋课艺》。

薛时雨序云：

余曩有《尊经初》、《二》、《三刻》之选，海内君子谬相推重，邮简书来以《四刻》讯者月数至。比年自大府以下咸有志于振兴文教，其优异而奖励之者日益厚，士之操所业者日益勤，诸生乃以《四刻》请。予邀其尤，自癸酉（1873）之秋起，至戊寅（1878）之冬止，共得文若干首。既告成，予作而叹曰：

夫文教与士气之盛衰，视乎上为转移，岂不信哉！书院规复于曾文正，今岁星一周矣。院中高材生跻翰苑、绾墨绶者，比比可数；即踬于春秋两试者，揣摩简炼，暂

① 陈作霖：《顾学博别传》，《碑传集补》卷52，第311页；光绪《金陵通传》续通传，第16叶；《江苏艺文志·南京卷》，第983页。

② 《清代硃卷集成》第373册，第132页；《蜷庐随笔·郑祝君》，第85页。

③ 陈作霖：《周柳潭署正诔》，《可园文存》卷12，第430页；邓嘉缉：《诰授中宪大夫光禄寺署正柳潭周先生行状》，《扁善斋文存》卷下，第87页；同治《续纂江宁府志》卷首《续纂衔名》，第4页。

④ 《清代硃卷集成》第173册，第115页。

⑤ 同治《上江两县志》卷14《科贡》，第289页。

⑥ 《江苏省通志稿·选举志》卷14，第323页。

⑦ 《江苏省通志稿·选举志》卷23，第689页。

⑧ 民国《南陵县志》卷17《职官》，第219页。

蹶而气不衰。兼之后进之士，如云而起，月异岁不同。盖上孜孜焉惟教育之务，则士耻为轻俊佻薄，而有鼓箧横经之乐。上下十余年间，所造已如是，则风俗政教之成，可知也。

抑予尤有感焉。穷乡僻壤之士，溺苦于学，无师友讲习，无有力者倡之于上，湮没不彰者比比矣。诸生幸生都会，又得大吏优异而奖励之，宜何如观感兴起，勉为有用之学也耶？

光绪四年岁次著雍摄提格（1878）仲秋既望，全椒薛时雨。

【课艺内容】

六卷，制艺 100 题 316 篇。有评点。

【作者考略】

秦际唐 40 篇，姚兆颐 26 篇，刘汝霖 20 篇，李经文 11 篇，李青 10 篇，陈兆熙、周其新、顾云 8 篇，王光第、方培容、陈作仪、秦汇生 7 篇，朱桂模、李篯、叶文翰 6 篇，张恒培、周嘉朴、陈伯龙、朱绍颐 5 篇，陈光宇、龚乃保、甘元焕、丁自求 4 篇，卢金策、陈作霖、朱绍亭、贾传芳、司马涛、高琳 3 篇，钱贻元、韩镇、焦贤弼、李元寿、严良翰、赵承勋、蒋鸣庆、田晋奎、周嘉杓、刘翼程、李佩兰、许祖劭、孙钺、杨毓斌、王光鑫、郑维翰、方传勋、邓嘉缉 2 篇，韩骧、秦宝铭、孙本初、端木德荣、缪祐孙、郑如杞、甘曾沂、陈传述、林文渊、邓嘉綝、周熙元、郭金波、金遗、冯毓文、侯宗海、龚乃佳、万保廷、卢捷、周钺、胡嘉楣、王光宾、何延庆、王金森、耿宗霖、王澄、王鸿图、柏森、姚桂馨、刘必芳、许焯、谢绪曾、范彬华、陈鸿钧、端木保禄、仇继恒、戴锦江、金开鉴、方瀛、郭长年、李霆、冯汝金、邓嘉缤、陈家驹、陈道南、张承沂、张步蟾、马景涛、郭杰、王兆熊 1 篇。作者前标"薛山长课"、"松观察课"、"蒋太尊课"等。

秦际唐、陈兆熙，见《金陵惜阴书舍赋钞》。

姚兆颐、刘汝霖、王光第、陈作仪、朱桂模、李篯、叶文翰、张恒培、朱绍颐、龚乃保、陈作霖、朱绍亭、钱贻元、严良翰、邓嘉缉、缪祐孙、龚乃佳、何延庆、邓嘉缤，见《惜阴书院东斋课艺》。

李经文、李青、甘元焕、赵承勋、郑维翰、侯宗海、周钺、戴锦江，见《惜阴书院西斋课艺》。

陈伯龙、丁自求、高琳、蒋鸣庆、田晋奎、谢绪曾，见《尊经书院课艺》。

周其新、顾云、周嘉朴、韩镇、焦贤弼、王澄、郭长年，见《尊经书院课艺三刻》。

方培容，字子涵，江宁人。年十五，补诸生。遭乱入江北戎幕，以军功保训导。金陵克复，分纂《上江两县志》、《续纂江宁府志》。曾主江南筹防局文案。光绪十一年（1885）入英俄使臣刘瑞芬（1827—1892）幕。叙劳以州判加同知衔返里，即病风痹。卒年五十八。①

---

① 陈作霖：《方子涵通守传》，《可园文存》卷 11，第 377 页；同治《上江两县志》卷首《采访修纂姓名》，第 4 页；同治《续纂江宁府志》卷首《续纂衔名》，第 4 页。

秦汇生，江宁人。光绪十五年（1889）举人。民国二年（1913）官扬中知事。①

陈光宇（1859—?），字御三，号玉珊，江宁人。光绪十一年（1885）拔贡，十四年（1888）乡试中式第 74 名举人。十五年（1889）会试中式，十六年（1890）补殿试，二甲进士。官编修。大考翰詹，本拟二等第一，有忌之者，谓其轻薄，抑置三等。复为李慈铭（1830—1894）所劾，交院察看。与夏曾佑（1863—1924）同负盛名，又同有枪替之谤。未及中寿而卒。②

卢金策，江宁人，釜（1836—?）子。③

周嘉杓。候选训导周嘉杓，供职于金陵机器制造总局。④ 疑即此人。

刘翼程，江宁人。光绪间贡生。⑤

孙钺，字左军，江宁人。邑廪生。与江维垣（1849—?）友善。⑥

杨毓斌，字爵臣，江宁人。著有《治验论案》二卷，光绪十一年（1885）自序，又有光绪十八年（1892）杨炎昌（1860—1905）序、民国元年（1912）石凌汉（1871—1947）序。⑦

王光鑫，字砺之。庠生。孙启泰（1860—?）受业师。⑧

方传勋（1847—1879），字心斋，江宁人，培厚（? —1848）子。二岁父亡，母殷如琳（1818—1892）授读。金陵城陷，母子避走苏州。十余年后归里，补博士弟子员，食廪饩，举优行，文誉日起。居家授徒，弟子甚众。著有《养云庐诗草》、《养云庐词草》。《词综补遗》录其词 1 首。⑨ 其婿仇埰（1873—1945），辑有《金陵词钞续编》六卷。

韩骧，原名道本，字穆生，江宁人。庠生。官浙江淳安知县。⑩

甘曾沂，江宁人，元焕（1841—1897）子。校勘《建康实录》。⑪

邓嘉缜，字思亭，江宁人，廷桢（1776—1846）孙。附生。与修《续纂江宁府志》。⑫

冯毓文，溧水人。咸丰朝贡生。⑬

---

① 光绪《金陵通纪》卷 4，第 14 叶；《扬中县志·政治编》第 2 章《政权与议政》，第 370 页。

② 《清代硃卷集成》第 386 册，第 75 页；第 177 册，第 371 页；《清朝进士题名录》，第 1224 页；《旧京琐记》卷 6《考试》，第 108 页；《蜷庐随笔·陈御三编修》，第 83 页；龚良：《甲辰挽陈御三》，《野棠轩献酬集》，第 456 页。

③ 《先严行述》。

④ 《中国近代兵器工业档案史料》第 1 册，第 1183 页。

⑤ 《江苏省通志稿·选举志》卷 23，第 689 页。

⑥ 《清代硃卷集成》第 189 册，第 219 页。

⑦ 《中国医籍通考》第 4 卷，第 5134 页。

⑧ 《清代硃卷集成》第 173 册，第 115 页。

⑨ 《江苏艺文志·南京卷》，第 985 页；《淘书随录·江宁方氏遗稿》，第 137 页；《词综补遗》卷 53，第 1985 页。

⑩ 《清代硃卷集成》第 189 册，第 218 页。

⑪ 《建康实录》甘曾沂跋，第 840 页。

⑫ 《清代硃卷集成》第 47 册，第 327 页；同治《续纂江宁府志》卷首《续纂衔名》，第 5 页。

⑬ 《江苏省通志稿·选举志》卷 23，第 672 页。

王金淼，字丽生，江宁人。岁贡生，候选训导。与江维垣（1849—?）友善。①

王鸿图，六合人。参与校刻《汪梅村先生集》。②

姚桂馨，字一山，溧水人。廪生。与修《续选江宁府志》。③

范彬华，字雨泉，江宁人。邑附监生。与江维垣（1849—?）友善。④

仇继恒（1855—1935），号涞之，晚号赘叟，上元人。光绪八年（1882）乡试中式第30名举人。十二年（1886）会试中式第44名，殿试二甲第71名，朝考一等第54名，选庶吉士。散馆授户部主事，外放陕西城固、凤县、合阳知县。调西安总督衙门学务处，创办陕西省第一所高等学堂，任监督。后任江苏咨议局议员、副议长。民国间任南京工程局长、农会会长。著有《陕境汉江流域贸易表》二卷（收入《丛书集成续编》）。⑤

金开鉴，字载之，上元人。毕业于宁属师范学校，后任小学事。⑥

陈家驹，字柏埜，江宁人。增生。陆维炘（1861—?）受业师。⑦

陈道南（1832—1901），字树之，一作澍之，晚号懦夫，江宁人。由郡优廪生中式光绪元年（1875）恩贡，授直隶州州判，改就复设教谕。后在家授徒。著有《香月楼残稿》。⑧

张步蟾，江浦人。同治六年（1867）举人。⑨

马景涛，又名瀛，字海秋，江宁人。岁贡生。淡于进取，潜心经术，尤考究《大戴礼记》及古文篆籀之学。著有《孔子三朝记疏证》、《曾子十篇》、《苍书考证》、《埤苍广苍字训集选》、《太玄经奇字》、《法言异字》、《论孟逸书考证》、《芸香阁诗词》。⑩

余皆待考。

62. 尊经书院五集课艺

【版本序跋】

又名《尊经书院课艺五刻》，题"板存金陵状元境口，一得斋刻书铺刷印"，"山长薛慰农先生鉴定，及门诸子参校"。

薛慰农（薛时雨），见《崇文书院课艺》。

薛时雨序云：

---

① 《清代硃卷集成》第189册，第219页。
② 《汪梅村先生集》卷首《校字姓氏》，第587页。
③ 同治《续纂江宁府志》卷首《续纂衔名》，第4页。
④ 《清代硃卷集成》第189册，第219页。
⑤ 《清代硃卷集成》第57册，第347页；《秦淮志》卷5《人物志》，第37页；《最近官绅履历汇录》第1集，第97页；《韩国钧朋僚函札名人墨迹》，第46；《国学家夏仁虎》，第272页。
⑥ 《庠校怀旧录》，第5页。
⑦ 《清代硃卷集成》第181册，第229页。
⑧ 《香月楼残稿》卷末《懦夫画像赞》、其子陈匪石附志。
⑨ 《江苏省通志稿·选举志》卷14，第313页。
⑩ 光绪《金陵通传》续通传，第17叶。

辛巳（1881）之岁，予构庐乌龙潭之阳，诸生亦筑永今堂息予。其地面山俯潭，景物明瑟。潭久不治，茭葑纵横，水浅盈寸。明年，始集畚揭，荡涤而疏浚焉。又一年，建诸葛忠武、陶靖节祠于潭西之蛇山，杂莳梅竹松柏之属，扶筇探幽，苍翠四合，予顾而乐之。春秋佳日，载酒从游者踵接也。会太守鄞县赵公嘉惠多士，以己卯（1879）迄癸未（1883）课艺续刊为请。予乃召诸生而告之曰：

今夫蹄涔之水，不足以资灌溉也。必去其障，通其流，然后原泉混混，渣滓去而清光来。文之洁净犹是也；今夫濯濯之山，不足以快登眺也，必葱茏而绿缛，幽秀而深邃，然后明靓淡冶之态，顷刻万变。文之藻采犹是也。诸生能知山水之乐，则文境当日进。由是而黄河泰岱，蔚为宇宙之大观，吾乌能测其所至哉！课艺之刻，将传世而行远，诸生其勉旃。

癸未（1883）孟冬，全椒薛时雨序于薛庐之蛰斋。

【课艺内容】

《大学》2 题 6 篇，《中庸》6 题 23 篇，《论语》34 题 110 篇，《孟子》23 题 78 篇。有评点。

【作者考略】

共 217 篇，其中：秦际唐 32 篇，陈光宇 15 篇，顾云、刘汝霖 12 篇，周其新 9 篇，陆春官 7 篇，陈作霖 6 篇，李经文、姚兆颐 5 篇，秦汇生、杨文彦、叶文翰、端木大钧、陈伯龙、刘寿曾、陈作仪、郑廷鉴、李淦、郑维翰 4 篇，甘元焕、程士琦、邓嘉缉、方培容、王光第、李青 3 篇，陆维炘、朱桂模、甘曾沂、汤绳武、胡光焕、周钺、仇继恒、端木承曾、马景涛 2 篇，陈道南、姚敦礼、李篯、贾庆云、陈兆蓉、陈祖亮、龚乃佳、路明昇、龚乃保、杨炎昌、许焯、韩诒泰（原名镇）、陶舜臣、张恒培、冯煦、黄长泰、金还、秦汝式、周嘉朴、吴嘉淦、万宗琦、夏仁瑞、赵承勋、张步蟾、田曾、张承沂、侯宗海、江肇垣、徐宗绩、伍元芝、姚佩珩、周嘉楫、王光鑫、郭杰、孙绥昌、孙钺、周嘉杓、朱培元 1 篇。作者前标"薛山长课"、"吴制军课"、"德观察课"等。

秦际唐，见《金陵惜阴书舍赋钞》。

刘汝霖、陈作霖、姚兆颐、叶文翰、刘寿曾、陈作仪、邓嘉缉、王光第、朱桂模、李篯、龚乃佳、龚乃保、张恒培、冯煦，见《惜阴书院东斋课艺》。

李经文、李淦、郑维翰、甘元焕、李青、周钺、金还、赵承勋、侯宗海、江肇垣、姚佩珩，见《惜阴书院西斋课艺》。

陈伯龙，见《尊经书院课艺》。

顾云、周其新、韩诒泰（韩镇）、周嘉朴，见《尊经书院课艺三刻》。

陈光宇、秦汇生、方培容、甘曾沂、仇继恒、马景涛、陈道南、张步蟾、王光鑫、孙钺、周嘉杓，见《尊经书院课艺四刻》。

陆春官（1858—1906）①，谱名祖望，字春生，一作椿生，号悔庵，江宁人。与仇继恒（1855—1935）幼同砚席。性不喜帖括，以家贫，亲老仰膏火自给，每月院课，为文

---

① 生于咸丰七年十二月十四日，公历已入 1858 年。

十数卷，至夜分始辍，以是羸弱。光绪八年（1882）优贡第 6 名，乡试中式第 74 名举人，覆试一等第 69 名。二十年（1894）会试挑取誊录第 1 名。二十四年（1898）会试中式第 92 名，殿试三甲第 155 名，朝考入选，即用知县，签掣广东，告近改安徽。听鼓未一年，即以母老告归。著有《陔余杂著》、《思过轩日记》。①

杨文彦，江宁人。光绪五年（1879）举人。②

程士琦，字竹吾，江宁人。诸生。生有至性，母早丧，鞠于祖母家。极贫，每食或薄糜杂芜菁，必述里门可笑事，以博祖母欢。生平持守严，非其义一介不取。潜心宋儒之学，俄以咯血卒。年甫二十四。③

陆维炘（1861—?），字芥尘、价臣，号镜蓉，上元人。光绪十五年（1889）乡试中式第 110 名举人，二十八年（1902）官南乐知县。④

姚敦礼，字崇阶。廪生。与修《溧水县志》。⑤

贾庆云，字复庵。程鳖（1861—?）受业师。⑥

陈祖亮，字采卿，上元人。耆学工诗，随父宦浙，春秋佳日，辄吟咏湖山之胜。光绪十五年（1889）副贡。性兀傲，境益困，终日以诗酒自遣。著有《蛰窠近稿》一卷。⑦

杨炎昌（1860—1905），字钟武，号少农，一作劭农，江宁人。少劬于学，为文似史迁，吴汝纶（1840—1903）谓其才可驾管（同）并梅（曾亮）。光绪二十三年（1897）解元。连赴礼部试，不利。应邓嘉缉（1845—1909）之荐，为萧县书院山长。又应梁鼎芬（1859—1920）之招赴鄂，主道府两师范学堂讲席。卒于武昌。弟熙昌（1865—1919）为之辑《为溪斋诗集》二卷。⑧

万宗琦，字慕韩，江宁人。著有《尚书说》一卷。《金陵后湖志》录其《玄武湖怀古》诗。⑨

夏仁瑞（1858—1920），字蔼如，号谂痴，别号江东生，江宁人，岂（1795—1862）孙。光绪八年（1882）顺天乡试挑取誊录，二十年（1894）乡试中式第 85 名举人。三十二年（1906）江南商务局创办半月刊《南洋商务报》，仁瑞与陈嘉淮（字仲馥）、梁棻（1865—1927）等为主笔。宣统元年（1909）任江苏省咨议局调查员。民国七年（1918）任北京政府海军司令公署书记官，卒于官。诗文与周钺（1857—?）、姚佩珩（字璧垣）齐名。著有《摩兜坚室诗文集》、《摩兜坚室词集》。《清诗纪事》录其诗 1 首。⑩

---

① 《清代硃卷集成》第 86 册，第 351 页；蒋国榜：《陆椿生先生传》，《陔余杂著》卷首，第 663 页。
② 光绪《金陵通纪》卷 4，第 11 叶。
③ 光绪《金陵通传》卷 44，第 10 叶。
④ 《清代硃卷集成》第 181 册，第 227 页；光绪《南乐县志》卷 3《志官师》，11 叶。
⑤ 光绪《溧水县志》卷首《纂修职衔姓名》，第 232 页。
⑥ 《清代硃卷集成》第 388 册，第 89 页。
⑦ 光绪《金陵通传》补传，第 3 叶。
⑧ 杨国镇：《先君事略》，《为溪斋诗集》卷末。
⑨ 《金陵后湖志》，第 59 页；《清史稿艺文志拾遗》，第 54 页。
⑩ 《清代硃卷集成》第 194 册，第 61 页；《中国近代期刊篇目汇录》第 2 卷中册，第 1909 页；《民呼、民吁、民立报选辑（1909.5—1910.12）》，第 109 页；《中国近代海军职官表》，第 93 页；《江苏艺文志·南京卷》，第 1010 页；《清诗纪事·光宣朝卷》，第 14191 页。

田曾（1856—1887），字撰异，上元人。诸生。师事汪士铎（1802—1889）。幕游台湾，卒于基隆。所作多散佚，张士珩（1857—1917）为刊遗文。①

伍元芝（1865—1923），字兰荪，号忻甫，上元人。光绪十五年（1889）乡试中式第155名举人。十八年（1892）会试中式第39名，殿试三甲第92名，朝考二等第86名，授内阁中书。历官主事，外放浙江。二十七年（1901）浙江武备学堂成立，元芝为首任总办，在学堂大厅撰联云："十年教训，君子成军，溯数千载祖雨宗风，再造英雄于越地；九世复仇，春秋之义，愿尔多士修鳞养爪，毋忘寇盗满中原。"民国间入清史馆，任文牍科长。②

孙绶昌，字小石，江宁人。光绪十三年（1887）《金陵诗征》刊成，翁长森（1857—1914）等邀集同志祭诗于荔簃之薛庐，与会者35人，绶昌与焉。③ 陈作霖《岁暮感逝诗三十四首·孙小石上舍绶昌》："生长豪华场，嗜好与众别。干禄一卷文，呕肝几斗血。赏音生不逢，名心死犹热。曙后只孤星，未随云变灭（无子有女）。"④

待考者：端木大钧、郑廷鉴、汤绳武、胡光焕、端木承曾、陈兆蓉、路明昇、许焯、陶舜臣、黄长泰、秦汝式、吴嘉淦、张承沂、徐宗绩、周嘉楫、郭杰、朱培元。

63. 尊经书院六集课艺

【版本序跋】

题"板存金陵状元境口，一得斋刻书铺刷印"，"山长薛慰农先生鉴定，及门诸子参校"。无序跋。

薛慰农（薛时雨），见《崇文书院课艺》。

【课艺内容】

《论语》10题41篇，《大学》1题6篇，《中庸》6题20篇，《孟子》17题53篇。有评点。

【作者考略】

共120篇，其中：秦际唐17篇，陈光宇14篇，孙绶昌6篇，陆春官5篇，李经文、徐宗绩4篇，姚兆颐、汤绳武、金还、路明昇3篇，戴玉成、周其新、端木大钧、陈光第、陈汝恭、陈祖亮、许长龄、秦汇生、魏家骅、程佑孙、伍元芝、陈作霖2篇，陶必成、陈作仪、黄长泰、甘元焕、卢金策、朱桂模、祝廷熙、端木承曾、周嘉朴、万宗琦、马长儒、王光第、许焯、石文卿、姚元寿、郑廷鉴、甘曾沂、甘钊、周钺、郑骧、邢俊、濮人骧、叶文翰、杨文彦、翁长森、杨毓斌、姚佩珩、王钟、朱凤翔、谌自富、卢金章、

①　张士珩：《田撰异家传》，《弢楼遗集》卷中，第347页；顾云：《田上舍传》，《盋山文录》卷6，第712页。

②　《清代硃卷集成》第182册，第209页；第74册，第229页；《清史述闻》卷5，第86页；杨大业：《明清回族进士考略》，《商鸿逵教授逝世十周年纪念论文集》，第113页。

③　陈作霖：《荔簃祭诗记》，《可园文存》卷8，第263页。

④　《可园诗存》卷20，第9叶。

朱培元、陈兆蓉、顾云 1 篇。作者前标"薛山长课"、"赵太尊课"、"德观察课"等。

秦际唐，见《金陵惜阴书舍赋钞》。

姚兆颐、陈作霖、陈作仪、朱桂模、王光第、郑骧、叶文翰，见《惜阴书院东斋课艺》。

李经文、金还、甘元焕、周钺、姚佩珩，见《惜阴书院西斋课艺》。

周其新、周嘉朴、顾云，见《尊经书院课艺三刻》。

陈光宇、秦汇生、卢金策、甘曾沂、杨毓斌，见《尊经书院课艺四刻》。

孙绶昌、陆春官、陈祖亮、伍元芝、万宗琦、杨文彦，见《尊经书院五集课艺》。

陈光第，江宁人，光宇（1860—?）弟。廪膳生。① 《清代诗文集总目提要》、《清人别集总目》著录《癸未文课》一卷，光绪九年（1883）稿本，作者陈光第。② 疑即此人。

陈汝恭（?—1907），字子寿，句容人，立（1809—1869）子。肄业江阴南菁书院，黄以周（1828—1899）深器之。入淮南书局，与莫绳孙（1844—1919 后）、汪宗沂（1837—1906）最契合。校刊其尊人所撰《公羊疏证》，考订精审。光绪二十六年（1900），江鄂两省开南洋编译官书局于金陵，以备学堂之用，延汝恭为分纂。二十八年（1902）以岁贡生官甘泉训导。三十三年（1907）选高邮训导，未到任而卒。③

许长龄（?—1916），字石生，江宁人。光绪十五年（1885）举人。宣统元年（1909）官双流知县。民国四年（1915）官丰都知事。五年（1916）被川东起义军第四支队处死。④

魏家骅（1863—1932），字梅村、梅荪、景皋、员辰，晚号刚长居士，江宁人。少从冯煦（1844—1927）游。光绪十一年（1885）副取优生第 4 名。十四年（1888）优贡第 2 名，朝考一等，录用知县。十七年（1891）乡试中式第 3 名举人。二十四年（1898）会试中式第 50 名，覆试一等，殿试二甲第 3 名，选庶吉士。请假南归，佐凤阳知府冯煦赈灾，与修《凤阳府志》。二十九年（1903）散馆授编修，考取经济特科。历官山东学务处提调、东昌知府、云南督署总文案、迤东兵备道、提法使、迤西兵备道。辛亥后家居念佛，从事慈善。⑤

程佑孙，字子谦，江宁人，寄籍婺源。光绪十一年（1885）拔贡。⑥

陶必成（1863—1885），字价侯，江宁人。诸生。笃于内行。父多病，侍之惟谨。居母丧，以毁卒。⑦

---

① 《清代硃卷集成》第 177 册，第 372 页。

② 《清人诗文集总目提要》，第 1689 页；《清人别集总目》，第 1277 页。

③ 光绪《金陵通传》续通传，第 17 叶；民国《甘泉县续志》卷 16《职官表》，第 498 页；民国《三续高邮州志》卷 3《秩官志》，第 376 页。

④ 《江苏省通志稿·选举志》卷 14，第 323 页；民国《双流县志》卷 2《职官志》，第 79 叶；《丰都县志》，第 13、393 页。

⑤ 《清代硃卷集成》第 371 册，第 345 页；第 86 册，第 171 页；魏家骅：《刚长居士自述》，《江宁碑传初辑》，第 16 页；《清代人物大事纪年》，第 1736 页；光绪《凤阳府志》卷首《修志姓氏》，第 3 页。

⑥ 民国《重修婺源县志》卷 16《选举四》，第 19 叶。

⑦ 顾云：《陶生墓志铭》，《盍山文录》卷 7，第 724 页；光绪《金陵通传》卷 4，第 11 叶。

祝廷熙。宣统二年（1910）任江宁城自治公所副董。①

马长儒，字子英，江宁人。诸生。著有《湘游草》。参与校对《常州先哲遗书》。②

石文卿，上元人。其父恩元，副贡生，阵亡。同治六年（1867），文卿承袭世职。③

姚元寿。《周忠介公遗墨》卷首有汪士铎（1802—1889）、姚元寿、冯煦（1844—1927）、顾云（1846—1906）、张士珩（1857—1917）等题词。④

濮人骥，江宁人。光绪十四年（1888）举人。江宁官立中学堂教员。⑤

翁长森（1857—1914），字铁梅，江宁人。父谦，官秀水知县。长森学制艺于侯宗海（字杏楼），学诗赋于龚坦（1807—1890），学古文于汪士铎（1802—1889）。既补诸生，屡试不售。援例为知县，分省浙江，历官安吉、临海、云和、镇海、奉化、新城。以积劳保升知府，盐运使衔。宣统二年（1910）乞病，归阅四年而卒。储书极富，尤留意乡邦掌故，辑有《金陵丛书》、《石城七子诗钞》。⑥

朱凤翔。江都朱凤翔，光绪七年（1881）附生。⑦ 未知是否即此人。

待考者：徐宗绩、汤绳武、路明昇、戴玉成、端木大钧、黄长泰、端木承曾、许焯、郑廷鉴、甘钊、邢俊、王钟、谌自富、卢金章、朱培元、陈兆蓉。

64. 尊经书院课艺七刻

【版本序跋】

题"山长卢云谷先生鉴定，及门诸子参校"。

卢云谷（卢鉴），见《惜阴书院东斋课艺》。

有广告页，云："江南城聚宝门三山街大功坊郭家巷内秦状元巷中李光明庄，自梓童蒙各种读本，拣选重料纸张装订，又分铺状元境口状元阁发售，实价有单"，"状元阁爵记印"。

卢鉴序云：

【略】金陵戡定后，曾文正师首以作育人材为务，先后延主尊经讲席者，为乌程周先生缦云、全椒薛先生慰农。鉴尝从两先生游，而受知于慰农先生为深。癸未（1883）春，鉴自滇乞养归，犹朝夕晤先生于薛庐。间谈及经义，如曩昔问业时，先生亦过许鉴为深知此中甘苦。

逾一年，先生捐馆舍，曾沅圃爵帅聘鉴承其乏。自维骀钝，不克副知遇，以勉继先生教育之道，又义不获辞，惟举曩日所熟闻于先生之言之旨，与诸君子相切劘。其中少年有志之士，亦勃焉奋兴，为文日新月异而岁不同，较前六刻之文，体制一新。以此见诸君子不屑剿说雷同，惟陈言之务去，而于风气亦无背焉。则岂惟不失惜抱先

① 《抗战前国家建设史料：首都建设（三）》，《革命文献》第93辑，第86页。
② 《江苏艺文志·南京卷》，第1005页；《诗传旁通》卷首《常州先哲遗书在事诸君姓氏》。
③ 《李鸿章全集》3《奏议三》，第19页。
④ 陈去病：《周忠介公遗墨卷题词》、《又跋》，《陈去病诗文集》上编，第250页。
⑤ 光绪《金陵通纪》卷4，第13叶；《中国近代学制史料》第2辑上册，第516页。
⑥ 陈作霖：《翁明府传》，《碑传集补》卷26，第647页。
⑦ 民国《江都县续志》卷16《学校考》，第225页。

生善经义之意，由此进而益上，卓然成一家言，可和其声以鸣国家之盛矣。今年夏，同人谋以课文付梓，以鉴为粗知经义也，乞弁言于其简端，用叙其崖略如此。

　　时光绪十五年（1889）六月初伏日，江宁卢鉴序。

【课艺内容】

　　《论语》33 题 64 篇，《学》《庸》14 题 22 篇，《孟子》33 题 58 篇。有评点。

【作者考略】

　　共 144 篇，其中：秦际唐（伯虞）15 篇，陆维炘（价臣）8 篇，陈光宇（御三）、许长龄（石生）7 篇，陆春官（椿生）、卢金策（献廷）6 篇，周钺（左庵）、顾云（子鹏）4 篇，秦汇生（子漾）、郑维翰（季申）、陈光第（子笙）、姚佩珩（璧垣）、程祥起（凤生）3 篇，侯巽（健伯）、沈厚圻（受之）、端木沆（伯平）、施作霖（震卿）、周其新（铭臣）、郑维驹（场伯）、魏家骅（梅村）、黄宗泽（衍长）、陈作仪（凤笙）、张学曾（伯鲁）、袁国兴（竹盦）、孙绶昌（小石）、杨炎昌（少农）、祝廷熙（成之）、汤绳武、夏仁瑞（蔼如）、吴鸣麒（麐伯）2 篇，陈嘉湉（仲绂）、陈伯龙（子元）、王恩纶（小川）、伍元芝（兰荪）、金世和、黄以震、李经文（仲纶）、张承沂（希贤）、孙启泰（叔平）、叶文翰（墨林）、周润章（丽生）、龚乃保（艾堂）、承厚（似村）、秦宝瑶（谷村）、顾赐儒（席珍）、王光鑫、范锡赢、叶文铨（仲衡）、濮人骥（幼实）、魏登、程佑孙（子谦）、吴嘉淦（小山）、陈有霖（子青）、刘文煜（荩臣）、金还（仍珠）、叶廷琦（少堂）、马志举（季厚）、姚中戊（蔼春）、陈传述（绍闻）、刘显曾（诚甫）、朱培元（植三）、傅良弼、仇继恒（涞之）、朱澄、殷玉璋、杨文彦（竹淇）、程金榜、郑思惠（冶桥）1 篇。作者前标"田观察课"、"卢山长课"、"梁方伯课"等。

　　秦际唐，见《金陵惜阴书舍赋钞》。

　　陈作仪、叶文翰、龚乃保、刘显曾，见《惜阴书院东斋课艺》。

　　周钺、郑维翰、姚佩珩、李经文、金还，见《惜阴书院西斋课艺》。

　　侯巽、施作霖，见《惜阴书院课艺》。

　　陈伯龙，见《尊经书院课艺》。

　　顾云、周其新、马志举，见《尊经书院课艺三刻》。

　　陈光宇、卢金策、秦汇生、王光鑫、仇继恒，见《尊经书院课艺四刻》。

　　陆维炘、陆春官、孙绶昌、杨炎昌、夏仁瑞、伍元芝、杨文彦，见《尊经书院五集课艺》。

　　许长龄、陈光第、魏家骅、祝廷熙、濮人骥、程佑孙，见《尊经书院六集课艺》。

　　程祥起，字凤生，上元人。廪生。早卒。著有《桐花书屋诗文稿》。①

　　沈厚圻，字受之，江宁人。光绪十一年（1885）张謇（1853—1926）至江宁，为孙云锦（1821—1892）襄校府试卷，拔厚圻。十七年（1891）中式举人。②

---

　　① 光绪《金陵通传》续通传，第 20 叶；《江苏艺文志·南京卷》，第 965 页。

　　② 张謇：《啬翁自订年谱》，《张謇全集》第 6 卷，第 846 页；光绪《金陵通纪》卷 4，第 14 叶。

端木沆，字伯坪，江宁人。贡生，候选训导。著有《闲园诗文集》。①

黄宗泽（1863—？），字衍长，号述孙，上元人。光绪十五年（1889）中式第52名举人。十六年（1890）会试荐卷，直隶州州同。②

张学曾，字伯鲁，江宁人。诸生。早卒。③

袁国兴，字竺盦，江宁人。光绪十五年（1889）举人。屡试礼闱不售，以誊录议叙知县，分发河南。初由高等学堂国文教习办理全省学务处，后官临颍、固始知县。闻汴省独立，遂投劾归。未几，卒于上海旅次。④

吴鸣麒（1861—？），字麐伯，号蘧盦、蘧然，上元人，双（1800—？）侄。光绪十五年（1889）乡试中式第28名举人。官江西彭泽知县。著有《蘧然觉斋诗集》。《词综补遗》录其词1首。⑤

陈嘉滢，字仲馥，一作仲绂、仲戠。贡生。《南洋商务报》主笔之一。《清诗纪事》录其"六市繁华蹂铁马，一军精锐化沙虫"句。⑥

王恩纶（1865—？），字筱川、绥青，江宁人。光绪二十三年（1897）乡试中式第95名举人。⑦

金世和，字煦生，以字行，江宁人。清末任《新闻报》总编辑、湖北宜昌知府。后任教于上海伊斯兰师范学校。⑧《清真大学》有"辛未（1931）季夏金陵金世和序"。⑨

孙启泰（1860—？），字瞿仙，号叔平、束平，江宁人。光绪十一年（1885）拔贡第2名，乡试中式第31名举人。四上春官，累试不第。以誊录送会典馆，议叙得知县，分发浙江。历官宁海、太平、东阳、兰溪知县，直隶巡防营务处、淮军银钱所会办，天津厘金局、习艺所总办。民国间官浙江瓯海道道尹、闽海关监督。⑩

周润章，上元人。光绪十五年（1889）举人。⑪

承厚，江宁驻防。光绪十七年（1891）举人。⑫

秦宝瑶，江宁人。光绪二十九年（1903）举人。⑬

---

① 《江苏艺文志·南京卷》，第1020页。

② 《清代硃卷集成》第180册，第89页；第201册，第229页。

③ 光绪《金陵通传》续通传，第20叶。

④ 光绪《金陵通传》续通传，第11叶。

⑤ 《清代硃卷集成》第179册，第337页；《词综补遗》卷9，第358页。

⑥ 《中国近代期刊篇目汇录》第2卷中册，第1909页；《清诗纪事·光宣朝卷》，第14387页。

⑦ 《清代硃卷集成》第199册，第287页。

⑧ 《中国新闻传播史》，第45页；张常武：《辛亥革命在宜昌》，《湖北文史资料》2001年第3期，第58页；张志诚：《20世纪初上海伊斯兰教学术文化团体——中国回教学会》，《回族研究》1992年第3期，第85页。

⑨ 《正教真诠　清真大学　希真正答》，第227页。

⑩ 孙启泰：《孙叔平自述》，《江宁碑传初集》，第18页；《清代硃卷集成》第173册，第113页；《清代官员履历档案》第8册，第106页。

⑪ 光绪《金陵通纪》卷4，第14叶。

⑫ 光绪《金陵通纪》卷4，第14叶。

⑬ 光绪《金陵通纪》卷4，第16叶。

顾赐儒，字席珍，江宁人。光绪十四年（1888）举人。官安徽巡警道。①

叶文铨，江宁人。光绪十四年（1888）举人，十六年（1890）进士。②

陈有霖，字子青，江宁人。诸生。工分隶。③

刘文煜，字镜澄，上元人。光绪二十九年（1903）举人。官知县、山东学务局提调、京师警察厅秘书、参议院议员。④

叶廷琦，字少堂，上元人。光绪十九年（1893）举人。江南中等商业学堂国文教员。民国间曾为江宁省文庙洒扫会副理事。⑤

傅良弼（1861—?），字筑邕，号銮坡、瘦荪，安徽广德人。光绪十五年（1889）乡试中式第26名举人，二十四年（1898）会试中式第53名。⑥ 检《明清进士题名碑录索引》《清朝进士题名录》，皆无傅良弼（另有良弼，榜名傅良弼，同治十年进士，非同一人），当未与殿试。

程金榜，字仲铭，江宁人，金鉴（字伯衡）弟。诸生。性孤介，耆读书，立志不娶，恐纷淆学业。其笃志潜修，尤人所难能，非矫情绝欲者可比。年仅及艾而卒。⑦

郑思惠，江宁人。光绪十四年（1888）举人。⑧

待考者：郑维驹、汤绳武、黄以震、张承沂、范锡赢、魏登、吴嘉淦、姚中戊、陈传述、朱培元、朱澄、殷玉璋。

65. 续选尊经课艺

【版本序跋】

题"光绪己丑（1889）上海珍艺书局校印"，"山长卢云谷先生选定，及门诸子参校"。

卢云谷（卢鉴），见《惜阴书院东斋课艺》。

卢鉴序，同《尊经书院课艺七刻序》。

【课艺内容】

《论语》57题162篇，《学》《庸》17题51篇，《孟子》52题139篇。有评点。

【作者考略】

共352篇，其中：秦汇生（子潆）、陆维炘（价臣）、陆春官（椿生）13篇，卢金策（献廷）12篇，许长龄、姚佩珩（璧垣）11篇，陈光宇（御三）、秦际唐（伯虞）10篇，

① 光绪《金陵通纪》卷4，第13叶；《秦淮感逝》，第8页。
② 《江苏省通志稿·选举志》卷14、卷6，第322、154页；
③ 《皇清书史》卷9，第287页。
④ 《江苏省通志稿·选举志》卷14，第330页；《最近官绅履历汇录》第1集，第307页。
⑤ 《江苏省通志稿·选举志》卷14，第325页；《中国近代教育史资料汇编·实业教育、师范教育》，第167页；《中华民国史档案资料汇编》第5辑第1编《文化》，第553页。
⑥ 《清代硃卷集成》第179册，第323页。
⑦ 光绪《金陵通传》补传，第6叶。
⑧ 光绪《金陵通纪》卷4，第13叶。

金还（仍珠）、周铖（左麾）8 篇，陈光第（子笙）7 篇，魏家骅（梅村）、陈伯龙（子元）6 篇，郑维翰（季申）、夏仁瑞（蔼如）、叶文翰（墨林）、秦宝瑶（谷村）、郑维驹（场伯）、吴鸣麒（麐伯）5 篇，端木沆（伯平）、马志举（季厚）、徐宗绩（亮功）、顾云（子鹏）、陈作仪（凤生）、刘国桢 4 篇，侯巽（健伯）、王恩纶（小川）、伍元芝（兰荪）、沈厚圻、孙绶昌（小石）、朱培元（植三）、朱兰芳、龚乃保（艾堂）、王光鑫（砺之）、祝廷熙（成之）、张承沂（希贤）、万宗琦（慕韩）、孙启泰（叔平）、马长儒（云林）、杨炎昌（少农）、袁国兴（竹盦）、汤绳武 3 篇，周鼎彝（凤笙）、郑思惠（治乔）、施作霭（震卿）、李经文（仲纶）、杨熙昌（敬孙）、黄宗泽、葛贤奎（星垣）、卢重祐、张大咸（虎臣）、朱澄、韩贻泰（紫苓）、王镛（韵笙）、程祥起（凤生）、吴嘉淦、程金榜、何步瀛（小云）、陈奎源 2 篇，双庆、王顺卿、陈嘉淮（仲绂）、沈寿彭（述斋）、壬林、陈周、王治乾（虎臣）、万宗瑗（梦蘧）、金世和、黄以震、周鸿恩、查富棣（慕初）、韩兆鸿（渐仪）、李永龄（鹤篇）、许鹤群、章守曾（劲伯）、李汝霖（仲平）、龚乃侃（植庵）、夏源（观澜）、陈鸿昌、李佩兰（心畲）、徐培元、李镜清、孙绍康、王鸿图（卿云）、周润章（丽生）、陈咏兰（叔侯）、方培松、王朝俊（毓文）、王德楷（木斋）、承厚、金开鉴（载之）、韩钊（子勋）、方骧、顾赐儒、夏庆复（文之）、鲍宗瀛、郑灿勋、范锡瀛、孙钺（左军）、王钟（毓笙）、叶文铨（仲衡）、张光烈、濮人骧（幼实）、彭鸿年（卓筠）、路明昇（平甫）、江维垣（师城）、汪金照、黄长泰（阶平）、刘子云、龚乃佳（蔗轩）、魏登、朱光华、程金鉴（伯珩）、积广、程佑孙、程元铠、端木锡畴、陈有霖、张敦敏、郑湘、郭钧（翰章）、刘文煜、程鳌（松翘）、洪兴仁、戴玉成（达泉）、王光焘、叶廷琦（少堂）、韩留谏、汪汝燮（调之）、徐家驹、陈传述、刘显曾（诚甫）、汪在滋、张学曾（伯鲁）、厚恩、瑞成、仇继恒、胡德林、汪瑞麟、陈祖亮、殷玉璋、杨文彦（竹淇）、范一桐（亦鹤）、王有霖 1 篇。正文中作者前标注"卢山长课"、"田观察课"等。

秦际唐，见《金陵惜阴书舍赋钞》。

叶文翰、陈作仪、龚乃保、龚乃佳、刘显曾，见《惜阴书院东斋课艺》。

姚佩珩、金还、周铖、郑维翰、刘国桢、李经文，见《惜阴书院西斋课艺》。

侯巽、施作霭，见《惜阴书院课艺》。

陈伯龙，见《尊经书院课艺》。

马志举、顾云、韩贻泰（韩诒泰），见《尊经书院课艺三刻》。

秦汇生、卢金策、陈光宇、王光鑫、王鸿图、金开鉴、孙钺、仇继恒，见《尊经书院课艺四刻》。

陆维炘、陆春官、夏仁瑞、伍元芝、孙绶昌、万宗琦、杨炎昌、陈祖亮、杨文彦，见《尊经书院五集课艺》。

许长龄、陈光第、魏家骅、祝廷熙、马长儒、濮人骧、程佑孙，见《尊经书院六集课艺》。

秦宝瑶、吴鸣麒、端木沆、王恩纶、沈厚圻、孙启泰、袁国兴、郑思惠、黄宗泽、程祥起、程金榜、陈嘉淮、金世和、周润章、承厚、顾赐儒、叶文铨、陈有霖、刘文煜、叶廷琦、张学曾，见《尊经书院课艺七刻》。

　　周鼎彝，江宁人。廪贡。光绪二十年（1894）官甘泉训导。①

　　杨熙昌（1865—1919），字缉庵，炎昌（1860—1905）弟，江宁人。光绪二十八年（1902）举人。以母老，无志仕进。历任元宁县学堂堂长、暨南学堂（暨南大学前身）堂长、民国法政大学教授、江苏省立第一女师和第四师范讲席。著有《晞骥斋诗文集》。②

　　何步瀛，字筱云，号寄寰，江宁人。优贡，候选教谕。光绪二十四年（1898）任明算学堂教习。著有《寄寰草庐算稿》、《金陵中祀乐谱考正》。③

　　王治乾，江宁人。参与校勘《汪梅村先生集》。④

　　查富棣（1864—?），字仲萼，号慕初，安徽泾县人。光绪十一年（1885）乡试中式第89名举人。⑤

　　韩兆鸿（1869—?），字孟飞，号渐仪，江宁人，镇（字子静）、钊（字子勋）侄。光绪二十六年（1900）优贡第1名。历官上犹知县，浮梁、万载、南昌知事，江西烟酒事务局局长。⑥

　　李永龄，江宁人。短身伛偻，草尤奇纵如龙蛇，俗传其书能辟邪。⑦

　　孙绍康，丹徒人。附生。与修《三续高邮州志》。⑧

　　王德楷（1866—1927），字木斋，上元人。光绪二十三年（1897）副贡。曾客湘抚幕。著有《娱生轩词》。《词综补遗》录其词2首。《中国近代文学大系》录其词4首。⑨

　　韩钊，字子勋，号敦甫，江宁人，镇（字子静）弟。附贡生。光禄寺署正。⑩

　　江维垣（1849—?），字师臣，号春波，江宁人。光绪十九年（1893）乡试中式第123名举人。⑪

　　程金鉴，字伯衡，江宁人。以恩贡就职州判，分发江西。委查南安、赣州二府学堂，遂留大庾办埋东城警察。累保以直隶州用，署玉山知县，调补宁都州同。未几，革命事起，遂归，卒于家。⑫

　　积广，江宁驻防。同治九年（1870）举人。⑬

————————————

　　①　民国《甘泉县续志》卷16《职官表》，第498页。
　　②　杨国镇：《先君事略》，《为溪斋诗集》卷末。
　　③　《中国近现代人物名号大辞典（续编）》，第125页；《江苏艺文志·南京卷》，第995页。
　　④　《汪梅村先生集》卷首《校字姓氏》，第587页。
　　⑤　《清代硃卷集成》第174册，第383页。
　　⑥　《清代硃卷集成》第373册，第131页；《宣统三年冬季职官录》，第1085页；《浮梁县志》第5篇《政权》，第181页；《政府公报》1919年8月26日第1277号，第146册，第609页；《政府公报》1923年9月29日第2711号，第202册，第944页；《烟酒税史》附录一，第17页。
　　⑦　光绪《金陵通传》卷28，第14叶。
　　⑧　民国《三续高邮州志》卷首《纂辑姓名》，第244页。
　　⑨　王澄：《娱生轩词序》，《冬饮庐文稿》，第1页；《词综补遗》卷38，第1428页；《中国近代文学大系》第4集第15卷《诗词集二》，第783页。
　　⑩　《清代硃卷集成》第373册，第132页。
　　⑪　《清代硃卷集成》第189册，第215页。
　　⑫　光绪《金陵通传》补传，第6叶。
　　⑬　《江苏省通志稿·选举志》卷14，第315页。

张敦敏，江宁人。咸丰十一年（1861）举人。①

程鳌（1861—?），字冠山，号松翘，江宁人。光绪二十三年（1897）拔贡第 1 名。②

汪汝爕，字调之。与范希曾（1899—1930）等应柳诒徵（1880—1956）之邀，参与编订《国学图书馆图书总目》。著有《江苏书征初稿》、《陶风楼藏书画目》。③

余皆待考。

66. 钟山书院课艺初选

【书院简介】

江宁钟山书院，清雍正元年（1723）创办，明年建成。道光九年（1829）增修。咸丰三年（1853）毁，同治四年（1865）重建，光绪七年（1881）扩建。二十九年（1903）改为江南高等学堂。④

【版本序跋】

题"光绪四年（1878）辜月刊成"，"山长李小湖先生鉴定，肄业诸生校字"。

李联琇（1821—1878）⑤，字季莹，号小湖，江西临川人，秉礼（1748—1830）孙，宗瀚（1769—1831）子。道光二十年（1840）乡试中式第 3 名举人。二十五年（1845）进士，选庶吉士，散馆授编修。历官国史馆协修、侍讲学士、侍读学士、国子监祭酒、福建学政、大理寺卿、江苏学政。历主南通师山、南京钟山、惜阴书院。著有《好云楼初集》、《好云楼二集》、《采风札记》。⑥

有广告页，同《惜阴书院东斋课艺》。

孙锵鸣序云：

> 丙子（1876）秋，余省兄至鄂，复相随至金陵。戊寅（1878）正月，膺钟山讲席之聘。自维衰堕，又以我兄官于此土，在嫌疑之际，辞之弗获。
>
> 既入院，诸生以故事选刻课艺请，盖书院之复于是十有四年矣。自前制军曾文正公削平大难，首以兴学训士为务，继此者皆能体文正之心为心，有加无已。所以不数载间，群士鼓舞振起，而人文之盛，悉如曩时。今诸生之有此请，宜也。
>
> 前院长李小湖大理手选九十有八篇，起同治四年（1865）尽八年（1869），专就斋课择而录之，欲刻未果。乃先取其稿付之剞劂，为《初选》。后尽发府署所存前列卷二千余篇，博观约取，又得二百八十余篇，为《续选》。而书院初复时，经古未有

① 《江苏省通志稿·选举志》卷 14，第 311 页。

② 《清代硃卷集成》第 388 册，第 89 页。

③ 徐昕：《柳诒徵与国学图书馆》，《中国典籍与文化》1998 年第 4 期，第 35 页；《江苏省立国学图书馆年刊》第 4 年刊（1931），第 1 页；第 5 年刊（1932），第 1 页。

④ 同治《续纂江宁府志》卷 7《建置》，第 64 页；《中国书院藏书》，第 151 页；《江苏史话》，第 401 页。

⑤ 生于嘉庆二十五年十二月初八日，公历已入 1821 年。

⑥ 《清代硃卷集成》第 304 册，第 219 页；汪士铎：《大理寺卿李公墓志铭》，《续碑传集》卷 17，第 826 页。

专试。大理月课间于四书义外兼出经说、诗赋、杂体题，亦颇有作者，并试律选出一卷附于后。余之所选，其途径不必尽与大理同，而理必清真，词必温雅，要蕲足以发明圣贤之蕴，而无悖于先正之轨范，则旨归无弗一也。顾念昔之主斯席者，如钱晓征、卢抱经、姚惜抱、胡竹邨诸先生，皆一时硕儒大师，其所指授讲习，必更有进于此者。而我国家之设书院，意尤在培养贤俊，使之励名义，通古今，各求为有体有用之学，以备他日栋梁柱石之选，又不仅在区区文字间也，诸生可不勉哉！

光绪五年（1879）正月，瑞安孙锵鸣序。

孙锵鸣，见《惜阴书院东斋课艺》。

【课艺内容】

《大学》4题10篇，《论语》19题44篇，《中庸》2题2篇，《孟子》20题42篇。有眉评、末评。

评点偶有论及为文心得，如江鸿钧《天下有达尊三：爵一、齿一》篇末评语"精心结构，大气盘旋，曲尽题之能事"后，李联琇云：

《崇实书院课艺》论是题有六弊：局法上轻下重，一弊也；逆提"爵"、"齿"，凌躐位置，二弊也；因上文有"彼以其爵"句，竟将"爵"字抹到，三弊也；略"爵"字而趋重"齿"字，四弊也；看轻"爵"、"齿"，不切"达尊"，五弊也；看重"爵"、"齿"，与下文"德"字无分，六弊也。

又有二难：讲下固不可倒置"齿"字，然巧思借扣，乃搭题作法，非所施于全篇，一难也；诠上句自宜划出"德"字，然豫填"爵"、"齿"词料，又失顺纲语气，二难也。

琇按：二难究也无难。上文既有"爵"字，讲下正好援入，谓天下不独爵重，且不独仁义重，不必明揭"齿"字，而题界自清，则无倒提及借映之病矣。诠上句注定"德"字，以"爵"、"齿"为衬而合成三词，意勿空衍，亦勿占实，则不失顺纲语气矣。如此则六弊之前三弊皆除，其后三弊亦有可避者。"爵"、"齿"，一彼一我，一上文所有，一上文所无，筋节似须侧串。但于中幅安顿，意侧面平，至后路还两"一"字，"爵"、"齿"必须平分，而言外要有"德"字在，不得侧发，并不必总发、互发。则眉目瞭如，而略"爵"趋"齿"，及看重看轻之弊，皆不犯矣。完全之题易而难，破碎之题难而易，以小技止此，无甚高论耳。

【作者考略】

共98篇，其中：唐仁寿7篇，陈作霖5篇，贾庆云、刘寿曾、杨长年4篇，秦汝槐、江鸿钧、齐光国、陈传述3篇，刘家炘、刘贵曾、戴锦江、李森、邓嘉缜、章邦基、雷逢春、陈元恒2篇，陈守和、都国樑、陈熙春、马焕文、定成、王咏、吴瀚、陆家龙、杨光祖、朱琛、焦贤弼、王三德、邵森、刘汝霖、王寿、戴鼎、刘国桢、叶发周、段瀋源、王尧燮、张铸、崔作舟、倪聪、汪宗沂、谢坛、项伯堂、陈兆熙、张兆勋、钱贻元、张鑫、姚济、钱逮、张宝书、秦汝式、翟祖验、吴大和、周维燮、崔立功、许瀚、周士硕、朱得培、王焘、翟伯恒、丁澍森、孙万选1篇。另有拟作1篇。

杨长年，见《蕊珠书院课艺》。

段濬源，见《正谊书院课选三集》。

张铸、陈兆熙，见《金陵惜阴书舍赋钞》。

唐仁寿、陈作霖、刘寿曾、刘贵曾、邓嘉缜、刘汝霖、汪宗沂、钱贻元，见《惜阴书院东斋课艺》。

刘家炘、戴锦江、陈熙春（陈开第）、刘国桢、翟伯恒，见《惜阴书院西斋课艺》。

许瀚，见《尊经书院课艺》。

焦贤弼，见《尊经书院课艺三刻》。

贾庆云，见《尊经书院五集课艺》。

秦汝槐，字荫棠，江宁人。同治六年（1867）副贡。历署睢宁、赣榆学篆，改补六安州州同，曾摄霍山县事。年八十告归。师事马寿龄（字鹤船）。著有《段氏说文眉诠》。①

江鸿钧，字漱芳，江宁人。同治间贡生。②

齐光国（1819—1886），字吁谟，号澹斋，安徽桐城人。同治六年（1867）乡试中式第5名举人。应礼部试不第，官两淮盐运大使。后主文瑞书院。著有《澹庐遗诗》二卷。③

李森，上元人。同治六年（1867）举人。④

雷逢春，字竹生，上元人。岁贡生。性刚介，尤喜奖掖后进。⑤

陈元恒（1819—1893）⑥，字葆常、月樵，号景陆，江宁人，授（字石渠，号松崖）孙，维垣（1793—1827）子。年二十四，食廪饩，肄业钟山书院，山长王煜（1795—1852）激赏之。咸丰间避地江北，后入镇江戎幕。金陵克复，返里课徒。同治六年（1867）乡试中式，时年五十。会试报罢，不复上春官。官东台教谕，旋归。参与地方公益。著有《稀龄撮记》、《听秋馆诗草》。⑦

都国樑，字芝仙，浙江海宁人。同治四年（1865）举人。陈方坦（1830—1892）佐曾国藩（1811—1872）两江盐幕，招国樑往课读，历二十余年，门弟子登乙科者踵接。晚官严州遂安县教谕十六年。生平精研《史记》、《汉书》，曾假钱泰吉（1791—1863）校本，精校《汉书》两巨函，丹黄遍简，为数十年精力所萃。卒年七十九。⑧

---

① 光绪《金陵通传》卷4，第10叶。

② 《江苏省通志稿·选举志》卷23，第679页；《燃松阁存稿》江鸿钧跋。

③ 《清代硃卷集成》第145册，第259页；《清人别集总目》，第496页；《历代扬州诗词》第4册，第507页。

④ 光绪《金陵通纪》卷4，第8叶。

⑤ 同治《续纂江宁府志》卷14之4《人物》，第248页。

⑥ 生于嘉庆二十三年十二月十四日，公历已入1819年；卒于光绪十八年十二月十八日，公历已入1893年。

⑦ 陈作霖：《先考行略》，《可园文存》卷12，第405页；邓嘉缉：《试用教谕陈先生墓志铭》，《扁善斋文存》卷下，第65页。

⑧ 民国《海宁州志稿》志余，第3叶。

朱琛（1842—1897），字献廷、小唐，泾县人，梦元（1813—1867）子。父卒，依江苏学政，校文为活。同治九年（1870）举人。十年（1871）进士，选庶吉士，散馆授编修。历官洗马、侍读、日讲起居注官、庶子、侍讲学士、侍读学士、詹事。以京察休致，主上海龙门书院。①

叶发周，江宁人。同治六年（1867）副贡。② 又，同治十年（1871）重阳节，丁健（字述安）召郡中耆旧，设宴莫愁湖，名曰"千龄雅集"。与会者十八人，叶发周（字丛阶）最长，年八十六。③ 未知是否即此人。

王尧燮，上元人。同治十一年（1872）恩贡。④

项伯堂。南京图书馆藏清抄本《大唐开元礼》，朱绍颐（1832—1882）、项伯堂、李含春等校，丁丙（1832—1899）跋。⑤

张兆勋，字橘人，江宁人，鏞（字子金）侄。诸生。早卒。⑥

姚济（1807—1876），原名大本，字子清，号铁梅，别号东皋庞下生，娄县人。同治八年（1869）岁贡。著有《小沧桑记》（收入《太平天国资料丛刊》）、《一树梅花老屋诗》。⑦

翟祖验，安徽泾县人。著有《半塘书屋诗集》五卷。⑧

周维燮，字调之，上元人。同治三年（1864）举人，光绪十七年（1891）官山阳教谕。工制举文，为李联琇（1821—1878）所赏。⑨

丁澍森，上元人。同治间贡生。⑩

待考者：陈传述、章邦基、陈守和、马焕文、定成、王咏、吴瀚、陆家龙、杨光祖、王三德、邵森、王寿、戴鼎、崔作舟、倪聪、谢坛、张鑫、钱逵、张宝书、秦汝式、吴大和、崔立功、周士硕、朱得培、王鼐、孙万选。

67. 钟山尊经书院课艺合编

【版本序跋】

袖珍本，题"光绪己卯（1879）三月邓嘉缉署捡"，"钦遵古香斋袖珍板式，舟车便览，翻刻必究"。鲍源深序云：

余家和州，和州距金陵百数十里，风帆一日可达。少与其乡之贤士大夫游金陵，

---

①　范当世：《诰授资政大夫日讲起居注官詹事府詹事朱君墓志铭》，《范伯子诗文集》文集卷10，第541页。

②　《江苏省通志稿·选举志》卷23，第679页。

③　甘元焕：《莫愁湖志》，《南京莫愁湖志》，第118页。

④　《江苏省通志稿·选举志》卷23，第679页。

⑤　《中国古籍总目·史部》，第3152页。

⑥　同治《续纂江宁府志》卷14之4《人物》，第240页。

⑦　《清代硃卷集成》第409册，第221页；《中国文学家大辞典·近代卷》，第337页。

⑧　《清人诗文集总目提要》，第1522页。

⑨　光绪《金陵通传》卷4，第10叶；民国《续纂山阳县志》卷5《职官》，第30页。

⑩　《江苏省通志稿·选举志》卷23，第679页。

有书院二，曰钟山，曰尊经。耆儒硕彦先后主讲席，文物蔚然称盛。

同治丁卯（1867），余奉命视学其地。兵燹后，百物凋散，而士之雄于文者与曩昔埒。益叹师友讲习，其流风遗泽之久而不坠如是。今年门下士秦生际唐、陈生作霖、方生培容、甘生元焕与其犹子垲，以所辑钟山、尊经两书院课艺示余。读其文，光景常新，勃勃有生气，故迭遭丧乱，晦而复显。而诸生之表微阐幽，掇拾于灰烬之余，其用心为不可及也。从前选刊课艺者，为吴县石先生韫玉、桐城姚先生鼐、泾县朱先生琦、溧阳史先生孟和、太仓钱先生宝琛、荆溪任先生泰、绩溪胡先生培翚、上元蔡先生世松，凡八人。

光绪五年岁在己卯（1879）三月，和州鲍源深叙。

邓嘉缉，见《惜阴书院东斋课艺》。

鲍源深（1812—1884），字华潭，号穆堂、澹庵，安徽和州人。道光十七年（1837）拔贡。二十六年（1846）举人。二十七年（1847）进士，选庶吉士，散馆授编修。历官贵州学政、侍讲、侍读、右春坊右庶子、侍讲学士、侍读学士、太常寺卿、大理寺卿、左副都御史、工部兵部户部礼部侍郎、山西巡抚。乞归后主讲金陵、上海书院。①

【课艺内容】

《学》《庸》20 题 32 篇，《论语》112 题 162 篇，《孟子》61 题 86 篇。有评点，出于石、姚、朱、史、钱、任、胡、蔡之手。

【作者考略】

共 280 篇，其中：顾槐三（秋碧）9 篇，顾逊之（子巽）、杨大埙（雅仑）、秦士科（掇之）7 篇，俞粹纯（希文）、夏埭（子俊）、曹士鹤（季皋）、汪士铎（梅村）6 篇，阮垕（小咸）5 篇，周均元（雨春）、吴双（兰腴）、曹士蛟（叔龙）、金鳌（伟军）、王鑅桂（竹楼）、江文熙（缉庵）、温肇江（翰初）4 篇，姚天麟（瑞廷）、朱嵿（允调）、周鸿罩（云褐）、秦士先（开之）、方先甲（慎之）、朱彦华（文卿）、吴纶绂（锡之）3 篇，张熙麟（子明）、方培基（树之）、王宫铭（新之）、夏澍、罗榕（石林）、陈之骥（叔良）、何慎修（子永）、汪杰（元叔）、王肇元（善之）、孔继周（复元）、杨丙文（琴香）、方俊（伯雄）、钱退（闿斋）、陆士元（凤卿）、端木陛（近堂）、胡大猷（新□）、丁金相（其章）、伍承吉（蔼云）、袁廷璜（鹤塘）、顾鸣（梧冈）、王凤藻（润堂）、陈燮（理堂）、许学元、甘煦（耆壬）、方培厚（载之）、凌丙钧（岱青）2 篇，刘恒春（熙台）、范培（树人）、钱鼎文（菽民）、陈鹤鸣（升元）、吴家楣（砚堂）、施崇仁、吴润昌（雨香）、徐震、吴浹（双溪）、伍承钦（式之）、娄家兰（香谷）、周鲲（凤池）、巴永阿（惺斋）、濮谦（吉甫）、张儒球（子鸣）、朱南宫、陈崑玉（蕴山）、翁模镛（峻之）、程亮祖（寅工）、姚士纯（维一）、狄春魁、萧之沄（觐亭）、夏锦（小涛）、何德昌（禹闻）、张凤仪（紫廷）、汪丙南（子□）、林廷燮（湛之）、梁焕（觐三）、于伟度、管子书（升甫）、朱以均（魁保）、秦学诚（竹村）、况宣恩（芝房）、陶在福、管同（异

---

① 黎庶昌：《山西巡抚鲍公墓志铭》，《续碑传集》卷 28，第 495 页。

之）、娄观（孚堂）、邓廷桢（嶰筠）、钱维桢（荔村）、汪昌霖、夏垲（子仪）、刘富春（桐江）、胡嘉桢（木臣）、林蔚青（岱山）、周洛（榍禅）、西培（菩生）、林杰（石君）、端木埰（序之）、伍长松（晴帆）、陈宗彝（雪峰）、陆廉（小云）、王蕙诒（锡之）、戴家仁（行五）、金鉴（静涵）、杨必达（上之）、张镛（冶秋）、钱选（芗林）、毛文煐（选楼）、田牲（鲁斋）、顾永熙（君彦）、吴元昌（复初）、朱栻（蓉峰）、额勒布、朱嘉桢（维周）、王至华（叔渊）、吕天溶（汉川）、胡堃（厚庵）、葛瑢（希白）、方长衡、林端（章甫）、萧耀椿（云轩）、汪云官（纪君）、杨铨（衡斋）、吴坦（履吉）、徐鉴（灵川）、胡云楷、陈维翰（寄芸）、薛曾源、张介福（景堂）、焦子沅（芷囗）、马鹤年（荫亭）、陈俊（小云）、何桂芬（新甫）、罗凤仪（亦凡）、陈景兰（楚香）、姚必成（西农）、张子云（竹於）、吴翼元（子骏）、伍长龄（厚山）、张聪幹（井楼）、顾淞（吴江）、张德凤（梧冈）、夏立容（仲涵）、王光照（融轩）、陈元庆（芝堂）、杨玺（衡之）、易长华（文江）、韩印（介孙）、何汝霖（雨人）、张铸、林惠（郑卿）、端木焯（云樵）、刘沅（星楂）、陆顾、吴启昌（佑之）、严城（铁生）、杭大泉（达生）、胡镐（圣基）、麒书、端木杰（俊民）、梅曾亮（伯言）、周官（问郄）、陈士全（纯斋）、韩道原（孟传）、焦子元（桃溪）、张灿辉（吉人）、王邦治、钱云鹤（蓬山）、叶声扬（赓廷）、陶甄（冶山）、张葆和（煦堂）1篇。

姚必成，见《惜阴书舍课艺》。

秦士科、汪士铎、吴双、曹士蛟、甘煦、毛文煐、吴元昌、张介福、韩印、张铸，见《金陵惜阴书舍赋钞》。

王肇元，见《尊经书院课艺》。

顾槐三（1785—1853），字秋碧，上元人。诸生。师事钱大昕（1728—1804）、姚鼐（1731—1815）。道光十一年（1831）与车持谦（1778—1842）等结苕岑诗社。一日能作制举文八九篇，长幅骈俪文三四篇，华赡工整。卒于战乱。著有《燃松阁集》七卷、《补后汉书艺文志》不分卷。《词综补遗》录其词1首。①

顾逊之，字子巽，江宁人。家世擅金石之学，逊之独弃去，究心经史，融会贯通，而所为制举文，遂雄视一世。朱琦（1769—1850）主钟山书院讲席，从游多一时豪隽，往往连掇高科以去，而尤重逊之。曾曰："子巽于制举文，可谓入其室哜其胾者矣，而屡荐不售，何耶？"卒岁贡生，世甚惜之。候选训导。著有《燕诒堂集》。《晚晴簃诗汇》录其诗1首。②

杨大堉（？—1853/1855），字雅仑，一作雅轮，江宁人。廪贡生。从顾广圻（1766—1835）、钮树玉（1760—1827）游，著有《说文重文考》六卷。又作《五庙考》、《论语正义》（未脱稿）、《毛诗补注》、《三礼义疏辨正》，皆散佚。唯为胡培翚（1782—1849）补编《仪礼正义》诸篇幸存。古文秀逸，尤具远识。陶澍（1779—1839）以《防海议》试惜阴书舍诸生，大堉洋洋千言，侃然无忌讳，若豫卜有义律、仆鼎查之事。晚

① 同治《上江两县志》卷24中《耆旧》，第601页；《清人诗文集总目提要》，第1196页；《词综补遗》卷86，第3217页。
② 同治《续纂江宁府志》卷14之8《人物》，第275页；《晚晴簃诗汇》卷151，第6624页。

工制艺。①

俞粹纯，字希文，号问樵，婺源人。恩贡生，选授陕西乾州州判。以知州升用，权州事六载。著有《经训感应篇》、《读易检身录》、《十三经经义参存》、《经训菑畬》及诗文集。②

夏墚（？—1843），字子俊，号去疾，上元人，墦（1795—1862）弟。道光五年（1825）拔贡，十五年（1835）举人。景山官学教习，候选知县。二十三年（1843）闻英夷扰江宁，念母颇切，以忧卒。著有《篆枚堂诗存》五卷、《篆枚堂词存》一卷。《晚晴簃诗汇》录其诗 5 首。《国朝词综补》录其词 2 首。《全清词钞》录其词 3 首。③

曹士鹤（？—1862），字继皋，一作季皋，上元人，森（1790—？）弟。道光十五年（1835）举人，二十年（1840）进士。二十五年（1845）官富平知县。咸丰九年（1859）官渭南知县。同治元年（1862）被太平军杀害。④

阮扆，字小咸，江宁人。以诸生应科岁试，辄冠其曹。学使朱某欲刊其文稿，谢以未敢问世。工诗，不以偃蹇场屋而有怨词。卒后始选清河训导。著有《竹贤堂集》。⑤

周均元，震泽人。道光十二年（1832）举人，选授娄县教谕，未赴任。⑥

金鳌，原名登瀛，字伟军，江宁人。岁贡生。性亢直，交游或有过，必面诤之。为诗文顷刻千百言，不假思索。与同族名佐廷、志伊者齐名，号"东城三金"。而鳌学问该博，郡邑文献尤所措心。始郡志久未修，议举其事，或尼之，乃退著《金陵待征录》。朱绪曾（1805—？）序之，以为盛仲交流亚。另著有《四书辨异》、《五经辨异》、《读左披微》、《桐琴生诗文集》、《墨石词》、《红雪词》、《上江两邑忠义祠祀辑补》、《祈泽山新志》、《蜻印轩传奇四种》、《野菜谱》、《秋花谱》。⑦

王鏢桂（1792—1865），字竹楼，上元人。庠生。道光间与同学方明竣汇辑《节孝备考》。咸丰六年（1856）避居苏州，以课徒自给。因遍求同乡殉难事实，裒集一册，寄至京师。归里后入忠义局，主采访事。⑧

江文熙（1801—？）⑨，字敬之，号缉庵，江宁人。道光十七年（1837）拔贡，二十年（1840）乡试中式第 25 名举人。与夏昂（字愚泉，子墦、墚）、程亮祖（字寅工）、夏

---

① 同治《续纂江宁府志》卷 14 之 7《人物》，第 266 页；汪士铎：《叶金甫家传》，《汪梅村先生集》卷 11，第 694 页。

② 民国《重修婺源县志》卷 35《人物八》，第 10 叶。

③ 《篆枚堂诗存》目录后夏家镐识语，第 688 页；同治《续纂江宁府志》卷 14 之 4《人物》，第 231 页；《清代硃卷集成》第 180 册，第 415 页；《晚晴簃诗汇》卷 138，第 6016 页；《国朝词综补》卷 39，第 744 页；《全清词钞》卷 20，第 999 页。

④ 《江苏省通志稿·选举志》卷 13，第 301 页；卷 6，第 146 页；光绪《富平县志稿》卷 7《官师志》，第 87 叶；光绪《新续渭南县志》卷 6 上《官师志》，第 5 叶。

⑤ 光绪《金陵通传》卷 43，第 3 叶。

⑥ 光绪《吴江县续志》卷 14《选举》，第 406 页。

⑦ 同治《续纂江宁府志》卷 14 之 8《人物》，第 273 页；《金陵待征录》章鼎跋，第 177 页。

⑧ 高德泰：《上元王竹楼文传》，《高子安遗稿》，第 6 页；《江南好词》王鏢桂题识，第 564 页。

⑨ 生于嘉庆五年十二月初五日，公历已入 1801 年。

澍（字雨人）居相近，俱淡于荣利。年未五十而卒。①

温肇江（1779—1842），字翰初，上元人。嘉庆十八年（1813）拔贡。道光八年（1828）举人，十二年（1832）进士。授户部主事，寻管捐纳房主稿。著有《钟山草堂遗稿》二卷。《国朝词综补》录其词1首。《全清词钞》录其词1首。②

姚天麟（1799—？），字瑞庭，一作瑞亭，号趾仁，上元人。道光十五年（1835）乡试中式第100名举人。著有《瑞亭诗草》。③

朱皞，上元人。道光十四年（1834）举人。④

周鸿罩，字云鹤，上元人。道光元年（1821）恩贡，谈粹（字颖长，号一斋）弟子。粹文宗正嘉，书法晋人，鸿罩渐渍既深，名几与之相埒，而古近体诗则突过之。著有《嘘灵书屋文钞》。⑤

秦士先，字开之，上元人，学诚（字竹邨）子，际唐（1837—1908）伯父。邑增生。年未四十而卒。⑥

方先甲（？—1853），字慎之，上元人，原籍安徽桐城。岁贡生。博学多闻，知名于时。江宁城陷，与妻王氏殉难。其女、婿、甥，一门皆赴死。⑦

朱彦华（？—1852），字文卿，上元人。少与同县姚锡华（1804—1870）齐名，人称"江南二华"。道光二十三年（1843）举人，二十四年（1844）进士。官山东峄县知县，卒于任。⑧

吴纶绂，江宁人。文生。咸丰间殉难。⑨

张熙麟，字仲明，江宁人。道光十五年（1835）举人，官容城知县。中年多病，又性缓，人疑其不宜临民之官。及莅政，乃更精敏，政声大起，未二年遽卒。容城人思之，祀三贤祠。⑩

方培基，字树之，江宁人。道光二十八年（1848）岁贡，就职训导。咸丰三年（1853）城陷，率子妇七人投水死。⑪

---

① 《清代硃卷集成》第137册，第221页；同治《续纂江宁府志》卷14之4《人物》，第231页；汪士铎：《总招》，《汪梅村先生集》卷5，第629页。

② 《钟山草堂遗稿》附刻《亲友挽先严诗文楹联》，第634、635页；同治《续纂江宁府志》卷14之3《人物》，第211页；光绪《金陵通传》卷38，第8叶；《国朝词综补》卷38，第718页；《全清词钞》卷20，第959页。

③ 《清代硃卷集成》第136册，第55页；同治《续纂江宁府志》卷9上《艺文上》，第79页。

④ 同治《上江两县志》卷14《科贡》，第286页。

⑤ 同治《上江两县志》卷14《科贡》，第289页；卷24中《耆旧》，第598页；卷12中《艺文中》，第227页。

⑥ 《清代硃卷集成》第148册，第202页；汪士铎：《总招》，《汪梅村先生集》卷5，第629页。

⑦ 同治《续纂江宁府志》卷14之10上《艺文上》，第312页；光绪《重修安徽通志》卷203《人物志·忠节》，第596页。

⑧ 光绪《金陵通传》卷40，第1叶；光绪《峄县志》卷19《职官考列传》，第244页。

⑨ 同治《续纂江宁府志》卷14之11中《人物》，第399页。

⑩ 同治《续纂江宁府志》卷14之6《人物》，第261页。

⑪ 同治《续纂江宁府志》卷14之10上《人物》，第314页；同治《上江两县志》卷14《科贡》，第289页。

王宫铭，江宁人。岁贡生。①

夏澍，字雨人，号蒔园，上元人。道光五年（1825）拔贡。诗文如宿构，顷刻千言。兼通医理。②

罗榕，字石林，凤藻（1795—1875）子。诸生。工书。以查灾劳瘁而卒，年未及五十。③

陈之骥（1800—?），上元人。道光五年（1825）举人，六年（1826）进士。历官甘肃渭源、镇蕃、靖远、直隶高邑、长垣知县，大兴、京县知县，顺天府西路同知，保定府遗缺知府，永平府知府，总办山海关粮台事务，浙江宁绍台道，嘉兴知府，直隶大顺广道、清河道、按察使，湖南按察使。④

何慎修。安徽南陵何慎修（1807—1881），字子永。道光十四年（1834）举人，二十一年（1841）考取内阁中书。同治间以劳叙功送部引见，以母老未赴。⑤ 未知是否即此人。

汪杰，上元人。道光十二年（1832）举人。咸丰元年（1851）官东台训导，三年（1853）官高邮知州，五年（1855）官高邮州判，九年（1859）官淮安府学教授，十年（1860）官兴化复设训导、泰州学正。⑥

孔继周，字复元，上元人。以工制举文称于世，其为文精深透辟，胡培翚（1782—1849）曾评以"名场劲将，匹敌熊刘"。道光十九年（1839），年四十余始举于乡，旋卒。⑦

杨丙文，字琴香，上元人。咸丰二年（1852）举人。⑧

方俊（1804—1877），字伯雄，上元人。道光十四年（1834）举人，十五年（1835）会试中式，十六年（1836）补殿试，成进士，选庶吉士，散馆授编修。历官监察御史、云南临安知府、迤南道。丁母忧，奔丧于陕西韩城。服阕，移疾不出，主讲山西宏运书院。同治三年（1864）归江宁，曾国藩（1811—1872）聘主忠义局，自号枕善巢老人。著有《谏垣奏稿》、《暖春书屋杂著》、《诗删》。⑨

钱遐，字阆斋。夏仁瑞（1858—1920）受业师。⑩

陆士元，上元人。岁贡。道光二十三年（1843）官淮安府学教授。同治元年（1862）

---

① 同治《上江两县志》卷14《科贡》，第289页。
② 同治《续纂江宁府志》卷14之4《人物》，第231页。
③ 同治《续纂江宁府志》卷14之6《人物》，第261页；汪士铎：《总招》，《汪梅村先生集》卷5，第629页。
④ 《清代官员履历档案全编》第3册，第184、212页。
⑤ 民国《南陵县志》卷30《人物》，第399页。
⑥ 同治《上江两县志》卷14《科贡》，第286页；同治《续纂扬州府志》卷6《秩官》，第715、716、718、722、723页；同治《重修山阳县志》卷6《职官二》，第96页。
⑦ 同治《续纂江宁府志》卷14之8《人物》，第275页；同治《上江两县志》卷24中《耆旧》，第609页。
⑧ 同治《上江两县志》卷14《科贡》，第287页；卷24中《耆旧》，第609页。
⑨ 《粉榜录·方俊传》，第8页；同治《续纂江宁府志》卷14之6《人物》，第259页。
⑩ 《清代硃卷集成》第194册，第66页。

官东台训导，五年（1866）官泰州学正。①

端木陛，江宁人。岁贡。道光二十四年（1844）官沭阳训导，三十年（1850）官宿迁训导。②

胡大猷，原名三槐，字新斋，上元人。诸生。少与顾槐三（1785—1853）同受业胡本渊（字静夫，号愚溪）之门，本渊极重之，署所读书处曰"六槐书屋"。晚以医名。著有《约退斋医说》、《辨证录》、《舌苔说》。③

伍承吉（1805—？），字霭云，号祥园，上元人。道光十四年（1834）乡试中式第62名举人。咸丰五年（1855）官云和知县。又曾官开化知县。④

袁廷璜，字鹤潭，江宁人，树（1730—？）后裔。少与管同（1780—1831）、梅曾亮（1786—1856）友善，故家虽屡空，所学具有本原。工制艺，以诸生终。著有《初月楼诗稿》、《初月楼词》。⑤

王凤藻，字润堂，江宁人。道光五年（1825）副榜，十五年（1835）举人。官吴江教谕。持躬谨饬，工属文，从游者众。⑥

陈爕（？—1853），字理堂，江宁人。道光二十六年（1846）举人。金陵城陷，焚其所作，自经死。⑦

方培厚（？—1848），字载之，江宁人。增广生。年未五十而卒。⑧

凌丙钧，江宁人。咸丰二年（1852）举人。⑨

刘恒春（1792—？），江宁人。道光八年（1828）乡试中式第75名举人。⑩

范培，上元人。道光二十六年（1846）举人。咸丰十年（1860）官淮安府学教授。同治六年（1867）官武进教谕。⑪

钱鼎文，江宁人。道光间岁贡。⑫

---

①　同治《重修山阳县志》卷6《职官二》，第96页；同治《续纂扬州府志》卷6《秩官》，第722、723页。

②　民国《重修沭阳县志》卷6《官师志》，第47叶；民国《宿迁县志》卷12《职官志上》，第520页。

③　同治《续纂江宁府志》卷14之4《人物》，第241页；卷9上《艺文上》，第77页；同治《上江两县志》卷24中《耆旧》，第601页。

④　《清代硃卷集成》第135册，第267页；光绪《处州府志》卷15《职官志下》，第496页；光绪《开化县志》卷4《官师一》，第7叶。

⑤　同治《续纂江宁府志》卷14之8《人物》，第275页；卷9上《艺文上》，第80、81页。

⑥　同治《续纂江宁府志》卷14之4《人物》，第248页；同治《上江两县志》卷14《科贡》，第289页；《清代硃卷集成》第37册，第223页。

⑦　同治《续纂江宁府志》卷14之10上《人物》，第310页。

⑧　汪士铎：《总招》，《汪梅村先生集》卷5，第629页；《淘书随录·江宁方氏遗稿》，第138页。

⑨　《江苏省通志稿·选举志》卷14，第309页。

⑩　陶澍：《进呈戊子科乡试题名录题本》，《陶澍全集》第5册，第269页。

⑪　同治《上江两县志》卷14《科贡》，第287页；同治《重修山阳县志》卷6《职官二》，第96页；光绪《武进阳湖县志》卷18《官师》，第431页。

⑫　同治《上江两县志》卷14《科贡》，第289页。

陈鹤鸣（？—1856），上元人。道光间岁贡。咸丰六年（1856）殉难。①

吴家楣，字砚堂，江浦人。道光十五年（1835）解元。咸丰初选云南道库大使，不赴。绘有《辞官种菊图》。后教授生徒于苏沪间。著有《汉槎堂文集》、《研塘诗剩》。②

吴润昌，字雨香，江宁人，元昌（字复初）、鼎昌（字仲铭，号新之）、吉昌（字蔼人）、世昌（字宾之）弟。弱岁补诸生，文最秀伟，早卒。③

吴浃，字双溪，上元人。廪生。善米氏《天马赋》。④

伍承钦（1803—1878），字式之，号退斋，上元人，长华（1779—1840）子。道光十七年（1837）拔贡，十九年（1839）举人。拣选知县，改教谕，历海州、如皋、江都县学。咸丰间避乱入秦，主讲关中、崇化书院。同治初归里，主洒扫会、救生局事务。著有《爨余杂咏》二卷。⑤

娄家兰（1792—1853），字香谷、佩芳，清河人，侨居江宁。道光八年（1828）乡试中式第13名举人。历署山东费县、日照、安丘县事，授临清州同知。咸丰元年（1851）丁母忧归，三年（1853）城破，遇害。⑥

周鲲，字凤池，上元人。廪膳生。以诗赋名。著有《经解略》。⑦

巴永阿，号惺斋，江宁驻防。嘉庆二十一年（1816）举人，道光六年（1826）进士。事母纯孝，绩学工诗文，为康基田（1728—1813）所赏识。著述甚富，惜乱后无存。⑧

张儒球，字仲鸣（一作仲铭）、紫冀，江宁人。诸生。著有《雕虫集》。年未四十而卒。⑨

陈崑玉（1798—？），字蕴山，上元人。道光八年（1828）乡试中式第79名举人，十五年（1835）进士。官山西知县。⑩

翁模镛（"镛"一作"墉"），字峻之，江宁人。廪生。金陵城陷，挈眷避难。就江阴县书记，所得岁修，遇亲戚流离失所者，皆勉力接济之。李联琇（1821—1878）闻其名，聘使襄阅试卷。于遗弃之卷，尤留心搜采，有已弃而仍呈荐者，其不没人善如此。⑪

程亮祖，字寅工，江宁人。道光五年（1825）拔贡。读书有远识，为文春容大雅。卒年四十余。⑫

---

① 同治《上江两县志》卷14《科贡》，第289页；卷19下《忠义》，第461页。

② 《江苏艺文志·南京卷》，第1086页。

③ 同治《续纂江宁府志》卷14之4《人物》，第231页。

④ 同治《上江两县志》卷24中《耆旧》，第609页。

⑤ 《爨余杂咏》卷首卢前序。

⑥ 陶澍：《进呈戊子科乡试题名录题本》，《陶澍全集》第5册，第266页；同治《续纂江宁府志》卷14之10上《人物》，第328页；光绪《清河县志》卷21《人物四》，第207页。

⑦ 同治《上江两县志》卷24中《耆旧》，第601页；光绪《金陵通传》卷4，第6叶。

⑧ 同治《上江两县志》卷24中《耆旧》，第573页。

⑨ 光绪《金陵通传》卷4，第7叶；汪士铎：《总招》，《汪梅村先生集》卷5，第629页。

⑩ 光绪《金陵通传》卷4，第5叶；陶澍：《进呈戊子科乡试题名录题本》，《陶澍全集》第5册，第269页。

⑪ 同治《上江两县志》卷24中《耆旧》，第602页。

⑫ 同治《上江两县志》卷24中《耆旧》，第601页；《金陵文征小传汇刊》，第533页。

姚士纯，字维一，一作惟一，江宁人。廪生。嗜学不倦，为文一本经义。卒年五十余。①

萧之沄，上元人。嘉庆间贡生。②

何德昌，江宁人。道光十七年（1837）举人。③

张凤仪，江宁人。道光十五年（1835）举人。④

汪丙南，字子明，江宁人。廪生。属文极敏，一日可成四五艺。性落拓，不事经营，以故名日通，境日啬。年五十余，竟以困终。⑤

林廷燮，原名恩，江宁人。咸丰十年（1860）进士。官刑部主事、郎中，以补用知府分发安徽。⑥

于伟度，字勖哉，金坛人。优贡。少孤力学，敦尚品谊。邑宰欲以孝廉方正举，力辞不与。选授清河教谕，未赴卒。⑦

管子书（？—1853），江宁人。诸生。金陵城陷，赋诗云："生不食贼粟，死当噬贼肉。生死无足论，名节不可辱。"因自经死，年已七十余。子近仁等从死者凡三十一人。⑧

朱以均，原名魁保，字梧生，江宁人。道光间岁贡。所为制艺诗赋尤为姚文田（1758—1827）、辛从益（1759—1828）两学使所特赏。⑨

秦学诚，字竹邨，江宁人。增生。性孝友，生平未尝言人过失，尤培植孤寒后进。其从游贫者，教诲饮食之，修脯弗受，乡党咸称为长者。子士先（字开之）、士科（字掇之），皆增生。⑩

况宣恩，字芝房，上元人。道光间恩贡。与方俊（1804—1877）友善。著有《芝房吟稿》。⑪

管同（1780/1785—1831），字异之，号育斋，上元人。姚鼐（1731—1815）主讲钟山书院，从游久。道光五年（1825）举人。后入安徽巡抚邓廷桢（1776—1846）幕。著有《四书纪闻》二卷、《七经纪闻》四卷、《因寄轩文初集》十卷、《因寄轩文二集》六卷、《因寄轩文补遗》一卷。⑫

邓廷桢（1776—1846）⑬，字维周，号嶰筠，晚号妙吉祥室老人、刚木老人，江宁人。嘉庆五年（1800）举人。六年（1801）进士，选庶吉士，散馆授编修。历官国史馆提调、

① 《金陵文征小传汇刊》，第 522 页。
② 《江苏省通志稿·选举志》卷 22，第 632 页。
③ 《江苏省通志稿·选举志》卷 13，第 302 页。
④ 同治《上江两县志》卷 14《科贡》，第 286 页。
⑤ 《金陵文征小传汇刊》，第 527 页。
⑥ 同治《上江两县志》卷 14《科贡》，第 282 页；《光绪朝硃批奏折》第 3 辑，第 214 页。
⑦ 民国《重修金坛县志》卷 8 之 1《选举志上》，第 86 页。
⑧ 光绪《金陵通传》卷 41，第 2 叶。
⑨ 同治《上江两县志》卷 24 中《耆旧》，第 602 页。
⑩ 同治《上江两县志》卷 24 中《耆旧》，第 602 页。
⑪ 同治《上江两县志》卷 14《科贡》，第 289 页；光绪《金陵通传》卷 4，第 7 叶。
⑫ 方东树：《管异之墓志铭》，《考盘集文录》卷 10，第 414 页；方宗诚：《管异之先生传》，《续碑传集》卷 76，第 392 页。
⑬ 生于乾隆四十年十二月初五日，公历已入 1776 年。

宁波知府、延安知府、湖北按察使、江西布政使、安徽巡抚、两广总督、甘肃布政使、陕西巡抚、陕甘总督。著有《双砚斋诗钞》十六卷、《双卷斋词钞》二卷、《双砚斋笔记》五卷。①

钱维桢。通州钱维桢，道光三十年（1850）恩贡。② 无锡钱维桢（1811—1886），字榕初、寄香，廪贡，候选训导。③ 未知是否即其中一人。

夏垲（1795—1862），字子仪、紫嶷，江宁人。道光十一年（1831）举人。考取景山官学汉教习，选授江西上犹知县，调补福建建阳知县。与弟堗（1798—1843）并著才名，垲兼以丹青擅名。著有《信天阁集》。《晚晴簃诗汇》录其诗2首。《词综补遗》录其词2首。《全清词钞》录其词1首。④

刘富春（1796—?），字桐江，江宁人。道光八年（1828）乡试中式第8名举人。二十七年（1847）官井陉知县。后官献县知县，咸丰三年（1853），太平军攻入献县，富春下落不明。⑤

胡嘉桢，上元人。道光间岁贡。⑥

林蔚青，字岱山，江宁人。诸生。品学兼邃，后进奉为师表。⑦

周洛（?—1853），字西瀍，上元人。道光十七年（1837）举人。性豪迈不羁。咸丰三年（1853），与弟文生邰募勇团练。城陷，率勇迎击于五台山，兄弟皆重创。急归，纵火焚其居，率家属十八人投池死。⑧

西培，上元人。道光间岁贡。⑨

伍长松，上元人。道光十二年（1832）举人。⑩

陈宗彝，原名秋涛，字雪峰，号耆古，江宁人，继昌（字问舟）子。诸生。为学不屑屑制举业，酷嗜金石。著有《汉蜀石经残字考》、《钟鼎古器录》、《古砖文录》等。校勘古籍甚富，而景泰本《尔雅郭注》、《章草急就篇》、《华严音义》为最精。家贫好施，以冬夜赈粥，中寒以卒。又著有《读礼识疑》、《六书偏旁析疑》、《胡刻通鉴补正识误》、《重次臧玉琳经义札记》、《耆古稿》、《廉石居藏书记》、《鉴书画记》、《汉经斋稿》、《仓山文存》、《仓山诗存》等。⑪

① 《邓尚书年谱》，第127页；梅曾亮：《陕西巡抚邓公墓志铭》，《柏枧山房文集》卷14，第85页。

② 《江苏省通志稿·选举志》卷23，第670页。

③ 《无锡时期的钱基博与钱锺书》，第10页。

④ 《清代硃卷集成》第194册，第62页；《江苏艺文志·南京卷》，第853页；《晚晴簃诗汇》卷135，第5848页；《词综补遗》卷79，第2950页；《全清词钞》卷19，第952页。

⑤ 光绪《金陵通传》卷4，第5叶；陶澍：《进呈戊子科乡试题名录题本》，《陶澍全集》第5册，第266页；光绪《井陉县志》卷19《职官》，第4叶；《清政府镇压太平天国档案史料》第10册，第312页。

⑥ 同治《上江两县志》卷14《科贡》，第289页。

⑦ 同治《上江两县志》卷24中《耆旧》，第595页。

⑧ 同治《续纂江宁府志》卷14之10上《人物》，第310页。

⑨ 同治《上江两县志》卷14《科贡》，第289页。

⑩ 同治《上江两县志》卷14《科贡》，第286页。

⑪ 同治《续纂江宁府志》卷14之7《人物》，第266页。

戴家仁，上元人。道光间副贡。①

田甡，字鲁斋，上元人。贡生。品行端洁，善行草、八分书，工绘山水。②

顾永熙，上元人。道光二十六年（1846）举人。③

额嶐布（1788—?），江宁驻防。道光八年（1828）乡试中式第 31 名举人。④

王至华，字叔渊，上元人。诸生。工书。⑤

林端，字章甫，上元人，润（字雪晴）子。嘉庆二十一年（1816）解元。中年绝意仕进，选知县，议叙中书，皆不就。居乡乐善不倦，参与济贫育婴。晚精医理。著有《医谈》十卷、《偶然居士遗稿》、《龙溪草》。⑥

萧耀椿，字芸轩，上元人。诸生。有文名，性复慷慨，乡里善举，必身亲之。⑦

汪云官，字纪君，上元人。诸生。孝友笃学，书有重名。⑧

杨铨，字俊衡，号衡斋，一作恒斋，江宁人。乡里善举，皆与经画。所讲先儒正学，务在力行，士林称为“杨夫子”。同学将以优行举，力辞，遂以县学生终。卒年五十四。著有《易学史证一贯》、《春秋集评》、《日记善言》，辑有《载道集》、《古诗雅正续选》、《幽光初集》、《幽光二集》。⑨

吴坦，字履吉，江宁人。嘉庆十八年（1813）拔贡，二十一年（1816）举人，二十二年（1817）进士。授编修，道光元年（1821）山西副主考。后自回籍，寻卒于家。⑩

徐鉴（1781—1819）⑪，更名铣，字临川，号鉴人，江宁人。嘉庆十二年（1807）优贡。十三年（1808）考取教习，顺天乡试中式举人。十六年（1811）会试中式，十九年（1814）补殿试，成进士，选庶吉士。未及散馆而卒，年三十九。⑫

陈维翰，字宗之、字寄芸，江宁人，授（字石渠，号松崖）子，维藩（字价之）弟。诸生。精研诸经，为文敏捷。避乱卒于苏州。⑬

陈俊，上元人。道光十五年（1835）举人。⑭

何桂芬（1801—1868），原名其盛，字茂园，一作茂垣，号新甫，上元人。道光十二年（1832）乡试中式副榜第 1 名，十四年（1834）顺天乡试中式副榜第 38 名。十五年（1835）顺天乡试中式第 176 名举人，覆试一等第 6 名，二十四年（1844）大挑一等，签

①　同治《上江两县志》卷 14《科贡》，第 289 页。

②　同治《续纂江宁府志》卷 14 之 4《人物》，第 248 页。

③　同治《上江两县志》卷 14《科贡》，第 287 页。

④　陶澍：《进呈戊子科乡试题名录题本》，《陶澍全集》第 5 册，第 267 页。

⑤　同治《续纂江宁府志》卷 14 之 4《人物》，第 249 页。

⑥　同治《上江两县志》卷 24 中《耆旧》，第 600 页；《江苏艺文志·南京卷》，第 845 页。

⑦　同治《续纂江宁府志》卷 14 之 9 上《人物》，第 281 页。

⑧　同治《续纂江宁府志》卷 14 之 3《人物》，第 208 页。

⑨　同治《续纂江宁府志》卷 14 之 5《人物》，第 250 页；同治《上江两县志》卷 23《忠义孝弟》，第 538 页；《金陵文征小传汇刊》，第 528 页。

⑩　同治《上江两县志》卷 14《科贡》，第 289、286、281 页；《金陵文征小传汇刊》，第 520 页。

⑪　生年据《清代人物生卒年表》，第 641 页。按，疑为官年。

⑫　光绪《金陵通传》卷 4，第 1 叶；《金陵文征小传汇刊》，第 520 页。

⑬　同治《续纂江宁府志》卷 14 之 4《人物》，第 230 页。

⑭　光绪《金陵通纪》卷 3，第 3 叶。

掣四川试用知县。二十五年（1845）会试中式第 125 名，殿试二甲第 4 名，朝考一等第 12 名，选庶吉士。散馆授编修，历官御史、陕安道，卒于官。著有《自乐堂遗文》一卷。①

罗凤仪（？—1847），字威伯、亦凡，上元人。道光二年（1822）举人，十六年（1836）进士。官河南荥阳知县，有政声。著有《尺蠖集》、《楚游草》、《汴梁草》。②

张子云，改名源灏，字竹於，上元人。岁贡生。敦品力学，士论咸归。避乱居虎洞公局，病殁，乡间绅董以礼殡葬之。无子，克复后门人设木主于僧舍，春秋祭祀，以志不忘。③

吴翼元，字石仓，上元人。廪生。为文力宗先正，夭矫绝伦。课门下士极真切，凡阅一艺，必令其自臻于完善而后已。馆同学伍光瑜（1758—1830）家十年，成就其子佺为多。著有时文、古今体诗，多可传，惜散失未付梓。④

伍长龄，字仁虎，号厚山，上元人，光瑜（1758—1830）子。岁贡。道光元年（1821）举孝廉方正。廷试授知县，自以为无吏才，不就。敦品励行，有长者风。子弟就而问业，答问不疲，多所成就。与修《上元县志》。⑤

顾淞，字吴江，一作梧江，上元人。与弟湘苦志力学，早岁成名，皆不遇于时。赍志以殁，时论惜之。⑥

张德凤（1780—1837），字子韶、梧冈，江宁人。幼有才子之目，博览群籍，尤工书法。嘉庆十三年（1808）举人，二十五年（1820）进士，改庶吉士。道光二年（1822）散馆，改归本班。主讲钟吾书院十五年，始选广东仁化知县。抵任仅四月卒。《国朝词综补》录其词 1 首。《全清词钞》录其词 1 首。⑦

王光照，江宁人。道光五年（1825）拔贡，十九年（1839）举人。⑧

陈元庆（1779—？），江宁人。道光八年（1828）乡试中式第 96 名举人。⑨

杨鋆，江宁人，大埍（？—1853/1855）子。早慧。学使龚守正（1776—1851）试射字题文，鋆举大射、宾射、燕射诂之，邀特赏，补县学生。惜以瘵卒。⑩

易长华（1790—？）⑪，字子实，号文江，上元人。少孤贫，与弟长桢（初名长发，

①　《清代硃卷集成》第 14 册，第 209 页；《江苏艺文志·南京卷》，第 874 页。

②　同治《续纂江宁府志》卷 14 之 6《人物》，第 260 页；卷 9 上《艺文上》，第 79 页；《清人诗文集总目提要》，第 1382 页。

③　同治《上江两县志》卷 14《科贡》，第 289 页；卷 24 中《耆旧》，第 603 页。

④　道光《上元县志》卷 16《文苑》，第 323 页。

⑤　道光《上元县志》卷首《纂校姓氏》，第 12 页；同治《上江两县志》卷 24 中《耆旧》，第 599 页；《金陵文征小传汇刊》，第 520 页。

⑥　《金陵文征小传汇刊》，第 462 页。

⑦　《清代官员履历档案全编》第 29 册，第 445 页；同治《上江两县志》卷 24 中《耆旧》，第 588 页；光绪《金陵通传》卷 35，第 7 叶；《金陵文征小传汇刊》，第 523 页；《国朝词综补》卷 30，第 273 页；《全清词钞》卷 18，第 889 页。

⑧　同治《上江两县志》卷 14《科贡》，第 286、289 页。

⑨　陶澍：《进呈戊子科乡试题名录题本》，《陶澍全集》第 5 册，第 269 页。

⑩　同治《续纂江宁府志》卷 14 之 7《人物》，第 267 页。

⑪　生年据《清代人物生卒年表》，第 487 页。

字子澹、晴江）同攻苦。从管镛（字西雍）游，学益邃。嘉庆二十三年（1818）举人，二十四年（1819）进士。历官内阁中书、广州知府。升山东按察使，未上卒。①

何汝霖（1781—1853）②，字雨人、润之，江宁人。嘉庆八年（1803）、九年（1804）肄业钟山、尊经书院。十八年（1813）拔贡，考取七品小京官，签分工部。道光五年（1825）举人，再试礼部不第。历官都水司主事，军机章京，员外郎，郎中，侍读学士，大理寺少卿，宗人府丞，左副都御史，兵部、户部侍郎，兵部、户部、礼部尚书，直军机处。谥恪慎。著有《沈阳纪程》。③

林惠，字郑卿，江宁人。诸生。④

端木焯，字次刘，号云樵，上元人。嘉庆十五年（1810）举人。拣选知县、觉罗官学教习，皆未赴。才情超隽，兼精书画。卒年六十二。⑤

刘沅，字星槎，号仲尊，上元人。道光五年（1825）举人。著有《壮游草》，辑有《十二雅友声汇存》。⑥

吴启昌，江宁人。道光间恩贡。师事姚鼐（1731—1815），受古文法。校勘姚鼐晚年主讲钟山书院时定本《古文辞类纂》，世称吴本。⑦

严城，字铁生，丹徒人。道光五年（1825）拔贡，选上元县教谕。十四年（1834）举人，历官河南孟津、商丘知县，开封府清军同知。⑧

杭大泉，字达之。年未五十而卒。⑨

胡镐（？—1847），字圣基，号心斋，上元人。岁贡生。馆江宁甘氏久，得博涉津逮楼藏书。治经兼汉宋，尤邃于易。为文浑朴醇茂，姚鼐（1731—1815）称其似归震川。《玉海》旧版有毁者，康基田修之，聘镐校于瞻园。年八十余，犹日读书盈寸。道光二十四年（1844）赐副榜。著有《群经说》、《心斋文集》。⑩

端木杰（1776—1823）⑪，字俊民，号过庭，江宁人。嘉庆十二年（1807）优贡，十八年（1813）顺天乡试中式举人。十九年（1814）进士，选庶吉士，散馆授编修。馆选后专心古学，苦心绩学，终身不衰。卒于官，年四十九。⑫

梅曾亮（1786—1856），初名曾荫，字伯言、葛君、柏枧，上元人。道光元年（1821）举人。二年（1822）进士，用知县，以亲老告病家居。先后入邓廷桢（1776—1846）、陶澍（1779—1839）幕。十四年（1834）入京纳赀为户部郎中，在京十余年。后

---

① 同治《续纂江宁府志》卷14之4《人物》，第225页。

② 卒于咸丰二年十一月二十六日，公历已入1853年。

③ 《知所止斋自订年谱》，第333页。

④ 同治《上江两县志》卷24中《耆旧》，第609页。

⑤ 《金陵文征小传汇刊》，第497页。

⑥ 《江苏艺文志·南京卷》，第856页。

⑦ 同治《上江两县志》卷14《科贡》，第289页；《桐城文学渊源、撰述考》，第171页。

⑧ 民国《续丹徒县志》卷12上《人物二》，第631页。

⑨ 汪士铎：《总招》，《汪梅村先生集》卷5，第629页。

⑩ 同治《续纂江宁府志》卷14之7《人物》，第265页；卷9上《艺文上》，第79页。

⑪ 生于乾隆四十年十二月十三日，公历已入1776年。据《清代人物生卒年表》，第816页。

⑫ 《金陵文征小传汇刊》，第490页。

主讲扬州梅花书院。咸丰四年（1854）入杨以增（1787—1856）幕。著有《柏枧山房诗文集》、《古文词约》。①

陈士全，字纯斋，江宁人。道光十七年（1837）举人。大挑知县，历署直隶雄县、望都，有政声。年未五十卒。②

韩道原，江宁人。道光十七年（1837）举人。咸丰七年（1857）官遂宁知县。③

焦子元，字桃溪。年未四十而卒。④

张灿辉，上元人。道光二十三年（1843）举人。⑤

钱云鹤，字蓬山。道光三十年（1850）岁贡。与修《上江两县志》。⑥

叶声扬（1807—1838），字赓廷，号庚亭，江宁人。道光十二年（1832）举人。四上春官，以家贫艰于往返，留京夏课。十八年（1838）成进士，选庶吉士。馆课四次皆一等，两列第一，补武英殿协修。请假南旋，卒于雄县旅邸，年三十二。著有《汲古轩文稿》。⑦

张葆和，字煦堂，上元人。道光二十三年（1843）举人，官萧县训导。著有《自乐堂文集》、《来鸎轩古近体诗》、《赋稿》。⑧

余皆待考。

【附录】

补编封面、版权与前编完全一致，收录《大学》、《中庸》16 题 24 篇，《论语》74 题 100 篇，《孟子》11 题 18 篇。

共 142 篇，其中：管子书 6 篇，顾逊之 5 篇，顾槐三、杨丙文、吴双 4 篇，叶声扬、陈维翰、田宝双（秀歧）、杨长年（朴庵）、张元福（敛庵）、孔继周、姚锡华（实庵）、林廷爕 3 篇，陈维藩（价之）、张鏞（紫荆）、何桂芬、罗榕、汪士铎、姚必成、王凤藻、吴纶绂、杨大堉 2 篇，吴鼎昌（新之）、汪旸、李庚堂（月樵）、程传厚（积堂）、马沅（湘帆）、陶定甲（子静）、梁增敫、黄家镛（亦轩）、仇安元（复之）、秦士科、曹森（宝书）、申金榜（蕊仙）、倪德新（茗香）、伍长龄、王恩元（镜蓉）、罗鸿藻、石惟金（品三）、伍长华（实生）、余敏（秋农）、吴鸎（凤楼）、涂煊、蔡世松（友石）、陈授（石渠）、蒋新（心楣）、王国琛（南珍）、杨昕（东山）、龚坦（谦夫）、陈荣（镜观）、张汝南（子和）、任瑞朝（辑之）、车懋修（竹君）、张铸、李登醇（衢尊）、林润（雪

---

① 《柏枧山房诗文集》附录《梅郎中年谱》、《传记及序跋材料辑录》，第 668、682 页。

② 同治《续纂江宁府志》卷 14 之 6《人物》，第 261 页。

③ 同治《上江两县志》卷 14《科贡》，第 286 页；《新修潼川府志》卷 19《职官志一》，第 623 页。

④ 汪士铎：《总招》，《汪梅村先生集》卷 5，第 629 页。

⑤ 同治《上江两县志》卷 14《科贡》，第 287 页。

⑥ 同治《上江两县志》卷首《采访纂修姓名》，第 4 页；卷 14《科贡》，第 290 页。

⑦ 同治《续纂江宁府志》卷 14 之 3《人物》，第 220 页；同治《上江两县志》卷 24 中《耆旧》，第 589 页；《金陵文征小传汇刊》，第 543 页。

⑧ 同治《上江两县志》卷 14《科贡》，第 287 页；卷 24 中《耆旧》，第 603 页；卷 12 中《艺文中》，第 227 页。

晴）、凌丙钧、车研（静年）、哈晋丰（锡蕃）、吴吉昌（蔼人）、翁觐宸（伯飔）、朱镛、程光祖（觐恭）、陈廷钰（子相）、吴世昌（宾之）、王光煜、汪天吉、张锡麟（意兰）、谈承基（念堂）、吴元昌、王鑅桂、方恩露（雨培）、田种珏（达之）、方培厚、姚天麟、蔡旅平（望山）、朱毓桢（蓉峰）、毛文焕、朱嘉桢、林端、俞粹纯、刘澄（清宇）、陈崑玉、松年（云櫵）、张静（佑之）、方培基、马大魁（如琴）、狄子奇、胡镐（圣基）、戴衍祥（袭之）、韩印、杨得春（柳门）、姚璋、王荃（少卿）、叶庭銮（金甫）、余长青（古筠）、林惠、张灿奎（星文）、钱选1篇。

姚必成、蒋新、张汝南，见《惜阴书舍课艺》。

吴双、汪士铎、秦士科、龚坦、张铸、吴吉昌、吴元昌、毛文焕、韩印、杨得春，见《金陵惜阴书舍赋钞》。

杨长年，见《钟山书院课艺初选》。

管子书、顾逊之、顾槐三、杨丙文、叶声扬、陈维翰、孔继周、林廷燮、何桂芬、罗榕、王凤藻、吴纶绂、杨大埙、伍长龄、凌丙钧、王鑅桂、方培厚、姚天麟、林端、俞粹纯、陈崑玉、方培基、胡镐、林惠，见前编。

田宝双，上元人。候选训导。汪士铎《感知己赞·田秀歧明经宝双》："秀歧巍巍，才干无双。钩稽泉榖，经络家邦。文为余事，不俭不庞。探奇昆丽，掇秀兰茝。"金陵城陷，其妻蒋氏投水死。①

张元福，号敛庵。华长卿（1805—1881）有《赠张敛庵同年元福归江浦》、《三月三日同王蓉桥先生访张敛庵同年于护国庵》、《秋暮同张敛庵同年城西访菊》等诗。②

姚锡华（1804—1870），字曼伯，号实安，一作实庵，上元人。道光十二年（1832）举人，二十一年（1841）进士。历官山东新城、长山、安丘、齐河知县，桃源同知。咸丰三年（1853）升广东惠州知府，擢广西左江道，以留办山东防务未赴。太平军事起，署曹州知府，授山东督粮道，督办德州军务。以父忧解任。服阕，除云南粮储道，升按察使，转布政使。乞病归。著有《怡柯草堂诗文集》。③

陈维藩，字价之，江宁人，授（字石渠，号松崖）子。性宽和，乡里称长者。历署宿迁、赣榆、桃源、睢宁、沛县训导。晚主讲山西太平县书院。卒年六十五。④

张鏐，字子金，诸生。性和适，束修自好，工诗文书法，善诱后进。举咸丰元年（1851）孝廉方正。⑤

吴鼎昌，字仲铭，号新之，江宁人，元昌（字复初）弟。道光十七年（1837）举人，二十一年（1841）进士。历官编修、陕西粮道、广西按察使、布政使、太常寺卿、顺天府尹。以忧归，旋卒。⑥

① 汪士铎：《汪梅村先生集》卷4，第627页；同治《上江两县志》卷20《贞烈》，第478页。

② 《梅庄诗钞》卷8、10、15，第628、649、672页。

③ 邓嘉缉：《皇清诰授资政大夫云南布政使司布政使姚公墓表》，《扁善斋文存》卷中，第59页；同治《续纂江宁府志》卷14之6《人物》，第259页。

④ 同治《续纂江宁府志》卷14之4《人物》，第230页。

⑤ 同治《续纂江宁府志》卷14之4《人物》，第240页。

⑥ 同治《续纂江宁府志》卷14之4《人物》，第231页。

汪旸。《金陵古迹诗选》编者汪旸①，未知是否即此人。

程传厚，上元人。道光十五年（1835）举人，咸丰七年（1857）官高邮州学正。②

马沅（1779—1850），字湘帆、韦伯，上元人。道光二年（1822）举人，九年（1829）进士。选庶吉士，散馆授户部主事。与倭仁（1804—1871）、张集馨（1800—1879）为同年友，每旬集会，作骈文和诗，风雨无辍。升湖广道监察御史。道光三十年（1850）元旦卒。著有《驻帆阁文钞》、《尘定轩诗集》。③

陶定甲，字子静。陶子静叔侄兄弟读书于盋山余霞阁，梅曾亮（1786—1856）、管同（1780/1785—1831）有文记之。刘开（1784—1824）亦有《赠陶子静》、《赠陶子静序》等诗文。④ 陶子静疑即此人。

梁增敔，江宁人。道光十二年（1832）举人。⑤

仇安元，上元人。增生。殉难。⑥

曹森（1790—1853）⑦，字宝书，上元人。嘉庆二十三年（1818）举人，道光二年（1822）进士。历官山西榆次知县、忻州知州、大同知府。以母老，乞养归。逾年母卒，服阕，未及赴补。咸丰三年（1853），留办筹防局。与太平军交战，城将陷，知事不可为，投水未死，遂与妻对缢桑树下。⑧

倪德新，上元人。咸丰元年（1851）举孝廉方正。⑨

王恩元，江宁人。嘉庆间优贡。道光八年（1828）官丰县教谕，九年（1829）、十一年（1831）官东台训导，十四年（1834）官兴化复设训导，二十五年（1845）官宝应复设教谕。⑩

伍长华（1779—1840），字实生，号云卿，上元人，光瑜（1758—1830）子，长龄（字厚山）弟。嘉庆十八年（1813）举人，十九年（1814）探花，授编修。四校京闱，一主浙江乡试。历官广东学政，广西右江道，长芦、广东盐运使，甘肃按察使，云南布政使，湖北巡抚。以事革职归里，杜门不与外事。主修《两广盐法志》、《云南铜法志》。⑪

余敏，字秋农，上元人。岁贡生，乾隆五十三年（1788）乡试以平仄音微误未中。

① 同治《上江两县志》卷12中《艺文中》，第229页。

② 同治《上江两县志》卷14《科贡》，第286页；同治《续纂扬州府志》卷6《秩官》，第716页。

③ 同治《续纂江宁府志》卷14之8《人物》，第273页；光绪《金陵通传》卷31，第2叶；《钟山草堂遗稿》附刻马沅祭温肇江文，第635页。

④ 梅曾亮：《钵山余霞阁记》，《柏枧山房文集》卷10，第41页；管同：《余霞阁记》，《因寄轩文初集》卷7，第443页；刘开：《刘孟涂集》后集卷16、骈体文卷2，第286、422页。

⑤ 同治：《上江两县志》卷14《科贡》，第286页。

⑥ 《李鸿章全集》2《奏议二》，第357页。

⑦ 生年据《清代人物生卒年表》，第709页。

⑧ 同治《续纂江宁府志》卷14之10上《人物》，第305页；同治《上江两县志》卷14《科贡》，第286页。

⑨ 同治《上江两县志》卷14《科贡》，第294页。

⑩ 同治《上江两县志》卷14《科贡》，第289页；光绪《丰县志》卷3《职官类》，第55页；同治《续纂扬州府志》卷6《秩官》，第718、720、723页。

⑪ 同治《续纂江宁府志》卷14之3《人物》，第202页；《回族人物志（近代）》，第76页。

天分学力兼而有之，为文清奇浓淡各尽其妙。精天文算法并篆隶画法，尤工诗词，《随园诗话》多采之。著有《群玉山房集》。①

吴骘，江宁人。道光十四年（1834）举人。②

涂煊（？—1853），字宣之，上元人。廪生。受业于胡培翚（1782—1849），为《汉魏经师表传》，于正史外搜辑颇勤。咸丰三年（1853）城陷，自焚死。③

蔡世松，字听涛、友石，上元人。嘉庆六年（1801）举人，十六年（1811）进士。选庶吉士，散馆授吏部主事。历官郎中、御史、安徽庐凤道、按察使、顺天府尹。以科场失察事降太仆少卿，乞养归。迭主钟山、尊经书院讲席。鸦片战争期间组织乡勇，日夜守御，乡里得安。宝山战败，毅然随登海舶，与定和议。翰墨精妙，曾手摹名人墨迹，刊《墨缘堂法帖》。《国朝词综补》录其词1首。④

陈授（1764—1820），字石渠，号松崖，江宁人。诸生。性孝友，工楷法。著有《毛诗补笺》八卷、《小学广义》四卷、《松崖文集》十卷。《晚晴簃诗汇》录其诗1首。⑤

王国琛，改名景琛，江宁人。道光十五年（1835）举人。⑥

陈荣，字近光，上元人。父其玑，博通内外科。荣早孤，亦精医。嘉庆二十三年（1818）举人。一上京师即谢归，专务济人。卒年七十一。著有《痧证辨惑》、《疹病简易方》、《瘟疫合订》、《伤寒杂病说》。⑦

车懋修，更名淮，字竹君，江宁人，书（1804—1864）兄。诸生。⑧

林润，字雪晴，上元人。乾隆五十九年（1794）副贡生。奉其师王应元（字梅溪），终身弗替，卒则衣食其子，至老且死。与张基（字近溪）、周镛（字青山）友善，以道义相励。⑨

车研，字养源、静年，上元人，敏来（1688—1750）子。廪生。幕游督抚间，曾为崔应阶（1699—1780）、胡宝瑔（1695—1763）主章奏，又曾用章奏佐黔抚。著有《绿松花石山房集》。⑩

哈晋丰，江宁人。岁贡生。道光二十四年（1844）官盱眙训导。撰《重修敬一书院记》。⑪

翁觐宸，字北飏，江宁人。诸生。金鳌（字伟军）著《金陵待征录》，弟子觐宸等颇

---

① 道光《上元县志》卷16《文苑》，第324页。

② 光绪《金陵通纪》卷3，第3叶。

③ 同治《续纂江宁府志》卷14之10上《人物》，第310页。

④ 光绪《金陵通传》卷38，第1叶；《国朝词综补》卷26，第566页。

⑤ 陈作霖：《先世行略》，《可园文存》卷12，第397页；《江苏艺文志·南京卷》第792页；《晚晴簃诗汇》卷124，第5320页。

⑥ 同治《上江两县志》卷14《科贡》，第286页。

⑦ 同治《续纂江宁府志》卷14之3《人物》，第203页。

⑧ 同治《续纂江宁府志》卷14之3《人物》，第206页。

⑨ 同治《续纂江宁府志》卷14之4《人物》，第239页。

⑩ 同治《续纂江宁府志》卷14之3《人物》，第205页；卷9上《艺文上》，第78页；同治《上江两县志》卷16《古今人》，第369页；《金陵待征录》卷5，第90页。

⑪ 光绪《盱眙县志稿》卷7下《秩官》，第22叶；卷5《学校》，第19叶。

任搜讨之力。①

朱镛。句容朱镛，字筠谷。诸生。好金石。与洪亮吉（1746—1809）友善，孙星衍（1753—1818）亦重之。②未知是否即此人。

程光祖，江宁人。道光间岁贡生。③

吴世昌（？—1858），江宁人，元昌（字复初）、鼎昌（字仲铭，号新之）、吉昌（字蔼人）弟。诸生。咸丰四年（1854）官宁国知县，八年（1858）太平军攻城，卒于战。④

王光煜，江宁人。道光间岁贡生。⑤

张锡麟（1803—？），字意兰，江宁人。道光八年（1828）乡试中式第94名举人。十五年（1835）会试后大挑一等，复挑河工，以河工知县用，签掣东河。历官睢州管河州判、睢宁通判、山东东昌府下河通判、河南开封府中河通判、河南候补道员。⑥

谈承基，字念堂，上元人。岁贡生。善倚声，清绮婉约，得南渡石帚、草窗遗韵，一时推许，然不多作。卒年六十余。著有《据梧集》、《石禅精舍稿》。与修《上元县志》。⑦姚鼐（1731—1815）有《门人谈承基、吴刚、周承祖、阮林邀游摄山，宿般若台二首》。《国朝词综补》录其词1首。《全清词钞》录其词1首。⑧

方恩露（？—1853），字雨培，上元人，原籍安徽桐城。从方先甲（？—1853）学，内行纯笃。道光十二年（1832）副贡。江宁城陷，死之。著有《文思堂诗文集》。⑨

田种珏，字达之，江宁人。道光二十四年（1844）举人。试礼部久不归，卒于京邸，年近七十。⑩

蔡旅平，字望山，溧水人，寄居江宁。岁贡生，官海州学正。负文名。⑪

朱毓桢，字蓉峰，江宁人。道光间岁贡。汪士铎《感知己赞·朱蓉峰明经毓桢》："蓉峰浮沉，性不迁物。境以日俭，尘弗暇拂。长驾未驭，奇苾终郁。声霾涂泥，梦断簪黻。"⑫

---

①　光绪《金陵通传》卷33，第8叶。
②　同治《续纂江宁府志》卷14之3《人物》，第208页。
③　同治《上江两县志》卷14《科贡》，第289页。
④　同治《续纂江宁府志》卷14之4《人物》，第231页；民国《宁国县志》卷4《政治志下》，第108页。
⑤　同治《上江两县志》卷14《科贡》，第289页。
⑥　陶澍：《进呈戊子科乡试题名录题本》，《陶澍全集》第5册，第269页；《清代官员履历档案全编》第3册，第543页；民国《中牟县志》卷8《职官》，第15叶。
⑦　同治《续纂江宁府志》卷14之8《人物》，第275页；卷9上《艺文上》，第79页；道光《上元县志》卷首《纂校姓氏》，第12页；《金陵文征小传汇刊》，第482页。
⑧　《惜抱轩诗后集》，第304页；《国朝词综补》卷20，第373页；《全清词钞》卷20，第1109页。
⑨　同治《上江两县志》卷14《科贡》，第289页；光绪《重修安徽通志》卷203《人物志·忠节》，第596页。
⑩　同治《上江两县志》卷24中《耆旧》，第602页。
⑪　光绪《溧水县志》卷13《人物志下》，第443页。
⑫　同治《上江两县志》卷14《科贡》，第289页；《汪梅村先生集》卷4，第628页。

刘澄，字清宇，上元人。诸生。著有《季蓴诗钞》。①

松年，号云樵，江宁驻防。嘉庆二十三年（1818）举人，道光六年（1826）进士。历官户部主事、员外郎、江西道监察御史。官御史最久，弹劾不避权要。性清俭，非义不居。在部日每晨徒步入署，同辈戏呼"行走松"。为文有雄直气。②

张静，上元人。道光间岁贡。③

马大魁。上元马大魁，字笙阶、星园，著有《群芳列传》四卷、《洪崖合草》二卷。④ 疑即此人。

狄子奇，字惺庵，溧阳人。弱冠补弟子员，以监生肄业成均。曾读毛奇龄（1623—1716）《论语稽求》、《四书剩言》诸书，爱其博淹而病其攻驳朱子，思补朱子之未备，著《四书质疑》四十卷、《四书释地辨疑》一卷、《乡党图考辨疑》一卷。程恩泽（1785—1837）主讲钟山书院，耳其名，属纂《战国策地名考》二十卷。因荐之林则徐（1785—1850），声誉益重。道光十五年（1835）举人，主安徽宿州、河南覃怀书院。以风疾卒于讲舍。另有《周易推》六卷（收入《续修四库全书》）、《孔子编年》四卷、《孟子编年》四卷。⑤

戴衍祥，字袭之，上元人，祖启（1726—1783）子。廪生。⑥

姚璋，字半农，号兰坪，上元人。幼入府学，晚岁补廪膳生。避乱居浙，卒年八十八。邃于经训，不著书，绪论多佚。⑦

王荃（？—1853），字少卿，上元人，鑅桂（？—1865）弟。诸生。咸丰三年（1853）死于难。著有《史准发凡》。⑧

叶庭銮（1794—1863），字金甫，上元人。与汪士铎（1802—1889）、杨大埛（？—1853/1855）、焦子元（字桃溪）从任泰（字阶平）游，叶为文以冲和胜，杨以才致，焦以思力，皆得盛名于一时。道光十八年（1838）祁寯藻（1793—1866）督学江苏，试《稻人赋》，庭銮以南掌国贡嘉稻故实见赏，遂饩于庠。二十三年（1843）举人，八试礼部，五荐而不售。卒于京师。辑有《初学审音》二卷。⑨

余长青，江宁人。副贡。咸丰六年（1856）官扬州府复设训导。⑩

张灿奎。同治《续纂江宁府志》殉难名单中有"文生张灿奎"⑪，未知是否即此人。

待考者：李庚堂、黄家铺、申金榜、罗鸿藻、石惟金、杨昕、任瑞朝、李登醇、陈廷钰、汪天吉、朱嘉桢、钱选。

---

① 光绪《金陵通传》卷28，第13叶。
② 同治《续纂江宁府志》卷14之1《人物》，第174页。
③ 同治《上江两县志》卷14《科贡》，第289页。
④ 《江苏艺文志·南京卷》，第839页。
⑤ 光绪《溧阳县续志》卷11《人物志·儒林》，第501页。
⑥ 光绪《金陵通传》卷29，第6叶；《金陵文征小传汇刊》，第496页。
⑦ 同治《续纂江宁府志》卷14之7《人物》，第266页。
⑧ 光绪《金陵通传》卷37，第6叶；汪士铎：《史准发凡序》，《汪梅村先生集》卷7，第657页。
⑨ 汪士铎：《叶金甫家传》，《汪梅村先生集》卷11，第694页；《香港所藏古籍书目》，第51页。
⑩ 同治《续纂扬州府志》卷6《秩官》，第711页。
⑪ 同治《续纂江宁府志》卷14之11中《人物》，第395页。

68. 钟山书院乙未课艺

【版本序跋】

乙未，光绪二十一年（1895）。《中国历代书院志》据光绪二十一年（1895）刻本影印。题"院长梁星海先生鉴定，肄业诸生校字"。

梁鼎芬（1859—1920）①，字星海，号节庵，广东番禺人。光绪二年（1876）举人，六年（1880）进士，选庶吉士，散馆授编修。以弹劾李鸿章（1823—1901）降五级调用，历主惠州丰湖、肇庆端溪、广州广雅、南京钟山、武昌两湖书院。得张之洞（1837—1909）荐拔起用，累迁至湖北按察使、布政使。复以弹劾奕劻（1838—1917）、袁世凯（1859—1916）去官。辛亥后为遗老，任溥仪（1906—1967）师傅，参与张勋（1854—1923）复辟。谥文忠。著有《节庵先生遗稿》、《节庵先生遗诗》、《欸红楼词》。②

【课艺内容】

制艺 8 题 40 篇；杂文 3 题 13 篇，题为《祭顾亭林文》、《移建文宗阁议》、《钟山书院藏书记》；箴 1 题 8 篇，题为《行箴、学箴》；古今体诗 2 题 9 篇，题为《秋怀诗》、《钟山书院飨堂秋祭礼成纪事》；试帖诗 7 题 27 篇，题为《赋得草长江南莺乱飞》、《野人叹息朝无人》、《山中归来万想灭》、《误国当时岂一秦》、《良晨讵可待》、《读书想前辈》、《此生竟出古人下》。

【作者考略】

杨炎昌（钟武）9 篇，傅良弼（筑岩）、石凌汉（云轩）8 篇，鲍梓生（楚材）、翁长芬（绍文）7 篇，杨丙福 6 篇，王受畴（寿田）、梁葵（饮真）4 篇，孙启椿（绍筠）3 篇。其他作者一二篇不等：陈光第（于笙）、戈乃赓（颂臣）、郜怀沁（仰源）、吴鸣麒（麟伯）、朱照（子久）、张长灏、潘钧（和卿）、周景镐（伯乐）、夏仁溥（博言）、王澑（伯涵）、程先甲（一夔）、黄宗泽（衍长）、潘宗鼎（禹九）、刘文煜（荩臣）、黄宗幹（子桢）、徐德辉、杨熙昌（缉庵）、吴锺骧（子良）、祝廷熙（成之）、江士瑶、陆维炘（价臣）、金世和（煦生）、徐铭、王鸿图（卿云）、陈忠倚（鹤浦）、曾宗元、夏仁虎、鲍幼鸿、王吉棻、陈嘉湭。

翁长芬、吴锺骧，见《惜阴书院课艺》。

王鸿图，见《尊经书院课艺四刻》。

杨炎昌、陆维炘，见《尊经书院五集课艺》。

陈光第、祝廷熙，见《尊经书院六集课艺》。

傅良弼、吴鸣麒、黄宗泽、刘文煜、金世和、陈嘉湭，见《尊经书院课艺七刻》。

杨熙昌，见《续选尊经课艺》。

石凌汉（1871—1947），字云轩，号戁素，婺源人。少年以文名，中年以医名。蓼辛

---

① 卒于民国八年十一月十四日，公历已入 1920 年。

② 汪兆镛：《梁文忠公别传》，陈三立：《祭梁文忠公文》，《碑传集三编》卷 9，第 539、543 页；杨敬安：《节庵先生事略》，《节庵先生遗稿》卷首。

词社成员，如社成员。著有《弢素遗稿》、《淮水东边词》。《词综补遗》录其词 3 首。①

鲍梓生（1874—1914），字楚材，号韵珊，宿迁人。光绪二十三年（1897）乡试中式第 76 名举人。著有《易学源流》、《乾坤正气集》。② 杨炎昌（1860—1905）有《纪行示缉弟匾呈楚材同年》、《余之肥西，鲍子楚材赠诗惜别。旅居多暇，辄依渊明答庞参军诗体均以答鲍子》、《次韵鲍楚材见柬》、《怀鲍楚材同年二首》诗。③

梁焱（1864—1927），字饮真、公约，以字行，别号苍立，江都人。困童子试久之始补诸生。三十后客金陵，为梁鼎芬（1859—1920）、缪荃孙（1844—1919）所知。工俪体文，神韵似六朝。诗自西江入，而上追晚唐。顾不甚存稿。殁后，其子搜集箧中写定本，刊于《学衡》杂志中，名《端虚堂诗集》，不及百篇。偶为小词，于温李相近。兼善丹青，而画菊尤入神。《清诗纪事》录其诗 2 首。《词综补遗》录其词 3 首。④

孙启椿（1874—1932）⑤，字绍筠，号少云、漆圃，上元人，陈作仪（1858—1934）婿。光绪二十三年（1897）乡试中式第 74 名举人。官山西陵川、绛县知县。后为江苏省咨议局、临时议会议员。曾参与中山陵筹备事务。卒年六十。《清诗纪事》录其诗 1 首。⑥

夏仁溥（1866—?），字博言，号渊如，上元人，埱（1798—1843）孙。光绪十五年（1889）乡试中式第 87 名举人。如社成员。历官山东濮州、宁海，江苏扬子，浙江慈溪各州县。卢沟桥事变抗日战起，逃难卒于汉口。著有《盍盦词》、《榷轩随笔》。《清诗纪事》录其诗 1 首。《词综补遗》录其词 2 首。⑦

王瀣（1871—1944），字伯沆、伯涵、伯谦，晚号冬饮，江宁人，原籍溧水。年十八入泮，逾年食饩，乡试不售。蕲春黄翔云主钟山书院，召之温勉。民国间短暂供职于江南图书馆，长期执教于南京高等师范学校、东南大学、中央大学。抗战期间滞留南京，拒绝与日伪合作，其气节为世所推重。所著后人辑为《冬饮庐文稿》、《冬饮庐诗稿》、《冬饮庐词稿》、《藏书题记》。⑧ 批校古籍甚多，广陵书社自 2003 年起以《冬饮丛书》为名陆续刊行。江苏古籍出版社 1985 年出版《王伯沆红楼梦批语汇录》，南京大学出版社 2010 年出版《王伯沆批校红楼梦》。

程先甲（1872—1932）⑨，字鼎臣，号一夔，江宁人。光绪十七年（1891）乡试中式

① 石家诚：《石云轩先生行述》，《弢素遗稿》卷首；《冶城话旧》卷 2《如社》，第 23 页；《退庵词话》，第 606 页；《词综补遗》卷 97，第 3624 页。

② 《清代硃卷集成》第 199 册，第 85 页；民国《宿迁县志》卷 16《人物志下》，第 557 页。

③ 《为溪斋诗集》，第 9、17、21 页。

④ 民国《江都县新志》卷 9《人物传》，第 878 页；《光宣以来诗坛旁记·梁公约逸诗》，第 81 页；《清诗纪事·光宣朝卷》，第 14987 页；《词综补遗》卷 52，第 1947 页。

⑤ 生于同治十二年十一月十六日，公历已入 1874 年。

⑥ 《清代硃卷集成》第 199 册，第 61 页；《秦淮志》卷 5《人物志》，第 38 页；《明清山西碑刻资料选》第 1 辑，第 430 页；《江苏省志》第 61 卷上《议会、人民代表大会志》，第 13、26 页；《中山陵档案史料选编》，第 62 页；《清诗纪事·同治朝卷》，第 12094 页。

⑦ 《清代硃卷集成》第 180 册，第 415 页；《冶城话旧》卷 2《如社》，第 23 页；《国学家夏仁虎》，第 225 页；《清诗纪事·咸丰朝卷》，第 11567 页；《词综补遗》卷 79，第 2953 页。

⑧ 钱堃新：《冬饮先生行述》，《冬饮庐文稿》附录；《中国近代学人像传初辑》，第 11 页。

⑨ 生于同治十年十二月二十五日，公历已入 1872 年。

第 106 名举人，二十九年（1903）举经济特科。历主江南高等学堂、简字学堂、国学专修馆。尤精音韵、训诂之学，著书 40 余种，合为《千一斋全书》。①

潘宗鼎（1870—?），字禹九，号姜灵，江宁人。编著有《凤台山馆骈散文集》、《扫叶楼集》、《金陵岁时记》。《扫叶楼集》有金世和（字煦生）、潘钧（字和卿）序，以及石凌汉（1871—1947）、程先甲（1872—1932）、仇埰（1873—1945）等题词。卷末附录《扫叶楼秋宴诗集》，收录民国十八年（1929）秋同人宴集之作，作者有潘宗鼎、夏仁溥（1866—?）、仇埰、吴鸣麒（1861—?）、程先甲、石凌汉、金世和、翁长芬（字绍文）、侯必昌（字维复）、侯福昌（字井心）等。《金陵岁时记》有石凌汉等题词、夏仁溥序。②

黄宗幹（1865—?），字子桢，号仲勉，上元人，宗泽（1863—?）弟。光绪二十八年（1902）中式第 27 名举人。曾任邮传部上海高等实业学堂国文教员。③

徐德辉（1873—?），字润身，号倩仲，宜兴人。光绪二十八年（1902）顺天乡试中式第 264 名举人，官法部主事。民初宜兴白雪词社成员。著有《寄庐诗词稿》。④

陈忠倚，字鹤浦，号淞南香隐。编有《皇朝经世文三编》八十卷，分学术、治体、吏政、户政、礼政、兵政、刑政、工政、洋务九类。光绪二十三年（1897）刊行，次年校补后再版。⑤

夏仁虎（1874—1963），字蔚如，号啸庵、枝巢，上元人，墈（1798—1843）孙，仁溥（1866—?）弟。肄业尊经、南菁书院。光绪二十三年（1897）拔贡，次年参加殿试朝考，成绩不俗，遂入仕留京，历官邮传部郎中、北洋政府秘书长。后任教于北京大学和北京师范大学。1953 年任中央文史馆馆员。著有《枝巢四述》、《啸庵诗存》、《啸庵编年诗稿》、《啸庵词》、《旧京琐记》、《碧山楼传奇》。⑥

待考者：杨丙福、王受畴、戈乃赓、郜怀沁、朱照、张长灏、潘钧、周景镐、江士瑶、徐铭、曾宗元、鲍幼鸿、王吉棻。

69. 金陵奎光书院课艺

【书院简介】

江宁奎光书院，清嘉庆二十五年（1820）建于原鸡鸣书院废址。道光二年（1822）定内外课童生三十名，附课童生三十名。咸丰间毁于兵，光绪十二年（1886）重建。清末改为学堂。⑦

---

① 《清代硃卷集成》第 185 册，第 173 页；潘宗鼎：《私谥懿文程一夔先生墓志铭》，《民国人物碑传集》，第 530 页。

② 《扫叶楼集》卷首、卷末；《金陵岁时记》卷首，第 10、11 页。

③ 《清代硃卷集成》第 201 册，第 229 页；《南洋公学交通大学年谱》，第 36 页。

④ 《清代硃卷集成》第 129 册，第 261 页；《苌楚斋随笔》卷 10《徐致章等遗民词社》，第 211 页。

⑤ 《皇朝经世文三编》卷首。

⑥ 《清代硃卷集成》第 388 册，第 117 页；《国学家夏仁虎》。

⑦ 同治《续纂江宁府志》卷 7《建置》，第 64 页；《玄武区志》第 18 编《教育》，第 659 页；《奎光书院赋钞》，秦际唐序；《中国书院史》，第 587 页。

【版本序跋】

题"光绪癸巳（1893）中夏望三益盦印行"，"山长秦伯虞先生鉴定，上元叶廷琦少堂甫、邱廷銮和伯甫编次校刊"。

秦伯虞（秦际唐），见《金陵惜阴书舍赋钞》。

叶廷琦，见《尊经书院课艺七刻》。

邱廷銮，字和伯，上元人。光绪十一年（1885）张謇（1853—1926）至江宁，为孙云锦（1821—1892）襄校府试卷，拔廷銮。①

【课艺内容】

赋42题93篇，题如《汉高祖为亭长常从王媪武负赊酒赋》、《陈蕃在郡为徐孺子特设一榻赋》、《寒蝉赋》、《吏行冰上人在镜中赋》、《一帘红雨杏花风赋》、《蟹眼已过鱼眼生赋》、《花为四壁船为家赋》；试帖诗21题35篇，题如《疏柳一旗江上酒》、《蓬莱文章建安骨》、《青山髣髴改旧时容》；古体诗4题5篇，题如《苦旱行》、《访昭明太子读书台遗址》；律诗9题17篇，题如《读陶靖节诗》、《读吴梅村诗》、《访随园遗址》、《落叶》、《眼镜》；绝句5题8篇，题如《后湖棹歌》、《雨花台晚眺》、《读国朝人诗》。有眉批、末评。

【作者考略】

共158篇，其中：邱廷銮33篇，叶廷琦20篇，王树培12篇，王树禾11篇，李杏生9篇，夏仁虎7篇，夏庆复6篇，程先科5篇，杨沂、李世宏、承先、王立勋、陈景培、龚肇新3篇，郑师獬、陈钧、陈镕、陈丰年、张承熙、邱廷锡2篇，叶沛霖、戴彭年、范泽厚、金殿元、谢慕庄、商顺昌、周桂芳、秦绥生、方忠、金鉴、叶廷璐、胡元溶、陈尧臣、李述曾、刘步云、刘恩华、傅良弼、周鏸、贡有恒、朱逢谦、王树藩、陈廷楫、□廷□②、陈祖祺、吴锺麟1篇。

叶廷琦、傅良弼，见《尊经书院课艺七刻》。

夏仁虎，见《钟山书院乙未课艺》。

邱廷銮，见《金陵奎光书院课艺·版本序跋》。

程先科，江宁人，先甲（1872—1932）兄弟。国学生。③

龚肇新，字铭三，号隐庵，江宁人，陈作霖（1837—1920）婿。历任江苏省议员、护法国会众议院议员。校勘《金陵通传》。④

郑师獬。陈作霖（1837—1920）《郑烈妇诗》云："文生郑师獬，妻李节最崇。"⑤

叶廷璐，字贡宸，上元人。诸生。早卒。⑥

---

①　张謇：《啬翁自订年谱》，《张謇全集》第6卷，第846页。

②　题下姓名仅印一字。

③　《清代硃卷集成》第185册，第175页。

④　《扫叶楼集》第78、80页；光绪《金陵通传》卷37，第11叶；《江苏省志》第61卷上《议会、人民代表大会志》，第26、83页。

⑤　《可园诗存》卷23，第13叶。

⑥　光绪《金陵通传》续通传，第20叶。

余皆待考。

70. 奎光书院赋钞

【版本序跋】

题"光绪十九年（1893）夏订"，"何陋屋开雕"；"山长秦伯虞先生鉴定，及门诸子参校"。

秦伯虞（秦际唐），见《金陵惜阴书舍赋钞》。

扉页为广告，有云："此赋原选十七年（1891），止价贰佰文；又增选至十九年（1893）春，止定价每部叁百文"，"江南城聚宝门三山街大功坊郭家巷内秦状元巷中李光明庄，自梓童蒙各种读本，拣选重料纸张装订，又分铺状元境、状元境口、状元阁发售，实价有单"。

秦际唐序云：

> 金陵自戡定后，文教振兴，日新月异岁不同，迄今几一世，虽童子操觚，往往具老成法度。省垣故有奎光书院，丙戌（1886）之岁，孙桐城师守江宁，始兴复之，延主斯席。假馆盋山，所居去市远，蓬蒿三径，足音盖希，回溯旧游，大半宿草，既无复师友讲习过从之乐，不能无所遗以没吾世。乃都数年所业，遴其尤者汇成一帙，连琴瓠瑟，物外赏音，尘世筝琶，殆非同调。都人士传抄既数，爰付剞劂，用不没作者苦心。至若研京练都，方轨前良，有馆阁诸巨制在。兹之所编，则固以童子之师，次童子之作云尔。

> 光绪癸巳（1893）暮春之初，上元秦际唐叙于盋山之碧琅玕馆。

【课艺内容】

五卷，49题103篇。题如《扬雄梦口吐白凤赋》、《大将军有揖客赋》、《梨花满地不开门赋》、《东坡偕张怀民步月承天寺见庭中竹柏影如水中藻荇赋》、《江上青山送六朝赋》、《寒蝉赋》、《朱衣点头赋》、《陈平分社肉甚均赋》、《旧时王谢堂前燕赋》、《蜘蛛隐赋》、《白头宫女闲坐说明皇遗事赋》、《红藕香残玉簟秋赋》、《堕泪碑赋》、《魏武帝横槊赋诗赋》、《蓬莱文章建安骨赋》、《汉武帝诏举茂才异等可为将相及使绝国者赋》。末有评点，间有眉批。眉批皆简略，如"空中伏脉"、"笔力劲绝"、"括得住"。

【作者考略】

叶沛霖15篇，夏仁虎、李杏生7篇，程先寿、傅春官5篇，江振鍫、禹义祥4篇，夏庆复、陈景培、李世宏、龚肇新3篇，戴彭年、叶廷璐、陈钧、陈尧臣、承先、王自元、杨汧、郑师禼、贡有恒、郑维骐、姚思岯、傅鹿2篇，李述曾、刘步云、方忠、金鉴、胡元溶、张允禄、刘恩华、陈丰年、邱廷锡、朱逢谦、周鏸、王立勋、谢慕庄、朱庆瀛、周桂芳、国保、梁棻、张之芳、钱殿元、乔廷访1篇。

夏仁虎、梁棻，见《钟山书院乙未课艺》。

龚肇新、叶廷璐、郑师禼，见《金陵奎光书院课艺》。

傅春官，字茗生，江宁人。官江西劝业道。著有《金陵历代建置表》，辑刊《金陵丛刻》。①

余皆待考。

71. 文正书院丙庚课艺录

【书院简介】

江宁文正书院，建于清光绪十七年（1891），为纪念曾国藩（1811—1872）而设。二十九年（1903）改为江宁府学堂，辛亥后改称江宁中学堂。②

【版本序跋】

题"光绪二十六年（1900）六月刊，庚课及诗赋策论续出"，"院长张季直先生鉴定，肄业诸子校字"。丙庚，即光绪二十二年丙申（1896）至二十六年庚子（1900）。张謇序云：

自布政使奉新许公以湘乡曾文正公再造江南，而在江宁尤久，建立书院，俾邦人士永无穷之讴思，于是江宁有文正书院。其课先以一制艺、一律赋及七言十二韵长律诗为格。二十二年（1896），謇承瑞安黄先生后，为院都讲。中值圣天子诏天下州县立学堂，废制艺、律赋，试用策论。不两月而制艺复，大府议以策论代律赋，诗不限长律，稍变通焉。前后凡五年，一书院因革损益如此。

夫文与学，同途而殊轨者也。文为道华而学为事干，华甚美弗实，而干虽小无虚。汉之射策，唐之诗赋，宋之策论，明之制艺，各适乎时以为取士之术，其为文一也。三代取士，则有德，有行，有艺。孔子之门，高第弟子之科，有德行、言语、政事、文学。徒用文而已，则策论、诗赋、制艺，文之类大要赅矣。必以学焉，则礼也，乐也，射也，御也，书也，数也，名法也，儒墨也，农工商兵也。学不一途，文亦不一家。泛乎陈理道之言，十问可对九，十测不能一二中也。

人亦有言，制艺验其所学而非所以为学。夫诚使上之于士，自其乡学之年，即各责以专家之业而又有文焉。而试士者诚知文，则文者贽焉耳。贽可玉，可帛，可羔雁，可雉，制艺与策论、诗赋也奚择？反是焉，习之非素而又不专，而藉贽于文，下积岁月之揣摩，上凭一日之冥索，无论制艺也，策论、诗赋也，不必不得人，而得故鲜矣。世之好狡讦不察本末者，往往是己而非人，喜同而恶异。或乃彼此倏忽，丹素易色，护一瞬之时局，以为百王之大经。毋乃庄生所谓朝三暮四而众狙怒，朝四暮三而众狙说，名实未亏而喜怒为用者欤？

国家功令：县府乡会殿廷诸试，兼制艺、策论、诗赋命题。而以制艺之文演程朱而尊孔孟，视之尤重而试之频数。自非英绝瑰伟瑰异之才，得老师之传，锐精十年，

____

① 《金陵历代建置表》，卷首；《政治官报》第 12 册，第 438 页；《罗雪堂先生全集》第 7 编第 10 册，第 3433 页。
② 《白下区志》，第 621 页。

其必不能一一窥其藩闼，审矣。而天下岁岁试士，曰得士得士。夫如文正公，则亦曷尝不阶焉与凡为士者并进。故曰制艺、策论、诗赋，不必不得人。江宁人士，被公泽而薰其风教久矣，意其有兴者乎？而前马之导，謇又弗胜，徒于风晨雨夕，登飨公之堂，慨然思公生平闳量通识，高睇而深虑，旷乎不得复见其人也。

今年有请录院课诸文，以质当世谈制艺、策论、诗赋者，是固诸生甘苦所在，又适际功令因革，足备一方掌故，遂择而录之。而断以叨与诸生讲论之年，名之曰《丙庚课艺录》云。

光绪二十六年（1900）三月，通州张謇序。

张謇（1853—1926），字季直，号啬庵，海门人。光绪元年（1875）肄业惜阴书院，二年（1876）入吴长庆（1829—1884）幕。十一年（1885）顺天乡试中式举人，历主赣榆选青、崇明瀛州书院。二十年中式（1894）状元，授修撰。丁忧归，历主江宁文正、安庆经古书院。致力于实业和教育。历任商部头等顾问、预备立宪公会会长、江苏咨议局议长、中央教育会长、农商部总长、水利局总裁、中国银行股东联合会会长、吴淞商埠局督办。著有《张季子九录》、《张謇日记》、《啬翁自订年谱》。①

【课艺内容】

制艺32题126篇，题后标注时间，为光绪二十二年（1896）至二十五年（1899）之文。有评点。

【作者考略】

收录课艺较多者：卢重庆（善之，上元附生）26篇，吴鸣麒（麐伯，上元己丑举人）18篇，孙启椿（绍筠，上元丁酉举人）14篇，禹佐尧（筱波，上元附生）9篇，侯巽（健伯，江宁戊子举人）、陆维炘（价臣，上元己丑举人）7篇，朱礼和（节之，和州丁酉拔贡）、秦汇生（子潆，上元己丑举人）6篇，郑谦（鸣之，溧水廪生）、陆春官（椿生，江宁戊戌进士）4篇，黄宗干（子桢，上元廪生）3篇。

其他作者一二篇不等：杨炎昌（少农，江宁丁酉解元）、王瀣（伯韩，溧水廪生）、王修（爵臣，江宁附生）、翁长芬（绍文，江宁丁酉举人）、濮人骥（幼石，上元戊子举人）、侯际昌（会之，上元廪生）、项承钧（石奇，上元附生）、萧元怡（和臣，上元戊戌进士）、李佳、黄宗泽（衍长，上元己丑举人）、金还（仍珠，上元乙酉举人）、茅乃登（春台，丹徒附生）、刁宸英（星轩，上元附生）、杨熙昌（缉庵，江宁廪生）、单邦杰（轶群，婺源附生）、陈嘉淮（仲巘，江宁廪生）、沈厚圻（受之，江宁辛卯举人）、王畋（文田，钱塘附生）。

金还，见《惜阴书院西斋课艺》。

侯巽、翁长芬、王畋，见《惜阴书院课艺》。

① 《开拓者的足迹：张謇传稿》；《张謇评传》。

秦汇生，见《尊经书院课艺四刻》。

陆维炘、陆春官、杨炎昌，见《尊经书院五集课艺》。

濮人骥，见《尊经书院六集课艺》。

吴鸣麒、黄宗泽、陈嘉淮、沈厚圻，见《尊经书院课艺七刻》。

杨熙昌，见《续选尊经课艺》。

孙启椿、黄宗幹、王瀣，见《钟山书院乙未课艺》。

卢重庆（1870—?），字善元，上元人。附生。任两江师范学堂历史教员。①

朱礼和，字节之，安徽和州人。光绪二十三年（1897）拔贡。宣统三年（1911）官贵州仁怀知县。②

郑谦（1876—1929）③，字鸣之，溧阳人。东渡日本，学习法科。归国后历任云贵总督署参事、安徽国税厅坐办、广东政务厅长、黑龙江政务厅长、国务院陆军部参事、东三省保安司令部秘书长、江苏省省长兼军务督办、东北保安司令部秘书长，卒于沈阳。著有《觉公诗文集》。④

侯际昌。陈作霖（1837—1920）《侯烈妇诗》云："夫为谁？侯际昌，上元文生居黑廊。"⑤

项承钧，字石奇，上元人。附生。邓嘉缉（1845—1909）《扁善斋文存》二卷、《扁善斋诗存》一卷，有光绪二十七年（1901）项承钧校刊本。⑥

萧元怡，字和臣，上元人。父子长，以字行，邑诸生。元怡承长者之训，博学善书。光绪二十年（1894）举人，二十四年（1898）进士。官山西长子知县，人称廉吏。著作多散佚。⑦

李佳。丹徒李佳（1871—1902），初名奎昌，字彦公，号瘦生。诸生。著有《独诵堂遗集》六卷，辑有《友生集》二十卷。⑧ 疑即此人。

茅乃登（1875—1934），字春台，丹徒人，谦（1848—1917）子。附生。曾任江苏通志局分纂、江浙革命联军秘书部副长。与弟乃封（1877—1961）合著《辛亥光复南京纪事》。⑨

刁宸英，字星轩，上元人。附生。著有《藏春小隐草》。⑩

---

① 《中国近代教育史资料汇编·实业教育、师范教育》，第 720 页。

② 民国《续遵义府志》卷 17《职官》，第 28 叶。

③ 卒于民国十七年十二月十八日，公历已入 1929 年。

④ 钟广生：《溧水郑君墓志铭》，《辛亥人物碑传集》，第 482 页；《江苏艺文志·南京卷》，第 1215 页。

⑤ 《可园诗存》卷 23，第 13 叶。

⑥ 《中国历代诗文别集联合书目》第 13 辑，第 415 页。

⑦ 光绪《金陵通传》续通传，第 19 叶。

⑧ 吴浈：《李瘦生别传》，《碑传集补》卷 52，第 329 页；《江苏艺文志·镇江卷》，第 405 页。

⑨ 《桥影依稀话至亲——怀念父亲茅以升》，第 2 页；《辛亥革命江苏地区史料》，第 384 页；《中国方志大辞典》，第 471 页。

⑩ 《江苏艺文志·南京卷》，第 1033 页。

待考者：禹佐尧、王修、单邦杰。

淮安府

72. 崇实书院课艺

【书院简介】

　　清河崇实书院，建于清乾隆间，咸丰十年（1860）毁于兵，同治元年（1862）重建。光绪二十七年（1901）废时文试帖，肄业生童改试策论。三十二年（1906）停课。①

【版本序跋】

　　共 17 册，第 1 册至第 9 册，同治二年（1863）至十年（1871），每年一刻；第 10 册，未署刊刻年份；第 11 册至第 13 册，同治十三年（1874）至光绪二年（1876），每年一刻；第 14 册，光绪四年（1878）刻；第 15 册，光绪四年（1878）五年（1879）合编；第 16、17 册，光绪六年（1880）七年（1881）刻。

　　第 1、2 册题"督漕使者吴鉴定，山长司成钱评选，监院周嘉桢、花芸培校刊"；第 3 册题"督漕使者吴鉴定，山长司成钱评选，监院梁承诰校刊"；第 4 册题"督漕使者吴、张鉴定，山长司成钱评选，监院梁承诰校刊"；第 5 至 8 册题"督漕使者张鉴定，山长司成钱评选，监院梁承诰校刊"；第 9 册题"督漕使者张、苏鉴定，山长司成钱评选，监院梁承诰校刊"；第 10 册未题（按其中收录 4 篇庞际云拟作，则时任山长当为庞）；第 11 册题"督漕使者文、恩鉴定，山长比部吴评选，监院梁承诰校刊"；第 12 至 15 册题"督漕使者文鉴定，山长比部吴评选，监院梁承诰校刊"；第 16 册题"督漕使者黎鉴定，山长比部吴评选，监院梁承诰校刊"，第 17 册题"督漕使者周鉴定，山长比部吴评选，监院梁承诰校刊"。

　　督漕使者吴，即吴棠，见《诂经精舍续集》。

　　山长司成钱，即钱振伦（1816—1879），原名福元，字仑仙、楞仙，浙江归安人。道光十五年（1835）举人。十八年（1838）进士，选庶吉士，散馆授编修。典四川乡试，迁国子监司业。历主杭州紫阳、淮安崇实、扬州梅花、安定书院。著有《示朴斋骈体文》、《示朴斋随笔》、《鲍参军集注》、《樊南文集补编笺注》等。② 有《崇实书院赋》，收入《示朴斋骈体文续存》（未刊稿）。③

　　周嘉桢，睢宁人。廪生。同治元年（1862）官清河教谕。④

　　花芸培，邳州人。附贡。同治二年（1863）官清河训导。⑤

---

　　①　光绪《清河县志》卷 10《学校》、第 88 页；民国《续纂清河县志》卷 5《学校》，第 1123 页。

　　②　光绪《归安县志》卷 37《文苑》，第 27 叶；光绪《江都县续志》卷 28《寓贤列传》，第 311 页；民国《续纂清河县志》卷 11《人物下》，第 1164 页；《吴兴钱家：近代学术文化家族的断裂与传承》，第 42 页。

　　③　《明清诗文研究资料辑丛》，第 152 页。

　　④　光绪《清河县志》卷 14《秩官二》，第 138 页。

　　⑤　光绪《清河县志》卷 14《秩官二》，第 138 页。

梁承诰（1805—1887），字少卿，江都人。诸生，授徒三十年，十应布政司试而不售。中年遭乱，转徙兵间，雷以諴（1795—1884）督师扬州，延入戎幕。论功注选教职，授清河教授。迁徐州府学教授，未之官，居漕督幕府者二十余年。著有《周易图解》、《毛许字证》等书，皆经乱散佚，今存《独慎斋诗钞》八卷。①

庞际云（1823—1887），原名震龙，字省三，直隶宁津人。道光二十三年（1843）举人。咸丰二年（1852）进士，选庶吉士，散馆以部属用，签分刑部。历官员外郎、江南盐巡道、两淮盐运使、湖北按察使、湖南布政使、湖南巡抚、云南布政使。著有《十五芝山房文集》。②

山长比部吴，即吴昆田（1808—1882），原名大田，字云圃，号稼轩，清河人。道光十四年（1834）顺天乡试举人。历官中书舍人、刑部河南司员外郎，晚主奎文、崇实书院。总纂或分纂《淮安府志》、《山阳县志》、《清河县志》、《安东县志》。著有《漱六山房全集》。《国朝文汇》录其文 1 篇。《晚晴簃诗汇》录其诗 3 首。③

督漕使者张、苏、文、恩、黎、周，分别为张之万（或张兆栋、张树声）、苏凤文、文彬、恩锡、黎培敬、周恒祺。④

吴棠序云：

> 崇实书院，江南督河使者课士之地也。乾隆三十二年（1767）创于湛亭李公，嗣后各河督踵行不废。方河工盛时，清淮人士与夫远方文学橐笔游斯土者，均得与课于此。书院旧在玉带河西偏，林木丛蔚，河流环抱，其时物力丰厚，孤寒肆业者藉资饘粥，弦诵不衰，诚盛事也。
>
> 咸丰十年（1860）春，宿永捻寇窜扰浦垣，书院并毁于火。同治元年（1862），棠奉天子命署理漕运总督，驻札清江浦。于时居民流离，人文寥寂，心窃悯之。爰偕清河吴稼轩比部筹购河北黄氏废宅，仍旧额为崇实，延归安钱楞仙少司成主讲，复偕府厅县分课，规模粗具。司成勤于启迪，士之来归者日多。自同治二年（1863）正月至岁杪，已得佳艺若干篇，刊之以为倡焉。
>
> 以今况昔，时地之盛衰兴废，与人事之枯菀，较然殊矣。而榛莽繁复，畹兰自馨，冰雪凄厉，孤芳乃见。诸生于清凉寂寞之中，郁鼓舞振兴之志，务崇实学，励实行，以答盛世作人雅化，则鄙人之所日夜冀幸者也。是为序。
>
> 同治二年岁次癸亥（1863）冬十二月，督漕使者吴棠撰。

---

① 民国《续纂清河县志》卷 11《人物下》，第 1166 页。

② 《清代官员履历档案全编》第 4 册，第 337 页；《大清畿辅先哲传》卷 35，第 1253 页；谭宗浚：《挽庞省三方伯前辈（际云）》，《荔村草堂诗续钞·于滇集》，第 306 页。

③ 高延第：《刑部员外郎吴君稼轩墓志铭》，黄云鹄：《吴稼轩墓表》，《碑传集补》卷 11，第 702、706 页；《国朝文汇》丁集卷 3，第 2878 页；《晚晴簃诗汇》137，第 5945 页。

④ 同治《重修山阳县志》卷 6《职官二》，第 91 页；民国《续纂山阳县志》卷 5《职官》，第 28页。

【课艺内容】

以四书文为主，凡《论语》215 题 307 篇，《学》、《庸》30 题 45 篇，《孟子》119 题 157 篇。另有五经文《易》1 题 2 篇，《书》1 题 1 篇，《诗》2 题 4 篇，《春秋》3 题 5 篇，《礼记》1 题 2 篇。

有评点，皆署名。如吴其程《一言以蔽之曰思无邪》评点二则，分别署"吴仲仙漕帅原评"、"楞仙"。钱丹桂《天下有达尊三爵一齿一》评点二则，分别署"武镜汀郡伯原评"、"楞仙"。钱振伦拟作《且知方也》评点二则，分别署"年愚弟吴棠拜读"、"吴昆田拜读"。

【作者考略】

收录课艺较多者：程人鹄 70 篇，袁长清 25 篇，张输、范冕 15 篇，潘金芝 13 篇，胡铭恩 9 篇，汪鸿达、陶璇培 8 篇，仲大奎、万立锐、胡谭典 7 篇，秦大同、潘兰璘、高鸿銮 6 篇，王士铮、刘卫、朱殿芬、潘兰实、卓世济、万立镮、陈麟钟、邱宝善 5 篇，钱丹桂、朱占鳌、孙荥祥、张瑞贤、何其濬、单淮、杨嘉谷、陈家让、张镜熙、郭文湘 4 篇，赵士骏、邱玉符、程镕、徐嘉、赵鸣鹤、赵象颐、王道坦 3 篇。

其他作者一二篇不等：吴其程、张符元、张延坤、邱世官、王恩彤、甘勋、甘元仲、王尉廷、赵旭、秦苍璧、黄振远、金克勤、何其灿、葛宝华、吴大鸣、王寯、叶恒庆、高德孚、陶瑾培、孙承休、程之垣、方承基、陈廷璧、胡士珍、单瀛、叶成庆、朱广森、方琳、梁克昌、陈寿彭、张廷垚、程海门、单联元、张全捷、王启秀、孙石同、许可则、王锡熙、金廷栋、王恩绶、王锡祺、史云焕、王善家、汪坦、杨荫浦、何福颐、丁宝廉、方焘、毛昌善、冯汝宗、庄玉树、曹槊、李寿昌、王桂生、万以承、朱乐芹、方㷒、金午元、张月香、袁之彦、范棠、许进、朱邦彦、王书洛、方步云、庄开运、汪达钧、成兆祺、张建勋、阮颐隆、赵湛恩、王璧、丁来福、王汝荣、王兆械、宫璧、杨焕如、吴大瀛、朱树廷、王锡璋、李汝崑、孙福增、鲁桢、严树立、曹孚乾、王兆沂、莫怀宝、孔昭寀、张曾、于延厚、马家玉、方珏、金霈、赵森、王文灿、黄沛霖、韦宗汉、郑堃、张庚吉、王大谟、王毓珩、王锡镕、陈晋庆、刘晋阶、陶其铺、鲍步骧、刘金鳌、丁燮、张家幹、汪鸣善、赵必得、梁涛、刘宗淇、朱殿魁、黄振埏、秦书同、周寿遐、方福康、曹大观、陈麟振、汪宗濂、王兆桢、周体大、程人彪、唐鹏飞、许海楼、吕恩湛、杜仲藩、陈书勋、李镶、朱希彭、王溥、杨运昌、杨愉、赵鼎成、陈步青、卞春元、陈志仁、李恭寅、夏源清、王延基、金殿元。

另有钱振伦拟作 38 篇，庞际云拟作 6 篇。

程人鹄 (1841—1916)①，字正六，一作振六，号韬庵，清河人。光绪十四年 (1888) 举人。大挑知县，分发湖北。二十四年 (1898) 参与第二次"公车上书"。著有《丙午水荒罪言》一卷、《望岘山房集》五卷。《清诗纪事》录其在书院所作《咏雪》诗 1 首。②

---

① 生卒年据《清代人物生卒年表》，第 767 页。

② 民国《续纂清河县志》卷 6《贡举》，第 1125 页；《康有为大传》，第 240 页；《江苏艺文志·盐城卷、淮阴卷》，第 183 页；《清诗纪事·道光朝卷》，第 11004 页。

袁长清（1840—?），字问渠，号镜泉，清河人，原籍丹阳。光绪十一年（1885）乡试中式第62名举人，候选训导。①

张输，字舆卿，淮安人。《清诗纪事》录其在书院所作《咏雪》诗1首。②

范冕（1841—1923），字丹林、丹陵，号少城，清河人。同治十二年（1873）拔贡第1名，明年朝考报罢。乡试十余次，累荐不售。以时艺教授里中，束脩所入，不足自给，则仰各书院膏火以稍补益。曾一日为十数艺，体制殊异，各有发明，要皆沉博典雅，不同流俗。性嗜书，尤熟《左传》和《通鉴》。总纂《续纂清河县志》，著有《淮阴近事录》、《清河续志余稿》、《尚书杂论》、《左传隽林》等十余种。③

潘金芝，改名慰祖，字汉泉，山阳人。诸生。多客游，偶家居。值大事，侃侃不阿。咸丰十年（1860）漕督联英将委城去，慰祖倡率诸生阻之。联英既返署，飞檄调兵，城赖以全。卒年七十三。善书。著有《习慎斋诗文钞》。④

胡铭恩，吴昆田（1808—1882）婿。附生。与修《淮安府志》。⑤

陶璇培，字次枢。⑥ 徐宸俊（字灼三）崖岸高峻，不泛交友，惟与程人鹄（1841—1916）、陶璇培以道义相切劘。⑦

仲大奎，沭阳人。同治十二年（1873）拔贡。⑧

万立锐，青选（1818—1898）子，周恩来（1898—1976）九舅。善草书。⑨

秦大同，字谓堂，清河人，苍璧（字冠璜）子。廪贡。精制艺，数荐乡闱不售。同治九年（1870）成《秦氏谱》若干卷。与修《淮安府志》。⑩

潘兰璘。增贡生。与修《续纂山阳县志》。⑪

王士铮。安徽定远王士铮，字又铮。同治十年（1871）进士，官湖北来凤知县。补建始县，未到官病卒⑫ 未知是否即此人。

刘卫，字芷香，清河人。少聪颖，为文操笔立就。中经兵燹，绝意进取。同治十二年（1873）拔贡，积前资得府通判。晚归郡，以诗文自娱，从游者甚众。与顾云臣（1829—1899）、徐嘉（1834—1913）相友善。著有《晚翠轩文集》内外卷。⑬

---

① 《清代硃卷集成》第174册，第167页；民国《续纂清河县志》卷6《贡举》，第1125页。

② 《清诗纪事·道光朝卷》，第11004页。

③ 《清代硃卷集成》第385册，第111页；范蔚曾：《续纂清河县志之总纂——范冕公行述》，《淮阴文史资料》第8辑《别梦依稀》，第264页。

④ 民国《续纂山阳县志》卷10《人物》，第68页；卷13《艺文》，第121页。

⑤ 高延第：《刑部员外郎吴君稼轩墓志铭》，《碑传集补》卷11，第706页；光绪《淮安府志》卷首《纂修姓氏》，第6叶。

⑥ 钱振伦：《崇实书院咏雪诗序》，《学术集林》卷4《〈示朴斋骈体文〉未刊集外文》，第95页。

⑦ 民国《续纂清河县志》卷10《人物上》，第1160页。

⑧ 民国《重修沭阳县志》卷7《选举志》，第6叶。

⑨ 《周恩来家世》，第264页。

⑩ 光绪《淮安府志》卷首《纂修姓氏》，第6叶；光绪《清河县志》卷11《贡举》，第103页；《王家营志》卷5《人物》，第245页。

⑪ 民国《续纂山阳县志》卷首《纂修姓氏》，第5页。

⑫ 光绪《凤阳府志》卷18上之下《人物传》，第149页。

⑬ 民国《续纂清河县志》卷10《人物上》，第1157页。

朱殿芬，字芸村，山阳人。同治三年（1864）优贡。官浦川知县。著有《芸村所著》。① 又，道光十五年（1835）与潘金芝（字汉泉）、赵雨帆游灵隐寺，至韬光庵观日出，撰《韬光海日记》。②

潘兰实，字伯秀，号浒香，山阳人，德舆（1785—1839）孙，亮彝（1815—1883）子。诸生。著有《听樵馆剩稿》。③

钱丹桂，山阳人。同治九年（1870）贡生。④

朱占鳌（？—1896），字湘山，号策庵，山阳人，占科（1845—？）兄。光绪三年（1877）岁贡，五年（1879）乡试房荐。选赣榆训导，丁内艰未赴。与段朝征（字月珊，号庸伯）、段朝端（1843—1925）、汪际云（字时伯）等结拳勺吟社。应张汝梅（1836—？）聘，总理兰陵事务。又曾任南菁书院讲座。著有《雪窗杂感》。⑤

何其濬（1842—？），字智卿，号筱濯、心泉，山阳人。同治十二年（1873）拔贡第1名，候补内阁中书。著有《沁泉杂著》。与修《重修山阳县志》。⑥

陈家让。副贡生。与修《淮安府志》。⑦

赵士骏，字轶凡，晚号菊庄老人，清河人。未冠入邑庠，筑梯云馆于河上，治举子业。既累踬不第，遂授徒终其身。咸丰十一年（1861）后，与里中同人重兴文会。卒年八十余。著有《梯云集》二卷、《赵氏谱》二卷。⑧

邱玉符，山阳人。咸丰九年（1859）贡生。著有《悟亭诗乘》。⑨

徐嘉（1834—1913），字宾华、遯庵，山阳人。同治九年（1870）举人，遵母训不谒选，家居授徒。母殁后，光绪二十九年（1903）选昆山教谕，三十四年（1908）以疾归。著有《顾亭林诗笺注》十六卷、《味静斋文存》二卷、《味静斋文存续选》二卷、《味静斋诗存》十六卷、《味静斋杂诗》三卷。⑩

赵鸣鹤，士骏（字轶凡）子，清河人。多才艺，善书画，著有《红豆斋诗》。⑪

张符元，清河人。贡生，直隶候补知州。光绪二十九年（1903）创立私立绳武高等小学堂，三十一年（1905）创办华兴织布厂，三十三年（1907）创立江北公立中学堂。宣统元年（1909）任清河自治研究所所长、江苏省咨议局调查员。⑫

---

① 民国《续纂山阳县志》卷13《艺文》，第121页；《山阳艺文志》卷8《诗下》，第521页。

② 《西湖游记选》，第219页。

③ 《江苏艺文志·盐城卷、淮阴卷》，第378页。

④ 《江苏省通志稿·选举志》卷23，第684页。

⑤ 《清代硃卷集成》第55册，第217页；《江苏艺文志·盐城卷、淮阴卷》，第376页。

⑥ 《清代硃卷集成》第385册，第79页；民国《续纂山阳县志》卷8《选举》，第52页；卷13《艺文》，第427页；同治《重修山阳县志》卷首《纂修姓名》，第9页。

⑦ 光绪《淮安府志》卷首纂修姓氏，第4叶。

⑧ 民国《续纂清河县志》卷16《杂记》，第1198页；《王家营志》卷5《人物》，第245页。

⑨ 《江苏省通志稿·选举志》卷23，第675页；民国《续纂山阳县志》卷13《艺文》，第121页。

⑩ 《味静斋诗存》卷13《七十初度同人醵饮绵泽堂作歌自遣》、徐钟恒跋，第608、649页；民国《续纂山阳县志》卷10《人物》，第68页；民国《昆新两县续补合志》卷10《名宦》，第419页。

⑪ 《王家营志》卷5《人物》，第245页。

⑫ 民国《续纂清河县志》卷6《贡举》，第1126页；卷5《学校》，第1123页；卷16《杂记》，第1201页；《江苏史纲》，第199页；《民呼、民吁、民立报选辑（1909.5—1910.12）》，第109页。

邱世官，赣榆人。副贡，训导。曾组织团练抵御捻军。①

王恩彤，字弓甫。②

王尉廷，山阳人。募资创办义会公所。③

秦苍璧，字冠璜，清河人。诸生。王先谦（1842—1917）榜其居曰"孝廉方正"。与同邑张嘉祥（字吉庵）、吴昆田（1808—1882）、江都梁承诰（1805—1887）为四皓之会。秦氏自苍璧始，主县之信成义学者凡三世，里人称之。④

黄振远（1837—?），字小洲，山阳人。事母至孝。与徐嘉（1834—1913）居相近，咸丰四年（1854）同补博士弟子员。刻苦励学，甫领冠军食饩，忽以瘵卒。⑤

何其灿，字奂卿，山阳人，其濬（1842—?）堂兄弟。邑优廪生。咸丰十一年（1861）选拔备取，同治六年（1867）乡试荐卷。⑥

葛宝华（1844—1910），字振卿，浙江山阴人。同治十二年（1873）顺天乡试中式第280名举人。光绪九年（1883）会试中式第208名，覆试二等第103名，殿试二甲第69名，朝考二等第47名。历官户部员外郎、郎中，侍读学士，太常寺少卿，通政司副使，光禄寺卿，宗人府府丞，左副都御史，礼部、兵部、户部侍郎，工部、刑部尚书。谥勤恪。⑦

王寯，山阳人。贡生。⑧

程之垣，清河人。贡生。咸丰十一年（1861）后，与里中同人重兴文会。⑨

胡士珍，字聘三，山阳人。同治十年（1871）序陈学震（字子扬）《双旌记》传奇。⑩

单瀛，山阳人。贡生。⑪

陈寿彭，字述斋，山阳人。同治六年（1867）举人。官内阁中书，截取陕西留坝厅同知。尽心民事，振兴文教。留坝向无科第，光绪二十八年（1902）秋试领乡荐者二人，士气感奋。著有《华平馆吟余》。⑫

王启秀，字蔚甫，清河人。廪贡生。三荐乡闱不售，绝意进取，以教授终。清介拔俗，钱振伦（1816—1879）主讲崇实书院，许其气节。家故不丰，独慷慨多义行。⑬

①　光绪《赣榆县志》卷8《武备》，第593页。

②　钱振伦：《崇实书院咏雪诗序》，《〈示朴斋骈体文〉未刊集外文》，第95页。

③　民国《续纂山阳县志》卷2《建置》，第11页。

④　民国《续纂清河县志》卷10《人物上》，第1155页；《王家营志》卷5《人物》，第245页。

⑤　《淮安河下志》卷11《人物三》，第335页。

⑥　《清代硃卷集成》第385册，第88页。

⑦　《清代硃卷集成》第54册，第375页；姚诒庆：《葛勤恪公墓志铭》，章梫：《葛宝华传》，《碑传集补》卷6，第377、385页。

⑧　民国《续纂山阳县志》卷8《选举》，第52页。

⑨　民国《续纂清河县志》卷6《贡举》，第1126页；卷16《杂记》，第1198页。

⑩　《中国古典戏曲序跋汇编》，第2347页。

⑪　民国《续纂山阳县志》卷8《选举》，第52页。

⑫　民国《续纂山阳县志》卷10《人物》，第69页；卷13《艺文》，第122页；《山阳艺文志》卷8《诗下》，第532页。

⑬　民国《续纂清河县志》卷10《人物上》，第1162页；《王家营志》卷5《人物》，第244页。

　　金廷栋，山阳人。同治九年（1870）优贡。授分水知县，改河南，署洧川县。分纂《徐州府志》。①

　　王锡祺（1855—1913），字寿萱，号瘦冉，清河人，侨居山阳。廪贡生。祖履谦，以财雄一方。父玙，举人。锡祺性开敏，喜度曲，尤淫于书，工诗古文辞，试辄高等。入赀为郎，分刑部。曾上书时相敷承得失，既无所遇合，乃归而究心于典籍。不事家人生产，群从子弟又从而挥斥之，用是倾其赀，至客游落魄以终。辑有《小方壶斋舆地丛钞》、《小方壶斋丛书》，为世所重。②

　　史云焕，字汉章，山阳人。点校陈学震（字子扬）《生佛碑》传奇。③

　　王善家，清河人。以书名。④

　　方焘，字覆仁，清河人。增生。工楷隶，善属文。急公好义。捻军陷清江，流亡满目，焘管口粮局，经营不遗余力。⑤

　　毛昌善。甘泉毛昌善，字元长，号墨畇，梦兰（1782—？）孙。同治三年（1864）优贡，廷试一等，历官广东吴川、长宁知县，皆有声。长宁旧有书院，久废，昌善下车后，特仿学海堂制，课以有用之学，士林称之。调署平远，未之官，以疾卒，年五十五。著有《浣霞斋诗钞》。⑥ 未知是否即此人。

　　冯汝宗，清河人。贡生。⑦

　　曹椠，字子求、紫璆，山阳人，镳（1744—？）孙。同治三年（1864）优贡。与徐嘉（1834—1913）等人赌酒联吟，有《甘白斋倡酬集》。好交游，有"虀菜孟尝"之目，以是家道日落。著有《晚香室遗诗》。⑧

　　万以承，清河人。咸丰十一年（1861）后，与赵士骏（字轶凡）、程之垣等里中同人重兴文会。⑨

　　方暨（1838—？），字瑞含，清河人，焘（字覆仁）弟。年十六入崇实书院，钱振伦（1816—1879）深器之。光绪七年（1881）恩贡，例就职州判。绝意仕进，聚徒教授。徐属大荒，流民麇集浦垣，暨施粥给钱，多所全活。⑩

　　范棠，清河人。贡生。⑪

　　朱邦彦，山阳人，占鳌（？—1896）子。贡生。⑫

---

　　① 同治《重修山阳县志》卷9《选举》，第139页；民国《续纂山阳县志》卷8《选举》，第54页；同治《徐州府志》卷首《修志姓氏》，第2页。

　　② 吴涑：《王瘦冉别传》，《碑传集补》卷53，359页；民国《续纂清河县志》卷10《人物上》，第1162页；徐兆奎：《清末地理学家王锡祺》，《科学史集刊》第10辑，第82页。

　　③ 《中国近代传奇杂剧经眼录》，第60页。

　　④ 民国《续纂清河县志》卷10《人物上》，第1161页。

　　⑤ 民国《续纂清河县志》卷10《人物上》，第1158页。

　　⑥ 民国《甘泉县续志》卷20《列传第二》，第529页。

　　⑦ 民国《续纂清河县志》卷6《贡举》，第1125页。

　　⑧ 民国《续纂山阳县志》卷10《人物》，第66页；卷13《艺文》，第121页。

　　⑨ 民国《续纂清河县志》卷16《杂记》，第1198页。

　　⑩ 《清代硃卷集成》第418册，第175页；民国《续纂清河县志》卷10《人物上》，第1158页。

　　⑪ 光绪《清河县志》卷11《贡举》，第103页。

　　⑫ 民国《续纂山阳县志》卷8《选举》，第52页。

汪达钧（1839—1901），字少浦，六合人。光绪元年（1875）举人。少随亲避乱于外，居清河，以学行受知于吴棠（1813—1875）。棠卒，其子吉甫以按察司副使需次江宁，聘达钧参幕府事，以是交益密。诗出入于少陵、放翁两家，而感事述情，忠爱惓惓，绝不以身之穷困，发为愤懑不平语。著有《日长山静草堂诗存》二卷。①

张建勋，清河人。光绪二年（1876）副贡。②

阮颐隆（1843—1911），字劬甫、莲蕖，号兰台，山阳人。光绪五年（1879）举人，六上礼部不售。十五年（1889）大挑得教职，历官邳州学正，泰兴、赣榆、砀山训导。③

丁来福（1851—？），字宣甫，山阳人，晏（1794—1876）孙，寿恒（1832—1893）子。廪生。著有《守柔斋剩稿》。④

吴大瀛，字仙舟。⑤

鲁桢，山阳人。民国初拟创办江北造币厂，未获准。⑥

孔昭寀（1857—1891），字显弼，号印川，宝应人，继鑅（1802—1858）孙，广牧（1838—1863）子。既补博士弟子，来淮上，从吴昆田（1808—1882）游。光绪五年（1879）乡试中式第62名举人，大挑二等，候选教谕。十五年（1889）会试中式第183名，殿试二甲，授山东知县。以治河溺水卒。著有《绍仁斋浦游吟》一卷。⑦

刘宗淇，清河人。五城兵马司指挥，署京兆固安知县。⑧

黄振埏，山阳人。恩贡生。⑨

周寿遐，清河人。光绪二十三年（1897）府学拔贡。⑩

王兆桢，字峙甫，号秋森，清河人，世居山阳。咸丰十一年（1861）拔贡。未就职，幕游浙东、新疆，叙军功保知县。著有《旧梅花庵存稿》一卷。⑪

程人彪，清河人。著有《节孝记录》二卷。⑫

杨愉，清河人。翰林院孔目。⑬

余皆待考。

---

① 民国《六合县续志稿》卷13《人物下》，第405页；《淘书随录·日长山静草堂诗存》，第142页。

② 光绪《清河县志》卷11《贡举》，第103页。

③ 郭寿龄：《周实阮式年谱》，阮守天：《封建家族的叛逆者——阮式》，阮式：《梦桃生二十自叙》，《江苏文史资料》第43辑（《淮安文史资料》第9辑）《周实阮式纪念集》，第15、112、210页。

④ 《柘唐府君年谱》，第74页；《江苏艺文志·盐城卷、淮阴卷》，第383页。

⑤ 钱振伦：《崇实书院咏雪诗序》，《〈示朴斋骈体文〉未刊集外文》，第95页。

⑥ 《辛亥革命资料》，第257页。

⑦ 冯煦：《孔印川墓志铭》，刘贵曾：《行状》，吴涑：《先师孔印川先生遗事》，《绍仁斋浦游吟》卷首，第320页。

⑧ 民国《续纂清河县志》卷6《吏阶武阶》，第1129页。

⑨ 民国《续纂山阳县志》卷8《选举》，第52页。

⑩ 民国《续纂清河县志》卷6《贡举》，第1126页。

⑪ 《清人诗文集总目提要》，第1756页。

⑫ 民国《续纂清河县志》卷15《艺文》，第1191页。

⑬ 民国《续纂清河县志》卷6《吏阶武阶》，第1129页。

常州府

73. 毗陵课艺

【书院简介】

是集为常州延陵、龙城书院课艺。延陵书院建于清康熙七年（1668），道光十八年（1838）重建，光绪三十四年（1908）在其旧址建成商会图书馆。龙城书院建于明万历间，清乾隆十九年（1754）、同治四年（1865）两次移建，光绪二十八年（1902）改为武阳公立小学堂。①

【版本序跋】

题"光绪丁丑（1877）暮春镌，板存文焕斋"。

谭钧培序云：

> 毗陵为江左文物之邦，人才蔚起，冠绝当时。自咸丰初，迭遭兵燹，所在残破，流离转徙，不获安居。操觚之士，浸以荒废者有之。收复以来，近十年矣，休养生息，涵育薰陶，骎骎乎有复旧之规焉。
>
> 癸酉（1873）冬，余奉命来守是邦。下车伊始，校阅文风。其才情横溢、见地开拓者，颇不乏人。于是知前人之流风余韵为未泯也。郡城故有延陵、龙城两书院，为下帷肄业之所。每月官师两课，分校而甲乙之。公退之暇，间与诸生讲论文体及制行、立身诸大端，诚之曰：吾人读圣贤书，岂惟是寻章摘句、雕虫篆刻，以博取科第云尔哉！士先器识而后文艺。器之宏者，所受者大；识之高者，所见者远。所受者大，所见者远，然后足以任艰巨而不疑。一旦得志，举而措之已耳。否则抱膝长吟，若将终身焉。又况有器识者，其文艺断无不佳者哉！夫植木于山，蓄鳞于渊，优游而涵濡之，必有梗楠之质、鲲鲸之鬐，应候而出者。则今日之月课，即谓为诸生发轫之基也可。爰衷集所积，择其尤雅者，付诸手民。惟期与诸生讲求实学，砥砺前修，力追先哲宏规，仰副盛朝雅化之意尔。是为序。
>
> 光绪二年岁次丙子（1876）仲秋月，知常州府事黔南谭钧培撰并书。

谭钧培（1829—1894），字宾寅，号序初，贵州镇远人。咸丰九年（1859）顺天乡试中式第 37 名举人，覆试二等第 22 名。同治元年（1862）会试中式第 96 名，覆试二等第 34 名，殿试二甲第 68 名，朝考一等第 4 名，选庶吉士。二年（1863）散馆二等第 16 名，授编修，充国史馆协修。历官江西道监察御史，江苏常州、苏州知府，徐州道，安徽凤颖六泗道，山东、湖南按察使，江苏布政使，漕运总督，江苏巡抚，巴西换约大臣，湖北、

---

① 光绪《武进阳湖县志》卷 5《学校》，第 150 页；《天宁区志》第 30 章《人物》，第 828 页；沈润仁：《从龙城书院到局前街小学》，潘健：《常州市图书馆简史》，《常州古今》第 2 辑，第 140 页。

广东、云南巡抚。著有《谭中丞文集》。①

【课艺内容】

《大学》5 题 11 篇，《论语》60 题 70 篇，《中庸》10 题 12 篇，《孟子》18 题 23 篇；经文 1 题 2 篇。有眉评、末评。如史致诰《君子人与》，眉评有 "从下句逆探而入，笔势飘忽"、"神迥气合"、"庄重不佻"、"笔力雄伟、包孕宏深"、"激昂慷慨、振笔直书"、"无意不周，无语不卓" 云云。末评云："从一与字着想，题位一丝不溢。"

【作者考略】

共 118 篇，其中：钱福荪（阳湖举人）11 篇，韩廷标 9 篇，周舫（武进举人）8 篇，陈清照（阳湖廪贡）6 篇，吴会甲（武进廪生）5 篇，赵企翊（阳湖附生）、卜文焕（武进举人）4 篇，李锡蕃（阳湖举人）、孙方与、史致诰（阳湖廪生）3 篇，龚志良（金匮）（一作无锡）、吴振麟、史策光、周毓麒（武进附生）、高槐（武进附生）、孙绍甲（阳湖附生）、汪炳章（荆溪）、方吉颐（武进）、钱宝树（阳湖廪生）、朱鉴章（无锡）2 篇，何建忠（武进县学附生）、朱荣绶（靖江县附生）、陶世凤（金匮县附生）、章镕（金匮县附生）、陶世荣（金匮）、杨荫、沈昌宇（武进举人）、高在璞（江阴）、杨桂馨、王树祺（阳湖增生）、侯瑏森（无锡）、任曾培（宜兴举人）、张之杲、朱祖培（丹徒童生）、冯观光、董若洵、高侍曾（武进举人）、汪福保、张文洽（江阴附生）、王森锐、吕耀文、吴湘（武进增生）、巢凤仪、孙绍祖（金匮童生）、赵凤书、庄宝璐、潘保祥、朱启鹏、任德迈、郁子莹、华封祝、章其琢、苏际昇（武进附生）、张用清（武进童生）、刘骏（武进附生）、钱爕（阳湖附贡）、许珣（阳湖贡生）、孙汝楫（武进廪贡）、陈廷儒（阳湖附生）、冯景琦（阳湖增生）、杨传第（阳湖举人）、邹骏宝（武进监生）1 篇。正文中作者前标注 "观风超等一名"、"延陵超等三名"、"龙城上取四名" 等。

钱福荪，阳湖人。光绪元年（1875）举人。②

韩廷标，光绪十年（1884）岁贡。③

周舫，武进人，咸丰九年（1859）举人。④ 《词综补遗》录周舫（字载帆）词 1 首⑤，未知是否即此人。

陈清照，阳湖人。候选训导，与修《武进阳湖县志》。⑥

吴会甲，字子名，武进人。廪生，授徒为生，而志在利物。江南省试，以人众喧呼拥挤，或颠踬以死。会甲闵之，为醵钱市贡院左一庑，列长几，具茗饮。试者至，为左右第其坐，待炮声作，从容鱼贯入。大府善之，下其法于他郡，复于江阴试院侧立公所，如省试例，士多便焉。咸丰六年（1856）参与督办团练。十年（1860）太平军入常州，会甲

① 《清代硃卷集成》第 23 册，第 411 页；俞樾：《云南巡抚谭公神道碑铭》，《续碑传集》卷 31，第 678 页。

② 光绪《武进阳湖县志》卷 19《选举·举人》，第 476 页。

③ 光绪《武阳志余》卷 8《贡生》，第 505 页。

④ 光绪《武进阳湖县志》卷 19《选举·举人》，第 476 页。

⑤ 《词综补遗》卷 62，第 2313 页。

⑥ 光绪《武进阳湖县志》卷首《修辑职名》，第 11 页。

避地靖江。时南人北渡者，当事辄目为贼谍，没其赀，或杀之。会甲常挺身营救。①

赵企翊，字纯安，阳湖人。工文。与杨光暄（1839—1876）为画友。力摹倪画，往往神似。汪昉（1799—1877）称其从笔不俗。②

卜文焕（1834—？），字嵩生、若泉，武进人。同治三年（1864）乡试中式第 253 名举人，大挑教职。主讲江阴西郊书院。光绪六年（1880）会试中式第 157 名，殿试三甲第 33 名。官山东肥城知县。与修《武阳志余》。③

李锡蕃，阳湖人。光绪二年（1876）举人。④

史致诰（？—1854），字申甫，阳湖人。廪生。瞿溶（1784—？）主讲龙城书院，最器之，叹为隽才。屡应乡试不第。体素清羸，又以殚心授徒，疾作而卒。⑤

龚志良，金匮人。廪生。与修《无锡金匮县志》。⑥

孙绍甲，阳湖人。廪贡生。与修《武阳志余》。⑦

钱宝树，阳湖人。同治十年（1871）岁贡。⑧

朱鉴章（1846—？），字达甫，号海琴，无锡人。同治九年（1870）乡试中式第 243 名举人。十年（1871）会试中式第 19 名。十三年（1874）补殿试，成进士。光绪十四年（1888）官钱塘知县，二十八年（1902）官金华知县。⑨

陶世凤（1852—1933），字端一，号端翼，金匮人。光绪十五年（1889）乡试中式第 91 名举人。十八年（1892）会试挑取誊录第 67 名。二十年（1894）会试中式第 1 名，覆试二等第 57 名举人，殿试三甲第 140 名，朝考二等第 4 名，授兵部主事，改吏部，旋调度支部，兼任蒙养院国文教员。归主东林书院，书院改学堂后任总理。曾为其师许珏（1843—1916）编刊《复庵先生集》（《近代中国史料丛刊》第 23 辑）。⑩

陶世荣，金匮人。陶世凤（1852—1933）堂兄弟有名世荣者⑪，疑即此人。

沈昌宇（1836—1884？），字子佩，武进人。同治三年（1864）举人。大挑一等，以知县分发直隶，一署永年知县而卒。少经乱离，长复不遇。填词百篇，皆商声。著有《泥雪堂诗钞》、《泥雪堂词钞》。《晚晴簃诗汇》录其诗 7 首。《词综补遗》录其词 2 首。

---

① 光绪《武进阳湖县志》卷 25《人物·义行》，第 663 页。

② 《常州文史资料》第 14 辑《常州书画家名录》，第 67 页。

③ 《清代硃卷集成》第 49 册，第 341 页；光绪《江阴县志》卷 5《学校、书院》，第 190 页；光绪《武阳志余》卷 1《职名》，第 7 页。

④ 光绪《武进阳湖县志》卷 19《选举·举人》，第 476 页。

⑤ 杨传第：《史君申甫哀辞》，《汀鹭文钞》卷 3，第 538 页。

⑥ 光绪《无锡金匮县志》卷首《修辑姓氏》，第 8 页。

⑦ 光绪《武阳志余》卷 1《职名》，第 7 页。

⑧ 光绪《武进阳湖县志》卷 20《选举·贡生》，第 488 页。

⑨ 《清代硃卷集成》第 32 册，第 191 页；《江苏省通志稿·选举志》卷 6，第 151 页；卷 14，第 315 页；民国《杭州府志》卷 102《职官四》，第 1976 页；《金华县志》第 14 编《政权、政协》，第 442 页。

⑩ 《清代硃卷集成》第 181 册，第 55 页；第 79 册，第 37 页；陶肇圻：《陶世凤节略》，《锡金游庠同人自述汇刊》，第 31 页；《中国近现代人物名号大辞典（续编）》，第 272 页。

⑪ 《清代硃卷集成》第 79 册，第 41 页。

《全清词钞》录其词 2 首。①

　　杨桂馨。常熟杨桂馨（1848—?）②，疑即此人。

　　王树祺，字壮初，阳湖人。增生。父兄早卒，事母抚侄甚孝慈。常州城陷，大骂太平军，投水死。③

　　侯璹森，字玮辰，一作维辰，号铁生，无锡人。同治六年（1867）举人。官浙江遂安、海盐、新昌知县。工书，索者辄书先正格言以应。卒年七十。著有《花隐庵诗文集》。④

　　任曾培（1845—?），字垕夫、后孚、厚甫，号珍陛，宜兴人。同治十二年（1873）乡试中式第 105 名举人。以海运功保教职，选授山阳县教谕。升知县，分发浙江，权山阴县事。在县不及二年，积讼一清，囹圄空虚，晋级以直隶州用。丁母忧归，卒于家。⑤

　　董若洵（1855—?），字景苏，阳湖人。以廪贡生官如皋教谕。光绪十九年（1893）乡试中式第 8 名举人，覆试一等第 16 名。二十四年（1898）会试中式第 26 名，覆试一等第 52 名，殿试二甲第 86 名，朝考二等第 71 名，选庶吉士，散馆改广西柳城知县。辑有《董氏遗书四种》。⑥

　　高侍曾，武进人。咸丰九年（1859）举人。⑦

　　巢凤仪（1851—?），武进人。附贡。同治十三年（1874）报捐双月通判。光绪五年（1879）改捐知县，分发浙江。历官平阳、嘉兴、淳安等县。复报捐道员，三十二年（1906）分发安徽候补。三十三年（1907），徐锡麟（1873—1907）刺杀恩铭（1846—1907），凤仪亦受伤。⑧

　　庄宝璐，武进人。与同邑乡绅倡建溪南书院。⑨

　　潘保祥。咸丰十一年（1861）恩贡，官知县。⑩

　　朱启鹏。与修《宜荆续志》。⑪

　　章其琢，武进人。与同邑乡绅倡建溪南书院。⑫

　　钱燮，阳湖人。咸丰九年（1859）副贡。⑬

　　①　《清代毗陵名人小传》卷 9，第 239 页；《张惠言暨常州派词传》，第 404 页；《晚晴簃诗汇》卷161，第 7047 页；《词综补遗》卷 82，第 3086 页；《全清词钞》卷 26，第 1329 页。

　　②　《清代杨沂孙家族研究》，第 28 页。

　　③　光绪《武进阳湖县志》卷 24《人物·忠节》，第 625 页。

　　④　《皇清书史》卷 21，第 121 页；《江苏艺文志·无锡卷》，第 783 页。

　　⑤　《清代硃卷集成》第 158 册，第 51 页；光宣《宜荆续志》卷 9 上《治绩》，第 483 页。

　　⑥　《清代硃卷集成》第 186 册，第 347 页；第 85 册，第 417 页；《词林辑略》卷 9，第 534 页；《中国古籍总目·丛书部》，第 1004 页。

　　⑦　光绪《武进阳湖县志》卷 19《选举·举人》，第 476 页。

　　⑧　《清代官员履历档案全编》第 7 册，第 658 页；陶成章：《浙案纪略》，《辛亥革命（三）》，第91 页。

　　⑨　光绪《武阳志余》卷 3《书院》，第 141 页。

　　⑩　光绪《武阳志余》卷 8 之 3《贡生》，第 501 页。

　　⑪　光绪《宜荆续志》卷首《纂修姓氏》，第 368 页。

　　⑫　光绪《武阳志余》卷 3《书院》，第 141 页。

　　⑬　光绪《武进阳湖县志》卷 20《选举·贡生》，第 481 页。

许珣，阳湖人。咸丰六年（1856）恩贡。[1]

陈廷儒，字莉生，阳湖人。著有《诊余举隅录》二卷。[2]

冯景琦，阳湖（一作武进）人。增生。孝子。[3]

杨传第（？—1861），字听胪、汀鹭，阳湖人，包世臣（1775—1855）婿。道光二十九年（1849）举人，一作咸丰二年（1852）举人。七年（1857）会试又不第，入河督黄赞汤（1805—1869）幕，旋以候选知府分发河南。奉母赴开封，未入城而捻军至。母死，传第仰药殉母。工骈体文及诗词，其词笃守常州一派。著有《汀鹭文钞》三卷、《汀鹭诗余》一卷。[4]《国朝常州骈体文录》录其文3篇。《全清词钞》录其词1首。[5]

余皆待考。

74. 龙城书院课艺

【书院简介】

龙城书院，见《毗陵课艺》。

【版本序跋】

题"光绪岁次辛丑（1901）仿聚珍版式排印"。

有泰序云：

余以乙未岁（1895）出守常州，是时马关约成，朝野动色，东南士大夫深维中外强弱之原，谓非兴学以培才，无自振衰而雪耻。郡故有龙城书院，为武、阳两邑课士地。昔卢抱经、邵荀慈诸先生尝讲学于是，一时经述文章，照耀海内。百余年来，流风渐沫，院宇尘封，有识兴叹。今尚书中丞悍公乃请于大府，远绍安定之绪，近师文达之规，改设经古精舍，导源于经史词章；别设致用精舍，博习乎舆地算学。延请江阴缪太史筱珊、金匮华拔贡若溪两先生分主讲席，招致生徒，肄业其中，广置图籍，优予膏火，日有程，月有课，其盛事也。

近复选录课艺，汇为一编，以经始之。初，余尝力赞其成，邮致京师，命为序之。自维学问之道，懵无所得，何足以为序。顾自受代以来，备员禁籞，人事俄更，忽忽三载。属以妖拳偾张，激召外衅，浸至九庙震惊，两宫西狩，台阁周庐，半经兵燹。而回念大江之南，比户不惊，师弟一堂，犹得以讨论今古，优游著作之林，循览斯编，未尝不为之神往于其间也。今幸和议告成，回銮载道，学堂之设，叠奉明诏。余知常之人士，即其已有之成模，从而更革之，当视他邑为倍易。用以开通智识，作育人才，自必有进于是者，岂徒区区文艺之末哉！余拭目望之矣。

---

① 光绪《武进阳湖县志》卷20《选举·贡生》，第483页。

② 《诊余举隅录》卷首题署。

③ 光绪《武进阳湖县志》卷7《孝弟》，第159页。

④ 谭献：《亡友传·杨传第》，《续碑传集》卷81，第652页；《清代毗陵名人小传》卷7，第208页；《桐城文学渊源、撰述考》，第332页；《清人文集别录》卷19，第534页。

⑤ 《国朝常州骈体文录》卷30，第1叶；《全清词钞》卷23，第1138页。

时光绪辛丑（1901）十月，铁岭有泰序。

有泰（1844—1910），蒙古正黄旗人。监生。同治五年（1866）报捐笔帖式，签分户部，升主事、员外郎。光绪二十一年（1895）简放常州府知府。二十八年（1902）官驻藏大臣。英军入侵西藏，有泰妥协退让。三十二年（1906）革职，发往张家口军台效力。著有《稿本有泰文集》十卷（全国图书馆文献缩微复制中心2005年版）。①

《凡例》云：

> 精舍创自丙申（1896），倏逾六载，历次课卷，佳作林立。今特分年编次，经古、词章、舆地、算学，各以类从，藉便检阅。
>
> 精舍改课之始，曾经禀请南洋大臣张、刘制军，两次特课，前列各卷一并选登集首，以志发轫。
>
> 是选仅就送到各卷，择尤甄录。只以集隘，不能多载，遗珠之惜，诚所难免。且板用集字，随排随印，体例参差，未能画一，鲁鱼讹讹，往往而有，见者谅之。
>
> 舆地各艺，原有图者颇多。今以恩促排印，不及绘刻。拟俟续镌，以成全璧。
>
> 代数算式，工人不善排集。每遇算式，辄另镌木，费时既多，且易散失。故只取简易者，略登一二。其他繁重诸作，概从割爱。

包括经古精舍课艺和致用精舍课艺两个部分。经古精舍课艺题"山长华、缪鉴定"，致用精舍课艺题"山长华鉴定"，所收皆为光绪二十二年（1896）至二十七年（1901）课艺。

山长华，即华世芳，见《上海求志书院课艺（丙子秋季）》。

山长缪，即缪荃孙（1844—1919），字炎之，号筱珊，室名艺风，世称艺风先生，江阴人。同治六年（1867）举人，光绪二年（1876）进士。历官翰林院编修、国史馆总纂，历主江阴南菁、济南泺源、南京钟山、常州龙城书院。创办三江师范学堂、江南图书馆和京师图书馆。民国间任清史馆总裁。著有《艺风堂文集》、《艺风堂读书记》、《艺风堂藏书记》等多种。②

【课艺内容】

经古精舍课艺：经史部分79题89篇，题如《为之者疾解》、《问：项羽兵强为古今之冠，所用江东子弟八千人乃吴人也，其说安在》、《兰陵缪生为汉博士考》、《西藏外藩考》、《明初设立粮长论》、《废湖为田利害说》、《释且》、《书谯周〈仇国论〉后》，另有缪荃孙《拟定常州先哲遗书第二集目》；词章部分96题130篇，题如《读〈白鹿洞教条〉》、《拟〈西昆酬唱集〉四首》、《展重阳登三吴第一楼放歌》、《输攻墨守赋》、《书〈景教流行中国碑〉后》、《国朝骈文十二家颂》、《常州竹枝词十首》、《天宝小乐府》，附录姚祖泰《地志兼列人物说》。

① 《清代官员履历档案全编》第5册，第655、689页；《清代驻藏大臣传略》，第243页。
② 柳诒徵：《缪荃孙传》，《民国人物碑传集》，第537页。

致用精舍课艺：舆地部分 67 题 74 篇，题如《〈瀛环志略〉订误》、《首阳山辨》、《大金沙江源流考》、《拟储大文〈原势〉》、《问：汉以后封建与三代之制异同若何》、《美国并檀香山论》、《日本称中国曰支那，其义若何，始见何书，试道其详》、《英租九龙论》、《今日重整海军，当以何地为屯泊兵舰之所》、《东半球人数日增，民食日少，徕晨劝耕，宜用何策》、《开通东三省论》；算学部分 59 题 86 篇，题如《天元代数异同说》、《某公司原本银三百万两，每年获利二十分之一，费用三十分之一，求五年后本利共得若干》。

【作者考略】

经古精舍课艺经史部分：许国英 10 篇，方书 8 篇，吴闻元 7 篇，姚祖泰、程宗洛、恽宝元 4 篇，顾凤翥、吕景楠、卜宗俊、谢恩灏、谢荫昌 3 篇。其他作者收录一二篇不等：刘念诒、金鉴明、钱星、蒋维乔、孟森、沈保枢、姚祖颐、邵宗义、王鸿翥、张炎、姚祖晋、张惟勤、周仁撰、余规方、冯振甲、吴骓声、殷灏、董铨、徐有章、余偄生、张宗留、胡焕甲、李逢春、吴有伦、徐康葆、吴鼎、史可诵、吴简、钱俊、瞿汝刚、唐虞际、史籀文、魏声龢。

词章部分：吕景楠 23 篇，吴闻元 12 篇，恽宝元 10 篇，张潮 6 篇，卜宗俊、吕光辰、黄隽 5 篇，胡际云、费葆谦、许国英 4 篇，陈佩实、张炎、汪燮元 3 篇。其他作者收录一二篇不等：杨喆、恽树荥、沈时际、张恂、宋蔚、王景曜、魏声龢、蒋祖铭、程炳杰、周仁撰、张肇宪、姚祖泰、姚祖颐、姚祖晋、顾国瑞、周葆贻、刘蔼、顾尹圻、谢天民、余偄生、杨颂陔、朱昀、徐霖、庄仪、王其倬、张沂、杨班俦、程廖、何日超、顾祖武、钱云、赵霖、汤振凤、钱骥、范耀宗。

致用精舍课艺舆地部分：吕景楠 10 篇，姚祖泰 8 篇，谢观、蒋维乔 6 篇，卜宗俊、恽宝元 5 篇，许国英 3 篇。其他作者收录一二篇不等：孟森、庄曾谭、刘毅、姚祖颐、刘煌、王定远、许潮、黄涵中、徐佩绅、方胡、臧祖祐、史昌年、杨同穗、程仪、臧励龢、姚祖畀、谢恩灏、谢荫昌、许潮、陆溁、恽福庚、朱演、吴镕、蔡敬、祝庄、孙黉、庄律时、朱章。

算学部分：沈保善 19 篇，孙祝耆 17 篇，杨焱 11 篇，孙廷嘉 7 篇，蒋维钟 6 篇，庄曾谭 5 篇，庄曾谟、沈保枢 3 篇。其他作者收录一二篇不等：吴斌、杨常吉、严保诚、王家瑞、何奎昌、蔡振、沈保彝、范懋修、沈保厘、蔡钺。

许国英（1875—1923/1925），字志毅，号甦斋，别署子年、指严、不才、耕砚楼主，武进人。曾执教于上海南洋公学，继任商务印书馆编辑，编纂中学国文、历史教科书。南社早期成员。民国初任金陵女子高等师范学校教员，后为北京财政部秘书。辞官归上海，卖文为生。著有《清史讲义》、《清鉴易知录》、《南巡秘记》、《十叶野闻》、《复辟半月记》、《民国十周纪事本末》、《新华秘记》、《民国春秋演义》、《近十年之怪现状》等，又曾杜撰《石达开日记》。[1]

吴闻元，字德声，阳湖人。民国十二年（1923）序缪谷瑛（1875—1954）《由里山人

---

① 姜纬堂：《许国英和他的随笔》，郑逸梅：《许指严事略》，《指严随笔》，第 1、321 页；鉏农：《许指严》，《鸳鸯蝴蝶派文学资料》，第 317 页。

菊谱》。《侍疾图题词》收录其题词 2 首。①

　　姚祖泰（1866—1928），字安甫，晚号半轩，阳湖人。光绪二十八年（1902）副贡。科举废后在家创办学聚两等小学，主钟英小学教务。嗣迁居城内，开门讲学，师事者众。民国二年（1913）当选江苏省议会候补议员。书法宗颜柳，酒酣疾书，笔力遒劲，求者益夥。著有《学聚堂初集》六卷（后二卷为祖颐、祖晋撰）。②

　　恽宝元（1879—1907），字翊虞，自署篆情侍史，室名虚白斋，武进人，毓嘉（1857—？）子，刘如辉（1853—？）婿。长于诗，与叔敏巽（1872—1904）共创诗钟社。入大兴县学，援例为兵部主事。光绪二十八年（1902）京寓失火，诗稿皆散佚。辑《香咳集》，为历代闺媛之作。卒后，弟宝惠检获其书院课艺，凡经史舆地典制诗词，都若干篇，辑为《虚白斋遗著辑存》。③

　　卜宗俊，常州人。诸生。主持家族企业"真老卜恒顺梳篦店"期间，产品多次获得大奖，包括巴拿马国际博览会银质奖（1915）。后染吸食鸦片恶习，中年而卒。④

　　谢恩灏，字纯甫，一作仁甫，武进人。肄业龙城、南菁书院。供职于商务印书馆编译所。民国十二年（1923）跋金武祥（1841—1926）《陶庐七忆》。⑤

　　谢荫昌（1877—1929）⑥，字演苍，武进人。光绪二十一年（1895）肄业龙城书院。二十四年（1898）补博士弟子员。二十五年（1899）主讲致用精舍蒙泉斋，与同人创设修学社。为上海书局编辑《最新经世文编》，与人合纂《光绪东华录》。后为上海《选报》编辑，又赴山西游幕。二十九年（1903）留学日本明治大学，三十年（1904）回国，任奉天学务处编辑科事，专办三省公报。民国间历任督学署图书课长、教育科长、教育厅长、交通银行哈尔滨分行经理。⑦

　　刘念诒。杨蕴辉（1832—1913）《吟香室诗草》有刘念诒题词⑧，未知是否即此人。

　　蒋维乔（1873—1958），字竹庄，别号因是子，武进人。肄业南菁书院、致用精舍。后赴上海参加中国教育会，为《苏报》撰稿。入商务印书馆，编辑教科书。民国初任职教育部，皈依谛闲法师（1858—1932）。民国十一年（1922）任江苏教育厅长，十四年（1925）任东南大学校长。十八年（1929）起任上海光华大学教授、教务长、文学院院长，兼任上海正风文学院院长、鸿英图书馆馆长、人文月刊社社长。1949 年出席苏南人民代表大会，被选为主席团主席及常任副主席。1958 年卒于上海。著有《中国近三百年

　　① 《由里山人菊谱》卷首，第 3 页；《侍疾图题词》卷上，第 594 页。
　　② 《清代毗陵名人小传》卷 10，第 341 页；《江苏省志》第 61 卷上《议会、人民代表大会志》，第 36 页；《清人诗文集总目提要》，第 1951 页。
　　③ 《清代硃卷集成》第 76 册，第 91 页；《江苏艺文志·常州卷》，第 887 页。
　　④ 卜仲宽：《真老卜恒顺梳篦店及其经营特色》，《常州文史资料》第 10 辑，第 204 页。
　　⑤ 杨恺龄：《民国吴稚晖先生敬恒年谱》，第 12 页（误作"谢思灏"）；郑贞文：《我所知道的商务印书馆编译所》，《文史资料选辑》第 53 辑，第 125 页（误作"谢思灏"）；《中国稀见史料》第 1 辑第 13 册，第 490 页。
　　⑥ 生于光绪二年十二月十八日，公历已入 1877 年。
　　⑦ 《演苍年史》，第 7 页；《辽宁文史资料》第 39 辑《辽宁文史人物录》，第 323 页。
　　⑧ 《吟香室诗草》卷首，第 4 叶。

哲学史》、《吕氏春秋汇要》、《中国佛教史》、《佛学概论》。①

孟森（1868—1938），字莼孙，号心史，武进人。廪生，留学日本法政大学。归国后入郑孝胥（1860—1938）幕，主编《预备立宪公会报》、《东方杂志》，任江苏省咨议局议员。民国初任共和党执行书记、国会议员。后任中央大学、北京大学教授。著有《明史讲义》、《清史讲义》、《心史丛刊》、《清初三大疑案考实》、《明清史论著集刊》、《明清史论著续刊》。②

沈保枢。著有《曲线剩义》八卷、《容员通义》六卷，光绪二十七年（1901）华世芳（1854—1905）序于龙城精舍。③

姚祖颐，字养斋，阳湖人。《学聚堂初集》卷五为其所撰。④

姚祖晋，字康锡，阳湖人。编有《中国历史教科书》。《学聚堂初集》卷六为其所撰。⑤

殷灏，字晓浦，武进人。诸生。撰有《横山竹枝词》。⑥

吴有伦（1875—1943），字镜渊，武进人。诸生。官湖南慈利知县。后任中华书局董事、常务董事，大成纺织染厂、安达纺织厂常务董事、董事长。⑦

魏声龢，字劭卿，武进人。长期旅居东北，曾任吉长报社撰述。究心吉林舆地，著有《吉林地志》、《鸡林旧闻录》。⑧

吕光辰（1880—1911），字绪承，号侠迦，武进人。光绪三十二年（1906）拔贡，官八品京官。宣统三年（1911）闻母疾归，抵里遽遭大故，以毁成疾卒。诗近黄景仁（1749—1783）。著有《吕绪承先生遗集》。《词综补遗》录其词3首。《清诗纪事》录其诗1首。⑨

黄隽，武进人。著有《茂实轩初稿》二卷，辑有《皇朝三通识要类编》。⑩

陈佩实，字少蘅，室名后后山斋，武进人。⑪

恽树棻（1869—？），阳湖人。由监生遵新海防例捐直隶州知州，双月选用。又加捐三班，分指江西试用。复捐升知府，双月选用。又加捐三班，分指江西试用。均经度支部核准，宣统元年（1909）照例发往。⑫

① 《中国近现代佛教人物志》，第413页。
② 《孟心史学记：孟森的生平和学术》。
③ 《华蘅芳年谱》，第376页。
④ 《江苏艺文志·常州卷》，第845页。
⑤ 蒋维乔：《编辑小学教科书之回忆》，《中国近代教育史教学参考资料》上册，第651页；《江苏艺文志·常州卷》，第845页。
⑥ 《历代诗人咏常州》，第112页。
⑦ 《解放前中华书局创办人和负责人小传》，《回忆中华书局（上编）》，第237页。
⑧ 《吉林地志　鸡林旧闻录　吉林乡土志》前言，第1页。
⑨ 《清代毗陵名人小传》卷9，第268页；《词综补遗》卷75，第2814页；《清诗纪事·光宣朝卷》，第15174页。
⑩ 《清人诗文集总目提要》，第1816页；缪荃孙：《皇朝三通识要类编》，《艺风堂文续集》卷5，第227页。
⑪ 《清人室名别称字号索引（增补本）》乙编，第628页。
⑫ 《清代官员履历档案全编》第8册，第376页。

张肇宪，武进人。著有《梦柯庐诗存》，编有《包安吴手录文》。①

周葆贻（1868—1937/1938），字企言，武进人。早年宦游浙江、河北、山东、安徽，又曾在上海哈同花园明智女校任管理，在奉贤沙田局任主事。民国间历任武进女子师范、私立常州中学教职，创办存粹专修学校。晚年主持兰社。著有《怡庵诗茸》、《企言诗存》、《企言词存》、《企言随笔》，辑有《诗经全部分类集对》。②

顾尹圻。民国间诸暨、常熟知事顾尹圻③，疑即此人。

谢观（1880—1950），字利恒，室名澄斋，武进人。肄业致用精舍、东吴大学。光绪三十一年（1905）在广州中学、两广优级师范教授地理。三年后辞归，为上海商务印书馆编纂地理书籍，主讲澄衷学堂。民国初掌武进教育事，居二年而去，复入商务印书馆编书。后任上海中医专门学校、神州中医大学校长。十八年（1929）发起中医协会，后任上海国医公会主席、中央国医馆常务理事、上海国医分馆常务董事。晚年闭门参究内功。著有《中国医学源流论》、《澄斋医案》、《中国医话》、《中国药话》，主编《医学大辞典》，另有早年所编地理著作若干种。④

王定远（1869—1898），原名观成，字显甫，武进人。应童子试，屡列前茅。及院试，以覆卷违式被黜。归而讲求汉宋之学，不沾沾于制艺，尤精史学舆地。以国学生应光绪二十年（1894）乡试，三场文洋洋洒洒，不落恒蹊，人皆以为必售，而竟落选。至二十一年（1895）岁试，始以经古史论列第一，补博士弟子员。逾年科试，又列一等。例应食饩，以无缺未补。会龙城书院改经古精舍，遂应考，其文独冠一时，声名大震。以攻读过苦致病，卒年三十。⑤

黄涵中，字隽卿，武进人。⑥

杨同穗（1880—？），字治坚。常州光复后为首任审判厅长，后在上海做律师。⑦

臧励龢，武进人。著有《中国人名大辞典》、《中国古今地名大辞典》，选注《汉魏六朝文》、《战国策》、《韩愈文》（与庄适合注）。⑧

陆溁，字澄溪，武进人。光绪三十一年（1905）赴锡兰、印度考察茶务，著有《乙巳年调查茶务日记》。民国二十四年（1935）拜访黄侃（1886—1935），时年五十余，为近畿长山造林社社长。⑨

---

① 《江苏艺文志·常州卷》，第810页；《中南、西南地区省、市图书馆馆藏古籍稿本提要》，第297页。

② 《天宁区志》第30章《人物》，第834页；《清人诗文集总目提要》，第1963页；《清人别集总目》，第1476页；《周有光百岁口述》，第10页；周有光、田海英：《百岁学人周有光的青少年时代》，《名人传记》2011年第1期，第6页。

③ 《诸暨县志》第16篇《县政机构》，第608页；《常熟市卫生志》卷首《大事记》，第5页。

④ 吕思勉：《谢利恒先生传》，《中国医学源流论》卷首，第1页；《中国医学史》，第552页。

⑤ 《清代毗陵名人小传》卷10，第326页。

⑥ 《丁谦吾先生四十唱和集·对》，第15叶。

⑦ 徐敬安：《常州光复概况》，《辛亥革命江苏地区史料》，第157页；《清末民初行政诉讼制度研究》，第165页。

⑧ 商务印书馆1921、1931、1927、1930、1931年版。

⑨ 《江苏艺文志·常州卷》，第875页（作陆溁澄，字溪甫，误）；《黄侃日记》，第1085页。

孙祝著，曾任奉天两级师范学堂数学教员。① 编纂《中学校师范学校代数学教科书》（中华书局 1913 年版）。

蒋维钟（1868—1899），字岳庄，武进人，维乔（1873—1958）兄。幼颖悟而嗜读，以是得咯血症。父命辍读佐商政，然肆事偶暇，辄手一卷，与其弟维乔赏奇析疑，自相师友。光绪十九年（1893）春，偶见畴人书，略一披阅，即朗悟。不数月，尽通其义。二十年（1894）中国战败，维钟以为当尚西法，变新政，雪国耻，一切科学，皆以数学为宗，乃益闭户潜迹，午夜不辍。二十二年（1896）从学于华世芳（1854—1905），所学大进，而肺疾亦日剧，遂不起。② 著有《曲线新说》一卷、《隄积术辨》一卷。③

严保诚，武进人。清末供职于商务印书馆编译所，曾任首届小学师范教学讲习所校长。民国初任教育部科长。④

蔡钺，字又虔，号焦桐，武进人。南社成员。⑤

余皆待考。

75. 南菁讲舍文集

【书院简介】

江阴南菁讲舍，又名南菁书院，建于清光绪十年（1884），专课经学、古学以补救时艺之偏。院内开设书局，刊刻《皇清经解续编》、《南菁书院丛书》。二十四年（1898）改为南菁高等学堂，二十七年（1901）改为江苏全省高等学堂。⑥

【版本序跋】

题"光绪己丑（1889）十月开雕"，黄以周、缪荃孙编。

黄以周，见《诂经精舍三集》。

缪荃孙，见《龙城书院课艺》。

黄以周序云：

> 古者王子、卿大夫士之子及国中俊秀之士，无不受养于学。学校一正，士习自端，而风会藉以主持。自唐代崇尚诗赋，学校失教，华士日兴，朴学日替。南宋诸大儒思矫其弊，于是创精庐以讲学，聚徒传授，著籍多至千百人，而书院遂盛。有明以来，专尚制艺，主讲师长复以四书文、八韵诗为圭臬，并宋人建书院意而失之。近时贤大夫之崇古学者，又思矫其失。而习非成是，积重难返，不得已别筑讲舍，选高才生充其中，专肄经史辞赋，一洗旧习。若吾浙江之诂经精舍、广东之学海堂，其较著

---

① 志新、桂冬：《吴景濂与奉天两级师范学堂》，《"九一八"前学校忆顾》，第 172 页。

② 《清稗类钞·经术类·蒋岳庄知曲线新术》，第 3859 页；《中国历代科技人物生卒年表》，第 134 页。

③ 《富强斋丛书续全集》第 4 册。

④ 郑贞文：《我所知道的商务印书馆编译所》，吴相：《从印刷作坊到出版重镇》，《文史资料选辑》第 53 辑，第 125、198 页；《蔡元培年谱长编》，第 444 页。

⑤ 《南社丛谈》，第 624 页。

⑥ 民国《江阴县续志》卷 6《学校》，第 91 页；《暨阳档案，江阴人文历史掌故》，第 39 页。

者也。

江苏之书院甲天下，若钟山，若尊经，若紫阳，其课士悉以诗文。正谊近改经古，惜阴又附于钟山、尊经，以经古为小课，非所重也。瑞安黄漱兰督学苏省，仿诂经精舍之课程，创建南菁，力扶实学，一如阮文达之造吾浙士。嗣是任者，长沙王益吾祭酒，续编《学海堂经解》，锓版庋阁。茂名杨蓉圃太常又复增广学舍，一时好学之士济济前来。以周主讲此席，于今六年。前我主讲者，有张广文啸山，已作古人。同我主讲者，有缪太史小山，相约选刻文集，因香辑课作，简其深训诂、精考据、明义理之作，得若干篇。诗赋杂作，缪太史鉴定之。凡文之不关经传子史者，黜不庸；论之不关世道人心者，黜不庸；好以新奇之说、苛刻之见自炫，而有乖经史本文事实者，黜不庸。

在昔宋儒创书院以挽学校之衰，暨今巨公又建讲舍以补书院之阙，其所以扶朴学而抑华士者，意深且厚。今选刻是编，约之又约，不敢滥取，蕲与诂经、学海诸文集并传于世，且望后之学者无爽创建之深意云尔。

光绪十五年（1889）冬日至，定海黄以周。

【课艺内容】

六卷134篇：卷一至卷五经解、考证、论说、杂文，题如《一君二民说》、《读〈汤誓〉》、《寡兄寡妻解》、《论程征君记车制得失》、《释秀》、《〈汉·五行志〉书后》、《唐节度使建置分并考》、《二十四气原始》、《蒋济论》、《读〈墨子〉》、《读蔡邕〈警枕铭〉》；卷六诗赋、算学，题如《七洲洋赋》、《赋赋》、《新绿赋》、《拟宋之问〈明河篇〉》、《拟王渔洋〈三国小乐府〉》、《金陵怀古》、《咏江阴古迹》。

【作者考略】

收录课艺较多者：章际治（江阴）13篇，唐文治（太仓）、姚彭年（如皋）8篇，刘翰（武进）7篇，沙从心（江阴）、孙同康（昭文）、冯铭（江阴）、吴翊寅（阳湖）5篇，顾锡祥（如皋）、陈庆年（丹徒）、赵世修（上海）4篇，张锡恭（娄县）、金鉽（泰兴）、沙元炳（如皋）、王家枚（常州）3篇。

其他作者收录一二篇不等：钱承煦（金匮）、华世芳（金匮）、吴肇嘉（如皋）、陶承潞（吴县）、钱荣国（江阴）、金文樏（元和）、雷补同（松江）、李安（静海）、王虎卿（高邮）、冯诚中（嘉定）、丁国钧（常熟）、陈玉树（盐城）、汪开祉（新阳）、汪凤瀛（元和）、王尢（通州）、金谷元（盐城）、赵圣传（兴化）、卢求古（泰州）、毕光祖（太仓）、张树蘡（镇洋）、曹学诗（丹徒）、沙毓瑾（江阴）、陈汝恭（句容）、尤桐（金匮）、杨世沅（句容）、李逢辰（泰兴）、杨模（无锡）、唐志益（六合）、黄恩煦（青浦）、沈文瀚（泰兴）、张之纯（江阴）、范铠（通州）、赵椿年（阳湖）、顾保畴（江阴）、吴朓（阳湖）、崔朝庆（静海）、程之骥（丹阳）。

华世芳，见《上海求志书院课艺（丙子秋季）》。

张锡恭、黄恩煦，见《云间郡邑小课合刻》。

冯诚中，见《当湖书院课艺二编》。

陈汝恭，见《尊经书院六集课艺》。

　　章际治（1855—1923），字琴若、芩石，江阴人。光绪八年（1882）乡试中式第21名举人。十五年（1889）考授内阁中书。二十四年（1898）会试中式第97名，覆试一等第40名，殿试二甲第82名，朝考一等第66名，选庶吉士，充京师大学堂教习。回乡任礼延学堂监督、南菁学校监督，其间授职编修。旋归董理校务，任江阴教育会长。著有《浮翠舫杂稿》以及数学著作二种。①

　　唐文治（1865—1954），字颖侯，号蔚芝，晚号茹经，太仓人。光绪八年（1882）举人，十一年（1885）至十四年（1888）肄业南菁书院，十八年（1892）进士。历官户部江西司主事、云南司主稿、北档房总办，总理各国事务衙门章京，商部右丞、左丞、左侍郎，农工商部尚书。三十三年（1907）任上海实业学校（交通大学前身）监督，历十四年。民国九年（1920）任无锡中学校长、无锡国学专修馆馆长。二十八年（1939）在上海创办国专分校。1949年后任中国文学院（原无锡国专）院长。著有《茹经堂文集》、《茹经堂奏疏》。②

　　姚彭年，字寿侯，如皋人。光绪十五年（1889）举人。十八年（1892）春闱不第，留京待再试，为费念慈（1855—1905）课子。旋卒。③

　　刘翰，武进人。鲁迅《从百草园到三味书屋》："'铁如意，指挥倜傥，一坐皆惊呢；金叵罗，颠倒淋漓噫，千杯未醉嗬……'我疑心这是极好的文章。"引文出自刘翰《李克用置酒三垂岗赋》。原文收入南菁书院所刊《清嘉集初编》。④

　　沙从心（1853—?），字循矩、晴举，江阴人。少避乱江北，拟习贾。还南始复读，勤苦倍他人，文名噪甚。肄业南菁书院，王先谦（1842—1917）刊《续皇清经解》，校雠者多。光绪十一年（1885）拔贡第1名，十四年（1888）乡试中式第84名举人。遵例捐中书，协办侍读。义和拳事起，只身南归，几及难，故著述无存。未几卒。⑤

　　孙同康（1866—1935），改名雄，字师郑、伯元，号君培、寅生，晚号铸翁，昭文人，宝书（1840—1894）子。光绪十九年（1893）乡试中式第2名举人，覆试一等第28名。二十年（1894）会试中式第6名，覆试二等第26名，殿试三甲第31名，朝考一等第2名，选庶吉士。散馆授吏部文选司主事。后任京师大学堂文科监督。辛亥后以遗老自居。著有《论语郑注集释》、《读经札记》、《许学私笺》、《新斠注地理志刊误》、《唐节度使建置分并考》、《荀子校释》、《墨子校议》、《师郑堂集》、《眉韵楼骈文》、《眉韵楼诗话》，辑有《道咸同光四朝诗史》。⑥

　　冯铭，江阴人。校刊黄以周（1828—1899）《礼书通故》（《续修四库全书》第110

　　① 《清代硃卷集成》第169册，第191页；第86册，第381页；唐文治：《章君琴若墓志铭》，《茹经堂文集二编》卷8，第32叶。

　　② 《茹经先生自订年谱》；《工科先驱、国学大师——南洋大学校长唐文治》。

　　③ 《江苏省通志稿·选举志》卷14，第324页；《清稗类钞·迷信类·姚寿侯梦自墙隙出》，第4758页。

　　④ 何琼崖、蔡贵华：《〈李克用置酒三垂岗赋〉简介》，《社会科学辑刊》1983年第1期，第18页。

　　⑤ 《清代硃卷集成》第178册，第81页；民国《江阴县续志》卷15《人物·文苑》，第195页。

　　⑥ 《清代硃卷集成》第79册，第85页；俞寿沧：《常熟孙吏部传》，《辛亥人物碑传集》，第723页。

册）。又，江阴冯铭（1847—?），字箴若。贡生，医家。① 未知是否即此人。

吴翊寅（1852—1910），字孟棻，号撝荄、悔庵，阳湖人。年十七，假馆武昌崇文书局。光绪十七年（1891）乡试中式第 35 名举人。官广东知县。博学多闻，洞识时务，然毕生未得展其怀抱。少受诗于钱桂林（1833—1902），年少气盛，多纵横跌宕之作。迨饥驱四方，得林峦之趣，涉风涛之观，眺览吟赏，未尝以尘事撄其虑。著有《易汉学考》二卷、《易汉学师承表》一卷、《周易消息升降爻例》一卷（皆收入《续修四库全书》）、《曼陀罗花室集》八卷、《遁庵言事集》二卷、《清溪惆怅集》二卷。与屠寄（1856—1921）同辑《常州骈体文录》。《全清词钞》录其词 2 首。②

顾锡祥，如皋人。光绪十四年（1888）举人。③

陈庆年（1863—1929）④，原名学徵，字善余，晚号横山，丹徒人。光绪十二年（1886）肄业南菁书院，十四年（1888）优贡。应张之洞（1837—1909）聘，为湖北译书局总纂，兼任两湖书院分教，主讲史学。选授江浦教谕，未就。应端方（1861—1911）聘，为湖南全省学务处提调，筹建长沙图书馆，兼任湖南高等学堂监督。端方调任两江总督，庆年亦至金陵，佐缪荃孙（1844—1919）创办江南图书馆。与缪氏购回杭州丁氏八千卷楼藏书，又佐端方与日本人争回东沙主权。著有《横山乡人类稿》等数十种。⑤ 今人辑有《陈庆年文集》（南海出版公司 1996 年版）。

赵世修，号韵丞，上海人。著有《韵丞诗存》二卷《补遗》一卷。⑥

金鉽（1869—1950），字范才、式金，号蘜意（一作蘜裹）、陶宧，泰兴人。光绪十五年（1889）肄业南菁书院。十七年（1891）优贡第 4 名，十九年（1893）乡试中式第 51 名举人。二十一年（1895）会试中式第 21 名，覆试一等第 5 名，殿试二甲第 68 名，朝考一等第 14 名，选庶吉士。散馆授编修，旋乞归，历主泰兴襟江学堂、泰州县立中学堂、如皋安定书院、江苏全省高等学堂（原南菁书院）。民国间官泰兴民政长、江西彭泽知事。主修《泰兴县志》、《如皋县志》，与修《江苏通志》、《通州志》。著有《江苏艺文志》、《江苏地理沿革考》、《江山小阁诗文集》。⑦

沙元炳（1864—1927）⑧，字健庵，晚号碻卢，如皋人。光绪十七年（1891）举人，十八年（1892）会试中式。二十年（1894）补殿试，改庶吉士，散馆授编修。以亲老告归。创办如皋师范学堂、初等高等小学、乙种商业学校，兴办实业。民国间历任如皋县民

① 《吴中名医录》，第 322 页。

② 《清代硃卷集成》第 183 册，第 265 页；《曼陀罗花室诗》自序，第 611 页；《清代毗陵名人小传》卷 10，第 265 页；《常州市志》第 3 册，第 921 页；《清人诗文集总目提要》，第 1844 页；《全清词钞》卷 29，第 1506 页。

③ 《江苏省通志稿·选举志》卷 14，第 323 页。

④ 生于同治元年十二月十五日，公历已入为 1863 年。

⑤ 唐文治：《陈君善余墓志铭》，《茹经堂文集三编》卷 8，第 6 叶；徐苏、严其林：《陈庆年生平及其学术成就》，《丹徒文史资料》第 9 辑，第 85 页。

⑥ 《清人别集总目》，第 1543 页。

⑦ 《清代硃卷集成》第 372 册，第 315 页；第 82 册，第 429 页；朱世源：《文史学家金鉽》，《泰州历代名人·续集》，第 153 页。

⑧ 卒于民国十五年十二月二十六日，公历已入 1927 年。

政长、江苏省议长、如皋县水利及附设测绘局会长、医学研究社会长。留意乡邦文献，晚年探研内典，修持净业。著有《志颐堂诗文集》二十卷。《晚晴簃诗汇》录其诗 7 首。《词综补遗》录其词 4 首。①

王家枚（1866—1908）②，字寅伯，一作寅孙，号吉臣，江阴人。光绪二十年（1894）乡试中式第 71 名举人。援例得主事，分度支部浙江司行走。著有《国朝汉学师承记续编》一卷、《重思斋诗文集》六卷、《贡息甫先生年谱》一卷、《华墅镇志》四卷、《梓里咫闻录》二卷。缪荃孙曰："荃孙主讲南菁，见君《拟唐黄文江秋色赋》，知其酝酿深厚，不为考试所囿者，遂常与君谈，知其事事皆有本原。"③

钱承煦（1854—？），字叔懋，金匮人。光绪十一年（1885）乡试中式第 19 名举人。宣统元年（1909）官山阳教谕。译有日本原田等著《普通化学教科书》。④

吴肇嘉（1862—1889/1890），字君夏、元况，号仲懿，一作中懿，如皋人。光绪十四年（1888）举人。十五年（1889）会试中式，未与殿试。早卒。⑤

陶承潞，吴县人。著有《虞文丛书》十二卷、《列星传全集》。⑥

钱荣国（？—1922），字缙甫，江阴人。岁贡生，苏州府学教授。幼读能通经义，长并通《灵枢》、《素问》诸书。肄业南菁书院，益从事著述。著有《诗书易三经讲义》、《礼记丧服传今释》、《诗经白话解》、《论孟通俗解》、《伤寒论汇解》、《知医捷径》、《春雨堂诗钞》。⑦

金文樑（1852—？），字养知，号企桥、倚雪，元和人，宝树（1800—1857）子。光绪十五年（1889）乡试中式第 153 名举人。著有《周易郑注辑》、《尚书郑注辑》、《诸经丛说》、《读史杂录》、《倚雪庐诗草》、《鶺鸣馆诗稿》、《胡蜨诗》、《抗虹轩词草》、《鶺鸣馆词集》、《一切经音义引书目》。《词综补遗》录其词 1 首。《全清词钞》录其词 2 首。⑧

雷补同（1861—1930），字协臣，号谱桐，华亭人。光绪十一年（1885）拔贡第 2 名，朝考二等第 14 名，覆试二等第 5 名，授户部七品小京官。十四年（1888）乡试中式第 164 名举人，覆试一等第 14 名。历官总理各国事务衙门章京，外务部员外郎、郎中、

①　项本源：《先师沙礐臞先生事略》，《志颐堂诗文集》附录，第 1047 页；沙彦高：《沙元炳（健庵）先生事略》，《如皋文史资料》第 3 辑，第 1 页；《晚晴簃诗汇》卷 178，第 7789 页；《词综补遗》卷 35，第 1288 页。

②　卒于光绪三十三年十二月十五日，公历已入 1908 年。

③　《清代硃卷集成》第 193 册，第 291 页；缪荃孙：《王生吉臣家传》，《艺风堂文续集》卷 2，第 186 页。

④　《清代硃卷集成》第 173 册，第 1 页；民国《续纂山阳县志》卷 5《职官》，第 30 页；《化学教育史》，第 424 页。

⑤　范当世：《叔节将行，为余题大桥遗照，悲吴仲懿之早亡，重以逝者之可哀，益觉生存之可宝，叠并字韵以送之》，《范伯子诗文集》诗集卷 6，第 104 页；《江苏省通志稿·选举志》卷 14，第 323 页；《清代人物生卒年表》，第 324 页。

⑥　民国《吴县志》卷 56 下《艺文考二》，第 931 页。

⑦　《知医捷径》曹家达跋；民国《江阴县续志》卷 15《人物·文苑》，第 196 页。

⑧　《清代硃卷集成》第 182 册，第 193 页；民国《吴县志》卷 56 下《艺文考二》，第 933 页；《词综补遗》卷 66，第 2476 页；《全清词钞》卷 29，第 1499 页。

右参议、左参议、右丞，出使奥国大臣。宣统二年（1910）乞归，不复出。著有《味隐遗诗》。①

李安（1855—1908）②，改名审之，字少伯、椠庵，号磐硕，通州人。光绪十一年（1885）拔贡第 1 名。十五年（1889）顺天乡试中式第 11 名举人。十六年（1890）会试中式第 229 名，殿试二甲第 18 名，朝考二等第 96 名。历官户部陕西司主事、总理各国事务衙门章京、外交部主事、储材馆提调。后主鹤城书院。喜内典及养生家言，里中善事多与之。曾与张謇（1853—1926）等主县教育及农商诸会事。著有《草堂诗》四卷，《养真草》、《咏史五排》、《南游草》各一卷。③

王虎卿，字召穆，高邮人。制艺诗赋独出冠时，食饩后十列优等。光绪十一年（1885）拔贡，官江安知县。去官后课耕教子，杜门谢客。卒年七十一。著有《逸园杂著》。④

丁国钧（1852—1919），字秉衡，常熟人。廪生，官仪征训导。与修《重修常昭合志稿》。宣统二年（1910）任职江南图书馆。民国初与修《江苏通志》。著有《补晋书艺文志》、《荷香馆琐言》、《疑雨集注》、《枕秘录存》。⑤

陈玉树（1853—1906），改名玉澍，字惕庵，盐城人。光绪十二年（1886）肄业南菁书院。十四年（1888）优贡、举人。大挑教谕，未赴。历主尚志书院和县学堂，充三江师范教务长，又曾幕游广东。以拣选知县卒。总纂《盐城县志》。著有《毛诗异文笺》、《尔雅释例》、《卜子年谱》、《粤游日记》、《后乐堂诗文钞》。⑥

汪开祉（1866—？），字鹤舲，号燕公，新阳人。肄业苏州紫阳、正谊、江阴南菁、上海求志书院、宁波辨志文会。光绪十七年（1891）备取优生第 3 名，乡试中式第 33 名举人。官通州学正、直隶候补知府、长芦运司运同。创办私立耕荫初等小学堂。⑦

汪凤瀛（1854—1925），字志澄，号荃台，元和人。光绪十一年（1885）拔贡。入粟得中书舍人，随兄凤藻（1851—1918）出使日本。入张之洞（1837—1909）幕，任总文案，兼自强学堂、湖北农务学堂提调，出为汉阳、武昌、常德、长沙知府。民国间任袁世凯（1859—1916）总统府高等顾问。反对袁称帝，作《致筹安会与杨度论国体书》。⑧

王尤（1850—？），字西农，号云悔、小亭，通州人。光绪八年（1882）优贡副取第 6

　　①　《清代硃卷集成》第 386 册，第 193 页；第 121 册，第 1 页；唐文治：《雷君谱桐墓志铭》，《茹经堂文集三编》卷 8，第 4 叶；《清人诗文集总目提要》，第 1917 页。

　　②　生于咸丰四年十二月十四日，公历已入 1855 年。

　　③　《清代硃卷集成》第 387 册，第 267 页；第 121 册，第 247 页；第 72 册，第 157 页；《张謇全集》第 6 卷《日记》，第 604 页；民国《南通县图志》卷 19《列传一》，第 226 页。

　　④　民国《三续高邮州志》卷 4《文苑》，第 409 页。

　　⑤　光绪《常昭合志稿》卷首《职名》，第 4 页；《苏州民国艺文志》，第 1 页。

　　⑥　李详：《大挑教谕拣选知县陈君墓志铭》，《续碑传集》卷 75，第 358 页；陈钟凡：《惕庵府君行述》，《碑传集三编》卷 35，第 221 页。

　　⑦　《清代硃卷集成》第 183 册，第 247 页；民国《昆新两县续补合志》卷 9《选举表》，第 413 页；民国《吴县志》卷 28《学堂》，第 422 页。

　　⑧　章炳麟：《前总统府高等顾问汪君墓志铭》，《民国人物碑传集》，第 67 页；《清代硃卷集成》第 388 册，第 276 页；赵林凤：《论反对袁世凯称帝的健将——汪凤瀛》，《理论界》2006 年第 11 期，第 173 页。

名。十一年（1885）优贡副取第 3 名，乡试中式第 111 名举人。十二年（1886）会试中式第 150 名。十五年（1889）补殿试，成进士。以庶常应馆试，殁于天津。戴祥元（字瑞卿）与范当世（1854—1905）经纪其丧。①

金谷元（1846—1921），原名谷园，字莲溪，盐城人，式陶（1863—?）兄。拔贡，官四川昭化知县。归里后捐资修文庙，创办莲溪小学。著有《求知斋经解》。②

赵圣传，字蓉裳，兴化人。廪贡生。少颖悟异常儿，闻人读书，每能臆其下句。既冠，补县学生，即弃举子业，日夕穷经。光绪十年（1884）肄业南菁书院，年已六十余矣。遂恣博览，学益富。黄体芳（1832—1899）、王先谦（1842—1917）两学使重其渊博，例奖外复资助之，署为斋长。客江阴八年。目眵齿衰，仰课卷以求活，不能专心撰著。然月试之暇，翻阅诸儒经说，犹必尽其首尾。十七年（1891）秋病归，卒于家。著有《穀梁诂义》。③

卢求古，字义侣，号今臣，泰州人。光绪十七年（1891）优贡，朝考一等，以知县签分甘肃，历补高台、隆德、宁夏、皋兰等县。六署县事，一兼署静宁州，一兼署庄浪厅同知，一兼署宁夏府。在隆德兼充书院山长。以道员升用。辛亥后乞归，杜门不出。④

毕光祖（1864—1931），字振楣，号枕梅，太仓人。光绪十五年（1855）优贡第 2 名，朝考二等，以教职用。十四年（1888）顺天乡试中式第 67 名举人。会试不第，游幕粤中，又入张之洞（1837—1909）幕，后佐施肇基（1877—1958）办路政。民国间隐居不出。⑤

张树蕚（1859—?），字景尧，号苗阶、拙嘉，镇洋人。光绪八年（1882）备取优贡第 1 名，十一年（1885）拔贡第 1 名。⑥

曹学诗，字友白，丹徒人。恩贡生。幼聪颖，读书目数行下，院试辄冠其曹。肄业南菁书院，学益进。乡试屡荐不售，遂就职直州判。入都谒选，已擘得甘肃秦州，将领凭赴任，适母病，电至京，遂乞假归，终身不出。生平湛思敏学，工诗古文词。尤于天文地舆测算诸艺，穷精探讨，丛稿盈箧。晚得末疾，未及荟萃成书而殁，士林惜之。⑦

尤桐（1867—?），原名廷桢，字幹臣，别号日新居士，无锡人。光绪十二年（1886）肄业南菁书院，同时复以暇暑应上海求志书院、宁波辨志文会之季课。十四年（1888）、十五年（1889）两中副榜。十九年（1893）就馆阳湖。三十一年（1905）任商部上海高等实业学堂教习，是年东游日本。归国后就职教谕，改主事。三十二年（1906）签分法部。民国间供职交通部达十七年。著有《日新居经说》四卷、《日新居史学》四卷、《日

① 《清代硃卷集成》第 59 册，第 317 页；《清朝进士题名录》，第 1207 页；民国《南通县图志》卷 19《列传一》，第 233 页。

② 《江苏艺文志·盐城卷、淮阴卷》，第 37 页。

③ 陈庆年：《赵圣传传》，《续碑传集》卷 75，第 360 页；民国《续修兴化县志》卷 13 之 5《儒林》，第 619 页。

④ 民国《泰县志稿》卷 27《人物二》，第 695 页。

⑤ 《清代硃卷集成》第 120 册，第 227 页；唐文治：《毕君枕梅传》，《茹经堂文集三编》卷 7，第 13 叶。

⑥ 《清代硃卷集成》第 387 册，第 255 页。

⑦ 民国《续丹徒县志》卷 13《人物六·文苑》，第 660 页。

新居古文辞》四卷、《日新居随笔》六卷、《尤氏宗谱》三十卷,辑有《锡山尤氏丛刊甲集》。①

杨世沅,字芷湘,一作子湘,句容人。以拔贡官内阁中书,改沛县教谕。与修《续纂句容县志》。著有《句容金石志》。②

李逢辰,字静渊,泰兴人。廪贡。③

杨模(1852—1915),字范甫、铁峰,号蛰庵,无锡人。光绪十一年(1885)拔贡第1名。应李鸿章(1823—1901)聘,任天津武备学堂汉文教习。入张之洞(1837—1909)幕,襄办自强学堂,编译海外书籍。二十年(1894)乡试中式第20名举人。任山西武备学堂监督兼总教习,其间回乡创办竢实学堂。二十七年(1901)赴日本考察学务。回国后任京师大学堂历史地理教习。复游张之洞幕,充湖北省咨议局议员、学务处专门科主任、汉黄德道师范学堂监督、女子高等学堂监督。又北上,任学部总务司科员。宣统三年(1911)南归。著有《蛰庵文存》、《师范修身学》、《小儿性质述》。④

沈文瀚,字济秋,泰兴人。光绪十四年(1888)举人,十八年(1892)进士,选庶吉士,散馆授编修。与金鉽(1869—1950)总纂《泰兴县志续》。与沙元炳(1864—1927)、金鉽总纂《如皋县志》。⑤

张之纯(1854—?),字尔常,号痴山,江阴人。光绪二十六年(1900)恩贡,安徽候补州判。分纂《江阴县续志》。编著有《中国文学史》(师范学校教科书)、《文字源流参考书》(中学教员用书)、《评注诸子菁华录》、《江阴倭寇旧闻》、《墨痴唱和集》(与章钟亮合著)。⑥

范铠(1861—1915/1916),字秋门,号酉君,通州人。与兄当世(1854—1905)、钟(1859—1913)称"通州三范"。光绪二十三年(1897)拔贡。三十年(1904)官德平知县,三十一年(1905)官寿光知县。宣统二年(1910)官濮州知州。卒于济南。著有《南通县图志》(张謇续纂)、《范季子诗文集》。⑦

赵椿年(1868—1942),字剑秋、春木,晚号坡邻,武进人。肄业龙城、南菁书院。光绪十四年(1888)举人。考取内阁中书,历充委署侍读、本衙门撰文、国史馆校对、玉牒馆分校。二十四年(1898)进士。历官江西瑞州知府、商部郎中、资政院议员。民

①　《尤桐自述》,《锡金游庠同人自述汇刊》,第61页。
②　光绪《金陵通传》续通传,第17叶;光绪《续纂句容县志》卷首《续纂衔名》,第4页。
③　光绪《泰兴县志》卷19《选举表下》,第33叶。
④　《清代硃卷集成》第387册,第13页;第191册,第295页;《近代教育先进传略初集》,第12页。
⑤　《江苏省通志稿·选举志》卷14,第323页;《清代馆选分韵汇编》卷9,第464页;宣统《泰兴县志续》卷首《缘起》,第2叶;民国《如皋县志》卷首《纂修题名》,第2叶。
⑥　《评月轩吟草》张之纯序,第5页;民国《江阴县续志》卷首《修辑姓氏》,第3页;《江苏艺文志·无锡卷》,第1264页。
⑦　《清代硃卷集成》第390册,第27页;民国《德平县续志》卷3《政治》,第107页;民国《寿光县志》卷6《宦绩传》,第643页;《山东巡抚孙宝琦奏请以范铠补濮州牧折》,《政治官报》第34册,第285页;陈三立:《范秋门客死济南悼以此诗》,《散原精舍诗文集》诗续集卷下,第515页;民国《南通县图志》张謇跋,第263页;《南通范氏诗文世家纪事编年》,第83、182页。

国间历任农商部参事、财政部次长、崇文门税务总监督、审计院副院长。十七年（1928）辞职家居。著有《覃研斋石鼓十种考释》一卷、《诗存》三卷。《词综补遗》录其词 1 首。①

顾保畴，字伦叙，江阴人。弱冠补诸生，为学务求实际。黄体芳（1832—1899）创建南菁书院，甄录通省经学，仅得优等者五，保畴与焉。著有《秋园文集》一卷、《秋园诗集》五卷、《峡猿集》、《江洲集》、《鹪寄集》、《绿窗吟草》、《拙庵词草》。②

吴朓（1865—1953），改名敬恒，字稚晖，以字行，阳湖人。光绪十五年（1889）肄业南菁书院。十七年（1891）乡试中式第 91 名举人。十九年（1893）肄业苏州紫阳书院。任上海南洋公学国文教习、爱国学社学监兼教员。参加同盟会，推进国语注音与国语运动。任《中华新报》主笔、唐山路矿学校国文教员、里昂中法大学校长。出席国民党一大，历任中央监察委员、国民政府最高委员会委员、中央研究院院士、总统府资政。著有《吴稚晖先生全集》。③

崔朝庆（1860—1943），字聘臣，南通人。肄业南菁书院、北京同文书院。入江南机器总局、浙江全省舆图局。应试得知县，辞未就。历任甘泉训导、练兵学堂教习、国子监算术助教及主事、南京江楚书局编译、如皋安定书院山长，先后执教于江南高等学堂、通海五属公立中学、武昌陆军第二预备学校、南通医科专门学校、英化职业学校、南通私立崇敬中学。创办《数学杂志》，著有数学论著多种。④

程之骧，字范卿，丹阳人。邑廪生，天性孝友。著有《开方用表简术》，刊入《南菁书院丛书》。总校《重修丹阳县志》。⑤

待考者：沙毓瑾、唐志益。

76. 南菁文钞二集

【版本序跋】

题"光绪甲午（1894）冬日开雕"，"院长黄先生鉴定，斋长林之祺、孙儆、顾鸿闇、崔朝庆、王家枚、孙揆均仝校刊"。

黄以周、崔朝庆、王家枚，见《南菁讲舍文集》。

林之祺，字晋安，金坛人。诸生。工制艺，试常冠军。有孝名。⑥

孙儆（1867—1952），字谨臣、瑾丞，通州人。光绪二十九年（1903）乡试中式第 46 名举人。历官宝山训导、四川候补道、青神知县。宣统二年（1910）乞归。历任金沙市议长、江苏省副议长、通州教育会长。致力于兴办学校和实业。研究贞卜文字，有书名。⑦

①　夏仁虎：《武进赵公椿年暨元配吕夫人合葬墓志铭》，《民国人物碑传集》，第 97 页；《词综补遗》卷 77，第 2894 页。

②　民国《江阴县续志》卷 15《人物·文苑》，第 194 页；卷 20《艺文》，第 288 页。

③　《清代硃卷集成》第 184 册，第 383 页；《民国吴稚晖先生敬恒年谱》；《民国大老吴稚晖》。

④　陆伯生：《南通早期闻名的数学家崔朝庆》，《南通文史资料选辑》第 13 辑《韬奋与南通》，第 126 页。

⑤　民国《丹徒县续志》卷 22《书籍》，第 20 叶；光绪《重修丹阳县志》卷首《职名》，第 7 叶。

⑥　民国《重修金坛县志》卷 9 之 1《人物志一》，第 115 页。

⑦　《清代硃卷集成》第 206 册，第 61 页；姬树：《"金沙的张謇"——孙儆》，《张謇的交往世界》，第 350 页；《中国近现代书法家辞典》，第 215 页。

顾鸿阁（1855—1926），字惕吾，号泽轩，通州人。光绪二十年（1894）优贡副取第7名，乡试中式第17名举人。官句容教谕。创办金沙小学。著有《说文段注订误》二卷、《周官疏证》十二卷。①

孙揆均（1866—1941），改名道毅，字叔方，一作叔舫，号寒厓，无锡人。光绪二十年（1894）举人，官内阁中书。二十八年（1902）留学日本，与吴稚晖（1865—1953）等组织学潮，被驱逐回国。后任甘肃兰州道台衙门文案、大学院总务处长、江阴县长、南菁中学校长。著有《寒厓集》四卷。②

黄以周序云：

> 夫西都后进，皆欲从之平原；北海通方，咸仰流于高密。志向所在，心期斯同。是以太学横经，古训是式，精庐程艺，美才为多，淬砺精而用宏真，积久而业茂。岂况大江南北，灵淑所钟，诸老先生风流未沫，如林子侄尽读藏书，成市生徒实繁作者。以周主讲此席十二年矣，少承家学，述有箸言，抗礼滋惭，拥经负疚。曩者己丑（1889）之岁，辑及门诸子之作，凡若干篇，汇为一集，并美备众制，妙绝时人，可喜可观，无遗无假。
>
> 今距前刻又五载矣，寒暑屡更，箸录积富，铿铿说理，颙家间增，飘飘凌云，后生可畏。非惟扶风弟子乃有高业，蜀郡成都实生词人，洵慕学之孔殷，自文明之蔚盛也。爰踪前志，为定新编，又得若干。续之初集，文辞并美，诚复如班固所称，老眼犹明，吾已从君鱼受道矣。若夫幽兰方馨，春草已宿，简文痛心于撰集，子桓伤逝于曩游，美志不遂，遗书待收，是又览此子之文，对之抆泪。念少壮之岁，真当努力者也。勖哉，多士幸广鸿篇。

光绪二十年（1894）岁次甲午冬至日，定海黄以周。

【课艺内容】

六卷：卷一至卷五经史考证110篇，题如《朵颐解》、《一极备一极无说》、《释大房名房义》、《〈文王世子〉"凡语于郊者"一节义疏》、《汉儒编辑〈礼记〉，自大小二戴外复有几家，试详考之》、《读张皋文〈仪礼图〉》、《读〈金史·交聘表〉》、《端午不用午日》；卷六赋20篇，铭、箴、赞8篇，题如《舜驾五龙以腾唐衢赋》、《杜工部陪郑广文游何将军山林赋》、《拟张孟阳〈剑阁铭〉》、《四肢箴》、《桓春卿赞》。

【作者考略】

收录课艺较多者：顾鸿阁（泽轩）8篇，范蠡（素行）、何允彝（砚卿）、陈庆年（善余）、吴脁（稚晖）7篇，邢启云（曼卿）、张锡恭（闻远）、谢恩灏（纯甫）、严通5篇，白作霖（振民）、金鉽（薖挹）、孙儆（敬臣）、王兆芳（漱六）4篇，陈开骥（晋

---

① 《清代硃卷集成》第191册，第243页；光绪《续纂句容县志》卷首《续纂衔名》，第3页；邱明樵：《金沙小学创始人顾鸿阁勤学苦读二三事》，《南通县文史资料》第6辑，第102页。

② 《寒厓集》卷首吴稚晖序；《江苏艺文志·无锡卷》，第883页；《国民党政府政治制度史》，第36页；江苏省南菁高级中学官网"校史馆·百年南菁"。

翼)、秦世超(元甫)、达李(继聃)、李树滋(雨春)、王有德、缪楷(啸仙)、胡玉缙(绥之)3篇。

其他作者收录一二篇不等:许士熊(吕肖)、高汝琳(映川)、秦勋震(闰生)、孙揆均(叔则)、蒋元庆(子蕃)、许同范(文伯)、奚绍声(锡三)、丁蓬山(宝生)、潘昌煦(西生)、钱同寿(复初)、吴聘珍(达璋)、范祎(子美)、薛重煦(叔豪)、俞复(仲反)、林之祺(晋安)、程镳(仰苏)、陈铭荃(亦芬)、薛重光(仲雄)、赵圣传(蓉裳)、钮永建(铁生)、徐安仁(樵孙)、石铭(怀瑾)、姚彭年(寿侯)、王家枚、殷松年、王英冕(曼卿)、曹元忠、赵世修、陈国霖、章钟祚。

张锡恭,见《云间郡邑小课合刻》。

胡玉缙,见《紫阳书院课艺十七编》。

蒋元庆,见《学古堂日记》。

谢恩灏,见《龙城书院课艺》。

陈庆年、吴朓、金鉽、赵圣传、姚彭年、王家枚、赵世修,见《南菁讲舍文集》。

顾鸿闾、孙儆、孙揆均、林之祺,见《南菁文钞二集·版本序跋》。

范矗,字素行,无锡人。吴稚晖(1865—1953)科普小说《上下古今谈》中范素行之原型。[1]

何允彝,字念卿,泰兴人。沉潜力学,治经史诗赋均有根柢。肄业南菁书院,为黄以周(1828—1899)所器重。性肫笃。补廪膳生,未几以劬学得瘵疾卒。[2]

邢启云,字曼青,通州人。诸生。肄业南菁讲舍。与同里顾鸿闾(1855—1926)、王兆芳(字漱六)、孙儆(1867—1952)相砥砺。卒年三十六。王兆芳次其遗文,附以高济霖、王彦和之作,名曰《三秀集》。[3]

严通。《中国近代文学大系》收录美国马可曲恒(马克吐温)所著《俄皇独语》,译者严通[4],未知是否即此人。

白作霖(?—1917),字振民,以字行,通州人。光绪二十三年(1897)举人。南洋公学师范院毕业,留充中院教习。后历任上海澄衷学堂监起居、总教习、总理,京师译学馆提调、内阁中书、一等书记官,教育部佥事、视学。著有《质庵集》二卷。[5]译有《各科教授法精义》(商务印书馆1909年版)、《比较行政法》(民友社1913年版)。

王兆芳(1861—1898),字漱六,通州人。肄业南菁讲舍,笃嗜黄以周(1828—1899)所为书。以周有疑义,辄与商榷,以为畏友。光绪十五年(1889)举人。应吴汝纶(1840—1903)之邀入京谋食,未得官职。回乡后教授生徒。著有《公羊质文异礼疏证》一卷、《经义征学》四卷、《古今异鉴》三卷、《教育原典》六卷、《霞山精舍文献

① 张之杰:《吴稚晖科普小说〈上下古今谈〉浅探》,《科学文化评论》2008年第5期,第69页。
② 宣统《泰兴县志续》卷9《人物志二》,第24叶。
③ 民国《南通县图志》卷19《列传一》,第228页。
④ 《中国近代文学大系》第11集第26卷《翻译文学集一》,第845页。
⑤ 《最近官绅履历汇录》第1集,第111页;《清人文集别录》卷23,第639页;《寺街有胡适老师的家——白作霖其人其事》,《南通日报》2010年8月11日。

记》一卷、《才兹文》一卷、《文章释》一卷（收入王水照编《历代文话》）。①

陈开骥，字晋翼、俊逸、俊轶，长洲人。光绪二十三年（1897）副贡。著有《致远堂诗录》二卷。②

达李（1865—1919），字继聃，通州人。光绪三十二年（1906）参与筹建通海五属公立中学（今南通中学），建校后任国文、修身、经学教员。民国二年（1913）主省立第六中学（今镇江中学）讲席。③

李树滋（1868—1947），改名遇春，字雨春，建湖人。廪贡生。肄业南菁书院，留学日本。曾馆张謇（1853—1926）家。民国间任教于开封大学，后回乡创办盐城县育才国文专修学校（抗战期间改为育才补习团）。与修《盐城县志》、《南通县志》。著有《扁豆生南国》。④

王有德（1858—?），字太立，号康吉，吴县人。肄业苏州紫阳、正谊、上海求志、江阴南菁书院。光绪二十三年（1897）顺天乡试中式第3名举人，覆试二等第27名。⑤

缪楷（1865—?），字啸仙，号少修，江阴人。光绪二十三年（1897）拔贡。多病，闭户潜修。著有《尔雅稗疏》二十卷、《玉篇笺证》十卷、《诗经大义》八卷、《说文骈枝》一卷、《淮南子许叔重注辑述》四卷、《夫栘华馆杂著甲编》二卷、《夫栘华馆杂著乙编》二卷、《经余随笔》二卷、《缪文贞编年纪事》一卷、《江阴方言》一卷。⑥

许士熊（1869—1920），字梦占、吕肖，无锡人。肄业南菁书院。光绪二十年（1894）举人。毕业于南洋公学师范班、伦敦大学政治经济科。历官考察宪政大臣编译、交通银行稽查处坐办、湖北候选道、驻日使馆参赞、教育部秘书、审计处审计员、政事堂参议、国务院参议、水利局副总裁、审计院副院长、外交委员会委员。译有《欧洲列国变法史》、《英国通典》。⑦

高汝琳（1868—1933），字映川，晚号眠宀，无锡人。光绪二十年（1894）副贡。居乡创建学校，筹办自治，赞襄革命，凡所以开一邑之风气，而度闳规于久大者，皆与有力。⑧

许同范（1870—?），字文伯，无锡人。肄业湖北自强学堂。副贡生。历官驻意、驻俄商务委员、三等翻译官、一等参赞官，外交部秘书，驻神户、新义州领事。⑨

奚绍声（1859—1895），字锡三，号雪珊，阳湖人。著有《锡珊文稿》二卷、《杨子

---

①　民国《南通县图志》卷19《列传一》，第227页；季子：《苦学成材的学者王兆芳》，《南通史话》第2辑，第59页。

②　《清人诗文集总目提要》，第2011页。

③　《南通中学百年发展史》，第11页。

④　光绪《盐城县志》卷首纂修姓氏，第18页；李世安、马效良：《李树滋先生轶事》，《建湖文史资料》第4辑，第38页。

⑤　《清代硃卷集成》第127册，第393页。

⑥　《清代硃卷集成》第389册，第179页；民国《江阴县续志》卷15《人物·儒林》，第188页。

⑦　《最近官绅履历汇录》第1集，第213页；《锡山许氏宗谱》，转引自励双杰：《李四光、许淑彬伉俪家谱——再说〈库李宗谱〉和〈锡山许氏宗谱〉》，思绥草堂博客。

⑧　《孙庵老人自订五十以前年谱》卷下，第505页。

⑨　《最近官绅履历汇录》第1集，第215页。

年表》。①

丁蓬山。《泰兴县志续》名誉协纂兼征访员。②

潘昌煦（1873—1958），字春晖，号由笙、芯庐，元和人。光绪二十年（1894）乡试中式第5名举人，覆试一等第47名。二十四年（1898）会试中式第231名，覆试一等第39名，殿试二甲第106名，朝考二等第37名，选庶吉士，散馆授编修。入京师大学堂进士馆，又赴日本中央大学研习法律。回国后历任大理院庭长、院长、燕京大学教授。民国二十二年（1933）返乡，卖字为生。著有《芯庐遗集》。③

钱同寿（1867—1945），字复初，号敬持，华亭人。光绪二十年（1894）乡试中式第30名举人。应姚永概（1866—1923）之邀，任教于安徽高等学堂。又曾与张锡恭（1858—1924）同应征为礼学馆纂修官。著有《待烹生文集》四卷。④

吴聘珍，字达璋，江阴人。光绪二十八年（1902）举人。⑤

范祎（1866—1939），字子美，号皕诲，吴县人。光绪十九年（1893）举人。两与会试不第，回乡授徒。二十八年（1902）入《万国公报》为编辑，同年受洗成为基督徒。创办振华学校，参与上海中西女塾事务。宣统三年（1911）加入中华基督教青年会书报部，主编《进步》杂志。民国六年（1917）《进步》与《青年》合并为《青年进步》，继续担任主编至二十四年（1935）退休。著有《皕诲杂著》。⑥

俞复（1866—1931/1856—1943），字仲反，一作仲还，无锡人。光绪二十年（1894）举人。明年赴京会试，参与公车上书。二十四年（1898）与吴脁（1865—1953）等创办无锡三等公学堂。宣统元年（1909）任江苏省咨议局议员。三年（1911）无锡光复，历任锡金军政分府民政部长、无锡县民政长、无锡市公所总董。后任上海文明书局经理，中华书局董事、印刷所所长。十六年（1927）任无锡县长。十九年（1930）任教育部秘书，明年辞职。⑦

程镳，本姓尤，字仲苏，号师许，吴县人。执教于苏州草桥中学。分纂《吴县志》。著有《师许斋经义偶钞》。⑧

陈铭荃（1864—1933），字亦芬，靖江人。光绪二十八年（1902）举人。靖江县立第

① 《清人诗文集总目提要》，第1899页；《中国历代年谱总录（增订本）》，第42页。

② 宣统《泰兴县志续》卷首《缘起》，第2叶。

③ 《清代硃卷集成》第87册，第417页；陆承曜：《忆潘昌煦先生》，《苏州文史资料选辑》第14辑，第171页。

④ 《清代硃卷集成》第192册，第69页；《清人文集别录》卷24，第652页；《清人别集总目》，第1821页。

⑤ 《江苏省通志稿·选举志》卷14，第329页。

⑥ 邢福增：《范子美：传统与现代之间》，《光与盐：探索近代中国改革的十位历史名人》，第65页。

⑦ 《小娄巷历史街区》，第138页；《解放前中华书局创办人和负责人小传》，《回忆中华书局（上编）》，第238页。

⑧ 郑逸梅：《艺林散叶》，《郑逸梅选集》第3卷，第82页；《由批改作文想到程仲苏老师》，《艺苑琐闻》，第146页；民国《吴县志》卷首《修志姓名》，第2页；《中文杂志索引》第1集，第2012页。

三完小校长。①

钮永建（1870—1965），字惕生，上海人。肄业江阴南菁、上海正经书院。光绪二十年（1894）举人。入读湖北武备学堂，后留学日本。加入同盟会，参加辛亥上海光复，任上海军政府军务部长、江苏都督府参谋次长。二次革命失败后流亡日本，加入中华革命党。历任南京国民政府秘书长、江苏省政府主席、内政部长、考试院副院长、代理院长、政务官惩戒委员会委员长、总统府资政。赴台后任国民党中央评议委员。以病辞职，赴美就医，卒于纽约。②

殷松年，字墨卿，丹徒人。光绪二十年（1894）优贡，官靖江、青浦训导。《词综补遗》录其词1首。③

王英冕（1869—1895）④，字曼卿，一作迈卿，丹阳人。家素贫。肄业南菁书院，月获膏火，尽举以奉母。光绪十七年（1891）举人，明年挑取汉眷录。十九年（1893）肄业苏州正谊书院。二十年（1894）成进士，选庶吉士。以哭弟触疾卒。著有《赏析斋类稿》。吴稚晖（1865—1953）科普小说《上下古今谈》中王英之原型。⑤

曹元忠（1865—1923），字夔一，一作揆一，号君直，别署凌波居士，吴县人。光绪二十年（1894）优贡第3名，乡试中式第22名举人，覆试一等第5名。会试及经济特科试皆不第，捐内阁中书。历官玉牒馆、国史馆校对、学部图书馆、礼学馆纂修，实录馆详校官，侍读学士，资政院议员。入民国，为遗老。著有《笺经堂遗集》二十卷、《凌波词》一卷、《礼议》二卷、《笺经堂所见宋元书题跋》一卷、《蒙鞑备录校注》一卷、《乐府补亡》一卷。《中国近代文学大系》录其诗34首、词3首。⑥

陈国霖，字雨人，泰兴人。廪贡，安徽候补县丞。民国元年（1912）当选为江苏省议员。与顾锡中（字肖香）合著《国朝贡举年表》三卷。⑦

章钟祚（1866—?），字砚芳，号眣复，江阴人。肄业南菁高等学堂。光绪二十九年（1903）优贡第6名。民国间陶社成员。抗战期间以身殉国。著有《覆瓿集古文》、《寄庐诗草》、《师涤轩杂著》。⑧

① 张勃如：《怀念陈铭荃先生》，《靖江文史资料》第6辑，第117页；《江苏省通志稿·选举志》卷14，第329页。

② 杨恺龄：《钮惕生先生家传》，《民国人物碑传集》，第105页；《民国人物传》第8卷，第111页。

③ 民国《续丹徒县志》卷11《监贡》，第623页；《词综补遗》卷23，第855页。

④ 卒于光绪二十年十二月十三日，公历已入1895年。

⑤ 冯煦：《王迈卿传》，《蒿盦续稿》卷3，第1864页；吴稚晖：《乙未日记》，《吴稚晖先生全集》卷11《山川人物》，第415页；《清代人物生卒年表》，第51页；《江苏艺文志·镇江卷》，第612页；《清人诗文集总目提要》，第1943页；张之杰：《吴稚晖科普小说〈上下古今谈〉浅探》，第68页。

⑥ 《清代硃卷集成》第191册，第383页；曹元弼：《诰授通议大夫内阁侍读学士君直从兄家传》，《笺经堂遗集》卷首；《中国近代文学大系》第4集第14卷《诗词集一》，第864页；第15卷《诗词集二》，第714页。

⑦ 宣统《泰兴县志续》卷8《选举表》，第337页；《江苏省志》第61卷上《议会、人民代表大会志》，第36页；《国朝贡举年表》，卷首题署。

⑧ 《清代硃卷集成》第373册，第235页；谢学裘：《陶社始末》，《江阴文史资料》第6辑，第88页；《淘书随录·陶社丛编丙集》，第227页。

待考者：秦世超、秦勋震、薛重煦、薛重光、徐安仁、石铭。

77. 南菁文钞三集

【版本序跋】

题"光绪辛丑（1901）冬日开雕"。

丁立钧序云：

光绪辛丑（1901）十月选刻南菁课文，此三刻矣。

自乙未（1895）至戊戌（1898）四年课作，散失无存者。乃遴取己亥（1899）迄今，得文共百六十首，立钧为之编次，一循前刻义例，而篇数倍之。又所为文多指陈世务，辞气激宕，视前刻稍不侔。意言者心声，文章之事关世变之迁流欤？虽然，何其速也。世运之隆也，其文多高简，又音节和雅可诵。及既衰，每辞繁数而意危苦，有历历不爽者。然南菁之初刻也岁己丑（1889），距今十二年；再刻岁甲午（1894），距今七年，不应先后歧异若此。噫！此不能无怃于世变之既亟矣。

大凡运会既至，捷如风雨。盛夏之时，郁蒸兼旬不可耐。忽一夕风雨大至，走雷电，飞沙石，震荡万物，动心怵目，瞬息之顷，而气候顿异。夫戊戌（1898）以前，盛夏之郁蒸也。虽有忧时之士，不得不息机观变，自率其优游泮涣之素。及是大风雨作矣，人世动心怵目之事，日相逼而至，虽忘情者不能屏闻见以逍遥事物之外，又何疑夫兹文之异昔乎？庚子（1900）教哄，仓卒变生，朝野震惊，不遑宁处。独黉序之子，弦歌如故，漠然是非理乱之无与焉，此亦事之至不顺者也。

抑又论之，人世是非理乱之故，本至难言。草野之夫，抒所闻见，冀一效其欵欵之愚者，大都意有所激，未必尽中事理。然蒙以为削之不若存之，何也？人子于父母之疾，无不愿得良药以疗之。然三世之医不可得，则虽告有良药，终亦迟回疑虑，而莫敢以轻试。及疾之既亟，则不暇顾矣。故慎药，孝也。然疾既亟，则皇皇焉博求方药，以冀夫疗之或得一当，又人子之至情，不得苟其弩乱者也，是在主方药者之善别择而已。且天下无不药即已之疾，而疾甚又无必效之药，故草野谈洽之言，其繁数而危苦者，与过而削之，不若过而存之，亦曰庶几得一当耳。乡校之议，舆人之诵，或亦当世采风君子所勿罪欤？

斯役也，刻三月而毕工。任校勘者，阳湖陈佩实、太仓陆炳章、通州达李、无锡蔡文森、娄县张葆元、元和孙春雷、常熟蒋元庆、东台杨冰其，乙未（1895）迄戊戌（1898）散失之文，属江阴王家枚求之，俟补刊。丹徒丁立钧。

陆炳章、蒋元庆，见《学古堂日记》。
陈佩实，见《龙城书院课艺》。
王家枚，见《南菁讲舍文集》。
达李，见《南菁文钞二集》。
丁立钧（1854—1902），字叔衡，号云樵，丹徒人，绍周（1821—1873）子。同治九年（1870）顺天乡试中式第 110 名举人，覆试一等第 46 名。光绪六年（1880）会试中式第 28 名，覆试一等第 60 名。殿试二甲第 14 名，朝考一等第 29 名，选庶吉士。散馆授编修，官至山东沂州知府。辞归后任江阴南菁高等文科第一类学堂总教习（继任者丁立瀛，为立钧堂兄）。著有《历代大礼辨误》。①

蔡文森（1872—?），字松如、处默，无锡人。光绪二十四年（1898）肄业南菁书院，任副学长。留学日本两年。归国后与杨荫杭（1878—1945）等创办理化学会。三十二年（1906）任县立师范校长。三十三年（1907）入上海商务印书馆为编译员。曾与陆尔奎（1862—1935）、傅运森（1872—1953）等主编《辞源》（1915）。著有《实验简易理化器械制造法》（1916）。编译《十六国议院典例》（1908）、《食物经济学》（1924）。民国十一年（1922）归里，参与经营九丰面粉公司。②

张葆元（1875—?），字蕴和，娄县人。京师大学堂毕业。江阴南菁高等学堂斋长，上海《申报》总主笔。③

待考者：孙春雷、杨冰其。

【课艺内容】

八卷78篇，皆经解、考证、论说之文。题如《〈皋陶谟〉"天聪明自我民聪明"讲义》、《毋雷同解》、《〈尔雅〉篇目考》、《万子即万章说》、《书〈史记·游侠传〉后》、《〈汉志〉九流不列兵家说》、《鲁两生论》、《班固〈西域传赞〉诋汉通西域之失，其言得失若何》、《魏晋以中正九品取士论》、《宋太祖纳女真贡马论》、《论明代官制得失》、《诸史作〈四裔传〉语多失实略证》、《论历代互市得失》。

【作者考略】

收录课艺较多者：达李（通州，继聃）9篇，陈佩实（阳湖，少蘅）6篇，赵宽（阳湖，君宏）5篇，陈开骧（长洲，俊逸）、陈铭荃（靖江，亦芬）、尤金镛（通州，亚笙）、陆炳章（太仓，菊裳）、金楸基（吴江，松岑）、梅调鼎（武进，今裴）3篇。

其他作者一二篇不等：张家镇（青浦，雄伯）、徐安仁（通州，樵孙）、张之纯（江阴，尔常）、赵世修（上海，韵丞）、裴熙龄（长洲，萸芳）、缪楷（江阴，啸仙）、丁传靖（丹徒，秀甫）、蒋元庆（常熟，子范）、姚祖晋（阳湖，康锡）、达享（通州，用岐）、杨体仁（泰兴，静山）、徐彭龄（青浦，企商）、秦毓钧（无锡，平甫）、黄守恒（嘉定，许臣）、萧麟徵（常熟，谷如）、蔡文森（无锡，松如）、李青藻（青浦，梦花）、程肇基（荆溪，肖琴）、孙蓉镜（无锡，荫梧）、彭世襄（吴县，宰臣）、管祖式（上元，伯言）、张葆元（娄县，蕴和）、储青绾（宜兴，花锄）、唐演（阳湖，湘和）、孔昭晋（吴县，康侯）、黄元吉（吴江，肇成）、吴增甲（江阴，达臣）、潘鸣球（阳湖，霞青）、余建侯（丹徒，东屏）、许朝贵（嘉定，似梅）。

---

① 《清代硃卷集成》第46册，第271页；第108册，第217页；郑孝胥：《清故沂州府知府丁公之碑》，《碑传集补》卷26，第620页；民国《江阴县续志》卷6《学校》，第96页。

② 《蔡文森自述》，《锡金游庠同人自述汇刊》，第133页；《清代硃卷集成》第201册，第281页；杨绛：《回忆我的父亲》，《老圃遗文辑》，第938页。

③ 《中国近代教育史资料汇编·高等教育》，第24页；朱叔建：《我对辛亥革命过程的回忆》，《松江文史》创刊号，第28页。

许朝贵、黄守恒，见《当湖书院课艺三编》。

彭世襄、孔昭晋，见《紫阳书院课艺十六编》。

陆炳章、蒋元庆，见《学古堂日记》。

丁传靖，见《惜阴书院课艺》。

陈佩实，见《龙城书院课艺》。

张之纯、赵世修，见《南菁讲舍文集》。

达李、陈开骥、陈铭荃、缪楷，见《南菁文钞二集》。

蔡文森、张葆元，见《南菁文钞三集·版本序跋》。

赵宽（1863—1939），字君宏，号止扉，阳湖人，烈文（1832—1893）子。诸生。瞿鸿禨（1850—1918）保荐经济特科。旋以知县分发浙江，历知嵊县及富阳县事。受代后先后入赣抚李兴铭、江督端方（1861—1911）幕。民初一度管榷震泽，并任职江南官产处。归田后以著述自娱，随冯煦（1844—1927）辑《江南通志》，晚年益潜心考订之学。抗战期间流离迁徙，避申就医，卒于沪。著有日记若干卷。①

尤金镛（1868—1958），字亚笙、荑生，晚号惜秋华馆老人，通州人。诸生。肄业南菁书院八年。先后执教于南通中学、南通女子师范学校，兼任南通翰墨林书局编辑。译有《化学计算法》、《化学方程式》。②

金松基（1873—1947），改名天翮，又名天羽，字松岑，号鹤望、鹤舫，别署壮游、金一、爱自由者、天放楼主人，吴江人。光绪二十四年（1898）荐试经济特科，不赴。执教于同川书院、自治学社、同川两等小学、明华女学。二十九年（1903）入中国教育会、爱国学社。苏报案作，避居故里。辛亥后任江苏省议员、吴江教育局长、江南水利局长。抗战期间避居上海，任光华大学教授。门人私谥贞献先生。著有《天放楼诗文集》、《孽海花》（前六回）。《中国近代文学大系》录其诗55首、词3首。③

张家镇（1868—?），字伯圭，号容伯、雄伯，青浦人。光绪二十六年（1900）恩贡，二十八年（1902）乡试中式第37名举人。留学日本法政大学。江苏省咨议局议员。后为律师。④

裴熙龄（"龄"一作"琳"），字荑芳，长洲人。廪生。光绪二十四年（1898）与金松基（1873—1947）、潘敦先（1868—1932）、赵宽（1863—1939）充南菁学长。金松基述及其时情景曰："君阅年事最富，气傲兀，睥睨侪辈。而荑芳交际，玩世不恭，时饮酣使酒骂座。叔重恂恂有贵公子态。余以年少，阶资浅，日闭户诵习，示不敢与同舍颉颃。"⑤ 瞿鸿禨（1850—1918）保荐经济特科，谓其"资质英敏，究心外交"。英国吉塞

① 《清代毗陵名人小传》卷10，第321页；《阳湖赵惠甫（烈文）先生年谱》，第40页。

② 邹振环：《再论金泽荣与翰墨林印书局》，《亚洲：文化交流与价值阐释》，第85页；《化学教育史》，第425页。

③ 徐震：《贞献先生墓表铭》，金元宪：《伯兄贞献先生行状》，《天放楼诗文集》附录，第1395、1397页；《中国近代文学大系》第4集第15卷《诗词集二》，第864、714页。

④ 《清代硃卷集成》第201册，第277页；《中国民主政治的困境》附录《咨议局及资政院议员名录》，第247页；《近代社会变迁中的上海律师》，第177页。

⑤ 金天羽：《气听斋诗钞序》，《天放楼文言》卷3，《天放楼诗文集》，第606页。

斯著《英国实业史》，丁雄口译，裴熙琳笔述。①

杨体仁（？—1957），字静山，一作静子，号宛叟，泰兴人。肄业南菁书院，由宗师保荐应经济特科。丁宝铨（1869—1919）任山西巡抚，聘为文案，兼任山西学务公所普通科长、图书科长，先后五年。鼎革后谢事南归，旋被举为省议员。民国八年（1919）阎锡山（1883—1960）都督山西，兼长民政，聘为秘书。未久病归。于汉唐诸碑，尤为致力。晚岁鬻书沪上。分纂《泰兴县志续》。②

徐彭龄（1872—1929），字商贤，号企商，青浦人。肄业南菁高等学堂。光绪二十八年（1902）优贡第3名，乡试中式第182名举人。二十九年（1903）进士。留学日本，回国后官刑部主事。青浦光复，任民政长。旋赴京任大理院第三庭庭长。因病离职，寄寓苏州休养。后为律师。③

秦毓钧（1873—1942），字祖同，号平甫、一鸣，无锡人。诸生。肄业东林、南菁书院。留学日本宏文学院。回国后赴济南筹备高等学堂，兼任公立高等小学堂师范教习。旋任青浦县中学堂史地教习。回无锡筹办锡金公立师范学校，建校后主持教务（校长为蔡文森）。赴上海，历任《申报》、《时报》主笔。入中华书局，参编《中华大字典》。后任《亚洲日报》主笔、中国图书公司编辑、《锡报》总编、《无锡新闻》报社长兼主笔、无锡县图书馆馆长、历史博物馆馆长。编著有《锡山秦氏文钞》、《无锡县图书馆善本书目》、《秦氏三府君集》、《寄畅园考》。④

李青藻，字梦花青浦人。廪生。幼敏慧，文不加点，试辄优等。肄业南菁，与蒋寿祺（1864—？）并称高才。早卒。⑤

程肇基（1869—？），字茂冬、寱淑，号肖琴、臞仙，荆溪人。光绪二十三年（1897）拔贡第1名。著有《蛰盒丛钞》。⑥

孙蓉镜，字荫梧，一作荫午，无锡人。民国二十年（1931）与荣德生（1875—1952）刊高攀龙《朱子节要》十四卷。⑦

管祖式（"式"一作"示"，1870—？），字伯言，上元人。优贡生，内阁中书。两江师范学堂文学教员。民国八年（1919）官馆陶知事，在任八年。⑧

唐演（1877—？），字湘和、易庵，阳湖人。京师大学堂师范馆毕业，留学日本。宣统三年（1911）景梅九（1882—1961）在北京创办《国风日报》，易庵屡来馆，谓梅九言《石头记》之真谛乃"为思明而作"，梅九赞其"心细如发"。民国元年（1912）任中华

① 《瞿鸿機奏稿选录》，《近代史资料》总83号，第32页；《中国经济学图书目录：1900—1949年》，第469页。

② 宣统《泰兴县志续》卷首《缘起》，第2叶；《民国书画家汇传》，第267页。

③ 《清代硃卷集成》第203册，第399页；《青浦县志》第34篇《人物》，第784页。

④ 秦寅源：《秦毓钧生平考略》，《无锡文史资料》第22辑，第59页。

⑤ 民国《青浦县续志》卷16《文苑传》，第7叶。

⑥ 《清代硃卷集成》第389册，第243页。

⑦ 《朱子节要》唐文治序、孙蓉镜跋，《荣德生与社会公益事业》，第130页。

⑧ 《南大百年实录·中央大学史料选》上卷，第28页；民国《馆陶县志》卷8《职官志》，第67叶。

民国联合会驻会干事。① 译有《最近伦理学教科书》（文明书局 1908 年版）、《前线十万》（大东书局 1932 年版）。

黄元吉，字肇成，吴江人。编译《平面几何学新教科书》、《算术：整数及小数》（1926）、《代数学：幂法开法及无理数虚数》（1926）、《代数学：因数分解》（1929）、《平面几何学：圆》（1929）、《平面几何学：面积》（1930）、《几何学：直线图形》（1930）、《算术：分数四则》（1930，以上皆商务印书馆出版）等多种数学教科书。

吴增甲，字达臣，号亦渔、亦愚，江阴人。光绪二十八年（1902）举人，二十九年（1903）进士，官编修。曾赴日本考察。入民国，隐居不出。参与创办江阴征存学院。陶社复兴，被推为社长。著有《亦渔诗文钞》。②

潘鸣球（1873—1932），字颂虞、受平，号霞青、杏森、慰荻，阳湖人。光绪二十五年（1899）肄业南菁书院。后改南菁高等学堂，补专斋学长。二十八年（1902）乡试中式第 176 名举人。三十年（1904）会试中式第 127 名，覆试三等第 71 名，殿试二甲第 67 名，朝考三等第 100 名，以知县分发河南。历官沈丘知县、抚院调查局统计科长、禹州厘税局总办、洛阳知县、河南高等审判厅推事、怀庆知府、沁阳知事、陕县知事、河洛道学务实业科长、道志局副总纂、江汉道实业科长、商城知事、武进卷烟特税局局长、江苏交涉署秘书、财政部邮包税局秘书、河南卷烟统税局局长、财政部卷烟统税处科长。著有《养和堂类稿》。③

余建侯（1868—?），字东屏，丹徒人。廪生。历官资政院秘书厅三等秘书、机要科员，政事堂主计局帮办，国务院统计局参事、局长。④ 陈庆年（1863—1929）光绪二十五年（1899）日记载有与东屏相关二事：一者，与东屏茶话，"知南菁院中龙学师所置机器无人过问，将成废铁矣。丁院长（立钧）亦不足振兴学术，院生亦无博习乐群之意，瞿宗师又毫不以为意，为可叹也"。二者，从东屏处得《南菁文钞二集》。⑤

待考者：梅调鼎、徐安仁、达享、萧麟徵、储青绾。

扬州府

78. 安定书院小课

【书院简介】

扬州安定书院，建于清康熙元年（1662）。雍正十一年（1733）、乾隆五十九年

① 《中国近代教育史资料汇编·高等教育》，第 23 页；张百熙：《奏派学生赴东西洋各国留学折》，《鸦片战争后期教会和留学教育思想与文论选读》第 4 辑第 10 卷，第 157 页；景梅九：《石头记真谛·叙论》，《红楼梦真谛》，第 14 页；《国民革命史》，第 106 页。

② 《江苏省通志稿·选举志》卷 14，第 329 页；《民国书画家汇传》，第 72 页；祝铨寿：《征存中学简史》，《江阴文史资料》第 7 辑，第 49 页；陈以鸿：《陶社复兴详记》，《江阴文史资料》第 14 辑，第 90 页。

③ 《清代硃卷集成》第 203 册，第 369 页；第 90 册，第 361 页；《潘霞青先生年谱》，第 409 页。

④ 《最近官绅履历汇录》第 1 集，第 155 页；林芳、谢辉：《陈琪与近代中国博览会事业》，《博览会与近代中国》，第 428 页。

⑤ 陈庆年：《戊戌己亥见闻录》，《近代史资料》总 81 号，第 130、138 页。

（1794）增修。咸丰间毁于兵，同治七年（1868）重建。光绪二十八年（1902）改为安定校士馆，三十一年（1905）与梅花、广陵校士馆合并为尊古学堂，三十四年（1908）改为两淮师范学堂。①

【版本序跋】

题"同治壬申（1872）选定，光绪丁丑（1877）刊成"。无序跋，无目录。

【课艺内容】

凡23题23篇：经解11篇，题如《乾用九坤用六解》、《兕觥其觩，旨酒思柔，彼交匪敖，万福来求解》、《射不主皮考》、《春秋各国地名，有一地而异名者，有同名而异地者，经传前后樊然杂出，盍类举之》、《檀弓事迹与各经传同异详略，可举证与》；论4篇，题为《儿宽论》、《唐室治乱之几论》、《郑侠论》、《木之神不二论》；颂1篇，题为《汉宣帝麒麟阁功臣颂》；铭1篇，题为《拟卞兰〈座右铭〉》；箴3篇，题为《拟姚梁公〈口箴〉》、《拟范浚〈心箴〉》、《拟真西山〈夜气箴〉》；书后1篇，题为《读史游〈急就篇〉书后》；募疏1篇，题为《募修北固山铁塔疏》；赋1篇，题为《拟唐姚元崇〈扑满赋〉》。有评点。

【作者考略】

陈堂5篇，丁国瑞4篇，高稬生、汪召棠2篇，李蟠根、马颂金、阮恩湛、项楚珍、丁夔襄、沈荣、陶桂金、徐兆丰、晏振恪、詹嗣勋1篇。

陈堂，字玉阶，江都人。逾冠补诸生，岁科试屡列高等。肆业安定书院，所作诗文多选刻课艺中。工书，郡邑重修文庙碑榜，半出其手。授徒数十年，成就甚众。晚年以岁贡就教职，署赣榆县学教谕。月课诸生，当堂评改，诸生惊服。受代后主怀仁书院讲席，训诲殷勤，一如家居授徒时。越二年，以疾辞归。卒年七十四。②

丁国瑞，字蔚华，号鸩楼，甘泉人。恩贡生，试用教谕。少负文名，屡试不售。道光十四年（1834）、十五年（1835）、二十四年（1844），咸丰二年（1852）房荐，道光二十六年（1846），同治九年（1870）、十二年（1873）堂备。主讲蔚州文蔚书院。著有《春秋发微》、《读史管见》、《古绠斋诗文集》、《鸩楼诗文钞》、《鸩楼赋钞》、《增广月令粹编》。③

高稬生，江都人。同治元年（1862）附生，光绪元年（1875）举人。④

汪召棠，甘泉人。咸丰间贡生。⑤

李蟠根（1838—?），字子仙，号又龙，甘泉人。同治六年（1867）乡试中式第94

---

① 《扬州画舫录》卷3，第64页；《两淮盐法志》卷151，第596页；徐祥玲、杨本红：《扬州书院史话》，《扬州师院学报》1985年第1期，第115页。

② 民国《江都县续志》卷24下《列传六下》，第743页。

③ 民国《甘泉县续志》卷24《列传六下》，第546页；《清代硃卷集成》第162册，第301页。

④ 光绪《江都县续志》卷16《学校考》，第224页；光绪《丹徒县志》卷22《选举二·科目》，第438页。

⑤ 光绪《增修甘泉县志》卷7《选举志》，第303页。

名举人，十年（1871）考取咸安宫官学汉教习。光绪十二年（1886）会试中式第90名，殿试三甲，朝考二等，授浙江知县。十九年（1893）、二十一年（1895）两任昌化知县。①

丁夔襄，甘泉人。诸生。②

沈楘，字戟门，号潜夫、遁叟，江都人。诸生。同治初入两江总督曾国藩（1811—1872）幕。后任采访忠义局、金陵书局事数十年，兼主奎光书院讲席。历官高淳、如皋教谕，溧水训导，又主如皋安定书院。卒年八十余。著有《补蹉跎室诗文集》四卷。③

陶桂金，字步蟾，江都人。郡增生。少负文名，初为邑侯幕僚，后官句容训导。年未五十，卒于官。④

徐兆丰（1836—1908）⑤，字乃秋，江都人，廷珍（1813—1870）子。同治六年（1867）举人。十三年（1874）进士，改庶吉士。历官刑部主事、员外郎、郎中，山西道监察御史，温州、邵武、福州知府，兴泉永道，延建邵道。善画墨梅，兼工诗。著有《香雪巢诗集》十二卷、《香雪巢诗集续钞》一卷、《风月谈余录》六卷。⑥

晏振恪（1850—?），字诚卿，号韵森、蕴生，仪征人。同治十二年（1873）乡试中式第19名举人。官内阁中书、候补道。⑦

詹嗣勋，仪征人。光绪五年（1879）举人。⑧

待考者：马颂金、阮恩湛、项楚珍。

79. 安定书院小课二集

【版本序跋】

光绪四年（1878）选定，十三年（1887）刊成。题"周子瑜先生参阅，掌教钱楞仙先生评选，方子箴先生鉴定"，"□院陆筠、□琪校刊"。

钱楞仙（钱振伦），见《崇实书院课艺》。

周颐（1797—1886），字子愉，一作子瑜，贵州贵筑人。嘉庆二十四年（1819）举人。二十五年（1820）进士，选庶吉士，散馆改部曹。由员外擢御史，以兵科给事中简常镇通海兵备道，有治绩。以英人内犯镇江失守罢官，居泰州。历主扬通书院讲席，而在

① 《清代硃卷集成》第58册，第341页；民国《杭州府志》卷106《职官八》，第2069页。
② 民国《甘泉县续志》卷8下《学校考下》，第397页。
③ 民国《江都县续志》卷24上《列传六上》，第739页；《清代硃卷集成》第185册，第59页。
④ 民国《江都县续志》卷24下《列传六下》，第744页。
⑤ 生于道光十五年十一月十四日，公历已入1836年。
⑥ 《香雪巢诗集》卷7《生朝志感（十一月十四日）》、《续钞·自题三十岁小像》，第722、781页；同治《续纂扬州府志》卷7《选举志》，第729页；民国《江都县续志》卷22《列传二》，第724页。
⑦ 《清代硃卷集成》第157册，第93页；《清代官员履历档案全编》第5册，第99页。
⑧ 《江苏省通志稿·选举志》卷14，第320页。

泰州胡公书院最久。讲学宗阳明，通医理，精形家言。卒于泰州。①

方濬颐（1815—1889），字子箴、子贞，号饮苕、梦园，安徽定远人。道光十五年（1835）乡试中式副榜第13名，十九年（1839）顺天乡试中式第87名举人。二十四年（1844）会试中式第148名，覆试二等第39名，殿试二甲第55名，朝考二等第12名，选庶吉士，散馆授编修。同治八年（1869）授两淮盐运使，历任浙江、江西、河南、山东御史，两广盐运使兼署广东布政使，四川按察史。致仕后在扬州开设淮南书局。著有《二知轩诗钞》、《二知轩文存》、《梦园书画录》、《梦园琐记》、《梦园丛说》。②

陆筠。昭文陆筠（1828—?），字竹亭，著有《渺怀堂诗集》十卷。③ 未知是否即此人。

□琪，待考。

钱振伦序云：

> 余既选《安定书院小课》，自为之序，述阮文达校勘十三经并立有韵为文之说，于此邦渊源所自，亦既得其崖略矣。年来续有选存，将编为《二集》，乃复序其首曰：

> 国家以时文取士，盖沿前明旧制，唐宋取士则以诗赋策论。以今制较之，自童试及科岁试、乡会二试，以至各朝考、散馆、大考、考差皆有诗，小试间作赋，散馆、大考皆先作赋，则诗赋未尝废也。自科试至乡会试、殿试皆对策，自童试以至进士、朝考、大考及考军机、御史皆作论，则策论未尝废也。惟经解一体，略近于唐人贴经，而实始于顾亭林五经各问疑义之说。今学使者间以取士而他不及焉，缘前明至国初士专一经。今既五经全诵，且推及于十三经，而欲使注疏全文背诵无遗，则虽通博之士，亦未必此强记之奇。又有经解既行，凡传注异义，坊间率摘录以为蓝本，从而取士，是导之冒挟书之禁也。若经籍歧说孔多，其有关大义者，伏读列圣说经文字，亦既折衷至当，阐发无遗。将执此以命题，则惟有圣制，不足以觇心得；若避此以命题，则诸家聚讼，并可言之成理。专取则偏，兼取则歧，持衡者又何道之从乎？此即学使所取，亦复前后彼此之互歧，不能如时文之归于一辙也。

> 兹所选录，但就各体之中，择其雅驯合法者登之，冀不戾于文达之指，俾知功令所以取士，不离乎此；书院所以课士，亦不外乎此。其文半皆工时文者所为。若徒以不作时文，遂侈然以为名山之绝业，则今之游士夫人能之，无俟余扬其波矣。

> 光绪四年岁在戊寅（1878）夏六月，归安钱振伦撰。

周顼序云：

---

① 民国《续纂泰州志》卷28《人物·流寓》，第778页；《霞外捃屑》卷2《光绪己卯科重赴鹿鸣者九人》，第125页。

② 《清代硃卷集成》第13册，第195页；方濬颐：《五十生日感怀述事二十二首》，《二知轩诗钞》卷12，第477页；金天羽：《方濬颐方濬师传》，《广清碑传集》卷13，第877页。

③ 陆筠：《九月七日六十自寿》，《渺怀堂诗集》卷10，第427页。

余自海陵移席来此，盖五阅寒暑矣。小课中所得能文士，多能潜心实学，阐发前贤身心性命之旨，而不徒以浮词摭拾为工。盖此邦老宿，根柢之学，讲习者久，师传弟，父传子，扬郡人文称盛，非无本也。

课余之暇，监院以前山长钱少司成所选《小课二集》，嘱余复阅，详酌去留，以补选政所未逮，盖慎之也。余嘉其意，校阅将半载。集中解经论史，根据确凿，断制谨严，洵非从笺注家抄袭得之者。赋则敛才就范，多铿然有唐音。古近体诗亦多以神味擅场，非浪骋才华可比。盖无美之不备，而皆可以示后学之津梁矣。

余数年来于月课及小课中佳构，已选得百十首，拟俟此集告成，即以付梓，岂敢以得士自多哉！盖余所愿与诸生讲求者，读书须穷其义蕴，晰其渊源，体之于身，措之于事，不徒在语言文字间争一知半解，是则余之厚望也夫！

光绪十年岁在甲申（1884）仲冬月，黔筑周顼序。

方濬颐序云：

孔门四科，德行、言语、政事之外，兼重文学，信乎无文不足以成学也。顾文有古今之别，国家以时文校士，而解经论史以及诗赋各体文，亦所不废。书院之有小课，由来尚矣。

曩予承乏两淮，辛未年（1871），钱楞仙前辈同年适来主讲安定。楞翁词馆先达，夙以文章名海内。自袁江崇实书院移讲于此八年之久，士论翕然，多所造就。瑰材伟器，脱颖而出者，比比也。及至己卯（1879）春归道山，而予自西蜀罢归，侨居邗上，痛典型之云亡，为之悢邑者累日。迨丙戌（1886）之夏，予亦由崇实移讲于此。回忆往日与先生论文谈艺情景，依依如在目前也。课文早经刊行，而《小课二集》，亲手选定者，至今未梓。取而读之，皆精确名通、华赡渊雅之作，足以垂示后进。因请之权都转事程尚斋观察，付诸手民。刻既竣，辄缀数语于简端。

光绪十三年（1887）三月，定远方濬颐。

【课艺内容】

经解5题5篇，题如《夏屋渠渠解》、《〈春秋左传〉地之以"鄌"名者凡几处，分属何国，孰为平声，孰为上去声；字又有作"邹"者，何故》；史考5题5篇，题如《桓宽〈盐铁论〉，近人张敦仁作考证，庶几可读矣，尚有衍脱讹倒未经校出者否》、《问：十七史中重传除〈汉书〉即改〈史记〉之文毋庸胪列外，如〈后汉书〉之传有互见〈三国志〉者，此后两史并见者尚多，能悉数其名欤》、《近人作书多宗北魏，考之〈魏书〉，当日以书名者凡几家，今有石刻流传否》；论3题3篇，题如《孔融荐祢衡论》；启1题1篇，题为《拟庾子山〈谢滕王集序〉启》；赋24题26篇，题如《拟朱子〈白鹿洞赋〉》、《一官一集赋》、《贾岛祭诗赋》、《蟹执穗以朝其魁赋》；古体诗14题15篇，题如《黄梅雨》、《欧公生日同人祀于平山堂》、《腊八粥》、《咏菊》；近体诗16题18篇，题如《拟杜子美〈秋野五首〉》、《饮冰　履冰　卧冰　镂冰》、《蛙市　蚊雷　蝉琴　蚓笛　蚁封　萤焰　蜗篆　蛛丝》、《史墓探梅词》、《维扬八景》；试帖诗17题17篇，题如《赋得水面微风度晚凉》、《赋得鲤鱼风起浪花腥》。

【作者考略】

收录课艺较多者：吴丙湘、包亦庚、詹嗣勋 10 篇，丁国瑞、魏本立 8 篇，晏振恪 7 篇，陈堂 6 篇，许振宗 5 篇，魏本正、周康保 3 篇。其他作者一二篇不等：李玉珂、张骝、赵徵禾、王廷俊、梅云燕、韩丙熙、蒯文豹、臧澍、章登瀛、杨鸣相、厉昆青、吴兆蓉、高冠之、张维金、厉衡青、包昌祺、李世俊。

陈堂、丁国瑞、晏振恪、詹嗣勋，见《安定书院小课》。

吴丙湘（1850—1896），原名进泉，字次潇、潇碧，号滇生、瘦梅，仪征人。光绪十四年（1888）顺天乡试中式第 78 名举人，明年会试中式，十六年（1890）补殿试，成进士。官至山东巡警道、河南候补道。著有《瘦梅花馆诗文词集》、《经说》、《玉篇校异》，编刊《传砚斋丛书》。《全清词钞》录其词 1 首。①

魏本立。仁和魏本立，光绪五年（1879）举人，官江苏知县。② 未知是否即此人。

周康保。浙江归安周康保，字少丞。增生。著有《蘋香馆诗存》。③ 未知是否即此人。

张骝，江都人。道光二十四年（1844）附生。④

赵徵禾（1847—?），字宜孙、聘三，号继吾、也辛，丹徒人。光绪十四年（1888）乡试中式第 90 名举人。著有《徒邑育婴恤嫠征信录》、《位思轩四种》。⑤

王廷俊，江都人。同治五年（1866）附生。⑥

梅云燕，江都人。同治元年（1862）附生。⑦

韩丙熙，甘泉人。同治七年（1868）附生。⑧

蒯文豹。父征久，监生。母王氏。父殁，遗孤二，母机灯课读。长子文豹入庠。⑨

臧澍，字雨芗，江都人。岁贡生，候选训导。负文名，教授弟子数十年，成就甚众。平生见义勇为，其风义有足多者。著有《倚芝山房诗文集》八卷。⑩

杨鸣相，丹徒人。光绪初参与创立儒嫠会。⑪

厉昆青，仪征人，衡青（1847—?）弟。邑庠生。光绪二年（1876）荐卷。⑫

厉衡青（1847—?），字伯山，号钧伯、篠生，仪征人。光绪十五年（1889）乡试中

① 孙葆田：《河南候补道兼龙骑都尉又一等云骑尉吴君墓表》，《碑传集三编》卷 20，第 323 页；民国《江都县续志》卷 27《寓贤》，第 781 页；《全清词钞》卷 23，第 1152 页。
② 民国《杭州府志》卷 113《选举七》，第 2207 页。
③ 《两浙輶轩续录》卷 50，第 126 页。
④ 光绪《江都县续志》卷 16《学校考》，第 223 页。
⑤ 《清代硃卷集成》第 178 册，第 171 页；《镇江市志》卷 56，第 1380 页。
⑥ 光绪《江都县续志》卷 16《学校考》，第 224 页。
⑦ 光绪《江都县续志》卷 16《学校考》，第 224 页。
⑧ 民国《甘泉县续志》卷 8 下《学校考下》，第 397 页。
⑨ 同治《续纂扬州府志》卷 17《人物·节孝》第 857 页。
⑩ 民国《江都县续志》卷 25 上《列传七上》，第 752 页。
⑪ 民国《续丹徒县志》卷 14《义举》，第 677 页。
⑫ 《清代硃卷集成》第 181 册，第 356 页。

式第 126 名举人。①

包昌祺，丹徒人。光绪元年（1875）举人。②

李世俊，字青霞，丹徒人。笃粹好学，工诗古文辞，书法松雪，均有声庠序间。从游日众，一以道义相勖，成就者多美材。著有《青霞诗文集》。③

待考者：包亦庚、许振宗、魏本正、李玉珂、章登瀛、吴兆蓉、高冠之、张维金。

80. 梅花书院小课

【书院简介】

扬州梅花书院，旧为明湛公书院，久圮。清雍正十二年（1734）郡商马曰琯（1688—1755）独力兴建，更名梅花书院。咸丰间毁于兵，同治间移址重建。光绪二十八年（1902）改为校士馆，三十一年（1905）与安定、广陵校士馆合并为尊古学堂，三十四年（1908）改为两淮师范学堂。④

【版本序跋】

题"自丙寅（1866）迄丙子（1876）止，丁丑（1877）八月刊存讲舍"。无序跋，无目录。

【课艺内容】

54 题 70 篇：经解 30 题 40 篇，题如《作事谋始解》、《三宅三俊解》、《如月之恒解》、《三赐不及车马解》、《獭祭雨解》；考 6 题 8 篇，题如《朝日夕月考》、《〈史记〉得失考》、《幕府考》；论 8 题 10 篇，题如《圣人无两心论》、《烹阿大夫封即墨大夫论》、《朱陆异同论》；书后 6 题 6 篇，题如《书〈庄子·齐物论〉后》、《书〈陶渊明集〉后》、《〈大学衍义补〉书后》；跋 4 题 6 篇，题如《〈后汉书·文苑列传〉跋》、《〈困学纪闻〉跋》。有评点，皆署名"彤甫"。

【作者考略】

梅毓、陈咸庆 9 篇，魏本立、曹祺 6 篇，詹嗣贤 5 篇，柳兴恩、何广生 4 篇，陈浩恩 3 篇，刘超、李祖望、何籛、黄积昌 2 篇，唐秀森、佘銮、周伯义、焦丙熙、李慎侯、朱凤仪、居鹏、李颐园、李振禧、吴庆枚、芮曾麟、孙以章、诸淞、钱观龄、吴庆保、张云鹏 1 篇。

柳兴恩（柳兴宗），见《正谊书院课选三编》。

魏本立，见《安定书院小课二集》。

梅毓（1843—1882），字延祖，江都人，植之（1794—1843）子。生一夕而孤。同治

---

① 《清代硃卷集成》第 181 册，第 347 页。
② 《江苏省通志稿·选举志》卷 14，第 318 页。
③ 民国《续丹徒县志》卷 13《人物六·文苑》，第 661 页。
④ 《扬州画舫录》卷 3，第 65 页；《两淮盐法志》卷 151，第 598 页；徐祥玲、杨本红：《扬州书院史话》，《扬州师院学报》1985 年第 1 期，第 115 页。

五年（1866）补诸生，九年（1870）举于乡，三上春官不第。光绪六年（1880）大挑二等，以教谕注选吏部。又二年以疾卒。著有《诗笺》、《楚辞笺注》、《小尔雅笺注》，皆未卒业。又有《刘更生年谱》，收入《积学斋丛书》。①

陈咸庆（1835—1918），原名之干，字采卿，仪征人，嘉树（1786—?）孙。光绪二年（1876）乡试中式第 40 名举人。九年（1883）会试第 80 名，殿试二甲第 50 名，朝考入选，以主事分刑部。历官奉天、陕西司主事，升贵州司员外郎。三十二年（1906）乞归。郡守某与咸庆同年，拟聘主广陵书院。咸庆以时为院长者乃旧好，辞不就。磋商某重其人，延至宾席，复力却之。②

曹祺，仪征人。咸丰二年（1852）举人。③

詹嗣贤（1840—?）④，字希伯，号筱慵，仪征人。同治十二年（1873）举人，十三年（1874）进士。光绪八年（1882）以编修任广西学政。曾主泰州胡公书院。为其舅张集馨（1800—1879）撰《时晴斋主人年谱》。《词综补遗》录其词 1 首。⑤

何广生，字芸卿、芸斋，晚号遯翁，甘泉人。方为诸生时，甚负文名，从游者颇众。光绪十一年（1885）拔贡，由八旗官学教习期满注选教职，十六年（1890）选授昭文训导。在官二十年，爱虞山风景，因家焉。卒年七十一。著有《续广陵通典》二十卷、诗文集若干卷。⑥

陈浩恩（1830—?）⑦，字雨芹，甘泉人。幼有奇童之目，弱冠补诸生，文名噪一时。咸丰九年（1859）举人，屡应礼部试。同治十三年（1874）进士，授户部主事。旋归里，主讲广陵书院。工诗文，兼精医术。年几七十卒。所著诗文多散佚，惟《半村草堂赋稿》二卷已刻行世。分纂《续纂扬州府志》，总纂《增修甘泉县志》。⑧

刘超，字轶群，江都人。名诸生。⑨

李祖望（1810—1877），字宾嵋，江都人。增贡生。少问业于梅植之（1794—1843），与薛寿（1812—1872）、刘毓崧（1818—1867）友善。分纂郡志，又曾入淮南书局。善

①　刘寿曾：《梅延祖先生墓志铭》，《刘寿曾集》文集卷 4，第 181 页；光绪《江都县续志》卷 25 上《列传五上》，第 292 页。

②　《清代硃卷集成》第 163 册，第 399 页；第 52 册，第 377 页；民国《江都县续志》卷 27《寓贤》，第 782 页。

③　《江苏省通志稿·选举志》卷 14，第 309 页。

④　生于道光十九年十二月二十五日，公历已入 1840 年。据《清代人物生卒年表》，第 802 页。

⑤　《清秘述闻续》卷 12，《清秘述闻三种》，第 812 页；同治《续纂扬州府志》卷 7《选举志》，第 730 页；民国《续纂泰州志》卷 6《书院》，第 601 页；《道咸宦海见闻录》附录，第 475 页；《词综补遗》卷 68，第 2535 页。

⑥　民国《甘泉县续志》卷 24 下《列传六下》，第 547 页；光绪《常昭合志稿》卷 19《职官志》，第 282 页。

⑦　生年据《清代人物生卒年表》，第 458 页。

⑧　同治《续纂扬州府志》卷首《职名》，第 633 页；光绪《增修甘泉县志》卷首《职名》，第 28 页；民国《甘泉县续志》卷 24 上《列传六上》，第 543 页。

⑨　民国《江都县续志》卷 24 下《列传六下》，第 743 页。

画，尤工山水。著有《锲不舍斋集》，辑有《小学类编》。①

何簏，字述庭，仪征人。同治间贡生。工诗古文辞，兼善书。所授弟子多知名士。卒年七十七。②

黄积昌，仪征人。咸丰间贡生。③

唐秀森（？—1876），字蔚生，丹徒人。同治十二年（1873）举人。好古笃学，下笔无尘俗气。深于测算天度之学。重修县志，延之纂校，适疾未痊，至光绪二年（1876）始能赴春官。试落第，航海归，病遂笃，是夏卒。④

周伯义（1823—1895），字子如，号焦东野史，丹徒人。岁贡生。中年曾参戎幕，因母老，数日即辞去。光绪元年（1875）荐举制科，固辞。著有《焦东阁日记》、《焦东阁诗存》、《金山志》、《北固山志》、《扬州梦》等，辑有《京江后七子诗钞》。⑤

焦丙熙，号百卿，甘泉人。廪生。以孝谨闻于乡。⑥

李慎侯（1851—？），字子卿，号瀛仙，晚号蜕翁，丹徒人。光绪八年（1882）乡试中式第82名举人，十八年（1892）进士。官工部主事、淮安府学教授。《词综补遗》录其词2首。⑦

朱凤仪（1840—1898），字葵生、夔笙，甘泉人。同治六年（1867）举人。三应礼部试不售，遂绝意仕进。凡教授弟子数十年，成就甚众。与修《增修甘泉县志》。著有《赘言》二卷、《清谈随录》二卷、诗文集若干卷。⑧

居鹏，字云庄，高邮人。廪贡生。有孝名，好读书。为文精于说理，性醇朴，不染时趋。馆郡城，极见重于钱振伦（1816—1879）、晏端书（1800—1882）。晚岁家居。⑨

李颐园。江都李汝麟，字颐园，祖望（1810—1877）子。同治初补诸生，任淮南书局分校二十余年。精医术。卒年七十四。著有《小石山房文集》四卷、《小石山房诗集》二卷、《说文拾微》六卷。又与刘寿曾（1837—1881）等合著《邗上精舍后集》。⑩疑即此人。

李振禧，仪征人。同治间贡生。⑪

---

① 《锲不舍斋集》卷首《传略》、卷末识语。

② 同治《续纂扬州府志》卷7《选举志》，第731页；民国《江都县续志》卷24《列传六补》，第748页。

③ 同治《续纂扬州府志》卷7《选举志》，第731页。

④ 光绪《丹徒县志》卷34《文苑》，第671页。

⑤ 民国《续丹徒县志》卷13《人物五·儒林》，第653页；吴春彦、陆林：《"焦东周生"即丹徒周伯义：清代文言小说〈扬州梦〉作者考》，《明清小说研究》2004年第1期，第84页。

⑥ 光绪《增修甘泉县志》卷18《列女》，第734页。

⑦ 《清代硃卷集成》第171册，第25页；《词综补遗》卷72，第2696页。

⑧ 刘师培：《清故拣选知县朱先生墓志铭》，《碑传集补》卷51，第287页；民国《甘泉县续志》卷24《列传六上》，第546页；光绪《增修甘泉县志·职名》，第28页。

⑨ 民国《三续高邮州志》卷4《人物志上·孝行》，第396页。

⑩ 民国《江都县续志》卷24下《列传六下》，第745页。

⑪ 同治《续纂扬州府志》卷7《选举志》，第731页。

吴庆枚，字子吉，高邮人。廪生。少有至性，力学勤苦，屡试未售。年未三十卒。①

芮曾麟（1835—1880），字芗南，江都人。咸丰九年（1859）补诸生，食廪饩。同治三年（1864）举人，五上春官不第。光绪六年（1880）大挑一等，以知县签掣四川。曾麟以亲老家贫，请改近省。改掣山东，莅省未十日，婴疾而卒。工书，八分书尤超妙。善绘事，取法华嵒。著有《蜜梅花馆诗文集》。②

诸淞，字小江，江都人。诸生。性颖敏，工古文词，飙发泉涌，下笔数千言。尤工诗，初仿西昆体，既悔其少作，殚力研索，敛才归法，风格益上。以贫病终。友人辑其遗诗六卷，编为《向山堂集》。③

钱观龄（1857—1873），字颐园，归安人，振伦（1816—1879）子。诸生。年十七卒于安定书院。④

吴庆保，字赤盦，高邮人。光绪十六年（1890）恩贡生。博涉经史，工制艺，岁科试屡列优等。棘闱屡荐不售，晚年以诗酒自娱。年七十三卒。著有《蛰居吟草》。⑤

张云鹏，字铁崖，江都人。工诗古文，善书。廪贡。考取八旗官学教习，俸满以教职用，历署新阳教谕、苏州府教授。曾入河东河道总督乔松年（1815—1875）、安徽巡抚陈彝（1826—1900）幕。嗣陈为浙江学政，复聘之阅试卷。年六十余，卒于浙江学署。著有《乐山堂文集》八卷、《乐山堂诗集》八卷。⑥

待考者：佘銮、孙以章。

81. 梅花书院课艺三集

【版本序跋】

署"光绪壬午（1882）选刊，版藏讲舍"，"掌教晏彤甫先生评选，监院陈履泰、赵书禾校刊"。

晏端书（1800—1882），字彤甫，号蜕叟，仪征人。道光十七年（1837）举人。十八年（1838）进士，选庶吉士，散馆授编修。历官湖州、杭州知府，杭嘉湖道，宁绍台道，浙江巡抚，大理寺卿，团练大臣，左副都御史，两广总督。丁母忧归，遂不复出。主讲梅花书院凡十八年。主修《续纂扬州府志》。⑦

陈履泰（1831—?），原名诠，字安客，号东皋，娄县人。咸丰九年（1859）乡试中式第80名举人。同治十一年（1872）官江都教谕，十三年（1874）官甘泉复设训导。与

---

① 同治《续纂扬州府志》卷12《人物·孝友》，第804页。

② 光绪《江都县续志》卷25下《列传五下》，第296页。

③ 光绪《江都县续志》卷25上《列传五上》，第293页。

④ 钱振伦：《皇清归安县学生亡男观龄圹铭》，转引自李保华、武力：《钱观龄墓志铭解析与钱氏家族》，《扬州日报》2010年7月1日。

⑤ 民国《三续高邮州志》卷4《文苑》，第410页。

⑥ 民国《江都县续志》卷24上《列传六上》，第740页。

⑦ 《清史列传》卷55，第612页；民国《江都县续志》卷27《寓贤》，第779页。

修《续纂扬州府志》。①

赵书禾，字稚农，丹徒人。咸丰八年（1858）副贡。光绪元年（1875）官甘泉训导。十一年（1885）官东台训导、兴化复设训导。十三年（1887）官高邮州学正。与修《续纂扬州府志》。卒年七十一。②

晏端书序云：

> 丁丑（1877）春初，既选刻《梅花书院课艺二集》，后将复选刻《三集》。适安定书院掌教钱楞仙同年于庚辰（1880）正月遽捐馆舍③，所选《三集》编成未及刊布。爰先取抄存稿本，为之点订校勘，亟谋付梓，以无负亡友之托。继乃续刻《梅花书院课艺三集》，盖迄丁丑（1877）至辛巳（1881），又阅时五年矣。
>
> 溯自丙寅（1866）忝主讲席，距今垂十六年。其间掇取科名者，既各联翩高举；一二负宿望者，储珍待聘，咸卓然克自树立；而后起之彦，亦莫不争长角胜，以接踵而奋兴，行见士气文风蒸蒸日上。余得于衰暮之年，幸与里党诸君子讲贯切磋，久而弥笃，用是消磨岁月，良足慰也。兹集仍就随课录取前列之佳制，详加评骘，间为删易而润色之，归于完善，犹夫《初》、《二集》慎选之至意。惟期无戾于成法，无悖于时趋。勉殚炳烛之明，为初学作梯航尔，有志者应共谅之。刻既竣，因再缀数言于简端。
>
> 光绪八年（1882）壬午三月，仪征晏端书识于梅花书院之崇雅堂。

【课艺内容】

四书文 115 题 165 篇，其中《论语》50 题 72 篇，《大学》、《中庸》21 题 31 篇，《孟子》44 题 62 篇。

【作者考略】

朱凤仪 15 篇，杨正钧、何广生 12 篇，吴丙湘、齐长华 9 篇，唐棣、戴宪曾 6 篇，赵德塈、陈重庆、张骝 4 篇，陈景富、王凤诰、居鹏、王鉴、魏本正 3 篇，芮曾麟、储桂林、陈咸庆、丁立钧、居文骀、吴栐宣、俞焕藻、吴国彦、詹嗣勋、唐鸿发、厉衡青、许秉锡、许兰馨、高秉钧 2 篇，周伯义、赵文琳、汤耀金、刘寿曾、王濂、杨福臻、吴凤翔、张云鹏、陈重纶、张成甲、陈浩忠、钱鸿第、蒋纪云、刘显曾、陈文铎、卢启善、张允鸿、周实纯、陈锡鼎、徐焕、郑乔龄、凌养源、杨邦哲、李兴郇、王恩荣、金信芳、许秉铮、李慎侯、赵西彝、陈伟骐、李道根、项兆麟、陈汉襄、耿汝霖、李廷献、朱森、许家珍、王兆奎、陈桂馨、佘銮、张祖珍 1 篇。

刘寿曾、刘显曾，见《惜阴书院东斋课艺》。

---

① 《清代硃卷集成》第 142 册，第 279 页；同治《续纂扬州府志》卷 6《秩官》，第 712 页；卷首《职名》，第 634 页；光绪《增修甘泉县志》卷 6《职官》，第 257 页。

② 同治《续纂扬州府志》卷 6《秩官》，第 718、723 页；卷首《职名》，第 634 页；民国《甘泉县续志》卷 19《名宦传》，第 527 页；民国《三续高邮州志》卷 3《文职》，第 376 页。

③ 此处所记卒年有误，当为己卯（1879）正月。

丁立钧，见《南菁文钞三集》。

詹嗣勋，见《安定书院小课》。

吴丙湘、张骝、厉衡青，见《安定书院小课二集》。

朱凤仪、何广生、居鹏、芮曾麟、陈咸庆、周伯义、张云鹏、李慎侯，见《梅花书院小课》。

杨正钧，丹徒人。候选训导。光绪九年（1883）禀请兴办沿江义渡局。①

唐棣，字蔚伯，甘泉人。岁贡生。性至孝，工制艺。入都兴阿（1818—1875）幕，感于时乱，遂辞归。教授生徒，游其门者多知名士，时称大师。晚年好佛。卒年七十三。②

戴宪曾，字湘坪，江都人。光绪五年（1879）举人。钱振伦（1816—1879）主安定书院讲席，极赏之。授徒数十年，门下多知名之士。殁后遗文散佚，无为搜辑之者。③

赵德墍，字幼松，号韦盦，甘泉人。谨守孝悌，博洽能文，并工书，为名诸生。光绪十一年（1885）乙酉萃科当选拔，以母老不应试。卒年四十一。与修《续纂扬州府志》。④

陈重庆（1846—1928），字黼卿，号默斋，晚号甦叟，仪征人，嘉树（1786—？）孙，彝（1826—1900）子。光绪元年（1875）顺天乡试中式举人，官至武昌盐法道台。年未六十，丁忧归，不复出。民国以后息影杜门，益罕与世交接。唯时以匪风下泉之思寄之篇什，昔为诗文喜瑰丽，至此体格一变，多悲凉慷慨变徵之音。擅联语，工书画。著有《默斋诗稿》十六卷。⑤

陈景富（1820—1900），字仲弼，江都人。未冠以经古第一补诸生，咸丰二年（1852）举于乡，三应礼部试不售，遂绝意进取。凡授徒五十余年，门下著籍者三百人。于孤寒弟子培植尤厚，江淮间称为大师。晚年与诸老友日饮茗城南，虽风雨必出。⑥

赵文琳，字月珊，丹徒人。光绪二年（1876）副贡。《词综补遗》录其词1首。⑦

杨福臻（1833—1905），字骈卿，号听梧，高邮人。同治十二年（1873）乡试中式第66名举人，覆试一等第26名。光绪六年（1880）会试中式第195名，覆试一等第28名。殿试三甲第15名，朝考一等第13名，选庶吉士。散馆授检讨，历官山东道监察御史，转掌河南、贵州、陕西、福建各道，又转兵科给事中。知天下事不可为，遂乞假归。著有《汉书志疑》、《汉书通假字考》、《汉郡守分郡考》、《欼竹轩诗存》、《享帚词》、《竹屏词》、《蕉萝词》。⑧

①　民国《江都县续志》卷2下《建置考下》，第353页。

②　民国《甘泉县续志》卷24上《列传六上》，第544页。

③　民国《江都县续志》卷24下《列传六下》，第744页。

④　民国《甘泉县续志》卷22《列传四》，第536页；同治《续纂扬州府志》卷首《职名》，第633页。

⑤　民国《江都县新志》卷8《人物传三》，第869页。

⑥　民国《江都县续志》卷24上《列传六上》，第740页。

⑦　《词综补遗》卷77，第2890页。

⑧　《清代硃卷集成》第50册，第27页；民国《三续高邮州志》卷4《人物志上·列传》，第391页。

陈重纶，字掌丝，仪征人，嘉树（1786—?）孙。光绪十八年（1892）佐从父彝（1826—1900）校士金华，十九年（1893）以诸生官溧阳训导。年六十丧母，以哀毁卒。著有《国朝经世语粹》十卷、《吟藤仙馆诗集》六卷。①

张成甲，字韶九，扬州人。光绪五年（1879）举人。以教授生徒自给。深于壬遁之术。②

钱鸿第，江都人。同治二年（1863）附生。③

陈文铎，字木天，泰州人。光绪二年（1876）优贡。性友孝，好施与，工诗古文辞。教授生徒，多所成就，江南解元李结（1867—1893），其尤著者也。晚年佐钱桂森（1827—1902）校阅安定书院古学课卷，学者翕然称善。④

周实纯（1841—1926），字颍孝，江都人。未冠补诸生，久之始食廪饩。屡应布政司试，未售。晚乃援例贡太学，以训导注选。凡居乡教授者二十年，客游者又二十年。幼从陈景富（1820—1900）读，终身严事之。与修民国《江都县续志》、《甘泉县续志》。著有诗词稿若干卷。⑤

俞焕藻，字予翰，泰州人。光绪十一年（1885）拔贡。冶春后社成员。⑥

唐鸿发，丹徒人。同治十二年（1873）举人。⑦

陈锡鼎，江都人。道光二十四年（1844）举人。⑧

郑乔龄，仪征人。同治九年（1870）举人。⑨

凌养源，扬州人。光绪五年（1879）举人。⑩

杨邦哲，甘泉人。同治十二年（1873）附生。⑪

许秉铮，甘泉人。光绪二十三年（1897）附生。⑫

赵西彝，丹徒人。岁贡生。光绪二十九年（1903）参与创办镇江府中学堂。与修光绪《丹徒县志》。著有《送日录七种》。⑬

李道根，甘泉人。光绪三年（1877）附生。⑭

---

① 民国《江都县续志》卷22《列传四补》，第734页。
② 《芜城怀旧录》卷1，第12页。
③ 光绪《江都县续志》卷16《学校考》，第224页。
④ 民国《续纂泰州志》卷25《人物·文苑》，第761页。
⑤ 民国《江都县新志》卷8《人物传三》，第867页；民国《江都县续志》卷首《职名》，第334页；民国《甘泉县续志》卷首《职名》，第230页。
⑥ 民国《续纂泰州志》卷14《选举表上》，第664页；《芜城怀旧录》卷1，第15页。
⑦ 光绪《丹徒县志》卷22《选举二·科目》，第438页。
⑧ 同治《续纂扬州府志》卷7《选举志》，第729页。
⑨ 民国《续丹徒县志》卷11《选举志》，第618页。
⑩ 《江苏省通志稿·选举志》卷14，第320页。
⑪ 民国《甘泉县续志》卷8下《学校考下》，第397页。
⑫ 民国《甘泉县续志》卷8下《学校考下》，第398页。
⑬ 民国《续丹徒县志》卷6《学校志》，第555页；卷11《选举志》，第622页；光绪《丹徒县志》卷首《纂辑姓名》，第10页；《镇江市志》卷56，第1378页。
⑭ 民国《甘泉县续志》卷8下《学校考下》，第398页。

耿汝霖，江都人。同治十年（1871）附生。①
李廷献，丹徒人。捐贡。②
陈桂馨，甘泉人。同治十二年（1873）举人。与修《增修甘泉县志》。③
余皆待考。

82. 广陵书院课艺

【书院简介】

扬州广陵书院，初为清康熙末年所建义学。乾隆间改名竹西书院，数次移建，改名广陵书院，专课童生。咸丰间停课，同治间复课。光绪二十八年（1902）改为安定校士馆，三十一年（1905）与梅花、广陵校士馆合并为尊古学堂，三十四年（1908）改为两淮师范学堂。④

【版本序跋】

袖珍本，署"光绪庚辰年（1880）三月扬州镕铸楼校印"。
朱凤仪序云：

广陵在古扬州域，于星纪为斗、牵牛分野，光气烛曜，寔生人文。秦始设郡，汉为江都国，董太傅尝居之。经学昌明，由来旧矣。当南北冲要，前临大江，后枕淮湖，左连沧溟，右跨蜀阜。生其间者，类多雄秀瑰奇，惊耀天下，其地气然也。我朝文治日新，于兹郡广建书院，最著者曰安定，曰梅花。肄业生几遍百郡，而课童子无专地。嘉庆间长白豫簹山先生守郡时，始建兹院，颜曰广陵，专课阖境童子。蒙养既勤，英才斯聚。自时厥后，安梅两院知名之士，蜚声腾实，蔚为国华。其始则皆拔迹于此，彬彬乎称大成焉。

咸丰间，粤匪肆扰，安梅两院就圮，而广陵讲舍岿然独存。既经戡定，遂播弦歌。太守清苑孙公适莅斯土，爰合生童并课，与附郭两邑侯更番迭试，而延征士范雨村先生主讲席。先生耆年硕学，士论翕然，群彦汪洋，文藻日盛，历年既久，美不胜收。因采择其尤，得如干首，未及付梓，而先生顿归道山。吁，其厄矣！文孙观亭孝廉，凤仪同岁生也，出先生所诸课艺授读，将刊布以成先生之志。适镕铸楼主人请力任之，观亭属为弁言，固辞不获，敢识其缘起如此。至先生鉴别之精，与诸君子造诣之粹，识者自能辨之，夫岂末学小生所敢强作解人哉！

光绪己卯（1879）嘉平朔日，世再侄朱凤仪拜手谨识。

---

① 光绪《江都县续志》卷16《学校考》，第224页。
② 光绪《丹徒县志》卷23《选举三·贡监》，第463页。
③ 同治《续纂扬州府志》卷7《选举志》，第730页；光绪《增修甘泉县志》卷首《职名》，第28页。
④ 《两淮盐法志》卷151，第596页；徐祥玲、杨本红：《扬州书院史话》，《扬州师院学报》1985年第1期，第115页。

朱凤仪，见《梅花书院小课》。

孙恩寿（1828—?)①，字眉仙、伯森，号韵武，直隶清苑人。咸丰三年（1853）进士。同治元年（1862）官扬州知府。②

范凌霄（1792—1875），字雨村，号膏庵，甘泉人。年十七，入邑庠，食廪饩。两应吴文镕（1792—1854）学幕之聘。应南北乡试二十次，屡荐不售。道光中阮元（1764—1849）予告归里，重其品学，延其课孙。咸丰元年（1851）荐举孝廉方正，不赴。同治三年（1864）孙恩寿复兴广陵书院，延主讲席。性耽吟咏，诗宗少陵。著有《湖东集》四卷。③

范用宾跋云：

> 　同治甲子（1864）春，孙韵武太守复兴广陵书院，延先大父主讲席。阅十年，选课艺得百数十首，镌锓未半，先大父遽于光绪元年（1875）见背。用宾思蒇其事以绵力，屡致因循。己卯（1879）冬，晤阮申仲世兄，请以铅板印行。用宾欣然付以全稿。前锓梨枣，虽束高阁，而此编既出，以共同好，则先大父选刻之初心，已少慰矣。事既竣，爰述其颠末于后。至诸君子珠玉之章，风行海内，更不待用宾赘叙也。
>
> 　光绪庚辰年（1880）春王正月，甘泉范用宾谨识。

范用宾，字观亭，凌霄孙。同治九年（1870）举人。以大挑得知县，改就教职。卒年七十余。著有《小岁寒堂诗集》四卷。④

【课艺内容】

四书文110题140篇。目录后标注："每部实洋杭连贰角二分，竹纸壹角八分。"

【作者考略】

收录课艺较多者：石可宗29篇，詹嗣贤18篇，唐棣13篇，姚兆元7篇，王廷俊、胡宗衡5篇，何广生、丁集祺、许劲昌、胡钧4篇，吴引孙、吴国彦、顾如桐、梅毓3篇。其他作者一两篇不等：高穟生、胡镕、王绍业、王虎文、赵兴曾、刘炳章、厉衡青、汪国鸿、徐兆丰、朱开渠、居鹏、尚兆山、周康保、吴纪龙、孙成、高宝昌、时雨、陈堂、潘逢泰、蒋燕昌、钱桂芬、殷如珠、许蓉镜、程绳祖、朱承钊、张骝、张兆瑾、佘銮。

吴引孙，见《崇实书院课艺》。

陈堂、高穟生、徐兆丰，见《安定书院小课》。

王廷俊、厉衡青、周康保、张骝，见《安定书院小课二集》。

---

①　生年据《清代人物生卒年表》，第226页。

②　同治《续纂扬州府志》卷6《秩官志》，第710页。

③　《湖东集》自序，第424页；光绪《增修甘泉县志》卷12《人物志下》，第528页。

④　民国《甘泉县续志》卷24下，第546页。

詹嗣贤、何广生、梅毓、居鹏，见《梅花书院小课》。

唐棣，见《梅花书院课艺三集》。

石可宗（1833—?），字也园，号亦斋，仪征人。光绪十五年（1889）乡试中式第164名举人。①

姚兆元。同治间拔贡。②

丁集祺（1841—?），字绂徽，号少华，甘泉人，国瑞（字蔚华）子。同治元年（1862）附生。光绪二年（1876）乡试中式第15名举人。③

许劲昌，江都人。同治七年（1868）附生。④

胡钧，江都人。同治元年（1862）附生。⑤

胡镕（1846—?）⑥，字陶庵，江都人。光绪十九年（1893）乡试中式第117名举人。⑦

王绍业（1841—?），字冶良，江都人。岁贡生。工书，兼善词赋。有声庠序中，弟子从游者甚众。年六十余卒。⑧

刘炳章，江都人。同治元年（1862）附生。⑨

朱开渠，甘泉人。同治二年（1863）附生。⑩

尚兆山（1835—1883），字仰止，句容人。廪生。馆于省垣，就试钟山、惜阴书院，每掇优等。善画，尤嗜金石。著有《赤山湖志》六卷、《括曩诗草》二卷、《括曩词草》一卷。⑪

高宝昌，字虎臣，江都人。同治元年（1862）附生，十二年（1873）举人。应礼部试不售，晚官华亭教谕。⑫

潘逢泰（1847—1924），原名永贵，榜名逢泰，改名荫东。字保之，自号五山寄樵，晚号樵叟，谥孝端。如皋人，原籍婺源。同治九年（1870）举人。屡应礼部试不第，曾官高邮州学正兼中学监督，旋辞归。创办丰利两等小学堂，首任校长。著有《樵叟集》十卷。⑬

殷如珠，字还浦，号秋樵，甘泉人。光绪元年（1875）举人。官金匮训导。经黄体芳（1832—1899）保荐，以知县用，出任云南，未几竟卒。黄体芳挽联云："季智本儒

---

① 《清代硃卷集成》第182册，第267页。
② 同治《续纂扬州府志》卷7《选举志》，第730页。
③ 《清代硃卷集成》第162册，第299页；民国《甘泉县续志》卷8下《学校考下》，第397页。
④ 光绪《江都县续志》卷16《学校考》，第224页。
⑤ 光绪《江都县续志》卷16《学校考》，第224页。
⑥ 生于道光二十五年十二月二十六日，公历已入1846年。
⑦ 《清代硃卷集成》第189册，第117页。
⑧ 民国《江都县续志》卷24下《列传六下》，第746页。
⑨ 光绪《江都县续志》卷16《学校考》，第224页。
⑩ 民国《甘泉县续志》卷8下《学校考下》，第397页。
⑪ 汪士铎：《尚仰止小传》，《括曩诗草》卷首，第251页；《秦淮志》卷5《人物志》，第31页。
⑫ 光绪《江都县续志》卷16《学校考》，第224页；民国《江都县续志》卷22《列传二》，第725页。
⑬ 《潘孝端先生年谱》，第241页。

生，小试已登循吏传；伯仁由我死，大招难返故人魂。"①

许蓉镜，字兰汀，甘泉人。光绪二年（1876）附生，二十三年（1897）举人。官湖北房县、竹山知县，恓惆无华，称为安静之吏。以母病乞归。母殁未十日，以哀毁致疾卒。工制举文，兼善诗古文辞。著有《耕心书屋诗文稿》。②

朱承钊，甘泉人。同治元年（1862）附生。③

待考者：胡宗衡、吴国彦、顾如桐、王虎文、赵兴曾、汪国鸿、吴纪龙、孙成、时雨、蒋燕昌、钱桂芬、程绳祖、张兆瑾、佘銮。

附　录

83. 苏省三书院课艺菁华

【书院简介】

三所书院当在苏州，名称未详。

【版本序跋】

又名《苏省三书院策论义课艺菁华》、《课艺汇编》。题"光绪壬寅（1902）仲春蟾香山房镌本"。

竹虚室主《课艺汇编缘起》：

环顾全球，欧美诸大邦，鹰瞵鹗视，有以共和而强者，有以合众而兴者。论其辟国之起点，佥曰能群之故。群则通，否则辜；群则灵，否则锢；群则智，否则顽。《礼》曰："相观而善之谓摩。"摩以群也。《诗》曰："他山之石，可以攻玉。"攻以群也。今中国迫于外侮，孤立无群。觚翰之子，束缚于帖括而不自知。

去秋迭奉明诏，废八股，试策论，海内志士之挟群策群力者，咸踊跃鼓舞，闻风兴起。而吾吴通材硕彦，亦莫不摅其爱力，震其脑筋，以贯通时务为命脉。院中月课诸作，已觇然露其萌芽。仆不揣固陋，欲以热力相摩，汇而录之，分类付梓，亦谓管中窥豹，仅见一斑，以备诸同志观摩攻玉之助云尔。

光绪壬寅（1902）仲春之月，竹虚室主识。

竹虚室主，待考。

【课艺内容】

四卷，卷一史论9题16篇，题如《魏绛和戎论》、《诸葛武侯劝农讲武作木牛流马

---

① 光绪《增修甘泉县志》卷7《选举志》，第302页；光绪《无锡金匮县志》卷首《修辑姓氏》，第8页；《黄体芳集》卷6，第316页。
② 民国《甘泉县续志》卷8下《学校考下》，第397页；卷24下《列传六下》，第547页。
③ 民国《甘泉县续志》卷8下《学校考下》，第397页。

论》、《苻坚拿破仑第一优劣论》、《国朝黄梨洲、顾亭林、王船山三先生论》；卷二时务策
10 题 11 篇，题如《问卫藏东三省策》、《问议院策》、《问会同四译馆总理衙门策》、《问
各国学校规制策》；卷三四书经义论 8 题 19 篇，题如《夫国君好仁天下无敌义》、《节以
制度不伤财不害民义》、《范文子欲释楚以为外惧》；卷四杂文 8 题 12 篇，题如《中西农
政异同考》、《日本明治维新考》、《通商惠工说》、《读〈海国图志〉〈朔方备乘〉〈瀛环志
略〉三书合书于后》；附录算学 2 题 2 篇。附原评。

【作者考略】

共 60 篇，其中：彭世襄 6 篇，范鑅 4 篇，恽鸣韶、鲁林、费廷璜 3 篇，陆清瀚、孔
昭晋、吴麟、樊如兰、顾禹谟、郁瑚、谢敬仲 2 篇，王家宾、查骏、杨赓元、王步瀛、沈
衡、张保佑、单闻、王登、朱锦绶、黄赓、王铭、邹登泰、高人俊、高德馨、吴寿甫、顾
浩臣、汪增礽、刘瀚如、夏宪彝、彭宰成、杨赓、蒋元庆、王宗苞、卜一 1 篇。（卷三 1
篇、算学 2 篇未署作者名）。

彭世襄、孔昭晋，见《紫阳书院课艺十六编》。

费廷璜、杨赓元、朱锦绶、蒋元庆，见《学古堂日记》。

陆清瀚，疑即陆清翰。陆清翰（1871—?）①，号守墨，元和人。光绪二十年（1894）
顺天乡试中式第 274 名举人，覆试二等第 14 名。三十四年（1908）官横州知州。民国三
年（1914）官永康知事。②

谢敬仲。俞平伯（1900—1990）幼时塾师谢敬仲③，疑即此人。

王家宾（1867—?），谱名绳藻，字研佣，号文伯、余盦，吴县人，原籍太仓。光绪
三十二年（1906）优贡第 8 名。著有《两汉类编》、《中外舆地述》、《铁研庐读书脞录》、
《国朝理学撮要》、《余盦诗文稿》。④

邹登泰，字闻磬，无锡人。曾任上海工业专门学校国文、修身、历史教员，交通大学
上海学校中史教授、附属中学教员。⑤ 选编《江苏各校国文成绩精华》（苏州振新书社、
上海商务印书馆 1916 年版）。

高人俊（1867—?），谱名德培，字仲厚，号栽之、载之，吴县人。光绪二十三年
（1897）拔贡第 1 名，二十八年（1902）乡试中式第 45 名举人。与朱锦绶（字建侯）等
合著《赋钞札记》六卷。⑥

高德馨，字远香，号鲊隐，吴县人。附贡生，浙江候补知县。曾集甲骨文字为楹联。
与章钰（1865—1937）、胡玉缙（1859—1940）等为黄彭年（1823—1891）编刊《陶楼文

---

① 生于同治九年十一月二十二日，公历已入 1871 年。
② 《清代硃卷集成》第 127 册，第 271 页；《横县县志》第 14 章《州署·县政府》，第 143 页；
《永康文史》第 2 辑，第 55 页。
③ 《德清俞氏》，第 144 页。
④ 《清代硃卷集成》第 373 册，第 263 页。
⑤ 《南洋公学交通大学年谱》，第 67、118、151 页。
⑥ 《清代硃卷集成》第 201 册，第 337 页；《贩书偶记续编》卷 19，第 301 页。

钞》。著有《远香诗词遗稿》。《词综补遗》录其词 4 首。①

彭宰成，疑即彭世襄（字宰臣）。

杨赓，疑为"杨赓元"之讹。

余皆待考。

84. 选录金陵惜阴书院、浙江敬修堂论议序解考辨等艺

【书院简介】

金陵惜阴书院，见《惜阴书舍课艺》。浙江敬修堂，见《敬修堂词赋课钞》。

【版本序跋】

上海图书馆藏抄本，1 册。字体前后有所不同，当非一人所抄。间有评点。

【课艺内容】

26 题 38 篇。题如《汉董仲舒、唐刘蒉对策合论》、《郭子仪、李光弼论》、《三杨论》、《李德裕、寇准、张居正论》、《历代宦官论》、《李德裕论》、《裴度论》、《赵普论》、《拟陆宣公奏议序》、《剥复说》、《孟蜀石经考》、《五侯九伯解》、《襄三年楚伐吴至衡山，哀十五年至桐汭，衡山、桐汭在今江南何山何水解》、《郑康成著述今知若干种考》、《重修方正学祠墓记》、《书〈通鉴〉悉怛谋事后》。

【作者考略】

惜阴书院 30 篇：刘寿曾 9 篇，唐源 3 篇，朱桂模、陈作霖、汪钟泽、姜渭、秦际唐 2 篇，侯宗海、胡垣、刘贵曾、陈凤藻、章鸿钧、刘岳云、甘元焕 1 篇，未署名 1 篇。敬修堂 8 篇：顾成俊 2 篇，潘恭寿、邹志初、关莹、钟凤书、董醇、陆人镜 1 篇。另有邵世鼎《半部论语治天下论》，为单独一叶纸，夹在书内。

顾成俊、邹志初、钟凤书、董醇，见《诂经精舍续集》。

潘恭寿，见《敬修堂词赋课钞》。

秦际唐，见《金陵惜阴书舍赋钞》。

刘寿曾、朱桂模、陈作霖、姜渭、刘贵曾、刘岳云，见《惜阴书院东斋课艺》。

侯宗海、陈凤藻、甘元焕，见《惜阴书院西斋课艺》。

胡垣，见《惜阴书院赋课择抄目录甲部》。

章鸿钧，疑为"章洪钧"之讹。

待考者：唐源、汪钟泽、关莹、陆人镜、邵世鼎。

① 《清人诗文集总目提要》，第 2020 页；《甲骨诗词楹联汇编》，第 25 页；《陶楼文钞》卷末《刊陶楼文钞缘起》，第 156 页；《词综补遗》卷 32，第 1186 页。

武汉大学学术丛书

Wuhan University

Academic Library

清代书院课艺总集叙录（下）

鲁小俊 著

武汉大学出版社

WUHAN UNIVERSITY PRESS

目　　录

卷三　江浙以外各省

卷三　江浙以外各省

广东省

肇庆府

1. 端溪书院课艺

【书院简介】

高要端溪书院，始建于明万历初，后为岭西道署，又改为督标中军副将署。清康熙间改建天章书院，乾隆初复名端溪。咸丰间遭劫，典籍俱失，斋舍仅存其半。后经数次修复，一如旧观。光绪三十一年（1905）改为肇庆府中学堂。①

【版本序跋】

《中国历代书院志》据嘉庆二十一年（1816）《竹岗斋九种》本影印。赵敬襄编选。

赵敬襄（1756—1829），字司万、瑞星，号随轩、竹岗，江西奉新人。乾隆三十五年（1770）举人。嘉庆四年（1799）进士，选庶吉士，改吏部主事。二十一年（1816）至二十五年（1820）掌教端溪书院。著有《竹岗斋九种》。②

【课艺内容】

四书文14题14篇。有评点。

【作者考略】

作者14人：周永镐（高要，鄂林）、陆作宾（三水，伯伦）、张攀桂（高要，小山）、周大经（高要，叙堂）、谢朱衣（高要，瀛仙）、云茂琦（文昌，贝山）、周伟（琼山，渭川）、姚煌（高要，华圃）、何九图（高要，羲瑞）、符应垣（文昌，星阶）、宋照（鹤山，藜阁）、白凤山（高要，丹圃）、汤盘（高要，铭之）、慕廷椿（吴县，□□）。

周永镐，字鄂林，高要人，原籍新会。道光岁贡，咸丰元年（1851）举孝廉方正。授徒数十年，贫者却其束修而留之读，穷士赖以读书。著有《龙顶山房吟草》四卷。③

谢朱衣，高要人。道光十二年（1832）举人。官三水教谕。④

云茂琦（1791—1849），字以卓，号澹人、贝山，文昌人。嘉庆二十一年（1816）举人，道光六年（1826）进士。历官江苏沛县、六合知县，江宁督粮同知、江防同知，兵

---

① 宣统《高要县志》卷12《学校》，第6叶；林有能：《广东端溪书院述略》，《学术研究》1993年第4期，第101页。

② 《竹冈鸿爪录》。

③ 宣统《高要县志》卷18下《列传二》，第9叶。

④ 宣统《高要县志》卷16《选举一》，第55叶。

部、吏部郎中。晚主琼台书院。著有《探本录》二十三卷、《实学录》四卷、《阐道堂遗稿》十二卷。①《阐道堂遗稿》卷六《端溪书院中偶成（在肇庆府城）》、《端溪春日登揆天阁》等诗皆与端溪书院相关。

周伟（1790—1820），字渭川，琼山人。赵敬襄《哀周渭川》诗："寒毡四载镇相从，词藻翩翩笔札工。优行已曾甄学使，早年奚乃促天公。青灯母老哀谁倚，黄口儿佳怙竟空。我愧成连刺船晚，海波汩没思何穷。"②

汤盘，高要人。道光五年（1825）府学岁贡。③

余皆待考。

广州府

2. 学海堂集

【书院简介】

广州学海堂，阮元（1764—1849）创建于清嘉庆二十五年（1820）。原附于文澜书院之内，道光四年（1824）迁址于粤秀山。以经史词章课士，设学长八人，后增设专课肄业生。咸丰间遭兵燹，同治间修复。光绪二十九年（1903）停办，其旧址改立为广州市一中。④

【版本序跋】

《中国历代书院志》据道光五年（1825）启秀山房刻本影印。题"启秀山房订"，"嘉应吴兰修编校监刻"，"仙城西湖街简书斋刊刻"。

吴兰修，字石华，嘉应人。嘉庆十三年（1808）举人。官信宜训导，监课粤秀书院，充学海堂学长。工诗文，尤精考据，兼擅算数之学。善倚声，得姜张宗法。著有《南汉纪》五卷（收入《续修四库全书》）、《南汉地理志》一卷、《南汉金石志》二卷、《端溪砚史》三卷，以及《荔村吟草》、《桐华阁词》。《晚晴簃诗汇》录其诗 5 首。《国朝词综补》录其词 5 首。《全清词钞》录其词 5 首。⑤

阮元序云：

> 古者卿大夫士皆有师法。周公尚文，范之以礼；尼山论道，顺之以孝。是故约礼之始，必重博文；笃行之先，尚资明辨。《诗》、《书》垂其彝训，《传》、《记》述其法语，学者诵行，毕生莫罄。譬之食必菽粟，日不可废；居必栋宇，人所共知，奚更

---

① 倭仁：《云茂琦墓志铭》，《阐道堂遗稿》附录，第 279 页。

② 《端溪书院志》卷 6《艺文》，第 398 页。

③ 宣统《高要县志》卷 16《选举一》，第 54 叶。

④ 陈泽泓：《学海堂考略》，《广东史志》2000 年第 1 期，第 33 页；《诂经精舍与学海堂两书院的文学教育研究》，第 15 页。

⑤ 光绪《嘉应州志》卷 23《人物》，第 420 页；《晚晴簃诗汇》卷 120，第 5164 页；《国朝词综补》卷 25，第 227 页；《全清词钞》卷 17，第 820 页。

立言以歧古教哉？若夫载籍极博，束阁不观，非学也；多文殊体，辍笔不习，非学也。次困之士，蘦毚勉于科名；语上之侜，诅愚蔽其耳目。率曰乏才，岂其然欤？

岭南学术，首开两汉。著作始于孝元，治经肇于黄、董。古册虽失，佚文尚存。经学之兴，已在二千载上矣。有唐曲江，诚明忠正，求之后代，孰能逮之？迹其初学，乃多词赋耳。文辞亦圣教也，曷可忽诸？大清文治，由朔暨南。明都著于因民，离曜增于往代。

余本经生，来总百粤。政事之暇，乐观士业。曩者抚浙，海氛未销。日督戈船，犹开黉舍。矧兹清晏，何独阙然？粤秀山峙广州城北，越王台故址也。山半石岩，古木荫翳。绿榕红棉，交柯接叶。辟莱数丈，学海堂启焉。珠江狮海，云涛飞泛于其前；三城万井，烟霭开阖于其下。茂林暑昃，先来天际之凉；高阑夕风，已生海上之月。六艺于此发其秀辉，百宝所集避其神采。泂文苑之丽区，儒林之古境也。昔者何邵公，学无不通，进退忠直，聿有学海之誉，与康成并举。惟此山堂，吞吐潮汐，近取于海，乃见主名。多士或习经传，寻疏义于宋、齐；或解文字，考故训于《仓》、《雅》；或析道理，守晦庵之正传；或讨史志，求深宁之家法。或且规矩汉晋，熟精萧《选》；师法唐宋，各得诗笔。虽性之所近，业有殊工，而力有可兼，事亦并擅。若乃志在为山，亏于不至之讥；情止盈科，未达进放之本。此受蒙于浅隘而已，乌睹百川之汇南溟哉！

道光四年（1824），新堂既成，初集斯勒。四载以来，有笔有文，凡十五卷。潜修实践之士，聪颖博雅之资。著书至于仰屋，岂为穷愁；论文期于贱璧，是在不朽。及斯堂也，升高者赋其所能，观澜者得其为术，息焉游焉，不亦传之久而行之远欤！

太子少保兵部尚书右都御使两广总督扬州阮元序。

阮元，见《诂经精舍文集》。

【课艺内容】

凡 16 卷：卷一至卷十，经解、论说、考证、书后、序跋、赋等 75 篇，题如《〈诗〉之雅解》、《白沙学出濂溪说》、《昆山顾氏〈日知录〉跋》、《四书文源流考》、《端溪砚石赋》、《拟三月三日蒲涧修禊序》；卷十一至卷十五，古今体诗 289 篇，题如《和方孚若〈南海百咏〉》、《初夏书斋四咏》、《赋得司空表圣〈诗品〉句》、《梓人诗》、《读杜工部〈秋兴〉诗》、《岭南荔枝词》；卷十六附录与学海堂有关之诗文 12 篇，题如《新建粤秀山学海堂记》、《新建粤秀山学海堂碑》、《新建粤秀山学海堂上梁文》、《新建学海堂诗》。

【作者考略】

共 376 篇，其中：仪克中（番禺监生）41 篇，徐荣（驻防汉军举人）24 篇，李光昭（嘉应生员）21 篇，梁梅（顺德生员）19 篇，熊景星（南海举人）17 篇，吴兰修（嘉应，信宜训导、粤秀监院）、吴应逵（鹤山举人）13 篇，谭莹（南海生员）12 篇，林伯桐（番禺举人）11 篇，赵均（顺德，候选教谕）8 篇，郑灏若（番禺拔贡）、张杓（番禺举人）、张维屏（番禺，进士，今湖北长阳县知县）、曾钊（南海选拔廪生）、黄子高（番禺生员）、黎国光（番禺选拔廪生）、杨时济（嘉应举人）、李有祺（新会廪生）6 篇，梁国珍（番禺生员）、陈同（顺德举人）、居溥（番禺监生）、崔弼（番禺举人）5篇，侯康（番禺生员）、刘瀜（番禺廪生）、邵咏（电白，韶州府训导）4篇，梁鉴（南海生员）、谢念功（南海举人）、张其翰（嘉应举人）、李应中（南海生员）、陶克昌（番禺生员）、马福安（顺德举人）、何应翰（博罗选拔廪生）、樊封（驻防汉军生员）3篇，吴岳（鹤山廪生）、邓淳（东莞孝廉方正）、杨懋建（嘉应布衣）、李清华（顺德，罗定训导、越华监院）、姚觐光（番禺生员）、吴奎光（南海监生）、黄钰（南海生员）、何其杰（嘉应，东安训导、粤秀监院）、罗日章（番禺副贡）、徐青（嘉应廪生）、蔡如苹（顺德生员）、颜斯总（南海举人）、石怀璧（南海监生）、黎昱（嘉应生员）、李凤修（嘉应廪生）、黄乔松（番禺贡生）、梁光槐（三水廪生）、石炳（南海监生）、张达翔（南海贡生）、徐智超（番禺廪生）2篇，黎应期（嘉应副贡）、温训（长乐选拔廪生）、刘天惠（南海生员）、梁光钊（三水廪生）、梁杰（高要生员）、周以清（顺德生员）、刘广居（东莞生员）、颜立（连平，署番禺训导）、陈梦照（番禺生员）、漆璘（番禺举人）、苏应亨（顺德举人）、梁家桂（南海生员）、李中培（嘉应生员）、梁国琛（番禺生员）、廖纪（嘉应监生）、黄应麟（番禺举人）、蔡锦泉（顺德选拔廪生）、吴应韶（鹤山生员）、郭培（顺德举人）、钟启韶（新会举人）、梁汝棣（嘉应优贡）、周永福（高要生员）、石凤台（南海廪生）、张应凤（广州府生员）、钱鲲（三水生员）、何惠祖（高要生员）、梁伯显（三水生员）、叶其英（嘉应生员）、吴林光（南海举人）、周文蔚（高要生员）、吴弥光（南海生员）、郑乔松（恩平廪生）、李汝梅（新会生员）、吴梅修（嘉应廪生）、黄光宗（南海举人）、谢光辅（番禺举人）、张总章（新会监生）、李燮（嘉应廪生）、吴家树（番禺举人）、李汝孚（嘉应生员）、李中楷（嘉应举人）、黄位清（番禺副贡）、崔树良（南海举人）、郑棻（番禺布衣）1篇。附录阮元2篇，阮福（扬州员外郎）、秀琨（汉军职监）2篇，方东树（桐城生员）、范濬（四明布衣）1篇。

学海堂肄业生徒，已详容肇祖《学海堂考》，兹不赘考，《学海堂二集》、《学海堂三集》、《学海堂四集》同。

3. 学海堂二集

【版本序跋】

《中国历代书院志》据道光十八年（1838）启秀山房刻本影印。题"启秀山房订"。

吴兰修题识云：

　　官保中堂云台夫子于甲申（1824）冬选刻《学海堂初集》。自乙酉（1825）春至丙戌（1826）夏，尚经数课，如《释儒》、《〈一切经音义〉跋》、《何邵公赞》皆是。其用江文通杂体拟古诸作，则丙春阅兵时舟中点定者，今卷十八各诗是也。迨丙秋移节，始设学长料理季课。嗣后督抚大吏，如成大司寇、李协揆、卢宫师、祁宫保，暨翁、徐、李、王、李诸学使，皆亲加考校，乐育日深。而堂中后起，亦多聪颖好学之士，蒸蒸濯磨。各体佳卷，兰修等录存，积成卷帙。适嘉兴钱新梧给谏游粤，为之汇选，至邓制府课。堂中士屡询近选，于是《二集》刊成。凡为学指归，《初集》叙中隐括已尽，大抵勖以有本之学，进以有用之书。兰修等谨守师法，不敢惩忒。此集卷帙稍增，而义例如一，因前功也。剞劂事竣，爰述其缘起，缀于简端。

道光十有六年（1836）十月，学海堂弟子吴兰修谨识。

吴兰修，见《学海堂集》。

【课艺内容】

凡 22 卷：卷一至卷十七，经解、论说、考证、书后、碑记、序跋、赋等 98 篇，题如《释儒》、《宗法考》、《〈四书逸笺〉跋》、《餐菊赋》、《读蔡邕〈郭林宗碑文〉书后》、《恭拟平定回疆露布》、《拟洗夫人庙碑》、《周濂溪先生像刻石记》；卷十八至卷二十二，古今体诗 355 篇，题如《用江文通〈杂体诗三十首〉法拟唐宋元明二十首》、《岭南无雪拟岑嘉州〈白雪歌〉》、《秋日拟陈简斋〈春日〉》、《续天随子〈渔具咏〉》、《读〈后汉书〉乐府四十首》、《咏岭南茶》、《岭南刈稻词》、《论诗绝句》、《粤秀山文澜阁落成诗》。

【作者考略】

共 453 篇，其中：侯康（番禺举人）45 篇，刘岳（顺德布衣）27 篇，谭莹（南海优贡）、徐良琛（南海生员）24 篇，林伯桐（番禺举人）19 篇，刘步蟾（三水生员）18 篇，卫景昌（番禺生员）16 篇，李有祺（新会廪生）9 篇，张其翮（嘉应举人）8 篇，吴傅（鹤山廪生）、孟鸿光（番禺举人）、居镶（番禺生员）7 篇，胡调德（南海生员）、何贞（顺德附生）、石溥（番禺监生）6 篇，侯度（番禺举人）、陈澧（番禺举人）、杨荣（番禺举人）、梁梅（顺德优贡）、吴宗汉（番禺生员）、李鸣韶（南海举人）、石炳（南海监生）、康凤书（顺德廪监）、崔弼（番禺举人）5 篇，曾钊（南海，合浦教谕）、徐国仪（南海布衣）、周仁（高要监生）、张有年（顺德附生）、邓泰（顺德生员）4 篇，吴兰修（嘉应，前信宜训导）、韩棣华（四会廪生）、李应梅（南海生员）、梁鉴（南海生员）、阮榕龄（新会监生）、吴应麟（鹤山举人）、许玉彬（番禺布衣）、周仲良（番禺生员）、石元辉（南海生员）、李有常（新会廪贡）、童杰 3 篇，丁熙（番禺举人）、李能定（番禺举人）、杨懋建（嘉应举人）、吴文起（鹤山副贡）、夏时彦（番禺举人）、仪克中（番禺举人）、陈士荃（嘉应廪生）、李应中（南海生员）、萧江（顺德布衣）、李森（新会监生）、徐荣（驻防汉军，丙申进士，分发浙江知县）、宋作卿（肇庆府生员）、陈浞（顺德监生）、曾伟仁（增城岁贡）、李有伦、梁允谐（番禺廪贡）、李正茂（旗籍生员）、麦受嵩（南海监生）、缪艮（浙江生员）、刘彤（番禺布衣）、秦贤书（番禺生员）、李义厓（新会监生）、谭瑀（南海举人）、张桂楣、郑棻、吴弥光（南海举人）、谭言 2 篇，麦照（顺德廪生）、吴天榆（番禺副贡）、周以清（顺德举人）、梁汉鹏（番禺布衣）、方蓬瀛（番禺生员）、黄子高（番禺优贡）、茹葵（新会廪生）、潘继李（南海布衣）、关昌言（南海生员）、叶世谦（南海举人）、黄子亮（广州府生员）、李嵩（琼州举人）、杨质（潮州生员）、尤步星（顺德生员）、张虞衡（顺德监生）、胡海平（顺德举人）、黄钰（南海廪生）、区璇光（南海生员）、陈良玉（广州府生员）、周天苑（顺德监生）、李赍卿（南海布衣）、冯国楠（南海举人）、吴绥纶（嘉应监生）、叶滨（嘉应）、范如松（番禺举人）、曾慕颜、朱尧勋（南海生员）、陈昙（番禺，候选训导）、劳镇（顺德举人）、刘锡鹏（番禺生员）、张先庚（番禺生员）、简逢年（顺德附贡）、钟鹰扬（番禺武举）、李表（番禺廪贡）、胡步青（顺德举人）、周瑞生（广州府学廪生）、邓蓉生（三水生员）、冼君诏、舒思令、唐良臣、姚亨元、邓药房、张翔、陈汝标（清远生员）、漆毅远（番禺生员）、张步云（肇庆府生员）、黄乔松（番禺职监）、梁德高（顺德生员）、叶蓉史（嘉应生员）、张毓芝（嘉应生员）、岑清泰、黄大勋、徐兆鸣（番禺廪生）、张祥瀛（番禺监生）、蔡如苹（顺德生员）、何鲲、邝锦书、赖洪禧、邓蓉春、萧彦初（嘉应生员）、汤汉章、颜寿增（南海贡生）、何端义（番禺生员）、麦觐光（顺德举人）、杨瑜（花县生员）、麦瑞光（广府生员）、詹钧（香山生员）、莫光仪（番禺）、莫光仁（番禺）1篇。附录阮福2篇，阮元1篇。

4. 学海堂三集

【版本序跋】

《中国历代书院志》据咸丰九年（1859）启秀山房刻本影印。题"启秀山房订"。

张维屏题识云：

> 自道光乙未年（1835）《学海堂二集》刻成后，制府、中丞、学使课士如旧。阅己酉年（1849），积卷既多，叶相国命选刻《三集》。维屏等选为一帙，厘为二十四卷，呈请鉴定，以付梓人。会有兵事，今乃告竣，续于《初集》、《二集》之后而印行之。
>
> 咸丰己未年（1859）春三月，番禺张维屏谨识。

张维屏（1780—1859），字子树，号南山、松心子，番禺人。嘉庆九年（1804）举人，道光二年（1822）进士。历官湖北黄梅、广济知县，南康知府。著有《松心草堂集》，辑有《国朝诗人征略》等，后人辑为《张南山全集》。《晚晴簃诗汇》录其诗8首。①

【课艺内容】

凡24卷：卷一至卷十八，经解、论说、考证、书后、碑铭、序赞、赋等139篇，题如《释士》、《黑水入南海解》、《深衣考》、《文王称王辨》、《八蜡说》、《皇侃〈论语义疏〉跋》、《赋赋》、《拟孔融〈荐祢衡表〉》、《明太祖功臣颂》、《两汉循吏赞》、《镇海楼铭》；卷十九至卷二十四，古今体诗438篇，题如《读〈汉书〉拟〈西涯乐府〉二十首》、《拟韩昌黎〈秋怀诗歌〉十首》、《农具诗十二首》、《和陈独漉〈怀古十首〉》、《和〈四禽诗〉》、《分和赵云松〈分校杂咏〉十二首》、《采桑词三十二首》、《论词绝句》。

【作者考略】

共577篇，其中：谭莹（南海举人，粤秀监院、化州训导）、颜薰（南海布衣）25篇，许其光（番禺榜眼，记名御史）24篇，黎如玮（顺德举人）21篇，黎锡光（新会生员）18篇，潘继李（南海廪生）、刘岳（番禺生员）、梁鉴（南海生员）17篇，杨荣绪

---

① 《张南山先生年谱撮略》；《晚晴簃诗汇》卷130，第5622页。

（原名荣，番禺翰林，河南道监察御史）16 篇，陈澧（番禺举人，河源训导）14 篇，熊次夔（南海举人）13 篇，黄以宏（南海举人）12 篇，许玉彬（番禺生员）、李徵霭（原名鸣韶，南海举人、高要教谕）11 篇，沈世良（番禺生员，韶州训导）、丁照（番禺生员，即选知县）、黄璿（南海监生）、史端（番禺监生）10 篇，张维屏（番禺进士，南康府知府）、招成材（南海拔贡）9 篇，梁梅（顺德优贡）、夏必显（番禺举人）、李建勋（南海监生）、陈滉（顺德监生）8 篇，侯度（番禺举人，广西知县）、虞必芳（番禺布衣）、张遵（南海监生）、刘康年（番禺监生）、漆毅远（番禺监生）7 篇，金锡龄（番禺举人）、邹伯奇（南海生员）、尹兆蓉（东莞生员）6 篇，桂文灿（南海举人）、李应田（顺德翰林，浙江候补道）、李光昭（嘉应生员）、陈范（顺德举人）5 篇，吴文起（鹤山副贡）、苏镜（顺德监生）、李阳（南海监生）、林璋器（英德拔贡）、刘若鸥（南海举人）、刘锡章（番禺举人）、阮榕龄（新会监生）、梁琨（南海生员）、吴文任（鹤山生员）、李应棠（顺德举人，文昌教谕）、陈惟新（南海举人）、黄沐（南海监生）4 篇，刘昌龄（番禺生员）、何迺赓（番禺副贡，文昌教谕）、吴傅（鹤山优贡）、刘绎（番禺监生）、张因荣（南海监生）、李长荣（南海生员，即选训导）、潘其葵（南海举人）、张器（南海监生）、李星辉（新会监生）3 篇，徐灏（番禺监生）、周寅清（原名以清，顺德进士、山东知县）、章凤翰（番禺布衣）、黄子高（番禺优贡）、黄钰（南海岁贡）、袁梓贵（高要举人）、陈璞（番禺举人，江西知县）、余怀绣（南海监生）、何其焱（南海布衣）、周永镐（高要优贡）、邓泰（顺德生员）、杨引之（番禺监生）、刘彤（番禺监生）、陈礼庸（番禺生员）、李有祺（新会廪生）、吴瀊（番禺生员）、唐承庆（番禺生员）、刘彬（番禺监生）、张仕辉（新会生员）2 篇，李能定（番禺举人）、李中培（嘉应贡生）、崔棪（番禺生员）、周以贞（顺德监生）、高学瀛（番禺副贡）、唐光瀛（番禺生员）、马应楷（顺德优贡）、梁廷显（南海生员）、冼先（南海监生）、桂文烜（南海副贡）、孟鸿光（番禺举人）、黄渐泰（番禺布衣）、张其翮（嘉应举人，山西知县）、张祥晋（番禺举人，江苏候补道）、梁傚如（南海生员）、李昭同（南海生员）、赵泰清（新会举人）、潘士芬（南海监生）、老起龙（南海生员）、关志和（南海生员）、黎良佑（南海生员）、史敏（番禺生员）、冯秋泉（南海布衣）、简士良（东莞生员）、岑清泰（南海监生）、许瑶光（番禺优贡）、刘穆（南海监生）、黄镇节（南海监生）、黄国祥（南海监生）、廖崑（顺德监生）、李之芬（南海监生）、刘焯（番禺监生）、陈策书（南海廪生）、石炳（南海监生）、梁元恺（南海生员）、曾守一（南海监生）、陈良玉（汉军举人）、陈受昌（番禺监生）、梁玉森（南海廪生）、洪国辉（番禺监生）、赖洪禧（东莞生员）、陈达荣（新会廪生）、潘定桂（番禺生员）、何涛（番禺监生）、郭贤翰（南海监生）、曾照（花县监生）、周志濂（顺德监生）、石宗汉（南海监生）、金铸（番禺监生）、李谦培（番禺生员）、唐杰（南海监生）、王寿（南海监生）、洪国涵（番禺监生）、招仲敫（南海生员）、柳代雯（番禺监生）、徐清（南海举人）、张祥鉴（番禺举人）、金铭吉（番禺举人，即选知县）、张如兰（番禺监生）、任直（南海监生）1 篇。

5. 学海堂四集

【版本序跋】

《中国历代书院志》据光绪十二年（1886）启秀山房刻本影印。题"启秀山房订"，

"羊城内西湖街富文斋承刊印"。

金锡龄题识云：

> 《学海堂三集》，咸丰己未年（1859）刊成。嗣后督抚、学使每年季课，考校如旧。岁月既久，卷帙遂多。陈兰甫先生选为《四集》，未成而殁。锡龄等编成之，分为二十八卷付梓。迄今告竣，爰述其缘起于篇端。
>
> 光绪丙戌年（1886）春三月，金锡龄谨识。

金锡龄（1811—1892），字伯年，号苢堂，番禺人。道光十五年（1835）举人。学海堂学长，禺山书院掌教。著有《周易雅训》、《毛诗释例》、《礼记陈氏集说刊正》、《左传补疏》、《穀梁释义》、《理学庸言》、《劬书室遗集》。[1]

【课艺内容】

凡 28 卷：卷一至卷二十二，经解、论说、考证、书后、碑铭、序赞、赋等 208 篇，题如《〈周易〉古训考》、《盘庚说》、《维申及甫解》、《求地中辨》、《〈论衡〉跋》、《陆逊陆抗论》、《南宋中兴四将论》、《粤秀山新泉赋》、《拟南越进驯象表》、《粤秀山新建菊坡精舍碑文》、《重修学海堂记》、《闰七夕乞巧文》；卷二十三至卷二十八，古今体诗 328 篇，题如《读〈张玉筥集〉乐府拟作》、《和陶渊明〈饮酒〉诗》、《读孟襄阳诗和作六首》、《岭南怀古》、《松风亭梅花盛开拜东坡先生生日》、《分和宋方孚若〈南海百咏〉》、《论国朝人古文绝句》、《广州灯夕词》。

【作者考略】

共 536 篇，其中：谭宗浚（南海榜眼，云南粮储道）55 篇，刘岳（番禺监生）24篇，谭莹（南海举人，琼州教授）23 篇，梁起（南海举人）22 篇，梁金韬（南海举人）、桂文炽（南海生员）、陈璞（番禺举人，江西知县）19 篇，吕洪（鹤山举人，韶州训导）、陈良玉（汉军举人，通州学正）17 篇，李徵霨（南海举人，高要教谕）14 篇，林国赓（番禺优贡）、廖廷相（南海编修）12 篇，梁于渭（番禺举人）、梁玉森（南海岁贡）10 篇，汪琼（浙江布衣）、黎维枞（南海廪贡，候选训导、越华监院）9 篇，萧觐常8 篇，赵齐婴（番禺布衣）、廖廷福（南海布衣）、潘珍堂（南海生员）、沈世良（番禺附贡，韶州训导）7 篇，高学燡（番禺附贡）、朱启运（浙江布衣）、颜薰（南海布衣）6篇，潘继李（南海岁贡）、王国瑞（番禺举人，福建知县）、陈礼庸（番禺生员）、郑权（番禺廪生）、潘恕（番禺生员）5 篇，刘昌龄（番禺生员）、黎永椿（番禺生员）、高学瀛（番禺编修）、沈桐（番禺举人）、陈瀚（南海举人）、林国赞（番禺举人）、何如铨（南海举人）、陈起荣（番禺生员）、吴濂（番禺生员）、吴志沄、何藜青（南海生员）、邓维森（南海生员）4 篇，桂文灿（南海举人，湖北知县）、金佑基（番禺生员）、梁辰熙（南海生员）、李保孺（南海布衣）、于式枚（广西翰林，改官主事）、汤金铭（花县

---

① 金锡龄：《八十自述》，《劬书室遗集》卷 16，第 19 叶；民国《番禺县续志》卷 20《人物志三》，第 380 页。

拔贡）、招仲敔（南海生员）、汪兆铨（番禺举人）、伍学藻（顺德岁贡）、颜师孔（南海布衣）、胡仁（新会布衣）3 篇，陶福祥（番禺举人）、周寅清（顺德进士，山东知县）、吴鉴（新会优贡，朝考知县）、陈庆修（番禺举人）、邹仲庸（南海布衣）、孔继藩（南海廪生）、潘乃成（南海生员）、陈宗侃（番禺优贡）、陈为燠（顺德进士，琼州教授）、伊德龄（南海布衣）、陈宗颖（番禺生员）、何跃龙（南海生员）、周福年（番禺生员）、卢乃潼（顺德举人）、周果（顺德举人）、梁以赓（南海生员）、许鍨（原名玉彬，番禺附贡）、黎锡光（新会）2 篇，金锡龄（番禺举人）、叶官兰（南海监生）、周森（番禺生员）、张其翮（嘉应举人，山西知县）、冯佐勋（顺德生员）、陈宗询（番禺生员）、柯兆鹏（南海布衣）、谭树（南海布衣）、邹伯奇（南海生员）、罗照沧（南海布衣）、关继（南海生员）、马贞榆（顺德廪生）、汪舜俞（浙江生员）、潘乃位（南海布衣）、陈耀科、许焜（花县廪生）、叶官桃（南海岁贡）、金俶基（番禺举人）、金保基（番禺生员）、吴家纬（番禺布衣）、叶纫兰（南海举人）、胡来清（顺德举人）、张祖诒、杨谟、于式樾（广西监生）、周炳如（顺德）、陶炳熙（番禺生员）、梁瑞芳、李光廷（番禺进士，吏部员外郎）、李肇沅（顺德生员）、康有亮、张锡禧、周继宣、高普照、曹为霖（南海举人）、刘安科（汉军进士）、苏械、梁树功（南海生员）、周国琛（顺德进士，广西知县）、裴颐寿（江西监生）、潘飞声（番禺布衣）、伍日宽（顺德布衣）、阮怀甫、梁少鸾（新会生员）、黄谦（香山生员）、颜以湘（南海生员）、刘景熙、黄映奎（香山廪生）、沈泽蕖（番禺举人）1 篇。

6. 粤秀书院课艺

【书院简介】

广州粤秀书院，建于清康熙四十九年（1710），雍正至同治间屡加修葺。光绪二十九（1903）改为两广学务处，三十一年（1905）改为两广游学预备科馆，三十二年（1906）改为学堂。①

【版本序跋】

题 "粤秀书院课艺（癸卯）"， "南海何文绮朴园评辑，男如虬怀周、侄如骏敬熙、侄孙作轺小梁仝校"。癸卯，道光二十三年（1843）。卷首 "戊申（1848）孟冬之晦" 梁廷枏序。

何文绮（1780—1855），号朴园，南海人。嘉庆十五年（1810）举人，二十五年（1820）进士，授兵部职方司主事。告假归，在省垣教授，从之者日众。道光二十四年（1844）主讲粤秀书院，在院八年。著有《周易补注》、《四书讲义》、《一经堂家训》。②

梁廷枏（1796—1861），字章冉，号藤花亭主人，顺德人。道光十四年（1834）副贡。官澄海教谕，充越华、越秀书院监院，学海堂学长，广东海防书局总纂，粤海关志局总纂。道光二十九年（1849）襄办夷务，奏奖内阁中书。历修《广东海防汇览》、《粤海关志》、《顺德县志》，著有《南汉书》十八卷、《南汉考异》十八卷、《南汉文字》四卷、

---

① 光绪《广州府志》卷 66《建置略三·学校》，第 125 页；《中国书院章程》，第 213 页。
② 简朝亮：《乡贤何朴园先生传》，《读书堂集》卷 6，第 11 叶。

《南汉丛录》二卷、《南越五主传》二卷、《南越丛录》二卷、《耶稣难入中土说》一卷、《兰崀偶说》四卷、《合省国说》三卷、《粤东贡国说》六卷、《论语古解》十卷、《东坡事汇》二十二卷、《金石称例》四卷、《续金石称例》一卷、《书余》一卷、《藤花亭书画跋》五卷、《惠济仓建置略》一卷、《经办祀典》一卷、《藤花亭散体文》十卷、《藤花亭骈体文》四卷、《藤花亭诗集》四卷、《藤花亭曲谱》五卷、《江南春词补传》一卷。《国朝词综补》录其词1首。①

【课艺内容】

四书文35题84篇，附录试帖诗20题48首。皆有评点。

【作者考略】

收录四书文较多者：黄子玑（顺德）9篇，梁子英（其籍贯一作顺德，一作南海，四作广府）6篇，黄璇英（南海）4篇，唐承恩（东莞）、金铭吉（番禺）、梁子鹏（顺德）、岑灼文（南海）、杜洪元（番禺）、陈燨可（南海）、冯太清（鹤山）、罗家勤（顺德）3篇。其他作者一两篇不等：梁子卿（顺德）、霍修士（□□）、陈治同（南海）、司徒琳（开平）、谭寅（广府）、卢庆霖（新会）、周汝中（高要）、梁国璠（番禺）、罗瑛（新会）、黎如玮（顺德）、顾文炜（顺德）、何勤埔（顺德）、钟郁章（广府）、孔继芬（南海）、杨斌（顺德）、何渐磐（番禺）、梁晋瑛（南海）、龙元佑（顺德）、钟起凤（三水）、富祥（旗籍）、张维翰（嘉应）、黎清镳（东莞）、曾之撰（南海）、伍逊之（新宁）、曹大徽（顺德）、周廷俊（广府）、区衢亨（番禺）、刘辑群（东莞）、李应田（广府）、冯誉骏（高要）、王继康（旗童）、李廷选（香山）、陈朝柄（新会）、周廷翰（顺德）。每篇作者前注明"藩宪课一名梁子卿"、"督宪课超等一名梁子英"等。

附录试帖诗48首：江仲瑜7首，黄璇英5首，黄子玑4首，罗家勤、冯太清3首，潘健材、郭瑀荣、梁晋瑛、司徒琳、岑灼文、金铭吉2首，罗瑛、陈朝柄、梁子卿、卢庆霖、冯誉骏、易见龙、黎如玮、萧锦、李应田、张存礼、黄大来、钟郁章、周廷俊、邓子云1首。

黄子玑，字在珊，顺德人。道光十七年（1837）拔贡，二十四年（1844）举人。②

梁子英，南海人。道光二十三年（1843）举人。③

唐承恩，字希禹，号芝房，东莞人。父棣，字瑶台，嘉庆十五年（1810）举人。承恩幼承家学，有异禀，时人目为神童。弱冠补弟子员，肄业粤秀书院。院长何文绮（1780—1855）阅其文，大加器重。性刻苦，博览强记，世以腹笥目之。阮元（1764—1849）创学海堂，以汉学课士，承恩复慕之，专究六书之学。凡旁转、对转、声音、点画，皆能为之辨。屡战棘闱，以怪僻被黜。道光二十四年（1844）始领乡荐。性喜周恤，

---

① 《清史列传》卷73《文苑传四》，第85页；民国《顺德县志》卷18《列传三》，第226页；《国朝词综补》卷39，第354页。

② 咸丰《顺德县志》卷11《选举表二》，第1107、1159页；光绪《广州府志》卷46《选举表十五·举人》，第740页。

③ 光绪《广州府志》卷46《选举表十五·举人》，第739页。

虽家无儋石，寄食者恒廿余人。年七十一卒。①

金铭吉，番禺人。道光二十九年（1849）举人。官茂名训导。与修《番禺县志》。②

梁子鹏，顺德人。道光二十六年（1846）举人。官化州学正。③

岑灼文，字晓湘，南海人。道光二十三年（1843）举人。著有《仰蘧书屋诗稿》。④

罗家勤（？—1891），字石渠、佐清、叶侯，顺德人，遇良（字琬卿）子。道光二十六年（1846）举人，三十年（1850）进士。官刑部主事。咸丰四年（1854）之乱，适告假归里，凡收复县城暨善后诸策画，与有力焉。主讲羊城书院十余年，府属才俊，多出其门下。晚年归里，主讲凤山书院数年卒。⑤

梁子卿，顺德人。道光十七年（1837）优贡。⑥

陈治同。《清代禁书知见录》著录《陆清献年谱》二卷附录一卷，嘉兴吴光酉原本，南海郭麟增补。有道光二十八年戊申（1848）六月陈治同与寅氏跋。⑦ 跋者疑即此人。

司徒琳，字仲瑜，开平人。道光十七年（1837）拔贡。历官从化、新安教谕，潮州府教授。升安徽青阳知县，以年老不赴。工书法。年八十四卒于家。⑧

卢庆霖，原名庆龙，新会人。道光二十三年（1843）举人。会试挑取誊录。⑨

周汝中（1820—？），字子致，别字敏楼，高要人，永镐（字鄂林）堂侄。道光二十九年（1849）优贡。咸丰十一年（1861）乡试中式第96名举人。历官黄旗官学教习、广州府训导。⑩

梁国琎，番禺人，信芳（1769—1849）子。道光二十三年（1843）举人。⑪

罗瑛。《粤秀书院志》道光二十三年（1843）乡试副榜名单，有“罗英，十一名，新会学附生”⑫，疑即此人。

黎如玮（1811—？），字方流，顺德人。道光二十三年（1843）举人。以母老，不再赴礼部试，讲学于广州城南狮子林僧舍，晚年归乡。精医学，乡人赖之。工诗，撰《养蚕辞》若干首，有魏晋乐府疑韵。画宗沈石田。⑬

顾文炜，顺德人。咸丰二年（1852）举人。⑭

---

① 宣统《东莞县志》卷71《人物略十八》，第11叶。

② 同治《番禺县志》卷12《选举表三》，第175页；卷首职名，第7页。

③ 光绪《广州府志》卷46《选举表十五·举人》，第741页；民国《顺德县志》卷8《选举》，第127页。

④ 光绪《广州府志》卷46《选举表十五·举人》，第739页；《粤诗人汇传》，第1788页。

⑤ 民国《顺德县志》卷17《列传》，第218页；《顺德书画人物录》，第72页。

⑥ 咸丰《顺德县志》卷11《选举表二》，第1159页。

⑦ 《清代禁书知见录》外编，第47页。

⑧ 民国《开平县志》卷33《人物》，第285页。

⑨ 同治《新会县续志》卷5《选举·举人》，第3叶。

⑩ 《清代硃卷集成》第341册，第33页。

⑪ 同治《番禺县志》卷46《列传十五》，第737页；民国《番禺县续志》卷19《人物志二》，第367页。

⑫ 《粤秀书院志》卷13《科名略》，第188页。

⑬ 《岭南画征略》卷9，第161页；《顺德书画人物录》，第130页。

⑭ 光绪《广州府志》卷46《选举表十五·举人》，第743页。

何勤墉，顺德人。副贡，官直隶州州判。①

孔继芬，南海人。著有《养真草庐诗集》二卷。②

何渐磐，番禺人。酉庚子。道光二十六（1846）举人。③

梁晋瑛，号芸阁，南海人。生而颖悟，善属文，尤究心古学。补弟子员，久困场屋，同治三年（1864）始登贤书。家贫授徒，晚年讲学郡庠。④

黎清镳，字锐斯，东莞人。道光间优贡。⑤

伍逊之，字苇龄，新宁人，廷珍（字脱石）子。少聪慧，好古，通词章，尤工书法。充邑诸生，中式道光二十四年（1844）乡试副榜。肄业羊城书院，院长陈其锟（1792—1861）最为赏识，题额曰"家学渊源"。著有《四书撮要》。⑥

李应田（1820—1859），字研卿，顺德人。道光二十三年（1843）举人。咸丰二年（1852）进士，选庶吉士，散馆授编修。七年（1857）分发东河学习。次年丁母艰，奏留办军务，奖叙以道员用。卒于杭州差次，年四十。《国朝词综补》录其词1首。⑦

陈朝柄，新会人。咸丰元年（1851）举人。⑧

周廷翰，字鸿林，顺德人。诸生。著有《读史论略》二卷。⑨

江仲瑜，改名葆龄，字子佩，番禺人。道光二十六年（1846）举人，官湖南知县。著有《掷余堂吟草》。⑩

郭瑀荣，南海人。诸生。以子延禧获赠修职郎。⑪

待考者：黄璇英、杜洪元、陈燧可、冯太清、霍修士、谭寅、钟郁章、杨斌、龙元佑、钟起凤、富祥、张维翰、曾之撰、曹大徽、周廷俊、区衢亨、刘辑群、冯誉骏、王继康、李廷选、潘健材、易见龙、萧锦、张存礼、黄大来、邓子云。

7. 羊城课艺

【书院简介】

广州羊城书院，其前身为穗城书院、岭南义学、珠江义学，皆建于清康熙中期。嘉庆八年（1803）岭南义学改为羊石书院，珠江义学改为珠江书院。二十五年（1820）三书院及另外两处广州义学合并为羊城书院。光绪二十八年（1902）停办。因地方狭隘，不

---

① 光绪《广州府志》卷53《选举表二十二·仕宦》，第845页。

② 《广东文献综录》，第307页。

③ 光绪《广州府志》卷46《选举表十五·举人》，第741页。

④ 宣统《南海县志》卷15《列传》，第1533页。

⑤ 《粤诗人汇传》，第1780页。

⑥ 光绪《新宁县志》卷20《列传三》，第19叶；卷15《艺文略》，第2叶。

⑦ 光绪《广州府志》卷133《列传二十二》，第355页；《广东近世词坛研究》，第337页；《国朝词综补》卷57，第518页。

⑧ 同治《新会县续志》卷5《选举·举人》，第5叶。

⑨ 民国《顺德县志》卷14《艺文》，第180页。

⑩ 同治《番禺县志》卷12《选举表三》，第175页；民国《番禺县续志》卷32《艺文志·补遗》，第580页。

⑪ 光绪《广州府志》卷58《选举表二十七》，第26页。

足改建学堂之用，院地收归官产，另择地改建广州府中学堂。①

【版本序跋】

题"咸丰元年（1851）夏开雕，芸香堂藏板"。陈其锟序云：

> 【略】嘉庆二十五年（1820），郡守程公月川以书院狭隘，欲增廓而圃于市廛，乃合羊石、穗城为一，设膏火，立科条，延师课督，冀垂永久。每届大比，哥鹿鸣而来者，郡得十六七，文学之盛，彬彬焉与越华、粤秀同风。【略】乃裒历岁所积，课艺盈千，删繁汰冗，得百十首付梓，以诏来兹。嗟乎！予弗克偕诸生，砥行立名，驰骛于仁义之域，惟是斤斤焉寻章摘句，较量文艺之末，予能无厚愧也夫！
>
> 咸丰元年（1851）夏六月，番禺陈其锟序。

陈其锟（1792—1861），字吾山，号棠溪，番禺人。嘉庆二十三年（1818）举人，道光六年（1826）进士。历官贵州知县、礼部主事、则例馆协修官。十四年（1834）丁艰回籍，十七年（1837）主羊城讲席，凡二十余年。工翰墨，善书，诗文具有家法。著有《陈礼部文集》一卷，诗稿《含香集》四卷、《循陔集》八卷、《载酒集》四卷，词《月波楼琴言》三卷。《国朝词综补》录其词4首。②

【课艺内容】

四卷，制艺102题102篇。有末评、眉评。

【作者考略】

关鸾飞6篇，黎炽远5篇，吴象流、赵烜、周梦淩4篇，黎文尧、陈梅修、罗家勤、梁国瓛、唐承恩3篇，陆朝瑞、潘健材、霍景洵、蔡维璇、沈国贞、何廼赓、许瑶光、胡文泰、关正亨、胡保泰、潘平扬2篇，李文灿、邓伯庸、萧寿熙、潘其珵、梁浩才、陈鉴泉、何植生、丁照、凌成望、江仲瑜、区鉴清、冯誉骢、郭桂辛、姚国元、黄子玑、周鹤翥、冯杰、刘时修、曾贯忠、姚国谋、何绍基、梁崀、黄以宏、周仲良、邹天元、杜宅南、岑国仪、林毓偁、招成材、林桐芳、黄虎拜、梁国瑗、孔广铺、陈培幹、易文长、梁启康、林佩、冼锺、区俊、张锡祺、何汝幹、吴尚聪1篇。

罗家勤、唐承恩、江仲瑜、黄子玑，见《粤秀书院课艺》。

关鸾飞，道光二十六年（1846）举人。咸丰二年（1852）广东乡试，鸾飞为枪手。案发，出逃，遭斥革。四年（1854），陈开在佛山起事，建号"大宁"。老介福称"大宁主帅"，以鸾飞等为军师。③

---

① 光绪《广州府志》卷66《建置略三·学校》，第126页；《广州越秀古书院概观》，第69页。

② 光绪《广州府志》卷131《列传二十》，第330页；民国《番禺县续志》卷19《人物志二》，第359页；《国朝词综补》卷34，第305页。

③ 《清实录·文宗实录》卷74，第40册，第967页；汪叔子：《广东天地会"革举老某"考》，《东南民众运动与上海小刀会》，第282页。

黎炽远，字静庐，顺德人。道光二十年（1840）优贡，二十三年（1843）举人。咸丰兵乱，避地九江。乡人拟募勇接应官军，以乏款往谋之，炽远为部署饷薪，事赖以集。入邑局后，缉解内匪，防剿外贼，均著成效。①

吴象流，字溪琴，顺德人。咸丰十一年（1861）拔贡，光绪间举人。②

周梦菱，字湘渔，顺德人。少承家学，工文词。咸丰元年（1851）举人。著有《古智囊》、《周氏易谱》、《环球志略》、《梅雪庐诗钞》，而于堪舆、医卜、星相、兵书及三教典籍，亦罔不详加诠释，多所发明。③

陈梅修，改名官兰，又改鸿揆，番禺人。道光十九年（1839）举人。④《林则徐日记·己亥年》："余六月间观风所取超等中者九人，番禺陈梅修尤工楷法。"⑤

梁国瓛，番禺人，信芳（1769—1849）子。廪贡，候选训导。⑥

霍景洵，顺德人。道光二十一年（1841）参与倡筑永丰围。⑦

何廼赓，番禺人。道光二十三年（1843）岁贡（一作副贡）。咸丰五年（1855）官文昌教谕，卒于官。⑧

许瑶光，字作琼，号惺园，番禺人。年十九，府试第一，补县学生。道光二十三年（1843）优贡。咸丰间参与办团练，复筹建贲南书院。事平，大吏保奖训导，旋授乐会训导。秉铎十年，士林霑益。光绪元年（1875）乞假归里。著有《倦知渔者文集》。⑨

胡保泰，番禺人。道光二十三年（1843）举人。⑩

李文灿，南海人。咸丰二年（1852）解元。⑪

潘其珵（1816—?），字佩英、珩石，顺德人。增贡生，候选训导。同治十二年（1873）乡试中式第55名举人。⑫

梁浩才，字澄芳，号云涛，东莞人。年十九，以县冠军游泮，旋饩于庠。同治四年（1865）恩贡生。性孝友，时人咸贤之。晚岁于冬余讲学，从游者辄百余人。训迪不倦，夜间改所课诗文，彻五鼓方休。以劳瘁病殁。著有《听香山馆诗钞》。⑬

陈鉴泉，南海人。道光二十六年（1846）举人。⑭

① 民国《顺德县志》卷18《列传三》，第225页。
② 民国《顺德县志》卷8《选举表一》，第111、118页。
③ 民国《顺德县志》卷17《列传二》，第212页。
④ 光绪《广州府志》卷46《选举表十五·举人》，第738页。
⑤《鸦片战争文献汇编》第2册，第33页。
⑥ 同治《番禺县志》卷46《列传十五》，第737页。
⑦ 咸丰《顺德县志》卷5《建置略二》，第490页。
⑧ 咸丰《文昌县志》卷8《职官志》，第313页；同治《番禺县志》卷12《选举表三》，第172页；光绪《广州府志》卷53《选举表二十七·仕宦》，第838页。
⑨ 光绪《广州府志》卷53《选举表二十七·仕宦》，第838页；宣统《番禺县续志》卷19《人物志二》，第255页。
⑩ 光绪《广州府志》卷46《选举表十五·举人》，第739页。
⑪ 光绪《广州府志》卷46《选举表十五·举人》，第743页。
⑫《清代硃卷集成》第342册，第235页。
⑬ 宣统《东莞县志》卷73《人物略二十》，第7叶。
⑭ 光绪《广州府志》卷46《选举表十五·举人》，第741页。

丁照，字鉴湖，番禺人。附贡生。官揭阳训导，即选知县。①

区鉴清。咸丰三年（1853）撰《蒙圣里观音庙记》。②

冯誉骢，字铁华，高要人，誉骥（1822—?）弟。道光二十四年（1844）举人，官博罗教谕。后以候补知州需次浙江，署衢州、处州、金华知府，记名简放道。咸丰十年（1860）太平军破杭州，誉骢奉令回粤请饷。著有《说文谐声表》、《广韵切语》、《双声叠韵谱》、《钝斋诗存》。③

刘时修，字怡魁，号香轮，南海人。道光二十三年（1843）举人。咸丰三年（1853）大挑一等，以知县用，分发东河，旋归河南补用。后以直隶州知州升用，历署通许、新乡、杞县、商丘。以劳疾卒于官，年五十八。性喜博涉星命堪舆之学。工于制艺，清真雅正，门下士经其指授，多捷高科。④

曾贯忠（1816—?），号一峰，花县人。咸丰元年（1851）举人，保举教谕。咸丰兵起，出走外乡，以保身名。事平，回乡创建联平书院。隐居教授，终其身，游其门者前后以千人计。著有《学庸析义》、《论语指要》、《师竹心斋文集》、《一篷钓叟诗集》、《戒欺堂警语》。⑤

黄以宏，字子谦，南海人。治经通汉儒之学，以解经补县学生。道光二十九年（1849）乡试，以经艺用汉注获隽。咸丰二年（1852）会试留京，独居萧寺，有隐于燕市之意。曾撰《〈诗〉中篇名相同解》三篇，尤为人所重。⑥

周仲良，番禺人。生员。⑦

招成材，南海人，敬常（?—1850）子。咸丰十一年（1861）举人。⑧

林桐芳。南海林桐芳（1834—?），监生，官江苏候补道。⑨ 未知是否即此人。

黄虎拜，南海人。道光二十三年（1843）举人。同榜有卢庆龙（卢庆霖），时人谓之龙虎榜。⑩

梁国瑗，番禺人，信芳（1769—1849）子。⑪

孔广镛（1816—?），字怀民，南海人，继勋（1792—1842）子。道光二十四年（1844）举人。与弟广陶（1832—1890）合著《岳雪楼书画录》五卷（卷首陈其锟序署"咸丰辛酉秋日陈其锟识于羊城书院"）、《岳雪楼法帖》十二册。⑫

---

① 同治《番禺县志》卷13《选举表四》，第206页；《学海堂考》，第128页。

② 《广州府道教庙宇碑刻集释》，第918页。

③ 宣统《高要县志》卷16《选举一》，第57叶；卷18下《列传二》，第25叶。

④ 同治《南海县志》卷14《列传二》，第266页。

⑤ 民国《花县志》卷9《人物》，第19叶。

⑥ 宣统《南海县志》卷19《列传》，第1644页。

⑦ 《学海堂二集》目录，第291页。

⑧ 光绪《广州府志》卷46《选举表十五·举人》，第745页。

⑨ 《李鸿章全集》2《奏议二》，第374页。

⑩ 光绪《广州府志》卷46《选举表十五·举人》，第739页；《清稗类钞·考试类·乡会试之龙虎榜》，第631页。

⑪ 同治《番禺县志》卷46《列传十五》，第737页。

⑫ 《岳雪楼书画录》卷首，第3页；《中国画学著作考录》卷6，第645页。

梁启康，南海人。撰有《云瀛书院碑记》。①

区俊，南海人。道光二十九年（1849）举人。官将乐知县。②

吴尚聪。佛山《吴氏族谱》中有《吴珏如（尚聪）年谱》③，谱主疑即此人。

余皆待考。

8. 应元书院课艺

【书院简介】

广州应元书院，建于清同治八年（1869），专课举人。光绪二十九年（1903）停办，改为广东先贤祠。三十四年（1908）与菊坡精舍合并。④

【版本序跋】

题"同治辛未（1871）正月刊成"。

冯誉骥序云：

> 同治八年（1869）秋，今福建巡抚宝应王公为广东布政使，请于大府，即广州城北应元道观之前楹，改葺应元书院。集各郡邑乡举之士肄业其中，月课时艺诗赋。明年，余归里，忝主讲席。又明年，始汇课艺选刻之，而为之叙。【略】
>
> 同治十年（1871）正月，高要冯誉骥序。

冯誉骥（1822—？），字仲良，号展云，高要人。道光二十年（1840）举人，二十四年（1844）进士。历官翰林院编修、吏部侍郎、陕西巡抚。被议致仕，侨居扬州卒。工书善画。著有《绿伽楠馆诗存》。《晚晴簃诗汇》录其诗12首。⑤

王凯泰序云：

> 己巳（1869）庚午（1870）间，余承宣粤东，请于大府，创建孝廉书院。喜得"应元"嘉名，卜为科第吉兆，其说已详《叙志略》中。又以粤中第一人及第，向皆未科：番禺庄滋圃前辈，则乾隆己未（1739）也；吴川林芾南前辈，则道光癸未（1823）也。兹值辛未（1871）会试之期，意者大魁又在粤东欤？余五世伯祖，亦以康熙癸未（1703）南宫第一人魁多士，世称楼村先生，有《十三本梅花书屋图》，题咏遍海内。因于院之东偏，筑屋三楹，植梅十三株，题额如之，并撰楹联，用沂公和羹语。盖以梅花为吾家故事，正为诸孝廉殷殷期许也。
>
> 比在榕垣，闻院中肄业者共捷九人。及阅金榜题名，顺德梁殿撰煜枢暨膺馆选者五人，皆在九人中，深为之忻慰。适监院王次厓广文，寓书于闽云："梁殿撰号斗

①　《南海市文物志》，第73页。

②　光绪《广州府志》卷46《选举表十五·举人》，第741页。

③　任百强：《佛山大树堂〈吴氏族谱〉的新发现》，《明清小说研究》2003年第2期，第237页。

④　《广州近百年教育史料》，第18页。

⑤　《岭南画征略》卷9，第159页；《广东画人录》，第22页；《晚晴簃诗汇》卷145，第6324页。

南。"余所题仰山轩联有"海内斯文尊北斗，天公有意属南州"之句，又奎文阁联云："三台奎耀临南越，八座文星拱北辰"，名字均于联中预兆，都人士传为美谈。

今选刊课艺，属余序其简端。余谓书院之设，薰陶涵育，惟山长是赖。应元落成时，冯展云前辈假归在籍，大府延请主讲。前辈于书无所不读，于学无所不精，而又循循善诱，孜孜不倦，俾学者有门径可寻。设教甫一年，从游者已卓然有成。窃愿同人以有本之文、有用之学，争相砥砺。异日名臣大儒，先后辈出，固不仅以科名显也。曾官斯土者，能无厚望耶？

同治十年辛未（1871）夏五月，抚闽使者宝应王凯泰序。

王凯泰（1823—1875），初名敦敏，字幼徇、幼轩，号补帆，江苏宝应人。道光二十三年（1843）优贡，二十六年（1846）举人。三十年（1850）进士，选庶吉士，散馆授编修，入李鸿章（1823—1901）幕。历官浙江督粮道、浙江按察使、广东布政使、福建巡抚。光绪元年（1875）移驻台湾，旋卒。谥文勤。著有《台湾杂咏》32 首、《台湾续咏》12 首（收入《丛书集成三编》）。①

【课艺内容】

四书文 22 题 70 篇，其中《大学》2 题 4 篇，《论语》12 题 32 篇，《中庸》4 题 19 篇，《孟子》4 题 15 篇；《论》1 题 1 篇，题为《石碏论》；说 1 题 2 篇，题为《河有两源说》；表 1 题 3 篇，题为《拟李善进〈文选注〉表》；赋 8 题 21 篇，题如《以闰月定四时赋》、《柳汁染衣赋》；试帖诗 25 题 43 篇，题如《赋得政如农功（得"思"字）》、《赋得平上去入（得"声"字）》、《赋得腹有诗书气自华（得"华"字）》。有末评、眉批。

【作者考略】

共 140 篇，其中：谭宗浚 44 篇，张士芬 33 篇，吕绍端 7 篇，招成章、冯培英、吴大猷 5 篇，罗家劢 3 篇，杨廷训、李卓华、郭庚吉、梁汝俭、冯敏胜、伍兰成、黄孔芬、陈枂 2 篇，谢翼清、林凤修、伦常、朱湘、黄信芳、刘亮沅、张其翼、周鸾飞、陈炽基、陶继昌、关鲲腾、李佩芬、陈达荣、麦士韬、梁耀枢、许应鏓、袁同熙、潘允功、区云汉、黄嘉端、杨作砺、梁骝藻 1 篇。正文作者前标"李抚宪甄别考取内课壹名"、"胡学台六月考取内课叁名"等。

谭宗浚（1846—1888），原名懋安，字叔裕，南海人，莹（1800—1871）子。咸丰十一年（1861）乡试中式第 47 名举人。同治七年（1868）会试挑取誊录。十三年（1874）会试中式第 275 名，覆试一等第 15 名，殿试一甲二名。历官编修，四川学政，国史馆协修、纂修、总纂，功臣馆纂修，翰林院撰文，云南粮储道、按察使。十四年（1888）告疾归，卒于旅次。著有《希古堂文集》十二卷、《荔村草堂诗钞》十一卷、《辽史纪事本末》十六卷。《晚晴簃诗汇》录其诗 26 首。②

① 俞樾：《赠太子少保谥文勤福建巡抚王公神道碑》，《续碑传集》卷 27，第 461 页。
② 《清代硃卷集成》第 38 册，第 187 页；唐文治：《云南粮储道署按察使谭叔裕先生墓碑》，马其昶：《云南粮储道谭君墓表》，《碑传集补》卷 19，第 269、274 页；《晚晴簃诗汇》卷 166，第 7244 页。

张士芬，番禺人。咸丰十一年（1861）举人。①

吕绍端（1847—1879），字彤阶，号冕士，南海人。同治六年（1867）举人。十年（1871）进士，改庶吉士，散馆授编修。充国史馆协修、功臣馆纂修。乞假省亲，感疾而卒，年三十三。②

招成章，南海人。同治元年（1862）举人。③

冯培英（1843—1884），改名沅兰，字栽云、蕙裳，顺德人。咸丰十一年（1861）举人。屡踬礼闱，仅挑誊录，考取国子监学录。中年志稍沮丧，退而教授邑城，生徒极盛。评骘文艺，指摘瑕颣，必畅言其所以然，悉厌人意。天资既高，学力尤富，诗赋骈文靡不精工，援笔立就。然不自顾惜，阅书校艺，往往连夕不寐，卒以积劳致疾，殒其天年。卒年四十二。④

吴大猷，字子嘉、秩卿，号菘圃，四会人。咸丰十一年（1861）举人。官国子监率性堂学正、曲江教谕。光绪十七年（1891）归主绥江书院。总纂《四会县志》。⑤

罗家劢，号掌莲居士，顺德人，遇良（字琬卿）子。同治六年（1867）举人。历官内阁中书、广西庆远同知、南宁同知。⑥

杨廷训，番禺人。同治元年（1862）举人。⑦

李卓华，新会人。同治三年（1864）举人。官刑部郎中。⑧

郭庚吉，字筱浦，东莞人。同治六年（1867）举人。官临高教谕。⑨

梁汝俭，南海人。同治元年（1862）举人。官阳江训导。⑩

冯敏胜，南海人。同治三年（1864）举人。⑪

伍兰成，字季誉，顺德人。同治六年（1867）举人。官普宁教谕。⑫

黄孔芬，顺德人。同治六年（1867）举人。⑬

陈枬，字厚珊，顺德人。同治元年（1862）举人。官肇庆府教授。⑭

① 光绪《广州府志》卷46《选举表十五·举人》，第745页。
② 宣统《南海县志》卷15《列传》，第1532页。
③ 光绪《广州府志》卷46《选举表十五·举人》，第746页。
④ 民国《顺德县志》卷8《选举》，第111页；卷20《列传》，第244页。
⑤ 光绪《四会县志》卷首《职名》，第2页；卷首《凡例》，第5页；卷6《科目》，第330页；卷末《后序》，第564页。
⑥ 民国《顺德县志》卷17《列传》，第218页；《顺德书画人物录》，第73页。
⑦ 光绪《广州府志》卷46《选举表十五·举人》，第746页。
⑧ 光绪《广州府志》卷46《选举表十五·举人》，第748页。
⑨ 宣统《东莞县志》卷70《人物略十七》，第6叶。
⑩ 光绪《广州府志》卷46《选举表十五·举人》，第746页；宣统《南海县志》卷10《选举表》，第963页。
⑪ 光绪《广州府志》卷46《选举表十五·举人》，第749页。
⑫ 光绪《广州府志》卷46《选举表十五·举人》，第749页；民国《顺德县志》卷8《选举》，第114页。
⑬ 光绪《广州府志》卷46《选举表十五·举人》，第749页。
⑭ 光绪《广州府志》卷46《选举表十五·举人》，第747页；民国《顺德县志》卷8《选举》，第113页。

谢翼清，号清臣，高要人。咸丰二年（1852）举人。同治十年（1871）大挑知县，分发湖北，历南漳、郧西等县。以事谪戍军台，舆论冤之。寻遇赦还。①

伦常（1834—1889），字棣卿，东莞人。咸丰十一年（1861）举人。同治十年（1871）大挑陕西知县，以母老告近改福建，母殁复改官江西。光绪十五年（1889）卒于崇仁知县任上。精于医。②

朱湘，南海人。同治九年（1870）举人。③

黄信芳，番禺人。同治元年（1862）举人。④

刘亮沅，号湘浦，香山人。同治六年（1867）举人。明年春闱落第，入赀为主事。曾随使美、日、比等国，后官古巴总领事、秘鲁参赞。归国后官左江道、盐法道。善八法，工诗词，好义举。卒年六十二。⑤

张其翼（1839—?）⑥，字道元、心田，新会人。同治九年（1870）举人。十三年（1874）进士。⑦

周鸾飞，高要人。同治六年（1867）举人。官东安训导。⑧

陈炽基，南海人。咸丰六年（1856）举人。光绪十六年（1890）官连平州学正。⑨

陶继昌，番禺人。同治六年（1867）举人。⑩

关鲲腾，开平人。同治元年（1862）举人。官新宁、东安训导。⑪

李佩芬，新会人。咸丰六年（1856）举人。九年（1859）考取宗室官学汉教习。⑫

陈达荣，新会人。咸丰十一年（1861）举人。⑬

麦士韬，字六台，顺德人。同治元年（1862）举人。官广宁训导。⑭

梁耀枢（1833—1888），号斗南，晚号叔简，顺德人。同治元年（1862）举人。十年（1871）状元，授修撰。历官湖北学政、日讲起居注官、翰林院侍讲、侍读、侍讲学士、侍读学士、山东学政、詹事府少詹事、正詹事。卒于山东行辕。⑮

---

① 宣统《高要县志》卷 18 下《列传二》，第 23 叶。
② 宣统《东莞县志》卷 73《人物略二十》，第 5 叶。
③ 光绪《广州府志》卷 46《选举表十五·举人》，第 750 页。
④ 光绪《广州府志》卷 46《选举表十五·举人》，第 746 页。
⑤ 民国《香山县志续编》卷 11《列传》，第 35 叶。
⑥ 生年据《清代人物生卒年表》，第 401 页。
⑦ 同治《新会县续志》卷 5《选举·举人》，第 8 叶；《清朝进士题名录》，第 1100 页。
⑧ 宣统《高要县志》卷 16《选举一》，第 61 叶。
⑨ 光绪《广州府志》卷 46《选举表十五·举人》，第 744 页；《大清缙绅全书·光绪二十年冬·广东省》，第 29 叶。
⑩ 光绪《广州府志》卷 46《选举表十五·举人》，第 749 页。
⑪ 民国《开平县志》卷 25《选举表》，第 228 页。
⑫ 同治《新会县续志》卷 5《选举·举人》，第 5 叶。
⑬ 同治《新会县续志》卷 5《选举·举人》，第 6 叶。
⑭ 光绪《广州府志》卷 46《选举表十五·举人》，第 747 页；民国《顺德县志》卷 8《选举》，第 112 页。
⑮ 民国《顺德县志》卷 20《列传》，第 242 页。

许应鋆，番禺人。同治九年（1870）举人。①

袁同熙，字灿奇，号春台，东莞人。咸丰十一年（1861）举人。②

潘允功，番禺人。咸丰六年（1856）举人。③

区云汉，新会人。咸丰十一年（1861）举人，十年（1871）进士。官礼部主事。④

黄嘉端（1841—1880）⑤，字撷蘅，南海人。同治三年（1864）举人，十年（1871）进士。官刑部主事。⑥

杨作砺，顺德人。同治三年（1864）举人。⑦

梁骝藻，字仲伟，顺德人。同治六年（1867）顺天乡试中式举人。官北流知县。⑧

待考者：林凤修。

9. 菊坡精舍集

【书院简介】

广州菊坡精舍，建于清同治六年（1867），陈澧（1810—1882）任山长。陈卒后，不再设山长，而仿照学海堂改设学长。光绪二十九年（1903）停办，三十四年（1908）与应元书院合并为存古学堂。⑨

【版本序跋】

题"光绪丁酉（1897）孟冬刊成"。卷首陈澧《菊坡精舍记》云：

> 澧掌教菊坡精舍，方子箴方伯命之曰："精舍宜有记，吾子宜为之。"澧敬诺。初，粤秀山有道士祀神之庙，曰应元宫，其西偏有台榭树木，曰吟风阁，后改曰长春仙馆，遭夷乱废圮。蒋香泉中丞与方伯议改为书院，方伯葺而新之，题曰菊坡精舍，言于中丞以澧为掌教。澧辞，方伯命之再三，乃敬从。始议为书院时，以书院多课时文，此当别为课。澧既应聘，请如学海堂法，课以经史文笔。学海堂一岁四课，精舍一岁三十课，可以佐之，吾不自立法也。每课期，诸生来听讲，澧既命题而讲之，遂讲读书之法，取顾亭林说，大书"行己有耻，博学于文"二语揭于前轩，吾不自立说也。因而申之曰：博学于文，当先习一艺。《韩诗外传》曰："好一则博，多好则

---

① 光绪《广州府志》卷46《选举表十五·举人》，第750页。

② 宣统《东莞县志》卷47《选举表四》，第31叶。

③ 光绪《广州府志》卷46《选举表十五·举人》，第744页。

④ 同治《新会县续志》卷5《选举·举人》，第6叶；光绪《广州府志》卷41《选举表十·进士》，第678页。

⑤ 生卒年据《清代人物生卒年表》，第704页。

⑥ 光绪《广州府志》卷46《选举表十五·举人》，第748页。

⑦ 光绪《广州府志》卷46《选举表十五·举人》，第747页；卷41《选举表十·进士》，第678页。

⑧ 光绪《广州府志》卷46《选举表十五·举人》，第749页；民国《顺德县志》卷8《选举》，第114页。

⑨ 《广州越秀古书院概观》，第107页。

杂也，非博也。"又申之曰：读经史子集四部书，皆学也，而当以经为主，尤以"行己有耻"为先。吾老矣，勉承方伯命，抗颜为师，所以告诸生者如是。诸生欣然听之。澧遂记之，以答方伯盛意焉。

陈澧（1810—1882），字兰甫，学者称东塾先生，番禺人。道光十二年（1832）举人，六应会试皆不第。曾官河源训导，旋告病归。二十年（1840）任学海堂学长，同治六年（1867）任菊坡精舍山长。著述甚丰，今人辑有《陈澧集》。①

廖廷相题识云：

> 此菊坡精舍课艺，自同治丁卯（1867）迄光绪辛巳（1881），凡十五年，皆陈先生所定。前已刻成十之六，其余选录，或未刻，或需再订者，皆有手记。壬午（1882）春，先生归道山，稿本存学长陶春海孝廉处，荏苒十余年，未遑卒业。丙申（1896）秋，因与同门诸友检点存稿，补所未备，都旧刻重校一过，并取先生所为《精舍记》弁诸卷首，以见论学大旨，因述其颠末云。
>
> 丁酉（1897）四月，门人廖廷相谨识。

廖廷相（1844—1898），字子亮、泽群，南海人。同治九年（1870）举人。光绪二年（1876）进士，选庶吉士，散馆授编修。遭父忧归，不复出。历主金山、羊城、应元、广雅各书院讲席，为学海堂、菊坡精舍学长。著有《三礼表》十卷、《群经今古文家法考》一卷、《粤东水道分合表》二卷、《顺天人物志》六卷、《广雅答问》六卷，以及《安攘录》、《读史札记》、《金石考》、《文集》等。②

【课艺内容】

凡20卷：卷一至卷十四，经解、论说、考证、书后、序跋、箴铭、赋等119题167篇，题如《释充》、《太极说》、《读〈毛诗注疏〉》、《左氏不传〈春秋〉辩》、《国朝经学家法论》、《书〈史记·信陵君列传〉后》、《西汉匈奴强弱论》、《水仙花赋》、《朱子像赞》、《九龙泉铭》、《拟韩文公〈五箴〉》；卷十五至卷二十，古今体诗54题188篇，题如《大鱼塘观鱼》、《三月既望南园观荷》、《分和陈元孝、梁药亭咏物诗》、《和陈元孝怀古诗》、《菊坡精舍赏菊》、《续王渔洋〈读三国志小乐府〉》、《岁暮杂诗》。

【作者考略】

共355篇，其中：黎维枢34篇，谭宗浚30篇，彭学存20篇，梁起18篇，刘昌龄15篇，郑权、于式枚13篇，王国瑞、林国赞、汪兆铨、梁于渭9篇，廖廷相8篇，陶福祥、林国赓7篇，苏梯云、何如铨、桂文炽、廖廷福5篇，陈庆修、陈树镛、叶官桃、刘缨4篇，邓维森、陈昌源、饶轸、李璇光、陈序璇、陈景韩、林禄元、洪景琦、沈棻、许应鋈、冯槐昌3篇，林诵芬、梁高镇、杨裕芬、黎永椿、文廷式、徐澄溥、史悠履、张燏

---

① 《清史列传》卷69《儒林传下二》，第616页；《陈澧集》前言。
② 民国《番禺县续志》卷26《人物志九》，第482页；《清国史》第11册本传，第967页。

煌、张文澧、谭国恩、游卓元、张彪蔚、李启祥、苏棫、何藜青 2 篇，黄涛、杨继芬、郭汝舟、吕绍端、罗惇仁、潘乃成、金佑基、陶敦复、谭鹗英、陈琛、邓佩兰、金俊基、欧阳琛、陈邦颜、程维清、李肇沅、金保基、谢廷璋、潘百祥、冯炳森、梁銮藻、蔡尚鋆、漆葆熙、吴鉴、林兆兰、陈凤昌、梁广淞、劳肇光、陈鸿翮、姚筠、董耀辉、陈庆桂、霍伟南、陈镛、邹庆云、梁钧铨、陆子衡、桂坛、陈炽垣、黄礼安、徐梅生、冯鉴、庄荣第、尹绍廷、许学英、何骧华、钱世昌、李宝宸、沈葆霖、莫文海、胡鸣冈、温继昌、何颂尧、江文淮、何昌渠 1 篇。

谭宗浚、吕绍端，见《应元书院课艺》。

廖廷相，见《菊坡精舍集·版本序跋》。

黎维枞，字簠廷，南海人，原籍新会。廪贡生，候选训导。学海堂学长，监越华书院事十余年。善骈体，工山水。①

彭学存，字莪村。曾肄业学海堂。②

梁起，原名以瑭，号庚生，南海人。少肄业学海堂，后为菊坡精舍学长。光绪十一年（1885）举人。大挑一等，以知县分发广西。因事假归，旋病卒。诗才隽逸，尤工骈俪。③

刘昌龄（1825—1889），字星南，番禺人。增贡生。历任学海堂学长、菊坡精舍学长。光绪十四年（1888）赐翰林院待诏衔。著有《经学卮言》。④

郑权，字玉山，番禺人。光绪十四年（1888）举人。菊坡精舍学长。为文才藻富赡，著有《玉山草堂骈体文》二卷。⑤

于式枚（1853—1915），字晦若，贺县人。光绪五年（1879）乡试中式第 51 名举人。六年（1880）会试中式第 11 名，殿试二甲第 49 名，朝考一等第 50 名，选庶吉士。散馆授兵部主事，旋入李鸿章（1823—1901）幕，随使德、法、美等国。后官礼部主事、员外郎、广东学政、邮传部侍郎、出使德国考察宪政大臣、学部侍郎、礼学馆总裁。民国初蛰居青岛。至昆山拜亭林墓，还时殁于舟中。谥文和。《晚晴簃诗汇》录其诗 19 首。⑥

王国瑞，字进之，番禺人。同治十二年（1873）举人。大挑分发福建，历官顺昌、新竹、仙游、崇安、闽县、诏安、宁德知县。著有《学荫轩文集》六卷。⑦

林国赞（1850—1889）⑧，字明仲，番禺人。光绪十一年（1885）举人。十二年（1886）任学海堂学长。十五年（1889）进士，授刑部主事。旋中寒，以足疾乞假归里。卒年四十。著有《三国志裴注述》、《三国疆域志补正》四十四卷、《三国臆说》八卷、《读史记日录》四卷、《读汉书日录》八卷、《读诸史日录》二十卷、《读三国志杂识》四

① 《岭南画征略》卷 8，第 158 页。

② 容肇祖：《学海堂考》，《岭南学报》1934 年第 3 期，第 73 页。

③ 宣统《南海县志》卷 15《列传》，第 1548 页。

④ 《广东文征》第 6 册，第 125 页；《中国书院辞典》，第 403 页。

⑤ 民国《番禺县续志》卷 23《人物志六》，第 424 页。

⑥ 《清代硃卷集成》第 46 册，第 3 页；《清代人物传稿》下编第 9 卷，第 185 页；《晚晴簃诗汇》卷 172，第 7503 页。

⑦ 民国《番禺县续志》卷 32《艺文志五》，第 580 页。

⑧ 生年据《清代人物生卒年表》，第 480 页。

卷、《读史丛考》十六卷、《读日知录札记》二卷、《二酉山房文集》二十二卷。①

汪兆铨（1858—1928），字辛伯，晚号惺默，番禺人，瑔（1828—1891）子。光绪十一年（1885）举人，官海阳教谕。以亲老致仕，充菊坡精舍学长、广雅书院总校，兼广东学务公所议绅、高等学堂教务长。民国间任教忠师范学校校长、广东省教育会会长、广东省志局总纂。著有《袌轩诗集》二卷、《惺默斋诗》四卷、《惺默斋文》一卷、《惺默斋词》一卷。《中国近代文学大系》录其词1首。②

梁于渭（1848—1917）③，字鸿飞、杭叔、杭雪，番禺人。在粤屡试不售，以国子监生应光绪八年（1882）顺天乡试，中式副榜。十一年（1885）顺天举人，十五年（1889）进士。官礼部祠祭清吏司司员。自负雅才，未入词馆，郁郁不得志，遂成心疾。告归寓于南海县学宫孝弟祠，卖画自给。晚岁颓放，辛亥之变，终日痛哭。诗文稿及考证金石文字多散佚。④

陶福祥（1834—1896），字春海，号爱庐，番禺人。九应乡试，光绪二年（1876）举人。曾为学海堂、菊坡精舍学长。法越之役，办理团练。事平，大吏疏保内阁中书，并延主禺山书院。禺山向以制艺、试帖课士，福祥参酌山堂、菊坡章程，加课经史、性理、词章，省外生徒奔凑就学，一时称盛。后任广雅书局总校，又赴两湖书院短期任职。著有《东汉刊误》、《北堂书钞校字记》、《梦溪笔谈校字记》、《爱庐文集》、《经说丛钞》。⑤

林国赓（1855—1903）⑥，字飏伯，番禺人。光绪十一年（1885）优贡。考取八旗官学教习，举为学海堂学长。十四年（1888）举人。先后任广雅书院、两湖书院分校。十八年（1892）进士，选庶吉士，散馆授吏部主事。父病乞归，不复出。主讲端溪书院。著有《读陶集札记》、《元史地理今释》、《近鉴斋经说》、《韬录盦读书偶记》，辑古佚书若干卷，校正影宋本《北堂书钞》一百零六卷。⑦

苏梯云，号月樵，南海人。同治十二年（1873）举人。会试不第，即无意仕进，归而讲学。主讲清远凤城书院，任学海堂学长。年七十，援例请京衔，得中书科中书。著有《培厚堂稿》四卷、《四书互证录》二卷。⑧

何如铨，号嗣农，南海人。光绪元年（1875）举人。充学海堂、菊坡精舍学长。著有《重辑桑园园志》十七卷。⑨

桂文炽，南海人。诸生。与修《广州府志》、《临高县志》。著有《鹿鸣山馆诗稿》

① 民国《番禺县续志》卷23《人物志六》，第423页。

② 《近代教育先进传略初集》，第376页；《中国近代文学大系》第4集第15卷《诗词集二》，第698页。

③ 生于道光二十七年十二月二十三日，公历已入1848年。据《清代人物生卒年表》，第733页。

④ 《岭南画征略》卷10，第184页；《广东画人录》，第189页；邓庆燊：《梁于渭生平考述》，《广东绘画研究文集》，第255页。

⑤ 民国《番禺县续志》卷23《人物志六》，第421页；《中国书院辞典》，第516页。

⑥ 生年据《清代人物生卒年表》，第480页。

⑦ 民国《番禺县续志》卷23《人物志六》，第422页。

⑧ 宣统《南海县志》卷19《列传》，第1669页。

⑨ 宣统《南海县志》卷19《列传》，第1665页；卷11《艺文略》，第1008页。

二卷、《鹿鸣山馆骈体文》二卷。①

廖廷福，字锡兹，南海人，廷相（1844—1898）弟。菊坡精舍月课时，《题黎美周黄牡丹诗画卷》为陈澧（1810—1882）所激赏，拔置第一。著有《红荔山房诗稿》二卷。②

陈庆修，番禺人，澧（1810—1882）从孙。光绪十一年（1885）举人。治经有家法。著有《仪礼注疏凡例考》、《范氏穀梁略例考》。③

陈树镛，字庆笙，新会人。诸生。东塾门下多经生宿儒，独以树镛狂狷异才，称为粤士之冠，以所著书托付之。家贫，耿介有所不取。卒年三十。简朝亮（1851—1933）辑其遗文为《陈茂才文集》四卷，另有《汉官答问》五卷（收入《续修四库全书》）。④

叶官桃，南海人。岁贡生。著有《碧树山房集》。⑤ 又有《蒨士赋稿》、《蒨士诗稿》、《蒨士骈文》、《蒨士文稿》，收入《续编清代稿钞本》。

邓维森，字啸篔，南海人。诸生。⑥

饶轸（1842—1895），字辅星，嘉应人，应坤（1810—?）子。究心《毛诗》、《三礼》，以郑氏学为宗，兼擅文笔，熟于《文选》。为学海堂专课生，习韩文。曾馆于巴陵方氏，方氏所刻丛书，其跋皆轸代作。所作学海堂、菊坡精舍课卷，同时辈流所推许者甚多，轸歉然不自足，取原卷回箧藏之，刻集时不肯交出，故罕传焉。久困诸生。光绪十五年（1889）举人，壬辰（1892）进士，授吏部主事。卒年五十四。⑦

李璇光，字星衡，番禺人。光绪元年（1875）恩贡，候选教谕。为人踔厉风发，博闻强识。诗词赋悉工，文沉雄矫健，有奇气。卒年五十六。著有《春晖草堂集》。⑧

洪景琦，番禺人。同治六年（1867）举人。⑨

许应銮（1842—?），字昌承，号紫笙、少宾，番禺人。同治六年（1867）乡试中式第20名举人。⑩

林诵芬。《广东地方自治研究录》第10期（宣统元年）刊载《四会县调查表》，作者林诵芬等。⑪ 未知是否即此人。

杨裕芬（1857—1914），字惇甫，南海人。肄业学海堂。光绪十四年（1888）解元，二十年（1894）进士。官户部、学部主事。曾主两湖书院经学讲席，又主粤之明达、凤山、端溪书院。辛亥后归隐。⑫

---

① 光绪《广州府志》卷首《职名》，第10页；光绪《临高县志》卷首《职名》，第6页；宣统《南海县志》卷11《艺文略》，第1061页。

② 《广东文征》第6册，第224页。

③ 民国《番禺县续志》卷20《人物志三》，第380页；卷28《艺文志一》，第494、496页。

④ 陶邵学：《陈君树镛传》，《碑传集三编》卷34，第179页；《广东文征》第6册，第395页。

⑤ 《清人诗文集总目提要》，第1634页。

⑥ 《学海堂考》，第65页。

⑦ 光绪《嘉应州志》卷23《人物》，第439页。

⑧ 民国《番禺县续志》卷22《人物志五》，第417页。

⑨ 光绪《广州府志》卷46《选举表十五·举人》，第749页。

⑩ 《清代硃卷集成》第341册，第113页。

⑪ 《中国近代期刊篇目汇录》第2卷下册，第2329页。

⑫ 王舟瑶：《员外郎衔学部主事杨君家传》，张学华：《学部主事杨君墓志铭》，《碑传集三编》卷35，第197、201页。

黎永椿，字震伯，番禺人。勤于治经，肄业学海堂、菊坡精舍。试辄不售，以诸生终。卒年六十余。著有《说文通检》十六卷。①

文廷式（1856—1904），字道希、芸阁，号纯常、叔子，萍乡人，生于潮州。肄业学海堂、菊坡精舍。光绪八年（1882）顺天举人，十六年（1890）榜眼。历官翰林院编修、侍读学士、日讲起居注官。"四大公车"之一，帝党重要人物。著有《补晋史艺文志》、《纯常子枝语》等，今人辑有《文廷式集》。《晚晴簃诗汇》录其诗 8 首。②

徐澄溥，南海人。咸丰十一年（1861）举人。③

史悠履（1849—?），番禺人。同治十二年（1873）拔贡，官内阁中书。光绪十四年（1888）举人。二十三年（1897）官淇县知县，二十七年（1901）官内乡知县。分校《广州府志》，著有《菊潭骊唱》二卷。④

张燏煌。戴鸿慈、吴桂丹辑《金霞仙馆词钞》附《竹林词钞》有"光绪癸巳（1893）古冈张燏煌"序。⑤ 序者疑即此人。

张文澧，字勉斋，番禺人。诸生。学海堂专课生。曾赋《橄榄》诗，陈澧（1810—1882）极称之。著有《安蔬草堂遗稿》。⑥

谭国恩（1848—?），字彤士，新会人。同治六年（1867）举人，大挑以教职用。十二年（1873）进士。官工部主事、广西候补知府，曾出使日本。著有《写趣轩诗稿》。《晚晴簃诗汇》录其诗 1 首。⑦

张彪蔚，新会人。同治九年（1870）举人。⑧

苏棫，字棫农，顺德人。⑨

何藜青，字杞南，南海人。诸生。著有《红棉山馆集》。《清诗纪事》录其诗 1 首。⑩

黄涛，字子鹏，番禺人。县学附生。邃于经学，曾任广雅书院经学分校。⑪

杨继芬，南海人，裕芬（1857—1914）兄。邑增生。⑫

郭汝舟，字庄甫，南海人。好学有志节，勇于任事。充县学生，屡困棘闱，而门下多掇巍科者。乡里事务，多所参与。以附贡生援例加州判衔，卒年七十八。曾辑《论语小学类编》行世，晚年复著《寡过轩易义》、《古学存稿》、《闲道集》诸篇待梓。⑬

---

① 民国《番禺县续志》卷 23《人物志六》，第 422 页。

② 《文廷式集》附录《文廷式年表稿》，第 1482 页；《晚晴簃诗汇》卷 177，第 7746 页。

③ 光绪《广州府志》卷 46《选举表十五·举人》，第 745 页。

④ 《清代官员履历档案全编》第 29 册，第 285 页；光绪《广州府志》卷首《职名》，第 10 页；卷 53《选举表二十二》，第 838 页；民国《番禺县续志》卷 16《选举志二》，第 326 页；《内乡县文史资料》第 8 辑，第 36 页；《广东文献综录》，第 304 页。

⑤ 《金霞仙馆词钞》附《竹林词钞》，卷首。

⑥ 民国《番禺县续志》卷 32《艺文志补遗》，第 581 页。

⑦ 《清代官员履历档案全编》第 6 册，第 12 页；《晚晴簃诗汇》卷 175，第 7669 页。

⑧ 光绪《广州府志》卷 46《选举表十五·举人》，第 750 页。

⑨ 《学海堂考》，第 138 页。

⑩ 《清诗纪事·咸丰朝卷》，第 11647 页。

⑪ 民国《番禺县续志》卷 23《人物志六》，第 422 页。

⑫ 宣统《南海县志》卷 17《列传》，第 1616 页。

⑬ 宣统《南海县志》卷 20《列传》，第 1685 页。

潘乃成，字宪臣，号子康，南海人，继李（字文彬）子。县学生员。同治五年（1866）选学海堂专课肄业生，习《毛诗》。①

金佑基，番禺人，锡龄子。诸生。分校《广州府志》。②

陶敦复，番禺人，福祥（1834—1896）子。光绪十一年（1885）副贡。③

谭鹗英，字蓼洲，顺德人。光绪间举人。④

邓佩兰，字澧帆，顺德人。咸丰间贡生。⑤

金俊基，番禺人，锡龄（1811—1892）子。增生。分校《广州府志》。⑥

欧阳琛，顺德人。光绪间举人。⑦

李肇沅，顺德人。诸生。入广雅书局校书。⑧

金保基，番禺人，锡龄子。诸生。⑨

谢廷璋，东莞人。同治九年（1870）顺天举人。⑩

梁鋆藻（1851—?）⑪，字泽绵、翎远、铃院，号伯朴，顺德人。光绪十五年（1889）进士。历官检讨、福州知府。⑫

漆葆熙（1848—?），字少台，番禺人。光绪十七年（1891）举人。曾任学海堂学长、广雅书院分校，主讲长宁桂峰书院。精《说文》、舆地之学。著有《笃志堂集》。⑬

吴鉴，字衡石，新会人。光绪元年（1875）学海堂专课肄业生。后选优贡，朝考知县。授徒于省城，屡试不售。⑭

梁广淞，番禺人，纶枢（1890—1877）曾孙。同治八年（1869）进县庠。⑮

劳肇光（1855—?），字仲澧，号次芗、少芗，鹤山人。光绪二年（1876）乡试中式第47名举人，覆试一等第17名。十五年（1889）会试中式第34名，覆试一等第70名，殿试三甲第89名，朝考一等第12名，选庶吉士。散馆授检讨，充国史馆协修官。⑯

姚筠，字嶰雪、俊卿，番禺人。同治六年（1867）优贡，以教职用。九年（1870）

---

① 《学海堂考》，第57页。

② 光绪《广州府志》卷首《职名》，第10页；民国《番禺县续志》卷20《人物志三》，第381页。

③ 民国《番禺县续志》卷23《人物志六》，第422页。

④ 民国《顺德县志》卷8《选举》，第120页。

⑤ 民国《顺德县志》卷8《选举》，第111页。

⑥ 光绪《广州府志》卷首《职名》，第10页；民国《番禺县续志》卷20《人物志三》，第381页。

⑦ 民国《顺德县志》卷8《选举》，第118页。

⑧ 《陈澧集》，第648页；《清代广东朴学研究》，第118页。

⑨ 民国《番禺县续志》卷20《人物志三》，第381页。

⑩ 光绪《广州府志》卷46《选举表十五·举人》，第750页。

⑪ 生年据《清代人物生卒年表》，第737页。

⑫ 民国《顺德县志》卷8《选举》，第117、118页；《清朝进士题名录》，第1210页。

⑬ 民国《番禺县续志》卷23《人物志六》，第430页。

⑭ 《学海堂考》，第72页。

⑮ 民国《番禺县续志》卷19《人物志二》，第362页。

⑯ 《清代硃卷集成》第62册，第245页；《清代官员履历档案全编》第5册，第713页。

副贡，十二年（1873）举人。官饶平训导，曾为学海堂学长。工诗，善画松。①

陈庆桂（1852—?）②，字香轮，番禺人，其锟（1792—1861）子。光绪五年（1879）举人，六年（1880）进士。历官户部主事、员外郎，福建道御史、给事中。辛亥国变，不复出。著有《陈给谏疏稿》二卷。③

霍伟南，号小芙，南海人。光绪八年（1882）举人。五应会试不第。卒年七十四。著有《晚蝉吟诗草》。④

梁钧铨。肇庆跃龙庵楹联"岭倚鼎湖栖福地，桥横罗汉到禅关"，作者梁钧铨⑤，未知是否即此人。

桂坛（?—1885），字周山、杏帷，南海人，文灿（1823—1884）子。年十六，以解经拔第一，补县学生。充学海堂专课生。光绪五年（1879）举人。两赴礼闱不售，后充福建船政教习。十年（1884）冬赴楚郇奔父丧，感寒疾，抵家不数月卒。著有《晦木轩稿》一卷。⑥

莫文海，新会人。道光二十六年（1846）举人。官海阳教谕、内阁中书。⑦

胡鸣冈，顺德人。咸丰九年（1859）顺天举人。⑧

余皆待考。

10. 广雅书院文稿

【书院简介】

广州广雅书院，张之洞（1837—1909）创立于清光绪十四年（1888），二十四年（1898）增设西学堂。二十八年（1902）改为两广大学堂，二十九年（1903）改为两广高等学堂。三十二年（1906）罢招广西生，定名为广东高等学堂。民国间先后为广东高等学校、省立第一中学校、广雅中学。⑨

【版本序跋】

红格抄本，12册，中缝题"无邪堂钞书格式"。无目录、序跋、评语。字迹时有不同，当系多人抄录。

【课艺内容】

自二月至十二月官课、斋课之文，年份不详。

---

① 《岭南画征略》卷10，第186页。

② 生于咸丰元年十一月二十五日，公历已入1852年。据《清代人物生卒年表》，第446页。

③ 民国《番禺县续志》卷19《人物志二》，第360页；卷16《选举志二》，第324页；《广东文征》第6册，第260页。

④ 宣统《南海县志》卷10《选举表》，第938页；《佛山市志》第9卷《人物》，第2115页。

⑤ 《肇庆市志》第5篇《文化》，第828页。

⑥ 宣统《南海县志》卷17《列传》，第1613页；卷11《艺文略》，第1065页。

⑦ 光绪《广州府志》卷46《选举表十五·举人》，第741页。

⑧ 光绪《广州府志》卷46《选举表十五·举人》，第744页。

⑨ 谢祖贤：《广雅书院之建设及其变更》，《中国近代教育史资料汇编·洋务运动时期教育》，第811页；《中国书院学规》，第196页。

题目示例。二月官课题:《阳明解致知格物论》、《两汉重长安雒阳令说》、《问:洋银盛行,若中国自铸银钱,钱于民用便否》、《拟朱子〈白鹿洞赋〉(以"广青衿之疑问"为韵)》、《拟韩昌黎〈李花〉〈杏花〉》、《八索解》。二月斋课题:《〈孟子〉大义述》、《读〈困学纪闻〉(第十五卷考宋史)七绝》、《朱子著述考》、《续胡文忠〈读史兵略〉》、《读〈新唐书·文艺传〉书后》。

课艺中有篇幅甚长者,如二月斋课超等第一名杨寿昌《朱子著述考》、六月斋课超等第一名祁永膺《读朱子〈诗集传〉》等篇皆数十叶。

【作者考略】

作者56人,名单如下(因系抄本,署名方式颇不一致,此处不统计篇数):黎元庄(嘉应廪生)、劳锡瓛(南海附生)、曾文鸿(永康增生)、汪鸾翔(临桂附生)、李桂魵(博白廪生)、江逢辰(归善廪生)、冯祖禧(高要附生)、杨寿昌(归善廪生)、劳植楠(南海附生)、罗献修(兴宁拔贡)、吴萃英(南海附生)、龚炳章(广宁廪生)、颜贻泽(连平廪生)、梁成久(海康拔贡)、饶从龙(大埔增生)、林鹤年(茂名附生)、龙致泽(桂林附生)、宾光华(博白附生)、杨杰(永康廪生)、李祖培(昭平优生)、祁永膺(博白附生)、张资溥(嘉应增生)、漆葆熙(番禺附生)、傅维森(番禺附生)、张蔚臻(博罗廪生)、曾习经(揭阳附生)、梁宗柏(茂名增生)、周树棠(南海拔贡)、王光瀛(西省马平副贡)、冯锡环(岑溪廪生)、饶云翔(大埔拔贡)、王德均(曲江附生)、陈庆龢(番禺附生)、许寿田(惠州附生)、梁宝瑜(高要监生)、易开骏(番禺监生)、黄侨生(南海附生)、朱永观(南宁副贡)、封元宗(容县廪生)、黄树敏(临桂附生)、何颖章(兴业廪生)、苏济才(藤县廪生)、利建侯(贺县廪生)、赵宗坛(新宁增生)、平远(满洲附生)(一作蓝旗附生)、冯祖禔(高要附生)、廖佩珣(惠州附生)、邱鹗翎(高要附生)、陈倬云(大埔廪生)、顾臧(番禺监生)、区炳泰(高明优廪)、钟树荣(高要廪生)、施献璜(南宁增生)、伍铨萃(新会廪生)、陈桂植(番禺监生)、马呈图(高要附生)。作者前注明"二月官课超等一名"、"二月斋课超等第四"等。

漆葆熙,见《菊坡精舍集》。

黎元庄(1855—?),字诚约、辰约、辰若,嘉应人。廪贡生。①

劳锡瓛(1844—?),字冕伯,南海人。附生。②

曾文鸿(1863/1864—1933),改名鸿燊,字子儒、子仪、紫瑜、此愚,号鉾山,永康人。光绪十九年(1893)举人。二十一年(1895)赴礼部试,荐而不售。主讲康山、丽江等书院,历任县立第一小学校、师范讲习所教员,劝学所长,咨议局议员,县修志局总纂。工雕刻,擅书法。著有诗文集若干卷。③

汪鸾翔(1871/1872—1962),字少云、鞏盫,临桂人。光绪十七年(1891)举人。次年入京,考取国子监南学。二十四年(1898)加入保国会,参与维新运动。旋赴武昌,在文普通中学堂、方言学堂、师范学堂、农业学堂、工艺学堂、湖南旅鄂中学堂任博物理

① 《广雅书院同舍录》;《无邪堂答问》卷3,第107页。
② 《广雅书院同舍录》。
③ 《广雅书院同舍录》;民国《同正县志》卷8《人事》,第14叶。

化教员。三十三年（1907）入京，任北京第一师范学堂物理化学教员、顺天高等学堂教务长。民国间历任天津北洋法政学堂、河北优级师范学堂地理教员，清华大学、河北大学、民国大学中国文学教授，北京国立美术学院等校中国画及中国美术史教授。1952 年任中央文史研究馆馆员。①

李桂笏（1856—?），字月庄、佩弦，博白人。光绪二十三年（1897）拔贡。②

江逢辰（1860—1900），字孝通、密盦，归善人。光绪十五年（1889）举人，十八年（1892）进士。官户部主事，以母老乞归。二十四年（1898）主讲赤溪遵义书院。母殁，哀毁卒。著有《密盦诗文集》、《孤桐词》、《华鬘词》。③

冯祖禧，字季麟，高要人。廪生。宣统元年（1909）官东莞训导、教谕。④

杨寿昌（1866—1938），字果盦，归善人。肄业惠州丰湖、广州广雅书院。光绪十九年（1893）举人。历任武昌两湖书院分校，惠州劝学所长，惠州桥山师范学堂校长，两广武备学堂、两广高等学堂、存古学堂教员，广东都督府教育司副司长，惠阳县长，黄埔军校政治教官，广东大学、中山大学、广州大学、岭南大学教授。著有《果庵丂说》、《读经问题专论》、《孟子文学研究》。⑤

劳植楠（1854—?），字缵臣，南海人。优廪生。⑥

罗献修（1857—1942），字黼月（一作斧月、补月）、孝博，兴宁人。光绪十一年（1885）拔贡。历任合浦味经书院山长、兴宁师范学校监督、邮传部七品小京官、兴宁县立中学校长、龙田坪圹神科大学汉学讲座、中山大学教授、兴宁县志总纂。著有《修身学》、《周礼学》、《三礼讲义》、《兴宁乡土志》、《客家方言证古》、《螺庄诗稿》。⑦

吴萃英（1847—?），字星荟，南海人。附生。⑧

龚炳章，字虎臣，广宁人。廪生。⑨

颜贻泽（1864—?），字子白、籽白、建侯，连平人。光绪十五年（1889）乡试中式第 16 名举人。⑩

梁成久（1859—1933），字柽涛、逸樵，海康人。光绪十一年（1885）拔贡。历任海康官立高等小学堂校长、众议院议员。总纂《海康县续志》。⑪

饶从龙（1870—?），字悔言、籽云，大埔人。光绪十七年（1891）举人。⑫

① 《广雅书院同舍录》；《中央文史研究馆馆员传略》，第 75 页。
② 《广雅书院同舍录》。
③ 《广雅书院同舍录》；《岭南画征略》卷 10，第 183 页；民国《赤溪县志》卷 6《人物》，第 36叶；《惠州文物志》，第 41 页。
④ 《无邪堂答问》卷 3，第 93 页；宣统《东莞县志》卷 42《职官表二》，第 25 叶。
⑤ 《广雅书院同舍录》；《惠州市志》第 64 编《人物》，第 4584 页。
⑥ 《广雅书院同舍录》。
⑦ 《兴宁文史》第 21 辑《罗斧月专辑》。
⑧ 《广雅书院同舍录》。
⑨ 《广雅书院同舍录》。
⑩ 《清代硃卷集成》第 344 册，第 379 页。
⑪ 梁宝琦：《梁成久》，《雷州文史》第 2 辑，第 131 页。
⑫ 《广雅书院同舍录》。

林鹤年（1859—1924）①，原名道忠，字朴山，茂名人。廪贡生。历任梅坡书院山长、两广优级师范学堂教习。辛亥后自粤至浙，与王舟瑶（1858—1925）、章梫（1861—1949）交厚。归粤后地方不靖，避居澳门。民国十三年（1924）卒于澳门。与修《广东通志》，著有《四库全书表文笺释》、《读礼要议》、《毛郑异诂》、《东北游行日记》、《居思课余录》、《居思草堂诗文钞》。②

龙致泽（1865—?），族名敬曾，字春如，号彦材，临桂人。光绪十五年（1889）乡试中式第 46 名举人。③

宾光华，字丹廷，郁林人。④ 按，光绪三十年（1904）进士宾光椿（1853—1904/1905），字丹廷，博白人。肄业广雅书院，后主桂林秀峰、连州燕喜、进诚、凤鸣、环玉书院，官湖南知县。著有《丹廷集》、《精选经义策论》、《策论义采腴》。⑤ 疑宾光椿即宾光华。

杨杰，永康人，靖（字敬简）六代孙。廪生。⑥

李祖培（1866—?），原名众，又名燊，字翼远、肯堂、警堂，昭平人。光绪二十三年（1897）拔贡。明年朝考，充八旗官学教习。分发云南直隶州州判，奉藩宪委为镇边威远监征员。民国二年（1913）归里，举为省议员。省会解散，居城厢办团，保卫梓里，地方赖之。⑦

祁永膺（1861—1909）⑧，字伯福、葆生，博白人。光绪十七年（1891）举人，二十年（1894）进士。授内阁中书。二十九年（1903）官华亭知县。著有《墨斋存稿》、《勉勉锄室类稿》、《荀氏易文疏正》、《岭南祠诸先生事迹学术考》。⑨

张资溥（1867—?），字元博、稚威，嘉应人。光绪十五年（1889）举人。著有《翁泉山馆诗钞》。⑩

傅维森（1864—1902），字君宝，号志丹，番禺人。光绪十七年（1891）解元。二十一年（1895）进士，选庶吉士，假归省亲。二十二年（1896）丁外艰，不复出。主讲端溪书院，病殁于院。著有《缺斋遗稿》三卷。⑪

张蔚臻（? —1912）⑫，字子贞、粹云，号卫斋，博罗人。贡生。兄蔚曾，进士，知茂州、忠州，蔚臻随行，以勤慎称。诗尤得江山助，又能画。教授丰湖书院且十年，为诗

---

① 生于咸丰八年十二月初七日，公历已入 1859 年。
② 《广雅书院同舍录》；《四库全书表文笺释》，喻长霖序；《澳门诗词笺注·民国卷》，第 244 页。
③ 《清代硃卷集成》第 349 册，第 349 页。
④ 《无邪堂答问》卷 5，第 189 页。
⑤ 《博白县志》第 2 章《历代名人》，第 1021 页；《博白县概况》，第 183 页。
⑥ 民国《同正县志》卷 8《人事》，第 3 叶。
⑦ 《广雅书院同舍录》；民国《昭平县志》卷 5《人物部·列传》，第 28 叶。
⑧ 生于咸丰十年十二月十六日，公历已入 1862 年。
⑨ 《广雅书院同舍录》；《博白县志》第 2 章《历代名人》，第 1021 页；《博白县概况》，第 183 页；《华亭县志》第 13 编《政权、政协》，第 456 页。
⑩ 《广雅书院同舍录》；《梅州客家历代乡贤著术目录》第 1 册，第 44 页。
⑪ 汪兆镛：《傅维森传》，傅澂钧：《先考志丹府君行述》，《缺斋遗稿》卷首、卷末。
⑫ 其生年，《广雅书院同舍录》作"咸丰丙寅"。然咸丰间无丙寅年，当系刊误。

尤多。著有《慕陶轩集》。①

曾习经（1867—1826），字刚甫，号蛰庵，揭阳人。光绪十五年（1889）举人。十六年（1890）会试中式，十八年（1892）补殿试，成进士。历官户部主事、员外郎，度支部左参议、右丞，税务处、清理财政处提调，印刷局总办、宪政编查馆学部咨议官。辛亥后引退，不复出。著有《蛰庵诗存》、《蛰庵词》。《中国近代文学大系》录其诗24首、词2首。②

梁宗柏（1860—?），字式如，茂名人。优廪生。③

周树棠（1865—?），字爵南，南海人。光绪十一年（1885）拔贡。④

王光瀛（1853—?），字海丞、云樵，马平人。光绪十四年（1888）副贡。⑤

冯锡环（1855—?），字次奇、芷石，岑溪人。光绪十五年（1889）举人，二十年（1894）进士。官内阁中书。⑥

饶云翔（1851—?），字雁宾，大埔人。光绪十一年（1885）拔贡。⑦

王德均（1859—?），字小筠，曲江人。廪生。⑧

陈庆龢（1869—1959），字公睦，番禺人，澧（1810—1882）孙。光绪十七年（1891）副贡，直隶候补道员。久寓北京，晚年将祖藏劫余藏书、手稿、文物捐赠中山大学图书馆。⑨

许寿田（1864—1929）⑩，字鹤俦，归善人。光绪二十三年（1897）拔贡。官湖北房县、巴东知县。宣统三年（1911）升江苏镇江知府，赴任途中，革命事起，即归。民国间入陈炯明（1878—1933）幕，陈兵变后，寿田返里。著有《鹤俦遗稿》。⑪

梁宝瑜，字集西，高要人。廪生。⑫

易开骏（1869—?），字展穆，番禺人。监生。⑬

黄侨生（1868—?），字少卿，南海人。光绪二十年（1894）优贡。朝考二等，候选教谕。⑭

朱永观（1864—1920），字逊轩、光甫，横州人。光绪十一年（1885）副贡，十九年

---

① 《惠州西湖志》，第292页。

② 曾靖圣：《度支部右丞曾府君行状》，《碑传集三编》卷8，第491页；《中国近代文学大系》第4集第14卷《诗词集一》，第918页；第4集第15卷《诗词集二》，第730页。

③ 《广雅书院同舍录》。

④ 《广雅书院同舍录》。

⑤ 《广雅书院同舍录》。

⑥ 《广雅书院同舍录》。

⑦ 《广雅书院同舍录》。

⑧ 《广雅书院同舍录》。

⑨ 民国《番禺县续志》卷20《人物志三》，第380页；《许宝蘅日记》，第1999页；《辛亥以来藏书纪事诗》，第30页。

⑩ 生于同治二年十二月二十四日，公历已入1864年。

⑪ 《广雅书院同舍录》；《惠州市志》第64编《人物》，第4564页。

⑫ 《广雅书院同舍录》。

⑬ 《广雅书院同舍录》。

⑭ 《广雅书院同舍录》。

（1893）解元。二十一年（1895）进士，选庶吉士。历官刑部主稿，清远、文昌知县。民国初出走香港，三年（1914）回乡闲居。①

封元宗（1850—?），字少民，师可，容县人。廪生。著有《偶寄轩文集》、《偶寄轩诗集》、《挹翠轩诗集》、《养疴诗稿》。②

何颖章，号悟川，兴业人。诸生。民国初任沈鸿英（1871—1938）秘书、雒容知事。主修《兴业县志》。③

苏济才（1854—?），字东山、挺生，藤县人。廪生。④

利建侯（1860—?），字冠伯，贺县人。廪生。⑤

赵宗坛（1862—1938），字思宣，号峄山，新宁人。光绪十七年（1891）举人。历主宁阳、溽海书院，后任美国旧金山宁阳会馆西席、华盛顿中国公使馆书记官、驻英属加拿大副总领事。归国后创办台山中学，历任校长、县教育局长。⑥

平远（1865—?）⑦，字蕴山、毅庵，广东驻防，满洲镶蓝旗人。光绪二十三年（1897）拔贡。⑧

冯祖褆，字仲麟，高要人。廪生。⑨

廖佩珣（1866—?），字子东、君栗，归善人。光绪二十年（1894）举人，二十四年（1898）进士。历官中书舍人、黄冈知县、黄州知府。民国间官新城知事、广东检察长、审判厅长。⑩

邱鹗翎，字星渠，高要人。光绪十七年（1891）举人。⑪

陈倬云（1863—?），字寿仁、孝元，大埔人。光绪二十三年（1897）拔贡。⑫

顾臧（1871—1926），字君用、子洪，番禺人。肄业广雅、两湖书院，监生。留学日本士官学校，毕业后入日本陆军联队，充见习士官，补陆军少尉。既归国，授陆军部协参领。镇江光复时，任象山炮台官，坚守不屈，矢志殉清。后获释，日夕纵酒，憔悴以死。⑬

区炳泰，字子和，高明人。廪生。参与校刊《高明县志》。⑭

① 《广雅书院同舍录》；朱名琛：《翰林朱永观点滴》，《横县文史资料选辑》第4辑，第55页。
② 《广雅书院同舍录》；《容县历代著述目录》，《容县史话》第1期，第87、93页。
③ 何报蕙：《兴业廉吏名绅何颖章事略》，《玉林市文史资料》第15辑，第46页。
④ 《广雅书院同舍录》。
⑤ 《广雅书院同舍录》。
⑥ 赵尚贤：《赵宗坛传略》，《台山文史》第3辑，第67页。
⑦ 生于同治三年十二月二十八日，公历已入1865年。
⑧ 《广雅书院同舍录》。
⑨ 《广雅书院同舍录》。
⑩ 《广雅书院同舍录》；《清朝进士题名录》，第1297页；《廖家祠：没落在月亮门里的荣耀》，《东江时报》2009年12月6日。
⑪ 《广雅书院同舍录》。
⑫ 《广雅书院同舍录》。
⑬ 商衍瀛：《陆军部协参领顾君事略》，《碑传集三编》卷31，第877页；《广雅书院同舍录》。
⑭ 《广雅书院同舍录》；光绪《高明县志》卷首《纂修衔名》，第2叶。

钟树荣，字佩华，高要人。恩贡生。①

施献璜（1862—?），字宜周、磻溪，横州人。光绪十九年（1893）举人。民国初官藤县、博白知事。②

伍铨萃（1863—1933），小名永铨，字荣建、忠简，号叔葆、楳屋，新会人。光绪十五年（1889）乡试中式第29名举人。十八年（1892）会试中式第143名，覆试一等第22名，殿试二甲第12名，朝考二等第45名，选庶吉士。二十年（1894）散馆授编修。历官国史馆协修、纂修，学部图书局校定员，宪政编查馆统计局副科员，《光绪政要》纂修，武英殿协修，功臣馆纂修，湖北郧阳、武昌知府。民国间隐居，创办光汉中医专门学校并任校长。著有《北游日记》、《玉雁楼笔记》。③

陈桂植（1872—?），字树八，番禺人。附生。④

马呈图（1860—?），字西钧，高要人。光绪二十三年（1897）拔贡。总纂《高要县志》、《罗定县志》。⑤

待考者：黄树敏。

11. 丰山书院课艺

【书院简介】

香山丰山书院，建于清乾隆十一年（1746），讲堂曰居敬斋。十三年（1848）复修，改名丰山书院。嘉庆、道光间重修。光绪二十二年（1896）改为官立高等小学堂，三十四年（1908）改为官立中学堂。⑥

【版本序跋】

题"光绪戊子岁（1888）仲夏刊于香山官廨"，"香山石岐文雅斋承刊刷印"。

张文翰序云：

> 昔李洪九贻书彭甘亭，令其专攻时文，不可溺于古学。大抵揣摩之家，恒虑古学有妨时文；而好古者又矫之，每诋鄙时文而不屑。其实皆非也。袁简斋云，不工时文者，诗必不工。余亦尝谓，无论何家学问，必先从词章入手；无论何体词章，必先从时文入手。盖时文无法不备，尤以读书穷理为本。此其与古学不特不相背，且直相成。不然勇于科举者，耳目之间，非时文不亲，其势必至如《颜氏家训》所嗤而后已。彼覃心经史之儒，又多眼高手生，三条烛烬时，断断不能吐一字，此又皇甫持正

---

① 《广雅书院同舍录》。

② 《广雅书院同舍录》；《藤县志》第5篇《政权、政协》，第162页；《博白县志》卷16《政权、政协》，第668页。

③ 《清代硃卷集成》第76册，第423页；《清代官员履历档案全编》第8册，第187、280页；《武汉市志·政权政协志》，第12页；《广东省立中山图书馆馆藏金石书画选》，第44页；《中国医学通史·近代卷》，第241页。

④ 《广雅书院同舍录》。

⑤ 《广雅书院同舍录》；宣统《高要县志》，各卷卷首；民国《罗定县志》卷首《职名》，第1叶。

⑥ 光绪《香山县志》卷6《建置》，第25叶；《中山市志·大事记》，第32页。

所谓伐柯而不执柯者也。

　　予幼习举业，于时文、古学视之并重，不敢有所偏废。洎官广州，两校秋闱，复屡为大府阅各书院课艺及菊坡精舍古学卷。见此邦之士，学通古今者固不乏人，而寸长尺短者亦不少。比权曲江，修九成台，集诸生会课，并购台下余地，拟增建书院，倡明古学，乃事未成，而已受代。丙戌（1886）秋，调香山，其地旧有丰山书院，专以时文课士。余为之月加古学一课，聘黄岊乡孝廉主讲席。香山人才固众，又得岊乡诱掖之，期年之间，斐然可观。爰偕岊乡选得所课生童时文若干篇，经解、论诗、杂作若干篇，都为一集，付之剞劂。意欲肄业诸生，知时文、古学源出一流，其所造就，当无限量矣。

　　光绪十四年岁次戊子（1888）五月，蓬莱张文翰序于香山官廨。

　　张文翰，字墨缘，山东蓬莱人。举人。光绪八年（1882）官番禺知县。十二年（1886）官香山知县。十七年（1891）官开平知县。擢琼州知府，充善后局提调。后以宦囊所存金，遍赠宗族交游，入山隐于黄冠以老。①
　　黄绍昌序云：

　　　岁之丁亥（1887），邑侯张墨缘明府延绍昌主丰山讲席，自维谫陋，再辞不获，乃请明府酌加生童膏火奖赏额数，并增设古学一课。计岁中阅时艺一千九百余首，经说、史论、骈散文、诗赋八百余首。明府谓宜择其尤雅者，刻为课艺。乃选时艺若干首，呈明府裁定，付之剞劂，而古学别为一编。刻既成，乃言曰：
　　　唐以诗赋取士，至宋神宗朝试以经义，是为八比所自始。厥后其法愈密，为之亦愈工，至我朝而极盛矣。然朱子当南宋时，且谓今人文字全无气骨，又谓时文之弊已极，日趋于弱，日趋于巧，将士人志气消削殆尽。然则流弊至今日，其相习为风气者，讵有异于朱子所云乎？夫文无所谓风气也，圣贤之道，亘古而不变。能明圣贤之道，即能为圣贤之言，文安得而不工，亦安往而不利？若夫中无所主，乃随风气为转移，志气因之而昏，气骨因之而靡，安在其能为文也？
　　　我邑山川雄秀，代有伟人，勋业文章继起，当未有艾。今明府勤求物务，慨然以振文风、端士习为己任。而院中诸君子，复能仰体贤侯之意，争自濯磨，赏奇析疑，得以收相长之益。绍昌有深幸焉。然而朱子云，为学之道，在于穷理；穷理之要，在于读书。则尤愿诸君子修学好古，沿流溯源：求之于经，以穷天道人伦之旨；求之于史，以观古今政治得失之故；求之诸子，以极其变而拓其才。经明行修，无蹈朱子所慨，他日发名成业，益当和其声以鸣国家之盛，则此编犹嚆矢也。
　　　光绪十四年岁在戊子（1888）正月，黄绍昌序于丰山讲舍。

　　黄绍昌（1836—1895），字苣香、岊香，香山人。从陈澧（1810—1882）游，入闽督何璟（？—1888）幕。光绪十一年（1885）中式举人，年已五十。主丰山书院讲席，任

Footnote.　　① 民国《番禺县续志》卷13《官师志一》，第302页；民国《香山县志续编》卷10《宦绩》，第2叶；民国《开平县志》卷30《宦绩》，第262页。

广雅书院文学馆分校。著有《三国志音义》、《佩三言斋骈体文》、《秋琴馆诗钞》、《带花荷剑词》，又与刘熽芬（1849—1913）同辑《香山诗略》。①

【课艺内容】

皆四书文，两序中所云古学一编，未见。二卷，卷一《两论》13 题 22 篇，《学》、《庸》4 题 7 篇，卷二《两孟》19 题 37 篇。是集体例较为特殊者，在于部分全文之后附录其他作者所作段落。如陈金垣《未若贫而乐，富而好礼者也。子贡曰：〈诗〉云："如切如磋，如琢如磨。"其斯之谓与》全文后，附录杨彤英所作提比；梁煦南《人恒过，然后能改。困于心，衡于虑，而后作；征于色，发于声，而后喻》全文后，附录唐景端所作起讲。有评点。

【作者考略】

张宝铭（廪生）、刘捷元（廪贡生）5 篇，蔡飞翰（廪生）、刘从龙（童生）、唐崇熙（监生）4 篇，黄炳章（童生）、杨维鼎（童生）3 篇，郑荣幹（附生）、缪玉书（童生）、高步云（副贡生）、陈金垣（附生）、刘嘉鼎（附生）、唐景端（附生）2 篇，黄宝龄（附生）、杨彤英（附生）、何瑞章（童生）、郑寿忠（童生）、周元钧（监生）、高庆麟（童生）、林赓飏（童生）、黄彦成（童生）、黄祖舜（童生）、李焜堂（童生）、李可薰（童生）、李泽棠（童生）、杨志澄（监生）、梁煦南、李庆旒（童生）、黄东显（童生）、郑炳桢（童生）、黄敏孚（顺德附生）、郑翘翠（附生）、萧桂林（附生）、麦乔英（附生）、张丕承（附生）、萧鸾彬（童生）、杨寿昌（童生）、郑麟经（童生）、李藻芬（佾生）1 篇。

张宝铭，字铭石，香山人。光绪十九年（1893）举人。②

蔡飞翰（1835—1898），字凤林，香山人。诗喜李、韩、白三家。著作多散佚。③

刘嘉鼎，字杏簃，香山人。光绪十五年（1889）副贡，二十三年（1897）举人。④

杨彤英（1858—1915），字颖堂，号雪松子，香山人。附贡。任乡董二十五年，创立仁寿社。民国初任邑东镇议会总董，曾通电讨袁，后避难澳门。著有《雪松轩诗钞》。⑤

郑寿忠。广州府郑寿忠，附贡，曾任长乐训导。⑥ 疑即此人。

黄彦成，字伯英，香山人。光绪二十九年（1903）举人。⑦

梁煦南（1843—1914），字璧珊、碧山，号迁斋，香山人。屡试不第，年四十犹困诸生。著有《迁斋诗钞》、《三洲渔笛谱》。⑧

---

① 民国《香山县志续编》卷 11《列传》，第 36 叶；何文广：《黄绍昌传》，《中山文史》第 8、9 辑合刊，第 88 页。

② 民国《香山县志续编》卷 9《选举表》，第 8 叶。

③ 何文广：《香山诗略续编》，《中山文史》第 5、6 辑合刊，第 168 页。

④ 民国《香山县志续编》卷 9《选举表》，第 5、11 叶。

⑤ 《澳门诗词笺注·民国卷》，第 152 页。

⑥ 《宣统三年冬季职官录》，第 1241 页。

⑦ 民国《香山县志续编》卷 9《选举表》，第 13 叶。

⑧ 《澳门诗词笺注·晚清卷》，第 84 页；《中山诗词选》第 1 卷，第 46 页。

李庆旒，字冕群，香山人。光绪二十三年（1897）学海堂专课肄业生。①

黄敏孚，字颖才，顺德人。光绪十四年（1888）举人，二十四年（1898）进士。直隶即用知县，顺德中学堂监督。总董《顺德县志》。②

余皆待考。

12. 凤山书院课艺

【书院简介】

顺德凤山书院，建于明代。清康熙二十三年（1684）、乾隆二十三年（1738）、嘉庆十七年（1812）、咸丰元年（1851）、光绪二十四年（1898）多次复建增修。山长及肄业生童均驻院，每月官课馆课用时文试帖，别增古学一课。三十二年（1906）改设县立高等小学堂。③

【版本序跋】

光绪二十六年（1900）刊本。题"李邑侯芷香、王邑侯松山鉴定，监院龙景翔监刊"，"李山长拔茹评阅、何山长兰陔撰序，董事罗豫淞校对"。

李家焯（1844—?），字芷香，湖南长沙人。由监生报捐知县，分发广东。历官定安、顺德知县，连州知州。④

王邑侯松山，名崧，安徽皖城人。吏员。光绪二十五年（1899）、二十八年（1902）两任顺德知县。⑤

李翘芬（1861/1862—1899/1900），字拔茹，顺德人。光绪八年（1882）举人。二十年（1894）二甲进士，选庶吉士，散馆授编修。请假回籍，二十五年（1899）主讲凤山书院，卒于院。⑥

何国澧（1859—1937），字定怡，号兰陔（一作兰恺），顺德人，国澄（字清伯）弟。光绪十四年（1888）举人，二十一年（1895）会试中式。二十四年（1898）补殿试，成进士，选庶吉士。历官翰林院编修、国史馆纂修、武英殿协修。著有《易阐微》、《古镜妄言》。⑦

何国澧序云：

今天下事变亟矣，于是识时通变之士飙起云集，尊西法而抑中学，侈经济而陋词

---

① 《学海堂考》，第99页。

② 民国《顺德县志》卷首《职名》，第4页；卷2《建置》，第35页；卷8《选举》，第118、120页；卷18《列传》，第230页。

③ 咸丰《顺德县志》卷5《建置略二》，第391页；民国《顺德县志》卷2《建置略一》，第37页。

④ 《清代官员履历档案全编》第8册，第347页。

⑤ 民国《顺德县志》卷7《职官表一》，第106页。

⑥ 民国《顺德县志》卷20《列传五》，第246页。

⑦ 民国《顺德县志》卷20《列传五》，第246页；《顺德书画人物录》，第32页；《清朝进士题名录》，第1308页。

章，崇策论而卑八股。澧不敏，不能泾渭其间。又生平不敢以才智先人，不敢以侮谩骂世。而窃谓吾人出处，第当守素位之道与务实之学而已。忆戊戌岁（1898）居京师，间与李拔茹前辈论及此，未尝不心相印也。书院之设，以育才也，贤有司出而鼓舞之，乡先生相与裁成之，素其位也。而肄业其中者，无论西法、中学、经济、词章、策论、八股，皆当实事是求，不此之务而徒以其名，岂有当哉？

吾邑凤山书院，由来旧矣。岁久就塌，而膏伙又不继。李侯芷香官斯土，葺而兴之，捐廉为之倡，又集邑人伙助，增其斋房，厚其膏伙，厘其条教，延拔茹前辈为之师。事粗定而李侯去任，王侯松山踵其成。吾邑人士既被贤有司之鼓舞，又沐乡先生之裁成，而人才庶几蒸蒸日上也。

是编所录，皆李、王两邑侯暨拔茹前辈所识拔者，顾吾披是编而重有感矣。前辈文章学问为一邑之人所矜式，使得宽以岁月，其造就正未可量。奈何天不假年，数月之间，木坏山颓，群悲抑放，岂非吾邑之不幸也哉！顾以谫陋如澧者，谬承讲席，其有愧于前辈多矣。然犹幸生平论事，与前辈颇谓不悖。自兹以往，亦惟勤勤恳恳，素位而行，期与诸生相勉于务实之意云尔。刻既竣，而前辈已殁，门下士属余补序。书竟，投笔三叹。

光绪二十六年岁次庚子（1900）十月，顺德何国澧撰。

【课艺内容】

包括生员课艺和童生课艺两类，皆为己亥年（1899）之作，有评点：

1. 生员正课文、二月至十一月每月官课文，皆四书文，11 题 33 篇；

2. 生员二、三、四、五、六、八、九月斋课文，皆四书文，7 题 19 篇；

3. 生员二、三、四、五、七月古学课文，包括经解、书后、论、说、赋等，12 题 22 篇；

4. 童生正课文、二月至十一月每月官课文，皆四书文，11 题 33 篇；

5. 童生二、三、四、五、六、八、九月斋课文，皆四书文，7 题 20 篇；

6. 童生二、三、四、五、七月古学课文，包括经解、书后、论、说、赋等，11 题 20 篇；

7. 生员试帖诗，包括甄别和二月至十一月每月官课、斋课、古学课，31 题 97 首。

8. 童生试帖诗，包括甄别和二月至十一月每月官课、斋课、古学课，32 题 96 首。

古学部分，间附录该作者所作律诗、绝句。例如：伍文祥《寇准请幸澶渊论》附《和梁药亭〈春日登粤王台〉（用元韵）》七律一首，邓祐祺《读〈史记·货殖传〉书后》附《伏波桥》七绝二首，周泮钟《杜陵广厦赋（以"安得广厦千万间"为韵）》附《和陈元孝〈夜发甘竹滩〉》七律一首，罗丽南《读〈史记·游侠传〉书后》附《石湖春禊》七绝二首。亦皆有评语。

【作者考略】

作者姓名之前，标明等级、名次。例如：生员正课文三篇，作者为"己亥年甄别生正课第一名"连燊、"第二名"周树槐、"第三名"李俊熙；二月官课文三篇，作者为"二月官课生超等第一名"周用彬、"第二名"陈家幹、"第三名"陈宗翰。童生正课文三篇，作者为"己亥甄别童正课第一名"张秩彤、"第二名"岑致祥、"第三名"廖鷟翔；二月官课文三篇，作者为"二月官课文上取第一名"李用章、"第二名"张秩彤、"第三名"黄韶修。

收录作品较多者：伍文祥 14 篇，游济川 13 篇，连桑、陈宗翰 12 篇，黄天简、周作砺、苏作準、罗丽南 10 篇，周泮钟 9 篇，周树槐、冯炳嵩、周作善、梁葆年、马赞廷、罗翼朝 7 篇，关朝英、陈士炽 6 篇，陈山灿 5 篇，李俊熙、龙桂林、龙翰馨、关薪、何宗敬、邓实、罗伯常、张秩彤、岑致祥、罗彤勋、谭治平、何爵书、黄仲陔、陈庆元、李达 4 篇，胡寿朋、林齐汉、谭增蔚、廖鷟翔、鲁仕缙、李夏声、周廷琛、何炳森、伍文佺 3 篇。

其他作者一二篇不等：周用彬、何端本、冯昀、苏子元、何湜芬、谈全信、罗銮锵、关璋庆、廖贡樟（廖贡璋）、岑宝年、邓宝、何国渚、陈象雄、冯鼎芬、苏宗泽、陈元杰、何深、伍椿萱、梁鸿芬、黄汝砺、关瑞琛、关及勉、罗玉珍、何家本、周砥廉、罗凤池、龙尔昌、区元英、龙霨瀛、何绍斌、杨纶章、关文翰、邓君枚、潘应忠、罗文溥、杨硕朝、陈家干、何恭第、何渭猷、龙渚君、梁锡琛、杨霖、龙慕猗、何国汜、陈燃藜、何炽、胡云梯、邓祐祺、罗星海、李用章、黄韶修、冯公恕、胡建章、黄汝楫、梁天球、关凤骞、冯祖荫、麦瑁琪、陈学饶。

伍文祥，字少云，顺德人。光绪二十九年（1903）举人。①

连桑，字莘农，顺德人。举人。②

罗丽南，原名如金，字玉成，顺德人。附生。能书。③

关薪。顺德关薪，字麟许，举人。④ 疑即此人。

邓实（1877—1951），字秋枚，别署枚子、枚君、野残、鸡鸣、风雨楼主，顺德人。廪生。久寓上海，与黄节（1873—1935）创办神州国光社、国光书局，出版《神州国光集》、《国光画刊》、《美术丛书》等，主编《政艺通报》。与黄节、刘师培（1884—1919）、章太炎（1869—1936）等创立国学保存会，出版《风雨楼丛书》、《古学汇刊》，主编《国粹学报》。与黄宾虹（1865—1955）合编《美术丛书》。著有《史学通论》、《政治通论》、《民史总叙》等。⑤

谭增蔚，字仲荫，顺德人。光绪三十四年（1908）岁贡。⑥

谈全信，字汉川，顺德人。附生，学堂奖励贡生。⑦

廖贡樟（"樟"一作"璋"），字侣梧，顺德人。举人。⑧

———————————

① 民国《顺德县志》卷 8《选举》，第 125 页；《顺德书画人物录》，第 19 页。
② 民国《顺德县志》卷 8《选举》，第 124 页。
③ 《顺德书画人物录》，第 75 页。
④ 民国《顺德县志》卷 8《选举》，第 124 页。
⑤ 王东杰：《欧风美雨中的国学保存会》，《档案与史学》1999 年第 5 期，第 33 页；董平：《倡导国学的中坚：邓实》，《佛山历史人物录》第 2 卷，第 127 页；陈池瑜：《黄宾虹对中国美术史学研究的贡献》，《美术研究》2005 年第 1 期，第 51 页。
⑥ 民国《顺德县志》卷 8《选举》，第 119 页。
⑦ 民国《顺德县志》卷 8《选举》，第 127 页。
⑧ 民国《顺德县志》卷 8《选举》，第 125 页。

梁鸿芬，顺德人。广西补用府经历。①

何家本，字端文，顺德人。顺天举人。②

何恭第（1879—1941）③，号樱庵，顺德人。优廪生。上书孙中山（1866—1925），陈述五大道，又上书黎元洪（1864—1928），献议七项大计，皆未见用。任教于顺德中学及香港育才书社历二十年，弟子尊之为樱花先生。著有《樱花集》，又有多种香艳小说见诸港报。④

何国泛。广东留日学生何国泛，私费攻读法政速成科。⑤ 未知是否即此人。

胡云梯，顺德人。广东法政学堂毕业，学堂奖励副贡。⑥

麦琯琪。著有《广东麦氏族谱叙》，民国十年（1921）木刻活字印本。⑦

余皆待考。

---

① 民国《顺德县志》卷 6《经政略二》，第 103 页。

② 民国《顺德县志》卷 8《选举》，第 123 页。

③ 黄坤尧：《香港诗词百年风貌》，《中山大学学报》2007 年第 1 期，第 12 页；《广东文征续编》作 1867—1930 年。

④ 《广东文征续编》第 1 册，第 399 页；《香港中文教育发展史》，第 225 页。

⑤ 《清末法政人的世界》，第 49 页。

⑥ 民国《顺德县志》卷 8《选举》，第 127 页。

⑦ 广东省立中山图书馆馆藏目录。

直隶省

顺天府

13. 金台课艺

【书院简介】

顺天金台书院，旧为义学，清乾隆十五年（1750）改为金台书院。三十七年（1772）、道光二十三年（1843）、光绪五年（1879）数次翻修。三十二年（1906）改为顺直中学堂。几经易名，今为北京市崇文区东晓市小学。①

【版本序跋】

附录于《敬修堂词赋课钞》之后，胡敬识语云："余在京主金台讲席，制艺之外，增课诗赋。时越三十余载，散失略尽。丛残数帙，检自敝箧，不忍弃置，因录存之。"

胡敬，见《诂经精舍文集》。

【课艺内容】

仅6题6篇：《拟王子安七夕赋（以题为韵）》、《观象台赋（以乃命羲和钦若昊天为韵）》、《春郊马射赋（以路直城遥林长骑远为韵）》、《心正笔正赋（以公权善书以笔寓谏为韵）》、《斗蟋蟀赋（以灯下草虫鸣为韵）》、《春草（七律十首）》。

【作者考略】

作者5人：沈履正2篇，顾榆、沈道宽、缪庭桂、方积年1篇。

沈履正，大兴人。附生。道光六年（1826）官沅陵知县。十一年（1831）官零陵知县。十二年（1832）代理湘乡知县。十三年（1833）官临澧知县。十五年（1835）官永兴知县。二十二年（1842）代理浏阳、临湘知县。二十三年（1843）官巴陵知县。②

沈道宽（1772—1853），字栗仲，大兴人。嘉庆九年（1804）举人。幕游津沽、中州、岭南、山左。二十五年（1820）进士，官湖南宁乡、道州、鄮县、茶陵知县。晚年侨寓扬州、泰州。著有《话山草堂诗钞》四卷、《话山草堂文钞》一卷、《话山草堂杂

---

① 《北京市崇文区志·专记》，第918页。

② 同治《沅陵县志》卷19《职官》，第19叶；光绪《零陵县志》卷6《官师》，第7叶；同治《湘乡县志》第5册，第28页；同治《浏阳县志》卷15《职官》，第9叶；《临澧县志》第13编《政权、政协》，第443页；光绪《永兴县志》卷35《职官》，第8叶；《岳阳市志》第2册，第580、581页。

著》七卷、《话山草堂词钞》一卷。《晚晴簃诗汇》录其诗 9 首。①

缪庭桂，字滋云，大兴人。道光五年（1825）拔贡。二十二年（1842）官大邑知县。②

方积年，字传山，大兴人，寄籍慈溪。嘉庆二十四年（1819）举人。③

待考者：顾榆。

14. 金台书院课士录

【版本序跋】

又名《金台书院课士录初二合刻》。题"丁丑（1877）新镌"，"京都□□藏板"，"山长仪征张集馨椒云甫选，监院河间齐方书、厢黄旗承玉、厢黄旗海绶、遵化孙孝先参校"。袖珍本，刊刻不精，时有错字。

张集馨（1800—1879）④，字椒云，江苏仪征人。道光二年（1822）举人。九年（1829）进士，选庶吉士，散馆授编修。历官武英殿纂修，山西朔平知府、雁平道，福建汀漳龙道，陕西督粮道，四川、河南、陕西按察使，贵州、甘肃、河南、福建布政使。后主金台书院。著有《十三经音义字辨》、《道咸宦海见闻录》。⑤

齐方书，献县人。同治元年（1862）进士。⑥

承玉（1832—?），字信甫、龙辅，号子瑞、润田，满洲镶黄旗人。咸丰五年（1855）乡试中式第 84 名举人。⑦

海绶，满洲镶黄旗人。副贡。顺天府训导。⑧

孙孝先，遵化人。复设训导。⑨

张集馨序云：

【略】辛未（1871）春，余承万藕舫宗伯、前京兆王荫堂大理、张朗山少尹邀主讲席，自惭老陋，深以不克胜任为惧。幸三年来，日与诸生渐摩砥砺，教学相长，故每课必有佳作，积久成帙。【略】

同治癸酉（1873）仲秋，仪征张集馨椒云甫手订，时年七十有四。

【课艺内容】

扉页署"金台书院课士录初二合刻（经古附后）"。国家图书馆所藏二册，经古未见。

---

① 方濬颐：《赠通奉大夫沈公家传》，《二知轩文存》卷 30，第 56 页；《晚晴簃诗汇》卷 128，第 5535 页。
② 《北京市志稿》第 15 册，第 629 页；《大邑县志续编·增补》，第 795 页。
③ 光绪《慈溪县志》卷 21《选举下》，第 458 页。
④ 卒于光绪四年十二月十一日，公历已入 1879 年。
⑤ 詹嗣贤：《时晴斋主人年谱》，《道咸宦海见闻录》附录。
⑥ 《清朝进士题名录》，第 1035 页。
⑦ 《清代硃卷集成》第 102 册，第 297 页。
⑧ 《大清缙绅全书·同治十二年秋·直隶省》，第 1 叶。
⑨ 《大清缙绅全书·同治十二年秋·直隶省》，第 1 叶。

皆四书文。初刻凡《论语》24 题 58 篇,《学》《庸》8 题 18 篇,《孟子》7 题 20 篇。有评点。评点间附署名,如"彭芍亭京兆评"、"万藕舫宗伯评"。二刻无目录,兹从略。

【作者考略】

初刻课艺收录情况:顾有檖 11 篇,王仁堪 9 篇,鲁世保、刘传福 8 篇,陈名珍 7 篇,李熙文、陈名珏 5 篇,吴树梅、刘传祁 4 篇,傅鼎、王鹏龄、陆润庠、冯光元 3 篇,冯光遹、范家麒、汪文盛、徐宝晋、徐巽言、王缄 2 篇,许叶芬、陈名侃、许元章、谢立本、彭晋孙、沈芝田、陈应禧、沈廷杞、陈重庆、彭寿祖、王缜 1 篇。

陆润庠,见《正谊书院课选》。

顾有檖,见《正谊书院课选二集》。

刘传福,见《紫阳书院课艺》。

刘传祁,见《紫阳书院课艺五编》。

陈重庆,见《梅花书院课艺三集》。

王仁堪(1849—1893),字可庄、忍庵,号公定,福建闽县人,庆云(1798—1862)孙。同治九年(1870)顺天乡试中式第 81 名举人,十三年(1874)考取内阁中书。光绪三年(1877)状元,授翰林院修撰。历官武英殿协修,山西学政,厢红旗官学管学,会典馆纂修、总纂,镇江、苏州知府。工书。著有《王苏州遗书》。《晚晴簃诗汇》录其诗 6 首。①

鲁世保。李鸿章(1823—1901)有《复光禄寺鲁世保》函件,作于光绪十三年(1887),原稿注:"此人现掌一近京乡学书院。"② 未知是否即此人。

陈名珍(1844—1894),字元伯,号聘臣、品珊,江苏江阴人。同治六年(1867)顺天乡试中式副榜第 12 名,光绪元年(1875)中式第 185 名举人,覆试一等第 17 名。九年(1883)会试中式第 28 名,覆试二等第 41 名,殿试二甲第 104 名,朝考一等第 57 名,选庶吉士。散馆授编修,充国史馆协修、武英殿纂修、本衙门撰文、功臣馆纂修。二十年(1894)中东构衅,郁忧成疾卒。③

李熙文(1843—1875),字叔豹,云南文山人。同治九年(1870)举人。十三年(1874)进士,选庶吉士。是年回乡,返京途中卒于贵州。著有《李叔豹遗诗》(收入《丛书集成续编》)。④

陈名珏,字次仲,号君玉,江苏江阴人,名珍(1844—1894)弟。同治十二年(1873)江南乡试经魁。卒于光绪元年(1875)之前。⑤

吴树梅(1846—1912),字燮臣,山东历城人。同治六年(1867)顺天举人,光绪二年(1876)进士。选庶吉士,散馆授编修。历官武英殿总纂、国史馆协修、功臣馆纂修、

---

① 《清代硃卷集成》第 108 册,第 131 页;《先公年谱》,第 747 页;《晚晴簃诗汇》卷 172,第 7484 页。

② 《李鸿章全集》34《信函六》,第 173 页。

③ 《清代硃卷集成》第 112 册,第 249 页;第 51 册,第 249 页;《清代官员履历档案全编》第 5 册,第 618 页;民国《江阴县续志》卷 16《人物二》,第 204 页。

④ 《文山壮族苗族自治州民族志·人物》,第 252 页。

⑤ 《清代硃卷集成》第 112 册,第 250 页;第 51 册,第 250 页。

本衙门撰文、国子监司业、翰林院侍讲、国子监祭酒、户部侍郎、湖南学政。因病开缺回籍，家居近十年，每闻国是日非，辄用忧伤，而疾卒不瘳。宣统三年（1911）秋，武昌事起，寻至山东，亦倡言独立，树梅力白其不可。未几共和诏下，遂携家遁入山中，旋卒，年六十七。著有《浙使纪程诗》。①

王鹏龄，字子鹤，大兴人。同治十二年（1873）举人。官知县。②

冯光元（1841—？），字叔惠、叔蕙，江苏阳湖人，光遹（1838—？）弟。同治三年（1864）考取誊录第6名，十二年（1873）顺天乡试中式副榜第43名。光绪二年（1876）中式第15名举人，覆试一等第9名。历官国史馆誊录、工部候补主事、实录馆校对、河北兵备道。③

冯光遹（1838—？），字仲梓，号幼耕，江苏阳湖人。咸丰十一年（1861）考取八旗官学汉教习。同治九年（1870）顺天乡试中式第192名举人，覆试一等第1名。十三年（1874）会试中式第123名，覆试一等第13名，殿试二甲第4名，朝考二等第42名，选庶吉士。散馆授编修，历官武英殿纂修、国史馆协修、福建学政、方略馆协修、起居注协修、雷琼道、陕西按察使。光绪二十六年（1900）中风，引疾归。感时事多艰，辄叹息流涕，病中于东三省之事，尤愤愤云。④

徐宝晋（1845—？），原名敦智，字慧生，号龙山、亦斋，大兴人，原籍江苏吴县。同治十二年（1873）乡试中式第54名举人，覆试一等第12名。⑤

许叶芬（1852—？）⑥，字麐稼、少翯，宛平人。光绪十四年（1888）举人。十五年（1889）会元，选庶吉士。散馆授编修，历官国史馆协修、纂修、总纂，镇江知府。著有《少翯诗草》、《鯫斋日记》、《红楼梦辨》。⑦

陈名侃（1848—1929），字俶仲、梦园，号梦陶、甓斋，名珍（1844—1894）弟，江苏江阴人。光绪元年（1875）顺天举人。历官内阁中书，总理各国事务衙门章京，户部员外郎，外务部参议、左丞，宗人府丞、副都御使。宣统三年（1911）以养疴解任，病痊未出而逊位诏下。遂谢绝人事，与二三耆旧樽酒从容，世目为香山洛社之伦。⑧

谢立本。安徽芜湖谢立本（1831—？）⑨，字羲乐、培根。同治六年（1867）举人，

---

① 《清代官员履历档案全编》第4册，第383、621页；民国《续修历城县志》卷40《列传二》，第31叶。

② 光绪《顺天府志》卷118《选举四》，第9271页。

③ 《清代硃卷集成》第113册，第163页；《清代官员履历档案全编》第5册，第57页；《河南省志》第16卷《政府志》，第113页。

④ 《清代硃卷集成》第109册，第79页；第37册，第87页；《清代官员履历档案全编》第5册，第362页；《清稗类钞·恩遇类·知府得赐福字》，第333页；《春在堂楹联录存》卷5，第40叶。

⑤ 《清代硃卷集成》第110册，第53页。

⑥ 生年据《清代人物生卒年表》，第208页。

⑦ 《清代官员履历档案全编》第5册，第362页；《清人别集总目》，第598页；《历代日记丛谈》，第174页；《古典文学研究资料汇编·红楼梦卷》，第227页。

⑧ 《清代硃卷集成》第112册，第250页；夏孙桐：《二品衔都察院副都御史陈公墓志铭》，《碑传集三编》卷7，第401页。

⑨ 生年据《清代人物生卒年表》，第790页。

光绪二年（1876）进士。官河南通许知县。著有《可无诗集》。① 未知是否即此人。

彭晋孙。彭祖贤（1819—1885）同治间在京为官，曾任顺天府尹。其子晋孙，附贡生。② 疑即此人。

陈应禧（1846—?）③，字少成，号心斋、惺斋、星侪，大兴人。光绪元年（1875）举人。六年（1880）进士，选庶吉士。散馆签分吏部，历官验封司主事、文选司员外郎，山西道监察御史，吏部给事中。著有《正心书斋谜稿》。④

沈廷杞（1842—1915），字楚青，大兴人，原籍浙江会稽。光绪二年（1876）副贡。考取八旗官学教习，官至山东按察使、光禄大夫。晚年回籍，以书画、吟咏自遣。著有《桐香馆诗稿》。⑤

待考者：傅鼎、范家麒、汪文盛、徐巽言、王缄、许元章、沈芝田、彭寿祖、王缜。

保定府

15. 莲池书院肄业日记

【书院简介】

保定莲池书院，建于清雍正十一年（1733）。光绪三十年（1904）改为校士馆，旋改文学馆，三十四年（1908）停办。⑥

【版本序跋】

《中国历代书院志》据光绪五年（1879）刻本影印，卷七、卷十一有缺。

黄彭年序云：

> 予既应聘重主莲池书院讲席，言于合肥相国曰：畿辅先儒，在汉为毛、韩、董、卢，在唐为贾、孔，在宋为邵、程，在金为赵，在元为刘，在明及我朝为蔡、刁、孙、鹿、颜、李。地非乏才也，今非异古也，士非学不成，学非书不广。富罕藏书，贫不能置书，士窘于耳目，乃溺于科举。于是筹千金，购书二万卷，区其类曰经学、曰史学、曰论文，置司书，立斋长，使诸生得纵观。

> 又言曰：先圣垂教，博文、约礼；湖州设规，经义、治事。历士以学，未试以文。学海、诂经，彪丙近代，斐然成帙，著作之林。然课试成材，非启牗向学。限之以命题，虑非性所近也；拘之以篇幅，惧其辞不达也。积日而求之，逐事而稽之，知

---

① 民国《芜湖县志》卷45《选举》，第2、6叶；《清人诗文集总目提要》，第1800页。

② 卫荣光：《诰授光禄大夫头品顶戴兵部侍郎都察院右副都御使湖北巡抚彭公墓志铭》，《续碑传集》卷28，第511页。

③ 生年据《清代人物生卒年表》，第450页。

④ 《清代官员履历档案全编》第7册，第488页；《中华谜书集成》第1册，第635页。

⑤ 《清代官员履历档案全编》第5册，第131页；《清人诗文集总目提要》，第1871页；《中国年谱辞典》，第573页。

⑥ 《名胜之巨擘，文化之渊泉：保定莲池书院研究》，第11页。

其所亡，无忘所能。为者不畏其难，教者得考其实，途有程也，匠有矩也。于是命诸生为日记，人给以札，旬而易焉，月论其得失而高下焉。

又言曰：门户不可分，门径不可不识；陈言不可袭，法式不可不明。汇而存之，刻而布之，得失自知也，长短共见也。匪惟旌之实用，励之为学者勖，为来者劝。于是刊日记，月刻一册，期年衰之为初集。

光绪五年（1879）三月，贵筑黄彭年序。

黄彭年（1823—1891）①，字子寿，号陶楼，晚号更生，贵州贵筑人，辅辰（1798—1866）子。道光二十三年（1843）举人。二十五年（1845）会试中式，二十七年（1847）补殿试，成进士。选庶吉士，授编修。历官湖北、陕西按察使，江苏、湖北布政使。先后主讲关中书院、莲池书院。总纂《畿辅通志》，著有《陶楼文钞》（皆收入《续修四库全书》）。②

【课艺内容】

凡十卷，皆古学。起光绪四年（1878）三月，讫十二月。题如《读〈易〉疑义十条》、《宾于四门，四门穆穆》、《癸未葬宋穆公》、《辑五瑞》、《协时月正日》、《不遂其媾》、《〈中庸〉郑朱异同说》。与其他书院课艺不同，是集题乃生徒自拟。

【作者考略】

共66篇，其中：新城王树枏10篇，无极崔权9篇，新城王锷、清苑张铨8篇，永年胡景桂、安州陈文煜7篇，满城康泽溥6篇，无极崔栋、清苑周焕章5篇，黄崇禄1篇。

王树枏（1852—1936）③，字晋卿，号陶庐，新城人。光绪二年（1876）举人，主讲信都书院。十二年（1886）进士，授工部主事，改知县，历青神、资阳、新津、富顺。以事解职，入张之洞（1837—1909）幕。官中卫知县、平庆泾固化道、新疆布政使。民国间官清史馆总纂，主讲萃升书院。著有《新疆图志》、《陶庐文集》。④

崔权（？—1926），字可之，无极人，栋（字尚之）弟。光绪十五年（1889）拔贡，历官隆平教谕、绛州州同，主讲获鹿书院。民国八年（1919）游山西，在洗心社与阎锡山（1883—1960）、赵戴文（1866—1943）相讲论。十一年（1922）代表山西赴曲阜孔林大会，行乡饮酒礼，推为大宾。于诸经独嗜《周易》，于政事则服膺孟子。⑤

王锷（1846—1894），字子涵，新城人。同治十二年（1873）拔贡，光绪十一年（1885）举人。主讲本邑紫泉书院。性沉重，寡言笑，善为文，工书法。⑥

张铨（1843—1910），字衡斋，清苑人，原籍浙江上虞。同治十二年（1873）优贡，

---

① 卒于光绪十六年十二月初四日，公历已入1891年。
② 《清黄陶楼先生彭年年谱》。
③ 生于咸丰元年十一月二十五日，公历已入1852年。据《清代人物生卒年表》，第56页。
④ 尚秉和：《王树枏先生墓志铭》，《国史馆现藏民国人物传记史料汇编》第21辑，第39页。
⑤ 民国《无极县志》卷9《人物》，第22叶。
⑥ 民国《新城县志》卷10《人物》，第11叶。

考取誊录，入实录馆。光绪五年（1879）举人。十一年（1885）实录馆告成，以知县分云南。历署晋宁、武定、石屏、镇南、元谋、禄劝、楚雄、保山、定远、昆明等州县。二十八年（1902）升补威远同知，引见回籍，遂不复出。嗜学终身，未尝释卷。每日皆有日记，积十三册，历二十余年未尝稍间。著有《恒斋文集》四卷、《恒斋诗集》二卷、《公牍存余》四卷、《条约类编》十二卷、《官滇纪程》一册、《觐光游记》一册、《学务笔记》一册。①

胡景桂（1846—1905），字月舫，号直生，永年人。同治十二年（1873）拔贡，会考一等第24名。乡试中式第197名举人，覆试一等第18名。十三年（1874）考取宗室学教习第8名。九年（1883）会试中式第195名，覆试二等第16名，殿试二甲第22名，朝考一等第12名，选庶吉士。散馆授编修，历官甘肃学政、御史、宁夏知府、山东按察使、布政使，陕西按察使。②

陈文煜，安州人。拔贡。与修《重修天津府志》。③

康泽溥，满城人。光绪八年（1882）举人。候补知县。④

崔栋，字尚之，无极人。光绪十五年（1889）举人，后执教于顺天法政学堂。于群经均有深造，尤精三礼，申其大义，一以致用为归。著有《周易大义》、《尚书今文二十八篇大义》、《诗大义》、《五经大义》、《周官日记草》、《仪礼日记草》、《经说随录》。⑤

待考者：周焕章、黄崇禄。

16. 莲池书院课艺

【版本序跋】

无版权叶，无目录，无序跋，不分卷。有评点。

【课艺内容】

四书文13题38篇；杂文2题10篇，题为《拟汉文帝以中大夫令免为车骑将军，屯飞狐；故楚相苏意为将军，屯句注；将军张武屯北地；河内太守周亚夫为将军，次细柳；宗正刘礼为将军，次霸上；祝兹侯徐厉为将军，次棘门，以备胡诏》、《〈太极〉〈西铭〉〈通书〉〈正蒙〉总论》；赋2题6篇，题为《山海关赋（以"环卫神京，控制三省"为韵）》、《七夕赋（以"卧看牵牛织女星"为韵）》；古近体诗2题17篇，题为《拟翁森〈四时读书乐〉》、《咏秋（秋信、秋色、秋声、秋痕、秋思、秋梦）》；试帖诗10题46篇。

【作者考略】

共117篇，其中：金焕祺7篇，陈文煜、白锺元6篇，齐文蔚、李汝秼（文社）5

① 民国《清苑县志》卷4《人物上》，第47叶；卷5《金石》，第67叶。
② 《清代硃卷集成》第54册，第213页；《大清畿辅先哲传》卷35，第1266页。
③ 光绪《重修天津府志》卷首《职名》，第11页。
④ 《满城县志》卷21《人物》，第889、898页。
⑤ 民国《无极县志》卷9《人物》，第22叶。

篇，陈汝昌、钱绳祖（文社）、孙大勇、康泽溥、朱裕谦、归树鸿 4 篇，朱培堉、李纯青、李玉生、纪钜湘、杨斐 3 篇，孙家桢、王森、萧培运、王继庸、李张瑞（文社）、李晋（文社）、张铨、胡景桂 2 篇，崔栋、潘连璧、李德荣、吴仰之、陈嘉瑞、栗逢源、王凤仪、王广泽、田种玉、边来泰、宋文彬、翁葆昌、狄恩镕、孙凤藻、冯士墺、裘廷彦、刘元度、黄调鼎、刘肜寯、张鸿逵、吴其昌、栢荫堂、郭树培、谢汝塘、刘联桂、吴嘉荫、胡进贤、陈宝善、张琮、梁寿昌、范右文、黄厚焘（文社）、万中持（文社）1 篇。

陈文煜、康泽溥、张铨、胡景桂、崔栋，见《莲池书院肄业日记》。

白锺元（1851—1924），字长卿、约斋，新城人。以优贡就职直隶武强、吉林敦化训导。在敦化十余年，曾请吉林将军立官书局以开通风气。讲求经史有用之学，喜攻诗古文，不专事举业。为文醰邕雅饬，尤以古诗赋见长。其治经主通旧说，不轻立新解。著有《经说纂》、《治生书》。①

齐文蔚，字秀林，高阳人。同治十二年（1873）举人。光绪十一年（1885）官文安教谕。②

朱裕谦，字在田、泽田，清苑人。光绪八年（1882）优贡，二十三年（1897）举人。以知县分发河南，参与办理开封府属冬赈、机器局文案、监理铜元造币厂、灵宝县潞盐等事宜。任重事繁，因劳致疾，卒于差次。③

归树鸿，清苑人。光绪八年（1882）举人。官霸县训导。④

李纯青。邯郸李纯青，光绪元年（1875）举孝廉方正，官武邑训导。⑤ 疑即此人。

纪钜湘，字海帆，献县人。诸生。官山东候补知县。师事吴汝纶（1840—1903），受古文法。⑥

李张瑞，字子仁，号芝吟，房山人，原籍云南剑川。弱冠以太学生应乡试，连不得志。迫于家境，历充外任西席及教授本地生。善诱人，多成就。年四十余，中光绪二十三年（1897）举人。翼年会试，借闱河南，以资匮不得赴试。性情和蔼，安贫乐道。著有《螺吟山房诗文集》二卷、《房山水道考》一卷。⑦

王凤仪（1855—1931），字瑞清，新城人。光绪二十年（1894）举人。隐居教授凡二十年，成材者众。民国以来兼营商业，由是家业日盛。⑧

边来泰（？—1912），字子和，清苑人。岁贡生。家贫好学，肄业莲池书院，每月课试列前茅。九上秋闱，屡荐不第，遂绝意进取。笃伦常，尚气节，尤善课蒙。庚子（1900）事起，来泰积愤不平，恨年老无力报国，每遇少年，勉以实学。及病笃，犹太息曰："恨壮年不投笔从戎，终老牖下耳。"⑨

① 民国《新城县志》卷 10《人物》，第 13 叶。
② 民国《文安县志》卷 3《官师志》，第 23 叶。
③ 民国《清苑县志》卷 4《人物上》，第 50 叶。
④ 民国《清苑县志》卷 3《教育》，第 33 叶；民国《霸县新志》卷 3《行政》，第 50 叶。
⑤ 民国《邯郸县志》卷 8《选举志》，第 18 叶。
⑥ 《桐城文学渊源、撰述考》，第 317 页。
⑦ 民国《房山县志》卷 6《人物》，第 31 叶；卷 7《艺文》，第 1 叶。
⑧ 民国《新城县志》卷 12《人物》，第 16 叶。
⑨ 民国《清苑县志》卷 4《人物下》，第 94 叶。

翁葆昌（1856—1909），字林森，号礼卿，清苑人。光绪五年（1879）乡试中式第41名举人。十五年（1889）大挑二等，以教职用。保升知县，分发山西，历知翼城、襄垣、长子、平遥、陵川、文水等县。保升知府，在任候补。①

孙凤藻，字兰升，号翔舞，完县人。光绪十一年（1885）拔贡。明年朝考二等第7名，以知县签分山西，历官太谷、赵城等县。卒于赵城任所。②

冯士塽（1842—？），字晓亭，号西岚、旭珊，河间人。同治九年（1870）举人。官正定教谕。著有《玩月草堂印存》四册。③

刘元度，字蔼如，徐水人。光绪间举孝廉方正。官州判。④

刘彤寯，盐山人。光绪十一年（1885）举人。⑤

张鸿逵，徐水人。光绪十一年（1885）拔贡。⑥

谢汝塘，清苑人。贡生。⑦

范右文，清河人。著有《范氏诗存》二卷（与范恢文合撰）、《通考提要问答》四卷。又与白锺元（1851—1924）合编《万卷楼藏书总目》一卷。⑧

余皆待考。

天津府

17. 会文书院课艺初刻

【书院简介】

天津会文书院，建于清同治十三年（1874）。光绪五年（1879）增建房舍、藏书室。二十八年（1902）在书院旧址创建天津民立第一小学堂。⑨

【版本序跋】

署"光绪七年（1881）二月开雕"。

如山序云：

童时入家塾，见程子"可惜举业坏了多少人"语，心窃怪之。比束发受书，与同学少年涉猎书史，角胜于考□之场，是古非今，相尚名高，薄举业不屑为，笑向之所疑者不足怪。且以汉学、宋学互相标榜，而讥时遭忌，弗顾也。迨通籍后，稍悟向

① 《清代硃卷集成》第115册，第303页；民国《清苑县志》卷4《人物上》，第51叶。
② 民国《完县新志》卷4《文献·人物》，第22叶。
③ 《河间金石遗录》，第25页。
④ 民国《徐水县新志》卷7《选举》，第30叶。
⑤ 光绪《重修天津府志》卷18《选举》，第359页。
⑥ 民国《徐水县新志》卷7《选举》，第14叶。
⑦ 民国《清苑县志》卷3《教育》，第35叶。
⑧ 《清河县志》第22编《文化》，第620页；《清代目录提要》，第301页。
⑨ 《中国天津通鉴》，第87页。

之所疑者固非，即不疑所怪者亦非也。夫举业制义，代圣贤立言，自明迄今，以之取士者垂五百年，人才辈出，至我朝为尤盛。如柏乡魏文毅、蔚州魏敏果、安溪李文贞、睢州汤文正、平湖陆清献，以及桐城方氏、金坛王氏、宜兴储氏，卓然为名臣，为硕儒，文章事业，辉映后先，相为表里者，代不乏人。良以言者心之声，行之符，能言圣贤之言者，必能心圣贤之心，行圣贤之行，非徒以弋取科名地也。

丁丑（1877）夏，予董醮长芦。天津会文书院为郡中举人肄业所，流寓者亦与焉。官是邦者，月各有课。董事等举乙亥（1875）、丙子（1876）、丁丑（1877）课文，荟萃成册，将付手民，属予为序。曾子曰："君子以文会友，以友辅仁。"苟肄业诸君，顾名思义，不薄举业，不务名高，以汉学、宋学相砥砺，必能力培根柢，各抒蕴蓄，发为文章，以成国家有用之材，它日名臣硕儒，胥于是基焉，不斩斩以会文毕乃事也，是则予之所厚望也夫！

光绪辛巳（1881）中和节，满洲赫舍里氏如山寿南甫识于长芦醮署。

如山（1811—？），赫舍里氏，字冠九，满洲镶蓝旗人。道光十八年（1838）进士，官詹事府赞赏。值道光末年大考翰詹，如山自带书籍入试，为搜检官所获，未入考而革职。家居十年，值太平军攻陷武昌，其弟多山（？—1855）殉难。如山冒险南去接灵，竟得武昌府印信，以功获用。历官武昌知府、浙江金衢严道、直隶按察使。善书工画。著有《写秋轩诗存》。①

马绳武序云：

同治庚午（1870）奉命来守津郡，间课士于辅仁书院。值乡贤沈文和选辅仁课艺，见其情文相生，清真雅正，足表津邑人文之盛。与芦台课艺后先辉映，洵巨制也。

第课艺均系生童，而举人不与焉。光绪纪元（1875），邑贡生娄允孚（举信）禀请创建会文书院于文庙后隙地，仿照扬州孝廉堂成式专课举人。适祝观察爽庭（垲）摄都转篆，余为之请。都转遂转详合肥李爵相，于盐课杂款项下岁拨津蚨千缗为肄业膏火资，都转并率同寅捐廉。时丁藩伯乐山（寿昌）以兵备丁忧去职，亦从众捐白金若干，凡易津蚨八千有奇。建学舍，置器用，购书籍，余六千缗拨交质库生息，课□经费遂由是出。绅士经理其事者，娄君允孚又举孝廉陈挹爽（垲）、杨香唅（光仪）、陈竹卿（法箓），贡生缪子云（嗣龙）、王竹溪（锡恩）、李北溟（金海）轮年值事。于乙亥（1875）二月，爵相开课，洎阅岁而人士滋多。值余权都转篆，复于杂款项下岁增津蚨五百缗，而津贴遂裕如也。计考课三岁肄业，列正取课艺缮清送院备选者，得百四十余篇。董事恐日久散失，拟刊《初编》，以公同好。适丁藩伯权津关道篆，慨捐白金若干为剞劂费。是时如寿南（山）为长芦都转，课士会文书院，董事以三岁课艺呈阅，请操选政。

事犹未蒇，而娄允孚等以改建大门、增修学舍相请。光绪五年（1879）仲夏，

① 《清代官员履历档案全编》第26册，第676页；《清画家诗史》庚下，第196页；《道咸以来朝野杂记》，第78页。

如都转偕余履勘地基，估计工程。自都转倡捐，丁藩伯暨郑观察玉萱（藻如）、刘观察昆圃（秉琳）与余均为出资，其有不敷，绅商士庶捐足之，计得白金二千四百有奇，阅五月而工告成。凡官廨、讲堂、学舍、门屏、池桥、廊槛俱备。斯举也，允孚总理其事，轮年值事者与赞成焉。复举贾明府子贞（炳元）、华贡生寿庄（械）、梅明经鹤山（宝辰）、李茂才莆（书麟）分任值年之劳。惟是创新因旧，诸务纷纭，迨光绪辛巳（1881）仲春，清厘就绪，勒石纪事。适课艺之选，如都转鉴定得八十首，名为《会文书院课艺初刻》。其先后登黄甲、入礼曹、擢词林，如孔黼堂（传勋）、王晋贤（恩淮）、沈绍乾（士鏮），均经肄业于初建三年内也。

第思圣学昌明，文教日盛，惟愿肄业诸君，体各宪暨董事汇集成帙之意。自光绪四年（1878）以后，将正取课卷送院备选，三年一刻，并爵相决科试卷荟萃成编，由《初刻》以逮《二刻》、《三刻》，相续弗替，是所厚望者也。余羁守保阳，备闻斯举，因昔曾躬膺其际也，特援笔而记之，俾阅者悉其原委云。

光绪辛巳（1881）端阳节，怀宁马绳武松圃识。

马绳武，字松圃，安徽怀宁人。家贫不能自存，入都供军机处缮写职。以正指挥外用知州，有政声。擢天津府，摄天津道，权长芦盐运使。遭母丧回籍，蛟水为灾，督办振济事，以过劳卒于宿松途次。[1]

《例言》云：

一、制艺代圣贤立言，以清真雅正为上。是选取文品不高不低，学有根柢，堪以应制科者为率。其有文涉寒俭，貌为高古者，概不入选。

一、一题数艺者，以原取名次先后为序，于每篇姓氏上标明，不复轩轾其间。

一、原评业已详明，间有加批者，亦必备载，不复另为品评，致形赘叙。

一、国家最重科名，诸君子应课者，各有科分，故立肄业姓氏一册，详细注明。其由副榜应课者，虽另科中式正榜，必先标明。其正榜应课者，虽先中副榜，不复追叙。其有流寓应课者，亦必备载，以志人文之盛。

一、三年中应课者七十三人，而课艺仅列二十四人，以课艺送院备选者只有此数，现就已送者选刊。此三年内如有愿将课艺备选者，陆续送院，俟续刻选入。

一、每居三年，选刻一次，相续永久。

【课艺内容】

四书文 49 题 80 篇，其中《大学》12 题 20 篇，《论语》24 题 41 篇，《中庸》5 题 8 篇，《孟子》8 题 11 篇。有评点。

【作者考略】

《例言》称"课艺仅列二十四人"，实则收录 23 人：赵銮扬 19 篇，王恩淮 11 篇，王兆蓉 8 篇，解开元、林骏元 7 篇，尹淮 6 篇，徐维域 3 篇，李春棣、张彭龄、沈士鏮 2

---

① 民国《怀宁县志》卷 18《仕业》，第 435 页。

篇，孔传勋、高炳辰、陈宗凤、梅映奎、李伯勋、何聚元、朱起鹏、陈价翰、王廷珍、刘凤洲、邹廷翰、刘彭年、王铭恩 1 篇。卷首又有《肄业姓氏》，列出"将课艺送院备选者" 24 人，其中齐学瀛未见有文收录；此外又列出"乙亥、丙子、丁丑三年内肄业者" 49 人。每篇作者前皆注明考官姓氏、官职和生徒等级、名次，如"林都转课正取一名王兆蓉"、"萧邑尊课正取一名徐维域"。

赵銮扬（1847—?），字子清，号芷卿，天津人。光绪元年（1875）乡试中式第 209 名举人，覆试二等第 32 名。十二年（1886）会试挑取誊录第 18 名。十八年（1892）会试中式第 236 名，覆试二等第 42 名，殿试三甲，朝考三等。历官国子监助教、吏部主事、云南武定知州，署云南府同知、昆阳知州。著有《十三经述闻》、《廿四史述闻》、《诸子述闻》、《小学述闻》、《玉函辑佚刊误补遗》。①

王恩湉（1851—?）②，字荩贤，号梦竹、晋仙，天津人。同治六年（1867）举人，光绪三年（1877）进士。官翰林院检讨。③

王兆蓉，改名兆庄，字午亭，天津人。同治六年（1867）举人。官广东南雄州同、龙门知县。④

解开元，天津人。咸丰八年（1858）副贡，栾城教谕。光绪二年（1876）举人，官知县。⑤

林骏元（1845—?），字杏农，天津人。同治三年（1864）举人。官四川冕宁知县，代理会理知州。⑥

尹湉（?—1921），字澂甫，天津人。同治十二年（1873）举人。历官浙江孝丰、建德、常山、永嘉知县，借补浙江布政司经历，署奉天东平知县。辛亥前后，参与天津京剧改良运动，编有《聊斋》故事剧《因祸得福》、《珊瑚传》等。擅楷书、竹兰。⑦

徐维域，字少云，天津人。同治九年（1870）举人。十上春官不第，东客辽阳，南游大梁。垂老始官任丘教谕，复值变革学制。著有《今夕止可谈风月斋诗钞》八卷。⑧

李春棣，天津人。光绪元年（1875）举人。⑨

① 《清代硃卷集成》第 78 册，第 1 页；《清代官员履历档案全编》第 28 册，第 413 页；民国《天津县新志》卷 20《荐绅》，第 707 页。

② 生年据《清代人物生卒年表》，第 60 页。

③ 光绪《重修天津府志》卷 18《选举》，第 356、358 页。

④ 光绪《重修天津府志》卷 18《选举》，第 356 页；民国《天津县新志》卷 20《荐绅》，第 703 页。

⑤ 光绪《重修天津府志》卷 18《选举》，第 354、358 页。

⑥ 光绪《重修天津府志》卷 18《选举》，第 356 页；同治《会理州续志》卷上《秩官志》，第 1 叶；《清代官员履历档案全编》第 27 册，第 604 页。

⑦ 光绪《重修天津府志》卷 18《选举》，第 357 页；民国《天津县新志》卷 20《荐绅》，第 708 页；《中国戏曲志·天津志》，第 400 页；严范孙：《祭尹澂甫先生文》，《社会教育星期报》1921 年 8 月，第 310 期。

⑧ 光绪《重修天津府志》卷 18《选举》，第 356 页；民国《天津县新志》卷 20《荐绅》，第 707 页；卷 23《艺文》，第 962 页。

⑨ 光绪《重修天津府志》卷 18《选举》，第 357 页。

张彭龄，天津人。光绪元年（1875）解元。官教谕。①

沈士鏴（1854—?）②，字伯钧、声甫，天津人。同治十二年（1873）举人，光绪六年（1880）进士。历官山西襄垣、平遥知县，解州知州、候补知府，署太原知府。③

孔传勋，字辅堂，天津人。同治九年（1870）举人，光绪三年（1877）进士。官礼部主事。④

高炳辰（1854—?），字焕卿、子枢，号仲安，天津人。光绪二年（1876）解元。官山西左云知县。⑤

陈宗凤，字桐巢，天津人。光绪二年（1876）举人。官广东博罗、始兴知县。⑥

梅映奎，天津人。咸丰九年（1859）举人。官知县。⑦

李伯勋，天津人。同治元年（1862）副贡。官河南知县。⑧

何聚元，字星五，天津人。咸丰十一年（1861）副贡。⑨

朱起鹏。大兴朱起鹏，光绪五年（1879）举人。⑩ 疑即此人。

陈价翰，字墨林，天津人。咸丰十一年（1861）举人。官井陉、广宗教谕或训导。⑪

王廷珍，字聘卿，天津人。同治九年（1870）举人。官湖北麻城、来凤、江夏、蕲水知县。⑫

刘凤洲，天津人。同治九年（1870）副贡，光绪元年（1875）举人。官知县。⑬

邹廷翰，字葵轩，天津人。同治六年（1867）举人。官丰润教谕、安徽六安州同。⑭

刘彭年（1857—?），字寿籛，号信庵、性庵，天津人。光绪二年（1876）乡试中式第229名举人。十五年（1889）会试中式第272名，覆试一等第13名，殿试二甲第4名，朝考二等第94名，选庶吉士。散馆授刑部主事，历官员外郎、郎中，湖广道监察御史，

---

① 光绪《重修天津府志》卷18《选举》，第357页。

② 生年据《清代人物生卒年表》，第359页。

③ 光绪《重修天津府志》卷18《选举》，第357、359页；民国《天津县新志》卷20《荐绅》，第706页。

④ 光绪《重修天津府志》卷18《选举》，第356、358页；民国《天津县新志》卷20《荐绅》，第706页。

⑤ 《清代硃卷集成》第113册，第75页；民国《天津县新志》卷20《荐绅》，第711页。

⑥ 光绪《重修天津府志》卷18《选举》，第358页；民国《天津县新志》卷20《荐绅》，第711页。

⑦ 光绪《重修天津府志》卷18《选举》，第354页。

⑧ 光绪《重修天津府志》卷18《选举》，第355页。

⑨ 同治《续天津县志》卷12《选举》，第363页。

⑩ 《北京市志稿》第15册，第363页。

⑪ 光绪《重修天津府志》卷18《选举》，第354页；民国《天津县新志》卷20《荐绅》，第701页。

⑫ 光绪《重修天津府志》卷18《选举》，第356页；民国《天津县新志》卷20《荐绅》，第707页。

⑬ 光绪《重修天津府志》卷18《选举》，第357页。

⑭ 光绪《重修天津府志》卷18《选举》，第356页；民国《天津县新志》卷20《荐绅》，第703页。

户科给事中，民政部左参议、右丞。①

王铭恩，天津人。光绪二年（1876）举人。②

---

① 《清代硃卷集成》第 66 册，第 329 页；《清代官员履历档案全编》第 7 册，第 120 页；民国《天津县新志》卷 20《荐绅》，第 710 页。

② 光绪《重修天津府志》卷 18《选举》，第 358 页。

江西省

南昌府

18. 豫章书院课艺

【书院简介】

南昌豫章书院，创自南宋。明万历间改为豫章二十四先生祠，清康熙二十八年（1689）改为理学明贤祠。五十六年（1717）重建书院，其后多次增修。光绪二十八年（1902）改为江西省大学堂，三十年（1904）改为江西高等学堂，宣统元年（1909）改为江西实业学堂，民国元年（1912）改为江西高等工业学堂。①

【版本序跋】

题"宜黄黄爵滋树斋阅选，侄秩澍慰农、侄秩韶虞九、男秩桨民生、重侄传骈蓉生编校"。

黄爵滋序云：

> 书院之设，与府州县学相为表里。自京师有金台书院，所以著首善之宏模，拓成均之余绪，各省因之。生徒备奖赏，师长可议叙，典至隆，事至周也。顾士先器识而后文艺。【略】然则文艺虽末，亦曲直美恶之所由见耳。爰自去春迄今，得豫章书院课艺若干作，别而存之；又得经训书院课艺若干作，附而益之。炳然蔚然，可以观矣。
>
> 夫国家乡会试之制，首四书、八韵，次五经、五策。而学政则三年一试，优贡十二年一试，选贡经解、诗赋靡不旁及。书院既与府州县学相表里，又况省会为各州县之表率，准绳在焉，风气系之。此在当事，必非以为名也。如为名，则适以藉废事者之口，故虽兴犹废；在学者，亦以必非以为利也。如为利，则适以便乱真者之私，故虽真亦伪。是故考业必有其常，而程效必有其实。今以皇皇训士之规，为区区售士之术，而犹不能使之一其趋向，易其志虑。匪惟奉者之过，抑亦主者之咎也。且学者内求，内求则劝勉皆同；文者外求，外求则好尚非一。夫岂能以一己之好尚，例他人之好尚哉！然则诸生，其务以学为劝勉；予之劝勉诸生，亦惟以学为先务。则非独予一己之好尚，而天下古今之所共相好尚也。呜呼！江河下而颓可挽，日月逝而景常新。诚知今日之文，不必遽让于古；则古人之学，亦何必遽绝于今日哉！刻是集成，姑书以贻今日之论书院者。
>
> 道光乙巳（1845）仲秋月，宜黄黄爵滋序。

---

① 《江西学府志》卷1《书院》，第23页。

黄爵滋（1793—1853），字德成，号树斋，宜黄人。年二十二，以拔贡朝考一等，为泸溪训导。嘉庆二十四年（1819）举人。道光三年（1823）进士，改庶吉士，授编修。历官福建道、陕西道御史，兵、工科给事中，鸿胪寺卿，大理寺少卿，通政使司通政使，礼部右侍郎，刑部右侍郎、左侍郎。以户部银库失察落职，候补六部员外郎。卒于京师。著有《仙屏书屋集》十八卷（收入《续修四库全书》）。《晚晴簃诗汇》录其诗22首。①

黄秩韶，字虞九。道光十九年（1839）举人，咸丰三年（1853）进士。同治五年（1866）官峨眉知县。②

黄秩榘（1817—?），字民生。曾任南昌县丞。著有《剿办崇仁会匪事略》一卷，收入《逊敏堂丛书》。③

黄秩澍、黄传骥，待考。

【课艺内容】

《大学》4题8篇，《论语》28题89篇，《中庸》3题12篇，《孟子》18题46篇。有评点。附试帖诗145篇。

【作者考略】

四书文155篇，其中：燕毅8篇，曾书云7篇，傅济川、张懋芝、傅起岩5篇，余坚、潘立蓉、许达京、郑志昀4篇，刘青选、叶宝树、傅启沃、袁臣逵、朱轮、萧炳辰、翟用宾、孙志钧3篇，万家彦、辜为福、夏献云、吴荣生、甘大魁、李际会、丁伟文、梅启照、魏继桢、项俊昌2篇，傅长灏、高梧、胡克增、陈湘兰、戴霖祥、皮家骐、胡元泰、万兆淦、郭有容、傅桑、夏献谟、邓从龙、刘鹤龄、杨道南、陈世昌、尚宽、陶寿颐、夏金策、涂经、许琛、徐湘浦、熊琳、黄昌运、赵炳元、周炳煌、许振祺、车元扬、陶寿嵩、尚修和、裴恂、夏献铭、赖际元、陶寿玉、李必观、曾作霖、陈砥柱、欧阳菜、漆锦澜、王策勋、皮光湖、朱龄、易观涛、胡紫绶、朱景程、戈兑、蔡桐枝、孔宪成、胡照奎、魏崇淳、申恺、胡承勋、伍经郪、傅春元、阮儒傒、郑人骥、刘宝谦、潘怀珠、仇昌言、余兆绚、吴焕南、傅复初、熊湘、王兆龙、万锐利1篇，附录黄传骥1篇。正文中作者前标"山长黄课超等一名"、"抚宪吴甄别二名"等。

梅启照，见《诂经精舍四集》。

燕毅，字果安，南昌人。咸丰元年（1851）举人，即选同知。纂修《南昌县志》。④

曾书云，号望三，彭泽人。与周鹤龄（号琴叔）、项俊昌（号甸民）三人以文名伏一

① 孙衣言：《光禄大夫前刑部左侍郎黄公行状》，《逊学斋文钞》卷6，第354页；《晚晴簃诗汇》卷131，第5644页。

② 光绪《抚州府志》卷44《选举志·举人二》，第729页；卷42《选举志·进士》，第701页；宣统《峨眉县续志》卷5《官师志》，第716页。

③ 《太平军在江西史料》，第25页；《中国丛书综录》第2册，第335页；黄细嘉：《黄爵滋系年要录》，《抚州师专学报》1995年第4期，第18页。

④ 同治《南昌县志》卷首《衔名》，第10叶。

时。道光二十六年（1846）举人。久困京华，郁郁而出，客死湖南。①

傅济川，字睿贤，号苇杭，新喻人。道光二十五年（1845）恩贡。②

张懋芝（1821—1851），字云阁，新喻人。少有神童之目。肄业豫章、经训书院凡十年，历任山长皆深奖许。道光二十九年（1849）拔贡、举人。越二年卒。著有《周易法戒录》。③

傅起岩（1822—?）④，字信甫，号吉民，南昌人。道光二十六年（1846）举人，咸丰三年（1853）进士。官刑部主事。⑤

潘立蓉，武宁人。庠生。⑥

许达京（1827—?），字冀生，号瑶伯、小海，南昌人。咸丰九年（1859）乡试中式第124名举人。⑦

郑志昀，字容轩，上饶人。候选教谕。与修《江西通志》。著有《麻疹证治要略》。⑧

叶宝树，南昌人。廪生。官江西候补道。⑨

傅启沃，字志学，号鑑亭，丰城人。邑庠生，工制艺，屡荐不售。每课书院，十余艺挥洒立就。豫章主讲黄爵滋（1793—1853）深器重之，梓其文行世。⑩

袁臣逵，南昌人。同治元年（1862）举人。与修《江西通志》。⑪

朱轮。南昌朱轮，副贡。受母教，蜚声黉序，为名贡生。⑫ 疑即此人。

孙志钧，泰和人。道光二十六年（1846）举人。官广东连平知州、潮州南澳海防同知。⑬

辜为福，南昌人。诸生。与修《江西通志》。⑭

夏献云（1824—1889）⑮，字翕臣，号小润、芝岑，新建人。道光二十九年（1849）拔贡。朝考用七品小京官，入校宣宗实录。咸丰四年（1854）充军机章京，历官主事、员外郎、郎中、方略馆协修、纂修、收掌官、湖南按察使、粮储道。著有《清啸阁诗文集》。⑯

丁伟文，字石衫，瑞昌人。邑廪生。博极群书，酷嗜《史》《汉》暨唐宋八大家文

① 同治《彭泽县志》卷9《选举》，第17叶；卷11《文苑》，第61叶。
② 同治《新喻县志》卷8《选举》，第38叶。
③ 同治《新喻县志》卷10《文苑》，第41叶。
④ 生年据《清代人物生卒年表》，第775页。
⑤ 同治《南昌府志》卷31《选举·举人》，第31叶；卷29《选举·进士》，第45叶。
⑥ 同治《武宁县志》卷38《艺文·诗》，第31叶；卷40《艺文·诗》，第59、60叶。
⑦ 《清代硃卷集成》第306册，第275页。
⑧ 《中国医籍通考》第3卷，第4464页；光绪《江西通志》卷首《职名》，第4叶。
⑨ 同治《南昌府志》卷35《选举·仕籍》，第20叶。
⑩ 同治《丰城县志》卷16《文苑传》，第25叶。
⑪ 同治《南昌府志》卷31《选举·举人》，第33叶；光绪《江西通志》卷首《职名》，第4叶。
⑫ 同治《南昌府志》卷54《列女》，第154叶。
⑬ 同治《泰和县志》卷12《选举》，第34叶。
⑭ 光绪《江西通志》卷首《职名》，第6叶。
⑮ 卒于光绪十四年十二月二十四日，公历已入1889年。
⑯ 倪文蔚：《署湖南按察使粮储道夏君传》，《碑传集三编》卷19，第267页。

集。作文因题制巧，无美不臻。道光甲辰（1844）乙巳（1845）间，率子弟肄业豫章，与曾书云（号望三）、燕毅（字果安）辈齐名。尤好诱掖后进，乡之登科甲者，率出其门下。①

魏继桢，南昌人。道光二十六年（1846）举人。官广西知县。②

项俊昌（1818—?），号甸民，彭泽人。道光十七年（1837）拔贡，年甫弱冠。座师谓为名场捷足，乃奔驰南北试，卒不获一科。晚值战乱，病恚以死。③

傅长灏，清江人。廪贡。道光十年（1830）官饶州训导。④

高梧（1823—?），字翰卿、凤冈，新建人。咸丰九年（1859）举人。⑤

胡克增，新建人。候选训导。与修《泾阳县志》。⑥

戴霖祥（1824—?），字雨农，号仲泉，大庾人。道光二十九年（1849）拔贡。历官七品小京官、户部郎中、庆远知府。⑦

皮家骐，高安人。庠生。早卒，其妻梁氏守节。⑧

胡元泰，字瑞征，新昌人。咸丰元年（1851）举人。⑨

郭有容，峡江人。同治二年（1863）岁贡。⑩

夏献谟，新建人。廪贡。官湖北通城知县。⑪

邓从龙，清江人。廪贡。咸丰四年（1854）官泰和教谕。同治四年（1865）官雩都教谕。⑫

刘鹤龄（1822—?），字皋九，号梅伴，安福人。道光二十九年（1849）拔贡。⑬

杨道南。丰城杨道南，字崔研，拔贡。⑭ 疑即此人。

陈世昌，武宁人。咸丰二年（1852）副贡。官东乡训导。⑮

熊琳，新建人。廪生。道光二十九年（1849）与修《新建县志》。⑯

黄昌运。崇仁黄昌运，道光十一年（1831）贡生。⑰ 疑即此人。

周炳煌。贵溪周炳煌，监生。友爱成性。兄弟既分爨，独以贸易起家。止一子，而弟

① 同治《瑞昌县志》卷8《人物》，第15叶。
② 同治《南昌府志》卷31《选举·举人》，第31叶。
③ 同治《彭泽县志》卷9《选举》，第47叶；卷11《文苑》，第61叶。
④ 同治《饶州府志》卷9《职官》，第31叶。
⑤ 《清代硃卷集成》第306册，第149页。
⑥ 道光《重修泾阳县志》卷首《姓氏》，第2叶。
⑦ 《清代硃卷集成》第405册，第107页；民国《大庾县志》卷6《选举》，第54叶。
⑧ 同治《高安县志》卷20《闺范》，第68叶。
⑨ 同治《瑞州府志》卷10《选举》，第36叶。
⑩ 同治《峡江县志》卷7《选举》，第45叶。
⑪ 同治《新建县志》卷37《选举》，第5叶。
⑫ 同治《泰和县志》卷5《政典》，第15叶；同治《雩都县志》卷7《秩官》，第38叶。
⑬ 《清代硃卷集成》第405册，第87页。
⑭ 同治《丰城县志》卷9《选举志二》，第11叶。
⑮ 同治《南昌府志》卷34《选举·诸贡》，第50叶。
⑯ 同治《新建县志》卷首《崔志序》按语，第31叶。
⑰ 光绪《抚州府志》卷45《选举志·五贡》，第760页。

侄辈至十余人，教养婚娶，待之如一，始终无间。较让财者，似更难焉。① 未知是否即此人。

许振祺。奉新许振祺，诸生。② 未知是否即此人。

车元扬，字御千，号寅补，义宁人。增生。选用训导。③

陶寿嵩，南昌人。廪贡。同治间官湖北竹溪知县。光绪元年（1875）官东湖知县，四年（1878）官崇阳知县。④

尚修和，南昌人。同治元年（1862）举人。⑤

夏献铭，字子新，新建人。附贡生。报捐中书，改捐知县，分发广东，历官兴宁、增城、海阳、揭阳等县。同治十三年（1874）报捐知府，官连州知州、惠州知府。升广东候补道、湖南按察使。卒年七十六。⑥

赖际元，奉新人。廪贡。候选训导。⑦

陶寿玉，字仲瑜，南昌人。道光二十四年（1844）举人。咸丰间入曾国藩（1811—1872）幕。同治二年（1863）官岳州知府。⑧

李必观。建昌李必观，贡生。⑨ 未知是否即此人。

欧阳棻，安义人。拔贡。历官直隶涞水、束鹿、沙河知县。⑩

王策勋，瑞昌人。咸丰间考取翰林院供事。⑪

朱龄（1808—1882）⑫，字芷汀，号海帆，高安人。道光二十九年（1849）举人。官乐安训导。著有《邃怀堂文集笺注》十六卷、《古欢斋文录》一卷。⑬

易观涛（1788—?），字海鲲，号海门，萍乡人。道光二十三年（1843）岁贡。⑭

胡紫绶，字爱存，号仪卿，高安人。增贡。官进贤教谕、龙泉训导。⑮

朱景程，南昌人。道光二十六年（1846）举人。⑯

---

① 同治《贵溪县志》卷8之7《人物·孝友》，第14叶。
② 同治《奉新县志》卷3《学校二》，第66叶。
③ 同治《义宁州志》卷21《选举》，第37叶。
④ 同治《竹溪县志》陶寿嵩序，第2页；《宜昌县志》卷17《政权》，第534页；《崇阳县志》卷19《政权》，第436页。
⑤ 同治《南昌府志》卷31《选举·举人》，第33叶。
⑥ 《清代官员履历档案全编》第5册，第447页；杨增荦：《夏公子新传》，《碑传集三编》卷19，第277页。
⑦ 同治《奉新县志》卷11《人物四》，第74叶。
⑧ 《清代江西乡试研究》附录《清代江西举人名录》，第348页；《曾国藩传》，第606页；《岳阳市志》第2册，第578页。
⑨ 同治《南康府志》卷15《选举》，第32叶。
⑩ 同治《安义县志》卷8《选举下》，第24叶。
⑪ 同治《瑞昌县志》卷7《选举·授职》，第31叶。
⑫ 生卒年据《历代名人生卒年表　历代名人生卒年表补》，第556页。
⑬ 同治《高安县志》卷10《选举·举人》，第27叶；《八千卷楼书目》卷18，第354、359页。
⑭ 《清代硃卷集成》第415册，第69页。
⑮ 同治《高安县志》卷11《选举·贡生》，第34叶。
⑯ 同治《南昌府志》卷31《选举·举人》，第31叶。

蔡桐枝，字鸣高，号凤冈，奉新人。道光二十九年（1849）举人。咸丰间参与办理劝捐、团练事务。①

胡照奎（？—1857），字聚五，号星臣，高安人。道光二十九年（1849）拔贡，朝考二等，候选教谕。咸丰七年（1857）殉难。②

刘宝谦，号六皆，武宁人。同治元年（1862）举人，十年（1871）官弋阳教谕。分纂《武宁县志》。③

潘怀珠，字慎斋，贵溪人。同治五年（1866）恩贡，以军功授知县。与修《贵溪县志》。④

仇昌言，字拜之，号松川，上高人。由增贡捐授翰林院待诏。⑤

傅复初，字见心，号真吾，高安人。咸丰二年（1852）举人。⑥

熊湘。江西熊湘，光绪十五年（1889）举人。⑦ 未知是否即此人。

余皆待考。

19. 经训书院课艺

【书院简介】

南昌经训书院，建于清道光二十年（1840）。时按察使刘体重（1768—1843）以会城书院课士皆以制艺，特创经训书院以倡明经学。清末改为学堂，宣统二年（1910）办女子蚕桑讲习所，后改为女子职业学校。原址今为南昌八中。⑧

【版本序跋】

附于《豫章书院课艺》，亦题"宜黄黄爵滋树斋阅选，侄秩澍慰农、侄秩韶虞九、男秩椠民生、重侄传骕蓉生编校"。当亦成于道光二十五年（1845）。按，笔者所阅湖南图书馆藏本，有目无文。以下所叙，仅据目录。

【课艺内容】

经解、考证、论说、序记之文16题30篇，题如《〈春秋三传〉解》、《十五〈国风〉次序说》、《明堂月令考》、《孟子年岁事迹考》、《拟经训书院记》、《拟〈法戒录〉序》；赋14题31篇，题如《说士甘于肉赋》、《拟潘岳〈藉田赋〉》、《拟郭景纯〈江赋〉》、《蛾子时术之赋》。附古今体诗100篇。

---

① 同治《奉新县志》卷9《人物二》，第45叶。
② 同治《高安县志》卷11《选举·贡生》，第44叶。
③ 同治《南昌府志》卷31《选举·举人》，第34叶；同治《弋阳县志》卷7《职官》，第10叶；同治《武宁县志》卷首《职名》，第1叶。
④ 同治《贵溪县志》卷7之3《选举》，第37叶；卷首《修志名衔》，第2叶。
⑤ 同治《重修上高县志》卷7《选举》，第10叶。
⑥ 同治《高安县志》卷10《选举·举人》，第28叶。
⑦ 《清代江西乡试研究》附录《清代江西举人名录》，第360页。
⑧ 同治《南昌府志》卷17《学校》，第13叶；《江西学府志》卷1《书院》，第43页。

【作者考略】

　　文、赋61篇，其中：张懋芝8篇，曾书云7篇，燕毅6篇，叶宝树、翟用宾、辜为福4篇，傅寅、李际会3篇，郑志昀、朱轮、傅庚、夏献云、何元杰2篇，王策勋、袁臣逵、徐玉麟、尚修和、潘怀珠、傅起岩、叶兆鳌、吴德荣、梅启照、刘天麟、高梧、陶寿嵩1篇。

　　梅启照，见《诂经精舍四集》。

　　张懋芝、曾书云、燕毅、叶宝树、辜为福、郑志昀、朱轮、夏献云、王策勋、袁臣逵、尚修和、潘怀珠、傅起岩、高梧、陶寿嵩，见《豫章书院课艺》。

　　刘天麟（1828—?），字玉书，号石生，南昌人。咸丰九年（1859）乡试中式第184名举人。官教习。①

　　待考者：翟用宾、傅寅、李际会、傅庚、何元杰、徐玉麟、叶兆鳌、吴德荣。

20. 经训书院文集

【版本序跋】

　　署"光绪癸未（1883）孟春江西书局开雕"。

　　国家图书馆藏本两种，一为六卷本，三册，壬午年（1882）课艺；一为十卷本，五册，前三册与六卷本相同，后二册为卷七至卷十，癸未年（1883）课艺。又，南京图书馆有十二卷本，六册，前五册与国图藏本内容相同。多出第六册，为卷十一、十二，甲申年（1884）课艺。

　　卷首《经训书院改章原奏》：

　　　　江西巡抚臣李文敏、翰林院侍读学士江西学政臣洪钧跪奏：为修整省城经训书院，更立课程，以崇实学而育人材，恭折仰祈圣鉴事。

　　　　窃维国家储才之道，首重学校。而作养士子以辅翼学校者，则赖书院。江西省城旧设三大书院：曰豫章，巡抚主之；曰友教，曰经训，藩臬两司主之。经训创于道光年间，臬司刘体重所建。他书院课时文，此则专课经解、古文、诗赋。衔华佩实，相辅而行，法至良，意至美也。

　　　　乃行未数十年，浸就废弛，肄业士子非特不能解经，即论箸杂体，亦芜陋无足观驯。至以经文课士，臣文敏在臬司任内，以其名实不称，改课诗赋。思加整顿，旋即升任。臣钧抵学政任后，深究废弛之由，力求振兴之道，与臣文敏往复筹商，意见相同。查书院基址本隘，斋舍无多，岁久失修，风雨漂摇，不堪栖止。爰伤藩司筹款，葺旧增新，仍令署臬司王嵩龄董理其事。选士择师，改章设课，约举更定章程，大端有四：

　　　　一、书院向以甄别取士，现仿浙楚等省书院之制，由学政岁科试时择高才生送院肄业。

　　　　一、非住院者不准应课，庶不至徒有应课之名，而无肄业之实。

　　　　一、聘延山长，不拘名位籍贯。

————————

　　① 《清代硃卷集成》第307册，第49页；同治《南昌府志》卷31《选举·举人》，第33叶。

一、书院向无书籍，山长束脩、士子膏火，皆形菲薄。现议酌增，并多购经史子集，存储院内。

本年工竣后，以新章开课，经经纬史，课艺顿觉改观。江右搢绅，佥以为宜。且请奏明定章，庶垂久远。臣等伏查江右，夙称才薮，自宋至明，科目人文之盛，甲于东南。迨入国朝，尤为昌炽。乃以数遭兵燹，户鲜藏书，浸失师承，惟求速化。夫读书不根柢经史，而但剽窃程墨，弋取科名，此其弊不惟文风衰替已也。士习之隆汙，人才之消长，实隐系于是。此次更定书院课程，虽曰去故取新，抑亦循名责实，行之久远。则人文蔚起，必有可观，庶几仰副作人之化于万一。

所有整顿经训书院缘由，谨合词恭折具奏，伏乞皇太后皇上圣鉴。谨奏。

壬午年（1882）课艺（卷一至卷六）目录前有《壬午年官师题名》：

巡抚部院李文敏，字捷峰，陕西西乡县人。
提督学院洪钧，字文卿，江苏吴县人。
布政使司边宝泉，字润民，汉军厢红旗人。
署按察使司王嵩龄，字鹤樵，河南光州人。
督粮道吴世熊，字子梅，浙江仁和县人。
署督粮道范鸣龢，字鹤生，湖北武昌县人。
署盐法道乔廷魁，字瀛槎，山西徐沟县人。
掌教王棻，字子庄，浙江黄岩县人。

又有《壬午年与课同人题名》，列24人姓名、字号、籍贯。
癸未年（1883）课艺（卷七至卷十）目录前有《癸未年官师题名》：

巡抚部院潘霨，字伟如，江苏吴县人。
提督学院陈宝琛，字伯潜，福建闽县人。
布政使司边宝泉，字润民，汉军厢红旗人。
按察使司刘瑞芬，字芝田，安徽贵池县人。
督粮道嵩崑，字书农，满洲厢红旗人。
盐法道王嵩龄，字鹤樵，河南光州人。
署盐法道缪德棻，字芷汀，江苏溧阳县人。
掌教王棻，字子庄，浙江黄岩县人。

又有《癸未年与课同人题名》，列27人姓名、字号、籍贯。
甲申年（1884）课艺（卷十一、十二）目录钱有《甲申年官师题名》：

巡抚部院潘霨，字伟如，江苏吴县人。
提督学院陈宝琛，字伯潜，福建闽县人。
布政使司刘瑞芬，字芝田，安徽贵池县人。

按察使司王嵩龄，字鹤樵，河南光州人。
督粮道嵩崑，字书农，满洲厢红旗人。
盐法道长禄，字春帆，满洲正红旗人。
署盐法道缪德棻，字芷汀，江苏溧阳县人。
掌教王棻，字子庄，浙江黄岩县人。

又有《甲申年与课同人题名》，列26人姓名、字号、籍贯。

【课艺内容】

壬午年（1882）课艺六卷，经解、杂文、赋53题146篇，题如《光被四表解》、《〈书〉今古文师承考》、《六书指事说》、《汉宋学术异同论》、《拟刘孝标〈辨命论〉并序》、《明大礼驳议》、《拟曾文正公〈原才〉》、《汉宣帝诏诸儒议五经同异赋（以“讲论六艺，稽合同异”为韵）》、《拟欧阳詹〈暗室箴〉》、《拟王褒〈圣主得贤臣颂〉》；古今体诗13题27篇，题如《拟阮嗣宗〈咏怀诗〉》、《拟陶靖节〈咏贫士〉》、《经训书院四时读书乐》、《赠经训书院同学诸友》、《拟江文通〈从冠军建平王登庐山香炉峰〉》。

癸未年（1883）课艺四卷，经解、杂文、赋42题73篇，题如《大衍之数五十解》、《武王九十三考》、《直而勿有说》、《朱陆异同辨》、《汉元帝毁庙论》、《拟补〈元史·马端林传〉》、《书〈汉书·儒林传〉后》、《分秧及初夏赋（以“才了蚕桑又插田”为韵）》、《拟陆鲁望〈马当山铭〉》；古今体诗8题15篇，题如《拟应璩〈百一诗〉》、《拟苏东坡〈和李邦直沂山祈雨有应〉》、《拟张曲江〈湖口望庐山瀑布〉》。

甲申年（1884）课艺二卷，经解、杂文、赋37题50篇，题如《共工方鸠僝功解》、《〈康诰〉〈酒诰〉〈梓材〉三篇，书序在成王时，蔡传在武王时，〈梓材〉下半篇非君诰臣之辞辩》、《召公不说，周公作〈君奭〉说》、《备夷策》、《明宣宗弃交阯论》、《重修经训书院碑记》、《清风明月不用一钱买赋（以“无价之宝，非钱可买”为韵）》；古今体诗7题17篇，题如《拟李太白〈古朗月行〉》、《拟吴迈远〈古意赠今人〉》、《不菑畲斋怀黄树斋先生》、《游百花洲怀苏云卿先生》。

【作者考略】

壬午年（1882）课艺173篇：胡朋（无党，新建）44篇，叶濬（哲臣，新建）33篇，蔡金台（燕生，德化）25篇，唐梦庚（金生，南昌）10篇、章绍曾（省吾，南昌）、华煇（再云，崇仁）8篇，龙学泰（子恕，永新）7篇，许受衡（玑楼，龙南）5篇，徐嘉言（叔猷，丰城）4篇，陈志喆（西岑，进贤）、罗裕樟（粤生，德化）、朱锡庚（琴孙，高安）3篇，聂加璧（又邨，清江）、杜作航（苇如，清江）、崔兴亿（公安，兴国）、郭宗翰（少韭，南城）2篇，魏焕奎（紫侯，南昌）、彭松（鹤友，义宁）、陈寿雯（筱云，新建）、叶润书（素庵，武宁）、周承光（紫垣，鄱阳）、易子猷（辰卿，宜春）、勒深之（省旃，新建）、赖叔培（振文，奉新）1篇，王棻（子庄，黄岩）拟作4篇。

癸未年（1883）课艺100篇：朱锡庚20篇，唐梦庚16篇，欧阳熙（阮斋，丰城）12篇，周学濂（绍溪，永新）6篇，许受衡、杜作航、魏焕奎5篇，叶润书、熊志沂（梅阁，新昌）、刘汉（月槎，新淦）、赖叔培3篇，彭松、李镜蓉（柳庵，新昌）、胡佩蘅（湘帆，峡江）2 篇，张承祖（介孙，奉新）、萧林一（铁珊，南昌）、涂镕鼎（庚甫，新建）、罗裕樟、涂铭鼎（彬甫，新建）、郑启文（崧云，进贤）、王仁照（仲兰，安福）、欧阳柄荣（悔斋，萍乡）、涂步衢（康甫，奉新）、黄兰芳（友山，安义）、彭希曾（亦鲁，吉水）、傅金澜（观其，临川）、龚国翰（赞臣，新喻）1 篇。

甲申年（1884）课艺 67 篇：欧阳熙 16 篇，许受衡 9 篇，叶澧 6 篇，杜作航 5 篇，曹九成（仪卿，新建）4 篇，胡朋 3 篇，周学濂、欧阳柄荣、唐梦庚、叶润书 2 篇，陈寿雯、吴玱凤（桐阶，丰城）、陈志喆、袁泽新（锦江，都昌）、黄大埧（棣斋，石城）、张承祖、胡廷梓（艺岩，南昌）、彭松、胡廷敬（叔庄，南昌）、胡佩蘅、刘汉、李镜蓉、王仁照、裘衍箕（剑泉，新建）、罗柏龄（翰昆，德化）、熊志沂 1 篇。

王菜，见《诂经精舍三集》。

胡朋，字无党，新建人。在经训书院时，与叶澧（哲臣）、唐梦庚（字金生）齐名，称"三隽"。光绪二十年（1894）举人。①

叶澧（1850—?），字哲臣，新建人。光绪八年（1882）优贡，九年（1883）考取八旗官学教习。十一年（1885）举人，十八年（1892）进士。历官刑部主事、安徽绩溪知县。②

蔡金台（1861—?），字燕生，号翔如、君啬、啬庵，德化人。光绪八年（1882）举人。十二年（1886）进士，选庶吉士，授编修。历官湖广道御史、福建粮道。民国后客寓厦门，时游台湾。有藏书癖，喜碑版金石。晚年潜心禅悦。③

唐梦庚（1847—1908），字金生，南昌人。光绪十七年（1891）举人。次年会试报罢，遂绝意仕进。历任金溪教谕、南昌官立中学堂讲席。精于小学及三礼。④

章绍曾（1844—?），字省吾，号公讷，南昌人。光绪八年（1882）举人。十五年（1889）进士，即用知县。⑤

华辉（1860—?），字佳酥、再云，崇仁人，廷杰（1822—1872）子。光绪八年（1882）乡试中式第 31 名举人。九年（1883）会试中式第 5 名，覆试二等，殿试二甲，朝考一等，选庶吉士。散馆授编修，历官国史馆协修、河南道监察御史、甘肃庆阳知府。⑥

龙学泰（1857—1925）⑦，字体铭，号子恕、芝瑞，永新人，文彬（1821—1893）子。光绪八年（1882）优贡第 4 名，乡试中式第 24 名举人。九年（1883）会试挑取誊

① 《近代教育先进传略初集》，第 153 页；《清代江西乡试研究》附录《清代江西举人名录》，第 362 页。

② 《政治官报》第 3 册，第 97 页。

③ 《台湾书法家小传（1662—1945）》，第 179 页；《清代江西乡试研究》附录《清代江西举人名录》，第 359 页。

④ 《近代教育先进传略初集》，第 152 页。

⑤ 《清代人物生卒年表》，第 729 页；《清代江西乡试研究》附录《清代江西举人名录》，第 359 页；《清朝进士题名录》，第 1889 页；《大清缙绅全书·光绪十六年春·分发》，第 1 叶。

⑥ 《清代硃卷集成》第 51 册，第 97 页；《清代官员履历档案全编》第 6 册，第 353 页；第 7 册，第 99 页。

⑦ 卒于民国十三年阴历十二月十四日，公历已入 1925 年。

录，十五年（1889）考取内阁中书。二十四年（1898）会试中式第 57 名，覆试一等，殿试二甲，朝考二等。历官内阁侍读、翰林院撰文。著有《友琴山房文草》、《治通》、《理通》、《医学通典》。①

许受衡（？—1920），字玑楼，龙南人。光绪十九年（1893）举人，二十一年（1895）进士。历官刑部主事、大理院推丞、总检察厅厅丞、直隶高等检察厅检察长、广西审判厅长。著有《清史刑法志稿》。《晚晴簃诗汇》录其诗 2 首。②

徐嘉言（1859—？），字叔猷，丰城人。光绪八年（1882）举人，十二年（1886）进士。十五年（1889）散馆，以部属用，签分兵部，旋改归知县。十八年（1892）官山西沁源知县。莅任之初，首重课士。课艺之多，高于案牍。人谓沁之文运，由是而启。③

陈志喆（1855—？），谱名绳积，字琳卿、亦初，号西岑，进贤人。光绪八年（1882）优贡第 3 名，十一年（1885）乡试中式第 30 名举人。十二年（1886）会试中式第 26 名，覆试一等第 50 名，殿试二甲第 31 名，朝考一等第 43 名，选庶吉士。官广东四会知县。主修《四会县志》。④

罗裕樟，字粤生，德化人。光绪十七年（1891）举人。宣统三年（1911）至民国元年（1912）任京师大学堂教员。与修《清史稿》。⑤

朱锡庚，字琴孙，高安人。光绪二十年（1894）举人。⑥

杜作航（1851—1900）⑦，字苇如，清江人。光绪十五年（1889）举人。十八年（1892）进士，选庶吉士。散馆授广西来宾知县，以亲老改浙江武义知县。⑧

崔兴亿，字公安，兴国人。光绪八年（1882）举人。⑨

郭宗翰，字少韭，南城人。光绪八年（1882）举人。二十四年（1898）大挑知县，分发山东。⑩

魏焕奎，字紫侯，南昌人。光绪十五年（1889）举人。⑪

彭松，字鹤友，义宁人。光绪十一年（1885）举人。⑫

---

① 《清代硃卷集成》第 86 册，第 197 页；龙衍庆：《龙学泰》，《永新人物传》上册，第 197 页。

② 《清末民初中国官绅人名录》，第 484 页；《清代江西乡试研究》附录《清代江西举人名录》，第 361 页；《许宝蘅日记》，第 724 页；《晚晴簃诗汇》卷 182，第 7959 页。

③ 《清代官员履历档案全编》第 28 册，第 105 页；《清代江西乡试研究》附录《清代江西举人名录》，第 358 页；民国《沁源县志》卷 3《名宦》，第 12 叶。

④ 《清代硃卷集成》第 57 册，第 97 页；光绪《四会县志》卷首《职名》，第 2 页。

⑤ 《清代江西乡试研究》附录《清代江西举人名录》，第 361 页；《北京大学史料》第 1 卷，第 345 页；《清史述闻》卷 14，第 292 页。

⑥ 《清代江西乡试研究》附录《清代江西举人名录》，第 363 页。

⑦ 生于道光三十年十二月十六日，公历已入 1851 年。据《清代人物生卒年表》，第 239 页。

⑧ 《清代江西乡试研究》附录《清代江西举人名录》，第 360 页；《清代官员履历档案全编》第 28 册，第 350 页。

⑨ 《清代江西乡试研究》附录《清代江西举人名录》，第 359 页。

⑩ 《清代江西乡试研究》附录《清代江西举人名录》，第 359 页；《大清缙绅全书·光绪二十四年秋·戊戌》，第 4 叶。

⑪ 《清代江西乡试研究》附录《清代江西举人名录》，第 360 页。

⑫ 《清代江西乡试研究》附录《清代江西举人名录》，第 359 页。

陈寿雯，字筱云，新建人。光绪十一年（1885）举人。①

叶润书，字素庵，武宁人。光绪十一年（1885）举人。②

周承光（1852—？）③，字紫垣，鄱阳人。光绪八年（1882）举人。十二年（1886）进士，选庶吉士。历官编修、山东道监察御史。④

易子猷，字辰卿、啸竹，宜春人。少勤学，攻举业，为文典重宏丽，不同凡艳。光绪十一年（1885）拔贡，十九年（1893）举人。二十四年（1898）进士，选庶吉士。散馆授工部主事，调法部，供职十余年，敬慎朴勤。鼎革后拂袖归家，居数年卒，年六十。⑤

勒深之（1853—1898）⑥，字公遂、省旃，号元侠，新建人，方锜（1816—1880）子。光绪十一年（1885）拔贡，廷试第一，寻又被黜，落拓京师。博览群书，尤长于诗。于本朝人，仅服膺屈翁山、黄仲则二家。书学瘦金体，别开生面。又工山水，学戴文节。《晚晴簃诗汇》录其诗6首。⑦

欧阳熙（1840—1899），字元熙，号阮斋，丰城人。少逢战事，往安庆江南大营投曾国藩（1811—1872），后以科考归乡。久困科场，肄业经训书院，学乃大进。以岁贡选任瑞金训导，卒于官。曾将藏书捐与陶福履（1853—1911），助其刊刻《豫章丛书》。著有《荣雅堂诗录》，与陶福履、勒深之（1853—1898）、陈炽（1855—1900）合刊《四子诗录》。⑧

周学濂，字绍溪，永新人。著有《叠庐山吟草》十四卷。⑨

熊志沂，字梅阁，新昌人。光绪十七年（1891）举人。⑩

胡佩蘅，字湘帆，峡江人。拔贡。考取八旗官学教习。⑪

王仁照，字仲兰，安福人。早年入湖南学使江标（1860—1899）幕。宣统间任吉安府师范学堂监督，晚年在乡里办校。著有《葵芳斋诗集》。⑫

欧阳柄荣（1849—？），字玉瑞，号斐斋、悔斋，萍乡人。光绪十一年（1885）拔贡，湖北候补知县。入张之洞（1837—1909）幕，曾受命往萍乡等处采买油煤焦炭，查勘煤铁等矿。⑬

涂步衢（1860—？），字康甫，号钝庵，奉新人。光绪十九年（1893）乡试中式第104名举人。二十年（1894）中式第104名，殿试二等第15名，殿试三甲，朝考三等。历官

① 《清代江西乡试研究》附录《清代江西举人名录》，第359页。

② 《清代江西乡试研究》附录《清代江西举人名录》，第359页。

③ 生年据《清代人物生卒年表》，第512页。

④ 《清代馆选分韵汇编》卷7，第416页；《清代江西乡试研究》附录《清代江西举人名录》，第359页。

⑤ 民国《宜春县志》卷17《人物志上》，第19叶。

⑥ 生卒年据《中国历史人物生卒年表》，第491页。

⑦ 《寒松阁谈艺琐录》卷4，第127页；《晚晴簃诗汇》卷175，第7654页。

⑧ 《江西省人物志》，第300页。

⑨ 《永新文献考》，第151页。

⑩ 《清代江西乡试研究》附录《清代江西举人名录》，第361页。

⑪ 《大清缙绅全书·光绪二十九年夏·京师》，第95叶。

⑫ 《中国文化世家·江右卷》，第710页。

⑬ 《清代硃卷集成》第405册，第275页；《张之洞全集》，第3121、3123、3145页。

内阁中书、贵州永宁知州。①

　　黄兰芳，字友山，安义人。光绪十七年（1891）举人。官宜春训导、教谕。师事谢章铤（1820—1903），参与校勘《赌棋山庄词话》。②

　　傅金澜，字观其，临川人。廪生。光绪十八年（1892）官新昌复设训导。③

　　曹九成，字仪卿，新建人，九畴（1862—?）兄。光绪十一年（1885）优贡，考取八旗官学教习。十四年（1888）举人。④

　　袁泽新，字锦江，都昌人。光绪十七年（1891）举人。⑤

　　黄大埙（1861—1930），字伯音，号棣斋，石城人。在经训书院肄业后，曾受聘至福建宁化讲学。光绪十五年（1889）顺天乡试副榜，二十年（1894）举人。二十四年（1898）进士，选庶吉士。散馆授编修，历任江西农工商矿局坐办、江西高等学堂监督、省地方自治研究会会长、咨议局副议长、通志局总纂。著有《东游琐记》、《梓桑管见》、《经说札记》。⑥

　　胡廷梓，字艺岩，南昌人。廪生。与修《南昌府志》。⑦

　　罗柏龄，字翰昆，德化人。拔贡。光绪二十四年（1898）官陕西安塞知县。二十六年（1900）官郿县知县。二十九年（1903）官靖边知县。⑧

　　待考者：聂加璧、赖叔培、刘汉、李镜蓉、张承祖、萧林一、涂镕鼎、涂铭鼎、郑启文、彭希曾、龚国翰、吴玱凤、裘衍箕。

21. 续刊经训书院课艺

【版本序跋】

　　光绪戊子（1888）、己丑（1889）、庚寅（1890）年课艺，癸巳（1893）年仲冬江西书局开雕。

【课艺内容】

　　卷一 20 题 20 篇，经解考证之文，题如《愿与诸侯落之解》、《八陵考》；卷二 13 题 13 篇，赋、论、古今体诗，题如《九九策赋》、《鸟倦飞而知还赋》、《崇拙论》、《拟韩昌黎〈州斋有怀〉》、《拟苏东坡〈虔州八境图〉》；卷三 16 题 17 篇，赋、表、论、序、

　　① 《清代硃卷集成》第 82 册，第 219 页；《清代官员履历档案全编》第 28 册，第 350 页。

　　② 《清代江西乡试研究》附录《清代江西举人名录》，第 361 页；《大清缙绅全书·光绪二十三年夏·江西省》，第 70 叶；《光绪三十三年春·江西省》，第 72 叶；《赌棋山庄词话》卷 4 至卷 8，卷末注。

　　③ 《大清缙绅全书·光绪十九年夏·江西省》，第 70 叶。

　　④ 《清代硃卷集成》第 312 册，第 57 页。

　　⑤ 《清代江西乡试研究》附录《清代江西举人名录》，第 361 页。

　　⑥ 邓政：《翰林黄大埙传略》，《石城文史资料》第 3 辑，第 54 页；《近代教育先进传略初集》，第 162 页。

　　⑦ 同治《南昌府志》卷首《衔名》，第 3 叶。

　　⑧ 民国《安塞县志》卷 3《秩官》，第 7 叶；宣统《郿县志》卷 5《官师表》，第 16 叶；《靖边县志·政权志》第 2 章《政府》，第 270 页。

疏、古今体诗，题如：《今文〈尚书〉应二十八宿赋》、《〈卷耳〉怀人赋》、《三国名臣论》、《拟谢希逸〈求贤表〉》、《拟陆士衡〈豪士赋序〉》、《拟郭景纯〈游仙诗〉》；卷四 24 题 26 篇，赋、论、铭、箴、古今体诗，题如：《耻赋》、《何武、王嘉、师丹论》、《拟张昶〈西岳华山堂阙碑铭〉》、《自贬箴》、《思贤亭怀古》。

【作者考略】

共 76 篇，其中：沈兆祉 18 篇，黄大埙 11 篇，程式谷 9 篇，黄寿谦 5 篇，曹伯荣、魏焕奎、余生芝、吴则济 3 篇，朱锡庚、唐梦庚、黄锡朋、赖叔培、周学濂、徐运锦 2 篇，胡朋、曹毓蘅、夏承庆、程起、黄澍芸、黄澍菜、廖寿蕙、彭世芳、宋功炜 1 篇。

黄大埙、魏焕奎、朱锡庚、唐梦庚、周学濂、胡朋，见《经训书院文集》。

沈兆祉（？—1918），字小沂，南昌人。光绪二十三年（1897）举人。历任内阁中书，京师大学堂上海译书分局文案提调、总办。①

程式谷，新建人。光绪十七年（1891）举人，二十四年（1898）进士。②

黄寿谦，高安人。光绪十九年（1893）举人。有文收入《近代文征》。③

曹伯荣（1854—？），字惕忱，南昌人。著有《半逸山人文集》六卷《诗集》六卷。④

余生芝，江西人。光绪十七年（1891）举人。⑤

黄锡朋（1859—1915），字百我，号蛰庐，都昌人。光绪十九年（1893）举人，选授瑞州府学训导。二十九年（1903）进士，授工部主事。晚年归里。著有《蛰庐文略》四卷、《凰山樵隐》四卷（收入《都昌三黄诗文集》）。⑥

徐运锦，清江人。光绪二十三年（1897）举人。⑦

夏承庆，新建人。光绪二十三年（1897）举人。曾与宋名璋（字奉蛾）、夏敬观（1875—1953）等创立同心会。著有《泰西兵制考》。⑧

黄澍芸（1859—？），清江人，澍菜（1863—？）本支兄。优贡，朝考一等第 21 名。⑨

黄澍菜（1863—？），原名澍生，字汇泉，号时谙，清江人。光绪十五年（1899）乡试中式第 92 名举人。十六年（1890）会试中式第 125 名，覆试二等，殿试二甲第 51 名，朝考一等第 59 名，选庶吉士。十八年（1892）散馆授安徽怀远知县。二十一年（1895）

---

① 《中国近代教育史资料汇编·高等教育》，第 19 页；《北京大学史料》第 1 卷，第 487 页；夏敬观：《沈小沂挽词》，《东方杂志》第 15 卷（1918 年）第 7 期，第 120 页。

② 《清代江西乡试研究》附录《清代江西举人名录》，第 361 页；《清朝进士题名录》，第 1298 页。

③ 《清代江西乡试研究》附录《清代江西举人名录》，第 362 页；《江西地方文献索引》下册，第 281 页。

④ 《清代人物生卒年表》，第 712 页；《清人别集总目》，第 2069 页。

⑤ 《清代江西乡试研究》附录《清代江西举人名录》，第 361 页。

⑥ 《都昌文史资料》第 8 辑，第 173 页；《江西省人物志》，第 309 页。

⑦ 《皮鹿门年谱》，第 28 页；《清代江西乡试研究》附录《清代江西举人名录》，第 363 页。

⑧ 《皮鹿门年谱》，第 28、61 页；《清代江西乡试研究》附录《清代江西举人名录》，第 363 页；《晚清新学书目提要》，第 177 页。

⑨ 《光绪宣统两朝上谕档》第 18 册（光绪十八年），第 188 页；《清代硃卷集成》第 70 册，第 251 页。

官祁门知县。①

宋功炜，江西人。光绪二十年（1894）举人。②

待考者：吴则济、赖叔培、曹毓蕙、程起、廖寿蕙、彭世芳。

22. 经训书院课艺三集

【版本序跋】

光绪壬辰（1892）、癸巳（1893）年课艺，丙申（1896）年孟夏江西书局开雕。

【课艺内容】

壬辰（1892）年课艺二卷：卷一 30 题 31 篇，经解、考证、史论、书后，题如《东邻西邻解》、《公子朱裳考》、《鲁两生论》、《桓宽〈盐铁论〉书后》；卷二 30 题 44 篇，颂、赞、对、启、铭、赋、古今体诗，题如：《苍帝史皇氏颂》、《郑康成先生赞》、《拟樊孝谦〈释道教对〉》、《征刻朱文端公藏书十三种启》、《石钟山铭》、《汉武帝〈秋风辞〉赋》、《娄妃墓》、《新柳》。

癸巳（1893）年课艺二卷：卷一 27 题 28 篇，经解、考证、史论、书后，题如《〈梓材〉非命伯禽书辨》、《司马谈〈论六家要旨〉书后》、《广韩退之〈师说〉》；卷二 31 题 65 篇，论、赞、序、赋、古今体诗，题如《兴廉举孝论》、《伏羲氏画卦赞》、《壁上观战赋》、《缲丝曲》、《夏日四咏》、《鄱阳湖十六韵》。

【作者考略】

壬辰（1892）年课艺 75 篇，其中：蔡藩 8 篇，魏燮奎、沈兆祉 7 篇，文廷楷 5 篇，夏承庆、舒恭瀼、沈兆祐、张承祖 4 篇，萧毓蕙、朱锡庚 3 篇，葛成春、胡其敬、李镜蓉、卢豫章、熊锡荣、姚绍机、彭世芳 2 篇，周亨安、贺赞元、赖叔培、舒继芬、杨念惕、宋功炜、秦镜中、李文钊、傅邦桢、冷芳梅、吴璆、段笏 1 篇。

癸巳（1893）年课艺，据目录知有 93 篇。湖南图书馆藏本缺一册（卷二），故仅知卷一作者情况：卢豫章、王子庚 5 篇，贺赞元 4 篇，魏燮奎 3 篇，邹凌瀚 2 篇，刘应元、胡思敬、杨年惕、熊梦祥、梅台源、蔡炳南、文廷华、徐运铣、杨桢 1 篇。

朱锡庚，见《经训书院文集》。

沈兆祉、夏承庆、宋功炜，见《续刊经训书院课艺》。

蔡藩，南昌人。光绪二十年（1894）举人。③

文廷楷（1874—?），改名龢，谱名廷良，字狷庵，号法和，萍乡人，廷式（1856—1904）九弟。光绪二十年（1894）举人。报捐内阁中书，加捐主事。改捐直隶州知州，加捐知府。又报捐道员，指分江苏。历官江苏候补道、四川清理财政正监理官。民国间官

---

① 《清代硃卷集成》第 70 册，第 245 页；《清代官员履历档案全编》第 28 册，第 122 页；《祁门县志》卷 19《政权》，第 473 页。

② 《清代江西乡试研究》附录《清代江西举人名录》，第 362 页。

③ 《皮鹿门年谱》，第 28 页。

皖岸榷运局长、陕西潼关监督、代理两淮盐运使、北京政府财政部参事。①

沈兆祎，字幼沂，南昌人。光绪二十三年（1897）优贡。戊戌变法时官候选训导，上疏奏请"广邮政，裁驿站"。民国初官山东临沂知事，主修《临沂县志》。著有《新学书目提要》。②

萧毓蓂。《师伏堂日记》光绪十八年（1892）五月十八日："阅三月师课卷。初次以萧毓蓂为冠，以其考公子朱裳尚明晰。《燕昭王师郭隗论》，伊痛诋燕昭、郭隗。宋明以来论者工诃古人而不审时势，此陋习最可恶。予拟批深斥之。"③

葛成春，武宁人。优贡生。曾为萍乡《菁华报》题签。④

胡其敬，南昌人。光绪二十年（1894）举人。曾被荐举与试经济特科。⑤

卢豫章，字文明，新昌人。皮锡瑞（1850—1908）曾谓"讲舍中自贺赞元、卢豫章外，无专治经者"。光绪二十三年（1897）拔贡。⑥

熊锡荣，字桐侯，江西人。光绪二十三年（1897）拔贡。三十四年（1908）官福建建阳知县。⑦

姚绍机，南昌人。光绪十九年（1893）举人。二十五年（1899）官石城训导。⑧

贺赞元，字尔翊，永新人。皮锡瑞（1850—1908）曾谓"讲舍为一省人才所萃，然奇士不能多见，魏元霸、贺赞元最为杰出，而不娴词赋"。光绪二十年（1894）举人。曾主黔阳龙标书院。历官邮传部主事、江西咨议局议员、都督府政事部长、国会众议院议员。三十二年（1906）创办江西省城电灯厂。⑨

杨念惕（1851—1909），字和盛，号若臣，南昌人。副贡。不得志，抑抑为幕游。任侠尚义。著有《蠡海园诗文集》若干卷、《学海珠船》一卷。⑩

秦镜中，南康人。光绪二十三年（1897）副贡。二十九年（1903）官万年训导，又曾任江西咨议局议员。⑪

吴瑈（1865—1936），字康伯、公璞，新建人。光绪十七年（1891）优贡，朝考二等，选授万年训导。二十三年（1897）举人，二十九年（1903）进士。选庶吉士，入进

---

①　《清代官员履历档案全编》第 7 册，第 622 页；《文艺阁先生年谱》，第 291、310 页；《中华民国史大辞典》，第 474 页。

②　《皮鹿门年谱》，第 54 页；《中国近现代人物名号大辞典（续编）》，第 136 页。

③　《通经致用一代师：皮锡瑞生平和思想研究》，第 55 页。

④　《政治官报》第 41 册，第 24 页；《中国近代报刊名录》，第 305 页。

⑤　《皮鹿门年谱》，第 29 页；袁丕元：《经济特科各省荐举名录》，《历代制举史料汇编》，第 547页。

⑥　《皮鹿门年谱》，第 28、54 页。

⑦　《皮鹿门年谱》，第 54 页；民国《建阳县志》卷 5《职官》，第 44 叶。

⑧　《清代江西乡试研究》附录《清代江西举人名录》，第 362 页；《大清缙绅全书·光绪二十六年春·江西省》，第 74 叶。

⑨　《皮鹿门年谱》，第 28 页；《清末民初中国官绅人名录》，第 548 页；《陈宝箴集》卷 40《湘省各书院山长名单》，第 1924 页；《江西通史·晚清卷》，第 248 页。

⑩　林纾：《南昌杨君若臣家传》，《林琴南文集·畏庐三集》，第 24 页。

⑪　《皮鹿门年谱》，第 54 页；《大清缙绅全书·光绪三十年秋·江西省》，第 65 叶；《留日学生与清末新政》附表，第 166 页。

士馆，历官江苏候补道、江宁提学使。民国间官内史、公府秘书。以居士身份受菩萨戒，早晚礼佛。著有《优钵罗室骈体文》、《复堂诗集》。①

段笏，江西人。光绪十九年（1893）举人。②

王子庚，江西人。光绪十九年（1893）举人。③

邹凌瀚，原名肇元，字殿书、白潜、公之瑜，高安人。增贡生，候选员外郎。参与创办《时务报》，并充该报记者。又参与发起戒缠足会。光绪二十四年（1898）在江西创设励志学会。戊戌政变后，主持江西经济公学堂。著有《抉经心室经说》、《读说文札记》、《说文经字考》、《读经说赘言》、《读经说书目考》、《俄罗斯国志》、《俄国考略》、《天下全球各国方里表》、《全球各国山川表》、《全球各国人民表》、《格致新理》。④

刘应元，江西人。光绪二十九年（1903）举人。⑤

胡思敬（1870—1922），字瘦篁、漱唐，号退庐，新昌人。光绪十九年（1893）举人。二十年（1894）会试中式，次年补殿试，成进士，选庶吉士。散馆授吏部主事，补监察御史。辛亥后为遗老。张勋（1854—1923）复辟，授副都御使，遂赴任，中道闻事败而返。晚归乡隐居，编刻《豫章丛书》。著有《退庐文集》、《退庐诗集》、《驴背集》、《戊戌履霜录》、《国闻备乘》、《九朝新语》等，后人辑为《退庐全集》。《晚晴簃诗汇》录其诗9首。⑥

梅台源，南昌人，启照（1825—1893）子。曾任南昌县立高等小学堂堂长，赞修光绪《南昌县志》。⑦

文廷华（1872—？），字高生，号实甫，萍乡人，廷式（1856—1904）八弟。光绪二十三年（1897）举人，江苏候补知县。⑧

待考者：魏燮奎、舒恭灤、张承祖、李镜蓉、彭世芳、周亨安、赖叔培、舒继芬、李文钊、傅邦桢、冷芳梅、杨年惕、熊梦祥、蔡炳南、徐运铣、杨桢。

23. 冯岐课艺合编

【书院简介】

奉新冯川书院，建于清乾隆五年（1740）。岐峰书院前身为二何书院，道光三年（1823）改为岐峰书院。⑨

---

① 《清代官员履历档案全编》第8册，第325页；《江西省人物志》，第312页；《江西地方文献索引》下册，第625页。

② 《皮鹿门年谱》，第26页。

③ 《皮鹿门年谱》，第26页。

④ 《汪康年师友书札》附录《汪康年师友各家小传》，第4166页。

⑤ 《清代江西乡试研究》附录《清代江西举人名录》，第365页。

⑥ 魏元旷：《副宪胡公神道碑》，刘廷琛：《胡公漱唐行状》，《退庐全集》卷首，第1、7页；《晚晴簃诗汇》卷182，第7960页。

⑦ 《南昌县文史资料》第4辑，第108页；《南昌县文史资料》第5辑，第63页。

⑧ 《文芸阁先生年谱》，第290、309页。

⑨ 《奉新教育志》，第16页。

【版本序跋】

题"光绪十有七年辛卯（1891）孟秋开雕"，"会稽屠福谦时斋选定"。

屠福谦序云：

> 冯川、岐峰两书院课艺，奉邑生童月课之诗文也。余自丁亥（1887）承乏斯邑，于今五年，案牍之暇，月与多士讲艺。录其尤雅者，汇成此编，以无忘数年来琴床砚席，香火之缘，针芥之契云尔。
>
> 西江自昔为人文渊薮，而奉新尤望邑。士皆彬雅，有其乡先正风。【略】是编所录，大都周规折矩，含英咀华，西江典则，可谓弗坠矣。尤有厚望者，湛经籍，蓄道德。其发为文章也，渊然焕然，不求工而自工。处则为硕学，出则为名臣，于乡先辈中而取法乎上，所谓立德、立功、立言，为三不朽，以仰副我国家较艺抡才之盛意，而非徒以循行数墨弋获科名已也。余之所为诸生勉者，其在斯乎？剞劂告成，为书数语以弁其端。
>
> 光绪十七年（1891）季冬月，会稽屠福谦序。

屠福谦（？—1893），字时斋、地珊，会稽人。学律于河南，先后佐长吏治刑狱以百数。时吴大澄（1835—1902）为河北道，尤重之。援例得通判，指省湖南，嗣改知县。光绪十三年（1887）选知直隶肃宁，以亲老告近改选江西奉新，明年五月受事。十八年（1892）调署浮梁，旋移广丰。十九年（1893）回任奉邑，行至河口卒。①

《凡例》十则，略云：

> 一、诗文以清真雅正为宗，而大要尤在于切。盖必切而后能工，方有合于四字之义。是编一秉斯旨。
>
> 一、理、典、法三者并重，而法尤为先着。盖必合法，而后说理运典，具有条绪。诗文同一道也。是编虽入选稍宽，于法尚不多背。
>
> 一、从十三年（1887）观风起，至十七年（1891）十月止。所有呈留各卷，一并汇选。因工竣在即，续到之卷，不及选刊。
>
> 一、制艺不得过八百字。编中间有字数逾额者，因其文尚佳，且系书院之作，未便刻以相绳。照《江汉炳灵集》覆卷之例，量为选入。
>
> 一、生童姓名，照原卷刊。有呈请更正者，照更正之姓名刊。其功名由童而生，由生而举，一以现在为断，详列于前。
>
> 一、是编从本年七月初发刊，至十一月初完工，写刻核对，均求详慎，尚少鲁鱼亥豕之讹。

【课艺内容】

四书文70题103篇，其中《大学》7题11篇，《论语》24题36篇，《中庸》8题13篇，《孟子》31题43篇。试帖诗65题110篇。有评点。

---

① 《绍兴县志资料》第1辑《人物列传》第二编，第161叶。

【作者考略】

　　谢铭勋（增生）15 篇，赵启辟（廪生）12 篇，甘为美、赖叔培（廪生）、谢锺勋 7 篇，廖寿蕙（廪生）6 篇，廖桂馨（廪生）5 篇，廖廷选（廪生）、赖郇平（附生）、徐炽羔（增生）、刘绍曾、费庆霖（附生）、涂步衢（廪生）4 篇，邓仁扬（附生）、赖郡平、帅耀衢（廪生）、廖际隆（附生）、彭颐（附生）、余从龙、甘镕（附生）、周焕先、赵渠、彭炳藜（附生）3 篇，周良翰（附生）、刘镜铭（廪生）、徐士璠（附生）、张承祖（廪生）、周全赓、刘文选（附生）、谌文光（戊子举人）、徐梓、甘鼎道（附生）、廖声远（附生）、徐士蔼、余佩玖、宋惟贤 2 篇，廖光华（附生）、徐士魁（附生）、涂绳祖（己丑举人）、甘临、廖廷甲（附生）、廖廷庚、余振策（廪生）、刘懋时、赖诚恭、叶增荣、赖及第、闵兆泉（附生）、廖润芳（廪生）、谌茂春（附生）、熊绍宝、吴阳荣（辛卯举人）、廖俅、廖家穗、徐世洵、王文锦、詹元吉（附生）、萧凤仪、邓诺仁、陈献璋、王锡祥（附生）、赵蕃昌（戊子举人）、余宗实（附生）、徐翰、翟国华、邓国俊、帅宪曾、徐士倩、赖焱、廖培芳、周树源（廪生）、廖家稿、邓人兼、闵蔚生、帅建威（附生）、廖开平、赵永灿（增生）、闵谦、刘鹤立、赖及元、彭淦、江万川、甘常愨、周梦芸（附生）、邓焕奎、许振鹏（廪生）、赵其抃（附生）、廖伯墉、洪宗亮、舒芳晋、刘懋华、赖传、王懋德、许登禄、甘道珏（附生）、李继翰（廪生）、廖家苌、熊锦组、甘怿、甘蕴华、熊煌晰、王汝梅（附生）、王名燕、陈缙、周盛斯（附生）、甘玉华、杨继治（附生）、彭钧、刘绍祖、余功崇 1 篇。正文作者前标"冯川超等一名谢铭勋"、"岐峰超等一名刘镜铭"等。

　　涂步衢，见《经训书院文集》。

　　帅耀衢，光绪二十三年（1897）举人，官广东盐大使。①

　　彭颐，光绪二十八年（1902）举人。②

　　谌文光，光绪十四年（1888）举人。③

　　涂绳祖，光绪十五年（1889）举人。④

　　吴阳荣，光绪十七年（1891）举人。⑤

　　赵蕃昌，光绪十四年（1888）举人。⑥

　　甘常愨，光绪二十八年（1902）举人。官萧县知事，民国六年（1917）以剿匪不力遭革职。⑦

　　余皆待考。

---

　　① 《清代江西乡试研究》附录《清代江西举人名录》，第 363 页；《大清缙绅全书·光绪三十二年秋·分发》，第 2 叶。

　　② 《清代江西乡试研究》附录《清代江西举人名录》，第 364 页。

　　③ 《清代江西乡试研究》附录《清代江西举人名录》，第 360 页。

　　④ 《清代江西乡试研究》附录《清代江西举人名录》，第 361 页。

　　⑤ 《清代江西乡试研究》附录《清代江西举人名录》，第 361 页。

　　⑥ 《清代江西乡试研究》附录《清代江西举人名录》，第 360 页。

　　⑦ 《清代江西乡试研究》附录《清代江西举人名录》，第 364 页；《宿县地区志·大事记》，第 22 页。

广信府

24. 鹅湖课士录

【书院简介】

铅山鹅湖书院，始于南宋。初为四贤祠，继改为文宗书院。元末毁于兵燹，明景泰四年（1453）重建，始名鹅湖书院。明末又毁，清顺治九年（1652）重建。光绪二十八年（1902）起，先后改为鹅湖师范学堂、讲习所。①

【版本序跋】

题"主讲鹅湖书院广丰徐谦白舫、知铅山县事上林周兆熊六谦同阅选，书院诸生校字"。

徐谦（1776—1864），字益卿，号白舫，广丰人。嘉庆十二年（1807）举人。十六年（1811）进士，选庶吉士。历官吏部文选司、考功司主事，先后监督储济仓、海运仓。丁外艰归，历主鹿洞、鹅湖、兴鲁、昌黎、紫阳、丰溪书院讲席。著有《悟雪楼诗存》三十四卷，编有《白鹿诗赋钞》二卷、《鹅湖课士录》四卷，又有善籍《桂宫梯》、《孝经广义》、《桂香镜》、《阐化编》、《灵山遗爱录》、《慈航普渡集》、《灵槎回春集》、《物犹如此》、《弭劫编》、《一卷冰雪》六十余种。《晚晴簃诗汇》录其诗3首。②

周兆熊（1806—1859），原名秉让，字六谦，广西上林人。道光十四年（1834）举人，十五年（1835）进士。历官江西石城、南城、宜黄、龙南、铅山、会昌知县，赣州府通判。③

周兆熊序云：

> 丙午（1846）夏初，兆熊摄篆铅山。甫下车即观风诸生，继甄别鹅湖书院，流览试卷六百有奇，爰拔其尤者肄业院中。时主讲鹅湖为吏部徐白舫先生，先生与吾师李兰卿都转辛未同年。【略】公余清暇，邀白舫先生花前命觞，论古谭心，窃喜两心印合，岂三生石上香火凤因耶？更取诸生课艺之佳者，剪烛共赏，酒酣耳热，逸兴遄飞。当是时也，香远月清，谯楼鼓静，池畔水禽，拍拍欲起，顾而乐之，兆熊顿忘此身为簿书中人矣。【略】
>
> 铅之山轩轩而秀采，铅之水瀰瀰而清漪，灵淑之磅礴，郁积久矣。士生其间，英英翘楚，故其吐属，类多温文尔雅，有乡先辈风。是录也，先生偕兆熊斟酌遴选，非必谓尽可传之作，而由此根柢弥厚，佩实衔华，以臻大雅之堂，此特嚆矢耳。更期诸生砥德砺行，勿谖师训，则芸馆簪笔也可，名山著书也可，讵不卓然为士林之表欤？

---

① 《江西学府志》卷1《书院》，第30页；《中国书院学规》，第131页。

② 同治《广丰县志》卷8之4《人物·儒林》，第976页；《清人诗文集总目提要》，第1105页；《晚晴簃诗汇》卷125，第5355页。

③ 同治《铅山县志》卷11《职官》，第19叶；《广西少数民族人物志》，第10页。

　　是则兆熊所拭目而厚望者吁！【略】

　　　时道光丙午（1846）仲冬既望，粤西上林周兆熊书于县署之荷池西榭。

【课艺内容】

　　制艺 28 题 45 篇；律赋 6 题 7 篇，题为《璧马假道赋》、《剔开红焰救飞蛾赋》、《云在意俱迟赋》、《眠琴绿阴赋》、《石井泉赋》、《观音石赋》。有评点。

【作者考略】

　　程云璇（铅山）6 篇，郑尔音（铅山）5 篇，陈璚（粤西贵县）4 篇，张炽（铅山）、吴心恬（铅山）、拱应辰（铅山）、张承绪（铅山）、李燿南（铅山）、傅桢瑞（铅山）、傅麟瑞（铅山）2 篇，程云栋（铅山）、余泉（铅山）、程守彝（铅山）、曾宝善（铅山）、熊旸（新昌）、张心莲（铅山）、程鸿谦（铅山）、余錞（铅山）、张书绅（铅山）、吴蕴玉（铅山）、任懋昭（铅山）、余述泰（铅山）、任启淳（铅山）、叶品兰（铅山）、余坦（铅山）、余锁（铅山）、周树棠（铅山）、陈裕坊（铅山）、何作舟（铅山）、诸启铣（铅山）、周书（铅山）、朱芳华（铅山）1 篇，白舫拟作 1 篇。

　　程云璇，号瑶邨，铅山人。道光二十九年（1849）拔贡。朝考后就职直隶州州判，改捐教谕，选授东乡教谕。①

　　郑尔音，号玉亭，铅山人。道光三十年（1850）岁贡，同治元年（1862）举人。拣选知县。与修《铅山县志》。②

　　陈璚（1827—1906），字鹿笙、六笙，号澹园，广西贵县人。咸丰十一年（1861）拔贡。以军功简任浙江杭嘉湖道，后历官处州、台州、嘉兴、杭州知府，湖南岳常澧道、衡永郴桂道、长宝盐法道，湖南、山西按察使，四川按察使、布政使。工书，兼画墨梅。著有《随所遇斋诗集》。③

　　张炽，字传之，号画樵，铅山人。邑庠生。性至孝，能诗善画，兼通杂艺。因亲老不远游，又值连年兵燹，不欲以口腹累人，卒以贫诸生终，年六十二。④

　　吴心恬，号澹思，铅山人。咸丰九年（1859）举人，拣选知县。⑤

　　拱应辰，铅山人。有《山居》诗收入《铅山县志》。⑥

　　傅桢瑞（？—1858），字宝山，号贞木，铅山人，麟瑞（号厚山）弟。咸丰四年（1854）岁贡。有文名，家素贫，以教读为生，从学者多所成就。咸丰八年（1858）殉难。⑦

---

　　① 同治《铅山县志》卷 12《选举》，第 37 叶。

　　② 同治《铅山县志》卷 12《选举》，第 24、47 叶；卷首《职名》，第 3 叶。

　　③ 《清代官员履历档案全编》第 4 册，第 531 页；民国《贵县志》卷 16《人物·列传》，第 467 叶。

　　④ 同治《铅山县志》卷 17《人物·孝友》，第 36 叶。

　　⑤ 同治《铅山县志》卷 12《选举》，第 23 叶。

　　⑥ 同治《铅山县志》卷 28《艺文志·五律》，第 26 叶。

　　⑦ 同治《铅山县志》卷 16《人物·忠义》，第 22 叶。

傅麟瑞，号厚山，铅山人。咸丰六年（1856）岁贡。①

曾宝善（1803—1858），号绿庵，铅山人。廪生。博学能文，豪宕自喜。咸丰八年（1858）殉难。②

余锲，号五木，铅山人。道光二十九年（1849）拔贡、举人。大挑二等，官吉水教谕。③

周树棠，号南屏，铅山人。同治九年（1870）副贡，候选教谕。与修《铅山县志》。④

陈裕坊，铅山人。增生。其妻郑氏为之守节。⑤

余皆待考。

① 同治《铅山县志》卷 12《选举》，第 47 叶。
② 同治《铅山县志》卷 16《人物·忠义》，第 26 叶。
③ 同治《铅山县志》卷 12《选举》，第 23 叶。
④ 同治《铅山县志》卷 12《选举》，第 40 叶；卷首《职名》，第 2 叶。
⑤ 同治《铅山县志》卷 21《列女》，第 23 叶。

陕西省

西安府

25. 关中书院赋

【书院简介】

西安关中书院，建于明万历三十七年（1609），天启五年（1625）遭毁。清代数次重修、扩建。光绪三十二年（1906）改为两级师范学堂。民国间先后改为陕西省立第一师范学校、西安师范学校。①

【版本序跋】

又名《仁在堂律赋笺注》，题"道光戊申年（1848）镌，玉检山房藏板"。无序跋。

收录路德拟作一篇，是集当即路德所选。路德（1784—1851），字闰生，盩厔人。嘉庆十二年（1807）举人。十四年（1809）进士，改庶吉士，散馆授户部主事。十八年（1813）考补军机章京，以目疾请假归里。静摄三年，目复明，以母老不复仕。历主关中、宏道、象峰、对峰各书院，教人专以自反身心、讲求实用为主，尤以不外求、不嗜利为治心立身之本。弟子著录千数百人，所选时艺一时风行，俗师奉为圭臬。李元度（1821—1887）谓其德行谊为文名所掩，其诗古文又为时艺试律所掩。著有《柽华馆全集》十二卷（收入《续修四库全书》）。《晚晴簃诗汇》录其诗9首。②

【课艺内容】

律赋10题20篇，题为《焦尾琴赋（以"士逢知己，有如此琴"为韵）》、《细麦落轻花赋（以题为韵）》、《铸剑戟为农器赋（以"寰海镜清，方隅砥平"为韵）》、《榴火赋（以"炼就丹砂万点红"为韵）》、《书带草赋（以"绿满窗前草不除"为韵）》、《浮瓜沈李赋（以"南皮之游，诚不可忘"为韵）》、《老人星赋（以"元象垂耀，老人启征"为韵）》、《秋菊有佳色赋（以题为韵）》、《一月得四十五日赋（以题为韵）》、《望云思雪赋（以"丰年之冬多积雪"为韵）》。有详细评点、笺注。

【作者考略】

阎敬铭、胡葆锷3篇，刘步元、阎敬舆、杨騎2篇，谷逢钧、李应台、吴锡岱、张文源、史采风、杨述绾、董道淳1篇，路德拟作1篇。

---

① 《西安市志》第6卷《科教文卫》，第432页；《西安文史资料》第25辑，第361页。

② 《清史列传》卷67《儒林传上二》，第328页；民国《盩厔县志》卷6《人物》，第24叶；《晚晴簃诗汇》卷121，第5180页。

阎敬铭（1817—1892），字丹初，号约庵，朝邑人。道光十四年（1834）举人。二十五年（1845）进士，选庶吉士，散馆改户部主事。历官湖北布政使、山东巡抚、工部侍郎、户部尚书、军机大臣、大学士。谥文介。辑有《有诸己斋格言丛书》，著有《永福堂汇钞》。①

胡葆锷，盩厔人。道光二十三年（1843）举人。著有《仁在堂诗》一卷。②

刘步元，字太青，咸宁人。道光十九年（1839）举人。同治十一年（1872）官绥德学正。著有《灞上吟诗草》、《自叙年谱》。③

阎敬舆（1820—?），字礼园，朝邑人，敬铭（1817—1892）弟。道光二十三年（1843）举人。著有《诗经解字》。④

杨驹，咸宁人。道光十四年（1834）举人。官三水教谕。⑤

谷逢钧，字伯蘅，商州人。廪生。⑥

吴锡岱，字鲁瞻，乾州人。道光二十年（1840）副贡，二十三年（1843）举人，咸丰二年（1852）进士。沉潜颖悟，甫弱冠，名噪关中。事父母，先意承颜，依依孺慕，通籍后即乞养归。授生徒，悉本实行，不取寒士修脯，乾之掇甲乙科者，多出其门。著有《不两斋偶存稿》。《清代科举考试述录及有关著作》收录本课艺集中吴锡岱《铸剑戟为农器赋（以"寰海镜清，方隅砥平"为韵）》一文，并有详细讲解。⑦

张文源，乾州人。道光二十六年（1846）举人。官淄川知县。⑧

史采风，字雅仙，兴平人。同治某科第5名举人，官榆林府学教授。浑厚和平，不露芒颖。为文则深邃高妙，不落凡近。论文亦多独到语。⑨

杨述绾，西安人，劼惟（1747—1809）孙。增生。⑩

董道淳（1818—?），字子含，号小坡，大荔人。道光十七年（1837）乡试中式第61名举人。⑪

待考者：李应台。

26. 关中课士诗赋录

【版本序跋】

题"光绪甲申（1884）上海江左书林校刊"。此为翻刻本，刊印不精，时有错字。包

---

① 《清史列传》卷57《新办大臣传一》，第26页；《布衣廉相阎敬铭》。

② 民国《盩厔县志》卷7《选举》，第7叶；《清人别集总目》，第1596页。

③ 《柽华馆全集》目录后阎敬铭题识，第281页；光绪《绥德直隶州志》卷6《秩官》，第28叶；《陕西省志·著述志（古代部分）》，第339页。

④ 咸丰《朝邑县志》卷中《人物志》，第10叶；光绪《同州府续志》卷9《经籍志》，第21叶。

⑤ 民国《咸宁长安两县续志》卷3《选举表》，第2叶。

⑥ 《关中课士诗赋录》作者名后注。

⑦ 光绪《乾州志稿》卷13《人物传上》，第13叶；卷4《选举表》，第11、19叶；《清代科举考试述录及有关著作》，第272页。

⑧ 光绪《乾州志稿》卷4《选举表》，第11叶。

⑨ 民国《兴平县志》卷5中《文学》，第4叶。

⑩ 路德：《杨府君墓志铭》，《柽华馆全集》文集卷5，第443页。

⑪ 《清代硃卷集成》第229册，第399页。

括《关中课士试帖详注》、《关中课士律赋笺注》两种。

《关中课士试帖详注》卷首刘源灏序云：

　　丙申（1836）仲冬，余奉命擢任督粮陕西。关中书院旧有诗赋课，在署考校。次年春间，各士子按时就业，意匠虽极经营，腹笥颇形俭薄。嗣后贤书届举，率皆专攻制艺，未遑俪白妃青。比至揭晓，各生徒又旋归。卒岁应试者寥寥数人，斯事有名无实，余甚恧焉。

　　今春路闰生前辈自关中移讲宏道，亟于课文之外，合两院生徒课以诗赋，邮寄批削。比年以来，深喜因愤而启，各卷竟斐然成章。复寓书择其尤雅者，细加斧藻，益以笺注。选辞既雍容华贵，注释备淹博精详，大可观也。计自今年三月至十一月，凡得诗赋若干首，汇为一编，付之剞劂，俾及门者观摩昕夕，日进精微。即僻壤退陬，亦得家奉一编，藉扩闻见。洵操觚之矩矱，后学之津梁，其嘉惠士林，岂浅鲜哉！各士子常守勿释，从此扬扢风雅，鼓吹休明，共鸣国家之盛，庶不负闰生前辈之苦心，亦即余之所厚望也夫！

　　戊戌（1838）嘉平，陕西督粮使者刘源灏序于尺五山房。

刘源灏（1795—1864），字鉴泉，号晓瀛，直隶永清人。嘉庆二十一年（1816）举人。道光三年（1823）进士，选庶吉士，授编修。历官扬州知府，陕西督粮道，山东按察使、布政使，光禄寺少卿，湖南按察使，云南布政使，贵州巡抚，云贵总督。①

【课艺内容】

《关中课士试帖详注》收录试帖诗70题104篇。

《关中课士律赋笺注》与道光戊申年（1848）刊《关中书院赋》（又名《仁在堂律赋笺注》）内容相同。

【作者考略】

《关中课士试帖详注》收录情况：吴锡岱（鲁瞻，乾州廪生）25篇，阎敬铭（丹初，朝邑县举人）18篇，胡葆锷（铁华，盩厔县拔贡生）17篇，李标雅（笙阶，盩厔县廪生）6篇，张文源（养清，乾州增生）5篇，路慎皋（子蘅，盩厔县廪生）、任葆贞（含章，澄城县廪贡生）、董道淳（子含，大荔县举人）3篇，张卿霄（鹿青，大荔县佾生）、王畊（最□，大荔县附生）2篇，翁健（雪蕉，长安县附生）、陈凤书（字仪，凤翔府廪生）、谷逢钧（伯蘅，商州廪生）、徐昀青（信山，渭南县附生）、姚淳业（仲勋，泾阳县附生）、路慎庄（子端，盩厔县进士）、李善述（绍庭，三原县廪生）、杨騊（季骏，咸宁县举人）1篇，路德拟作12篇。

吴锡岱、阎敬铭、胡葆锷、张文源、董道淳、谷逢钧、杨騊，见《关中书院赋》。

李标雅。光绪《乾州志稿》著录《四书讲义》六卷，并称："其稿为盩厔廪生李标雅

_____

① 《大清畿辅先哲传》卷6，第181页。

携去，今佚。"①

路慎皋，盩厔人，德（1784—1851）子。咸丰五年（1855）举人，同治元年（1862）进士。数年后卒。②

任葆贞，号廉泉，澄城人。道光二十年（1840）举人。咸丰三年（1853）大挑，官甘肃镇原知县。③

张卿霄，大荔人。举人。咸丰十一年（1861）官定安知县。又曾官遂溪知县。④

翁健，长安人。道光二十九年（1849）举人。官甘肃庆阳知府。⑤

路慎庄，字子端，号小洲，盩厔人，德（1784—1851）子，慎皋（字子蘅）兄。道光十一年（1831）举人，十六年（1836）进士。历官翰林院编修、江苏淮扬河漕盐驿兵备道。博极群书，性磊落，不附权贵。精绘事，尤工山水，得片纸者奉为枕中秘。著有《蒲编堂书目》、《唾余稿》。⑥

待考者：王畎、陈凤书、徐畇青、姚淳业、李善述。

27. 关中书院课艺

【版本序跋】

题"光绪岁次戊子（1888）孟秋上澣开雕"。叶伯英序云：

> 光绪甲申（1884）春三月，余既选关中书院课文之佳者，得八十篇，付之剞劂，以励多士。越五载，岁在戊子（1888），柏子俊孝廉主讲此席，复选课艺中四书、经文、经解、论赋之属，共得二百余篇，续刊之。工竣，出以示余，且属为序。余视事之暇，批阅诸卷，见其华实并茂，茹古含今，视曩者殆有进焉。昔昌黎云："业精于勤荒于嬉，行成于思而毁于随。"人患不学耳，好学未有无成者也。
>
> 关中为丰镐旧都，士习朴茂，汉唐以来，名儒辈出，而董江都、张横渠两先生为之最。自明代创立关中书院，至于我朝，多士讲诵其间，造就人才，指不胜屈。同治时，陕中军旅既兴，加以饥馑，抚斯土者不能顾及文事，以致学舍渐圮，书籍多佚。及兵销岁稔，多士虽欲励学，其道无由。冯展云中丞抚秦时，添设志学斋，甫有规模，即解任去。
>
> 余既奉抚秦之命，因与贵筑黄子寿方伯、长白曾怀清廉访，筹商经费，先后添建斋房七十七间。凡经史子集及经世有用之书，分类购得善本，储置院中。议定《志学斋章程》及《读书课程》，勒之于石。复以子俊孝廉主讲味经，训迪有方，著有成效，因请其主讲关中，兼理志学斋事，俾士子讲求实学。余复逐月召诸生至署，课以诗文，给予奖赏，学者皆奋兴焉。盖为官为师者，时时以教育为心，斯为士为儒者，

---

① 光绪《乾州志稿》卷9《艺文志》，第6叶。
② 民国《盩厔县志》卷7《选举》，第7叶；《柽华馆全集》目录后阎敬铭题识，第281页。
③ 光绪《同州府续志》卷11《列传上》，第33叶。
④ 光绪《定安县志》卷4《职官》，第7叶；光绪《大荔县续志》卷3《选举表》，第3叶。
⑤ 民国《咸宁长安两县续志》卷3《选举表》，第20叶。
⑥ 民国《盩厔县志》卷6《人物》，第15叶。

孳孳以力学为念，"精于勤而成于思"，昌黎氏之言，岂欺我哉！

抑余更有说焉。汉儒有言："经师易得，人师难求。"而唐之裴行俭则谓："士先器识，而后文艺。"然则文字词章犹其末也。愿诸生于明经习艺之中，求躬行实践之益，以孝友忠信植其基，以政事文章达其用，庶几哉文质得中，体用兼备，西京械朴之材，且将蒸蒸日上矣。诸生勉乎哉！

光绪十四年岁在戊子（1888）孟秋之月，抚陕使者皖怀叶伯英序。

叶伯英（1825—1888），字孟侯，号冠卿，安徽怀宁人。以附贡生捐主事，签分户部。平捻有功，擢道员。历官清河道、陕西按察使、布政使、巡抚。著有《畿辅治河记》、《畿辅陈臬记》、《关中旬宣公牍》、《关中奏稿》、《耕经堂诗文集》。①

柏景伟序云：

制义为有宋以来取士良法，范天下于四子六经之中，所言者圣贤之言，所学者必不外圣贤之学。学何？在修己治人而已，《大学》所谓明新也。不能修己，何以淑身？不能治人，何以用世？又安能本所学以著为文章耶？

横渠张子振兴关学，萧贞敏、吕文简继之，代有伟人。而冯恭定公实集其成，建关中书院，辑《关学编》，俾学有所遵守，不至迷于所往。所以牖启我后人者，岂区区科第云尔哉！顾当时从公游者，科第亦称极盛，《壬子书院题名记》文集中可覆按也。讵非理明者辞必达，实至者名必归，圣贤之学固无害于举业乎？

明季国初诸大家，均堪不朽制义，何可厚非？所病者不从根柢用功，日手一庸烂墨卷而摹仿之。间有售者，则扬扬然号于众曰：此棘闱捷径也。风气所趋，直以文艺为科名之券。

方今时事多艰，宵旰忧劳，岸然自命为士，顾如秦人视越人之肥瘠，绝无所动于中。嗟乎！学之不讲，圣人所忧，正为此耳！我朝李二曲、孙酉峰前后主讲关中，阐扬关学，克绍恭定之传，三辅人士不尽汩没于词章记诵者，皆两先生之力也。厥后路闰生太史主讲为最久，自称友教多年，及门掇科第者百余人。或以相誉，则神惢形茹，不知所答。盖所望于诸生者，为真儒，为名臣，如古所谓三不朽者，初非仅以制义为教。以故柽华馆中士且有名闻中外为关中光者，关学之一脉长延有自来矣。

余承乏此席，深愧性迂学陋，不能挽回风气，俾士习一归于正。幸赖叶冠卿中丞、黄子寿方伯、曾怀清廉访添建斋房，购置书籍，划除旧染，整顿新规。两年以来，诸生渐知从根柢用功，不斤斤以剽窃词华为长技，而躬行之士亦不乏人。故其所作经解、史论、日记，多有可采，即制义亦尚无卑靡气习。兹特选二百余首付诸手民，以为勤学者劝。抑余尤有望焉。同为关中人，当同以关学相厉，孳孳于修己治人之学，科第中人皆圣贤中人，庶无负恭定公书院讲学之意也夫！

时在光绪丙戌（1886）孟秋上浣，长安柏景伟序于仁在堂。

柏景伟（1831—1891），字子俊，长安人。咸丰五年（1855）举人。选授定边训导，

---

① 《清国史》第11册本传，第175页；民国《怀宁县志》卷18《仕业》，第430页。

以回乱未赴任。同治间办团练，入左宗棠（1812—1885）幕。归里教授生徒，历主泾阳泾干、味经、关中书院。著有《沣西草堂集》。《晚晴簃诗汇》录其诗 2 首。①

【课艺内容】

四书文 64 题 102 篇；五经文 18 题 20 篇；赋 10 题 10 篇，题如《渔父再访桃源赋》、《明月前身赋》、《拟唐蒋防〈雪影透书帷赋〉》；论 9 题 13 篇，题如《史阁部论》、《武侯不出子午谷论》、《地为行星论》；说 4 题 4 篇，题如《富贵福泽厚吾生之说》；序 1 题 1 篇，题为《〈礼经释例〉序》；书后 4 题 4 篇，题如《书魏默深〈筹河篇〉后》；解 4 题 4 篇，题如《七日来复解》；辨 1 题 1 篇，题为《〈家语〉真伪辨》；考 9 题 10 篇，题如《关中形势考》、《明九边考》、《一条鞭法原始》；议 3 题 3 篇，题如《限田可否通行议》；赞 1 题 2 篇，题为《关中先贤赞》；诗 10 题 10 篇，题如《拟唐人〈登慈恩寺塔〉》、《拟张茂先〈励志诗〉》、《汉宫春柳》；算法 7 题 7 篇；附《志学斋日记》7 题 7 篇，分别为读《易经》、《禹贡》、《春秋》、《四书》、《孟子》、《孙子》以及历代地理志日记。

【作者考略】

收录课艺较多者：薛秉辰（寿萱，长安举人）18 篇，马承基（丕卿，陇州拔贡）8 篇，李岳瑞（孟符，咸阳进士）7 篇，丁士哲（保卿，咸宁优贡）、寇卓（立如，咸宁举人）6 篇，程学孔（东山，咸阳举人）、梁积樟（幼海，鄂县廪生）5 篇，周毓棠（芾南，皋兰廪生）、张如翰（梅岑，咸宁廪生）、柏震蕃（孝龙，长安廪生）、张恒昌（克甫，长安举人）4 篇，温恭（肃庵，韩城廪生）、王天培（植庭，富平举人）、艾如兰（芝亭，米脂优贡）、董涛（海观，长安举人）、孙笃庆（敬亭，咸宁廪生）、张靖怡（子鹤，咸宁附生）、彭述古（敏斋，城固岁贡）、陈涛（伯澜，三原廪生）、张曜斗（星府，长安进士）3 篇。

其他作者一二篇不等：王履豫（幼超，长安举人）、王寿岳（子衡，长安廪生）、李乐善（季修，咸宁举人）、张锐（果斋，长安廪生）、石国钧（和亭，白河廪生）、程仲昭（郎川，韩城举人）、侯钧（陶甫，三原廪生）、刘肇夏（子修，三原廪生）、王恒晋（锡侯，鄂县廪生）、文厚（博之，满洲举人）、高蔚桢（次梁，米脂拔贡）、刘琅（琳函，高陵廪生）、崔志远（致甫，鄂县拔贡）、严洮（水亭，澄城附生）、王芝杰（汉三，咸宁廪生）、赵玺（宝卿，兴平举人）、汤志尹（少霞，诸暨廪生）、赵凤鸣（梧冈，永寿拔贡）、封鉴圻（玉田，蒲城廪生）、顾德基（小谷，通州廪生）、王启超（幼塘，长安增生）、何元溥（荫泉，咸宁廪生）、李毓祥（钟山，咸宁举人）、薛德龄（鹤皋，朝邑廪生）、张铭（西轩，长安举人）、方文华（质生，蓝田举人）、王御坤（厚庵，邻阳廪生）、程麟（阁臣，咸阳廪生）、车道成（轨一，邻阳举人）、武树善（声如，渭南附生）、张集祜（笃生，三原廪生）、李圻（甸卿，长安举人）、雷振林（樾村，咸宁举人）、王家宾（聘臣，长安举人）、刘景运（陶斋，朝邑副贡）、柴守职（侯臣，白河增生）、袁效安（雪亭，长安廪生）、何恒德（亮臣，长安廪生）、罗云章（森如，长安附

---

① 柏震蕃：《行状》，《沣西草堂集》附录，第 580 页；《清史列传》卷 67《儒林传上二》，第 329 页；《晚晴簃诗汇》卷 154，第 6749 页。

生)、牛兆濂(梦征,蓝田廪生)、吉邵(勉之,韩城举人)、讷尔吉善(果卿,满洲贡生)、梅承祥(子和,长安廪生)、贾鸣凤(桐斋,鄠县廪生)、李绳先(子正,咸阳举人)、魏介(个臣,盩厔举人)、张绍信(子诚,罗田增生)、薛善述(孝甫,蒲城廪生)、王寿祺(子维,长安附生)、王绍周(保三,安康廪生)、萧馨(兰谷,咸阳廪生)、徐廷锡(葆岑,长安举人)、张佐清(长安附生)、李福善(介臣,咸宁举人)、吉同钧(石笙,韩城举人)、鲁尔斌(勷臣,邠阳拔贡)、刘华(宝函,韩城举人)、戴銮宾(翰卿,蓝田廪生)、任继陛(阶甫,潼关廪生)、张凤勋(养锋,长安举人)、叶尔昌(寿珊,咸宁附生)、蒋善训(小詹,咸宁副贡)、萧钟秀(毓亭,邠阳廪生)、姚健(乾生,鄠县廪生)、贺象贤(稚云,渭南廪生)、张捷(月三,邠州廪生)、刘清垣(星门,泾阳拔贡)、张元际(晓山,兴平廪生)、杨蕙(风轩,泾阳副贡)、郭毓璋(瑞征,华州附生)、方藻华(芹塘,杞县廪生)、李舒馨(桂斋,咸阳廪生)、牟瑾(子怀,凤翔拔贡)、史允端(午堂,城固廪生)、胡鉴(镜潭,咸宁附生)、徐怀璋(奉伯,兴平拔贡)、毛凤枝(子林,甘泉贡生)、胡鼏(子勉,沔县拔贡)、宫炳南(伯明,盩厔举人)、张殿华(瑶臣,邠州拔贡)、独谈元(东厓,华州廪生)。

薛秉辰(1850—1926),改名宝辰,字寿萱、幼农,长安人。光绪二年(1876)举人。十五年(1889)进士,选庶吉士,散馆授编修。历官侍讲、侍读、文渊阁校理、功臣馆纂修、侍讲学士、侍读学士、咸安宫总裁。曾主关中书院,任宏道学堂总教习。精医,善书画。[1]

马承基,字丕卿,陇州人。光绪十一年(1885)拔贡。历官四川简州知州、陕西白水知事。[2]

李岳瑞(1863—1927),字孟符,咸阳人。光绪八年(1882)举人。九年(1883)进士,选庶吉士,散馆授工部主事。历官员外郎、总理各国事务衙门章京。参与维新变法,事败革职。后任商务印书馆编辑、清史馆协修。著有《春冰室野乘》、《郢云词》、《国史读本》。《中国近代文学大系》录其词6首。[3]

丁士哲,字保卿,咸宁人。光绪十一年(1885)优贡。官扶风教谕。[4]

寇卓(1857—1927),字立如,号悔庵,长安人。光绪十一年(1885)优贡、举人。主讲鲁斋、横渠书院。后官四川巫山、大足、宜宾、德格、甘孜知县。民国初归陕,任西北大学国学教授、孔教会会长、省立第三中学校长。著有《悔庵文钞》四卷、《悔庵诗钞》二卷。[5]

程学孔,字东山,咸阳人。光绪十一年(1885)举人。以大挑官陇州学正,又援例

① 李岳瑞:《清故诰授资政大夫赐进士出身日讲起居注官文渊阁校理咸安宫总裁翰林院侍讲学士长安薛君墓志铭》,《西安碑林全集》卷101,第5511页;《清代官员履历档案全编》第5册,第733页;第8册,第319页。
② 李逢春:《马仞兰绝命诗》,《秦中旧事》,第83页。
③ 《咸阳市志》第5册,第395页;《中国近代文学大系》第4集第15卷《诗词集二》,第708页。
④ 民国《咸宁长安两县续志》卷3《选举表》,第10叶。
⑤ 《悔庵文钞》郭毓璋序、自序;李根源:《寇立如先生传》,《曲石文录》卷3,第103页;翁维德:《清末名儒寇卓》,《碑林文史资料》第7辑,第93页;《陕西省志·文化艺术志》,第931页。

官中书。曾任渭阳书院山长、县教育局长、县议会议长。①

梁积樟，鄠县人，瀚（字海楼）子。光绪十四年（1888）举人。官浙江盐大使。②

周毓棠（1864—?）③，字莆南，皋兰人。光绪十四年（1888）举人，十五年（1889）进士。官陕西知县。④

张如翰，咸宁人。光绪十四年（1888）举人。官宁羌州学正。⑤

柏震蕃，字孝龙，长安人，景伟（1831—1891）子。廪生。宣统二年（1910）任长安县自治公所议长。⑥

张恒昌，更名彝，长安人。光绪十一年（1885）举人，二十年（1894）进士。历官中书、山西绛县知县。⑦

温恭（1857—1921），字肃庵、勖庵，学者称周原先生，韩城人。举人。方试春闱，闻母病，遂归，时论惜之。光绪帝庚子（1900）西巡，肃庵获面试录用，复以不合时流被摈。后主讲龙门高等小学堂。著有《肃庵先生遗著》。⑧

王天培（1851—?）⑨，字植庭，富平人。光绪十一年（1885）举人，十五年（1889）进士。官山东知县。与修《富平县志》。⑩

艾如兰（1860—1939），字芝亭，号畹卿，米脂人。以优贡授教职，初为镶黄旗官学汉教习，期满授郿、华、鄠、肤等县教谕。光绪十五年（1889）举人。二十四年（1898）大挑二等，授朝邑训导兼关中书院监院，充陕西巡抚部院文案。保知县，官山西稷山。民国间官榆林道镇两署咨议兼秘书、延长县长、无定河水利委员会主任委员。⑪

董涛（1851—?），原名恩沛，字海观，号葛民，长安人。光绪五年（1879）乡试中式第36名举人。官四川知县。⑫

孙笃庆，咸宁人。光绪十四年（1888）举人。⑬

陈涛（1866—1923），字伯澜，三原人。光绪十五年（1889）解元，曾参与"公车上书"。在泾阳创办轧花厂，在广州创办广东高等工业学堂。民国间在北洋政府财政部任职。著有《审安斋诗集》、《裴氏和约私议赘言》、《南馆文钞》、《粤牍偶存》、《入蜀日

---

① 民国《重修咸阳县志》卷7《文学》，第16叶；卷6《选举》，第25叶；卷5《官师》，第30叶。

② 民国《鄠县志》卷5《人物》，第17叶。

③ 生年据《清代人物生卒年表》，第517页。

④ 民国《重修皋兰县志》卷6《选举中》，第33、34叶。

⑤ 民国《咸宁长安两县续志》卷3《选举表》，第6叶。

⑥ 民国《咸宁长安两县续志》卷3《选举表》，第33叶。

⑦ 民国《咸宁长安两县续志》卷3《选举表》，第24、25叶。

⑧ 苏资琛：《周原先生传略》，《韩城文史资料汇编》第10辑，第34页；《韩城市教育志》第19章《人物》，第218页。

⑨ 生年据《清代人物生卒年表》，第36页。

⑩ 光绪《富平县志稿》卷6《科目表》，第87叶；卷首《纂修姓氏》，第2叶。

⑪ 民国《米脂县志》卷6上《人物》，第46叶；《榆林人物志》，第834页。

⑫ 《清代硃卷集成》第230册，第263页；民国《咸宁长安两县续志》卷3《选举表》，第23叶。

⑬ 民国《咸宁长安两县续志》卷3《选举表》，第7叶。

记》、《拟请设立国税局条议》，后人辑为《审安斋遗稿》。①

张曜斗，长安人。光绪八年（1882）举人。九年（1883）会试中式，十五年（1889）进士。官河南永宁知县。②

王履豫（1848—?），字立夫、幼超，号耘石，长安人。光绪五年（1879）乡试中式第 12 名举人。二十一年（1895）官宜川训导。③

王寿岳，长安人。光绪十七年（1891）举人。④

李乐善，咸宁人。光绪十一年（1885）举人，二十一年（1895）进士。官江苏六合知县。著有《退思草堂诗钞》。⑤

石国钧，字和廷，白河人。光绪十四年（1888）举人。⑥

程仲昭（1858—?），字朗川，号隅樵，韩城人。光绪五年（1879）乡试中式 16 名举人，覆试二等第 1 名。十二年（1886）考取觉罗官学汉教习。十五年（1889）会试中式第 107 名，覆试二等第 45 名，殿试二甲第 122 名，朝考三等第 86 名，授安徽知县。主纂《韩城县续志》，著有《韩城金石续志》（收入《石刻史料新编》第 3 辑）。⑦

侯钧，三原人。贡生。光绪二十八年（1902）官宜川训导。⑧

刘肇夏，字子修，三原人。光绪二十四年（1898）进士。官四川知县。⑨

王恒晋（1857—1923），字锡侯，鄠县人。光绪二十年（1894）举人。历官华州学正、宁津知县、陕西省咨议局议长、铨叙局长兼顾问院长、约法会议议员、政治会议议员、陕西省选举事务所所长。⑩

高蔚桢，米脂人。光绪十一年（1885）拔贡。官府谷、淳化等县教谕。⑪

崔志远，鄠县人。光绪十一年（1885）拔贡，十五年（1889）举人。⑫

严洸，澄城人。附贡。⑬

王芝杰（"芝"一作"之"，1866—1909），字汉三，号溪涟，咸宁人。光绪十九年（1893）举人，二十年（1894）进士。官刑部主事。丁忧期间，曾在关中书院讲学。⑭

赵玺，字宝卿，兴平人。肄业味经书院，课常冠其曹，每课文出，群士颉颃雒诵之。光绪十一年（1885）举人，官城固训导。教治矣，父引儒先语诫曰："作官不能利国利

① 《三原县志》第 31 篇《人物》，第 1030 页。

② 民国《咸宁长安两县续志》卷 3《选举表》，第 24 叶。

③ 《清代硃卷集成》第 230 册，第 193 页；民国《宜川县志》卷 12《吏治》，第 7 叶。

④ 民国《咸宁长安两县续志》卷 3《选举表》，第 25 叶。

⑤ 民国《咸宁长安两县续志》卷 3《选举表》，第 6、7 叶；《陕西省志·文化艺术志》，第 972 页。

⑥ 光绪《白河县志》卷 9《选举》，第 2 叶。

⑦ 《清代硃卷集成》第 63 册，第 288 页；民国《韩城县续志》卷首名录，第 4 叶。

⑧ 民国《宜川县志》卷 12《吏治》，第 7 叶。

⑨ 《咸阳市志》第 5 册，第 748 页；《成都通览》，第 135 页。

⑩ 民国《鄠县志》卷 5《人物》，第 25 叶。

⑪ 民国《米脂县志》卷 6 上《人物》，第 7 叶。

⑫ 民国《鄠县志》卷 4《选举》，第 5、7 叶。

⑬ 民国《澄城县附志》卷 7《人物》，第 24 叶。

⑭ 民国《咸宁长安两县续志》卷 3《选举表》，第 7 叶；《灞桥区志》卷 26《人物》，第 927 页。

民，不如做个乡人。"命解任，即致仕归，掌教槐里书院。①

汤志尹，浙江人，寄籍咸宁。贡生。著有《四书外注先儒考》一卷。②

赵凤鸣，永寿人。光绪间拔贡。③

封鉴圻，蒲城人。著有《篁圃诗文集》、《蜀道纪游诗》。④

李毓祥，咸宁人。光绪八年（1882）举人。⑤

薛德龄，朝邑人。光绪二十年（1894）遵新旧海防筹饷事例，分发某省直隶州知州试用。⑥

张铭，长安人。光绪五年（1879）举人，十六年（1890）进士。官刑部主事。⑦

方文华，字质生，蓝田人。光绪十一年（1885）举人。⑧

武树善（1864—1948），字获堂，号念堂，渭南人。光绪十九年（1893）举人。候补知县，主讲渭南景贤书院。后官山西壶关、安邑、永济、临汾、襄陵知县，隰州知州，平阳知府。民国间任参议院议员、陕西省自治筹备处处长。与修《陕西续通志》、《关中丛书》，著有《劫余诗存》二卷、《劫余文存》二卷、《陕西金石志》三十二卷、《周陵金石志》一卷、《春秋三传琐记》八卷。⑨

李圻，长安人。光绪八年（1882）举人。官蒲城教谕。⑩

雷振林，咸宁人。同治十二年（1873）举人。官绥德州学正。⑪

王家宾，长安人。光绪十一年（1885）举人。官安徽知县。⑫

袁效安，改名赓申，长安人。光绪十五年（1889）恩贡。官山西代州州判。⑬

何恒德，长安人。光绪十五年（1889）举人。官蒲城教谕。⑭

罗云章，长安人。宣统元年（1909）拔贡。⑮

牛兆濂（1867—1937），字梦周，号蓝川，蓝田人。光绪十年（1884）肄业关中书院，旋充志学斋斋长。十五年（1889）举人。历任白水书院山长、陕西省师范学堂总教习、咨议局常驻议员。著有《吕氏遗书辑略》、《芸阁礼记传》、《近思录类编》、《音学辨

---

① 民国《兴平县志》卷5中《文学》，第7叶；《人物》，第3叶。
② 民国《咸宁长安两县续志》卷11《经籍考》，第6叶。
③ 光绪《永寿县志》卷7《选举》，第8叶。
④ 《蒲城县志》卷22《艺文著述》，第602页。
⑤ 民国《咸宁长安两县续志》卷3《选举表》，第6叶。
⑥ 《大清缙绅全书·光绪二十年冬·分发》，第2叶。
⑦ 民国《咸宁长安两县续志》卷3《选举表》，第23、25叶。
⑧ 民国《续修蓝田县志》卷5《选举》，第13叶。
⑨ 武荟荃：《我的堂祖父武念堂》，《渭南文史资料》第4辑，第73页；翁维谦：《武念堂先生遗事》，《碑林文史资料》第4辑，第166页。
⑩ 民国《咸宁长安两县续志》卷3《选举表》，第24叶。
⑪ 民国《咸宁长安两县续志》卷3《选举表》，第5叶。
⑫ 民国《咸宁长安两县续志》卷3《选举表》，第24叶。
⑬ 民国《咸宁长安两县续志》卷3《选举表》，第28叶。
⑭ 民国《咸宁长安两县续志》卷3《选举表》，第24叶。
⑮ 民国《咸宁长安两县续志》卷3《选举表》，第29叶。

微》、《蓝川文钞》、《蓝川诗稿》。①

　　吉邵，韩城人。光绪二年（1876）举人。②

　　讷尔吉善，满洲人。陕西驻防，同治间贡生。《续陕西通志稿》录其《咏菊花》五首。③

　　梅承祥，长安人。光绪十七年（1891）举人。官四川知县。④

　　贾鸣凤，鄠县人。光绪二十三年（1897）举人。曾任明道书院山长。⑤

　　李绳先，咸阳人。光绪十一年（1885）举人。官山东知县。曾任渭阳书院山长。⑥

　　魏介，字个臣，盩厔人。光绪五年（1879）举人。官西乡、幽州教谕。训迪有方，士子服悦，升知县，未及引见，卒。⑦

　　薛善述，蒲城人。光绪十七年（1891）举人。⑧

　　王寿祺，长安人。光绪十七年（1891）举人。⑨

　　萧馨，咸阳人。岁贡。⑩

　　徐廷锡，更名乃鼎，长安人。光绪元年（1875）举人。官甘泉训导。⑪

　　李福善，咸宁人。光绪十一年（1885）举人。⑫

　　吉同钧（1854—1936），字石笙，号顽石，韩城人。光绪八年（1882）举人，十六年（1890）进士。历官刑部主稿、提牢、主事、员外郎、郎中、法律馆总纂。著有《大清律讲义》、《现行律讲义》、《乐素堂诗文集》、《随扈纪程》、《南游纪程》、《东行纪程》。⑬

　　鲁尔斌（1869—？），字勷臣、湘臣，郃阳人。光绪二十四年（1898）进士，选庶吉士，散馆授编修。曾任京师大学堂监学官、甘州知府。⑭

　　刘华（1861—？），韩城人。光绪十一年（1885）举人，十五年（1889）进士。历官户部主事、员外郎、郎中、掌印，日本陕西留学生监督，陕西学务公所议长，湖南岳州知府。与修《韩城县续志》。⑮

---

①　《陕西近现代名人录续集》，第42页。
②　光绪《同州府续志》卷4《选举表上》，第17叶。
③　民国《续修陕西通志稿》卷220《文征二十》，第6441页。
④　民国《咸宁长安两县续志》卷3《选举表》，第25叶。
⑤　民国《鄠县志》卷4《选举》，第5叶；卷3《官师》，第28叶。
⑥　民国《重修咸阳县志》卷6《选举》，第8叶；卷5《官师》，第30叶。
⑦　民国《盩厔县志》卷6《人物》，第19叶；卷7《选举》，第7叶。
⑧　《陕甘味经书院志·教法第五下》，第20页。
⑨　民国《咸宁长安两县续志》卷3《选举表》，第25叶。
⑩　民国《重修咸阳县志》卷6《选举》，第15叶。
⑪　民国《重修咸阳县志》卷6《选举》，第23叶。
⑫　民国《重修咸阳县志》卷6《选举》，第6叶。
⑬　《清代官员履历档案全编》第8册，第723页；《陕甘味经书院志·教法第五下》，第19页；《韩城市志·人物志》，第971页。
⑭　《清代官员履历档案全编》第7册，第674页；《北京大学史料》第1卷，第331页；《合阳县志》第24编《人物》，第872页。
⑮　《清代官员履历档案全编》第8册，第521页；民国《韩城县续志》卷首名录，第4叶。

戴銮宾，字翰卿，蓝田人。光绪十四年（1888）举人。①

张凤勋，长安人。光绪八年（1882）举人。②

蒋善训，号古庵，咸宁人，光绪八年（1882）副贡。民国间创办并主讲翠华书屋。③

萧钟秀（1862—1919），字愚亭，郃阳人。光绪十四年（1888）举人。曾赴津、沪考察实业，任大同译书局编辑。戊戌变法后归里，著书讲学，任劝学所所长，创设村办小学，旋任县高等小学堂校长。民国间官高陵知事，后任教于陕西法政专门学校、西北大学。著有《郃阳乡土志》、《中国地理歌》、《壹是志》。④

姚健，字乾生，鄠县人。贡生。陕西咨议局议员。⑤

贺象贤，渭南人。光绪十四年（1888）副贡。陕西咨议局议员。⑥

刘清垣，泾阳人。光绪十一年（1885）拔贡。官华阴教谕。⑦

张元际（1851—1931），字晓山，号仁斋，兴平人。岁贡生。肄业关中、味经、清麓书院。创办尊经、明经学堂，任劝学所总董。晚主爱日堂（宏仁书院）、清麓书院。著有《孔子辑要》、《兴平乡土志》、《易以反身录》、《爱日堂前集》，主纂《兴平县志》。⑧

杨蕙（1845/1849—1918），字凤轩（一作凤轩），号小瀛，泾阳人。光绪五年（1879）副贡，十四年（1888）举人。历主泾干、瀛洲书院，任县劝学所所长。创办泾阳县林桂巷女子国民学校，并任校长。著有文集六卷。⑨

郭毓璋（1868—1930），字蕴生，华州人。肄业关中、味经书院。光绪二十年（1894）举人，翌年主讲少华书院。二十九年（1903）进士。历官湖北学务局总会计、汉阳兵工厂收支委员，鄂城、孝感知县，蕲州知州。民国间任省农会会长、西北大学预科教员、省商会会长、国会议员、陕西通志馆编纂、驻陕联军财务委员会委员。⑩

李舒馨，字桂斋，号畹民，咸阳人。光绪十四年（1888）举人，十六年（1890）进士。二十四年（1898）官山东福山知县，有政声。调补泰安，未任而卒，年四十九。⑪

①　民国《续修蓝田县志》卷5《选举》，第7叶。
②　民国《重修咸阳县志》卷6《选举》，第24叶。
③　民国《咸宁长安两县续志》卷3《选举表》，第9叶；《长安县志》第23编《教育》，第610页。
④　《陕甘味经书院志·教法第五下》，第20页；《合阳县志》第24编《人物》，第869页。
⑤　民国《鄠县志》卷4《选举》，第13叶。
⑥　《陕甘味经书院志·教法第五下》，第21页；民国《续修陕西通志稿》卷43《选举表四》，第3683页。
⑦　宣统《泾阳县志》卷11《选举表》，第36叶。
⑧　张过：《关中宿儒张元际》，《兴平文史资料》第10辑，第76页；《咸阳市志》第5册，第653页。
⑨　《陕甘味经书院志·教法第五下》，第20、21页；《咸阳市志》第5册，第388页；《近代教育先进传略初集》，第326页。
⑩　翁维谦：《郭蕴生先生事略》，《碑林文史资料》第2辑，第153页；《碑林区志》第22篇《人物》，第866页。
⑪　民国《续修陕西通志稿》卷84《人物十一》，第555页；民国《福山县志稿》卷3《官师传》，第691页。

牟瑾，凤翔人。光绪十一年（1885）拔贡。①

史允端，城固人。光绪十七年（1891）副贡，二十年（1894）举人。三十年官（1904）英德知县。三十二年（1906）官从化知县。宣统二年（1910）官番禺知县。三年（1911）署琼山知县。②

徐怀璋（1858—1932），字奉伯，号惺庵、镜湖，兴平人。光绪十一年（1885）拔贡，十五年（1889）举人。历官陕西沔阳训导，四川冕山关丞、冕宁知县、昭觉知县，陕西山阳知事。晚主槐里、清麓、正谊书院、省国学讲习馆。著有《昭觉志稿》、《镜湖诗钞》、《镜湖文钞》、《说郛》、《从政录》、《文庙祀典考》、《增广三字经》、《家训三编》。③

毛凤枝（1836—1895），字子林，号蟫叟，江苏甘泉人。父瀚，陕西候补知府、西安清军同知。凤枝曾奉父命从戎淮南，转战江皖间，九死一生。父疾，归陕侍父。因军功叙知州，念家难，卒不果。初馆两首邑，继为西安郡幕，晚年著述为乐。著有《寓意于物斋诗文集》三卷、《陕西南山谷口考》一卷、《关中金石文字存逸考》十二卷。④

胡亹，沔县人。光绪十一年（1885）拔贡，十四年（1888）举人。⑤

宫炳南（1844—1918），又名德春，字伯明，号阆峰，晚号耿川，盩厔人。光绪二年（1876）举人。连上春官不第，教授乡邦。创建双溪学堂。著有《盩厔县志稿》、《阆峰文集》。⑥

张殿华，邠州人。光绪十一年（1885）拔贡，十四年（1888）举人。⑦

独谈元，字经笙，华州人。附生。与修《三续华州志》。⑧

待考者：张靖怡、彭述古、张锐、文厚、刘琅、严洸、顾德基、王启超、何元溥、王御坤、程麟、车道成、张集祐、刘景运、柴守职、张绍信、王绍周、张佐清、任继陞、叶尔昌、张捷、方藻华、胡鉴。

① 《陕甘味经书院志·教法第五下》，第21页。

② 《陕甘味经书院志·教法第五下》，第20、21页；《英德县志》第3编《政治》，第602页；《从化县志》第21篇《政权》，第690页；民国《番禺县续志》卷13《官师志一》，第303页；《琼山县志》第17篇《政权、政协》，第585页。

③ 张过：《关中学者徐怀璋》，《兴平文史资料》第10辑，第99页；《咸阳市志》第5册，第422页。

④ 《南山谷口考校注》附录，第182页。

⑤ 《陕甘味经书院志·教法第五下》，第20、21页。

⑥ 民国《盩厔县志》卷6《人物》，第20叶；宫葆畅：《忆宫炳南先生》，《户县文史资料》第14辑，第171页。

⑦ 民国《邠州新志稿》卷17《人物》，第19叶。

⑧ 光绪《三续华州志》卷首《姓氏》，第353页。

湖南省

长沙府

28. 城南书院课艺

【书院简介】

长沙城南书院，原为南宋张浚（1097—1164）、张栻（1133—1180）所建，在南门外妙高峰下。（一说城南书院为张氏私人别墅，非诸生肄业讲习之所。）后经几度兴废，清乾隆十年（1845）迁至天心阁，道光二年（1822）复回原址。咸丰二年（1852）毁于战火，同治九年（1870）重建。二十九年（1903）与湖南师范馆合并，次年改为中路师范学堂。辛亥后改为湖南省立第一师范学校。①

【版本序跋】

题"咸丰四年（1854）孟夏月镌，东牌楼陈文蔚堂藏板"。

陈本钦序云：

南城外妙高峰旧有书院，故宋大儒朱、张讲学地。今移建城南书院，于兹历年，大吏延请乡先生主讲，生徒济济。而书院课艺之刻，盖自归安吴铁夫、长沙余存吾两先生后，迄今百余年矣，未有能继之者。惟贺蔗农前辈有意集成而又不果，岂文字真为造物所忌耶？

余辛丑（1841）春以降服忧解组归，壬寅（1842）就席城南。时先慈年八十有三，陈情乞养。中间八九年，诸生或远幕，或宦他方，或以疾终于家。其课艺之佳者，不无散佚。乃一一从而搜辑之，颇费苦心。积岁遂成卷帙，暇辄为之删订，以存其真。私意窃欲续铁夫、存吾两先生之传，俾资后学有所观法。会粤寇壬子（1852）秋七月突犯省垣，阅八十一日乃解围去。而书院官书万余卷，及私藏书籍字画，壹是荡然无存。且余家附南郭，庐舍皆化为乌有。盖一毁于贼，再毁于兵，三毁于濠夫。当是时，戎马仓黄，四郊多垒。向之面城背城而居者，不下数万户，鳞次栉比，遥遥相望，今则榛莽瓦砾矣。目之所触，万念俱灰，几不知人世间何物尚有存焉者。久之，惊魂稍定，偶检散籯中，犹幸平时删订诸生课文，存者半而梓者亦半。岂天之未丧斯文与？抑有志者事竟成与？重加补缀，亟付剞劂氏，庶不失铁夫、存吾两先生嘉惠学林之至意，即先儒朱、张讲学之道，亦于是乎益明。至文取清真雅正，诸先辈已详论之矣，不复赘。

---

① 《长沙教育志（1840—1990）》，第 8 页；《中国书院藏书》，第 110 页；《湖南古今名胜词典》，第 9 页；李行之：《城南书院不建于宋代考》，《书院研究》，第 269 页。

　　咸丰三年（1853）秋九月既望，长沙陈本钦尧农自识于桐桂书屋。

　　陈本钦，字尧农，长沙人。道光五年（1825）拔贡，十一年（1831）举人，十二年（1832）进士。入词林，改官军机章京，迁员外郎。乞养归，主讲城南书院凡十七年。学期经世，不屑以词章见长。著有《春晖草堂诗存》。《国朝文汇》录其文 1 篇。①

【课艺内容】

　　凡七卷，皆四书文。其中《大学》2 题 11 篇，《中庸》4 题 11 篇，《论语》37 题 89 篇，《孟子》21 题 39 篇，有评点。

【作者考略】

　　共 15 篇，其中：蔡晓源 9 篇，夏藻 6 篇，皮炳、曹荫蕚、李杭 4 篇，李源濬、叶其庆、杨会、文德载、黄廷瓒、许如骏、陈瑞昌（原名邦燮）、邹湘倜、成果道、罗重熙、殷浚、彭锴 3 篇，谭文印、许瑶光、张家槐、周世凤、李元度、唐铨藻、张汉、汤越凡、刘凤苞、黄兆瑞、李廉正、陈亦韩、陈杕、李黄中 2 篇，焦士奇、徐芳、罗熙典、熊运昇、梅鉴源、王家佐、文光壁、张照衡、萧琦、徐树铭、徐仲霖、章云汉、文奎、谢仁宽、程梓材、王泽铣、贺璐、陈昌龄、金肇钧、黄源极、程森材、程懋材、苏词炳、张运明、王光耀、杨然敬、饶兆兰、向新曙、阎其相、陶延万、郭畅怀、陈其善、罗铨、刘锋、柳浦、伏午、贺作霖、易光莲、罗诠、熊华钰、张恩济、金恭寿、周立旬、许定理、李文涟、熊炳策、丁取忠、陈启炊、黄式训、马明照、梁文钰、陈启鹗、刘泽春、张蕚、张泽沄、傅丙照、李冠先 1 篇。（另有两篇作者姓名被挖去。）

　　皮炳，善化人。咸丰元年（1851）举人。曾序平江林嗣徽《仙坡遗草》。②

　　曹荫蕚，长沙人。著有《寡尤悔斋文集》一卷、《寡尤悔斋诗集》一卷。③

　　李杭（1821—1848），字孟龙，湘阴人，星沅（1797—1851）子。道光二十三（1843）举人。二十四年（1844）进士，选庶吉士，散馆授编修。卒年二十八。著有《小芋香馆遗集》。《晚晴簃诗汇》录其诗 10 首。④

　　杨会（1814—?），谱名泉贤，字伯嘉，号禹村，善化人。同治五年（1866）岁贡。⑤

　　黄廷瓒（1818—1874），字士岱，号麓溪，长沙人。道光二十四年（1844）乡试中式第 27 名举人。二十五年（1845）会试中式第 145 名，殿试三甲第 54 名，即用知县，分发江苏。代理南汇知县，委署娄县知县，补授长洲知县。曾国藩（1811—1872）出办团防，调其总查保甲。捐五千金助饷，升南宁知府。湖南巡抚骆秉章（1793—1867）奏请留湖

---

　　①　同治《长沙县志》卷 21《选举一》，第 34 叶；卷 22《选举二》，第 4 叶；《湘雅摭残》卷 1，第 38 页；《国朝文汇》丙集卷 9，第 2526 页。

　　②　同治《平江县志》卷 51《艺文志》，第 18 叶；光绪《善化县志》卷 21《选举》，第 21 叶。

　　③　《湘人著述表》，第 1005 页。

　　④　王柏心：《翰林院编修李君墓志铭》，《百柱堂全集》卷 43，第 14 页；《晚晴簃诗汇》卷 145，第 6316 页。

　　⑤　《清代硃卷集成》第 415 册，第 399 页。

南。晚患眼疾，卒年五十七。①

许如骏，号次苏，善化人。道光二十四年（1844）举人。官盐城知县。丁母艰，奏留江北粮台出力。涔保至道员，权两淮盐运印务。以劳卒于扬州公廨。②

陈瑞昌，长沙人。咸丰七年（1857）举人，即补知县。③

邹湘倜，字咨山，新化人。道光二十三年（1843）举人。入京与邓显鹤（1777—1851）、魏源（1794—1857）等游，闻见益博。顾不乐事，复薄视文词章句，独喜谈宋儒行理之言。选授湘潭教谕，倡建霞城书院。主讲宝庆府书院，未几卒。著有《得颐堂范言》、《得颐堂切近诠说》、《绎学斋诗钞》、《雅雪园诗钞》。《晚晴簃诗汇》录其诗 2 首。④

成果道，湘乡人。廪生。咸丰十一年（1861）官常宁教谕。同治九年（1870）以军功官江苏知县。⑤

罗重熙，字墨卿，浏阳人。咸丰七年（1857）举人，同治二年（1863）进士。即用知县，签发福建。以军务调陕西，历官三水、石泉、长武知县。⑥

殷浚，善化人。同治元年（1862）举人。官耒阳教谕。⑦

谭文印（？—1857），改名文荫，浏阳人。道光二十九年（1849）拔贡、举人。明年考取国子监学正。咸丰七年（1857）在江西军幕殉难。⑧

许瑶光（1817—1882），字雪门，晚号复叟，善化人。道光二十九年（1849）拔贡。朝考二等，以知县分发浙江。历官桐庐、诸暨、淳安、常山、仁和、宁海知县，嘉兴知府。著有《雪门诗草》十四卷（收入《续修四库全书》）、《谈浙纪略》四卷。《晚晴簃诗汇》录其诗 2 首。⑨

张家槐，善化人。同治元年（1862）举人，四年（1865）进士。官河南封丘知县、直隶州同知。光绪二年（1876）官宁夏知府，以振兴学校、变易风俗为急，时人有蜀文翁之称。⑩

李元度（1821—1887），字次青、笏庭，自号天岳山樵，晚号超园老人，平江人。道光二十三年（1843）举人。会试报罢，游奉天学政幕。选授黔阳教谕。咸丰间参与曾国藩（1811—1872）军幕。官至贵州按察使、布政使。著有《国朝先正事略》、《南岳志》、

---

① 《清代硃卷集成》第 14 册，第 237 页；《清代官员履历档案全编》第 3 册，第 296 页；《长沙市志》第 16 卷，第 526 页。

② 光绪《善化县志》卷 24《人物》，第 42 叶。

③ 同治《长沙县志》卷 21《选举一》，第 37 叶。

④ 同治《新化县志》卷 16《选举志》，第 11 叶；卷 34《艺文志二》，第 1、6、23、24 叶；光绪《湘潭县志》卷 5《官师》，第 523 页；《晚晴簃诗汇》卷 144，第 6307 页。

⑤ 《大清缙绅全书·同治元年冬·湖南省》，第 7 叶；同治《湘乡县志》第 5 册，第 66 页。

⑥ 同治《浏阳县志》卷 17《选举》，第 6、19 叶；同治《三水县志》卷 3《职官》，第 8 叶。

⑦ 光绪《善化县志》卷 21《选举》，第 22 叶。

⑧ 同治《浏阳县志》卷 18《人物》，第 5 叶；

⑨ 王先谦：《诰授资政大夫浙江嘉兴府知府许公墓志铭》，《虚受堂文集》卷 10，第 434 页。

⑩ 光绪《善化县志》卷 21《选举》，第 7、21 叶；民国《朔方道志》卷 13《职官志二》，第 15 叶；卷 15《职官四》，第 13 叶。

《天岳山馆诗文钞》。《晚晴簃诗汇》录其诗 4 首。《国朝文汇》录其文 11 篇。①

唐铨藻，善化人。以廪贡官沅陵训导。同治十二年（1873）举人。②

张汉，善化人。咸丰七年（1857）举人。官江西金溪知县。③

汤越凡，醴陵人。咸丰七年（1857）举人。同治十二年（1873）官巴陵教谕。④

刘凤苞（1826—1905），字毓秀，号采九，武陵人。咸丰七年（1857）乡试中式第 74 名举人，覆试二等第 13 名。同治四年（1865）会试中式第 9 名，覆试二等第 43 名，殿试二甲第 73 名，朝考一等第 60 名，选庶吉士。散馆授云南禄丰知县。后官元江知州，大理、永昌、顺宁知府。以事革职，归主常德朗江书院、长沙城南书院。主纂《桃源县志》，著有《南华雪心编》、《晚香堂诗钞》、《晚香堂赋集》、《晚香堂杂文》、《晚香堂骈文》、《晚香堂试帖》。⑤

黄兆瑞，善化人。增贡，候选训导。⑥

徐芳，长沙人。咸丰八年（1858）举人。官桂阳教谕。⑦

罗熙典，字翰秋，益阳人。诸生。为文浩瀚，屡试辄蹶。咸丰初投笔从军，亦不遇。由湖北返棹汨罗江，愤曰："吾既不得受知当道，命也；得与三闾大夫把臂，足矣！"遂投水死，时年三十八。著有《伴樗山房诗草》、《啸月楼古文》、《长啸楼卮言》、《粤西平匪策》。⑧

熊运昇（1816—1904），字光旭，益阳人。道光二十九年（1849）拔贡。官四川永宁、洪雅、隆昌知县，叙州同知。主讲龙洲书院。⑨

梅鉴源（1824—1884），初名智源，字肇森，宁乡人。道光十九年（1839）读书城南书院。二十七年（1847）再入城南书院，前后凡三年。咸丰八年（1858）举人。光绪六年（1880）掌教宁乡玉潭书院。八年（1882）官浙江景宁知县，卒于官。著有《鸦岑余录》二卷。⑩

徐树铭（1824—1899/1900），字寿衡（一作寿蘅）、叔鸿，号澄园，长沙人。道光二十四年（1844）举人。二十七年（1847）进士，选庶吉士，散馆授编修。历官山东学政、内阁学士、兵部侍郎、福建学政、礼部侍郎、浙江学政、鸿胪寺卿、太常寺卿、副都御

① 王先谦：《诰授光禄大夫贵州布政使李公神道碑》，《虚受堂文集》卷 9，第 419 页；《晚晴簃诗汇》卷 144，第 6297 页；《国朝文汇》丙集卷 19，第 2665 页。

② 光绪《善化县志》卷 21《选举》，第 23、45 叶。

③ 光绪《善化县志》卷 21《选举》，第 21 叶；《晚晴簃诗汇》卷 150，第 6532 页。

④ 同治《醴陵县志》卷 8《选举》，第 17 叶；光绪《巴陵县志》卷 49《职官志二》，第 14 叶。

⑤ 《清代硃卷集成》第 26 册，第 191 页；《清代官员履历档案全编》第 27 册，第 8 页；李波：《清代庄子散文研究家刘凤苞行年考》，《安庆师范学院学报》（社科版）2011 年第 7 期。

⑥ 光绪《善化县志》卷 21《选举》，第 43 叶。

⑦ 同治《长沙县志》卷 21《选举一》，第 37 叶。

⑧ 同治《益阳县志》卷 16《人物·文苑》，第 43 叶。

⑨ 同治《益阳县志》卷 13《选举》，第 27 叶；《桃江县志》第 20 篇《人物》，第 592 页。

⑩ 《清授朝议大夫景宁县知县梅府君年谱》，第 233 页；《清代官员履历档案全编》第 27 册，第 482 页。

使、工部侍郎、工部尚书。著有《澄园遗集》。《晚晴簃诗汇》录其诗 13 首。①

徐仲霖（1820—?），长沙人。道光二十九年（1849）举人。官江西广昌知县。②

程梓材（1830—?），改名椿寿，字黼云，号少炳、企乔，宁乡人。道光二十九年（1849）副贡，咸丰元年（1851）乡试中式第 60 名举人。同治三年（1864）官道州学正。光绪五年（1879）官华容教谕。著有《澄书阁经义》十六卷、《澄书阁文集》八卷、《澄书阁诗赋》八卷。③

程森材，号虎溪，宁乡人，梓材（1830—?）弟。廪生。④

程懋材，号海楼，宁乡人，梓材（1830—?）弟。庠生。⑤

苏词炳，字星阶，平江人。幼颖异，过目成诵。为文务深湛之思，不屑寄人篱下。年十二，补府学生，十四食廪饩。试屡甲其侪，名藉甚。充道光二十九年（1849）拔贡生，就职州判。中岁留意律吕之学，冥心孤诣，多妙悟。所著书未就而卒。有《艺兰轩诗草》四卷。⑥

杨然敬（?—1862），字铁星（一作铁心），善化人，会（1814—?）弟。道光二十六年（1846）举人。充实录馆誊录，议叙以知县分发浙江。咸丰十年（1860）官湖州通判。同治元年（1862）殉难。⑦

阎其相，字石可、追甫，长沙人。诸生。著有《追甫诗集》二卷。《国朝文汇》录其文 1 篇。⑧

陶延万，长沙人。道光二十三年（1843）举人。⑨

易光莲，字清涟，醴陵人，侨居长沙。咸丰七年（1857）举人。大挑湖北兴山、枝江知县。数遭家难，诗多悲苦之音。著有《白鹤山房诗稿》。⑩

张恩济（1829—1886），字定安，善化人。附贡生，候选训导。与修《善化县志》。⑪

丁取忠（1810—1877）⑫，字肃存，号果臣、云梧，长沙人。道光十七年（1837）至二十五年（1845）肄业城南书院。曾游胡林翼（1812—1861）幕。著有《数学拾遗》、《舆地经纬度里表》、《粟布演草》等，编有《白芙堂算学丛书》。⑬

梁文钰，字昆圃，湘潭人。家境殷实，肄业城南书院，同舍生至其家者，拂席设馔，

①　同治《长沙县志》卷 21《选举一》，第 35 叶；《长沙市志》第 16 卷，第 24 页；《湖南省志》第 30 卷《人物志》，第 492 页；《晚晴簃诗汇》卷 149，第 6491 页。

②　《清代官员履历档案全编》第 26 册，第 164 页；同治《长沙县志》卷 21《选举一》，第 36 叶。

③　《清代硃卷集成》第 323 册，第 25 页；《大清缙绅全书·光绪七年冬·湖南省》，第 4 叶；《湘人著述表》，第 1152 页。

④　《清代硃卷集成》第 323 册，第 25 页。

⑤　《清代硃卷集成》第 323 册，第 25 页。

⑥　同治《平江县志》卷 44《人物·文学》，第 10 叶。

⑦　同治《湖州府志》卷 62《名宦录一》，第 55 叶；光绪《善化县志》卷 25《忠义》，第 21 叶。

⑧　《湘人著述表》，第 951 页；《国朝文汇》丙集卷 19，第 2675 页。

⑨　同治《长沙县志》卷 21《选举一》，第 35 叶。

⑩　《湘雅摭残》卷 8，第 329 页。

⑪　光绪《善化县志》卷首《修辑姓氏》，第 2 叶；《长沙市志》第 13 卷，第 394 页。

⑫　生于嘉庆十四年十二月，公历已入 1810 年。

⑬　《湖南省志》》第 30 卷《人物志》，第 347 页。

供待隆至。以楷书冠场。道光二十九年（1849）拔贡，朝考一等，以知县分发山东，历馆陶、汶上等县。著有《历下唱和诗钞》一卷（与他人合著）、《绿筠轩诗钞》四卷。①

刘泽春，沅陵人。庠生。咸丰间以军功保湖北候补知县，改广东候补县丞。②

张蕚。湘潭张蕚，工画，与万士遄（字晓初）齐名。③ 未知是否即此人。

傅丙照，湘阴人。廪生。同治元年（1862）举孝廉方正，以直隶州州判分发湖北。④

余皆待考。

29. 东山书院课集

【书院简介】

攸县东山书院，前身为震阳书院，清嘉庆十八年（1813）改建为东山书院。咸丰二年（1852）毁于兵燹，五年（1855）重修。光绪二十八年（1902）改为公立南云学堂。宣统元年（1909）改为南云高等小学堂。辛亥后先后改为攸县县立高等小学、县立第一高等小学。⑤

【版本序跋】

署"壬辰年（1892）刊"，"长沙胡元玉订"。胡元玉序云：

> 攸县东山书院向课时文，岁辛卯（1891）始加课经史词赋。壬辰（1892）余承乏讲席，阅治经诸卷，往往转抄前说，无所折衷。究其由来，则误于矜慎之说，致有此弊。夫学与思，不可偏废者也。以不思为谨严则固矣，以神贩为淹博则支矣。圣人所谓思不如学者，以其徒思也。若能博学而近思，则虽西河传经，亦不外致力于此。孰谓毕生獭祭，便谓通经哉！【略】乃取所尝刊削之作，付之剞劂，传示学徒，导之致思，以扩所学，庶乎其矫前弊矣乎！所重在治经，故其他从略。
>
> 光绪壬辰（1892）仲冬，胡元玉书。

胡元玉（1860—？）⑥，字子瑞，湘潭人。肄业校经书院。光绪十四年（1888）优贡。著有《驳春秋名字解诂》、《雅学考》（收入《续修四库全书》）、《郑许字义异同评》、《汉音钩沉》、《璧沼集》。⑦

王闿运序云：

> 【略】攸先有精舍，专治古经义，请胡学正子瑞主讲。一岁而得解义杂文若干

---

① 光绪《湘潭县志》卷8《人物》，第707页；《湘人著述表》，第944页。

② 同治《沅陵县志》卷24《选举五》，第3叶。

③ 光绪《湘潭县志》卷8《人物》，第747页。

④ 光绪《湘阴县图志》卷11《选举表上》，第38叶。

⑤ 《攸县志》卷15《教育》，第295页；《湖南近现代名校史料》卷2，第1816页。

⑥ 生于咸丰九年十二月二十一日，公历已入1860年。

⑦ 《清代硃卷集成》第380册，第57页；《湘雅摭残》卷13，第589页；《清人诗文集总目提要》，第1650页。

篇，为一集刊之。子瑞序其意详矣。或恐见者以为异于新旧经解之学，来质于余。余为郑学者，以为郑之学在下已意，实宋学之滥觞。学郑而訾宋，惑之惑者也。说经惟其是，是必有所据。宋之可訾，在无据而臆说。诚得其据，何至道周孔误哉！墨守许郑，与笃信程朱，争胜负于古今，甚无谓也，况夫常州、苏浙、长沙、茶攸之派别乎？传曰："群言淆乱衷诸圣。"敢以质之言经者。

　　光绪岁在壬辰（1892）大寒日，王闿运题。

　　王闿运（1833—1916）①，字壬秋、壬父（一作壬甫），号湘绮，湘潭人。咸丰七年（1857）举人。幕游四方，历主成都尊经书院、长沙思贤讲舍、衡阳船山书院。光绪三十四年（1908）授翰林院检讨。民国初任国史馆馆长，旋辞归。著有《王湘绮先生全集》。②

【课艺内容】

　　经解、考证、杂文、诗赋37题40篇，题如《震为龙说》、《雀无角鼠无牙解》、《来牟二麦辨》、《十二食十二衣考》、《楚狂接舆名字考》、《〈史记〉立循吏、酷吏两传论》、《读〈晋书·陶侃传〉书后》、《梁亭窃灌楚亭瓜赋》、《拟杜工部〈咏怀古迹五首〉》、《拟韩昌黎〈山石〉》、《步虚词》。

【作者考略】

　　余德沅（廪生）、余德广（附生）5篇，杨宗泰（附生）、董策（附生）、文毓林（童生）3篇，陈凌霄（童生）、刘兰（附生）、单跃龙（附生）、蔡言章（附生）、何纬（童生）、文墨林（童生）、蔡康壬（童生）2篇，杨宗潮（童生）、丁大猷（童生）、丁松茂（童生）、文艺林（童生）、刘从龙（附生）、胡国瑞（附生）、罗博（附生）1篇。

　　余德沅（1864—1949），字麓农，号陆亭，攸县人。廪贡。参与创办南云学堂，任教习、监督。又创办庆都都立小学堂、私立余氏小学。民国间历任攸县劝学所所长、教育局长、救济院院长、议会会长。③

　　余德广（1870—？），攸县人。廪生。曾与余德沅（1864—1949）等上书请求变通县试科目，增设时务、算学等项。民国间官攸县知事，十年（1921）任湖南省宪法审查会审查员。④

　　胡国瑞（1862—1911），字琼笙，攸县人。光绪二十年（1894）举人。二十九年（1903）大挑，以知县分发云南。历官霑益知州，弥勒、江川知县。宣统三年（1911）擢大关同知，叙劳以知府用。闻国变，投井死。⑤

---

① 生于道光十二年十一月二十九日，公历已入1833年。
② 《清王湘绮先生闿运年谱》。
③ 《攸县志》卷25《人物》，第604页。
④ 《湘报》，第865页；《湖南自治运动史论》，第142页。
⑤ 王闿运：《胡公井铭（并序）》，《船山学报》第3册，第1589页；民国《新纂云南通志》卷187，第8册，第183页。

余皆待考。

30. 沩水校经堂课艺

【书院简介】

宁乡沩水校经堂，建于清光绪二年（1876），课诸生以经史诗文。①

【版本序跋】

光绪壬辰年（1892）课艺。题"沩水校经堂课艺弟一集"，"光绪癸巳（1893）仿聚珍版印行"。

廖树蘅序云：

【略】自道咸以降，自朝著以至名都大邑，士多蔽于俗学，时人所谓"高第之子，未窥六籍，已入翰林"是也。宁乡蕞尔邑，又何怪其然！

光绪丙子（1876），乐山唐大合蓬洲权知县事。以邑士多局于咫闻，乃时进之于庭，而课以经史诗文之学，复推俸余以资其膏火。一时缀文之子，乃渐知以通经学古为重。顾不久受代去，以后或作或辍。县人以育士之资，不能尽烦长上，乃稍稍襄置田亩，购书籍。今甘肃提督周公渭臣，复大出橐金以扩充之。于是士之为学愈有藉，而风气乃日益开。

余以罢驽忝拥皋比，已两年于兹。每发题课士，必有一二惬心之作，未忍任其散佚。斋馆多暇，乃择其尤雅饬者若干篇，付诸削氏，用活字板排刷，以公同好。【略】

光绪癸巳（1893）首夏，县人廖树蘅叙于玉潭书院之逊学斋。

廖树蘅（1840—1923），字荪畦，宁乡人。廪贡生。游周达武（1828—1895）、陈宝箴（1831—1900）幕。主玉潭书院。后以主持矿务闻名。历官宜章、清泉训导，兼治矿务。辛亥后退老于家。著有《珠泉草庐文集》、《珠泉草庐诗钞》、《芨源银场录》、《武军纪略》、《祠志续编》、《自订年谱》。《晚晴簃诗汇》录其诗 3 首。②

【课艺内容】

13 题 23 篇，题为《决汝汉排排泗淮而注之江解》、《阳鸟攸居解》、《桑维翰、景延广谋国得失论》、《贾谊、陆贽、苏轼孰优论》、《邓湘皋先生〈修城十略〉书后》、《崇祀乡贤议》、《识山楼赋》、《齐人延年请合水工，开大河上领，出之胡中赋》、《韩蕲王湖上骑驴赋》、《汉武帝开西南夷以通大夏赋》、《明吉邸宫人斜词》、《湘中咏怀古迹诗》、《咏古二首》。

---

① 《沩水校经堂课艺》，廖树蘅序。
② 徐一士：《谈廖树蘅》，《一士类稿》，第 180 页；《晚晴簃诗汇》卷 179，第 7863 页。

【作者考略】

岳翰东、陈起凡 3 篇，周之翰、李运鸿、李正钧、杨文锴 2 篇，陶忠洛、刘翰良、邓湘甲、钱维祺、宇文彰、易焕离、赵翼云、成镇奎、曾振钧 1 篇。

岳翰东，字季荃，宁乡人。县学生。纳资为县丞。游宦瓯越，得风痹疾归。著有《小金陀山房诗稿》一卷。谢觉哉（1884—1971）少时曾在岳氏小金陀馆就读。①

杨文锴（1863—1927），字邕荪，号循园，宁乡人。官两淮盐大使。著有《循园诗文钞》，辑有《沩水诗征》、《沩峤文存》、《江桥春泛图诗文征存》。②

刘翰良（1872—1925），字静庵，宁乡人。光绪三十一年（1905）岁贡，候选训导。曾任教于城南师范学堂、岳麓高等师范。著有《静庵遗集》五卷、《静庵剩稿》二卷。③

钱维祺，字子传，宁乡人。曾序其兄钱维□（字次郇）《潜山诗存》。④

曾振钧。光绪二十三年（1897），谔尔福（德国人）案涉事者、岳麓书院生员曾振钧⑤，疑即此人。

余皆待考。

衡州府

31. 研经书院课集

【书院简介】

衡山研经书院，清光绪十九年（1893）创建。三十年（1904）改为官立城北高等小学堂，宣统二年（1910）改为衡山官立中学堂。⑥

【版本序跋】

题"光绪乙未（1895）立春刊成"，"湘潭胡元玉订"，"益智书局承刊"。

胡元玉，见《东山书院课集》。

张预序云：

岁壬辰（1892），使者案试衡郡，取录经古，衡阳、清泉、衡山三属较多，意其必有所本也。于时郡东五里有船山书院，专讲经术，衡、清之士多游焉；若衡山，则犹未有专经课士之所也。越甲午（1894）再过其地，既偕邑令谢侯谒南岳归，侯告余研经书院成，规制闳敞，亚于船山，因趣往观之。相其阴阳，则背衡面湘，盘郁奇

① 傅熊湘：《岳氏母墓志铭》，《傅熊湘集》，第 374 页；《湘人著述表》，第 715 页；《谢觉哉评传》，第 18 页。
② 《大清缙绅全书·光绪二十八年秋·分发》，第 4 叶；《湘雅摭残》卷 13，第 661 页；《清人诗文集总目提要》，第 1929 页；《湘人著述表》，第 446 页。
③ 《湖南近现代名校史料》卷 1，第 294 页；《湘人著述表》，第 261 页。
④ 《清人诗文集总目提要》，第 1865 页。
⑤ 《陈宝箴集》卷 33《查明谔尔福案复总署电函（稿一）》，第 1493 页。
⑥ 《衡山县志》第 23 篇《教育、科技》，第 497 页。

伟；升其堂室，则诵弦在户，迎拜莘莘。盖余是行也，上登名山，下游精庐，贤侯佳
士，左酒醴而右袊冕，以相从焉，其乐又何极也。门人湘潭胡君元玉适为其院之长，
课试经业，汇成一集，求序于余，将以刊布乡间，遍给初学，俾知所效，异日人文蔚
起，必更有可观者。

　　吾闻衡山地险民悍，讼盗繁兴，言治者率以兴学为未暇。故专经之院，前此未
有。【略】今书院之成，谢侯倡之以为养，胡君长之以为教，将使阖邑之士皆知向
学，即可令阖邑之民皆不为非，其用意当不仅以掇巍科、工述作为一二高材生期望。
而此集之刻，犹此意也。衡山父老，苟因此益扩充之，以相期于久远，则转相教学，
由是正士习、移民俗，无难也。南岳岩岩，监观于迩，其必无为岳神羞。而人文之
盛，钟为申甫，又安知不于是得之也。使者有振兴士习之责，故于是集尤乐为之序，
即以为记书院之缘起也，亦无不可。

　　光绪甲午（1894）十月，湖南督学使者钱唐张预序。

　　张预，见《诂经精舍三集》。

【课艺内容】

　　经解、诗赋47题67篇。题如《三〈易〉考（并考太卜所掌之〈周易〉与孔子所系
之〈易〉是否一书）》、《问：〈尚书〉百篇本有"大戊"，今本书序脱漏其目，然既有所
入，则必有所省。江、孙所定，似均失之。试以卓见订正百篇之数》、《夏屋渠渠解》、
《五药考》、《"有妇人焉"误字订》、《衣字象形说》、《共和共伯和辨》、《〈汉书·古今人
表〉不列汉人说》、《拟唐太宗〈小池赋〉》、《听秋虫赋》、《纨扇歌》、《从军行》、《七
夕词》、《祝英台近·七夕》。

【作者考略】

　　戴魁（廪生）5篇，罗轰（附生）、秦溁瀚（廪生）、柳旭（附生）4篇，王香余
（廪生）、杨辉（附生）、劳谦（附生）3篇，罗守珪（童生）、赵曷焱（童生）、侯锡光
（廪生）、周衍恩（童生）、周幹（童生）、罗守玟（童生）、谭森柏（附生）、罗守璋（童
生）2篇，尹化南（廪生）、向寿（监生）、成炳（童生）、陈士衡（童生）、袁镇铨（附
生）、刘岳屏（附生）、文绂（童生）、宾凤阳（廪生）、袁楚善（增生）、成泽（童生）、
尹作良（附生）、向蒸（附生）、宾寅东（附生）、王在湘（附生）、许湘铭（童生）、许
云衢（廪生）、陈箴（监生）、李国华（童生）、刘岳藩（佾生）、刘煌然（附生）、李郁
第（童生）、赵瑛（附生）、赵寿镜（童生）、向荣（附生）、宾羽仪（童生）1篇。

　　柳旭（1866—？），字曙初，衡山人。廪贡。报捐道员，历官云南试用道、福建汀州
同知。民国间官审计院第三厅第三股主任、审计官。①

　　王香余，字兰轩，号简任，衡山人。著有《续增南岳志》二卷。②

---

　　①《清代官员履历档案全编》第7册，第36页；第28册，第744页；《清末民初中国官绅人名
录》，第307页。

　　②《湘人著述表》，第98页。

周衍恩，衡山人。编有《周氏四修族谱》。①

谭森柏，衡山人。与人合编《衡山九老会诗稿》四卷首一卷。②

刘岳屏，衡山人。参与校刊《礼记笺》、《礼经笺》。③

宾凤阳（1872—1945），字煦东，衡山人。肄业岳麓书院，优贡生。历官四川试用县丞，秀山知县，彭县、新津、浙江黄岩知事。民国十三年（1924）辞职还乡。④

王在湘（1870—1933），字梅村，衡山人。岁贡。民国二年（1913）官陕西醴泉知事。又协助熊希龄（1870—1937）创办慈善和教育事业，历任湖南义赈会会长，北京香山慈幼院事务股主任、代理副院长。《沅湘通艺录》录其文。⑤

刘煌然，字晓吾，衡山人。民国间官临湘、永兴知事。参与校刊《礼记笺》。著有《晓吾老人七十九岁自序》。⑥

向荣，字乐毅，衡山人。善书。⑦

余皆待考。

32. 船山书院课艺

【书院简介】

衡阳船山书院，原为城南门外船山祠，清光绪八年（1882）改建为船山书院，十年（1884）正式招收生徒授课，十一年（1885）迁址于东洲。清末全国书院改学堂，因王闿运（1833—1916）等人力争，独留船山书院。民国间先后改为船山存古学堂、船山国学院、船山大学、船山中学。今为衡阳市第一中学。⑧

【版本序跋】

又名《船山书院课艺初集》。题"光绪庚子（1900）刊于东州"，"长沙湘潭王壬父夫子阅定"。无序跋。

王闿运，见《东山书院课集》。

【课艺内容】

八卷90篇，皆经解考证之文：卷一《易》、《书》8题9篇，题如《受福王母解》、《大路赘路次路先路后路考》；卷二《诗》15题15篇，题如《居东东征异地考》、《长庚

---

① 《湖南家谱知见录》，第604页。

② 《湖南古旧地方文献书目》，第295页。

③ 《礼记笺》卷15、24，第14、8叶；《礼经笺》卷2，第25叶。

④ 宾蜀思：《宾凤阳治水》，《黄岩史志》1989年第3期，第61页。

⑤ 民国《续修醴泉县志稿》卷6《官师》，第16叶；张立志、肖岳嵐：《熊院长与王在湘老先生》，《湘西文史资料》第30辑，第12页；《沅湘通艺录》卷1，第15页。

⑥ 《岳阳市志》第2册，第595页；《永兴县志》第五篇《人大、政府、政协》，第172页；《礼记笺》卷35，第5叶；《湘人著述表》，第259页。

⑦ 《湖南书法史》，第315页。

⑧ 黄耀武：《船山书院创办及演变》，《文史资料》第5辑，第36页；尹海清：《船山书院概述》，《书院研究》，第291页。

启明释》；卷三《周礼》9 题 11 篇，题如《六寝考》、《九旗载建同异考》；卷四《礼经》2 题 2 篇，题为《礼服各有主名，不可通用，详考诸经所言，分别为表》、《朝服表》；卷五《礼经》14 题 15 篇，题如《释壹》、《卒辞他辞释》；卷六《春秋》22 题 23 篇，题如《会以国地例说》、《其余皆通解》；卷七《礼记》12 题 12 篇，题如《婚为酒食，召乡党僚友，宜用何礼，经传有见否》、《四田三田考》；卷八《论语》、《尒疋》3 题 3 篇，题如《瑚槤喻子贡解》、《洵虱解》。有评点。

【作者考略】

刘衮（衡阳附生）9 篇，廖昺文（清泉拔贡）7 篇，刘映藜（桂阳廪生）5 篇，李金燚（桂阳拔贡）、彭瑞龄（祁阳廪生）、刘岳屏（衡山附生）、喻谦（衡阳廪生）、王卫清（常宁廪生）4 篇，程崇信（衡阳举人）、谭麦（桂阳廪生）、谢玉立（清泉廪生）3 篇，蒋继燊（耒阳附生）、陆塈（清泉廪生）、向燊（衡山廪生）、尹梓森（常宁附生）、秦溁瀚（衡山廪生）、刘荣炳（桂阳廪生）、谢鸿儒（耒阳拔贡）、何增文（桂阳附生）、陈璟（清泉附生）2 篇，高维岳（桂阳增生）、李荣卿（桂阳附生）、周泽棠（衡阳附生）、杨江沐（清泉增生）、邹日煊（衡阳廪生）、刘煌然（衡山廪生）、谢价人（清泉廪生）、萧鹤祥（衡阳举人）、唐敏濬（常宁增生）、尹乾（常宁廪生）、张登寿（湘潭附生）、蒋树勋（衡阳廪生）、谭德峻（衡阳廪生）、曾荣汉（耒阳附生）、罗步青（耒阳附生）、李守中（桂阳廪生）、何灿甲（桂阳附生）、刘溥源（祁阳附生）、曾荣楚（耒阳廪生）、何子渊（桂阳廪生）、王士豪（清泉附生）1 篇，院长程作 1 篇。

刘岳屏、刘煌然，见《研经书院课集》。

刘衮，衡阳人。参与校刊《礼经笺》。①

廖昺文，清泉人。王闿运（1833—1916）曾力荐之。参与校刊《礼记笺》、《礼经笺》，光绪三十四年（1908）重校《春秋公羊传笺》。《沅湘通艺录》录其文。②

刘映藜，桂阳人。优贡。保举经济特科。官广西宜山知县。民国十年（1921）任县工会会长。十一年（1922）当选为省议员。参与校刊《礼记笺》、《礼经笺》、《春秋公羊传笺》。③

李金燚，桂阳人。参与校刊《礼记笺》、《礼经笺》、《周官笺》、《春秋公羊传笺》。④

彭瑞龄，祁阳人。参与校刊《礼记笺》。⑤

喻谦（1870—1931/1933），字昧庵，衡阳人。留学日本，归国后执教于船山书院。

---

① 《礼经笺》卷 14，第 26 叶。

② 《湘绮楼笺启》卷 6《与张学台》，第 301 页；《礼记笺》卷 11、12，第 31、12 叶；《礼经笺》卷 8、9、10，第 54、16、13 叶；《春秋公羊传笺》卷首，第 67 页；《沅湘通艺录》卷 1，第 18 页。

③ 袁丕元：《经济特科各省荐举名录》，《历代制举史料汇编》，第 547 页；《宣统三年冬季职官录》，第 1272 页；《桂阳县志》第四篇《党派团体》，第 136 页；第 5 篇《政务》，第 148 页；《礼记笺》卷 1、2，第 58、80 叶；《礼经笺》卷 11、12，第 66、33 叶；《春秋公羊传笺》卷 3、6、8，第 156、245、289 页。

④ 《礼记笺》卷 13、14，第 16、8 叶；《礼经笺》卷 6、7，第 26、49 叶；《周官笺》卷 1、2，第 86、88 叶；《春秋公羊传笺》卷 3、6，第 156、245 页。

⑤ 《礼记笺》卷 1、2，第 58、80 叶。

参与校刊《礼记笺》、《礼经笺》。著有《王湘绮行述》、《新续高僧传四集》、《王氏六书存微》。①

王卫清（"清"一作"青"），常宁人。参与校刊《礼记笺》、《春秋公羊传笺》。②

程崇信（1864—1933），又名二溟，字戴传，衡阳人。以廪贡报捐教谕，选授泸溪教谕。光绪十九年（1893）举人。历官国子监典簿、陕西延安知府、候补道员、陕西洋务局、善后局、营务处、课史馆、练兵处、西潼铁道局、禁烟检查处提调、总办、延长石油督办、两等师范学校、法政学堂监理、众议院议员、平政院肃政使。晚归衡阳讲学。著有《春秋穀梁义》、《读左随笔》、《王氏诗补笺绎》。③

谢玉立（1865—?），字旷庵，衡阳（一作清泉）人。廪贡。曾任存古学堂监督、衡清官立中学堂校长。著有《旷庵文集》八卷。④

蒋继燊，耒阳人。参与校刊《礼记笺》。⑤

向燊（1864—1928），字乐谷，晚号抱蜀老人，衡山人。少有神童之称，年三十始入县学，补廪生。留学日本，卒业东京宏文学院。归后任衡州府中学堂、南路实业学堂监督，咨议局议员、甘肃候补道员、陇南观察使、渭川道尹，湖南湘江道尹、财政厅长。晚居上海，鬻书画自给。参与校刊《礼记笺》、《礼经笺》、《春秋公羊传笺》，著有《向乐谷先生遗集》。⑥

谢鸿儒，耒阳人。参与校刊《礼记笺》。《沅湘通艺录》录其文。⑦

何增文，桂阳人。《沅湘通艺录》录其文。⑧

陈琭，清泉人。总校《春秋公羊传笺》。⑨

周泽棠，衡阳人。参与校刊《礼记笺》。⑩

杨江沐，清泉人。参与校刊《礼记笺》、《礼经笺》，编辑《历代衡州府属节孝贞烈姓氏录》七卷。⑪

谢价人，清泉人。廪贡。清泉县高等小学堂经学国文教习。参与校刊《礼记笺》、

①　《礼记笺》卷5，第28叶；《礼经笺》卷17，第31叶；《佛教文化与历史》，第304页；《湘人著述表》，第1123页。

②　《礼记笺》卷6，第20叶；《春秋公羊传笺》卷1、5、10，第92、223、336页。

③　《清代官员履历档案全编》第7册，第140、191页；《清末民初中国官绅人名录》，第558页；《净土圣贤录易解》第5册，第205页；《湘人著述表》，第1155页。

④　《湖南近现代名校史料》卷2，第1588页；《湘人著述表》，第1081页。

⑤　《礼记笺》卷32、33，第5、5叶。

⑥　谭延闿：《衡山向乐谷墓志铭》，《辛亥人物碑传集》，第520页；向大延：《向燊先生行谊》，《国史馆现藏民国人物传记史料汇编》第29辑，第75页；《礼记笺》卷33、34，第8、4叶；《礼经笺》卷6、13，第26、26叶；《春秋公羊传笺》卷1、5、9，第92、223、321页；《湘人著述表》，第304页。

⑦　《礼记笺》卷29，第14叶；《沅湘通艺录》卷1，第22、23页。

⑧　《沅湘通艺录》卷1，第31页。

⑨　《春秋公羊传笺》卷11，第349页。

⑩　《礼记笺》卷27、28、29，第6、9、14叶。

⑪　《礼记笺》卷34，第5叶；《礼经笺》卷8，第54叶；《湘人著述表》，第450页。

《礼经笺》，纂修《清泉县乡土志》。①

　　萧鹤祥，衡阳人。举人。光绪三十年（1904）校刊《墨子注》。三十三年（1907）上《请速开国会呈》。②

　　张登寿（？—1923），字正旸，世称乌石先生，湘潭人。家本业锻，好诗，绝似孟郊。复游王湘绮门，造诣益深。王湘绮主讲船山，门人有不知题旨者，请登寿代撰。王阅课卷，遇佳制，则曰："此必张正旸作。"置第一，询之果然。数应乡试不第，游江西巡抚幕，复游日本习法律。归充明德、麓山诸校教授，复官攸县、山西沁县知事。遭陷入狱，归湘后任军署秘书。著有《诗经比兴表》、《礼经丧服表》。③

　　蒋树勋（1868—？），衡阳人。民国四年（1915）地方行政讲习所毕业，以知事分发江西。④

　　谭德峻，衡阳人。民国十三年（1924）作《续修南岳志后记》。⑤

　　曾荣汉，耒阳人。参与校刊《春秋公羊传笺》。⑥

　　曾荣楚，号次颜，耒阳人。优贡。宣统二年（1910）官贵州瓮安知县。民国二年（1913）官湖南沅陵知事。四年（1915）官广西上林知事。参与校刊《春秋公羊传笺》。⑦

　　待考者：谭麦、陆堃、尹梓森、秦溁瀚、刘荣炳、高维岳、李荣卿、邹日煊、唐敏濬、尹乾、罗步青、李守中、何灿甲、刘溥源、何子渊、王士豪。

沅州府

33. 沅水校经堂课集

【书院简介】

　　沅水校经堂位于沅州，清光绪十四年（1888）创建，次年正式开馆。以实学课士，与长沙湘水校经堂齐名，人称"沅湘两校经"。二十九年（1903）改为沅州府中学堂。民国间先后改为沅州公立中学堂、芷黔麻联合县立中学、湖南省第九联合县立中学、湖南省沅郡联立简易乡村师范。⑧

　　① 《礼记笺》卷16、17，第11、32叶；《礼经笺》卷3，第9叶；宣统《清泉县乡土志》卷首《纂修衔名》，第1叶。

　　② 《墨子注》卷末，萧鹤祥跋；《清末筹备立宪档案史料》，第620页。

　　③ 杨钧：《张登寿传》，《草堂之灵》卷1，第2页；《文苑谈往》第1集《张登寿》，第30页；《湘雅摭残》卷16，第741页。

　　④ 《政府公报》1914年9月30日第864号，第40册第591页；《政府公报》1916年1月26号第21号，第79册，第174页。

　　⑤ 《南岳志》第12篇《文献》，第471页。

　　⑥ 《春秋公羊传笺》卷2、7，第115、265页。

　　⑦ 《瓮安县志》第4编《政权、政协》，第193页；《沅陵县志》第5篇《人大、政府、政协》，第173页；《政府公报》1915年3月18日第1018号，第51册，第400页；《春秋公羊传笺》卷2、7，第115、265页。

　　⑧ 周秋光：《朱其懿与沅水校经堂》，吴银生：《沅州官立中学堂与湖南省第九联合县立中学》，《芷江文史资料》第2辑，第33、52页。

【版本序跋】

　　题"光绪丁酉年（1897）冬刊成"，"湘潭胡元玉订"、"长沙梁益智书局承刊"。

　　胡元玉，见《东山书院课集》。

【课艺内容】

　　经解、考证、史论、书后、表、古近体诗54题73篇，题如《子母牛解》、《文王舍伯邑考而立武王，微子舍其孙腯而立衍说》、《问：潇湘之称古矣。据〈水经注〉观之，则潇乃水貌，湘乃水名，非有两水也。今永州有潇水北流注湘，此水当为古之何水？何时强易其名为潇？试考订之》、《直不疑偿亡金论》、《书后汉陈忠〈增立捕盗法疏〉后》、《沅郡各矿表》、《拟庾子山〈和赵王喜雨诗〉》、《登雁塔拟李白〈登金陵凤皇台〉》、《蜘蛛》、《蟋蟀》、《论诗绝句（限咏国朝人）》。

【作者考略】

　　收录作品较多者：黄忠基（黔阳廪生）11篇，孙家勋（麻阳廪生）5篇，田梓材（芷江廪生）、向礼徵（黔阳附生）、杨世炳（芷江廪生）、杨澧（芷江廪生）4篇，张伯良（芷江廪生）、黄忠铭（黔阳附生）3篇。其他作者一两篇不等：阙鸿藻（凤凰厅廪生）、滕树春（麻阳附生）、胥大诚（芷江附生）、潘润生（麻阳附生）、向元济（黔阳附生）、黄本英（黔阳附生）、陈肇域（麻阳廪生）、刘大华（芷江附生）、贺定铭（凤凰厅附生）、张学潢（芷江廪生）、邱实光（芷江附生）、陈开铭（麻阳附生）、李永瀛（芷江附生）、姚炳麟（晃州厅廪生）、邱永琛（芷江附生）、滕兴仁（麻阳附生）、危道晋（黔阳附生）、杨士辉（晃州厅附生）、向先高（芷江附生）、田达道（麻阳附生）、黄忠球（黔阳廪生）、萧启宗（芷江附生）、龙植三（麻阳附生）、潘需年（黔阳附生）、唐赞揆（黔阳增生）。

　　黄忠基，字培斋，黔阳人。留学日本宏文学院速成师范科。[1]

　　田梓材，芷江人。曾任常德红十字会干事，民国五年（1916）官沅陵知事。《沅湘通艺录》录其《读魏默深先生〈海国图志〉》等文。[2]

　　杨澧，芷江人。《沅湘通艺录》录其《郑注礼记在注周官后考》。[3]

　　张伯良（1872—1944），原名学贵，字伯良，号葆元，芷江人。光绪二十三年（1897）入长沙时务学堂。留学日本宏文学院师范专科，曾任首届留日学生会会长。归国后历任常德西路师范学堂教务长、校长，奉天屯垦局派往日本考察农林畜牧委员，国务院秘书厅主事，安徽滁县县长，辰州木关监督，四十军中校秘书、上校政治部主任，湖南留日公费生经理，国民党芷江县党部监察委员、教育局长，省教育厅小学教员检定委员会委

　　① 《游学译编》（第9~12期），第1055页。

　　② 《〈申报〉上的红十字》第2卷，第159页；《沅陵县志》第5篇《人大、政府、政协》，第173页；《沅湘通艺录》卷5，第202、230页。

　　③ 《沅湘通艺录》卷1，第19页。

员。晚崇佛教，著有《瑜伽师地论纲要》。《沅湘通艺录》录其文。①

阙鸿藻。沅陵光复时，居间人、凤凰厅富绅阙鸿藻②，当即此人。

胥大诚，芷江人。曾留学日本，后任湖南陆军小学堂兵学教员、常德红十字会干事。民国十四年（1925）官溆浦知事。③

邱实光，芷江人。地方名医，精通内科。④

陈开铭，麻阳人。民国十四年（1925），参与杀害县农会副会长杨长治者陈开铭⑤，疑即此人。

李永瀛，芷江人。曾在县教育会劝学所任职。⑥

姚炳麟（1874—?），字瑞丞，晃州人。湖南咨议局议员、资政院议员。⑦

滕兴仁，麻阳人。善木雕。⑧

杨士辉（1882—?），晃州人。15岁入时务学堂。后留学日本。⑨

向先高。曾任湘西临时参议会议员。⑩

田达道，麻阳人。光绪三十一年（1905）任县高等小学堂堂长。民国间任湘西抚绥处麻阳调查员。⑪

龙植三（?—1935），号午槐，麻阳人。拔贡。民国初创办地方小学，任校长兼教员。后任省教育司秘书、兑泽中学教员。著有《劫余文草》。⑫

待考者：孙家勋、向礼徵、杨世炳、黄忠铭、滕树春、潘润生、向元济、黄本英、陈肇域、刘大华、贺定铭、张学潢、邱永琛、危道晋、黄忠球、萧启宗、潘需年、唐赞揆。

---

① 《芷江县志》卷27《人物》，第749页；《沅湘通艺录》卷2，第67页。

② 《辛亥革命前后湖南史事》，第246页。

③ 李云龙：《清末湖南军事教育》，《湖湘文史丛谈》，第160页；《〈申报〉上的红十字》第2卷，第159页；《溆浦县志》，第155页。

④ 《芷江县志》卷22《卫生、体育》，第603页。

⑤ 《麻阳县志·大事记》，第22页。

⑥ 《熊希龄集》第5册，第656页。

⑦ 《湖南咨议局文献汇编》，第73、540页。

⑧ 《麻阳县志》卷27《文化》，第683页。

⑨ 《中国近代学制史料》第1辑下册，第310、337页；《春风桃李百世师》，第188页；《清代档案史料丛编》第14辑，第259页。

⑩ 《熊希龄先生遗稿》第4册，第3529、3562页。

⑪ 《麻阳县志》卷25《教育》，第612页；《政府公报》1918年2月11日第739号，第121册，第335页。

⑫ 《苗族通史》第5册，第42页；《清人别集总目》，第288页。

福建省

福州府

34. 鳌峰课艺初编

【书院简介】

福州鳌峰书院，清康熙四十六年（1707）创建。雍正十一年（1733）定为省城书院。光绪三十一年（1905）改为校士馆，后又改为福建法政学堂，辛亥光复时毁于火。①

【版本序跋】

题"咸丰乙卯（1855）秋镌"，"书院藏板"。郭柏荫序云：

> 鳌峰为十郡二州人才荟萃之薮，先辈主讲席者叠有课艺之选。今岁乡试届期，梓人循例以请。自维学植短浅，不能有所标树，为多士准绳。惟此三年中所为苦争力辩者，如制局欲正，跅弛者摈勿收；措语欲醇，杂糅者置勿录。譬御者之授绥执策，范我驱驰，终不屑为诡遇，庶几于圣贤立言宗旨无所抵牾。若夫词采有秾纤，篇幅有修短，此则各凭其才分之所至，不能强不同而使之同也。刊成后谬识数语于简端。
>
> 咸丰乙卯（1855）七月既望，侯官郭柏荫。

郭柏荫（1807—1884），字远堂，侯官人。道光八年（1828）举人，十二年（1832）进士，选庶吉士，授编修。历官御史、给事中、主事、江苏布政使、湖广总督。曾主清源、玉屏、紫阳、鳌峰等书院。著有《天开图画楼文稿》、《变雅断章演义》、《嘤嘤言》、《续嘤嘤言》。②

【课艺内容】

皆四书文，凡《大学》3题5篇，《中庸》6题8篇，《论语》46题60篇，《孟子》21题27篇。有评语。

【作者考略】

收录课艺较多者：赵庆澜、魏秀孚5篇，郑甸、林家骆、杨叔怿3篇。其他作者一二篇不等：陶怀庆、马凌霄、郭式昌、林步蟾、范继声、吴崧年、林召棠、陈为舟（原名

---

① 《福州市志》第 7 册，第 14 页；《中国书院藏书》，第 193 页。

② 《清史列传》卷 55《大臣画一传档后编十一》，第 644 页；民国《闽侯县志》卷 69《列传五下》，第 24 叶；《福州历史人物》第 8 辑，第 75 页；《福建省志·人物志（上）》，第 473 页。

（应麟）、石鸣锵、高鲤翔、陈春曦、黄福嵩、范显祖、郑景隆、陈穆清、沈辉宗、高履祥、陈鸿波、刘辅、江生春、沈琦、苏敦仁、吴春霖、周岱霖、邱鸿潮、王桂森、周镶、陈敬奎、刘钰、朱宝光、王彬、陈熙祚、魏秀楠、叶大焯、程传森、林森荣、许文鉴、徐颐年、郑昭慈、陈通祺、蔡济康、李松龄、林霁辉、刘尧煌、林应奎、邱焞、梁祐辰、林廷干、王崧辰、林天龄、郑翼、黄春熙、郭杰昌、陈绍荣、林枫、陈翙凤、池澄波、石鸿基、陈廉臣（原名必成）、邱煊、李大文、陈为驹、刘华章、钟韶钧、陈棫庆、林应需、黄振坤、葛福成、梁廷章。

魏秀孚，字子瑜，侯官人，本唐（1791—1857）子，秀仁（1818—1873）弟。谢章铤（1820—1903）有《满江红·辛巳七月望日，招葛少山新、刘云图、魏子瑜秀孚、李少棠、许申季肇基，小集赌棋山庄。是夜青天一片，月光如泼水。纵谈至三鼓，申季出纸索书，俯仰今昔，因填长短句四阕与之》词。①

郑甸，福州人。咸丰五年（1855）副贡，九年（1859）举人。②

杨叔怿（1830—？），字豫庭（一作预庭），侯官人。咸丰五年（1855）举人。捐资选知府，分发浙江。陈衍《拾遗室诗话》："（龚霭仁易图）与林锡三（天龄）学使、郭谷斋（式昌）按察、杨豫庭（叔怿）观察、陈子驹（通祺）明经五人皆以庚寅生，曾同刻'惟庚寅吾以降'一印，可以公用。结社联吟，时有'南社五虎'之称。"著有《未能寡过斋诗初稿》一卷、《未能寡过斋诗续稿》一卷。《清诗纪事》录其诗 3 首。③

马凌霄（1830—？），字子翊，自号非非主人，闽县人。咸丰五年（1855）举人。官台湾府学教授。聚红词社成员。著有《习静楼诗稿》、《墨渖词》。《清诗纪事》录其诗 1 首。④

郭式昌（1830—1905），字谷斋，侯官人，柏荫（1807—1884）子。由优贡生报捐同知，分发浙江。咸丰九年（1859）举人。历官广东肇庆，浙江温州、湖州、台州、杭州、金华知府，金衢严道，浙江按察使。著有《说云楼诗草》。《晚晴簃诗汇》录其诗 15 首。⑤

林步蟾，改名懋祉，号位南，永泰人。咸丰五年（1855）举人。同治七年（1868）进士，选庶吉士，授户部陕西司主事。⑥

范继声，侯官人。同治元年（1862）举人。拣选知县，福建船政局采办。⑦

---

① 陈庆元：《魏秀仁及其杂著》，《魏秀仁杂著钞本》卷首，第 1 页；《酒边词》卷 8，第 193 页。
② 民国《福建通志》第 57 册《选举志》，第 3 叶。
③ 《于山志》第 7 章《人物》，第 149 页；《拾遗室诗话》卷 21，第 293 页；《清人别集总目》，第 718 页；《清诗纪事·咸丰朝卷》，第 11567 页。
④ 《鼓山艺文志》，第 343 页；《听秋声馆词话》卷 19，第 2817 页；《闽都书院》，第 323 页；《清人别集总目》，第 43 页；《清诗纪事·咸丰朝卷》，第 11697 页；刘荣平：《聚红榭唱和考论》，《福建师范大学学报》（哲社版）2006 年第 3 期。
⑤ 林纾：《诰授光禄大夫二品顶戴升缺后加头品顶戴署浙江按察使分巡金衢严道郭公墓志铭（代）》，《林琴南文集·畏庐文集》，第 44 页；《清代官员履历档案全编》第 5 册，第 557 页；《晚晴簃诗汇》卷 157，第 6838 页。
⑥ 民国《永泰县志》卷 6《选举》，第 131、134 页。
⑦ 民国《闽侯县志》卷 43《选举》，第 15 叶；《福建船政局史稿》，第 106 页。

陈为舟，闽县人，郭柏苍（1815—1890）婿。官长泰教谕。①

沈辉宗，字笃初，闽县人。咸丰九年（1859）举人。官长汀教谕。著有《大学参证》二卷、《中庸参证》二卷、《中庸心悟》一卷。②

陈鸿波，字秋帆，闽县人。咸丰九年（1859）举人。官龙岩学正。参与校刊《学规类编》。③

沈琦，侯官人。道光二十九年（1849）拔贡。④

吴春霖，字寿萱，侯官人。参与校刊《学规类编》。⑤

邱鸿潮，字蓉洲，长乐人。咸丰五年（1855）岁贡。官顺昌训导。⑥

王桂森，号芗林，屏南人。李联琇（1821—1878）视学闽中，以古学擢置十一学冠军，揭示曰："能文之士兼长诗赋者，首推福州王桂森，次则龙岩谢连桂。"咸丰九年（1859）举人，历官建阳、泰宁教谕。著有《紫霞诗钞》、《槐花堂赋草》、《读史闲评》。⑦

王彬，闽县人。同治元年（1862）解元。⑧

魏秀楠，学名森，字子材，侯官人，秀孚（字子瑜）弟。邑庠生。⑨

叶大焯（1840—1901）⑩，字迪恭，号恂予，闽县人。咸丰九年（1859）举人。同治七年（1868）进士，选庶吉士，十年（1871）授编修。历官实录馆总纂、侍讲学士、咸安宫总裁、广东学政。以讹误失察去官，归主正谊书院。⑪

郑昭慈，字爱堂，长乐人。咸丰五年（1855）举人。⑫

陈遹祺（1830—?），字子驹，闽县人。同治六年（1867）副贡。南社成员。《赌棋山庄词话》："词榭中能作温尉李主之语，以闽县陈子驹（遹祺）副贡为第一。"著有《陈宋诗词合选》（与宋谦合著）、《双邻词钞》（与黄经合著）、《湘音楼吟草》。《全清词钞》录其词1首。⑬

① 《福州摩崖石刻》，第84页。

② 民国《闽侯县志》卷43《选举》，第14叶；民国《长汀县志》卷12《职官》，第461页；《续修四库全书总目提要·经部》，第897、912页。

③ 民国《闽侯县志》卷43《选举》，第14叶；民国《龙岩县志》卷12《职官》，第138页；《学规类编》卷2、5，第630、650页。

④ 民国《闽侯县志》卷44《选举》，第4叶。

⑤ 《学规类编》卷1、6，第622、657页。

⑥ 民国《长乐县志》卷14上《选举上》，第245页。

⑦ 民国《屏南县志》卷22《人物·文苑》，第819页。

⑧ 民国《闽侯县志》卷43《选举》，第14叶。

⑨ 民国《闽侯县志》卷72《文苑下》，第73叶。

⑩ 卒于光绪二十六年十二月二十六日，公历已入1901年。

⑪ 谢章铤：《叶恂予学士墓志铭》，《赌棋山庄文余集》卷1，《谢章铤集》，第141页；陈宝琛：《叶恂予同年哀辞》，《沧趣楼文存》卷下，《沧趣楼诗文集》，第460页。

⑫ 民国《长乐县志》卷14上《选举上》，第234页。

⑬ 《拾遗室诗话》卷21，第293页；《赌棋山庄词话》续编卷5，第189页；民国《闽侯县志》卷47《艺文上》，第17叶；《清人别集总目》，第1326页；《全清词钞》卷26，第1347页。

邱焞，字策臣，长乐人。咸丰五年（1855）举人。官南靖、嘉义教谕。①

林廷干，号心竹，永泰人。道光十七年（1837）拔贡。②

王崧辰（1831—1900），字小希、兰君，闽县人。咸丰九年（1859）举人。同治十年（1871）进士，改庶吉士，散馆授甘肃华亭知县，以母老改浙江余杭。在官五年，乞养归。著有《思云草堂诗文集》二十卷、《老姜随笔》四十四卷。③

林天龄（1831—1878）④，字受恒，号锡三，长乐人。咸丰五年（1855）副贡，九年（1859）举人。十年（1860）进士，改庶吉士。请假南归，主台湾海东书院讲席两年。同治二年（1863）假满还朝，散馆授编修。历官山西学政、侍讲学士、侍读学士、江苏学政。卒于官，谥文恭。著有《林锡三先生遗稿》。《国朝词综补》录其词6首。⑤

黄春熙，字曜臣（一作曜庭），侯官人。附贡。支社成员。⑥

郭杰昌，侯官人，柏苍（1815—1890）子。著有《福州郭氏支谱》。⑦

林枫（1798—1864），字苆庭，号退村居士，侯官人。道光二十四年（1844）举人。两与会试，皆不第。晚年以行医自给。著有《听秋山馆诗钞》、《榕城考古略》、《历代史纂略》、《医学汇参》、《四声辨义》、《诗韵异同辨》、《观我录》。⑧

陈翔凤，字肇海、霭人，长乐人。岁贡生。有文行。授徒省垣，从游者多所成就。居恒手不释卷，与同郡范希溥、郑植、何翼为，同邑陈鹗联、陈瑞龀日以文字相切劘，时称“长乐三大鸟”。道光十九年（1839）、咸丰二年（1852）两科，已拟中矣，均以誊录一字之误被放。⑨

石鸿基，福州人。咸丰九年（1859）举人。⑩

陈廉臣，侯官人。同治四年（1865）举人。⑪

陈栻庆，闽县人。同治元年（1862）举人。⑫

黄振坤，原名瑞霖，字贤翘、莆皋，长乐人。咸丰九年（1859）举人。⑬

① 民国《长乐县志》卷14上《选举上》，第234页。

② 民国《永泰县志》卷6《选举志》，第136页。

③ 《清代官员履历档案全编》第27册，第320页；民国《闽侯县志》卷43《选举》，第14叶；卷83《循吏五上》，16叶；民国《杭州府志》卷104《职官六》，第2031页；《福州人名志》，第25页。

④ 生于道光十年十二月初六日，公历已入1831年。据《清代人物生卒年表》，第478页。

⑤ 俞樾：《翰林院侍读学士林君墓表》，《续碑传集》卷18，第41页；《清人别集总目》，第1362页；《国朝词综补》卷58，第530页。

⑥ 《林畏庐先生年谱》，第14、15页；《百年闽诗》，第208页。

⑦ 《于山志》第12章《附录》，第417页。

⑧ 谢章铤：《听秋馆诗钞序》，《赌棋山庄所著书》文集卷4，第309页；民国《闽侯县志》卷47《艺文上》，第16叶；《榕城考古略　竹间十日话　竹间续话》卷首，第1页；《中国历代人物年谱考录》，第522页。

⑨ 民国《长乐县志》卷25《文苑传》，第493页。

⑩ 民国《福建通志》第57册《选举志》，第3叶。

⑪ 民国《闽侯县志》卷43《选举》，第15叶。

⑫ 民国《闽侯县志》卷43《选举》，第14叶。

⑬ 民国《长乐县志》卷14上《选举上》，第235页。

葛福成，闽县人。咸丰九年（1859）举人。①

余皆待考。

35. 致用书院文集（光绪丁亥）

【书院简介】

福州致用书院，建于清同治十二年（1873）。先为西湖书院致用堂，十三年（1874）改称致用书院。光绪三十一年（1905）改为全闽师范学堂简易科。②

【版本序跋】

题"光绪丁亥（1887）年"，"板藏致用堂惟半室"。

【课艺内容】

经解、杂文 34 题 45 篇，题如《用九用六解》、《荀或论》、《"仲氏任只，其心塞渊。终温且惠，淑慎其身。先君之思，以勗寡人"讲义》、《二十有二人考》、《释造》、《程畏斋〈读书分年日程〉跋》、《补韩文公〈拟范蠡与大夫种书〉》。

【作者考略】

黄增、高涵和 6 篇，林群玉 4 篇，陈宝璐、黄元晟 3 篇，林昌虞、陈莼、王元穉、陈鸿章、池伯炜、李锦 2 篇，魏起、林琈、郑篯、林应霖、郑兆禧、高蒸、叶筠轩、萧健、方家澍 1 篇，林寿图拟作 1 篇，谢章铤拟作 1 篇。

黄增，字孟修，侯官人，宗彝（字圣谟、肖岩）子。拔贡生。③

高涵和，字伊泽，侯官人。光绪八年（1882）举人，十五年（1889）进士。官陕西宜川知县。④

林群玉（1852—1924），更名纾，字琴南，号畏庐、冷红生，闽县人。光绪八年（1882）举人。数赴礼部试，皆报罢，终身未仕。先后执教于福州苍霞精舍、杭州东城讲舍、京师大学堂。辛亥后以遗老自居，卒后门人私谥贞文先生。著有《闽中新乐府》、《畏庐文集》、《畏庐诗存》、《春觉斋论文》等，又有长篇小说《京华碧血录》及短篇小说集《畏庐漫录》，译有《巴黎茶花女遗事》、《黑奴吁天录》、《块肉余生记》。⑤

陈宝璐（1857—1913）⑥，字敬果，号叔毅，闽县人。曾祖若霖（1759—1832），乾隆五十二年（1787）进士，官刑部尚书；祖景亮（1810—1884），道光二十年（1840）举人，官云南布政使；父承裘（1827—1895），咸丰二年（1852）进士，官刑部主事，候选

---

① 民国《闽侯县志》卷 43《选举》，第 14 叶。

② 《闽都书院》，第 207 页。

③ 谢章铤：《为黄孟修增世讲补题般若溪试茗图》，《谢章铤集》，第 334 页。

④ 民国《闽侯县志》卷 42《选举》，第 8 叶；卷 43《选举》，第 17 叶；民国《宜川县志》卷 12《吏治》，第 6 叶。

⑤ 《林纾研究资料》。

⑥ 卒于民国元年十二月初七日，公历已入 1913 年。

郎中；长兄宝琛（1848—1935），同治七年（1868）进士，官礼部侍郎、山西巡抚。宝璐光绪十四年（1888）举人，十六年（1890）与次兄宝缙（1853—?）及从子懋鼎（1870—1940）同成进士。选庶吉士，改刑部主事。不乐居京师，引归，一委于学，遂不出。从谢章铤（1820—1903）问学，谢殁，代主致用书院一年。以束脩费赡其家，为刊遗书，收恤二孤。著有《陈刑部什文》、《艺兰室文存》。①

黄元晟，福州府人。同治间副贡，光绪元年（1875）举人。②

林昌虞（1866—?），闽县人。由附贡生报捐同知，指分直隶试用。光绪十八年（1892）因永定河工合龙出力，经直隶总督李鸿章（1823—1901）保奏，以知府仍留原省补用。③

陈莼，字喜人，长乐人。咸丰十一年（1861）拔贡。学问淹博，尤邃于经，性磊落。素善饮，醉辄科头跣足，就所知剧谈，其脱略类如此。晚年稍以医自赡，然贫窭者率不取资，人咸以为义。卒年五十八。④

王元穉（1843—1927）⑤，字师徐，号子孺、少樵，杭州人，寄籍闽县。十九岁入闽县学，光绪十五年（1889）四十八岁，第十九次乡试，始中副榜。先为福建船政学堂监督，继在翻译处承办翻译，旋改派管理截铁厂。光绪二年（1876）赴台，次年入台湾道幕。历官凤山县学教谕、台湾府学训导、台湾县学教谕、台北府学教授。其间数次往返两岸，足迹遍及沪、燕、粤、闽、杭。著有《读左随笔》、《无暇逸斋诗文集》、《借箸集》、《夜雨灯前录》，编有《甲戌公牍钞存》（《台湾文献丛刊》第 39 种）。⑥ 按本课艺集所收元穉诸文，亦见于《无暇逸斋丛书》之一《致用书院文集》。该文集收文 50 篇，目录后识语云：

> 右致用书院课艺，递年为吾师谢枚如夫子选刊者四十八篇，幸板片尚存，属检刷以志契合。又前集二篇⑦，为吾师郑虞臣夫子掌教时作。虞师契合不亚于枚师，课卷存者，嘉奖甚夥。缘选刊在师道归山后也，都五十篇。
>
> 民国五年丙辰（1916）冬，王元穉谨识志，时年七十有五。

《无暇逸斋丛书》之二《致用书院文集续存》，收文 63 篇。目录后识语云：

> 元穉以寒士走四方，橐笔所至，币聘争迎，未尝处闲一日，亦未知窭困为何事。

---

① 陈三立：《刑部主事陈君墓志铭》，《碑传集三编》卷 41，第 485 页；《清人别集总目》，第 1299 页。

② 民国《闽侯县志》卷 44《选举》，第 1 叶；卷 43《选举》，第 16 叶。

③ 《清代官员履历档案全编》第 5 册，第 538 页。

④ 民国《长乐县志》卷 26《列传六》，第 502 页。

⑤ 生于道光二十二年十二月二十九日，公历已入 1843 年。据《中国历代人物年谱考录》，第 598 页。

⑥ 吴幅员：《考订王元穉宦台事迹》，《在台丛稿》，第 320 页；《续修四库全书总目提要·经部》，第 709 页；《清人诗文集总目提要》，第 1770 页。

⑦ 指集中《虞廧也解》、《女妹解》二文。

良由先辈诸公怜才爱士，雅意揄扬，而致用官师各课卷，实为所介绍。兹由虫鼠啮余补缀之，尚得数十篇，非敢云问世也，亦以志一时知己之感云尔。前集为致用原刊，此为所录取未刊者，并他官师课作，圈点批语悉旧，故云续存。

　　丙辰（1916）冬至后十日，王元穉埗志。

书院课艺，总集居多，此为稀见之别集。

　　陈鸿章，原名楝前，字星衡，闽县人。光绪十五年（1889）举人。郑世恭（1820—?）掌教致用书院，专课经史，鸿章与中表兄刘大受均为高才生。以母年高多病，从名医郭永淦游，潜心医理，尽得其秘，乃专以授徒行医奉母。二十八年（1902）截取以直州同用，入都主顺天高等学堂、五城中学堂讲席，后官礼部太常寺主事、仪制司员外郎。著有《周礼》、《仪礼释义》各二十卷，《春秋纲要》十卷，泰半散佚。①

　　池伯炜（1852—?），字滋膺，闽县人。光绪十一年（1885）拔贡第2名，十四年（1888）乡试中式第23名举人。十八年（1892）会试中式第239名，覆试一等第74名，殿试二甲第72名。朝考一等38名，选庶吉士。二十一年（1895）散馆，授广东惠来知县。②

　　李锦，字纲斋，长乐（一作侯官）人。光绪五年（1879）举人，十五年（1889）大挑一等，是科成进士。呈改教职，授延平府教授。到官，立课程，严条教，隆冬盛暑，讲学不辍。曾印送《善录》，谓中人以下，当以因果劝之。生平寡交游，独师事谢章铤（1820—1903），留心考据之学。③

　　林琈，闽县人。光绪十四年（1888）举人。④

　　郑镃，字肖彭，长乐（一作闽县）人。祖元模，道光十七年（1837）举人；父景沄，咸丰元年（1851）举人。镃幼颖敏，善属文，未冠籍闽县学第一。光绪十一年（1885）举人，十五年（1889）进士。签分刑部，改知县，权丹阳。受事四十日，丁艰去，寻充中西学堂汉教习。服阕，权无锡，卒于官。性孝友，家故贫，虽举债山积，所以博亲欢者无不至。立育婴局，以收贫孩，间涉岐黄，多所全活。⑤

　　林应霖，字润乡，闽县人。咸丰九年（1859）举人。参与校刊《广近思录》。光绪初乌石山教案主要参与者。⑥

　　郑兆禧，字瑞卿，长乐人。光绪五年（1879）乡试亚魁。⑦

　　高蒸，福州府人，光绪二十三年（1897）举人。⑧

---

①　民国《闽侯县志》卷77《儒行四上》，第7叶。
②　《清代硃卷集成》第78册，第129页；《清代官员履历档案全编》第28册，第194页。
③　民国《长乐县志》卷24《列传四》，第483页。
④　民国《闽侯县志》卷43《选举》，第17叶。
⑤　民国《长乐县志》卷24《列传四》，第483页。
⑥　民国《闽侯县志》卷43《选举》，第14叶；《广近思录》卷1，第224页；《闽县乡土志　侯官县乡土志》，第298页；陈孔立：《十九世纪下半叶福建人民的反教会斗争》，《厦门大学学报》（哲社版）1962年第3期。
⑦　民国《长乐县志》卷14上《选举上》，第236页。
⑧　民国《闽侯县志》卷43《选举》，第19叶。

叶筼轩，字竹卿，侯官人。咸丰间贡生，同治元年（1862）举人。光绪间官崇安教谕。①

萧健，福州府人。光绪十七年（1891）举人。②

方家澍（1858—1903）③，字雨亭，侯官人。光绪八年（1882）举人，十八年（1892）进士。入翰林，寻改官兵部，以选得桐乡知县，调秀水。卒于官。④

林寿图（1821—1897）⑤，初名英奇，字恭三、颖叔，号欧斋，闽县人。道光二十三年（1843）乡试亚元，二十五年（1845）进士。历官军机章京，方略馆收掌、纂修、协修兼提调，工部虞衡司主事、员外郎、两窑厂总监督，山东道监察御史，礼部、兵部给事中，浙江道监察御史，顺天府尹，陕西、山西布政使，团练大臣。曾主钟山、鳌峰、致用书院。著有《黄鹄山人诗初钞》十八卷（收入《续修四库全书》）。⑥

谢章铤（1820—1903），字枚如，长乐人。道光二十九年（1849）副贡，同治五年（1866）举人，光绪三年（1877）进士。先后幕游四川、广东、山西、陕西，主讲陕西关西、同州、漳州丹霞、芝山、江西白鹿洞、福州致用书院。著有《赌棋山庄全集》，今人辑有《谢章铤集》。⑦

待考者：魏起。

36. 致用书院文集（光绪戊子）

【版本序跋】

题"光绪戊子年（1888）"，"板藏致用堂惟半室"。

【课艺内容】

经解、杂文31题44篇，题如《九男解》、《问福建茶市利弊》、《〈微子篇〉父师少师考》、《东山牛头寨铭》、《惩忿窒欲说》、《贾谊、董仲舒、刘向赞各一首》、《读〈伸蒙子〉》、《殷周之际人心风俗论》。

【作者考略】

高涵和10篇，李锦7篇，林群玉5篇，黄元晟4篇，何尔钧、林应霖、陈景韶3篇，王元稺、陈鸿章、力钧、黄增、李颖、官惟贤、郭曾熊、周景涛、黄彦鸿1篇。

高涵和、李锦、林群玉、黄元晟、林应霖、王元稺、陈鸿章、黄增，见《致用书院

① 民国《闽侯县志》卷44《选举》，第5叶；卷43《选举》，第15叶；民国《崇安县新志》卷8《职官》，第15叶。

② 民国《闽侯县志》卷43《选举》，第18叶。

③ 生年据《清代人物生卒年表》，第85页。

④ 林纾：《诰授奉政大夫桐乡县知县侯官方公墓志铭》，《林琴南文集·畏庐文集》，第41页。

⑤ 生卒年参见拙文《也谈生卒年的误记原因和考证方法》，《新世纪图书馆》2015年第1期，第81页。

⑥ 谢章铤：《赏四品顶戴团练大臣前陕西山西布政使林公墓志铭》，《赌棋山庄所著书》文又续集卷2，第430页；民国《闽侯县志》卷68《列传五上》，第25叶。

⑦ 《谢章铤集》前言，第1页。

文集（光绪丁亥）》。

何尔钧（1859—?）①，字枚忱（一作枚心）、培鋆，闽县人。光绪八年（1882）举人，十五年（1889）进士。选庶吉士，官户部郎中。②

陈景韶，号翊丞，永泰人，寄籍侯官。光绪元年（1875）举人，二十一年（1895）会试中式，二十四年（1898）补殿试，成进士。历官江苏丹徒、长洲、丹阳知县。协修《永泰县志》。③

力钧（1856—1925），字轩举，号医隐，永福人。光绪十五年（1889）举人。曾在新加坡开设中西医药研究社，在福建创办苍霞英文学堂、福报馆、东文学堂、仙游学堂。东渡日本，撰著《日本医学调查记》。官商部主事，曾为慈禧、光绪治病。宣统二年（1910）随使英国，遍历西欧。著有《庚寅医案》、《辛卯医案》、《崇陵病案》、《释温》、《释瘟》、《历代医籍存佚考》等医书，以及《双镜庐文存》、《槟榔屿志略》等。④

郭曾熊，福州府人。光绪十七年（1891）举人。⑤

周景涛（1865—1912），字松孙、味谏，侯官人。光绪十五年（1889）举人。十八年（1892）进士，改庶吉士。历官刑部主事、江苏如皋知县。精于岐黄，时光绪帝病重，两江总督端方（1861—1911）荐其为御医，改任学部主事。辛亥后避地津沽，纵酒自放，佗傺以殁。好为诗，稿无传者。《晚晴簃诗汇》录其诗12首。⑥

黄彦鸿（1866—1923），字芸溆，淡水人，寄籍侯官，玉柱（1835—1923）子，宗鼎（1864—?）弟。光绪十四年（1888）举人，二十四年（1898）进士。历官翰林院编修，国史馆、实录馆协修，商部工艺局局长，大学堂文案，军机章京，内阁承宣厅厅员兼大总统府秘书，国务院办事员、主事，机要局、国务院佥事，参议上行走。⑦

待考者：李颖、官惟贤。

37. 致用书院文集（光绪己丑）

【版本序跋】

题"光绪己丑年（1889）"。

① 生年据《清代人物生卒年表》，第328页。

② 民国《闽侯县志》卷42《选举》，第8叶；卷43《选举》，第17叶；《清代馆选分韵汇编》卷4，第348页。

③ 民国《永泰县志》卷首《姓氏》，第6页；卷6《选举》，第131页；民国《闽侯县志》卷42《选举》，第8叶；卷43《选举》，第16叶。

④ 林纾：《力医隐六十寿序》，《林琴南文集·畏庐续集》，第28页；王宗欣：《名医力轩举其人与〈崇陵病案〉》，《崇陵病案》卷首；林恩燕等：《中西医结合的先行者力钧》，《中国中西医结合杂志》1999年第6期；周辉等：《御医力钧生平事迹举隅》，《中华医史杂志》2010年第2期。

⑤ 民国《闽侯县志》卷43《选举》，第18叶。

⑥ 林纾：《学部主事周君墓志铭》，《碑传集三编》卷12，第723页；民国《闽侯县志》卷84《循吏五下》，第23叶；《晚晴簃诗汇》卷178，第7792页。

⑦ 民国《闽侯县志》卷43《选举》，第17叶；《清朝进士题名录》，第1297页；《最近官绅履历汇录》第1集，第262页。

【课艺内容】

　　经解、杂文 34 题 47 篇，题如《相人偶疏证》、《公既定宅伻来来解》、《汉宋小学论》、《周三大祭乐不用商说》、《福州常平仓及义仓考》、《读韩文公〈进学解〉》、《拟闽闱增建号舍碑记》、《孔子删诗辨》、《续司马文正〈保身说〉》。

【作者考略】

　　力钧、黄元晟 6 篇，林应霖、池伯炜 4 篇，林瑈、黄彦鸿 3 篇，高燕、林珣、董元亮、林群玉、魏起、周长庚 2 篇，欧骏、吴秉堃、梁孝熊、方家澍、郭曾熊、萧健、丁芸、蔡琛、陈鸿章 1 篇。

　　黄元晟、林应霖、池伯炜、林瑈、高燕、林群玉、方家澍、萧健、陈鸿章，见《致用书院文集（光绪丁亥）》。

　　力钧、黄彦鸿、郭曾熊，见《致用书院文集（光绪戊子）》。

　　林珣，闽县人，光绪十五年（1889）举人。①

　　董元亮，闽县人。光绪十七年（1891）举人。②

　　周长庚（？—1892），字莘仲，侯官人。同治元年（1862）举人。选建阳教谕，调彰化。在台有政声，以事去官。后赴京会试，不第，抑郁以终。著有《周教谕遗诗》（又名《周莘仲广文遗诗》）。《晚晴簃诗汇》录其诗 4 首。③

　　欧骏，字熙甫，闽侯人。廪贡生。支社成员。④

　　梁孝熊，字伯通，闽县人。光绪十七年（1891）举人。曾任浙江海门同知、福建经学会监学。⑤

　　丁芸（1859—1894），字耕邻、晴苄，侯官人。早年受业于谢章铤（1820—1903）。光绪十三年（1887）谢主致用讲席，丁遂从游。十四年（1888）举人，选用儒学训导。因病早卒。与黄彦鸿（1866—1923）交甚笃。著有《柏衙诗话》、《历代闽川闺秀诗话》、《闽川闺秀诗话续编》、《历代闽画记》。⑥

　　蔡琛，侯官人。光绪十四年（1888）举人，二十年（1894）进士。⑦

　　待考者：魏起、吴秉堃。

38. 致用书院文集（光绪庚寅）

【版本序跋】

　　题"光绪庚寅年（1890）"。

---

　　①　民国《闽侯县志》卷 43《选举》，第 18 叶。

　　②　民国《闽侯县志》卷 43《选举》，第 18 叶。

　　③　《周教谕遗诗》卷首林纾序、《台湾省志彰化名宦传》，第 427、429 页；民国《闽侯县志》卷 71《文苑上》，第 23 叶；《晚晴簃诗汇》卷 161，第 7026 页。

　　④　《林畏庐先生年谱》，第 14、15 页。

　　⑤　民国《闽侯县志》卷 43《选举》，第 18 叶；林志鎏：《福建经学会概略》，《文史资料选编》第 1 卷《教育编》，第 51 页。

　　⑥　谢章铤：《丁耕邻墓志铭》，《赌棋山庄所著书》文又续卷 1，第 409 页。

　　⑦　民国《闽侯县志》卷 43《选举》，第 17 叶；卷 42《选举》，第 8 叶。

【课艺内容】

经解、杂文 30 题 45 篇，题如《天子无下聘论》、《囊橐考》、《〈洛书〉即九畴说》、《论古书序目在后》、《西南其户考》、《释黻》、《续〈左海文集·义利辨〉》、《骈体文源流正别说》。

【作者考略】

王元稺 7 篇，黄元晟 6 篇，魏起、力钧 4 篇，叶大绶、池伯炜、黄彦鸿 3 篇，刘涵、陈鸿章 2 篇，毛毓沣、郭曾熊、陈祖新、高凤谦、董元亮、萧健、林应霖、陈景韶、陈培兰、林群玉、周长庚 1 篇。

王元稺、黄元晟、池伯炜、陈鸿章、萧健、林应霖、林群玉，见《致用书院文集（光绪丁亥）》。

力钧、黄彦鸿、郭曾熊、陈景韶，见《致用书院文集（光绪戊子）》。

董元亮、周长庚，见《致用书院文集（光绪己丑）》。

刘涵，闽清人。同治间拔贡。官南安教谕。①

毛毓沣，闽清人。光绪间贡生。②

陈祖新，字勉予，闽县人。优贡生，光绪二十四年（1898）官建宁教谕。二十九年（1903）举人。官建宁、泰宁训导，主讲政和熊山书院。与弟锺庆（字毓菁）自为师友。著有《说文图谱》、《味学楼集》。③

高凤谦（1870—1936），改名梦旦，长乐人。早年投稿《时务报》，为梁启超（1873—1929）所赏。长兄凤岐（1857—1938）游幕杭州，凤谦随行。后任浙江大学堂总教习，并留学日本。归国后任商务印书馆国文部部长、编译所所长。创议编纂《新字典》、《辞源》，发明四角号码检字法。④

陈培兰，闽县人。光绪十七年（1891）举人。⑤

待考者：魏起、叶大绶。

39. 致用书院文集（光绪辛卯）

【版本序跋】

题"光绪辛卯年（1891）"。

【课艺内容】

经解、杂文 33 题 52 篇，题如《孟尝、平原、信陵、春申四君论》、《释必》、《王若

---

① 民国《闽清县志》卷 4《选举》，第 431 页。
② 民国《闽清县志》卷 4《选举》，第 431 页。
③ 光绪《重纂邵武府志》卷 14《职官》，第 269 页；民国《闽侯县志》卷 71《文苑上》，第 22 叶。
④ 《高梦旦先生小传》，《怀人集》，第 55 页；《近现代福州名人》，第 382 页。
⑤ 民国《闽侯县志》卷 43《选举》，第 18 叶。

曰猷解》、《刘更生不交接世俗论》、《读〈载驰〉》、《受小共大共解》、《蝈氏蝈读蝛辨》、《季春出火季秋内火解》、《常平仓法本周礼考》。

【作者考略】

王元稺 8 篇，池伯炜 6 篇，丁芸、黄增 5 篇，陈景韶 4 篇，黄彦鸿、陈鸿章 3 篇，陈祖新、林师望、黄元晟、陈培兰、郑猷宣、刘祖烈、陈望林 2 篇，高燕、沈翊清、陈俊灼、欧骏 1 篇。

王元稺、池伯炜、黄增、陈鸿章、黄元晟、高燕，见《致用书院文集（光绪丁亥）》。

陈景韶、黄彦鸿，见《致用书院文集（光绪戊子）》。

丁芸、欧骏，见《致用书院文集（光绪己丑）》。

陈祖新、陈培兰，见《致用书院文集（光绪庚寅）》。

林师望，字慰民，侯官人。光绪十五年（1889）举人，二十四年（1898）进士。官工部、礼部主事。民国间官海军部总务厅机要科科员。著有《中国五千年历史年表》、《路史注》等，稿多不存。①

郑猷宣（1869—?）②，字克斋，长乐人。光绪二十年（1894）举人，三十年（1904）进士。官湖北知县。③

陈望林（1851—?），闽县人。光绪二年（1876）举人，二十一年（1895）进士。选庶吉士，散馆授贵州永从知县。民国元年（1912）官永从知事。④

沈翊清（1861—1908），字丹曾，号澄园，侯官人，葆桢（1820—1879）孙。光绪六年（1880）调入船政局差遣，十年（1884）充船政总稽查，旋就职同知。十四年（1888）优贡，十五年（1889）举人。历官候补道员、船政提调。二十八年（1902）官船政大臣，翌年调入练兵处行走。三十三年（1907）陆军部奏保以丞参记名。著有《东游日记》、《澄园诗存》。《清诗纪事》录其诗 1 首。⑤

待考者：刘祖烈、陈俊灼。

40. 致用书院文集（光绪癸巳）

【版本序跋】

题"光绪癸巳年（1893）"。

---

①　民国《闽侯县志》卷 43《选举》，第 18 叶；卷 42《选举》，第 8 叶；《清末民初中国官绅人名录》，第 241 页；陈维辉：《林师望的生平及其著作》，《武汉文史资料》第 53 辑，第 39 页。

②　生年据《清代人物生卒年表》，第 527 页。

③　民国《长乐县志》卷 14 上《选举上》，第 218、237 页。

④　《清代官员履历档案全编》第 28 册，第 347 页；民国《闽侯县志》卷 43《选举》，第 16 叶；卷 42《选举》，第 8 叶；《从江县志》第 10 篇《党政群团》，第 428 页。

⑤　《清国史》第 11 册本传，第 908 页；民国《闽侯县志》卷 69《列传五下》，第 31 叶；沈丹昆：《我的曾祖父沈翊清》，《炎黄纵横》2007 年第 8 期，第 55 页；《清诗纪事·光宣朝卷》，第 13410 页。

【课艺内容】

经解、杂文 31 题 45 篇，题如《关石和钧解》、《春秋戎狄患说》、《北魏高谦之请铸三铢钱论》、《南交下当有"曰明都"三字，应补否考》、《闽中学使三沈公咏》、《孟侯寡兄释义》、《万红友〈词律〉书后》、《释义谊》。

【作者考略】

黄增 9 篇，王元稺、林师望 4 篇，沈翊清、蒋仁、丁芸、陈镐 3 篇，葛调鼎、刘祖烈、黄元晟、陈祖新、陈君耀 2 篇，江翻经、周诚孚、何学新、董元亮、黄大琮、林扬光 1 篇。

黄增、王元稺、黄元晟，见《致用书院文集（光绪丁亥）》。

丁芸、董元亮，见《致用书院文集（光绪己丑）》。

陈祖新，见《致用书院文集（光绪庚寅）》。

林师望、沈翊清，见《致用书院文集（光绪辛卯）》。

蒋仁，字培孙，长乐人，寄籍闽县。光绪十九年（1893）举人。曾任福建大学堂教务长。著有《述梅草堂遗集》。①

陈镐，字寿孙，闽县人。光绪二十九年（1903）优贡，朝考用教职。三十二年（1906）保送交涉科，举贡会考以知县用。终以法政讲习科毕业生就法官试获隽，指发云南，旋补检厅一等检察官。久之，委鹤庆县知事。卒于官，县民为立德政碑，入滇省名宦祠。②

葛调鼎（？—1929），字筱汀，上杭人。光绪十七年（1891）举人。③ 值清廷兴学伊始，肄业全闽师范，选送日本。归国后历办汀州、永定师范传习所，筹办上杭县立中学，久任教员兼县教育局长。④

陈君耀（1864—？），字日勉，号耀两、右长，长乐人。光绪十七年（1891）拟取优贡第 1 名，乡试中式第 1 名举人。二十年（1894）会试中式第 159 名，覆试一等第 40 名，殿试二甲第 65 名，朝考一等第 45 名，选庶吉士。散馆以知县即用，历江西新昌、南丰等县。⑤

江翻经，侯官人。光绪间附贡，十四年（1888）举人。曾主闽清龙江书院。民国三十三年（1944）序胡文楷《历代妇女著作考》。⑥ 编有《古今格言》四卷（商务印书馆1933 年版）、《历代小说笔记选》十二册（商务印书馆 1934 年版）。

---

① 民国《长乐县志》卷 14 上《选举上》，第 237 页；《中国现代科学家传记》第五集《蒋丙然》，第 318 页；《清人诗文集总目提要》，第 1929 页。

② 民国《闽侯县志》卷 83《循吏五上》，第 23 叶。

③ 民国《闽侯县志》卷 43《选举》，第 18 叶。

④ 民国《上杭县志》卷 25 下《列传三》，第 365 页；吴梅林：《上杭县立（旧制）中学师友录》，《上杭文史资料》第 8 期，第 6 页。

⑤ 《清代硃卷集成》第 81 册，第 31 页；《清代官员履历档案全编》第 7 册，第 370 页。

⑥ 民国《闽侯县志》卷 44《选举》，第 5 叶；卷 43《选举》，第 18 叶；民国《闽清县志》卷 4《学校志》，第 407 页；《历代妇女著作考》，第 2 页。

周诚孚，福州府人。光绪间附贡，二十年（1894）举人。①

何学新，福州府人。光绪十四年（1888）举人。②

黄大琼，福州府人。光绪十四年（1888）举人。③

林扬光（1855—1920），字孕熙，号胜庄，瓯宁（一作侯官）人，林则徐（1785—1850）侄孙。光绪十七年（1891）举人，二十年（1894）进士。官陕西安康知县、兴安知府。民国间回闽，任南平、邵武知事，福建经学会教授，福建禁烟局总办。著有《农学金载》、《胜庄诗文钞》。④

待考者：刘祖烈。

41. 致用书院文集（光绪甲午）

【版本序跋】

题"光绪甲午年（1894）"，"板藏致用堂惟半室"。

【课艺内容】

经解、杂文33题50篇，题如《五帝考》、《九族今古文述义》、《雨无正解》、《掌固司险说》、《海防议》、《"小子同未在位"小子指成王辨》、《〈史记〉传儒林不传文苑论》、《光绪重建镇海楼碑记》、《宝应王文勤公像赞》。

【作者考略】

黄增5篇，陈祖新4篇，陈锺庆、丁芸3篇，刘祖烈、陈鸿章、林师望、黄彦鸿、力钧、陈培兰、郑骏、龚毓元2篇，姜启钊、邱焘、陈成侯、官惟贤、王铭显、刘绍屏、高蒸、江畲经、陈尔履、董元亮、葛调鼎、刘文煛、蒋仁、萧健、陈景韶、郭曾熊、林志煜、沈郁、唐瀛波1篇。

黄增、陈鸿章、高蒸、萧健，见《致用书院文集（光绪丁亥）》。

黄彦鸿、力钧、陈景韶、郭曾熊，见《致用书院文集（光绪戊子）》。

丁芸、董元亮，见《致用书院文集（光绪己丑）》。

陈祖新、陈培兰，见《致用书院文集（光绪庚寅）》。

林师望，见《致用书院文集（光绪辛卯）》。

江畲经、葛调鼎、蒋仁，见《致用书院文集（光绪癸巳）》。

陈锺庆，字毓菁，闽县人，祖新（字勉予）弟。光绪二十三年（1897）优贡。官仙游教谕。既已保送入都，疾卒。著有《古韵》、《玉连环集》。⑤

① 民国《闽侯县志》卷44《选举》，第1叶；卷43《选举》，第19叶。

② 民国《闽侯县志》卷43《选举》，第17叶。

③ 民国《闽侯县志》卷43《选举》，第17叶。

④ 民国《闽侯县志》卷43《选举》，第18叶；卷42《选举》，第8叶；林志鍌：《福建经学会概略》，《文史资料选编》第1卷《教育编》，第52页；潘亮：《林则徐早年教学处补梅书屋》，《福州晚报》2006年11月13日《文化周刊》。

⑤ 民国《闽侯县志》卷71《文苑上》，第22叶。

郑骏，福州府人。光绪二十年（1894）举人。①

姜启钊，福州府人。光绪间副贡。②

陈成侯，字仲奋，闽县人。光绪十五年（1889）举人。曾为福州东文学堂监院、汉文教习。著有《绳武斋遗稿》一卷，皆其在致用书院课试之作。③

王铭显，福州府人。光绪间副贡。④

刘绍屏（1865—?），改名敬，字龙生，闽县人。光绪二十年（1894）乡试中式第75名举人。二十九年（1903）会试中式第179名，殿试二甲第96名。主修《顺昌县志》。⑤

陈尔履，闽县人。同邑孙贻谋看云馆藏书颇富，孙氏殁后，藏书散亡殆尽，半归尔履。⑥ 著有《颍川陈氏族谱》（1917年铅印本）。

刘文曌，侯官人。光绪二十年（1894）举人。⑦

林志煜。附生。曾任福建高等学堂监学官兼国文教员。⑧

沈郁，闽县人。光绪二十九年（1903）举人。⑨

唐瀛波，字亦陶，闽县人。光绪十五年（1889）举人。曾任福建高等学堂国文科教员，福建公立外国语专门学校国文教员。福州讬社成员。⑩

待考者：刘祖烈、龚毓元、邱焘、官惟贤。

42. 致用书院文集（光绪丙申）

【版本序跋】

题"光绪丙申年（1896）"。

【课艺内容】

经解、杂文36题60篇，题如《〈诗〉毛传、郑笺言嫁娶时月两义不同辨》、《无欲则静虚动直论》、《邦布释》、《节性惟日其迈说》、《读〈洪范〉篇首八十八字》、《读〈盐铁论〉》、《祥符沈公塑像记》、《〈孟子〉七篇，史公谓自作，韩文公谓其徒作考》。

①　民国《闽侯县志》卷43《选举》，第19叶。

②　民国《闽侯县志》卷44《选举》，第3叶。

③　民国《闽侯县志》卷47《艺文上》，第17叶；《清人诗文集总目提要》，第1974页；《闽都文化述论》，第312页。

④　民国《闽侯县志》卷44《选举》，第3叶。

⑤　《清代硃卷集成》第340册，第1页；民国《顺昌县志》卷首刘敬序，第4叶；《清朝进士题名录》，第1315页。

⑥　《中国历代藏书家辞典》，第123页。

⑦　民国《闽侯县志》卷43《选举》，第19叶。

⑧　《中国近代教育史资料汇编·高等教育》，第104页。

⑨　民国《闽侯县志》卷43《选举》，第20叶。

⑩　民国《闽侯县志》卷43《选举》，第18叶；张鋆生：《由凤池书院说到省立福州中学》，蔡仁清：《福建公立外国语专门学校始末》，《文史资料选编》第1卷《教育编》，第157、287页；萨伯森：《讬社诗人简介》，《文史资料选编》第3卷《文化编》，第161页。

【作者考略】

王元穉 11 篇，陈祖新 5 篇，黄彦鸿 4 篇，叶大章、陈锺庆、叶大辂、刘文奰、陈聚星、汪耀声 3 篇，廖毓英、蔡书林、陈祖谦、董元亮 2 篇，郑宝濂、林师尚、萨萱寿、欧骏、何谌、龚鸿义、叶大华、林欣荣、吴征骥、王庆生、杨毓辌、王铭显、王世澄 1 篇，附录《铁佣集未刻稿》1 篇。

王元穉，见《致用书院文集（光绪丁亥）》。

黄彦鸿，见《致用书院文集（光绪戊子）》。

董元亮、欧骏，见《致用书院文集（光绪己丑）》。

陈祖新，见《致用书院文集（光绪庚寅）》。

陈锺庆、刘文奰、王铭显，见《致用书院文集（光绪甲午）》。

叶大章（1860—1925）①，字平恭，闽县人。光绪十七年（1891）举人，三十年（1904）进士。曾任全闽大学堂国文教员，浙江缙云、山阴、福建南平知县，福建经学会教授。②

叶大辂，字式恭，闽县人。邑庠生。曾任福建高等学堂教员、福建经学会教授。著有《文选注引说文考异》一卷。③

陈聚星，福州府人。光绪间拔贡，二十三年（1897）举人。④

汪耀声，字穆如，闽县人。廪生。素劬学，服膺宋儒，不屑屑仕进。一生布衣粝饭，泊如也。授徒隽科第者众。⑤

廖毓英（1863—1929），字笠樵，号自怡庵主人，侯官人。光绪二十年（1894）乡试亚魁，二十九年（1903）进士。授直隶宛平知县，补用顺天知府。年四十七，以国事日非，辞官归里。著有《自怡庵诗钞》。⑥

蔡书林，石狮人。光绪十四年（1888）举人，大挑试用知县。⑦

陈祖谦，字宜庭、仪臣，长乐人。光绪十九年（1893）举人。民国三年（1914）官松溪知事。⑧

林师尚（1872—?），派名仲云，字渭如、味胦、渭渔，闽县人，寿图（1821—1897）子。光绪二十年（1894）中式第 5 名优贡。官湖北知县、闽侯城议事会副议长。⑨ 著有

---

① 《三山叶氏族谱》（据叶氏后裔叶于敏先生函告，谨致谢忱）。

② 民国《闽侯县志》卷 43《选举》，第 18 叶；卷 42《选举》，第 8 叶；王修：《全闽大学堂记略》，林志鎏：《福建经学会概略》，《文史资料选编》第 1 卷《教育编》，第 114、52 页；《南平市志》卷 35《政府》，第 1130 页。

③ 林志鎏：《福建经学会概略》，《文史资料选编》第 1 卷《教育编》，第 52 页；《中南、西南地区省、市图书馆馆藏古籍稿本提要》，第 32 页。

④ 民国《闽侯县志》卷 44《选举》，第 1 叶；卷 43《选举》，第 19 叶。

⑤ 民国《闽侯县志》卷 77《儒行四上》，第 6 叶。

⑥ 黄意华、吴淑华：《福州"三坊七巷"中的客家文化》，《炎黄纵横》2011 年第 1 期，第 33 页。

⑦ 《石狮市志》卷 28《人物》，第 981 页。

⑧ 民国《长乐县志》卷 14 上《选举上》，第 237 页。

⑨ 《清代硃卷集成》第 380 册，第 363 页；《福州历史人物》第 7 辑，第 56 页；《福州百科全书》，第 376 页。

《净土释疑论》（1927 年版）。

何谌，闽县人。光绪二十八年（1902）举人，二十九年（1903）进士。①

龚鸿义（1871—1946），字颖叔、永叔，闽县人，易图（1836—1893）子。工诗书画，时称"三绝"。山水得家法，晚年喜泼墨，仿姚钟葆（1882—1927）。抗战期间画巨幅，题诗取忠、孝、廉、节，以明其志。战后与潘主兰（1909—2001）等组织福州金石书画会，任会长。②

叶大华（1860—1923）③，字淑瑞，闽县人。光绪十九年（1893）举人，三十年（1904）进士。历官刑部主事、广东茂名知县、高州知府。④

林欣荣（1870—?）⑤，字向其、惺庐，号钟彝，侯官人。光绪二十三年（1897）乡试中式第 64 名举人。官江西瑞金知县。与何振岱（1867—1952）同校《赌棋山庄遗集》。编有《凤池林氏族谱》四卷、《凤池林氏遗诗》。《词综补遗》录其词 1 首。⑥

吴征骥，侯官人。光绪十七年（1891）举人。⑦

王庆生，福州府人。光绪十九年（1893）举人。⑧

杨毓辣，侯官人。光绪十四年（1888）举人。⑨

王世澄（1874—1948）⑩，字莪孙，侯官人。光绪十九年（1893）举人，二十九年（1903）进士。入上海南洋公学，留学英国伦敦林肯法律专门学校。回国后任学部二等咨议官、北京大学法科学长、袁世凯秘书、国务院法制局参事、参政院参政、约法会议议员。民国四年（1915）辞袁世凯秘书职，任《北京日报》记者。后任安福国会参议院议员、国务院及交通部顾问、《京报》主笔、上海烟草公司法律顾问。⑪ 译有《中国外交关系略史》（英国怀德著，商务印书馆 1928 年初版）。

待考者：郑宝濂、萨萱寿。

43. 致用书院文集（光绪癸卯）

【版本序跋】

题"光绪癸卯年（1903）"，"板藏致用堂惟半室"。

---

① 民国《闽侯县志》卷 43《选举》，第 19 叶；卷 42《选举》，第 8 叶。
② 《近现代闽侯书画集》，第 46 页；《福州人名志》，第 431 页。
③ 《三山叶氏族谱》（据叶氏后裔叶于敏先生函告，谨致谢忱）。
④ 民国《闽侯县志》卷 43《选举》，第 18 叶；卷 42《选举》，第 8 叶；《最近官绅履历汇录》第 1 集，第 292 页；叶在增：《我的小传》，《为正义敲响法槌——审判日本战犯的军事法官叶在增》附录，第 319 页。
⑤ 生于同治八年十二月初一日，公历已入 1870 年。
⑥ 《清代硃卷集成》第 340 册，第 57 页；《福建省图书馆馆藏族谱目录》，第 10 页；《福建文献书目（增订本）》，第 312 页；《词综补遗》卷 65，第 2426 页。
⑦ 民国《闽侯县志》卷 43《选举》，第 18 叶。
⑧ 民国《闽侯县志》卷 43《选举》，第 18 叶。
⑨ 民国《闽侯县志》卷 43《选举》，第 17 叶。
⑩ 生年据《清代人物生卒年表》，第 40 页。
⑪ 民国《闽侯县志》卷 43《选举》，第 18 叶；卷 42《选举》，第 8 叶；《福州人名志》，第 16 页；《许宝蘅日记》，第 1534 页。

【课艺内容】

经解、杂文 25 题 41 篇，题如《象刑解》、《〈论语〉记诸贤称谓释例》、《〈三百五篇〉当谏书说》、《邶鄘卫分风说》、《〈魏志〉夏侯曹合传论》、《读苏文忠〈代张方平谏用兵书〉》、《孟子游梁齐考》、《荀卿法后王论》、《朱氏〈无邪堂答问〉书后》、《长乐谢先生教思记》。

【作者考略】

陈祖新 6 篇，叶开第、汪涵川 4 篇，陈元禧、陈纪诚、陈镐、林志烜 2 篇，朱德钦、沈启渐、陈祖烈、林宗坚、林承祖、萧濬、蒋燨钧、陈秉莹、陈国麟、叶大华、叶在廷、唐瀚波、薛莹、陈聚星、张澍恩、陈君常、方兆鳌、郑澜、梁鸿志 1 篇。

陈祖新、陈镐，见《致用书院文集（光绪癸巳）》。

叶大华、陈聚星，见《致用书院文集（光绪丙申）》。

叶开第，闽侯人。法政毕业。民国元年（1912）任政和县帮审，次年辞职，未久复任。[1]

汪涵川，福州府人。光绪二十九年（1903）举人。三十二年（1906）任福州私立福商中学首任校长。民国元年（1912）代理福建省立女子师范职业学校校长，二年（1913）任闽侯县教育会首任会长。七年（1918）参与创办《福建日报》。[2]

陈元禧，侯官人，乔枞（1809—1869）从子。[3]

林志烜（1878—1949），字仲枢、仪正，号籀庵，闽县人，春溥（1775—1862）曾孙。光绪二十九年（1903）解元，三十年（1904）进士。选庶吉士，散馆授编修。游学日本，回国后浮沉郎署。晚年供职于商务印书馆。[4]

朱德钦，闽县人。诸生。工古文，精制艺，以授徒为业。生徒先后数百人，腾达者众。[5]

陈祖烈，字继庭（一作继城），长乐人，寄籍闽侯。光绪二十八年（1902）副贡，二十九年（1903）举人。日本法政大学毕业，任福建公立法政学校教授。民国二年（1913）任众议院议员，三年（1914）任参议院议员。[6]

---

① 民国《政和县志》卷 12《职官》，第 558 页。

② 民国《闽侯县志》卷 43《选举》，第 20 叶；《福州市志》第 7 册，第 152、984 页；《百年回眸：福建省福州第四中学简史（1906—2006）》，第 3 页；冯学垄：《福建省立女子师范职业学校的产生和发展》，《教育评论》1987 年第 1 期，第 55 页。

③ 谢章铤：《左海后人朴园陈先生墓志铭》，《赌棋山庄所著书》文卷 7，第 344 页。

④ 民国《闽侯县志》卷 43《选举》，第 20 叶；《词林辑略》卷 9，第 544 页；《福州人名志》，第 276 页。

⑤ 《鼓楼区教育志》，第 418 页。

⑥ 《最近官绅履历汇录》第 1 集，第 246 页；民国《长乐县志》卷 14 上《选举上》，第 238、246 页；卷 14 下《选举下》，第 276 页。

林宗坚，侯官人。光绪十四年（1888）举人。①

萧濬，侯官人。光绪间优贡。②

陈秉莹，民国初任闽侯县第二十六区私立国民学校校长。③

陈国麟，字聿睢，长乐人，寄籍闽侯。光绪二十九年（1903）举人。历官浙江盐大使、福建第十一旅旅部秘书兼执法官。④

叶在廷，闽县人，林寿图（1821—1897）婿。光绪二十八年（1902）举人。⑤

唐瀚波（1870—1941），字汀镜，闽县人。光绪二十八年（1902）举人。曾倡办福州三山诗社，掌教闽清文泉书院。宣统二年（1910）举贡会考第2名，覆试一等第3名。三年（1911）官外务部行走。民国初官新加坡总领事、外交部主事。民国十七年（1928）回闽，先后任教于厦门集美学堂、福州三牧坊学堂、格致中学、三山中学。⑥

薛莹，闽县人。光绪五年（1879）举人。⑦

张澍恩，号甘宇，政和人。光绪二十三年（1897）拔贡，二十九年（1903）举人。少受业宋后庵兄弟门，后从吴曾祺（1852—1929）游。读书守程端礼《读书分年日程》为则，精研《说文》、《玉篇》诸书。先后肄业正谊、致用书院。性尤孝友，不求仕进，日餍饫圣贤名理以求深造。卒年三十六。⑧

陈君常，号德七，长乐人，林寿图（1821—1897）婿。民国元年（1912）官长乐县管狱员。⑨

方兆鳌（1870—1960），字策六，闽县人。光绪二十八年（1902）举人，三十年（1904）进士。日本早稻田大学政治经济科毕业。历官兵部主事、邮传部员外郎、交通传习所主任、浙江国税厅筹备处处长、福建民政长公署秘书、代理福建民政长、福建审计分处处长、政事堂铨叙局帮办兼参事、国立北平大学法学教授。著有《晚读轩诗》。《词综补遗》录其词3首。⑩

郑澜，侯官人。光绪二十年（1894）举人。⑪

梁鸿志（1882—1946），字众异、仲毅，长乐人。光绪二十九年（1903）举人。三十

---

① 民国《闽侯县志》卷43《选举》，第18叶。

② 民国《闽侯县志》卷44《选举》，第6叶。

③ 《闽侯文史资料》第2辑，第23页。

④ 民国《长乐县志》卷14上《选举上》，第238页。

⑤ 谢章铤：《赏四品顶戴团练大臣前陕西山西布政使林公墓志铭》，《赌气山庄所著书》文又续集卷2，第431页；民国《闽侯县志》卷43《选举》，第19叶。

⑥ 民国《闽侯县志》卷43《选举》，第19叶；《福州人名志》，第392页；文泉中学：《文泉中学简史》，《闽清文史资料》第4辑，第50页；《政治官报》第32册，第384页；第33册，第85页。

⑦ 民国《闽侯县志》卷43《选举》，第17叶。

⑧ 民国《政和县志》卷26《儒林》，第668页。

⑨ 谢章铤：《赏四品顶戴团练大臣前陕西山西布政使林公墓志铭》，《赌气山庄所著书》文又续集卷2，第431页；民国《长乐县志》卷12《职官》，第157页。

⑩ 民国《闽侯县志》卷43《选举》，第19叶；卷42《选举》，第8叶；《最近官绅履历汇录》第1集，第95页；《福州人名志》，第32页；《词综补遗》卷53，第1987页。

⑪ 民国《闽侯县志》卷43《选举》，第19叶。

一年（1905）入京师大学堂。历任山东登莱高胶道尹公署科长、奉天优级师范学堂教员，后入学部任职。民国初任职北京政府国务院，兼《亚细亚日报》编辑。历任安福国会议员兼秘书长、临时执政府秘书长、维新政府行政院长兼交通部长、南京政府监察院长、立法院长。抗战胜利后被捕，以叛国罪处死。著有《爱居阁诗集》。①

待考者：陈纪诚、沈启渐、林承祖、蒋燊钧。

泉州府

44. 玉屏课艺

【书院简介】

玉屏书院在厦门，旧址原为义学。清康熙间建文昌殿、萃文亭，又建集德堂，增置学舍。后因生徒屡减，为僧人所占。乾隆十六年（1751）重建，定名玉屏书院。道光间增修，光绪三十一年（1905）改为厦门中学堂。后又为省立第十三中学、省立第一中学。旧址今为厦门第五中学。②

【版本序跋】

题"光绪辛巳年（1881）刊"，"书院藏版"。曾兆鳌序云：

余司玉屏讲席十有八年于兹矣，与诸生以文艺相切磋，甚相得也。客秋山居多暇，聚旧课将录而梓之，而庚午（1870）以前存者寥寥。因就近岁掇拾，得文百二十篇，一以清真雅正为主，其浪逞才华者置弗录。窃维文艺，末也；德行，本也。厦自薛珍君、陈希儒以文学崛起一隅，至宋而朱文公官其地。故士生其间，多能文章而尚节义，盖遗风余韵，至今犹有存者。夫豪杰百世犹兴，况去大贤之世若此其未远耶！后生小子有能不囿流俗、闻风兴起者，又岂仅以区区文艺见哉！诸生勉旃。

光绪辛巳（1881）中秋前一日，闽县曾兆鳌识。

曾兆鳌（1816—1883），字玉柱，号晓沧，闽县人。道光十四年（1834）举人，二十四年（1844）进士。历官刑部浙江司主事，陕西候补知府、候补道台。历主厦门玉屏书院、泉州清源书院、福州越山书院。③ 著有《晓沧遗诗》一卷（1946年铅印本）。

【课艺内容】

皆四书文，凡《大学》8题9篇，《中庸》10题11篇，《论语》61题69篇，《孟子》27题31篇。有评点。

---

① 《民国人物大辞典》，第884页；《民国人物传》第11卷，第458页。
② 《厦门市志》第4册，第2884页；《厦门掌故》，第74页。
③ 《福州人名志》，第465页；《厦门古籍序跋汇编》，第200页。

【作者考略】

收录课艺较多者：王尊光、王步蟾 6 篇，吕澄 5 篇，郑亨（原名捷亨）、吕寅、曾士玉 4 篇，陈丹桂、王步瀛、方兆福 3 篇。其他作者一二篇不等：孙延勋、沈国器、徐凌云、刘嵩、黄大经（原名徽五）、陈如渊、蔡梦熊、钱翊清（原名观涛）、陈德莹、白显荣、李特圭、陈扶摇、陈裕南、蔡廷镛、林黎光、杨熊飞、欧阳弼、杨鸿文、曾存德、李观澜、胡承烈、陈丹诏、徐大年（原名鸣岐）、吴廼升、李振家、曾廷芬、黄登第、周麟书、邱扬馨、林朝邦、马近光、许芳、何安国、张观澜、陈世芳、林鹗翀、刘德渊、王一士、林挺修、王希维、李捷元、欧阳蕙、陈旭升、何龙、何廷俊、许万里、曾国华、李启祥、杨廷梓、曾枚、李维林、陈炳坤、周殿修、何景福、胡玉峰、陈宗超、曾庆文、陈绍良、曾舒文、杨毓春、梁栋、许驹、沈国涛、郑瑞瑜、陈秉乾、林云章、叶大年、刘良弼（原名殿鹏）、陈大俊、陈秉埸。

王步蟾（1849—1904），字金波，号桂庭，同安人。光绪二年（1876）优贡第 1 名，五年（1879）举人。授闽清教谕，抵任即辞归，掌教禾山、紫阳书院。日本人欲租虎头山为界，士绅抗议，步蟾持之尤力。与吕澄（字渊甫）最友善。所为诗，导源靖节。著有《小兰雪堂吟稿》、《小兰雪堂谜稿》。①

吕澄，字渊甫，号默庵，同安人。光绪十二年（1886）拔贡，授州判，以母老请改教谕。十九年（1893）举人，考卷《易艺》进呈御览，一时传诵。主讲玉屏、紫阳、沧江各书院，游其门者多以古文名。诗清微淡远，著有《青筠堂集》、《介石山房诗稿》、《默庵诗选》。书法入欧阳询之室，人争宝之。卒年六十三。②

郑亨，原名捷亨，字联三，号嘉士，海澄籍，居厦门。同治九年（1870）举人，大挑知县。工文章，擅书法。设帐授徒福河宫，从游者多成名。殁后，王步蟾（1849—1904）以诗哭之，有"亦佳书室拜经神"之句，谓其湛深经术，渊源郑玄。③

曾士玉，字廉亭，同安人。同治十二年（1873）拔贡、举人，掌教金门舫洲书院。师事高澍然（1774—1841），受古文法。曾述澍然教人学文法，以教门人。喜研古文，尤喜方苞、姚鼐、高澍然诸家文。著有《古文话》、《小可轩文稿》。④

王步瀛，同安人，步蟾（1849—1904）弟。业儒。⑤

方兆福，字六谦，号星航，同安人。同治十二年（1873）解元。其文情韵悠然，字韶秀圆润，诗俊逸清新。著有《筼筜渔隐集》。⑥

---

① 王步蟾：《自序》，《厦门古籍序跋汇编》，第 445 页；《清代硃卷集成》第 380 册，第 303 页；民国《厦门市志》卷 24《儒林》，第 359 页；《厦门市志》第 5 册，第 3922 页；民国《同安县志》卷 31《文苑》，第 263 页；《中华谜书集成》第 2 册，第 1097 页。

② 民国《厦门市志》卷 24《儒林》，第 359 页；《清人别集总目》，第 386 页。

③ 民国《厦门市志》卷 25《文苑》，第 367 页；《厦门市志》第 5 册，第 3922 页。

④ 民国《同安县志》卷 15《选举》，第 132、134 页；《桐城文学渊源・撰述考》，第 363 页。

⑤ 《清代硃卷集成》第 380 册，第 304 页。

⑥ 民国《厦门市志》卷 25《文苑》，第 368 页。

沈国器，安溪人。同治十二年（1873）举人，光绪三年（1877）进士。①

钱翙清。厦门自治会（宣统二年成立）议员。②

陈德莹。光绪元年（1875）岁贡。曾为舫山书院董事。③

陈扶摇，字蕉村，同安人。同治六年（1867）举人。④

林藜光。民国《厦门市志》孙钦昂传："厦故有玉屏、紫阳、禾山书院，院生元在外应考。孙筹备经费，在院局试诸生，若棘闱然。评定得超等者，赠给膏火。壬午（1882）决科，取林藜光为首选，林果于是科乡捷。"⑤ 检民国《厦门市志》科名录，光绪八年（1882）举人仅林鹤年一人。⑥ 抑林藜光即《福雅堂诗稿》作者林鹤年（1847—1901）欤？

杨熊飞，字璜文，号谓臣，厦门人。光绪元年（1875）举人。居京师，直内阁供职。续修《漳州会馆录》，综核精审。以父年迈，弃官归，授徒养亲。十三年（1887）厦港火药局灾，与诸绅勘灾分赈甚力。家人洞晓音律，春秋佳日，按拍寻声，倚歌而和，以娱母暮年。每夕为父讲《聊斋志异》。⑦

欧阳弼，字梦良，同安人。书法习柳，尤擅擘窠书。邻近匾额，多出其手。厦道司徒氏见其春贴，延入署中课读，颇能奖励后学。曾度岁财窘，闭门治印不顾。⑧

李观澜。光绪七年（1881）贡生。⑨

胡承烈，字莘汀、伟生，同安人。同治十二年（1873）拔贡，光绪二年（1876）举人。为文豪宕，才高学富，时有胡才子之称。⑩

陈丹诏，字经亭，号小田，同安人。父良田，以名孝廉传古文学，从游者多世家子弟，而课督甚严。丹诏与同学相切劘，补博士弟子员。时郡侯某公，尤赏其学有渊源。平生刻苦力学，务朴实，不为华饰，及门高材生多蜚声黉序。倭夷犯澎湖，丹诏总董保甲局，兼办团练。⑪

黄登第，字廉明。父卒，两弟幼，窘甚，惟余一廛。登第与舅氏货布为业，以时居积，二十余年，致资巨万。二弟自冠而室，治第宅，市田产，纳粟入官，一惟登第是资。登第曰："弟分当得，余何敢吝。"比析著，仍均与之，一缕不自私。有吴麟者，登第幼

① 民国《厦门市志》卷13《人文》，第233、236页。
② 民国《厦门市志》卷13《人文》，第249页。
③ 民国《同安县志》卷15《选举》，第135页；黄家鼎：《校补泉州府马巷厅志序》，乾隆《马巷厅志》卷首，第356页。
④ 民国《同安县志》卷15《选举》，第132页。
⑤ 民国《厦门市志》卷30《良吏传》，第414页。
⑥ 民国《厦门市志》卷13《人文》，第236页。
⑦ 民国《厦门市志》卷25《文苑》，第371页。
⑧ 民国《厦门市志》卷32《艺术》，第431页。
⑨ 民国《厦门市志》卷13《人文》，第239页。
⑩ 民国《厦门市志》卷13《人文》，第236页；民国《同安县志》卷31《文苑》，第263页；《厦门小报大观·轶闻》，第19页。
⑪ 民国《厦门市志》卷25《文苑》，第368页。

所从学，既为贾，执弟子礼如初。吴固廉士，所需未尝出诸口，登第察其意，皆资之，岁时馈献不绝。及殁，恤其家。曾为厦门自治会议员。①

周麟书。光绪十五年（1889）举人。②

马近光。诏安马近光，同治十二年（1873）府拔，光绪元年（1875）举孝廉方正。曾任丹沼两等小学堂堂长。主纂《诏安县志》，著有《聊自拙修斋诗钞》。③ 未知是否即此人。

林鹗翀。光绪元年（1875）举人。④

刘德渊，同安人。宣统三年（1911）岁贡。民国《同安县志》录其诗 2 首。⑤

王希维，同治九年（1870）举人。⑥

欧阳冀，字尧阶。工制艺，楷书宗欧阳询，秀劲天然。光绪十一年（1885）优元，朝考一等，试用知县。曾谒座师，为阍者所阻，数日乃得见，叹曰："门生见座主，困难若此，他时到省谒辕，将奈何？"遂绝意仕进以课徒。终年四十余。⑦

陈旭升，同安人。光绪二年（1876）举人。⑧

曾国华，字云章，同安人。光绪六年（1880）岁贡，八年（1882）举人。⑨

杨廷梓。赖上亨（字企聪）课余曾与杨廷梓等鸣琴度曲。⑩

周殿修，字梅史，号曙城。光绪二十三年（1897）与弟殿薰乡试中式，兄弟试卷俱刊闱墨，一时传诵。顾不屑屑于制艺，究心经世有用之学，旁及天文舆地，与陈宗超（1851—1903）、吕澄（字渊甫）、王步蟾（1849—1904）以道义文章相切劘，慨然有用世之志。任厦门中学堂监督五载，造士尤宏。为文纵横博辩，诗亦神韵悠然。卒年五十九。著有《棣华馆诗草》、《棣华馆谜集》。⑪

陈宗超（1849—1903）字敦五，号墨斋，同安人。光绪二年（1876）举人。讲论四子书，务为程朱之学，专主敬而好静坐。晚年病俗学无益于心身，著《四子要旨》，皆确有心得语。父胜元（1797—1853，谥刚勇）殉难芜湖，宗超常以亲骸未获归为恨。会试罢，亟往芜湖寻觅，卒得于采石矶，扶榇而归。二十九年（1903），遵旨建专祠于采石矶，往来营度，凡八阅月而祠成，劳瘁成疾，卒于祠中。⑫

---

① 民国《厦门市志》卷 27《孝友》，第 386 页；卷 13《人文》，第 249 页。
② 民国《厦门市志》卷 13《人文》，第 236 页。
③ 民国《诏安县志》上编卷 12《选举》，第 754、761 页；《诏安县志》卷 29《文化》，第 850 页；《诏安文史资料》第 6 辑，第 6、47 页。
④ 民国《厦门市志》卷 13《人文》，第 236 页。
⑤ 民国《同安县志》卷 15《选举》，第 135 页；卷 25《艺文》，第 187 页。
⑥ 民国《厦门市志》卷 13《人文》，第 236 页。
⑦ 民国《厦门市志》卷 25《文苑》，第 368 页。
⑧ 民国《同安县志》卷 15《选举》，第 132 页。
⑨ 民国《同安县志》卷 15《选举》，第 132、135 页。
⑩ 民国《厦门市志》卷 32《艺术》，第 431 页。
⑪ 民国《厦门市志》卷 25《文苑》，第 371 页。
⑫ 民国《厦门市志》卷 24《儒林》，第 355 页；民国《同安县志》卷 32《孝友》，第 279 页。

　　叶大年（1863—1909），字廉卿（一作濂卿）、季椿，号梅珊，同安人。光绪十四年（1888）优贡第 1 名，朝考一等第 19 名。十七年（1891）乡试中式第 85 名举人。十八年（1892）会试中式第 141 名，殿试成进士。选庶吉士，授编修，候选京师。庚子（1900）之变，间关回里，董禾山书院事。曾为上海泉漳会馆主事、厦门中学堂总董。诗文有清超拔俗之致，著有《太史叶大年梅珊公诗稿》。①

　　余皆待考。

---

　　①　叶大年硃卷，读秀网；民国《厦门市志》卷 25《文苑》，第 369 页；民国《同安县志》卷 31《文苑》，第 263 页；《厦门市志》第 5 册，第 3928 页。

安徽省

安庆府

45. 敬敷书院课艺

【书院简介】

安庆敬敷书院，建于清顺治九年（1652）。初名培原书院，乾隆二年（1737）更名敬敷书院。咸丰三年（1853）毁于兵燹，同治元年（1862）、光绪二十三年（1897）两次移建。光绪二十八年（1902）改为安徽大学堂，并与求是学堂合并，三十年（1904）改为安徽高等学堂。①

【版本序跋】

题"山长马雨农先生评选"，"板存文墨斋"。

马恩溥（1819—1874），字雨农，芝楣，云南太和人。咸丰三年（1853）进士。历官编修、国史馆总纂、安徽学政、内阁学士、江苏学政。卒于太仓。著有语录、奏议、诗文集若干卷。②

陈澍序云：

> 皖垣敬敷书院，创自操抚李公。雍正间天子颁帑金助膏火，人文甚盛。咸丰癸丑（1853），遭粤逆之乱，废且十年。洎辛酉（1861）仲秋，王师克安庆。余自江右奉节相湘乡曾公檄，来守是邦。其时流亡初复，士之来归，与避乱者，率皆饔飧不给。节相恻然谓："兵燹以来，士气颓沮，宜即于次春复书院课士之法，而厚其廪饩，以鼓舞作兴之。"因命余董其事。适翰林学士大理马公督皖学，加意乐育，以振兴文教为己任，于是皖之人士，复知向学。又次年季夏，学士丁内艰，以大理陷于贼，未得归。会院长杨朴庵先生病卒，节相因邦人之望，敦请学士主讲席，舆论大洽，学业益兴。今年秋，余裒集所录课艺若干卷，呈请鉴定。学士为精选百二十篇，以付剞劂，而命余序之。【略】

同治三年甲子（1864）孟冬之月，知安庆府事闽县陈澍敬书。

陈澍（1815—1870），字心泉，福建闽县人。道光十七年（1837）举人，二十七年（1847）进士。历官南安知府、安庆知府、安庐滁和道、武昌道。卒于武昌。著有《求在

---

①《安庆师范学院110年发展史》，第3页。

②光绪《重修安徽通志》卷139《职官志·名宦》，第685页；民国《闽侯县志》卷43《选举》，第12叶；《大理白族自治州志》卷9，第241页。

我斋诗集》、《求在我斋文集》、《求在我斋制艺》。①

【课艺内容】

《论语》33 题 65 篇，《学》、《庸》4 题 9 篇，《孟子》24 题 48 篇。有评点。

【作者考略】

共 122 篇，其中：陈守和 10 篇，孙孚侃 8 篇，刘镇镳 6 篇，齐光国 5 篇，程源洛 4 篇，丁仁泽、吴国椿 3 篇，吴楫、徐良箴、徐进、胡莲、吴元甲、宋咸熙、赵锦章、江映楼、贾庆云 2 篇，俞守纯、赵古善、吕韶、程鸿钧、孙云锦、李和、刘成林、徐成敩、程璧、张宗浩、韦兆昇、王严恭、翟增荣、汪莲田、杨鼎金、曹良辅、单立垕、汪毓衡、丁赤松、曹牲、胡尔梅、曹若驹、冯绍唐、杨子元、徐士佳、焦作梅、张家珍、程芝、汪荣朝、罗殿魁、孙尔昌、汪葆元、汪璬、丁轮恩、陈善、洪佩声、王道平、刘鸣岗、查耀、程寿保、舒英、钱锦渠、朱恒龄、陈纬文、刘元鼎、曹荣黻、吴遹昌、汪达守、汪士涵、孙贵钦、崔敬熙、王蔍、汪运鋆、陈锡周、焦景昌、章世治、章洪钧、程元超、许懋和、许朱方、赵赟、查焕、陈文庄、陈有香、李恩 1 篇。目录中作者前标注"山长马月课"、"山长杨月课"、"府宪陈官课"等。

翟增荣、章洪钧，见《惜阴书院东斋课艺》。

齐光国，见《钟山书院课艺初选》。

陈守和。泾县陈守和，同治三年（1864）官宿松训导。品行修洁，人咸亲之。② 未知是否即此人。

孙孚侃，字阎如，太平人。光绪二年（1876）附贡。曾国藩（1811—1872）总督两江，聘为幕府。后又为李鸿章（1823—1901）昆仲幕府，甚为倚重。曾在江西办理省垣保甲湖口釐差，提调全省厘金总局。升任南昌知府，未到官而卒。③

刘镇镳，字金圃，南陵人。邑庠生。幼颖悟，好读书。咸丰十年（1860）太平军入境，避难省城，肄业敬敷书院，九试俱冠军。曾国藩（1811—1872）奇之，接见，剧加叹赏。洎江左戡平，邑民凋敝，特请牛粮籽种，又条陈善后十三则，大吏颇加采纳。后患目疾不愈，赍志以殁。著有《东溪督隐集》。④

丁仁泽，字润之，号象湖，怀宁人。咸丰十一年（1861）优贡，同治三年（1864）举人。李鸿章（1823—1901）巡抚江苏，礼聘入幕，随李军分授浙皖闽等省。积功保举知县，历官清河、萧县、邳州、铜山。服官十余年，所至均有声誉。性谨饬，工诗古文辞。⑤

吴国椿（1828—?），字公盛，号隼峰、粒民，东流人。以廪贡官含山训导。同治九

---

① 光绪《重修安徽通志》卷 139《职官志·名宦》，第 683 页；民国《怀宁县志》卷 14《名宦》，第 314 页；《清人别集总目》，第 1254 页。

② 民国《宿松县志》卷 35《政略一》，第 39 叶。

③ 《黄山区志》第 35 章《人物》，第 1141 页。

④ 民国《南陵县志》卷 30《人物》，第 405 页。

⑤ 民国《怀宁县志》卷 18《仕业》，第 432 页。

年（1870）乡试中式第 47 名举人。①

　　吴楣，字仙槎，怀宁人。岁贡生。性和而介，嗜学不厌，文才富丽，以博雅见称于时。所著经说、诗文，经乱皆散佚。②

　　徐良箴。光绪间青阳候选训导徐良箴③，未知是否即此人。

　　吴元甲（1810—1873），字育泉，桐城人，汝纶（1840—1903）父。岁贡生。九岁能操笔为古文，作《中正论》三篇，长老惊叹。既长，为六皖名诸生，曾国藩（1811—1872）嘉其文学，客而馆之，而尤重其为人。咸丰元年（1851）举孝廉方正。④

　　赵锦章（1829—?），字裘斋，号春江，泾县人。某科乡试中式第 51 名举人。同治十年（1871）会试中式第 138 名，殿试三甲，朝考二等第 63 名，授河南知县。十一年（1885）官安阳知县。⑤

　　俞守纯。庐江俞守纯，著有《汉纪精言》。⑥ 未知是否即此人。

　　赵古善，号心田，怀宁人。诸生。洪杨之变，曾国荃（1824—1890）闻其名，令乡导及办粮草。事竣论功，给五品顶戴。后修县学宫，曾董其役。生平坦白无私，为乡人钦敬。尤安贫守分，虽至亲密友，亦无所干谒。卒年七十二。⑦

　　程鸿钧。黟县程鸿钧，监生。光绪十三年（1887）官江西上饶典史。⑧ 未知是否即此人。

　　孙云锦（1821—1892），字海岑，桐城人。以军功由附生保升训导、知县、候补知府，实授通州、淮安、江宁、开封知府。著有《孙先生遗书》。⑨

　　李和，字鉴渊，号介之，宿松人。肄业敬敷书院，皖抚英翰（1828—1877）、山长赵畇（1808—1877）俱叹为未易才，延誉公卿间。岁贡生，候选训导。著有《传家遗训》、《三勿轩稿》。⑩

　　刘成林。太平刘成林，举人，同治三年（1864）官庐江教谕。⑪ 未知是否即此人。

　　徐成敫（?—1880），字典文、实庵，宿松人。以拔贡朝考得知县，分发江苏。代理溧水，调署甘泉。莅甘三载，廉明公正，声振一时。以道员升用，仍分江苏，未任卒于甘泉官署。⑫

　　韦兆昇，字如之，芜湖人。咸丰十一年（1861）拔贡。⑬

---

① 《清代硃卷集成》第 151 册，第 3 页。
② 民国《怀宁县志》卷 19《文苑》，第 459 页。
③ 《包拯集校注》附录，第 325 页。
④ 《桐城吴先生年谱》，第 611、653 页；张裕钊：《吴征君墓志铭》，《濂亭文集》卷 6，第 54 页。
⑤ 《清代硃卷集成》第 34 册，第 145 页；民国《续安阳县志》卷 2《职官表》，第 1 叶。
⑥ 光绪《续修庐州府志》卷 90《艺文略上》，第 5 叶。
⑦ 民国《怀宁县志》卷 20《笃行》，第 496 页。
⑧ 《大清缙绅全书·光绪十三年冬·江西省》，第 5 叶。
⑨ 《开封府君年谱》，第 1 页。
⑩ 民国《宿松县志》卷 40《文苑》，第 23 叶。
⑪ 光绪《续修庐州府志》卷 25《职官表三》，第 14 叶。
⑫ 光绪《增修甘泉县志》卷 8《名宦》，第 352 页；民国《宿松县志》卷 38 下《仕迹二》，第 4 叶。
⑬ 民国《芜湖县志》卷 45《选举》，第 9 叶。

王严恭，字畏甫，桐城人。同治三年（1864）举人。主讲湖北郧阳，纂修《郧阳县志》。光绪六年（1880）官巢县复设教谕，与修《续修庐州府志》。①

汪莲田，号羲谷，怀宁人。副贡生。内行纯笃，言动无妄。父脑后患痈，脓血凝闭，朝夕以口吮之。道光三十年（1850）冬，自石牌解馆归，路遇店妇哭甚哀，询知为夫病子幼故将改嫁，慨然以二十金予之，俾其完聚。同治六年（1867）以保案教授颍州，嗣授南陵教谕，一介不苟，年老终于官。②

汪毓衡，字秀峰，歙县人。同治九年（1870）举人。历官阜阳、潜山、亳州训导。③

胡尔梅。桐城胡尔梅，著有《纲目续议》二卷，同治十年（1871）刊本。④ 未知是否即此人。

徐士佳（1820—？），字秉恬，号镜舫，潜山人。同治九年（1870）乡试中式第169名举人。⑤

焦作梅（1837—？），字用和，号韵珊、庾山，太平人。同治九年（1870）乡试中式第70名举人。光绪十一年（1885）官黟县训导。⑥

张家珍。候选训导张家珍，分校《续修庐州府志》。⑦ 疑即此人。

罗殿魁，字宾臣，宿松人。庠生。温恭霭吉，无遽色疾言。善诱生徒，讲述义理，务透其宗，尤以敦本植身为勖。晚年日手善书一篇。凡古人之嘉言懿行，及因果报应可法可戒者，皆津津道之。善气弥纶，顽懦为之廉立。⑧

孙尔昌，字敦孝，号炽堂，宿松人。少负奇气，倜傥不群，博极群书。为文有南丰曾氏、庐陵欧阳氏之风。诗法唐人，宋元以下弗逮也。学以主敬为宗，终日端坐，未尝箕踞有倦容。咸丰间充胡林翼（1812—1861）幕，在黄州营次参赞军务。以廪贡官绩溪训导。邑中诸义举，倡首者多。⑨

丁轮恩，怀宁人。廪生。有文名。⑩

陈善，字德崇，潜山人。廪生。同治六年（1867）恩赐举人。性颖异，博通经史。卒年八十六。著有《传经堂文集》、《桐英馆古歌》、《桐英馆诗赋》、《含英咀华阁词》。⑪

洪佩声。同治十二年（1873）洪佩声撰成《松漠纪闻考异》⑫，未知是否即此人。

程寿保（1844—1919），字恭甫，晚号清耇，黟县人。光绪十五年（1889）举人。由

① 同治《郧阳县志》卷首吴葆仪序、《纂修姓氏》，第1、10页；《大清缙绅全书·光绪七年冬·江西省》，第8叶；光绪《续修庐州府志》卷首《职名》，第2叶。

② 民国《怀宁县志》卷20《笃行》，第499页。

③ 《清代硃卷集成》第152册，第133页；民国《歙县志》卷4《选举》，第171页。

④ 《安徽文献书目》，第198页。

⑤ 《清代硃卷集成》第153册，第237页。

⑥ 《清代硃卷集成》第151册，第315页；《大清缙绅全书·光绪十三年冬·安徽省》，第3叶。

⑦ 光绪《续修庐州府志》卷首《职名》，第4叶。

⑧ 民国《宿松县志》卷42下《笃行》，第4叶。

⑨ 民国《宿松县志》卷42中《义行》，第19叶。

⑩ 民国《怀宁县志》卷22《道艺》，第516页。

⑪ 民国《潜山县志》卷14《文苑》，第22叶；卷27《书目》，第9叶。

⑫ 《松漠纪闻 扈从东巡日录 启东录 皇华纪程 边疆叛迹》，第63页。

候选县丞因劳绩出力，保以知县。历官山西河曲、湖南泸溪、奉天东平知县，民政部参议。主纂《黟县县志》，著有《同治圣德千字文》一卷、《清耆吟稿》一卷。①

舒英，字伯华，黟县人。笃守隆嘉轨躅，以第一人入邑庠。躬行实践，毕生兢兢以闽洛为宗法。门徒先后百数十人，无不凛受师训。兵燹游皖，考敬敷书院，每列前茅。随帅节至江宁，派充大胜关盐务分局。谢事还里，仍教授乡间。著有《茗香书屋诗文集》。②

朱恒龄，字子久，歙县人。光绪间岁贡。③

曹荣黻，铜陵人。同治十三年（1874）遵筹饷事例分发江苏。光绪十四年（1888）官海门直隶厅同知。④

汪士涵。黟县汪士涵，大铺（字采宜）子，诸生，家传医业。⑤ 未知是否即此人。

汪运鏊，字味梅，歙县人。光绪间岁贡。⑥

陈锡周（1840—?），原名兆福，字子卿，号瑞堂，合肥人。同治六年（1867）乡试中式第163名举人。光绪八年（1882）官含山训导。⑦

焦景昌，字达廷，太平人。拔贡。光绪五年（1879）代理平湖知县，九年（1883）官温岭知县。⑧

章世洽，太湖人。廪贡生，以军功保举训导。历官无为州学正、庐江训导。⑨

程元超，字卓山，黟县人。肄业敬敷书院，屡列前茅。同治六年（1867）举人，会试荐而不售。以课读为生。⑩

许懋和（1824—?），字质人，号云琴，黟县人。同治十二年（1873）乡试中式第177名举人。著有《集其清英集》一卷、《在山小草》一卷。⑪

李恩，怀宁人。优廪生。翰林院孔目衔，试用训导。同治十年（1872）官南陵教谕。⑫

余皆待考。

---

① 《清代官员履历档案全编》第28册，第91、394页；民国《黟县四志》卷首《职名》，第6页；卷5《选举》，第39页；卷6《宦业》，第62页；《四库全书总目提要·经部》，第1193页；《清人诗文集总目提要》，第1824页。

② 民国《黟县四志》卷6《儒行》，第66页。

③ 民国《歙县志》卷4《选举》，第180页。

④ 《大清缙绅全书·同治十三年冬·分发》，第1叶；《海门县志》卷23《政权政协》，第580页。

⑤ 《新安名医考》，第109页。

⑥ 民国《歙县志》卷4《选举》，第180页。

⑦ 《清代硃卷集成》第148册，第47页；《大清缙绅全书·光绪十三年冬·安徽省》，第11叶。

⑧ 光绪《平湖县志》卷末《职官续遗》，第644页；《温岭县志》第17篇《人大、政府、政协》，第589页。

⑨ 同治《太湖县志》卷19《选举志三》，第9叶。

⑩ 民国《黟县四志》卷7《文苑》，第102页。

⑪ 《清代硃卷集成》第159册，第91页；民国《黟县四志》卷7《文苑》，第102页；《安徽文献书目》，第238页。

⑫ 民国《南陵县志》卷17《职官》，第226页。

徽州府

46. 紫阳课艺约选

【书院简介】

歙县紫阳书院有二：一在县学后，建于南宋，几经兴废，清末改为紫阳师范，民国初改为省立第二师范；一在紫阳山，建于明代，清末废科举兴学堂，书院遂废。① 此课艺总集当出于后者。

【版本序跋】

题"光绪辛卯（1891）夏月"，"板藏书院，续选嗣出"。

李成鳌序云：

> 新安为人文渊薮，乾嘉间称极盛。予于光绪庚寅（1890）奉檄权守是邦，斯时抚皖省者为归安沈公，以整顿紫阳书院见属。既莅任，汪仲伊大令宗沂适以是年在山主讲席，旧曾共事于津门，于是剔除弊蠹，增修黉舍。司事杨宝森、江承诰两茂才来谒余曰：课艺久未刊，诸生慼所稽考。迩者当事重文，衿佩复业。经今十阅月，课存渐多，已由院长选定试艺、诗赋若干首，用请弁言以行世。【略】。

> 光绪辛卯（1891）夏四月，知徽州府事丹徒李成鳌序。

李成鳌（1830—?），江苏丹徒人。由文童于同治二年（1863）投效淮军。以军功升知府。②

汪宗沂，《见惜阴书院东斋课艺》。

【课艺内容】

《论语》19 题 35 篇，《学》、《庸》3 题 4 篇，《孟子》11 题 15 篇，经艺 3 题 3 篇，赋 5 题 5 篇，论 2 题 2 篇，试帖 21 题 31 篇。有评点。

【作者考略】

共 95 篇，其中：鲍鸿逵卿 6 篇，江承诰守箴 4 篇，何宗逊笠农、汪埧伯宣 3 篇，汪廷柱石臣、江友高朗山、胡兆熊少伯、王日含尚之、吴永涵咏霓、潘宗信瑞臣、叶宗尹晸士、李嘉会子亨、石文璐绍佩、张裕杰汉臣、汪善庆吉亨、程能之幹庭、范国镛序东、吴会昌际云、方秀书绣舒、胡殿元蕊题、何承培兰甫、程恩浚伯敬、程昌懋俪笙、吴尔宽仲容 2 篇，余翔麟、程震林幼农、孙绍光笃和、汪春榜贻昆、吴嗣箴辅卿、江友松蓉斋、汪定基兆芝、朱凤书藻航、金宗祁、汪鸿瑞辑五、汪佩蕃小泉、吴曾树艺五、胡嘉谟橘仙、

---

① 民国《歙县志》卷 2《营建置·学校》，第 56 页；《中国书院辞典》，第 87 页。

② 《清代官员履历档案全编》第 3 册，第 760 页。

许愿子恭、江文魁郁华、吴永灏瀚云、程培基稚农、鲍伦煌星野、郑启缙播书、江友夔克庵、汪慰心尉、汪开培笃斯、汪维善宝斋、汪受谷经畬、王宝杰剑之、曹午晖卓亭、董炳辉礼旋、孙树藻朂和、叶峻华仰乡、许敦澄鉴清、许敦瑞伯符、章维海、汪东垣明甫、郑国良、胡腾逵肃仪、王悦傅臣、胡晋接 1 篇。拟作 2 篇。

鲍鸿，字逵卿，歙县人。光绪十七年（1891）举人。二十九年（1903）由礼部侍郎李照炜举荐经济特科，未赴。著有《龙山吟稿》一卷、《忆鞠吟》一卷、《龙山联语》二卷。①

江承诰，字守箴，歙县人。光绪间岁贡。②

何宗逊（1862—?），字笠农，号耕心、荔秾，黟县人。光绪十四年（1888）优贡第 2 名，二十三年（1897）顺天乡试中式第 257 名举人。二十六年（1900）官山西太原知县。以事牵累罢官，入直隶提督幕。民国间幕游河南，八年（1919）以疾归，卒于家。③

汪廷柱（1851—1923），字石臣，歙县人。光绪间恩贡，二十九年（1903）举人。④

江友高，歙县人，友夔（1875—?）兄。廪生。⑤

胡兆熊，字少伯，歙县人。光绪间岁贡。参与捐资倡建湄川桥。⑥

王日含，字尚之，号晓薇，婺源人。幼工举艺，下笔千言。弱冠游庠食饩，肄业紫阳书院。光绪二十八年（1902）举人，二十九年（1903）会试堂备。拣选知县。生平不立崖岸，虽妇孺接之以礼。地方重大事，危言笃论，不畏强御。民国九年（1920）与修邑乘，充任协纂，积劳成疾殁。⑦

吴永涵，歙县人。光绪三十四年（1908）参与创办公立大洲两等小学堂。⑧

潘宗信（1864—?），字瑞辰，号玉臣，休宁人。光绪二十年（1894）乡试中式第 149 名举人。著有《澹澄堂集》八卷。⑨

叶宗尹，字朂士，歙县人。分纂《歙县志》，著有《平斋雁字诗》。⑩

李嘉会，歙县人。曾任歙县官立两等小学堂堂长。⑪

石文璐。屯溪九相公庙戏台楹联，作者石文璐⑫，疑即此人。

张裕杰。屯溪两等小学堂长、附生张裕杰⑬，疑即此人。

---

① 民国《歙县志》卷 4《选举》，第 141、172 页；卷 15《艺文》，第 599 页。

② 民国《歙县志》卷 4《选举》，第 180 页。

③ 《清代硃卷集成》第 372 册，第 127 页；第 128 册，第 343 页；《清代官员履历档案全编》第 28 册，第 369 页；民国《黟县四志》卷 6《宦业》，第 63 页。

④ 民国《歙县志》卷 4《选举》，第 172、179 页；《徽州古建筑丛书·瞻淇》附录，第 147 页。

⑤ 《清代硃卷集成》第 201 册，第 314 页。

⑥ 民国《歙县志》卷 4《选举》，第 180 页；卷 2《营建》，第 77 页。

⑦ 民国《重修婺源县志》卷首《名籍》，第 1 叶；卷 15《选举一》，第 49 叶；卷 42《人物十一》，第 48 叶。

⑧ 民国《歙县志》卷 2《营建》，第 59 页。

⑨ 《清代硃卷集成》第 196 册，第 139 页；《清人诗文集总目提要》，第 1825 页。

⑩ 民国《歙县志》卷首《修志职名》，第 2 页；卷 15《艺文》，第 599 页。

⑪ 民国《歙县志》卷 2《营建》，第 58 页。

⑫ 《中国戏台乐楼楹联精选》，第 56 页。

⑬ 《中国教育早期现代化问题研究》附录，第 290 页。

吴会昌，字际云，歙县人。光绪十五年（1889）经魁。①

胡殿元，字冰笙，黟县人。性极颖悟，善帖括之文。光绪十九年（1893）举人。参与"公车上书"。中年以疾卒。②

何承培，字兰谷、兰石，黟县人。光绪二十年（1894）举人。参与"公车上书"。二十四年（1898）以新旧海防郑工筹饷事例分发福建。③

程恩浚，字伯敬，歙县人。同治、光绪间两中副贡，二十年（1894）举人。曾任县立第二初小学校、水南第一高小学校校长。④

吴尔宽（1865—1925），字仲容，休宁人。诸生。以设馆授徒为业，为陶行知（1891—1946）启蒙师。⑤

余翔麟，字星辉，号南园，黟县人。家故贫，以训蒙考课养亲。应试诗文多入选《两皖校士录》、《紫阳书院课艺》。光绪三十年（1904）岁贡，候选训导。著有《丛桂草堂诗集》四卷。⑥

程震林，字幼农，婺源人。宣统元年（1909）恩贡。幼颖悟，蚤岁游庠，为文力矫浮靡，诗亦清隽。幕游江苏一带，缔交皆知名士，文誉甚噪。归里后佐兄少农办地方自治，远近咸服。民国九年（1920）分纂县志，实心任事，惜未竣工卒。⑦

汪春榜（1864—?），字殿丞，号杏园、贻昆，歙县人，宗沂（1837—1906）族兄弟。光绪十五年（1889）乡试中式第130名举人。十八年（1892）会试中式第142名。二十一年（1895）补殿试，成进士。官兵部主事。⑧

吴嗣箴（1863—?），字辅卿，号石友，休宁人。光绪十五年（1889）乡试中式第127名举人。曾任休宁万洪典经理。⑨

江友松，歙县人，友燮（1875—?）族兄弟。廪生。⑩

汪定基，字兆芝，歙县人。著有《兆芝赝玉》一卷。⑪

朱凤书（1857—?），字诰煌，号蕴香、芷春，休宁人。光绪十一年（1885）乡试中

① 民国《歙县志》卷4《选举》，第172页。

② 民国《黟县四志》卷7《文苑》，第107页；《戊戌变法文献汇编》第2册，第157页。

③ 民国《黟县四志》卷5《选举》，第39页；《戊戌变法文献汇编》第2册，第157页；《大清缙绅全书·光绪二十四年冬·分发》，第2叶。

④ 民国《歙县志》卷4《选举》，第172、179页；《歙县全县公私立学校一览表》，《安徽教育行政周刊》第3卷1930年第28期，第64页。

⑤ 《休宁县教育志》第20章《人物传记、人物简介》，第182页；《徽州人物志》卷3《教育》，第207页。

⑥ 民国《黟县四志》卷5《选举》，第41页；卷7《文苑》，第106页。

⑦ 民国《重修婺源县志》卷首《名籍》，第1叶；卷16《选举四》，第17叶；卷36《人物九》，第50叶。

⑧ 《清代硃卷集成》第76册，第395页；民国《歙县志》卷4《选举》，第172页；《清朝进士题名录》，第1285页。

⑨ 《清代硃卷集成》第181册，第379页；休宁县方志办：《休宁县的典当业》，《徽志资料选编》第2集，第77页。

⑩ 《清代硃卷集成》第201册，第314页。

⑪ 《东北地区古籍线装书联合目录》，第3104页。

式第 137 名举人。①

金宗祁，歙县人。光绪三十二年（1906）参与倡办私立乐群两等小学堂。②

汪佩蘅，字崧圃，歙县人。光绪间岁贡。③

吴曾树。新安吴曾树，著有《济美堂遗集》。④ 未知是否即此人。

吴永灏，歙县人。光绪三十四年（1908）参与创办公立大洲两等小学堂。⑤

程培基。宣统元年（1909）婺源城西两等小学堂控告劣绅把持茶捐，被告人程培基。⑥ 未知是否即此人。

郑启缙，歙县人。光绪三十三年（1907）参与创办郑氏师山两等小学堂。⑦

江友燮（1875—?），字克庵，歙县人。光绪二十八年（1902）乡试中式第 44 名举人。宣统二年（1910）参加举贡会考，授河南知县。曾任县官立两等小学堂堂长。分纂《歙县志》。⑧

汪慰，字心尉，歙县人。官江西南昌照磨。⑨

汪开培，字笃斯，休宁人，亨吉（1853—?）父、程丰厚（1850—?）受业师。附贡生，候选詹事府主簿。著有《裕课清累全案》。⑩

汪受谷，字经畲，歙县人。光绪间优贡。⑪

曹午晖（? —1900），字卓亭，号花韵，歙县人。性敏捷，通音律，有周郎之目。光绪二十六年（1900）呕血死。⑫

董炳辉，字礼旋，婺源人。安徽法政毕业，任本邑劝学所所长兼视学员。⑬

孙树藻，字晶和，号漱荷，黟县人。光绪八年（1882）岁贡。官当涂教谕。精医学，洞晓脉诀。⑭

郑国良，字守宽，歙县人。光绪间岁贡。⑮

胡腾逵（1880—?），字肃仪，号云路，黟县人。光绪二十年（1894）乡试中式第 12 名举人。参与"公车上书"。⑯

---

①　《清代硃卷集成》第 175 册，第 311 页。

②　民国《歙县志》卷 2《营建》，第 59 页。

③　民国《歙县志》卷 4《选举》，第 180 页。

④　《清人别集总目》，第 914 页。

⑤　民国《歙县志》卷 2《营建》，第 59 页。

⑥　《中国教育早期现代化问题研究》附录，第 286 页。

⑦　民国《歙县志》卷 2《营建》，第 58 页。

⑧　《清代硃卷集成》第 201 册，第 313 页；民国《歙县志》卷 4《选举》，第 172、173 页；卷 2《营建》，第 58 页；卷首《修志职名》，第 2 页。

⑨　民国《歙县志》卷 5《仕宦》，第 195 页。

⑩　《清代硃卷集成》第 419 册，第 83 页；第 65 册，第 135 页；《安徽文献书目》，第 142 页。

⑪　民国《歙县志》卷 4《选举》，第 180 页。

⑫　《中国音乐舞蹈戏曲人名词典》，第 169 页。

⑬　民国《重修婺源县志》卷 18《选举八》，第 4 叶。

⑭　民国《黟县四志》卷 5《选举》，第 41 页；卷 7《艺术》，第 112 页。

⑮　民国《歙县志》卷 4《选举》，第 180 页。

⑯　《清代硃卷集成》第 191 册，第 121 页；《戊戌变法文献汇编》第 2 册，第 157 页。

胡晋接（1870—1934），字子承、止澄，号梅轩，绩溪人。诸生。创办思诚学堂并任校长。民国间任县参议员、省教育厅特派员、省立第五师范学校（后改为省立第二师范学校）校长。参与编纂《安徽通志》。著有《中华民国地理讲义》、《中华民国地图》。①

待考者：汪埙、汪善庆、程能之、范国镛、方秀书、程昌懋、孙绍光、汪鸿瑞、胡嘉谟、许愿、江文魁、鲍伦煌、汪维善、王宝杰、叶峻华、许敦澄、许敦瑞、章维海、汪东垣、王悦。

太平府

47. 中江书院课艺

【书院简介】

芜湖中江书院，建于清乾隆三十年（1765），咸丰三年（1853）毁于兵燹。同治二年（1863）在原址修建鸠江书院，九年（1870）迁址，光绪初更名中江书院。二十九年（1903）改为皖南中学堂，附设小学堂。其后为皖江中学、芜关中学、安徽省立五中。②

【版本序跋】

无刊刻年月。汪宗沂序云：

【略】于湖为皖南襟钥，旧有中江讲肆，隶障郡使者治所，月课一文一诗，符功令。自渐西袁公来管权政，观风阃属，甄拔寒畯，始积渐扩充之，设季课，增经费，益黉舍，使士子有所容。其间详商大府，建尊经阁，储书益多士，立经艺、治事两斋，分设斋长，简择肄业生徒。近赅中夏大备之成规，博采西域专门之实业，以经学、理学、经制、词章为体，以算学、格致、舆地八门为用，意在旁罗俊乂，成全材，而中外学术，浑然一理贯，诸生肃然就范围。经今四纪，札记、课艺、诗赋、算法，存者日多，校定者黟胡孝廉斯迈、无为程广文佐衡，甄录算术者仪征刘孝廉富曾。既编定成帙，例得有弁言，使者以属宗沂。【略】

时在光绪丁酉（1897）仲冬，歙浦汪宗沂叙于中江书院学礼堂。

汪宗沂，《见惜阴书院东斋课艺》。
袁昶序云：

【略】中江两斋，为学成规，取法于朱子治经，兼明律算兵农；开物成务之学，取法于慎修、双池两先生。羖庐山长兼治道艺，督课有法。诸生生于朱子之乡，宜如何刊华就实，以居敬穷理为之根基，籀今扬古为之职志，务鞭辟近里著己，勿苟且徇外为人，日有课，月有程，务收敛，少发见，釜入而杓居，春稷而秋获，以坚苦澹泊

---

① 胡广范：《胡晋接简介》，《绩溪文史资料》第 1 辑，第 160 页。
② 民国《芜湖县志》卷 18《学校》，第 1 叶；《安徽近现代史辞典》，第 265 页。

立志，以清修介立制行，以不妄语脚踏实地为可居之业，如是乃可以百世之下毋堕朱子之门风。【略】

光绪丁酉（1897）腊月，分巡宣歙池使者袁昶谨叙。

袁昶（袁振蟾），见《诂经精舍三集》。

【课艺内容】

经解 16 题 17 篇，题如《〈秦风·蒹葭〉全诗讲义》、《投壶谱法，古用直，今用横，是以失传。能就礼家所记，推阐而证明之钦》；论说 35 题 43 篇，题如《汉通西域三十六国以制匈奴论》、《申屠燔论》、《学所以益才论》、《论客户垦荒利弊》、《考植物学》、《中江水道今释》、《朱子书仿魏武辨》、《仿陈卧子删节〈农政全书〉凡例》；诗赋 28 题 42 篇，题如《拟杜牧之〈晚晴赋〉》、《九宫算赋》、《书尊经阁落成（五古）》、《访萧尺木遗老故居（七律）》、《于湖棹歌（七绝）》；算学 9 题 28 篇。

【作者考略】

共 130 篇，其中：翟凤翔 14 篇，鲍光熙 10 篇，陶宝书、于树敏、王泽春 9 篇，袁荣叜、汪瑞钧、潘祖光 8 篇，张国溶 7 篇，洪欢孙 6 篇，洪愉孙 5 篇，徐元善、胡斯迈、陶秉经、洪悦孙 3 篇，苏锡岱、张国淦、吴云、殷葆诚、鲍文镳、汪德渊、谈珵熙、吕祖植 2 篇，赵亿乾、袁荣雯、袁梁肃、王宗祐、经康林、郭先瀋、戚章斌、朱永清、潘庆焯 1 篇。

翟凤翔（1867—1933），字展成，泾县人，客居芜湖。举人。从事实业，曾任裕中纱厂协理、明远电气公司理事。倡捐重印《泾县志》、《泾川丛书》并作跋，又为《宁国府志》作跋。民国二十年（1931）特大水灾，凤翔通过华洋义赈会募捐款物，救济大江南北灾民。因积劳成疾卒于芜湖，士人在赭山建"展成亭"并立碑以志其事。①

鲍光熙，字伯明，芜湖人。优廪生，两江师范毕业。民国七年（1918）任海军部主事。②

陶宝书，字玉堂，芜湖人。宣统元年（1909）优贡。民国三年（1914）参与设立贞节堂。③

王泽春，芜湖人。宣统元年（1909）捐资创办皖江法政学堂。④

袁荣叜（"叜"一作"叟"，1882—1976），字道冲，浙江桐庐人，松江籍，昶（1846—1900）子。诸生。历任天津久大精盐公司秘书、国会议员、山东教育厅长、松江各界人民代表会议代表兼秘书长、浙江省文史馆馆员、松江政协驻会委员。著有《胶澳志》（收入《近代中国史料丛刊》）。⑤

---

① 《泾县志》第 36 章《人物》，第 933 页。
② 民国《芜湖县志》卷 45《选举·贡监》，第 8 叶。
③ 民国《芜湖县志》卷 45《选举·贡生》，第 9 叶；卷 12《建置·善堂》，第 6 叶。
④ 民国《芜湖县志》卷 19《学校·教育》，第 7 叶。
⑤ 张寿甫：《我所知道的袁荣叟》，《松江文史》第 7 辑，第 51 页。

汪瑞钧。光绪二十二年（1896）长夏庚辰望日，汪宗沂（1837—1906）、沈祥龙（1835—1905）、刘富曾（1847—1928）、袁昶（1846—1900），以及中江书院诸生汪瑞钧、徐元善、汪德渊、王泽春、赵亿乾、陶宝书、袁梁肃、袁荣宴等宴集南庵。①

潘祖光（1875—?），字伯和，芜湖人。咨议局议员。宣统元年（1909）任县议会议员，二年（1910）任县城自治副议长。②

张国溶（1877/1878—1943），字海若，湖北蒲圻人。幼与兄国淦（1876—1959）随父寓居芜湖。光绪二十八年（1902）举人。三十年（1904）进士，选庶吉士。留学日本法政大学，归国后授编修。旋归鄂任汉口商业学堂监督、湖北咨议局副议长、汉口宪政同志会副会长兼《宪政白话报》社长、湖北军政府民政部编制局长、国会众议院议员、约法会议议员、国务院参议。"五四"以后离开政界，卖书画为生。卒于天津。③

徐元善。当涂徐元善（?—1920），字性初，拔贡生。民国五年（1916）官固安知事，以忧劳卒于官。④ 疑即此人。

苏锡岱（1868—1918），字岳宗，号蕚钟、伯鲁，太平人。优贡生。历官舒城教谕、无为州学正、江苏候补道。后弃官从商，任南京总商会副会长、会长。参与创办安徽旅宁公学，开设苏泰来、苏同茂等茶庄。⑤

张国淦（1876—1959），字乾若（一作潜若），号仲嘉、石公，湖北蒲圻人。光绪二十八年（1902）举人。历官内阁中书、礼学馆纂修、宪政编查馆馆员、黑龙江省抚院秘书官、内阁统计局副局长、国务院铨叙局局长、国务院秘书长、教育总长、农商总长、司法总长、平政院院长、高等文官惩戒委员会委员长。1949年后任上海文史馆馆员、中国科学院近代史所研究员、北京市政协委员、全国政协委员。著有《历代石经考》、《中国古方志考》、《辛亥革命史料》、《北洋述闻》等，今人辑有《张国淦文集》凡四编。⑥

吴云，芜湖人。光绪三十四年（1908）参与创办南岸高等小学校，民国六年（1917）参与倡捐重修管平桥。⑦

殷葆诚（1862—1930），字亦耆，江苏江阴人。廪生。肄业江阴南菁、芜湖中江书院。曾任教于南京高等学堂，民国间官安徽六安知事。著有《追忆录》、《蜃吟室诗草》。⑧

鲍文镰（1858—?），字筱琴、小琴，芜湖人。光绪十一年（1885）优贡，十七年（1891）举人。三十一年（1905）创办襄垣学堂。宣统元年（1909）任咨议局议员。历官

　① 《于湖小集》卷5《南庵题名》，第644页。
　② 民国《芜湖县志》卷45《选举·议员》，第1叶；《举步维艰：皖江城市近代化研究》，第54页。
　③ 《湖北省志人物志稿》卷3，第1086页；《逝去的风流：清末立宪精英传稿》，第162页。
　④ 《固安县志》第21编《人物》，第850页。
　⑤ 汪昌炳等：《民国初年南京总商会会长苏锡岱》，《黄山文史》，第115页。
　⑥ 杜春和：《张国淦先生传略》，《张国淦文集》附录，第611页。
　⑦ 民国《芜湖县志》卷19《学校·教育》，第5叶；卷16《建置·桥梁》，第4叶。
　⑧ 《追忆录》，第537页；《中国历代人物年谱考录》，第621页。

舒城训导、江苏候补知县，民国元年（1912）官石埭知事。①

汪德渊（1873—1918），字允宗，歙县人。少肄业中江书院。嗣游日本，加入同盟会。归国初供职于金粟斋编译局，后主编《神州日报》。以朴属微至之文主神州坛坫，而于种族之隐痛、民生之疾苦，微言寄慨，入人尤深。晚岁遭历世变，发愤欲为僧，卒抑抑以死。遗书散佚，惟存《孟子辑义》十四卷、《马氏南唐书笺》二十卷、《今事庐笔乘》六卷。②

谈珵熙。江苏武进谈珵熙，字小莲、筱莲，号澹盦。诸生。主编《求我报》，创办《小说七日报》，参与发起《国华报》。幕游塞北，客死吉林。著有《澹盦闲赘》、传奇《孝娥记》、杂剧《风月空》、时事新剧《烈士蹈海》。③ 未知是否即此人。

吕祖植（1873—?），旌德人。岁贡生。官大理院六品推事。民国三年（1914）知事试验取录人员，分发江苏。④

赵亿乾，字筱斋，芜湖人。光绪二十三年（1897）优贡，直隶州州判。⑤

袁荣雯，浙江桐庐人，昶（1846—1900）子。民国初任众议院议员。抗战期间在云南大理民族文化书院任教，主持图书馆工作。⑥

袁梁肃，浙江桐庐人，昶（1846—1900）子。官主事。⑦

王宗祜，字笃庵，芜湖人。参与发起重修《芜湖县志》。⑧

经康林，芜湖人。早卒，其妻余氏为之守节。⑨

戚章斌，字子宪，芜湖人。光绪三十二年（1906）岁贡，江苏候补县丞。与修《芜湖县志》。⑩

待考者：于树敏、洪欢孙、洪愉孙、胡斯迈、陶秉经、洪悦孙、郭先潏、朱永清、潘庆焯。

---

① 民国《芜湖县志》卷45《选举·贡生》，第9叶；《选举·举人》，第4叶；《选举·议员》，第1叶；卷19《学校·教育》，第4叶；《举步维艰：皖江城市近代化研究》，第54页。

② 民国《歙县志》卷7《文苑》，第298页；《中华佛教人物大辞典》，第1201页。

③ 王学钧：《李伯元与白云词人谈小莲》，《明清小说研究》2003年第2期，第224页；胡瑜：《近代戏曲家谈小莲事迹考》，《文教资料》2009年6月号下旬刊，第167页。

④ 《宣统三年冬季职官录》，第417页；《政府公报》1915年11月2日第1252号，第71册，第82页；《中华民国史事纪要·中华民国三年五至六月份》，第853页。

⑤ 民国《芜湖县志》卷45《选举·贡生》，第10叶。

⑥ 刘亚朝：《〈永昌府文征·文录〉重要篇目介绍》，《西南古籍研究》2001年卷，第237页。

⑦ 章梫：《袁昶传》，《碑传集三编》卷9，第520页。

⑧ 民国《芜湖县志》卷首《职员录》，第1叶。

⑨ 民国《芜湖县志》卷54《列女·节妇》，第8叶。

⑩ 民国《芜湖县志》卷45《选举·贡生》，第11叶；卷首《职员录》，第1叶。

湖北省

汉阳府

48. 晴川书院课艺

【书院简介】

汉阳晴川书院，建于清康熙四十四年（1705），原名汉阳书院。乾隆二年（1737）、七年（1742）增修，更名晴川书院。嘉庆间改建，咸丰间毁于兵燹，同治四年（1865）重建。光绪二十九年（1903）改为汉阳府中学前堂。①

【版本序跋】

题"山长萧子锡先生手定，受业黄陂张兆基、汉川刘德馨、汉阳王粹忠、黄陂刘辉、孝感徐传习编次同校"，"起丙寅（1866）至戊辰（1868），计文壹佰贰拾伍首"，"同治七年岁戊辰（1868）仲秋镌"，"板藏汉阳府晴川书院，翻刻必究"，"汉口镇陈明德大房承办刊刷"。

萧延福（1834—?）②，字畴九，号子锡，黄陂人。咸丰元年（1851）举人，六年（1856）进士。选庶吉士，授史部主事。与修《黄陂县志》。③

其父萧良城（1797—1866），字汉溪，黄陂人。道光元年（1821）举人，十三年（1833）进士。历官翰林院编修、詹事府詹事、右春坊右庶子、日讲起居注官、咸安宫总裁、湖南学政、翰林院侍读。历主河南大梁、彝山、河阳，湖北龙泉、晴川书院。④

张兆基，黄陂人。同治九年（1870）举人。⑤

刘德馨，字剑芝，汉川人。同治九年（1870）举人。历官湖南耒阳知县、常德知府。辑有《惊风辨证必读书》。⑥

王粹忠，汉阳人。参与纂辑《汉阳府忠节录》。⑦

刘辉，字景陶，黄陂人。曾肄业经心书院，时为廪生。光绪二十二年（1896）至二

① 《武汉市志·教育志》，第29页；《中国书院辞典》，第187页。
② 生年据《清代人物生卒年表》，第706页。
③ 同治《黄陂县志》卷6《举人》，第569页；卷首修志名单，第30页。
④ 同治《黄陂县志》卷8《人物志》，第932页；曾国藩：《复唁萧子受萧子锡》，《曾国藩全集·书信八》，第6023页。
⑤ 同治《黄陂县志》卷6《举人》，第574页。
⑥ 同治《汉川县志》卷3《选举表》，第67页；《耒阳县志》，第550页；《湖北文征》第11卷，第644页；《中国医籍通考》第3卷，第4152页。
⑦ 《天平天国文献汇编》第9册，第88页。

十三年（1897）官安东知县。①

徐传习，待考。

钟谦钧序云：

> 江汉之水发源于岷嶓，浩淼奔腾数千里而汇于大别。生其地者，得山川奇气，发为文章，宜有汪洋恣肆之观，而能探源乎经史，旁涉乎诸子百家，如江汉之能纳众流而朝宗于海也。然尤赖乎国家作育涵濡，与乡先生之裁成。郡有晴川书院，旧矣。名儒硕彦，多出其间。军兴以来，鞠为茂草。余守是邦之明年，与都人士谋而新之，延黄陂萧汉溪官詹主讲席。先生负重望，学者闻风而归，弦诵大兴。迨先生归道山，哲嗣子锡太史实继厥绪。所以教士者，一如先生。文风益蒸蒸起，捷春秋闱者踵相接。
>
> 太史服阕，当入都。予谓官詹两世，敦崇实学，教行桑梓，因与权郡守陈君仲耦议刊其课艺，旋经太史选订百二十余首。其为文皆准经酌雅，一袪浮靡之习。夫乃叹太史与其先公教泽，入人之深且神。亦冀学者勉植根柢，发为事业，而大显于时，且不仅以文章科第盛也。证以山川钟毓之灵，当必有起而副吾望者，则将以此编为之券也。是为序。
>
> 同治七年岁在戊辰（1868）八月，权汉黄德道知汉阳府事岳阳钟谦钧撰。

钟谦钧（1805—1874），字云乡，湖南巴陵人。道光二十四年（1844）报捐从九品，分发湖北。历官沔阳锅底司巡检、汉阳知府、武昌知府、汉黄德道、广东盐运使。②

萧延福序云：

> 【略】先君官庶公以丙寅（1866）就聘郡之晴川，余奉慈讳得随侍。是秋先君弃养，当事命余踵焉。摘埴冥行，今且两年，课文多斐然可观者。顷当事诓诿选刻，便课士观摩。就中多寡，损益之，改易之，间摘瑜以补其瑕。时促集得一百二十余首，弁其端而系之说，以相勖曰：
>
> 读书人要读书，读书要明理，要求实。《学》《庸》《论》《孟》，为学为政理也；经史子集，皆其诠注，非徒供时文标题者。即时文之兴，亦正觇胸之所蕴。诚体味四子书，果有心领取其所记问，有得者融会出之，自然亲切可味。据为拜献之资，必皆致用之选。庶于国家取士以制艺，意有当云。
>
> 黄陂萧延福书于汉阳郡城晴川讲堂，同治七年岁戊辰（1868）中秋。

【课艺内容】

《大学》4题12篇，《论语》26题56篇，《中庸》3题7篇，《孟子》20题50篇。有评点。

---

① 民国《安东县志》卷3《沿革》，第88页；《经心书院题名记》。

② 光绪《巴陵县志》卷34《人物志七》，第1叶；《岳阳市志》第12册，第74页。

【作者考略】

共125篇，其中：黄燮森7篇，张兆基4篇，刘德馨、熊应琛3篇，萧延禄、汪昌照、萧延祖（拟作）、王粹忠、胡大经、汪云藩、冯翊清、白熙纯、王树梅、徐庆云、徐传习、刘峻、白含章、李又庚、夏桐华2篇，黄云鸿、胡式金、萧执中、张德辉、朱培基、易亮申、叶声懋、萧贻燕、刘德珍、萧延禧（拟作）、严型炳、潘宗复、徐世彦、萧甫铨、萧延琛、王承泽、涂俊三、李惟崇、李清佐、余瑾、彭永杞、王熙儒、刘家琛、王栋、邱瑞龙、张佑华、杜芝田、任学富、方承楷、马清、许映鸿、李承福、王兰、李开照、蒋绳武、余麟书、徐鹤松、程润祖、李右庄、涂道咏、张为霖、孙永瑛、定旭升、李凝蠹、萧良琚、萧儒珍、龚化龙、喻荣藻、陈赞清、李璧华、余邦彦、石文富、刘允升、涂道晓、万文斗、涂道彰、张耀庚、胡正栋、叶奎友、童延绪、钱先庚、刘辉、李寿仁、喻登彦、吴祥麟、刘遐龄、徐肇基、黄良辉、李世相、刘怀弼、周祖郿、余培元、刘映青、丁保兴、涂道庸、萧明伦、黄益廷1篇，山长拟作1篇。目录中作者前标注"王邑尊官课超取"、"丁卯萧山长堂课超取"、"丙寅萧老山长堂课超取"等。

张兆基、刘德馨、王粹忠、刘辉，见《晴川书院课艺·版本序跋》。

黄燮森，字寿山，孝感人，庚（字西垣）孙。增贡生，试用县丞。①

熊应琛，字雪庄，孝感人。诸生。著有《劫灰草》。②

萧延禄，黄陂人。庠生。③

萧延祖，黄陂人。同治九年（1870）举人。官均州训导。④

胡大经（1835—?），字仲畲，汉阳人。同治六年（1867）举人。光绪六年（1880）大挑一等，以知县签分贵州。十四年（1888）补授安化知县。二十七年（1901）遵新海防例捐升知府，指分江西。著有《道存堂存稿》一卷。⑤

白熙纯，原名裕勋，孝感人。咸丰间岁贡。⑥

徐庆云，字子白，黄陂人。同治六年（1867）举人。光绪五年（1879）官云梦训导。总校《续云梦县志略》。⑦

刘峻，字久畲，汉川人。⑧

李又庚，黄陂人。参与校对《黄陂县志》。⑨

夏桐华，黄陂人。举人。官国子监学录。⑩

黄云鸿，黄陂人。同治九年（1870）举人。光绪二十四年（1898）官麻城教谕。与

---

① 光绪《孝感县志》卷14《人物》，第31叶；《经心书院题名记》。
② 《湖北艺文志附补遗》，第1249页。
③ 同治《黄陂县志》卷11《节孝》，第1259页。
④ 同治《黄陂县志》卷6《举人》，第574页。
⑤ 《清代官员履历档案全编》第7册，第175页；《道存堂存稿·祭先姚文》，第213页。
⑥ 光绪《孝感县志》卷10《选举》，第46叶。
⑦ 光绪《续云梦县志略》卷首职名，第1叶；卷4《职官》，第2叶。
⑧ 《湖北文征》第11卷，第756页。
⑨ 同治《黄陂县志》卷首《修志各官》，第39页。
⑩ 《大清缙绅全书·光绪十九年夏·京师》，第90叶。

修《黄陂县志》。①

胡式金，黄陂人。与修《黄陂县志》。②

张德辉，黄陂人。与修《黄陂县志》。③

萧延禧，黄陂人。副贡生。光绪二年（1876）官垫江知县，后官隆昌知县。与修《黄陂县志》。④

潘宗复，黄陂人。附生。与修《黄陂县志》。⑤

萧延琛，黄陂人。生员。与修《黄陂县志》。⑥

李清佐，孝感人。同治十二年（1873）举人。⑦

邱瑞龙，黄陂人。与修《黄陂县志》。⑧

任学富，字次安，汉阳人，光绪二年（1876）举人。⑨

方承楷，汉阳人。岁贡生。官枝江训导。⑩

许映鸿，字绂田，汉阳人。岁贡生。书法摹颜鲁公，神似。⑪

王兰，字丹轩，大冶人。优廪生。⑫

余麟书，字树珊，汉阳人。光绪二年（1876）进士。光绪六年（1880）官陕西渭南知县。后官华州知州⑬

涂道咏，黄陂人。庠生。参与校对《黄陂县志》。⑭

孙永瑛，字钟山，汉阳人。同治十二年（1873）拔贡、举人。⑮

李凝鸢，字云程，孝感人。附贡，官户部主事、员外郎、广西司兼云南司行走。与修《孝感县志》。⑯

龚化龙（1843—?），字祥云，号海门，黄陂人。光绪八年（1882）乡试中式第 27 名举人。九年（1883）会试中式第 100 名，殿试三甲第 57 名，朝考二等第 34 名。历官云南

---

① 同治《黄陂县志》卷 6《举人》，第 574 页；卷首《修志各官》，第 33 页；《大清缙绅全书·光绪二十四年秋·湖北省》，第 10 叶。

② 同治《黄陂县志》卷首《修志各官》，第 38 页。

③ 同治《黄陂县志》卷首《修志各官》，第 37 页。

④ 同治《黄陂县志》卷首《修志各官》，第 31 页；《垫江县志》第 23 篇《人物》，第 752 页；《隆昌石牌坊》，第 25、26 页。

⑤ 同治《黄陂县志》卷首《修志各官》，第 34 页。

⑥ 同治《黄陂县志》卷首《修志各官》，第 39 页。

⑦ 光绪《孝感县志》卷 10《选举》，第 33 叶。

⑧ 同治《黄陂县志》卷首《修志各官》，第 37 页。

⑨ 《经心书院题名记》。

⑩ 光绪《荆州府志》卷 34《官师》，第 409 页。

⑪ 《皇清书史》卷 24，第 250 页。

⑫ 《经心书院题名记》。

⑬ 《清朝进士题名录》，第 1127 页；光绪《新续渭南县志》卷 6 下《官师》，第 34 叶；《华县志》卷 8《水利水土保持志》，第 221 页。

⑭ 同治《黄陂县志》卷 7 下《木兰》，第 835 页。

⑮ 《经心书院题名记》。

⑯ 光绪《孝感县志》卷首《姓氏》，第 3 叶；卷 10《选举》，第 56 叶。

大挑、安徽休宁知县。①

万文斗，字仙舟，黄陂人。廪贡。曾赠书给湘水校经堂。②

叶奎友，夏口人。曾任职于夏口厅立初等小学堂。③

童延绪，字芙三，黄陂人。岁贡生。光绪十六年（1890）官广济训导。与修《黄陂县志》。④

李寿仁，字伯恭，孝感人。廪生。与修《孝感县志》。⑤

刘遐龄，黄陂人。生员。与修《黄陂县志》。⑥

徐肇基。黄冈徐肇基，光绪间恩贡生。⑦ 未知是否即此人。

黄良辉（1840—1904），字耀廷，汉川人。同治九年（1870）举人。晚主汉川甑山书院。著有《黄氏诗文钞》。《晚晴簃诗汇》录其诗6首。⑧

刘怀弼，黄陂人。贡生。与修《黄陂县志》。⑨

余皆待考。

武昌府

49. 高观书院课艺

【书院简介】

江夏高观书院，建于清光绪十年（1884）。三十二年（1906）改为江夏高等小学堂。⑩

【版本序跋】

题"光绪丁亥（1887）冬月开雕"，"山长王琳斋先生鉴定，监院姚大亨、夏建寅、陈瑞珍、郑其泰编校"。王景彝序云：

> 我省旧有江汉书院，课湖北一省士也；有勺庭书院，课武昌一郡士也。独无江夏县书院。相沿日久，士林觖望，亦首邑之阙典也。同治岁，发逆净扫，楚北肃清，始

---

① 《清代硃卷集成》第53册，第99页；《政治官报》第10册，第261页。

② 《清代目录提要》，第388页；《经心书院题名记》。

③ 民国《夏口县志》补遗，第5叶。

④ 同治《黄陂县志》卷首《修志各官》，第34页；《大清缙绅全书·光绪十七年春·湖北省》，第10叶；《经心书院题名记》。

⑤ 光绪《孝感县志》卷首《姓氏》，第4叶。

⑥ 同治《黄陂县志》卷首《修志各官》，第33页。

⑦ 光绪《黄州府志》卷16下《贡生下》，第601页。

⑧ 黄文学：《湖北才子黄良辉》，《汉川文史资料》第7辑，第284页；分水镇政协联络组：《通议大夫黄良辉》，《汉川文史》第12辑，第171页；《晚晴簃诗汇》卷164，第7158页。

⑨ 同治《黄陂县志》卷首《修志各官》，第34页。

⑩ 《武汉市志·教育志》，第31页。

得高观山道院旧基，建立高观书院。然堂构维新，而规模未备。光绪壬午（1882）、癸未（1883）之交，彭芍亭大中丞从邑绅之请，拨款入奏。乡先生复合力劝捐，膏火有资而书院之条目以成。书院既成，议委余以校文事。余不敏，曷克胜此任，然又义不容辞。开课以来，兢兢校阅，瞬已三年。其间陆彦顺、罗云五、严华云、龙艮山四大夫，次第宰我邑，极力振兴，士气益奋。而陈玉六、夏斗南、姚镜涵、郑筱珊四学博，先后来监院，皆知文者，亦皆嗜文者。恐佳文之就淹没也，乃取官师之课前列之文，筹资佣抄，属余点定。余择其尤者二百数十篇，先行付梓。义取其确，防其似也；辞取其典，防其靡也；音节取其铿锵，防其涩也；机调取其流动，防其滞也。不录异说，惧其背朱注也；不尚奇格，惧其舍康庄也。华充以实，质有其文。薰香摘艳，斐然可观矣。余之评骘，未必尽合所愿。吾邑之士，仰承大中丞启基之殷，曲体贤令尹培植之厚，深念乡先生创造之艰，发愤为雄，相观而善，拔帜文坛；亦端表士习，会而通之，扩而充之，经济裕则为名臣，性道融则为理学，俾传述者指吾邑为通德之门、鸣珂之里焉。庶几县书院之设，与郡书院、省书院相与以有成也。爰述数言，就正有道。

　　　光绪十三年丁亥（1887）阳月，王景彝撰。

　　王景彝（1815—?），字琳斋，江夏人。道光十七年（1837）拔贡，官黄梅县教授、安陆府教授。咸丰九年（1859）举人，授浙江西安知县，调永康知县。后官甘肃灵州知州。晚主高观书院。著有《琳斋诗稿》（又名《宝善书屋诗稿》）。《晚晴簃诗汇》录其诗2首。[1]

　　夏建寅，字斗南，江夏人。举人。光绪九年（1883）官襄阳训导。[2]

　　姚大亨、陈瑞珍、郑其泰，待考。

【课艺内容】

　　四书文74题233篇。目录后署："右文自光绪甲申（1884）起，至丙戌（1886）止，共计二百三十三篇。丁亥（1887）以后课卷，俟选定续刊。"

【作者考略】

　　张用宾13篇，王斯杰、刘荫荣、胡孔福、徐荫松6篇，刘兆熊、李兆瑞、丁禧瀚、胡孚巽5篇，白汇书、柳煊、姚虞4篇，丁焕章、杜玉麟、张基炜、张尚宾、蔡滋旭3篇，吕玉彬、丁保树、齐崑、马骏、陈兆葵、胡沅、胡汝瑚、杨铸、陈拔、郑寿黎、范迪襄、李成蹊、胡治中、沈和钧、陈珍、张序宾、夏良材、任祖培、陈崇礼、胡鸿逵、赵兴贤、李象贤、袁绍祖2篇，陈鸿焘、吕仲英、刘昌寿、黄焯、胡大宽、胡万安、高华、丁鸿业、张耀栋、王荣椿、常继廉、郑寿彝、丁桂馨、袁汝霖、汤忠凯、姚钧、廖鸿宾、赵承霱、王膺金、何烆昌、安炳耀、石成埔、刘传铺、徐绍陵、周道南、艾青、王元祺、萧

---

　　① 《琳斋诗稿》自序，第53页；《清人诗文集总目提要》，第1504页；《清代硃卷集成》第318册，第288页；《晚晴簃诗汇》卷157，第6834页。
　　② 光绪《襄阳府志》卷19《职官志》，第1243页。

调鼎、萧和鸾、彭鸿禧、陈考绩、袁德舆、范迪纲、陈则汪、李文藻、胡大濂、吴陈仪、杨宣需、张清藻、胡有训、罗锺毓、胡有铭、张松年、易兆鲤、陶铸、吴在兹、祝浚源、杨芳杏、陈济霖、刘匹熊、张寅宾、徐焌、李文英、赵颐、李庆华、安仁、路邦翰、何庆昌、汤文藻、温祖恩、陈芳洛、陈澈清、张凤宸、汪庶繁、魏应涛、刘嘉楣、张椿年、张少陵、王耀庚、王鸿宾、童庆銮、胥祖瑞、葛德溥、胡颐福、冯燮钊、范谞、萧锺麟、龙瑞芬、田明炅、袁承先、龙秉章、汪宏瑄、胡孚炳、韩国锺、梁韵藻、倪裁桂、王效先、胡孚振、龙瑞萱、王锡珍、吴之俊、陈嵩礼、萧逢戊、胡定保、袁勋、孙浩、谢文灿、贺嵩毓、杨树楠、萧芳、任鸿宾、张占霖、李培兰1篇。作者前标注主课者及等级名次，如"严邑侯课试超等三名"、"王山长课试正取一名"等。

张用宾（1856—?）①，字仲翰、拔臣（一作拔丞），江夏人。光绪十四年（1888）举人，十五年（1889）进士。官户部主事。②

王斯杰，字茞臣，江夏人。光绪十五年（1889）举人。早卒。③

刘荫萊，字楚生，江夏人，许瑶光（1817—1882）婿。光绪十四年（1888）举人。④

胡孔福（1854—?），字皆伯，号乙垣、逸园，江夏人。肄业江汉、经心、两湖书院，自强学堂。光绪二十三年（1897）乡试中式第39名举人。参与校对《湖北通志》，著有《南北朝侨置州郡考》八卷。⑤

徐荫松，字鹤巢，江夏人，绍陵（字克之）子。光绪二十三年（1897）拔贡。⑥

刘兆熊，字西屏，江夏人。光绪十四年（1888）举人。⑦

丁禧瀚，字坦衢，江夏人。光绪十九年（1893）解元。保举经济特科。三十二年（1906）官陕西蓝田知县。⑧

胡孚巽，江夏人，孔福（1854—?）堂伯叔。光绪二年（1876）副榜，候选教谕。十五年（1889）举人。

柳煊，字曜臣，江夏人。光绪十四年（1888）拟取优选。早卒。⑨

姚虞，字玉山，江夏人。优廪生。⑩

丁保树，江夏人。保举经济特科。⑪

---

① 生年据《清代人物生卒年表》，第393页。

② 《经心书院题名记》。

③ 《经心书院题名记》。

④ 王先谦：《诰授资政大夫浙江嘉兴府知府许公墓志铭》，《虚受堂文集》卷10，第434页；《经心书院题名记》。

⑤ 《清代硃卷集成》第319册，第359页；民国《湖北通志》卷首《纂校姓氏》，第13页；《湖北艺文志附补遗》，第1087页；《清代硃卷集成》第319册，第363页。

⑥ 《湖北文征》第12卷，第650页。

⑦ 《经心书院题名记》。

⑧ 《清秘述闻再续》卷1，《清秘述闻三种》，第975页；袁丕元：《经济特科各省荐举名录》，《历代制举史料汇编》，第547页；《大清缙绅全书·光绪三十二年秋·陕西省》，第3叶；《经心书院题名记》。

⑨ 《经心书院题名记》。

⑩ 《湖北文征》第13卷，第272页；《经心书院题名记》。

⑪ 袁丕元：《经济特科各省荐举名录》，《历代制举史料汇编》，第547页。

　　郑寿黎（1872—1898），字叔献、康甫，江夏人，原籍江苏如皋。肄业两湖、江汉、芍庭、高观书院。光绪二十三年（1897）拔贡、举人。赴会试，染疾卒于京师。喜谈佛学。著有《郑孝廉遗稿》一卷。①

　　范迪襄（1858—1935），原名迪忠，字赞臣，号稷山，江夏人，原籍浙江会稽。光绪十五年（1889）顺天乡试中式第99名举人，覆试二等第44名。十六年（1890）会试中式第59名，覆试三等第9名，殿试二甲第101名，朝考二等第104名，授工部主事。民国间退居归乡。著有《毛郑异同疏证》、《廉让闲居书录》、《范赞臣日记》、《类钞摘腴》。②

　　张序宾，字理臣，江夏人。优廪生。③

　　夏良材，字楚卿，江夏人。光绪十七年（1891）举人。曾参与"公车上书"。官临潼知县，以怠慢慈禧落职。④

　　任祖培，字仲垣，江夏人。光绪十五年（1889）举人。⑤

　　陈崇礼（1871—?），字瀛伯、吟钵，号竦斋，江夏人，原籍浙江山阴。肄业两湖、经心、江汉、勺庭、高观书院。光绪十七年（1891）乡试中式第19名举人。⑥

　　胡鸿逵，字星垣，江夏人。附生。⑦

　　刘昌寿，字子云，江夏人。附生。⑧

　　郑寿彝，字仲常，江夏人。民国元年（1912）官涡阳知事。⑨

　　袁汝霖，字燮臣，黄冈人。廪生。⑩

　　刘传镛，字秉之，江夏人。附生。⑪

　　徐绍陵，字克之，江夏人，光绪十五年（1889）举人。⑫

　　周道南，字稼卿，江夏人。附生。⑬

　　艾青，字立三，江夏人。光绪十五年（1889）解元。早卒。⑭

　　范迪纲，江夏人，迪襄（1858—1935）弟。廪生。早卒。著有《禹贡水道考》一卷、

---

　　①　《清代硃卷集成》第406册，第71页；《清人诗文集总目提要》，第1987页；《江苏艺文志·南通卷》，第423页。

　　②　《清代硃卷集成》第69册，第27页；《续修四库全书总目提要·经部》，第417页；《中国藏书家通典》，第784页；周学熙：《周止庵先生自叙年谱》，《周学熙传记汇编》，第68页。

　　③　《经心书院题名记》。

　　④　《百柱堂全集》卷首《百柱堂文集刊校姓氏》，第152页；《武汉通览》，第202页；《凌霄一士随笔》，第1225页。

　　⑤　《经心书院题名记》。

　　⑥　《清代硃卷集成》第318册，第281页。

　　⑦　《经心书院题名记》。

　　⑧　《经心书院题名记》。

　　⑨　《涡阳县志》卷4《政治》，第244页。

　　⑩　《经心书院题名记》。

　　⑪　《经心书院题名记》。

　　⑫　《经心书院题名记》。

　　⑬　《经心书院题名记》。

　　⑭　《经心书院题名记》。

《礼经释例》四卷、《晸斋疑殆录》二卷。①

　　陈则汪，字景章，江夏人。为廪生时，任教于义学。二十年（1894）举人，候选教谕。②

　　李文藻，字采青，江夏人。光绪二十八年（1902）举人。历任湖北教育科金事、女子师范校长、武昌高等师范学校国文教员。③

　　胡大濂，字伯溪，江夏人。光绪十一年（1885）拔贡、举人。湖北咨议局议员。④

　　张清藻，字沖民，江夏人。廪生。⑤

　　刘匹熊，江夏人。诸生。⑥

　　葛德溥。武昌葛德溥，廪贡，民国五年（1916）官太湖知事。⑦ 疑即此人。

　　胡颐福，江夏人，孔福（1854—?）堂兄弟。邑庠生。⑧

　　胡孚炳，江夏人，孔福（1854—?）堂伯叔。光绪十一年（1885）举人。官监利教谕。⑨

　　胡孚振，江夏人，孔福（1854—?）堂伯叔。廪贡生。⑩

　　王锡珍，字慧澄，江夏人。附生。⑪

　　陈嵩礼，江夏人，崇礼（1871—?）弟。诸生。屡试前茅。⑫

　　胡定保，江夏人，孔福（1854—?）堂兄弟。邑庠生。⑬

　　张占霖。武昌张占霖，附生，光绪二十七年（1901）官潜江复设训导。⑭ 疑即此人。
　　余皆待考。

50. 经心书院集

【书院简介】

　　武昌经心书院，清同治九年（1870）建成。初以经解、史论、诗赋、杂著课士，继分外政、天文、格致、制造四科，后改为天文、舆地、兵法、算学四科。光绪二十九年（1903）并入两湖书院。⑮

---

① 《清代硃卷集成》第 69 册，第 31 页。
② 《武汉教育百年大事记》，第 5 页；《湖北文征》第 12 卷，第 518 页。
③ 《百柱堂全集》卷首《百柱堂文集刊校姓氏》，第 152 页；《中国近代教育史资料汇编·高等教育》，第 749 页。
④ 《湖北省志人物志稿》卷 4，第 1668 页；《经心书院题名记》。
⑤ 《经心书院题名记》。
⑥ 《湖北文征》第 13 卷，第 281 页。
⑦ 《太湖县志》第 17 章《政权政协志》，第 467 页。
⑧ 《清代硃卷集成》第 319 册，第 364 页。
⑨ 《清代硃卷集成》第 319 册，第 363 页。
⑩ 《清代硃卷集成》第 319 册，第 363 页。
⑪ 《经心书院题名记》。
⑫ 《清代硃卷集成》第 318 册，第 289 页；《湖北文征》第 13 卷，第 429 页。
⑬ 《清代硃卷集成》第 319 册，第 364 页。
⑭ 《大清缙绅全书·光绪二十八年春·湖北省》，第 5 叶。
⑮ 冯德材：《武昌新建经心书院记》，《湖北文征》第 11 卷，第 677 页；杨湖樵：《经心书院述略》，《文史资料选辑》第 99 辑，第 98 页。

【版本序跋】

题"光绪戊子（1888）冬仲湖北官书处刊"。左绍佐序云：

> 学术难言也，文字之于为学又难言也。课试之作，不必有所感而生，有所积而后发也，其于文字又难言也。然而量才评力，非此不能得其勤惰明蔽之迹，是又不可以已也。寻其勤惰明蔽之迹，因而致之，而奋发磨砻之事随之以起，人材又往往出于其间，作兴之机，将于是乎在。曩者粤之学海堂、浙之诂经精舍，皆有《一集》、《二集》、《三集》行世，风气所趋，虽未必犁然有当于人人之心，要亦极一时作者之选。

> 经心书院创立已二十三年，余自庚午（1870）迄于癸酉（1873），肄业其中者四阅寒暑。丁亥（1887）之冬，奉讳里居，制军寿山裕公、中丞乐山奎公招余承乏讲席。余诚欲与乡邦才俊共觇吾党之盛，亦藉以补余前此荒废失时之咎，欣然适馆，非敢抗颜而为师也。

> 书院课艺，前山长先师宝应刘先生曾刻一帙，未成卷，以费绌而止。余乃请于制军、中丞，因书局手民，每课登选数艺，随时刊印，以资振厉。其各官课，系李观察筼西校阅，约以各为订定，较若画一。惧一人嗜好，不足尽文字之变也。

> 经心书院，顾名思义，宜以治经为先，词章亦必由经学出，乃为有本。诸生精研颖异者不少，其间体例，时有得失，未能尽为是正。院中书籍，间有未备，考一事或不能竟其端委。初时蓄意良奢，要俟数年归于醇茂耳。

> 既余服阕，都中知旧时以书见责。本无山泽之姿，岂复以林泉自诡？拂拭尘衣，遂复北上。古人云：文字之契，通于性命。此间之乐，亦何能一日忘也！乃裒其一年所得，厘为四卷，命曰《经心书院集》。此余一人所阅，又旧识门徒侄辈，或引嫌不与，斋课又厪在一年内，楚材实不尽于此。将有续出者，可以观焉。

> 光绪十五年（1889）上春人日，应山左绍佐。

左绍佐（1846—1927），字季云，号笏卿、竹笏，应山人。弱冠受知于张之洞（1837—1909），调经心书院为高材生。同治十二年（1873）选拔朝考一等，以小京官分刑部，进主事。光绪二年（1876）转榜。六年（1880）进士，点庶常，散馆仍改刑部主事。先后官法曹三十年，其间曾主讲经心书院。后官郎中、军机章京、监察御史、给事中，出为广东南韶连道。辛亥鼎革，避居沪滨，与诸巨公结汐社。迫于家境，复至京师。晚与樊增祥（1846—1931）、周树模（1860—1925）过从最密，人号"楚三老"。著有《蕴真堂集》、《延龄秘录》、《竹笏斋词钞》、《竹笏日记》。《晚晴簃诗汇》录其诗 5 首。《词综补遗》录其词 2 首。《全清词钞》录其词 5 首。①

---

① 傅岳棻：《应山左笏卿先生墓碑》，《民国人物碑传集》卷 9，第 611 页；李安善：《著名学者左绍佐》，《应山文史资料》第 1 辑，第 160 页；《晚晴簃诗汇》卷 172，第 7515 页；《词综补遗》卷 78，第 2919 页；《全清词钞》卷 35，第 1842 页。

【课艺内容】

凡四卷：卷一、卷二经解 10 题 49 篇，题如《郑君笺诗多以韩易毛说》、《禹河故道迁徙考》、《辟雍解》、《千乘之国解》；卷三论著 7 题 22 篇，题如《荀卿论》、《读韩昌黎〈守戒〉书后》、《劝桑树议》、《科举论》；卷四诗赋 16 题 46 篇，题如《谒曾文正公祠》、《拟杜工部〈诸将五首〉》、《苦热行》、《拟陶渊明〈读山海经〉诗一首》、《积雨赋》、《惟楚有材赋》。

【作者考略】

共 117 篇，其中：陈培庚 13 篇，张增龄 12 篇，周以存 8 篇，陈曾望 7 篇，杨介康、钱桂笙 6 篇，王家凤、黄觐恩 5 篇，李心地、石超、姚虞 4 篇，陈之茂 3 篇，陈嗣贤、李文藻、刘景琳、王廷儒、高崇煦、娄正寅、朱筠声、舒福清 2 篇，郭集琛、屈开埏、刘传镛、熊汝明、常兆璜、尹家楣、萧树声、严用彬、陈登庸、李文熙、夏良材、姚汝说、万繁、张极翔、石致中、杨昌萃、邱兆华、朱希文、张序宾、余培麟、徐第瀛、彭承骧、彭邦桢、陈略 1 篇。

姚虞、李文藻、刘传镛、夏良材、张序宾，见《高观书院课艺》。

陈培庚（1855—1923），字实甫，号少渠，安陆人。光绪十七年（1891）举人，二十年（1894）进士。历官内阁中书、额外中书舍人，贵州贵阳罗斛厅同知、平越知州、候补道尹，湖南洪江土烟局总办，湖北咨议局议员。辛亥后经营农商，曾任湖北文征馆编纂。著有《少渠诗文稿》。①

张增龄，字梦九，江夏人。优廪生。早卒。②

周以存，字试笙，江夏人。光绪二十年（1894）举人。著有《汲庄集》四卷。③

陈曾望（1856—?），后改名金，字希吕，号畏斋、蓟生，蕲水人。曾祖沆（1786—1826），嘉庆二十四年（1819）状元；祖廷经，道光二十四年（1844）进士；父恩嘉，咸丰八年（1858）举人；弟曾佑（1857—?），光绪十五年（1889）进士。曾望光绪十七年（1891）乡试中式副榜第 3 名，十九年（1893）中式第 18 名举人。善蝇头书，可与翁复初、茹蕊香诸子争长。有题黄鹤楼联："太白无诗，竟成千古恨；长安不见，更上一层楼。"著有《畏斋集》。④

杨介康（1862—1945），派名鼎元，字伯臧，号少麓、邵篆，沔阳人。光绪十五年（1889）乡试第 66 名举人，覆试一等第 11 名，十八年（1892）会试第 137 名，覆试一等第 18 名，殿试三甲第 141 名，朝考一等第 77 名，选庶吉士。散馆授知县，历官广东鹤山、新会知县，湖南候补道、巡警道。后为《湖北通志》协纂。著有《尔雅郝疏补证》、

---

①　《安陆近现代人物传》，第 135 页；《湖北文征》第 12 卷，第 402 页。

②　《经心书院题名记》。

③　《百柱堂全集》卷首《百柱堂文集刊校姓氏》，第 152 页；《清人别集总目》，第 1454 页。

④　《清代硃卷集成》第 319 册，第 99 页；《皇清书史》卷 9，第 287 页；《黄鹤楼诗词联文选集》，第 128 页。

《宗经室文集》。①

　　钱桂笙（1847—1917），字季艻，晚号隐叟，江夏人。肆业经心书院，主讲席者为刘恭冕（1824—1883），因从之受经学。一生学业，盖植基于此时。光绪二十年（1894）解元。历主两湖书院、鹿门书院、存古学堂讲席。著有《钱隐叟遗集》、《校经日记》、《丛桂堂文钞》、《菊佳轩诗存》、《经义文钞》。②

　　王家凤，字仪九，沔阳人。光绪十四年（1888）优贡。考取八旗教习，十五年（1889）顺天乡试挑取誊录，后充经心书院斋长。历官天门训导、蒲圻教谕。著有《夏沔文存》四卷、《夏沔诗存》二卷、《经心书院题名记》。③

　　黄觐恩，字稡臣，天门人。廪生。④

　　李心地（1852—1931），字平存，号山佣，回族，沔阳人。光绪十五年（1889）举人，十八年（1892）进士。官兵部主事。以丁忧归，与杨介康（1862—1945）等组织沔城诗社。民国三年（1914）任沔阳回教俱进会会长。著有《历代帝王世系表》、《说文部首注释》、《沔阳州志举正》。⑤

　　石超，改名振埏，字沂甫，黄梅人。光绪二十年（1894）举人。官英山知县，以河功保直隶州知州。著有《密堂诗钞》。⑥

　　陈之茂，字晴峰，江夏人。附生。⑦

　　陈嗣贤（1860—?），字漱芳，号继甫、季黼，嘉鱼人。肆业经心、江汉、芍庭书院。光绪十五年（1889）乡试中式第76名举人。⑧

　　刘景琳，字勤轩，江夏人。岁贡。⑨

　　王廷儒，字恺臣（一作楷存），汉阳人。光绪十五年（1889）举人。官广西候补知县。⑩

　　高崇煦，字春陔，沔阳人。岁贡。⑪

　　娄正寅，字东平，沔阳人。廪生。⑫

──────────

　　① 《清代硃卷集成》第76册，第317页；《清代官员履历档案全编》第28册，第161页；《湖北省志人物志稿》卷4，第1822页；《东西湖区专志·艺文志》，第405页；《湖北文征》第12卷，第122页。

　　② 《清秘述闻再续》卷1，《清秘述闻三种》，第981页；《湖北省志人物志》卷4，第1821页；《清人文集别录》卷23，第643页。

　　③ 《大清缙绅全书·光绪二十三年夏·湖北省》，第5叶；《湖北文征》第12卷，第278页；《经心书院题名记》。

　　④ 《经心书院题名记》。

　　⑤ 《湖北回族》，第191页；杨大业：《明清回族进士考略（七）》，《回族研究》2006年第4期，第104页。

　　⑥ 《湖北文征》第12卷，第552页。

　　⑦ 《经心书院题名记》。

　　⑧ 《清代硃卷集成》第318册，第253页。

　　⑨ 《经心书院题名记》。

　　⑩ 《湖北文征》第12卷，第382页；《经心书院题名记》。

　　⑪ 《经心书院题名记》。

　　⑫ 《经心书院题名记》。

朱筠声，字治鹄，监利人。增生。①

郭集琛（1852—?）②，原名寿金，字幹卿，黄陂人。光绪十四年（1888）举人，十五年（1889）进士。官户部主稿、总办、帮办、主事、员外郎。③

屈开堒（? —1911），字子厚、伯厚，麻城人。咸丰时随父避乱四川叙州，同治十二年（1873）随母扶父柩归葬。光绪五年（1879）以县试第一为诸生，八年（1882）乡试拟中第三，旋撤去。入经心书院肄业，为斋长。后入两湖书院。二十八年（1902）筹办麻城县学堂和宋埠学堂，任教育局长。后任河南第二师范学堂、北京江汉学堂、黑龙江绥化府中学堂监督。以天气严寒辞归，任县议会议长。宣统三年（1911）响应武昌起义，被杀。④

熊汝明，字虞臣，黄冈人。廪生。与修《黄州府志》。⑤

常兆璜，字哲臣，江夏人。优增生。⑥

尹家楣（1859—?），字芷田，恩施人。父寿衡（榜名克墨），同治四年（1865）进士。家楣光绪十五年（1889）举人，二十四年（1898）进士。历官工部、邮传部主事，直隶州知州，候补道。因非议慈禧移海军经费造颐和园之嫌，被处死。著有《庚子避乱记》。⑦

萧树声，字建侯，江夏人。附生。⑧

严用彬，字文山，黄冈人。光绪十一年（1885）优贡，十五年（1889）举人。二十九年（1903）官益阳知县。⑨

陈登庸，字郁林（一作渔舲），枝江人。光绪二十三年（1897）举人。官江西候补知县。⑩

姚汝说，字傅岩，江夏人。光绪二十八年（1902）举人。官南漳训导。张之洞（1837—1909）六十寿辰，汝说集《汉书》句为寿序，时人谓"比事属辞，如天衣无缝，求之向来寿言中，殆未必有二"。民国元年（1912）主湖北图书馆事。协修《湖北通志》。著有《傅岩诗文集》。⑪

———————————

①　《经心书院题名记》。

②　生年据《清代人物生卒年表》，第 672 页。

③　《清代官员履历档案全编》第 8 册，第 300、689 页；《经心书院题名记》。

④　《革命党小传》第 6 册本传，第 16 页；民国《麻城县志》卷 11《忠烈》，第 10 叶；柳亚子：《呜呼，屈开堒》，《柳亚子文集补编》，第 58 页。

⑤　光绪《黄州府志》卷首《职名》，第 11 页；《经心书院题名记》。

⑥　《经心书院题名记》。

⑦　《清代官员履历档案全编》第 6 册，第 691 页；《政治官报》第 3 册，第 226 页；《湖北省志人物志稿》卷 4，第 1666 页。

⑧　《经心书院题名记》。

⑨　《益阳县志》第 6 篇《政权、政务》，第 223 页；《经心书院题名记》。

⑩　《湖北文征》第 12 卷，第 639 页；《经心书院题名记》。

⑪　《百柱堂全集》卷首《百柱堂文集刊校姓氏》，第 152 页；《湖北文征》第 13 卷，第 15 页；《宣统三年冬季职官录》，第 1103 页；《餐樱庑随笔》，第 103 页；沈小丁：《从藏书楼到图书馆》，《图书馆》2005 年第 5 期，第 54 页。

万紫，字芷游，潜江人。廪生。与修《潜江县志续》。①

张极翔，原名吉祥，字恭廷，沔阳人。增生。②

石致中，兴国人。廪生。③

杨昌萃，字子受（一作子寿），监利人。光绪间贡生。辛亥后任钟祥县书记官。④

邱兆华，字君骏，黄冈人。光绪十四年（1888）优贡，以知县用。与修《黄州府志》。⑤

朱希文，字小园，武昌人。优廪生。早卒。⑥

余培麟，字瑞亭，宜都人。附生。⑦

徐第瀛，字叙臣（一作叙丞），黄冈人。光绪十五年（1889）举人。著有《古余集》。⑧

彭承骧，字铁宾，枝江人。优增生。⑨

彭邦桢，字季曾（一作秀贞），沔阳人。优增生。⑩

陈略，字威东，黄冈人。优廪生。著有《威东遗稿》。⑪

待考者：舒福清、李文熙。

51. 经心书院续集

【版本序跋】

题"光绪乙未（1895）冬仲湖北官书处刊"。谭献序云：

> 课士以经训文辞者，所以劝读书求通材也。夫学期有用，约先以博，古昔圣贤之道术，以《诗》、《书》、《易》、《礼》、《春秋》植之，以诸子百家史乘辅之，经纶润色，见知见仁，无空言也。
>
> 国家沿明制，以四书五经义取士，而提学试有经古，春秋试有策对，钦定十三经、廿四史、九通，旁及群籍，著录四库，颁示天下学官，所以造士通圣贤微言大义之归、古今治乱兴衰之故，非不备也。而世俗之士，歆侥幸，径简易，帖括自封，房行徒究，甚至毕生未诵五经之全，里塾不睹史家之籍。人才升降，其以是乎？其以是乎？

---

① 光绪《潜江县志续》卷首《续修潜江县志姓氏》，第 346 页；《经心书院题名记》。

② 《经心书院题名记》。

③ 《经心书院题名记》。

④ 朱峙三：《辛亥武昌起义前后记》，《亲历辛亥革命：见证者的讲述》，第 644 页；《湖北文征》第 13 卷，第 264 页；《经心书院题名记》。

⑤ 光绪《黄州府志》卷首《职名》，第 11 页；《经心书院题名记》。

⑥ 《经心书院题名记》。

⑦ 《经心书院题名记》。

⑧ 《湖北艺文志附补遗》，第 1276 页；《湖北文征》第 12 卷，第 391 页。

⑨ 《经心书院题名记》。

⑩ 《湖北文征》第 13 卷，第 357 页；《经心书院题名记》。

⑪ 《湖北文征》第 13 卷，第 382 页；《经心书院题名记》。

湖北经心书院，吾师今督部张尚书前督学时所缔创，规模与阮文达诂经精舍、学海堂略同。储书万卷，集十郡一州之高材生，课以经训文辞。于是荆璞呈其瑶，隋珠不闷其光，蒸哉士风为之一变矣。

光绪庚寅（1890），献应招来主讲席，多士劬学，商量邃密。壬辰（1892）归卧里门，此间虚席以待者一年，癸巳（1893）重来，五载于兹。前主讲应山左比部于戊子岁（1888）有《经心书院集》之刻，今谈艺山斋，赓续衰集官师课作，得文笔三百篇，编录一仍旧例（见孔学使《湖北校士录》者不复登）。惟是中外宦达者，亦有风流云散者，无从搜讨，必多遗珠，就所甄香排比成书而已。夫学期有用，又岂以经训文辞已哉！是愿多士益究圣贤微言大义，务通古今始乱兴衰。己自行此则也，物自成此德也。知本知末，知终知始。夫惟大君子讲舍偶名之义，求心得勿守章句几矣夫。

光绪二十有一年（1895）冬十二月既望，仁和谭献仲修叙。

谭献（谭廷献），见《崇文书院课艺》。

【课艺内容】

凡十二卷。卷一、卷二"说经"，29 题 44 篇，题如《纳约自牖说》、《程杨〈易传〉合论》、《读〈郑风·风雨〉篇》、《孟子之学长于〈诗〉〈书〉说》、《〈春秋〉阙文说》、《顾亭林经学论》；卷三至卷五"考史"，48 题 89 篇，题如《老子与韩非同传论》、《〈太史公自序〉书后》、《书〈后汉书·独行传〉后》、《〈元史·儒学传〉论》、《曹参论》、《明季东林复社论》、《宋十科举士法议》、《范至能〈揽辔录〉跋》；卷六至卷八"著述"，34 题 70 篇，题如《求志篇》、《知耻说》、《道与德为虚位辨》、《辨伪》、《拟元次山〈恶圆〉〈恶曲〉》、《亭林、黎洲、船山三家学术论》、《书方植之〈汉学商兑〉后》；卷九至卷十二"辞章"，65 题 109 篇，题如《夜明祭月赋》、《江城五月落梅花赋》、《拟谢惠连〈雪赋〉》、《湖北舆图山川颂》、《拟张茂先〈励志诗〉》、《冬怀诗》、《汉上迎秋》、《拟辑〈湖北诗征〉序例》、《夏日游琴台记》、《卓刀泉铭》。

【作者考略】

收录课艺较多者：黄云魁 21 篇，郭拱辰 19 篇，钟龙瑞 16 篇，甘鹏云、贺汝珩 15 篇，朱楙春 14 篇，刘铭勋 13 篇，陈伦、雷以震、刘培钧 11 篇，甘葆真 10 篇，雷以成、周昌甲 8 篇，王廷梓 7 篇，张正钧、许钟岳、徐荫松 6 篇，陈鸿儒、丁彝、权量、陈则汪、黄炳琳 5 篇，夏先鼎、赵增典、姚汝说、刘邦骏、郭定钧、卓从乾、黄廷燮、马文炳 4 篇，张瑞国、周家藩、周之桢、陈鸿勋、范孟津、朱衣 3 篇。其他作者一二篇不等：陈问巽、余长春、陈宦、刘匹熊、张琴、王传珍、关道倬、李文翰、覃寿彭、程文藻、陈庆萱、汪宝增、鲁秉周、周兆奎、周世傅、陈曾寿、陈礼、邱岳、周以蕃、闻谷、陈拔莘、孟晋祺、陈元珫、刘以忠、闻廷炬、周家粥、水祖培。

徐荫松、陈则汪、刘匹熊，见《高观书院课艺》。

姚汝说，见《经心书院集》。

黄云魁，字薏芝，汉阳人。廪贡。①

郭拱辰（1870—?），安陆人。廪贡生。历官湖北来凤训导，山西黎城知县，汾阳、新绛、曲沃知事。②

甘鹏云（1862—1940），字翼父，号药樵、耐公、耐翁，晚号息园居士，潜江人。光绪十四年（1888）至二十四年（1898）先后入经心、两湖书院肄业。二十八年（1902）举人，二十九年（1903）进士。官工部主事，旋赴日本游学。三十四年（1908）归国，官度支部主事，黑龙江、吉林财政监理官。辛亥后历官杀虎口监督、吉林国税厅筹备处长。民国六年（1917）辞官，定居北京。著有《方志商》、《潜庐类稿》、《潜庐诗录》、《潜江旧闻》，与王葆心（1869—1944）等主纂《湖北文征》。③

贺汝玠，蒲圻人。光绪间贡生。《复堂日记》："诸生课卷有贺汝玠〈送春〉诗云：'我与莺花同作达，人如木石可长生。' 诵之纍欷。"《管锥编》谓谭为此生所欺，不识其窃盗戴敦元《钱春》"春与莺花都作达，人如木石定长生"句。④

朱枬春（1867—?），字池生（一作稗生），武昌人。光绪二十三年（1897）举人，二十九年（1903）进士。历官热河都统、赤峰知州。罢官后回乡经商，开设钱庄，出任商会会长。⑤

刘铭勋，汉阳人。廪贡。⑥

陈伦，字荇珊，江陵人。光绪二十八年（1902）举人。⑦

雷以震，字殷甫，松滋人，以成（1866—?）弟。光绪二十三年（1897）拔贡，江西候补知县。⑧

刘培钧，原名先觉，字心田，钟祥人。光绪二十三年（1897）拔贡。官山东胶州直隶州州同。⑨

甘葆真，字筱亭，广济人。光绪二十三年（1897）拔贡。与修《黄州府志》。⑩ 又，李道平（1788—1844）《周易集解纂疏》十卷，各卷校阅人姓名，有左树玉、李孚德、李心地、丁兆松、钱桂笙、杨介康、张彭龄、史开甲、汪郁、王廷梓、左树瑛、杨昌颐、杜宗预、向事璠、甘葆真、张华莲等⑪，其中多有本课艺集作者。

雷以成（1866—?），字端甫，号亚公，松滋人。光绪十七年（1891）优贡第 4 名，

---

① 《经心书院题名记》。

② 《清代官员履历档案全编》第 28 册，第 467 页；《清末民初中国官绅人名录》，第 474 页。

③ 傅岳棻：《潜江甘息园先生墓碑》，《民国人物碑传集》卷 6，第 419 页；张鹤云：《甘鹏云传略》，《潜江文史资料》第 4 辑，第 76 页。

④ 《复堂日记》卷 8，第 36 页；《管锥编》第 1 册，第 219 页；《湖北文征》第 13 卷，第 163 页。

⑤ 《清代官员履历档案全编》第 8 册，第 742 页；《湖北文征》第 12 卷，第 584 页；金南谷：《金牛镇商会今昔谈》，《黄石文史资料》第 6 辑，第 81 页。

⑥ 《经心书院题名记》。

⑦ 《湖北文征》第 13 卷，第 61 页。

⑧ 《昌言报》第 4 册，第 210 页；《湖北文征》第 12 卷，第 623 页。

⑨ 《湖北文征》第 12 卷，第 667 页。

⑩ 光绪《黄州府志》卷首《职名》，第 11 页；《湖北文征》第 12 卷，第 657 页；《经心书院题名记》。

⑪ 《周易集解纂疏》，各卷卷末。

二十三年（1897）举人。著有《端甫遗稿》八卷。①

　　周昌甲，字子西，崇阳人。诸生。王世杰（1891—1981）幼时塾师。②

　　王廷梓，字丹岩（一作丹崖），云梦人。肄业两湖书院。光绪二十年（1894）举人，拣选知县。三十二年（1906）任两湖总师范学堂经学教员。③

　　张正钧，字子衡，东湖人。附生。④

　　陈鸿儒，字瑞臣，通山人。优廪生。⑤ 又，《湖北文征》所录陈鸿儒文出自《经心书院续集》，小传则称"鸿儒字渐于，汉川人，光绪间贡生"⑥，未知孰是。

　　丁彝，字懿侯、六舟，孝感人。附生。⑦

　　权量（1873—?），原名志熿，字谨堂，晚号适园老人，武昌人。肄业经心书院，后留学日本。应游学毕业考试，中式商科举人。历官湖广督署实业顾问官、湖北商业学堂堂长、德安府学训导、汉阳县学教谕、京师商科大学监督、内阁中书、邮传部候补主事。民国任官北洋政府交通部佥事、参事、司长、次长、吉会铁路督办。⑧

　　黄炳琳，字春舫，沔阳人。廪贡，日本法政大学法律科毕业。官黑龙江省龙江府地方审判厅推事。⑨

　　夏先鼎，字禹臣，孝感人。光绪二十四年（1898）进士。⑩

　　赵增典，字徽五，监利人。光绪十五年（1889）副贡。⑪

　　郭定钧，字又唐，黄冈人。光绪十一年（1885）拔贡，候选训导。⑫

　　卓从乾，字清渠，安陆人。光绪间岁贡。著有《杏轩偶录》，所记多鄂中事。其叙咸同军事，其家遭乱离诸状，宦皖诸事，学政赵尚辅（1849—1900）按试德安、武昌两府等事，皆可备史料。⑬

　　黄廷燮（1853—1922），改名赞枢，字理卿，号展鸿，晚号琴公，孝感人。光绪八年（1882）举人。考取国子监学正，补修道堂学正。选广西那马厅通判，旋擢府篆。返乡后任湖北省咨议局议员。著有《琴公漫稿》、《琴公文集》。⑭

---

　　① 《清代硃卷集成》第 379 册，第 203 页；《湖北艺文志附补遗》，第 1276 页；《湖北文征》第 12 卷，第 615 页。

　　② 《湖北文征》第 13 卷，第 285 页；《王世杰传》，第 2 页。

　　③ 《中国近代教育史资料汇编·实业教育、师范教育》，第 687 页；《湖北文征》第 12 卷，第 563 页；《经心书院题名记》。

　　④ 《经心书院题名记》。

　　⑤ 《经心书院题名记》。

　　⑥ 《湖北文征》第 13 卷，第 203 页。

　　⑦ 《湖北文征》第 13 卷，第 317 页；《经心书院题名记》。

　　⑧ 《适园老人年谱》，第 435 页；《近三百年人物年谱知见录》，第 288 页。

　　⑨ 《政治官报》第 43 册，第 103 页；《湖北文征》第 13 卷，第 347 页。

　　⑩ 《清朝进士题名录》，第 1301 页。

　　⑪ 《经心书院题名记》。

　　⑫ 《经心书院题名记》。

　　⑬ 《近代笔记过眼录》，第 13 页；《湖北文征》第 13 卷，第 243 页。

　　⑭ 《东西湖区专志·艺文志》，第 371 页；《湖北省志人物志稿》卷 4，第 1668 页。

张瑞国，字云五，江夏人。附生。①

周家藩（1873—?），字伟乔（一作惠侯），咸宁人。光绪二十三年（1897）拔贡。二十九年（1903）以优生朝考一等第13名，以知县用，分发山西。②

周之桢（1867—1933），谱名鸿，字贞亮，晚以字行，又字子幹，号止盫、愿堂，汉阳人。充经心书院斋长。光绪二十九年（1903）乡试中式第32名举人。三十年（1904）会试中式第157名，殿试三甲第14名，朝考二等第6名，授刑部主事。留学日本法律专科学堂，归国后分发邮传部襄办路政，出为黑龙江财政局会办、保定高等检察署审判厅厅丞。民国间官法制局参事、资政院评事兼警察学校教务主任。后任教于北京师范大学、辅仁大学、南开大学、武汉大学。著有《通鉴论》、《目录举要》、《丛书举要》、《退舟文集》、《退舟诗草》、《晚喜庐随笔》、《昭明太子年谱》、《联隽》。③

陈鸿勋，字理臣，通山人。优廪生。④

范孟津，原名希述，字著臣，武昌人。廪生。⑤

朱衣，字幼槎，咸宁人。廪生。⑥

陈问巽，字枳方（一作竹舫），安陆人。光绪十一年（1885）拔贡。参与校阅郝敬《尚书辨解》。⑦

余长春（1871—?），字泽如，江苏丹徒人，寄籍江夏（一作汉阳）。光绪二十三年（1897）拔贡。朝考用教职，援例叙知府，需次江西，历署瑞州、袁州府事。生平治事，不徇利，不畏难，坐是积劳致疾卒。⑧

陈宦（1870—1939），原名宽培，字养铦，号二庵，安陆人。先后肄业安陆汉东书院、武昌经心书院、湖北武备学堂。光绪二十三年（1897）拔贡，朝考不第。入锡良（1853—1917）幕，任新军第二十镇统制。民国初历任参谋次长、四川成武将军兼巡按使。段祺瑞（1865—1936）执政，拟任陆军总长、湖北省长等职，宦皆固辞。晚年隐居。著有《念园诗词稿》。⑨

张琴，字丹岳，兴国人。光绪二十年（1894）举人，拣选知县。⑩

王传珍，字幼棠，婺源人，汉阳籍。优贡。宾州知州，候选知府。⑪

<hr />

① 《经心书院题名记》。

② 《光绪宣统两朝上谕档》第29册（光绪二十九年），第204页；《合河政纪》，第196页；《湖北文征》第12卷，第666页。

③ 《清代硃卷集成》第91册，第1页；《武汉人物选录》，第459页。

④ 《经心书院题名记》。

⑤ 《经心书院题名记》。

⑥ 《经心书院题名记》。

⑦ 《尚书辨解》卷3，第654页；《湖北文征》第12卷，第260页；《经心书院题名记》。

⑧ 《清代官员履历档案全编》第6册，第737页；民国《续丹徒县志》卷11《选举》，第622页；卷12上《人物二》，第638页。

⑨ 《辞海·历史分册（中国近代史）》，第111页；《陈宦研究资料》。

⑩ 《湖北文征》第12卷，第523页。

⑪ 民国《重修婺源县志》卷16《选举四·贡职》，第19叶。

关道倬，字甫丞，云梦人。光绪二十三年（1897）拔贡。民国间任湖北省议员。①

覃寿彭，蒲圻人。光绪二十九年（1903）进士。工书法，长于行楷。②

程文藻，云梦人。廪生。③

汪宝增，字逸卿，江夏人。光绪二十三年（1897）举人。三十四年（1908）官宿迁知县。④

鲁秉周，字文明，武昌人。廪生。⑤

周世傅，字燮侯，咸宁人。廪生。⑥

陈曾寿（1878—1949），字仁先，号耐寂、复志、焦庵，蕲水人。曾祖沆（1786—1826），嘉庆二十四年（1819）状元；祖廷经，道光二十四年（1844）进士；父恩浦（1857—1922），中书科中书。曾寿光绪二十三年（1897）拔贡，二十八年（1902）与弟曾则（1881—1958）、曾矩（1884—1943）同举乡试，二十九年（1903）进士，官刑部主事。应经济特科试，列高等，寻调学部，累迁员外郎、郎中、右侍郎，广东道监察御史。民国间寓居杭州，以遗老自居。后曾参与张勋复辟、伪满组织。著有《苍虬阁诗》十卷、《苍虬阁诗续集》二卷、《旧月簃词》一卷。⑦ 龙榆生《近三百年名家词选》（上海古典文学出版社 1956 年版）收其词 20 首，不见于今之通行本（上海古籍出版社 1979 年据中华书局上海编辑所 1962 年版重印本）。

邱岳，字五云，通城人。优廪生。⑧

周以蕃，字金门、次笙，江夏人。廪贡生。⑨

孟晋祺（1860—1927），字寿荪（一作寿生），沔阳人。诸生。历任咸宁教谕、武昌高师国文系教授。曾与王葆心（1869—1944）等创办湖北国学馆，任学长。⑩

陈元珑（1868—?），字仁斋，号次英，江夏人。光绪二十三年（1897）优贡第 3 名。⑪

闻廷炬（1861—1943），又名邦柱，字石臣，号侍宸，蕲水人。以古场取录词赋入学，复取考史、论史、骈体、法律等学，补廪膳生。宣统元年（1909）恩贡，选授直隶州州判。⑫

水祖培，字善端，号渠翘，武昌人。光绪二十九年（1903）进士。入进士馆，散馆

---

① 《云梦文史资料》第 8 辑，第 152 页；《湖北文征》第 12 卷，第 661 页；《湖北通史·民国卷》，第 29 页。

② 《清朝进士题名录》，第 1322 页；《中国美术家大辞典》，第 1886 页。

③ 《经心书院题名记》。

④ 《湖北文征》第 12 卷，第 633 页；民国《宿迁县志》卷 12《职官志上》，第 519 页。

⑤ 《经心书院题名记》。

⑥ 《经心书院题名记》。

⑦ 陈祖壬：《蕲水陈公墓志铭》，《民国人物碑传集》卷 10，第 690 页；《苍虬阁诗》，诸序跋。

⑧ 《经心书院题名记》。

⑨ 《百柱堂全集》卷首《百柱堂文集刊校姓氏》，第 152 页；《湖北文征》第 13 卷，第 274 页。

⑩ 《湖北省志人物志稿》卷 4，第 1788 页；《湖北文征》第 13 卷，第 353 页。

⑪ 《清代硃卷集成》第 379 册，第 401 页。

⑫ 《闻一多年谱长编》，第 5 页；雷敏功：《苍生大医闻亦齐》，《武汉文史资料》2004 年第 1 期，第 16 页。

授检讨。与人合编《圜法·铜元》、《圜法·银元》、《圜法京局鼓铸》。①

待考者：钟龙瑞、许钟岳、刘邦骏、马文炳、李文翰、陈庆萱、周兆奎、陈礼、闻谷、陈拔莘、刘以忠、周家弼。

52. 江汉书院课艺

【书院简介】

武昌江汉书院，建于明万历间。清顺治、乾隆间迁址、扩建，咸丰初遭毁，同治元年（1862）重建。光绪二十三年（1897）于经史课程外，增设天文、舆地、算学、兵法等科目。二十八年（1902）并入经心书院。②

【版本序跋】

二册，题"光绪辛卯年（1891），山长周鉴定"和"光绪壬辰年（1892），山长周鉴定"。

山长周，即周恒祺（？—1892），字子维，号福皆、福陔，黄陂人。道光二十六年（1846）举人，咸丰二年（1852）进士。选庶吉士，授编修。历官山西道、京畿道监察御史，工科给事中，山东督粮道、盐运使、按察使，广东按察使，福建、直隶布政使，山东巡抚，漕运总督。光绪八年（1882）致仕回籍，晚主江汉书院。③

【课艺内容】

所收皆为四书文，有评语。

辛卯卷10题31篇。每题皆收前三名所作，唯末题增收"四十名苏逢庚"所作一篇。

壬辰卷10题33篇，每题皆收前三名所作，惟首题增收"四名陈略"、第二题增收"一等百二十名陈略"、第五题增收"五名陈略"所作共3篇。

第二题陈略位列一等百二十名，其评语云："以题之曲折为文之波澜，入手处凌空将全局一提，顿屹立如万仞壁，至结尾则浩乎瀚乎，百川归于海矣。因诗中连出三韵，故抑之。"指出所作之不足，在总集评语中很少见。

【作者考略】

辛卯卷，朱懋春、余靖、张道瀛、陈曾望2篇；其他作者1篇：周克昌（黄陂萧延平作）、熊辉览、施煌、张性善、王业荣、汪启琼、胡兆凤、舒祖瀛、方先钦、钱桂笙、熊汝翼、王桢、张燮垓、熊其光、余宗起、许堃、谢凤孙、熊景弼、卓人清、戴阿鲁、周润章（汉川陈炳勋作）、萧和鸾、苏逢庚。

壬辰卷，徐荫松5篇，陈略、卓奎元、胡瑞霖3篇，陈曾望2篇；其他作者1篇：吴凤仪、雷照寅、易兆鲤、李培兰、褚攀龙、陈青选、丁彝、任潘清、胡思赞、吴锡麟、童

① 《词林辑略》卷9，第542页；《国立故宫博物院清代文献档案总目》，第103页。
② 《武汉市志·教育志》，第27页。
③ 周君适：《周恒祺事略》，《黄陂文史》第1辑，第90页；《清代硃卷集成》第321册，第10页。

元煊、张时叙、常炳燿、陶炯照、周煜薰、李华藻、周恒翔。

徐荫松，见《高观书院课艺》。

陈曾望、钱桂笙、陈略，见《经心书院集》。

朱懋春（朱楙春）、丁彝，见《经心书院续集》。

张道瀛，字季仙，黄陂人。光绪十一年（1885）拔贡。①

周克昌，字子寿，建始人。光绪十一年（1885）拔贡。②

萧延平（1860—1933），字北承，黄陂人。举人。历任两湖总师范学堂文学教员、应城石膏局总办、安福国会参议院议员、武昌医学馆馆长。校勘印行《黄帝内经太素》，著有《心学平议》。③

施煊（1867—?），号仲鲁、梅盦，江夏人，原籍浙江会稽。光绪二十三年（1897）乡试中式第 6 名举人。二十九年（1903）官江苏六合知县，在任甫一年，调入督幕而去。④

王业荣，字安堂，孝感人。光绪十一年（1885）副贡。著有《松茂堂遗著》二卷。⑤

汪启琮，黄冈人。附生。⑥

舒祖瀛，字蓬山，蒲圻人。同治十二年（1873）拔贡。⑦

方先钦，字亮甫，谷城人。廪生。⑧

许堃，字厚卿，罗田人。廪生。⑨

谢凤孙，字石钦，号复园，汉川人。光绪二十八年（1902）举人。师事沈曾植（1850—1922），梁鼎芬（1858—1920）称其"文如水，人如玉"。抗日战争期间病卒于上海，年七十余。⑩

戴阿鲁，字类曾、利生，麻城人。光绪二十年（1894）举人。性沉静，寡言笑。其学由程子主敬以通新建良知之旨，潜心体认，不为异说所惑。元明诸儒学案，皆能究其绪统。与黄冈殷雯（字东屏）称莫逆交。为文清深雅健，纵横驰骋，论史擅玉局之长。选授宜城县教谕，不就。⑪

卓奎元，字次娄，安陆人。光绪十七年（1891）副贡，二十三年（1897）举人。⑫

---

①　《经心书院题名记》。

②　《经心书院题名记》。

③　《黄陂人物志》，第 212 页；《中国近代教育史资料汇编·实业教育、师范教育》，第 687 页；陈钢：《萧延平校注整理〈黄帝内经太素〉的功绩》，《中医文献杂志》1998 年第 3 期，第 9 页。

④　《清代硃卷集成》第 319 册，第 299 页；民国《六合县续志稿》卷 11《官师》，第 390 页。

⑤　《湖北文征》第 12 卷，第 264 页。

⑥　《经心书院题名记》。

⑦　《经心书院题名记》。

⑧　《经心书院题名记》。

⑨　《经心书院题名记》。

⑩　郑逸梅：《艺林散叶》，《郑逸梅选集》第 3 卷，第 7 页；吴正奎：《溶碑铸帖说复园——记谢凤孙和他的书法》，《汉川文史》第 12 辑，第 187 页；《沈曾植集校注》，第 388 页；《民国书法》，第 121 页。

⑪　民国《麻城县志续编》卷 11《耆旧志》，第 398 页；《湖北文征》第 12 卷，第 544 页。

⑫　《湖北文征》第 12 卷，第 643 页；《经心书院题名记》。

胡瑞霖（1876—1943），字子笏，法名妙观，黄陂人，寄籍江陵。留学日本明治大学政治经济科，回国后任省咨议局议员。民国间历任军政府财政部长、湖南内务司长、湘江道尹、福建省长、总统府顾问。民国八年（1919）皈依三宝，参与创办或主持武昌佛学院、华北佛教居士林、世界佛学苑、五台山显通寺汉藏学院、大乘佛教弘化院。①

胡思赞。肄业两湖书院，拔贡。民国初在京山宋河任教，主持女子小学堂。②

吴锡麟，黄安人。附生。③

张时叙，字揆农，江陵人。候选训导。④

常炳耀，原名子谦，字策卿，荆门人。优廪生。⑤

陶炯照（1868—1921），字月波、月舸，新洲人。光绪二十三年（1897）拔贡，二十五年（1899）大挑为八旗官学汉教习，二十九年（1903）经济特科一等第四名。历官河南夏邑、洛阳知县，武昌军政府财政司秘书，黄陂知事，河南汝南道尹。⑥

周煜薰（1866—?），字舜琴、训钦，黄冈人。光绪二十八年（1902）乡试中式第35名举人。⑦

李华藻（1867—?）字采其，号春如，黄陂人。光绪二十年（1894）乡试中式第15名举人。⑧

余皆待考。

黄州府

53. 黄州课士录

【书院简介】

黄州经古书院，原名河东书院。始建于南宋宝祐年间，宋末改为县学，明代改为府学。清初恢复河东书院之名，雍正间曾名黄中书院，乾隆九年（1744）复名河东。咸丰间毁于兵燹，同治七年（1868）重修。光绪五年（1879）失火焚毁，后又修复。十六年（1890）改为经古书院，三十年（1904）改为黄州府中学堂。⑨

【版本序跋】

题"光绪辛卯（1891）刊于黄郡"。"山长周锡恩编定"，"黄冈钟鹏程校字，罗田王葆周覆校"。

---

① 《辛亥武昌首义人物传》，第618页；《中国近现代佛教人物志》，第450页。
② 张诚：《宋河地区发起的反清讨袁运动》，《京山文史资料》第7辑，第52页。
③ 《经心书院题名记》。
④ 《经心书院题名记》。
⑤ 《经心书院题名记》。
⑥ 《清朝进士题名录》，第1365页；陶鼎来：《陶炯照》，《新洲文史资料》第6辑，第13页。
⑦ 《清代硃卷集成》第321册，第1页。
⑧ 《清代硃卷集成》第319册，第243页。
⑨ 《黄冈文史资料》第7辑《黄州史话》，第225页。

周锡恩（1853—1900）①，字荫常，号伯晋、是园、幼珊，罗田人。光绪二年（1876）优贡第 3 名，五年（1879）乡试中式第 22 名举人。九年（1883）会试中式第 66 名，覆试一等第 17 名，殿试二甲第 51 名，朝考一等第 54 名，选庶吉士。散馆授编修，充国史馆、功臣馆纂修，翰林院撰文。主黄州经古书院，又曾校阅两湖书院课艺。著有《传鲁堂遗书》。②

钟鹏程，字振之，黄冈人。诸生。曾任武昌文普通中学堂教员。民国间创办钟家岗小学。③

王葆周（1854—?），字文伯，罗田人，葆心（1869—1944）兄。县学廪生。肄业两湖、江汉、黄州经古书院。历任顺直、云南、两粤、湖北、四川等官书局委员。民国间任乡议长、区公立两等小学堂堂长。④

李方豫序云：

　　国家文运昌炽，冠轶前古。十八行省，皆置讲院，时艺而外，旁及经古。士之肄业院中者，旬锻月炼，郁为伟材，典至巨也。

　　方豫忝守黄郡，于兹五年矣。郡人士之文艺，既相与讨论而切究之，惟经古向无专课，亟拟兴建，有志未逮。岁在己丑（1889），南皮制军自两粤移督荆楚。下车伊始，首以挽文教为急。既建两湖书院于鄂垣，复为黄州增经古书院，礼延罗田周伯晋编修主讲。编修以名翰林负高誉，曩岁典省试，所得皆秦中隽才。既主斯席，厘定规条，甄拔瑰异，寒暑递嬗，卷轴遂多。手订《课士录》四卷，属为弁言。方豫不敏，何足以序兹编？窃念权人才之消长，辨士习之真伪，定学术之纯驳，皆系乎提倡之有人。今制府嘉惠后进，复得编修讲贯启迪，俾士之英异秀特者，不囿于时而进于古。而荒落如方豫者，亦稍塞教士之责，其惭幸为何如耶！至于向学之源流，艺文之利病，编修言之详矣，方豫固无庸赘一辞焉。

　　光绪辛卯（1891）四月，江都李方豫叙于黄州官廨。

李方豫（1837—1895），字荆南，江都人。由监生报捐员外郎，签分工部。同治六年（1867）中式顺天乡试举人。考取军机章京，入直枢垣十年，以谨密称。外任黄州、武昌知府。卒于官。⑤

周锡恩序云：

　　吾黄人文号为冠楚。上章摄提之岁（1890），总督南皮张公、太守江都李公开经

① 生于咸丰二年十二月二十三日，公历已入 1853 年。

② 《清代硃卷集成》第 52 册，第 169 页；王葆心：《清故翰林院编修周是园先生墓志铭》，《碑传集补》卷 9，第 559 页。

③ 《学部会奏核议湖北文普通中学堂办学人员奖案分别奖驳折》，《政治官报》第 42 册，第 183 页；《湖北文征》第 13 册，第 373 页；《黄冈县志》，第 470 页。

④ 《清代硃卷集成》第 379 册，第 245 页；《王葆心传》，第 16 页。

⑤ 《清代官员履历档案全编》第 4 册，第 178 页；民国《江都续县志》卷 22《列传第二》，第 722 页。

古书院于郡城。甄溉高材，励进朴学，惠至渥也。招锡恩为院长，自维学术缪杂，行能亡算，无足激扬风教，振发桑梓，不模不范，夙夜赧颜。爰与李公厘定课士章程，厥分四目：一曰考订之学【略】；一曰性理之学【略】；一曰经济之学【略】；一曰词章之学【略】。

凡厥四科，略陈旧历。专精为上，博通实难。其偏近也以姿，其孤造也以学，其博观约取也以书籍之广博潏汦，其继长增高也以师友之讨论削夺。吾黄山水清远，材俊彬蔚，飙兴云作，其在今乎！自庚寅（1890）夏迄辛卯（1891）春，诸生课作，千有余篇。兹择其尤雅，刊若干卷。譬万宝燕息，璀璨在目；五音繁会，琅璈铿耳。黄之秀玮，亦已繁矣。昔荀卿居楚，号为大师；彦真还蜀，倡厥里学。振兴乡校，仆非其人。若宋玉称曲，喜誉郢人；李实进贤，先记同里。各私其乡，亦古今之公谊也。

其捐资付削人者，曰成都杨君葆初、无锡薛君诚伯、嘉善沈君来峰、新野陶君柳泉、泰顺刘君藁川、容县封君少霞、铁岭彭君润堂、长安梅君次山，皆令于黄而贤者也，绍有选录，以俟方来。

光绪重光单阏（1891）春二月，罗田周锡恩叙于黄州汪氏逸园。

卷末《黄州课士录题辞》收录题辞 30 余则。

按《世载堂杂忆·张之洞遗事》："张之洞于光绪十五年（1889），由两广总督调任湖广总督，接篆后，即派员往召湖北在籍之旧得意门生，罗田周锡恩由翰林请假回籍，时掌教黄州经古书院，其首选也。黄州课士题目，有显微镜、千里镜、汽球、蚊子船等咏；时务有拿破仑汉武帝合论、和林考、唐律与西律比较、倡论中国宜改用金本位策。张之洞见之，曰：'予老门生，只汝一人提倡时务，举省官吏士大夫，对于中国时局，皆瞆瞆无所知，而汝何独醒也？'之洞益器重之，并嘱随带道员蔡锡勇（曾留学西洋，为之洞属下办理洋务要人），时与锡恩谈外国学问、政治、兵事、制造各种情形。"[1]

【课艺内容】

卷一"考订"13 题 15 篇，题如《释蝶嬴》、《祝祭于祊解》、《〈荀子〉引〈诗〉考》、《黄州入江诸水源流考》；卷二"性理"12 题 24 篇，题如《学源于思说》、《原心》、《国朝学案得失论》、《拟程子"视听言动"四箴》；卷三"经济"13 题 21 篇，题如《保甲源流利弊说》、《黄州险要论》、《长安应建陪都议》、《湖北水利策》；卷四至卷八"词章"，其中赋 13 题 41 篇，题如《汉章帝诏选高材生受学赋》、《拟谢希逸〈月赋〉》、《寒溪寺老桂赋》、《梅影赋》；杂文 2 题 6 篇，题为《拟杨子云〈百官箴〉》、《聚宝山铭》；诗 12 题 96 篇，题如《论黄州诗绝句》、《拟苏子瞻〈武昌铜剑歌〉》、《黄州古迹五咏》、《秋阴、秋雨、秋晴》、《洋器四咏（显微镜、时辰表、电灯、气球）》。有评点。

【作者考略】

共 203 篇，其中：夏仁寿（静山，黄冈）19 篇，童树棠（憩南，蕲州）18 篇，王葆

---

① 《世载堂杂忆》，第 51 页。

心（季香，罗田）15 篇，钟鹏程（振之，黄冈）、梅作芙（丹云，黄冈）11 篇，王懋官（念古，罗田）、曹集蓉（芙裳，黄冈）9 篇，闻宗谷（筱舆，蕲水）8 篇，范曾绥（泽珊，蕲水）6 篇，叶启寿（子昭，罗田）、胡浩（海南，蕲州）、谢椿（幼宾，黄冈）5 篇，鲁家璧（玉珊、蕲水）、刘鹏（德卿，黄冈）4 篇，帅培寅（畏斋，黄梅）、王葆周（文伯，罗田）、李自英（卓侯，黄冈）、霍凤喈（春如，黄冈）3 篇，赵隽杭（雪琴，黄冈）、涂廷桂（立斋，罗田）、李林滋（鉴青，黄冈）、张炳寿（郑卿，罗田）、王茂桓（穆甫，罗田）、张寿之（瑞荪，罗田）、王树勋（远邨，黄冈）、黄子晶（锐亭，黄冈）、洪席珍（席生，麻城）、程廷藻（蕲水）、黄巨源（渭臣，罗田）、毕自厚（子重，蕲水）、陈庆萱、吴临翰（颖渊，广济）、李鸿渚（竹溪，蕲水）、闻廷炬（石臣，蕲水）2 篇，殷炳楠（楚珍，黄冈）、陈正保（蕲水）、童德润（兰皋，罗田）、周绂藻（黄冈）、李焱龙（蕲州）、戴阿鲁（利生，麻城）、毕惠康（斗山，蕲水）、王楚乔（右季，罗田）、许堃（厚卿，罗田）、石相钦（黄梅）、王国桢（念文，罗田）、范毓璜（肖希，蕲水）、王葆龢（廉叔，罗田）、刘镜华（蓉舫，罗田）、余仁恭（子敦，麻城）、周锦森（继岐，罗田）、毕自芬（心香，蕲水）、范曾绪（木君，蕲水）、许集奎（心武，罗田）、萧璟（湘笙，罗田）、胡有焕（文甫，广济）、毛声远（荫亭，麻城）、余嗣勋（海藩，罗田）、何楚楠、王殿华（幼如，黄冈）、张朗（玉屏，罗田）、余锦琪（黄冈）、阙名 1 篇，周锡恩拟作 2 篇。

闻廷炬，见《经心书院续集》。

戴阿鲁、许堃，见《江汉书院课艺》。

钟鹏程、王葆周，见《黄州课士录·版本序跋》。

夏仁寿，字静山，黄冈人。曾任武昌文普通中学堂教员。著有《春秋左氏学课程略例》。[1]

童树棠，字懿南，蕲州人。光绪二十年（1894）举人。著有《求志斋类稿》十一卷。[2]

王葆心（1869—1944）[3]，谱名茂桂，字季馨、季芗，罗田人。肄业经心书院、两湖书院。光绪二十年（1894）优贡第 1 名，二十九年（1903）举人。历任郢中博通、潜江传经、罗田义川书院山长，汉阳晴川书院、汉阳府中学堂、民办中学堂、两湖优级师范学堂教习，礼部总务司审定科行走兼图书总纂，学部主事，湖南官书局、京师图书馆、湖北通志馆总纂，湖北国学馆、罗田县志馆馆长，武昌高师、国立武汉大学教授。著有《古文辞通义》、《方志学发微》、《汉口小志》、《续汉口丛谈》等，编有《虞初支志》。[4]

梅作芙，字丹云，黄冈人。附生。[5]

---

　　① 朱峙三：《辛亥武昌起义前后记》，《亲历辛亥革命：见证者的讲述》，第 649 页；《湖北文征》第 13 卷，第 376 页；《经学档案》，第 596 页。

　　② 张梁森：《大旺古寨显神威》，《蕲春文史》第 15 辑，第 149 页；《湖北艺文志附补遗》，第 1278 页。

　　③ 生于同治七年十二月初七日，公历已入 1869 年。

　　④ 《清代硃卷集成》第 379 册，第 233 页；《罗田文史资料》第 1 辑，第 1 页。

　　⑤ 《经心书院题名记》。

王懋官，字念古，罗田人。诸生。①

曹集蓉，字芙裳，黄冈人。光绪十七年（1891）举人。②

范曾绶，字泽珊，蕲水廪生。著有《尚书讲义》二卷、《园山诗稿》四卷、《若溪诗集》。③

叶启寿，字子昭，罗田人。光绪二十年（1894）举人。著有《浴沂风咏考》五卷、《叶氏说文十种》、《氏族随录》二卷、《叶氏姓源考》一卷、《黄氏同姓录》七卷、《梁公百烈党山志》三卷。④

刘鹏，字德卿，黄冈人。光绪间岁贡。⑤

帅培寅（1864—1938），字畏斋，黄梅人。光绪二十年（1894）举人。官吏部主事，入黑龙江巡抚幕。民国间任谷城知事、武昌启黄中学校长、湖北通志馆编纂，曾任教于湖北国学馆、中华大学。⑥

李自英，字卓侯，黄冈人。诸生。⑦

涂廷桂，字立斋，罗田人。民国八年（1919）参与恢复消寒诗会。⑧

李林滋，字鉴青，黄冈人。与谢程九合编《算学策要》十二卷附补遗二卷。⑨

王茂桓（？—1926），字穆甫、木甫，罗田人。光绪十五年（1889）副贡。官教谕，后任职于学部。创办舆地公会，先后任八旗高等学堂、师范学堂、湖北国学馆地理教员。著有《三通考录》四卷、《高等舆地讲义》若干卷。⑩

张寿之，罗田人。光绪二十九年（1903）举人。官学部主事。⑪

王树勋，字远邨，黄冈人。曾任河南省第一中学历史教员。⑫

黄子晶，字锐亭，黄冈人。附生。分校《黄州府志》。⑬

洪席珍。麻城光复时，讼师洪席珍被就地正法⑭，疑即此人。

吴临翰，广济人。著有《官吏惩贪录》。⑮

① 《湖北文征》第 13 卷，第 386 页。

② 《湖北文征》第 12 卷，第 418 页。

③ 《湖北艺文志附补遗》，第 1013、1292 页；《经心书院题名记》。

④ 《罗田县志》第 30 章《人物》，第 737 页；《湖北艺文志附补遗》，第 1034、1049、1066 页；《湖北文征》第 12 卷，第 560 页。

⑤ 《湖北文征》第 13 卷，第 220 页。

⑥ 《黄梅名人大辞典（第一卷）》，第 102 页；严守利：《县知事帅培寅》，《谷城文史资料》第 2 辑，第 6 页。

⑦ 《湖北文征》第 13 卷，第 379 页。

⑧ 《罗田县志》第 25 章《文化》，第 592 页。

⑨ 《数学家辞典》，第 445 页。

⑩ 《大别山：罗田旅游》，第 163 页。

⑪ 《罗田县志》第 30 章《人物》，第 737 页。

⑫ 《潮流与点滴》，第 13 页。

⑬ 光绪《黄州府志》卷首《职名》，第 11 页；《经心书院题名记》。

⑭ 《辛亥革命资料选编》第 2 卷《武昌起义》，第 482 页。

⑮ 《北洋军阀（1912—1928）》第 6 卷，第 599 页。

童德润，字兰皋，罗田人。诸生。①

周绂藻（1872—?），黄冈人。廪贡。报捐知府，分发江西。②

毕惠康（1871—1949），字斗山，蕲水人。诸生。留学日本宏文学院师范理化专科，参加中国同盟会。回国后历任黄州府中学堂学监，武昌理化学堂、文普通学堂、方言学堂教员，湖北省学务公所科长。民国间任教育部佥事、科长、秘书，后任职交通部航政司，并在国立北京大学、私立中国大学兼课。十七年（1928）回鄂，历任省图书馆馆长，民政厅秘书主任，省参议员，省政府顾问、参议。③

王楚乔（1867—1920），字佑其，晚号植根山人，罗田人。光绪二十三年（1897）拔贡，二十八年（1902）举人。留学日本宏文学院，回国后授外务部主事，庶务司行走。辛亥后执教于罗田、汉阳、武昌、北京等地。著有《古学校考》、《公车纪行》、《扶桑游学记》、《经学说荟》、《治学通语》、《汴游述略》、《筹赈事宜》、《学校新语》、《万国史述要》、《金栗山房文集》。唯《万国史述要》在日本印行，其他手稿皆散佚无存。④

范毓璜（1845—?），字让卿、啸浠，蕲水人。廪贡。官襄阳、宜都教谕。著有《迟云集》。⑤

王葆龢（1861—?），字廉叔，号龙山樵子，罗田人，葆周（1854—?）弟，葆心（1869—1944）兄。县学生。光绪十七年（1891）乡试房荐。曾任本区公立两等学堂堂长。十七年至二十年（1894）间，三兄弟求学省城，分隶经心、两湖、江汉三书院，得互应月试。⑥

刘镜华，字蓉舫，罗田人。恩贡，试用训导。著有《松花石砚斋文集》四卷、《常乐有缘诗钞》二卷、《三化盘图》四卷。⑦

毕自芬，字仲莲，蕲水人。廪生。早卒。⑧

萧璟，字湘生，罗田人。附生。⑨

胡有焕，字文甫，广济人。廪生。⑩

毛声远，字荫廷，麻城人。光绪二十年（1894）举人。曾任麻城师范传习所所长、劝学所帮办学务，河南通许知县，河南知事。⑪

余嗣勋，字海藩，罗田人。光绪二十三年（1897）举人。宣统二年（1910）被举荐

① 《湖北文征》第 13 卷，第 388 页。
② 《清代官员履历档案全编》第 7 册，第 624 页。
③ 《湖北省志人物志稿》卷 3，第 1488 页。
④ 《鄂东著作人物荟萃》，第 498 页。
⑤ 《清人诗文集总目提要》，第 1786 页；《湖北艺文志附补遗》，第 1292 页；《经心书院题名记》。
⑥ 《清代硃卷集成》第 379 册，第 245 页；《古文辞通义》王葆龢后序，第 890 页；《王葆心传》，第 16 页。
⑦ 《湖北艺文志附补遗》，第 1280 页。
⑧ 《经心书院题名记》。
⑨ 《经心书院题名记》。
⑩ 《经心书院题名记》。
⑪ 《湖北文征》第 12 卷，第 542 页；《麻城县志·教育》，第 471 页；《通许县志》第 5 篇《政权、政协》，第 202 页。

孝廉方正。民国八年（1919）参与恢复消寒诗会。①

何楚楠（1854—1925），字友庄，号九香，蕲春人。廪生。曾馆武昌，返乡后历任州立高等小学堂教习、广教寺州立第三高等小学堂堂长、第一高等小学校长。著有《钝园诗草》八卷。②

王殿华，字幼如，黄冈人。光绪十九年（1893）举人。③

待考者：闻宗谷、胡浩、谢椿、鲁家璧、霍凤喈、赵隽杭、张炳寿、程廷藻、黄巨源、毕自厚、陈庆萱、李鸿渚、殷炳楠、陈正保、李焱龙、石相钦、王国桢、余仁恭、周锦森、范曾绪、许集奎、张朗、余锦琪。

---

① 《政治官报》第 36 册，第 79 页；何之纲：《罗田"消寒诗会"考略》，《罗田文史资料》第 1 辑，第 100 页。

② 《蕲春县志》卷 29《人物》，第 866 页。

③ 张振杰：《清末黄冈的教育事业》，《黄州文史资料》第 1 辑，第 143 页。

山东省

泰安府

54. 鸾翔书院课艺

【书院简介】

肥城鸾翔书院，清道光二年（1822）创建。二十九年（1849）在院内建鸾翔考院，为县试之所。光绪三十年（1904）改为高等小学堂。①

【版本序跋】

袖珍本，题"光绪三年（1877）春三月，四明茹古斋校印"，"梁溪杨延俊菊仙氏选定，在院肄业诸生参订"。

杨延俊序云：

盖闻士为四民之首，士风厚则民风亦淳。自来正本清源之治，未有不以培养士风为先务者也。

肥邑旧有鸾翔书院，余自去秋来宰斯邑，循例观风，而投卷者寥寥，所作亦殊少惬意，岂尽士之不率教欤？岂诚诱掖而奖劝之者无其术欤？询其故，则因历年经费短绌，肄业诸生童无以为膏火资也。特为捐廉，广其奖赏。每遇课期，属吾友朱君临川评阅诸生课卷。临川为吾乡绩学士，屡踬棘闱，改司金谷，而所好不存焉。暇复时手一编，咿唔不辍。故其阅文也，奇正浓淡，有美毕收，而悉以理真法密为的。每遇佳篇，击节称赏，偶有疵累，皆为商改尽善。或题蕴未尽者，拟作以畅其义。童卷不敢重劳，命长子宗濂参校。诸小题儿辈所拟居多，亦尚有思致。一载以来，诸生童佳文林立，临川怂恿梓存，以为多士劝。余乐其孜孜不倦，得与诸生童共相发明也。因择其尤雅驯者，付诸剞劂，并识其缘起云。

时在咸丰五年乙卯（1855）七月上澣，知肥城县事梁溪杨延俊识。

杨延俊（1809—1859）②，字吁尊，号菊先、菊仙，江苏金匮人。道光二十四年（1844）举人，二十七年（1847）进士。官肥城知县，政尚宽宏，尤爱士，捐俸赠鸾翔书院诸生膏火。每逢月课，必自拟数篇以为法程。所编《鸾翔书院课艺》，远近风行，家有其书。与乡试同年李鸿章（1823—1901）私交甚笃。③

---

① 光绪《肥城县志》卷5《学校志》，第21叶；《中国书院史资料》，第2519页。
② 生卒年据《清代人物生卒年表》，第249页。
③ 光绪《肥城县志》卷7《职官》，第50页；《近代无锡杨氏先人传记事略类稿》，第1页。

【课艺内容】

皆四书文，包括前刻、续刻，凡《学庸》3 题 6 篇，《论语》15 题 38 篇，《孟子》18 题 44 篇。其中 2 篇有目无文，目录作"见本稿"。有评语。

【作者考略】

收录课艺较多者：杨宗濂 7 篇，李庆之 6 篇，李允协、胡淑贞、杨云 4 篇，徐炳烈、李允懋、朱光照 3 篇。其他作者一二篇不等：王立荣、李润之、胡淑经、孙佩文、胡曰班、孔宪宗、朱进书、李鸣玉、李允辉、胡长龄、王立英、石辅廷、夏广述、李兆年、杨树基、石子蒲、辛炳年、孙肇鉴、李淑芹、张德允、尹德序、夏葛、高守经、乔国清、夏泉、穆道邻、张德棻、刘玉衡、夏林、赵炳勋、朱传浩、张仪韶、王锡辂、孙开霁、孙培文、周茂桂、阴庆樟、李功安、朱洛书、尹肇鲁、杨湘、刘重玉、李昌洛、朱载基。另有杨延俊拟作 2 篇。

杨宗濂（1832—1906），字艺芳，晚号潜斋主人，延俊（1809—1859）子。咸丰五年（1855）顺天乡试挑取誊录。七年（1857）报捐员外郎，签分户部。入李鸿章（1823—1901）幕。历官湖北荆宜施道，北洋武备学堂监督，直隶通永道，山西河东道、按察使、布政使，长芦盐运使。与弟宗瀚（1839—1907）创办无锡业勤纱厂。著有《聊自娱斋集》。《晚晴簃诗汇》录其诗 1 首。①

李庆之，肥城人。岁贡生。历官招远、长清训导。与修《肥城县志》。②

胡淑贞，肥城人。生员。咸丰十一年（1861）殉难。③

尹德序，肥城人。同治九年（1870）岁贡。④

夏林，肥城人。同治元年（1862）举人。⑤

余皆待考。

---

① 《清代官员履历档案全编》第 6 册，第 515 页；《近代无锡杨氏先人传记事略类稿》，第 1 页；《晚晴簃诗汇》卷 168，第 7318 页。

② 光绪《增修登州府志》卷 30《文秩六》，第 309 页；光绪《肥城县志》卷首《修志姓氏》，第 2 叶。

③ 光绪《肥城县志》卷 9《人物》，第 11 叶。

④ 光绪《肥城县志》卷 8《登进》，第 28 叶。

⑤ 光绪《肥城县志》卷 8《登进》，第 28 叶。

四川省

成都府

55. 蜀秀集

【书院简介】

成都尊经书院,清同治十三年(1874)倡建,光绪元年(1875)建成。以通经学古课士,别于锦江书院之课制艺。光绪二十八年(1902)与四川中西学堂、锦江书院合并组建四川省大学堂,旋又改称四川省城高等学堂。①

【版本序跋】

题"光绪五年己卯(1879)刊于成都试院"。

谭宗浚序云:

【略】曩者制府盱眙吴公、学使翰林前辈南皮张公,慨然悯绝学之榛芜,悼儒风之寥闃,创兴黉塾,榜曰尊经,妙选时髦,量加程校。凡夫窭衡,宿彦黉序,英才咸愿过马肆以嘶风,跃龙门而跋浪矣。余以轊材,谬持使节,虽被高轩之宠,实增短绠之惭。间尝召巾褐以谈文,偕章缝而树讲,谓经师派别,递衍于累朝,而正学昌明,莫隆于昭代。【略】

今者诸生,焠掌专精,齐心嗜学。岁历三稔,制逾千篇,爰汇菁华,都为一集。如游锦市,披纯缋以千重;似撷珠林,收美理之六寸。若夫通经所以致用,学古所以入官。行见桓郁名家,获参禁近;黄香骤贵,高议云台。平当以明《禹贡》而治河,董相以习《公羊》而决狱。必有勒鸿勋于策府,效献替于承明者。即不然而铲迹退陬,发声幽薮,订藏山之业,望重渊骞;著仰屋之书,富逾陶顿,千秋无恨,一卷足传,此又各视其人之遭际矣。

光绪五年(1879)十月,提督四川学政侍读衔翰林院编修谭宗浚序。

谭宗浚,见《应元书院课艺》。

张选青题识云:

右《蜀秀集》九卷,学使谭叔裕编修所定也,刻成属任雏校。学使尝语选青曰:"蜀才甚盛,美不胜收。兹编所录,特其一斑耳。"至试场律赋,向系低二格,与题目平写。今悉跳格写,与全书一律,亦仿李昉等《文苑英华》暨近人黄树斋侍郎

---

① 《四川大学史稿》,第6页;《四川书院史》,第363页。

《赋汇海》例也。其中文字偶有删润者，多系学使改笔，或参用他卷之作。以无关宏旨，不复觊缕。亦有文字略有小疵而未及更改者，则以风檐寸晷，下笔不能自休，姑仍之以存其本色。阅者录其尺瑜，略其微颣可已。

光绪五年（1879）十月既望，前任江津儒学训导兼管尊经书院监院事汉州张选青识。

张选青，汉州人。咸丰元年（1851）举人。官江津训导。①

【课艺内容】

卷一至卷五，经解、考证、论说、书后、颂赞等41题65篇，题如《王用亨于岐山解》、《牺尊象尊考》、《六书说》、《于定国论》、《读〈史记·卫青霍去病传〉书后》、《拟王子渊〈圣主得贤臣颂〉》、《拟柳子厚〈乞巧文〉》、《三月三日浣花溪修禊序》；卷六、卷七，赋30题53篇，题如《拟宋玉〈钓赋〉》、《拟荀子〈箴赋〉》、《峨眉山赋》、《诗赋》、《读书宜识字赋》、《汉武帝通西南夷赋》、《东坡以檀香观音像寿子由赋》；卷八、卷九，古今体诗44题238篇，题如《读谢康乐游览诗拟作八首》、《拟颜延之〈五君咏〉》、《拟李长吉〈十二月乐词〉》、《读杜少陵五律和作》、《蜀中十二楼诗》、《论汉碑绝句》、《论蜀诗绝句》、《前蜀杂事诗》、《后蜀杂事诗》。

【作者考略】

收录课艺较多者：杨锐（绵竹廪生）33篇，毛瀚丰（仁寿廪生）30篇，邱晋成（宜宾廪生）21篇，范溶（华阳廪生）17篇，张祥龄（汉州廪生）、曾培（成都附生）12篇，张肇文（乐山廪生）、戴孟恂（江津廪生）11篇，廖登廷（井研廪生）9篇，张孝楷（华阳廪生）、邓宗岳（绵州廪生）8篇，任国铨（忠州廪生）、米沛霖（汉州廪生）7篇，傅世洵（华阳附生）、吴廷佐（犍为廪生）、宋育仁（富顺廪生）6篇，王安璧（奉节廪生）、徐焕（成都附生）5篇，周道洽（成都附生）、周尚赤（岳池廪生）、张骧（成都廪生）、丁树诚（合州增生）、岳嗣仪（成都附生）、罗长玥（华阳附生）4篇，谢龙章（开县增生）、邹增祜（涪州增生）、张梓（邛州廪生）、焦鼎铭（成都附生）、陈芬（南溪附生）、宁缃（邛州廪生）、刘沆（南部廪生）、赖耀南（华阳附生）3篇。

其他作者一二篇不等：敬文光（南部廪生）、杨桢（井研廪生）、王光棣（彭水增生）、刘坚（郫县廪生）、张湘（犍为附生）、萧润森（石泉廪生）、方逢盛（忠州附生）、彭毓嵩（宜宾廪生）、邓敏修（达县廪生）、唐棣华（巴县廪生）、吴开南（忠州附生）、魏天眷（资州廪生）、吴昌基（犍为廪生）、周煜南（新繁附生）、张遂良（遂宁廪生）、赵香（乐山增生）、陈文垣（成都新生）、方守道（成都附生）、郑云瑞（眉州附生）、王荫槐（威远廪生）、田先平（酉阳附生）、马辉宇（西昌附生）、张镜堂（南溪附生）、邹宣律（泸州附生）、廖文鸣（资州新生）、晏家训（永宁廪生）、陈崇哲（富顺廪生）、曾名毅（泸州附生）、成伯龙（江津附生）、张书绅（内江附生）、萧启湘（纳溪廪生）、胡

---

① 同治《续汉州志》卷7《选举》，第139页。

焕章（九姓附生）、杨永清（崇庆廪生）、蒲轮召（阆中廪生）、余晋（巴州廪生）、陈周藩（中江廪生）、孙鸿勋（绵州廪生）、刘彝（江北廪生）、骆兴德（万县增生）、余昌勋（犍为廪生）、李际荣（洪雅附生）、邓廷勋（叙州附生）、程能箴（隆昌附生）、翁鹤年（荣昌附生）、王绳生（巴县附生）、李世珑（南充附生）、彭毓峯（宜宾附生）、袁善赓（双流附生）、余士彬（丰都廪生）、叶毓崑（仁寿廪生）、崔映棠（绵州廪生）、刘澄（华阳附生）、岳嗣儒（成都附生）、顾印愚（华阳附生）、龚开晋（华阳廪生）、刘昶（涪州附生）、陈有序（酉阳廪生）、陈调燮（资阳廪生）、王幼怀（通江廪生）、颜汝玉（盐源增生）、聂培惺（屏山廪生）、傅守中（大邑廪生）。另有谭宗浚拟作 11 篇。

杨锐（1855—1898），字叔峤、钝叔，绵竹人。为张之洞（1837—1909）所拔识，因受业为弟子，入张幕。光绪十一年（1885）顺天举人，十五年（1889）考授内阁中书。参与发起强学会、蜀学会，参加保国会。戊戌变法时被捕遇害，为戊戌六君子之一。著有《晋书十八家辑遗》、《说经堂诗草》，后人辑有《杨叔峤先生诗集》二卷、《杨叔峤先生文集》一卷（收入《续修四库全书》）。《晚晴簃诗汇》录其诗 14 首。①

毛瀚丰（1849—?，"瀚"一作"翰"），字鹤西，仁寿人。举人，官云南知府。张之洞（1837—1909）曾将杨锐、廖登廷、张祥龄、彭毓嵩、毛瀚丰并称"五少年"，谓五人皆时文诗赋兼工。② 按，或谓鹤西是进士，如《万首论诗绝句》："毛瀚丰，字鹤西，仁寿人。进士，官至普洱知府。"③ 误。清代仁寿籍进士是毛澄，原名席丰，字叔云，号稚瀣，官山东知县。④ 两者非同一人，《四川尊经书院举贡题名碑》亦可为证。⑤

邱晋成（1846—1908），字云帆，宜宾人。光绪五年（1879）优贡。官江安、资阳教谕。主纂《叙州府志》，著有《古苔精室诗存》二卷、《古苔精室杂存》二卷。《晚晴簃诗汇》录其诗 4 首。⑥

范溶（1852—1909/1910），字玉宾，华阳人。光绪十四年（1888）优贡，十七年（1891）举人。二十年（1894）进士，选庶吉士。散馆授福建平和知县。报捐道员，分发湖北。引见出京，行及武昌而殁。著有《辛斋诗文集》、《辛斋词》。⑦

张祥龄（1853—1903），字子苾、子苾、子馥，号芝馥，汉州人。光绪十一年（1885）拔贡，十四年（1888）举人。二十年（1894）进士，选庶吉士。散馆授陕西知县，历官怀远、长安、褒城、大荔等县。著有《受经堂集》、《前后蜀杂事诗》、《半箧秋

① 梁启超：《杨锐传》，《戊戌政变记》，第 158 页；《清代人物传稿》下编第 3 卷，第 1 页；《戊戌军机四章京合谱》，第 44 页；《晚晴簃诗汇》卷 175，第 7628 页。

② 《张文襄公书札》卷 1，第 439 页；《荔村草堂诗钞》卷 8《使蜀集下》，第 258 页；《大清缙绅全书·光绪二十三年夏·云南省》，第 2 叶。

③ 《万首论诗绝句》，第 1605 页。

④ 《稚瀣诗集》卷首，尹端跋。

⑤ 《四川尊经书院举贡题名碑》，第 14 页。

⑥ 民国《江安县志》卷 3《政绩》，第 7 叶；王重豪：《清代宜宾修志名人邱晋成》，《宜宾文史资料选辑》第 22 辑，第 38 页；《近代巴蜀诗钞》，第 325 页；《晚晴簃诗汇》卷 180，第 7903 页。

⑦ 《荔村草堂诗钞》卷 8《使蜀集下》，第 258 页；民国《华阳县志》卷 16《人物》第 7 之 10，第 1 叶；《清代官员履历档案全编》第 8 册，第 229 页；第 28 册，第 193 页；《蜀词人评传》，第 380 页。

词》。《词综补遗》录其词 3 首。《中国近代文学大系》录其词 2 首。①

曾培（1850—?），字松生，号笃斋，成都人。光绪五年（1879）乡试中式第 45 名举人，十六年（1890）进士。历官兵部主事、山东广饶知县。民国元年（1912）任四川铁道银行总理，编辑《四川国学杂志》。②

张肇文（1849—?），字惺吾，号梓琴（一作梓亭），乐山人。光绪十一年（1885）拔贡，十七年（1891）乡试中式第 21 名举人。工书，谭宗浚称其"清河才调万斛舟，余事笔札追鹄䴏"。③

戴孟恂（1848—?），字伯挚，江津人。优贡。光绪十五年（1889）官渠县训导。民国初任四川国学学校词章教员。④

廖登廷（1852—1932），字旭陔、勖斋，改名平，字季平，号四益，改号四译、五译、六译，井研人。光绪五年（1879）举人，十五年（1889）进士。历官龙安府教授、射洪县训导、绥定府教授，主讲井研来凤、乐山九峰、资州艺风、安岳凤山书院。辛亥后历任四川军政府枢密院院长、四川国学学校校长，兼任华西大学、成都高等师范学校教授。著述辑为《六译馆丛书》。⑤

张孝楷，字盟荪，华阳人。王闿运（1833—1916）曾批评院生"杨炳烈、张孝楷，不孝不弟，加以烟饮，公会骂坐"。⑥与袁登谷（字锡常）校定《尔雅》二卷。⑦

邓宗岳（1851—?），改名昶，字伯山，绵州人，原籍江西吉水，继籍湖南祁阳。光绪十七年（1891）乡试中式第 17 名举人。历任绵州学务综核所首任总理、劝学所视学兼总董、蓬溪教谕、省咨议局议员、四川高等学堂国文教员。⑧

任国铨（1853—?），字簨甫（一作篆甫），忠州人。光绪五年（1879）举人。⑨

傅世洵（1853—1883），字仲戡（一作仲堪），华阳人，世炜（字桐澄）弟。光绪八年（1882）优贡、举人。精思撰述，昼夜不休，以是致疾，明年遂卒。辑有《益雅堂丛书》，著有《周易辑注》、《孙氏周易集解补》、《周易郑注笺》、《尔雅笺》、《迪志斋诗文

---

①　《四译馆文集·清诰封朝议大夫张君曾恭人墓志铭》，第 28 叶；《清代官员履历档案全编》第 28 册，第 201 页；《广汉县志·人物》，第 617 页；《词综补遗》卷 44，第 1616 页；《中国近代文学大系》第 4 集第 15 卷《诗词集二》，第 741 页。

②　《清代硃卷集成》第 332 册，第 341 页；《荔村草堂诗钞》卷 8《使蜀集下》，第 258 页；民国《续修广饶县志》卷 17《政教·政绩》，第 9 叶；《民国时期四川货币金融纪事（1911—1949）》，第 6 页；《中国近现代人物名号大辞典（续编）》，第 315 页。

③　《清代硃卷集成》第 334 册，第 85 页；民国《乐山县志》卷 9《人物》，第 38 叶；《荔村草堂诗钞》卷 8《使蜀集下》，第 258 页。

④　《荔村草堂诗钞》卷 8《使蜀集下》，第 258 页；民国《渠县志》卷 8《官师表》，第 26 叶；何域凡：《存古学堂嬗变记》，《四川文史资料选辑》第 33 辑，第 162 页。

⑤　《廖季平年谱》。

⑥　《湘绮楼笺启》卷 3《致朱詹事》，第 244 页。

⑦　《经手录》卷 2，第 9 页。

⑧　《清代硃卷集成》第 333 册，第 391 页；《四川省咨议局议员简历表》，《四川文史资料选辑》第 1 辑，第 195 页；庄开泽：《辛亥革命时期绵州新学的兴起》，《绵阳市市中区文史资料选编》第 10 辑，第 127 页；陆殿舆：《四川高等学堂纪略》，《中国近代学制史料》第 2 辑上册，第 614 页。

⑨　《荔村草堂诗钞》卷 8《使蜀集下》，第 258 页；《廖季平年谱》，第 21 页。

集》、《韵墨堂集》、《隶释补释》、《隶释引经考》、《隶释摭史》、《隶释校误》、《尔雅舍人注考》、《秦汉碑传文考》、《旧唐书方镇表》。①

吴廷佐，犍为人。与廷博、廷俊皆肄业尊经书院。谭宗浚《将解任留别蜀中士子八首》称院生龚、周、陈、吴诸兄弟"性孝友"。②

宋育仁（1858—1931），字子晟、芸子，号芸岩、道复，富顺人。光绪五年（1879）乡试中式第44名举人，主讲资州艺风书院。十二年（1886）进士，选庶吉士。散馆授检讨，历官广西学政、英法意比四国公使参赞。任南菁学堂监督、北洋造币总厂总参议、国史馆纂修、四川国学学校校长、四川通志局总纂。参加强学会，组织蜀学会，创办《渝报》。著有《时务论》、《采风记》、《问琴阁丛书》。③

王安璧。谭宗浚《将解任留别蜀中士子八首》称萧润森、王安璧、谢龙章等六人"僻壤生名驹"。④

周道洽（1852—?），字润民，成都人。举人。光绪十五年（1889）官西充复设教谕。⑤

张骧（1853—?）⑥，字悌村、棣村，成都人。光绪十二年（1886）进士，历官户部主事、山东昌邑知县。二十五年（1899）以"贪墨不职，物议沸腾"遭革职。⑦

丁树诚（1837—1902），字治棠，合州人。光绪五年（1879）举人。历主合州瑞山、合宗书院。十七年（1891）官仪陇训导，卒于官。门人私谥文简先生。著有《说文部首释许》、《治棠经说》、《治棠史考》、《治棠诗文集》、《仪陇集》、《纪行四种》等，合编为《仕隐斋丛著》。⑧

岳嗣仪（?—1917），字凤吾，成都人。诸生。官参将。《晚晴簃诗汇》录其诗1首。⑨

罗长玥，华阳人。监生。官广西苍梧典史。⑩

谢龙章。谭宗浚《将解任留别蜀中士子八首》称萧润森、王安璧、谢龙章等六人"僻壤生名驹"。⑪

① 《荔村草堂诗钞》卷8《使蜀集下》，第258页；《清代硃卷集成》第66册，第421页；民国《华阳县志》卷16《人物》第7之10，第2叶；《中国版刻综录》，第377页；《蓬溪诗存》，第111页。
② 《荔村草堂诗钞》卷8《使蜀集下》，第260页。
③ 《清代硃卷集成》第332册，第289页；《宋育仁思想评传》附录《年谱》、《论著》，第215、221页。
④ 《荔村草堂诗钞》卷8《使蜀集下》，第260页。
⑤ 《荔村草堂诗钞》卷8《使蜀集下》，第258页；《大清缙绅全书·光绪十六年春·四川省》，第8叶。
⑥ 生年据《清代人物生卒年表》，第385页。
⑦ 《清代官员履历档案全编》第28册，第181页；《清朝进士题名录》，第1196页；《清实录·德宗实录》卷444，第57册第856页。
⑧ 刘放皆：《丁文简先生传略》，《丁治棠纪行四种》附录，第190页；张森楷：《丁治棠先生墓表》，《仕隐斋涉笔》附录，第222页；《合川县志》卷6《人物》，第725页。
⑨ 《许宝蘅日记》，第603页；《晚晴簃诗汇》卷179，第7845页。
⑩ 《大清缙绅全书·光绪六年春·广西省》，第9叶。
⑪ 《荔村草堂诗钞》卷8《使蜀集下》，第260页。

邹增祜（1857—1923），字受丞，涪州人。光绪二十一年（1895）进士。官至广东嘉应知州。工书，精医。著有《诗经钧识》、《礼记钧识》、《医学丛钞》、《薏言》、《天风海水楼诗文集》。①

张梓（1850—1913），字楸白，号采芝生，邛州人。岁贡生。光绪三十四年（1908）任邛州教育会会长、官立高等小学堂堂长。生平体弱多病，著作不富，所著古今体诗、骈散文辞及经解等作，因家破匪劫，亡佚大半。有《采芝生劫余残稿》。②

焦鼎铭，字佩箴，成都人。举人。光绪十九年（1893）官云南马龙知州。二十五年（1899）官楚雄知县。③

宁缃（1846—1921），字云若，晚号遇园老人，邛州人。光绪十四年（1888）举人。历官咸安宫教习、河北丰润知县、代理祁州知州、北洋武备学堂国文教习、邛崃志书局局长。主修《邛崃县志》，著有《周官联事表》、《邛州迤南山川圻界考订》、《邛州前贤史传辑略》、《覆瓿丛谈》、《释疑小识》、《观过楼文存》、《灵芎草堂诗存》，统称《遇园丛书》。④

刘沆，字琴舫，南部人。光绪十一年（1885）拔贡。以词赋名，著有《琴舫文钞》。⑤

杨桢（1842—?），字静斋，井研人。与廖平（1852—1932）同设帐于凤舞山，同补博士弟子，同调尊经书院。先廖平三十余年卒。廖平《官礼验推》六卷、《史记经说补笺》十卷、《禹贡验推释例》四卷，均托之杨桢作。⑥

王光棣（1851—1901）⑦，字孝鄂、伟堂、韡唐、苇杭，彭水人。光绪十八年（1892）进士。历官湖北广济、公安知县，卒于官。有著述，惜不传。⑧

萧润森。谭宗浚《将解任留别蜀中士子八首》称萧润森、王安璧、谢龙章等六人"僻壤生名驹"。⑨

彭毓嵩（1849—1911），字豫民、篯孙，号山高，宜宾人。光绪十四年（1888）乡试中式副榜第6名，二十年（1894）中式第36名举人。历官四川洪雅教谕、陕西凤翔知县。宣统三年（1911）殉清。⑩

----

① 《涪陵市志》第29篇《人物》，第1530页；《涪陵地区书画名人录》，第32页；《吴虞日记》下册，第161页。

② 民国《邛崃县志》卷2《文学》，第534页；《邛崃县志》第6篇《党派群团》，第180页；侯家华：《邛崃第一所官办小学》，《邛崃文史资料》第12辑，第139页；《邛崃文史资料》第19辑，第141、186页。

③ 《马龙县志》第5编《政务》，第180页；宣统《楚雄县志》卷7《职官》，第8叶。

④ 民国《邛崃县志》卷2《文学》，第535页；《邛崃县志》第26篇《人物》，第763页；宁稚武：《宁缃事略》，《邛崃文史资料》第6辑，第69页。

⑤ 《南部县乡土志·耆旧录》，第372页。

⑥ 《廖季平年谱》，第11、12页。

⑦ 生年据《清代人物生卒年表》，第43页。

⑧ 《彭水县志》第6编《人物》，第869页。

⑨ 《荔村草堂诗钞》卷8《使蜀集下》，第260页。

⑩ 《清代硃卷集成》第368册，第311页；第336册，第69页；《荔村草堂诗钞》卷8《使蜀集下》，第258页；《辛壬春秋》卷43《清臣殉难记》，第8叶。

邓敏修。原任长宁教谕、《洪雅县续志》主纂邓敏修①，未知是否即此人。

唐棣华，巴县人。举人。光绪十七年（1891）官龙安府复设训导。②

吴开南。《兴义县志》收录《箐口忠骨合冢墓志铭》，署"四川乙酉科（1885）举人吴开南撰"③，未知是否即此人。

魏天眷，资州人。参与校刊《说文解字句读》。④

吴昌基（1854—1880），字圣俞，犍为人。以副贡住书院，为斋长。王闿运称其"好学深思，孔静幽默"。早卒。⑤

周煜南，字克生，新繁人。光绪八年（1882）举人。应礼部试不第，归主繁江书院。辛亥后足迹不至城市，自号沱滨遗老。卒年七十八，以孝友受民国政府褒扬。著有《仪礼古今文》四卷、《五经异字录》一卷，皆毁于火，唯存诗文稿二卷。又辑有《新繁文庙祭谱录》六卷。⑥

张遂良（？—1887），字梓屏，号竭夫，遂宁人。廪生。为文博大精深，词章经古尤擅胜场。著有《宝恒堂稿》。⑦

陈文垣，字芗泉（一作芗荃），成都人。光绪十九年（1893）举人。曾任四川国学学校词章教员。《清诗纪事》录其诗1首。⑧

方守道，字廉史，成都人。《蜀学编》二卷，题"成都方守道初辑，宁河高赓恩复辑，邛州伍肇龄同订"。⑨

郑云瑞，字云楼，眉州人。岁贡生。⑩

王荫槐（1852—1896）⑪，又名纪常，字苏铭，号植青、直清，威远人。光绪五年（1879）优贡，官正红旗官学汉教习。十一年（1885）顺天举人。十二年（1886）进士，选庶吉士。散馆授编修，历官国史馆协修、则例馆纂修、会典馆协修。⑫

邹宣律，字卓斋，晚号鹤侪，泸州人。好读书，喜为诗歌词赋，肄业尊经书院，学益博雅，秋试辄不利。光绪三十二年（1906）恩贡。所为诗初学随园，继学梅村，后乃上溯两宋三唐六朝汉魏四诗古歌谣，故其古近体皆追琢而返于自然，为泸诗一大宗。又工骈

① 光绪《洪雅县续志》卷首《姓氏》，第317页。

② 《大清缙绅全书·光绪十九年冬·四川省》，第16叶。

③ 民国《兴义县志》卷12《人物》，第25叶。

④ 《说文解字句读》卷4、卷6，第85、121页。

⑤ 《荔村草堂诗钞》卷8《使蜀集下》，第258页；《廖季平年谱》，第21页；《湘绮楼日记》，第958页。

⑥ 民国《新繁县志》卷14《人物八》，第1叶；《政府公报》1920年6月7日第1550号，第158册第229页；《清代蜀人著述总目》，第70页。

⑦ 民国《遂宁县志》卷5《学行》，第19叶；《新修潼川府志校注》卷16，第521页；张森楷：《戊午六十生日自序》，《张森楷史学遗著辑略》，第27页。

⑧ 《四川大学史稿》，第40页；何域凡：《存古学堂嬗变记》，《四川文史资料选辑》第33辑，第162页；《清诗纪事·光宣朝卷》，第13696页。

⑨ 《巴渝古代要籍叙录》，第151页。

⑩ 《眉山县志·人物篇》，第1076页。

⑪ 生于咸丰元年十二月初四日，公历已入1852年。据《清代人物生卒年表》，第56页。

⑫ 毛建威：《清代翰林王荫槐事略》，《威远文史资料选辑》第10辑，第139页。

体，兼善词曲。性高洁，不治生产，歌啸自如。晚丁离乱，每有感触，辄于诗发之，故集中多可歌可泣者。泸人称其与司空表圣、陆鲁望相伯仲。卒年七十八。著有《十枛山馆诗钞》、《十枛山馆词钞》。①

陈崇哲（1853—1891），字元睿、紫垣、子元，富顺人，原籍福建龙岩。光绪八年（1882）优贡，十一年（1885）举人。官秀山训导。著有《仪礼士丧虞器服释证》、《馈食仪节》、《八代文章志》、《江汉源流考》、《蜀历代文学赞》、《酖春冀阁集》，与简燊（字伯璋）合辑《八代文粹》。②

萧启湘，纳溪人。与眉山李宝元合著《眉云唱和集》。③

杨永清，字子纯，崇庆人，光圻（字璧生、汝封）子。光绪十一年（1885）拔贡。父殁后，继父志主讲本邑江原书院数年。④

蒲轮召（1850—1895），字行之，阆中人。光绪十一年（1885）拔贡，候选教谕。设帐授徒。卒于天津。⑤

余晋（1861—1919），字进之，巴州人，焕文（1825—1892）子。先后肄业巴中云屏、成都尊经书院。后主达县东乡、恩阳文治书院，卒于文治任上。⑥

孙鸿勋，绵州人。入张之洞（1837—1909）幕，防城县首任知县。光绪十七年（1891）以"乖张任性，并短交代"遭革职。⑦

刘彝（1843—？），派名显彝，号叙伦，江北人，原籍湖北麻城。光绪十七年（1891）乡试中式第70名举人。⑧

王绳生（1853—？），字芝浦，巴县人。光绪十一年（1885）拔贡，考取八旗官学教习。⑨

崔映棠，字树南，绵州人。廪贡。官华阳、犍为、江津教谕。民国间任四川省临时议会议员，绵阳县筹赈局长、图书馆馆长、修志局副局长。总纂《绵阳县志》，著有《江津县礼俗志稿》、《练心移诗文稿》。⑩

顾印愚（1856—1913）⑪，字印伯、蔗孙，号所持，成都人。光绪五年（1879）举人。以大挑官洪雅训导，越二年，改知县。历官湖北汉阳、武昌知县，武昌府通判。辛亥后穷愁潦倒，卒于北京。门人辑其诗为《成都顾先生诗集》。《晚晴簃诗汇》录其

---

① 民国《泸县志》卷4《选举表》，第157页；卷6《人物·文苑》，第247页。

② 《清代硃卷集成》第380册，第213页；《富顺县志》卷29《人物》，第683页；《蜀风集：文守仁先生遗著》，第133页；吴之英：《哭陈崇哲》，《吴之英诗文集》卷2，第32页。

③ 《清人别集总目》，第798页。

④ 《中国近现代人物名号大辞典（续编）》，第90页。

⑤ 《阆中诗选》，第156页。

⑥ 《巴中诗文》，第83页；《平昌县文史资料》第5辑，第99页。

⑦ 《张之洞全集》，第2573页；《防城文史资料》第6辑，第94页；《清实录·德宗实录》卷299，第55册第964页。

⑧ 《清代硃卷集成》第335册，第229页。

⑨ 《四川尊经书院举贡题名碑》，第14页；《大清缙绅全书·光绪十九年冬·京师》，第94叶。

⑩ 《绵阳市社会科学志》，第330页。

⑪ 生于咸丰五年十二月二十日，公历已入1856年。

诗 9 首。①

　　龚开晋，华阳人，改归原籍江苏无锡（一作金匮）。光绪五年（1879）举人。三十年（1904）署理湖南东安知县。②

　　王幼怀（1848—?），字少甫，通江人。光绪八年（1882）副贡，考取八旗官学教习。③

　　颜汝玉，字琢庵，盐源（一作西昌）人。拔贡。主讲本邑泸峰书院，晚年历任中校、高小校及省立第二师范学校国文教员。卒年七十四。著有《趋庭蠡测》、《桂山府君年谱》、《经学歌》、《史学歌》、《风谣集》、《学务小识》、《经史讲义》、《自治刍言》、《新民管见》、《虫吟诗草》、《四余书屋杂著》。④

　　傅守中，字启堂（一作芑堂），大邑人。光绪十四年（1888）举人。历官盐亭训导、阆中教谕。保举经济特科，以办学未赴试。改官湖南宁远知县，民国间官隆昌知事。尝主怀远汉原书院，分校《大邑县志》。⑤

　　聂培惺，屏山人。恩贡。⑥

　　余皆待考。

56. 尊经书院初集

【版本序跋】

题"光绪甲申（1884）四川省城开雕"，"湘潭王壬父夫子阅定"。

王壬父，即王闿运，见《船山书院课艺》。

王祖源序云：

　　　　张孝达学使之创建尊经书院也，其章程，诸生应课佳卷，帖示讲堂。非以明不私，特以蜀士三万，而院额百名，县鹄国门，使学射者知所观摹耳。戊寅（1878）冬，督学使者南海谭编修曾拔其尤，刻《蜀秀集》，粗得包举众艺，表见群英，识者谓与诂经、学海相颉颃。三年灯火，成学斐然，于此叹蜀才之善变也。

　　　　己卯（1879）春，制府丁公视学考程，横经课士。忻门户之已成，惜真传之未启，于是礼延鸿儒，模楷多士。湘潭王壬秋先生，学本成天，言能化物，尽发何郑之覆，直升屈宋之堂，岂曰今之学人，实乃古之达士。院生喜于得师，勇于改辙，宵昕不辍，蒸蒸向上。而先生乐其开敏，评改涂乙，不厌详说。每一帖示，等石经之初立，若左赋之方成，四方观临，刀简复杳。学者既苦抄写之多劳，又恐鲁鱼之滋误，

　　①　《成都顾先生诗集》卷首程康识语，第 109 页；《晚晴簃诗汇》卷 172，第 7487 页。

　　②　《续增科场条例·光绪十六年》，第 1285 页；《江苏省通志稿·选举志》卷 14，第 320 页；《东安县志》卷 18《政权、政协》，第 481 页。

　　③　《四川尊经书院举贡题名碑》，第 14 页；《大清缙绅全书·光绪十四年夏·京师》，第 92 叶。

　　④　民国《西昌县志》卷 10《人物》，第 21 叶。

　　⑤　民国《大邑县志》卷首《职名》，第 1 叶；卷 9《选举表》，第 22 叶；卷 13《氏族下》，第 6 叶；《大邑县志续编·人物》，第 627 页；张一麐：《经济特科同征录》，《历代制举史料汇编》，第 543 页；巫之璞：《怀远汉原书院追忆片段》，《崇庆文史资料选辑》第 3 辑，第 101 页。

　　⑥　民国《屏山县续志》卷上《选举表》，第 30 叶。

请付梓人，乃成是集。公余卒读，窃以研经则搜大义而黜支离，制辞则屏晚近而宗院谢。苟比《蜀秀》，其间盖远。虽曰学者善悟，而教者之指画，不已劳乎！

夫蜀学之兴，肇端文翁。讲堂之开，继美高瞬。诚知海为百川所归，骥非伯乐不贵。今者西邦秀彦，霞蔚云蒸，文学弥纯，道德加茂。升文中之堂，人皆将相。经大匠之斧，材尽楩楠。将见允陟璇玑，经纶皓素。司马则耀文上京，子云则齐圣广渊，公孺则训诂元远，子渊则才高明隽。作中和之颂，声鹿鸣之歌，云集鳞翔，同风邹鲁，钧陶之妙，庸得不归功于洪炉耶！况闻高才弟子，各有专业，钩深致远，著述成章。虽未获观览，而尝鼎一脔，固知非末流剿说之习矣。

予维蜀自汉兴，文翁立学，东诣受经，学徒鳞萃，蜀学比于齐鲁。景帝中，令天下皆如蜀建立文学，郡县之有学官，蜀为之始也。今之尊经，追隆两汉，既已龙宗有麟，凤集有翼，缙绅之士，比肩而进，鸿生巨儒，接踵而兴矣。然而登山而思求玉，入海而欲得珠。必有负帙怀经远至不易者，苟得是编以为津逮，则仰其风流，范其师法，自必人人如游乎礼堂，家家还以为教授，如张叔十八人者矣。是编之刻，虽后越粤，而蜀学之成，由此益昌。古称江汉炳灵，世载其英，不愈信哉！

光绪十一年（1885）夏四月浴佛日，四川成绵龙茂兵备使者福山王祖源序。

王祖源（？—1886），原名伯濂，字莲塘，福山人，兆琛（1786—1853）子。道光二十九年（1849）拔贡。历官兵部主事，四川龙安、成都知府，龙绵成茂道，盐法道，按察使。光绪十二年（1886）以觐见卒于京师。刻有《天壤阁丛书》，著有《判花轩吟稿》一卷。[1]

易佩绅序云：

【略】国家右文之治，超越往古。蜀之文学，视各行省未称极盛。光绪初元（1875），学使张公与督部吴公始立尊经书院。今督部丁公尤加意经营，为诸生择师。王壬秋院长实来不数年，蜀才蔚起，骎骎乎与两汉同风矣。

诸生哀其课艺，请序于余。余观其说经之文必依古法，其他词赋亦皆言之有物，盖妙乎言语，通乎政事，而不悖乎德行者。余少年志在用世，视经生文人皆不足为。壮年始知反求于德行，而言语、政事、文学听其自至。今老矣，德不加进，学亦无成，然窃愿当世经生文人不以文学自限，而充其德行、言语、政事为世用也。今世变方新，古之文所不载，则将谓古之学皆无用。盖惊于猝临，未暇审耳。试一审之，则古之文无不该，必力追乎古之德行、言语、政事，而后有济，是在善学者为蜀士望，不仅为蜀士望也。

光绪十一年乙酉（1885）孟夏月，四川承宣使者易佩绅序。

易佩绅（1827—1906）[2]，字秉良、笏山，号健斋，晚号遁叟，湖南龙阳人。咸丰五

---

① 民国《福山县志稿》卷10《宦迹》，第1365页；王恒柱：《王祖源与〈天壤阁丛书〉》，《山东图书馆季刊》1995年第1期，第50页。

② 生于道光六年十二月初八日，公历已入1827年。

年（1855）优贡第 1 名。考取八旗官学教习，先后充补正蓝旗、镶黄旗教习。八年（1858）顺天乡试中式举人。从军，转战数千里。同光间官贵州安顺知府、贵东道、按察使，山西、四川、江苏布政使。著有《通鉴触绪》、《诗义择从》（皆收入《四库未收书辑刊》）、《函楼诗钞》、《函楼词钞》、《函楼文钞》。《晚晴簃诗汇》录其诗 5 首。《词综补遗》录其词 3 首。《全清词钞》录其词 2 首。①

丁宝桢序云：

　　尊经书院之设，盖有见于当时之读书者自初入塾时，率皆人执一经，至老而卒，无只字之获解，有志者悯焉。因特立一院，以为攻经之地，俾士之入其中者，顾名思义，朝夕濡染，渐以自耻其鄙陋，而因以悟其荒经蔑古之非，亦"百工居肆，以成其事"之意也。

　　虽然，经岂易言解哉！夫自古圣贤，于身世间动静之为，以至名物象数之细，罔不身习其事，心知其义，灼然有合于道，而又多闻见以阙其疑殆。盖慎之至慎，始著为语言文字，以传后而行远，诚所谓"百世以俟圣人而不惑"者矣。自秦火后，典策散失，先圣之心传亦与俱烬。汉世大儒辈出，远承坠绪，迄不可得，不能不于断简零编中循章栉句，以求古圣精义于微茫渺忽之间。然用心太深，亦间有偏驳不醇之憾。甚矣，其难也。自后世解经者日众，类多不顾其义理之安，而惟章句之新奇是务。驯至穿凿附会，破碎决裂，几使先圣载道之文至于不可通晓。议者因是反以汉儒章句之学为病，此岂其情也哉！

　　忆余尝至书院课士，必进诸生而语之曰：生等解经，贵求心得，必得于心而后能有合于古，有合于古而后能有益于身。今观所刻，中有院长壬秋先生所作《释蒙》、《退食自公》等篇，解说精当，言皆有物，与余所言贵求心得之论适相符合。又观其自记曰：今愿与诸生先通文理，然后说经，理通而经通。旨哉斯言！诚后世说经者不易之准绳矣。盖汉儒藉章句以求古圣之义理，义理明而章句之学愈显，后人背义理以求显著之章句，义理病而章句之病益深。吾尝怪夫今世之解经者如行路然，日履康庄而故欲辟荆榛以自矜为坦途也，岂不谬哉！刻书成，诸生问弁言于余，因是以为之序。

　　光绪十一年（1885）春三月，平远丁宝桢书。

丁宝桢（1820—1886），字稚璜，贵州平远人。道光二十三年（1843）举人。咸丰三年（1853 年）进士，选庶吉士，授编修。历官湖南岳州、长沙知府，山东按察使、布政使、巡抚，四川总督。谥文诚。著有《丁文诚公遗集》、《奏议》。②

　　①　《清代硃卷集成》第 379 册，第 365 页；《清代官员履历档案全编》第 4 册，第 175、547 页；易顺鼎：《先府君行状》，《易顺鼎诗文集》卷 37，第 1753 页；《晚晴簃诗汇》卷 154，第 6752 页；《词综补遗》卷 97，第 3633 页；《全清词钞》卷 24，第 1251 页。
　　②　阎敬铭：《皇清诰授光禄大夫头品顶带太子少保兵部尚书都察院右都御史四川总督赠太子太保谥文诚丁公墓志铭》，《丁文诚公家信》附录，第 377 页。

【课艺内容】

凡十二卷：卷一《易》、《书》18 题 18 篇，题如《不速客三人解》、《〈盘庚〉三篇先后说》；卷二《诗》28 题 38 篇，题如《瓜桃李皆加木解》、《朱裳考》；卷三《周礼》2 题 6 篇，题如《社祭时制考》；卷四《礼经》12 题 20 篇，题如《一献有牲无牲考》、《玄端为上服考》；卷五《春秋》12 题 15 篇，题如《郑伯克段何以知段为弟》、《国君书卒不书葬条说》；卷六《礼记》11 题 16 篇，题如《男女不相答拜解》、《三妃考》；卷七《礼记》、《论语》8 题 10 篇，题如《吉月朝服考》、《明衣考》；卷八《尔雅》、《说文》、《孟子》20 题 23 篇，题如《权舆解》、《玄孙以下有称高祖，以上宜何称说》；卷九史 1 题 1 篇，题为《拟四川艺文志》；卷十史、赋、诗 22 题 34 篇，题如《汉唐成都故城考》、《感秋赋》、《拟陶渊明〈闲情赋〉》、《庚辰十月十三夜书事》；卷十一诗、骚、表、奏、议、书 15 题 25 篇，题如《机器局诗》、《川东校旗诗》、《成都览古诗》、《重修北堋议》；卷十二赞、论、连珠、箴、碑 14 题 24 篇，题如《〈后汉书〉三十二功臣赞》、《古今榷盐利便论》、《拟〈文心雕龙·明诗〉》、《巫山神女祠碑铭》。有评语。

【作者考略】

收录课艺较多者：刘子雄（德阳优贡）20 篇，周道沺（成都副贡）、岳森（南江廪生）14 篇，戴光（合州廪生）13 篇，吴之英（名山优贡）10 篇，吴福连（名山拔贡）、陈观浔（成都拔贡）、蒲九荃（西充廪生）9 篇，周宝清（成都廪生）、胡延（成都廪生）、吴光源（西昌附生）、张祥龄（汉州拔贡）7 篇，闵墍（名山举人）6 篇，尹殿飏（秀山举人）、张可均、宋育仁（富顺举人）、杨锐（绵竹优贡）5 篇，崔映棠（绵州廪贡）、范溶（华阳廪生）4 篇，黄书忠（邛州拔贡）、王树滋（新繁增生）、胡从简（新津附生）、吕翼文（华阳附生）、丁树诚（合州举人）、吴博文（西昌拔贡）、邓昶（绵州廪贡）3 篇。

其他作者一二篇不等：傅世沺（华阳举人）、张骧（成都举人）、周绍暄（广安廪生）、杨桢（新繁廪生）、谢质（新都廪生）、刘泽沅（名山廪生）、刘镕（绵竹拔贡）、刘祖周（新都附生）、王光棣（彭水拔贡）、曾培（成都举人）、王代丰（湘潭廪生）、陈光煦（酉阳廪生）、哲克登额（旗学拔贡）、张世芳（商学廪生）、廖平（井研举人）、宁缃（邛州廪生）、刘光谟（射洪廪生）、傅守中（大邑廪贡）、胡樑（新津廪生）、陈潇（酉阳拔贡）、任国铨（忠州举人）、古松（浏阳□生）、方守道（成都廪生）、洪尔振（华阳廪生）、张官向（浏阳□生）、王昌麟（灌县附生）、张士达（眉州廪生）、陈常（酉阳举人）、戴孟恂（江津优贡）、陈文垣（成都增生）、吴昌基（犍为副贡）。另有院长程作 6 篇，督宪原作 1 篇。

周道沺、张祥龄、宋育仁、杨锐、崔映棠、范溶、丁树诚、邓昶（邓宗岳）、傅世沺、张骧、王光棣、王光棣、曾培、廖平（廖登廷）、宁缃、傅守中、任国铨、方守道、戴孟恂、陈文垣、吴昌基，见《蜀秀集》。

刘子雄（1858—1889），字介卿（一作健卿），德阳人。光绪十二年（1886）优贡，十四年（1888）举人。官内阁中书。卒后友人辑其诗文为《刘舍人遗集》。[1]

---

① 《清人诗文集总目提要》，第 1894 页。

　　岳森,字林宗,南江人。拔贡生。考取景山官学教习,未及叙官而殁。为王闿运(1833—1916)弟子,汲古考文,足继师说。虽深造弗逮廖平(1852—1932),而通博过之。著有《考工记考证》、《说文举例》、《蜀汉地志》。①

　　戴光(1855—1916),字子和,号蹇叟,合州人。光绪十七年(1891)举人。二十一年(1895)进士,选庶吉士。散馆授江苏知县,历江宁、上元、盐城等县。辛亥后流寓南京。著有《蟠龙山庄集》,未及刊行而毁于火。又有《历代疆域沿革图说补正》、《蟠龙山庄烬余文集》。②

　　吴之英(1857—1918),字伯朅,号西蒙愚者,名山人。光绪七年(1881)优贡。历任资州艺风书院讲习、简州通材书院主讲、灌县训导、成都尊经书院襄校、蜀学会主讲、《蜀学报》主笔、名山县立高等小学堂校长、名山教育会会长、四川国学院院正。著有《寿栎庐丛书》。③

　　吴福连(1854—?),字梓材,名山人。光绪十一年(1885)拔贡。官甘肃州判。主讲名山仰山、紫霞书院。参与校勘龙启瑞《古韵通说》。④

　　陈观浔,字西生,成都人。光绪十一年(1885)拔贡。主讲芙蓉书院。民国间与修《四川通志》,《西藏志》已成初稿,而《四川艺文志》编理未就,遽归道山。著有《敏求斋遗书》四卷。⑤

　　蒲九茎(1858—?),字芝仙,西充人。拔贡。民国主纂《南部县志》。⑥

　　周宝清(1860—?),字淡如,号澹余,成都人。光绪十四年(1888)优贡,朝考一等。十五年(1889)顺天乡试中式第48名举人,覆试一等第3名。十八年(1892)会试挑取誊录。二十年(1894)会试中式第179名,覆试二等第75名,殿试三甲第12名,朝考二等,授内阁中书。⑦

　　胡延(1860—1904),字长木,号砚孙,成都人。光绪十一年(1885)优贡,朝考一等,以知县分发山西。历充文案、工赈、清讼、发审、清源、赈捐各局差,兼充储材馆提调,后官平遥、绛县、永济知县,陕西凤邠盐法道,江苏粮储道。卒于苏州。著有《兰福堂诗集》、《苾刍馆词集》。《晚晴簃诗汇》录其诗16首。《词综补遗》录其词4首。⑧

　　吴光源,字清渠,西昌人。廪生。尊经书院斋长,与廖平(1852—1932)友善。善治《公羊春秋》,著有《百二十女讼郑君表》。参与校勘龙启瑞《古韵通说》。⑨

---

①　《清代朴学大师列传》,第330页。

②　李豫川:《清代合川六进士》,《合川文史资料精选》,第151页;《四川历史辞典》,第377页。

③　《名山县志·人物》,第599页;《吴之英诗文集》附录《吴之英先生年谱》,第515页。

④　《四川尊经书院举贡题名碑》,第14页;民国《名山县新志》卷11《学校》,第4叶;卷12《贡举》,第6叶;《经手录》卷2,第14页。

⑤　《西藏志》卷首《出版说明》,第2页;《清人诗文集总目提要》,第1919页。

⑥　《四川尊经书院举贡题名碑》,第14页;《南部县志》第35篇《附录》,第813页。

⑦　《清代硃卷集成》第81册,第207页。

⑧　《清代官员履历档案全编》第6册,第499、622页;《近代巴蜀诗钞》,第629页;《晚晴簃诗汇》卷175,第7638页;《词综补遗》卷14,第516页。

⑨　民国《西昌县志》卷10《人物》,第24叶;《经手录》卷2,第14页。

　　闵瑮，字伯鸿，号雅堂，名山人。肄业尊经书院，与廖平（1852—1932）、杨锐（1855—1898）、范溶（1852—1909/1910）辈齐名，而瑮尤以鸿博著。光绪五年（1879）举人。春闱罢归，主讲芦山文明书院，襄校尊经、锦江书院课艺。著有《读诗证异》。①

　　尹殿飏（1850—?），派名庆徽，字皋卿、都臣，秀山人，原籍湖南邵阳。光绪十二年（1886）进士，选庶吉士。散馆授山东宁阳知县。二十一年（1895）主临清清源书院，以六书课士，由是临人渐知小学，空疏学风至此一变。②

　　张可均，号诒甫，华阳人。光绪十六年（1890）以优贡授叙州府复设训导。十九年（1893）举人。参与"公车上书"。民国七年（1918）官河南长垣知事。③

　　黄书忠，字恕传，邛州人。光绪十一年（1885）拔贡。曾参与瓣香草堂会课。卒后有诗文合钞遗稿。诗好雕饰，不免气滞语涩之病，非其长技。文工四六，是学步于有正味斋者。④

　　王树滋，字剑门，新繁人。诸生。恃才傲物，狂放不羁，文词多诡激，书法步趋元魏。晚岁益困，幕游楚吴，卒于扬州。⑤

　　胡从简，字敬亭，新津人。少贫困，年十九，始读书。三十为邑庠生，肄业锦江、尊经书院，充尊经斋长。光绪十八年（1892）进士，用知县，乞病归，家居治学，竟不复出。恒以夜分就灯下纂录，五十而瞽。著有《礼经考》、《礼经释例》、《周礼句读》、《大戴礼记笺》、《读礼管窥》。⑥

　　吕翼文（?—1906），字雪堂，华阳人。久困于秋闱，光绪二十三年（1897）始中举人。及礼部试还，仍至湖南随王闿运竟业。盖蜀士著籍闿运门下者，以翼文为最久且笃。还蜀，历任资州艺风书院、广安紫金精舍、重庆经学书院、江北书院讲习或山长。著有《说文释例》、《说文理董》、《王氏礼经笺疏》、《雪堂残稿》。⑦

　　吴博文（1860—?），字约之，西昌人。光绪十一年（1885）拔贡，本年乡试荐卷未售，郁郁不得志，病死省中。家中富藏书，诗赋宗汉魏徐庾，字仿魏碑。著述甚夥，没后散佚。⑧

　　周绍暄（1857—?），字煦笙，广安人。光绪十一年（1885）拔贡，授吏部七品小京官。⑨

　　① 民国《名山县新志》卷13《士女》，第14叶；吴之英：《答闵瑮》、《哭闵瑮》，《吴之英诗文集》卷1，第3页；卷2，第33页。
　　② 《清代官员履历档案全编》第27册，第709页；《邵东古文选辑》第1辑，第35页；民国《临清县志·大事记》，第20叶。
　　③ 《大清缙绅全书·光绪十九年夏·四川省》，第9叶；《康有为全集》第2集附录《公车上书题名》，第55页；《长垣县志》第5编《政治》，第395页。
　　④ 民国《邛崃县志》卷2《文学》，第534页；《中国文学大辞典》，第1314页。
　　⑤ 民国《新繁县志》卷14《人物八》，第2叶。
　　⑥ 《清代朴学大师列传》，第330页；《清朝进士题名录》，第1247页。
　　⑦ 民国《华阳县志》卷16《人物》第7之10，第2叶；《四川省志·人物志》，第745页；《中国书院辞典》，第392页。
　　⑧ 民国《西昌县志》卷10《人物》，第24叶；《四川尊经书院举贡题名碑》，第14页。
　　⑨ 《四川尊经书院举贡题名碑》，第14叶；《大清缙绅全书·光绪十六年春·京师》，第21叶。

杨桢，字敬亭（一作敬廷），新繁人。岁贡生，候选训导。与廖平（1852—1932）、吴之英（1857—1918）、宋育仁（1858—1831）友善。书院刻群经诸史，桢皆躬与校雠之役。工诗文，风格近六朝、唐人。著有《晚秀堂诗钞》一卷。①

谢质，字范九，新都人。光绪二十年（1894）进士。三十年（1904）官广东高要知县，居官清廉，简朴无华，勤于治盗。②

刘泽沅，字茝湾，名山人。廪生。年三十余卒。《名山县新志·文录》录其《周公山怀古》。③

刘祖周，又名乾，字夏先，新都人。廪生。④

王代丰（1859—1881），字仲章，湘潭人，闿运（1833—1916）子。廪生。幼承家学，殚力经术，尤邃于《春秋》。惜不永年。著有《春秋例表》三十八卷。⑤

陈光煦，酉阳人。段玉裁（1735—1815）撰《仪礼汉读考》未竟，光煦续成之。⑥

哲克登额（1855—1940），字子贞，号明轩，又名赵明轩、哲明轩，蒙古族，旗籍，成都驻防。光绪二十三年（1897）举人，二十九年（1903）进士。官古宋知县。民国间任四川省通志局编修、组合小学校长、成都旗民生计会会长。著有《二十四史述赞》、《历代治河概论》、《春秋五十凡例》、《易经经义》、《旅京诗稿》。⑦

张世芳，字春山。《湘绮楼日记》记其光绪九年（1883）六月十二日，问《公羊》大义及作诗文体格，坐论甚久。王闿运谓"所问数条亦不草草，与王昌麟问《礼记》，皆新调中之佳者"。⑧

刘光谟（1846—1916），字文卿，射洪人。光绪元年（1875）岁贡。肄业尊经书院，充斋长。与修《射洪县志》，撰有《射洪县修志议》、《县志分篇议》等文。又与修《潼川府志》，著有《高石斋文钞》三卷。⑨

陈潇（1852—?），原名宝，字子虞、伯蒃，酉阳人，常（1856—1884）兄。拔贡。⑩

洪尔振（?—1917），字鹭汀，华阳人。光绪十五年（1889）副贡，十七年（1891）举人。官江苏溧阳、丹徒知县，江苏候补道。以事削职，退居苏州、上海。与沪上名士多有交游。⑪

① 民国《新繁县志》卷14《人物八》，第2叶；《清人诗文集总目提要》，第1955页。

② 《清朝进士题名录》，第1266页；宣统《高要县志》卷15《职官二》，第18叶。

③ 民国《名山县新志》卷15《文录》，第30叶；《尊经·疑古·趋新——四川省城尊经书院及其学术嬗变研究》，第256页。

④ 《尊经·疑古·趋新——四川省城尊经书院及其学术嬗变研究》，第219页。

⑤ 《清王湘绮先生闿运年谱》卷1，第33页；卷2，第112页；《续修四库全书总目提要·经部》，第796页。

⑥ 《三礼研究论著提要》，第204页。

⑦ 赵泽永：《蒙古族进士哲克登额》，《成都文史资料》第30辑，第139页。

⑧ 《湘绮楼日记》，第1227页。

⑨ 《遂宁古今人物》，第110页；《中国地方志辞典》，第325页。

⑩ 《四川尊经书院举贡题名碑》，第13页；《湘绮楼日记》，第1342页；《丁治棠纪行四种》，第117页。

⑪ 俞樾：《从孙婿洪鹭汀刺史五十寿序》，《春在堂杂文补遗》卷3，第779页；杨锺羲：《雪桥自订年谱》，《雪桥诗话全编》第3册，第2921页；《吴昌硕书画鉴定》附录《吴昌硕年谱》，第190页。

王昌麟（1861/1862—1918），字瑞征，灌县人。光绪十四年（1888）举人。再试春官不第，入国子监南学。三年课绩第一，翁同龢（1830—1904）以硕学通儒奏荐待诏，行将擢用。庚子（1900）之乱仓促返蜀，遂绝意仕途。历主郫县、灌县书院，先后任教于川东师范学校、四川高等学堂。著有《中国文学史》、《周官通释》、《惜斋文录》、《晴翠山房诗文钞》。①

陈常（1856—1884），又名况，字子经（一作子京），酉阳人。光绪五年（1879）举人。八年（1882）失偶，入赘天津，两载殂。②

待考者：刘镕、胡榘、古松、张官向、张士达。

57. 尊经书院二集

【版本序跋】

《中国历代书院志》据光绪十七年（1891）刻本影印。题"邛州伍肇龄崧生阅选，南江岳森林宗参订"。

伍肇龄（1829—1915），字嵩生（一作崧生），邛州人。道光二十三年（1843）举人，二十七年（1847）进士。选庶吉士，授编修。因与肃顺（1816—1861）交密，罢归，历主锦江、尊经书院。著有《石堂诗钞》。③

岳森，见《尊经书院初集》。

伍肇龄序云：

> 吾蜀自文翁倡教，相如为师，建立讲堂，七经东受，实为天下书院权舆，嗣是历代不乏材彦。明末流贼肆毒，文献湮没尽矣。国朝初建锦江书院，大抵惟科举是务。虽曰习经，涉猎而已，未有专业教者。即欲以古学倡，其如规模之未具何？同治甲戌（1874），官绅协谋别建尊经讲舍（事详《尊经书院记》），始专考经义，兼习古文词。十余年来，登进者历科转盛，风会所趋，人人皆知读书之有益矣。

> 余以谫劣谬膺斯席，见前谭学使有《蜀秀集》之刻，携板以去；王壬秋院长始刻《课艺初集》。因命杨生桢、罗生元黼详检官师两课，梓为《二集》。仿《初集》式，不刻近体，亦有传观遗失、宜刻而未刻者，略存梗慨云尔。

> 夫治经必精求古义，靳温故而知新；立言贵乎雅驯，乃虽多而不厌。学者循序致功，将见触类引伸，必有月异而岁不同者，则斯集其犹嚆矢也。是为序。

> 临邛伍肇龄。

【课艺内容】

凡八卷：卷一《易》、《书》、《诗》17题17篇，题如《六十四卦名始于何时解》、

---

① 《近代巴蜀诗钞》，第682页；《中国书院辞典》，第372页。

② 《四川尊经书院举贡题名碑》，第14页；《湘绮楼日记》，第831页；《丁治棠纪行四种》，第112页。

③ 《蜀风集：文守仁先生遗著》，第328页；张永春：《清代科举制概况暨伍肇龄生平简介》，《邛崃文史资料》第2辑，第48页。

《〈禹贡〉梁州疆域考》、《孔子删诗辨》；卷二《周礼》、《礼经》8 题 13 篇，题如《〈考工记〉车制名目图说》、《男子夹拜妇人不夹拜说》；卷三《春秋》9 题 13 篇，题如《春秋列国唯晋用夏正说》；卷四《礼记》、《论语》、《尔雅》8 题 11 篇，题如《七祀皆有尸考》、《绀緅红紫考》、《〈尔雅〉〈说文〉相表里论》；卷五《说文》、《孟子》5 题 5 篇，题如《篆文承用古籀说》、《〈春秋〉成而乱臣贼子惧论》；卷六赋 6 题 11 篇，题如《拟班孟坚〈幽通赋〉》、《紫薇花赋》；卷七诗、颂、议、论 27 题 36 篇，题如《拟左太冲〈咏史〉》、《蜀都怀古》、《万寿圣节颂》、《海防议》、《铁路论》；卷八记、序、书后、碑、铭、祭文、杂文、考 12 题 18 篇，题如《崇丽阁记》、《书〈平原君传〉后》、《祀金马碧鸡文》、《三巴考》。

【作者考略】

收录课艺较多者：戴光（合州廪生）11 篇，欧阳世麟（泸州廪生）8 篇，周国霖（新津举人）、方守道（成都廪生）、周凤翔（彭山廪生）、杨桢（新繁廪生）7 篇，罗元黼（崇庆廪生）、胡从简（新津廪生）、刘子雄（德阳举人）6 篇，胡念祖（新津廪生）5 篇，刘乾（新都廪生）、邹增祜（涪州廪生）、罗长钰（华阳廪生）、陈开炽（宜宾廪生）3 篇。其他作者一二篇不等：李滋然（长寿进士）、谭焯（秀山廪生）、孙克勤（富顺廪生）、冯震熙（绵竹廪生）、李之实（新繁举人）、林芝兰（荣县拔贡）、杨光堈（成都廪生）、汪茂元（中江廪生）、陈光煦（酉阳廪生）、彭光弼（中江廪生）、汪麟洲（南部廪生）、哲克登额、严士濬（成都廪生）、朱桂芃（资州廪生）、程墀（夔州廪生）、傅守中（大邑举人）、胡潽源（井研廪生）、陈文垣（成都廪生）、范溶（华阳优贡）、邹庆先（威远举人）、张楚馨（三台廪生）、何鹏宵（阆中廪生）、冯江（华阳附生）、蔡国栋（成都廪生）、袁文卓（蒲江廪生）、李成焯（成都附生）、严宾虞（成都廪生）、缪宗瀚（成都廪生）、张憯（汉州廪生）、徐炯（华阳廪生）、郑锺灵（保宁举人）、张正馨（永川廪生）、耿树蕙（新繁廪生）。

方守道、邹增祜、傅守中、陈文垣、范溶，见《蜀秀集》。

戴光、杨桢、胡从简、刘子雄、刘乾（刘祖周）、陈光煦、哲克登额，见《尊经书院初集》。

周国霖，新津人。举人。朱德实（枕虹）论尊经书院经生，以廖平、吴之英、周国霖等九人并举。[1]

周凤翔（1860—1927），改名翔，字紫庭，号嗣芬，彭山人。光绪十七年（1891）乡试中式第 20 名举人。十八年（1892）进士，选庶吉士，官刑部主事、员外郎。赴日本考察学务，回国后任四川东文学堂监督。再赴日本，任四川留学师范生监督。回川后历任通省师范学堂监督、学务公所议长、高等学堂总理。民国间任四川教育总会会长、四川高等学校校长、成都高等师范学校校长、省通志局纂修。著有《周紫庭先生遗诗》。[2]

罗元黼（1856—1931），字云裳，崇庆人。光绪二十年（1894）优贡。官岳池、丰都

---

① 《廖季平年谱》，第 43 页。

② 《清代硃卷集成》第 334 册，第 49 页；《彭山县志》第 26 编《人物》，第 648 页；《中国近现代高等教育人物辞典》，第 409 页。

教谕。后任四川高等学堂舍监、存古学堂教习兼学监，主持存古书局。民国间任崇庆修志局长兼纂修。著有《蜀画史稿》、《蜀中名画记续集》。①

胡念祖（1861—1930），字莐臣，新津人。拔贡。肄业尊经书院，充东斋斋长。后任新津通津书院山长，县公署视学、地方保卫团总局局长，成都府咨议局议员，四川官立高等学校、私立培英中学教员。②

罗长钰，华阳人。光绪十九年（1893）举人。③

陈开炽，字锡昌，宜宾人。光绪二十年（1894）优贡，二十三年（1897）顺天举人。三十年（1904）官广西泗城知府。有政声，人比之治蜀文翁。以水土病卒于任。④

李滋然（1847—1921），字命三，号树斋，长寿人，原籍湖北麻城。光绪十五年（1889）会试中式第 4 名，殿试三甲第 137 名。历官广东电白、揭阳、顺德、曲江、文昌、东莞、普宁知县，学部七品小京官。著有《周礼古学考》十一卷、《四书朱子集注古义笺》六卷、《群经纲纪考》十六卷、《四库全书书目表》四卷、《采薇僧诗集》一卷、《明夷待访录纠谬》一卷。⑤

谭焯（1860—?），字灼庵、卓安，秀山人。拔贡。留学日本宏文学院师范科。光绪三十二年（1906）任县立高等小学堂监督，参与西属师范学堂筹办并首任监督。民国间主办川东师范学堂，任省立第一中学校长，代理四川高等师范学校校长。⑥

孙克勤，改名荣，字树南（一作澍楠），富顺人。自贡酌经书院首任山长。著有《古今法制表》（又名《九通政要表》）十六卷（收入《续修四库全书》）。⑦

冯震熙（1863—?），字春翘，绵竹人。留学日本宏文学院师范科。⑧

李之实，号岑秋，新繁人。光绪十四年（1888）举人。参与"公车上书"。官内阁中书、贵阳同知、罗斛厅同知。诗文绮丽，才气豪迈。以赴京引见，溺死于江苏南通旅次。⑨

林芝兰（1860—?），字香溥，荣县人。拔贡。⑩

杨光埛，成都人。著有《彰明县乡土志》二卷。⑪

---

①　《崇庆县志》第 32 篇《人物》，第 802 页；杨明春：《罗元黼与民国〈崇庆县志〉》，《崇州文史资料》第 20 辑，第 11 页。

②　《新津县志》第 25 篇《人物》，第 1037 页。

③　民国《华阳县志》卷 23《艺文一》，第 32 叶。

④　光绪《叙州府志》卷 31《选举》，第 66 叶；《北京市志稿》第 15 册，第 501 页；民国《凌云县志》第 7 编《前事》，第 11 叶。

⑤　《清代硃卷集成》第 61 册，第 351 页；程曦：《清代进士李滋然》，《长寿县文史资料》第 2 辑，第 1 页。

⑥　《清末新政与教育转型：以清季四川师范教育为中心的研究》附表，第 457 页。

⑦　罗筱元、胡善权：《清季自贡地方五书院》，《自贡文史资料选辑》第 14 辑，第 190 页；《古今法制表》赵藩序，第 237 页；《法律大辞书》，第 2056 页。

⑧　《清末新政与教育转型：以清季四川师范教育为中心的研究》附表，第 452 页。

⑨　民国《新繁县志》卷 14《人物八》，第 1 叶；《康有为全集》第 2 集附录《公车上书题名》，第 54 页；《大清缙绅全书·光绪二十四年秋·京师》，第 6 叶；《光绪二十八年秋·贵州省》，第 1 叶。

⑩　《四川尊经书院举贡题名碑》，第 14 页。

⑪　《中国地方志总目提要》，第 2135 页。

　　汪茂元，字心如，中江人。岁贡生。著有《心如经说稿》、《心如文钞》一卷、《心如诗钞》二卷。①

　　彭光弼，字季直，号治平，中江人。光绪二十年（1894）优贡，二十三年（1897）举人。二十五年（1899）官广元训导。三十一年（1905）官城口厅训导。曾任广安紫金精舍教习、中江县立高等小学堂首任校长。著有《毛诗辞例表》、《公羊春秋例表》、《三礼类表》、《周官经制表》、《仪礼宫室例表》、《礼记诸子源流阐略》、《左传九流家说考》。②

　　汪麟洲，南部人。举人。任南部县劝学所总董、劝学员长兼视学。③

　　严士濬，字伯谐，成都人。举人。官民政部主事。民国初任教于四川省立第一女子师范学校。④

　　程墀。光绪二十九年（1903）南召典史程墀以"擅受呈词"遭革职⑤，未知是否即此人。

　　胡濬源，井研人。与修光绪《井研县志》。著有《大戴补正》四卷、《墨经补释》二卷、《穀梁释例》四卷、《群经质疑》四卷、《铁庐杂俎》十二卷。⑥

　　邹庆先，威远人。光绪十四年（1888）举人。⑦

　　何鹏宵，字云陔，阆中人。《阆中县志·艺文志》收其文。⑧

　　冯江（1867—1907），字星吉，华阳人。光绪二十三年（1897）拔贡、举人，两试礼闱不第。官云南平彝知县，到任甫四月而卒。著有《写定楼遗稿》。⑨

　　袁文卓，字峻亭，蒲江人。留学日本宏文学院师范科。历任蒲江县高等小学堂校长、四川省临时议会议员、江安知事。⑩

　　严宾虞，成都人。优贡。官井研训导。⑪

　　缪宗瀚，成都人。光绪十九年（1893）举人。⑫

　　徐炯（1862—1936），字子休，号蜕翁，学者称霁园先生，华阳人。光绪十九年

　　①　民国《中江县志》卷6《人物一·科第表》，第6、11叶；《人物三·著述表》，第15叶。

　　②　民国《中江县志》卷6《人物一·科第表》，第8叶；《人物三·著述表》，第12叶；《大清缙绅全书·光绪二十六年春·四川省》，第7叶；《光绪三十二年秋·四川省》，第16叶；《中江县志·教育、科技》，第588页；《中国书院辞典》，第291页。

　　③　《清代南部县衙档案研究》，第384、427、447页。

　　④　《宣统三年冬季职官录》，第231页；傅子笃：《回忆淑行女塾》，《四川文史资料选辑》第38辑，第128页。

　　⑤　《清实录·德宗实录》卷522，第58册，第909页。

　　⑥　《乐山历代人物传略》，第382页；《井研县志·著述》，第603页。

　　⑦　史鉴：《嘉定府中学堂创办人吴天成先生事略》，《乐山市市中区文史资料选辑》第3辑，第31页。

　　⑧　民国《阆中县志》卷29《艺文》，第812页。

　　⑨　民国《华阳县志》卷16《人物》第7之10，第12叶。

　　⑩　《四川省蒲江县鹤山镇志》，第153页；《四川省志·政务志》，第794页；《江安文史资料选辑》第1辑，第14页。

　　⑪　《宣统三年冬季职官录》，第1169页。

　　⑫　《缪氏源流志》第2卷，第159页。

（1893）举人。创办泽木精舍、国学会、大成会、大成学校，历任四川高等学堂教习、通省师范学堂监督兼附小校长、留日学生监督、省教育会会长。著有《霁园文钞》、《霁园诗钞》、《随笔》、《大成讲义》、《修身讲义》、《人伦道德讲义》、《论语要义》、《群理大纲》。①

郑锺灵（1855—1932），又名敬先，字嵩生，阆中人。光绪二十一年（1895）举人，二十四年（1898）进士。官广西桂平、浙江富春知事。以事落职，回乡后任锦屏书院山长、保宁府公共学堂监督、保属联立中学校长，晚年开设私塾。总纂《阆中县志》。②

耿树蕙，字奂青，新繁人。光绪二十八年（1902）举人。善写山水、花卉、人物。著有《二云仙馆诗集》。③

待考者：欧阳世麟、朱桂芘、张楚馨、蔡国栋、李成焯、张愔、张正馨。

58. 尊经书院课艺三集

【版本序跋】

题"院长刘佛卿先生选"。无刊刻时间，无序跋。

刘岳云（佛卿），见《惜阴书院东斋课艺》。

【课艺内容】

凡八卷：卷一经解、经说8题9篇，题如《道千乘之国解》、《孔颖达〈正义〉不采甄鸾〈五经算术〉说》；卷二经说、书后10题12篇，题如《六甲五龙相拘绞说》、《桂未谷〈说文义证〉书后》；卷三史考、史论5题8篇，题如《唐经师授受考》、《宋童贯约金攻辽、史嵩之约元攻金论》；卷四《原学》、时务5题5篇，时务题如《〈通商条约〉颇有与公法不合者，试条举之》；卷五算学13题20篇；卷六杂文6题11篇，题如《万县重修张桓侯庙碑》、《讨青蝇檄》；卷七赋7题10篇，题如《五大洲赋》、《汉武帝通西域赋》；卷八诗5题8篇，题如《拟送尊经书院举贡入都诗》、《咏豆腐》。

【作者考略】

共83篇，其中：苏兆奎（凤冈，华阳）、孙忠瀛（达泉，三台）7篇，冯书（芸生，盐亭）、邓镕（寿遐，成都）6篇，杨桢（观廷，新繁）、邵从恩（铭叔，青神）、黄德章（子宣，新繁）4篇，唐玉书（宝森，三台）、谢世瑄（璧臣，乐山）、王朝煜（炳南，金堂）、杨骏（会泉，宜宾）、周玉标（景卿，成都）、邓鹤翔（岳皋，江津）3篇，胡念祖（荩臣，新津）、汪茂元（星如，中江）、方守道（廉史，成都）2篇，李毓棠（荫南，巴州）、陈怀珠（知三，荣县）、辜增荣（豫渠，仁寿）、哲克登额（明轩，蒙古）、杨赞襄（兰皋，天全）、唐文焕（伯华，华阳）、康受嘉（子猷，会

---

① 《双流县志·人物》，第870页；《中国教育大系·历代教育名人志》，第429页。

② 《阆中县志·人物》，第1020页。

③ 民国《新繁县志》卷24《科第》，第4叶；《中华竹枝词全编》第6册，第726页；《中国近代文学辞典》，第366页。

理）、刘瑞麟（子□，中江）、高光照（抡九，富顺）、杨庆昶（思永，绵竹）、孔庆余（宝之，华阳）、刘英伟（树峰，永川）、黄泽民（润生，重庆）、张德柄（庶谦，巴县）、徐冕（东平，遂宁）、萧方骏（龙友，三台）、刘永镇（子静，雅安）、傅崇渠（樵村，简州）1 篇。另有程作 3 篇。

方守道，见《蜀秀集》。

杨桢、哲克登额，见《尊经书院初集》。

胡念祖、汪茂元，见《尊经书院二集》。

苏兆奎（1875—1938），字凤冈，华阳人。以举人保举经济特科，旋中光绪三十年（1904）进士。历官湖南宜章知县、洋务局候补道员、靖州知事、东川道尹。辑有《辑宋四书五经仪式》。①

孙忠瀹（1861—1921/1866—1926），号达泉，三台人。光绪二十九年（1903）优贡。朝考以知县分发山东，历官馆陶厘金局长、商埠科长，并在青岛师范学校任经学教员。辛亥后回乡。著有《五经讲义》。②

冯书，字芸根（一作芸生），盐亭人。著有《开方表》、《四元玉鉴代数释》。③

邓镕（1872—1932）④，字寿遐（一作守瑕），号忍堪，成都人。光绪二十三年（1897）优贡。留学日本明治大学法科，归国后试学部，授内阁中书。民国间历任临时参议院议员、众议院议员、政治会议议员、参政院参政。著有《荃察余斋诗存》。⑤

邵从恩（1871—1949），字铭叔（一作明叔），青神人。光绪二十三年（1897）拔贡，肄业京师大学堂。二十八年（1902）举人，三十年（1904）进士。授山东知县，未赴任，留学日本东京帝国大学法政科。历任法部主事、绅班法政学堂监督、四川军政府民政部长、国务院法制局参事兼法政大学教授。受邀出席第一届政协会议，因病未能成行而卒。⑥

黄德章（1869—1923），字滋萱（一作子宣），新繁人。光绪二十三年（1897）拔贡，分省试用直隶州州判。京师大学堂仕学馆肄业，日本京都帝国大学法科毕业。法政科进士，廷试一等，授翰林院编修。历官法部宪政筹备处行走，法官考试、游学考试、京师法律学堂毕业考试襄校官，法政学堂、财政学堂教习，法部总务处筹办员，大理院推事，约法会议议员，资格审定会会员，京师地方审判厅厅长，江西高等检察

---

① 《吴虞日记》下册，第 778 页；《政府公报》1915 年 4 月 2 日第 1411 号，第 54 册，第 75 页；《湖南省志》第 4 卷《政务志·外事》，第 366 页；《靖州县志》卷 17《政权、政协》，第 551 页；《成都市古籍联合目录》，第 803 页。
② 民国《三台县志》卷 8《人物三》，第 554 页；《绵阳市社会科学志》，第 327 页；左启：《肄业于尊经书院的三台乡贤》，《蜀学》第 4 辑，第 31 页。
③ 《数学家辞典》，第 210 页。
④ 卒于辛未年十二月，公历已入 1932 年。
⑤ 《忍堪居士年谱》，第 689 页；《近代巴蜀诗钞》，第 901 页；《许宝蘅日记》，第 1372、1376 页。
⑥ 《四川省志·人物志》，第 185 页；彭静中：《"和平老人"邵从恩》，《文史资料选辑》第 1 辑（总 101 辑），第 172 页。

厅检察长。①

唐玉书，三台人。光绪二十三年（1897）优贡。朝考一等，历官顺天宛平、香河、三河、蓟州等地知县（知州、知事）。②

谢世瑄，字碧岑（一作璧臣），乐山人。光绪二十三年（1897）拔贡。官陕西绥德知州。民国间主纂《乐山县志》，后任教于雅州上南师范学校。卒年六十五。著有《毛诗义述》、《周礼义述》、《杜宇国志》、《十三经源流》、《秦中财政提纲》、《松桂堂集句诗》、《谢碧岑半园尺牍初集》。③

杨骏，字荟荃（一作会泉），宜宾人。著有《勾股蠡测》一卷。④

周玉标。在院期间，曾与屈大谟发生纠纷，遂至相打，遭山长惩罚。⑤

邓鹤翔（1865/1868—1925），字岳皋，江津人。光绪二十三年（1897）拔贡。授直隶州州判，未就职。返乡任聚奎书院斋长、聚奎学堂堂长，创办私立新本女子学堂。继任江津保路同志分会会长，参与组织白沙起义。民国间任江津县议长、川西道、巡按使、省盐运使署顾问、富荣西盐场知事。⑥

辜增荣，字豫渠，仁寿人。曾任通省师范学堂经学教习、省议会议员。民国七年（1918）参与组织川南北伐军并任司令。⑦

杨赞襄（1858—1918），字兰皋，天全人。诸生。历任四川咨议局议员、存古学堂史学教习、四川国学院院员。著有《史记发微》。⑧

康受嘉（1879—？），字子猷，会理人。留学日本。历任会理州视学、官立中区高等小学堂校长、县议长，创办城内康民祠初等小学堂、县立女子初中。⑨

高光照（1867—1944），字能九（一作抡九），富顺人。光绪二十三年（1897）拔贡，二十九年（1903）举人。大挑分发广东县丞，候补知县，派任乳源县煤矿事务。三十四年（1908）丁父忧解任，后在广东游幕。民国间历任崇庆知事、成都《正报》主笔、天全知事、《富顺县志》总纂、富顺县立中学高中国文教师。⑩

杨庆昶（？—1912），字思永，绵竹人，锐（1855—1898）子。光绪二十三年

---

① 《最近官绅履历汇录》第 1 集，第 263 页；《新都客家研究》，第 311 页。

② 民国《三台县志》卷 19《选举》，第 719 页。

③ 民国《乐山县志》卷 1《衔名》，第 9 叶；卷 9《人物》，第 40 叶；《乐山历代诗集》，第 153 页；《清代蜀人著述总目》，第 480 页。

④ 严敦杰：《清代四川算学著述记》，《图书季刊》1941 年新 3 卷（第 3、4 合期），第 231 页。

⑤ 《湘绮楼日记》，第 1349 页。

⑥ 马骞：《邓鹤翔》，《重庆辛亥革命时期人物》，第 109 页；《重庆市教育志》，第 797 页。

⑦ 《四川大学史稿》，第 24 页；《四川省志·政务志》，第 798 页；《仁寿县志·大事记》，第 9 页；张毅：《谢宗农》，《仁寿文史》第 1 辑，第 25 页。

⑧ 《四川省咨议局议员简历表》，《四川文史资料选辑》第 1 辑，第 196 页；彭华：《谢无量年谱》，《儒藏论坛》第 3 辑，第 137 页；《刘师培年谱》卷 3，第 211 页；《成都市古籍联合目录》，第 131 页。

⑨ 《会理文史》第 5 辑，第 36 页；《会理县志》第 7 篇《政权》，第 241 页；《清末新政与教育转型：以清季四川师范教育为中心的研究》，第 464 页。

⑩ 《富顺县志》卷 29《人物》，第 703 页。

（1897）拔贡。朝考二等，授国子监学正。杨锐遇难，庆昶扶枢出京。宣统元年（1909）诣都察院，上缴密诏，请昭雪其父。①

孔庆余（1883—?），字保滋（一作宝之），华阳人。日本法政大学速成科毕业。历任四川法政学堂教习、司法司长、高等审判分厅推事。②

刘英伟，永川人。曾任泸州学堂国文教员。③

黄泽民，字润生，江北人。留学日本，川东师范学校教务长。擅小楷。④

张德柄（1871—?），巴县人。光绪二十三年（1897）拔贡。官湖北咸宁知事。民国四年（1915）被控枉法营私，经平政院审理，证据不足，然疏忽之咎亦属难辞，移付高等文官惩戒委员会惩戒。⑤

徐冕（1868—1935），字东平、大昕，遂宁人。光绪二十八年（1902）举人，二十九年（1903）进士。官吏部主事。辛亥后任二十军军长秘书，四川边防军总司令秘书，遂宁县男中、师范学校教员，女中校长。协纂《遂宁县志》。⑥

萧方骏（1870—1960），字龙友，以字行，号息园、息书、息翁，晚号不息翁，三台人。光绪二十三年（1897）拔贡。历任八旗官学教习，山东嘉祥、济阳、淄川知县，山东高等学堂教习。民国间任山东省公署秘书、农商部秘书、财政部经济调查局参事、农商部有奖实业债券局总办。十七年（1928）弃政从医，参与创办北京国医学院并任院长。1949 年后任中央文史研究馆馆员、全国人大代表、中医研究院顾问和名誉院长、中华医学会副会长、中国科学院学部委员。著有《整理中国医学意见书》、《现代医案选》、《医药长编（初稿）》、《医籍选录异同论》、《群书撮要释疑》、《不息翁诗文集》。⑦

刘永镇，雅安人。光绪间与修《雅安县志》。⑧

傅崇渠（"渠"一作"榘"、"矩"，1873—1919），字樵村，简州人。年二十余即出版"傅氏丛书"，包括《中国历史大地图》、《春秋分目》、《麟经类考》、《万国通商水陆新地图》、《四川省明细详图》、《四川省域文明进步图》、《西域古今沿革图考》、《考订长江水道图》、《山海经古地今证》等。光绪二十六年（1900）创办成都阅报公社，又设立算学馆，出版《算学报》、《通俗启蒙报》（后分办为《通俗日报》、《通俗画报》）。二十八年（1902）官合江教谕，明年赴日本参加世博会。归国后投资彩票，并继续办报。四

① 黄德明：《杨锐世系考》，《绵竹文史资料选辑》第 4 辑，第 56 页；《戊戌军机四章京合谱》，第 247、251 页。

② 《最近官绅履历汇录》第 1 集，第 96 页。

③ 《刘航琛先生访问纪录》附录《刘航琛先生自订年谱》，第 178 页。

④ 《重庆文化艺术志》，第 454 页。

⑤ 《巴县志选注》卷 8《选举》，第 477 页；《政府公报》1915 年 6 月 21 日第 1120 号，第 59 册，第 195 页。

⑥ 民国《遂宁县志》卷 1《姓氏》，第 2 叶；卷 3《选举》，第 17 叶；《遂宁县志》第 27 篇《人物》，第 978 页。

⑦ 《中央文史研究馆馆员传略》，第 42 页。

⑧ 《雅安市志》第 25 篇《文化》，第 726 页。

年（1915）官松潘知事，后任成都红十字会会长。著述另有《松潘游记》、《成都通览》（又名《说成都》）。①

　　待考者：王朝煜、李毓棠、陈怀珠、唐文焕、刘瑞麟。

――――――――――

① 《成都通览·出版说明》，第 1 页；《四川近代新闻史》第 4 章，第 105 页；高承祥：《傅樵村》，《四川近现代人物传》第 6 辑，第 483 页。

云南省

云南府

59. 滇秀集初编

【书院简介】

昆明经正书院，建于清光绪十七年（1891）。以经古课士，二十三年（1897）增设算学馆。二十九年（1903）改为校士馆，三十二年（1906）改为师范传习所。①

【版本序跋】

题"光绪丁酉（1897）冬十二月开雕"，"石屏许印芳麟篆编次"。李学仁、丁庶凝校刊。

许印芳（1832—1901），字苪山、麟篆，别号五塘山人，石屏人。肄业五华书院。同治九年（1870）举人。历官昆阳学正，永善、恩安教谕，昭通、大理教授。主讲经正书院凡六年。辑刊《滇诗重光集》，著有《五塘诗草》、《五塘杂俎》、《诗法萃编》、《诗谱详说》、《律髓辑要》、《陶诗汇注》。《晚晴簃诗汇》录其诗5首。②

李学仁，字勉齐，昆明人。光绪十七年（1891）举人。任云南高等学堂教习，由保送官主事。民国间以行医为生。卒年七十二。③

丁庶凝，字辰五，石屏人。诸生。性慷慨，好谈兵，治经史亦具特识。惟数奇不偶，屡困秋闱。庚子（1900）之变，北上从军，亦不得志。年四十余始以巡检分发湖北候补。屡上书总督瑞澄（1863—1915）言兵事，不见省纳。又以旅寓失火，财物著作俱失，寄食友人寓，抑郁而卒。④

【课艺内容】

凡四卷：卷一经学17题20篇，题如《鹰熊字形声辨》、《参天两地说》、《鬼方考》、《〈禹贡〉三黑水说》、《沈氏〈周官禄田考〉古步今步正误》、《书〈汉学师承记〉后》；卷二史学13题23篇，题如《和戎论》、《伍员论》、《赵苞论》、《诗人李杜优劣论》；卷三史学20题25篇，题如《舜五臣皆有天下辨》、《赵孟頫、许衡仕元辨》、《屈子从祀孔庙议》、《减灶增灶说》、《东汉党锢论》；卷四杂文8题10篇，题如《治河策》、《读书不

---

① 《中国近代学制史料》第1辑下册，第432页；《云南教育大事记》，第25页。
② 秦光玉：《许苪山先生传》，《云南古代诗文论著辑要》中编，第254页；《晚晴簃诗汇》卷164，第7153页。
③ 民国《新纂云南通志》卷232，第9册，第315页。
④ 民国《新纂云南通志》卷233，第9册，第328页。

求甚解说》、《拟经正书院藏书记》、《汉以前五言诗章句考》。有眉批、末评。

【作者考略】

李坤 15 篇，钱用中 9 篇，熊廷权 8 篇，秦光玉 6 篇，袁嘉谷 5 篇，张学智 4 篇，杨觐东、赵荃、李学仁 3 篇，王启文、夏瑞庚 2 篇，马腾骧、马灿奎、张鸿范、姚长寿、刘昌奎、杨汝彬、李庆霖、赵永鑫、张镇、李文源、石润藻、余嘉贵、张思敬、张儒澜、郭琼璋、夏开元、吴暹、朱维清 1 篇。

李学仁，见《滇秀集初编·版本序跋》。

李坤（1867—1916）①，字厚安、栋生，号雪园、雪道人，昆明人。光绪十九年（1893）举人。二十九年（1903）进士，选庶吉士。丁内外艰，任云南高等学堂教务长，以办学劳绩晋编修。辛亥后任云南师范学校、法政学校国文教授，都督府顾问、秘书，《云南丛书》编纂审查员。著有《思亭诗文钞》、《齐风说》、《筱风阁随笔》、《云南温泉志》、《滇诗拾遗补》，总名曰《雪园丛书》。②

钱用中（1864—1944），字平阶，晋宁人。光绪十五年（1889）副贡，十七年（1891）举人。两与会试不第，参与戊戌变法。回滇主讲普洱宏远书院，继任学堂总教习。留学日本宏文学院速成师范科，归后历任云南提学使司实业课长、省教育厅总务科长、省教育会干事、省会师范学校校长、昆明等十一县联合中学校长。创办《云南日报》。著有《思诚斋文抄》、《中国社会总改造》、《我之国民改造观》、《中国宪法草案》、《大中华建设新论》。③

熊廷权（1866—1941），字种青，号雪僧，晚号佚叟，昆明人。光绪十九年（1893）举人，二十四年（1898）进士。历官四川高县、营山、富顺、彭县、庆符知县，云南丽江知府，川边财政厅长兼川边道尹，腾越道尹。晚主省会明伦学社。暇辄研究佛书，虔修禅净。著有《唾玉堂文集》、《唾玉堂诗集》、《唾玉堂诗余》、《经史札记》、《书牍》、《公牍》、《旅行日记》、《西藏宗教源流考》、《联语》、《语录》。④

秦光玉（1869—1948），字璞安，号瑞堂，别号罗藏山人，呈贡人。光绪十九年（1893）举人，两试春官不第。前后肄业经正书院十一年，兼充斋长两年。曾赴日本宏文学院学习师范兼考察学务。历任云南高等学堂史地教习、学务处职员、学务公所图书科长、两级师范学堂监督、巡按使署教育科佥事、省立第一师范校长、教育厅长、省政府顾问、图书馆长、《云南丛书》总经理。辑有《续云南备征志》、《滇文丛录》，著有《滇南名宦传》、《明季滇南遗民录》、《云南历代名人事略》、《滇谏官录》、《名将事略》、《滇谚》、《教育学》、《罗山楼诗文集》。⑤

---

① 生于同治五年十二月初八日，公历已入 1867 年。据《清代人物生卒年表》，第 261 页。

② 民国《新纂云南通志》卷 232，第 9 册，第 315 页；《云南省志·人物志》，第 649 页；《中国近现代文学艺术辞典》，第 398 页。

③ 何作楫：《陈治恭、蒋谷、钱用中传》，方树梅：《钱平阶先生传》，《续滇南碑传集校补》卷 5，第 366、370 页。

④ 王灿：《熊廷权传》，《续滇南碑传集校补》卷 6，第 433 页；《儿时"民国"》，第 26 页。

⑤ 秦光玉：《七十四岁自述》，《续滇南碑传集校补》卷 5，第 376 页；张一鸣：《秦光玉传略》，《云南文史资料选辑》第 36 辑，第 130 页。

袁嘉谷（1872—1937），字树五（一作澍圃、树圃），晚号屏山居士，石屏人。光绪二十年（1894）优贡、举人。二十九年（1903）进士，选庶吉士。同年经济特科试状元，授编修。三十年（1904）赴日本考察学务、政务。历任学部编译图书局长，国史馆、武英殿、实录馆协修，文华殿第一襄校官，浙江提学使、布政使，参议院议员，政治会议员，《云南丛书》编纂审查员，昆华图书馆副馆长，东陆大学教授，云南盐运使，省政府高等顾问，云南通志馆编纂。今人辑有《袁嘉谷文集》。①

张学智（1870—1947），字愚若、觉翁，晚号心僧，昆明人。光绪十五年（1889）举人。二十四年（1898）进士，选庶吉士。因母丧返滇，历主楚雄龙泉、普洱宏远、昆明五华书院。二十九年（1903）选授知县，历知浙江瑞安、金华、平湖、嘉兴。入浙抚幕，并任浙江议政厅参事。辛亥后回昆明。晚年笃信佛教，曾任云南省佛教会监察委员、云南佛教居士林名誉指导。著有《若园诗文正续集》。②

杨觐东（1866—1931），字毅廷（一作毅庭），保山人。光绪二十九年（1903）举人。留学日本宏文学院速成师范科。历官内阁中书、政务处章京、禁烟局文案、云南迤西（腾越）道尹、广东都督府顾问、粤海道尹。发起成立云南同善分社。著有《滇事危言》、《国学镜铨》、《读经范本精义》、《求志轩文稿》、《滇西五月报政录》、《教育行政杂志》、《国学专修提要》。③

赵荃（1866—1921），字湘皋、揆叔，剑川人，藩（1851—1927）弟。光绪二十三年（1897）举人。历官四川盐边厅通判，云南兰坪、马关、文山知事。崇尚实业，创办麻栗箐铁厂、民生纺织厂。著有《西阳酬唱集》一卷、《移华书屋诗存》四卷、《移华书屋文存》四卷、《明清之际滇高僧居士传》一卷。④

夏瑞庚，字筱琅（一作小琅），昆明人。光绪二十三年（1897）举人，二十九年（1903）进士。官至学部员外郎，兼京师第三高等学校校长。著有《小琅文集》。⑤

马灿奎，昆明人。光绪二十八年（1902）举人。⑥

张鸿范，昆明人。光绪十九年（1893）举人。赴日本留学。著有《书经讲义》二卷。⑦

姚长寿（1869—1919），字静轩，昆明人，原籍江苏无锡。诸生。精医，尤善治危急疾患。民国二年（1913）任神州医学会云南分会会长。著有《冰壶馆集》、《内难要旨》、

---

① 《袁嘉谷文集》附录《袁嘉谷年谱》，第811页；《袁嘉谷传》附录《袁嘉谷年表》，第493页。

② 《五华区志·人物》，第835页；《昆明佛教史》，第285页；毛祥麟：《昆明名士张学智先生道德文章二三事》，《盘龙文史资料》第22辑，第87页。

③ 《最近官绅履历汇录》第1集，第291页；《续云南通志长编》卷67《社团》，第140页；卷77《艺文》，643页；《云南省志·社会科学志》，第615页；《蒲缥镇志·人物》，第303页。

④ 赵藩：《仲弟湘皋墓志铭》，《续滇南碑传集校补》卷6，第451页；《续云南通志长编》卷81《人物》，第742页；《剑川县志·人物》，第946页。

⑤ 民国《新纂云南通志》卷232，第9册，第315页；《续云南通志长编》卷77《艺文》，第643页。

⑥ 《云南古代举士》，第502页。

⑦ 《云南古代举士》，第499页；《云南古近代学制》，第316页；《经学档案》，第497页。

《姚氏医案汇编》。①

李庆霖（1861—?），字闰阶，号润皆，昆明人。光绪二十年（1894）乡试中式第30名举人。二十一年（1896）会试中式第252名，覆试三等第15名，殿试三甲第82名，朝考三等第89名，授广西知县。三十年（1904）官北流知县。②

张镇，昆明人。光绪十四年（1888）举人。③

李文源，大理人。留学日本。曾任迤西自治总机关部参事。④

余嘉贵，云南府人。光绪二十三年（1897）举人。⑤

张儒澜（1875—1956），改名华澜，字芷江，石屏人。光绪二十三年（1897）举人。留学日本，入同盟会。历任护国军第一军总司令部秘书，昆明农业、师范学校教员，国会众议院议员，众议院教育委员会委员长，广州护法大元帅府秘书、参议，北京政府内务部首席秘书，国民政府监察院监察委员，云南省政府参议，民革云南省委委员，云南文史研究馆馆员。著有《芷江诗文钞》。⑥

郭琼璋，昆明人。光绪二十八年（1902）举人。⑦

吴暹（1865—1924），字益斋，昆明人。光绪十五年（1889）举人。五应会试不第，幕游江西，时亦出主各县书院讲席。二十四年（1898）大挑二等，选授永善教谕。三十年（1904）奉调晋省，历任高等学堂教习、学务公所实业课副课长、宪政调查局委员。民国间任学政、教育各司实业科科长、巡按使署教育科一等科员、昆明等十一县联合中学校长、教育厅第三科长、省立女子职业学校总务员、教育司教育委员会委员、敬节堂及附设女子职业学校总务员。⑧

待考者：王启文、马腾骧、刘昌奎、杨汝彬、赵永鑫、石润藻、张思敬、夏开元、朱维清。

60. 经正书院课艺二集

【版本序跋】

题"光绪二十九年癸卯（1903）六月开雕"，"陈小圃院长选定，监院张督刊"。

陈荣昌（1860—1935），字桐村，号小圃、虚斋，晚号困叟，昆明人。光绪五年优贡第1名，八年（1882）解元。九年（1883）会试中式第94名，覆试一等6名，殿试二甲21名，朝考一等55名，选庶吉士。历官编修、贵州学政、国史馆纂修、武英殿协修、昆明经正书院山长、云南高等学堂总教习、云南教育总会会长、山东提学使。民国初回滇，任云南国学专修馆馆长、《云南丛书》名誉总纂。门人私谥文贞。辑有《滇诗拾遗》（收

① 《云南省志·人物志》，第495页。
② 《清代硃卷集成》第85册，第115页；《大清缙绅全书·光绪三十年夏·广西省》，第49叶。
③ 《云南古代举士》，第496页。
④ 《云南古近代学制》，第315页；《辛亥革命资料选编》第3卷《各地光复》，第258页。
⑤ 《云南古代举士》，第501页。
⑥ 罗寿衡：《张华澜先生传》，《续滇南碑传集校补》卷2，第103页；《云南省文史研究馆馆员名录》，第52页。
⑦ 《云南古代举士》，第502页。
⑧ 《袁嘉谷文集》第1卷《吴广文传》，第428页；《续云南通志长编》卷81《人物》，第786页。

入《丛书集成续编》），著有《虚斋文集》、《虚斋诗集》。①

魏光焘《续选经正课艺序》：

> 人才与时为变迁，不因地为优劣。滇省僻处西南，入中国最晚。然春秋时庄蹻开疆已至滇池，至汉武帝元封二年乃置郡治，后汉永平二年又分置永昌郡于不韦。其时风气始开，人文渐启。元和中蜀郡王追为太守，大兴学校，而甘露白乌之瑞见。滇人许叔入中国，受五经归，传其乡人；张志复游成都归，以字学教其乡。于是滇学之盛，滇才之隆，遂迥殊畴昔矣。

> 我朝文教覃敷，轶唐轹汉。滇虽边徼，一时名臣硕彦，接踵而起者，指不胜屈。殆金碧之灵，郁久必发欤？抑官斯土者，于学校实能振兴而鼓舞之也夫？人才恒视学校为废兴。咸同间獝逆不共，蹂躏列郡，用兵几十余载，弦诵不作，礼乐云亡。近三十年，始增葺书院，重筹膏火，远近肄业者靡不争自濯磨，以求进取。日月所课，裒集成编；巨制鸿章，灿然美备。今复辑近数年课艺，丏序于余。

> 余维滇省之人才固较盛于昔矣，而滇省之形势尤较棘于昔。昔则内地无忧匮乏，外复有藩封土酋表里捍卫，故诸生得以刚经柔史，鼓吹休明。今者越沦于法，缅袭于英。利源既等，漏厄交涉，复虞铸错。况地据天下上游，蜀粤楚黔，倚为屏蔽。士生其间，若不先储明体达用之学，一旦繁剧骤膺，奚从措手？近复迭奉谕旨，力矫空谈。诸生目击时艰，志规远大，必于中西学先窥其堂奥，继讨其精深，将以坐言者起行，上副朝廷侧席之求，下厘桑梓绸缪之讨，不徒以词章考据沾沾自鸣，是则余之厚望，而此编特其嚆矢也。是为序。

> 光绪壬寅（1902）仲冬，滇黔使者兼署抚滇使者邵阳魏光焘撰。

魏光焘（1837—1916），字午庄，湖南邵阳人。年少从军，屡立战功。历官平庆泾固化兵备道，甘肃按察使、布政使，新疆布政使，新疆、云南、陕西巡抚，陕甘、云贵、两江、闽浙总督。著有《勘定新疆记》（收入《西北史地文献》第 3 卷）、《慎微堂诗稿》、《慎微堂文稿》、《慎微堂奏议》、《慎微堂笺启》、《新疆志略十四年》。《晚晴簃诗汇》录其诗 1 首。②

陈灿《经正书院课艺序》：

> 昔阮文达公历任疆圻，所至以经学陶镕多士，于粤有学海堂，于浙有诂经精舍，而于滇独阙如，余窃疑之。既而访诸滇人士，或谓公尝拟于翠海侧承华圃构治经学舍，未果行而卸任去。是说也，盖不为无因云。

> 光绪庚寅（1890）春，余以云南府兼权盐法道事。时督滇者为仁和王公，抚滇者为镇远谭公，皆孜孜以培植边士、振兴文教为亟务。余因请之二公，度地于翠海侧

① 《清代硃卷集成》第 53 册，第 77 页；《清代官员履历档案全编》第 8 册，第 563 页；民国《新纂云南通志》卷 202，第 8 册，第 357 页；李生荗：《陈荣昌传略》，《云南文史资料选辑》第 36 辑，第 15 页。

② 《清代人物传稿》下编第 5 卷，第 86 页；《晚晴簃诗汇》卷 158，第 6871 页。

湖山清旷之区，创建书院，专课经古之学，曰经正书院，取"经正民兴、斯无邪慝"之意。并奏蒙御书"滇池植秀"匾额，悬之院中。建藏书楼，广购书籍储之。聘品粹学博之儒为主讲，筹设内课高材生正额膏火二十四名，副额膏火十二名，外课生膏火八十名，详订课程规条刊诸石。于是士之入院肄业者，既得诗书启发，师友渊源，而又有弦诵之资，无身家之累，莫不踔厉奋兴，专心致志，日以实学相切劘。十数年来，经明行修之士多出其中，相继掇巍科，登词馆。即乡里聘师者，一闻院中士，咸争先延致。近日遴选教习及师范游学各生，率皆取材院中。而袁生嘉谷者，在院肄业最久，复以廷试经济特科第一人蒙恩授职编修。佥谓斯院之设，于滇中文教不无裨益。

陈小圃太史主讲有年，孙式端严，训课肫挚，咸以经师人师相推重。暇日选订书院课艺，分为四集，授监院张竹轩广文付诸剞劂，而请序于余。阅之，类皆佩实衔华，彬彬雅雅，言之有物，一洗从前空疏谫陋之习，洵乎滇之多材，材之可造也如此。因回忆建院时，王公、谭公与余筹款订章，口讲指画，勤勤恳恳，光景犹在目前。今院中之士稍有成就，斯集之刊刻有成，谭公独不及见之，质诸王公，其可感叹为何如也。

而余尤重有望于滇人士者：方今变书院为学堂，恭读光绪二十七年（1901）八月初二日上谕，其教法当以四书五经、纲常大义为主；十二月初一日上谕，务期端正趋向。大哉圣谟，此薄海人士所当恪遵者。士生今日，固宜讲求时务、西学，扩充见闻，博通经济，为切实有用才，断不可墨守老生常谈，硁硁然自画自封；而要之根柢所在，趋向所宗，必先崇经术以正人心，明人伦以固邦本，于平权、自由悖谬不经诸邪说，皆当峻其防闲，绝其渐染，以期为吾道之干城、国家之桢干。是书院虽变，而经正民兴、斯无邪慝之旨，固自有天不变道亦不变者。滇人士勉乎哉！

光绪二十九年癸卯（1903）十月，云南督粮使者贵阳陈灿撰。

陈灿，字昆山，贵州贵阳人。同治八年（1869）举人，光绪三年（1877）进士。历官吏部主事，云南澄江、雄楚、顺宁、云南知府，迤南道、粮储道、按察使、布政使，甘肃按察使、布政使。辛亥后解组归里。著有《宦滇存稿》五卷。[①]
普津《续选经正书院课艺序》：

【略】书院之歧出于庠序也，姑不必以正古而多更张，考其实焉而已。书院之学之教之政，远于古义也，则不可不极辨也。何也？往不可追，来犹可谏。方今朝廷鉴于制举空疏之弊，振兴法制，将以求诸致用之才。凡天下学者教者，宜不待骘而知所以返其积重者矣。故揆之今日，政教之势，风声之树，以士林为最先。士林观摩之术，器识文艺又相表里者也。主教者能体汲汲求才之意，力溯古先圣王储才致用之教，虽以今日书院跻于古之庠序可也，又何彼文明之可言，而学变敫主之可患哉！

云南经正书院，亦既建设有年所矣，其课士宗旨别于他书院之教法，大底以诗古

① 民国《新纂云南通志》卷181，第8册，第67页；张黎波：《略论陈灿及其〈宦滇存稿〉》，《西南古籍研究》2006年卷，第189页。

文辞相摩濯，盖犹愈于锢溺制举之俗学者。昔尝汇征课士之艺而梓行之，倘所谓袭馨撷英，以扬达材、励末进者非耶？今兹复有续选课艺之刻，其旨盖犹旧也。于时天下之局，变故方殷，需才尤亟。则朝廷之所以望士，与士之所求效用于时而相观以取益者，又有进矣。

余掌鹾纲于滇者十余年，书院膏火之所出，延师讲学之主名，规例皆鹾署事。是故余非教士之官，而于教士之事盖犹得与闻也。今刻课艺，征序于余，余乃明夫古今政教迁变之故为多士告，兼以因时求才、进退关键者望之多士，又不知其以余言为河汉无极否也？

光绪癸卯（1903）孟春，滇南盐法使者长白普津撰。

普津（1847—？），镶白旗满洲存寿佐领下人。由监生报捐员外郎，指选六部。历官刑部员外郎、郎中，湖南盐法长宝道，云南盐法道。[①]

【课艺内容】

凡经学16题24篇，史学21题39篇，杂文6题9篇，赋8题13篇，古近体诗25题107首，经文5题9篇。

【作者考略】

收录课艺较多者：李堃（李坤）26篇，李楷材22篇，钱良骏11篇，蒋谷、季珅10篇，吴琨、金为铭9篇，丁庶凝8篇，张璞7篇，李法坤、李熙仁、朱焜6篇，张鸿范、袁嘉端、吴克仁、孙光祖4篇，丁建中、路安衢、李湛阳3篇。其他作者一二篇不等：梁必仁、李学仁、李润增、袁丕承、尹钟琦、秦光玉、褚焕章、李朝福、傅景星、张含英、周文龙、施汝钦、张儒澜、崔淮、李上理、陈开乾、张权、陈琮、戴鸿文、陈瑛、席聘士、朱润、刘璧、石镜清、席聘臣、马灿奎、刘桂清、董国英、孙文达、张崇仁、张澍、施文显、吴鸿钧。每篇作者前皆注明考官姓氏、官职和生徒等级、名次，如"崧督宪课正取一名李堃"、"裕抚宪课正取五名李楷材"。

李堃（李坤）、丁庶凝、张鸿范、李学仁、秦光玉、张儒澜、马灿奎，见《滇秀集初编》。

李楷材（1873/1871—1903），字儒臣，号少传，楚雄人。髫龄作《滇南怀古赋》，见赏于朱庭珍（1841—1903），因从之游，学大进。入庠食饩，有文名。入经正书院，与袁嘉谷（1872—1937）为文字交，甚相得。其诗沉郁绵丽，出入温、李、钱、刘间。坠楼死，年三十一（一作三十三）。[②]

钱良骏（？—1916），字小帆，昆明人。廪生。留学日本宏文学院、法政大学。回国后任贵州法政学堂教习、云南自治筹办处调查科长、师宗知事、行政公署总务科长、宜良知事。民国五年（1916）以蒙自道尹署秘书长委充河口督办，在任一月即染瘴病殁。著

① 《清代官员履历档案全编》第4册，第321页；《光绪朝硃批奏折》第7辑，第956页。
② 《袁嘉谷文集》第1卷《李楷材传》，第426页；民国《新纂云南通志》卷233，第9册，第330页。

有《伯良诗稿》二卷、《大阪博览会纪游诗》一卷、《双江旅行记》一卷。①

蒋谷，字怀若，昆明人。光绪二十八年（1902）乡试亚魁。二十九年（1903）任云南高等学堂史学教员，旋赴日本学速成师范。归国后任云南法政学堂提调、昆明劝学所总董，后任山东学务公所专门课长、云南督辕文案。民国间官法制局长、团务局长、图书馆长、政务厅内务科佥事、军府秘书。卒年七十余。工古文，下笔迟重，每成一篇，无不精当。②

吴琨（1876—?）③，字石生，昆明人。光绪二十八年（1902）举人，三十年（1904）进士。日本法政大学毕业。官云南实业司长、富滇银行总理、财政厅长。与修《续修昆明县志》、《续云南通志长编》。著有《说文说余稿》。④

张璞，字拙仙（一作拙轩、琢仙），号宏西（一作弘西）居士，会泽人。光绪二十九年（1903）举人。民国三年（1914）官蒙化知事。十一年（1922）官实业厅水利总局局长。十二年（1923）与陈荣昌（1860—1935）等结螺峰莲社，弘扬净土宗。十九年（1930）任云南省佛教协会监察委员，又任云南佛教居士林名誉指导。⑤

李法坤，字雪园，昆明人。副贡。云南省高等法院录事。工书。⑥

李熙仁（1872—?）⑦，字缉甫，号皞臣、少澄，昆明人。光绪二十八年（1902）举人。三十年（1904）进士。官江西知县。中年殂谢，士论惜之。⑧

袁嘉端（1878—1910），字少凝，石屏人，嘉谷（1872—1937）弟。郡庠生，以赀试吏于蜀，官邻水知县。不及一年，庶政毕举。以积劳卒，年三十三。海盐任寿彭辑其所为诗古文辞、公牍、家书为《遗爱集》。⑨

孙光祖，曲靖人。留学日本。⑩

路安衢，南宁人。光绪二十九年（1903）举人。⑪

李湛阳（1875—1920），字觐枫（一作劲风），鲁甸（一作恩安）人，寄籍重庆，耀庭（1836—1912）子。副贡生，捐候补道台。光绪二十八年（1902）赴日本大阪博览会考察商务，肄业宏文学院速成师范班。历任广东商务局总办，将弁学堂会办、总办，广东巡警道，重庆蜀军政府财政部长，资政院多额纳税议员，约法会议议员，参政院参政。著

① 《续云南通志长编》卷81《人物》，第749页。

② 陈荣昌：《蒋怀若老友墓志铭》，何作楫：《陈诒恭、蒋谷、钱用中传》，《续滇南碑传集校补》卷5，第362、369页；《续云南通志长编》卷81《人物》，第792页。

③ 生年据《清代人物生卒年表》，第305页。

④ 《最近官绅履历汇录》第1集，第127页；《续云南通志长编》卷81《人物》，第840页；《云南古代举士》，第502页；《清朝进士题名录》，第1331页。

⑤ 《云南古代举士》，第503页；《巍山彝族回族自治县志·政权政协志》，第551页；《续云南通志长编》卷70《农业二》，第274页；《昆明佛教史》，第281、299页。

⑥ 《云南第一村：红塔区大营街的人类学考察》，第471页；《翰墨丹青：领略七彩云南的风韵》，第223页。

⑦ 生年据《清代人物生卒年表》，第298页。

⑧ 民国《新纂云南通志》卷232，第9册，第315页；《云南古代举士》，第502页。

⑨ 民国《新纂云南通志》卷227，第9册，第259页；《袁屏山先生年谱》，第26、48页。

⑩ 《云南古近代学制》，第316页。

⑪ 《云南古代举士》，第504页。

有《礼园杂记》。①

梁必仁，曾任景东县立高等小学堂校长。②

袁丕承，石屏人，嘉乐（1856—1891）子，嘉谷（1872—1937）侄。③

褚焕章，云南县人，克昌（1815—1860）曾孙。庠生。④

张含英，字伯华，晋宁人。廪生。赴日本学实业，旋入同盟会。历任铁路公司总稽查、讲武学堂物理教员、云南陆军兵工厂监督。护国之役，供给子弹，颇著劳绩。为人刚直廉洁，而孤僻奢侈。晚年至饘粥不给以殁，闻者哀之。⑤

周文龙，字郁云，昆明人。少精敏，怀经世志。家贫，为人佣书奉养母。暇辄从主人假观所藏书，得魏源（1794—1857）《经世文编》及《海国图志》，读而私好之。挟其策屡客官府幕，草具文牍，颇出新意，所至被礼遇。入储材馆，上书论变法自强事甚辩，抚臣张凯嵩（1820—1886）颇嘉异，以为得所未闻。又撰《治滇策》十余万言。卒年五十四。曾倡立报馆，阻时议不行。后钱用中（1864—1944）主辑《云南日报》，继成其业，故滇人士皆推文龙为新学先进。⑥

施汝钦（1872—1926），字少云，号书隐，昆明人。光绪二十年（1894）举人，二十七年（1901）肄业京师大学堂。二十九年（1903）进士。官贵州龙里知县，以盗案忤上官，遂罢归。曾任云南图书博物馆馆长。著有《滇云耆旧传》、《醉经庐诗文存》、《志道录》、《古诗源补》。⑦

李上理（1864—？），字治堂，河西（一作通海）人。监生。宣统二年（1910）官贵州绥阳知县，宣统间官黔西、开州知州。民国二年（1913）官普安知事，十一年（1922）官云南澄江知事，十三年（1924）官华宁知事。⑧

陈开乾，字健庵，昆明人。早年官舍资县佐。后因家人为庸医所误，乃愤而学医。民国七年（1918）在普洱设立官医局，救治瘟疫。著有《伤寒论串解》、《杂病论串解》。⑨

陈琮（1873—1940），字韫斋，澄江人。云南省立师范学堂毕业。先在路南、澄江任教，后在昆明开设寿生医馆。工画。⑩

---

① 《清代官员履历档案全编》第7编，第435页；《最近官绅履历汇录》第1集，第136页；《四川省志·人物志》，第757页；《重庆辛亥革命时期人物》，第83页。

② 刘之森：《景东县小史略》，《景东文史资料》第5辑，第18页。

③ 《袁嘉谷文集》第1卷《先伯兄雪樵墓志铭》，第482页；许象坤：《袁嘉谷生平简介》，《石屏文史资料选辑》第2辑，第146页。

④ 《袁嘉谷文集》第1卷《褚武烈公神道碑》，第475页。

⑤ 《续云南通志长编》卷81《人物》，第803页；《最近官绅履历汇录》第1集，第230页。

⑥ 民国《新纂云南通志》卷200，第8册，第336页。

⑦ 民国《新纂云南通志》卷232，第9册，第315页；《续云南通志长编》卷81《人物》，第793页；《云南省志·文化艺术志》，第739页；《云南古近代学制》，第309页。

⑧ 《政府公报》1915年6月14日第1114号，第58册，第603页；民国《绥阳县志》卷3《秩官》，第7叶；《黔西县志》第6章《政权》，第184页；《宣统三年冬季职官录》，第1339页；《普安文史资料》第2辑，第93页；《澄江县志》第19编《政务》，第442页；《华宁县志·政权篇》，第117页。

⑨ 《中国近现代人物名号大辞典（全编增订本）》，第666页。

⑩ 李崇骅：《博学多才的陈琮老师》，《澄江文史资料》第5辑，第8页。

席聘臣（1879—1930），字莘农，号上珍，昆明人。光绪二十八年（1902）举人。选送京师大学堂，留学日本第一高等学校、西京帝国大学。毕业归国，奖法政科进士，授翰林院庶吉士。历任山东学务公所专门课长、云南财政司副司长、审计分处处长、监督财政参事、中央参议院议员、财政会议代表、司法部首席秘书。著有《养浩斋诗存》四卷、《养浩斋文存》三卷、《中国贤女传》二卷、《泰西贤女传》一卷、《结婚须知》一卷、《燕市琐谈》二卷、《中国道德思想史》若干卷，译有《永久和平论》、《权利战争论》。①

孙文达，字采臣，昆明人。光绪二十年（1894）举人。二十七年（1901）肄业京师大学堂。三上春官不第，以截取知县分发广西，署象州知州。以功补贺县，擢署思恩府事。未到任，以劳病呕血卒。②

张崇仁，昆明人。光绪二十三年（1897）举人。二十九年（1903）肄业京师大学堂。著有《冈村居士诗集》一卷。③

张澍（1877—1957），字雨甘，昆明人。贡生。曾为私塾先生，历任碍嘉知事、云南学务公所售书处经理、图书博物馆主任、文史研究馆馆员，参与编辑《云南丛书》、《新纂云南通志》。④

待考者：季珅、金为铭、朱焜、吴克仁、丁建中、李润增、尹钟琦、李朝福、傅景星、崔淮、张权、戴鸿文、陈璸、席聘士、朱润、刘璧、石镜清、刘桂清、董国英、施文显、吴鸿钧。

61. 经正书院课艺三集

【版本序跋】

题"光绪二十九年癸卯（1903）六月开雕"，"陈小圃院长选定，监院张督刊"。

陈小圃（陈荣昌），见《经正书院课艺二集》。

【课艺内容】

凡经学 15 题 30 篇，史学 28 题 65 篇，杂文 13 题 24 篇，赋 10 题 18 篇，古近体诗 18 题 105 首，经文 6 题 16 篇。

【作者考略】

收录课艺较多者：袁嘉谷 57 篇，李坤 35 篇，钱良骏、孙文达 17 篇，张儒澜 16 篇，张鸿范、袁嘉端、秦光玉 11 篇，张儒源 8 篇，吴琨、张坤 7 篇，蒋谷、杨寿昌、席聘臣 6 篇，李熙仁 5 篇，梅森、马灿奎 4 篇，丁庶凝、赵永鑫、张璞 3 篇。其他作者一二篇不等：李蓴芬、褚焕章、孙文连、秦光铭、路安衢、李湛阳、寸怀德、刘璧、袁朴、季珅、

① 秦光玉：《席聘臣先生墓志铭》，《国史馆现藏民国人物传记史料汇编》第 21 辑，第 260 页；《云南古代举士》，第 501 页。
② 《袁嘉谷文集》第 1 卷《广西思恩府知府孙君采臣神道碑》，第 476 页；民国《新纂云南通志》卷 225，第 9 册，第 242 页；《云南古近代学制》，第 309 页。
③ 《云南古代举士》，第 500 页；《云南古近代学制》，第 309 页；《云南省志·文学志》，第 99 页。
④ 《云南省文史研究馆馆员名录》，第 55 页。

金为铭、李明、吴承鑫、黄蓁、杨葆龄、张权、陈兆祥、张崇仁、刘启藩。每篇作者前皆注明考官姓氏、官职和生徒等级、名次，如"崧督宪课二名袁嘉谷"、"林藩宪课八名袁嘉端"。

袁嘉谷、李坤（李堃）、张儒澜、张鸿范、秦光玉、马灿奎、丁庶凝，见《滇秀集初编》。

钱良骏、孙文达、袁嘉端、吴琨、蒋谷、席聘臣、李熙仁、张璞、褚焕章、路安衢、李湛阳、张崇仁，见《经正书院课艺二集》。

张儒源（？—1927），改名华源，石屏人，钊弘（1848—1931）子，儒澜（1875—1956）弟。经商。民国十六年（1927）赴个旧途中遇害。①

张坤，昆明人。光绪二十八年（1902）举人，二十九年（1903）进士。②

杨寿昌，昆明人。光绪二十九年（1903）举人。③

李蕚芬，昆明人。附生。留学日本，回滇后襄办学务。著有《昆明新志》。④

孙文连，昆明人，文达（字采臣）弟。通外语，能文章。民国二十六年（1937）任云南高等法院第一分院院长。⑤

秦光铭（1865—1920），字箴伯，呈贡人，光玉（1869—1948）兄。光绪十九年（1893）举人。历任呈贡化城高级小学、师范学校校长，云南省议会议员，国会众议院议员。著有《箴伯遗稿》一卷。⑥

吴承鑫，景东人。拔贡。工赋。⑦

杨葆龄，昆明人。光绪二十年（1894）举人。⑧

刘启藩，昆明人。民国三年（1914）官宁县（黎县）知事，九年（1920）蒙化知事。⑨

待考者：梅森、赵永鑫、寸怀德、刘璧、袁朴、季珅、金为铭、李明、黄蓁、张权、陈兆祥。

62. 经正书院课艺四集

【版本序跋】

题"光绪二十九年癸卯（1903）六月开雕"，"陈小圃院长选定，监院张督刊"。

---

① 《石屏县志》第25编《人物志》，第726页。
② 《云南古代举士》，第502页；《清朝进士题名录》，第1312页。
③ 《云南古代举士》，第503页。
④ 周立英：《试析边疆地方官府对留日的态度》，《纪念辛亥革命100周年文集》，第282页；《中国南方民族史研究》，第94页。
⑤ 《袁嘉谷文集》第1卷《广西思恩府知府孙君采臣神道碑》，第477页；《云南省志·审判志》，第82页。
⑥ 《云南省志·人物志》，第646页；秦正中、张一飞：《秦光铭事略》，《五华文史资料》第4辑，第53页。
⑦ 《思茅地区文化志》，第124页。
⑧ 《云南古代举士》，第500页。
⑨ 《华宁县志·艺文篇》，第534页；《巍山彝族回族自治县志·政权政协志》，第551页。

陈小圃（陈荣昌），见《经正书院课艺二集》。

【课艺内容】

凡经学 15 题 30 篇，史学 23 题 51 篇，杂文 15 题 22 篇，赋 11 题 23 篇，古近体诗 23 题 142 首，经文 9 题 18 篇。

【作者考略】

收录课艺较多者：袁嘉谷 68 篇，张儒澜 25 篇，李坤 16 篇，秦光玉 14 篇，钱良骏 12 篇，席聘臣、吴琨、孙文达 11 篇，吴承鑫 10 篇，张崇仁 9 篇，蒋谷、丁中立、杨恩第、袁嘉端、李熙仁 6 篇，袁丕铺、张坤 5 篇，张璞、丁庶凝、李光明 4 篇，张权、李楷材、袁丕承、钱良骥 3 篇。其他作者一两篇不等：刘奎光、丁庶熙、赵永鑫、许韵璋、袁丕绪、张之霖、甘韶、袁嘉璧、马灿奎、路安衢、刘学弼、孙光祖、李惟明、赵鉁、袁朴、张楷荫、席聘士、李泽、彭承泽、杨寿昌、黄礼、胡商彝、张赓文、李中铨、李法坤。

袁嘉谷、张儒澜、李坤、秦光玉、丁庶凝、马灿奎，见《滇秀集初编》。

钱良骏、席聘臣、吴琨、孙文达、张崇仁、蒋谷、袁嘉端、李熙仁、张璞、李楷材、袁丕承、路安衢、孙光祖、李法坤，见《经正书院课艺二集》。

吴承鑫、张坤、杨寿昌，见《经正书院课艺三集》。

丁中立（1881—1966），字晓岚，昆明人。光绪二十九年（1903）举人。精医，曾在天津、昆明行医。民国间任个旧、楚雄、蒙自、蒙化等县县长私人秘书。新中国成立后任云南省政协委员、昆明市五华区人大代表、云南省文史研究馆馆员。①

杨恩第，昆明人。光绪二十九年（1903）举人。著有《倦游草》一卷。②

袁丕铺，字笙阶，石屏人，嘉猷（1861—1922）子，嘉谷（1872—1937）侄。留学日本明治大学，法学士。民国元年（1912）官昆明初级检察厅监督检察官。十一年（1922）官晋宁知事，十五年（1926）官镇沅知事。又曾官牟定、乔后知事。③

钱良骥，字希庞，昆明人，良骏（？—1916）弟。宣统元年（1909）拔贡。二年（1910）考取七品小京官，分邮传部。辛亥后回滇，任昆明劝学所及农业学校教员，委办景东、丽江榷务。著有《中等国文简易法程》。④

刘奎光。宣统元年（1909）刘奎光成立个旧劝学所。⑤ 民国七年（1918）石屏刘奎光（？—1947）在勐腊开设同庆诊所。⑥ 未知是否即其中一人。

————————

① 《云南省文史研究馆馆员名录》，第 96 页；《云南古代举士》，第 503 页。

② 《云南古代举士》，第 503 页；《中南、西南地区省、市图书馆馆藏古籍稿本提要》，第 726 页。

③ 《袁嘉谷文集》第 1 卷《三兄墓志铭》，第 486 页；《石屏县志》第 25 编《人物志》，第 795 页；《续云南通志长编》卷 61《司法》，第 8 页；《晋宁县志·人物》，第 905 页；《镇沅彝族哈尼族拉祜族自治县志·人物》，第 678 页。

④ 《续云南通志长编》卷 81《人物》，第 749 页。

⑤ 吕朝恒：《个旧图书馆事业发展纪略》，《个旧文史资料选辑》第 9 辑，第 106 页。

⑥ 《勐腊县志》卷 31《卫生、体育》，第 681 页。

丁庶熙，石屏人。光绪间副贡生。①

许韵璋，石屏人。韵璋之妻，即袁嘉谷（1872—1937）之姊。光绪十一年（1885）举人。②

袁丕绪，石屏人，嘉乐（1856—1891）子，嘉谷（1872—1937）侄。③

张之霖（1875—1945），字泽生，大姚人。光绪二十八年（1902）举人。云南法政学堂讲习科毕业。历任云南省咨议局议员，资政院议员，临时参议会议员，临安知府兼建水知事，云南省第一届参议会副议长、代理议长兼富滇银行协理，元永井一等场知事，东川矿业公司协理，东川矿业公司在昆矿业银号经理，矿业银行常务董事，盐丰县参议会议长。④

甘韶，字凤仪，盐丰人。光绪二十三年（1897）拔贡。二十五年（1899）执教于白盐井南馆义学。民国元年（1912）当选为云南省议会议员。历任盐井渡行政委员，盐津、筠连、巧家知事。与修《续修白盐井志》。著有《议事日记》。⑤

袁嘉璧，石屏人，嘉谷（1872—1937）弟，嘉端（1878—1910）兄。民国二年（1913）任石屏县商务分会会长。⑥

张楷荫，安宁人。官广东乐昌知县兼警务长。民国间官广东知事。⑦

李泽，云南府人。光绪二十三年（1897）举人。⑧

胡商彝（1873—1953），字珍府，石屏人。光绪二十八年（1902）举人，二十九年（1903）进士。历官直隶任邱、宣化、天津知县，代理宣化知府。民国间官直隶都督署秘书、滦县知事、约法会议议员、政治讨论会会员、平民生计会会员、山东政务厅长、察哈尔兴和道尹。工篆隶。方树梅（1881—1968）辑有《胡珍府诗文》。⑨

李中铨（？—1935），字自衡，丽江人。光绪十七年（1891）举人。主讲雪山书院。三十三年（1907）进京，分发四川候用。应驻藏大臣赵尔丰（1845—1911）之聘，随队

①　民国《石屏县志》卷7《学校》，第613页。

②　《袁嘉谷文集》第1卷《姊墓表》，第505页；《云南古代举士》，第494页。

③　《袁嘉谷文集》第1卷《先伯兄雪樵墓志铭》，第482页；许象坤：《袁嘉谷生平简介》，《石屏文史资料选辑》第2辑，第146页。

④　《大姚县志》第10篇《人物》，第819页；《楚雄彝族自治州志》第6卷第36篇《人物》，第169页。

⑤　光绪《续修白盐井志》卷首《姓氏》、卷9《艺文志中》，民国《盐丰县志》卷9《选举》，《楚雄彝族自治州旧方志全书·大姚卷》，第560、902、1245页；《续云南通志长编》卷29《议会》，第1068页；《筠连县志》第16篇《政权》，第528页；《巧家县志》第3编《政治》，第412、423页；《云南省志·社会科学志》，第444页。

⑥　许象坤：《袁嘉谷生平简介》，《石屏文史资料选辑》第2辑，第146页；《石屏县志》第9编《商业志》，第284页。

⑦　《政府公报》1917年1月22日第372号，第101册，第168页；邓德俊：《乐昌警察沿革》，《乐昌文史》第9辑，第34页。

⑧　《云南古代举士》，第501页。

⑨　《最近官绅履历汇录》第1集，第175页；《云南古代举士》，第502页；《内蒙古自治区志·政府志》，第338页；《中南、西南地区省、市图书馆馆藏古籍稿本提要》，第455页；《民国书法》，第86页。

办理粮饷事务多年。返乡后任丽江劝学所所长。精医。著有《课余丛考》、《毛诗鸟兽草木虫鱼考》、《伤寒论证贯解》。①

待考者：李光明、张权、赵永鑫、刘学弼、李惟明、赵鉁、袁朴、席聘士、彭承泽、黄礼、张赓文。

① 《中国少数民族大辞典·纳西族卷》，第307页。

附　录

63. 各省课艺汇海

【版本序跋】

题"光绪八年（1882）三月撷云腴山馆刊"。

范鸣龢序云：

国家稽古右文，陶甄群雅，自诸行省及府厅州县皆创建书院。延通儒宿学以主讲席，聚士之秀异者岁而甄之，月而课之。争自濯磨，文章彬雅，蒸蒸日上，猗欤盛矣！

窃尝以为，房稿之文，虽多名作，而或不能尽中有司之绳度；乡会诸墨，固亦不无佳构，而苦于锁院之拘制、时日之迫促，故作者阅者皆不得以尽其长。若夫书院课试，其时甚宽，其境甚暇，作者阅者并得以穷极其心思才力之所至而无遗憾；且主讲者既当代老宿，其应试者又皆通都大邑魁奇宏达之彦；而所刊者则又益撷菁英、取其最上者，而登之于篇。故吴兰陔氏所谓"声情极合时趋，思力迥超流俗"，未有如书院课艺者也。顾乡会墨之出，不胫而走海内；课艺则限于方隅，天下之士，往往不能遍睹，余尝惜焉。

今撷云腴山馆主人，尽取各直省书院课艺，择其尤雅者数千篇，汇而刊之，使薄海人士，皆得争先快目睹。盖自昔以来未见之巨观，未有之盛事，其嘉惠士林之功，岂不博哉！

武昌范鸣龢序。

范鸣龢，初名鸣璠，字鹤生，湖北武昌人。咸丰二年（1852）进士。官中书舍人。①

【课艺内容】

凡7卷，皆四书文，总约3500篇。卷一、卷二《论语》，卷三《大学》，卷四《中庸》，卷五、卷六、卷七《孟子》。

【作者考略】

作者前标注所属书院，或课作来源。以《论语·学而》部分为例，凡43题61篇，作者杨文莹、高济川、姜友梅、朱绍颐、王锡同等，所属书院或课作来源分别为：《学海堂续集》、四明孝廉堂官课、《闽中初集·正谊书院》、《尊经初集》周山长课、《崇文四集》马山长课、《闽中·鳌峰书院二集》、江汉书院、《安定梅花合编》、《金台书院初集》、《闽中初·凤池书院课》、《紫阳三集》朱山长课、鸳湖书院府课、《梅花书院课

---

① 《清诗纪事·咸丰朝卷》，第11134页。

艺》、《钟山续集》、《泺源四集》、岳麓书院、《崇文书院五集》、敬敷书院等。作者甚多，考证从略。

64. 五大书院课艺

【书院简介】

五大书院者，上海求志书院、杭州诂经精舍、成都尊经书院、武昌自强书院、武昌两湖书院。

【版本序跋】

题"光绪丙申岁（1896）明达学社刊"。

汪先弼序云：

南皮尚书既建两湖书院，谓士博古而不通经，不足言学。故书院四学，史学足赅时务。既而旋节金陵，复设时务专课。盖以时事方殷，实鉴迁滞之鲜济，而甚有望于明体达用之彦，豫储之以为用也。同志诸友，因纠立明达学社，以究心经世之略，有用之学。并旁搜中西新出各书，遴其切于时务者，次第锓木。复取尊经、求志、诂经、自强课艺，分类编辑，都为一集，而间附两湖之作。非敢遽出问世，等以承大贤之教，奖掖淬厉，既有年所，参亘之余，晓然育材之盛意，固有如是之明备周详，由体及用者。中国学校之兴，人才之植，庶有冀乎！

尝谓中国非无才之患，有才而无以驯养其才之患。今天下需才亦甚矣，环五大洲，电掣风骤，浸合地球，为混壹之局。中国以积驰之故，筋涣脉摇，靡焉不能自固。于是忧时之士，慨念时艰，为借才之说思进。非族而与之谋，亦吾党之耻矣。

是编之辑，意在发皇耳目，启牖性灵，使憬然徐瀹其新知，而翻然丕变其锢□。吾知中国清淑之萃，神灵之所亭毒。衣冠舄带之伦，奋其聪明材力，维正气以远害沴，势足卫区夏而无虞弗给。语曰：庸也者，用也；用也者，通也。圣人官府之公，通其用于天下，而天下皆为之用，尚何弊弊才难之虑哉！

光绪丙申（1896）夏五月，安福汪先弼斗文甫谨识。

汪先弼，字计人，安福（临澧）人。著有《善志堂文集》二卷。《沅湘通艺录》录其文。[1]

【课艺内容】

凡四册，第一、二册掌故三卷，33 题 34 篇，题如《历代商政与欧洲各国同异考》、《〈新唐书·刘晏列传〉书后》、《问：古人用粟帛，后代用钱，近日又用银钱。前人论其利弊详矣。今惟一旦改用银钱，则收回旧银，改铸新银，必如何抵换，始公私两便。至从前用银之款，悉改用银钱，必如何立法，始易流通。又，西人纸币，即中国钞币，必如何定制，始能无弊。试综论之》、《问：辽东为北洋藩篱，台湾为南洋门户，近台地割倭，

---

[1] 《湘人著述表》，第 326 页；《沅湘通艺录》卷 2，第 62 页。

门户已失，辽东未及见还，藩篱可危，当以何策挽回大局。试详言之》、《地动说》、《拟与英人论洋药加税书》、《请开中西条例馆议》、《弭会匪策》、《开煤矿说》。第三、四册舆地四卷，25 题 27 篇，题如《设险守国论》、《海运河运议》、《拟新译美人〈防海新论〉序》、《书西报土塞战事后》、《问：大江昔宽今狭，于形势孰便》、《唐平高丽百济水陆用兵考》、《〈唐书〉〈宋史〉大食传补注》、《梁元帝建都失策论》。

仅掌故卷一前两篇有评语，其他皆无评语。校勘不精，时见讹字。

【作者考略】

朱逢甲 10 篇，汪先弼、华世芳 5 篇，罗崇阳 4 篇，沈祥凤 3 篇，姚文栋、沈定年、吴曾英、王履楷（王履阶）2 篇，刘应嶙、梁祚昌、熊应龙、陈考绩、汪德植、许廷幹、梁有辛、闵钧、戴光、冯一梅、郁晋培、艾承祷、何松、杨象济、严祥彬、郁震培、邵如林、范本礼、黄致尧、钱润道、章保元、严良勋、岳森、邓昶、郑业洪 1 篇，未标姓名 1 篇。

朱逢甲、沈祥凤、姚文栋、吴曾英、王履楷（王履阶），见《上海求志书院课艺（春季）》。

郁震培、范本礼，见《上海求志书院课艺（丙子夏季）》。

华世芳、杨象济、黄致尧，见《上海求志书院课艺（丙子秋季）》。

郁晋培、钱润道，见《上海求志书院课艺（丙子冬季）》。

冯一梅、何松，见《诂经精舍四集》。

邓昶（邓宗岳），见《蜀秀集》。

闵钧（闵瑴）、戴光、岳森，见《尊经书院初集》。

汪先弼，见《五大书院课艺·版本序跋》。

沈定年（？—1885），字饱山，浙江山阴人。岁贡。曾任《申报》主笔。著有《经艺新畲》五卷、《侯鲭新录》五卷、《泰西风土记》一卷（英立温斯敦著，史锦镛译，沈定年述文）。[1]

刘应嶙（1870—？），湖南浏阳人。以优贡充湖南督销局文案、浏阳督销分局文案。光绪二十八年（1902）举人。捐直隶州州同，指分湖北。历充湖北学务公所总务科科员、矿政调查局文案、吉林清理财政局编辑科一等科员、吉林度支司制用科一等科员。保升直隶州知州，调充盐务署办事官，荐任佥事。[2]

梁祚昌，字克斋（一作克詹），湖北孝感人。光绪二十八年（1902）举人。著有《莐溪草堂诗钞》十卷、《倚罗山馆词钞》五卷、《强恕斋札记》。[3]

熊应龙（1858—1918），字孟胪，号梦楼、碻潜居士，湖南浏阳人。诸生。肄业两湖书院七年，后留学日本。著有《碻潜室诗文集》、《两无闷庐杂俎》。[4]

①　《清末四十年申报史料》，第 350 页；《上海新闻史（1850—1949）》，第 102 页；《别宥斋藏书目录》，第 770 页；《中国古代小说总目·文言卷》，第 137 页；《晚清新学书目提要》，第 311 页。

②　《最近官绅履历汇录》第 1 集，第 304 页。

③　《清人诗文集总目提要》，第 1816 页；《湖北艺文志附补遗》，第 1276、1315 页。

④　《湘雅摭残》卷 11，第 506 页；《湘人著述表》，第 1213 页。

汪德植，字诚之，湖南临澧人。官靖县、安乡、沅陵知事。著有《菜园诗集》二卷、《菜园文集》二卷、《花林小志》一卷。①

严祥彬，字桐笙，江苏南汇人。光绪十三年（1887）岁贡。文尚典丽，性尤孤介。与兄祥荣（字载楣）齐名，时号"两严"。著有《笔耕斋诗赋草》。②

严良勋（1846—1914），字子猷，江苏吴县人。肄业广方言馆，咨送总理各国事务衙门。回籍充广方言馆副教习、机器局翻译委员。后官福建福宁、汀州、泉州、福州知府。编译《四裔编年表》、《埏纮外乘》。③

待考者：罗崇阳、陈考绩、许廷幹、梁有辛、艾承祷、邵如林、章保元、郑业洪。

65. 各省校士史论精华

【版本序跋】

又名《各省书院课艺史论新编》。题"光绪壬寅（1902）春月衡清廪附公社校刊"，"南州梅筱严太史鉴定，罗江姚润编辑，南州彭杏庚校订"。

梅筱严，即梅启照，见《诂经精舍四集》。

姚润、彭杏庚，待考。

张百熙序云：

> 儒者之道，非通经不足以致用，非读史不足以知古今治乱之所由。故孔子言学则曰"温故而知新"，孟子论士而推究于"尚友"。古人史学顾不重歟？自帖括之学兴，士习日卑，学术愈陋。揣摩风气，规做声调，穷年矻矻，劳精敝神于数墨之中。凡历代盛衰之故，人才消长之机，曾不暇过问焉。无惑弇鄙空疏，相安苟蕳，穷而在下，不识治身之要，不通善世之方，佔毕终身，无一技可名于当世。即使幸弋科名，置身通显，问以民生国计，则逊谢弗遑；课以钱谷兵刑，则非其所习。其不病民而误国者几希！夫蒙理莫备于经，而政治莫详于史。离经固不足言学，荒史又岂足为士歟？今朝廷变通科举，毁弃时文，经策而外，兼试史事，于以觇士子之根柢，验才器之远到。意至良，法至美也！【略】

> 吾乡姚君伯畴，博通经史，具有本原。讪□琴棋之暇，尝抉史事疑义相与论难，反复质诘，恒得新理。释褐后历宰数邑，莫不口碑载道，卓著循声。盖蕴之为学问，发之为经济，其素所蓄积者肰也。听政之外，辄手一编，不异儒素。旧辑各省课士之作，择其议论纯正，与史鉴相发明者，汇成一编，为士林之津逮，作□学之准绳。学者由此一端，上窥全史，足以策治安于帝室，即可敷子惠于民生。则姚君之嘉惠后学者，诚非浅鲜矣。

> 光绪二十有七年岁次辛丑（1901）季冬月，通家弟张百熙堇烁甫顿首拜撰。

---

① 《湘人著述表》，第326页。

② 民国《南汇县续志》卷11《选举》，第495页；卷12《艺文》，第534页；卷13《人物一》，第563页。

③ 陈三立：《福建补用道泉州府知府严君墓志铭》，《碑传集三编》卷24，第521页；《清代官员履历档案全编》第4册，第400页；第6册，第575页。

张百熙（1847—1907），字埜秋，一作冶秋，号潜斋，湖南长沙人。同治十三年
（1874）进士，选庶吉士，散馆授编修。历官山东学政，翰林院侍讲、侍读，日讲起居注
官，国子监祭酒，广东学政，内阁学士，礼部右侍郎，都察院左都御使，工部、刑部、吏
部、户部、邮传部尚书。谥文达。著有《退思轩诗集》，今人辑有《张百熙集》。《晚晴簃
诗汇》录其诗 22 首。① 是序不见于《张百熙集》。

《略例》五则云：

一、是论做袖珍板式，以备舟车便览。幸勿误带入闱，致干功令。
一、是论觅得广东、广西、浙江、江苏、安徽、湖北、湖南、江西、福建、陕
西、四川、云南计十二行省书院、文社暨各项考试之作，择其取列前矛发刊，聊为尚
友古人者揣摩之助。《二集》选定，不日开雕。
一、是论系倩各省友人抄录邮寄，评圈悉依原稿。间有失去批词者，概付阙如，
以存其真。
一、是论与近日坊间木板、石印《史论正鹄》、《历代史论》、《国朝名家史论》
诸编，绝无一艺雷同，并非改顿换面者可比。诸君子争先快睹，亦得涣然冰释矣。
一、是论仓卒雠校，帝虎鲁鱼，不无舛误，尚祈博雅谅之。

【课艺内容】

湖南图书馆藏本仅存 1 册（全本疑为 3 册）。据目录，凡 66 题 66 篇。题如《子产不
毁乡校论》、《王安石论》、《董仲舒贾谊论》、《陆清献论》、《桐城古文宗派论》、《勾践事
吴论》、《文彦博论》、《留侯论》、《〈汉书·酷吏传〉不列张汤论》。有评点。

【作者考略】

据目录，作者共 58 人。正文中作者前标注生源地。笔者所见湖南图书馆藏本仅存 1
册，作者 20 人，人各 1 篇：帅远焘（黄梅县岁试古学）、朱珩（广东粤秀书院）、潘宗信
（安徽紫阳书院）、彭承芬（豫章书院）、徐振声（浙江诂经精舍）、姚炳垣（广东越华书
院）、熊任先（安徽惜阴书院）、何秉常（浙江学海堂）、廖炳文（湖南衡州岁试）、王麟
书（浙江诂经精舍）、李元英（四川科试取入成都府古学）、林炳（福建闽县观风）、燕
昌期（豫章书院）、李大文（广西观风）、王永清（江西友教书院）、潘鹤（安徽奎光书
院）、余嘉德（江西豫章书院）、杨怀清（江西经训书院）、程以纶（豫章书院）、陈兆熙
（福建鳌峰书院）。

其他作者，仅据目录胪列如下：柏锡畴 3 篇，姚芝、彭济衷、查光华、管绍勋、张更
生、辛锡洪 2 篇，马景融、余生骧、邱思濬、谭会松、周逢盛、徐启鼎、张明第、程汝
兑、黄孝刚、李国钧、万方泉、汪琪、吴品玙、李毓车、刘肇隅、万家珍、毛式棻、汤起
瑞、熊绥荣、唐芝荣、汪先弼、张仲铭、陈庆棠、胡定英、卢志鸿、裘杨来、曹佐熙、刘
锐、黄子胜、李济川、段友全 1 篇。

① 《清史列传》卷 61《新办大臣传五》，第 490 页；《戊戌变法人物传稿（增订本）》，第 330 页；
《晚晴簃诗汇》卷 166，第 7236 页。

徐振声、王麟书，见《诂经精舍三集》。

何秉常，见《学海堂课艺三编》。

潘宗信，见《紫阳课艺约选》。

廖炳文（廖昺文），见《船山书院课艺》。

帅远燠，湖北黄梅人。庠生。其妻程氏入《黄州府志·列女传》。①

朱玴，号楚白，广东花县人。光绪十一年（1885）举人，二十一年（1895）进士。官刑部主事。以母年高乞假归养，十年不仕。服阕入都，历任法部统计纂修官、京师高等审判厅推事、民事庭长。某王邸慕其才，特辟舆图馆于总理衙门，使任编辑。期年之间，书成十九。著有《中俄交界图说》、《北徼水道考》、《塞北路程补考》、《中亚州俄属游记注》、《三史国语解检韵》、《元朝秘史补注》、《针灸秘诀辨证》、《法庭判牍节存》。②

程以纶。有程以纶者，曾任江西抚州地方审判厅刑庭长。③ 未知是否即此人。

待考者：彭承芬、姚炳垣、熊任先、李元英、林炳、燕昌期、李大文、王永清、潘鹤、余嘉德、杨怀清、陈兆熙。又，柏锡畴以下诸人，虽有见于其他课艺总集之同名者（如查光华、汪先弼），以未详生源地，生平难以遽断，一并从略。

---

① 光绪《黄州府志》卷31下《列女九》，第1128页。

② 民国《花县志》卷9《人物》，第24叶；卷10《艺文》，第3叶。

③ 《政府公报》1917年3月27日第434号，第105册，第460页。

征 引 书 目

A

《哀生阁初集》，王大经著，光绪十一年刊本。

《爱俪园梦影录》，李恩绩著，生活·读书·新知三联书店 1984 年版。

《安徽近现代史辞典》，安徽省政协文史委《安徽近现代史辞典》编委会编，中国文史出版社 1990 年版。

《安徽书院志》，吴景贤著，《中国历代书院志》第 1 册。

《安徽文献书目》，安徽省图书馆编，安徽人民出版社 1961 年版。

《安陆古代人物传》，张昕主编，长江文艺出版社 1993 年版。

《安陆近现代人物传》，刘厚中主编，中国文史出版社 1991 年版。

《安庆师范学院 110 年发展史》，汪青松、王先民、吴毅安主编，安徽人民出版社 2008 年版。

《安蔬斋诗词》，黄恩绶著，《清词珍本丛刊》第 15 册。

《澳门诗词笺注》，章文钦笺注，珠海出版社 2002 年版。

B

《八千卷楼书目》，丁丙藏，丁仁编，《续修四库全书》第 921 册。

《八旬自述百韵诗》，黄炳垕著，《晚清名儒年谱》第 8 册。

《巴县志选注》，向楚主编，巴县县志办公室选注，重庆出版社 1989 年版。

《巴渝古代要籍叙录》，薛新力主编，中州古籍出版社 2008 年版。

《巴中诗文》，李旭升主编，四川人民出版社 2006 年版。

《霸县志》，河北人民出版社 1989 年版。

《灞桥区志》，三秦出版社 2003 年版。

《白下区志》，江苏科学技术出版社 1988 年版。

《百年回眸：福建省福州第四中学简史（1906—2006）》，卓志鹏主编，福州四中 2006 年编印。

《百年闽诗》，福建省文史研究馆编，海风出版社 2004 年版。

《百年树人：上海交通大学历任校长传略》，陈华新主编，上海交通大学出版社 1997 年版。

《百年一缶翁——吴昌硕传》，吴晶著，浙江人民出版社 2005 年版。

《百柱堂全集》，王柏心著，《续修四库全书》第 1527~1528 册。

《柏枧山房诗文集》，梅曾亮著，上海古籍出版社 2005 年版。

《柏枧山房文集》，梅曾亮著，《续修四库全书》第 1514 册。

《柏岩乙稿》，凌煜著，《丛书集成续编》第 181 册。

《半行庵诗存稿》，贝青乔著，《续修四库全书》第 1537 册。

《包拯集校注》，杨国宜校注，黄山书社 1999 年版。

《宝应历代县志类编》，江苏人民出版社 1991 年版。

《保赤心筌》，胡凤昌著，中医古籍出版社 2007 年版。

《保甓斋文录》，庄仲方著，《清代诗文集汇编》第 479 册。

《抱润轩文集》，马其昶，民国十二年京师刊本。

《碑传集补》，闵尔昌辑，《清代传记丛刊》第 120～123 册。

《碑传集三编》，汪兆镛辑，《清代传记丛刊》第 124～126 册。

《碑林区志》，三秦出版社 2003 年版。

《碑林文史资料》第 2 辑，西安市碑林区政协文史委 1987 年编印。

《碑林文史资料》第 4 辑，西安市碑林区政协文史委 1989 年编印。

《碑林文史资料》第 7 辑，西安市碑林区政协文史委 1992 年编印。

《北京大学史料》第 1 卷，北京大学校史研究室编，北京大学出版社 1993 年版。

《北京师范学校史料汇编》，汤世雄、王国华主编，北京教育出版社 1995 年版。

《北京市崇文区志》，北京出版社 2004 年版。

《北京市志稿》，吴廷燮等纂，北京燕山出版社 1997 年版。

《北洋军阀（1912—1928）》，中国史学会、中国社会科学院近代史研究所编，武汉出版社 1990 年版。

《皕年宗文》，石仲耀编，上海科学普及出版社 2006 年版。

《扁善斋文存》，邓嘉缉著，《清代诗文集汇编》第 759 册。

《别宥斋藏书目录》，天一阁博物馆编，宁波出版社 2008 年版。

《兵船炮法》，金楷理口译，朱恩锡笔述，《丛书集成续编》第 90 册。

《病榻梦痕录》，汪辉祖著，《北京图书馆藏珍本年谱丛刊》第 107 册。

《盍山文录》，顾云著，《清代诗文集汇编》第 759 册。

《博白县概况》，广西师范大学出版社 1989 年版。

《博白县志》，广西人民出版社 1994 年版。

《博览会与近代中国》，马敏主编，华中师范大学出版社 2010 年版。

《补篱遗稿》，姚福均著，光绪三十一年刻本。

《补愚诗存》，陈庆甲著，《清代诗文集汇编》第 741 册。

《布衣廉相阎敬铭》，范明乐著，大众文艺出版社 2008 年版。

《部昀府君年谱》，王迈常著，《北京图书馆藏珍本年谱丛刊》第 181 册。

C

《蔡元培年谱长编》，高平叔著，人民教育出版社 1996 年版。

《蔡元培全集》，高平叔编，中华书局 1988 年版。

《餐樱庑随笔》，况周颐著，山西古籍出版社 1999 年版。

《蚕桑辑要》，郑文同著，《续修四库全书》第 978 册。

《沧趣楼诗文集》，陈宝琛著，上海古籍出版社 2006 年版。

《沧桑艳》，丁传靖著，中州古籍出版社 1991 年版。

《苍南文史资料》第 8 辑，苍南县政协文史委 1993 年编印。

《苍南县教育志》，百家出版社 2001 年版。

《苍虬阁诗》，陈曾寿著，《近代中国史料丛刊续编》第 45 辑。

《藏书家陆心源》，徐桢基著，陕西人民教育出版社 2007 年版。

《草堂之灵》，杨钧著，岳麓书社 1985 年版。

《阐道堂遗稿》，云茂琦著，海南出版社 2004 年版。

《昌言报》，昌言报馆编，《近代中国史料丛刊三编》第 33 辑。

《长安县志》，陕西人民教育出版社 1999 年版。

《长安镇志》，当代中国出版社 1994 年版。

《长春市志·检察志》，吉林人民出版社 1996 年版。

《长沙教育志（1840—1990）》，长沙市教育委员会 1992 年编印。

《长沙市志》第 13 卷，湖南人民出版社 1996 年版。

《长沙市志》第 16 卷，湖南人民出版社 2002 年版。

《长寿县文史资料》第 2 辑，长寿县政协文史委 1986 年编印。

《长兴县志》，上海人民出版社 1992 年版。

《长垣县志》，中州古籍出版社 1991 年版。

《苌楚斋随笔》，刘声木著，中华书局 1998 年版。

《常熟市卫生志》，本书编委会 1990 年编印。

《常州古今》第 2 辑，《常州史话》编写组 1981 年编印。

《常州市志》，中国社会科学出版社 1995 年版。

《常州文史资料》第 10 辑，常州市政协文史委 1992 年编印。

《常州文史资料》第 14 辑，常州市政协文史委 1998 年编印。

《潮流与点滴》，陶希圣著，中国大百科全书出版社 2008 年版。

《陈宝箴集》，汪叔子、张求会编，中华书局 2005 年版。

《陈洪绶家世》，杨士安著，北京出版社 2004 年版。

《陈化成研究》，方文图、方友义主编，厦门大学出版社 1992 年版。

《陈澧集》，黄国声主编，上海古籍出版社 2008 年版。

《陈去病诗文集》，殷安如、刘颖白编，社会科学文献出版社 2009 年版。

《陈宦研究资料》，安陆市政协文史委 1987 年编印。

《柽华馆全集》，路德著，《续修四库全书》第 1509 册。

《俙山遗集》，章锡光著，民国十年家刻本。

《成都顾先生诗集》，顾印愚著，《清代诗文集汇编》第 782 册。

《成都市古籍联合目录》，成都市图书馆 1992 年编印。

《成都通览》，傅崇矩编，巴蜀书社 1987 年版。

《成都文史资料》第 30 辑《成都少数民族》，四川人民出版社 1997 年版。

《成人篇》，张寿荣著，《丛书集成续编》第 60 册。

《城西草堂诗史》，程嵩龄编，《近代中国史料丛刊续编》第 31 辑。

《程良骥乡试硃卷》，上海图书馆藏。

《澄江文史资料》第 5 辑，澄江县政协文史委 1993 年编印。

《澄江县志》，云南人民出版社 2002 年版。

《重庆市教育志》，重庆出版社 2002 年版。

《重庆文化艺术志》，重庆市文化局编，西南师范大学出版社 2000 年版。

《重庆辛亥革命时期人物》，重庆市地方志编委会总编室、重庆市政协文史委、重庆师范学院地方史研究室 1986 年编印。

《崇陵病案》，力钧著，学苑出版社 1998 年版。

《崇庆文史资料选辑》第 3 辑，崇庆县政协编印。

《崇庆县志》，四川人民出版社 1991 年版。

《崇阳县志》，武汉大学出版社 1991 年版。

《崇州文史资料》第 20 辑，崇州市政协文史委 2006 年编印。

《畴人传四编》，黄钟骏著，《清代传记丛刊》第 34 册。

《出使英法义比四国日记》，薛福成著，岳麓书社 1985 年版。

《初月楼文续钞》，吴德旋著，《清代诗文集汇编》第 486 册。

《楚雄彝族自治州旧方志全书·大姚卷》，云南人民出版社 2005 年版。

《楚雄彝族自治州志》，人民出版社 1996 年版。

《处常与求变：清末民初的浙江咨议局和省议会》，沈晓敏著，生活·读书·新知三联书店 2004 年版。

《船山学报》，湖南船山学社编，湖南师范大学出版社 2009 年影印本。

《垂虹识小录》，费善庆著，《中国地方志集成·江苏府县志辑 23》。

《春风桃李百世师：梁启超和他的弟子》，黄跃红、王琦著，广东教育出版社 2009 年版。

《春秋公羊传笺》，王闿运著，《续修四库全书》第 131 册。

《春秋穀梁经传补注》，钟文烝著，光绪刊本。

《春星草堂集》，沈丙莹著，《清代诗文集汇编》第 635 册。

《春在堂诗编》，俞樾著，《续修四库全书》第 1551 册。

《春在堂挽言》，阙名编，《春在堂全书》第 5 册。

《春在堂楹联录存》，俞樾著，光绪十年志古堂刻本。

《春在堂杂文》，俞樾著，《清代诗文集汇编》第 685～686 册。

《春渚草堂居士年谱》，朱彭年著，《北京图书馆藏珍本年谱丛刊》第 173 册。

《词林辑略》，朱汝珍辑，《清代传记丛刊》第 16 册。

《词综补遗》，林葆恒编、张璋整理，上海古籍出版社 2005 年版。

《辞海·历史分册（中国近代史）》，上海辞书出版社 1982 年版。

《从古越藏书楼到绍兴图书馆》，龚天力主编，浙江人民出版社 2002 年版。

《从化县志》，广东人民出版社 1994 年版。

《从江县志》，贵州人民出版社 1999 年版。

《从印刷作坊到出版重镇》，吴相著，广西教育出版社 1999 年版。

《寸心知室存稿》，汤金钊著，《清代诗文集汇编》第 507 册。

D

《大别山：罗田旅游》，方华国主编，罗田县旅游局 2002 年编印。

《大理白族自治州志》，杨光复主编，云南人民出版社 2000 年版。

《大清畿辅先哲传》，徐世昌著，北京古籍出版社 1993 年版。

《大清缙绅全书》，荣禄堂刊本。

《大姚县志》，云南大学出版社 1999 年版。

《大邑县志续编》，四川大学出版社 1996 年版。

《岱山文史资料》第 3 辑，岱山县政协文史委 1991 年编印。

《岱山县志》，浙江人民出版社 1994 年版。

《丹徒文史资料》第 9 辑，丹徒县政协文史委 1994 年编印。

《单级国文教授书》，谭廉、费焯编，商务印书馆民国三年版。

《淡言斋诗钞》，李筬著，《南京文献》第 15 号。

《当代名人小传》，沃丘仲子（费行简）著，《近代中国史料丛刊三编》第 8 辑。

《道存堂存稿》，胡大经著，《丛书集成三编》第 60 册。

《道咸宦海见闻录》，张集馨著，中华书局 1981 年版。

《道咸同光四朝诗史》，孙雄辑，《续修四库全书》第 1628 册。

《道咸以来朝野杂记》，崇彝著，北京古籍出版社 1982 年版。

《稻香楼诗稿》，张庆荣著，咸丰九年刻本。

《德清俞氏》，俞润民、陈煦著，中国人民大学出版社 1999 年版。

《登瀛社稿》，曾之撰辑，同治七年重刻本。

《邓尚书年谱》，邓邦禳著，《北京图书馆藏珍本年谱丛刊》第 135 册。

《荻华堂诗存》，蔡琳著，《丛书集成续编》第 181 册。

《垫江县志》，四川人民出版社 1993 年版。

《丁谏吾先生四十唱和集》，民国十八年丁氏刊本。

《丁文诚公家信》，丁宝桢著，山东画报出版社 2012 年版。

《丁治棠纪行四种》，丁树诚著，四川人民出版社 1984 年版。

《定香亭笔谈》，阮元著，《续修四库全书》第 1138 册。

《东安县志》，湖南出版社 1995 年版。

《东北地区古籍线装书联合目录》，辽宁、吉林、黑龙江图书馆编，辽海出版社 2003 年版。

《东海半人诗钞》，钟大源著，《清代诗文集汇编》第 471 册。

《东华录详节》，邬树庭编，光绪二十六年上海东文学堂石印本。

《东华续录》，朱寿朋著，《续修四库全书》第 383 册。

《东里生烬余集》，汪家禧著，光绪二年刻本。

《东溟文后集》，姚莹著，《续修四库全书》第 1512 册。

《东南民众运动与上海小刀会》，傅一峰、华强主编，香港天马图书有限公司 2004 年版。

《东瓯词征》，薛钟斗编辑、余振棠校补，上海社会科学院出版社 2004 年版。

《东瓯三先生集补编》，胡珠生编，上海社会科学院出版社 2004 年版。

《东西湖区专志·艺文志》，张明祥编，武汉出版社 2007 年版。

《东乡县文史资料》第 2 辑，东乡县政协文史委 1988 年编印。

《东阳名人》，东阳市方志办、历史文化研究会编，西泠印社 2012 年版。

《东阳文史资料选辑》第 6 辑《东阳百年大事记》，东阳市政协文史委 1988 年编印。

《冬饮庐文稿》王瀣著，《南京文献》第 21 号。

《洞庭集》，王庆麟著，《清代诗文集汇编》第 553 册。

《都昌文史资料》第 8 辑《都昌历史名人》，都昌县政协文史委 2008 年编印。

《读杜诗说》，施鸿保，中华书局 1962 年版。

《读书堂集》，简朝亮著，民国十九年粤东刻本。

《读书杂识》，劳格著，《续修四库全书》第 1163 册。

《读雪斋诗集》，孙文川著，光绪八年刻本。

《赌棋山庄词话》，谢章铤著，《续修四库全书》第 1735 册。

《赌棋山庄所著书》，谢章铤著，《续修四库全书》第 1545 册。

《杜诗纵横谈》，张忠纲著，山东大学出版社 1990 年版。

《杜文端公自订年谱》，杜堮编，杜翮续编，《北京图书馆藏珍本年谱丛刊》第 129 册。

《端溪书院志》，傅维森编，《中国历代书院志》第 3 册。

《段懋堂先生年谱》，罗继祖，《北京图书馆藏珍本年谱丛刊》第 108 册。

《段玉裁先生年谱》，刘盼遂著，《北京图书馆藏珍本年谱丛刊》第 108 册。

道光《巢县志》，《中国地方志集成·安徽府县志辑 6》。

道光《广南府志》，光绪三十一年重抄本。

道光《济南府志》，道光二十年刻本。

道光《晋江县志》，清抄本。

道光《昆明县志》，光绪二十七年刊本。

道光《来安县志》，道光十年刻本。

道光《上元县志》，《中国地方志集成·江苏府县志辑 3》。

道光《肇庆府志》，《续修四库全书》第 713 册。

道光《重修泾阳县志》，道光二十二年刻本。

E

《峨眉县志》，四川人民出版社 1991 年版。

《蛾术轩箧存善本书录》，王欣夫著，上海古籍出版社 2002 年版。

《鄂东著作人物荟萃》，余彦文编撰，湖北科学技术出版社 1990 年版。

《儿时"民国"》，胡伯威著，广西师范大学出版社 2006 年版。

《二知轩诗钞》，方濬颐著，《清代诗文集汇编》第 660 册。

《二知轩文存》，方濬颐著，《续修四库全书》第 1556~1557 册。

F

《法华乡志》，胡人凤辑，上海社会科学院出版社 2006 年版。

《法律大辞书》，郑竞毅编著，商务印书馆 2012 年版。

《樊山集》，樊增祥著，《近代中国史料丛刊续编》第 16 辑。

《范伯子诗文集》，范当世著，上海古籍出版社 2003 年版。

《范字教材教授书》，费烜、蒋昂编，商务印书馆民国六年版。

《贩书偶记（附续编）》，孙殿起著，上海古籍出版社 1999 年版。

《防城文史资料》第 6 辑，防城县政协文史委 1990 年编印。

《粉槑录》，端木埰著，《南京文献》第 17 号。

《丰都县志》，四川科学技术出版社 1991 年版。

《风木盦图题咏》，丁丙辑，《丛书集成续编》第 117 册。

《沣西草堂集》，柏景伟著，《清代诗文集汇编》第 718 册。

《冯桂芬评传》，熊月之著，南京大学出版社 2003 年版。

《奉化教育志》，奉化市教育局编，浙江人民出版社 2003 年版。

《奉新教育志》，《奉新教育志》编纂小组 1984 年编印。

《佛教文化与历史》，苏晋仁编著，中央民族大学出版社 1998 年版。

《佛山历史人物录》第 2 卷，佛山炎黄文化研究会、佛山市政协文教体卫委编，花城出版社 2009 年版。

《佛山市志》，广东人民出版社 1994 年版。

《敷文书院志略》，魏颂唐编，《中国历代书院志》第 8 册。

《浮梁县志》，方志出版社 1999 年版。

《涪陵地区书画名人录》，黄森荣编，1986 年印本。

《涪陵市志》，四川人民出版社 1995 年版。

《福建船政局史稿》，林庆元著，福建人民出版社 1999 年版。

《福建省图书馆馆藏族谱目录》，福建省图书馆特藏部 1985 年编印。

《福建省志·人物志》，中国社会科学出版社 2003 年版。

《福建文献书目（增订本）》，李秉乾 2003 年编印。

《福州百科全书》，中国大百科全书出版社 1994 年版。

《福州历史人物》第 7 辑，福州市委宣传部、社科所编印。

《福州历史人物》第 8 辑，福州市委宣传部、社科所编印。

《福州摩崖石刻》，黄荣春编著，福建美术出版社 1999 年版。

《福州人名志》，张天禄主编，海潮摄影艺术出版社 2007 年版。

《福州市志》，方志出版社 1999 年版。

《复旦中国文学史传统研究》，苏永延著，广西师范大学出版社 2007 年版。

《复堂日记》，谭献著，《丛书集成续编》第 217~218 册。

《复堂文续》，谭献著，《清代诗文集汇编》第 721 册。

《傅惜华藏古典戏曲珍本丛刊提要》，王文章主编，学苑出版社 2010 年版。

《傅熊湘集》，颜建华编校，湖南人民出版社 2010 年版。

《富春江名胜诗集》，申屠丹荣编，浙江人民出版社 1990 年版。

《富强斋丛书续全集》，袁俊德辑，光绪二十七年小仓山房石印本。

《富顺县志》，四川大学出版社 1993 年版。

《富阳文史资料》第 2 辑，富阳县政协文史委编印。

《富阳文史资料》第 7 辑《话说富春姓氏》，富阳县政协文史委 2000 年编印。

《富阳县志》，浙江人民出版社 1993 年版。

《覆瓿集剩稿》，侯日昌著，《南京文献》第 25 号。

G

《陔余杂著》，陆春官著，《丛书集成续编》第 197 册。

《甘熙宅第史话》，马麟、杨英著，南京出版社 2008 年版。

《澉志补录》，程煦元著，《丛书集成三编》第 82 册。

《高燮集》，高铦等编，中国人民大学出版社 1999 年版。

《高邮县志》，江苏人民出版社 1990 年版。

《高子安遗稿》，高德泰著，《南京文献》第 15 号。

《诰授朝议大夫翰林院侍讲学士书农府君年谱》，胡珵著，《北京图书馆藏珍本年谱丛刊》第 131 册。

《戈鲲化集》，张宏生编著，江苏古籍出版社 2000 年版。

《革命党小传》，上海自由社民国元年版。

《个旧文史资料选辑》第 9 辑，个旧市政协文史委 1990 年编印。

《庚辛泣杭录》，丁丙辑，《西湖文献集成》第 9 册。

《庚子事变文学集》，阿英编，中华书局 1959 年版。

《工科先驱、国学大师：南洋大学校长唐文治》，余子侠著，山东教育出版社 2004 年版。

《躬厚堂杂文》，张金镛著，《清代诗文集汇编》第 618 册。

《拱宸桥竹枝词》，陈栩著，《杭州运河文献集成》第 1 册。

《古春风楼琐记》，高拜石著，台湾新生报社 1979 年版。

《古典文学研究资料汇编·红楼梦卷》，一粟编，中华书局 1963 年版。

《古今法制表》，孙荣著，《续修四库全书》第 761 册。

《古今联语汇选》，胡君复编，西苑出版社 2002 年版。

《古今文派述略》，陈康黼著，《丛书集成续编》第 199 册。

《古文辞通义》，王葆心编撰，武汉大学出版社 2008 年版。

《诂经精舍与学海堂两书院的文学教育研究》，宋巧燕著，齐鲁书社 2012 年版。

《诂经精舍志初稿》，张崟著，《中国历代书院志》第 8 册。

《谷城文史资料》第 2 辑，谷城县政协文史委 1988 年编印。

《鼓楼区教育志》，海潮摄影艺术出版社 1998 年版。

《鼓山艺文志》，福州市地方志编委会整理，海风出版社 2001 年版。

《固安县志》，中国人事出版社 1998 年版。

《顾颉刚学术文化随笔》，顾洪编，中国青年出版社 1998 年版。

《观沧楼随笔》，周明道编著，钱塘诗社 1998 年编印。

《管锥编》，钱锺书著，生活·读书·新知三联书店 2007 年版。

《光绪朝硃批奏折》，中国第一历史档案馆编，中华书局 1995 年影印本。

《光绪宣统两朝上谕档》，中国第一历史档案馆编，广西师范大学出版社 1996 年影印本。

《光宣以来诗坛旁记》，汪辟疆著，辽宁教育出版社 1998 年版。

《光与盐：探索近代中国改革的十位历史名人》，李可柔等编，中国档案出版社 2009 年版。

《广东画人录》，谢文勇编，岭南美术出版社 1985 年版。

《广东绘画研究文集》，林雅杰、朱万章主编，岭南美术出版社 2010 年版。

《广东近世词坛研究》，谢永芳著，上海古籍出版社 2008 年版。

《广东省立中山图书馆馆藏金石书画选》，岭南美术出版社 2002 年版。

《广东文献综录》，骆伟主编，中山大学出版社 2000 年版。

《广东文征》，吴道镕原稿，张学华增补，香港中文大学出版社 1973—1979 年版。

《广东文征续编》，许衍董总编纂，广东文征编印委员会 1988 年版。

《广汉县志》，四川人民出版社 1992 年版。

《广近思录》，张伯行辑，《四库存目丛书》子部第 24 册。

《广清碑传集》，钱仲联主编，苏州大学出版社 1999 年版。

《广饶县志》，中华书局 1995 年版。

《广西古代职官资料汇编》，广西壮族自治区通志馆编，广西人民出版社 2000 年版。

《广西少数民族人物志》，莫文军主编，广西民族出版社 1998 年版。

《广雅书院同舍录》，廖廷相编，光绪间刊本。

《广州府道教庙宇碑刻集释》，黎志添、李静编著，香港"中华书局" 2013 年版。

《广州近百年教育史料》，广州市政协文史委编，广东人民出版社 1983 年版。

《广州越秀古书院概观》，广州市越秀区方志办、政协文史委编，中山大学出版社 2002 年版。

《归盦文稿》，叶裕仁著，《清代诗文集汇编》第 634 册。

《归查丛刻》，谢希傅著，光绪二十四年东山草堂刊本。

《桂阳县志》，中国文史出版社 1994 年版。

《郭孝童墓记略》，丁立志编，《西湖文献集成》第 19 册。

《国朝常州骈体文录》，屠寄辑，光绪十六年广东刻本。

《国朝词综补》，丁绍仪辑，《续修四库全书》第 1732 册。

《国朝词综补续编》，丁绍仪辑，中华书局 1986 年《清词综补》附录。

《国朝词综二集》，王昶辑，《续修四库全书》第 1731 册。

《国朝词综续编》，黄燮清辑，《续修四库全书》第 1731 册。

《国朝贡举年表》，陈国霖、顾锡中著，武汉大学出版社 2009 年版《贡举志五种》本。

《国朝杭郡诗三辑》，丁申、丁丙辑，光绪十九年刊本。

《国朝两浙科名录》，黄安绶编，浙江古籍出版社 2012 年影印本。

《国朝文汇》，沈粹芬等辑，北京出版社 1995 年影印国学扶轮社石印本。

《国朝御史题名》，黄叔璥、戴璐等著，《续修四库全书》第 751 册。

《国家图书馆普通古籍总目》，国家图书馆普通古籍组编，国家图书馆出版社 2008 年版。

《国立故宫博物院清代文献档案总目》，台湾"故宫博物院" 1982 年版。

《国民党政府政治制度史》，孔庆泰等著，安徽教育出版社 1998 年版。

《国民革命史》，丁雍年、董建中编著，中国文史出版社 1991 年版。

《国史馆现藏民国人物传记史料汇编》第 21 辑，"国史馆" 2000 年编印。

《国史馆现藏民国人物传记史料汇编》第 29 辑，"国史馆" 2006 年编印。

《国学家夏仁虎》，王景山编，浙江文艺出版社 2009 年版。

《国学文献馆现藏中国族谱序例选刊初辑》，国学文献馆编印，联经出版事业公司 1983 年版。

《国学文献馆现藏中国族谱资料目录初辑》，国学文献馆编印，联经出版事业公司 1982 年版。

光绪《巴陵县志》，光绪十七年岳州府四县志本。

光绪《白河县志》，光绪十九年刻本。

光绪《宝山县志》，光绪八年刻本。

光绪《常山县志》，光绪十二年刊本。

光绪《常昭合志稿》，《中国地方志集成·江苏府县志辑 22》。

光绪《滁州志》，《中国地方志集成·安徽府县志辑 34》。

光绪《处州府志》，《中国方志丛书·华中地方》第 193 号。

光绪《川沙厅志》，光绪五年刊本。

光绪《淳安县志》，光绪十年刊本。

光绪《慈溪县志》，《中国方志丛书·华中地方》第 213 号。

光绪《大荔县续志》，光绪五年修十一年冯翊书院刻本。

光绪《丹徒县志》，《中国地方志集成·江苏府县志辑 29》。

光绪《当阳县补续志》，《中国方志丛书·华中地方》第 127 号。

光绪《德平县志》，《中国方志丛书·华北地方》第 356 号。

光绪《定安县志》，光绪四年刻本。

光绪《肥城县志》，光绪十七年刻本。

光绪《分水县志》，光绪三十二年刊本。

光绪《丰县志》，《中国地方志集成·江苏府县志辑 65》。

光绪《凤阳府志》，《中国地方志集成·安徽府县志辑 32》。

光绪《奉化县志》，《中国方志丛书·华中地方》第 204 号。

光绪《抚州府志》，《中国方志丛书·华中地方》第 253 号。

光绪《富平县志稿》，光绪十七年刻本。

光绪《富阳县志》，光绪三十二年刊本。

光绪《赣榆县志》，《中国地方志集成·江苏府县志辑 65》。

光绪《高明县志》，光绪二十年刊本。

光绪《广州府志》，《中国方志丛书》第 1 号。

光绪《归安县志》，光绪八年刊本。

光绪《海盐县志》，光绪二年刻本。

光绪《洪雅县续志》，《故宫珍本丛刊》第 212 册。

光绪《湖南通志》，《续修四库全书》第 661~668 册。

光绪《淮安府志》，光绪十年刊本。

光绪《黄岩县志》，光绪三年刊本。

光绪《黄州府志》，《中国方志丛书·华中地方》第 346 号。

光绪《惠州府志》，《中国方志丛书》第 3 号。

光绪《嘉定县志》，光绪八年刻本。

光绪《嘉兴府志》，《中国方志丛书·华中地方》第 53 号。

光绪《嘉应州志》，《中国方志丛书》第 117 号。

光绪《江都县续志》，《中国地方志集成·江苏府县志辑 67》。

光绪《江西通志》，光绪七年刊本。

光绪《江阴县志》，《中国地方志集成·江苏府县志辑 25》。

光绪《金华县志》，民国二十三年重印本。

光绪《金陵通传》，光绪三十三年刊本。

光绪《金陵通纪》，光绪三十三年刊本。

光绪《金山县志》，《中国方志丛书·华中地方》第 140 号。

光绪《缙云县志》，《中国方志丛书·华中地方》第 81 号。

光绪《荆州府志》，《中国方志丛书·华中地方》第 118 号。

光绪《井陉县志》，光绪元年刊本。

光绪《开化县志》，光绪二十四年刻本。

光绪《昆新两县续修合志》，《中国地方志集成·江苏府县志辑 16》。

光绪《兰溪县志》，《中国方志丛书·华中地方》第 178 号。

光绪《乐清县志》，民国元年补刊本。

光绪《黎平府志》，光绪八年刻本。

光绪《溧水县志》，《中国地方志集成·江苏府县志辑 33》。

光绪《溧阳县续志》，《中国地方志集成·江苏府县志辑 32》。

光绪《临高县志》，海南出版社 2004 年版。

光绪《临朐县志》，《中国方志丛书·华北地方》第 389 号。

光绪《零陵县志》，光绪二年刻本。

光绪《六合县志》，《中国地方志集成·江苏府县志辑 6》。

光绪《龙泉县志》，《中国方志集成·浙江府县志辑 67》。

光绪《娄县续志》，光绪五年刊本。

光绪《娄县志》，光绪五年刊本。

光绪《南部县乡土志》，《四川大学图书馆馆藏珍稀四川地方志丛刊》第 3 册。

光绪《南汇县志》，民国十六年重印本。

光绪《南乐县志》，光绪二十九年刊本。

光绪《宁海县志》，《中国方志丛书·华中地方》第 215 号。

光绪《平湖县志》，《中国地方志集成·浙江府县志辑 20》。

光绪《浦江县志》，民国五年黄志璠再增补铅印本。

光绪《乾州志稿》，光绪十年乾阳书院刻本。

光绪《潜江县志续》，《中国地方志集成·湖北府县志辑 46》。

光绪《青浦县志》，光绪四年刊本。

光绪《青田县志》，民国二十四年重印本。

光绪《青阳县志》，《中国地方志集成·安徽府县志辑 60》。

光绪《清河县志》，《中国方志丛书·华中地方》第 465 号。

光绪《三续华州志》，《中国地方志集成·陕西府县志辑 23》。

光绪《善化县志》，光绪三年刻本。

光绪《上虞县志》，《中国方志丛书·华中地方》第 63 号。

光绪《上虞县志校续》，光绪二十五年刊本。

光绪《石门县志》，光绪五年刊本。

光绪《顺天府志》，文海出版社 1965 年影印本。

光绪《四会县志》，《中国方志丛书》第 58 号。

光绪《松江府续志》，光绪九年刊本。

光绪《绥德直隶州志》，光绪三十一年刻本。

光绪《遂昌县志》，《中国方志丛书·华中地方》第 70 号。

光绪《泰兴县志》，光绪十二年刻本。

光绪《通州直隶州志》，《中国地方志集成·江苏府县志辑 52》。

光绪《同州府续志》，光绪七年刻本。

光绪《桐乡县志》，《中国地方志集成·浙江府县志辑 23》。

光绪《文登县志》，《中国方志丛书·华北地方》第 368 号。

光绪《无锡金匮县志》，《中国地方志集成·江苏府县志辑 24》。

光绪《吴江县续志》，《中国地方志集成·江苏府县志辑 20》。

光绪《武进阳湖县志》，《中国地方志集成·江苏府县志辑 37》。

光绪《武清县志》，抄本。

光绪《武阳志余》，《中国地方志集成·江苏府县志辑 38》。

光绪《仙居志》，《中国方志丛书·华中地方》第 203 号。

光绪《香山县志》，光绪刻本。

光绪《湘潭县志》，《续修四库全书》第 712 册。

光绪《湘阴县图志》，光绪七年县志局刻本。

光绪《襄阳府志》，《中国方志丛书·华中地方》第 362 号。

光绪《孝感县志》，光绪八年刊本。

光绪《新宁县志》，光绪十九年刊本。

光绪《新续渭南县志》，光绪十八年刻本。

光绪《盱眙县志稿》，光绪十七年刻本。

光绪《叙州府志》，光绪二十一年刻本。

光绪《续修庐州府志》，光绪十一年刻本。

光绪《续云梦县志略》，光绪九年刻本。

光绪《续纂句容县志》，《中国地方志集成·江苏府县志辑 35》。

光绪《宣平县志》，《中国方志丛书·华中地方》第 182 号。

光绪《严州府志》，《中国地方志集成·浙江府县志辑 8》。

光绪《盐城县志》,《中国地方志集成·江苏府县志辑 59》。

光绪《宜兴荆溪县新志》,《中国地方志集成·江苏府县志辑 40》。

光绪《峄县志》,《中国地方志集成·山东府县志辑 9》。

光绪《鄞县志》,光绪三年刊本。

光绪《永嘉县志》,《续修四库全书》第 708 册。

光绪《永康县志》,《中国方志丛书·华北地方》第 68 号。

光绪《永寿县志》,光绪十四年刊本。

光绪《永兴县志》,光绪九年刻本。

光绪《於潜县志》,民国二年谢青翰石印本。

光绪《余姚县志》,《中国方志丛书·华中地方》第 500 号。

光绪《垣曲县志》,光绪五年刻本。

光绪《再续高邮州志》,《中国地方志集成·江苏府县志辑 47》。

光绪《增修登州府志》,《中国地方志集成·山东府县志辑 48》。

光绪《增修甘泉县志》,《中国地方志集成·江苏府县志辑 43》。

光绪《漳州府志》,《中国地方志集成·福建府县志辑 29》。

光绪《重修安徽通志》,《续修四库全书》第 651~655 册。

光绪《重修常昭合志》,《中国地方志集成·江苏府县志辑 22》。

光绪《重修丹阳县志》,光绪十一年刻本。

光绪《重修奉贤县志》,光绪四年刊本。

光绪《重修华亭县志》,《中国方志丛书·华中地方》第 45 号。

光绪《重修嘉善县志》,光绪二十年刊本。

光绪《重修天津府志》,《续修四库全书》第 690~691 册。

光绪《重纂邵武府志》,《中国地方志集成·福建府县志辑 10》。

光宣《宜荆续志》,《中国地方志集成·江苏府县志辑 40》。

H

《海门县志》,江苏科学技术出版社 1996 年版。

《海宁人物资料》第 1 辑,海宁县政协文史委、县文联 1985 年编印。

《海宁人物资料》第 3 辑《海宁艺苑人物》,海宁市政协文史委 1990 年编印。

《海上光复竹枝词》,朱谦甫著,上海民国第一图书局民国二年版。

《海上绝技:嘉定竹刻艺术》,陶继明主编,上海文化出版社 2010 年版。

《海上名人录》,张志高主编,上海画报出版社 1991 年版。

《海上墨林》,杨逸著,高邕审定,上海古籍出版社 1989 年版。

《海盐县志》,浙江人民出版社 1992 年版。

《含山县志》,黄山书社 1995 年版。

《寒松阁诗》,张鸣珂著,《清代诗文集汇编》第 710 册。

《寒松阁谈艺琐录》,张鸣珂著,《清代传记丛刊》第 74 册。

《寒厅诗话》,顾嗣立著,上海古籍出版社 1978 年版《清诗话》本。

《寒厓集》,孙揆均著,中华书局 1924 年版。

《韩城市教育志》，韩城市教育局编，陕西人民出版社 1993 年版。

《韩城市志》，三秦出版社 1991 年版。

《韩城文史资料汇编》第 10 辑，韩城市政协文史委 1990 年编印。

《韩国钧朋僚函札名人墨迹》，江苏省档案馆编，东南大学出版社 2006 年版。

《汉川文史》第 12 辑，汉川市政协文史委 2000 年编印。

《汉川文史资料》第 7 辑《江汉明珠——汈汊湖》，汉川县政协文史委、水利局、汈汊湖养殖场 1994 年编印。

《汉学师承记笺释》，江藩纂、漆永祥笺释，上海古籍出版社 2006 年版。

《翰墨丹青：领略七彩云南的风韵》，田丕鸿编著，云南美术出版社 2008 年版。

《杭州地方志资料》第 1、2 合辑《民国杭州市新志稿专辑》，杭州市方志办 1987 年编印。

《杭州三书院纪略》，王同著，《西湖文献集成》第 20 册。

《杭州市志》第 8 卷，任振泰主编，中华书局 1999 年版。

《杭州文史丛编》，杭州市政协文史委编，杭州出版社 2002 年版。

《杭州文史资料》第 8 辑，杭州市政协文史委 1987 年编印。

《杭州文史资料》第 25 辑《杭垣旧事》，杭州市政协文史委 2001 年编印。

《杭州玉皇山志》，来裕恂著，《西湖文献集成》第 21 册。

《蒿盦续稿》，冯煦著，《近代中国史料丛刊》第 33 辑。

《禾庐文录》，褚问鹃著，"中央图书出版社" 1972 年版。

《合川文史资料精选》，合川市政协文史委 1999 年编印。

《合川县志》，四川人民出版社 1995 年版。

《合河政纪》，石荣暲著，《中国方志丛书·华北地方》第 71 号。

《合阳县志》，陕西人民出版社 1996 年版。

《河间金石遗录》，田国福主编，河北教育出版社 2008 年版。

《河南省志·政府志》，河南人民出版社 1997 年版。

《鹤巢诗文存》，忻江明著，黄山书社 2006 年版。

《黑甜吟稿》，章绍龄著，民国六年铅印本。

《横县文史资料选辑》第 4 辑，横县政协文史委 1988 年编印。

《横县县志》，广西人民出版社 1989 年版。

《衡山县志》，岳麓书社 1994 年版。

《红楼梦真谛》，孙玉明、张国星主编，辽宁古籍出版社 1997 年版。

《后汉侍中尚书涿郡卢君年表》，蒋元庆著，《汉晋名人年谱》第 2 册。

《湖北回族》，答振益著，中央民族学院出版社 1993 年版。

《湖北省志人物志稿》，湖北省地方志编委会编，光明日报出版社 1989 年版。

《湖北通史·民国卷》，田子渝、黄华文著，华中师范大学出版社 1999 年版。

《湖北文征》，湖北省文史馆、博物馆编，湖北人民出版社 2000 年版。

《湖北艺文志附补遗》，（宣统）湖北通志局编纂，湖北教育出版社 2002 年版。

《湖东集》，范凌霄著，《清代诗文集汇编》第 578 册。

《湖舫文会课艺》，薛时雨编，同治八年重刊本。

《湖楼笔谈》，俞樾著，《续修四库全书》第 1162 册。

《湖南古今名胜词典》，王邦杰主编，湖南科学技术出版社 2011 年版。

《湖南古旧地方文献书目》，湖南图书馆编，岳麓书社 2011 年版。

《湖南家谱知见录》，湖南图书馆编，湖南教育出版社 2011 年版。

《湖南近现代名校史料》，湖南省教育史志编委会编，湖南教育出版社 2012 年版。

《湖南省志》第 30 卷《人物志》，湖南出版社 1992 年版。

《湖南省志》第 4 卷《政务志·外事》，湖南出版社 1996 年版。

《湖南书法史》，何满宗、王焕林著，湖南美术出版社 2009 年版。

《湖南咨议局文献汇编》，杨鹏程主编，湖南人民出版社 2010 年版。

《湖南自治运动史论》，刘建强著，湘潭大学出版社 2008 年版。

《湖墅小志》，高鹏年著，《杭州运河文献集成》第 1 册。

《湖湘文史丛谈》，马积高主编，湖南大学出版社 2001 年版。

《湖州十家诗选》，蒋清瑞辑，民国归安蒋氏月河草堂刊本。

《湖州竹枝词》，蒋清瑞著，民国归安蒋氏月河草堂刊本。

《虎跑定慧寺志》，释圣光辑，《中国佛寺史志汇刊》第 1 辑第 28 册。

《户县文史资料》第 14 辑，户县政协文史委 1999 年编印。

《华蘅芳年谱》，李俨著，《中算史论丛》第 4 集，科学出版社 1955 年版。

《华宁县志》，中华书局 1994 年版。

《华亭县志》，甘肃人民出版社 1996 年版。

《华县志》，陕西人民出版社 1992 年版。

《化学教育史》，张家治等著，广西教育出版社 1996 年版。

《画家知希录》，李放辑录，《清代传记丛刊》第 81 册。

《怀人集》，胡适著，北京大学出版社 2013 年版。

《淮安河下志》，王光伯、程景韩著，方志出版社 2006 年版。

《淮阴文史资料》第 8 辑《别梦依稀》，淮阴市政协文史委 1989 年编印。

《淮阴县志》，上海社会科学院出版社 1996 年版。

《桓台县志》，齐鲁书社 1992 年版。

《浣花庐诗钞、赋钞》，唐受祺著，《丛书集成续编》第 162 册。

《浣水流韵：诸暨历代诗词作品选》，张尧国主编，浙江人民出版社 2008 年版。

《皇朝经世文三编》，陈忠倚辑，光绪二十四年宝文书局版。

《皇朝续文献通考》，刘锦藻著，《续修四库全书》第 819 册。

《皇清书史》，李放著，《清代传记丛刊》第 83~84 册。

《黄陂人物志》，武汉市黄陂区方志办编，长江出版社 2010 年版。

《黄陂文史》第 1 辑，黄陂县政协文史委 1988 年编印。

《黄冈文史资料》第 7 辑《黄州史话》，黄冈市政协文史委 2004 年编印。

《黄冈县志》，武汉大学出版社 1990 年版。

《黄鹄山人诗初钞》，林寿图著，《续修四库全书》第 1548 册。

《黄鹤楼诗词联文选集》，张诚杰选编，华中工学院出版社 1984 年版。

《黄侃日记》，江苏教育出版社 2001 年版。

《黄梅名人大辞典（第一卷）》，王唤柳主编，《黄梅名人大辞典》编撰办公室1999年编印。

《黄山区志》，黄山书社2008年版。

《黄山文史》，黄山区政协学习文史资料委员会2001年编印。

《黄石文史资料》第6辑，黄石市政协文史委1984年编印。

《黄式苏集》，张炳勋编注，线装书局2009年版。

《黄体芳集》，俞天舒编，上海社会科学院出版社2004年版。

《黄岩文史资料》第9辑，黄岩县政协文史委1987年编印。

《黄岩文史资料通讯》第7辑，黄岩县政协文史委1985年编印。

《黄岩县志》，生活·读书·新知三联书店上海分店1992年版。

《黄州文史资料》第1辑《纪念辛亥革命八十周年专辑》，黄州市政协文史委1991年编印。

《璜溪遗诗》，姜渭著，光绪刻本。

《撝庐氏自编年谱》，童以谦著，《北京图书馆藏珍本年谱丛刊》第179册。

《徽志资料选编》第2集，徽州地区地方志编委会办公室1986年编印。

《徽州古建筑丛书·瞻淇》，东南大学建筑系、歙县文物管理所编著，东南大学出版社1996年版。

《徽州人物志》，万正中编，黄山书社2008年版。

《回忆中华书局》，中华书局编辑部编，中华书局1987年版。

《回族人物志（近代）》，白寿彝主编，宁夏人民出版社1997年版。

《悔庵文钞》，寇卓著，西山书局民国十三年铅印本。

《悔过斋续集》，顾广誉著，光绪三年序刊本。

《会理文史》第5辑，会理县政协文史委1989年编印。

《会理县志》，四川辞书出版社1994年版。

《荟萃编》，俞樾著，江苏广陵古籍刻印社《笔记小说大观》第26册。

《惠州市志》，中华书局2008年版。

《惠州文物志》，邹永祥、吴定贤编著，惠州市文化局、博物馆1986年编印。

《惠州西湖志》，张友仁编著，广东高等教育出版社1989年版。

J

《绩溪文史资料》第1辑，绩溪县政协文史委1985年编印。

《畸园写定诗稿》，陈遹声著，《民国诗集丛刊》第1编第4~12册。

《吉林地志　鸡林旧闻录　吉林乡土志》，魏声龢等著，吉林文史出版社1986年版。

《吉林公署政书》，潘景隆等整理，吉林文史出版社1991年版。

《吉堂文稿》，钦善著，《清代诗文集汇编》第491册。

《汲庵文存》，杨象济著，光绪七年刊本。

《纪念辛亥革命100周年文集》，范建华主编，云南大学出版社2012年版。

《寄沤遗集》，何延庆著，《清代诗文集汇编》第741册。

《暨阳档案：江阴人文历史掌故》，江阴市档案局编，上海古籍出版社2004年版。

《嘉定文化志》，汉语大词典出版社 1998 年版。

《嘉定文史》第 17 辑，嘉定区政协文史委 2001 年编印。

《嘉定文史资料选辑》第 1 辑，嘉定县政协文史委 1987 年编印。

《嘉定文史资料选辑》第 2 辑，嘉定县政协文史委 1988 年编印。

《嘉定县简志》，倪所安主编，方志出版社 2008 年版。

《嘉定县志》，上海人民出版社 1992 年版。

《甲骨诗词楹联汇编》，临海市诗词楹联学会编印本。

《甲午中日战争文学集》，阿英编，中华书局 1958 年版。

《间书》，朱逢甲著，群众出版社 1979 年版。

《笺经堂遗集》，曹元忠著，民国三十年王氏学礼斋刊本。

《建湖文史资料》第 4 辑，建湖县政协文史委 1991 年编印。

《建康实录》，许嵩著，中华书局 1986 年版。

《建邺文史》第 6 辑《人物专集》，南京市建邺区政协、方志办 2001 年编印。

《剑川县志》，云南民族出版社 1999 年版。

《渐西村人初集》，袁昶著，《续修四库全书》第 1565 册。

《鉴止水斋集》，许宗彦著，《续修四库全书》第 1492 册。

《江安文史资料选辑》第 1 辑，江安县政协文史委 1985 年编印。

《江北如此多娇：江北历代诗选》，江北区史志办编，宁波出版社 2008 年版。

《江南好词》，张汝南著，《清代诗文集汇编》第 569 册。

《江南女性别集初编》，胡晓明、彭国忠编，黄山书社 2008 年版。

《江宁碑传初辑》，江宁县文献委员会编，民国三十七年刊本。

《江苏省通志稿·选举志》，江苏古籍出版社 1993 年版。

《江苏省志》，江苏人民出版社 1999 年版。

《江苏史纲》，江苏古籍出版社 1993 年版。

《江苏史话》，江苏省社科院历史所编，江苏教育出版社 1989 年版。

《江苏文史资料》第 43 辑（《淮安文史资料》第 9 辑）《周实阮式纪念集》，淮安市政协文史委 1991 年编印。

《江苏艺文志·常州卷》，南京师大古籍所编，江苏人民出版社 1994 年版。

《江苏艺文志·南京卷》，南京师大古籍所编，江苏人民出版社 1995 年版。

《江苏艺文志·南通卷》，南京师大古籍所编，江苏人民出版社 1995 年版。

《江苏艺文志·苏州卷》，南京师大古籍所编，江苏人民出版社 1996 年版。

《江苏艺文志·无锡卷》，南京师大古籍所编，江苏人民出版社 1995 年版。

《江苏艺文志·盐城卷、淮阴卷》，南京师大古籍所编，江苏人民出版社 1995 年版。

《江苏艺文志·扬州卷》，南京师大古籍所编，江苏人民出版社 1995 年版。

《江苏艺文志·镇江卷》，南京师大古籍所编，江苏人民出版社 1994 年版。

《江西地方文献索引》，江西省社会科学院情报资料研究所 1984 年编印。

《江西省人物志》，方志出版社 2007 年版。

《江西通史·晚清卷》，赵树贵、陈晓鸣著，江西人民出版社 2008 年版。

《江西学府志》，张伊主编，中共中央党校出版社 1993 年版。

《江阴市志》，上海人民出版社1992年版。

《江阴文史资料》第6辑，江阴县政协文史委1985年编印。

《江阴文史资料》第7辑，江阴县政协文史委1986年编印。

《江阴文史资料》第14辑，江阴市政协文史委1993年编印。

《蒋介石全传》，张宪文、方庆秋主编，河南人民出版社1996年版。

《蕉廊脞录》，吴庆坻著，中华书局1990年版。

《节庵先生遗稿》，梁鼎芬著，杨敬安辑本。

《介石山房遗文》，朱培源著，宣统二年刻本。

《今传是楼诗话》，王揖唐著，辽宁教育出版社2003年版。

《今字解剖》，王有宗著，商务印书馆民国二十四年版。

《金华县志》，浙江人民出版社1992年版。

《金陵词钞续编》，仇埰集，《南京文献》第7号。

《金陵待征录》，金鳌辑，《中国方志丛书·华中地方》第438号。

《金陵后湖志》，王曼犀等编，民国二十二年翰文书店版。

《金陵历代建置表》，傅春官著，中华书局1985年版。

《金陵岁时记》，潘宗鼎著，南京出版社2006年版。

《金陵琐志九种》，陈作霖、陈诒绂著，南京出版社2008年版。

《金陵文征小传汇刊》，张熙亭等著，《中国古代地方人物传记汇编》第16册。

《"金平湖"下的世家大族》，方复祥、蒋苍苍著，中国文史出版社2008年版。

《金山县志》，上海人民出版社1990年版。

《金霞仙馆词钞》附《竹林词钞》，戴鸿慈、吴桂丹辑，光绪十九年至二十年刊本。

《近代巴蜀诗钞》，巴蜀书社2005年版。

《近代笔记过眼录》，徐一士著，山西古籍出版社1996年版。

《近代词人考录》，朱德慈著，中国社会科学出版社2004年版。

《近代江苏藏书研究》，江庆柏著，安徽文艺出版社2000年版。

《近代教育先进传略初集》，周邦道著，中国文化大学出版部1981年版。

《近代名人小传》，费行简著，《清代传记丛刊》第202册。

《近代社会变迁中的上海律师》，陈同著，上海辞书出版社2008年版。

《近代史资料》总81号，中国社会科学出版社1992年版。

《近代史资料》总83号，中国社会科学出版社1993年版。

《近代无锡杨氏先人传记事略类稿》，杨景燏著，北京市新闻出版局1991年准印本。

《近代印人传》，马国权著，上海书画出版社1998年版。

《近代字画市场辞典》，卢辅圣主编，上海书画出版社2005年版。

《近三百年名家词选》，龙榆生编选，上海古典文学出版社1956年版。

《近三百年人物年谱知见录》，来新夏著，上海人民出版社1983年版。

《近思录集说》，管赞程著，民国二十五年浙江印刷所铅印本。

《近现代福州名人》，林公武、黄国盛主编，福建人民出版社1999年版。

《近现代闽侯书画集》，叶兴松主编，福建美术出版社2006年版。

《晋宁县志》，云南人民出版社2003年版。

《京津蒙难记：八国联军侵华纪实》，北京市、天津市政协文史委编，中国文史出版社 1990 年版。

《京山文史资料》第 7 辑《辛亥革命在京山》，京山县政协文史委 1988 年编印。

《泾县志》，方志出版社 1996 年版。

《经史学家陈汉章》，象山县政协文史委编，黄山书社 1997 年版。

《经手录》，黄天禄编著，重庆大学出版社 1997 年版。

《经心书院题名记》，王家凤辑录，光绪十七年刊本。

《经学档案》，曾军编著，武汉大学出版社 2011 年版。

《井研县志》，四川人民出版社 1990 年版。

《景东文史资料》第 5 辑，景东彝族自治县政协文史委 1993 年编印。

《警庵文存》，沈璋宝著，民国九年嘉善张氏《娟镜楼丛刻》本（甲帙）。

《净土圣贤录易解》，慧律法师讲述，释法宣整理，财团法人文殊文教基金会 1998 年版。

《靖边县志》，陕西人民出版社 1993 年版。

《靖江文史资料》第 6 辑，靖江县政协文史委 1986 年编印。

《靖州县志》，生活·读书·新知三联书店 1994 年版。

《静海乡志》，丁鹿寿著，道光十四年刻本。

《静远堂集》，陈寿熊著，《清代诗文集汇编》第 647 册。

《酒边词》，谢章铤著，《续修四库全书》第 1727 册。

《旧京琐记》，夏仁虎著，辽宁教育出版社 1998 年版。

《举步维艰：皖江城市近代化研究》，周忍伟著，安徽教育出版社 2002 年版。

《狷斋遗稿》，邹志路著，《清代诗文集汇编》第 585 册。

《筠连县志》，四川科学技术出版社 1998 年版。

《筠轩文钞》，洪颐煊著，《续修四库全书》第 1489 册。

嘉庆《山阴县志》，嘉庆八年修民国二十五年铅印本。

嘉庆《顺昌县志》，光绪七年重刊本。

嘉庆《松江府志》，《续修四库全书》第 687 册。

K

《开封府君年谱》，孙孟平著，《北京图书馆藏珍本年谱丛刊》第 165 册。

《开拓者的足迹：张謇传稿》，章开沅著，中华书局 1986 年版。

《康有为大传》，马洪林著，辽宁人民出版社 1988 年版。

《康有为全集》，姜义华、张荣华编校，中国人民大学出版社 2007 年版。

《抗战前国家建设史料：首都建设（三）》，秦孝仪主编，《革命文献》第 93 辑。

《考盘集文录》，方东树著，《续修四库全书》第 1497 册。

《可园诗存》，陈作霖著，宣统元年刻增修本。

《可园文存》，陈作霖著，《近代中国史料丛刊》第 29 辑。

《可斋论印三集》，孙慰祖著，上海辞书出版社 2007 年版。

《愙斋诗存》，吴大澂著，《清代诗文集汇编》第 730 册。

《葵青居诗录》，石渠著，《丛书集成初编》第 2347 册。

《昆明佛教史》，昆明市宗教事务局、佛教协会编，云南民族出版社 2001 年版。

《括囊诗草》，尚兆山著，《丛书集成续编》第 181 册。

L

《兰薰馆遗稿》，陶玉珂著，民国七年上海聚珍仿宋印本。

《阆中诗选》，杨林由选注，阆中县政协文史委、县志办、城建环保局 1987 年编印。

《阆中县志》，四川人民出版社 1993 年版。

《老圃遗文辑》，杨荫杭著、杨绛整理，长江文艺出版社 1993 年版。

《乐昌文史》第 9 辑，乐昌县政协文史委编印。

《乐山历代人物传略》，乐山市地方志办公室 1990 年编印。

《乐山历代诗集》，乐山市市中区地方志办公室 1995 年编印。

《乐山市市中区文史资料选辑》第 3 辑，乐山市市中区政协文史委 1990 年编印。

《乐志簃文录》，沈祥龙著，《清代诗文集汇编》第 731 册。

《雷州文史》第 2 辑《雷州市历代人物传略》，雷州市政协文史委 1995 年编印。

《耒阳市志》，中国社会出版社 1993 年版。

《泪珠缘》，陈栩著，百花文艺出版社 1991 年版。

《礼经笺》，王闿运著，光绪二十二年东洲讲舍刊本。

《李鸿章全集》，顾廷龙、戴逸主编，安徽教育出版社 2008 年版。

《李俨钱宝琮科学史全集》，李俨、钱宝琮著，辽宁教育出版社 1998 年版。

《李宗侗文史论集》，李宗侗著，中华书局 2011 年版。

《澧溪姚氏诗钞》，姚永年编，民国二十六年《周浦南荫堂姚氏丛刊》本。

《历代妇女著作考》，胡文楷著，上海古籍出版社 1985 年版。

《历代画史汇传补编》，吴心谷著，香港博雅斋 1977 年版。

《历代名人生卒年表　历代名人生卒年表补》，梁廷灿等著，北京图书馆出版社 2002 年版。

《历代日记丛谈》，陈左高著，上海画报出版社 2004 年版。

《历代诗人咏常州》，羊淇编注，中国文联出版社 2008 年版。

《历代扬州诗词》第 4 册，人民文学出版社 1998 年版。

《历代制举史料汇编》，李舜臣、欧阳江琳编著，武汉大学出版社 2009 年版。

《立宪派与辛亥革命》，张朋园著，台湾"中央研究院"近代史研究所 1983 年版。

《荔村草堂诗钞、续钞》，谭宗浚著，《续修四库全书》第 1564 册。

《荔雨轩文集》，华翼纶著，《清代诗文集汇编》第 652 册。

《濂亭文集》，张裕钊著，《续修四库全书》第 1544 册。

《两般秋雨盦随笔》，梁绍壬著，上海古籍出版社 1982 年版。

《两淮盐法志》，王定安等著，《续修四库全书》第 845 册。

《两浙史事丛稿》，徐映璞著，浙江古籍出版社 1988 年版。

《两浙輶轩续录》，潘衍桐辑，《续修四库全书》第 1685~1687 册。

《辽宁省志·政府志》，辽海出版社 2005 年版。

《辽宁文史资料》第 33 辑《"九一八"前学校忆顾》，辽宁省政协文史委编，辽宁人民出版社 1991 年版。

《辽宁文史资料》第 39 辑《辽宁文史人物录》，辽宁省政协文史委编，辽宁人民出版社 1993 年版。

《聊城地区政权志》，张振生等编，山东大学出版社 1993 年版。

《聊斋志异资料汇编》，朱一玄编，南开大学出版社 2002 年版。

《廖季平年谱》，廖幼平编，巴蜀书社 1985 年版。

《林琴南文集》，林纾著，中国书店 1985 年据商务印书馆 1916 年版影印本。

《林纾研究资料》，薛绥之、张俊才编，福建人民出版社 1983 年版。

《林畏庐先生年谱》，朱羲胄编，《民国丛书》第 3 编第 76 册。

《林则徐年谱新编》，来新夏著，南开大学出版社 1997 年版。

《临海县志》，浙江人民出版社 1989 年版。

《临澧县志》，中国社会出版社 1992 年版。

《临平记补遗》，张大昌著，《杭州运河文献集成》第 5 册。

《临平记再续》，陈棠、姚景瀛著，《杭州运河文献集成》第 5 册。

《琳斋诗稿》，王景彝著，《清代诗文集汇编》第 660 册。

《灵峰志》，周庆云著，杭州出版社 2007 年版。

《岭南画征略》，汪兆镛编纂，汪宗衍增补，广东人民出版社 2011 年版。

《凌霄一士随笔》，徐凌霄、徐一士著，山西古籍出版社 1997 年版。

《刘航琛先生访问记录》，沈云龙等访问，张朋园、刘凤翰记录，九州出版社 2012 年版。

《刘孟涂集》，刘开著，《续修四库全书》第 1510 册。

《刘师培年谱》，万仕国著，广陵书社 2003 年版。

《刘寿曾集》，台湾"中央研究院"中国文哲研究所筹备处 2001 年版。

《刘中丞（芝田）奏稿》，刘瑞芬著，《近代中国史料丛刊》第 61 辑。

《留日学生与清末新政》，尚小明著，江西教育出版社 2003 年版。

《柳溪诗征》，周斌辑，中华书局民国二十六年版。

《柳亚子文集补编》，郭长海、金菊贞编，社会科学文献出版社 2004 年版。

《龙湖樵李题词》，李培增编，光绪二十八年刊本。

《隆昌石牌坊》，张强著，四川美术出版社 2006 年版。

《鲁迅家世研究》，段国超著，香港天马图书有限公司 2004 年版。

《鲁迅年谱稿》，蒙树宏著，广西师范大学出版社 1988 年版。

《鹿城文史资料》第 5 辑《温州城区近百年纪事》，温州鹿城区政协文史委 1990 年编印。

《罗店镇志　盛桥里志　大场里志　江湾里志》，上海社会科学院出版社 2006 年版。

《罗萝邨文稿》，罗文俊著，《清代稿钞本》第 1 辑第 30 册。

《罗氏一家集》，罗震亨、罗晋亨著，《丛书集成续编》第 106 册。

《罗田文史资料》第 1 辑，罗田县政协文史委 1987 年编印。

《罗田县志》，中华书局 1998 年版。

《罗雪堂先生全集》，罗振玉著，台湾大通书局 1989 年版。

M

《麻城县志》，红旗出版社 1993 年版。

《麻阳县志》，生活·读书·新知三联书店 1994 年版。

《麻园遗集》，谢焜枢著，《清代诗文集汇编》第 767 册。

《马端敏公新贻年谱》，马新祐著，《新编中国名人年谱集成》第 5 辑。

《马龙县志》，云南人民出版社 1997 年版。

《满城县志》，中国建材工业出版社 1997 年版。

《曼陀罗花室诗》，吴翊寅著，《清代诗文集汇编》第 776 册。

《茅盾研究资料》，孙中田、查国华编，知识产权出版社 2010 年版。

《茅盾与中国现代文学》，张立国著，台海出版社 2002 年版。

《冒鹤亭先生年谱》，冒怀苏著，学林出版社 1998 年版。

《眉山县志》，四川人民出版社 1992 年版。

《梅州客家历代乡贤著术目录》，程志远、江凤莲、徐桂英编，梅县图书馆 1989 年编印。

《梅庄诗钞》，华长卿著，《续修四库全书》第 1533 册。

《勐腊县志》，云南人民出版社 1994 年版。

《孟心史学记：孟森的生平和学术》，何龄修编，生活·读书·新知三联书店 2008 年版。

《绵阳市社会科学志》，杨子林主编，四川人民出版社 1997 年版。

《绵阳市市中区文史资料选编》第 10 辑，绵阳市市中区政协文史委 1991 年编印。

《绵竹文史资料选辑》第 4 辑，绵竹县政协文史委 1985 年编印。

《苗族通史》，吴荣臻总主编，民族出版社 2007 年版。

《渺怀堂诗集》，陆筠著，《天津图书馆珍藏清人别集善本丛刊》第 15 册。

《妙香斋集》，杨长年著，《丛书集成续编》第 159 册。

《民国大老吴稚晖》，路小可著，兰州大学出版社 1997 年版。

《民国人物碑传集》，卞孝萱、唐文权编著，团结出版社 1995 年版。

《民国人物传》第 8 卷，严如平、熊尚厚主编，中华书局 1996 年版。

《民国人物传》第 11 卷，熊尚厚、严如平主编，中华书局 2002 年版。

《民国人物大辞典》，徐友春主编，河北人民出版社 1991 年版。

《民国时期河南省县长名录》，牛中家、郝玉香、刘松富编，郑州大学 1991 年编印。

《民国时期四川货币金融纪事（1911—1949）》，田茂德、吴瑞雨编，西南财经大学出版社 1989 年版。

《民国时期浙江医药史》，朱德明著，中国社会科学出版社 2009 年版。

《民国史档案资料汇编》第 3 辑《政治》，中国第二历史档案馆编，江苏古籍出版社 1991 年版。

《民国书法》，王朝宾主编，河南美术出版社 1989 年版。

《民国书画家汇传》，恽茹辛编著，台湾"商务印书馆" 1986 年版。

《民国吴稚晖先生敬恒年谱》，杨恺龄著，《新编中国名人年谱集成》第 13 辑。

《民呼、民吁、民立报选辑（1909. 5—1910. 12）》，马鸿谟编，河南人民出版社 1982 年版。

《闽都书院》，徐心希主编，福建美术出版社 2009 年版。

《闽都文化述论》，薛菁著，中国社会科学出版社 2009 年版。

《闽侯文史资料》第 2 辑，闽侯县政协文史资料室 1985 年编印。

《闽清文史资料》第 4 辑，闽清县政协文史组 1985 年编印。

《闽县乡土志　侯官县乡土志》，福州市地方志编委会整理，海风出版社 2001 年版。

《闽杂记》，施鸿保著，福建人民出版社 1985 年版。

《名人与南翔》，严健明主编，上海文化出版社 2009 年版。

《名山县志》，四川科学技术出版社 1992 年版。

《名胜之巨擘，文化之渊泉：保定莲池书院研究》，吴洪成、李占萍、苏国安著，河北人民出版社 2010 年版。

《名医摇篮——上海中医学院（上海中医专门学校）校史》，上海中医药大学出版社 1998 年版。

《明清山西碑刻资料选》第 1 辑，张正明等主编，山西人民出版社 2005 年版。

《明清上海稀见文献五种》，刘永翔等整理，人民文学出版社 2006 年版。

《明清诗文研究资料辑丛》，钱仲联主编，吉林文史出版社 1990 年版。

《明清戏曲家考略续编》，邓长风著，上海古籍出版社 1997 年版。

《明清浙籍曲家考》，汪超宏著，浙江大学出版社 2008 年版。

《缪氏源流志》第 2 卷，缪德良主编，广东省五华县文联 2004 年编印。

《墨子注》，王闿运著，光绪三十年江西官书局刊本。

《默盦居士自定年谱》，王舟瑶著，《北京图书馆藏珍本年谱丛刊》第 185 册。

《木鸡书屋文五集》，黄金台著，《清代诗文集汇编》第 565 册。

《牧潜集》，释圆至著，《禅门逸书》初编第 6 册。

民国《安东县志》，《中国地方志集成·辽宁府县志辑 16》。

民国《安塞县志》，民国三年铅印本。

民国《霸县新志》，民国二十三年铅印本。

民国《宝山县续志》，《中国方志丛书·华中地方》第 172 号。

民国《宝山县再续志》，《中国方志丛书·华中地方》第 172 号。

民国《宝应县志》，《中国地方志集成·江苏府县志辑 49》。

民国《邠州新志稿》，民国十八年抄本。

民国《昌化县志》，《中国方志丛书·华中地方》第 184 号。

民国《长乐县志》，《中国地方志集成·福建府县志辑 21》。

民国《长汀县志》，《中国地方志集成·福建府县志辑 35》。

民国《澄城县附志》，民国十五年铅印本。

民国《赤溪县志》，民国九年刊本。

民国《崇安县新志》，民国三十年铅印本。

民国《崇明县志》，民国十九年刊本。

民国《川沙县志》，民国二十五年刊本。

民国《大邑县志》，民国十九年铅印本。

民国《大庾县志》，民国八年刻本。

民国《丹徒县续志》，民国十六年刊本。

民国《德化县志》，《中国地方志集成·福建府县志辑 27》。

民国《德平县续志》，《中国方志丛书·华北地方》第 39 号。

民国《德清县志》，民国二十年铅印本。

民国《定海县志》，民国十三年铅印本。

民国《番禺县续志》，广东人民出版社 2000 年版。

民国《房山县志》，民国十七年铅印本。

民国《福建通志》，江苏广陵古籍刻印社 1986 年影印本。

民国《福山县志稿》，《中国方志丛书·华北地方》第 55 号。

民国《甘泉县续志》，《中国地方志集成·江苏府县志辑 44》。

民国《古田县志》，《中国地方志集成·福建府县志辑 15》。

民国《馆陶县志》，民国二十五年铅印本。

民国《贵县志》，民国二十四年铅印本。

民国《海门县志》，民国间抄本。

民国《海宁州志稿》，民国十一年铅印本。

民国《邯郸县志》，民国二十八年刊本。

民国《韩城县续志》，民国十四年石印本。

民国《杭州府志》，《中国方志丛书·华中地方》第 119 号。

民国《湖北通志》，台湾华文书局 1967 年影印本。

民国《鄂县志》，民国二十二年铅印本。

民国《花县志》，民国十三年铅印本。

民国《华阳县志》，民国二十三年刻本。

民国《怀宁县志》，《中国地方志集成·安徽府县志辑 11》。

民国《济阳县志》，民国二十三年铅印本。

民国《嘉定县续志》，民国十九年铅印本。

民国《建德县志》，《中国方志丛书·华中地方》第 69 号。

民国《建瓯县志》，《中国地方志集成·福建府县志辑 6》。

民国《建阳县志》，民国十八年铅印本。

民国《江安县志》，民国十二年铅印本。

民国《江都县新志》，《中国地方志集成·江苏府县志辑 67》。

民国《江都县续志》，《中国地方志集成·江苏府县志辑 67》。

民国《江阴县续志》，《中国地方志集成·江苏府县志辑 26》。

民国《景宁县续志》，民国二十二年刊本。

民国《开平县志》，《中国方志丛书》第 6 号。

民国《昆新两县续补合志》，《中国方志集成·江苏府县志辑 17》。

民国《阆中县志》，《中国方志集成·四川府县志辑 56》。

民国《乐山县志》，民国二十三年铅印本。

民国《临海县志》，民国二十三年铅印本。

民国《临清县志》，民国二十三年铅印本。

民国《凌云县志》，民国三十一年石印本。

民国《六合县续志稿》，《中国地方志集成·江苏府县志辑 6》。

民国《龙岩县志》，《中国方志丛书》第 86 号。

民国《泸县志》，《中国方志集成·四川府县志辑 33》。

民国《禄劝县志》，民国十四年铅印本。

民国《罗定县志》，民国二十四年铅印本。

民国《麻城县志》，民国二十四年铅印本。

民国《麻城县志续编》，《中国方志丛书·华中地方》第 358 号。

民国《孟县志》，民国二十一年刊本。

民国《米脂县志》，民国三十三年榆林松涛斋铅印本。

民国《闽侯县志》，民国二十二年刊本。

民国《闽清县志》，《中国地方志集成·福建府县志辑 19》。

民国《名山县新志》，民国十九年刻本。

民国《南丰县志》，民国十三年铅印本。

民国《南汇县续志》，《中国方志丛书·华中地方》第 425 号。

民国《南陵县志》，《中国地方志集成·安徽府县志辑 47》。

民国《南皮县志》，民国二十一年铅印本。

民国《南通县图志》，《中国地方志集成·江苏府县志辑 53》。

民国《宁国县志》，《中国地方志集成·安徽府县志辑 54》。

民国《宁乡县志》，民国三十年活字本。

民国《平阳县志》，《中国方志丛书·华中地方》第 72 号。

民国《屏南县志》，《中国地方志集成·福建府县志辑 14》。

民国《屏山县续志》，民国二十年铅印本。

民国《潜山县志》，民国九年铅印本。

民国《沁源县志》，民国二十二年铅印本。

民国《青浦县续志》，民国二十三年刊本。

民国《青县志》，民国二十年刊本。

民国《清苑县志》，民国二十一年铅印本。

民国《邛崃县志》，《中国方志集成·四川府县志辑 13》。

民国《渠县志》，民国二十一年铅印本。

民国《衢县志》，《中国方志丛书·华中地方》第 584 号。

民国《如皋县志》，民国十八年铅印本。

民国《三台县志》，《中国方志集成·四川府县志辑 17》。

民国《三续高邮州志》，《中国地方志集成·江苏府县志辑 47》。

民国《商水县志》，《中国方志丛书·华北地方》第 454 号。

民国《上海县续志》，民国七年铅印本。

民国《上海县志》,《中国地方志集成·上海府县志辑 4》。

民国《上杭县志》,《中国地方志集成·福建府县志辑 36》。

民国《歙县志》,《中国地方志集成·安徽府县志辑 51》。

民国《嵊县志》,《中国方志丛书·华中地方志》第 212 号。

民国《石屏县志》,《中国地方志集成·云南府县志辑 51—53》。

民国《寿昌县志》,《中国地方志集成·浙江府县志辑 9》。

民国《寿光县志》,《中国方志丛书·华北地方》第 65 号。

民国《双流县志》, 民国二十六年铅印本。

民国《顺昌县志》, 民国二十五年铅印本。

民国《顺德县志》,《中国方志丛书》第 4 号。

民国《朔方道志》, 民国十六年铅印本。

民国《宿迁县志》,《中国地方志集成·江苏府县志辑 58》。

民国《宿松县志》, 民国十年木活字本。

民国《绥阳县志》, 民国十七年铅印本。

民国《遂宁县志》, 民国十八年刻本。

民国《台州府志》,《中国方志丛书·华中地方》第 74 号。

民国《泰县志稿》,《中国地方志集成·江苏府县志辑 68》。

民国《汤溪县志》,《中国方志丛书·华中地方》第 210 号。

民国《天津县新志》,《天津通志·旧志点校卷》, 南开大学出版社 2001 年版。

民国《同安县志》,《中国地方志集成·福建府县志辑 4》。

民国《同正县志》, 民国二十二年铅印本。

民国《完县新志》, 民国二十三年铅印本。

民国《文安县志》, 民国十一年铅印本。

民国《无棣县志》, 民国十四年铅印本。

民国《无极县志》, 民国二十五年铅印本。

民国《吴县志》,《中国地方志集成·江苏府县志辑 11—12》。

民国《芜湖县志》, 民国八年石印本。

民国《西昌县志》, 民国三十一年铅印本。

民国《息烽县志》,《中国地方志集成·贵州府县志辑 43》。

民国《夏口县志》, 民国九年刻本。

民国《厦门市志》, 方志出版社 1999 年版。

民国《咸宁长安两县续志》, 民国二十五年铅印本。

民国《香山县志续编》, 民国九年刊本。

民国《象山县志》, 方志出版社 2004 年版。

民国《萧山县志稿》,《中国方志丛书·华中地方》第 84 号。

民国《新昌县志》,《中国方志丛书·华中地方》第 79 号。

民国《新城县志》, 民国二十四年铅印本。

民国《新登县志》, 民国十一年铅印本。

民国《新繁县志》, 民国三十五年刻本。

民国《新乡县续志》，民国十二年刻本。

民国《新纂云南通志》，云南人民出版社 2007 年版。

民国《兴平县志》，民国十二年铅印本。

民国《兴义县志》，民国三十七年稿本。

民国《徐水县新志》，民国二十一年铅印本。

民国《续安阳县志》，北平文岚簃古宋印书局铅印本。

民国《续丹徒县志》，《中国地方志集成·江苏府县志辑 30》。

民国《续修广饶县志》，民国二十四年铅印本。

民国《续修蓝田县志》，民国三十年西京克兴印书馆铅印本。

民国《续修醴泉县志稿》，民国二十四年西安酉山书局铅印本。

民国《续修历城县志》，民国十五年历城县志局铅印本。

民国《续修陕西通志稿》，凤凰出版社 2011 年影印本。

民国《续修台州府志》，民国二十五年铅印本。

民国《续修兴化县志》，《中国地方志集成·江苏府县志辑 48》。

民国《续纂清河县志》，《中国地方志集成·江苏府县志辑 55》。

民国《续纂山阳县志》，《中国方志丛书·华中地方》第 415 号。

民国《续纂泰州志》，《中国地方志集成·江苏府县志辑 50》。

民国《续遵义府志》，民国二十五年刊本。

民国《黟县四志》，《中国地方志集成·安徽府县志辑 58》。

民国《宜川县志》，民国三十三年铅印本。

民国《宜春县志》，民国二十九年石印本。

民国《鄞县通志》，民国二十四年铅印本。

民国《鄞县通志·人物编》，鄞县通志馆临时抽印本。

民国《永泰县志》，《中国地方志集成·福建府县志辑 19》。

民国《郧西县志》，《中国方志丛书·华中地方》第 359 号。

民国《昭平县志》，民国二十三年铅印本。

民国《诏安县志》，《中国地方志集成·福建府县志辑 31》。

民国《镇海县新志备稿》，《中国方志丛书·华中地方》第 219 号。

民国《镇海县志》，民国二十年铅印本。

民国《镇洋县志》，《中国地方志集成·江苏府县志辑 19》。

民国《政和县志》，《中国地方志集成·福建府县志辑 8》。

民国《中江县志》，民国十九年铅印本。

民国《中牟县志》，民国二十五年石印本。

民国《重修皋兰县志》，陇右乐善书局、甘肃政报局民国六年石印本。

民国《重修金坛县志》，《中国地方志集成·江苏府县志辑 33》。

民国《重修沭阳县志》，民国间抄本。

民国《重修婺源县志》，民国十四年刻本。

民国《重修咸阳县志》，民国二十一年铅印本。

民国《重修浙江通志稿》，浙江省通志馆编，浙江图书馆誊录稿。

民国《鳌屋县志》，民国十四年西安艺林印书社铅印本。

N

《内蒙古自治区志·政府志》，方志出版社 2001 年版。

《内乡县文史资料》第 8 辑《内乡县衙专辑》，内乡县政协文史委 1992 年编印。

《内乡县志》，生活·读书·新知三联书店 1994 年版。

《耐安类稿》，陈伟著，光绪二十二年刻本。

《南部县志》，四川人民出版社 1994 年版。

《南昌县文史资料》第 4 辑，南昌县政协文史委 1994 年编印。

《南昌县文史资料》第 5 辑，南昌县政协文史委 2006 年编印。

《南大百年实录·中央大学史料选》，南京大学出版社 2002 年版。

《南海市文物志》，佛山市南海区文化广电新闻出版局编，广东经济出版社 2007 年版。

《南湖揽秀园碑刻》，嘉兴南湖革命纪念馆编，群言出版社 2008 年版。

《南汇县志》，上海人民出版社 1992 年版。

《南涧行》，李煊著，新兴书局《笔记小说大观》第 5 编第 9 册。

《南京莫愁湖志》，吴小铁编，中央文献出版社 2005 年版。

《南京文化志》，徐耀新主编，中国书籍出版社 2003 年版。

《南康县志》，新华出版社 1993 年版。

《南平市志》，中华书局 1994 年版。

《南山谷口考校注》，毛凤枝著，李之勤校注，三秦出版社 2006 年版。

《南社丛谈》，郑逸梅著，上海人民出版社 1981 年版。

《南通范氏诗文世家纪事编年》，范曾编，河北教育出版社 2004 年版。

《南通史话》第 2 辑，南通县史志办、政协文史组 1984 年编印。

《南通市志》，上海社会科学院出版社 2000 年版。

《南通文史资料选辑》第 13 辑《韬奋与南通》，南通市政协文史编辑部 1993 年编印。

《南通县文史资料》第 6 辑，南通县政协文史委 1989 年编印。

《南通中学百年发展史》，缪建新主编，江苏教育出版社 2009 年版。

《南浔镇志》，上海科学技术出版社 1995 年版。

《南浔镇志》，汪曰桢著，《续修四库全书》第 717 册。

《南洋公学交通大学年谱》，霍有光、顾利民编著，陕西人民出版社 2002 年版。

《南洋中学文史资料选辑（一）》，上海市南洋中学 2002 年编印。

《南岳志》，湖南省地方志编委会编，湖南出版社 1996 年版。

《孽海花资料》，魏绍昌编，上海古籍出版社 1982 年版。

《宁波词典》，复旦大学出版社 1992 年版。

《宁波地名诗》，周律之主编，甘肃人民美术出版社、宁波出版社 2009 年版。

《宁波教育史》，辜筠芳著，浙江大学出版社 2011 年版。

《宁波市志外编》，宁波市地方志编委会编，中华书局 1998 年版。

《宁波通史·清代卷》，乐承耀著，宁波出版社 2009 年版。

《宁波文史资料》第 23 辑《群星灿烂：现当代宁波籍名人》，宁波市政协文史委编，宁波出版社 2003 年版。

O

《偶斋诗草》，宝廷著，《续修四库全书》第 1562 册。

P

《潘文勤公年谱》，潘祖年著，《北京图书馆藏珍本年谱丛刊》第 171 册。

《潘霞青先生年谱》，潘颐著，《北京图书馆藏珍本年谱丛刊》第 196 册。

《潘孝端先生年谱》，潘肇元著，《北京图书馆藏珍本年谱丛刊》第 181 册。

《盘龙文史资料》第 22 辑《盘龙回眸》，昆明市盘龙区政协文史委 2007 年编印。

《判花轩吟稿》，王祖源著，《天津图书馆孤本秘籍丛书》第 15 册。

《匏园诗集》，来裕恂著，天津古籍出版社 1996 年版。

《彭山县志》，巴蜀书社 1991 年版。

《彭水县志》，四川人民出版社 1998 年版。

《蓬溪诗存》，胡传淮编选，蓬溪县政协文史委 2005 年编印。

《皮鹿门年谱》，皮名振编著，上海书店民国二十八年版《民国丛书》本。

《频罗庵遗集》，梁同书著，《续修四库全书》第 1445 册。

《平昌县文史资料》第 5 辑《平昌文化名人作品选》，平昌县政协文史委、平昌诗书学会 2003 年编印。

《平谷县志》，北京出版社 2001 年版。

《平湖文史资料》第 3 辑，平湖县政协文史委 1991 年编印。

《平江区志》》，上海社会科学院出版社 2006 年版。

《评月轩吟草》，许咏仁著，《民国诗集丛刊》第 1 编第 31 册。

《瓶粟斋诗话初编》，沈其光著，《民国诗话丛编》第 5 册。

《瓶隐山房诗钞》《词钞》，黄曾著，《清代诗文集汇编》第 627 册。

《蒲城县志》，中国人事出版社 1993 年版。

《蒲缥镇志》，香港天马图书有限公司 2001 年版。

《浦泳先生纪念文集》，嘉定区政协文史委、民盟嘉定区委 2005 年编印。

《普安文史资料》第 2 辑，普安县政协文史委 1986 年编印。

《普宁县志》，广东人民出版社 1995 年版。

Q

《祁门县志》，安徽人民出版社 1990 年版。

《奇觚庼文集》《诗集》，叶昌炽著，《续修四库全书》第 1575 册。

《蕲春文史》第 15 辑，蕲县政协文史教文卫委员会 2003 年编印。

《蕲春县志》，湖北科学技术出版社 1997 年版。

《钱学森传》，奚启新著，人民出版社 2011 年版。

《潜江文史资料》第 4 辑，潜江县政协文史委 1987 年编印。

《潜庐文钞》，金蓉镜著，光绪三十四年刻本。

《桥影依稀话至亲——怀念父亲茅以升》，茅于美著，西南交通大学出版社 1993 年版。

《巧家县志》，云南人民出版社 1997 年版。

《且巢诗存》，周葆濂著，《丛书集成续编》第 181 册。

《锲不舍斋集》，李祖望著，1924 年李氏半亩园刊本。

《亲历辛亥革命：见证者的讲述》，全国政协文史和学习委员会编，中国文史出版社 2010 年版。

《秦淮感逝》，张通之著，《南京文献》第 23 号。

《秦淮人物志》，魏守余辑，南京市秦淮区地方史志编委会、图书馆 1999 年编印。

《秦淮著作志》，杨献文主编，南京市秦淮区地方史志编委会、图书馆 2001 年编印。

《秦淮志》，夏仁虎著，南京出版社 2006 年版。

《秦中旧事》，陕西省文史研究馆编，上海书店 1992 年版。

《青岛文史资料》第 12 辑，青岛市政协文史委编，青岛出版社 2004 年版。

《青浦县志》，上海人民出版社 1990 年版。

《青学斋集》，汪之昌著，《清代诗文集汇编》第 734 册。

《清稗类钞》，徐珂编撰，中华书局 1986 年版。

《清朝进士题名录》，江庆柏编著，中华书局 2007 年版。

《清朝野史大观》，小横香室主人编，河北人民出版社 1997 年版。

《清词话考述》，谭新红著，武汉大学出版社 2009 年版。

《清词选》，张伯驹、黄君坦编，中州书画社 1982 年版。

《清代档案史料丛编》第 14 辑，中国第一历史档案馆编，中华书局 1990 年版。

《清代东南书院与学术及文学》，徐雁平著，安徽教育出版社 2007 年版。

《清代官员履历档案全编》，秦国经主编，华东师范大学出版社 1997 年影印本。

《清代馆选分韵汇编》，严懋功编，台湾"中华书局"1968 年版《清代征献类编》本。

《清代广东朴学研究》，李绪柏著，广东省地图出版社 2001 年版。

《清代河臣传》，汪胡桢等辑，《清代传记丛刊》第 56 册。

《清代江西乡试研究》，姜传松著，华中师范大学出版社 2010 年版。

《清代禁书知见录》，孙殿起辑，商务印书馆 1957 年版。

《清代科举考试述录及有关著作》，商衍鎏著，百花文艺出版社 2003 年版。

《清代科学家》，沈雨梧著，光明日报出版社 2010 年版。

《清代目录提要》，来新夏主编，齐鲁书社 1997 年版。

《清代南部县衙档案研究》，蔡东洲等著，中华书局 2012 年版。

《清代毗陵名人小传》，张惟骧著，蒋维乔等补，《清代传记丛刊》第 197 册。

《清代朴学大师列传》，支伟成著，《清代传记丛刊》第 12 册。

《清代七百名人传》，蔡冠洛编著，《清代传记丛刊》第 194~196 册。

《清代人物传稿》下编第 2 卷，林言椒、苑书义主编，辽宁人民出版社 1985 年版。

《清代人物传稿》下编第 3 卷，林增平、李文海主编，辽宁人民出版社 1987 年版。

《清代人物传稿》下编第 5 卷，李文海、孔祥吉主编，辽宁人民出版社 1989 年版。

《清代人物传稿》下编第 9 卷，罗明、潘振平主编，辽宁人民出版社 1993 年版。

《清代人物大事纪年》，朱彭寿编著，朱鼇、宋苓珠整理，北京图书馆出版社 2005 年版。

《清代人物生卒年表》，江庆柏编著，人民文学出版社 2005 年版。

《清代蜀人著述总目》，王晓波主编，四川大学出版社 2009 年版。

《清代戏曲家丛考》，陆萼庭著，学林出版社 1995 年版。

《清代扬州学记》，张舜徽著，上海人民出版社 1962 年版。

《清代杨沂孙家族研究》，张剑著，中国社会科学出版社 2010 年版。

《清代野记》，梁溪坐观老人著，山西古籍出版社 1996 年版。

《清代硃卷集成》，顾廷龙主编，台北成文出版社 1992 年影印本。

《清代驻藏大臣传略》，吴丰培、曾国庆编著，西藏人民出版社 1988 年版。

《清国史》，清国史馆编，中华书局 1993 影印嘉业堂钞本。

《清河县志》，中国城市出版社 1993 年版。

《清画家诗史》，李濬之编，《清代传记丛刊》第 75~77 册。

《清黄陶楼先生彭年年谱》，陈定祥著，《新编中国名人年谱集成》本。

《清嘉录》，顾禄著，上海古籍出版社 1986 年版。

《清秘述闻续》，王家相等著，中华书局 1982 年版《清秘述闻三种》本。

《清秘述闻再续》，徐沅等著，中华书局 1982 年版《清秘述闻三种》本。

《清末筹备立宪档案史料》，故宫博物院明清档案部编，中华书局 1979 年版。

《清末法政人的世界》，程燎原著，法律出版社 2003 年版。

《清末汉语拼音运动编年史》，倪海曙著，上海人民出版社 1959 年版。

《清末民初中国官绅人名录》，田原天南编，《近代中国史料丛刊三编》第 80 辑。

《清末四十年申报史料》，徐载平、徐瑞芳著，新华出版社 1988 年版。

《清末新政与教育转型：以清季四川师范教育为中心的研究》，凌兴珍著，人民出版社 2008 年版。

《清末邮传部研究》，苏全有著，中华书局 2005 年版。

《清人别集总目》，李灵年、杨忠主编，安徽教育出版社 2000 年版。

《清人诗集叙录》，袁行云著，文化艺术出版社 1994 年版。

《清人诗文集总目提要》，柯愈春著，北京古籍出版社 2002 年版。

《清人室名别称字号索引（增补本）》，杨廷福、杨同甫编，上海古籍出版社 2001 年版。

《清人文集别录》，张舜徽著，中华书局 1963 年版。

《清儒学案》，徐世昌等编，中华书局 2008 年版。

《清儒学案小传》，徐世昌著，周骏富编，《清代传记丛刊》第 5~7 册。

《清诗话考》，蒋寅著，中华书局 2005 年版。

《清诗纪事》，钱仲联主编，江苏古籍出版社 1989 年版。

《清实录·德宗实录》，中华书局 1987 年影印本。

《清实录·文宗实录》，中华书局 1987 年影印本。

《清史稿艺文志及补编（附索引）》，章钰、武作成等编，中华书局 1982 年版。

《清史稿艺文志拾遗》，王绍曾主编，中华书局 2000 年版。

《清史列传》，清国史馆编，《清代传记丛刊》第 96～105 册。

《清史述闻》，朱师辙著，生活·读书·新知三联书店 1957 年版。

《清授朝议大夫景宁县知县梅府君年谱》，梅颐杰著，《北京图书馆藏珍本年谱丛刊》第 166 册。

《清王湘绮先生闿运年谱》，王代功著，《新编中国名人年谱集成》本。

《清政府镇压太平天国档案史料》第 10 册，中国第一历史档案馆编，社会科学文献出版社 1993 年版。

《清尊集》，汪远孙辑，道光十九年钱唐振绮堂刊本。

《邛崃文史资料》第 2 辑，邛崃县政协文史委 1988 年编印。

《邛崃文史资料》第 6 辑，邛崃县政协文史委 1992 年编印。

《邛崃文史资料》第 12 辑，邛崃市政协文史委 1998 年编印。

《邛崃文史资料》第 19 辑《历代咏邛崃诗词选》，邛崃市政协文史委 2005 年编印。

《邛崃县志》，四川人民出版社 1993 年版。

《琼山县志》，中华书局 1999 年版。

《丘逢甲交往录》，丘铸昌著，华中师范大学出版社 2004 年版。

《秋蟪吟馆诗钞》，金和著，上海古籍出版社 2009 年版。

《秋瑾年谱》，郭延礼著，齐鲁书社 1983 年版。

《秋室集》，杨凤苞著，《续修四库全书》第 1476 册。

《求古录礼说》，金鹗著，山东友谊出版社 1992 年版。

《曲石文录》，李根源著，《近代中国史料丛刊续编》第 3 辑。

《曲周县志》，新华出版社 1997 年版。

《劬书室遗集》，金锡龄著，光绪二十一年刊本。

《衢县文史资料》第 1 辑，衢县政协文史委 1987 年编印。

《全清词钞》，叶恭绰编，中华书局 1982 年版。

《全清散曲（增补版）》，谢伯阳、凌景埏编，齐鲁书社 2006 年版。

《蜷庐随笔》，王伯恭著，山西古籍出版社、山西教育出版社 1999 年版。

《缺斋遗稿》，傅维森著，民国十一年北京刊本。

乾隆《华亭县志》，《中国方志丛书·华中地方》第 462 号。

乾隆《马巷厅志》，《中国地方志集成·福建府县志辑 4》。

R

《燃松阁存稿》，顾槐三著，咸丰八年信芳阁《友声集》本。

《人贵自立：湖州钮氏家族文化研究》，陈连根等，浙江大学出版社 2009 年版。

《仁寿文史》第 1 辑，仁寿县政协文史委 1985 年编印。

《仁寿县志》，四川人民出版社 1990 年版。

《忍堪居士年谱》，邓镕著，《北京图书馆藏珍本年谱丛刊》第 192 册。

《韧叟自订年谱》，劳乃宣著，《北京图书馆藏珍本年谱丛刊》第 180 册。

《日鲜游记》，梁鸿耀著，民立中学校民国八年刊本。

《荣德生与社会公益事业》，上海大学、江南大学《乐农史料》整理研究小组选编，上海古籍出版社 2004 年版。

《容县史话》第 1 期，容县县志办、文管所 1984 年编印。

《榕城考古略　竹间十日话　竹间续话》，福州市地方志编委会整理，海风出版社 2001 年版。

《榕江县志》，贵州人民出版社 1999 年版。

《如皋文史资料》第 3 辑，如皋县政协文史委 1987 年编印。

《茹经堂文集二编》，唐文治著，《民国丛书》第 5 编第 94 册。

《茹经堂文集三编》，唐文治著，《民国丛书》第 5 编第 95 册。

《茹经先生自订年谱》，唐文治著，《近代中国史料丛刊三编》第 9 辑。

《茹荼轩续集》，张锡恭著，《清代诗文集汇编》第 786 册。

《儒藏论坛》第 3 辑，舒大刚主编，四川大学出版社 2009 年版。

《阮元年谱》，张鉴等著，中华书局 1995 年版。

S

《三百堂文集》，陈兔著，《近代中国史料丛刊》第 31 辑《乙亥丛编四种》本。

《三礼研究论著提要》，王锷著，甘肃教育出版社 2001 年版。

《三味书屋与寿氏家族》，寿永明、裘士雄编，浙江大学出版社 2010 年版。

《三原县志》，陕西人民出版社 2000 年版。

《散原精舍诗文集》，陈三立著，上海古籍出版社 2003 年版。

《丧服丧礼草案》，姚文枏著，1969 年郁氏印奖会编印。

《扫红亭吟稿》，冯云鹏著，《续修四库全书》第 1491 册。

《扫叶楼集》，潘宗鼎辑，民国二十二年刊本。

《痧症度针》，胡凤昌辑，《中国本草全书》第 249 卷。

《山东通史·近代卷》，安作璋主编，人民出版社 2009 年版。

《山阳艺文志》，《中国方志丛书·华中地方》第 415 号。

《陕甘味经书院志》，刘光蕡辑，《中国历代书院志》第 6 册。

《陕西近现代名人录续集》，陕西省中共党史人物研究会编，西北大学出版社 1991 年版。

《陕西省志·文化艺术志》，陕西人民出版社 2005 年版。

《陕西省志·著述志（古代部分）》，三秦出版社 2000 年版。

《伤寒论释义》，李缵文著，宣统元年上海文瑞楼石印本。

《上海档案史料研究》第 9—11 辑，上海市档案馆编，上海三联书店 2010—2011 年版。

《上海地方史料》第 4 辑，上海市文史馆、参事室编，上海社会科学院出版社 1986 年版。

《上海金石续志》，姚文枏著，《石刻史料新编》第 3 辑。

《上海近代教育史》，陈科美主编，上海教育出版社 2003 年版。

《上海名人辞典（1840—1998）》，吴成平主编，上海辞书出版社 2001 年版。

《上海名人名事名物大观》，熊月之主编，上海人民出版社 2005 年版。

《上海史》，唐振常主编，上海人民出版社 1989 年版。

《上海史研究（二编）》，唐振常、沈恒春主编，学林出版社 1988 年版。

《上海市年鉴（民国二十四年）·名人录》，上海市通志馆民国二十四年编印。

《上海通志》，上海人民出版社、上海社会科学院出版社 2005 年版。

《上海新闻史（1850—1949）》，马光仁主编，复旦大学出版社 1996 年版。

《上杭文史资料》第 8 辑，上杭政协文史资料编辑室 1985 年编印。

《上虞县志》，浙江人民出版社 1990 年版。

《尚书辨解》，郝敬著，《丛书集成新编》第 107 册。

《尚书讲义》，黄家岱著，《微季杂著》附刊本。

《邵东古文选辑》第 1 辑，张阳松主编，1994 年编印。

《绍仁斋浦游吟》，孔昭棠著，《丛书集成续编》第 160 册。

《绍兴市志》，浙江人民出版社 1996 年版。

《绍兴图书馆藏古籍地方文献书目提要》，赵任飞主编，广陵书社 2009 年版。

《绍兴文史资料选辑》第 4 辑《徐锡麟史料》，绍兴县政协文史委 1986 年编印。

《绍兴县志资料》，绍兴县修志委员会编，民国二十六至二十八年铅印本。

《社会转型与教会大学》，章开沅、马敏主编，湖北教育出版社 1998 年版。

《歙县金石志》，叶为铭著，《石刻史料新编》第 16 册。

《〈申报〉上的红十字》，池子华、严晓凤、郝如一主编，安徽人民出版社 2011 年版。

《深柳堂文集》，沈登瀛著，《适园丛书》第 12 集。

《沈家本年谱长编》，李贵连著，山东人民出版社 2010 年版。

《沈家本评传》，李贵连著，南京大学出版社 2004 年版。

《沈家本未刻书集纂补编》，韩延龙等整理，中国社会科学出版社 2006 年版。

《沈曾植集校注》，钱仲联校注，中华书局 2001 年版。

《沈曾植年谱长编》，许全胜著，中华书局 2007 年版。

《审安斋遗稿》，陈涛著，《近代中国史料丛刊》第 34 辑。

《生余留草》，张世棠著，张一麐《心太平室集》附录，《民国丛书》第 3 编第 82 册。

《盛宣怀档案资料选辑·中国通商银行》，陈旭麓等主编，上海人民出版社 2000 年版。

《师竹斋赋钞》，郑德璜著，同治十年刊本。

《诗传旁通》，梁益著，光绪间武进盛氏刻本。

《诗词曲语辞汇释》，张相著，台湾华正书局 1981 年版。

《十经斋遗集》，沈涛著，中国书店 1990 年影印本。

《石城文史资料》第 3 辑，石城县政协文史委 1990 年编印。

《石屏文史资料选辑》第 2 辑，石屏县政协文史委 1989 年编印。

《石屏县志》，云南人民出版社 1990 年版。

《石狮市志》，方志出版社 1998 年版。

《石首县志》，红旗出版社 1990 年版。

《石寿山房集》，卢崟著，《南京文献》第 1 号。

《拾遗室诗话》，陈衍著，辽宁教育出版社 1998 年版。

《食古斋文录》，柳以蕃著，光绪十九年刻本。

《史记探源》，崔适著，中华书局 1986 年版。

《世说人语》，郑逸梅著，杨庆辰编，北方文艺出版社 2009 年版。

《世载堂杂忆》，刘禺生著，中华书局 1960 年版。

《仕隐斋涉笔》，丁治棠（丁树诚）著，四川人民出版社 1985 年版。

《式古训斋文集》，闵萃祥著，《清代诗文集汇编》第 771 册。

《侍疾图题词》，《丛书集成续编》第 118 册。

《适园老人年谱》，权量口述、权国华编辑，《北京图书馆藏珍本年谱丛刊》第 196 册。

《逝去的风流：清末立宪精英传稿》，侯宜杰著，北京师范大学出版社 2013 年版。

《受恒受渐斋集》，沈曰富著，《清代诗文集汇编》第 628 册。

《书院研究》，湖南省书院研究会、衡阳市博物馆编，湖南大学出版社 1988 年版。

《舒蓺室杂著》，张文虎著，《续修四库全书》第 1535 册。

《蜀词人评传》，姜方锬编，成都古籍书店 1984 年据成都协美公司 1934 年铅印本影印。

《蜀风集：文守仁先生遗著》，文丕衡编，新津县政协文史委审定，1998 年编印。

《蜀学》第 4 辑，曾德祥主编，巴蜀书社 2009 年版。

《述庵先生年谱》，严荣著，《北京图书馆藏珍本年谱丛刊》第 105 册。

《数学家辞典》，邓宗琦主编，湖北教育出版社 1990 年版。

《双流县志》，四川人民出版社 1992 年版。

《顺德书画人物录》，顺德市博物馆编，中山大学出版社 2001 年版。

《说杭州》，钟毓龙著，《西湖文献集成》第 11 册。

《说文解字句读》，王筠著，陕西人民出版社 2007 年影印光绪八年尊经书院刊本。

《私奔皇后红拂集》，朱太忙编，广益书局民国二十七年版。

《思茅地区文化志》，云南省思茅地区行政公署文化局编，云南民族出版社 1992 年版。

《斯未信斋文编》《诗录》，徐宗幹著，《清代诗文集汇编》第 593 册。

《四川大学史稿》，四川大学校史编写组编，四川大学出版社 1985 年版。

《四川近代新闻史》，王绿萍著，四川大学出版社 2007 年版。

《四川近现代人物传》第 6 辑，四川省地方志编委会、省志人物志编辑组编，四川大学出版社 1990 年版。

《四川历史辞典》，贾大泉主编，四川教育出版社 1993 年版。

《四川省地方志联合目录》，四川省中心图书馆委员会 1982 年编印。

《四川省蒲江县鹤山镇志》，1982 年印本。

《四川省志·人物志》，四川人民出版社 2001 年版。

《四川省志·政务志》，方志出版社 2000 年版。

《四川书院史》，胡昭曦著，四川大学出版社 2006 年版。

《四川文史资料选辑》第 1 辑《纪念辛亥革命五十周年专辑》，四川省政协、省志编委会 1979 年编印。

《四川文史资料选辑》第 33 辑，四川省政协文史委编，四川人民出版社 1984 年版。

《四川文史资料选辑》第 38 辑，四川省政协文史委编，四川人民出版社 1988 年版。

《四川尊经书院举贡题名碑》，党跃武主编，四川大学出版社 2013 年版。

《四当斋集》，章钰著，民国二十六年铅印本。

《四库全书表文笺释》，林鹤年著，吴兴刘氏求恕斋刊本。

《四明清诗略续稿》，董沛、忻江明编著，民国十九年中华书局刊本。

《四明人鉴》，刘慈孚辑，《丛书集成续编》第 252 册。

《四明书画家传》，洪可尧主编，宁波出版社 2005 年版。

《四译馆文集》，廖平著，民国十年四川存古书局《六译馆丛书》本。

《松江文史》第 7 辑，松江县政协文史组 1986 年编印。

《松江县志》，上海人民出版社 1991 年版。

《松梦寮诗稿》，丁丙著，《续修四库全书》第 1559 册。

《松漠纪闻 扈从东巡日录 启东录 皇华纪程 边疆叛迹》，李澍田主编，吉林文史出版社 1986 年版。

《松溪县志》，中国统计出版社 1994 年版。

《宋诗纪事补遗》，陆心源著，山西古籍出版社 1997 年版。

《宋恕集》，胡珠生编，中华书局 1993 年版。

《宋育仁思想评传》，黄宗凯等著，西南交通大学出版社 2007 年版。

《宋元学案》，黄宗羲辑，全祖望订补，冯云濠、王梓材校正，《续修四库全书》第 518 册。

《宋岳鄂王年谱》，钱汝雯著，《北京图书馆藏珍本年谱丛刊》第 23 册。

《苏州民国艺文志》，张耘田、陈巍主编，广陵书社 2005 年版。

《苏州名门望族》，张学群等著，广陵书社 2006 年版。

《苏州商会档案丛编》第 2 辑，华中师大近代史所、苏州市档案馆编，华中师范大学出版社 2004 年版。

《苏州史志资料选辑》第 36 辑，苏州市政协文史委 2010 年编印。

《苏州市志》，江苏人民出版社 1995 年版。

《苏州文史资料选辑》第 14 辑，苏州市政协文史委 1985 年编印。

《苏州状元》，李嘉球著，上海社会科学院出版社 1993 年版。

《宿县地区志》，周道斌主编，中国人民大学出版社 1995 年版。

《遂初草庐诗集》，杜堮著，同治九年刻本。

《遂宁古今人物》，遂宁市地方志办公室 2006 年编印。

《遂宁县志》，巴蜀书社 1993 年版。

《孙庵老人自订五十以前年谱》，钱基厚著，《北京图书馆藏珍本年谱丛刊》第 200 册。

《孙锵鸣集》，胡珠生编注，上海社会科学院出版社 2003 年版。

《孙渊如先生年谱》，张绍南著，《北京图书馆藏珍本年谱丛刊》第 119 册。

T

《台山文史》第 3 辑，台山县政协文史委 1984 年编印。

《台湾书法家小传（1662—1945）》，郑国瑞编，高雄复文图书出版社 2009 年版。

《台州会要》，台州市地方志编委会编，中华书局 2000 年版。

《苔岑经义钞》，张鸿桷辑，《丛书集成续编》第 21 册。

《太仓文史资料辑存》第 2 辑，太仓县政协 1984 年编印。

《太湖备考》，金友理、郑言绍著，江苏古籍出版社 1998 年版。

《太湖县志》，黄山书社 1995 年版。

《太平军在江西史料》，杜德凤编，江西人民出版社 1988 年版。

《太平天国》，罗尔纲、王庆成主编，广西师范大学出版社 2004 年版。

《太平天国资料丛刊》第 4 册，上海人民出版社、上海书店 2000 年版。

《太平天国资料汇编》第 2 册，天平天国历史博物馆编，中华书局 1979 年版。

《太炎文录续编》，章炳麟著，《近代中国史料丛刊续辑》第 13 辑。

《太炎先生自定年谱》，章炳麟著，《北京图书馆藏珍本年谱丛刊》第 192 册。

《泰宁县志》，群众出版社 1993 年版。

《泰州历代名人·续集》，泰州市政协编，江苏人民出版社 2005 年版。

《唐栖志》，王同著，《杭州运河文献集成》第 4 册。

《唐文拾遗》，陆心源辑，《续修四库全书》第 1651～1652 册。

《殽楼遗集》，张士珩著，《清代诗文集汇编》第 783 册。

《殽素遗稿》，石凌汉著，《南京文献》第 24 号。

《桃江县志》，中国社会出版社 1993 年版。

《陶楼文钞》，黄彭年著，《续修四库全书》第 1552～1553 册。

《陶庐文集》，王树楠著，民国四年刻本。

《陶澍全集》，岳麓书社 2010 年版。

《淘书随录》，薛冰著，江苏教育出版社 2001 年版。

《藤县志》，广西人民出版社 1996 年版。

《天放楼诗文集》，金天羽著，上海古籍出版社 2007 年版。

《天马山房诗别录》，汪巽东著，中华书局 1991 年版。

《天宁区志》，方志出版社 2003 年版。

《天平天国文献汇编》第 9 册，杨家骆主编，台北鼎文书局 1973 年版。

《天一阁论丛》，虞浩旭主编，宁波出版社 1996 年版。

《田砚斋文集》，褚荣槐著，光绪七年刻本。

《汀鹭文钞》，杨传第著，《南开大学图书馆藏稀见清人别集丛刊》第 25 册。

《听秋声馆词话》，丁绍仪著，中华书局 1986 年版《词话丛编》本。

《通经致用一代师：皮锡瑞生平和思想研究》，吴仰湘著，岳麓书社 2002 年版。

《通许县志》，中州古籍出版社 1995 年版。

《同仁祠录》，孙炳奎辑，《丛书集成续编》第 224 册。

《桐城文学渊源、撰述考》，刘声木著，黄山书社 1989 年版。

《桐城吴先生年谱》，郭立志编纂，《北京图书馆藏珍本年谱丛刊》第 175~176 册。

《桐庐县志》，桐庐县志办 1985 年扫描油印本。

《桐庐县志》，浙江人民出版社 1991 年版。

《桐庐与名人》，申屠丹荣著，中国档案出版社 2006 年版。

《桐桥倚棹录》，顾禄著，上海古籍出版社 1980 年版。

《桐乡文史资料》第 23 辑《桐乡巾帼资料专辑·沈骊英》，桐乡县政协文史委、妇联 2004 年编印。

《桐乡县志》，上海书店出版社 1996 年版。

《退庵诗稿》，闻福增著，光绪三十二年素美轩刊本。

《退补斋文存》，胡丹凤著，《续修四库全书》第 1552 册。

《退庐全集》，胡思敬著，《近代中国史料丛刊》第 45 辑。

同治《安吉县志》，同治十三年刊本。

同治《安义县志》，同治十年铅活字本。

同治《茶陵州志》，《中国地方志集成·湖南府县志辑 18》。

同治《长沙县志》，同治十年刊本。

同治《德化县志》，《中国方志丛书·华中地方》第 107 号。

同治《番禺县志》，广东人民出版社 1998 年版。

同治《丰城县志》，同治十二年刻本。

同治《奉新县志》，同治十年刻本。

同治《赣县志》，同治十一年刻本。

同治《高安县志》，同治十年刻本。

同治《广丰县志》，《中国方志丛书·华中地方》第 265 号。

同治《广信府志》，《中国方志丛书·华中地方》第 106 号。

同治《贵溪县志》，同治十年刻本。

同治《汉川县志》，《中国地方志集成·湖北府县志辑 9》。

同治《湖州府志》，同治十三年刊本。

同治《黄陂县志》，《中国方志丛书·华中地方》第 336 号。

同治《会理州续志》，同治九年刊本。

同治《景宁县志》，同治十二年刻本。

同治《醴陵县志》，同治九年刊本。

同治《浏阳县志》，同治十二年刊本。

同治《六安州志》，《中国地方志集成·安徽府县志辑 18》。

同治《南昌府志》，同治十二年刻本。

同治《南昌县志》，同治九年刻本。

同治《南海县志》，《中国方志丛书》第 50 号。

同治《南康府志》，同治十一年刻本。

同治《彭泽县志》，同治十二年刻本。

同治《平江县志》，同治十三年刻本。

同治《饶州府志》，同治十一年刻本。

同治《如皋县续志》，《中国方志丛书·华中地方》第 46 号。

同治《如皋县续志》，同治十二年刊本。

同治《瑞昌县志》，同治十年瀼溪书院刻本。

同治《瑞州府志》，同治十二年刻本。

同治《三水县志》，同治十一年刻本。

同治《上海县志》，同治十一年刊本。

同治《上江两县志》，《中国地方志集成·江苏府县志辑 4》。

同治《苏州府志》，《中国地方志集成·江苏府县志辑 7—10》。

同治《太湖县志》，同治十一年刊本。

同治《泰和县志》，同治十一年修、光绪四年续修刻本。

同治《万年县志》，同治十一年刻本。

同治《武宁县志》，同治九年刻本。

同治《峡江县志》，同治十年刻本。

同治《湘乡县志》，湘乡市方志办 1987 年重印本。

同治《新化县志》，同治十一年刊本。

同治《新会县续志》，同治九年刻本。

同治《新建县志》，同治十年刻本。

同治《新喻县志》，同治十二年刻本。

同治《徐州府志》，《中国地方志集成·江苏府县志辑 61》。

同治《续汉州志》，《中国方志丛书·华中地方》第 388 号。

同治《续天津县志》，《天津通志·旧志点校卷》，南开大学出版社 2001 年版。

同治《续纂江宁府志》，《中国地方志集成·江苏府县志辑 2》。

同治《续纂扬州府志》，《中国地方志集成·江苏府县志辑 42》。

同治《铅山县志》，同治十二年刻本。

同治《义宁州志》，同治十二年刻本。

同治《弋阳县志》，同治十年刻本。

同治《益阳县志》，同治十三年刻本。

同治《雩都县志》，同治十三年刻本。

同治《沅陵县志》，光绪二十八年重印本。

同治《郧阳县志》，《中国方志丛书·华中地方》第 119 号。

同治《重修山阳县志》，《中国地方志集成·江苏府县志辑 55》。

同治《重修上高县志》，同治九年刻本。

同治《竹溪县志》，《中国地方志集成·湖北府县志辑 60》。

同治光绪《长兴县志》，同治十三年修光绪十八年增补二十三年拾遗刊本。

W

《外交公报》第 39 期，《近代中国史料丛刊三编》第 35 辑。

《晚清教案纪事》，戚其章、王如绘著，东方出版社 1990 年版。

《晚清民国传奇杂剧文献与史实研究》，左鹏军著，人民文学出版社 2011 年版。

《晚清七百名人图鉴》，闵杰编著，上海书店 2007 年版。

《晚清小说史》，阿英编，作家出版社 1955 年版。

《晚清新学书目提要》，熊月之编，上海书店 2007 年版。

《晚清佚闻丛考——以戊戌维新为中心》，孔祥吉著，巴蜀书社 1998 年版。

《晚晴簃诗汇》，徐世昌编，中华书局 1990 年版。

《皖政辑要》，冯煦主修、陈师礼总纂，黄山书社 2005 年版。

《万首论诗绝句》，郭绍虞等编，人民文学出版社 1991 年版。

《汪悔翁自书纪事》，汪士铎著，《晚清名儒年谱》第 3 册。

《汪康年师友书札》，上海图书馆编，上海古籍出版社 1986—1989 年版。

《汪梅村年谱稿》，赵宗复著，《晚清名儒年谱》第 3 册。

《汪梅村先生集》，汪士铎著，《续修四库全书》第 1531 册。

《汪穰卿先生年谱》，汪诒年编，《北京图书馆藏珍本年谱丛刊》第 177 册。

《王葆心传》，叶贤恩著，崇文书局 2009 年版。

《王国维传》，窦忠如著，百花文艺出版社 2007 年版。

《王国维与近代东西方学人》，陈鸿祥著，天津古籍出版社 1990 年版。

《王家营志》，张煦侯著，方志出版社 2006 年版。

《王世杰传》，薛毅著，武汉大学出版社 2010 年版。

《王弢园尺牍》，王韬著，中央书店民国二十四年版。

《王先谦诗文集》，王先谦著，岳麓书社 2008 年版。

《忘山庐日记》，孙宝瑄著，上海古籍出版社 1983 年版。

《望江县志》，黄山书社 1995 年版。

《威远文史资料选辑》第 10 辑，威远县政协文史委 1992 年编印。

《巍山彝族回族自治县志》，云南人民出版社 1993 年版。

《为溪斋诗集》，杨炎昌著，《南京文献》第 2 号。

《为正义敲响法槌——审判日本战犯的军事法官叶在增》，梅孝斌、叶恕兵著，南京出版社 2007 年版。

《味静斋诗存》，徐嘉著，《清代诗文集汇编》第 728 册。

《渭南文史资料》第 4 辑，渭南市政协文史委 1992 年编印。

《魏秀仁杂著钞本》，魏秀仁著，江苏古籍出版社 2000 年版。

《温岭县志》，浙江人民出版社 1992 年版。

《温州近代史》，胡珠生著，辽宁人民出版社 2000 年版。

《温州历代文选》，潘猛补编，作家出版社 1998 年版。

《温州市图书馆馆藏地方文献目录（线装古籍）》，温州市图书馆 1993 年编印。

《温州市志》，中华书局 1998 年版。

《文化记忆》，李义丹、王杰主编，天津大学出版社 2011 年版。

《文澜阁四库全书史稿》，张崟著，《西湖文献集成》第 20 册。

《文山壮族苗族自治州民族志》，文山壮族苗族自治州民族宗教事务委员会编，云南民族出版社 2005 年版。

《文史资料》第 5 辑，衡阳市城南区政协文史组 1988 年编印。

《文史资料选编》第 1 卷《教育编》，福建省政协文史委编，福建人民出版社 2000 年版。

《文史资料选编》第 3 卷《文化编》，福建省政协文史委编，福建人民出版社 2001 年版。

《文史资料选辑》第 1 辑（总 101 辑），全国政协文史委编，文史资料出版社 1985 年版。

《文史资料选辑》第 15 辑，全国政协文史委编，中华书局 1961 年版。

《文史资料选辑》第 53 辑，全国政协文史委编，文史资料出版社 1964 年版。

《文史资料选辑》第 99 辑，全国政协文史委编，中华书局 1984 年版。

《文廷式集》，汪叔子编，中华书局 1993 年版。

《文苑谈往》，杨世骥著，中华书局民国三十四年版。

《文芸阁先生年谱》，钱仲联编，《北京图书馆藏珍本年谱丛刊》第 177 册。

《闻一多年谱长编》，闻黎明、侯菊坤编，湖北人民出版社 1994 年版。

《翁同龢日记》，陈义杰整理，中华书局 2006 年版。

《瓮安县志》，贵州人民出版社 1995 年版。

《涡阳县志》，黄山书社 1989 年版。

《无锡时期的钱基博与钱锺书》，刘桂秋著，上海社会科学院出版社 2004 年版。

《无锡文史资料》第 3 辑，无锡市政协文史委 1981 年编印。

《无锡文史资料》第 22 辑，无锡市政协文史委 1990 年编印。

《无邪堂答问》，朱一新著，中华书局 2000 年版。

《吴昌硕书画鉴定》，邢捷编著，天津古籍出版社 2000 年版。

《吴愙斋先生年谱》，顾廷龙著，哈佛燕京学社 1935 年版。

《吴梅评传》，王卫民著，河北教育出版社 2002 年版。

《吴县历史名人》，吴县政协文史委 1990 年编印。

《吴兴钱家：近代学术文化家族的断裂与传承》，邱巍著，浙江大学出版社 2009 年版。

《吴兴周梦坡先生年谱》，周延礽著，《北京图书馆藏珍本年谱丛刊》第 188 册。

《吴虞日记》，中国革命博物馆整理，四川人民出版社 1986 年版。

《吴之英诗文集》，吴洪武、彭静中、吴洪泽校注，四川大学出版社 2008 年版。

《吴稚晖先生全集》，罗家伦、黄季陆主编，中国国民党中央委员会党史史料编委会 1969 年版。

《吴中名医录》，苏州市地方志编委会、档案局 1985 年编印。

《芜城怀旧录》，董玉书著，江苏古籍出版社 2002 年版。

《五百石洞天挥麈》，邱炜萲著，《续修四库全书》第 1708 册。

《五峰县志》，中国城市出版社 1994 年版。

《五华区志》，四川辞书出版社 1995 年版。

《五华文史资料》第 4 辑，五华区政协文史委编印。

《武安县地名志》，武安县地名办公室 1984 年编印。

《武汉教育百年大事记》，武汉教育志编纂委员会编，武汉工业大学出版社 1999

年版。

《武汉人物选录》，《武汉文史资料》编辑部编，武汉市政协文史委 1988 年编印。

《武汉市志·教育志》，武汉大学出版社 1991 年版。

《武汉市志·政权政协志》，武汉大学出版社 1998 年版。

《武汉通览》，李权时、皮明庥主编，武汉出版社 1988 年版。

《武汉文史资料》第 53 辑，武汉市政协文史委 1993 年编印。

《武林坊巷志》，丁丙著，浙江人民出版社 1987—1990 年版。

《务时敏斋存稿》，洪昌燕著，《清代诗文集汇编》第 670 册。

《戊笈谈兵》，汪绂著，《中国兵书集成》第 44 册。

《戊戌变法人物传稿（增订本）》，汤志钧著，中华书局 1982 年版。

《戊戌变法文献汇编》，杨家骆编，台北鼎文书局 1973 年版。

《戊戌军机四章京合谱》，王夏刚著，中国社会科学出版社 2009 年版。

《戊戌政变记》，梁启超著，广西师范大学出版社 2010 年版。

《悟雪楼诗存》，徐谦著，《清代诗文集汇编》第 520 册。

X

《西安碑林全集》，高峡主编，广东经济出版社 1999 年版。

《西安市志》第 6 卷《科教文卫》，西安出版社 2002 年版。

《西安文史资料》第 25 辑《西安老街巷》，西安市政协文史委编，陕西人民教育出版社 2006 年版。

《西藏志》，陈观浔著，巴蜀书社 1986 年版。

《西湖林公祠志》，吴廷康等著，《西湖文献集成》第 25 册。

《西湖游记选》，曹文趣等选注，浙江人民出版社 1982 年版。

《西湖与文澜阁》，陈训慈著，《西湖文献集成》第 14 册。

《西泠印社百年史料长编》，陈振濂主编，西泠印社 2003 年版。

《西南古籍研究》2001 年卷，林超民主编，云南大学出版社 2002 年版。

《西南古籍研究》2006 年卷，林超民主编，云南大学出版社 2007 年版。

《西农遗集》，姚必成著，《丛书集成续编》第 180 册。

《西圃集》，潘遵祁著，《清代诗文集汇编》第 629 册。

《西溪雅士》，朱金坤主编，西泠印社 2010 年版。

《西学东渐与晚清社会》，熊月之著，中国人民大学出版社 2011 年版。

《惜抱轩诗后集》，姚鼐著，《续修四库全书》第 1453 册。

《溪上流韵：慈溪历代风物诗选》，童银舫编注，宁波出版社 2002 年版。

《溪上遗闻集录》，尹元炜辑，《丛书集成三编》第 84 册。

《锡金游庠同人自述汇刊》，蒋士栋等编，《中国古代地方人物传记汇编》第 23 册。

《席乡情》，龚成著，宁波出版社 2010 年版。

《戏曲小说丛考》，叶德均著，中华书局 1979 年版。

《遐庵词话》，叶恭绰撰、张璋辑，大象出版社 2005 年版《历代词话续编》本。

《霞外捃屑》，平步青著，上海古籍出版社 1982 年版。

《厦门古籍序跋汇编》，陈峰编纂，厦门大学出版社 2009 年版。

《厦门市志》，方志出版社 1999 年版。

《厦门小报大观》，陈菊农辑，民国二十年刊本。

《厦门掌故》，叶时荣编撰，鹭江出版社 1999 年版。

《先府君行略》，刘师培著，《清代传记丛刊》第 126 册。

《先公年谱》，王孝缉等编，《北京图书馆藏珍本年谱丛刊》第 176 册。

《先考子松府君年谱》，夏庚复等著，《北京图书馆藏珍本年谱丛刊》第 171 册。

《先温和公年谱》，张茂新等著，《北京图书馆藏珍本年谱丛刊》第 139 册。

《先严行述》，卢金策著，《南京文献》第 1 号。

《咸阳市志》，三秦出版社 2000 年版。

《显志堂稿》，冯桂芬著，《续修四库全书》第 1535 册。

《燹余杂咏》，伍承钦著，《南京文献》第 14 号。

《乡饮脞谈》，王孝煃著，《南京文献》第 22 号。

《香港所藏古籍书目》，贾晋华主编，上海古籍出版社 2003 年版。

《香港中文教育发展史》，王齐乐著，波文书局 1983 年版。

《香雪巢诗集》，徐兆丰著，《清代诗文集汇编》第 713 册。

《香艳丛书》第 8 册，上海书店出版社 1991 年据 1913 年上海中国图书公司和记铅印本影印。

《香月楼残稿》，陈道南著，《南京文献》第 25 号。

《湘报》，《湘报》报馆编，中华书局 2006 年影印本。

《湘绮楼笺启》，王闿运著，《续修四库全书》第 1569 册。

《湘绮楼日记》，王闿运著，岳麓书社 1997 年版。

《湘绮楼文集》，王闿运著，《续修四库全书》第 1568~1569 册。

《湘人著述表》，寻霖、龚笃清编著，岳麓书社 2010 年版。

《湘西文史资料》第 30 辑《熊希龄资料专辑》，湘西州政协文史委 1993 年编印。

《湘雅摭残》，曾卓、丁葆赤标点，岳麓书社 1988 年版。

《庠校怀旧录》，张通之著，《南京文献》第 23 号。

《象山文史资料》第 5 辑《历代人物专辑》，象山县政协文史委 1991 年编印。

《萧山记忆》第 2 辑，萧山区党史室、方志办编，浙江人民出版社 2009 年版。

《萧山文史资料选辑》第 4 辑《汤寿潜史料专辑》，萧山县政协文史委 1993 年编印。

《萧山乡贤零拾》，周明道辑，钱塘诗社 2004 年编印。

《小娄巷历史街区》，徐志钧编著，古吴轩出版社 2008 年版。

《小酉腴山馆文集》，吴大廷著，《清代诗文集汇编》第 698 册。

《校经廎自订年谱》，李富孙著，《北京图书馆藏珍本年谱丛刊》第 128 册。

《校堪光绪嘉善县志札记》，孙传枢著，《中国方志丛书·华中地方》第 197 号。

《写礼庼遗著四种·文集》，王颂蔚著，民国四年鄮溪王氏刊本。

《谢觉哉评传》，马连儒著，湖南人民出版社 1989 年版。

《谢章铤集》，陈庆元主编，吉林文史出版社 2009 年版。

《心乾氏自编年谱》，《北京图书馆藏珍本年谱丛刊》第 182 册。

《辛亥革命（三）》，中国史学会主编，上海人民出版社1957年版。

《辛亥革命回忆录》第4集，全国政协文史委编，文史资料出版社1963年版。

《辛亥革命江苏地区史料》，扬州师院历史系编，大东图书公司1980年版。

《辛亥革命前后湖南史事》，杨世骥著，湖南人民出版社1958年版。

《辛亥革命亲历记》，上海市文史研究馆编，中西书局2011年版。

《辛亥革命时期期刊介绍》第四集，丁守和主编，人民出版社1986年版。

《辛亥革命时期期刊介绍》第五集，丁守和主编，人民出版社1987年版。

《辛亥革命在上海史料选辑》，上海社科院历史所编，上海人民出版社2011年版。

《辛亥革命浙江史料选辑》，浙江省辛亥革命史研究会、浙江省图书馆编，浙江人民出版社1981年版。

《辛亥革命资料》，中科院近代史所史料组编，中华书局1961年版。

《辛亥革命资料选编》，刘萍、李学通主编，社会科学文献出版社2012年版。

《辛亥人物碑传集》，卞孝萱、唐文权编，团结出版社1991年版。

《辛亥武昌首义人物传》，贺觉非著，中华书局1982年版。

《辛亥以后十七年职官年表》，刘寿林编，中华书局1966年版。

《辛亥以来藏书纪事诗》，伦明等著，北京燕山出版社1999年版。

《辛壬春秋》，尚秉和著，民国十三年刻本。

《新安名医考》，李济仁主编，安徽科学技术出版社1990年版。

《新灯合璧》，管礼昌著，《中华谜书集成》第2册。

《新订清人诗学书目》，张寅彭著，上海古籍出版社2003年版。

《新都客家研究》，成都市新都区政协文史委2006年编印。

《新法修身教科书》，刘宪、费焯编，商务印书馆民国九年版。

《新津县志》，四川人民出版社1989年版。

《新田县志》，新华出版社1995年版。

《新修潼川府志校注》，何向东等校注，巴蜀书社2007年版。

《新选小题锐锋初集》，张嶙辑，道光十九年文英堂刊本。

《新洲文史资料》第6辑《新洲历史人物》，武汉市新洲区政协文史学习委员会编印。

《兴宁文史》第21辑《罗斧月专辑》，兴宁市政协文史委1996年编印。

《兴宁县志》，广东人民出版社1992年版。

《兴平文史资料》第10辑《兴平近现代人物》，兴平县政协文史委1991年编印。

《行走在古典与现代之间·嘉定卷》，陶侃著，上海百家出版社2010年版。

《熊希龄集》，周秋光编，湖南人民出版社2008年版。

《熊希龄先生遗稿》，上海书店出版社1998年版。

《休宁县教育志》，休宁县教委1992年编印。

《虚受堂文集》，王先谦著，《续修四库全书》第1570册。

《徐秋士先生自订年谱》，徐元润著，《北京图书馆藏珍本年谱丛刊》第139册。

《许宝蘅日记》，许恪儒整理，中华书局2010年版。

《许文肃公年谱》，高树著，《国专月刊》第4卷（1936年）第3期、第4期。

《恤嵩庐文初稿》，张瀚万著，《近代中国史料丛刊》第58辑。

《续碑传集》，缪荃孙辑，《清代传记丛刊》第 115～119 册。

《续古文观止》，王文濡编，花山文艺出版社 1992 年版。

《续修四库全书总目提要（稿本）》，中国科学院图书馆整理，齐鲁书社 1996 年影印本。

《续修四库全书总目提要·经部》，中国科学院图书馆整理，中华书局 1993 年版。

《续云南通志长编》，云南省志编委会办公室 1986 年编印。

《续增科场条例》，《近代中国史料丛刊三编》第 49 辑。

《溆浦县志》，社会科学文献出版社 1993 年版。

《宣统三年冬季职官录》，内阁印铸局编，《近代中国史料丛刊》第 29 辑。

《玄武区志》，方志出版社 2005 年版。

《薛福成评传》，丁凤麟著，南京大学出版社 1998 年版。

《学规类编》，张伯行著，《续修四库全书》第 948 册。

《学海堂考》，容肇祖著，《岭南学报》第 3 卷第 3 期（1934 年）。

《学圃诗稿》，郑德璜著，光绪 26 年遗经楼校本。

《学术集林》，王元化主编，上海远东出版社 1994—1997 年版。

《雪桥诗话全编》，杨锺羲著，雷恩海、姜朝晖校点，人民文学出版社 2011 年版。

《逊克县志》，黑龙江人民出版社 1991 年版。

《逊学斋文钞》，孙衣言著，《续修四库全书》第 1544 册。

咸丰《朝邑县志》，咸丰元年华原书院刻本。

咸丰《顺德县志》，《中国方志丛书·华南地方》第 187 号。

咸丰《文昌县志》，海南出版社 2003 年版。

咸丰《兴义府志》，咸丰四年刊本。

宣统《楚雄县志》，宣统二年抄本。

宣统《东莞县志》，民国十六年东莞养和印务局铅印本。

宣统《峨眉县续志》，《中国地方志集成·四川府县志辑 41》。

宣统《高要县志》，民国二十七年肇庆和发自动机印务局铅印本。

宣统《泾阳县志》，宣统三年天津华新印刷局铅印本。

宣统《临安县志》，《中国方志丛书·华中地方》第 194 号。

宣统《鄘县志》，宣统二年陕西图书馆铅印本。

宣统《南海县志》，《中国方志丛书·华南地方》第 181 号。

宣统《清泉县乡土志》，宣统元年劝学所刊本。

宣统《太仓州镇洋县志》，《中国地方志集成·江苏府县志辑 18》。

宣统《泰兴县志续》，民国二十二年刻本。

Y

《鸦片战争后期教会和留学教育思想与文论选读》第 4 辑第 10 卷，北京师联教育科学研究所编，中国环境科学出版社 2006 年版。

《鸦片战争文献汇编》，杨家骆主编，台北鼎文书局 1973 年版。

《雅安市志》，四川人民出版社 1996 年版。

《烟酒税史》，程叔度、秦景阜等著，大东书局民国十八年版。

《烟屿楼文集》，徐时栋著，《续修四库全书》第 1542 册。

《揅经室二集》，阮元著，《续修四库全书》第 1479 册。

《揅雅堂诗》，张景祁著，《北京师范大学图书馆藏稀见清人别集丛刊》第 28 册。

《演苍年史》，谢荫昌著，《北京图书馆藏珍本年谱丛刊》第 198 册。

《扬中县志》，文物出版社 1991 年版。

《扬州的九十九间半：吴道台宅第》，吴道台宅第管理处编，广陵书社 2006 年版。

《扬州画舫录》，李斗著，中华书局 1960 年版。

《阳湖赵惠甫（烈文）先生年谱》，陈乃乾著，《近代中国史料丛刊续编》第 99 辑。

《养病庸言》，沈嘉澍著，福州科学技术出版社 2012 年版《中医养生大成》本。

《养一斋文集》，李兆洛著，《续修四库全书》第 1495 册。

《养云山庄文钞、诗钞》，刘瑞芬著，《近代中国史料丛刊》第 61 辑。

《姚江名人（近现代编）》，诸焕灿主编，浙江古籍出版社 2009 年版。

《姚江文化史》，季学原主编，浙江古籍出版社 2006 年版。

《冶城话旧》，卢前著，《南京文献》第 4 号。

《野棠轩献酬集》，奭良著，《近代中国史料丛刊》第 17 辑。

《叶昌炽研究》，金振华著，吉林人民出版社 2005 年版。

《叶景葵杂著》，顾廷龙编，上海古籍出版社 1986 年版。

《一诚斋诗存》，许传霈著，王义胜点校，殆知阁古代文献在线。

《一代学人钱宝琮》，钱永红编，浙江大学出版社 2008 年版。

《一山文存》，章梫著，民国七年嘉业堂刊本。

《一士类稿》，徐一士著，中华书局 2007 年版。

《一芝草堂诗稿》，吴懋祺著，民国二年石印本。

《仪顾堂集》，陆心源著，《续修四库全书》第 1560 册。

《宜宾文史资料选辑》第 22 辑《宜宾历代文化人物》，宜宾市政协文史委 1993 年编印。

《宜昌县志》，冶金工业出版社 1993 年版。

《宜城文史资料》总第 6 辑《古今宜城人物》，宜城市政协文史委 1999 年编印。

《宜兴县志》，上海人民出版社 1990 年版。

《弋阳县志》，南海出版公司 1991 年版。

《艺风堂文漫存》，缪荃孙著，《清代诗文集汇编》第 756 册。

《艺风堂文续集》，缪荃孙著，《续修四库全书》第 1574 册。

《艺林悼友录》，郭容光著，凤凰出版社 2010 年版。

《艺苑琐闻》，郑逸梅著，四川人民出版社 1992 年版。

《邑人辞典》，海宁市对外文化交流协会、文学艺术界联合会编，上海辞书出版社 2002 年版。

《易顺鼎诗文集》，陈松青校点，湖南人民出版社 2010 年版。

《益阳县志》，湖南人民出版社 1999 年版。

《因寄轩文初集》，管同著，《续修四库全书》第 1504 册。

《吟香室诗草》，杨蕴辉著，光绪二十三年刻本。

《鄞县教育志》，董绍德主编，海洋出版社1993年版。

《鄞县文史资料》第6辑，鄞县政协文史委1993年编印。

《应山文史资料》第1辑，应山县政协文史委1986年编印。

《英德县志》，广东人民出版社2006年版。

《影响中国的海宁人》，沈炳忠主编，浙江人民出版社2008年版。

《庸庵文编》，薛福成著，《续修四库全书》第1562册。

《永嘉县志》，方志出版社2003年版。

《永康文史》第2辑，永康县政协1985年编印。

《永新人物传》，中央文献出版社2000年版。

《永新文献考》，何振作著，江西人民出版社2008年版。

《永兴县志》，中国城市出版社1994年版。

《攸县志》，中国文史出版社1990年版。

《由里山人菊谱》，缪谷瑛绘，《中国古画谱集成》第7卷。

《游学译编》，中国国民党中央委员会党史史料编委会1983年影印本。

《右台仙馆笔记》，俞樾著，上海古籍出版社1986年版。

《幼狮数学大辞典》，幼狮文化事业公司1983年版。

《于湖小集》，袁昶著，《续修四库全书》第1565册。

《于山志》，大众文艺出版社2009年版。

《俞楼记》，徐琪著，《西湖文献集成》第27册。

《俞曲园先生年谱》，徐澄著，《民国丛书》第3编第76册。

《余杭历史文化研究丛书·文化名人》，沈昱主编，西泠印社2010年版。

《余姚文史资料》第8辑，余姚县政协文史委1990年编印。

《余姚文史资料》第12辑《浙江省历史文化名镇梁弄》，余姚县政协文史委、梁弄小组1994年编印。

《榆林人物志》，陕西人民出版社2007年版。

《榆庐年谱》，夏辛铭编，夏祖年等补，《北京图书馆藏珍本年谱丛刊》第192册。

《语文教育辞典》，朱绍禹主编，延边人民出版社1991年版。

《玉林市文史资料》第15辑，玉林市政协文史委1988年编印。

《玉笥山房要集》，顾廷纶著，《丛书集成三编》第40册。

《郁曼陀陈碧岑诗抄》，郁风编，学林出版社1983年版。

《鸳湖求旧录》，朱福清著，凤凰出版社2010年版。

《鸳鸯蝴蝶派文学资料》，芮和师等编，知识产权出版社2010年版。

《元和唯亭志》，沈藻采著，方志出版社2010年版。

《元史丛考》，方龄贵著，民族出版社2004年版。

《沅陵县志》，中国社会出版社1993年版。

《沅湘通艺录》，江标编，中华书局1985年版。

《袁嘉谷传》，张维著，云南教育出版社2001年版。

《袁嘉谷文集》，袁丕厚编，云南人民出版社2001年版。

《袁屏山先生年谱》，袁丕元著，《北京图书馆藏珍本年谱丛刊》第 193 册。

《缘督庐日记抄》，叶昌炽著，《续修四库全书》第 576 册。

《远志斋稿》，葛士达著，《清代诗文集汇编》第 730 册。

《岳雪楼书画录》，孔广镛、孔广陶著，中国大百科全书出版社 1997 年版。

《岳阳市志》，中央文献出版社 2002 年版。

《粤诗人汇传》，中山大学中国古文献研究所编，岭南美术出版社 2009 年版。

《粤秀书院志》，梁廷枏著，《中国历代书院志》第 3 册。

《越缦堂读书记》，李慈铭著，辽宁教育出版社 2001 年版。

《云梦文史资料》第 8 辑，云梦县政协文史委 1992 年编印。

《云南第一村：红塔区大营街的人类学考察》，马翀伟、孙信茹等著，民族出版社 2009 年版。

《云南古代举士》，党乐群著，云南人民出版社 2008 年版。

《云南古代诗文论著辑要》，张国庆选编，中华书局 2001 年版。

《云南古近代学制》，党乐群编著，云南教育出版社 2006 年版。

《云南教育大事记》，云南省教育志编委会办公室编，云南大学出版社 1989 年版。

《云南省文史研究馆馆员名录》，云南省文史研究馆 2004 年编印。

《云南省志·人物志》，云南人民出版社 2002 年版。

《云南省志·社会科学志》，云南人民出版社 1997 年版。

《云南省志·审判志》，云南人民出版社 1999 年版。

《云南省志·文化艺术志》，云南人民出版社 2002 年版。

《云南省志·文学志》，云南人民出版社 1998 年版。

《云南文史资料选辑》第 36 辑，云南省政协文史委编，云南人民出版社 1989 年版。

《运甓斋诗文稿》，陈劢著，《清代诗文集汇编》第 621 册。

《运甓斋赠言录》，陈达熊辑，《清代诗文集汇编》第 621 册。

《恽毓鼎澄斋日记》，恽毓鼎著，浙江古籍出版社 2004 年版。

Z

《在莒集》，朱桂模著，《丛书集成续编》第 180 册。

《在台丛稿》，吴幅员著，三民书局 1988 年版。

《枣阳志》，中国城市经济社会出版社 1990 年版。

《泽雅堂文集》，施补华著，《续修四库全书》第 1560 册。

《曾国藩传》，易孟醇著，湖南大学出版社 2009 年版。

《曾国藩家藏史料考论》，王澧华著，广西师范大学出版社 1996 年版。

《曾国藩全集·书信八》，岳麓书社 1994 年版。

《张百熙集》，张百熙著，岳麓书社 2008 年版。

《张国淦文集》，杜春和编，北京燕山出版社 2000 年版。

《张惠言暨常州派词传》，赵伯陶著，吉林人民出版社 1999 年版。

《张謇的交往世界》，南通市政协学习文史委编，中国文史出版社 2011 年版。

《张謇评传》，卫春回著，南京大学出版社 2001 年版。

《张謇全集》，江苏古籍出版社 1994 年版。

《张南山先生年谱撮略》，金青茅著，《北京图书馆藏珍本年谱丛刊》第 136 册。

《张啬庵实业文钞》，张謇著，曹文麟编，《近代中国史料丛刊》第 44 辑。

《张森楷史学遗著辑略》，唐唯目编，西南师范大学 1998 年版。

《张文虎日记》，张文虎著，上海书店 2001 年版。

《张文襄公书札》，张之洞著，《续修四库全书》第 1561 册。

《张元济全集》，商务印书馆 2008 年版。

《张泽志稿》，章耒初稿，徐复熙增纂，上海社会科学院出版社 2005 年版。

《张之洞教育文存》，陈山榜编，人民教育出版社 2008 年版。

《张之洞全集》，苑书义、孙华峰、李秉新主编，河北人民出版社 1998 年版。

《章太炎年谱长编》，汤志钧著，中华书局 1979 年版。

《章太炎评传》，姜义华著，百花洲文艺出版社 1995 年版。

《章太炎全集》，上海人民出版社 1985 年版。

《诏安文史资料》第 6 辑，诏安县政协文史资料编辑组 1986 年编印。

《诏安县志》，方志出版社 1999 年版。

《照胆台志略》，邹在寅辑，《丛书集成续编》第 234 册。

《肇庆市志》，广东人民出版社 1996 年版。

《谪麑堂遗集》，戴望著，《续修四库全书》第 1561 册。

《柘湖宦游录》，张良朔编，民国归安蒋氏月河草堂刊本。

《柘唐府君年谱》，丁寿恒等著，《北京图书馆藏珍本年谱丛刊》第 148 册。

《浙大的校长们》，杨达寿等著，中国经济出版社 2007 年版。

《浙江方志考》，洪焕春著，浙江人民出版社 1984 年版。

《浙江古今人物大辞典（续编）》，周望森主编，方志出版社 2001 年版。

《浙江古今人物大辞典》，单锦珩总主编，江西人民出版社 1998 年版。

《浙江古书院》，胡佳编著，浙江古籍出版社 2012 年版。

《浙江家谱总目提要》，程小澜主编，浙江人民出版社 2005 年版。

《浙江教育史》，张彬主编，浙江教育出版社 2006 年版。

《浙江省教育志》，浙江大学出版社 2004 年版。

《浙江文史资料选辑》第 28 辑，浙江省政协文史委编，浙江人民出版社 1985 年版。

《浙江中医药文化博览》，张平主编，中国中医药出版社 2009 年版。

《浙江忠义录》，浙江采访忠义局编，《清代传记丛刊》第 61 册。

《浙江紫阳书院掌故征存录》，孙延钊著，《西湖文献集成》第 20 册。

《浙南谱牒文献汇编·诗词篇》，郑笑笑等主编，香港出版社 2007 年版。

《诊余举隅录》，陈廷儒著，光绪二十四年刊本。

《镇海县志》，中国大百科全书出版社上海分社 1994 年版。

《镇江市志》，上海社会科学院出版社 1993 年版。

《镇江文史资料》第 29 辑，镇江市政协文史委 1996 年编印。

《镇沅彝族哈尼族拉祜族自治县》，云南人民出版社 1995 年版。

《正教真诠　清真大学　希真正答》，王岱舆著，宁夏人民出版社 1987 年版。

《正谊堂文集》，董沛著，《续修四库全书》第 1558 册。

《郑逸梅选集》，黑龙江人民出版社 1991 年版。

《政府公报》，中国第二历史档案馆整理编，上海书店影印本。

《政治官报》，文海出版社影印本。

《知非录》，庞锺璐著，庞鸿文等补，《北京图书馆藏珍本年谱丛刊》第 165 册。

《知所止斋自订年谱》，何汝霖著、何兆瀛补，《北京图书馆藏珍本年谱丛刊》第 137 册。

《知退斋稿》，张瑛著，《清代诗文集汇编》第 694 册。

《知医捷径》，钱荣国著，民国十三年江阴钱氏石印本。

《直臣名师：朱一新传》，朱荃宜等著，浙江人民出版社 2008 年版。

《芷江文史资料》第 2 辑，芷江侗族自治县政协文史委 1989 年编印。

《芷江县志》，生活·读书·新知三联书店 1993 年版。

《指严随笔》，许国英著，中共中央党校出版社 1998 年版。

《志颐堂诗文集》，沙元炳著，《近代中国史料丛刊续编》第 42 辑。

《治家格言绎义》，戴翊清著，《丛书集成续编》第 60 册。

《稚澥诗集》，毛澄著，民国十六年成都刻本。

《中国版刻综录》，杨绳信，陕西人民出版社 1987 年版。

《中国兵书知见录》，许保林著，解放军出版社 1988 年版。

《中国蚕桑书录》，华德公著，农业出版社 1990 年版。

《中国藏书家通典》，李玉安、黄正雨编著，中国国际文化出版社（香港）2005 年版。

《中国词学大辞典》，马兴荣等主编，浙江教育出版社 1996 年版。

《中国丛书综录》，上海图书馆编，上海古籍出版社 1986 年版。

《中国地方志辞典》，黄苇主编，黄山书社 1986 年版。

《中国地方志总目提要》，金恩辉、胡述兆主编，台北汉美图书有限公司 1996 年版。

《中国方志大辞典》，浙江人民出版社 1988 年版。

《中国工业史》，陈家锟著，上海中国图书公司宣统元年版。

《中国古代小说总目》，石昌渝主编，山西教育出版社 2004 年版。

《中国古典戏曲序跋汇编》，蔡毅编，齐鲁书社 1989 年版。

《中国古籍版本学》，曹之著，武汉大学出版社 1992 年版。

《中国古籍总目·丛书部》，中华书局 2009 年版。

《中国古籍总目·史部》，上海古籍出版社 2009 年版。

《中国画学著作考录》，谢巍著，上海书画出版社 1998 年版。

《中国荒政全书》第 2 辑第 3 卷，李文海、夏明方主编，北京古籍出版社 2004 年版。

《中国教育大系·历代教育名人志》，湖北教育出版社 1994 年版。

《中国教育早期现代化问题研究——以清末民初乡村教育冲突考察为中心》，田正平、陈胜著，浙江教育出版社 2009 年版。

《中国近代报刊名录》，史和等编，福建人民出版社 1991 年版。

《中国近代兵器工业档案史料》，兵器工业出版社 1993 年版。

《中国近代传奇杂剧经眼录》，梁淑安、姚柯夫著，书目文献出版社 1996 年版。

《中国近代海军职官表》，刘传标编著，福建人民出版社 2004 年版。

《中国近代教育史教学参考资料》，陈学恂主编，人民教育出版社 1986 年版。

《中国近代教育史资料汇编·高等教育》，潘懋元、刘海峰编，上海教育出版社 1993 年版。

《中国近代教育史资料汇编·教育行政机构及教育团体》，朱有瓛、戚名琇、钱曼倩、霍益萍编，上海教育出版社 1993 年版。

《中国近代教育史资料汇编·实业教育、师范教育》，璩鑫圭等编，上海教育出版社 1994 年版。

《中国近代教育史资料汇编·戊戌时期教育》，汤志钧、陈祖恩编，上海教育出版社 1993 年版。

《中国近代教育史资料汇编·洋务运动时期教育》，高时良编，上海教育出版社 1992 年版。

《中国近代期刊篇目汇录》第 2 卷，上海图书馆编，上海人民出版社 1981 年版。

《中国近代文学辞典》，魏绍昌主编，河南教育出版社 1993 年版。

《中国近代文学大系》第 1 集第 2 卷《文学理论集二》，徐中玉主编，上海书店 1995 年版。

《中国近代文学大系》第 3 集第 11 卷《散文集二》，任访秋主编，上海书店 1992 年版。

《中国近代文学大系》第 3 集第 13 卷《散文集四》，任访秋主编，上海书店 1993 年版。

《中国近代文学大系》第 4 集第 14 卷《诗词集一》，钱仲联主编，上海书店 1991 年版。

《中国近代文学大系》第 4 集第 15 卷《诗词集二》，钱仲联主编，上海书店 1991 年版。

《中国近代文学大系》第 5 集第 16 卷《戏剧集一》，张庚、黄菊盛主编，上海书店 1996 年版。

《中国近代文学大系》第 6 集第 19 卷《笔记文学集二》，柯灵、张海珊主编，上海书店 1995 年版。

《中国近代文学大系》第 9 集第 24 卷《书信日记集二》，郑逸梅、陈左高主编，上海书店 1993 年版。

《中国近代文学大系》第 11 集第 26 卷《翻译文学集一》，施蛰存主编，上海书店 1990 年版。

《中国近代小说编年》，陈大康著，华东师范大学出版社 2002 年版。

《中国近代学人像传初辑》，大陆杂志社编，《近代中国史料丛刊三编》第 1 辑。

《中国近代学制史料》第 1—2 辑，朱有瓛主编，华东师范大学出版社 1986—1987 年版。

《中国近现代佛教人物志》，于凌波著，宗教文化出版社 1995 年版。

《中国近现代高等教育人物辞典》，周川主编，福建教育出版社 2012 年版。

《中国近现代人物名号大辞典（全编增订本）》，陈玉堂著，浙江古籍出版社 2005 年版。

《中国近现代人物名号大辞典（续编）》，陈玉堂著，浙江古籍出版社 2001 年版。

《中国近现代书法家辞典》，周斌主编，浙江人民出版社 2009 年版。

《中国近现代文学艺术辞典》，王广西、周观武编著，中州古籍出版社 1998 年版。

《中国经济学图书目录：1900—1949 年》，谈敏主编，中国财政经济出版社 1995 年版。

《中国历代藏书家辞典》，王河主编，同济大学出版社 1991 年版。

《中国历代科技人物生卒年表》，李迪、查永平著，科学出版社 2002 年版。

《中国历代名医碑传集》，方春阳编著，人民卫生出版社 2009 年版。

《中国历代年谱总录（增订本）》，杨殿珣著，书目文献出版社 1996 年版。

《中国历代人物年谱考录》，谢巍编著，中华书局 1992 年版。

《中国历代诗文别集联合书目》第 13 辑，王民信主编，联经出版公司 1984 年版。

《中国历代医家传录》，何时希著，人民卫生出版社 1991 年版。

《中国历代著名文学家评传·续编三》，山东大学文史哲研究所主编，山东教育出版社 1997 年版。

《中国历史人物生卒年表》，吴海林、李延沛编，黑龙江人民出版社 1981 年版。

《中国美术家大辞典》，赵禄祥主编，北京出版社 2007 年版。

《中国民主政治的困境》，张朋园著，吉林出版集团 2008 年版。

《中国南方民族史研究》，胡绍华著，民族出版社 2004 年版。

《中国年谱辞典》，黄秀文主编，百家出版社 1997 年版。

《中国少数民族大辞典·纳西族卷》，郭大烈主编，广西民族出版社 2002 年版。

《中国史历日和中西历日对照表》，方诗铭、方小芬编著，上海辞书出版社 1987 年版。

《中国书院藏书》，赵连稳编著，贵州人民出版社 2009 年版。

《中国书院辞典》，季啸风主编，浙江教育出版社 1996 年版。

《中国书院史》，邓洪波著，东方出版中心 2004 年版。

《中国书院史资料》，陈谷嘉、邓洪波主编，浙江教育出版社 1998 年版。

《中国书院学规》，邓洪波编著，湖南大学出版社 2000 年版。

《中国书院章程》，邓洪波编著，湖南大学出版社 2000 年版。

《中国数学史大系》第 8 卷，吴文俊主编，北京师范大学出版社 2000 年版。

《中国天津通鉴》，天津市地方志编委会编著，中国青年出版社 2005 年版。

《中国文化世家·江右卷》，李才栋、曹涛主编，湖北教育出版社 2003 年版。

《中国文化世家·岭南卷》，张新民主编，湖北教育出版社 2003 年版。

《中国文学大辞典》，钱仲联等总主编，上海辞书出版社 1997 年版。

《中国文学家大辞典·近代卷》，梁淑安主编，中华书局 1997 年版。

《中国稀见史料》第 1 辑第 13 册，王春瑜编，厦门大学出版社 2007 年版。

《中国蓆乡古林》，吕海庆主编，当代中国出版社 2004 年版。

《中国戏曲志·天津志》，文化艺术出版社 1990 年版。

《中国戏台乐楼楹联精选》，解维汉编选，陕西人民出版社 2008 年版。

《中国现代科学家传记》，《科学家传记大辞典》编辑组编，科学出版社 1994 年版。

《中国新闻传播史》，赖光临著，三民书局 1992 年版。

《中国雅学史》，窦秀艳著，齐鲁书社 2004 年版。

《中国盐业史辞典》，宋良曦等主编，上海辞书出版社 2010 年版。

《中国医籍通考》，严世芸主编，上海中医学院出版社 1990—1993 年版。

《中国医学史》，傅维康主编，上海中医学院出版社 1990 年版。

《中国医学通史·近代卷》，邓铁涛、程之范主编，人民卫生出版社 1999 年版。

《中国医学源流论》，谢观著，福建科学技术出版社 2003 年版。

《中国音乐舞蹈戏曲人名词典》，曹惆生编，商务印书馆 1959 年版。

《中国印学年表》，韩天衡著，上海书画出版社 1987 年版。

《中国哲学发微》，张岱年著，山西人民出版社 1981 年版。

《中国中医药学术语集成·中医文献》，陈荣等主编，中医古籍出版社 2007 年版。

《中华佛教人物大辞典》，张志哲主编，黄山书社 2005 年版。

《中华古文献大辞典·地理卷》，王兆明、傅朗云主编，吉林文史出版社 1991 年版。

《中华谜书集成》，高伯瑜等编纂，人民日报出版社 1991—1997 年版。

《中华民国史大辞典》，张宪文等主编，江苏古籍出版社 2001 年版。

《中华民国史档案资料汇编》第 5 辑第 1 编《文化》，中国第二历史档案馆编，江苏古籍出版社 1994 年版。

《中华民国史事纪要·中华民国三年五至六月份》，中华民国史事纪要编辑委员会编，中华民国史料研究中心 1982 年版。

《中华民国史资料丛稿特刊》第 2 辑，中科院近代史所中华民国史组编，中华书局 1974 年版。

《中华儒学通典》，吴枫、宋一夫著，南海出版公司 1992 年版。

《中华书法篆刻大辞典》，李国钧主编，湖南教育出版社 1990 年版。

《中华竹枝词全编》，丘良任等编，北京出版社 2007 年版。

《中江县志》，四川人民出版社 1994 年版。

《中南、西南地区省、市图书馆馆藏古籍稿本提要》，阳海清主编，华中理工大学出版社 1998 年版。

《中山陵档案史料选编》，南京市档案馆、中山陵园管理处编，江苏古籍出版社 1986 年版。

《中山诗词选》第一卷，中山诗社 1989 年编印。

《中山市志》，广东人民出版社 1997 年版。

《中山文史》第 5、6 辑合刊，中山市政协 1985 年编印。

《中山文史》第 8、9 辑合刊，中山市政协 1986 年编印。

《中外近现代教育家》，曹福成、杨五云著，山西人民出版社 1986 年版。

《中文杂志索引》第 1 集，岭南大学图书馆民国二十四年编印。

《中央文史研究馆馆员传略》，中央文史研究馆编，中华书局 2001 年版。

《忠义纪闻录》，陈继聪著，华文书局《中华文史丛书》第 32 册。

《钟山草堂遗稿》，温肇江著，《清代诗文集汇编》第 527 册。

《舟山市志》，浙江人民出版社 1992 年版。

《周恩来家世》，李海文主编，党建读物出版社、中国青年出版社 1998 年版。

《周官笺》，王闿运著，光绪二十二年东洲讲舍刊本。

《周教谕遗诗》，周长庚著，《台湾文献丛刊》第 4 辑第 6 册。

《周学熙传记汇编》，周小鹃编，甘肃文化出版社 1997 年版。

《周易集解纂疏》，李道平著，《续修四库全书》第 30 册。

《周有光百岁口述》，周有光口述，李怀宇撰写，广西师范大学出版社 2008 年版。

《周作人文选（1937—1944）》，钟叔河编，广州出版社 1995 年版。

《诸暨文史资料》第 5 辑《教育史料专辑》，诸暨市政协文史委 1990 年编印。

《诸暨县志》，浙江人民出版社 1993 年版。

《竹冈鸿爪录》，赵敬襄著，《北京图书馆藏珍本年谱丛刊》第 120 册。

《竹枝纪事诗》，丘良任著，暨南大学出版社 1994 年版。

《篆枚堂诗存》，夏塽著，《清代诗文集汇编》第 591 册。

《追忆录》，殷葆诚著，《北京图书馆藏珍本年谱丛刊》第 186 册。

《自贡文史资料选辑》第 14 辑，自贡市政协文史委 1984 年编印。

《奏修石经字像册》，蔡赓年著，《历代石经研究资料辑刊》第 8 册。

《最近官绅履历汇录》，敷文社编，《近代中国史料丛刊》第 45 辑。

《尊经·疑古·趋新——四川省城尊经书院及其学术嬗变研究》，李晓宇著，四川大学 2009 年博士论文。

《左传札记》，钱绮著，《续修四库全书》第 128 册。

《左海文集》，陈寿祺著，《续修四库全书》第 1496 册。

《左云县志》，中华书局 1999 年版。

人 名 索 引

H

金毓秀，93

金曰修，14，20

金允中，311，314，329

金兆蕃，146，148，176

金肇钧，562

金肇麒，113，116

金仲理，215，217

金铸，479

金宗祁，110

金宗祁，606，609

经康林，611，613

敬文光，645

居锽，477

居鹏，458，460，462，463，466，467

居溥，476

居文驹，462

居之安，62

鞠廷燮，211

K

康凤书，477

康基田，396，401

康受嘉，663，665

康宜鉴，230，231

康有亮，481

康泽溥，517~519

柯兆鹏，481

孔传绥，311，315，317，321，322

孔传勋，523，524

孔广彪，287，290

孔广镛，485，487，735

孔继昌，65，68，136，140

孔继藩，481

孔继芬，482，484

孔继周，390，394，402，403

孔庆余，664，666

孔宪成，527

孔宪宗，643

孔毓桂，251

孔昭宷，418，423，721

孔昭晋，332，333，449，450，469

孔昭乾，287，290，291，299，300

寇卓，553，554，703

蒯文豹，457

邝锦书，478

况宣恩，390，397

L

来斌，88，92

来凤闿，107，108，113

来凤翮，23，31

来观瀛，136，137，140

来杰，56，57，75，97

来金鉴，107

来巨源，95，96

来庆昌，107

来泰，70

来熊，132，133，140

来裕昌，97

来裕惇，51，53，95

来裕恂，54，64，75，77，701，716

来之杰，88，92

赖诚恭，544

赖传，544

赖郇平，544

赖洪禧，478，479

赖及第，544

赖及元，544

赖际元，527，530

赖郡平，544

赖叔培，534，538~540，542，544

赖焱，544

赖耀南，645

蓝开勋，51，53，140

郎璟，88，91

劳笃豫，75

劳经源，80，81

劳敬典，201，203

M

N

汪诒年，97，727

汪彝準，80，83

汪荫谷，311，313

汪咏诗，93，110

汪毓衡，602，604

汪渊量，184

汪元森，240，241

汪原复，107

汪云藩，616

汪云官，391，399

汪运鏊，602，605

汪在滋，384

汪曾銮，259，261

汪曾事，84，85

汪增礽，469

汪召棠，453

汪兆棨，311，315

汪兆铨，481，493，495

汪震荣，365，366

汪之昌，287，291，294，326，340，717

汪致汤，253，259

汪忠纯，157，160

汪忠铭，157，159

汪钟泽，366，470

汪仲簴，360，363

汪自强，75，77，97

汪宗濂，418

汪宗泗，146，149

汪宗泰，311，336

汪宗沂，353，360，379，387，388，606，610，612

汪祖松，65，69

王安璧，645，648，649

王邦治，391

王宝琛，176

王宝杰，607，610

王宝谦，56，58

王保，155

王保衡，230~232，299

王保建，299，301

王保康，155

王葆龢，638，640

王葆心，629，632，636，638，640，695，727

王葆周，635，636，638

王璧，418

王彬，578，579

王秉珩，203，204

王秉钧，184，186

王炳如，287，291，292

王步蟾，597，599

王步瀛，469

王步瀛，597

王策勋，527，530，532

王嶒，247

王昌麟，655，658，659

王昶，4，7，12，696

王朝栋，323，325~330，332

王朝翰，75

王朝俊，384

王朝煜，663，667

王辰，184

王承谷，200

王承吉，200

王承美，62，65

王承泽，616

王程，325，326

王澄，311，314

王澄，371~373

王赤，56，58

王崇鼎，36，41，99，110

王崇瑛，171，174

王楚乔，638，640

王传珍，628，631

王慈，163，165

王粹忠，614，616

王大经，176，178，688

王大谟，418

后　　记

　　我对于清代书院课艺的普查工作，始于 2011 年。这之后连续几个暑假，辗转于北京、上海、杭州、南京、长沙、成都、武汉等地的图书馆，经眼了 200 多种课艺总集，以及约 20 种课艺原件。这本小书，著录的便是其中 196 种总集。经眼而未著录的，是上海《格致书院课艺》和若干算学课艺，这在凡例中已有说明。遗憾的是有少数课艺总集，明知存世却无缘目睹。如稿本《宝晋书院课艺》，徐雁平教授《清代东南书院课艺提要》著录过，我三次赴国家图书馆调阅，皆因破损严重，未能如愿。同门白金杰博士曾告诉我，台湾台南市延平郡王祠藏有《崇文书院课艺》，应是当地书院的课艺总集。可惜我错失机缘，也没有能够一睹尊容。弥补这些遗憾，只能俟诸以后的因缘际会了。

　　本书是同名国家社科基金青年项目（批准号：13CZW053）的最终成果（结项证书号：20151660），并有幸入选《武汉大学学术丛书》。书中的部分内容，曾以论文或札记的形式，得到过《文艺研究》、《清史研究》、《武汉大学学报》、《湖南大学学报》、《图书馆杂志》、《江海学刊》、《学术论坛》、《新世纪图书馆》、《书目季刊》、《图书情报研究》、《杭州文博》和《人大复印报刊资料·明清史》等刊物的支持。

　　关注"小人物"的书院生活，由此建构具有细节和过程的专题叙述，是我近年的学术兴趣所在。课艺总集的叙录工作，若能为同道们的研究提供一点有价值的资源和线索，当也不枉这几年的奔波访书和琐碎考据了。

鲁小俊

2015 年秋于威斯康星大学麦迪逊分校

中国当代哲学问题探索
中国辩证法史稿（第一卷）
德国古典哲学逻辑进程（修订版）
毛泽东哲学分支学科研究
哲学研究方法论
改革开放的社会学研究
邓小平哲学研究
社会认识方法论
康德黑格尔哲学研究
人文社会科学哲学
中国共产党解放和发展生产力思想研究
思想政治教育有效性研究（第二版）
政治文明论
中国现代价值观的初生历程
精神动力论
广义政治论
中西文化分野的历史反思
第二次世界大战与战后欧洲一体化起源研究
哲学与美学问题
行为主义政治学方法论研究
政治现代化比较研究
调和与制衡
"跨越论"与落后国家经济发展道路
村民自治与宗族关系研究
中国特色社会主义基本问题研究
一种中道自由主义：托克维尔政治思想研究
社会转型与组织化调控
中国现阶段所有制结构及其演变的理论与实证研究
战后美国对外经济制裁

国际经济法概论
国际私法
国际组织法
国际条约法
国际强行法与国际公共政策
比较外资法
比较民法学
犯罪通论
刑罚通论
中国刑事政策学
中国冲突法研究
中国与国际私法统一化进程（修订版）
比较宪法学
人民代表大会制度的理论与实践
国际民商新秩序的理论建构
中国涉外经济法律问题新探
良法论
国际私法（冲突法篇）（修订版）
比较刑法原理
担保物权法比较研究
澳门有组织犯罪研究
行政法基本原则研究
国际刑法学
遗传资源获取与惠益分享的法律问题研究
欧洲联盟法总论
民事诉讼辩论原则研究
权力的法治规约
宪法与公民教育
国际商事争议解决机制研究
人民监督员制度的立法研究
论自然国际法的基本原则
能源政策与法律

从简帛中挖掘出来的政治哲学
物理学哲学研究
中国特色社会主义理论体系的基本特征研究

当代西方经济学说（上、下）
唐代人口问题研究
非农化及城镇化理论与实践
马克思经济学手稿研究
西方利润理论研究
西方经济发展思想史
宏观市场营销研究
经济运行机制与宏观调控体系
三峡工程移民与库区发展研究
21世纪长江三峡库区的协调与可持续发展
经济全球化条件下的世界金融危机研究
中国跨世纪的改革与发展
中国特色的社会保障道路探索
发展经济学的新发展
跨国公司海外直接投资研究
利益冲突与制度变迁
市场营销审计研究
以人为本的企业文化
路径依赖、管理哲理与第三种调节方式研究
中国劳动力流动与"三农"问题
新开放经济宏观经济学理论研究
关系结合方式与中间商自发行为的关系研究
发达国家发展初期与当今发展中国家经济发展比较研究
旅游业、政府主导与公共营销
创新、模仿、知识产权和全球经济增长
消费者非伦理行为形成机理及决策过程研究
网络口碑的形成、传播与影响机制研究
消费者参与企业创造的心理机制研究
企业间信任问题研究
学术创业：中国研究型大学"第三使命"的认知与实现机制
财政社会保障支出：结构、公平性与影响
投资者情绪与资产价格异常波动研究
消费者的真实性感知：前因、内部化过程及其影响后果